"十一五"国家重点图书
交通部西部交通建设科技项目支持

道路交通安全技术丛书

道路交通安全技术

Road Safety Technology

何 勇 唐琤琤 等 编著

人民交通出版社

内 容 提 要

本书针对交通安全中亟须解决的诸多问题,通过大量的科学试验和应用实践,总结多年在国内外从事交通安全研究工作的成果,系统阐述了交通安全的基本理论和应用技术,归纳了国内外在交通安全技术领域的最新理论和研究成果,展望了交通安全技术的研究发展方向。

本书可供从事交通安全技术研究的科研工作者和管理人员学习借鉴,亦可作为有志于从事交通安全工作的有识之士和社会大众的有价值的参考书。

图书在版编目(CIP)数据

道路交通安全技术/何勇等编著.—北京:人民交通出版社,2008.8

(道路交通安全技术丛书)

ISBN 978-7-114-07279-6

Ⅰ.道… Ⅱ.何… Ⅲ.公路运输-交通运输安全-安全技术 Ⅳ.U491.4

中国版本图书馆CIP数据核字(2008)第104968号

道路交通安全技术丛书

书　　名: 道路交通安全技术
著 作 者: 何　勇　唐琤琤　等
责任编辑: 沈鸿雁　岑　瑜
出版发行: 人民交通出版社
地　　址: (100011)北京市朝阳区安定门外外馆斜街3号
网　　址: http://www.ccpress.com.cn
销售电话: (010)59757969,59757973
总 经 销: 北京中交盛世书刊有限公司
经　　销: 各地新华书店
印　　刷: 北京交通印务实业公司
开　　本: 787×1092　1/16
印　　张: 48.75
字　　数: 1220千
版　　次: 2008年8月第1版
印　　次: 2008年8月第1次印刷
书　　号: ISBN 978-7-114-07279-6
印　　数: 0001~2000册
定　　价: 98.00元

《道路交通安全技术丛书》
编写委员会

序

——为《道路交通安全技术丛书》而作

安全、能源、资源与环境构成了全世界共同关注的、人类可持续发展的四大支柱和热点问题。道路交通安全问题是现代道路业和汽车工业迅猛发展伴生出来的严重社会问题。预防和减少道路交通安全事故，是世界各国政府交通主管部门的重要任务。

在全面建设小康社会的伟大进程中，我国交通工作的重要任务是推进现代交通业的发展，到2020年基本建成更安全、更通畅、更便捷、更可靠、更和谐的交通运输服务体系，使交通发展的成果惠及城乡、人民共享。为此，必须坚持科学发展、安全发展、和谐发展的理念，既要加快建设并维护好一个四通八达、高效便捷的交通基础设施网络，还要建立并完善好一个安全畅通、保障有力的运输服务网络，达到安全、便捷、经济、舒适、环保的系统目标。

在这一系统目标中，安全是基础也是前提。只有安全得到有效保证，才能有助于实现便捷、经济、舒适、环保的诸多要求。尽最大可能地控制系统中人的不安全行为，最大限度地解决车、路、环境等诸要素的不安全状态，正是道路交通安全技术研究的核心内容。《道路交通安全技术丛书》以科学发展观为指导，从有效改善我国道路交通安全现状出发，综合运用交通工程、信息技术、材料科学、管理科学、气象科学等多学科知识，充分吸收借鉴国内外成功经验，对影响道路交通安全的人、车、路、环境四大要素进行了全面深入的研究评价，提出了一系列富有建设性的改进建议和技术措施，对于预防和降低交通事故具有重要的理论意义和应用价值。

由交通部公路科学研究院交通安全研究中心的中青年专家组织编写的《道路交通安全技术丛书》就要出版发行了。希望这套丛书的出版发行，对改善我国道路交通安全形势，提高我国道路交通安全水平发挥有益的作用。

[signature]

二〇〇八年三月

丛书前言

安全、能源、资源和环境一起构成全世界共同关注的、人类可持续发展的四大支柱和热点问题。道路交通安全问题是现代道路交通业和汽车工业迅猛发展而伴生的严重社会问题。汽车是人类文明和技术进步的结晶，它改变了人类的出行方式，扩大了活动空间，提高了生活质量，推动了社会的文明进步，改变了人类的生活。在享受现代道路交通和汽车带来的舒适和便捷的同时，无情的交通事故正时刻吞噬着宝贵的生命。据统计，自有记录的交通事故发生以来，全世界死于道路交通事故的人数已近5000万。也就是说，自汽车发明一百多年来，全世界累计死于道路交通事故的人数已相当于两次世界大战的死亡人数。道路交通事故已成为人类几大死亡因素之一，成为世界最大公害，其给社会、家庭带来的危害是巨大和深远的。日益严重的道路交通安全问题成为全世界不得不面对的棘手难题。

二战结束后，西方国家致力于经济的发展并使社会达到了繁荣富强。伴随经济的快速增长，西方国家机动车迅猛增加，道路交通事故也不断攀升，并先后在20世纪六、七十年代达到高潮。在上世纪70年代，西方发达国家就认识到道路交通事故是影响国民经济和社会生活的国家重大问题，因而从人、车、路、环境等多方面着手，综合运用管理技术和科学技术研究治理道路交通安全问题，成效显著。其车辆保有量占全世界的2/3左右，但交通事故死亡人数却仅占全球总数的1/4。从70年代以来，西方发达国家的道路交通事故就趋于逐渐下降，虽在90年代有所反弹，但仍保持在较低的水准线下。

进入21世纪，国际社会对道路交通安全问题的关注，掀起了全球范围内对交通事故斗争的新一轮高潮。2003年5月22日，联合国大会通过了关于全球道路安全危机的第57/309号决议，其指出全球因道路交通死亡、受伤和致残者的人数正迅速增加，认识到发展中国家的死亡率偏高，注意到道路交通伤害对各国国民经济和全球经济的不利影响，期望各国政府提高对道路交通伤害问题重要性的认识。2004年4月7日，世界卫生组织(WHO)把世界卫生日的主题定为道路安全。在世界卫生日当天，世界卫生组织和世界银行联合发行了“预防道路交通伤害世界报告”。报告强调许多方面可以在预防道路交通伤害方面发挥作用，说明了预防道路交通伤害的基本概念，道路交通伤害的影响，主要的决定因素和风险因素，突出了有效的干预战略。联合国大会题为“加强全球道路安全”的第58/289号决议承认联合国系统需要努力解决全球道路安全危机。2004年世界卫生组织(WHO)同欧洲经济委员会和其他区域委员会密切配合，协助成立了联合国和其他国际道路安全组织的一个联合国道路安全协作机制。

中国的道路交通安全形势尤令世人注目。道路交通是我国最重要的运输方式,公路交通是我国多数县、乡、村与其他地区进行交流的主要交通方式。近 20 年来,中国道路交通事业得到了长足发展,道路建设无论在总量上还是在质量上都实现了重大突破,2007 年底中国公路总里程达到 357.3 万公里,其中高速公路 5.36 万公里。中国仅用了 20 年时间就完成了发达国家 50 年时间所进行的公路建设目标,取得了举世瞩目的成就,公路交通已由制约国民经济的阶段向基本适应阶段转化。但同一时期,中国的汽车工业已跻身世界前三甲,中国已成为新兴和富有活力的汽车生产和销售大国。汽车工业的高速发展,车辆急剧增加,交通量增大,使道路建设发展仍然难以适应车辆增长的需求,交通拥挤,人车混行的交通环境仍大量存在,这必然造成道路交通事故频繁发生。道路交通事故已经成为近年来最影响中国公众安全感的重要因素之一。

建国以来,中国政府及各级政府主管部门一直较为关注道路交通安全问题。但长期以来,限于社会经济的发展状况和道路交通运输的发展程度,道路交通安全问题一直未能真正列入各级政府和政府主管部门的议事日程,全社会对道路交通安全的认识仍是粗浅和不完善的,因而对道路交通安全事故的处置仅是针对具体发生的事件。宣传教育多是零星的,而非长期的、系统的,而且宣传教育的深度不够,只是强调交通事故对家庭造成的危害等浅层次问题上。现阶段中国对道路交通事故的斗争仍处于起步阶段,套用联合国大会关于交通安全问题的决议中的一句话来说,道路交通安全问题在中国仍是一个被忽视、但却越来越重要的公共健康和安全问题。迄今为止,这一问题远没有得到同其重要性相等同的关注和资源。

安全、快捷、经济、舒适和低公害是道路交通这一动态系统的基本要求。其中,安全是诸要素的基础,只有保证了安全才能谈到快捷、经济、舒适和低公害的问题。要保障道路交通系统的安全,就应使其协调地运转。道路交通安全技术是研究道路交通系统中人、道路、车辆和环境的基本安全特性、相互依存关系和相互作用,尽最大可能控制系统中人的不安全行为和道路、车辆及环境的不安全状态,保障系统协调正常运行的交叉边缘学科。道路交通安全技术是以人的出行和物品的运输为核心,把人、道路、车辆和环境四大要素相互关联的内容综合在动态交通系统中进行研究,对系统的安全性、可靠性、经济性进行评价,寻求交通事故最少,交通伤害和损失最低的系统保障措施,达到安全、快捷、经济、舒适和低公害的系统目标。

交通部公路科学研究院所属交通安全研究中心暨国家交通安全设施质量监督检验中心是我国第一家全方位在道路交通安全、交通工程和交通管理领域从事研究、设计、计量检测、标准规范制订、交通事故司法鉴定和安全评价等咨询服务的单位,始建于 1973 年。在 30 多年不断发展壮大的历史中,完成了一大批具重大影响的国家级、省部级道路交通安全和交通工程领域科学研究、试验检测及标准规范制订工作。在道路安全评价、改造与设计，相关标准、规范制修订，道路安全设施产品及试验设备研发，道路安全监控预警系统开发与集成，道路交通事故分析与司法鉴定，道路运输和道路施工生产安全保障技术研究与推广应用等方面卓有建树。2004 年以来承担了交通部开展的全国公路安全保障工程的技术支撑工作，已完成数十条公路项目、累计几千公里路段的安全评价工作。在交通部主管部门和交通部西部交通建设科技项目管理中心的支持下，通过对公路交通安全评价、交通事故统计和成因分析、公路条件对行车安全性影响等方面开展深入系统的研究，开发出了适应我国道路特点的公路安全评价方法、道路安全性预测和评价系统，填补了国内相关领域的空白。

基于道路交通安全工作的重要社会意义，交通部公路科学研究院交通安全技术团队集结多年的科研和实践成果，创作完成了《道路交通安全技术丛书》，本丛书是上述研究和实践成果的结晶，也是交通部西部建设科技项目管理中心开展的一系列交通安全应用研究项目成果的具体体现。该套丛书兼具先进性与实用性，对道路交通安全技术的研究具有重要的理论意义和应用价值。

丛书有幸得到交通部冯正霖副部长的提序，感谢冯正霖副部长对道路交通安全工作的高度重视和对丛书的认可。正如他在序言中所说，“在全面建设小康社会的伟大进程中，我国交通工作的重要任务是推进现代交通业的发展，到 2020 年基本建成更安全、更畅通、更便捷、更可靠、更和谐的交通运输服务体系，使交通发展的成果惠及城乡、人民共享。”；“希望这套丛书的出版发行，对改善我国道路交通安全形势，提高我国道路交通安全水平发挥有益的作用。”

丛书在编写过程中，得到了交通部公路司戴东昌、李华、杨国峰、徐成光、赵延东，交通部科教司郑代珍，交通部西部交通建设科技项目管理中心刘家镇、陈国靖、魏道新、谢素华，交通部科学研究院王晓曼和交通部公路科学研究院王笑京、姚震中、张元方、杨志峰、任红伟等领导的鼎力支持，交通部公路科学研究院其他同仁、领导给予了大力配合和热情指导，在此表示衷心感谢！书中参阅了大量的国内外参考文献，引述文献已尽量予以标注，但难免存在疏漏，在此对各文献作者一并致谢！

21 世纪初叶，是我国社会经济发展的重要时期，同时也是我国道路交通从紧张和制约状态实现全面改善并迈向资源节约型、环境友好型可持续发展之路的关键时期，道路交通安全是实现这一发展目标中重要而且艰巨的组成部分。希望通过我们大家的共同努力，为我国交通安全事业的发展贡献微薄之力。

何　勇

2008 年 3 月

前　言

当前，交通安全已经成为全世界一个严重的社会问题，随着世界各国对交通安全问题的日益关注，道路交通安全技术应运而生。道路交通安全技术是研究道路交通系统中人、道路、车辆和环境的基本安全特性、相互依存关系和相互作用，尽最大可能控制系统中人的不安全行为和道路、车辆及环境的不安全状态，保障系统协调正常运行的交叉边缘学科。因而，道路交通安全技术不同于单一的自然科学或社会科学的学科，它具有自然科学和社会科学中多种学科内容相互渗透交叉的边缘学科特性。其研究的对象，不仅与道路、车辆和环境中的自然科学、工程技术相关，而且与人的生理、心理及社会因素（文化水平、政治修养、生活方式、风俗习惯等）等有关。在研究过程中，既要以动态的方法研究系统中四大要素在交通中的基本特性，也要注重它们间的相互关系和相互作用研究。也就是说，道路交通安全技术不仅与交通运输与规划工程、安全科学技术、电子技术、机械工程（汽车）、计算机科学技术、材料科学、心理学等密切相关，也与管理学、经济学、法学、地球科学（应用气象学）、临床医学、应用数学、力学和统计学等众多科学技术相关。

诚然，没有必要也不可能要求从事道路交通安全技术的管理人员和技术人员掌握如此庞杂的知识和技能。然而，不应漠视这些学科对交通安全问题的研究和应用所发挥的作用，更主要的是需要全社会了解交通安全问题的复杂性。在道路交通系统运行过程中，四大要素的状态及相互关系随时间和外界条件的变化而改变，它们之间的协调性和匹配状态也随之变化。正是由于道路交通系统的动态变化和复杂性，使得改善道路交通安全问题的工作十分艰巨和复杂。

道路交通安全技术把人、道路、车辆和环境四大要素相互关联的内容综合在动态交通系统中进行研究，具有自然科学和社会科学中多种学科内容相互渗透交叉的边缘学科的特性。人、车、路、环境四个方面的和谐建设构成了完整的交通安全体系。在道路交通系统运行过程中，四大要素的状态及相互关系随时间和外界条件的变化而改变，正是由于其动态变化和复杂性，使得道路交通安全技术的研究范畴十分庞杂，使得完整的交通安全技术体系尚未完全建立起来。而交通需求的不断增长和日趋多样化，对道路交通安全技术的提高和完善提出了迫切的需求。

为此，交通部公路科学研究院所属安全研究中心、国家交通安全设施质量监督检验中心科研团队在交通运输部主管部门和交通运输部西部项目管理中心的支持下，通过大量的科学试验和应用实践，总结多年在国内外从事交通安全研究工作的成果，编写了这本《道路交通安全技术》。本书针对交通安全中亟须解决的诸多问题，系统阐述了交通安全的基本理论和应用技术，归纳了国内外在交通安全技术领域的最新理论和研究成果，展望了交通安全技术的研究发展方向。作者力图使本书能成为从事交通安全技术研究的科研工作者和管理人员，以及有志于从事交通安全工作的有识之士和社会大众的一本有价值的参考书。

本书共分为二十二章，各章名称及主要执笔人如下：

第一章　总论	何勇
第二章　道路交通安全数据采集与调查	李长城、张铁军、何勇
第三章　公路交通安全数据库技术	张高强
第四章　交通安全评价技术	唐琤琤、张铁军
第五章　速度管理技术	何勇、刘兴旺
第六章　双车道公路线形安全技术	张巍汉、刘洪启
第七章　交通宁静技术	吴京梅、何勇、娄峰
第八章　平面平交口安全技术	刘洪启、黄斌
第九章　交通冲突技术	张巍汉
第十章　路面安全性能	和松
第十一章　路侧安全技术	高海龙、李长城
第十二章　长大下坡路段安全处置技术	吴京梅、何勇
第十三章　公路安全与景观	张巍汉、刘洪启
第十四章　标志联网技术	侯德藻、何勇、姜明
第十五章　交通安全实验技术	朱立伟
第十六章　实车碰撞与仿真技术	侯德藻、李勇
第十七章　车辆安全技术	侯德藻
第十八章　交通安全心理学	狄胜德
第十九章　公路交通气象	杨涛、包左军、李长城
第二十章　智能交通与交通安全	李长城、高海龙
第二十一章　地理信息系统(GIS)在公路交通安全中的应用	廖军洪、何勇
第二十二章　公路交通安全立法体系	岳小花
第二十三章　交通安全经济分析	罗俊鹏

全书由何勇统稿审核，杨文静参加了书稿的统稿校阅和部分章节的起草工作。本书是一份集体劳动和智慧的结晶，衷心感谢所有参与书稿撰写的同仁的大力支持和辛勤劳动，也是交通运输部公路科学研究院＆国家交通安全设施质量监督检验中心交通安全科研团队希望能为我国道路交通安全状况的改善作出奉献的一种体现。

在本书编写过程中，参阅了大量国内外的文献资料，由于条件所限，未能与原著者一一取得联系，引用及理解不当之处，敬请谅解，并向这些文献资料的原作者表示衷心的感谢。

由于写作时间仓促及作者理论水平有限，本书中难免有诸多错漏及不足之处，在此诚恳希望广大读者不吝指教。

编著者

2007年4月

目　录

第一章 总 论

第一节 道路交通安全技术研究内容

一、道路交通安全技术定义

1. 概述

交通安全本意是泛指道路、铁路、水路(航运)和航空等行业的交通运输安全,但由于道路交通事故比例占了上述各类事故总和的绝大部分,社会反映较大,因此一般情况下谈论的交通安全问题主要是指道路交通安全,交通事故也主要是指道路交通事故。而其他的交通安全问题则以铁路运输安全、水路交通安全和航空运输安全称谓,发生的运输事故也分别称为铁路运输(安全)事故、水路交通(安全)事故和航空(运输安全)事故。为了准确无误,谈论交通安全问题时也常以道路交通安全全称出现。

道路交通安全问题是现代道路交通业和汽车工业迅猛发展而伴生的严重社会问题。道路交通是人类赖以生存的必备条件"衣、食、往、行"中重要的一环,交通(出行)是现代文明社会最重要的活动之一。汽车是人类文明和技术进步的结晶,它改变了人类的出行方式,扩大了活动空间,提高了生活质量,推动了社会的文明进步,改变了人类的生活。在享受现代道路交通和汽车带来的舒适和便捷的同时,无情的交通事故正时刻吞噬着人们宝贵的生命。据统计,自有记录的交通事故发生以来,全世界死于道路交通事故的人数已近五千万。也就是说,自汽车发明一百多年来,全世界累计死于道路交通事故的人数已相当于两次世界大战的死亡人数。现全世界每年在道路交通事故中,死亡人数有近 120 万,受伤人数逾千万,由此致残的人员逾百万,且大部分是社会劳动主力军的青壮年人群,道路交通事故给人类社会和经济发展带来的伤害日趋增大。所以,人们把道路交通事故称之为一场时刻发生的"对人类不宣而战的战争"!

世界各国真正对交通安全问题的关注始于 20 世纪 70 年代,在进入 21 世纪的近几年,交通安全问题再度引起全世界的高度重视。第二次世界大战之后,世界大多数国家着手医治战争创伤,开展了大规模的经济重建工作,掀起了前所未有的基本建设热潮。城镇化、交通和汽车工业的飞速稳定发展和相互促进,使西方主要国家进入了经济繁荣时期。伴随社会经济的发展,这些国家道路交通事故数量在 20 世纪 70 年代也达到了高峰,造成交通拥挤,环境污染,事故频繁,伤亡惨重。交通事故成为人们谈虎色变的最大社会公害之一,严重阻碍了社会经济的快速发展,迫使各国政府不得不采取积极的应对措施,也就促使了道路交通安全技术的快速发展。

安全是人类社会生活幸福的前提,是社会稳定及和谐发展的保证。预防交通事故,保障交通安全,确保出入平安,是人类社会的共同期盼和追求。自古以来,人类就希望能像天空中的鸟儿一样自由自在地飞翔。现代交通和汽车工业的技术进步及飞速发展，正逐步帮助人类实现这个“自由”的梦想。但是，自由的前提是安全！也正因为如此，人类社会对道路交通安全问题倾注了大量的心血。历史上，发达国家对交通事故危害的认识始于20世纪30年代。如世界上汽车工业最发达的国家之一——美国，从第一次世界大战以后，就一直占据汽车生产量、拥有量和道路交通量的排行榜首位。但其道路交通事故也是惊人的，1920年就有12 500人因交通事故死亡，1925年死亡人数达21 900人，1930年猛增到32 900人。面对如此严重的交通事故伤害，人们不得不正视它，这就促进了道路规划、设计、建设和交通规划、管理等技术的产生，以及作为独立学科的现代交通工程学及道路交通安全技术学的诞生。我国1901年进口了两辆汽车，1930年可供汽车行驶的公路达到27 410km。1934年颁布了公路工程暂行督察办法，成立了汽车牌照管理所，同年，苏浙皖京沪交通委员会制定了公路交通标号志设置规则，1940年制定了全国汽车肇事报告实施办法。1981年12月20日在广东佛山市成立的中国公路学会交通工程学会，标志着我国对交通工程学的研究和实践进入了一个新的时代，并逐步推动了我国在交通管理和道路交通安全技术方面的科学研究和实践应用。

2. 道路交通系统

道路交通是由人、车、路和环境等四大要素构成的动态系统。其中，人包括驾车人(驾驶员)、骑车人、行人等，车包括机动车(汽车)和非机动车(自行车、三轮车等)，路指公路和城市道路，环境指交通管理、路侧自然环境、城区及居住区环境、气象条件等，如图1-1所示。在道路交通系统中，人是主体，是有意识的自主因素，起着主导控制作用。车是系统中的工具，路是系统存在的基础设施，环境(管理)是对系统起特定作用的影响因素。人接受车、路和环境的信息，经过加工处理和判断后形成指令，指令通过驾驶操纵行为，对车实施控制，使车在路和环境中运动。人通过对车、路和环境在系统运动过程中不断变化的信息感知及信息反馈调整指令。如此循环往复，保持系统的工作直至过程结束。车是系统中的可控因素，路和环境是不可控因素，但这只是相对车来说，在特定时间的系统运动过程中，路和环境是不依人的意志而改变的。

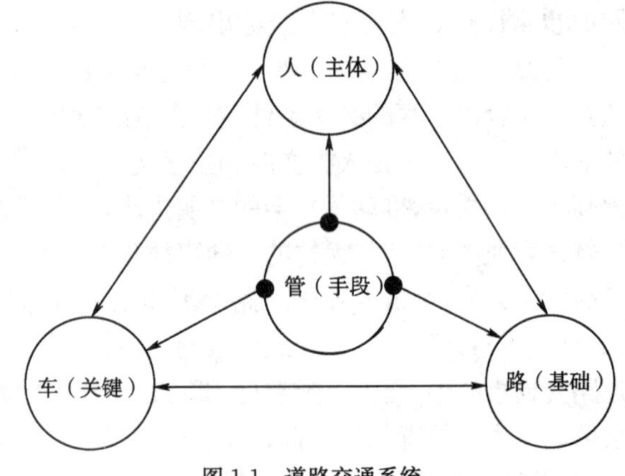

图1-1　道路交通系统

人、车在路和环境中的运动构成了道路交通，即人、车、路和环境相互独立的四大要素相互作用、相互依赖构成了道路交通这一特定的动态系统。在这个动态系统中任何一个要素的变化都会对整个道路交通产生影响，道路交通事故就是系统在运动中不协调或失衡造成的，是信息感知和信息反馈不当并引发指令错误导致的结果。

安全、快捷、经济、舒适(和谐)和低公害是道路交通这一动态系统的基本要求。其中，安全是诸要素的基础，只有保证了安全才能谈快捷、经济、舒适(和谐)和低公害的问题。要保障道路交通系统的安全，就应使其协调地运转。从科学定义而言，安全是指不发生损失或伤害的一种状态；事故是人在实践活动中，突然发生并迫使其活动暂时或永远终止的一种意外事件。事件的发生可能造成损失或伤害，也可能不造成损失或伤害，即事件分为事故事件(简称事故)和未遂事件(或称过失)。交通事故的发生是由于人的不安全行为和物(道路、车辆、环境)的不安全状态所造成的。道路交通安全技术的任务就是要尽最大可能去控制系统中的不安全因素(行为和状态),保障系统协调、正常运行。

3. 道路交通安全技术定义

道路交通安全技术是研究道路交通系统中人、道路、车辆和环境的基本安全特性、相互依存关系和相互作用,尽最大可能控制系统中人的不安全行为和道路、车辆及环境的不安全状态,保障系统协调正常运行的交叉边缘学科。道路交通安全技术是以人的出行和物品的运输为核心,把人、道路、车辆和环境四大要素相互关联的内容综合在动态交通系统中进行研究,对系统的安全性、可靠性、经济性进行评价,寻求交通事故最少,交通伤害和损失最低的系统保障措施,达到安全、快捷、经济、舒适和低公害的系统目标。

由此可见,道路交通安全技术不同于单一的自然科学或社会科学的学科,它具有自然科学和社会科学中多种学科内容相互渗透交叉的边缘学科特性。其研究的对象,不仅与道路、车辆和环境中的自然科学、工程技术相关,而且与人的生理、心理及社会因素(文化水平、政治修养、生活方式、风俗习惯等)等有关。在研究过程中,既要以动态的方法研究系统中四大要素在交通中的基本特性,也要注重它们间的相互关系和相互作用研究。也就是说,道路交通安全技术不仅与交通运输与规划工程、安全科学技术、电子技术、机械工程(汽车)、计算机科学技术、材料科学、心理学等密切相关,也与管理学、经济学、法学、地球科学(应用气象学)、临床医学、应用数学、力学和统计学等众多科学技术相关。诚然,没有必要也不可能要求从事道路交通安全技术的管理人员和技术人员掌握如此庞杂的知识和技能。谈论这一点,是让从事交通安全工作的管理人员和技术人员知道道路交通安全技术与其他学科的相互交融关系,不应漠视这些学科对交通安全问题的研究和应用所发挥的作用,更主要的是需要全社会了解交通安全问题的复杂性。在道路交通系统运行过程中,四大要素的状态及相互关系随时间和外界条件的变化而改变,它们之间的协调性和匹配状态也随之变化。正是由于道路交通系统的动态变化和复杂性,使得改善道路交通安全问题的工作十分艰巨和复杂。

4. 几个相关概念

(1)安全与不安全的相对概念

道路交通系统是一个动态系统,不可能做到绝对的安全。绝对的安全是不存在的,安全与不安全(危险)只是一个相对的概念。安全是指不会发生伤害或财物损失的一种状态,危险(不安全)是指易于受到伤害和财物损失的一种状态。安全的实质是防止事故,尽可能排除导致伤害和财物损失发生的条件。

道路的安全状况是由预期的交通事故发生频率及其严重程度来衡量的,是在一定社会经济发展条件下或一定特定时期内,社会大众及政府可接受或忍受的一个量度。就目前世界各国的状况而言,大多数情况下,道路的安全水平是事先未曾仔细分析评估过的。道路安全是一个度的问题,即一条道路可以更安全或更不安全,没有任何一条运营中的道路或依标准改善后的道路是绝对不发生事故的。所以,将安全解释为不发生或不会发生事故是毫无意义的,也是不会被大众接受的,并可能将安全工作者引入歧途。一定特定时期内,社会大众及政府可接受或忍受的就是要将道路交通安全状况控制在可接受的范畴里。

(2)安全与标准的关系

这里所说的标准，是指与道路交通安全相关的技术标准、规范和国家相关法律、管理法规等的统称。通常情况下，人们普遍认为按标准建设或改造的道路是安全的，或是恰好安全的；但往往与事实有所出入。这个事实就是按标准建设或改造的道路既不是安全的，也不是不安全的，也不是恰好安全的。不可能做到按标准建设的道路绝对安全，因为没有什么方法和工具能将预期的安全水平修建到道路中去，道路的安全受到许多独立于标准外的因素的影响。单纯地遵循标准并不一定就能使道路建设恰好安全，按标准建设的道路既不是很安全也不是应该安全的。

众所周知，标准并非是最先进的。标准都是一定时期管理和技术成果经验的总结，是有界限的标准。有界限的标准就不可能告诉管理及技术人员最安全的建设和管理方法是什么；相反，管理及技术人员将允许的界限具体化了，而这个界限是受到约束的。标准的制订考虑了道路的安全性，但是标准同时还需要考虑普遍性、通用性和经济性的平衡，因此安全方面的因素总会被削弱。事实上，只满足界限标准不是产品（道路）安全的标志；相反，只满足这种标准表明道路建设和管理在安全方面是不充足的。故管理及技术人员必须依据实际建设条件，评估具体道路的建设状况，超前于标准的规定，追求应用最新的研究成果或技术，去进行合理的道路建设和管理工作。

(3)安全是平衡

安全问题是一定时期社会经济发展水平的反映，安全是社会期盼与投资权衡的产物。安全与经济是一对矛盾，良好的道路建设和管理应平衡安全性与投资成本之间的矛盾。明确安全性与投资成本之间的冲突，便于管理者能够根据能力和时间作出适当的决定，即使由于资金限制不能立即解决存在的安全问题，也应使管理者对可能发生的安全问题有所准备，并将其列入相应的完善日程，使道路交通安全问题处于可控状态，从而达到安全性与投资之间的平衡，也可以说是取得最佳的经济效益。良好的道路建设和管理不可能完全消除道路隐患路段，更不能完全避免交通事故的发生。因此，道路交通安全技术的目的，就是尽最大可能减少交通事故发生频率并降低其严重程度。良好的道路建设、对运营道路加以持续的交通安全评估、改善以提高道路管理水平是必须的，是减少交通事故发生频率及降低其严重程度的一个重要方法。

(4)道路交通安全技术与交通工程学的关系

可以看出，道路交通安全技术与交通工程学都是研究道路交通系统中人、车辆、道路和环境的基本特性、相互依存关系和相互作用的交叉学科。两者的研究范围基本相同，区别在于研究的重点及目的不同。交通工程学研究的重点是交通流、交通生成及其规律、通行能力等，目的主要在于保障道路交通系统畅通，提高道路网通行效益。道路交通安全技术研究的重点是道路交通系统的安全性、可靠性、系统控制、应急救援及保障措施等，目的主要在于提高道路交通系统的安全性及可持续性发展，兼顾畅通及效益。

二、道路交通安全技术范畴

道路交通安全技术把人、道路、车辆和环境四大要素相互关联的内容综合在动态交通系统中进行研究，具有自然科学和社会科学中多种学科内容相互渗透交叉的边缘学科的特性。人、车、路、环境四个方面的和谐建设构成了完整的交通安全体系。在道路交通系统运行过程中，四大要素的状态及相互关系随时间和外界条件的变化而改变，正是由于其动态变化和复杂性，使得道路交通安全技术的研究范畴十分庞杂。因此，要明确一个完善的道路交通安全研究体系是困难的。

经过数十年的研究和实践活动，国内外都一致认为，要使交通安全工作达到预期的效果，必须从四个方面(4E)即管理(Enforcement)、教育(Education)、工程技术(Engineering)和环境(Environment)同时开展工作，所以也把交通安全工作称为4E工程。管理和教育属于人的要素，工程技术包含道路和车辆要素。故本书力求从影响交通安全的人(管理和教育)、车辆、道路、环境4大要素来全面展开叙述道路交通安全技术的研究范畴。

1. 人

在影响道路交通安全的诸多因素中，人是主体，人是最重要的因素。其中，驾车人、骑车人、行人和乘客是交通直接参与者，交通安全管理人员、车辆维护人员和道路养护人员是间接参与者，他们都会对交通安全带来一定的影响，而驾车人、行人、骑车人是人因素中的研究重点。

管理和教育是做好交通安全工作的手段。完善交通运输管理法规，对交通参与者，特别是交通管理人员、驾驶人、行人、骑车人进行安全意识和交通法规教育和技术培训，提高交通管理水平，是预防交通事故发生最艰辛但又富有成效的基础工作。减少交通事故最有效的方法是改变人的行为方式或犯错误的倾向，同时改进车辆、道路本身。人方面的工作内容如表1-1所示。

交通中关于“人”的工作内容 表1-1

<table>
<tr><td rowspan="31">交通中关于“人”的工作内容</td><td rowspan="11">交通安全心理学
(人机工效与行为研究)</td><td>人的基本驾驶能力</td></tr>
<tr><td>驾驶人信息处理过程</td></tr>
<tr><td>驾驶人个性心理特征</td></tr>
<tr><td>行人交通特性</td></tr>
<tr><td>骑车人交通特性</td></tr>
<tr><td>驾驶人的交通特性</td></tr>
<tr><td>驾驶适应性</td></tr>
<tr><td>道路几何线形</td></tr>
<tr><td>人机友好界面</td></tr>
<tr><td>交通信息对驾驶行为的影响</td></tr>
<tr><td>交通拥堵驾驶行为</td></tr>
<tr><td>驾驶培训</td><td></td></tr>
<tr><td rowspan="2">全社会交通安全教育</td><td>交通安全教育普及方法与形式</td></tr>
<tr><td>交通安全教育内容及更新</td></tr>
<tr><td rowspan="4">运输管理</td><td>危险品运输管理</td></tr>
<tr><td>超载运输管理</td></tr>
<tr><td>旅客运输安全</td></tr>
<tr><td>场站枢纽安全</td></tr>
<tr><td rowspan="4">事故管理</td><td>交通事故严重度分析</td></tr>
<tr><td>交通事故责任界定(人、车、路)</td></tr>
<tr><td>交通事故数据库</td></tr>
<tr><td>交通事故应急处理与紧急救援系统</td></tr>
<tr><td rowspan="3">路政管理</td><td>路面检测与养护技术</td></tr>
<tr><td>交通工程设施检测与养护技术</td></tr>
<tr><td>冰、雪、雾路段上的监控与防护</td></tr>
<tr><td rowspan="3">综合管理</td><td>全国道路交通信息数据库</td></tr>
<tr><td>全国道路设施设置信息数据库</td></tr>
<tr><td>全国道路交通信息网</td></tr>
<tr><td>交通安全法律、法规</td><td></td></tr>
<tr><td>医疗创伤与紧急救援系统</td><td></td></tr>
<tr><td>保险系统</td><td></td></tr>
</table>

2. 车

车辆是道路交通安全的关键，需要从车辆的设计、制造、安全检测、维护、修理等多方面着手，提高车辆的使用性能，特别是与安全有关的性能，保持车辆良好的技术状况，完善车辆的安全结构(包括预防事故和减少损失等两方面的结构)。通过这些措施，力求把车辆机械事故降低到最低限度，并提高其行驶的安全性。

车辆对道路交通安全的影响包括两个方面：一是"防患于未然"的主动安全技术；二是发生事故时尽量降低伤害的被动安全技术。对上述两方面涉及的车辆性能的日常检测，从而保障车辆良好的操控性能，成为从车辆角度出发提高交通安全的关键所在。

主动安全技术包括保证驾驶者有清晰的视野、更易于驾驶的操作设计等，使驾驶者能够将全部注意力集中到道路上的各种情况；被动安全技术包括事故回避技术，如提高车辆的行驶、转弯、制动等基本功能，以及车辆辅助稳定技术、对驾驶人和乘员的防护等。车辆方面的工作内容如表 1-2 所示。

交通中关于"车"的工作内容 表 1-2

交通中关于"车"的工作内容	车辆主动安全性能	刹车与制动性
		转向
		悬架
		驾驶室视野
		驾驶人工作环境
		前照灯
	车辆被动安全性能	对行人的防护
		对驾驶人和乘员的防护
		人机友好界面
	车辆安全性能检测	
	ITS 技术应用	

3. 路

道路是安全行驶的基础。研究掌握道路交通安全性能的基本情况，分析并确定道路几何线形、路基、路面、桥梁、隧道、交通标志、标线、护栏等的组合运用；对设置不合理而可能导致的安全隐患因素，进行深入研究并提出技术改进措施；抓好道路的设计、修建、改造、养护等环节，及时完善交通信号、标志标线以及交通控制、通信和其他安全设施，是道路交通安全工作的基础。良好的道路、车辆设计可以减少人的错误(或失误)的影响范围，降低由人的错误(或失误)导致的交通事故的频率及其严重程度。道路方面的工作内容如表 1-3 所示。

交通中关于"路"的工作内容 表 1-3

交通中关于"路"的工作内容	标准符合性研究	技术指标符合性
		路权符合性
		交通量符合性
		运行速度的协调性
		运行速度与计算行车速度的协调性
	交通事故基本原理及数据库技术	交通事故的基本规律及原理
		数据的采集及分析技术
		交通事故数据库及应用技术
		交通事故的预测及应用技术(模型)

续上表

交通中关于“路”的工作内容	计算机模拟仿真技术	事故再现
		实验仿真
		仿真评价
	道路交通安全评价技术	评价程序
		评价清单
		隐患路段(黑点)识别、诊断
		隐患路段(黑点)改进措施
		隐患路段(黑点)效果评价
	速度管理技术	限速值的确定方法
		限速方案的确定方法
		限速区的确定方法
		超车安排及管理
		综合减速措施
		速度管理政策与燃油政策
	交通安全经济性分析	指标体系
		定量指标
		经济性分析评价方法
		交通设施改善效益评估
		交通安全风险评估
	交通安全实验及检测技术	
	路线(几何线形)	总体线形指标
		平曲线
		纵坡
		长直线
		视距
		横断面
	路基路面	路面
		软基与路基沉陷
		边坡及防护
		边沟及排水
		堤坝路
		过水路面
	桥梁	长大桥梁交通安全
		桥头两端接小半径曲线
		曲线桥
		桥梁纵坡对视距影响
		桥梁路面状况
		桥头形式
		桥面排水与结冰
		桥梁照明
		桥梁护栏
		桥头护栏连接过渡
		特殊桥梁形式(驼峰桥、漫水桥)安全问题
		紧急应变及紧急救援系统
	隧道	长大隧道交通安全

续上表

交通中关于“路”的工作内容	隧道	隧道群交通安全
		隧道内纵坡
		隧道路面与洞口抗滑性能
		隧道排水
		隧道照明标准与设置
		洞口两端连接与过渡
		消防设施
		紧急应变及紧急救援系统
		紧急路段隧道设置(在长大下坡、长直线路段之后)
	平面交叉路口	平面交叉路口间距
		路权分配与渠化设置
		平面总体布置
		交通流向与车道变换
		左转、右转车道线形及设置
		路口视距
		行人通道及穿越安全性
		安全岛设置
		自行车道
		环行交通岛设置
		信号控制
		交通标志及其他公路设施设置
		铁路—公路平面交叉口
	立体交叉	立交间距
		平面总体布置
		加速和减速车道
		分流/分流区设计
		匝道线形
		匝道控制
		行人通道及穿越安全性
	交通信号	信号控制与相位设置
		交通信号灯设置
		警示灯设置
		信号设施的有效性
	照明	照明与安全因素的匹配性
		灯柱对交通安全影响
	交通标志	现有标准的完善
		标志设置的合理性和有效性
		标志视认性
		交通标志支撑方式、视距和净空
		交通标志结构、材料
		解体消能标志与结构碰撞安全性
		标志标线设置的一致性
		路网标志设置方法
		标志设置评估
	路面标线	标线设置的合理性
		车道、车辆分离有效性
		标线的视认性
		标线的形式选择,“减速让行”和“停车让行”标线的设置

续上表

<table>
<tr><td rowspan="24">交通中关于"路"的工作内容</td><td rowspan="3">路面标线</td><td>标线颜色的选择及合理性</td></tr>
<tr><td>视错觉标线</td></tr>
<tr><td>反光突起路标(道钉)</td></tr>
<tr><td rowspan="2">路面标线</td><td>标线材料及其抗滑性能</td></tr>
<tr><td>标线设置评估</td></tr>
<tr><td rowspan="9">路侧安全</td><td>路侧净区</td></tr>
<tr><td>宽容路侧设计技术</td></tr>
<tr><td>路侧防护分级及对策</td></tr>
<tr><td>防撞设施的种类与性能</td></tr>
<tr><td>防撞护栏设置及合理性</td></tr>
<tr><td>护栏端部过渡及处理</td></tr>
<tr><td>老桥桥梁护栏安全改善</td></tr>
<tr><td>旧桥交通安全评估及改善</td></tr>
<tr><td>路肩振动带</td></tr>
<tr><td rowspan="3">施工和维护作业区</td><td>工作区速度控制</td></tr>
<tr><td>作业区防护对策</td></tr>
<tr><td>交通控制设施</td></tr>
<tr><td rowspan="3">交通网络安全问题</td><td>规划中的安全问题</td></tr>
<tr><td>接入管理</td></tr>
<tr><td>路网安全评估</td></tr>
<tr><td>ITS技术应用</td><td></td></tr>
</table>

4. 环境

环境对交通安全的影响在近期逐步引起社会的高度重视。路侧自然环境、土地利用限制、野生动物及牲畜、路外灯光及照明对交通安全都有影响，而气象条件如白昼、风、雨、雪、雾等对交通安全的影响更是显而易见的。环境方面的工作内容如表 1-4 所示。

交通中关于"环境"的工作内容 表 1-4

<table>
<tr><td rowspan="9">交通中关于"环境"的工作内容</td><td rowspan="3">自然环境</td><td>林区交通安全</td></tr>
<tr><td>戈壁、沙漠地区交通安全</td></tr>
<tr><td>牲畜及野生动物防护</td></tr>
<tr><td rowspan="5">城区及居住区环境</td><td>宁静交通设计技术</td></tr>
<tr><td>行人防护、警告设施设置</td></tr>
<tr><td>沿线停车规划与设置</td></tr>
<tr><td>路侧广告管理</td></tr>
<tr><td>路外灯光、霓虹灯影响</td></tr>
<tr><td>交通安全气象学</td><td></td></tr>
</table>

由上可见，道路交通安全技术是一个内涵十分丰富的范畴，它涉及到人、车、路和环境四个互相影响、互相作用、紧密相关的方面，关联到的学科、技术和研究内容相当繁杂，在此，虽然将人、车辆、道路和环境所涉及的范畴尽量列举，但也难以穷尽。

因此，许多学者从交通安全研究工作的层次上，将道路交通安全技术从整体上大体分为以下几个部分：

(1)基础性科学研究层面

包括交通安全框架体系、交通事故机理、事故预测、事故再现、交通创伤学、交通安全心理学、交通安全模拟与仿真、路面抗滑机理、碰撞机理分析等。

(2)管理科学研究层面

包括交通安全战略、紧急救援体系、交通安全法律法规、交通安全经济评价、交通安全管理、交通安全宣传、教育培训、驾驶人培训、医疗救助、保险等。

(3)应用技术研究层面

包括道路交通安全评价方法、事故黑点判别、交通安全人机工效学、道路安全改造措施、道路设施养护管理,车辆主动、被动安全技术、ITS 技术应用、标准规范制订,安全防护设施、装备、产品、材料等研究。

依上述分类方法,具体研究内容列表如下:

(1)基础性科学研究层面

①交通安全框架体系研究

②公路交通安全问题成因研究

③交通事故机理

④事故预测研究

⑤事故再现与仿真研究

⑥交通安全心理学

⑦交通管理和道路使用者行为的研究

⑧交通安全模拟与仿真

⑨路面抗滑机理研究

⑩碰撞机理分析

⑪动(静)态环境中交通标志的视认性机理研究等

(2)管理科学研究层面

①道路交通安全战略研究

②道路交通安全紧急救援体系研究

③道路交通安全紧急救援技术研究

④交通安全法律、法规研究

⑤交通安全经济评价技术研究

⑥交通安全管理技术研究

⑦客、货运输安全技术研究

⑧危险品运输管理技术

⑨驾驶人培训体系及管理技术研究

⑩交通安全宣传

⑪交通安全社会教育培训

⑫交通安全社会医疗救助

⑬交通安全社会保险

(3)应用技术研究层面

①交通量及其数据库技术研究

②交通事故及其数据库技术研究

③道路交通安全信息管理系统研究

④道路安全评价技术研究

⑤路侧安全技术研究
⑥隐患路段(黑点)判别技术研究
⑦速度管理技术研究
⑧交通宁静技术研究
⑨交通冲突技术研究
⑩实车碰撞与仿真技术研究
⑪线形安全设计技术研究
⑫平面交叉口安全技术研究
⑬长大下坡(缓冲车道)安全技术研究
⑭标志标线安全设计技术研究
⑮公路安全设施、装备、产品、材料
⑯特殊气候环境安全技术措施
⑰特大桥交通安全运行监控系统
⑱特长隧道交通安全运行监控系统
⑲特长隧道安全运营策略及工程措施的研究
⑳交通安全检测及养护技术的研究
㉑交通安全检测装备技术的研究
㉒交通安全实验技术研究
㉓交通安全创伤学
㉔交通安全工作服饰材料与应用研究
㉕危险品运输与控制技术
㉖道路景观与安全
㉗交通安全气象应用技术
㉘交通安全与智能交通
㉙道路安全改造工程经济评价研究
㉚道路安全工程后评价技术研究
㉛人机工程在道路线形中的应用研究
㉜人、车辆、道路交互技术的研究
㉝车辆主动安全技术研究
㉞车辆被动安全技术研究
㉟驾驶模拟与仿真技术研究
㊱技术标准规范框架体系研究
㊲技术标准规范制订

三、本书内容

上面将道路交通安全技术涉及的范畴从两个方面进行分类并尽量列举，可以看出其内容的庞杂。本书重点从以下几个方面进行论述。

(1)数据及数据库分析技术

(2)交通事故预测

(3)交通安全工程资料采集
(4)交通事故现场勘查、数据采集
(5)交通安全评价技术
(6)交通宁静技术
(7)交通冲突技术
(8)速度管理技术
(9)线形安全设计技术
(10)平面交叉口安全
(11)路侧安全及防护技术
(12)实车碰撞与仿真技术
(13)长大下坡(应急车道)安全技术
(14)标志联网
(15)公路景观与安全
(16)公路交通气象
(17)道路交通安全控制技术
(18)交通安全与智能交通(GIS与交通安全)
(19)车辆安全技术
(20)交通安全心理学(交通安全人机工效学)
(21)交通安全实验技术
(22)交通安全经济分析
(23)交通安全法律法规

第二节　道路交通事故

一、道路交通事故的定义

开展道路交通安全技术研究和应用实践，最直观的目的是尽可能使道路交通事故减少，使交通伤害和损失最低，从而达到安全、快捷、经济、舒适和低公害的系统目标。也就是说，道路交通安全技术研究和应用实践的核心问题是道路交通事故。因此，谈论道路交通安全问题必须对道路交通事故的内涵有明确的认识。

中华人民共和国第十届全国人民代表大会常务委员会于2003年10月28日通过了《中华人民共和国道路交通安全法》，并自2004年5月1日起施行。道路交通安全法对"道路交通事故"的内涵给予了明确的定义：道路交通事故是指车辆在道路上因过错或者意外造成的人身伤亡或者财产损失的事件。这一定义比较符合我国现阶段道路交通的发展状况和管理需求，定义包含车辆、道路、运动、原因、事态和后果6大要素。

(1)车辆，是指机动车和非机动车。车辆是产生交通事故的主体和前提条件，即在交通事故产生的各个条件中，必须触及到车辆，没有车辆的参与则不能称其为交通事故。如行人在道路上行走，发生与车辆无关的意外事件(如跌落或碰撞其他物体)致伤或致死等，不属于道路交通事故。

(2)道路,是指公路、城市道路,和虽在单位管辖范围但允许社会机动车通行的地方的总称,包括广场、公共停车场等用于公众通行的场所。道路是产生交通事故的承载体和基本条件,在这里其有一个比较明确的特性,即社会性、开放性。道路交通事故中所谈及的道路,必须是通常情况下对社会公众开放使用的地方,而厂矿、机关、学校及其他企事业单位大院内部和居民小区内不具有公共使用性质、不向社会公众开放使用的道路上发生的交通事故,我国相关管理部门不将其列入统计范畴。但与道路相毗连的,供社会公众开放通行的广场、公共停车场等场所发生的交通事故则列入了交通事故统计范畴。行驶中的车辆自燃,但不造成人员伤亡的不列入统计范畴。

(3)运动,或明确表征为车辆运动,即产生交通事故的瞬间车辆必须处于运动状态,包括其在道路上正常行进、停车、倒车及停止后溜车等状态。

(4)原因,包括违章和过失,指车辆在道路上运动时因违章或者因意外事态产生过失,处置不当而产生的事件方称为交通事故。而驾驶人利用车辆有意制造事件则不计入交通事故,此为刑事案件。

(5)事态,确切地说是产生事态,指车辆在道路上运动时因过错或者意外产生交通事故时,须发生碰撞、碾压、翻车(翻滚)、坠车、爆炸、失火、刮蹭等其中的一种或几种事态。

(6)后果,这是交通事故的本质特征。此指车辆在道路上运动时,因违章或者因意外事态产生过失,处置不当而产生事件,还必须产生死伤或财产损失等后果时才计入交通事故。

二、道路交通事故分类

道路交通事故分类是统计和研究分析工作的前提。分类的目的在于统计、分析和研究交通事故的特性,从而发现交通事故产生的主要原因和基本规律,进而寻求解决道路交通事故问题的对策。按解决交通事故问题的不同角度,道路交通事故主要有以下 5 种分类。

(1)按事故后果分类

我国按交通事故造成的人身伤亡的严重程度或者财产损失的数额大小,常把交通事故分为轻微事故、一般事故、重大事故和特大事故。

①轻微事故

轻微事故是指一次事故造成轻伤 1~2 人;或按财产损失计算,机动车事故不足 1 000 元,非机动车事故不足 200 元的交通事故。

②一般事故

一般事故是指一次事故造成重伤 1~2 人;或轻伤 3 人以上;或按财产损失计算不足 3 万元的交通事故。

③重大事故

重大事故是指一次事故造成死亡 1~2 人;或者重伤 3 人以上 10 人以下;或按财产损失计算 3 万元以上但不足 6 万元的交通事故。

④特大事故

特大事故是指一次事故造成死亡 3 人以上;或者重伤 11 人以上;或者死亡 1 人,同时重伤 8 人以上;或者死亡 2 人,同时重伤 5 人以上;或按财产损失计算 6 万元以上的交通事故。

我国现阶段还将一次事故造成死亡10人以上的交通事故列为重特大事故，并对一次事故造成死亡30人以上的事故案例进行专案处理。特大事故等一般由各地政府和交通管理部门依职权自行及时处置，但重特大事故发生后，各省（市、区）政府和交通管理部门须及时上报国务院及国家安全监督和交通管理部门，通常情况下国家安全监督总局将牵头组织联合调查小组进行专案调查处置，并向社会公众及时公布事故原因、处置动态及结果等情况。

(2)按事故责任分类

根据交通事故处置时当事各方应承担事故主要责任的不同，我国将交通事故分为机动车事故、非机动车事故和行人事故三类。在交通事故产生后，依据分析和判定事故当事各方中，机动车负同等责任或主要以上责任的事故均视为机动车事故。非机动车负主要以上责任的事故视为非机动车事故，但非机动车与行人之间发生事故时，非机动车一方负同等责任的应定为非机动车事故。行人在事故当中负主要责任以上的事故则定为行人事故。

(3)按事故产生原因分类

道路交通事故是指车辆在道路上因过错或者意外造成的人身伤亡或者财产损失的事件，即车辆在道路上运动时产生交通事故的原因是当事人（驾驶人和行人）违章或者因意外事态产生过失、处置不当造成的，因此从事故产生原因方面常把交通事故分为违章、过失和处置不当等几类。

(4)按事故发生地点分类

按事故发生地点，我国常把交通事故分为公路和城市道路两类。公路又可以进一步分为高速公路、一级、二级、三级和四级公路等五个类别，近年还增加了农村公路的分类。城市道路主要分为快速道路、主干道路、次干道路、支路和其他道路等。另外，我国还按交通事故发生在道路交叉口和路段来分类。

(5)按事故形态分类

按事故发生后的形态，主要将交通事故分为机动车之间、机动车与非机动车、机动车与行人、机动车与固定物、机动车自身等5类。机动车之间的交通事故可分为碰撞（正面碰撞、追尾碰撞、侧面碰撞等）和刮蹭（超车刮蹭、会车刮蹭）。机动车与非机动车、机动车与行人的事故形态主要是机动车对非机动车、行人发生冲撞、碾压和刮蹭等。机动车因自身行驶速度过快、或车辆转弯侧滑而导致车辆与路侧的护栏、桥梁栏杆、路缘石、大树、灯杆、交通标志杆等固定物冲撞的形态视为机动车与固定物的事故。机动车因自身行驶速度过快、或侧滑而导致翻车和冲出路外坠落、坠崖等事态，且不涉及第二方者，则称为机动车自身事故。

除上述5种主要分类方法外，出于不同的研究需求，交通事故还可按事故发生时间分类（白天、夜间，黄昏、凌晨和高峰时段等）；按伤亡人员年龄、性别分类；按肇事驾驶人驾龄分类；按肇事驾驶员所属行业（指职业驾驶人和非职业驾驶人，职业驾驶人还可细分为客运驾驶人和货运驾驶人）分类等。

三、道路交通事故特性

道路交通事故具有如下特点：

(1)随机性

交通工具本身是一个系统，当它在交通系统中运行时则会牵涉到一个更大的系统。在交通系统这样的动态大系统中，某个失误就能引起一系列其他失误，从而引发危及整个系统的大事故，而这些失误绝大多数是随机的，即是纯粹的随机事件。

道路交通事故往往是多种因素共同作用或互相引发的结果，其中有许多因素本身就是随机的(如气候因素)，而多种因素正好凑在一起或互相引发则具有更大的随机性，因此道路交通事故的发生必定带有极大的随机性。

(2)突发性

道路交通事故的发生通常并没有任何先兆，即具有突发性。驾驶人从感知到危险至交通事故发生这段时间极为短暂，往往短于驾驶人的反应时间与采取相应措施所需的时间之和。或者即使事故发生前驾驶人有足够的反应时间，但由于驾驶人反应不正确、不准确而操作错误或不适宜，从而导致交通事故。

(3)频发性

由于汽车工业的高速发展，车辆急剧增加，交通量增大，造成车辆与道路比例的严重失调，加之交通管理不善等原因，造成道路交通事故频繁，伤亡人数增多，道路交通事故已成为世界性的一大公害。许多国家因道路交通事故造成的经济损失约为其国民生产总值的1%以上。因此，人们称道路交通事故是“无休止的交通战争”。

(4)社会性

道路交通是随着社会和经济的发展而发展的客观社会现象，是人类客观需要的一种社会活动，这种活动是人们日常生活和工作必不可少的。在现代化的城市中，由于大生产带来的社会分工越来越细，人际间的协作和交往也越来越密切，使人们在道路上的活动日趋频繁，成为一种社会的客观需求。

道路交通事故是伴随着道路交通的发展而产生的一种现象，无论何时，只要人参与交通，就存在涉及交通事故的危险性。道路交通随着社会的发展不断地进行演变，从步行到马车再到汽车，直至形成今天汽车的规模。这个过程不仅表明人们对道路交通的追求意识和发展意识，也表征了道路交通事故是随着社会和经济发展而变化的客观存在的社会现象，即道路交通事故具有社会性。

(5)不可逆性

道路交通事故的不可逆性是指其不可重现性。事故是人、车、路组成的系统内部发展的产物，与该系统的变量有关，并受一些外部因素的影响。尽管事故是人类行为的结果，但却不是人类行为的期望结果。从行为科学的观点看，社会上没有哪种行为与事故发生时的行为相类似，无论如何研究事故发生的机理和防治措施，也不能预测何时何地何人将发生何种事故。因此，道路交通事故是不可重现的，其过程是不可逆的。

四、道路交通事故成因

道路交通是由人、车、路和环境四大要素构成的动态系统。其中，人是主体，是有意识的自主因素，起着主导控制作用。道路交通事故成因分析是提高交通管理水平，改善行车条件，降低交通事故率的基础性工作。

1.人的因素是交通事故产生的主因

道路交通事故的发生是由于人的不安全行为和物(道路、车辆、环境)的不安全状态所造成的。分析道路交通动态系统人、车、路和环境四大要素在交通事故中所起的作用,就目前世界各国官方机构和各类组织公布的统计报告和相关数据而言,都指出完全由于驾驶人的过失而导致交通事故的产生是最主要的原因,其次是车辆故障和车辆维护不当。据统计,认为交通事故中驾驶人负主要责任的比例,意大利为41%,美国为57%,巴西和前苏联为75%,原联邦德国为82%,匈牙利74%,波兰96%,中国约90%。而交通事故与道路因素相关比例,统计资料显示巴西为6%,原联邦德国8%,爱尔兰17%,美国35.5%,日本48%,前苏联7.4%~12.1%,而中国不到1%。国际驾驶员行为研究协会(IDBRA)早期进行的一项面对驾驶员的调查报告也列出了与官方机构公布材料大致相符的数据(见表1-5)。

交通事故中相关因素所占比例表(%)　　表1-5

国　家	英国	西班牙	前苏联	法国	瑞典	前南斯拉夫	日本	平均
驾驶人的过失	56.1	92	52.7	85.5	81.1	69.7	44	70.8
道路条件	6.7	6.5	20.6	10.8	6.1	20.4	17.3	11.6

图1-2为一份资料中各因素在交通事故中所占比例的直观反映。

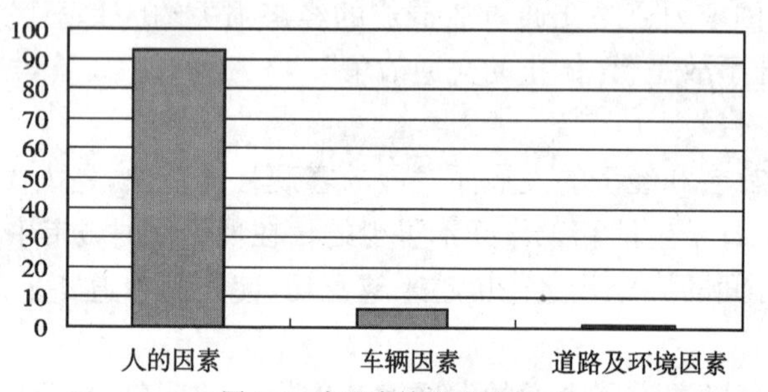

图1-2　交通事故影响因素

交通参与者的交通行为受社会环境、遵章守纪意识、安全意识所主导。据我国交通部门的统计资料分析,人的因素是造成交通事故的主要原因,由此造成的交通事故约占总事故的95.30%,其中因机动车驾驶人的过失造成交通事故的占87.5%,非机动车驾驶人占4.7%,行人、乘客占5.19%,其他人员占2.63%。在我国,驾驶人违章驾驶、注意力不集中、驾驶技术水平低而引发的交通事故大量存在,超载(超员)、违章超车和超速行驶等“三超”现象更是引发重特大交通事故的主要原因。

另外,我国非机动车骑乘人员和行人由于缺乏交通安全意识和自我防范意识,无视交通规则(在非人行横道横穿公路、与机动车辆抢行等)而引发的交通事故也为数不少。从2002年全国交通事故死亡统计数据来看,机动车驾驶人违章肇事共造成85 916人死亡,占全国死亡总数的78.56%;其中因超速行驶、违章占道行驶和不按规定让行等违章肇事造成21 123人死亡,占死亡总数的19.31%;非机动车驾驶人和行人违章肇事分别造成4 589和6 798人死亡,分别占死亡总数的4.20%和6.22%。可见,人的安全意识和交通行为改善是提高交通安全水平、减少交通事故的决定性因素。

2. 不应忽视道路条件和车辆的作用

在人—车—路—交通环境构成的交通系统中,影响交通安全的因素既有人,还有道路、车辆和交通环境,它们相互作用,相互影响。长期以来,世界各国交通管理部门在对事故进行统计分析时,把人的因素,特别是人的交通违章行为放在了第一位,并逐步得到了社会舆论和公众的认同。导致这样的结果,其客观原因是交通管理部门在事故现场处理、责任认定和事故后处置(尤其是经济赔偿)等工作时,常常主观上有将事故原因(责任认定)判定为人(驾驶人)的倾向。这样处置一是易于操作,二是从事故的直接因素来看,无疑是正确的,且对交通安全宣传教育具有积极意义。

造成上述现象的直接原因,是交通管理部门往往因为确定和追究事故责任者的需要会过分强调人的因素,而且在调查交通事故时,有时会轻易地或惯性地将事故的原因归于驾驶员。从交通系统各要素中,把人作为主动因素这一点而论,是无可厚非的;但深层次的原因则是割裂了人—车—路—交通环境构成的动态系统中4个因素之间存在的相互联系,对于事故的潜在诱因——由车辆、道路、交通环境对驾驶人所造成的间接影响却没有充分考虑在内,特别对车辆和道路条件因素在交通安全中的作用认识不足。因为如果交通参与者的行为是事故发生的主要原因,交通事故的发生具有随机性,也就是说,道路交通事故在一定区域路网中应是均匀分布的。但实际情况却是道路交通事故在路网中的分布是不均匀的。这种不均匀性是由于路网中局部路段的道路状况、交通设施、交通量、交通环境、地形地貌以及交通管理水平、车辆状况等的差异引起的。这种差异的影响反映到驾驶人身上,就体现为不同程度的交通违章行为或过失操作。

事实上,一起交通事故的发生,不能把它仅仅看作是人—车—路—交通环境因素中某一独立环节的失调引起的,其往往是两个或多个因素共同作用的结果。有研究报告指出,一起交通事故平均可能找到1.5~1.6个影响因素。但在一般事故处理现场或资料统计时,只能或常常确定其中一种作为主要原因,而道路条件这一重要因素往往被忽视。理论上,要求驾驶人对驾驶中各种因素的变化应立即有所反应,而且在某种程度上应预见到,并用相应的适当方式补偿这些因素变化的影响,力求安全行驶。但是,这种要求是苛刻的。因为人在有限的时间内,要直观地根据眼前出现的复杂情况及时判断应付方案,神经处于高度紧张状态,极有可能犯错误或失误并导致事故,尤其是当人的身体状况不佳时,更易因其他因素导致不当行为。如果考虑到这些情况,则相当部分管理部门统计的事故成因中的"人为因素",除部分事故是真正由于驾驶人过失引起的以外,大量的应是由于困难的行驶条件引起的,而困难的行驶条件则与道路条件、交通条件和车况等有关。比较普遍的认识是:人为事故占80%~85%,车辆因素造成的事故约占5%~10%,道路因素造成的事故则占10%左右。

指明道路条件和车辆因素在交通事故中的作用是极其重要的。否则,将从思想上导致对车辆安全性能提高,对道路规划、设计研究工作不断改进的偏废,这对交通安全的影响是十分危险的。目前,车辆安全性能的要求已经获得广大社会民众和汽车生产厂商的认同及高度重视,车辆的主动安全和被动安全技术正日趋完善。但道路条件在交通事故中的作用却常常被忽视,这种倾向时时会使道路工作者产生自满的情绪,促使他们对道路交通安全工作采取冷漠甚至回避的态度。其有害之处在于:一是思想上冷漠或回避道路交通安全工作;二是在道路规划、设计和维护改造时,过度强调降低造价,采取的建设方案往往牺牲了道路交通安全的保障功能;三是不愿意为道路交通安全研究和道路交通安全设施的不断完善提供资金或帮助。

可喜的是,道路条件在交通事故中的作用正逐渐得到决策者的重视。中国正在广泛开展以"消除隐患,关爱生命"为主题的"公路安全保障"工程和世界大多数国家、国际组织对道路交通安全工作的重视,对道路安全保障功能及研究的关注就是最好的例证。考虑到道路条件对交通安全工作的影响，研究制订更加完善的道路规划、设计、施工和养护方法，一些先进建设理念已获得广泛应用。例如，以保障车辆安全有效地运行，不仅应尽可能地消除对行车不利的路段，而且尽可能创造“容错”道路条件，使得驾驶人操作失误时，仍能保障行车安全。

根据正式的统计报告分析，大多数交通事故是由于驾驶人的失误或过失造成的，但在某些路段事故数却过度引人注目地集中，而在几何特征良好的路段却鲜有交通事故，这都从正反两个方面表明了道路条件对交通安全所起的重要作用。人是产生交通事故的主因，但通过改善道路条件将减少驾驶人犯错误的可能性，从而使交通事故大大减少，使事故严重度大大降低，这一点是毫无疑问的。道路设计不应加大驾驶人的工作负荷或迫使其改变驾驶状态来适应道路的缺陷。相反，良好的道路设计会减轻驾驶人的工作负荷，使道路条件尽量符合驾驶人的心理预期，帮助其选择适当的运行路径和保持良好的驾驶状态，从而提高道路安全性。这一观点已获得愈来愈多道路交通工作者的认可和赞同。

需提出的是，强调车辆和道路条件对交通安全工作的重要性，深入研究其在道路交通事故中的作用，是希望车辆制造者和交通工作者担负起对交通安全工作的责任。这个责任不仅是法律意义上的，更大程度是道义上的。

五、道路交通事故勘查

道路交通事故勘查是事故处理、责任认定、事故后处置（经济赔偿）和事故统计、分析研究等的基础工作。事故现场勘查的目的主要有：

(1)从现场勘查收集的痕迹、物证中研究各种痕迹之间的联系，从而判明当事各方在发生事故过程中的主要情节和违章因素。

(2)查明发生事故的主观和客观原因。

(3)通过现场勘查，完善事故数据库，为研究事故的发生原因和规律提供可靠的依据。

常规的道路交通事故勘查是指目前世界各国交通管理部门依据本国法律法规开展的正常职责范围内的事故勘查工作。其包括确定现场勘查的顺序和范围、现场道路及地形的勘查、车辆痕迹的勘查、车辆痕迹的鉴别、骑自行车人及行人痕迹的鉴别等内容。

1. 现场勘查的顺序和范围

现场勘查是一项比较复杂而又需要耐心、细致的工作，在勘查前应巡视现场周围情况，在对现场全貌有个概括的了解后，再确定现场勘查范围和勘查顺序。

(1)现场范围小，肇事车辆和痕迹集中，可以肇事车辆为中心由内向外勘查。

(2)现场范围大，肇事车辆和痕迹分散，为防止远处痕迹被破坏，可以从现场外围向中心即由外向内勘查。

(3)重大伤、亡事故的现场，车、物比较分散，可从事故发生的起始点向终止点分段推进勘查，或从容易受到破坏的路段进行勘查。

现场勘查的重点是搜集和提取能判明事故原因和责任的痕迹、物证。如现场上各种挫划印痕和肇事双方车、物接触地点；肇事车辆和物体上的痕迹；附着物等物证。

2. 现场道路、地形的勘查

(1)现场道路的勘查

交通事故与道路状况有着密切关系，因此在勘查现场时，应认真勘测记录现场路面有无积水、浮雪、结冰或泥潭;路面铺装质量,以及路面出现坑槽、沉陷、翻浆、鼓包、波浪等病害。路面病害和自然现象,都极易造成机动车的车轮对路面施加的荷载不均匀,从而影响行车的稳定性。

(2)现场地物的勘查

现场地物是指现场附近的建筑物、树木和电线、管线、地井盖、堆物和施工占用路面情况。在勘查现场时,对与事故有关的地物,应勘测记录它所在现场的方位及其影响程度。例如,在路口内发生的事故应勘测路口拐角的建筑物、树木是否影响路口两侧的视距,认定当事双方在行车中的能见度;过街电线妨碍车辆、行人通行造成的事故,应勘测过街线的长度及垂点和实际碰撞点距地面的高度等。

(3)现场路面上痕迹的勘查

勘查现场路面上遗落的肇事车上的机件、玻璃碎片、泥土和溢出的水、油以及挫碾伤亡人员衣服纤维、制动拖印和轮胎错划印痕,以便为判断车辆在肇事过程中,当事双方接触点、碰撞的位置及车辆行驶路线、速度和驾驶人采取措施等情况提供依据。

3. 车辆痕迹勘查

交通事故发生,一般都会在肇事车上反映出一定形式的痕迹,特别是车与车、车与物碰撞形成的痕迹较为明显。

(1)机动车前部痕迹的勘测。机动车前部的痕迹一般反映在前保险杠、车号牌、前灯、水箱箅和翼子板、挡风玻璃框、机器盖等部位上,痕迹特征呈片状凹陷痕。应勘测痕迹的部位、形态、面积及痕迹中心点距地面的高度和至车身有关一侧前端的距离。

(2)机动车侧面痕迹的勘测。机动车侧面的痕迹重点在翼子板外侧、后视镜、车门、脚踏板、载货货车车厢角和栏板(横带端)、轮胎壁、后轮挡泥板及大客车绞接棚、车裙等。

(3)机动车地盘痕迹的勘测。机动车底盘上的痕迹重点是转向横竖拉杆、前后轴、曲轴箱外壳、排气管和车裙下沿。

4. 车辆痕迹的鉴别

肇事车辆外部痕迹是在事故发生时,双方车辆(或与人、物)从接触到完全停止的过程中所形成的,因此在勘查中要认真鉴别痕迹的特征和辨认双方车、物上的痕迹是否吻合,防止错误认定痕迹。

(1)机动车撞、刮痕迹的鉴别。机动车相互碰撞、刮蹭形成的痕迹,在车体破损处一般为大片状或长条状。机动车正面相撞,车辆前部外表结构变态,成撕裂、破碎痕迹并在破损部位有表漆、泥土脱落。有时在痕迹上附着对方车上的漆皮;有时车辆转向节主销、前轴等机件在外力的作用下,受力部位会出现变形、分离线或断裂。

(2)机动车同向互刮形成痕迹的鉴别。机动车同向互刮后,在车身反映的痕迹有一定规律,一般由轻至重,应力始点较轻,刮蹭止点较重;而机动车相向互刮时,由于应力点受到倾斜的作用力,导致两个客体接触面发生相互的平行滑动痕迹,以致在止点出现"咬死"痕。

5. 骑自行车人、行人被机动车撞、刮、轧后痕迹的鉴别

机动车碰撞自行车、行人形成的痕迹,其特征为条状或片状钝痕。对伤亡人员的衣服、鞋子的损伤痕迹及附着物的检查,是分析研究受害人在致伤时所处现场的位置及伤害原因的重

要依据之一。人被车辆碰撞、挤压、碾压或人摔倒后与地面摩擦形成的痕迹形状各种各样。衣服上留下的痕迹与伤亡人员胖瘦，衣料质地、颜色，机车、钝物、锐器和人体被撞、轧时的走向、姿态、撞击力的大小有关。衣服上的痕迹主要分为撞击痕、撕裂痕、穿孔痕、皱折痕、站裂痕、擦痕、硌垫痕、轮胎花纹压印痕等。

6. 交通事故技术鉴定

技术鉴定是交通事故勘查的后延伸工作，包括车辆属性鉴定、人员方面鉴定、其他方面鉴定等，是司法鉴定工作的重要内容。开展技术鉴定工作，可以为预防、减少事故的发生，最大限度地减少人员伤亡发挥作用，创造更大的社会效益。

(1)车辆属性鉴定

车辆技术状况检验(性能的测试、故障的判断)

①车辆技术状况与事故的关系鉴定(技术性能与事故的关系、机件损坏或故障与事故的关系)；

②事发时车速鉴定(模拟试验、仿真计算)；

③痕迹及轮胎印迹的比对、认定；

④现场散落物与嫌疑车的关系鉴定；

⑤车架钢印号和发动机钢印号的鉴别；

⑥车辆起火原因(事故引发还是自燃等原因)。

(2)人员方面鉴定

①尸体检验；

②死亡原因鉴定；

③致伤方式鉴定；

④轻、重伤鉴定；

⑤伤残等级评定；

⑥血液中酒精、药物含量的测定；

⑦血迹的个体识别。

(3)其他方面

①碰撞形态鉴定(是否碰撞、怎样碰撞)；

②交通参与者的行为方式鉴定(驾车、乘坐；骑行、推行)；

③微量物证同一性认定。

上述鉴定项目只是常规技术鉴定可完成工作的一部分，还可根据需要开展新的鉴定内容。

六、交通事故深度勘查

技术鉴定结论可以成为一种证据材料，在涉及民事纠纷、刑事诉讼中，起到至关重要的作用，这一点是显而易见的，但是实际工作中这些材料还没有充分发挥其应有的作用。例如，在肇事车辆的检验中发现了某一车型在设计、制造上存在缺陷，可以导致其在第一次碰撞后整车制动就完全失效；而另一种车型的某缺陷则将在碰撞中造成很大程度的人员伤亡。这些信息本可以通过有关部门要求车辆制造商改进，以避免同一型号车辆在事故再出现类似后果。例如，通过搜集的大量事故中的碰撞形态的信息，本可以通过分析作为制订事故预防对策的很好依据，但由于目前还没有形成一种良好的机制，这些十分重要的信息和资源都没有起到应有的作用。

造成上述现象的原因，主要是目前世界各国的交通事故勘查工作，尤其是事故现场勘查工作主要由常规工作人员（如交通警察）依工作惯例，按常规的程序和方法完成。由于常规方法和工作人员的知识及经验的局限性，加上勘查的目的和要求不同，许多事故现场的有用信息（如车辆和道路条件等方面）常常被忽视并被遗弃了。前面谈到的世界各国社会舆论和公众，广泛认同人的因素是交通事故产生的主要原因，其客观原因之一也是交通管理部门在事故现场勘查工作中较多记录了人（驾驶人）的信息，而忽视车辆和道路条件等方面信息的正常反映。

认识到上述问题的所在，从 1973 年起，原联邦德国联邦公路研究所（BASt）相继联合德国汽车制造厂商、汽车研究协会、医学和交通警察等相关机构开始在德国对交通事故进行了交通事故深度勘查。此外，英国、法国和荷兰的相关机构也开展了深入的研究。这样就从医学和技术两个方面表明了多学科的特征。总体而言，交通事故深度勘查与上述常规事故勘查的区别在于：

（1）交通事故深度勘查的目的主要为开展交通事故深层次研究，进而完善交通事故勘查工作，为提高道路和车辆安全技术服务，为政府制订安全对策提供技术支撑。事故信息数据库对厂商改进车辆安全技术以及医疗部门交通伤害医学的研究十分重要。

（2）事故深度勘查工作由事故调查研究小组辅以交通警察完成。事故调查研究小组一般由交通、医学、车辆、心理学、司法和警察等科学技术工作者组成。

（3）德国交通事故数据库结构更为复杂，内容也比我国的交通事故信息现场采集要求更为详细、丰富。现阶段，我国道路事故信息现场采集目的主要是事故责任的认定和事故处理，其对事故原因的分析、事故预防等研究仅起到辅助作用。而从德国事故数据库中可以获得多专业领域的研究信息，如车辆的主动与被动安全性、交通医学与救护医学、与道路相关的安全问题等。事故避免策略和事故预防办法在未来将处于事故研究的重要地位，这些数据也将为交通安全的进一步改善发挥重大作用。

迄今为止，在德国交通事故深度勘查方面发表了 400 余篇论文，这些数据在为德国政府提供的无数次交通安全建议报告、车辆及道路工程改善和国际交流活动中都得到了广泛应用。从事故数据采集中获得的信息，对广阔的应用领域如医学、车辆工程到道路设计与交通管理等都得到了丰厚的回报。从以下列举的内容可以看出迄今为止这些事故数据应用的多样性：

（1）不断优化小客车正面结构的工作。

（2）营业用车防抱死装置的效果验证。

（3）优化骑自行车人头盔、摩托车驾驶人头盔的保护作用。

（4）扩大摩托车驾驶人头盔的保护范围（列入欧盟标准）。

（5）摩托车驾驶人防护服及保护装置的开发。

（6）安全带有效性的研究。

（7）儿童座椅有效性的研究。

（8）骑车人头盔必要性的研究。

（9）事故再现方法的持续开发与优化。

（10）小客车内乘员受伤问题的研究。

(11)事故隐患路段的识别和改善措施。

(12)道路安全设施应用及应用的后评价。

(13)道路安全新材料、新设施的研发。

(14)行人保护检测方法的开发。

(15)事故采集技术及设备的研发。

(16)法定的正面和侧面碰撞的碰撞试验条件的推导。

(17)进一步规范事故勘查、事故现场处理的流程。

(18)改进警察交通事故现场数据采集工作。

(19)为交通事故司法鉴定、事故纠纷提供基本数据。

(20)进一步完善采集信息和事故数据库的标准化工作。

(21)深入分析事故原因,把握事故规律,从而为改进车辆设计、改善道路设施和安全管理提供依据。

(22)为法律法规和技术标准规范的制订提供技术数据。

(23)为交通安全宣传提供实证和技术支持。

在德国,还有许多针对交通事故深度勘查数据进行有益工作的例子,例如,开展农村道路上车辆与树木相撞事故过程的研究。据统计,在所有死亡的车内乘员中,有34%发生在撞树的事故中,撞树造成重伤的风险特别大。在通过重现车辆的运动过程进行的详细个案分析基础上,发现在偏离行车道的驾驶事故中,66%的小客车发生打滑,后果是27%的小客车与道路两侧的树木相撞。道路两侧边缘带的浅沟只要设有横跨该沟的通道,就能起到保护带的作用。更重要的一点在于,研究人员能够从事故现场调查的数据中对事故的过程进行分类和量化。

这些数据在摩托车驾驶人保护服的开发中也发挥了重要的作用。通过分析,发现摩托车事故对摩托车驾驶人小腿的危害很大。数据表明由于常规服装很薄,在严重外伤时往往会导致驾驶人小腿产生严重的骨折,部分人甚至会造成截肢。有针对性地开发保护服装小腿防护系统可在使力的传递减少约40%,以防止事故中频繁出现的骨折,这样可使整体粉碎性骨折转变成简单、容易治疗的骨折形式。

数据分析显示了摩托车驾驶人不存在脊椎断裂的特殊危险,只有0.8%的受伤的摩托车驾驶人发生背部脊椎骨断裂。在路旁保护设施范围内,这些数据对制订碰撞试验标准提供了依据,可从这些事故数据中获取摩托车驾驶人的典型冲撞角度和碰撞速度。

当然,汽车生产厂家是交通事故深度勘查的主要受益者。对不同事故类型中车辆易发生伤害重点部位的认识,为产品的研发提供了重要的启示。在车辆的研发及改进过程中可以考核开发和推向市场的车辆的安全性能,可以对真实事故和碰撞试验进行对比,这样可以及早发现有伤害危险的结构设计。此外,这些数据还可以在碰撞试验程序的开发、计算机模拟的支持与证明、将来的安全设施的认识和评估,以及在真实事故中车辆的安全性评价中得到广泛应用。

欧洲的一体化是国际数据需求和国际标准化的动力,欧盟需要统一的高质量事故数据,世界各国也是如此。从科学的角度来看,个别国家的长期研究也难以解决某些问题,如在一个国家只能记载少量的事故。用儿童座椅保证车内儿童的安全就是一个例子,将来泛欧的数据库将会给这类研究带来方便。欧盟将开发一个欧洲的事故原因数据库,不仅欧洲各国的安全性对比需要高质量的事故数据，这些数据也有助于扩大特定问题的数据基础。

在此必须强调的是，每个事故调查的细节是构成可靠数据库的基础。如果不想停留在单个事故调查的堆积上，建立一个国际事故数据库需要的不仅仅是一个统一的“现场调查”目录。如果要从实质上判断问题和将采集到的数据作为推算的依据，数据的代表性就显得非常重要。

德国交通事故深度勘查工作促进了欧洲及相关国际组织在统一的事故调查方法、事故数据采集质量、事故严重程度、事故过程的再现、采集工作流程的合理化及考核等事故研究工作的合作与交流，并在近几年召开了两届工程、医学、数据和事故重现技术领域的国际学术交流大会，进一步改善了调查方法，满足了将来现代化的事故研究的需要。在未来几年中通过技术和组织工作的进步，加强国际技术交流合作以及应用高科技的事故地点测量仪器，将会促进事故深度勘查的精度和效率的提高。

在我国，事故深度勘查技术已在上海、北京得到应用，吉林等省市也拟开展此项工作。

第三节 道路交通安全综述

安全、能源、资源和环境一起构成全世界共同关注的、人类可持续发展的四大支柱和热点问题。据世界卫生组织(WHO)的数据，全世界近期每年道路交通事故都会导致约 120 万人死亡。道路交通安全问题已成为一种人类行为所致的“灾害”，严重影响了人类的生存环境与生命财产的安全。道路交通事故已成为人类几大死亡因素之一，成为世界最大公害，其给社会、家庭带来的危害是巨大和深远的。日益严重的道路交通安全问题成为全世界不得不面对的棘手难题。

一、国外道路交通安全综述

第二次世界大战结束后，西方国家致力于经济的发展，并使社会达到了繁荣富强。伴随经济的快速增长，西方国家机动车迅猛增加，道路交通事故也不断攀升，并先后在 20 世纪 60、70 年代达到高潮。在 20 世纪 70 年代，西方发达国家就认识到道路交通事故是影响国民经济和社会生活的重大国家问题，因而从人、车、路、环境等多方面着手，综合运用管理技术和科学技术研究治理道路交通安全问题，成效显著。其车辆保有量占全世界的 2/3 左右，但交通事故死亡人数却仅占全球总数的 1/4。从 20 世纪 70 年代以来，西方发达国家的道路交通事故就趋于逐渐下降，虽在 20 世纪 90 年代有所反弹，但仍保持在较低的水准线下。

应该认识到，道路交通安全问题是一项世界性的难题，缓解道路交通安全问题是一项长期、漫长而艰巨的任务。纵观世界各国在治理道路交通事故方面的发展史，其采取的手段仍未跳出 4E 的范畴，即从管理(执法)(Enforcement)、教育(Education)、工程技术(Engineering)和环境(Environment)4 方面采取综合措施，以有效地遏制交通事故高发的态势。发达国家预防和降低交通事故，提高道路安全水平的主要策略和方法有：

(1)制订长期的国家安全战略，从国家安全战略的高度，从上往下，从宏观政策层次入手治理道路交通安全。

(2)加大科研投入，采取新技术提高交通安全水平，例如，使用新技术减少驾驶人犯错误的可能性，提高机动车主动防护能力等。

(3)提高医疗及紧急救助水平,完善医疗及紧急救助体系。

(4)完善道路安全立法和加强安全执法。

(5)加强对道路使用者的交通安全教育,提高全民道路交通安全素质,营造良好的道路交通安全环境。

(6)完善道路设计和安全防护设施,提高道路安全水平,努力应用先进技术进行道路安全系统的建设,如信息化、智能化、实时化等多方面入手解决交通安全问题。只有在事故前预防其发生(主动安全性)、事故后减少人员伤亡、降低危害(被动安全性),系统、多层次地进行处理,才能有效减少交通事故,提高道路运输的安全性。

(7)广泛使用"道路安全评价"制度,从道路项目的规划阶段开始即对其进行安全评价,将不利于交通安全的因素消灭于图纸阶段,确保新建成道路处于较高的安全水准。

(8)持续对已经运营的道路网络进行道路安全调查和追踪,分析交通事故数据,确定事故"黑点",并进行综合整治,提高已有道路的安全水平等。

总体来说,国外道路交通安全工作是建立在交通系统比较发达完善的基础上,他们的管理策略具有国家的个性,而共性就是将道路交通安全工作视为一种综合管理,加强安全教育以及信息化建设等多方面的工作。最关键性的措施,则是这些国家普遍制订了长期的国家道路交通安全战略,将与道路交通事故的斗争列为政府长期的工作中心,制订阶段性重点工作目标和考核完善计划,循环往复,不断从国家安全战略的高度和宏观政策层次着手,强化道路交通安全治理,确保法律法规的完备性和持续稳定的资金投入。

发达国家先进的交通管理经验有许多值得称道的地方,其中最应受到关注的是其发展交通的理念,理念是一切创造性工作的肇始。而备受全球交通工作者关注和赞叹的,就是瑞典议会 1997 年通过,瑞典政府举全力推动的"零死亡"交通理念——其目标是努力追求在道路上不发生交通死亡事故。由此可以看到,这些国家对现代交通更安全、便捷、经济的理想追求始终贯彻以人为本的理念。瑞典是目前交通事故率最低的国家之一,其冬季漫长,驾驶条件恶劣,取得如此成绩实属不易。除了人文发展因素之外,瑞典取得好成绩的原因还在于各个领域内都形成了一种需要交通安全的社会意识,这种根深蒂固的意识推动了"零死亡"交通理念的产生,唤起了全民全社会的共同行动。"我们已经不能接受一个仅仅由于犯了驾驶错误就要用死亡和终身痛苦来惩罚我们的交通系统",瑞典政府和交通部门承认很难实现此目标,但是其可以激起全社会对道路交通安全的重新认识,以引起人们对人类所犯错误的关注。

从发展趋势来看,道路交通安全管理越来越重视信息化的应用。早在 1991 年美国运输部在向国会提交的报告中就提出,在未来的 20 年里,将建立更加完善的智能交通系统(ITS),总投资将超过 3 000 亿美元。目前,ITS 的应用是美国乃至全球道路交通安全管理的新特色,并将为现代交通带来巨大的经济效益和社会效益。如在美国密歇根州,ITS 的应用使高峰小时车速提高 35%,驾驶时间缩短 19%,公共汽车交通事故率降低 20%。发达国家大部分干线公路基本应用了电子收费系统和闭路电视监视系统等管理手段。

进入 21 世纪,国际社会对道路交通安全问题的关注,掀起了全球范围内对交通事故斗争的新一轮高潮。2003 年 5 月 22 日,联合国大会通过了关于全球道路安全危机的第 57/309 号决议,其指出全球因道路交通死亡、受伤和致残者的人数正迅速增加,认识到发展中国家的死亡率偏高,注意到道路交通伤害对各国国民经济和全球经济的不利影响,期望各国政府提高对道路交通伤害问题重要性的认识。2004 年 4 月 7 日，世界卫生组织(WHO)把世界卫生日的主题定为道路安全，130 多个国家举办了活动，政府、非政府组织、联合国机构、捐助者和私营部门也举办了活动，活动的目的是规划如何解决道路安全问题。具体的目标是：提高认识，推动制定新的道路安全法，成立道路安全组织，促进深入研究。欧洲经济委员会开展了力求大力打击不良驾车行为的活动，欧洲联盟委员会在都柏林举办《欧洲道路安全宪章》正式签字仪式，其目标是调动社会力量，实现欧洲到 2010 年年底时道路事故死亡人数降低一半的目标。

在世界卫生日当天，卫生组织和世界银行联合发行了“预防道路交通伤害世界报告”。报告强调许多方面可以在预防道路交通伤害方面发挥作用，说明了预防道路交通伤害的基本概念、道路交通伤害的影响、主要的决定因素和风险因素，突出了有效的干预战略。

联合国大会题为“加强全球道路安全”的第 58/289 号决议，承认联合国系统需要努力解决全球道路安全危机。决议提议世界卫生组织(WHO)同联合国各区域委员会密切合作，充当联合国系统内道路安全问题的协调机构，强调进一步加强国际合作，处理各种道路安全问题。2004 年世界卫生组织(WHO)同欧洲经委会和其他区域委员会密切配合，协助成立了由联合国和其他国际道路安全组织组成的一个联合国道路安全协作机制。联合国道路安全协作机制的具体目标是：协助联合国各机构和其他国际合作伙伴之间的国际合作，评估道路安全情况和各国解决道路安全问题的现有设施；加强对道路安全有效干预工作的指导和支持；发展道路安全能力；倡导和鼓励对道路安全的要求；加强全球和区域道路安全协调等。

1908 年，世界道路协会(PIARC)在巴黎召开了第一届世界道路大会。100 年后，世界道路协会(PIARC)100 年庆典暨第 23 届世界道路大会于 2007 年 9 月 17 日～21 日在巴黎隆重召开。交通运输部部长李盛霖率领中国代表团出席此次大会，共有 57 个国家的交通部长和近三千多名来自世界各国的代表及一百多厂商出席了本届大会。大会的主题为：安全、资源、创新和可持续性发展。主要交流议题为：安全、气候变化、拥堵与机动性、技术创新、融资与投资、管理与人力资源等 6 个方面。也就是说，本届世界道路大会对道路交通安全问题的关注提到了空前的程度。

总之，全世界对于把交通事故作为全球公共健康问题加以解决一事已逐步达成共识，同时出现了在国际和国家级别上采取行动解决道路安全问题空前高涨的势头。但尽管如此，国际社会仍然认为现阶段道路交通安全仍是一个受到忽略、但却越来越重要的公共健康和安全问题。迄今为止，这一问题没有得到同其重要性相等同的关注和资源。

二、国内道路交通安全

中国的道路交通安全形势尤令世人注目。道路交通是我国最重要的运输方式，公路交通是我国多数县、乡、村与其他地区进行交流的主要交通方式。近 20 年来，中国道路交通事业得到了长足发展，道路建设无论在总量上还是在质量上都实现了重大突破，2006 年年底中国公路总里程达到 348 万公里，其中高速公路 4.54 万公里。中国仅用了 20 年时间就完成了发达国家 50 年时间所进行的公路建设目标，取得了举世瞩目的成就，公路交通已由制约国民经济的阶段向基本适应转化。同一时期，中国的汽车工业已跻身世界前三甲，中国已成为新兴和富有活力的汽车生产和销售大国。汽车工业的高速发展，车辆急剧增加，交通量增大，使道路建设发展仍然难以适应车辆增长的需求，交通拥挤、人车混行的交通环境仍大量存在，这必然造成道路交通事故频繁发生。道路交通事故已经成为近年来最影响中国公众安全感的重要因素之一,仅次于刑事犯罪和公共秩序混乱。

建国以来,中国政府及各级政府主管部门一直较为关注道路交通安全问题。但长期以来,限于社会经济的发展状况和道路交通运输的发展程度,道路交通安全问题一直未能真正列入各级政府和政府主管部门的议事日程,全社会对道路交通安全的认识仍是粗浅和不完善的,因而对道路交通安全事故的处置仅是针对具体发生的事件,宣传教育多是零星的而非长期、系统的,而且宣传教育的深度不够,只停留在强调交通事故对家庭造成的危害等浅层次问题上。现阶段中国对道路交通事故的斗争仍处于起步阶段,套用联合国大会关于交通安全问题的决议中的一句话来说,道路交通安全问题在中国仍是一个被忽视、但却越来越重要的公共健康和安全问题。迄今为止,这一问题远没有得到同其重要性相等同的关注和资源。问题的症结主要体现在至今我国仍未没有制订长期的国家道路交通安全战略,未将道路交通安全列入政府长期的重点工作。

缺乏国家层面的道路交通安全战略,其反映了我国政府并未真正认识到道路交通危害对国民经济发展和对全社会和谐发展的严重影响。一方面,其说明了我国民众仍未认识到道路交通安全问题是一个综合性的社会难题。交通安全是一项综合性社会管理工作,只有举全社会之力,依据制订的国家交通安全战略,制订各级政府各部门的阶段性重点工作目标和考核完善计划,循环往复,不断从国家安全战略的高度和宏观政策层次着手,强化道路交通安全治理,确保法律法规的完备性和持续稳定的资金投入,经过长期、综合性的全社会的协同努力,才可能遏制道路交通事故。欧洲、北美的一些国家及日本、韩国等发达国家治理交通事故的历程充分论证了这一点。另外,其从一个侧面也反射了我国现阶段道路交通安全管理体制的弊端,即政出多门、条块分割。一是交通管理的职能划分过细,不同职能分散在不同部门,缺乏一个统一、权威的综合管理机构;二是同一职能由不同部门共同管理,导致机构重叠,协调难度大。利益多的环节多部门重复管理,利益少的环节存在管理盲区。而涉及多部门的决策则缺乏统一的意志,缺乏有效的执行和监督体系,进而导致各部门、各地区缺乏统一的认识和行动,甚至在具体问题上互相推诿乃至相互掣肘也就不足为奇了。我国涉及交通管理的部门包揽了宣传、公安、司法、计划、交通、建设、工商、农机、财政、卫生、教育、安全监督、保险等17个政府部门,反映了我国道路交通安全管理的复杂现状。

综上所述,我国的道路交通安全形势可以概况为:(1)我国道路交通安全形势严峻,表现在道路交通事故总量大,死亡人数多,万车死亡率,10万人口死亡率比较高。(2)我国仍处在道路交通事故的高发期,改善道路交通安全面临的压力不断加大。虽然近几年来道路交通事故呈现出下降的可喜趋势,但是应该认识到交通事故下降的基础还很薄弱。目前,我国人、车、路等方面存在的影响道路交通安全的现实问题还没有得到根本解决,国民整体文化素质和道路交通安全意识等仍处于较低水平,道路交通安全的基础仍比较薄弱。随着我国经济的快速发展,人流、车流、物流的高速增长,遏制道路交通事故高发的压力将越来越大。

三、我国道路交通安全形势预测

1. 衡量道路交通安全水平的指标

国际上反映一个国家或地区道路交通安全水平的指标除了死亡人数、交通事故件数等直观的指标外，还常用万车死亡率、10 万人口死亡率等间接指标，这些指标可全面地反映一个国家或地区一定时期内道路交通安全的基本状况。所谓万车死亡率反映了一个国家或地区道路交通运输系统的安全程度，即交通安全性；10 万人口死亡率反映了交通事故对人群安全的危害程度，即所谓人身安全性。由于我国人口基数大，机动车保有量较低，因而 10 万人口死亡率指标相对国际平均指标较低，而万车死亡率相对较高。国内外安全研究组织通常认为万车死亡率指标综合反映了一个国家或地区交通安全法规的健全程度、道路交通设施的完善程度、交通管理水平以及交通行为参与者的驾驶技术和安全意识水平。

2. 对未来一定时期内我国机动车保有量的预测

我国目前机动车车种构成较复杂，主要车种成分为：汽车、摩托车、低速汽车（指原农用运输车、拖拉机）等。据公安部交管局的统计资料，截至 2007 年 3 月，全国机动车保有量为 148 385 696 辆，其中汽车保有量为 51 811 112 辆，比例为 34.9%，摩托车保有量为 82 488 485 辆，比例为 55.6%，汽车机动车保有量 14 086 099 辆，比例为 9.5%。与发达国家汽车保有量为机动车总保有量 80%的比例比较，显然目前条件下我国汽车保有量所占比例太低；而交通安全性能较差的摩托车、低速汽车等机动车辆保有量所占比例则偏高，这是导致我国道路交通事故高发的重要原因之一。

根据世界经济发达国家的经验，随着我国经济的持续高速发展，我国汽车保有量在未来 10～15 年内将保持快速增加趋势。据国务院发展研究中心估计，2010 年国内汽车保有量将达到 5 669 万辆，2020 年将高达 13 103 万辆；国内外其他相关机构对此的预测结果也基本相近。

在未来 10～15 年内，我国摩托车保有量仍将保持快速增加趋势。据预测，在 2010 年前摩托车保有量仍将保持高速增长，其平均增长速度将达 10%；2011～2015 年期间其增长速度会适当降低，至 2015 年，我国摩托车保有量总体将保持在 13 500 万～14 500 万辆的规模水平上。

我国在未来 10～15 年内在用机动车保有量的主体成分将是汽车与摩托车。尽管随着经济的发展，低速汽车及其他机动车的保有量会也相应增加，但其增加量与汽车和摩托车保有量的绝对增加量相比将较小。

3. 对未来一定时期内我国道路交通安全状况的预测

综观西方发达国家经济发展历史，随着人均国民生产总值（GDP）的增长，人均机动车拥有量（即机动化程度）将同步增长。2006 年我国的人均 GDP 只有大约 2 000 美元，机动化程度约为 1 100 辆/万人。我国社会正处在机动化的初级阶段，可以预见，随着经济的发展，我国的机动化程度还有特别大的提升空间。研究表明，在初始阶段，随着居民收入（人均 GDP）的增加和机动车保有量的增长，道路交通事故死亡率将会增加。在国民生产总值（GDP）达到较高的水平后，机动化速度将逐渐减慢，随着政府、个人及整个社会对道路交通安全的关注度增加，道路交通事故死亡率将下降。

根据世界银行的研究报告，在一个国家人均 GDP 水平较低时，随着人均 GDP 的提高，道路交通事故人口死亡率将急速上升，当人均 GDP 为大约 8 600 美元（以 1985 年美元国际价格为准）时，道路交通事故人口死亡率将达到高峰。在高峰期过后，道路交通事故人口死亡率将开始下降（图 1-3）。发达国家道路交通事故发展历程也基本上经历了上升至快速上升、高峰期和稳定下降这三个阶段。2006 年，我国人均 GDP 只有不足 2 000 美元，道路交通事故人口

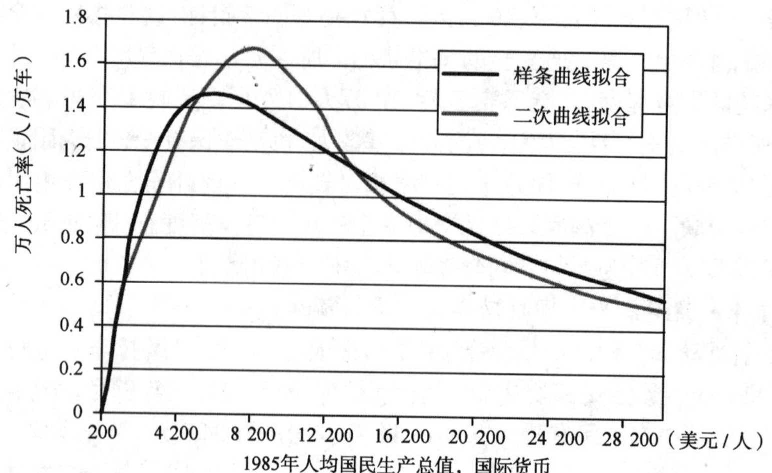

图 1-3　人口死亡率与人均 GDP 的关系

死亡率仍处于上升期。我国人口基数大，机动化水平相对较低，表明目前我国的道路交通安全仍基本处于初始阶段，道路交通事故仍将在未来一段时期内处于高发态势，我国道路交通安全形势依然是十分严峻的。

在以汽车为主要交通工具的现代道路交通系统发展过程中，对道路交通安全状况变化起决定性影响作用的因素，主要表现为两个方面：一是政府主管部门是否拥有与以汽车为主要交通工具的现代道路交通系统相适应的管理对策；二是社会公众是否具备了与之相适应的交通行为方式。事实上，社会公众是否具备了与以汽车为主要交通工具的现代道路系统相适应的交通行为方式，本质上也决定于政府主管部门的管理对策。从此意义上讲，政府主管部门的管理对策成为决定未来我国道路交通安全状况优劣的关键所在。相关学者预测，一定时期内我国政府采取道路交通事故管理的对应措施，在 2015 年我国机动车保有量达 25 000 万辆的预测值情况下，如期望交通事故万车死亡率降至 2 人/万车，接近目前国际先进水平，预计全国道路事故年死亡人数为 49 376 人；如万车死亡率降至 3 人/万车左右，基本接近目前国际先进水平，届时，道路事故年死亡人数为 75 305 人。如万车死亡率降至 5.1 人/万车左右，则道路事故年死亡人数为 125 909 人。由此可计算出至 2015 年，不同措施应对下全国道路交通事故的累计死亡人数分别约为 90 万人、110 万人和 145 万人。三组不同数据较形象地揭示出政府在道路交通安全管理工作中的主导性地位，及其所采取严格管理对策的重要性。即政府采取的管理对策不同，则一定时期后道路交通安全状况可能达到的水平亦不同，且可能出现的水平差异是以多付出几十万条生命为代价的。

也就是说，在我国机动车保有量必然快速增加的背景下，政府对道路交通安全问题愈重视，对保障道路交通安全的国家层面对策和四大措施——教育、工程、执法和急救协调推进的速度愈快、采取的管理措施愈严格，则一定时间后道路交通安全状况能够达到的水平会愈高，整个社会为此付出的生命代价将愈小，对社会和国民经济发展的冲击也愈小。

政府严格应对道路交通安全问题将利于人民，利于社会。为此，政府加强对道路交通安全的严格管理更多需要落实在交通参与者的行动上。事实上，要在未来一定时间使我国道路交通安全水平处于良好状况，无论是政府、还是广大民众都需付出艰苦的努力。对此，全社会应有清醒的认识，应该充分认识到随着经济的快速发展，机动化水平的快速提高，道路交通事故多发是各个国家在经济发展历程中所必经的一个阶段。只是由于我国人口众多，目前经济发展速度相对较快，造成道路交通事故死亡总量较大，引起了国内外的广泛关注。只要采取切实有效的措施，遏制我国道路交通事故高发的态势是完全可能的。目前，我国关注道路交通安全的社会氛围正逐步形成。国务院已于2004年成立了国务院领导亲自挂帅，由公安、交通等十多个部委参加的全国道路交通安全工作部际联席会议机构，专门研究解决道路交通安全问题，并提出了在本届政府任期内遏制群死群伤特大道路交通事故上升的势头，实现道路交通事故从高发到基本遏制直至逐年下降的目标。各相关部门也相继采取了各种措施预防道路交通事故，并取得了可喜的成果。社会各界也开始关注道路交通安全，各大院校、研究单位相继成立了道路交通安全的研究机构。相信在政府的领导下，在社会大众的共同参与下，我国道路交通事故高发的态势一定能够得到遏制。

四、改善道路交通安全的主要措施

1. 制订国家交通安全战略是有效治理道路交通事故的基础

前已叙述，道路交通安全问题是一个综合性的社会难题，交通安全是一项综合性社会管理工作。只有依法制订具有法规性质的国家交通安全战略，在法律层次和国家层面制订治理道路交通事故的规划目标和措施，制订各级政府各部门的阶段性重点工作目标和考核完善计划，举全社会之力，循环往复，不断从国家安全战略的高度和宏观政策层次着手，确保法律法规的完备性和持续稳定的资金投入，强化道路交通安全文化教育和工程治理，经过长期、综合性的全社会协同努力，才可能遏制道路交通事故。已在治理交通事故方面获得成功的发达国家的历程充分论证了这一点。中央政府组织制订国家交通安全战略是有效治理道路交通事故的基础和前提，是遏制我国道路交通事故高发态势的最有效措施，是使其他治理工作更加有效的充分前提。

2. 交通安全文化建设是治理交通事故的根本

交通安全文化是人类文化的组成部分，它是从文化的角度来分析交通安全管理的运行过程，通过不断的丰富、发展来保障人的安全健康，并使其树立正确的交通安全价值观和交通安全行为准则，是治理交通事故的根本手段。

安全文化包括物质文化、制度文化、精神文化和价值规范文化，其灵魂和主体是人。人的交通安全意识、安全素质决定了全社会安全文化的水平和发展的程度。

对交通事故的统计分析表明，绝大多数事故都是因人的失误而引发的。因此，紧紧抓住“人”这个最活跃的因素，提高他们的交通安全意识和安全文化素质，推动交通安全文化建设是做好交通安全工作的关键，也是搞好交通安全的根本保证。要创建与时俱进的交通安全文化，必须从教育、宣传、培训、考核等入手，在全社会建立良好的交通安全氛围，规范全民的安全交通行为，提高交通参与者的整体素质，从而确保交通系统的安全运行。这需要根据驾驶人、乘客、行人、中小学生等道路使用者群体的不同特点，分层次、分重点、分阶段对所有道路使用者进行科学、合理的教育与培训，以适应我国机动化快速发展的需要。

(1)以人为本，提高全民交通安全文化素质，树立交通参与者的交通安全意识

我国是发展中国家，民众尚未形成现代工业化社会所要求的基本行为规范，在道路交通领

域具体表现为广大的道路交通参与者普遍缺乏应有的交通安全意识，这是导致大量道路交通事故的重要原因之一。大力开展交通安全教育工作，对行人、非机动车和机动车驾驶员分别采取针对性的宣传策略，注重传播交通安全知识，减少道路交通事故是一项极为重要的工作。从学校入手，使下一代具备良好的交通安全意识是确保我国步入交通安全管理先进国家之列的保障条件。深入社区、单位、学校开展丰富多彩的宣传教育活动，是创建交通安全文化的有效途径。

①加强对驾驶人素质的培训及其管理：驾驶人素质培训对于交通安全文化建设至关重要，是交通管理和交通行为文化系统的重要体现。我国约80%交通事故的责任归属于驾驶人，大大超过其他国家约30%～50%的比例。驾驶人素质的高低，直接影响了行车的安全性。对驾驶学校进行清理整顿，加强对驾驶学校和教练人员的资格审查；通过安全教育机构，有计划、有层次、有步骤地对驾驶人进行经常性的安全文化素质和法制观念的教育；进一步规范已取得驾驶资格的驾驶人的行为；切实加强交通安全教育和交通事故肇事相关法律法规的宣传与教育；对从事危险品运输和客运的驾驶员，进行专门的运输安全培训与考核，严格执行安全驾驶各项规定，以保证货物和人员的安全，例如，强制驾驶人佩带安全带等措施，都是经实践验证过的保证安全行车的有力手段。

②对机动车乘员、骑乘自行车人员及行人的管理：这类人群数量很大，文化素质也参差不齐，是道路交通伤害中的弱势群体。通过宣传教育使其主动加入到道路交通安全文化建设之中，主动捍卫自身的权益，这是我国道路交通安全文化建设的重点。

③加强对交通管理人员的管理：交通管理人员是保证正常交通秩序的执法者，其行为对交通秩序产生重要影响。对执法人员的培训和管理与对驾驶员的培训和管理一样重要。交通管理人员的安全意识和安全文化素质，不仅对整个社会交通安全的形象，而且对交通安全的管理和事故的控制都有重要的影响。

(2)加大宣传教育的力度，培养珍惜生命的安全价值观

当前，我国的交通文化教育和安全教育还未形成体系，大众的安全意识相当薄弱，安全文化水平依然堪忧。安全价值观是安全文化的核心，安全价值观是人类价值观中有关安全行为选择、判断、决策的观念总和。目前普遍存在的违反交通规则、冒险行为和管理人员违纪的现象，都是安全价值观欠缺的一个反映。培养和造就各层次人员的安全文化素质，需要长期、广泛地安全宣传教育和在浓厚的交通安全文化氛围中的潜移默化。

(3)加强交通文化中的法制建设

道路交通管理从行政手段为主逐步转向以法律手段为主，并辅之以行政、经济、教育等手段的综合运用，以在科学管理的基础上，做到有法可依、有法必依、执法必严、违法必究，使交通逐步纳入依法管理的轨道。而且，只有在交通管理统一立法的前提条件下，道路交通管理也才能得到健康有序的发展。

(4)重视交通道德培养

交通道德建设属于交通文化中的精神观念范畴，对于交通安全控制政策的有效实施具有重要意义。当前交通违章行为普遍，交通事故以及交通肇事逃逸案件多发、频发，社会救助精神和意识淡薄，交通道德整体水平下降等具体情况，加强交通道德风尚建设就显得尤其重要。

(5)建立激励机制、树立安全风尚

通过建立激励机制,促进社会各界和广大民众对交通安全工作的支持。对维护交通安全做出贡献的单位和个人,以及在发生交通事故时见义勇为者,给予必要的奖励,推动全民安全文化素质的提高。

3. 加大道路交通安全领域的研究

(1)建立互联开放的道路交通数据库

道路交通数据资料是开展交通安全研究所必须具备的基本条件之一,同时也是评价一个国家或地区交通安全水平,制订交通安全政策的依据。国外许多国家和组织都建立了数据资料库,向社会公开有关数据,资源共享有利于安全研究工作的开展。我国在此方面的工作任重道远。

(2)保证道路交通安全研究的经费开支

研究经费是保障道路交通安全水平的基础。国外道路交通安全研究机构的经费主要由政府拨款和项目收入组成。不同国家政府拨款的份额有所不同,一般占研究机构财政预算的60%~70%,其余收入主要是来自研究项目。研究项目来源主要有中央政府和各级地方政府的财政预算、道路交通管理部门、公路部门、运输部门、环境部门、企事业单位及国际组织的合作支持等。

(3)国际合作

各地的道路交通安全问题有许多共性,都涉及人、车、路、环境。因此其研究成果完全可以借鉴,特别是一些行之有效的研究方法。但由于交通条件和经济、文化、法律、环境等不同,国外的成果不能原封不动的照搬照抄。交通安全措施在不同的国家,甚至是同一国家的不同地点,效果是不一样的。因此在国际合作的基础上,结合我国的实际情况有计划、全面地开展道路交通安全研究是必须的。

4. 优化道路交通安全规划与建设

(1)交通安全设施建设规划

加强路网建设,完善路网交通安全设施建设规划,是提高路网通行能力和安全保障水平的基础工作。完善道路基础设施的维护与管理,加强道路安全评价,集中处治危险路段,切实实施安全保障工程;加强施工路段交通组织和安全保障等的综合管理;建立健全交通影响评价体系,科学合理地规划与管理服务设施,如停车站、场及停车泊位,避免道路车流拥堵,影响日常的交通秩序;完善道路交通安全设施,如设置分隔带、交通安全岛、行人横道、防眩设施、道路标志、路面标线、交通信号、单向交通路段等的设置,都是交通安全设施建设规划的主要内容。

(2)推行道路安全评价制度

道路和环境是导致交通事故的重要因素之一。研究表明,约1/4的交通事故是由于“人”与“道路/环境”不协调引发的。道路安全评价是从预防交通事故、降低事故产生的可能性和严重性入手,对道路建设的全过程,即规划、设计、施工和服务期进行全方位的安全审核,从而揭示道路发生事故的潜在危险因素及安全性能,是国际上近期兴起的以预防交通事故和提高道路交通安全为目的的一项新技术手段。道路安全评价的目标是:确定项目潜在的安全隐患;确保考虑了合适的安全对策,使安全隐患得以消除或以较低的代价降低其负面影响,避免道路成为事故多发路段;保障道路项目在规划、设计、施工和运营各阶段都考虑了使用者的安全要求,从而保证已运营或将建设的道路项目能为使用者提供最高实用标准的交通安全服务。

(3)事故多发点、段的交通安全整治

针对各交通事故“黑点”的实际情况，对工程缺陷型问题，一定要注意把握工程的缺陷所在，采取工程措施最大程度弥补缺陷；对由于地理、气候等原因而无法完全用工程措施弥补的，应设置防护和提示设施，将事故的损失减少到最小；对管理型“黑点”，则必须完善交通安全设施，强化交通管理措施。

(4)提高紧急救治水平

交通事故致死率是指交通事故死亡人数与交通事故伤亡总人数之比。对这一数字，国外的交通事故致死率大大低于我国。例如，日本的致死率为 0.9%，美国的致死率为 1.3%，我国的致死率平均为 27.3%，位于全球 31 个主要国家中的第三位，其关键问题在于急救。据统计，交通事故在 30min 之内死亡的占 85%，这意味着在 30min 之内得到及时有效的救护能够挽救大部分伤员的生命。因此，建立区域救护网络，医院、公安、电信、交通等部门协调配合，在本行政区域内，建立以医院所在地为圆心，有效控制区域半径的医疗救助网络，是降低交通事故伤亡尤其是死亡率下降的重要措施。

(5)特殊环境下的安全措施

恶劣的天气条件通常为道路设施及其正常运行带来严重影响，美国等发达国家对恶劣条件下的交通安全管理做了大量的工作，利用现代通信和计算机技术系统进行天气监测、信息传播、交通控制、紧急事态反应和处理等作业，取得了良好的效果。目前，我国在气象灾害方面的研究工作正处于起步阶段。

(6)对城市特殊车辆的管理控制

①摩托车的管理。我国摩托车已经成为影响各城市交通安全的主要顽症，其交通事故频发，损害后果不断加重，已成为一大社会公害。因此，应适当控制城市摩托车的在用数量，通过综合治理，实现对摩托车交通事故的有效遏制。

②城市公共交通的管理。城市公共交通是城市居民安全出行的交通方式，我国还缺乏明确的优先发展城市公共交通的政策，在车辆性能、公交站场合理规划、停车站台科学设置、规范公交服务、确保公交运输时间、提高公共交通秩序，保证乘客上下车安全等方面还有相当艰巨的工作。

③非机动车和行人的交通管理。机非混行是我国道路交通的特点，行人和自行车对道路交通秩序及道路安全性影响较大，机非混行治理和研究是我国道路交通安全管理的难点及特点。

(7)优化道路设计，创造良好的道路环境

推行先进设计理念，通过精心的道路设计降低驾驶人发生事故的可能性。良好的道路环境有助于减轻驾驶人的工作强度，减少因失误或错误而诱发事故的可能性。宽容设计理念(Forgiving Design Concept)和路侧净区概念(Clear Zone Concept)等先进理念是近期国际通行的提高道路交通安全性的主要技术措施。宽容设计理念是指在一定程度上允许驾驶人操作失误或操作错误。路侧净区概念是指不管什么原因使车辆驶出路外，路侧环境都应该为失控侵入路侧的车辆提供一个平缓而且没有障碍物的空间，这个区域叫做净区。目前我国绝大部分高速公路均采用高路基，路侧连续设置护栏，这样一来不光造价很高，没有给驾驶人留有容错的空间，一旦车辆失控冲出护栏，由于路基落差很大，容易翻车形成严重事故。推广上述先进设计理念，采用低路基和缓边坡设计，车辆即使冲下路基也不会导致翻车，从而将交通事故严重度降至最低程度。

参考文献

[1] 张秋. 交通安全工程学. 上海市交通工程学会，1984.

[2] 段里仁. 道路交通安全手册. 北京：中国档案出版社，1988.

[3] B·Φ·巴布可夫. 景天然译. 道路条件与交通安全. 上海：同济大学出版社，1990.

[4] 任福田，刘小明. 论道路交通安全. 北京：人民交通出版社，2000.

[5] 裴玉龙. 道路交通安全. 北京：人民交通出版社，2004.

[6] The global road safety crisis：progress on the implementation of General Assembly resolution 58/289，A/60/181，Sixtieth session Item 62 of the provisional agenda，05-44896(E) 240805，2004.

第二章　道路交通安全数据采集与调查

数据是研究工作的基础，道路交通安全分析、评价与相关研究工作的开展也不例外，同样离不开道路交通事故数据、道路几何设计数据、动态交通流数据、道路附属设施数据、天气与道路环境数据、交通管理信息数据、驾驶人信息数据、社会经济发展状况数据等的支持。

从系统科学的角度来看，交通事故的发生是交通系统中人、车、路、环境这一复杂系统失衡造成的，一起交通事故的致因往往是多方面的，且各种因素是相互关联的。因此，这就客观决定了在进行道路交通安全研究时，通常需要尽可能地采集多方面的数据。而每类数据又都具有较高的复杂性，例如，道路几何设计要素数据就包括平曲线、竖曲线、纵坡、横坡、行车道、路肩等；交通流数据包括流量、速度、密度、排队、车辆构成等；道路安全和附属设施更是多达数十种，这无疑给道路安全分析与研究工作带来了巨大的挑战。交通安全研究水平的高低和结论可靠性在很大程度上取决于数据获取或采集时的质量、有效性及方法的科学性等。

在实际安全分析与研究工作中，出于数据可获性、经济性、采集技术手段与方法的局限性等因素的综合考虑，研究人员应根据结合目的与需求来确定数据采集的范围及精度。例如，如果研究人员试图开发道路的安全性函数，则对数据采集的要求比较高，通常需要至少 3 年周期的事故资料，还要有与事故发生期间对应的交通量和道路几何线形数据，且线形数据应基本保持不变。但研究人员在进行安全数据采集时也应把握一个基本的原则，如条件允许，宜尽可能获取更多详尽、准确的数据。

当前，我国在道路、交通、事故等方面数据的积累还比较薄弱。例如，道路设计资料尤其是低等级普通公路的道路基础资料严重不足，交通事故资料大多不够翔实、全面和完整，道路气象环境监测数据还仅局限在部分高速公路且利用状况不佳等等，加之管理体制上的一些原因，使得基础数据成为制约我国道路安全研究的主要因素之一。因此，在现有条件下，如何尽可能获取高质量的道路交通安全数据是广大道路安全工程师和相关科研人员所面临的关键问题之一，这也是本章所重点讨论的内容。由于道路安全分析和研究涉及到的数据种类繁多，鉴于篇幅所限，本章基于编写组在道路安全领域多年来开展相关工作经验的基础上，重点对交通事故、道路几何线形、交通量、速度、交通冲突等几类数据的采集与获取方法、要点、存在问题等方面进行阐述。

第一节　交通事故数据采集

交通事故数据是进行安全研究、分析与评价的最重要、最直接的基础资料。例如，安全工程师或科研人员通常进行的安全评价、安全预测、事故诊断、改造项目安全性前后对比分析等绝大部分工作都离不开事故数据资料的支持。交通事故数据的准确、全面、翔实是获取可靠分析结论的前提，基础数据资料的匮乏、不完整、或是不准确，都将直接影响相关工作开展的可能性，也会给科学决策带来偏差，甚至是误导。因此，如何尽可能地获取高质量的事故数据是摆在广大安全工程师和科研人员面前的一道难题。

在我国，交警部门负责道路交通的执法工作，相应地，交警部门同时负责交通事故现场的勘察、记录与事故信息采集，因此，交警部门通常掌握着第一手的数据资料。当前，安全工程师和科研人员进行安全分析与科研所需的事故数据仍然主要依赖于交警部门，尤其是当工作因路线长或时间跨度大等原因而涉及大量的数据时，寻求与交警部门间的良好合作，以及交警部门的大力配合往往是工作取得圆满成功的关键。

虽然基础事故数据掌握在交警部门手中，但高质量的数据获取并不像想象中那么容易。在友好协商的条件下，交警部门数据有限度地开放只是获取事故资料的前提，数据需求者要根据实际需要做好数据提取规划，例如，数据的时间跨度（宜尽可能获取更长周期的交通事故数据，多数情况下3年的事故资料能够满足需求）、数据范围、数据源等，尤其是在数据源方面，调查者需要审慎考虑，是从数据上报系统中提取还是从事故处理原始记录或卷宗中提取，不同方式数据完备性不同、工作量不同、所支持的研究与分析不同，当然结论可能也会有所差异。

此外，部分公路管理部门也存在有事故记录，只不过数据采集项和交警部门可能会有较大差异。例如，大部分高速公路路政部门都会对涉及路产损失的事故做记录，以便于对路产损失进行索赔。公路部门的事故资料数据可以作为交警部门数据的补充，或进行两者间的对比以便发现数据统计方面存在的问题，如漏报情况；另外，当交警部门的事故数据无法获取时，有时候也不得不依赖于公路部门涉及事故的台账信息。

下面按事故资料获取数据源介绍几种主要的事故数据获取方法，以及每种方法的特点。

一、翻拍原始事故处理记录或卷宗

1. 翻拍卷宗法的选用

交通事故数据的采集主要从公安交通管理部门获得，目前公安交通管理部门对事故资料有两套数据库管理系统，即一般以上记录系统和快速处理记录系统。由于事故资料电子化工作量过于巨大，以及建库目的不同的原因，当前大多数部门仅对一般以上的事故做了详细记录，并较为完整地录入数据库系统中；而轻微事故（公安交通管理部门记为快速处理）的入库率很低，且仅记录事故时间和发生道路，没有事故形态、原因等其他更详细的信息。

为此，数据采集人员需要根据研究精度需要，并结合时间、成本等因素来最终确定采用何种方法获取交通事故资料。通常有两种方法：一是直接从数据库中提出，即根据研究涉及事故资料的范围、时间设定查询和导出条件，完成数据的电子化导出；二是采用翻拍原始事故处理记录或卷宗（以下简称翻拍卷宗法）的方式，即用数码照相机对事故原始档案资料进行拍照，然后把照片打印，进而进行电子化处理，并按照需要录入到预先设计好的数据库中。

显然，直接从数据库中导出的方式方便、快捷，但其主要缺陷是存在部分信息的缺失，因为数据库的所含有采集项多为结构化的信息，不能涵盖原始事故处理记录中的所有内容，这对于事故机理研究、事故诊断与深度分析而言是严重不足；另外，由于各种原因，如录入遗漏、卷宗不在等，导致部分事故案件没有进入数据库，尤其是轻微事故，当前普遍入库率很低。因此，如果研究中需要考虑包括轻微事故在内的所有事故，就目前状况而言，通常是需要翻拍以轻微事故为主的快速事故处理单。如果对事故漏报很敏感，或是需要最为详细的基础信息，那么可能也需要对一般以上的事故处理记录或卷宗进行翻拍。

由于直接从交警部门事故记录与上报系统中提取记录的过程和操作比较简单，通常交警部门处理事故的工作人员便能顺利完成，因此，对于该数据获取方式在本章中不再赘述。

2. 采集方法

利用翻拍卷宗法进行数据采集时，通常两人一个小组，一人负责用数码相机拍摄，另外一人协助拍摄，如取放资料、翻页等工作，两人可视情况轮换工作，一个小组一天大约可以完成 3 000 起事故的翻拍工作。视事故量和可用人员情况，采集时可以安排多个小组同时进行。该方法所用的设备也很常规，主要包括：数码相机一台、三角架一个（可选）、充足的电源供给、数据线与转接卡（导出数据）、笔记本（存储数据）。交通事故数据采集情况如图 2-1 所示。图 2-2 和图 2-3 分别是翻拍卷宗法所拍摄的简易程序处理事故档案和一般以上事故信息采集表。

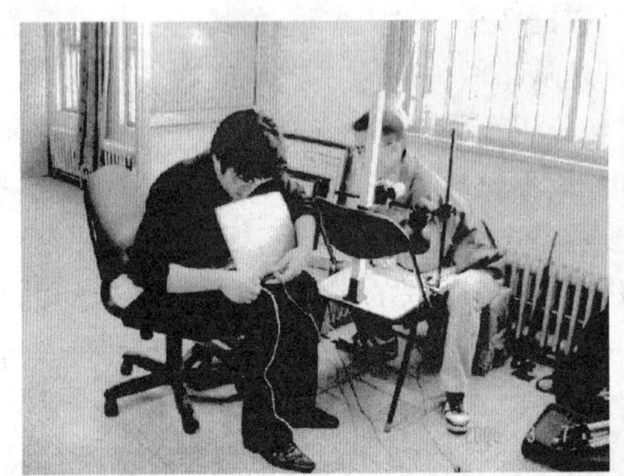

图 2-1　交通事故数据采集工作照片

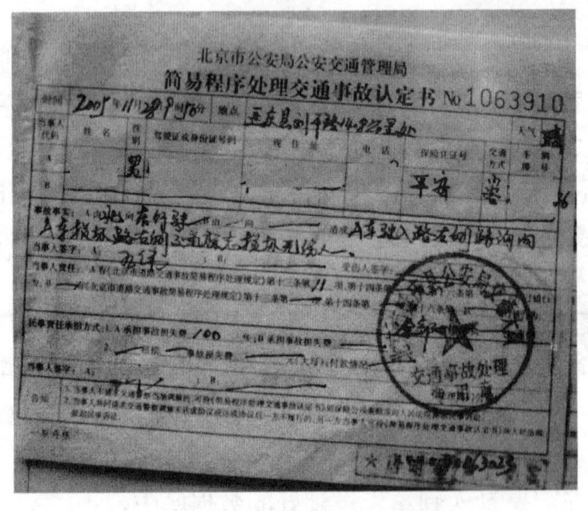
北京市公安局公安交通管理局
简易程序处理交通事故认定书 №1063910

图 2-2　快速处理程序事故档案

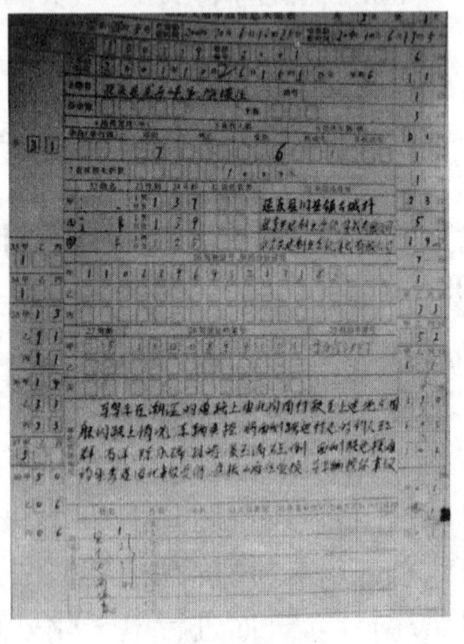

图 2-3　一般以上事故信息采集表

事故数据采集的一个最大特点就是在大量拍摄的事故图片中，如果出现模糊不能处理的记录，再返回档案寻找是异常困难的。基于此情况，在事故档案拍照过程中要注意以下事项：

(1)尽量减少漏拍事故记录个数。

(2)拍摄图片要清晰,对于不能保证是否拍清晰的照片要加拍。

(3)与交警交谈了解事故档案建档方法以及事故数据特性。

3. 数据处理与常见问题

采用翻拍卷宗法进行交通事故数据的采集和处理是一项工作量非常庞大的任务,在事故照片的打印和处理过程中,为了方便录入后电子数据与原始照片的对应检验,每条事故记录都记录了来源的图片文件名称。另外,为了使取来的数据获得最大的使用效益,设计事故数据采集软件结构时,应尽可能多地包含在事故档案中可提取的信息。

由于主观和客观等多方面原因,事故数据不可避免地存在很多问题。为了保证数据的准确性和有效性,根据事故数据特点,确定了事故数据处理标准:

(1)在录入的数据中,时间、地点、车辆类型等一致的,认为同一事故,只保留一个记录。

(2)无天气情况记录的数据,天气情况记为其他。

(3)数据录入时尽可能对样本进行复验,以减少人为失误。

(4)村口、村前按村子起始桩号处理。

(5)对于存在的较多用地点表示事故位置的情况,通过当地公路部门的帮助和实际踏勘,逐步进行补充和完善,没有地点的,记为无。

通常情况下,交通事故档案是最详细的事故信息来源。根据对事故档案记录的分析,确定了如表 2-1 所示的事故数据采集项,并对需要提取的数据项进行定义,以便建立分析用的事故数据库,实现对事故资料进行方便快捷的存储与调用。

基于交通事故原始数据提取的数据项 表 2-1

事故类型	驾驶车型 A	经济损失	行驶状态
年	驾驶车型 B	原因——交通意外	路面情况
月	驾驶车型 C	原因——机动车驾驶人	横断形式
日	事故形态	原因——非机动车驾驶人	道路线形
小时	死	原因——行人乘车人	路口路段类型
地点	重	原因——道路	交通控制方式
天气情况	轻	原因——其他	公路编号

需要指出的是,一些主、客观原因将导致遗漏部分数据或使数据出现错误,情况分列如下:

(1)由于档案室放置的原始事故记录或卷宗量很大,翻拍过程中可能出现遗漏;

(2)拍摄的图片模糊,人工电子化时可能无法识别;

(3)录入员在录入过程中产生的失误。

二、获取事故台账记录

由于全国各地情况差异很大,在有些地区安全工程师和科研人员可能无法从交警部门获取信息最为丰富的原始事故处理记录或卷宗,但此时如果能够与交警部门通过友好协商获取其事故台账记录也不失为一种退而求其次的选择。

事故台账是交警事故处理部门所保留的基础事故数据档案,记录的信息也比较详细,事故数据比较全,漏报露记的情况较少。相对翻拍原始事故记录或卷宗而言,事故台账记录缺乏案情事实信息,但数据处理的工作量要少很多,因此,在满足需求的前提下,由事故台账中提取事故数据与翻拍卷宗法相比，也许是更为高效的方法。

在事故收集过程中，发现目前交警基本没有将其电子化管理，因此，通常采用复印，在人工电子化处理的方式进行数据处理，事故台账记录如图 2-4 所示。

图 2-4 事故台账原始记录

事故台账主要含有以下信息：肇事日期、事故性质、事故分类、驾驶人姓名、驾驶证号、单位与联系电话、车号、车类、肇事地点、死亡、重伤、轻伤、直接经济损失、肇事原因、责任认定、暂扣情况、对肇事者处理、结案移送日期、经办人等。对于一般的事故分析，可提取表 2-2 中所列的数据采集项，并做规范化处理，同时也减少了电子化的工作量。

基于事故台账记录获取的数据项　　　　表 2-2

数 据 项	备 注
年	—
月	—
日	—
事故形态	取自台账中事故性质，并做规范处理
事故类型	取自台账中事故分类，并做规范处理
桩号	取自台账中肇事地点
死	死亡人数
重	重伤人数
轻	轻伤人数
经济损失	—
驾驶车型 A	需要做规范处理
驾驶车型 B	需要做规范处理
事故原因	根据新的分类标准做规范处理

三、获取公路部门路产损失记录

当交通事故涉及公路路产损失时，公路路政人员会到现场进行勘察，并记录有关事项，以便于向肇事方进行路产损失索赔。路产损失记录的事故数与实际发生的事故数存在一定差异，主要原因是部分车辆在发生轻微事故后，在车辆能够继续行驶的条件下，驾驶人为了逃避路产赔偿而驾车逃逸。

从目前全国的情况来看，高速公路路产损失记录情况比较好，由于大多数事故均或多或少地涉及路产损失，因此路产损失记录与交警部门的事故数量相差不大，一般不超过15%。而普通公路由于道路运行特点以及管理上的原因，路产损失记录与实际发生的事故数相比差距很大。因此，不建议利用普通等级公路管理部门的路产损失记录进行基于事故的安全分析或研究工作。

通常，不建议采用公路部门路产损失或养护记录中所包含的事故信息，即便是记录状况良好的高速公路，除非当交警部门的事故资料难以获取，或事故资料质量太差无法满足要求。但由于公路部门的资料相对容易获取，可将公路部门的资料与交警部门的资料进行对比，以发现一些有价值的信息，或作为交警部门资料的补充。图2-5为福建省统一的主要用于路产索赔的“高速公路交通肇事情况登记表”，通常可获取电子化的Excel表格数据，这给数据的进一步处理提供了便利，基于路产损失记录所能获取事故数据项如表2-3所示。

福建省高速公路交通肇事情况登记表

填报单位：福州福泉路政大队　　2005年5月　　闽高路政（03）表

编号	肇事时间	肇事地点	天气情况	车型	车号	姓名	单位或住址	类型	轻	重	亡	路产损坏情况	路产索赔情况	备注
1	5月1日	290K+500M	晴	面包车	闽CK2586			其他				0	0	肇事类型按六种类型填写：冲撞护栏、追尾、行驶翻车、车辆着火、冲撞行人、其他。
2	5月2日	244K+600M	晴	货车	闽D61721			追尾		1	1	16040		
				货车	赣D41745									
3	5月4日	285K+700M	晴	货车	闽A15233			追尾				0	0	
				小车	闽AM2187									
4	5月4日	235K	雨	小车	闽DA5621			其他				0	0	
5	5月5日	272K+580M	晴	货车	蒙L13356			行驶翻车				12008	12008	
6	5月5日	260K+650M	晴	小车	闽D02593			冲撞护栏				7638	7638	
7	5月6日	281K+700M	雨	货车	蒙M05231			冲撞护栏				12406	12406	
8	5月7日	245K+600M	晴	货车	蒙M06653			冲撞护栏				5242	5242	
9	5月8日	261K+50M	雨	小车	闽B09081			冲撞护栏				3972	3972	
10	5月9日	243K+600M	雨	小车	闽A85232			冲撞护栏				2920	2920	
11	5月9日	235K+50M	雨	小车	粤D81140			其他				0	0	
12	5月9日	287K+850M	雨	小车	闽CJ7701			冲撞护栏				10400	10400	
13	5月10日	256K+600M	晴	货车	豫PA2106			车辆着火				0	0	
14	5月10日	275K+630M	晴	工具车	闽AM6268			冲撞护栏				5968	5968	
15	5月10日	237K+200M	晴	小车	闽G09396			其他				0	0	
16	5月12日	8K+700M	雨	小车	闽A73758			冲撞护栏				2586	2586	
17	5月12日	298K+750M	雨	小车	浙CX1090			冲撞护栏		1		7638	7638	
18	5月14日	8K+800M	雨	小车	闽E70907			冲撞护栏				2706		

1月 2月 3月 4月 5月 6月 7月 8月 9月 10月 11月 12月

图2-5 路产损失原始数据记录

基于路产损失记录获取的数据项　　表2-3

数据项	备注	数据项	备注
年	—	轻	轻伤人数
月	—	驾驶车型A	需要做规范处理
日	—	驾驶车型B	需要做规范处理
桩号	取自登记表中的肇事地点	天气情况	需要做规范处理
死	死亡人数	事故形态	需要做规范处理
重	重伤人数		

四、交通事故记录存在的问题

在数据电子化处理过程中，发现了一些对处理后的事故数据的精度产生影响的问题。例如，一些重大事故的档案资料（一般是肇事人逃逸形成刑事案件）在公安分局或法院备案，而不是在公安交通管理支队，为此很难取到全部的资料；事故数据采集过程中可能漏掉事故档案；采集来的事故图片存在模糊的情况；事故图片打印后录入过程中可能有人为失误。除了上述问题，一些事故（尤其是单车事故）发生后，即使造成了一定的路产损失或者车辆损失，但是驾驶人为了免于处罚和赔偿，把车偷偷开走，也导致事故记录缺漏的情况。

除了事故遗漏问题外，事故点位置也容易产生问题。事故发生地点通常由交警估计出来，有时候根据事故发生地最近的里程桩粗略地确定，还有的以地名标识。在事故采集过程中，事故点位置问题体现为：事故档案没有里程桩号或里程桩号不清（没有位置，如位置记录为××村）；手写事故单字迹识别困难等问题。在事故位置确定上产生的误差，对事故分析过程中路段交通事故次数的确定有很大的影响，结果导致模型有一定的偏差。

需要指出的是，基于现有条件的限制，事故记录本身也存在一些问题，例如，即使由于对向车干扰产生的单车事故，记录的时候，也不记录对向车；超速行为导致的事故通常都没有记录超速过程的具体速度情况（因为缺乏记录或监测手段，也很少进行事后再现）等等。

为此，在事故资料收集过程中，在有条件的情况下尽可能把公安交通管理部门管理的交通事故数据库、公安交通管理部门管理的交通事故记录档案和公路路政管理部门管理的路产损失事故记录综合考虑，并且通过请教和咨询交警和路政工作人员来对事故位置进行精确确认；同时，使用汽车行驶记录仪等设备，对于认清记录事故过程中车辆的行驶特征也是十分有意义的。

第二节　道路几何线形与路侧特征信息采集

道路几何设计与路侧特征等信息也是进行安全分析评价以及有关研究所需要的基础资料，涉及的内容也非常丰富。道路几何设计要素重点包括平、纵线形以及交叉口、出入口等信息；而路侧特征包括路侧安全分级、边坡、边沟、护栏、路侧净区、路侧杆柱设施、行道树等信息。道路几何设计要素信息的采集，当前主要有基于线形采集车、基于施工图和基于全国公路数据等三种方法。路侧特征信息的采集主要有现场采集和基于路况视频的业内采集两种方法，现场采集通常可配合其他现场探勘工作同步进行，如在利用线形采集车进行几何线形采集的同时可对部分路侧特征数据进行采集。

基于线形车的采集方法主要适用于没有工程设计图纸，或原有工程设计图纸不能反映近年道路主体工程的大规模改、扩建状况，利用线形采集车进行线形数据采集，其成本要比从工程图纸或公路数据库中提取信息高得多。因此，基于工程设计图纸和公路数据库的线形数据采集方法是首选，但需要对数据与实际情况的符合性进行校对。另外，虽然利用线形采集车进行数据采集，具有很高的可靠性和精确程度，但平纵曲率、横坡等关键信息的数值是连续的，与工程设计中具有明显分段特点的几何设计要素数据有很大差异，因此，这也给数据处理和分析方法的选择带来了不便。

目前，我国大多数的双车道等级公路缺乏设计图纸信息，一级公路和高速公路相对完备，从这个角度分析，线形数据采集方法的选择仍主要取决于工程设计图纸资料的可用状况。而路侧特征数据的采集往往没有什么捷径，通常需要进行现场实地探勘，并进行必要的后续内业处理。

一、基于线形车的道路几何要素采集方法

1. 采集方法概述

本节以澳大利亚公路研究集团有限公司研发的道路几何数据采集系统（Gipsi-Trac）为例，概要说明基于线形车的几何要素采集方法。Gipsi-Trac 系统安装在经过改装的车辆上，配有高精度全球定位系统（GPS）、加速度计和陀螺仪等核心传感器，可以精确记录连续的三维高速公路地图和道路几何信息。Gipsi-Trac 系统包括：

(1)用于测量距离、速度和加速度的传感器。

(2)用于测量纵坡的加速度计。

(3)用于测量横坡的加速度计。

(4)用于测量方向变化的陀螺仪。

(5)获得绝对终点的 GPS 接收器。

(6)采集、汇总数据的微处理器。

这些部件源于惯性、测算系统，便携计算机在 DOS 状态下，运行 Gipsi. exe 程序即可启动该系统，操作人员通过以下程序来控制系统运行：

(1)一系列标定程序。

(2)对 GPS 接收器的一系列初始化程序。

(3)PC 机选择文件用的菜单。

(4)基于检测数据的文字与图形显示

所收集的数据被传送到计算机，经过后处理后以报告格式输出。另外，系统还允许操作人员在检测期间利用计算机进行后处理，以校验所采集数据的准确性。表 2-4 给出的是 Gipsi-Trac系统数据输出结果示例，从中可以看出每隔 10m 采样一次，从精度上是能够满足一般分析与研究要求的。

线形检测车记录数据信息记录表格　　表 2-4

0.000 0	17.152 6	o:km							
−2 492.108 7	−2 482.754 0	x:km							
8 650.005 9	8 656.587 0	y:km							
0.244 6	0.523 2	z:km							
0D0 km	EAST km	NORTH km	ALT km	BRG rad	G %	V 1/km	H 1/km	X %	S m/s
0.000 0	−2 492.101 0	8 649.998 0	0.244 4	−0.134	2.3	0.00	7.1	−0.0	1.2
0.010 0	−2 492.102 7	8 650.007 8	0.244 6	−0.230	2.3	0.00	7.1	−0.0	1.2
0.020 0	−2 492.105 4	8 650.017 4	0.244 9	−0.327	2.3	0.00	7.1	−0.0	4.1
0.030 0	−2 492.107 5	8 650.027 1	0.245 1	−0.240	2.3	0.00	7.1	−0.0	5.2
0.040 0	−2 492.108 7	8 650.037 0	0.245 3	−0.080	2.3	0.09	10.1	−0.2	5.8
0.050 0	−2 492.108 7	8 650.047 0	0.245 5	0.024	2.1	0.15	10.3	−0.6	6.5

续上表

0.000 0	17.152 6	o:km							
−2 492.108 7	−2 482.754 0	x:km							
8 650.005 9	8 656.587 0	y:km							
0.244 6	0.523 2	z:km							
ODO km	EAST km	NORTH km	ALT km	BRG rad	G %	V 1/km	H 1/km	X %	S m/s
0.060 0	−2 492.107 4	8 650.056 9	0.245 8	0.135	2.0	0.21	8.3	−0.2	6.6
0.070 0	−2 492.105 6	8 650.066 8	0.245 9	0.196	1.8	0.21	6.3	0.4	6.6
0.080 0	−2 492.103 3	8 650.076 5	0.246 1	0.219	1.6	0.09	4.7	0.9	6.3
0.090 0	−2 492.100 0	8 650.086 2	0.246 2	0.276	1.8	−0.21	2.8	0.9	6.3
0.100 0	−2 492.096 9	8 650.095 8	0.246 4	0.296	2.0	−0.19	3.3	0.7	6.4
0.110 0	−2 492.093 7	8 650.105 3	0.246 6	0.346	2.1	−0.12	4.4	0.5	6.2
0.120 0	−2 492.090 0	8 650.114 7	0.246 9	0.380	2.2	−0.08	5.0	0.3	6.2
0.130 0	−2 492.085 3	8 650.123 8	0.247 0	0.440	2.2	0.17	3.1	−0.0	6.7
0.140 0	−2 492.080 7	8 650.132 8	0.247 3	0.461	1.9	0.33	1.5	−0.3	6.7
0.150 0	−2 492.075 9	8 650.141 7	0.247 5	0.471	1.6	0.35	0.4	−0.6	6.9
0.160 0	−2 492.071 1	8 650.150 7	0.247 6	0.472	1.4	0.25	0.1	−1.0	7.2
0.170 0	−2 492.066 2	8 650.159 6	0.247 7	0.469	1.3	−0.15	0.4	−1.7	7.2
0.180 0	−2 492.061 3	8 650.168 5	0.247 9	0.475	1.5	−0.28	0.3	−1.6	7.3

注："ALT"-高程，"BRG"-方位角，"G"-纵坡，"V"-竖曲率，"H"-平曲率，"X"-横坡，"S"-行驶速度。

2. *数据采集要点*

在使用 Gipsi-Trac 系统时，如果同时有工程设计图纸可用，那么可以将图纸数据作为参考。另外，在利用该系统进行几何数据采集时，通过良好的方案设计和人员配合可以实现其他辅助信息的采集，如全程路况视频、路侧安全等级信息、交叉口出入口基本信息以及其他感兴趣的信息等，需要注意的是，线形数据意外的信息通常要人工判断并记录。下面给出数据采集工作中的一些要点：

(1)在正式检测开始前，先研究待采集区域的路网结构，确认各条道路的起讫位置，做好采集路线规划，少走无效路程，提高测量效率。

(2)除非道路的里程特别长，一般情况下都要对辖区内待采集道路的全部进行采集，以确保每个具有唯一路线编号的道路有完整的几何数据。

(3)采集时要对路线的行驶方向做好记录，这一信息对于确定路侧特征数据、出入口信息等是很有帮助的。

(4)线形检测正式开始之前，先选取路段进行检测试验，对检测结果进行分析，因为很多公路的实际里程桩号与道路两侧运营桩号不符。如果试验段检测结果的分析表明确实存在误差，在进行线形检测的时候，在条件允许的情况下，可每 500m 标定一次，从而使检测里程尽可能接近道路实际运营桩号。

(5)检测过程中，车辆行驶速度为 30～35km/h，如在 500m 桩号和整公里桩号进行标定时，车辆行驶速度以 10～15km/h 为宜。

(6)通常线形检测小组需要配置 3 人，一人为驾驶人，负责驾驶车辆，以及在没有百米桩和公里桩的路段根据车辆里程读数报告百米和整公里数；一人负责拍摄道路录像，同时负责报告百米桩号和路侧描述信息，如交叉口、出入口、护栏、边沟状况等；一人负责检测仪器的操作（建立文件、标定里程等）。如需要在采集线形数据的同时记录交叉口、出入口、路侧安全等级、路侧特征等信息，则需要另外安排一人。

(7)对于百米桩和公里桩不全的路段，依靠车辆里程表读数标定里程。

(8)在适宜停车的位置，用米尺测量道路标准路基断面和路肩宽度，并记录路肩类型。

3. 数据采集存在的问题

利用线形采集车进行道路几何数据采集虽然具有精度高的优势，但也存在一些产生误差的方面。首先道路线形检测车 Gipsi-Trac 系统存在系统误差，其次检测车参数标定的好坏对检测精度也有影响；再者，测量期间汽车荷载布局改变、不稳定的车辆驾驶以及路面状况等都会对检测结果有很大的影响。上述因素中，尤以路面状况与行驶条件对检测精度的影响最为复杂，具体影响情况主要有以下因素：

(1)路面平整度。

(2)桥头跳车。

(3)积水与漫水路面。

(4)道路施工养护作业。

(5)会车、超车操作。

(6)村镇、集市等处的交通干扰。

(7)违章占道现象。

(8)路况的熟悉程度。

(9)用于标定的参考点可用情况。

线形车检测数据和运行桩号对应是该方法应用的另外一大问题。在进行安全分析中，通常所有数据的采集均以运营桩号为参考或标定，从而保证线形、交通量、事故、速度等数据的对应关系。但是，线形采集车在运营桩号区间为 1km 的范围内所采集数据的实际里程长度通常并不等于 1km，另外，线形车在测量过程中不可避免地要受其他车辆以及道路状况的干扰，车辆的行驶轨迹也随之改变，即使每 500m 对桩号标定一次，也难以完全消除其干扰。因此，采用合理方法对线形检测车检测数据与运营桩号间的对应进行处理尤为重要。

二、基于设计图纸的道路几何要素采集方法

对于多数高等级公路，尤其是高速公路而言，往往具有比较完备的图纸资料，通过这些图纸资料，可以获取相应的平、纵、横等要素信息，表 2-5 为通过图纸获取的某公路初步设计平面指标情况，图 2-6 为通过图纸获取的某公路平曲线要素设计表格（部分）。

某公路初步设计平面主要指标　　表 2-5

A　段			B　段		
内容	单位	采用值	内容	单位	采用值
设计速度	km/h	80	设计速度	km/h	60
平曲线最小半径	m	410	平曲线最小半径	m	405
平曲线最大半径	m	2 700	平曲线最大半径	m	3 000
平曲线最小偏角	度、分、秒	7°10′55.1″	平曲线最小偏角	度、分、秒	6°40′43.2″
平曲线最大偏角	度、分、秒	94°22′20.1″	平曲线最大偏角	度、分、秒	139°25′38.1″

交点编号	交点桩号	转角	平曲线半径(m)	曲线长度(m)
JD1	k1+885.068	x64′ 18′ 29.9″	830	731.585
JD2	k2+985.109	y25′ 51′ 01.1″	1 200	331.408
JD3	k3+871.321	x14′ 52′ 51.1″	2 500	649.304
JD4	k5+529.019	y33′ 50′ 54.8″	1 050	501.937
JD5	k6+839.583	y27′ 37′ 14.7″	1 100	320.281
JD6	k8+450.523	x81′ 10′ 09.0″	630	722.502
JD7	k9+698.96	y12′ 11′ 04.1″	2 500	531.674
JD8	k10+810.996	y68′ 25′ 42.0″	410	349.663
JD9	k11+643.763	x75′ 10′ 58.3″	415	404.559
xJD10	xk12+517.000	y45′ 31′ 52.9″	600	306.803
yJD10	yk12+512.933	y49′ 00′ 05.2″	600	343.142
yJD11	yk13+742.465	x10′ 39′ 07.3″	2 500	464.783
yJD12	yk14+354.01	y7′ 10′ 55.1″	2 700	338.442
JD11	k15+566.124	y14′ 04′ 03.2″	1 650	205.116
JD12	k16+455.2	x21′ 36′ 55.1″	1 200	232.71
JD13	k17+123.149	y26′ 28′ 06.0″	1 000	263.805
JD14	k17+791.473	x39′ 17′ 24.9″	710	309.374
JD15	k18+709.808	y47′ 45′ 07.2″	710	421.735
JD16	k19+809.873	y19′ 06′ 19.1″	1 020	170.119
JD17	k20+616.985	x11′ 42′ 20.6″	2 500	510.758
JD18	k21+279.857	y23′ 25′ 21.3″	800	167.041

图 2-6　某公路平曲线要素表

三、基于全国公路数据库的道路几何要素获取方法

2002 年，交通部和国家统计局联合发布了第二次全国公路普查数据，标志着整个普查工作取得了阶段性成果。第二次全国公路普查完成了对路况档案信息的数字化，并通过横向数据衔接及纵向汇总，建立了三级规范统一的公路普查数据库系统(简称 HDBS)。HDBS 是服务于全国公路管理的基础资源数据库系统，它为政府的各级公路管理部门从事公路规划、建设、养护、路政等领域的管理工作，构建统一、共享的数据库应用平台，为实现公路管理现代化构造坚实的基础。数据库包含路线概况类、路基类、路面类、主要构造物类、沿线设施类、交通量和沿线环境类数据七大类数据，涉及的数据表超过 80 个。图 2-7 为全国公路数据库统计系统的应用界面。

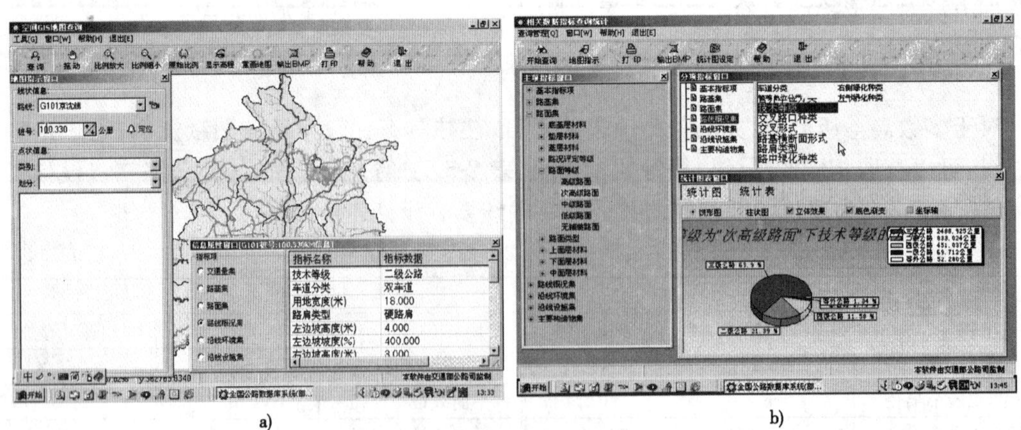

a)　　　　b)

图 2-7　全国公路数据库统计系统的应用界面

线形数据的采集主要从全国公路数据库中提取，针对每一条路，首先确定其路线编码，将路线编码作为检索条件从数据库对应的表中提取相关记录，再将检索到的记录导出到单独的数据表中，如果检索到的数据其里程范围大于事故数据或交通量数据的里程范围，可将多余的数据记录删除。线形数据主要涉及平曲线表、纵坡表和竖曲线表，分别对应于公路数据库中表DATA49、DATA65和DATA61，数据结构见表2-6、表2-7和表2-8，除此之外，进行安全分析与评价工作还可能会用到全国公路数据库中表DATA23（公路沿线行走位置）、表DATA25（横断面）、表DATA26（护栏）、表DATA27（技术等级）、表DATA30（路基现状）、表DATA40（路面等级）、表DATA46（路线现状）、表DATA50（桥梁概况）、表DATA52（隧道概况）、表DATA54（沿线村镇）等。

平曲线表数据结构　　表2-6

字　段	名　称	类　型	长　度	小　数
F002	转角	字符型	10	0
F003	前缓和曲线起点桩号	实数型	18	3
F006	后缓和曲线止点桩号	实数型	18	3
F007	平曲线半径	实数型	18	2
F008	缓和曲线长度	实数型	18	2
F009	超高值	实数型	18	2
F010	加宽值	实数型	18	2
ROADCODE	路线代码	字符型	10	0
ROADENDS	圆曲线止点桩号	实数型	18	3
ROADSTART	圆曲线起点桩号	实数型	18	3

纵坡表数据结构　　表2-7

字　段	名　称	类　型	长　度	小　数
F004	纵坡	实数型	18	2
ROADCODE	路线代码	字符型	10	0
ROADENDS	止点桩号	实数型	18	3
ROADSTART	起点桩号	实数型	18	3

竖曲线表数据结构　　表2-8

字　段	名　称	类　型	长　度	小　数
F003	竖曲线起点高程	实数型	18	2
F004	竖曲线半径	实数型	18	2
F006	竖曲线顶点高程	实数型	18	2
F008	竖曲线止点高程	实数型	18	2
ROADCODE	路线代码	字符型	10	0
ROADENDS	竖曲线止点桩号	实数型	18	3
ROADPOS	竖曲线顶点桩号	实数型	18	3
ROADSTART	竖曲线起点桩号	实数型	18	3

四、交叉口、出入口及路侧特征数据采集

1. 交叉口与出入口划分

在高速公路以下等级公路中，多存在平面交叉路口。道路的交叉按相交道路的级别和交通流量情况（主要看对主线的影响）分为交叉口和出入口，交叉口按控制形式分为信号控制交叉口（又按相交道路进口数目分为三支、四支、多支）和非信号控制交叉口（又按相交道路进口数目分为三支、四支、多支）。

交叉口定义：与主线双车道公路相交的道路等级在四级以上，或交通流量比较大的道路，满足以下条件的公路路口，认为是公路交叉口：

(1)相交道路等级为四级以上道路，并且在进、出口车道在路口处是明确分离的。

(2)有一定流量的社会车辆通行。

与平面交叉口相对的是出入口，其定义为：有一定的稳定交通量，对主线行车产生一定干扰，但是道路级别低于四级的相交形式，出入口实例如图 2-8 所示。路段出入口应符合以下特征：

a)

b)

c)

图 2-8　出入口实例

a)村庄出入口；b)厂矿出入口；c)私家出入口

(1)供车辆通行，相交道路等级低于四级，相交处进、出车辆使用同一车道的道路。

(2)单位、厂区、库房、居住小区的进出口。

(3)有一定的车流量。

如采用 Gipsi-Trac 系统进行线形采集，可在车辆行进的过程中以标注的形式完成交叉口、出入口位置、类型等基本信息的采集，标注点为路口的中心位置。数据采集人员也可将概略信息填写在预先准备好的表格中。在记录时，通常采用符号编码的形式以提高记录速度。由于交叉口尺寸的测量比较费时，为提高效率，可用相交道路的等级替代了尺寸的记录，通过道路等级和交叉口的形式可以估计出路口的范围。记录编码由两位组成：

(1)第一位字母表示交叉口或出入口形式，分列如下：

①“T”——T 字交叉；

②“X”——十字交叉；

③“R”——环形交叉；

④“Y”——Y 字交叉；

⑤“Z”——左侧出入口；

⑥“Y”——右侧出入口。

(2)第二位表示相交道路等级，分列如下：

①“1”—— 一级公路，四车道以上城镇道路；

②“2”—— 二级公路，双车道(有机非分隔带)城镇道路；

③“3”—— 三级公路，双车道(无机非分隔带)城镇道路；

④“4”—— 四级公路，大的胡同、支路等城镇道路。

如果交叉口为十字交叉类型，且与当前数据采集道路相交的道路等级为2级，则交叉口信息可记录为“X2”。

2. 路侧安全等级划分

根据国内《公路安全保障工程实施技术指南》中给出的路侧安全分级方法，以及2004年交通部西部交通建设科技项目《公路路侧安全等级评估及防护方法研究》所取得的基于灰色聚类理论的路侧安全等级划分方法的研究成果，本书中仍将路侧安全等级划分为I、II、III、IV4个等级，级别越高表示路侧安全性能越差，即越危险。

需要指出的是，客观的路侧安全等级评定需要从线形、交通量、事故和路侧特征等多方面因素进行综合考虑，但多数情况下交通量和事故数据需要单独获取，为简化起见，安全工程师和研究人员也可主要依据直观感受的线形条件和路侧特征来进行路侧安全分级。如不需要单独针对路侧安全进行分析，且路侧安全等级信息是与线形采集同步进行的，此时，调查人员可通过主观判断来采集路侧安全等级信息。由于路侧安全等级是由人主观判断的，因此，不同的采集人员对路侧信息的感觉和判定级别不尽相同，即使同一采集人员不同时刻的判断可能也有所差别。因此，在信息采集时一方面要选取经验比较丰富的人，另外也要尽可能用同一个人完成所有同一信息的采集，以减小人为主观偏差。

(1)路侧安全等级——I级

路侧有较充足的净区宽度，净区宽度一般能达到4m以上，净区内基本无危险物，边坡坡度缓于1:3，车辆驶出后可以自己驶回公路，发生碰撞事故和翻车事故的可能性很小，路侧安全等级为I级的路侧状况可参考图2-9。

(2)路侧安全等级——II级

路侧净区宽度较小，净区宽度通常不超过3m，路侧存在少量、零散障碍物，如树木、示警桩、标志杆柱，距离行车道外边缘较近范围内也可能存在边沟、挡墙、岩壁等连续的危险物，边坡坡度陡于1∶3，车辆驶出后不能驶回公路，冲出路外车辆一般能够得到有效控制，与障碍物碰撞的可能性较小，发生翻车事故的概率也不大，路侧安全等级为II级的路侧状况可参考图2-10。

(3)路侧安全等级——III级

路侧净区宽度较小，通常最大不超过1.5m，路侧深度达到3m以上，或者距离行车道外边缘很近的范围内存在宽大边沟、房屋、坚硬岩壁等，车辆驶出后路外后，能导致伤亡事故，路侧安全等级为III级的路侧状况可参考图2-11。

(4)路侧安全等级——IV级

a) b) c) d)

图 2-9 路侧安全等级为Ⅰ级的路侧实例

a) b) c) d)

图 2-10 路侧安全等级为Ⅱ级的路侧实例

a)　b)　c)　d)　e)　f)

图 2-11　路侧安全等级为 III 级的路侧实例

路侧净区宽度通常小于 1.0m，路侧地形条件多为陡崖、深沟、高度大于 4m 的填方边坡或路肩挡墙，或者距离行车道外边缘很近的范围内有河流、湖泊、铁路线，车辆驶出路外后，易导致重大、特大事故，路侧安全等级为 IV 级的路侧状况可参考图 2-12。

a)

b)

c)

d)

e)

f)

图 2-12　路侧安全等级为Ⅳ级的路侧实例

3. 基于视频回放技术的路侧特征数据采集

路侧特征涉及净区宽度、路侧护栏、边沟、边坡、桥、涵洞、行道树、交通标志、共用设施杆柱、水体、其他路侧危险物等诸多要素，采集的工作量非常巨大，目前尚无高效的手段和方法。国外研究人员在开展此方面研究时，对路侧特征数据的采集多采用实地踏勘的方法，调研前制作一套便于填写的表格，以备现场使用。此外，采集沿线的视频和照片也是经常采用的方式，现场采集视频和照片后，研究人员在适当时候再进行后续处理，通过回放视频的方式提取关注信息。

为提高路侧特征数据的采集效率，2004 年交通部西部交通建设科技项目《公路路侧安全等级评估及防护方法研究》的课题组成人员开发了路况视频里程定位及路侧特征数据采集辅助软件，软件运行时主界面如图 2-13 所示。该软件类似一个媒体播放器，与一般媒体播放器的区别在于该软件在播放视频的同时，允许使用者实时干预，采集使用者所关注的信息。除具备一般的播放器常见功能外，该软件具备里程配准、里程定位和信息采集三大功能。

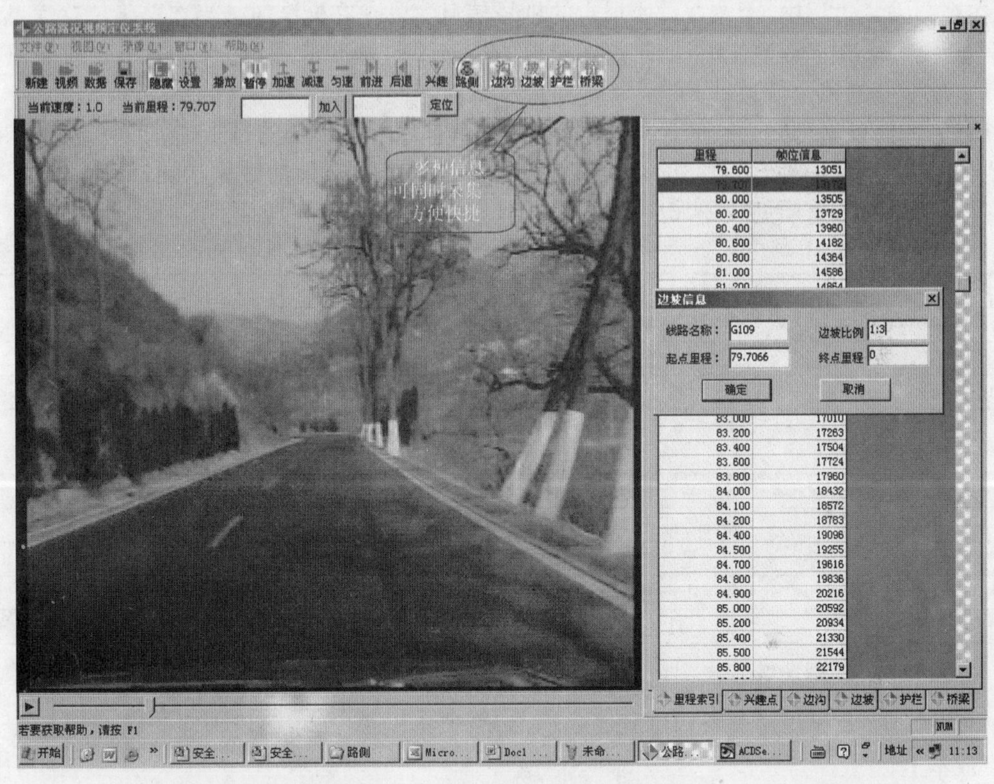

图 2-13　路况视频里程定位及路侧特征数据采集辅助软件运行主界面

利用该软件进行路侧特征数据采集，主要经历现场录像、里程配准和信息采集三个步骤。现场录像可用普通的数码摄像机，摄像人员坐在副驾驶位置，摄像机可手持或采用三角架固定，拍摄时，车速尽可能平稳，尽量避免频繁的加减速操作，最高车速可控制在 60km。为使路侧更大范围内的场景进入摄像机，宜使用广角镜头。车辆在行驶的过程中，如遇到整桩号(百米桩及整公里桩)位置，摄像人员需要报桩号信息，使桩号的音频信息同时录下。如果车速比较平稳的话，摄像人员可减少报桩号的频次，可控制在 300～400m 报一次，在车速变化幅度较大的路段，报桩号的频次适度加密。

里程配置是指在软件播放视频文件的过程中，使用者根据采集时所报告的桩号信息来建立视频帧位和里程对应关系的文件，以用于里程定位。由于视频流文件是由一系列帧构成的，每帧就是一幅图片，如果知道里程桩号的帧位信息，也就可以通过帧位定位到特定里程桩号的视频，这正是该软件视频定位的原理；反之，如果知道当前视频画面的桩号，也可以通过程序读出该画面所处的帧位信息，这就是里程配准的原理。事实上，里程配准与里程定位是两个相反的操作过程，如图 2-14 所示：

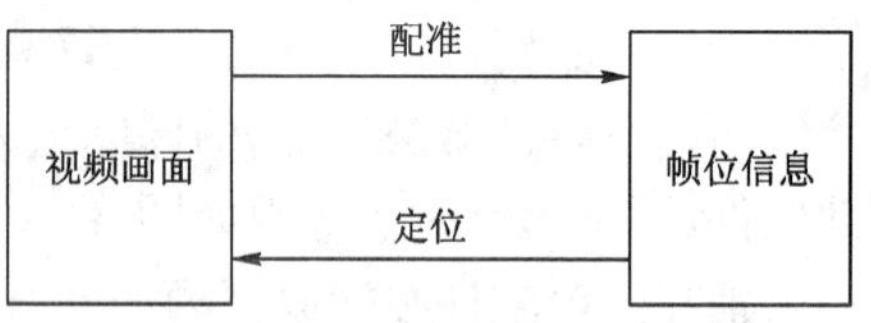

图 2-14 视频画面与帧位信息关系

由于在配准和定位的过程中，输入都是里程桩号信息，帧位信息不便于直接使用，而是隐藏的，因此，需要建立里程和桩号的对应数据表，里程配准过程建立这一对应关系，里程定位过程应用这一对应关系。由于配准过程不可能建立所有里程与帧位信息的对应关系，在视频采集过程中，摄像人员所报告的桩号信息实际上在配准时被当作准确位置信息或基准信息。因此，在里程定位时，如果需要定位的桩号不是基准信息，则需要采用线性差值算法计算定位桩号的帧位信息。

路侧特征要素可归为点信息类要素（如交通标志、涵洞、稀疏的行道树、公用设施杆柱等）和线信息类要素（护栏、边坡、边沟等）。对于点要素，需要采集的数据项见表 2-9；对于线要素，需要采集的数据项见表 2-10。

点信息要素数据项 表 2-9

字　段	名　称	字　段	名　称
OBJ_NAME	路侧特征要素名称	PROPERTY_2	属性 2
STA	位置	……	……
PROPERTY_1	属性 1	PROPERTY_N	属性 n

线信息要素数据项 表 2-10

字　段	名　称	字　段	名　称
OBJ_NAME	路侧特征要素名称	PROPERTY_2	属性 2
START	起点桩号	……	……
END	止点桩号	PROPERTY_N	属性 n
PROPERTY_1	属性 1		

如前文所述，路侧涉及要素种类繁多，既有离散的，又有连续的，目前在路侧特征要素和路侧事故关系（尤其是事故严重程度）的研究方面尚无突出成果，主要原因在于路侧特征要素的采集成本上。

上述软件的开发在很大程度上提高了采集效率，虽然后期内业处理在采集某些要素的属性时，尤其是尺寸距离等属性仍然依赖人的主观判断，势必难以保证很高的精度，但是这在国内路侧特征数据采集方面是一种有益的尝试。由于该软件具备良好的经济性和实用性，除在信息采集方面具有一定优势外，它还将在辅助工程设计、公路设施跟踪与管理等方面发挥积极作用。

第三节　交通量数据调查

交通量数据是交通工程学中最基本的资料，交通量调查的目的在于通过长期连续性观测或短期间隙和临时观测，收集交通量数据，了解交通量在时间、空间上的变化和分布规律，为交通规划、道路建设、交通管理与控制、工程经济分析等提供必要的数据。具体来讲，交通量数据作为必不可少的资料，应用于以下各项研究：

(1)由同一地点长期连续性观测，掌握交通量的时间分布规律，探求各种与交通量有关的系数，为交通量预测提供以往长期的可靠资料。

(2)众多的间隙性观测调查，可用以了解交通量在地域等空间上的分布规律，为了解全面的交通情况提供数据。

(3)为制订交通规划掌握必要的交通量数据。

(4)交通设施的修建和改建也离不开交通量的历史发展趋势与现状。

(5)交通控制的实施,离不开交通量的现状和需求。

(6)交通管理工作要真正做到决策有科学依据,必须重视交通量调查。

(7)为行人交通提供保护。

(8)进行工程的后评估。

(9)研究交通基本参数如交通量、车速和密度等之间的关系,开展交通流理论的分析,交通量通常是最重要的参数。

(10)推算通行能力,预估交通事故率,进行交通环境影响评价,预估收费道路的收入和效益,工程可行性研究等各个方面,在涉及社会经济环境效益时,交通量的大小、预测的正确与否对方案论证往往有举足轻重的作用。

一、交通量的定义和分类

交通量是指单位时间内通过道路某一断面(一般为往返两个方向,如特指时可为某一方向或某一车道)的车辆数(或行人数),又称为交通流量或流量。按其研究目的的不同,可以分成以下几类:

1. 按交通性质分

(1)机动车交通量。

(2)非机动车交通量。

(3)混合交通量——将各种机动车和非机动车交通量按一定折算系数换算成某种标准车型的当量交通量,通常提到的交通量往往指的是已换算的混合交通量。

(4)行人交通量。

2. 按计时单位分

(1)小时交通量(辆/h)。

(2)日交通量或称昼夜交通量(辆/d)。

(3)1min、5 min、15 min 交通量(辆/ min,辆/ 5min,辆/ 15min)。

(4)信号周期交通量(辆/周期)。

(5)白天 12h 交通量(7 点至 19 点)(辆/白天 12h)。

(6)白天 16h 交通量(6 点至 22 点)(辆/白天 16h)。

(7)周、月、年交通量等。

3. 按交通量特性分

(1)平均交通量

平均日交通量(ADT):任意期间的交通量累计之和除以该期间的总天数所得的交通量。

年平均日交通量(AADT):一年内连续累计的交通量之和除以该年的天数(365 或 366)所得的交通量。

(2)最高小时交通量

高峰小时交通量(PHT 或 VPH):一天 24h 内交通量最高的某一小时的交通量。一般还分为上午高峰(早高峰)和下午高峰(晚高峰)小时交通量。其时间的区划一般从 n 点到 $n+1$ 点整数区划。为研究分析目的也可寻找连续 60min 最高交通量(非整点到非整点)。

4. 有关名词术语与定义

(1)道路方向分布系数(K_d):用百分数表示的主要行车方向交通量占双向总交通量的比值。

(2)高峰小时流量比:高峰小时交通量与该天日交通量之比值,一般以百分数表示。

(3)高峰区间:某高峰小时内连续 5min(或 15min)累计交通量最大的区间称为高峰小时内的高峰区间。

(4)扩大高峰小时交通量:把高峰区间的累计交通量扩大推算为 1h 时间内的交通量即为扩大高峰小时交通量。

(5)高峰小时系数(PHF):高峰小时实测交通量与由 5min(或 15min)高峰区间推算所得的扩大高峰小时交通量之比,即为高峰小时系数。

二、交通量调查实施

1. 调查地点的选择

调查地点的选择,根据调查资料目的不同而有所不同,主要是考虑交通量集中而又有代表性、便于调查统计、具有控制性的地点。一般设置在下列场所:

(1)交叉口之间的平直路段上。

(2)交叉口(交叉口各入口引道的停车线)。

(3)交通设施、枢纽的出入口(流通中心、大型停车场等)。

2. 调查种类

(1)特定地点的交通量调查。该调查是以研究交通管理、信号控制为主要目的,调查特定地点(路段、交叉口或出入口)的交通量。

(2)区域交通量调查。在某特定区域内同时在许多交叉口和路段设置交通量调查点,以掌握该区域交通流量的分布变化特点为目的的交通量调查。

(3)小区出入交通调查。为校核商务中心区等特定地区、城市或城市郊区等区域的出入交通量,以及起讫点调查数据中的内外出行距离而获取所需的数据。其往往与起讫点调查及其他有关的调查一起进行。

(4)分隔查核线交通量调查。主要是为校核起讫点调查的数据而进行的调查。

3. 调查时间

调查日期、时间、范围,应随目的不同而异。作为了解交通量全年变化趋势的一般性调查,必须选在一年中有代表性交通量的时期进行。从一周来说,最好是星期二到星期五,避开周末及星期日前后。从日期来说以商业活动比较活跃的日子、节假日、休息日、无大型文体活动的晴天为宜。

调查时间区间。除连续观测外,常采用:①24h 观测:用于了解一天中交通量的变化;②16h 观测(6 点至 22 点):用于了解包括早、晚高峰在内的一天大部分时间的交通量变化情况;③12h 观测(7 点至 19 点):用于了解白天大部分时间交通量的变化状况;④高峰小时观测:一般在上下午高峰时间范围内作 1~3h 的连续观测,要注意高峰小时在不同地点出现的时间有差别,不同车型的高峰小时出现时间也不同。

4. 观测用记录表格的设计

应根据最终数据的使用目的，结合交通量调查的规划工作，以及利用计算机整理资料的可能等一并考虑，在做调查规划时，必须一起考虑的事项有：

(1)调查场所的选择和配置。

(2)调查日期、范围与测定时间的划分。

(3)交通量测定的分项内容(车型、流向、转弯、车道等)。

(4)调查测定方法、人员、设备选用等。

三、交通量计数方法

交通量计数通常有人工计数和机械(自动)计数两种。采用何种方法取决于所能获得的设备、经费和技术条件、调查目的要求以及要求提供的资料情况等。

1. 人工计数法

这是我国目前应用最广泛的一种交通量调查方法，只要有一个或几个调查人员即能在指定的路段或交叉口引道一侧进行调查，组织工作简单，调配人员和变动地点灵活，使用的工具除必备的计时器(手表或秒表)外，一般只需手动计数器和其他记录用的记录板(夹)、纸和笔。

人工调查可以胜任以下任务：分类车辆交通量；车辆在某一行驶方向、某一车道上的交通量；交叉口各入口引道上的交通量以及每一入口引道各流向交通量；非机动车和行人交通量；车辆排队长度及车辆的时间和空间占有率；车辆所属车主、所属地区、所属部分或系统等；驾驶员和骑车人对交通管理和控制的遵守情况。

人工计数法适用于任何地点、任何情况的交通量调查，机动灵活，易于掌握，精度较高(调查人员业务熟练且有良好的责任心时)，资料整理也很方便。但是该方法需要大量的人力，劳动强度大，冬夏室外工作辛苦。长期连续的交通量调查采用该方法时成本高昂，因此，一般适用于短期或临时的交通量调查。

图 2-15 给出的是两种手动机械式计数器，图 2-15a)计数器只能用来记录交通量，图 2-15b)计数器则可以记录 4 种不同的特征，如可以满足以下调查要求：

(1)不同分流方向或操作的车辆数(左转、直行、右转)。

(2)按预先指定车型来分别计数，如小客车、轻型货车、重型货车、公共汽车。

(3)不同车道的交通量。

a)

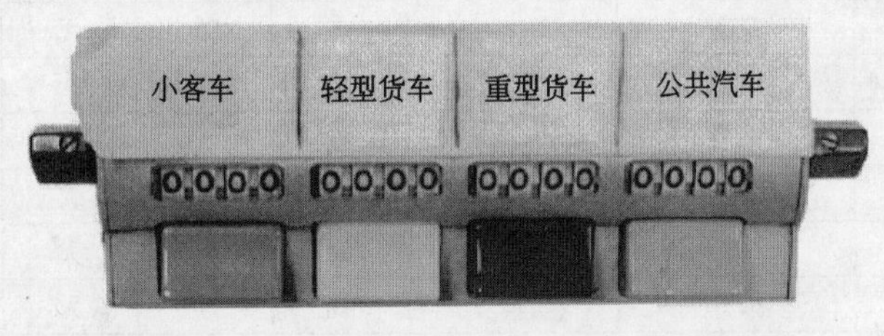

b)

图 2-15　两种手动机械式计算器

a)记录交通量；b)记录 4 种不同特征

如果我们要对一个四支交叉口分方向记录交通量,则需要 4 个图[图 2-15b)]所示的计数器,每个计数器在调查时使用三个按钮。

图 2-16 给出的是一种手动电子计数器,通过按下恰当的按钮便可以完成交通量的记录,一支该款计数器便可以完成对四支交叉口分流向的交通量调查。该计数器有内置的时钟和存储空间,省去了调查人员带秒表记录时间和汇总数据表格的工作。调查完成后,数据可方便导入计算机,并由附带的软件自动完成统计,减少人为处理数据的误差,当交通量特别大时,能够显著地节约成本。

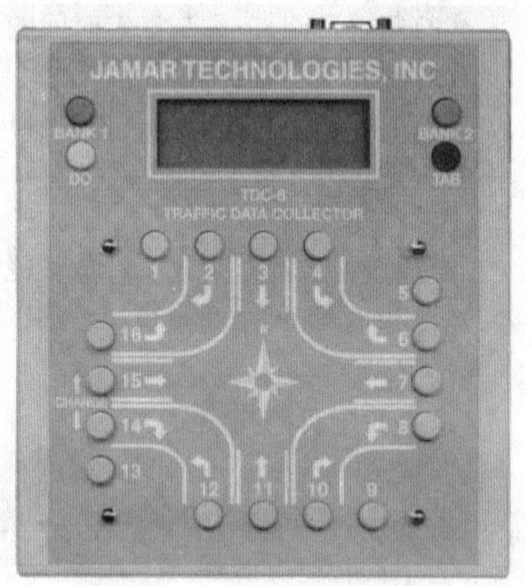

图 2-16 手动电子交通量计数器

2. 自动计数法

自动计数装置可以节省人力,使用方便,可以同时进行范围广泛的调查,精度也较高,特别适用于长期连续性交通量调查。但是这类装置也存在一些不足,如一次性投资大,使用率往往不太高,特别是对调查项目的适应性较差,它们大部分无法区别车型和分流流向,对于行人和自行车(非机动车)交通量调查也往往无能为力。自动计数装置一般由车辆检测器(传感器)和计数器两部分组成,以下统称为交通量检测器或车检器,可分为便携式和永久性(半固定性)两种。前者适用于临时、短期调查;后者适用于固定或长期的调查。

(1)便携式车检器有关内容可参见本章地点车速调查方法小节的相关内容。

(2)永久性或半固定型车检器有道路管(气压或液压式)、电接触式、光电管、雷达、磁性、感应线圈、超声波、红外线和电容式等许多形式。选择哪一种类型的车检器要根据各地、各部门交通调查的目的、检测车辆种类、设备的性能、国内目前所能购置的情况以及经费的多少等条件决定。常用车检器的性能特点如表 2-11 所示。

各类常见车检器性能特点对照表 表 2-11

传感器名称	检测原理	检测方式		检测范围	信号处理难易	路面开挖量	抗干扰性能	设置方式	使用寿命	成本
		存在	通过							
道路管	气压开关		√	线	易	无	差	移动	短	低
光电	车体遮光	√	√	线	易	无	差	移动	短	中
超声波	反射	√	√	点	难	无	中	固定	长	高
电磁	剩磁	√	√	点	中	小	中	固定	—	低
地磁	地磁		√	点	易	中	好	固定	中	中
环形有源	电感	√	√	面	中	大	中	固定	短	中
环形无源	地磁		√	面	易	大	好	固定	短	低
导电橡胶	模拟开关		√	线	易	无	差	移动	短	中
雷达	多普勒效应		√	点	难	无	差	移动	中	高
振动共轴	电容式		√	线	中	小	—	固定	长	—
棒式磁	车体剩磁		√	线点	易	小	好	固定	长	低

四、交通量调查方法

1. 交通量调查说明书

在实施交通量调查之前，应先考虑调查方案，编写说明书，说明书大致包括下列内容：

(1)调查目的。

(2)拟调查地区的平面图，应标明道路宽度、路面标线、周围地物、视距障碍、路面状况、交通标志等。

(3)观测站的位置也要标到平面图上，并对选点依据提出书面说明。

(4)车型划分。

(5)调查时间及周期。

(6)观测设备：如采用自动装置，要提出设备的规格、型号和数量，并对设备的性能加以扼要的说明，还应给出详细的设备安装施工图。

(7)人员配备与分工。

(8)记录表格的形式：表头通常要包括道路名称或道路编号、观测站位置、运行方向、观测日期(年、月、日、星期)、观测时间、天气、观测人等项目。

(9)调查资料整理方法与格式。

(10)注意事项。

2. 车辆换算

在我国大部分道路，汽车都与其他各种车辆混合行驶，因此就存在一个以什么车辆为标准和各种车辆如何换算成标准车的问题。根据各种不同车辆在行驶时占用道路净空的程度，可以分别确定它们对标准车的换算系数。为此，在进行交通量观测时，必须根据调查目的和用途，区分不同车型，分别记录，以便利用换算系数换算成统一的标准车。

根据原交通部的统一规定，目前我国在进行公路交通量调查时，通常将车辆分为 11 种类型，具体分类和标准及折算系数如表 2-12 所示。

公路交通量调查各类车型分类表　　表 2-12

编号	车型分类	车型载重、马力(功率)与包括车型	折算系数
1	小型载货汽车	载质量小于 2.5t，包括托挂载货，摩托车等	1.0
2	中型载货汽车	载质量 2.5～7.0t	1.0
3	大型载货汽车	载质量大于 7.0t	1.0
4	小型客车	包括座位少于 20 个的小轿车、吉普车、面包车、托挂载客摩托车和轻骑	0.5
5	大型客车	座位大于 20 个	1.0
6	载货拖挂车	包括半挂及平板拖车等	1.5
7	小型拖拉机	12 马力(8.8kW)及小于 12 马力(8.8kW)	1.0
8	大中型拖拉机	12 马力以上(8.8kW)	1.0
9	畜力车	专指汽车胶轮大马车	2.0
10	人力车	包括人力三轮车、畜拉架子车、手推车等	0.5
11	自行车	包括安装有动力的自行车	0.1

城市道路交通量调查时，根据标准车的不同，可分为以小汽车为标准的换算系数和以载货汽车为标准的换算系数两种系列；其中缺乏自行车的换算系数，各地自行车采用的数值大小不

一：以小汽车为标准时自行车的换算系数取0.35～0.5；以载货汽车为标准时自行车的换算系数取0.1～0.3。其他车辆的换算系数参见表2-13和表2-14。

城市道路交通量调查以小汽车为标准的换算系数表　　表2-13

车辆类型	换算系数	车辆类型	换算系数
小汽车	1.0	中、小型公共汽车	2.5
小型载货汽车	1.5	大型公共汽车、无轨电车	3.0
3～5t载货汽车	2.0	摩托车、轻便摩托车	0.8
5t以上载货汽车	2.5		

城市道路交通量调查以载货汽车为标准的换算系数表　　表2-14

车辆类型	换算系数
载货汽车(包括大卡车、重型汽车、中小型公共汽车、三轮车、胶轮拖拉机)	1.0
带挂车的载货汽车(包括大型公共汽车、无轨电车)	1.5
大型平板车	2.0
小汽车(包括吉普车、小型客车、摩托车)	0.5

3. 公路交通量调查

在拟调查的公路上，选择有代表性的地点建立观测站。观测站附近应没有大出入口，视距通畅，道路条件与整个路段相似，没有大量人流的干扰；除非调查是针对这些因素。

(1)连续观测站

设置连续观测站的目的在于获取全面完整的交通量数据，摸清交通量的变化规律，求出交通量的各种变化系数，供其他仅有局部数据的观测站或条件类似的路段推算年平均日交通量。为简化观测工作量，在连续观测站，每天昼夜连续观测24h，来去车辆不分，合并计数，按小时记录11种车型的绝对数。

(2)间隙观测站

间隙观测站是连续观测站的辅助性测站，与连续观测站设在同一公路的不同路段上，或设在性质相似的不同公路上。在间隙观测站上每月观测1～3次，凡经过长期观测已得出白天交通量比重，即K12、K16则是只在白天观测12～16h。围绕一个连续观测站可设几个甚至十几个间隙观测站。

(3)临时观测站

如果特别需要观测某一路段或某一交叉口的交通量，但该处原来未设置观测站时而临时补充设立的观测站。观测站附近，如本路或平行路正在维修，附近桥梁维修，或因偶然因素发生车辆阻塞等情况时，应在记录种详细注明，以免造成分析错误。

4. 城市道路交通量观测

宜在每条主干道上建立一个连续观测站，在每种类型的次要道路上，建立间隙观测站，如城市较小可分别在商业区、工业区、居住区道路上建立若干间隙观测站。同时针对特殊的调查还要建立补充观测站。

连续观测站可每周观测一次，且每次观测的周日轮流更换，例如，第一周在星期一，第二周在星期二，直到第七周在星期日观测，每次观测24h，使一年内各月各周各日都有观测记录。间隙观测站的观测时间、次数根据需要而定，每天只观测16h。

不论是公路还是城市道路的断面交通量观测，除固定的观测站外，通常用到最多的还是临时性的交通量调查，这些调查数据可能用于安全状况评价、安全性能预测、交通设施改造或管控措施实施前后的效果评价(也包括经济效益评价)等，在调查前，可参照表 2-15 设计观测时所用的记录表格。在实际调查中，是否分车型记录可能出现多种情况：不区分车型；区分部分关注的车型；区分所有的车型(按车型分类标准)；按自定义车型记录。此外，样表中给出的时间序列按照 15min 间隔，也可按照 5min、1h 间隔或不区分观测时段等几种方式记录。总之，观测者可根据实际需要对样表做调整。对于城市道路而言，表 2-15 中的“路线名称”应改为“道路名称”，“桩号位置”宜改为“参考位置”。

道路断面交通量观测记录样表　　表 2-15

公路断面交通量调查样表					
路线名称：		桩号位置：		观测人：	
日期：		天气：		方向：	
备注：					
时间序列	车型 1	车型 2	……	车型 N	小计
7:00～7:15					
7:15～7:30					
7:30～7:45					
7:45～8:00					
8:00～8:15					
8:15～8:30					
8:30～8:45					
8:45～9:00					
……					

5. 平面交叉口交通量观测

调查平交路口交通量的目的是为了得到有关需求、通行能力、流向分布和交通组成等方面的资料，以便对路口运行效能做出准确的评价，提出管理措施或改建方案。路口交通量调查通常选在高峰期间，持续时间至少为 1h，最好大于 1h，这样不至于错过高峰小时。根据需要，分别对早晚机动车高峰和非机动车高峰进行观测。调查周期多采用 15min，有时根据需要采用 5min，如对于上下班时自行车交通量，还有时按信号灯周期统计，但此时需要同时进行信号灯配时调查，以便进行资料的统计。

由于交叉口交通流的特征比较复杂，需分车型分流向调查，一般均采用人工计数，以停车线作为观测断面。当入口渠化较好，车辆严格遵循分道行驶时，每人负责一个车道；否则，每一入口需要 3 人，分别统计左转、直行、右转的车流量。对于自行车，通常每一入口也需要 3 人，分别统计各方向流量，当自行车交通量特别大时，需要使用手动计数器，有时还要以 5 辆或 10 辆作为一个计数单位。因此，对于一个典型的十字交叉路口，通常需要 24 人，当要求调查行人流量时，还要增加人员。

调查日应避开雨、雪等恶劣的天气以及星期六和星期日、节假日，除非调查是针对这种情况进行的。对于以路口改造前后对比研究为目的的交通量调查，要使两次调查的时间、地点、方法、气候条件尽可能相同。

图 2-17 和图 2-18 分别给出交叉口机动车和非机动车(行人或自行车)交通量调查时的一种工作单,观测时每个人员手持一份工作单,直接在上面划"正"字做记录。

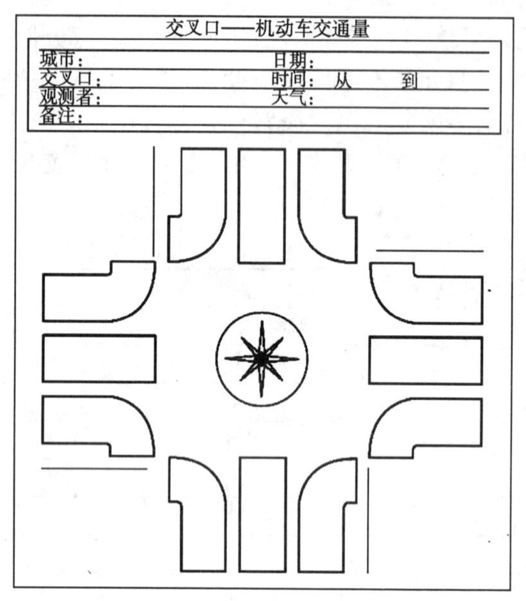

图 2-17 交叉口机动车流量调查工作单

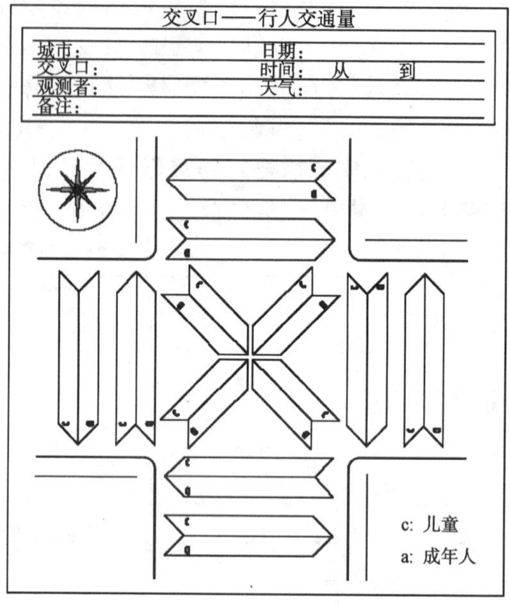

图 2-18 交叉口非机动车流量调查工作单

图 2-19 和图 2-20 给出的是交叉口交通量调查后,可以制作的两种形式的流量流向图,用来表示交叉口车辆的运行状况,由图可以一目了然地看到交叉口的流量流向分布。通常根据高峰小时的当量交通量绘制,当不知道车辆换算系数时,也可直接用混合交通量代替。当机动车高峰与非机动车高峰不重叠时,一般应对每个高峰小时的机动车和非机动车分别绘制。

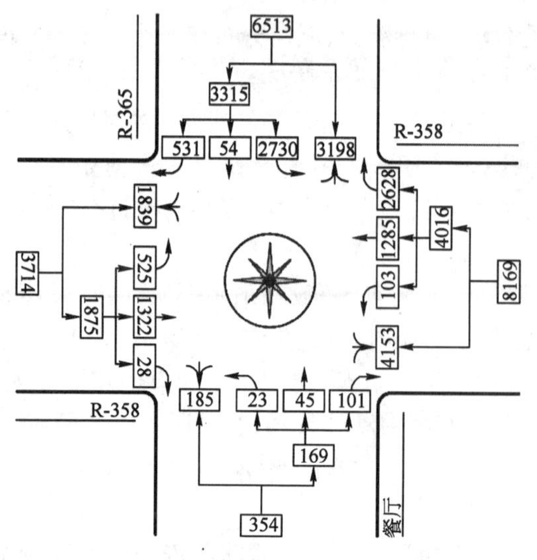

图 2-19 交叉口流量流向图形式(1)

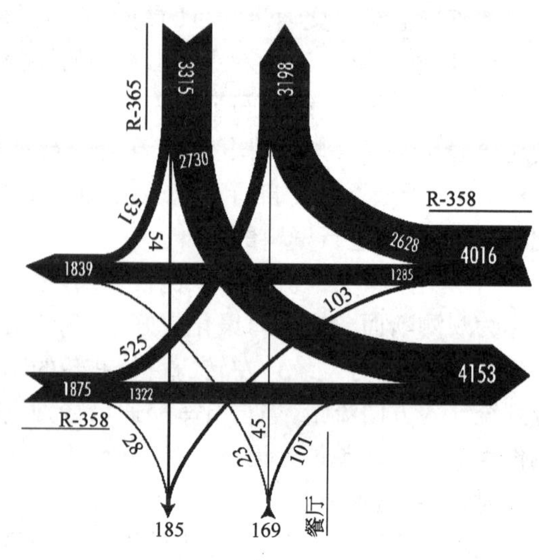

图 2-20 交叉口流量流向图形式(2)

6. 其他交通量调查

道路网交通量调查、区域境界线交通量调查、分隔查核线交通量调查等其他交通量调查方法本章不作赘述，读者可参考交通工程学、交通规划、交通调查的相关书籍。

第四节　车速调查

车速是交通流理论研究中的重要参数，是交通运行情况的基本度量。道路运行质量及安全性能评价、道路设计、交通规划、交通控制与管理等均以车速作为基本的资料。因此，车速调查成为交通工程中最重要的调查项目之一。就交通安全分析与评价的角度而言，车速调查是安全改善项目效果后评价、速度管理、道路几何线形安全分析等工作开展的基础。

本节的重点介绍车速基本定义与相关统计量，影响车速变化的因素及车速调查的目的，以及与道路交通安全分析和设计密切相关，也是最为常见的两种车速的调查：地点车速（也称断面车速）调查和全线运行车速调查。

一、车速基本定义与相关统计量

1. 基本定义

（1）地点车速

也称为断面车速，是指车辆驶过道路某断面时的瞬时速度，实际工作中常按下式计算：

$$v=3.6\times\frac{L}{t} \tag{2-1}$$

式中：v——地点车速（km/h）；

L——短观测段的距离（m）；

t——时间（s）。

（2）时间平均速度

车辆通过道路某断面时，观测时间内地点车观测值的算术平均值，称为时间平均车速，简称平均车速，即：

$$\bar{v}_t=\frac{1}{n}\sum_{i=1}^{n}v_i \tag{2-2}$$

式中：$\bar{v}_t$——时间平均车速（km/h）；

v_i——第 i 辆车的地点车速（km/h）；

n——观测时间内观测的车辆数。

（3）全线运行车速

是指同一车辆在某特定路线上不同里程位置处的连续速度值，全线运行车速本质上是按时间或空间顺序排列的地点车速集合，可以下式表示：

$$v_Q=\{v_1,v_2,\cdots,v_n\} \tag{2-3}$$

式中：v_i——第 i 个里程位置或时刻的地点车速（km/h），地点车速序列中任意相邻两个地点车速 v_{i-1} 与 v_i 通常相隔相同的时间或里程距离，更为常见的情形是间隔相同距离，即全线运行车速采集往往是按照预先设定的间距进行采样的。

虽然地点车速与全线运行车速本质上都属于地点车速范畴，但由于其数据采集方式、数据用途方面存在较大差异，因此，在本节中我们分别予以考虑。

2. 车速频率分布与统计量

由于地点车速在平均值周围一般分散很宽，单用这一参数不足以描述其特征，因此还需要通过车速频率曲线和累积频率分布曲线以及相应的数字特征从统计上加以分析。

车速频率分布，是在同一地点观测到的以某一确定速度行驶的车辆数 n，与总的观测车数 N 的比值。车速频率分布是速度频率的变化情况。

将这样的比值用直角坐标系中的柱状图表示出来，即地点车速的频率柱状图（或称直方图），如图 2-21 所示。将这一直方图每一小矩形顶部中点用光滑的曲线连接起来而成的曲线叫做速度频率分布曲线。由频率分布曲线可绘得累积频率分布曲线，如图 2-22 所示。图中纵坐标即为小于等于各组地点车速的相应的累积频率。这两条曲线用来表明该观测路段地点车速的统计特征，从中可以选取以下参数作为特征地点车速。

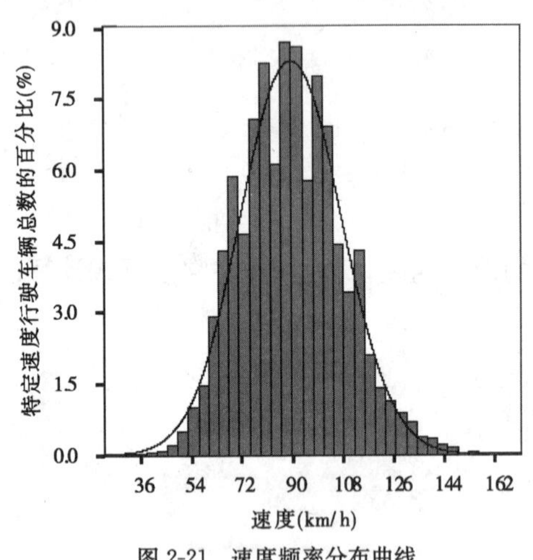

图 2-21　速度频率分布曲线

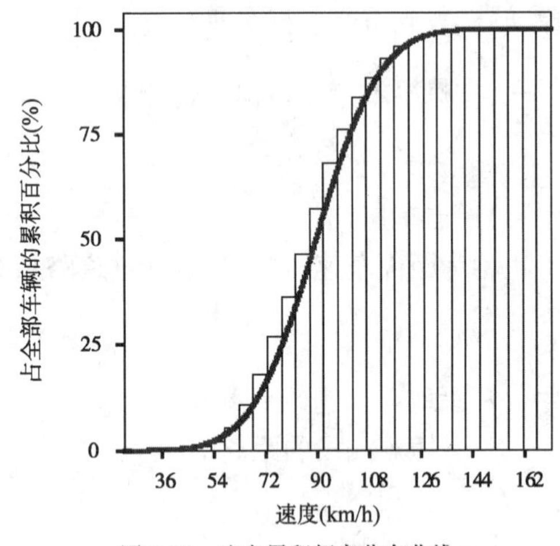

图 2-22　速度累积频率分布曲线

(1)中位车速

在该车速以下行驶的车辆数等于在该车速以上行驶的车辆数时的车速，中位车速可记作 v_{50}。

(2)85%位车速

车速累积频率为 85%时相应的横坐标值，即在观测到的车辆总数中，有 85%车辆的地点车速小于或等于该值。85%位车速通常记作 v_{85}，v_{85} 通常可作为确定观测路段最大限速值的基础。

(3)15%位车速

车速累积频率为 15%时相应横坐标值，即在观测到的车辆总数中，有 15%车辆的地点车速小于或等于该值。15%位车速通常记作 v_{15}，v_{15} 通常可作为确定观测路段最低限速值的基础。

除了上述速度统计特征外，在安全分析、建模与评价中，还经常会用到以下一些速度特征统计量：

(4)85%位车速与 15%位车速差

可记作 $v_{70'}=v_{85}-v_{15}$，$v_{70'}$ 是表征速度离散特征的一个统计量，该值越小，表明大多数车辆

(70%)的速度分布在一个较小的速度范围内，从速度频率分布曲线上来看，中间的直方图窄而高。

(5)速度方差与标准差

速度方差与标准差是表征速度离散性的最为常用统计量，直接反映着速度离散程度的大小，标准差与速度的单位相同，在实际中应用更多一些。近些年，越来越多的研究表明，事故的发生与速度大小关系不显著，速度大小主要影响事故的严重性，而恰恰是速度的离散性与事故率有着密切的关系。速度方差 v_{ar} 与标准差 S 可按下式计算：

$$v_{ar}=\frac{1}{n}\sum(v_i-\bar{v})^2 \tag{2-4}$$

$$S=\sqrt{v_{ar}} \tag{2-5}$$

式中：v_i——第 i 辆车的地点车速；

$\bar{v}$——地点车速样本均值。

(6)断面速度偏差

是指断面地点车速均值与所研究道路对象涉及的所有断面地点车速均值的差值，该差值表征的是路线中不同小的路段单元速度的差异，记做 DEVI。在实际分析中，我们通常将断面车速所代表的特定断面向前后扩展适当距离，使断面车速代表一个小的路段单元的特征，路段单元长度的确定需要考虑多种因素：道路线形特征、隧道、互通立交以及其他重要结构物的分布、路侧地形地物、交通构成、可用地点车速组数等。DEVI 可按下式计算：

$$\text{DEVI}=\bar{v}_i-\bar{v} \tag{2-6}$$

式中：$\bar{v}_i$——第 i 个断面的地点车速均值；

$\bar{v}$——路线中所有断面地点车速的均值。

(7)相邻路段运行速度的差值 Δv_{85}

Δv_{85} 是进行前后相邻路段运行速度一致性评价的关键性指标，Δv_{85} 可用下式表示：

$$\Delta v_{85}=v_{85}^{i}-v_{85}^{i-1} \tag{2-7}$$

式中：v_{85}^{i}——第 i 个断面的 v_{85}^{i-1} 速度；

v_{85}^{i-1}——第 $i-1$ 个断面的 v_{85} 速度。由于在利用 v_{85} 速度进行前后相邻路段运行速度一致性评价时，需要众多的断面地点车速，因此，如果采用地点车速调查的方法来对一条相对较长的路线进行评价，数据采集的工作量是巨大的，此时可以考虑利用预测模型的方法来直接获得 v_{85}，但如果在条件允许的条件下，仍然倾向于进行速度调查。

据《公路项目安全性评价指南》(JTG/T B05—2004)及国内外有关研究成果，较为一致的观点认为：当 $|\Delta v_{85}|<10$ km/h 时，运行速度协调性好；$|\Delta v_{85}|$ 为 10～20 km/h 时，运行速度协调性较好；$|\Delta v_{85}|>20$ km/h 时，运行速度协调性不良。此外，也可以利用行速度梯度指标来评价运行速度的协调性及道路运行的安全性，梯度是反映速度变化剧烈程度的指标(单位为 km/100m)。相关研究指出，相邻路段运行速度梯度超过 10km/h 时，在设计上应是尽量避免

的，在道路实际运营中也可能存在安全隐患。

(8)断面 v_{85} 速度与设计速度的差值 Δv

Δv 是进行路线设计一致性评价的关键性指标。Δv 可用下式表示：

$$\Delta v = v_{85} - v_{d} \tag{2-8}$$

式中：v_d——路段/路线的设计速度。

与 Δv_{85} 类似的，当 $|\Delta v| > 20$ km/h 时，表明运行速度与设计速度间的协调性较差，应对该路段的相关技术指标进行安全性验算。

二、影响车速变化的因素与车速调查的目的

1. 影响车速变化的因素

影响车速的因素很多，归纳起来，主要有：驾驶人、车辆、道路、交通与环境等几大类因素，了解不同因素对速度的影响，对于合理地选择调查对象、调查路段、调查时间，剔除无效数据是很有帮助的，从而确保地点车速调查与分析的科学性与准确性。

(1)驾驶人的影响

汽车行驶速度除与驾驶人技术高低、开车时间长短有关外，还与驾驶人的个性、年龄、性别和婚姻状况有关。一般而言，开车长途旅行的人比本地出行的人开得快。车上无乘客时，驾驶员开车往往比有乘客时快。青年驾驶人、男性驾驶人、单身驾驶人一般比中老年驾驶人、女性驾驶人、已婚驾驶人开车快。

(2)车辆的影响

车辆对速度的影响主要取决于车辆的技术性能与使用情况。一般而言，小客车速度最快，货车最慢，尤其是大型载重货车。货车的车速与载货量有直接的关系，对同一货车而言，载货量越大速度越慢，当货车违章超载时，有时候速度会变得很低，甚至低于 20km/h。新车的车速高于旧车。

(3)道路的影响

道路对驾驶人的车速选择有着显著的影响，具体的因素包括：道路的功能、平曲线半径、纵坡、缓和曲线设置、车道数与车道宽度、路面类型、侧向净空、视距条件、标志标线等交通安全设施设置情况等。例如，平曲线半径越小，车速越低；纵坡越大，车速越低；在视距受限的路段，车速也会降低。

(4)交通条件的影响

当交通量超过某临界值后，随着交通流的继续增大，车速会变得越来越低，这是由流量、速度、密度三者间的关系所决定的。一般来讲，同一车道的车辆构成越单一，车辆间的速度离散性越小，车辆的总体车速也越高，仍然具有很高的运行安全性；相反，在车辆构成复杂，未实行快慢、机非分离的车道，车速相对较低。

(5)交通环境的影响

环境对车速的影响主要体现在两个方面：一是气候条件，如降雨、雪、雾天、其他能见度低的天气条件、大风（尤其是在大的横风）、路面结冰霜等湿滑条件，都会影响到正常的车辆行驶速度，会造成车速下降、车速离散性变大、延误加大、通行能力下降、运行安全性降低；二是路侧横向干扰情况，主要是指路侧的土地使用功能以及人的社会活动的影响，如车辆经过学校、居

民区、村镇、集市的路段，车速会受到较大影响。

2. 车速调查的目的

地点车速和全线运行车速调研和分析主要基于以下方面：

(1)掌握地点车速分布规律。在特定地点，定期进行速度抽样调查，可以得到车速随时间的变化规律。为道路设施设置、运输效率分析、通行能力分析、交通噪声污染控制、交通风险与事故后果评估等提供依据。

(2)作为速度管理的主要参考。地点车速是确定合理限速值，选择合理速度控制手段的主要参考，例如，通常使用地点车速的85%位车速(也称为v_{85})来作为限速值的基本参考。

(3)检查驾驶人对限速标志的遵守情况，以便对于限速值的合理性和有效性做进一步的评估。

(4)分析速度对交通事故的影响(如在平曲线处、长下坡处、交叉口处)或研究速度与事故间的定量关系。

(5)分析不同车辆类型间(驾驶人)速度的离散性和速度间的差异，研究限速措施对速度统计分布特征的影响，研究速度离散性与事故率间的关系。

(6)检验降速措施的有效性。比较采取交通改善或管制措施前后的车速变化资料，可以定量地评价所用措施的效果。

(7)用于运行速度预测和运行速度一致性评价。对于道路交通状况相似的路线，可对部分点段进行车速调查，结合道路线形与其他条件，建立速度预测模型，便可对路线中其他相似路段进行速度预测，或进行运行速度一致性评价。

三、地点车速调查

在地点车速研究中，通常在道路上特定地点收集一定样本量的地点车速，来分析车型的速度分布特征，并计算一些统计量来帮助工程师做决策。

1. 观测地点的选择

通常观测地点会选择交叉口(如高速公路，为互通立交)之间线形平直、视距良好、路侧非机动车、行人等横向干扰较小的路段。但对于拟测的特定位置，如交通事故频发地点、拟设置限速路段、小半径曲线段、视距不良位置等，出于特殊目的的考虑，可不受上述限制。对用于前后对比分析的观测，应保证观测地点不变。旨在收集基本数据的调查应选择典型路段。

为减少观测者与观测设备对行驶车速的影响，选择车速调查地点时还应注意人与设备的隐蔽性，尽可能地不被驾驶人所察觉，使观测记录反映客观真实情况。

2. 观测时间

在多数情况下，超速问题不会发生在阻塞流的交通状况下，相应地，地点车速的调查通常在非高峰小时时段进行。此外，调查时段也应避开非正常流的时间，如不良天气条件、施工养护区和交警巡查时段，这些条件均会影响正常的交通流特性。调查时间的选择也要考虑调查的目的与用途，如果关注的是高峰时段的行驶速度与延误，就应该在交通量大的时段进行，还要注意在调查前先要摸清高峰时段的分布规律，城市道路与城际间高速公路的高峰时段可能是不同的。如做前后对比调查或长期观测，应尽可能使先后调查时间和交通流状况保持一致。

3. 样本要求

(1)样本量

一般来讲，100～200 辆车的观测记录能够保障获取可靠的速度估计，为确保统计上的准确性，观测样本数最少不能少于 30 辆。调查者也可按照下式确定最少样本量：

$$N \geqslant \left(\frac{SK}{E}\right)^2 \tag{2-9}$$

式中：N——最少样本量；

S——计算的样本标准差(km/h)；

K——相应于要求置信度的常数；

E——车速计算中的容许误差(km/h)。

S 值可以根据以前调查的经验选用，当没有这方面资料时，为最大限度的保证统计结果精度，一般取 S=8.0km/h。

K 值根据要求的置信度来确定，对于正态分布，按表 2-16 取用 K 值。

相应于置信度的 K 值 表 2-16

常数(K)	置信水平(%)	常数(K)	置信水平(%)
1.00	68.3	2.00	95.5
1.50	86.6	2.50	98.8
1.64	90.0	2.58	99.0
1.96	95.0	3.00	99.7

车速计算中的容许误差 E，取决于平均车速所要求的精度，一般用 1.5～2km/h，或再小一些。

(2)样本选择

当交通量较低(每小时少于 200 辆或更少)时，观测员有可能测得其中 90%或更多车辆的车速。对于交通量较大时，就不能将每辆车的速度都记录下来。为了不至于产生偏差，观测人员应从车流中进行随机取样，应注意以下几点：

①抽样应是随机的，要避开特殊情况，如减速、停车、突然加速等，不要特意抽取高速或慢速车辆。

②当一个车队驶过时，尽量避免总是选择车队中的第一辆车。由于跟随的车辆速度至少同第一辆车一样，甚至更快，但为第一辆车所压，后车只好跟进，总是观测第一辆车会使所得速度偏低，故应选择单辆车或车队中不同位置的车辆。

③当部分车型调查时，样本中各种车辆所占比例应与其所在的交通流中比例大体一致。

上述样本选择原则是针对于人工观测方法而言，对于采用检测器的自动观测方法不存在此类问题。

4. 地点车速调查方法

地点车速数据的获取有人工手动和自动两种方法。人工观测方法主要利用雷达测速枪、秒表、皮尺等工具实现；自动观测方法主要借助具有自动记录功能的车检器来完成，常见的有线圈、气压式车检器。人工方法需要调研人员在数据采集时段在现场，自动方法则不需要调研人员停留在现场，仅需要调研人员完成设备的安装与拆除，因此，自动方法也更适合于观测时段较长的情况。

(1)以雷达(或激光)测速枪为主要工具的人工观测方法

雷达测速枪是基于多普勒原理工作的，使用时，波束对准移动车辆，波束遇到车辆便反射会雷达单元，发送与接受信号频率的改变和车速是成比例的，据此原理便可以测得车速。激光测速枪在使用时，每秒钟会向移动车辆发生数个激光束脉冲，激光束遇到车辆会发射回来，车速可根据两个脉冲间车辆移动的距离计算。两原理测速设备的主要区别在于发射波束的宽度。雷达枪波束更大一些，因此，当交通流密度较大时或多个车道并排有车辆行驶时，很难测量选定车辆的车速。然而，激光枪的测量精度稍差一些。测速枪可以手持、车载或用三角架固定。许多测速枪都附带有自动记录器，提供永久性的记录。

人员与设备需求：一个地点的测速需要 1 台雷达测速枪，观测员需要配备 1～2 人，一人观测读数，另外一人记录，如果雷达测速枪通过三角架或其他方式固定，则一人可同时完成读数与记录工作。当调查地点数目较多时，或因特殊问题分析需要对同一车辆的上下游车速进行观测时，需要将调查人员分成若干小组，每组负责一个地点的观测，以便缩短调研周期或完成需要同步观测多点的任务。

测速枪波束与行车车辆间的夹角 α 应尽可能的小，以确保数据更为准确。当夹角为 0°时，观测速度是准确的，随着夹角的增大，观测速度会比实际车速小得越来越多(图 2-23)。误差量在很大程度上取决于观测夹角，表 2-17 给出了不同夹角时的修正系数，例如，在夹角 α 为 30°，观测速度 100km/h 时，实际车速应为 115km/h(100/0.886≈115)。此外，雷达测速枪在使用前需要使用标准音叉进行测试和校准。

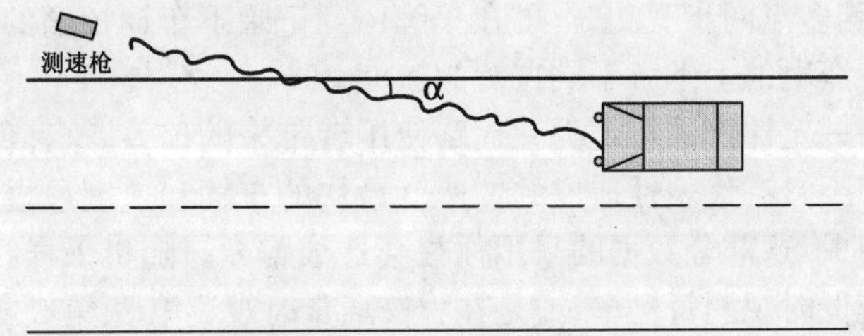

图 2-23　测速枪测速示意图

测速枪与车辆夹角为 α 时的修正系数　　表 2-17

夹角 α(°)	修 正 系 数	夹角 α(°)	修 正 系 数
0	0	20	0.940
1	0.999	30	0.886
10	0.985	40	0.766

观测者和设备应尽量做到不明显甚至隐蔽，以避免对驾驶员行为的影响，如图 2-24 所示。观测时的数据可按照表 2-18 进行记录。

图 2-24 隐蔽测速现场工作照片

地点车速记录表格(测速枪)

表 2-18

日期________时间________路线________填表人________

桩号________方向________路面________天气________

车型 \ 序号	客车		货车			车速	车牌
	小轿车	其他客车	小货	中货	大货		
1							
2							
3							
4							

值得注意的是,当多点同步观测时,可在车牌一列记录下车辆拍照的末三位,以便在数据处理时能够确定同一车辆的上下游不同位置的速度。

应避免由于选择一定比例的特定类型道路使用者带来的偏差,这种偏差是由于该部分车辆速度对交通流分布不具有代表性造成的。速度最快的车辆和速度最慢的部分车辆,可能是由于驾驶人特质所造成,这部分数据的采用往往会造成偏差。随机采样技术有助于降低这种偏差,例如,在交通流低时观测每辆车,或是在大交通量时观测第 2、第 5 或第 n 辆车。

(2)以秒表为主要工具的人工观测方法

观测者首先需要确定观测所利用的短路段起点与终点,路段长度的确定主要考虑通过车辆的速度均值,其长度大约是 2~2.5s 的行程距离(当车速 50km/h,大约 30m;当车速 90km/h,大约 50m)。

短路段的起讫点需要明显的参照物,以使观测者能够很好地判断车辆通过起讫点,通常以路面标线、路侧交通标志杆柱或其他具有显著标识作用的物体或结构物,以此作道路中线的垂线,作为起讫点;在水泥混凝土路面上,也可以伸缩缝作为起讫点。

人工观测方法需要的工具比较简单,主要有秒表、米尺、标记物(可选)如路锥、标杆。观测人员的配置也比较灵活,1~3 人均可,如仅有 1 人,则该调查人员同时负责观测、计时与记录;如有 2 人,可 1 人负责观测、计时,另外 1 人负责记录;如有 3 人,观测、计时与记录可分开操作。一般需要 2 人，观测时的数据可按表 2-19 进行记录。

地点车速记录表格(秒表)　　表 2-19

日期________时间________路线________填表人________

桩号________方向________路面________天气________距离________

车型/序号	客车		货车			进入时间(mm:ss)	离开时间(mm:ss)	车速
	小轿车	其他客车	小货	中货	大货			
1								
2								
3								
4								

观测者一般位于不易被驾驶人发现的位置，为减小误差，宜在短路段中间位置附近观测，如人员充足，可由专人负责观测车辆是否通过制订标记处。当车辆前轮(车身)通过第一个参考点时启动秒表，当车辆前轮(车身)穿过第二个参考点时停止秒表，车辆行驶时间便记录下来。时间可记录到纸质表格中，如果随身携带笔记本电脑，也可将数据直接录入到电子表格中，车速数据便自动计算出来。

该方法的优点是方法简单，不需要什么特殊设备，灵活机动。缺点是由于视差和观测人员的中途更换可能引起较大的误差，在弯道处因视线受限，在有些情况下不便于采用该方法。

(3)以车检器为主要设备的自动观测方法

利用车检器来获取车速数据主要有三种常见的方式：第一种是气压管式车检器，第二种是便携式交通检测器，虽然交通检测设备各式各样，原理也不尽相同，但这两种方式的观测方法都具有使用简单、方便易行、适用性广泛的特点；第三种是感应线圈，感应线圈在城市道路和高速公路上应用的非常广泛，通常是出于监测和管理的目的埋设在特定位置的路面下方，安装比较复杂，但具有经济、稳定可靠的特点，感应线圈的数据通常存储在监控管理中心，因此，交通工程师在使用时可从监控中心的数据库中调取，此方法本节从略。

大多数的收集装置能够同时记录车辆速度、车辆类型和交通量，但是不同类型的检测器安装过程会有所不同。在观测时段的开始和结束时，需要对观测的准确性进行验证。

自动方法记录所有车辆的速度，因此，避免了采集的偏差，然而数据可能不能代表自由流状态下的车速。自动方法的另一个优点是检测器不易被驾驶员发现，对驾驶人行为影响小。

①气压管式车检器：气压管式车检器的基本原理是：通常在道路一个固定距离间隔的每端横跨车道各设置一根充气橡皮管，当车辆通过第一根管子时，车轮压管子的一瞬间产生了空气冲击波，从而触发了计时装置开始计时；当车辆的该轮通过第二根管子时，计时装置就自动停止。计时的数据可由观测员读计，也可利用自动计数器记录，现在多为由放置在路侧控制器完成。由于距离 L 是已知的，记录下通过时间 t，则可由 $v=L/t$ 计算车速。图 2-25 是 MetroCount 5600 车检器系统，图 2-25a)是放置在路侧的控制单元，与铺设在路面的橡皮管相连，该单元具有供电、存储、控制等功能，图 2-25b)是成盘的橡皮管，气压管式车检器进行地点车速

调查实况如图2-26所示。

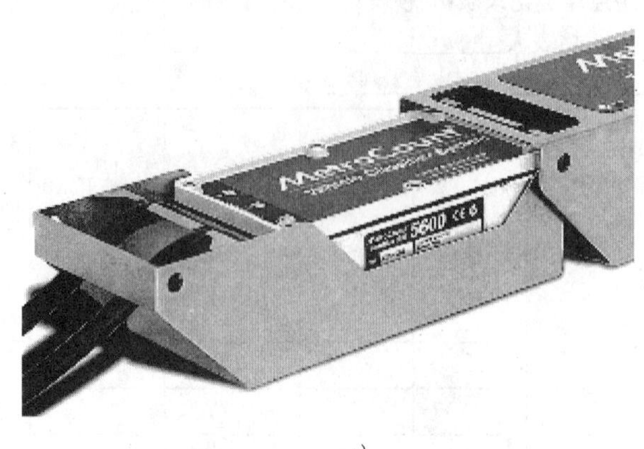

a)

b)

图 2-25 Metro Count 5600 车检器系统

a)路侧的控制单元;b)成盘的橡皮管

图 2-26 利用气压管式车检器进行地点车速调查

②其他便携式车检器:下面介绍几种基于其他原理如光电、磁的便携式车检器,与气压管式车检器相比,在安装方面更为简单,更适合长时间的无人观测,但设备的价格要贵一些。

NC-100/200 是 Nu-Metrics 公司研发的一款便携式、可准确检测交通量、速度和车型数据的交通检测器(图 2-27),应用时将其直接放在行车道上方即可,能够快速和方便地安装和拆除,该检测器利用车磁影像技术来检测交通量、速度与分类车型,记录数据能够方便地导出到公路数据管理软件,制作各种统计分析图表。Hi-Star ® NC-97(图 2-28)与 NC-100/200 的功能特点相似,因此从略。便携式车检器的主要优点如下:

a. 便携、精确、可靠;

b. 可在数分钟内完成安装与拆卸;

c. 不易被发现,信息更加准确;

d. 数据可分类汇总也可单独记录;

e. 可与任何计算机相连,数据提取容易;

f. 软件可以改变参数。

图 2-27 NC-100/200

图 2-28 Hi-Star® NC-97

四、全线运行车速调查

从道路安全分析的角度来讲，全线运行车速调查的目的是收集车辆在指定路线上全线运行时的速度数据，分析和研究车速与线形的对应关系，分析车辆在不同路段上行驶时速度及其统计量的差异性，为速度管理和安全对策的制定提供参考。

全线运行速度调查使用的设备有汽车行驶记录仪或高精度 GPS 定位系统等，试验车辆应与《公路工程技术标准》(JTG B01—2003)中的设计车辆相类似，有时也根据研究的目的来选择数据采集所用车型。与地点车速调查类似，除非考虑特殊的研究和分析目的，通常也是采集自由流条件下的车速。由于是全线车速调查，不可避免地遇到交通拥堵、道路施工养护、交通事故等异常交通事件，调查时应对上述影响车辆运行速度的交通事件的起讫位置或时间做记录，以便在数据分析时，将其作为无效数据剔除。

对于同样的行车条件，不同类型的驾驶人对于期望速度的选择是不同的，驾驶人的保守与激进特质，以及驾驶人的情绪、出行目的等都会对运行车速产生明显影响，因此，整个数据采集过程要选择不同的驾驶人，同时要尽量在驾驶人不知情的情况下进行。根据以往数据调查经验，当驾驶人得知车辆上装有速度记录设备时，驾驶人对此会比较敏感，并有所顾虑，可能会导致驾驶员有意地降低车速。

查阅国内外有关研究文献，目前对于全线运行速度调查的样本量的确定尚无定论，根据编者在以往数项研究中获取的经验，通常从 6～8 次的全线运行速度数据中便可以辨识出速度在不同路段间的差异性，当然更大的样本量可以获得更为可靠的研究结果，但全线运行速度采集的成本因素往往会限制更大样本量的数据采集工作，尤其是当路线距离比较长时。

1. 基于行驶记录仪的调查方法

汽车行驶记录仪俗称黑匣子，能够自动记录车辆在行驶过程中的状态参数，如速度、制动、转向、时间、里程等参数。目前在长途客运车辆上安装汽车行驶记录仪比较普及，主要用于对驾驶人操作行为的监督和事故后的调查取证。行驶记录仪的安装涉及车辆的改装，因此，安装操作需要由专门的技师来完成。

目前，行驶记录仪都有较大的存储空间，能够满足数千公里数据的记录，因此，调查人员可在每天工作结束时将数据导出备份。基于全线运行速度数据的设计一致性安全分析和安全速度控制对策等工作，通常只需要采集速度数据，当然用于与速度和具体桩号位置对应的里程信息也是研究所必须采集的，因此，行驶记录仪在安装时可仅将其与车辆的里程和速度传感器相连。图 2-29 是伟航新技术开发有限公司的 IBB-3 型汽车行驶记录仪，图 2-30 是附带分析软件生成的时间-速度曲线图。

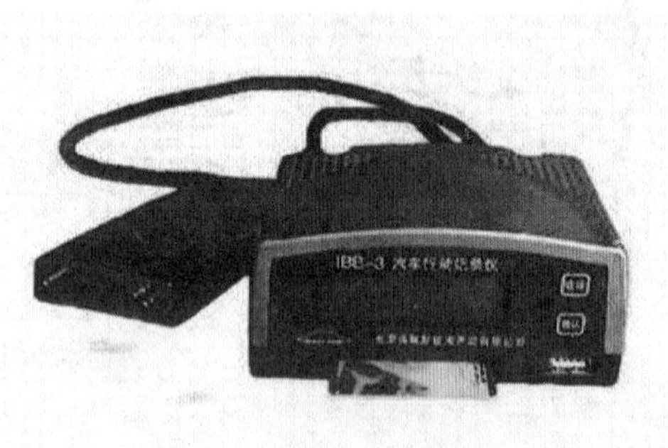

图 2-29 IBB-3 型汽车行驶记录仪

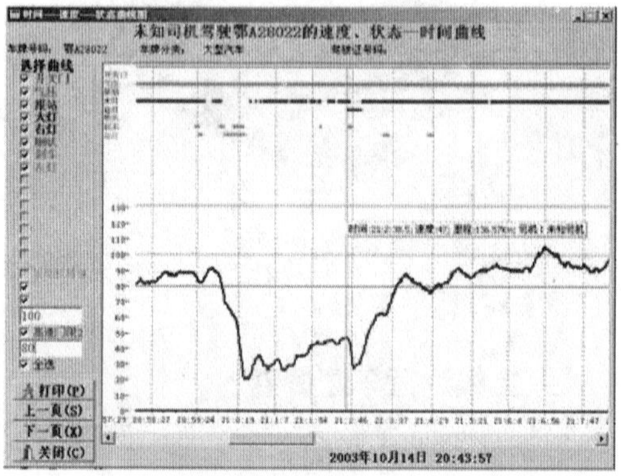

图 2-30 时间-速度曲线图

多数行驶记录仪当车辆由静止开始行驶时，便开始记录一个新的数据文件，当车辆由行驶状况到完全静止时，结束当前记录的数据文件。数据的采样有按照时间间隔的，也有按照距离间隔的。图 2-31 给出一个数据采集实例，车辆由静止到运动，开始一个新的文件，记录的里程也由零开始，每隔 1s 采样一次，通常这样的采样频率能够满足数据的精度要求。

	A	B	C
1	时间	速度	里程（公里）
2	2005年10月31日 15:50:13.0	0	0
3	2005年10月31日 15:50:14.0	6	0
4	2005年10月31日 15:50:15.0	7	0
5	2005年10月31日 15:50:16.0	11	0.01
6	2005年10月31日 15:50:17.0	14	0.01
7	2005年10月31日 15:50:18.0	16	0.01
8	2005年10月31日 15:50:19.0	19	0.02
9	2005年10月31日 15:50:20.0	21	0.03
10	2005年10月31日 15:50:21.0	22	0.03
11	2005年10月31日 15:50:22.0	25	0.04
12	2005年10月31日 15:50:23.0	27	0.05
13	2005年10月31日 15:50:24.0	31	0.06
14	2005年10月31日 15:50:25.0	33	0.06
15	2005年10月31日 15:50:26.0	37	0.07

图 2-31 行驶记录仪采集的数据实例

在实际中，行驶记录仪所记录的里程与所经过的实际桩号里程有所差异，一般以实际桩号里程为准。在对数据进行分析前，需要做两项基本的数据处理工作：一是里程的调整；二是速度数据所对应的桩号确定。

为方便里程的调整和桩号的对应，以及减小误差，通常需要将较长的路线分成数个采集路段，每个路段以不超过 50km 为宜。在每个路段采集开始前，调研人员需要记录下路线名称、行驶方向（上行或下行）、路段采集的开始时间和起始桩号 S_1。在采集的过程中，要对遇到的拥堵、事故、施工养护、超车、跟随慢车、隧道内行驶等事件或特殊情况需做记录，包括事件所经历的起止时间和桩号。路段采集结束时，同样要记录下结束时间和终止桩号 S_2。

若行驶记录仪上记录的路段长度为 l，第 i 个样本的里程为 X_i，则可按照差值算法修正第 i 个样本的里程：$X'_i=\frac{X_i}{|X|S_1-S_2|}$。第 i 个样本所对应的桩号 K_i 可按下式计算：

$$K_i=X'_i+S_1 \qquad (S_1<S_2) \tag{2-10}$$

$$K_i=S_1-X'_i \qquad (S_1>S_2) \tag{2-11}$$

2. 基于 GPS 设备的调查方法

利用高精度的差分 GPS 系统进行全线运行速度调查也是比较常见的一种方法，GPS 系统除获得采样点的速度外，还能够获取采样点的经纬坐标和高程数据，这使得基于 GPS 技术获取的数据很容易整合到 GIS 系统中，对于拓展应用非常有帮助，如 GIS 环境下的事故聚簇分析、安全设施管理等。差分 GPS 设备具有定位精度高、易携带和安装、全天候工作的优点，能够记录每 0.1s 的车辆三维位置坐标和速度数据；缺点主要是设备使用较为复杂，需要通过简单的用前培训，从价格来讲，高精度的 GPS 系统也是十分昂贵的，另外，由于 GPS 只有接收到卫星信号时才能有效工作，因此，在山区峡谷、公路隧道、城市林立等信号受遮挡的位置可能无法正常工作，这也是 GPS 设备主要缺陷之一，在利用 GPS 系统进行全线运行速度采集时，需要格外注意这一点。GPS 系统的使用主要包括以下几个步骤：

(1)准备工作

检查设备各组件的状态，检查电源是否已充足电，确保各部件能够正常工作。

(2)架设 GPS 基站

基站架设在试验场中部的高坡上，这里地势较为开阔、平坦，上方无遮挡物，周围没有无线电发射台对接收和发射信号造成干扰。

在连接好基站各部件后，通过笔记本电脑来检查卫星接收状况，确认通信状态和定位精度良好，如图 2-32 所示。

(3)架设流动站

流动站安装在试验车上，卫星接收天线架在车顶上，操作简单，不对驾驶人产生任何影响，如图 2-33 所示。

图 2-32　GPS 定位系统基站部分

图 2-33　GPS 定位系统流动站部分(试验车)

第五节　交通冲突信息采集

一、交通冲突技术产生背景与应用状况

长期以来，我国及世界上大多数国家均采用以交通事故统计为基础的交通安全评价体系，然而这一评价体系存在着局限性。一方面，由于交通事故生成特点与事故统计缺陷的客观存在，导致事故统计数据存在大量误统漏报和数据统计分析不真实、不准确的现象，这一现象普遍存在于世界各国；另一方面，传统事故评价方法的"小样本、长周期、大区域、低信度"等特点，明显地表现为对小区域地点安全评价的不适应性，因此通过开发非事故评价系统来改善安全评价的效度与信度具有重要的意义。正是在这样的背景下，交通冲突技术（Traffic Conflict Technique，简称 TCT）作为国际交通安全领域新开发的非事故统计评价理论应运而生。

交通冲突技术以大样本、快速、定量、非事故等特点而异于传统的事故统计评价方法。它是一种依据一定的测量方法与判别标准，对交通冲突的发生过程及严重性程度进行定量测量与判断，并应用于安全评价与预测的技术方法。

冲突概念的研究与应用始于第二次世界大战后的航空安全领域。20 世纪 50 年代，冲突概念被引入道路交通领域，经过不断发展和完善，于 1977 年在挪威奥斯陆举行了第一届国际交通冲突技术会议，统一了交通冲突的定义，并开始了国际间的交通冲突技术研究交流与合作。

目前，西方发达工业国家对交通冲突技术的理论研究主要集中在冲突测量、冲突有效性验证、冲突类型确定、冲突与事故次数的相关性及冲突与事故的换算模型等。在应用研究方面，主要表现在由单纯的测量途径研究转入自动记录研究尝试，由城市交叉口转向公路的危险路段。研究内容也由单一的机动车之间的冲突转向机动车—非机动车、机动车—行人的冲突，由单纯的冲突过程研究转向了更为广阔的交通行为、车辆构造，交通法规等综合性应用研究。

二、交通冲突概念与基本知识

1. 概念

虽然美国早在 20 世纪 50 年代就开始应用交通冲突技术，但直到 1977 年，Amundsen 和 Hyden 在奥斯陆会议上才给出了交通冲突的基本定义：两个或多个道路使用者在一定的时间和空间上彼此接近到一定程度，此时若不改变其运动状态，就有发生碰撞危险的交通现象称为交通冲突。

交通冲突的实质是交通行为不安全因素的表现形式，其发展既可能导致事故发生，也可能因采取的避险行为得当而避免事故发生，因此事故与冲突存在着极为相似的形式，两者的唯一差别在于是否发生了直接的损害性后果。也就是说，凡造成人员伤亡或车物损害的交通事件称为交通事故，否则称为交通冲突。

2. 冲突的严重性

大多数的交通冲突技术根据冲突事件的严重性对冲突进行分类，例如，可分为非严重冲突

和严重冲突两类(图 2-34)，或分为一般冲突、中等冲突和严重冲突三类。根据度量参数的不同，目前的分类方法主要有两种：一是空间距离法，即以距离作为度量参数；另一是时间距离法，即以时间作为度量参数。下图给出的是瑞典研究者根据距碰撞时间(Time to Crash，简写 TTC)和车辆速度来区分严重冲突与非严重冲突的方法。

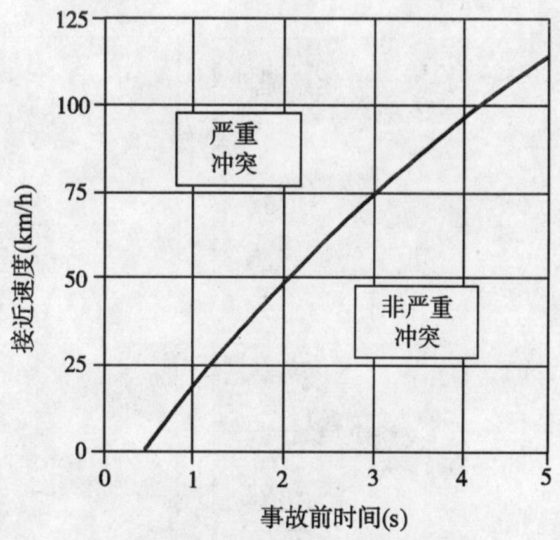

图 2-34　基于严重冲突与非严重冲突分类的冲突划分方法

3. 冲突参数与测定

研究表明，事故勘察测量主要根据 $t=s/v$(时间 t、距离 s、速度 v)的基本关系式，即分别采用冲突距离、冲突速度或冲突时间等 3 种测量参数来研究肇事责任者与事故接触点的关系。

根据对部分国家的交通冲突技术研究表明，如果选用现场人工观测，则应选择冲突距离、冲突速度作为测量参数，并以冲突距离、冲突速度观测值导出冲突时间值作为冲突严重性判别参数较为合理。

4. 冲突类型

在事故案例分析中，根据冲突类型对其细分是很有帮助的，这便于图表的准备与制作，有助于对结果做出解释(与具有相似特征的地点进行比较，异常类型交通冲突的检测)。

Glauz 和 Migletz(1980)定义了两机动车间的 12 种冲突和包含 3 个道路使用者的 4 种二次冲突，有些类型的冲突在现实中很少出现，如图 2-35 所示。

如果考虑机动车与非机动车间(行人、自行车等)冲突的话，冲突类型的数量会显著增多。

在特定地点能够观测到的冲突类型数量取决于交通规则和道路的几何特征，在调查之前应确定好可能出现的冲突类型。

在冲突研究中，并不一定要对所有的冲突进行观测，例如，如果比较两个交叉口左转车辆运行的安全性能，那么只对左转有关的驾驶操作进行观测就足够了。

5. 冲突与事故

交通冲突能否作为事故的良好估计，这是 TCT 技术形成以来备受争议的问题。尽管大家认为冲突率越高，安全水平相应地越低，但是仍然难以确定冲突是否能够很好地替代事故。

人们也许惊讶地发现事故数与冲突数的相关性较低，但是需要指出的是，用于分析的数据集在考虑的事件类型、时间跨度方面有着很大的差异，要使数据具有可比性，需要将与冲突事件无关的事故剔除，这些事故包括：

(1)单车事故(需要注意的是仅有一小部分事故是由两车间的冲突导致的)。

(2)其他类型事故，这些事故在冲突研究期间没有被观测。

(3)已发生的事故，但事故期间没有进行冲突观测(交通冲突通常在工作日的白天进行，且路面干燥)。

MIgletz、Glauz 和 Bauer(1985)在验证事故与冲突间关系方面开展了一项里程碑式的研究，为使事故与冲突数据能够匹配，他们将所分析的交叉口的事故数由 1292 减少到 319，结论

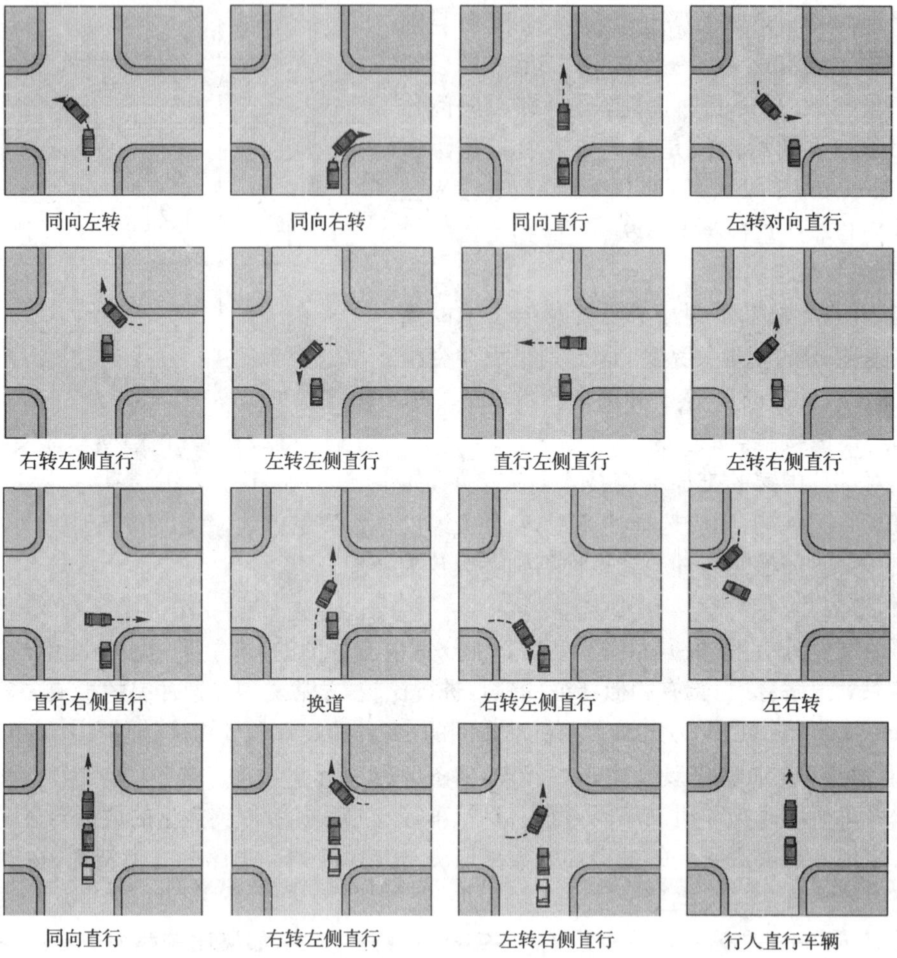

同向左转　同向右转　同向直行　左转对向直行

右转左侧直行　左转左侧直行　直行左侧直行　左转右侧直行

直行右侧直行　换道　右转左侧直行　左右转

同向直行　右转左侧直行　左转右侧直行　行人直行车辆

图 2-35　交通冲突类型细分

认为：总体上讲，特定类型的冲突能够很好地替代事故，因为利用冲突来估计的平均事故率与利用历史数据估计的结果非常接近，因此，在缺少足够事故数据进行分析的前提下，交通冲突研究不失为一种好的选择。

三、交通冲突调查的目的

交通冲突调查主要用于以下几个方面：

(1)安全诊断。当事故数据存在很大的局限性时(无可用事故数据、信息不全、质量不可靠)，交通冲突调查显得格外的有价值。

(2)评价安全改善措施的有效性。与传统基于事故统计的分析方法相比，冲突技术最显著的优势是不必等待几年来收集充足的事故资料再完成评价。冲突分析可在措施实施后很短的时间内进行，如果预期的安全效益没有实现，评价人员可以得到负面的评价结果。在措施效果评价中，需要对措施实施前后的冲突都要进行观测。

(3)对不同道路设施或管理规则的安全性进行比较,例如,对设置左转专用车道与不设置的信号交叉口进行安全性比较。

四、交通冲突调查的实施

一次成功的交通冲突调查需要考虑人员训练、观测技术、调查地点、观测位置、调查时间等几个方面。

1. 人员训练

在进行交通冲突研究时,其研究结果的有效性和可用性通常受观测者一致性的影响,这要求满足两点:一是同一观测者对不同冲突事件的记录要一致;二是不同观测者观测同样的冲突时要尽可能保持一致。英国、瑞典、美国、法国等一些国家已经确定了冲突观测的培训教程。

观测者的培训时间可能需要 1～2 周,这主要取决于受训者的相关知识、经验以及掌握的快慢,但理想的情况是使受训者能够进行一致的观测。培训过程中,可让有经验和缺乏经验的观测者在同一地点进行观测,或让他们比对同一视频录像并手工记录冲突,以此来判断受训者是否具备一致观测的能力。

建议训练时间每天 8h,须 4d 合计 32h,训练课程内容如表 2-20 所示。

交通冲突调查人员课程培训大纲　　表 2-20

第一天	上午	一般的交通行为、交通车流运行特征;交通行为的现象及产生原因;交通冲突的定义、冲突类型等
	下午	选择一处一般性的交叉口进行实地观察,拍摄视频,带回教室播放讨论,将理论与现场状况进行对比
第二天	上午	到交叉口再作实地观察,注意现场冲突类型,对于不了解的情况应随时发问或加以记录,拍摄录像带回教室
	下午	播放上午实地视频,观看、讨论,对提出的问题详细讲解,理清交通冲突类型,统一受训者冲突类型概念
第三天	上午	分组到交叉口模拟冲突调查工作,由指导员指导连续调查两个时段,调查内容除冲突类型外,还包括几何设计、管制设施等
	下午	对实地调查的资料进行讲解,受训者提出疑问并讨论,指导员一一讲解,确保受训者对交通冲突行为观念的一致性
第四天	上午	内容安排同第三天,是否进行第三天的培训主要取决于受训者对交通冲突调查的掌握情况
	下午	

2. 观测技术

对于冲突观测的人员安排,由观测的冲突类别和数量,每个冲突的平均发生率、交通量、交叉口支数和交通计数需求决定。对于一个繁忙的交叉口,如果需要收集所有类型的冲突,一个观测者通常只能在同一时间观测一个进口。

在观测前要准备冲突记录表格(表 2-21)、秒表、计数器、摄像机等设备。一般在进行交通冲突调查时,都需要对观测期间的车辆运行状况进行拍摄,以便后期进行对比分析或完成调查。

交叉口交通冲突调查记录表格　　表 2-21

交通冲突的形式

市:	圣吉尔斯	日期:	16/03/2000
交叉口:	365 路 /358 路	时间:	从 08:00　到 18:00
观察者:	Benoit Taillefer	天气:	晴
评论:			

Others

时间：8:03
行为：制动 ☒ 转向 ☐ 加速 ☐
严重性：轻 ☒ 严重 ☐

	1	2	3
车	×	×	
人			
自行车			

时间 8:12
行为：制动 ☐ 转向 ☒ 加速 ☐
严重性：轻 ☒ 严重 ☐

	1	2	3
车	×	×	
人			
自行车			

时间：8:22
行为：制动 ☒ 转向 ☐ 加速 ☐
严重性：轻 ☒ 严重 ☐

	1	2	3
车	×		
人		×	
自行车			

时间：8:25
行为：制动 ☒ 转向 ☐ 加速 ☐
严重性：轻 ☒ 严重 ☐

	1	2	3
车	×	×	
人			
自行车			

时间：8:28
行为：制动 ☐ 转向 ☒ 加速 ☐
严重性：轻 ☒ 严重 ☐

	1	2	3
车	×	×	
人			
自行车			

时间：8:34
行为：制动 ☒ 转向 ☐ 加速 ☐
严重性：轻 ☐ 严重 ☒

	1	2	3
车	×	×	
人			
自行车			

3. 调查地点

如实施交通冲突调查，对地点的选定，首先必须了解交通冲突调查的必要性。因交通冲突调查工作，所需要的人力要多且时间长，例如，调查一个十字信号控制交叉口，最少需 4 人。其中 2 人调查冲突量，2 人收集交通量或其他有关资料，一天调查一个路口。所以对于要实施交通冲突调查的路口，必须具备某种条件，才不致浪费财力和时间。实施交通冲突调查地点的条件归纳如下：

(1)路口的事故次数突然增多或死伤特别严重，急需立即改善时。

(2)由于路口事故资料不完整，且又有安全顾虑，需要改善，无法判断路口真正的危险性时。

(3)事故资料显示路口具有危险性，但是事故记录的分析报告无法找出事故真正的原因时。

(4)对于将作较大改善的路口，除了一般分析资料外，仍需其他更多补充资料提供参考时。

4. 观测位置

在观测的时候，为了看清车辆制动灯情况，观测者通常在冲突位置的上游做观测。具体位置的选择需要结合可用位置、视线遮挡、冲突类型以及车速等方面因素综合考虑。在城市道路环境下，观测者距离冲突点通常在 30m 以上；在乡村环境下，距离通常在 100m 以上。

观测者应尽量保持较好的隐蔽性，以减少对车辆驾驶人员的影响。停车区、杆柱设施或树木的背后通常都是合适的观测位置。如果条件允许的话，观测者也可考虑在高处如屋顶进行观测，以避免大量的行人或停车车辆对视线造成遮挡。

如果冲突调查历时数天，观测者应尽可能保持在同一位置进行观测。

如果需要在不同地点对同一类型的冲突进行观测，观测者应尽可能选择相类似的观测位置。

5. 调查时间

大多数情况下，冲突调查是在白天进行的，且路面处于干燥状态。

观测应避免在异常交通条件下进行，如道路施工养护作业期间，或其他影响正常交通运行特性的特殊事件时段，除非有特殊的观测需求。

如果事故分析显示事故的发生与时间有关，观测时段的选择应考虑这一分析结果，尽可能在容易出现问题的时段内进行，如交通高峰小时、周末等。

观测可能在数小时内完成，也可能历时数天，这取决于要观测的冲突样本量。典型的观测周期是 2～5d，这样能够确保统计上的可靠性。

为使观测者在观测时保持很高的注意力，调查前需要制订好一个工作与休息的时间安排序列。通常观测者在观测 20～25min 后，要安排 5～10min 的休息。

参考文献

[1] 唐琤琤，张铁军，等. 西部地区公路安全评价研究报告(2003 年交通部西部建设科技项目)，北京：交通部公路科学研究院，2006.

[2] 高海龙，李长城，等. 公路路侧安全等级评估及防护方法研究报告(2004 年交通部西部建设科技项目). 北京：交通部公路科学研究院，2006.

[3] 吴净梅，李长城，等. 福建三福高速公路安全运行速度研究报告. 北京：交通部公路科学研究院，2006.

[4] 周荣贵，方靖，等. 高速公路运行速度设计方法与标准研究总报告. 北京：交通部公路科学研究院，2003.

[5] 王建军，严宝杰. 交通调查与分析. 北京：人民交通出版社，2004.

[6] 刘运通. 道路交通安全指南. 北京：人民交通出版社，2004.

[7] 成卫. 城市交通冲突技术理论与应用. 北京:科学出版社, 2006.
[8] 张苏. 中国交通冲突技术. 成都:西南交通大学出版社,1998.
[9] 任福田. 交通工程学. 北京:人民交通出版社, 2003.
[10] 刘志强,葛如海,等. 道路交通安全工程. 北京:化学工业出版社, 2005.
[11] 郭忠印,方守恩,等. 道路安全工程. 北京:人民交通出版社, 2003.
[12] 中华人民共和国行业标准. 公路工程技术标准(JTG B01—2003). 北京:人民交通出版社,2004.
[13] 华杰工程咨询有限公司. 公路项目安全性评价指南(JTG/T B05—2004). 北京:人民交通出版社,2004.
[14] 李晓娟,丁艺. 交通冲突技术及其研究现状分析. 森林工程. V22,No1,2006.
[15] 张铁军,唐琤琤. 我国双车道公路事故预测模型研究中数据采集. 中国安全科学学报,No3,2007.
[16] Road Safety Manual. World Road Association (PIARC),2003.
[17] Gipsi-Trac Geometry. http://www. arrb. com. au/index. php? option=content&task=view&id=173&Itemid=172.
[18] 全国公路数据库系统. http://www. rdgis. com/rdgisnew/index. asp.
[19] IBB-3 型汽车行驶记录仪. http://www. wayongroup. com/.
[20] http://www. metrocount. com/.

第三章　公路交通安全数据库技术

第一节　概　　述

一、数据分析的作用

道路安全是一个实践性很强的领域，传统的交通安全研究经常是孤立、片面地分析事故统计数据，凭个体经验而提出安全整改措施，这种方法无法满足现代化交通安全研究的要求，这就迫切需要在道路安全研究领域引入新方法和新理念。目前，交通安全研究的趋势主要是从交通事故成因、机理入手，寻找道路交通事故发生时的道路、交通、环境等方面的诱导因素，建立交通事故与影响因素间的相互关系。这一方法有效地拓展了道路安全研究的思维方式，并取得了一系列研究成果。但随之出现的新问题是，研究交通事故的机理及其影响因素之间关系必须要建立在数据的基础上，只有建立完善的数据系统，才能开展定量、微观的道路交通安全研究，也才能在安全研究的领域透过现象看本质，这其中的逻辑关系如图 3-1 所示。这些理论方法对道路安全数据的数量和属性提出了更高的要求，过去许多的道路交通安全工程实践未能从根本上扭转我国事故严峻的趋势，其中的硬伤主要在于：因缺少良好的数据管理机制而导致缺乏丰富的基础数据可供应用。

图 3-1　交通安全分析与决策的体系框架

在过去的 20 年中，道路交通数据的采集、汇集、应用的途径发生了深刻的变化。最初的数据承载介质是分散而孤立的，道路线形要素、交通量、交通事故信息等多存储于纸质的设计图纸、报表、报告之中，随后以档案的形式分别保存。这种方式最大的缺点在于联合应用的效率低下，而其继承性、扩充性与持续应用性也无从保证。伴随着计算机数据结构的进步，数据库技术广泛地应用在道路交通领域之中，道路线形数据从纸质转变成为电子版本的设计图，不但逐渐取代了手工绘图，而且图的精度、操作灵活性与信息表述的广度等都得到了极大的提高。但是，初期电子版的数据存储依然是分散与孤立的，集中体现在不同格式的电子文件无法转换，图形数据与属性数据不能耦合，而且各种数据信息之间的集成化处理较薄弱。地理信息系统(GIS)的诞生与发展，为空间数据与属性数据的结合提供了一个理想的模式。道路交通领域中地理信息系统的迅速应用，几乎成为管理、工程、研究中主流的数据平台。随后的一段时期内，多对象设计的理念渗透到数据管理系统之中，多媒体信息得到了更好的集成，对于道路交通领域中影响较大的是三维立体化空间图形，以及动态视频技术的应用。上述新的信息处理模式又与地理信息系统相组合，丰富了基于地理信息平台功能模块，加深了数据一体化的程度。

就道路交通安全研究领域而言，越来越多的研究都依赖于数据的量化支持，从而选择适当的数据管理工具也成为研究工作成败的关键。当前，先进、多元的数据管理技术备受青睐，这主要体现在两个方面：首先是道路交通安全中所涉及的数据内容、格式、标准等都具有较强的多重性，数据存储的分散性与孤立性对道路交通安全研究的损害是非常明显的，而能够实现多元数据集成的先进技术正好有利于将各部门、各层次的数据加以组合，形成有跨越广度的数据平台。其次是道路交通安全决策需要有丰富的信息表述方式，有些是抽象的，有利于进行集约的分析，有些则是形象的，有利于提供给决策者直观的感知。只有应用先进的数据库技术，才能将不同表现模式的数据加以整合，并且在一个一体化的系统中实现深度的应用。

二、国外相关研究成果综述

1. 国外研究发展概况

欧美等发达国家开发建立公路数据库系统始于 20 世纪 70 年代，采用数据库技术建立公路资料库，主要应用于公路的管理、规划等。到 20 世纪 80 年代，数据库技术开始与图形技术结合，实现图与数据库交互访问、应用，在道路的管理、交通监控等方面初步实现了可视化。20 世纪 90 年代中期随着 GPS、GIS 技术的迅速发展，基于 GIS 为基础建立了公路数据库，图与属性库有了较合理的结合，可以更好地描述公路空间构造及周边环境状况。如今，在公路管理部门已建立起完整的数据库系统和相应信息管理系统，并能够为社会提供广泛的咨询服务。

美国为了统一公路交通安全数据收集内容、方法和收集格式，专门设有联邦级的“交通安全数据采集协会(Traffic Safety Record Association)”，在此之下设有各个州的分会，每年定期召开会议，研究讨论如何改进交通事故数据收集的内容和方法。

在美国联邦公路局的合作下，全国公路交通安全委员会(National Highway Traffic Safety Administration)于 1998 年制订了《道路交通事故数据采集基本标准》(Model Minimum Uniform Crash Criteria，简称为 MMUCC)。MMUCC 的作用是统一美国各地事故数据的收集与使用，在事故调查报表中体现相同的信息，在各州范围内统一事故与数据项的定义，使相同的数据单元具有一致的含义及说明。美国的国家公路交通安全管理局、联邦公路局最终联合制订了 MMUCC 中的数据标准。在这个标准中，75 项基本的数据单元属于警察在事故现场所必须要收集的信息。另外，标准还包括 38 项派生的数据单元，这其中有 11 项属于可从现场数据中直接推导获得，而 27 项数据单元通过现场数据与其他数据文件的链接来获得。这些数据中涵盖了事故碰撞数据、道路数据、事故伤害数据等，总共 113 项的数据单元代表了一个“样板数据序列”，使得数据收集与应用实现了标准化与一体化。

1998 年，美国联邦公路局开发完成的综合公路数据库 NHPN，建成了实用的全美公路交通地理信息系统，该系统不仅为道路部门使用，而且还大量地服务于交通管理及警务系统，为各州交通信息化建设奠定了坚实的基础。

由美国联邦公路局(FHWA)主持，北卡罗莱纳大学道路安全研究中心(University of North Carolina Highway Safety Research Center)维护的“道路安全信息系统(Highway Safety Information System，简称为 HSIS)”已在多个州推广应用。该系统主要从加利福尼亚、依利诺伊、北卡罗莱纳、俄亥俄、犹他、明尼苏达等 9 个州获取事故、道路和交通量方面的数据，数据每年更新一次。

这个数据管理系统包含的子系统和功能模块有：

(1)交通事故数据(Crash Data)：存储交通事故历史记录。

(2)道路数据储备(Roadway Inventory)：这是采用易于管理、使用、转化、展示的格式进行存储的道路技术指标信息库，可以容纳道路、交叉口、立体交叉等的技术参数。

(3)交通数据(Traffic Volume Data)：主要容纳交通流特征参数，如交通量、设计车速、车型分布等信息。

此外，美国运输部直属运输统计局的网络平台集成多达 144 个运输数据库(数据集)，其中公路数据库 38 个，数量上为各种运输方式之最。“一站式”的服务理念、数据的完备性和高质量性、灵活方便的查询下载方式、多样化的服务模式、与 GIS 紧密耦合，这都共同保证了数据利用效率和开发应用层次深度。下面给出 17 个与道路安全信息及其研究和应用有紧密关系的数据库：

(1)运输规划人口普查包(2000)。

(2)交通事故死亡分析报告系统。

(3)危险品事件报告系统。

(4)道路性能监控系统。

(5)持有驾驶证的驾驶人信息系统。

(6)商业运输车辆管理信息系统。

(7)死亡交通事故中的载货汽车数据。

(8)车辆行驶里程调查数据系统。

(9)车辆注册数据。

(10)重大职业伤害事故普查。

(11)交通事故后果数据评价系统。

(12)道路安全信息系统。

(13)机动车管理信息系统——事故文件。

(14)机动车缺陷调查数据库。

(15)车辆召回数据库。

(16)货运数据。

(17)商业运输载货汽车的保有量和使用情况调查。

日本近年来加大交通信息化、智能化建设的投入，1999 年成立了全国交通信息中心，全面整合交通信息资源建立了综合数据库系统，并在此基础上已实现全国路网全监控管理，该系统实时为社会各行业提供较全面的咨询服务(出行计划、民用导航等)。

韩国紧跟美国、日本之后建立了道路交通数据库系统，其管理体制和方式与日本完全相同。目前韩国高速路网的监控系统已建成，并制订了三阶段智能交通发展计划，计划于 2010 年初步完成全智能交通体系建设。

法国、德国交通信息化起步早，20 世纪 90 年代后期注重交通资源整合、利用；注重与通信技术衔接，促进交通咨询形成社会产业，为相关行业创造利润，从而为政府增加税收，并取得一些令人瞩目的成就。

2. 国外相关成果评析

从发达国家取得的成果来看，比较重视公路交通安全相关数据源的跨越性与综合性，微观数据的容量、数据标准的一体化等方面已经取得了有价值的成果。随着数据采集技术的进步，数据的完整性、精确度大大提高，道路安全研究的发展趋势更是与数据息息相关，“Data driven”理念凸现出实际应用的巨大作用。例如，美国 HSIS 的综合性、多元信息的兼容性，以及强大、完整的统计分析功能等都体现出了公路交通安全分析的实际需要。

由于公路设计规程、交通事故统计体系以及基础设施与工程技术的差别，国外各类型数据库的设计思想可以借鉴，但我们不能照搬这些系统，必须在深入研究试用的基础上，从中获取有益的参照信息，而后基于中国公路交通安全实践的特点，构建自己的数据体系，并开发适用于中国的数据库。

国外成果中值得借鉴的另一个方面是先进的数据库技术的运用，包括地理信息平台、目标道路的视频演示界面等，体现出了高度的多媒体、多格式数据的集成，以及本着实践需要的不同层面数据的组合。这些应用在交通安全数据库领域中的先进技术与创新意识，是具有普遍借鉴意义的。

三、国内相关研究成果综述

1. 国内研究概况

我国公路信息化建设起步较晚，从 20 世纪 80 年代中期开始，先后开发了路面管理系统 CPMS 和桥梁管理系统 CBMS，并于 20 世纪 90 年代初逐步开发公路数据库系统。这一过程经历了引进概念、科研开发、应用研究、推广应用等多个阶段。而数据库与 GIS 技术在我国公路部门的应用是在 20 世纪 90 年代中期开始的，陕西、四川、新疆、北京等公路管理部门和科研单位分别开发了各自的公路管理系统，主要体现在公路的管理、规划及设计等方面。就中国公路交通安全相关数据分析的需要而言，比较突出的成果是原交通部的“全国公路普查数据库系统”以及公安部的“道路交通事故数据分析系统”，两个系统积累了大量的与道路交通安全相关的数据。近几年来也开始逐步建立针对公路交通安全的数据库系统，如原交通部西部交通建设项目“公路交通安全数据库技术研究”课题所建立的相应数据库等。

(1)全国公路普查数据库系统

为准确了解全国公路基本信息，准确把握公路发展总量，建立完备的公路数据库，提高公路管理水平和信息化水平，为制订下一阶段公路发展目标、进一步做好路网规划奠定基础，原交通部和国家统计局联合组织开展第二次全国公路普查工作，并于 2000 年 3 月 7 日联合印发了《关于开展第二次全国公路普查工作的通知》。为规范有序地开展这次普查工作，全国公路普查办公室先后制订了《第二次全国公路普查办法》、《第二次全国公路普查实施细则》、《第二次全国公路普查方案》、《第二次全国公路普查数据处理方案》、《第二次全国公路普查数据处理质量控制办法》、《第二次全国公路普查资料管理办法》等一系列规章制度，对普查工作的总体要求、实施细则、具体调查方案、数据处理方法和质量控制等各个方面做出了具体、明确的规定。截至 2002 年 2 月 5 日，原交通部和国家统计局联合发布了第二次全国公路普查数据，标志着整个普查工作取得了阶段性成果。

第二次全国公路普查将面向21世纪的管理需求，以迅速实现科学化、规范化的公路管理方式作为本次公路普查的指导思想，最终目标是逐步建立部、省、地三级公路数据库系统。普查任务具体如下：现状路网的规划调整，统一路线命名和编码，建立规范有序的路网分布体系；实施公路的里程普查和路况普查登记，主要内容：公路的技术属性、管理属性和空间构造数据的采集，并建立路况档案；完成对路况档案信息的数字化，并通过横向数据衔接及纵向汇总，建立三级规范统一的公路普查数据库系统。

针对上述任务和目标，为实现各级公路机构顺利完成普查数据的正确录入、汇总以及在各个工作环节上保证工作的有序性、规范性和质量的可靠性，设计并开发了《全国公路普查数据库系统》(Highway Data Base System，简称 HDBS)，以确保普查工作目标的实现。

HDBS是服务于全国公路管理的基础资源数据库系统，它为政府的各级公路管理部门从事公路规划、建设、养护、路政等领域的管理工作，构建统一、共享的数据库应用平台，为实现公路管理现代化构造坚实的基础。系统遵照执行了多项交通部部颁标准和规范，并结合公路养护专家多年的路网管理经验，建立了严谨的路况数据管理逻辑，为各级公路管理者提供简洁、可靠、安全、高效的数据管理及基本应用工具。

在系统遵照的标准规范中，尤其需要指出的是《公路数据库数据采集手册》，它为建立全国统一、规范的部、省、地(市)三级公路数据库而制订，对公路技术属性数据指标集、指标项的组成与分类进行了统一规划，编制了公路技术属性数据采集表，制订了公路技术属性数据指标的采集方法和精度要求。《公路数据库数据采集手册》所涉及的公路技术属性数据指标的范围具体为7个方面：路线概况类、路基类、路面类、主要构造物类、沿线设施类、交通量和沿线环境类数据，其数据类型和编目编码执行交通行业标准《公路数据库编目编码规则》。

HDBS具有如下特性：

①高效的网络性能

系统采用C/S结构，使系统既可以单机操作又可以进行网络管理，实现了数据的即时共享和管理维护。故本系统要求设置系统管理员，且系统管理员应有一定的数据库维护经验和网络基础操作经验。

②严谨的校验体系

系统在许多方面做了严谨的系统性校验，主要表现为：路线管理中的桩号系统连续性校验、数据管理中指标标准性、逻辑性校验，从而有效地保证了系统中路线基础信息的正确性，使整个系统能够为用户提供可靠的服务。

③多样的查询统计

本系统提供了更贴近用户的查询统计功能，该功能不但实现了对单表数据的查询统计，而且还可以完成对多表数据的查询统计。系统既可分别对点状和线状数据进行分类查询统计，也可实现点、线数据的组合查询。用户可以通过打印功能实现查询统计结果的再编辑和打印输出。

④完善的后期处理

本系统提供了更贴近用户的查询统计功能，该功能不但实现了对单表数据的查询统计，而且还可以完成对多表数据的查询统计。系统既可分别对点状和线状数据进行分类查询统计，也可实现点、线数据的组合查询。用户可以通过打印功能实现查询统计结果的再编辑和打印输出。

⑤强大的用户定制

系统提供给用户可自由定制系统的空间，用户可以通过行政区划管理实现管理其他行政区划的功能，通过数据库可以实现用户自定义数据表和数据项的功能，通过编目编码可以实现用户自定义编目编码的功能，通过查询级别设定查询统计中的条件数据的取值范围。

总体上讲全国公路普查取得了以下主要成就：建立了全国统一的公路基础数据标准体系；建立了全国基础数据管理模式；建立了全国公路数据库共享平台。

(2)全国道路交通事故信息管理系统

为了克服“全国道路交通事故统计系统”(以下简称“系统92版”)存在数据统计项目不合理、操作不方便、报表汇总不及时、计算机2000年等问题，并加强道路交通事故信息管理工作，满足全国道路交通事故档案管理及数据统计分析的需要，公安部交通管理局于1998年组织开发了“全国道路交通事故信息管理系统”(以下简称“系统98版”)，自1999年1月1日起在全国31个省、自治区、直辖市开始推广使用“系统98版”。同时为了规范和方便各地实现“系统98版”运行和操作，管理局组织编制了《“全国道路交通事故信息管理系统”管理规定》、《“全国道路交通事故信息管理系统”使用手册》、《“全国道路交通事故信息采集表”使用手册》3个文件。该系统的实施，进一步规范了道路交通事故采集的标准，强化了事故逐级上报的机制和相应的保障机制，使得全国范围内统一的事故数据在公安部汇总得到了保证，为事故数据及时准确的分析和发布以及数据的深层次挖掘和应用奠定了基础。

①公安交通管理综合信息系统

该系统由公安部交通管理科学研究所研究开发，它综合考虑了地方支队车管所的实际业务需要，同时符合全国联网共享的需求和接口标准，完全符合最新的机动车和驾驶人信息管理的规定，能与公安部正在推广的《全国进口车计算机核查系统》、《全国道路交通事故信息管理系统》和《全国机动车、驾驶员查询系统》接口。

该系统由以下子系统构成：车辆管理信息系统、驾驶人管理信息系统、驾驶人违章管理信息系统、道路交通事故信息管理信息系统、交通管理WEB查询系统、交通地理信息系统。各个子系统能充分集成，实现信息资源共享、统一管理。该系统已在河北、山西、浙江、江苏、江西、河南等省推广应用。

②车辆管理信息系统

该系统包含了车辆管理的各项业务，符合《车辆管理所业务岗位规范》等5个规定。具体包括以下功能模块：登记注册管理、牌证管理、转籍管理、变更管理、年审、注销管理、空号管理、临时号牌管理、档案管理、信息查询、统计报表、打印、基本数据维护等。

本系统能与全国进口车核查系统、全国被盗抢机动车查询系统和全省机动车查询系统自动连接运行，能有效防止走私车、盗抢车入户、报废车继续使用等现象的发生。车管部门能准确、实时地掌握车辆的真实情况，并做出正确的决策。

③驾驶人管理信息系统

包含了驾驶人管理的各项业务，符合《车辆管理所业务岗位规范》和公安部第28、29号令，具体包括以下功能模块：新增驾驶人、驾驶人转籍、补证换证、申请增驾转正、申请体检考试、驾驶员审验、驾驶人记录变更、驾驶人档案注销、驾证打印、系统维护、用户管理、查询和统计、数据分析、各类代码维护、各项特别业务等。

本系统引进了驾驶人违章、事故积分、违章学习考试、奖励等新的措施，加大了驾驶人动态管理的力度，能与收费系统、考试系统、全国道路交通事故信息系统、违章管理系统等连接运行，能有效杜绝乱收费、走后门等现象的发生，并极大地提高工作效率。车管部门能准确、实时地掌握驾驶人的各种信息，做出正确的决策。

④驾驶员违章管理信息系统

本系统符合公安部最新发布的《交通违章处理程序规定》、《机动车驾驶员交通违章记分办法》。它包含了驾驶人违章处理程序的各个环节，并根据工作特点分为中队级、大队级、支队级、总队级等四级违章管理子系统，以及银行对账子系统，对违章驾驶人的处罚信息、交款信息、积分情况等进行全面管理。本系统具体包括以下功能模块：违章信息录入（简单程序录入，一般程序录入）、违章处罚执行、违章信息修改（行政复议、行政诉讼修改）、异地违章数据交换、银行交款及对账、违章记分管理、违章学习、奖励措施、违章查询与统计、干警工作查询统计、各类文书打印、用户管理、系统维护等，可与闯红灯、卡口等系统连接运行。

⑤全国道路交通事故信息管理系统

系统符合《道路交通事故处理程序规定》和《道路交通事故处理办法》，采用新的道路交通事故信息采集表，提供 OCR 数据自动录入功能。整个系统包括事故信息统计分析系统、办案管理系统和案卷文书管理等三大部分。目前，事故统计分析系统部分已在全国推广运行，它能自动生成 150 多种数据统计报表及图例，增加数据自动录入功能，减少数据的录入量，支持网络（实时或电话拨号方式）与磁盘交换两种传输方式，各地数据能及时、快速、多渠道地上报给上级主管部门，为领导决策提供参考。其他两部分将在 2000 年推广运行。

⑥交通管理 WEB 综合查询系统

信息中心集中存放了驾驶人档案、机动车档案、驾驶人违章信息、事故信息、交通信息、宣传信息、交通法规等最新资料，通过 Internet 网络让各级领导、各业务部门以及公众查询了解有关情况，实现信息查询和信息发布的功能。

⑦交通地理信息系统

系统提供了丰富的平面空间分析功能，为各类交通地理信息记录的查询、统计、管理提供了方便直观的手段。系统又是一个方便快捷的交通信息发布网络系统，以满足各种实时数据在电子地图上直观、快速反映的要求。系统还能按照要求输出各类图形，如交通设施图、道路状况等交通专用地图。

(3)公路交通安全数据库

2004 年交通部西部交通建设科技项目管理中心设立了“公路交通安全应用技术”研究项目，其中“公路交通安全数据库技术研究”课题由北京工业大学、交通部公路科学研究院联合承担，共同开展研发工作。

该课题的总体目标为：

①通过数据体系的定义及标准化形成道路交通安全通用的体系框架；

②完善道路交通安全原始数据的采集方法；

③与现代技术紧密结合，实现道路交通安全领域中多元数据的合成；

④建立科学而高效的数据管理、统计及分析程序；

⑤通过示范工程行之有效地推广课题的成果。

该课题的主要研究内容为：

①进行用户需求调查与分析；

②制定数据定义及数据标准；

③建立上游数据收集规程；

④数据库结构功能的设计与实现；

⑤数据库分析系统主程序的研发；

⑥地理信息系统数据平台的研发；

⑦公路交通安全专业统计平台的研发；

⑧事故黑点鉴别模块的研发；

⑨多媒体信息演示及应用模块的研发。

2. 国内相关成果评析

“全国公路普查数据库系统”是实现中国公路数据资源有效利用的创造性成果。在这个系统中，数据结构得以固化，不同地域、不同时间跨度的信息得到了良好的储备和运用。这个系统使得公路技术参数得到了有序的排列和组合，使其成为一个重要的数据源。

“道路交通事故数据分析系统”是目前中国应对道路交通安全最直接的数据平台，它所涵盖的信息揭示了道路交通安全实践中重要的数据，交通事故的微观信息须借由这个数据库提供，因此它是另一个主要的数据源。

以上两个数据库联合构成了主体数据源，当然也应看到，不论交通部、还是公安部的数据平台都未能将道路交通安全实践中同等重要的交通事故微观信息、道路交通微观信息加以组合，它们缺乏必要的集成与联合应用。就应用界面而言，上述的数据平台都是不充分的。交通部开发的公路交通安全数据库，形成了与上述平台相平行的独立的应用系统，充分链接与引入这些数据源，形成对多重来源数据的系统组织与对应，增补相应的数据项，使其承担完整的微观分析与系统决策功能。

“公路交通安全数据库”首先应用于交通部系统内的公路工程规划、设计、运输管理等各专业部门，其目标用户包括了道路设计工程师、安全工程师、道路规划者、运输管理专业人员、各层行业行政管理者以及决策机关。数据库的应用领域还广泛地分布在交通安全各相关研究领域，目标用户涵盖了与交通安全相关的科研工作者。公安部系统中的交通管理部门，也是公路交通安全数据库的推广应用领域，通过与微观的道路交通数据相结合，公安交通管理部门能够积极地推进交通事故管理及预防的科学性与针对性。由于道路交通安全信息的重要性，作为用路者的公众也应在一定程度上接触本数据库中的特定信息，提供公共信息平台也是潜在的开发领域。可以说，公路数据库系统面向多层次用户，涉及到管理、科研、工程技术等不同领域。通过数据库技术的推广应用，能够提升道路安全管理和科研的水平，有效地指导工程实践，尤其对交通建设和对地区经济发展会起到促进作用。

以下章节将基于“公路交通安全数据库”(以下章节简称“本数据库”)的主要工作内容和成果进行介绍，更详细技术内容可参见北京工业大学、交通部公路科学研究院的《公路交通安全数据库技术研究》(合同号:2004 318 223 33-02)。

第二节　交通安全数据库技术分析

一、主要技术内容

1. 用户需求调查与分析

对交通部系统用户进行需求分析，调查的重心是公路交通安全数据的需求范围、需求程度和需求重点。调查的层次涵盖行政管理者、工程技术人员、专业研究人员以及路政养护人员等。调查方式、调查内容都应根据不同层次人员而分别制订。

对公安部交通管理系统用户进行需求分析，调查的重心是该系统人员对公路工程技术数据与交通安全数据联合应用的需求特点，明确他们的需求范围、需求程度、需求重点。调查的层次涵盖公安交通管理的行政人员、交通管理专业的科技人员、交通安全管理人员等。调查方式、调查内容根据公安部系统的业务特点而制订。

对社会公众进行需求分析，调查的重心是公路使用者对公路交通安全数据联合应用的需求特征，明确其作为出行者的关注要点、对数据发布形式的偏好特性等。多用户需求的综合分析与合成。在独立完成不同用户的需求调查之后，课题组进一步对原始资料进行处理和分析，研究不同用户需求的共性、个性，以及用户需求的层次特性和重点等。在此基础上将用户需求进行体系化合成，将其综合成为奠定课题研究范围、研究内容、技术路线的基础性资料。

需求调查采用技术研讨会、用户访问及问卷调查、原有系统试用等方式完成。在立项阶段和数据采集阶段，通过走访北京、贵州、甘肃、广西、重庆、河北、广东、陕西等省市，与一线的交通警察和路政管理人员进行了充分的交流，从而通过基层获取道路安全数据库用户的需求和未来发展的方向。

此外，通过专家咨询的方式，分别向国内外知名交通安全领域专家征求宝贵意见，提升了研究高度和拓展了应用广度，从而确保研究有的放矢，准确把握用户需求开展研究工作。

2. 数据定义及数据标准

(1)国际标准化数据项定义

世界先进国家在道路交通安全数据系统中已经获得了许多宝贵的经验，其中重要的成果就是交通事故统计数据及道路交通属性数据的标准化与格式化。随着我国经济体系与国际接轨的程度加深，将我国道路交通安全相关数据结构与世界标准相统一是必经之路。在满足中国道路交通个性化需求的基础上，注重数据结构与国际通行规则的兼容性，有利于本数据库吸收转化国外已有的先进成果，也有利于数据更新过程中保持与国际同步。在这个方面的主体研究内容包括三部分：

①公安部“道路交通事故数据分析系统”中的数据定义和数据标准研究及其与国外主要国家相关系统的对比研究。研究的重心不是重建中国交通事故采集体系，而是本着中国公路交通实际需要，研究如何以其数据源为根基提取、组合成为新的、应用于公路交通安全分析中的数据结构和数据体系，并探讨兼容国际交通事故采集与汇合体系的可行性，制订增补信息的数据体系，构成可更新的公路交通事故基础数据平台。

②交通运输部“全国公路普查数据库系统”中的数据定义及数据标准研究，及其与国外主

要国家相关系统的对比研究。研究的重点不是再造公路信息平台，而是如何利用现有数据源，通过筛选、提取、转化与重构，生成一个适用于公路交通安全分析的数据体系，明确这一体系的组成和标准。

③针对在公安部、交通运输部现有两大数据源中无法直接提取，而又对公路交通安全的数据分析至关重要的其他信息，以增补数据的形式纳入数据体系，并在充分评析现有数据源的基础上，制订其数据体系与标准。在此基础上，以相对独立和平行运作的机制，构建公路交通安全的数据体系。当然，这其中的数据源要体现与现有系统最大程度的共用性，从应用角度在新的平台上加以重新组合，最终形成独立的数据标准。

(2)数据指标定义、备注说明、转化及推算的一体化

物理世界中相同的实体，在不同的数据体系中往往有不同的描述，例如，公安部、交通运输部在“地点定位”方面就沿袭不同的惯例，公安部对交通事故地点的描述往往是相对的、定性的，与生活惯例相吻合；而交通运输部习惯以道路桩号这一技术指标定位空间方位。在这两类数据的组合使用中，经常难以明确数据关联的链条。另一方面，即使是同一数据，所采用描述指标的不同、单位的差异，甚至对数据项描述的差别，都有可能造成数据的误解与偏差。

这就要求在建立了数据体系的基础上，进一步明确其系统构成、层次划分、数据项、指标定义、数据度量、数据关联等，不但构建数据体系中的节点，而且形成这个体系中的脉络。另一方面，从应用的角度，从定量层面上明确数据构成，也是开展统计分析的基础。

(3)基本原则、基本数据源与框架

制订我国公路交通安全数据体系与标准，须遵循“继承”与“整合”的原则。即基本沿袭现有的公安部数据系统和交通部数据系统，有选择性地提取其中的数据项，组成基本的数据体系，然后再根据公路交通安全数据应有职能的需要，判断需要增补何种数据，从而组成完整的数据体系。

因此，该数据体系的原则就是继承公安部、交通运输部数据项，加以整合，再结合增补数据项构成一体化的数据体系。

根据这一既定的原则，可以确定该数据体系有 3 个数据源：公安部数据源、交通部数据源和增补数据源。

以上 3 个数据源中的数据项经过组合后，形成如图 3-2 所示的数据源体系。

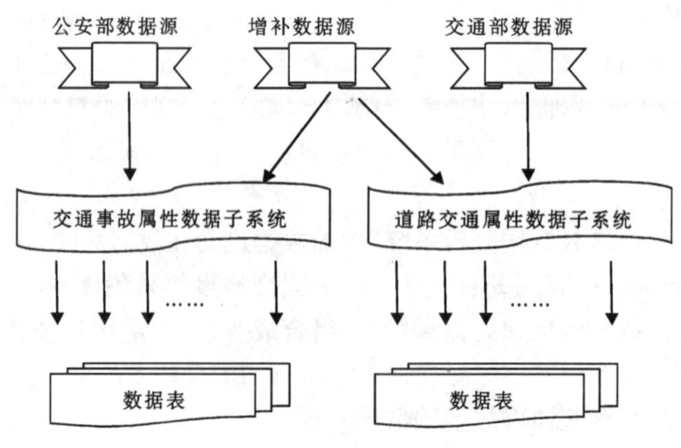

图 3-2 数据源

数据体系就逻辑结构而言，公路交通安全数据体系可划分为事故属性数据、道路交通属性数据和增补数据3个子系统。其中事故属性数据子系统的数据主要来源于公安部的数据源，包括一个数据集；而道路交通属性数据子系统主要来源于交通部的数据源，共包括6个数据集；增补数据子系统包括一个数据集。在每一个数据集中，包括了1～7个不等的数据表，由此形成了数据体系的基本框架，如图3-3所示。

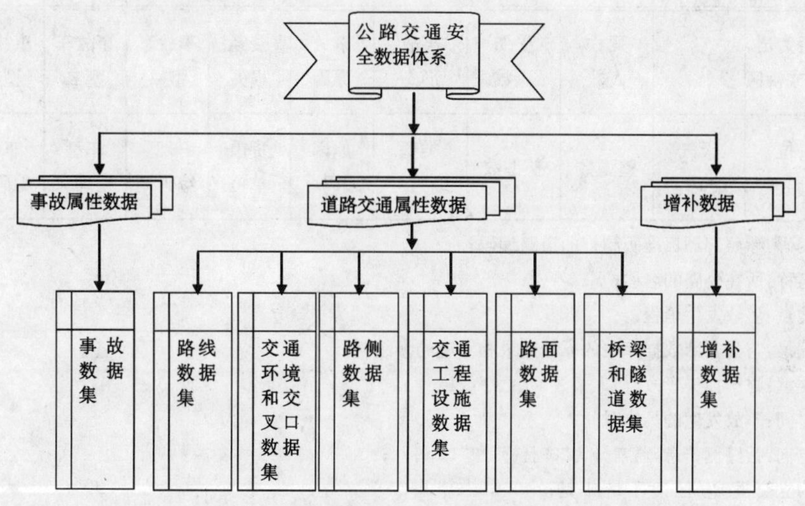

图3-3　数据系统逻辑框架

(4)数据项与数据格式

以上的3个数据源、2个数据子系统进一步划分为事故属性数据、道路属性数据、交通属性数据和增补数据；整个数据体系中共有8个数据集组成，每一个数据集包括了一个或多个数据表，数据表构成了该体系的底层结构。

这8个数据集为："事故数据集"，"路线数据集"，"交通、环境和交叉口数据集"，"路侧数据集"，"交通工程设施数据集"，"路面数据集"，"桥梁和隧道数据集"，以及非常关键的"增补数据集"。以下以事故数据表为例，说明各数据集所包含的底层数据表，及其所包含的数据项和它的数据格式。其他数据集不再一一列举，具体的内容可参见"公路交通安全数据库研究报告分报告之一：中国公路交通安全数据体系与标准建议"。

事故数据集系由公安部数据源经过滤和筛选而获得。过滤与筛选的标准以"公路交通安全数据分析的职能"为准则。为了准确地与交通运输部数据源相匹配，对于事故地点信息必须提高精度，并且按照交通运输部的标准对路线名称加以标注。那些描述当事人社会信息的数据项，由于不直接关系公路的交通安全，因此予以剔除。最终形成的事故数据表如表3-1所示。

表3-1中，各项数据均有取值标准和数据格式，关于数据项带"＊"的说明，参见表后的"事故数据表中的信息注释"。

事故数据表　　表3-1

数据项名称	道路编码	道路名称	事故地点	事故编号	事故类型	年	月	日	时	分	方向
格式	交通部标准	文本	kM+×××	九位编码	类型编码*	公元	两位数字	两位数字	24小时制	60分	方向代码*
数据项名称	是否为出入口或桥区	天气	死亡人数	受伤人数	事故形态	事故原因	直接经济损失	事故车型一	事故车型二	事故车型三	事故车型四
格式	一位编码*	天气编码*	整型数	整型数	类型编码*	原因编码*	货币单位	车型编码*	车型编码*	车型编码*	车型编码*

注：1. 道路编码：参照部颁标准所制订的道路编码；
2. 道路名称：所在公路的名称；
3. 事故地点：事故发生里程；
4. 事故编号：与公安部数据库中的原始记录相对应的事故编号；
5. 事故类型：财产损失事故、伤人事故、死亡事故；
6. 事故时间：事故发生的具体时间；
7. 事故方向：指路侧信息，通常分为"0-上行"和"1-下行"；
8. 是否为立交桥或桥区：0-不是，1-是；
9. 事故天气状况：晴、阴、雨、雾、多云；
10. 死亡人数：本次事故中死亡的人数；
11. 受伤人数：本次事故中受伤的人数；
12. 事故形态：尾随相撞、侧面相撞、翻车、翻入路侧边沟、驶入路侧边沟、撞固定物（包括撞护栏、撞标志杆柱、撞其他固定物）、撞静止车辆、撞行人、撞自行车、单车事故、其他；
13. 事故原因：操作不当、未保持安全距离、超速驾驶、疲劳驾驶、酒后驾驶、违章变更车道、违章倒车、违章停车、违章调头、逆向行驶、违章行车、机械故障、注意力不集中、物品散落、行人横穿高速公路、超载、溜车、前车事故车辆、其他道路原因、其他机动车原因、其他；
14. 事故车型：小客、中客、大客、小货、中货、大货。

3. 上游数据收集规程

(1)从交通运输部、公安部两大数据库中提取数据的方案

对于现有数据，在收集过程中主要是对现有资料的汇集与提取，而不是原始采集。作为基础数据系统中的有机组成部分，制度化的资料汇集方案得以明确。这部分的研究内容跨越体制与技术两个层面，研究并制订从现有两大部门数据源中提取数据的内容、步骤、形式与部门合作体制。在此基础上编制出明确的数据收集规程，以未来本数据库用户的视角，以操作指南的方式解决数据收集环节中的技术与渠道问题。

(2)增补数据的获取方案

针对数据体系研究中所确定的增补数据部分，制订详细而有操作性的数据收集、采集方案。这其中首先要研究的就是数据采集方式的选取，即明确某项增补数据必须在现场采集，还是在现有数据源中通过推算或转化方式求取，或是需要在特定的外部数据源中获取。在此基础上，对增补数据获取环节中的工作规程加以详细分析和研究，最终制订出明确的操作方案，

并通过示范工程确定其操作单位及运行机制。

(3)获取方案的实施

充分利用现有相关资源条件,包括现有的公安交通事故数据库、交通运输部公路数据库以及路面、桥梁、车辆等专业数据库。增补数据源以微观、动态、多媒体数据类型为主,采集只限定在重点研究路段,如事故多发段、具有特殊功能的路段等。

①数据渠道

交通事故属性数据子系统中,数据的主体来源是公安交通管理部门的基础数据库,个别重要的信息可在公安部的协作下采用增补方式获得。道路属性与交通量属性数据库具有同源性,其主体来源于交通运输部系统的公路主管部分。增补数据源中的数据项,依据其信息类别的划分,分别纳入交通事故属性数据子系统、道路交通属性数据子系统。增补数据的获取主要集中在示范地区的重点路段有针对性地进行。

②数据组织

道路属性与交通量属性数据除具有同源性外,还具有空间的附着性,因此须统一组织,形成同一个根下的两个分支数据子库;交通事故数据来源于公安部门,独立组织成为一个数据系统,但须采用地点信息、时间信息与道路交通数据系统实现链接,最终集成在 GIS 平台上。

4. 数据库结构功能的设计与实现

数据表是整个数据库的基层结构,也是真实数据的储备容器,它的结构设计是整个数据库系统设计中的开端。

(1)数据表的整体结构和格式设计

研究数据表的整体框架,制订数据表的数目、类型及组织结构。从公路交通安全的整体功能出发,公路交通安全数据表分为两个子系统:交通事故属性数据子系统和公路交通属性数据子系统。这两个子系统由若干的彼此关联的数据表(可来源于一个数据文件,或多个数据文件)构成,而子系统之间体现出一定的独立性,并通过关键索引数据项相链接。

(2)基于交通运输部、公安部两大数据源已有数据项的数据表设计

①基础数据的建立

交通运输部、公安部两大数据库系统已有的数据项,在数据体系的定义及标准的指导下,通过系统接口或者数据导入的方式集成到本数据库中,经过数据转化与转型后成为本数据库中有效的基础数据。这些数据将相应地纳入交通事故属性数据子系统和道路交通事故属性数据子系统中。

②交通事故属性数据的分类及内容

交通事故属性数据表中的事故历史记录主要包含微观性的属性数据,同时包含有指针指标(通常采用交通事故发生的公路空间方位),从而实现其与公路属性数据表的精确链接。

事故属性数据表作为整体框架内一个分支,从文件格式区分,事故属性数据库的文件格式分为以下三类:基础文件格式(由公安系统数据库转化而来的交通事故记录文件)、转化文件格式(统计平台的兼容文件格式)和集成文件格式(GIS 系统中的属性数据文件)。从内容上看,事故属性数据表包括交通事故个案记录的数据文件和交通事故统计的数据文件。

③道路交通属性数据的分类及内容

道路交通属性数据表可划分为公路技术属性数据和公路管理属性数据两大类。公路技术属性数据涵盖了公路的空间构造数据、环境数据和相应的技术状况描述数据，主要有路线概况集、路基集、路面集、主要构筑物集、沿线设施集、交通量集和沿线环境集；公路管理属性数据涵盖了围绕着公路而实施的各项管理性工作数据，其绝大多数数据与公路的空间构造没有直接的对应关系，主要有公路建设项目集、资金管理集、固定资产集、人员管理集和档案管理集。

公路技术属性数据按自身的特性划分为静态数据和动态数据，静态数据指只通过工程更新，而不随周边环境、气候和时间变化，相对稳定地描述公路位置和技术状况的数据，包括空间构造数据和技术状况数据。空间构造数据对公路的空间位置和几何特征进行描述，如控制点数据（X、Y、Z 坐标）和纵曲线数据（半径、高程）等数据；技术状况数据对公路的各种技术指标进行描述，如行政等级、技术等级和结构类型等数据。动态数据有固定的更新周期，对公路的技术状况和管理状况进行描述。动态数据可进一步分为路面动态数据、桥梁动态数据和交通量观测数据。路面动态数据对路面的各种损害情况进行描述，如平整度、路况评定等级、好路率等；桥梁动态数据对桥梁的使用现状进行描述，如技术状况；交通量观测数据对公路的交通流量和车型类别进行描述，如小型车年均绝对值等。

④增补数据源的数据表设计

增补数据项指那些没有在公安部、交通运输部的数据库中涵盖的，从收集和整理机制角度也不便纳入两大系统数据库的，但对于公路交通安全分析不可或缺的数据项。这其中主要包括微观道路交通特征参数数据表、图形数据库、多媒体数据库等。

⑤数据表关联设计

a. 总线关联。数据表的关联是实现数据库使用功能的重要的逻辑和信息传递纽带。从整体结构上分析，数据库的两大子系统，即交通事故属性数据子系统、道路交通事故属性子系统之间需要一个“总线关联”，这应当被视为数据库整体的枢纽。这个关联以空间位置信息为索引，将两大子系统的数据表加以对应，以此为基础可以组合成形式多样的派生数据表，应用于相关分析之中。

b. 交通事故属性数据子系统的内部关联。在交通事故属性数据子系统中，需要“多对多”的关联方式将交通事故个案信息以及所涉及的人员、车辆信息加以关联，其索引指标将依据安全部的相关标准而确定。另外，在“增补数据源”中与交通事故直接相关的数据文件，如格栅格式的事故现场图、或远景规划中实现的事故再现三维演示等，都通过关联纳入这个数据子系统的内部。

c. 道路交通属性数据子系统的内部关联。由于道路交通属性数据普遍具有“空间定着性”的特点，因此可以采用“一对多”的关联方式，以空间位置信息为索引建立道路交通属性数据子系统的内部关联，以道路交通安全数据分析的实际需要，重构由交通部数据系统中输入的数据项。另外，在“增补数据源”与道路交通相关的数据文件，如现场采集的交通流特征参数、道路特征参数等，按照逻辑结构均应纳入道路交通属性数据子系统的内部关联之中。

（3）数据库接口设计

由于存在着大量的数据格式转换、信息传送、数据关联与组合的功能需要，因此在本数据库系统中，接口程序是必不可少的。这其中根据功能的不同，划分为以下类型：

①对外远程数据输入/输出接口设计

本数据库的数据源来自于不同的部门、不同的地理位置以及信息网络中不同的逻辑节点。将所有的数据源都"复制"到单个数据存储介质上是不现实的，而且也不利于进行数据的即时更新。另一方面，本数据库的一个潜在功能是针对公众的信息发布，而互联网络是其中最理想的传播媒介，这就更需要通过网络数据传输接口进行信息的输出。由此可知本数据库系统中必须具有远程数据传送接口。从功能角度分析，这个远程接口的核心职能有两项：第一项是负责实现与公安部"全国道路交通事故信息管理系统"的数据输入/输出接口功能，稳定而有效地传送公安部的相关数据，同时将本数据库的成果对公安部实现输出。第二项是负责实现与"公共信息平台"的数据传输，将与公众出行紧密相关的有关信息及时地传送至开放式发布平台，并在远景规划中实现对公众的信息互动。

在远景规划中，即在本数据库后续完善过程中，预留数据库与地方政府电子政务系统（主要是社会经济指标的引入，以便于安全工程方案比选与决策工作中应用）、紧急求援系统数据库、地方医疗、卫生、消防信息系统等的接口，从而获取更加广泛的数据资源。

②对公路数据库的接口设计

"全国公路数据库"基于.net 和 MS SQL Server 平台，公路交通安全数据库基于 Java 和 Oracle DBMS 平台，两个系统给予不同的数据平台，通常的系统接口主要有直接数据库访问接口、API、Web Services 等方式，基于系统间接口的松耦合、易扩展、易维护等要求，两系统间采用 Web services 接口，并提供一个 Web services 接口满足系统需要。

③行业（交通部）内部数据转换模块设计

由于交通运输部内部业务的专业性和数据资源分配的需要，在远程数据传送接口之外，还应设置数据传送容量、传送效率更为强大、运作模式更为紧密的内部数据传输接口。这个接口的核心职能是保障在交通运输部的"全国公路普查数据库系统"以及"公路交通安全数据库"平行运作时，同期实现即时的数据更新和共享，并保障两个数据库的共同主管能够对应和联系两个系统中的相关信息。

④数据格式转换 API

本数据库的特色之一是"多对象"的设计，而目前各种信息处理程序所需要的数据格式是不同的，因此就需要研发各种格式转换的"应用程序接口（Application Program Interface，简称API）"，实现同一数据源的不同格式表达。例如，交通事故数据往往用表格（矩阵）的形式存储，道路几何设计数据现阶段主要存储在 CAD 设计文件中。其他的一些数据可能是图形，也可能是视频信号。以上的不同数据格式之间需要实现有机的转换，形成统一、兼容的数据链，从而实现数据转换和一体化。除了通用的数据表格式外，在本数据库重要的数据格式包括了地理信息平台所要求的空间数据格式以及属性数据格式、通用统计软件所要求的特殊的数据格式，以及道路设计要素存储所常用的 CAD 图形格式。

5. 数据库系统主程序的研发

用户通过应用界面，实现对数据库的操作，而数据库系统中各功能模块的运算成果，也通过界面向用户加以发布，因此应用界面是数据库系统中重要的组成部分，它直接影响着数据库的运行效率与功能发挥程度。在本数据库系统中，以"公路安全管理主界面"作为基础界面，链接了"专业化数据分析及安全管理应用界面"，可以实现不同时段、不同地理空间、不同属性类别下的数据检索、查询功能，具有交叉性、灵活性与实时性的特点，并且对不同的用户，根据用户的特点设置相应的检索、查询窗体，分别嵌入在各自的应用界面中，此外主程序还嵌入了功能强大的“地理信息系统数据平台”和“公路交通安全统计应用平台”。

(1)模块划分

根据需求分析阶段功能的分类，确定本软件系统的内部结构和组成元素。本数据库模块结构如图 3-4 所示。

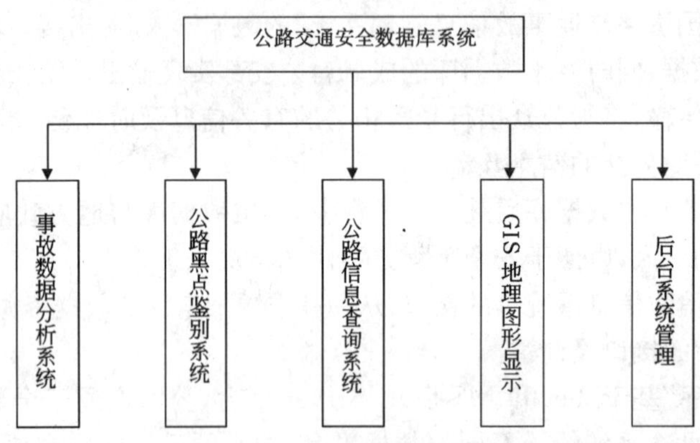

图 3-4 公路安全数据库系统结构图

事故数据分析系统提供从时间、空间(即公路或者路段)、时空相关性和自由角度实现对交通事故的分析功能，研究事故发生规律。为便于分析，系统对于事故属性条件的选择采用多选而非单选的方式，以便于使用。公路信息查询系统基于“全国公路数据库系统”实现，该系统是由交通部主持开发的公路信息管理系统，旨在建立全国统一、规范的部、省、地市三级公路数据管理体系，系统已经实施多年，卓有成效，系统将与之建立接口，提取公路信息数据。本系统以 Web Services 方式建立与“全国公路数据库系统”的实时数据查询接口，后台系统管理提供事故数据管理、参照数据管理以及系统安全管理等功能，以保障系统的可靠运行。

(2)主界面设计

安全管理主界面是各行业用户的共同信息窗口，因此不能设置过多的功能模块接口，而是以“顶层设计”的模式提供分流接口，以衔接各专业界面。由于数据资源管理的需要，各用户的身份识别与登录接口需要在主界面中出现。除此之外，面向所有用户的重要的动态信息服务，尤其是应急及预警信息，出现在主界面中适当的窗口，如重特大交通事故的发生、严重的灾害性天气的发生等。

①用户登录界面

该数据库系统登录界面采用注册用户登录方式，图 3-5 为用户登录界面。

第一次注册的用户需要得到系统管理员的授权许可后方可登录系统，系统根据该用户的授权不同而显示不同的功能菜单，供该用户操作使用。

②系统主界面

系统主界面参照当前网页设计的主流模式，主要分为首页信息显示模块、系统功能菜单模块和系统快捷菜单模块，图 3-6 为系统主界面。

这是整个数据库系统中微观数据分析最为集中的一个界面，其主体用户是从事道路安全

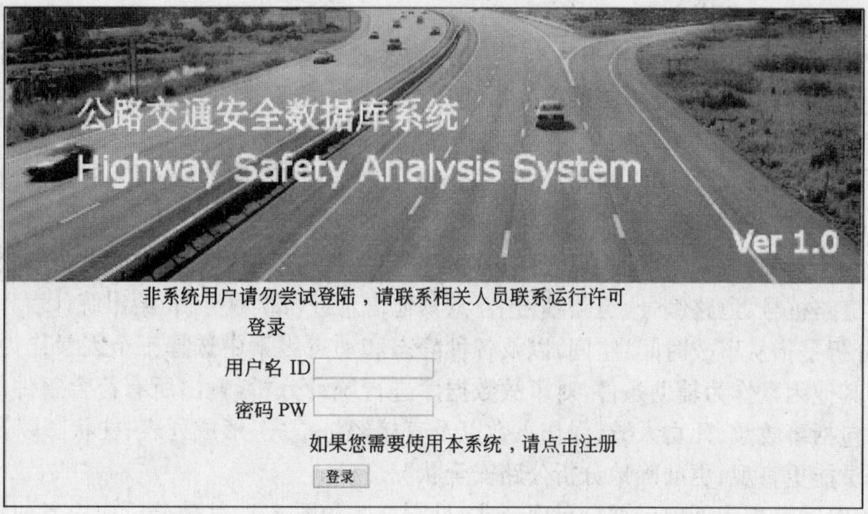
公路交通安全数据库系统
Highway Safety Analysis System
Ver 1.0
非系统用户请勿尝试登陆，请联系相关人员联系运行许可
登录
用户名 ID
密码 PW
如果您需要使用本系统，请点击注册
登录

图 3-5　用户登录界面

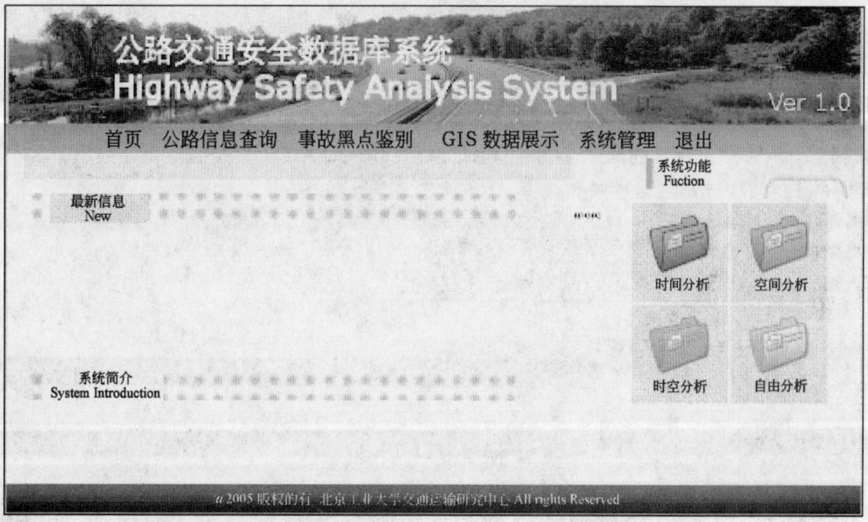
公路交通安全数据库系统
Highway Safety Analysis System
Ver 1.0
首页　公路信息查询　事故黑点鉴别　GIS 数据展示　系统管理　退出
系统功能
Fuction
最新信息
New
时间分析
空间分析
时空分析
自由分析
系统简介
System Introduction

图 3-6　系统主界面

工程的工程师，以及从事道路交通安全评价和改良项目的科研工作者。交通事故微观数据、道路交通属性数据的发布、汇总、汇报等都可以集成到这个界面，交通事故的空间、时间、各种因素分布规律也在这个界面中加以输出，道路安全工程项目的方案效益成本对比、方案优化等功能模块链接于此界面之中。此外在数据库界面设计时，考虑到行政管理者与道路安全工程师的需求有显著的区别，因此针对决策层用户设计专项的应用界面，在这个界面中涵盖的信息以统计数据、宏观信息为主，提供网络化、整体性的信息，以资决策中使用。相关的成果输出也以用户的业务特点为主线，体现其工作需要及业务的标准化要求。对于图 3-4 中所示的界面，在菜单导航栏中不提供系统管理菜单和功能，同时也没必要显示专业化数据分析及安全管理应用的工具栏。

③事故数据查询分析界面

事故数据查询分析功能是基于系统事故数据，通过设置条件进行时间分析、空间分析、时空相关性分析和自由分析，分析结果以表格、图形、GIS 方式呈现。

其中使用人员通过使用时间分析，对事故按照年/季度/月/周/日/小时等进行事故数量、受伤人数、死亡人数和财产损失数据分析，给出统计表、统计图和事故点 GIS 分布，并提供数据另存 Excel 和 Word 功能。

从公路或者路段空间角度对事故进行分析，使用人员可以通过使用空间分析，对事故按照道路编号/道路桩号、道路编号、道路编号/任意其他信息进行事故分析，给出统计表和统计图。

自由分析是指从事故时间、空间，以及各种静态和动态因素中选择三个因素作为平面、横面和纵面，其他因素作为辅助条件，对事故数据库进行统计分析，输出所有符合条件的事故的具体数据，包括事故数、死亡人数、受伤人数以及直接经济损失，形成列表、柱状图以及 GIS 显示，使分析员能更直观、更准确地分析公路安全状况。

下面以时间分析为例展示部分界面形式，见图 3-7 和图 3-8，其他分析模块界面形式见图 3-10～图 3-12。

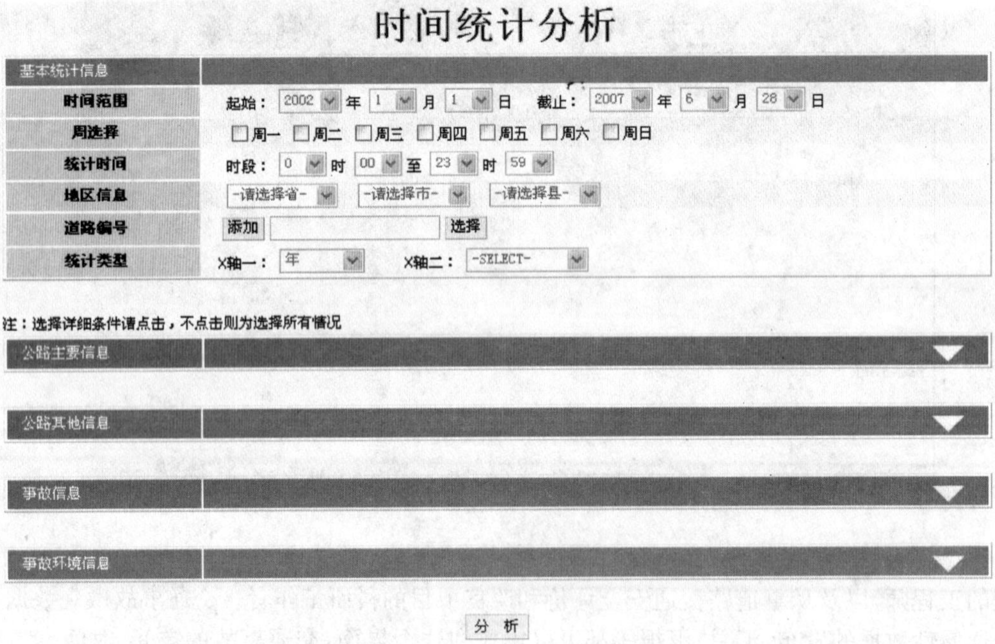

时间统计分析

基本统计信息
时间范围 起始： 2002 年 1 月 1 日 截止： 2007 年 6 月 28 日
周选择 周一 周二 周三 周四 周五 周六 周日
统计时间 时段： 0 时 00 至 23 时 59
地区信息 -请选择省- -请选择市- -请选择县-
道路编号 添加 选择
统计类型 X轴一： 年 X轴二： -SELECT-

注：选择详细条件请点击，不点击则为选择所有情况
公路主要信息
公路其他信息
事故信息
事故环境信息
分 析

图 3-7 时间统计分析界面

X——时间：年、月、日、时、周、季度。

Y——其他有参照表的项目。

统计数据格式：提供事故数、死亡人数、受伤人数、经济损失统计数据。

统计图片：分别包含综合统计图、事故数统计图、饼图、散点图、线图等。

点击展开的条件如图 3-8 所示。

注：选择详细条件请点击，不点击则为选择所有情况

公路主要信息	
行车道数	□未知 □单车道 □双车道 □三车道 □四车道 □六车道 □八车道 □其他
中间隔离类型	□无隔离 □物理性 □标线隔离 □未知
公路功能类型	□未知 □主干线 □次干线 □主集散 □次集散 □本地路
路面类型	□未知 □无路面 □沥青混凝土 □其他粒料 □沥青表面处治 □厂拌沥青碎石 □沥青贯入式碎石 □沥青贯入式砾石 □沥青贯入式半整齐石块 □泥结(级配)碎石 □泥结(级配)砾石 □泥结(级配) 其他
地形地貌	□未知 □山岭 □重丘 □微丘 □平原 □沙漠 □河流 □湖泊 □大海 □草原 □森林 □高原 □园林 □垭口 □峡谷 □沼泽 □戈壁滩 □广发

公路其他信息	
公路行政等级	□未知 □(G)国道 □(H)国道分离式断面 □(J)县道分离式断面 □(N)乡道分离式断面 □(S)省道 □(T)省道分离式断面 □(X)县道 □(Y)乡道 □(Z)专用道
公路技术等级	□未知 □一级公路 □二级公路 □三级公路 □四级公路 □高速公路 □等外公路
路面技术等级	□未知 □高级路面 □次高级路面 □中级路面 □低级路面 □无铺装路面
地区类型	□未知 □村庄 □城镇商业 □城镇居住 □制造业 □行政 □学校 □仓储 □医院 □矿业 □军事 □其他

事故信息	
行驶方向	□上行 □下行
发生位置	□未知 □交叉点 □路段
事故类型	□未知 □财产损失事故 □伤人事故 □死亡事故
死亡人数	□ ~ □ 人
受伤人数	□ ~ □ 人
事故地点	□未知 □机动车道 □非机动车道 □机非混合道 □人行道 □人行横道 □紧急停车带 □其他
事故形态	□未知 □尾随相撞 □侧面相撞 □翻车 □翻入路侧边沟 □驶入路侧边沟 □撞固定物 □撞静止车辆 □撞行人 □撞自行车 □单车事故 □其他 □正面相撞 □对向刮擦 □同向刮擦 □刮撞行人 □碾压 □坠车 □失火 □撞动物 □违章超车 □同向相撞 □撞路上施工人员
事故原因	□未知 □操作不当 □未保持安全距离 □超速驾驶 □疲劳驾驶 □酒后驾驶 □违章变更车道 □违章倒车 □违章停车 □违章掉头 □逆向行驶 □违章行车 □机械故障 □注意力不集中 □物品散落 □行人横穿高速 □超载 □溜车 □前车事故车辆 □其他道路原因 □其他机动车原因 □其他 □违章转弯 □油门控制不当 □不按规定让行 □违章占道行驶 □其他操作不当 □违反交通标志标线 □违章穿行机动车道 □其他非机动车原因 □违章穿行车行道 □违章超车 □违反交通信号 □违章会车 □正面相撞 □其他行人乘车人原因 □制动不当 □货车超载 □突然猛拐 □抢道行驶 □自然灾害 □客车超员
直接经济损失	□ .00元

事故环境信息	
天气	□未知 □晴 □阴 □雨 □雪 □雾 □大风 □沙尘 □冰雹 □其他
路表情况	□未知 □干燥 □潮湿 □积水 □浸水 □冰雪 □泥泞 □其他
路面状况	□未知 □路面完好 □施工 □凹凸 □塌陷 □路障 □其他
照明情况	□未知 □白天 □夜间有路灯照明 □夜间无路灯照明
运载危险物品情况	□无危险品 □易燃易爆 □剧毒化学品 □其他
交通信号方式	□未知 □无信号 □民警指挥 □信号灯 □标志 □标线 □其他安全设施
渠化方式	□未知 □交通岛 □标线 □其他渠化 □无渠化

图 3-8　时间分析对应的选择项

设置分析条件后点击分析，结果如图 3-9 所示。

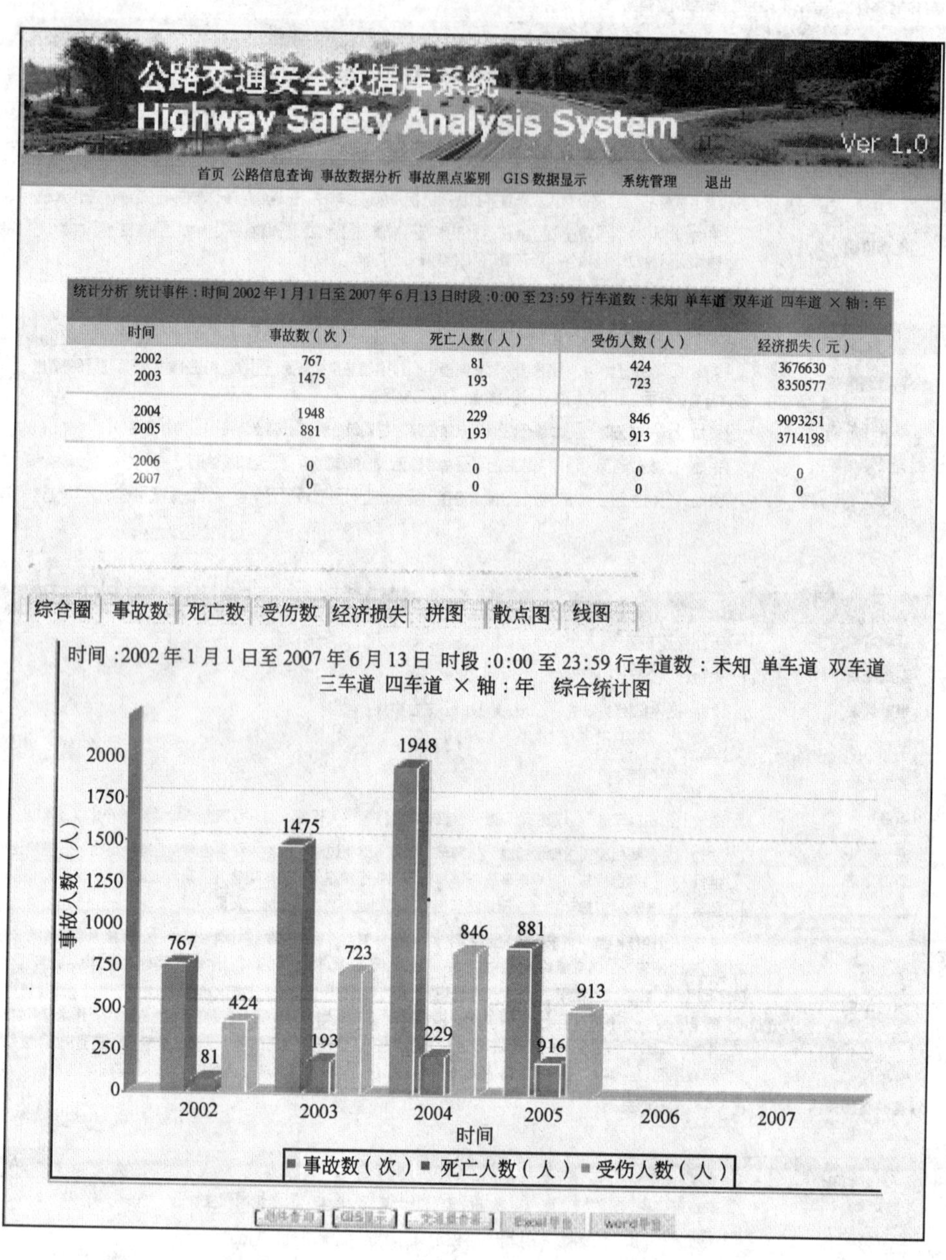

统计分析 统计事件：时间 2002 年 1 月 1 日至 2007 年 6 月 13 日时段：0:00 至 23:59 行车道数：未知 单车道 双车道 四车道 × 轴：年

时间	事故数（次）	死亡人数（人）	受伤人数（人）	经济损失（元）
2002	767	81	424	3676630
2003	1475	193	723	8350577
2004	1948	229	846	9093251
2005	881	193	913	3714198
2006	0	0	0	0
2007	0	0	0	0

图 3-9 时间分析输出结果

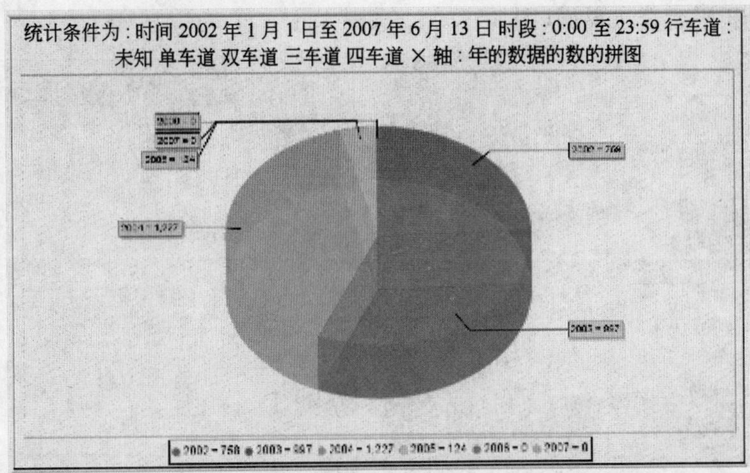

图 3-10　时间分析输出结果饼图示例

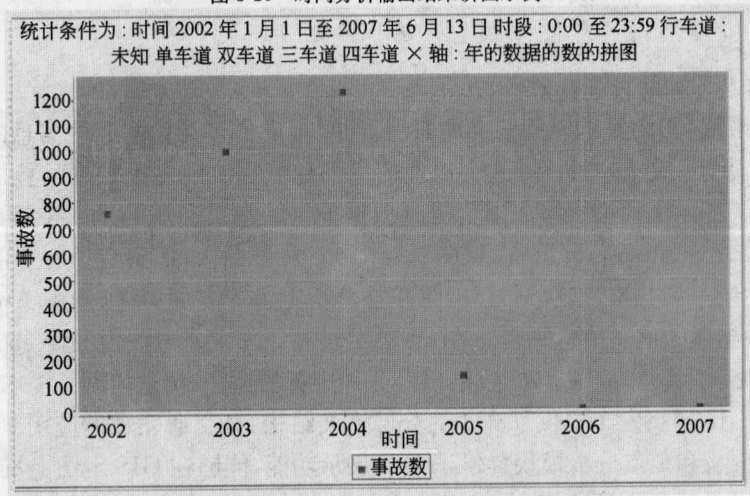

图 3-11　时间分析输出结果散点图示例

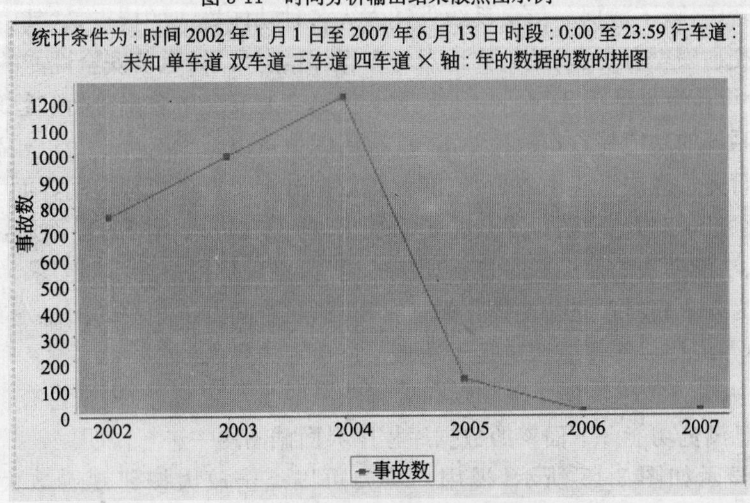

图 3-12　时间分析输出结果线图示例

(4)统计分析平台登录界面(图 3-13)

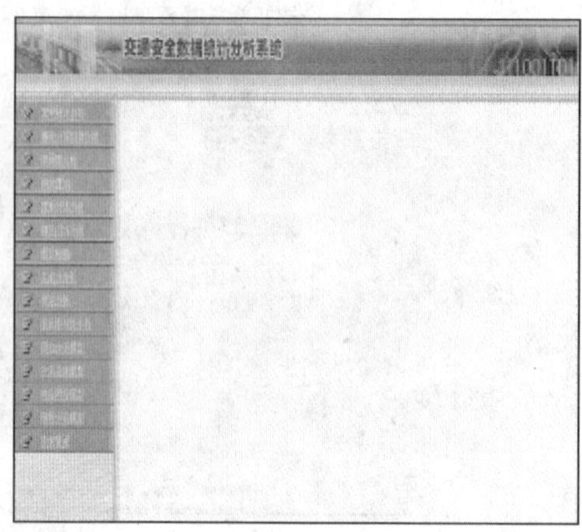

图 3-13 统计平台的主界面

6. 地理信息系统数据平台的研发

地理信息系统(GIS)是以空间信息为索引,同时集成了多元化的属性信息的数据平台,具有形象直观的特点。更重要的是,这个地理信息平台能够实现多重数据的叠加与组合,它的"多对象嵌入式"界面模式也能够大幅度提升数据分析和信息利用的效率。目前,GIS 平台主要有 GeoMedia、ArcInfo、Mapinfo 和 MicroStation 四种产品,考虑到交通行业应用特点,基于容错能力、数据统一和共享、二次开发、网络拓扑分析能力等方面,系统选用 ArcInfo 中的 ArcIMS 作为本数据库的地理信息平台。ArcIMS 是美国 ESRI 公司提供的 WebGIS 平台,提供了一种通过网络获取动态地图、GIS 数据以及各种服务的途径,为适应网络需求以及访问互联网络而建立的 GIS 网页发布提供了高效的分层框架结构,在交通领域的应用十分广泛。该模块为事故数据分析和黑点分析模块提供了 GIS 展示功能,能够在 GIS 地图上准确定位事故发生位置和公路黑点所在位置,形象直观,而且能够联络展示该点处公路的图片和影像信息。

在这个平台中,除了数据与信息系统外还嵌入各种功能模块的接点,这其中包括了任意边界的点、线、面交通安全分析,以及重要地点的多媒体信息展示、道路安全性能的直观图形化表达等,GIS 平台设计流程见图 3-14。由于它对于道路交通安全中数据分析和管理的重要作用,根据地理信息系统的功能特点,在各界面的层次组织上可以给予这个平台以较高的优先级别,例如,"行政及行业管理决策应用界面"、"专业化数据分析及安全管理应用界面",以及"公共数据发布界面"都可以作为地理信息平台的子系统出现,但在进入不同的界面后,地理信息系统应对数据资源、功能模块的使用权等进行相应的定制,以满足用户的不同需求。因此在本数据库系统中将作为一个相对独立和主体化的平台出现,与空间方位相关的信息发布、数据统计成果,以及多媒体数据接口等都应该链接于地理信息系统的界面。

本数据库中,GIS 技术实现了事故点和公路黑点的显示定位、地理信息查询、该点处公路图片和视频信息浏览功能。下面参照数据库程序界面截图逐一进行说明。

事故点的显示如图 3-15 所示,视用户需要可以点击放大按钮观看放大图,如图 3-16 所示。

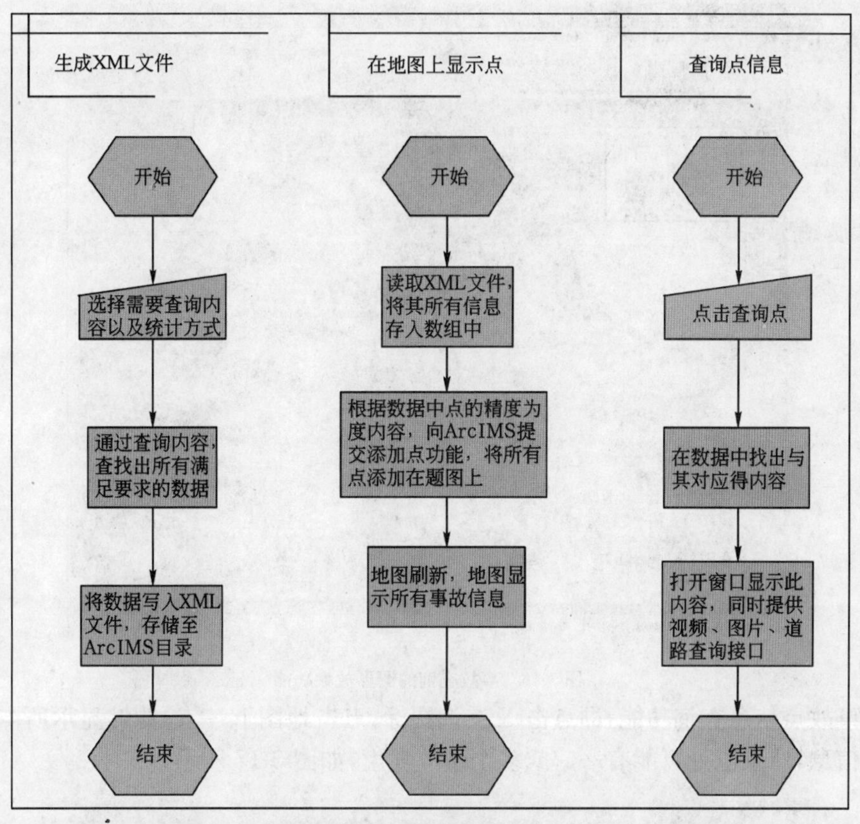

图 3-14　GIS 平台设计流程图

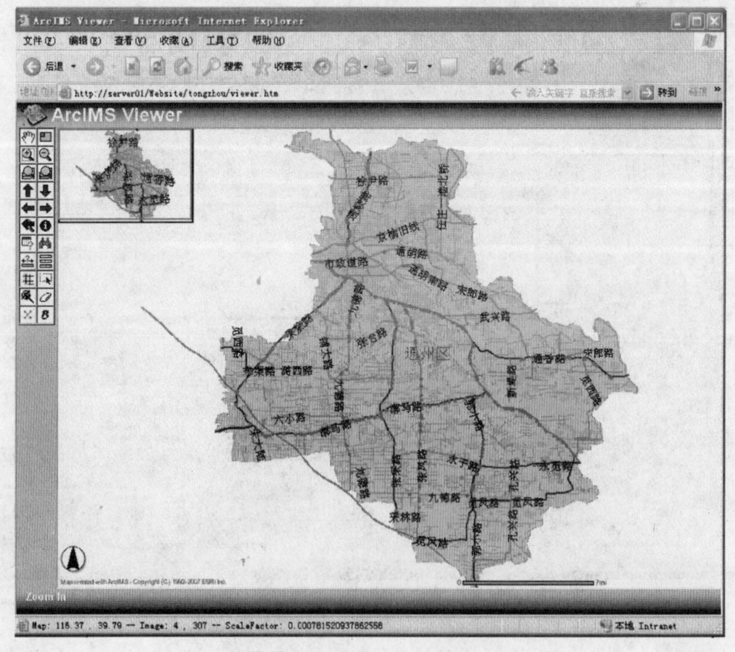

图 3-15　事故在 GIS 界面的显示

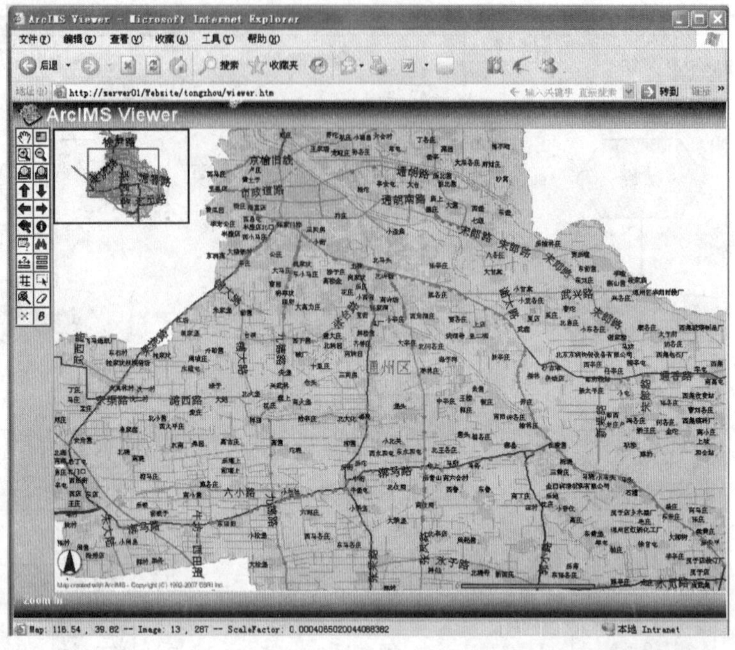

图 3-16 事故查询的图形放大功能

通过事故点信息查询功能，即点击 X 查询图标，点击地图上一点，能够显示所点击点处的事故列表信息，所点击处可能有一起或多个事故发生，如图 3-17 所示。

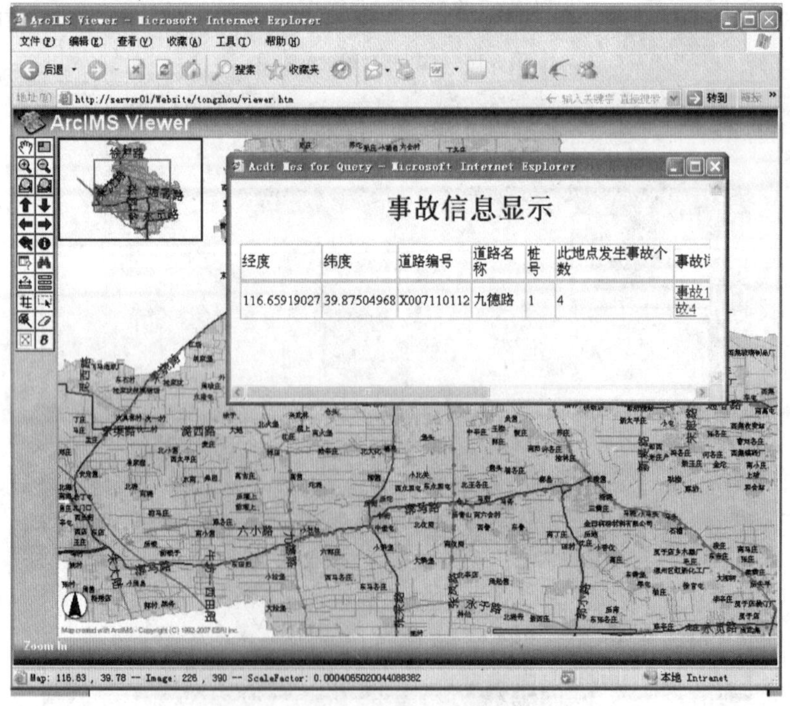

图 3-17 事故基本信息在 GIS 界面的实现

通过事故基本信息,可以查询此点发生的具体事故信息,如图 3-18 所示。

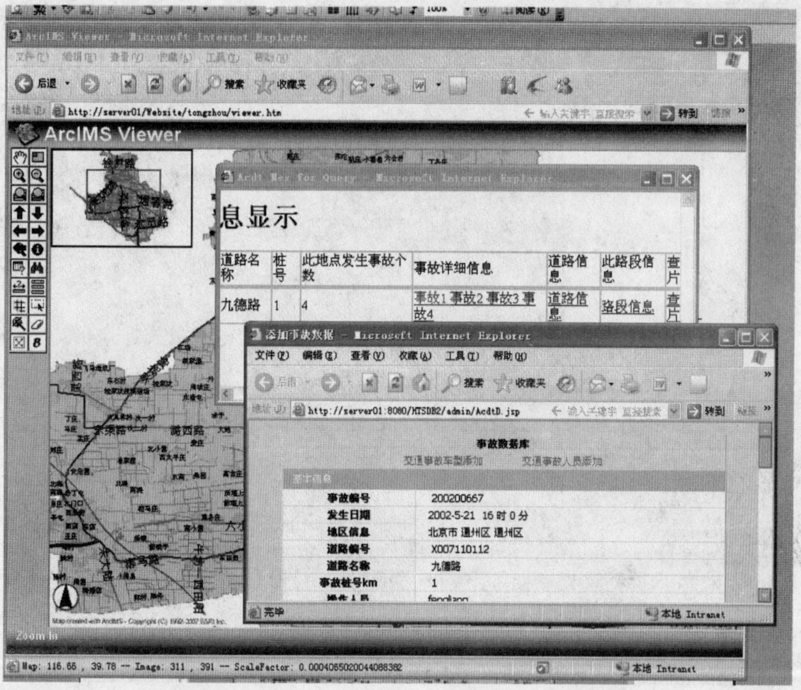

图 3-18 事故具体信息在 GIS 界面的查询

整条道路信息查询见图 3-19。

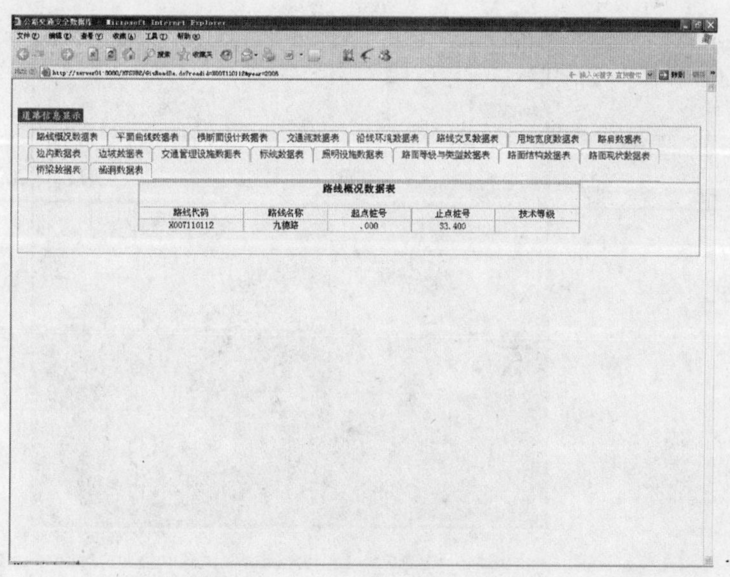

图 3-19 整条道路信息查询

多媒体信息的显示见图 3-20 和图 3-21。

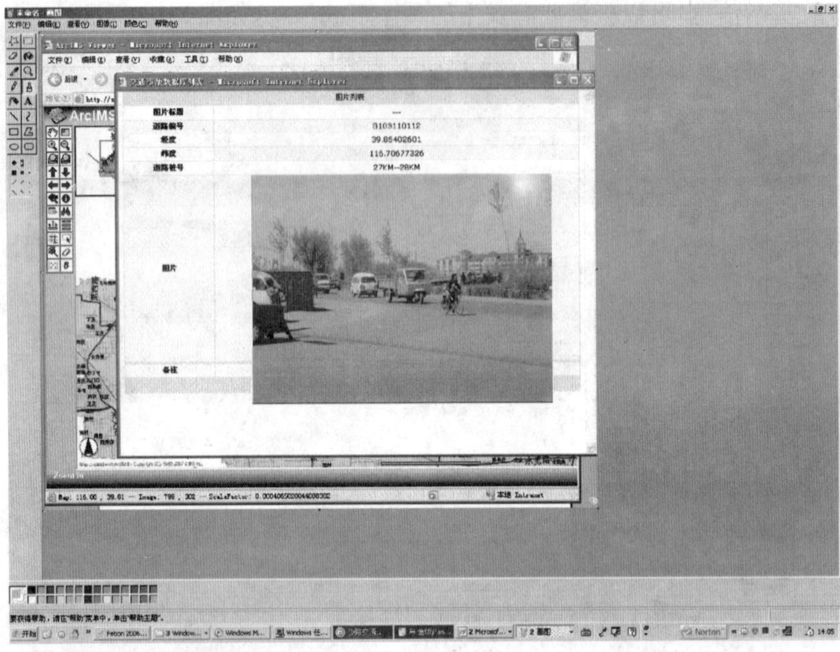

图 3-20 图片信息

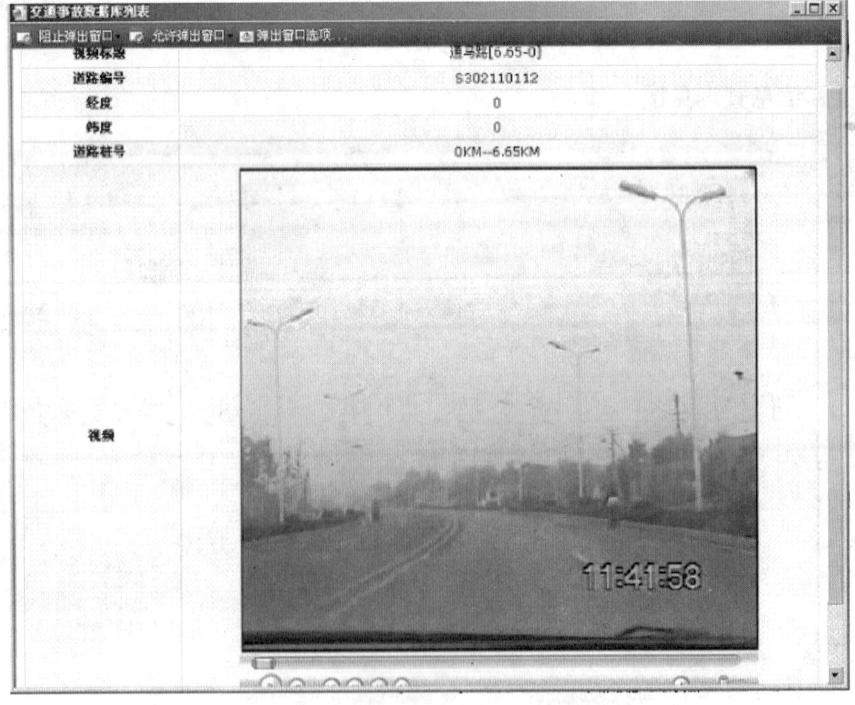

图 3-21 视频信息

7. 公路交通安全统计应用平台设计

(1)总体技术架构

由于交通事故的随机本质，因此统计分析历来是道路交通安全研究中的重要工具。有鉴于此，建立公路交通安全统计应用平台，与前述的“专业化数据分析及安全管理应用界面设计”相对比，统计应用平台是更全面、更深入的统计学分析子系统。它的主要对象是需要在工作中进行深层次统计分析的工程师与科研人员，它的成果更偏重于数据统计本身，而不具有专门的工程决策职能。

本统计应用平台不仅具备基础统计的绝大部分功能，而且根据道路安全特点增加了许多新的算法。在这个统计应用平台中，有些应用工具将根据功能的划分而嵌套在一个特定的功能模块中，并在此平台上留有接口。另外一些与统计分析密切相关的功能模块，如果不是使用该统计软件完成的，也留有应用模块接口，并将分析结果集中到这个平台中，使统计分析的范畴更加全面，成果的系统化应用得以实现。

本系统用到的统计算法主要有描述统计、基本统计分析、相关系数计算、单变量检验(正态性检验、独立样本均值检验、成对总体均值检验)、回归分析(曲线拟合、线性回归、广义线性回归)、方差分析(单因素、非参数)、多元统计分析(主分量分析、因子分析)、灰色理论、神经网络等多种常见的统计算法。

统计平台的总体技术架构如图 3-22 所示。其中在计算引擎包含了 131 个基础代数算法、81 个基础统计算法和 33 个综合统计算法。

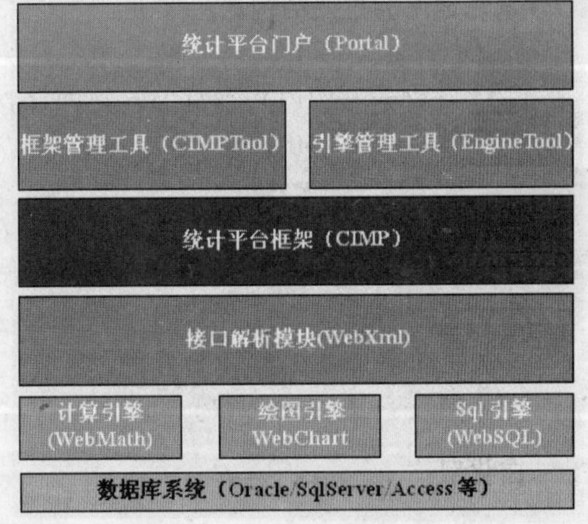

图 3-22　统计平台的总体技术架构

①Sql 引擎(WebSQL)

Sql 引擎实现对输入数据定义格式的解析及 Sql 语句的自动生成功能。

②接口解析模块(WebXml)

接口解析程序实现对输入数据定义格式的解析、程序页面控件的自动生成以及程序控件的自动解析。

③统计平台框架管理程序(CIMP)

统计平台框架管理程序实现平台框架及门户的自动生成。

④引擎管理工具(EngineTool)

⑤框架管理工具(CIMPTool)

框架管理工具完成平台框架定义，可以定义和配置算法功能条，使得用户可以根据自己的需要定义计算方案。该工具支持二级菜单定义，同时支持前台是否显示该方案，并支持根据不同用户级别分级显示功能。

例如，用户可以定义一个计算方案：

一级功能条为：神经网络算法；

二级功能项为：公路行政等级分析；

定义该功能项在前台是否可见。

引擎管理工具可以根据用户要求在线生成统计分析计算方案。该工具可以进行统计参数、统计算法、统计图表形式等设置，同时支持算法的在线预览功能。

统计参数可以支持28个交通参数的选取和设置，分列如下：

时间；方向；天气；事故类型；死亡人数；受伤人数；事故形态；事故原因；直接经济损失；事故地点；路面状况；照明条件；路表情况；运载危险物品种类；交通信号方式；公路行车道数；公路中间隔离；公路功能类型；公路路面类型；公路地区类型；地形；操作人员；事故位置；公路行政等级；公路技术等级；操作时间；路面等级；渠化方式。

统计算法可以支持灰色系统；模糊聚类；神经网络等33种综合统计算法的选取和设置。

统计图表可以支持7种统计图表的选取和设置。

⑥统计平台门户(Portal)

统计平台门户为系统前端展示部分，用户可以通过该门户实现对系统的访问、使用和管理。

(2)基础统计算法

为节省篇幅，此处只列出几种比较复杂的统计算法。

①灰色理论法

灰色理论的主要结构算法如下：

a. 累加生成AGO。

定义：$x^{(0)}=[x^{(0)}(1),x^{(0)}(2),\cdots,x^{(0)}(n)],n\geqslant 2$
$\rightarrow x^{(1)}=[x^{(1)}(1),x^{(1)}(2),\cdots,x^{(1)}(n)]$

条件：$x^{(1)}(k)=\sum\limits_{m=1}^{k}x^{(0)}(m)$

b. 灰色关联分析：用序列建立具有部分微分方程性质的模型：只适合连续可微的对象；属于无穷信息空间。

c. 灰色动态GM(1,1)模型分析。

定义型：$x^{(0)}(k)+az^{(1)}(k)=b$

白化型：$\frac{\mathrm{d}x^{(1)}}{\mathrm{d}t}+ax^{(1)}=b$

白化响应式：$x^{(1)}(k+1)=[x^{(0)}(1)-\frac{b}{a}]e^{-\mathrm{ak}}+\frac{b}{a}$

②模糊综合评价模型

模糊模型的步骤如下：随机数的产生；随机模拟；模糊集合理论；模糊模拟。

③人工神经网络模型

a. 系统精度：定义系统目标精度，根据需要定义网络训练误差精度，误差公式是对训练出网络的输出层节点和实际的网络输出结果求平方差的和。

b. 最大训练次数：默认为10 000次，根据需要调整，如果到达最大训练次数网络还未能达到目标精度，程序退出。

c. 步长：默认为0.01，由于采用变步长算法，一般不需人工设置。

d. 输入层数目：人工神经网络的输入层神经元的节点数目。

e. 隐含层数目：人工神经网络的隐含层神经元的节点数目。

f. 输出层数目：人工神经网络的输出层神经元的节点数目。

g. 训练算法：建议选取 Levenberg-Marquardt 算法，该算法经过测试比较稳定。

h. 激活函数：不同的网络激活函数表现的性能不同，可根据实际情况选择。

i. 样本数据的处理：由于程序没有实现归一化功能，因此用来训练的样本数据首先要归一化后才能进行训练。

(3)主要统计分析设计

①交通事故数据分布规律分析

系统计算生成不同时段、道路属性、驾驶人因素、车辆因素条件下：不同【严重程度的事故次数】、不同【事故形态事故次数】、【总事故次数】的【样本数】、【均值】、【标准差】、【最大值】、【最小值】等，并绘制生成散点图、直方图等统计图形，生成统计报告。

事故统计的时间频度为：日、月、年；昼(4：00～20：00)、夜(20：00～4：00)；高峰时刻(7：00～9：00；16：00～18：00)。

②交通事故数据单因素描述性分析

系统计算生成不同时段、道路属性、驾驶人因素、车辆因素条件下，【驾驶人年龄段】对【事故】的显著性影响，生成统计报告。

系统计算生成不同时段、道路属性、驾驶人因素、车辆因素条件下，【驾驶人性别】对【事故】的显著性影响，生成统计报告。

系统计算生成不同时段、道路属性、驾驶人因素、车辆因素条件下，【车型】对【事故】的显著性影响，生成统计报告。

系统计算生成不同时段、道路属性、驾驶人因素、车辆因素条件下，【公路行政等级】对【事故】的显著性影响，生成统计报告。

系统计算生成不同时段、道路属性、驾驶人因素、车辆因素条件下，【公路半径】对【事故】的显著性影响，生成统计报告。

系统计算生成不同时段、道路属性、驾驶人因素、车辆因素条件下，【公路半径】对【事故】的显著性影响，生成统计报告。

事故统计的时间频度为：日、月、年；昼(4：00～20：00)、夜(20：00～4：00)；高峰时刻(7：00～9：00；16：00～18：00)。

③前后对比分析、横向对比分析

针对不同时间，对【事故总数】进行主成分分析，分析不同时期的影响交通事故的主成分。生成统计报告。

针对不同地域，对【事故总数】进行主成分分析，分析不同地区的影响交通事故的主成分。生成统计报告。

事故统计的时间频度为：日、月、年；昼(4：00～20：00)、夜(20：00～4：00)；高峰时刻(7：00～9：00；16：00～18：00)。

基本图形模式为：线图、饼图、柱图和数据表格。数据图包括：

a. 实测值图及数据表；

b. 均值图及数据表；

c. 方差图及数据表；

d. 同期对比图及数据表；

e. 时间序列图及数据表；

f. 多值同期对比图及数据表；

g. 多值时间序列图及数据表；

h. 历年交通安全事故与路型关系图及数据表；

i. 历年交通安全事故与交通量关系图及数据表；

j. 历年交通安全事故与天气关系图及数据表；

k. 历年交通事故伤亡人数与路型关系图及数据表；

l. 历年交通事故伤亡人数与交通量关系图及数据表；

m. 历年交通事故伤亡人数与天气关系图及数据表；

n. 历年交通安全事故与路型年度、季度对比图及数据表；

o. 交通安全事故与交通量年度、季度对比图及数据表；

p. 交通安全事故与天气关系年度、季度对比图及数据表；

q. 交通事故伤亡人数与路型年度、季度对比图及数据表；

r. 交通事故伤亡人数与交通量年度、季度对比图及数据表；

s. 交通事故伤亡人数与天气年度、季度对比图及数据表。

④参数、非参数假设检验及因子分析

系统对【事故总数】、【事故严重程度】、【事故形态】的均值和方差进行参数，并做显著性分析。

系统对【事故总数】、【事故严重程度】、【事故形态】的均值和方差进行非参数检验，并做显著性分析。

系统对【事故总数】进行因子分析，确定两个主因子【事故严重程度】和【事故形态】。

事故统计的时间频度为：日、月、年；昼（4：00～20：00）、夜（20：00～4：00）；高峰时刻（7：00～9：00；16：00～18：00）。

⑤聚类分析

对【事故严重程度】（轻微、一般、重大、特大）与【道路情况】（等级、路半径、坡度）进行聚类分析，绘制聚类统计图，生成统计报告。

事故统计的时间频度为：日、月、年；昼（4：00～20：00）、夜（20：00～4：00）；高峰时刻（7：00～9：00；16：00～18：00）。

⑥多因素相关分析

系统计算生成【事故次数】与【车辆因素】的相关系数，并绘制生成数据散点图、柱图、饼图等统计图形。做显著性检验，生成统计报告。

系统计算生成【事故次数】与【驾驶人因素】的相关系数，并绘制生成数据散点图、柱图、饼图等统计图形。做显著性检验，生成统计报告。

系统计算生成【事故次数】与【道路主因素】、【车辆主因素】、【驾驶人主因素】的相关系数，并绘制生成数据散点图、柱图、线图等统计图形。做显著性检验与拟合性检验，生成统计报告。

事故统计的时间频度为：日、月、年；昼（4：00～20：00）、夜（20：00～4：00）；高峰时刻（7：00～9：00；16：00～18：00）。

⑦线性、非线性回归分析

系统实现【事故次数】与【道路属性】的线性与非线性拟合，做显著性检验与拟合性检验，并生成统计图，生成统计报告。

系统实现【事故次数】与【驾驶员因素】的线性与非线性拟合，做显著性检验与拟合性检验，并生成统计图，生成统计报告。

系统实现【事故次数】与【车辆因素】的线性与非线性拟合，做显著性检验与拟合性检验，并生成统计图，生成统计报告。

系统实现【事故次数】与（【道路属性】、【驾驶员因素】、【车辆因素】）的线性与非线性拟合，做显著性检验与拟合性检验，并生成统计图，生成统计报告。

事故统计的时间频度为：日、月、年；昼（4：00～20：00）、夜（20：00～4：00）；高峰时刻（7：00～9：00；16：00～18：00）。

⑧灰色系统分析

系统通过灰色系统分析 GM(1,1)模型，实现【事故次数】与【驾驶员因素】的关联度分析。

事故统计的时间频度为：日、月、年；昼（4：00～20：00）、夜（20：00～4：00）；高峰时刻（7：00～9：00；16：00～18：00）。

⑨神经网络分析

系统综合神经网络算法，实现各种【车辆因素】对【事故次数】的影响程度分析。

事故统计的时间频度为：日、月、年；昼（4：00～20：00）、夜（20：00～4：00）；高峰时刻（7：00～9：00；16：00～18：00）。

统计应用平台具体技术内容可参见“公路交通安全数据库技术研究报告分报告之二：**数据库专业统计应用平台的研发**”。

8. 事故黑点鉴别模块的研发

功能模块是实现数据分析、安全诊断、决策支持等某一项特定职能的程序，它们的源代码经过编译后，将运行程序嵌入特定的界面中，因此它的具体运行过程相对于用户而言是“后台”式的，但它的功能却是整个数据分析的内核。通过对国内外现有以及在研的项目进行调查和追踪后可知，辅助进行公路安全数据处理与分析的模块较多，分别从不同的角度解决工程设计与管理中的数据分析任务。

为了优化研究内容，突出研究重点，特将数据库功能模块的开发集中于具有基础性和核心功能的有限范围内（其他功能模块将在数据库投入使用后在后续开发的环节中逐步实现），其中事故黑点鉴别模块是其重要的组成部分。该模块集成了常用的事故数法、事故率法、临界事故率、等效物损事故指数法、相对严重度法、组合标准法以及自行开发的基于有序聚类分析和经验贝叶斯的事故黑点鉴别算法。模块的输入/输出接口适于嵌入在数据库主程序界面中，其显示结果见图 3-23 和图 3-24。

公路交通安全数据库系统
Highway Traffic Safety Database System

首页　公路数据　数据分析　黑点鉴别　GIS数据展示　系统管理　退出

黑点分析 — 事故数法

基础统计信息

时间范围	起始：2002 年 1 月 1 日　终止：2007 年 6 月 7 日
地区信息	-请选择省-　-请选择市-　-请选择县-
道路编号	选择
分段大小	1000 M
参考信息	2

分 析

图 3-23　事故黑点鉴别模块界面

公路等级	技术等级	公路编号	符号范围		路段详情	事故数	经济损失	死亡人数	受伤人数
(S)省道	未知	对比参照点倍数2.0				1.3次	0	1	2
(S)省道	未知	S2D2110112 张采路	2KM	3KM	查看道路信息	2次	0	1	2
(S)省道	未知	S2D2110112 张采路	8KM	9KM	查看道路信息	2次	0	1	1
(S)省道	未知	S2D2110112 张采路	13KM	14KM	查看道路信息	2次	0	0	1
(S)省道	未知	S2D2110112 张采路	16KM	17KM	查看道路信息	2次	0	1	1
(S)省道	未知	S2D2110112 张采路	9KM	10KM	查看道路信息	2次	0	0	3

图 3-24　事故黑点鉴别模块结果输出

事故黑点鉴别具体技术内容可参见“公路交通安全数据库技术研究报告分报告之三：**数据库事故黑点鉴别功能模块的研发**”。

9. *多媒体信息演示及应用模块的研发*

本数据库系统中，存在着大量的图形、视频、数字地图的操作，需要较为复杂的多媒体数据处理，因此需要开发相应的多媒体程序，完成信息输入、数据的转换、计算、成果输出等功能。该模块作为“后台工作程序”隐含在相应的多媒体数据处理环节中，多媒体信息演示功能主要表现在 GIS 系统下的图片和视频的集成。

为了更好地做好事故黑点鉴别的工作，同时尽可能多地提供黑点周边环境信息，借助 Director 多媒体制作技术，采用三维立体形式对事故黑点具体环境进行了仿真。

二、关键技术及创新点

新建立的公路交通安全数据库综合了国内外相关成果的基础上，完成了多项关键技术突破和创新，主要包括：

(1)在我国首次建立了统一的中国公路交通安全数据体系与标准，定义了数据项、数据标准格式、数据属性及逻辑关联，并研究制订了上游数据采集规程，联通了公安部和交通运输部两大部门的数据集成与运用渠道，突破了数据孤立的旧格局，并增补了必要的数据源，规范了公路安全综合治理的数据体系。

(2)在我国首次构建了集交通事故数据、公路属性数据、交通流数据为一体的开放式的公路交通安全数据库系统，这一数据库系统奠定了公路交通安全分析及决策的数据基础，超越了原有的孤立、经验型的交通安全分析模式，为系统的、可拓展的公路安全分析提供数据支撑，并具备可更新功能，满足数据分析的可拓展性的需求。

(3)首次创建全方位、多用户、分布式的公路交通安全数据分析系统，为跨行业的公路管理者、使用者、工程设计人员、公众提供在线的交通安全数据的分布、统计、趋势分析，并实现查询、演示、报表等多种功能。

(4)创建多对象、多介质的公路交通安全地理信息数据平台，为用户提供直接的信息链接和组合，把公路安全的视角拓展到路网的层面，使公路安全分析决策更系统、更直观，使公路事故多发点定位更精确。

(5)创建了多层次公路安全统计分析的平台，实现了基于算法引擎、图表引擎、数据获取引擎的交通安全统计分析基本框架，基于 xml 文件定义了总体技术接口，构筑了完整的门户框架，全面集成了基础统计算法技术、科学数据可视化技术、通用数据获取技术和门户技术，形成了一套完整的交通安全通用统计分析系统，并提供开放的集成接口和友好的编程接口。统计分析平台为研究人员创建了专业化的分析平台，也为公路管理者和设计人员提供信息参考平台。

(6)创建了基于有序聚类分析和经验贝叶斯的事故黑点鉴别模型，研发相关模块并嵌入数据库和 GIS 平台，使安全分析的路段划分更加科学合理，黑点鉴别过程融合了地点信息和理论预测值，使黑点鉴别更有说服力。

(7)在数据系统中研发了服务于公路交通安全分析的多媒体信息处理及演示模块，首次将环景媒体引入安全诊断，利用虚拟现实技术，为安全治理提供形象立体的信息。

第三节　数据库应用情况

本数据库研究与开发以交通部公路安保工程为依托，进行必要的资料收集、数据调查、现场勘察和研究成果的试运行与推广。作为西部项目，道路安全数据库应用的着眼点首先确定在西部地区，为此项目组选择贵州省作为一个示范区。

随着项目研究的深入，在西部省份调研中，发现西部省份道路数据和事故数据的数字化尚需进一步完善，而京津地区数据标准化程度相对较高，道路、交通和事故数据能够较好地匹配。为此，将另一个示范区确定为北京通州区，进行道路安全数据事故的示范应用。

为了使数据库的应用成果更具有说服力，选取重庆、广西、甘肃等西部省份进行个案研究，扩大了工程与科研结合的广度和深度，使项目成果更具有应用性。

一、北京示范区

经过数据的分析整理，北京通州示范区路网涉及到 22 条道路，其中公路 14 条(1 条国道、8 条市道、5 条县道)，城市道路 8 条。在共计 2 025 起的事故中，发生在公路上的事故 1 626 起，城市道路事故 398 起，通过现场踏勘和参照电子地图，目前公路上已确定里程桩号的 1 403 起。从中选择有代表性并且事故、道路信息匹配较好的国道、省道和县道共计 12 条，分别为：G103 京塘旧路、S301 通香公路、S304 觅永公路、S223 漷小公路、S303 漷马公路、S302 通马公路、S202 张采公路、S201 通顺公路、X005 张凤公路、X007 九德公路和 X003-4 通胡公路，另外增加京津塘高速公路通州段构成北京示范区路网结构(图 3-25 为通州示范区路网图)。基于此路网基础上，通过两数据源的数据支持，在主界面和 GIS 界面实现事故和道路信息查询检索、统计分析的功能，同时通过黑点鉴别模块查找道路黑点，并利用虚拟现实技术对具有普遍性的黑点进行了环境摄影，为安全治理提供形象的立体信息。

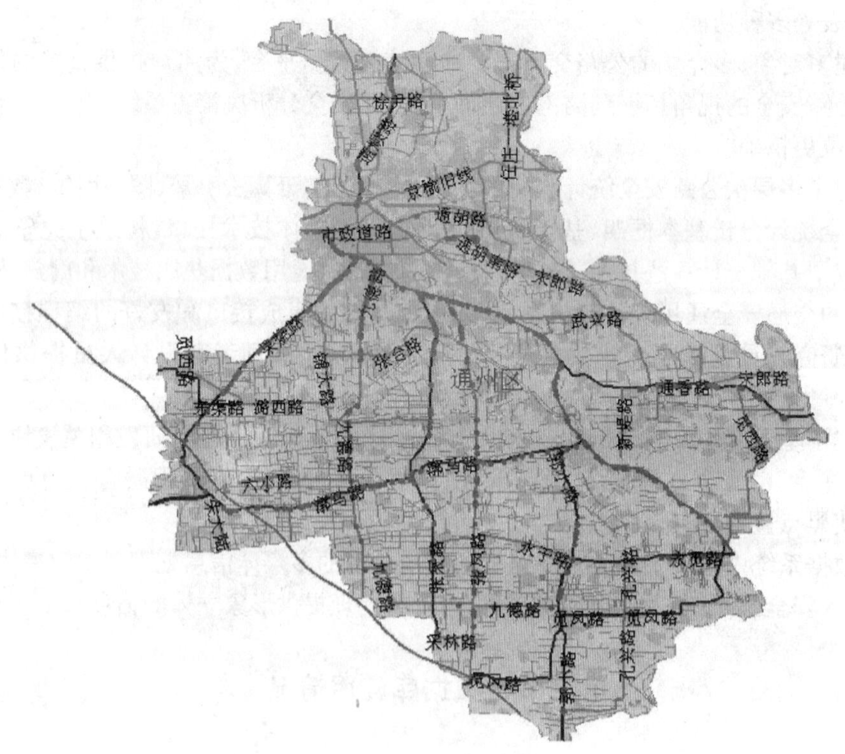

图 3-25　北京通州区安全数据库路网图

北京示范区数据库应用具体技术内容可参见“公路交通安全数据库技术研究报告分报告之四：**公路交通安全数据库示范工程及实例分析**”。

二、贵州示范区

根据前期的工作基础，选取贵州作为西部地区的示范区。在项目资金约束范围内，积极考虑增加其他具有典型性和代表性的其他西部示范地区。根据贵州的情况，选取了贵新一级公路、贵黄高速公路、玉铜公路作为示范区重点公路进行研究（图 3-26）。其中贵新公路获得 335 条事故数据，贵黄公路获得 1 560 条事故数据，玉铜公路获得事故数据 137 条。

图 3-26　贵新公路线路走向图

贵州示范区数据库应用具体技术内容可参见“公路交通安全数据库技术研究报告分报告之四：**公路交通安全数据库示范工程及实例分析**”。

三、推广应用前景

已构建完成公路交通安全数据库可有助于提高公路交通安全数据分析的精度和科学性，提升公路交通安全决策中的科技水平，它的直接效益能够大幅度改进公路安全保障与改造工程、公路交通安全管理工作的质量与效率。当得到切实推广和应用后，经过一个较长时期的积淀和系统完善的过程，它能够在提高公路交通性能方面发挥积极的作用。

本数据库将在交通部公路行业管理部门、公路安全工程的规划、设计、施工、运营管理部门进行推广应用，并为公众提供公共信息平台。同时预期将在公安交通管理部门推广使用，实现跨行业的应用价值。由于本数据库系统的前沿性与丰富的科技含量，除行业部门之外，许多高等院校、科研机构以及从事公路安全工程的咨询公司等均会对这个数据库产生实际的需求，能够产生较好的经济效益。

四、结语

公路交通安全数据库在研究和构建中，根据我国道路安全现状，以建立道路安全数据体系为研究对象，完善了道路交通安全原始数据的采集方法，并与现代技术紧密结合，实现道路交通安全领域中多元数据的合成，建立科学而高效的数据管理、统计及分析程序，并且能通过示范工程行之有效地推广本课题的成果。

在数据库研发过程中发现,存在问题主要在于数据获取方面。我国道路安全数据应用中的诸多问题涉及到信息管理、开发、利用的各个环节,如我国的公安部门统一的交通事故收集格式,相对于公路安全工程而言它的道路信息量太少,有些数据项的内涵界定较为模糊,事故数据与道路、交通数据没有实现衔接。这些缺陷集中体现在:数据分散,整合共享不够;缺乏跨行业的数据接口和通用数据平台;数据质量和可靠性不高;采集口径不统一;信息丰度差别较大;数据存储介质和格式多样;相关标准、规范不健全;运行机制和保障体系不完善等。在初步构建道路安全数据库的基础上,如何将数据事故标准体系推广应用,使得道路、事故、交通三方面数据采集实现标准化和共享化,还是一项任重道远的工作。

长期积累、持续维护和实时更新是对道路安全数据库的一项基本要求。数据库功能的发挥,既取决于开发环节的工作,更受到运营周期中各种因素的干扰。如果不能长期、高效地在各个领域中制度性地使用本数据库,那么相应科研成果将难以转化为生产力。数据库的更新直接影响其未来功能的持续性,而更新与维护中的渠道问题也是不容忽视的。但随着应用的深入,数据量的增加和用户的增多,系统的稳定性、可操作性等一系列问题还有待解决。为此,精心设计、精心维护、不断完善是未来工作的重点。下一步主要完成两项工作:一是填充源数据,扩大示范区域,增加用户群;二是明确维护单位责任,实现数据实时更新,并满足用户提出的需求。

参考文献

[1] National Highway Traffic Safety Administration, Federal Highway Adminstration, Model Minimum Uniform Crash Criteria, U. S. Department of Transportation, August 1998.

[2] http://www. hsisinfo. org.

[3] Jeffrey F. Paniati and Forrest. M, Council, The Highway Safety Information System: Transforming Data Into Knowledge, Public Roads, Winter 1997.

[4] Charles. V. Zegeer, Herman F. Huang. J. Richard Stewart, and Carolyn Williams, Investigation of National Highway System Roadways in the Highway Safety Information System States, TRR 1635.

[5] Pang. Y. C. and Liu X. M. , Asia and Pacific Region Road Safety and the Second Conference on Asian Road Safety, The Proceedings of 2nd African Road Safety Congress, Pretoria, South Africa, 1997.

[6] Sun Xiaoduan, Identifying Highway Safety Patterns and Trends with a Crash Data Analysis Program, Submitted to 84th TRB Annual Meeting.

[7] Zhou Wei, Sun Xiaoduan, Grey Relationship Analysis on Causes of Road Traffic Accidents, Journal of International Association of Traffic and Safety Sciences, Vol. 23, No. 1.

[8] Yusuf. M. Mohamedshah, Investigation of Passing Accidents Using the HSIS Data Base, Public Roads, Vol. 56, No. 2.

[9] Ken. Lupton, Accident Data Base: Design Concepts, Highways & Transportations, October, 1997.

[10] Martin A. Wallen, What Makes a Good Safety Management System? ITE Journal, January 1993.

[11] Forrest M. Council and Jeffrey F. Paniati, the Highway Safety Information System, Public Roads, December 1990.

[12] Janet A. Coleman and Garrett Morford, Speed Management Program in FHWA and NHTSA, ITE Journal July 1998.

[13] Jeffrey F. Paniati and Forrest M. Council, The Highway Safety Information System: Applications and Future Directions, Public Roads, Vol. 54, No. 4.

[14] Jeffrey F. Paniati and Forrest M. Council, The Highway Safety Information System: Transforming Data Into Knowledge, Public Roads, Winter 1997.

[15] Transportation Research Board, Operation Effects of Geometrics, Transportation Research Record No. 1847, 2003.

[16] Transportation Research Board, Integrated Safety Management Process, NCHRP Report 501, 2003.

[17] Transportation Research Board, Design Speed, Operating Speed, and Posted Speed Practices, NCHRP Report 504, 2003.

[18] Transportation Research Board, Guidance for Implementation of the AASHTO Strategic Highway Safety Plan, NCHRP Report 500, 2004.

[19] Transportation Research Board, Remote Sensing for Transportation, Conference Proceedings 29, December 2001.

[20] Transportation Research Board, Managing Speed, Speccial Report 254, 2004.

[21] Jon D. Fricker, Robert K. Whitford, Fundaments of Transportation Engineering, Pearson Education Inc., 2004.

[22] http://www.transtats.bts.gov.

[23] http://www.mmucc.us.

[24] http://www.bts.gov.

[25] http://www.rdgis.com.cn/.

[26] http://www.tmri-china.com/aboutus.html.

[27] S. M. Al-Alawi, G. A. Ali and C. S. Bakheit, A Novel Approach.

[28] for Traffic Accident Analysis and Prediction Using Artificial Neural Networks, Road & Transport Research, Vol. 5, No. 2.

[29] 孙小端,张高强,陈永胜.公路交通安全数据库技术研究报告.北京工业大学,交通部公路科学研究院.2007.

[30] 刘小明,朱弘戈.高速公路交通安全管理分析系统研究.中国交通工程,1998.

[31] 郭忠印,方守恩,等.道路交通安全.北京:人民交通出版社,2003.

[32] 刘志强,葛如海,龚标.道路交通安全工程.北京:化学工业出版社,2005.

[33] 裴玉龙,王炜.道路交通事故成因及预防对策.北京:科学出版社,2004.

[34] 柴旭东,刘小明.道路交通安全管理信息系统(GAGIS)研究.第二届亚洲安全会议论文集.

[35] 吴焱,惠军,赵直,荆耀栋.地理信息系统(GIS) 组成原理其发展的趋势.新疆师范大学学报, Vol. 24,No. 3,2005 .

[36] 陈君,严宝杰.基于组件式 GIS 的道路交通安全管理集成系统,交通运输工程与信息学报,第 3 卷第 3 期,2005.

[37] 中华人民共和国交通行业标准.公路数据库编目编码规则.北京:人民交通出版社,2003.

[38] 中华人民共和国交通部.公路数据库数据采集手册.北京:人民交通出版社,2003.

[39] 任福田,等,论道路交通安全,北京:人民交通出版社,2001.

[40] 徐秋实,孙小端,任福田,陈永胜.地理信息系统(GIS)技术在道路交通安全领域的应用.第一届中国智能交通年会论文集:2005.

第四章　交通安全评价技术

第一节　概　　述

一、道路交通安全评价的定义

道路交通系统是由人、车、路、环境构成的动态系统。每一个要素自成子系统，这些子系统既独立作用又相互制约，它们本身的可靠性程度和它们之间的相互作用决定了这个复杂系统的运行状况和交通安全水平。道路交通安全与每一个要素都有着密切的关系。道路交通安全评价就是对“人、车、路”系统中的安全性、可靠性进行系统的分析、评价并提出保证措施建议。

道路交通安全评价是运用安全系统工程的原理和方法，对拟建或已有道路可能存在的危险性及可能产生的后果进行综合评价和预测，并根据可能导致的事故风险的大小，提出相应的安全对策措施，以达到“人、车、路”系统安全的目的。安全评价贯穿于道路的设计、建设、运行和退役整个生命周期的各个阶段。

道路交通安全评价的定义有以下几个重点：第一，道路交通安全评价是为了找出道路（拟建或运营）存在的危险及可能产生的后果；第二，道路交通安全评价不仅要找出存在的危险及可能产生的后果，还要在此基础上提出相应的安全对策建议；第三，道路交通安全评价要应用系统工程的原理和方法；第四，安全评价应贯穿于道路的各个阶段，包括规划、设计、施工、运营等。

二、道路交通安全评价的目的意义

交通事故一旦发生，将造成巨大的经济损失，给家庭带来灾难性的打击，给受害者及其家庭造成极大的痛苦和不幸，危及社会生活各个层面，使医疗、保险、管理和事故处理等部门背负沉重的负担和压力，整个社会机制的正常运转受到严重制约，极大地影响国家和地方的社会经济发展。

道路交通安全评价方法，可达到预防交通事故发生、降低交通事故的严重度和经济损失的目的。

道路交通安全评价的意义具体体现在以下方面：

(1)从国家、区域层面上宏观分析道路交通安全与人口、机动化水平、路网、经济等因素的关系，依此制订宏观的技术和政策方面的道路交通安全改进对策，可以持续地、有针对性地降低国家、区域的道路交通安全事故。

(2)规划、设计阶段通过进行安全评价，预先找出方案的不安全因素，修改设计，提高道路的安全水平，减少事故和降低事故严重度，减少道路建成后再耗费较大的工程改造投入去消除事故多发段。

(3)运营阶段通过安全评价，找出危险路段，进行安全治理，提高道路的安全水平，减少事故率，降低事故严重度。

(4)通过各阶段的道路交通安全评价的实施，以较少的投入获得整个道路全寿命周期的安全效益最大化。

(5)通过实施道路交通安全评价，使各方更关注规划、设计阶段的安全设计，促进了道路交通安全方面的技术、标准规范的进步。

(6)因为道路安全，减少了因为道路交通事故引发的低速、拥堵等，提高了道路的通行效率。

(7)道路向着“宽容、人性化”方向发展。

三、道路交通安全评价分类

道路交通安全问题既是一个技术问题也是社会问题，不仅涉及到交通基础设施、车辆安全等技术因素，还与机动化水平、人口及其构成、教育水平等社会因素有关。因此，根据道路交通安全评价的定义，可以分为宏观评价和微观评价两个方面。

1. 宏观评价

宏观的道路交通安全评价是以实现区域的道路交通安全为目的，应用安全系统工程的原理和方法，对区域道路交通系统存在的危险、有害因素进行识别与分析，判断其发生事故的可能性及其严重程度，提出安全对策建议，从而为制订防范措施和管理决策提供科学依据。宏观评价主要目的是分析随着区域的社会变革、经济和技术的发展，道路安全状况的变化，研究区域经济、车辆保有量、人口及其构成与道路安全的相互关系，并在此基础上制订宏观的技术和政策方面的道路安全性改善对策。不少国家将宏观层面上的道路安全问题列入国民健康范畴进行研究。

宏观评价的典型是国家、区域的道路交通安全战略。通过分析国家或区域的道路交通安全的发展、主要事故类别(道路、出行方式、年龄等)等，有针对性地制订国家、区域的道路交通安全战略或道路交通安全计划。在国家、区域的道路交通安全战略实施的过程中，需要周期性地检查战略实施情况、战略实施效果即对国家或区域的道路交通安全性的影响，在此基础上调整安全对策和政策，即道路交通安全战略。这也是宏观评价的内容和过程。

2. 微观评价

微观评价一般是路或区域路网层面上分析道路交通安全与道路特征、交通特征、交通参与者能力和素质、车辆性能、环境等因素的关系，依此制订道路基础设施改进、交通安全管理改进等安全对策。

微观安全评价方法一般分为定性方法和定量方法。定性方法主要是规范符合性检查、道路安全审核的方法；定量方法主要是基于数学、统计的方法寻求交通安全与其影响因素定量关系。定量的安全评价方法可以选择以下媒介：事故、速度(加减速度)、冲突、驾驶负荷等。这些媒介也反映了从“人、车、路”系统出发进行公路安全性评价的思想。

从国内外的关于公路交通安全性评价的研究和应用看，安全审核(Road Safety Audit)是比较成熟、有效的安全性评价方法，基本上依据评价小组成员的经验，现有各国的指南也基本上限于清单和案例，属于定性评价。

基于事故(绝对或相对)的安全评价方法是最直接、最根本的评价方法，在大量采集公路、交通特征与事故数据后，理想的情况是通过统计等数学方法，将安全审核小组成员的经验抽象为各种条件与事故的关系，从而将安全评价定量化。

由于我国事故数据存在的问题、在建及运营公路的公路和交通数据的电子化的不足，依据速度、加速度等媒介来间接评价公路安全性也是一种较好的安全性评价方法。我国有些研究建立了高速公路、双车道公路运行速度预测模型，不足的是速度差和安全性的关系尚缺乏研究，目前是直接套用国外的研究结论。

在进行前后对比分析时，由于事故的随机性和偶然性，需要较长时间的数据才可以分析前后安全性变化，此外，冲突的观测、对比也是较好的媒介和方法。只是，目前冲突技术中关于冲突分类尤其是严重冲突的定义和判别尚未获得公认和标准化应用，也影响了其在国内的应用推广。即便如此，在我国事故数据现状下，冲突技术仍是需要继续研究并予以标准化来进行具体地点的安全评价的有效方法。

和速度媒介类似，驾驶负荷也是进行安全评价的媒介。驾驶过程中，机动车驾驶人操纵车辆适应道路、环境条件，由于人的生理、心理条件限制，驾驶负荷超过驾驶人能够承担的程度，或者驾驶负荷突变超过驾驶人反应能力或估计，就会出现驾驶操纵失误。其中一些驾驶操纵失误可能导致交通事故。国外开始相关的研究，还未形成相关成果。

道路交通安全性微观评价媒介和方法归纳见图 4-1。

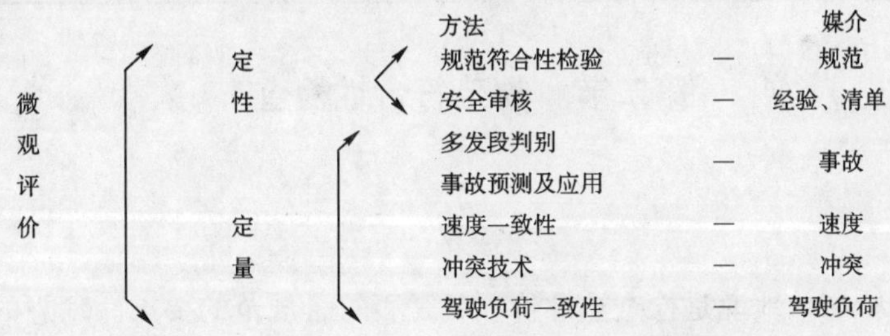

图 4-1　道路交通安全性微观评价方法和媒介

四、微观评价方法适用的工作阶段

对于公路安全评价的各个方法，适用于不同的工作阶段。规范符合性检验和安全检查清单的检查，可用于可行性研究、初步设计、施工图设计、预开通和运营各个阶段的安全性评价。事故相对多发段判别用于运营阶段的安全性评价，要求有稳定的交通事故记录；速度一致性分析和事故预测可应用于初步设计、施工图设计、预开通和运营各个阶段的安全性评价；冲突技术用于运营阶段，并且主要针对平面交叉。

按建设过程，不同工作阶段可选用的方法见表 4-1。按已有研究成果，不同等级公路可选用的方法见表 4-2。

不同评价阶段评价方法选用　　表 4-1

评价阶段	评价方法				
	规范符合性	安全审核	多发段判别	事故预测	速度协调性
工程可行性研究	√	√			
初步设计	√	√		√	√
施工图设计	√	√		√	√
预开通	√	√		√	√
运营	√	√	√	√	√

不同评价对象评价方法选用　　表 4-2

评价对象		评价方法				
公路形式	阶段	规范符合性	安全审核	多发段判别	事故预测	速度一致性
高速公路	设计	√	√		√	√
	运营	√	√	√	√	√
一级公路	设计	√	√			
	运营	√	√	√		
2～4 级公路双车道	设计	√	√		√	√
	运营	√	√	√	√	√
4 级公路单车道	设计	√	√			
	运营	√	√	√		

第二节　规范符合性检查

一、概述

规范符合性检验简单地说是检查被评价项目是否符合规范的要求。理想的情况是有健全的标准规范体系，道路项目建设的全过程及养护、运营全寿命周期的技术、管理都有据(标准规范)可依。根据需求制订新的规范，根据技术进步和工艺发展已有的规范又不断地进行修订，从而促进规范体系的不断健全完善，也保证了项目建设、养护、管理的质量。标准规范的水平也反映了社会经济、技术发展水平。

根据我国《中华人民共和国标准化法》，标准按不同的层次，分为国家标准、行业标准、地方标准、企业标准。一般情况下，国家标准是最低要求；行业标准应满足国家标准并体现行业更高、更多的要求；地方标准应满足国家标准并体现地域特点和要求；企业标准要求肯定高于国家标准、行业标准或地方标准，以体现企业的技术、管理水平和竞争力。

对于道路项目，因为我国行业管理的体制，公路项目建设、养护等属于原交通部；城市道路项目建设、养护等属于原建设部。因此，所依据的行业标准有所不同。本节阐述的规范符合性检查暂限于公路行业，并仅限于公路工程建设标准。

符合相关的国家、行业的标准规范是对公路项目的最低要求。因为所有的标准规范修订时考虑的绝不仅仅是安全的要求，即使是和安全相关的标准规范；另一方面，标准规范是技术应用经验上的总结，即使是新完成的标准规范因为要保证可靠性不能完全和最新的技术同步；另外，国家或行业的标准规范需要考虑全国广阔地域的地理、经济、人文等差异性，要保证适用性，要求相对较低。总之，规范符合性检查是对公路项目的最低要求。

作为公路安全评价的一个方法，规范符合性检查是检查公路项目是否满足和安全有关的指标、标准规范的要求规定等。

规范符合性检查有以下几个含义：

(1)不是检查公路项目(建设、运营阶段)是否符合所有的规范，只针对那些和安全相关的指标。

(2)针对现有规范的检查。对于建设项目，检查其是否符合现行标准规范。

(3)针对历史规范及现有规范的检查。主要是对于已建的公路并且建设期依据的标准规范和现行标准规范版本不同的公路，历史规范的检查是看其是否符合当时标准的要求；而现今规范的修订代表了科技的进步、车辆性能等方面的提高。要求的提高，建设期满足当时规范的一些设计，在现有情况下存在不满足现行规范的情况，这些路段应重点考虑，判别其风险。

目前，公路行业外的一些人士认为，只要不符合现行规范的公路就是危险的、不合格的公路，这种认识是不客观的。规范的有些内容涉及通行能力、质量等，可能对安全没有影响或影响不大。建设时期的不尽相同，建设时的经济情况、交通量情况、建设水平、车辆性能、所遵循的设计规范等建设背景也不尽相同，不同时代对公路的安全要求也不同。目前，我国的绝大多数公路工程规范适用于新建、改建道路，现有公路不在之列。主要原因有两方面：一是以前建设的公路按现行规范要求，可能需要改建、扩建，国家尚无此财力；二是现有公路上增设设施等难度远远大于新建公路。再者，事故随机和偶然性也决定了这些路段未必就是不安全路段。因此，满足建设期规范但不满足现行规范的路段，是否是不安全的路段仍需进行进一步的分析。

根据整理出的不同时期规范中与公路安全相关的标准，进行规范符合性检验，对于不符合规范的路段将重点考虑其是否存在安全问题，并不一定得出评价对象公路不安全的结论。设计阶段公路如不满足现行规范是必须进行调整的；已有公路符合建设期标准但不符合现行规范的路段，应分析在现有的交通、车辆和道路条件下道路是否满足安全需求。具体的分析方法参见以后各节。

本节对我国各个阶段公路规范以及其中有关安全的条目进行梳理，并建议了规范符合性检查的程序和结论。

二、依据规范

目前我国的公路工程行业标准中尚无针对安全设计的标准规范或指南。和安全有关的标准规范主要是安全设施的标准、安全性评价指南等。已经发布实施的有：

(1)《公路养护安全作业规程》(JTG H30—2004)。

(2)《公路项目安全性评价指南》(JTG/T B05—2004)。

(3)《高速公路护栏安全性能评价标准》(JTG/T F83—01—2004)。

(4)《高速公路交通工程及沿线设施设计通用规范》(JTG D80—2006)。

(5)《公路交通安全设施设计规范》(JTG D81—2006)。

(6)《公路交通安全设施设计细则》(JTG/T D81—2006)。

(7)《公路交通安全设施施工技术规范》(JTG F71—2006)。

(8)《公路安全保障工程实施技术指南》2004 年 9 月首次发布试行版,2006 年 12 月发布修订版。

除此之外,和安全关系密切的两本规范是《公路工程技术标准》(JTG B01—2003)和《公路路线设计规范》(JTG D20—2006)。规范符合性检验主要依据的是这两本规范以及交通安全设施的设计规范。

三、相关指标及要求

1. 工程可行性研究阶段

(1)公路等级

①规范规定:

公路根据功能和适应的交通量分为五个等级:

高速公路为专供汽车分向、分车道行驶并应全部控制出入的多车道公路;一级公路为供汽车分向、分车道行驶,并可根据需要控制出入的多车道公路;二级公路为供汽车行驶的双车道公路;三级公路为主要供汽车行驶的双车道公路;四级公路为主要供汽车行驶的双车道或单车道公路。

公路等级选用的基本原则:

公路等级的选用应根据公路功能、路网规划、交通量,并充分考虑项目所在地区的综合运输体系、远期发展等,经论证后确定。

一条公路,可分段选用不同的公路等级或同一公路等级不同的设计速度、路基宽度,但不同公路等级、设计速度、路基宽度间的衔接应协调,过渡应顺适。

预测的设计交通量介于一级公路与高速公路之间时,拟建公路为干线公路时,宜选用高速公路;拟建公路为集散公路时,宜选用一级公路。

干线公路宜选用二级及二级以上公路。

②检查:公路等级的确定是否考虑公路功能?

确定一条公路的等级,应首先确定该公路的功能,是干线公路,还是集散公路,即属于直达还是连接,以及是否需要控制出入等,然后根据预测交通量初拟公路等级;然后再结合地形、交通组成等,确定设计速度和路基宽度。

高速公路作为干线公路。一级公路则具备两种功能:作为干线公路时,应以保证较高的运行速度和安全为目标,为此需采取措施以减少纵横向干扰;作为集散公路时,为发挥汇流车辆和疏散车辆的功能,可适当降低服务水平,采用相对较低的设计速度,允许一定的干扰。当一级公路的非汽车交通量大时,应在纵向予以分隔。二级公路也有两种功能,即作为干线公路或集散公路,根据其不同的功能和交通组成等可决定是否设置慢车道以及其他设施。三、四级公路是为满足通达要求和接入服务的支线公路,允许混合交通,可采用较低的设计速度和服务水平。

不论是设计速度、路基宽度以及横断面布置变化应有过渡；同时还应考虑设计速度差异的协调，运行速度与设计速度差异的协调，其目的是保证运行的安全与顺畅，应能引导驾驶人员提前意识到前方的变化以便采取相关措施。

一级公路在运行安全方面存在的实际问题，以及通行效率低，且今后的改(扩)建有很大的难度，既影响交通又浪费投资。因此，应结合公路功能予以考虑，若作为干线公路，则提倡适度超前而选用高速公路；若为集散公路，则宜选用一级公路。

公路的功能直接和公路的安全性相关。很多情况下，驾驶者无法判断其所行驶的公路在路网中是什么地位和功能，只是根据道路线形、交通情况等确定其行驶车速。公路等级的确定如果充分考虑公路的功能，则在设计阶段通过公路设计和设施的设置可以体现公路功能，使驾驶员对其所行驶的公路的功能、等级的认识和实际一致。如果大多数的驾驶员认识一致，因而确定的行驶车速也大都一致，这样公路的运营安全效果最好。

(2)设计速度及设计路段长度

①规范规定：各级公路设计速度见表4-3。

各级公路设计速度 表4-3

公路等级	高速公路			一级公路			二级公路		三级公路		四级公路
设计速度(km/h)	120	100	80	100	80	60	80	60	40	30	20

高速公路特殊困难的局部路段，且因新建工程可能诱发工程地质病害时，经论证并报主管部门批准，该局部路段的设计速度可采用60km/h，但长度不宜大于15km，或仅限于相邻两互通式立体交叉之间。相邻路段的设计速度不应大于80km/h。

一级公路作为干线公路时，设计速度宜采用100km/h或80km/h。

一级公路作为集散公路时，根据混合交通量、平面交叉间距等因素，设计速度宜采用60km/h或80km/h。

二级公路作为干线公路时，设计速度宜采用80km/h。

二级公路作为集散公路时，混合交通量较大、平面交叉间距较小的路段，设计速度宜采用60km/h。

二级公路位于地形、地质等自然条件复杂的山区，经论证该路段的设计速度可采用40km/h。

高速公路设计路段不宜小于15km；一、二级公路设计路段不宜小于10km。

不同设计速度的设计路段间必须设置过渡段。

②检查：设计速度的确定是否考虑公路功能、等级和地形？设计路段的最小长度？是否设置过渡段？

根据公路的功能，高速公路的设计速度为120 km/h、100 km/h和80 km/h，目的是保证高速公路的高速、安全和舒适等特点。如果高速公路选在一个区域的唯一走廊带，应采用较高的设计速度。因为设计速度低而运行速度高，极易诱发交通事故，因此从安全角度考虑，应采用较高的设计速度。

设计速度60 km/h作为特殊困难的路段考虑，要求小于15km；同时考虑到个别越岭路段地形条件受限时，往往可能大于15km，针对这一特定条件，将其放宽到"相邻两互通式立体交叉之间的路段”,但应注意线形衔接和交通工程设施的配合。如果采用 60km/h 的设计速度,根据速度一致性的结论,相邻路段的设计速度只能选用 80km/h。

(3)路基横断面宽度

①规范规定:车道宽度、中间带宽度、路肩宽度等。

②检查:车道宽度、中间带宽度、路肩宽度等是否符合规范要求?

车道宽度应该满足车辆行驶的需要,双车道公路应满足错车、超车行驶所必需的余宽,四车道公路应满足车辆并列行驶所需的宽度。

高速公路和一级公路必须设置中间带;中间带的宽度规定了一般值和最小值。正常状况下应采用一般值,特殊情况时经技术经济论证后可采用最小值。同时,考虑中小桥与前后道路线形的连接,在断面组合方面,应避免多变。中央分隔带宽度为 1.00m,仅限于在中间带内不埋设管线或不设置跨线桥桥墩时采用。

在实际应用中,要考虑路段大型车的爬坡性能和混入率对通行能力的影响,以及分析工程投资与运营费用的综合效益,以确定是否设爬坡车道。

在双车道公路上,为了保证交通安全,也应设置适当的爬坡车道。六车道以上的高速公路,一般情况下不再需要设置爬坡车道,主要考虑其外侧车道可供因上坡减速后的载重车行驶。

(4)路线交叉

①规范规定。

立体交叉的位置、形式、间距等;

平面交叉的位置、形式、控制方式、间距等。

②检查:立体交叉的位置、形式、间距等;平面交叉的位置、形式、控制方式、间距等是否符合规范要求?

选定互通式立体交叉的位置要考虑的主要因素:首先是路网分布与路网系统的主要节点,即主线与沿线主要公路的相交点和与主要交通发生源连接线的相交点。其次是主线和被交叉公路的条件,要求交叉范围内的主线技术指标,如出入口端部的视距和主线横坡等,能提供安全的分合流条件并能与匝道顺适连接;被交叉公路则应具有与互通式立体交叉出入交通量相适应的通行能力,并能为交通发生源提供便捷的连接。此外,还应考虑地质和地形条件,以及用地、文物、规划、景观和环保等社会和环境因素。

在拟定互通式立体交叉的形式时,交叉公路的功能、总出入交通量、收费制式以及是否合并设置收费设施等决定了互通式立体交叉的基本类型。地形、地质、用地规划和施工期间维持临时通车等现场条件、直行和转弯交通量的分布,以及是否需分期修建等决定了匝道的具体布局。同时,还要考虑其安全、环境和经济等因素。

互通式立体交叉的最小间距是保证交通安全的一项重要的控制性指标。研究结果表明,当相邻互通式立体交叉间的距离超过设置三个出口预告标志所要求的距离时,间距的大小对安全几乎没有明显的影响,因此最小间距的确定主要取决于标志设置的需要,即最小间距等于两互通式立体交叉相邻侧的构造长度加上标志设置所需要的距离。

平面交叉是公路路网中的节点,其位置和形式的选定直接影响路网整体效益的发挥以及交通安全,因此平面交叉的选址和选形必须综合考虑各种相关因素,同时应体现安全第一的原则，保证相交公路的线形指标等平面交叉各组成要素都能满足其安全要求。

一级公路具有两种功能，但都允许设置平面交叉：一级公路作为干线公路时，为视需要控制出入，因此应限制平面交叉数量，可采取合并、设置辅道等措施尽量加大平面交叉的间距；一级公路作为集散公路时，其平面交叉必须配以齐全、完善的交通安全设施。

目前，国内公路平面交叉的交通管理尚未得到充分重视，除信号交叉以外，许多用路者对其他交通管理方式及其规则尚不熟悉，导致平面交叉的交通状况较为混乱。因此，应十分重视平面交叉的交通管理并应在设计中明确其管理方式。一般来讲，当被交公路等级较低、交通量较小或相交公路中有一条为干线公路时，应考虑采用主路优先交叉；当各相交公路的功能和等级相同、交通量相当且较大或行人流量很大时，可采用信号交叉；无优先交叉一般仅用于相交公路的等级很低、交通量不大的情况。

从安全的角度考虑，相交公路在平面交叉范围内应该有良好的线形和视距，因此其设计速度一般不得任意降低。当相交公路的等级和交通量相近时，其交通管理方式可能采用信号交叉或无优先交叉，此时主线的设计速度可适当降低。当为主路优先交叉时，次路的设计速度也可适当降低，但主路的设计速度应与基本路段的相同。

平面交叉间距过小，数量过多，是引发交通事故的主要原因之一，当主线为干线公路时尤其是这样。

(5)交通工程及沿线设施

①规范规定：交通工程及沿线设施的建设规模与标准。

②检查：交通工程及沿线设施等级是否适当?

交通工程及沿线设施分为安全设施、服务设施和管理设施三种。这些设施应按总体规划、分期实施的原则配置，其最重要的是做好前期基础工作，即总体规划设计，确定系统的设置规模，一次性征用土地和实施基础工程、地下管线及预留预埋工程等。依据技术发展和交通量增长情况等分期布设设备，逐步补充完善，最终形成系统规模。

2. 设计阶段

(1)公路平纵横

①逐一检查设计文件的平纵横指标及组合是否符合标准；

②逐一检查桥头引道与桥梁线形是否符合标准；

③逐一检查线形与沿线设施的配合是否符合标准。

(2)隧道

逐一检查隧道的净空、隧道右侧侧向宽度及紧急停车带的设置，隧道洞口的平纵横技术指标，隧道交通工程及沿线设施的配置，是否拟定发生交通或火灾事故的应急处理预案。

(3)立体交叉

逐一检查立体交叉设计速度及加减速车道长度是否符合规范。

(4)平面交叉

逐一检查平面交叉的交角，平面交叉渠化设计，平面交叉处公路的线形、视距、转弯设计、附加车道及交通岛等是否符合规范。

(5)立体交叉

逐一检查立体交叉范围内主线形的主要技术指标是否符合规范；匝道设计及匝道线形、匝道间分流、汇流渐变段的最小长度、高速公路相邻出入口最小间距等是否符合规范。

(6)公路与铁路、乡村道路、管线交叉

①逐一检查与铁路交叉的形式、平纵面设计、铁路上跨公路时设置中墩的规定、视距等；

②逐一检查公路与乡村道路交叉设计、各种管线跨(穿)越公路设计是否符合规范要求。

(7)交通工程及沿线设施

①逐一检查护栏(包括活动护栏)、标志和标线、隔离栅、防落网、防眩设施、轮廓标等设置、形式、构造是否符合规范要求；

②逐一检查服务设施的间距、功能、用地是否符合规范规定；逐一检查监控设施及隧道通风、照明设施的设置是否满足规范规定；逐一检查收费广场及站的线形及渠化是否符合规范要求；逐一检查紧急电话或救助电话设置是否符合规范要求。

由于规范指标、要求的内容较多，这里不一一详述，仅列出需要逐一检查和安全相关的要求内容。具体的指标和要求需参考上述规范。

检查可以通过人工查阅图纸的方式进行，也可以通过计算机自动读取公路设计 CAD 文件进行自动检查。检查结果逐一列出不符合项桩号、不符合项值和规范要求值。

3. 运营阶段

运营阶段的规范符合性检查主要有两个方面：一是检查运营公路是否符合建设期时规范，二是检查运营公路是否符合现有规范。

对于运营公路的规范符合性检查应注意三点：一是建成的公路经过多年的养护、局部改线等，公路现状与建成时已经有所差别，检查时应以运营公路现在的实际线形、设施状况为准；二是要清楚不同版本(各次修订版本)标准规范的要求及差别；三是要清楚建设期各阶段时间、审批文件、采用的标准规范版本。

检查首先要获取以下资料：

(1)公路建设文件：包括工程可行性、初步设计、施工图设计、设计变更的文件图纸、审批和批复文件。

(2)踏勘获取的公路实际线形及相关指标。

(3)建设期各个阶段相关的公路工程的标准规范。

检查可以通过人工的方式进行，也可以通过计算机进行自动检查。检查结果是针对建设期规范、现时规范分别逐一列出不符合项桩号、不符合项值和规范要求值。

第三节 道路安全审核

一、概述

道路通车后由于某些地点比其他地点更容易发生事故，在改善这些地点的道路条件，提高其道路安全性时，人们考虑在道路的规划、设计阶段就采用一定的方法，通过一定的程序来发现将来运营可能产生的不安全因素并将其回避掉，这样可以以较少的投入避免在道路建成通行后发生交通事故造成的生命财产损失，以及再投入更多的资金去进行黑点改造。

从20世纪90年代初，基于这种理念的道路安全审核在国外许多国家开始实施，发展至今，有许多经验可以借鉴，也形成了很多共识。

英国是对道路安全十分重视的国家，也是最早提出道路安全审核的国家之一。英国的公路与运输研究所(IHT)在1980年编制了对主干道进行安全检查的"事故率降低与防止指标书"，引进了安全审查(checking)的概念。1988年英国政府的"道路交通计划"建议对道路实施有效、强制性的安全审核，以使新建道路在运营后降低事故率。1991年，IHT在英国较广泛地开展了道路安全审核，制定了《道路安全审核指南》，并在1996年新版。这标志着道路安全审核有了系统的体系、方法与程序的支持。从1991年4月起，道路安全审核成为英国全国主干道、高速公路建设与养护工程项目必须进行的程序，从而将安全审核的功能与作用在立法层次上得以确认，使英国成为道路安全审核重要的发起与发展国。

澳大利亚是实施道路安全审核较早、发展较成熟的国家。澳大利亚《道路安全审核指南》是1994年提出的，2002年的《道路安全指南》(Road Safety Audit)是其最新版，澳大利亚的许多州也建立了更加适用于本州的审核指南。新西兰道路安全审核开始于1991年，到1993年有20%的州级公路项目被要求必须进行安全核查。

1992年，丹麦道路管理局决定研发并在丹麦的主要道路上测试丹麦版的道路安全审核系统。丹麦的《道路安全审核手册》(第一版)于1993年编制，并已出版发行，同年还进行了一系列的试点项目。试点项目在1994年底完成，并由独立专家小组在1995年春做了一个总结性评价、基于成本—效益分析和相应灵敏性分析，专家小组对(Road Safety Audit，简称为RSA)做的结论是：RSA是效益明显的，第一年的回报率是146%，整个方案的质量得到改善。这一过程被普遍认为对涉及各方都是有益的。并建议：RSA应由州、县、直辖市继续进行下去，并应推广应用于所有大型项目方案中。

加拿大是北美地区较早实施道路安全审核的国家，其第一个正式的道路安全审核在1997年完成于温哥华，从那以后有几个州和地方政府开始进行RSA，这也得益于保险公司为了降低事故和死亡对RSA应用的支持。加拿大运输联合会(TAC)于1999年编制了道路安全审核指南，以后数次更新版本。

美国FHWA1996年赞助一个考察组去新西兰和澳大利亚考察道路安全审核程序，这个小组的结论是道路安全审核为道路设计与运营提供了最大的安全保障，最低限度应在美国进行试点。1997年FHWA也请求各州积极投入到RSA中，1998年开始有13州进行试点。NCHRP(国家联合公路研究计划)于2003年在全国进行RSA实施的调研，并在2004年出版了NCHRP 336号报告，推荐了RSA在北美地区的应用。

挪威、冰岛等目前已经定期地执行道路安全审核，德国、芬兰、法国、意大利、荷兰、葡萄牙、泰国等正处于试验或试行阶段。其他许多国家如希腊、爱尔兰、奥地利、波兰、西班牙、捷克等，也在就道路安全审核的引入进行检验。

我国在20世纪末将"安全意识"引入公路设计的每个阶段和每个设计环节，以使公路设计能有效控制未来事故的发生。近年来，道路交通安全形势严峻，重大、恶性交通事故频频发生，进行专门的道路安全审核工作已引起学者和政府部门的关注，并已经出版了一些具有代表性的文献，包括《公路设计交通安全审查手册》、《公路项目安全性评价指南》、《道路交通安全指南》、《道路安全工程》等。同时，通过世界银行贷款项目的配套科研课题和地方政府部门的专项拨款，在一些高速公路和地区道路上也进行了道路安全审核的尝试，如新疆、河南、浙江等地，取得了初步的成果与经验。

道路安全审核适用于道路的各个阶段，设计阶段的应用尤其有意义，因为“在移动一条线比实际中移动一条路可能性更大、也更容易”。实施道路安全审核的效益包括减少事故所产生的经济效益以及政策和设计的提高。这些效益包括：

(1)通过事故预防和事故严重程度的降低提高公路的安全水平。

(2)更安全的道路网。

(3)道路安全工程水平的提高。

(4)降低道路项目的全寿命成本。

(5)减少施工完成后对项目的改进。

(6)将来的标准和程序在安全方面的改进。

(7)更明确考虑弱势道路使用者的安全需要。

(8)培养业主和设计人员潜意识的安全设计理念。

(9)通过提供高质量的道路减少将来潜在的修补工作，因此降低道路部门承担的风险。

(10)由于事故的减少而节约的成本、较低的医疗费用和社会成本。

(11)设计的改进。

(12)全体参与人员安全意识的提高。

(13)公路部门专业人员知识的交叉培养。

苏格兰根据经验估计的道路安全审核费用效益比例为 15:1，新西兰估计的安全审核费用效益比例将近是 20:1。Macauley & Mclnerney 对 9 个设计阶段的安全审核作了评价，结果表明单个的效益费用比在 3:1～242:1之间变化；对现有道路进行安全审核的费用效益比在 2.4:1～84:1之间变化。

二、道路安全审核原理

1. 道路安全审核的定义

澳大利亚道路安全审核指南(AUSTROAD，2002)对道路安全审核的定义为：道路安全审核是对已有的或将要修建的道路、交通项目或者与道路用户有关的其他任何项目的正式审核。在审核过程中，独立的、具有相应资格的审核人员要对该项目的事故隐患和安全性能提出一份审核报告。

PIARC 道路安全委员会对道路安全审核的定义：道路安全审核是应用系统方法，将道路交通安全的知识，应用到道路的规划和设计等各个阶段，以预防交通事故。道路安全审核是对道路项目由独立的合格审核人员进行的正式审核。这个方法可应用于现有道路、新建道路及现有道路的改善，适用于公路项目及城市道路项目的安全审核。

美国 ITE 技术委员会将道路安全审核定义为：对现有、将建道路、交通项目或其他与道路用户有关的项目所作的正式审核，由合格的独立的审核人员审核项目的潜在安全隐患。

与道路安全审核有关的一个关键理念：是道路安全审核由与项目无关的、在道路安全工程领域具有相关技能和经验的个人或小组独立实施。道路安全审核的主要目标是鉴别对所有道路使用者而言潜在的安全缺陷，并建议消除或减小其影响的措施。道路安全审核将明确考虑所有的道路使用者而不仅仅是机动车。

道路安全审核是一个正式的过程，安全问题清单将提交给设计单位/业主。审核报告不提供针对安全问题的建议，但可以提供示范性的解决方案。负责所有安全设计决策的设计单位，须给审核小组提交涉及所有安全建议的书面报告。

2. 实施道路安全审核的阶段

由于道路安全审核需要解决的问题分布在道路生命周期的各个阶段，通常情况下按照工程项目阶段的不同，道路安全审核可以分为可行性阶段、初步设计阶段、施工图设计阶段、预开通阶段和开通后阶段的审核5个阶段。

当然并不是所有的项目都需要在5个阶段实施审核，也不是限定只可按照5个阶段进行道路安全审核，要视工程项目的内容和大小、道路安全问题的多少与严重程度而定。规模较大的新建道路需要在可行性阶段、初步设计阶段、施工图设计阶段和预开通阶段实施安全审核。规模较小的新建道路可将几个审核阶段合并。现有道路的改扩建工程，可省略第一阶段的审核。

道路安全审核不存在时间问题，任何时候业主都可对道路项目实施审核。在道路项目的设计阶段，越早对其实施审核，经济效益越明显，因为修改花费较少，时间延误不多。例如，在可行性阶段采用了不合适的理念或对策，在后来的设计阶段或开放交通后来消除这些问题就非常困难，有时甚至是不可能的。表4-4针对不同项目给出了建议的审核阶段。

建议的项目审核阶段　　表4-4

项　目	审核阶段				
	可行性	初步设计	施工图设计	预开通	开通后
大型新建道路	×	×	×	×	×
小型新建道路		×	×	×	×
大型改/扩建项目		×	×	×	
小型改/扩建项目		×	×		
大型养护项目	×	×	×	×	
黑点改造		×	×	×	

注：×表示推荐进行审核。

3. 道路安全审核项目的选择

任何道路项目，只要可能改变道路使用者间的相互关系或改变道路使用者与环境的关系，均可对其实施道路安全审核。一般来说，可能实施道路安全审核的项目包括：

(1)新建道路项目。

(2)改扩建项目。

(3)已有的道路设施。

(4)交通管理项目。

(5)养护工作。

(6)城市街道。

当然并不是只能对道路项目实施安全审核,如果一些远离道路的项目影响附近道路或路网的安全,也可以对其实施安全审核。例如,商业区的开发引起新的车辆与行人的冲突,穿过邻近道路的行人有所增加,进入开发区的车辆视距受到限制等,这些都可能影响道路使用者的安全。

理想的状况是对所有的道路项目实施安全审核,然而项目的规模和复杂程度、重要性、资源的分配将是决定先对哪些项目进行审核的主要因素。因此对道路管理部门而言有必要对项目进行优先顺序排名,以决定对哪些项目并在哪些阶段实施审核。根据目前中国的国情,建议首先把安全审核重点放在新建高等级公路上,然后进一步,对所有新建和改扩建项目,无论规模大小都实施安全审核。从而在国家、地区和乡镇道路中逐步推广道路安全审核的应用。

4. 道路安全审核小组

从道路安全审核的定义来看,道路安全审核小组的技能和经验十分重要,同时也要保证审核小组的公正性和独立性。因此,对道路安全审核小组的要求主要包括以下几个方面:

(1)技能要求

由于影响道路安全的因素很多,需要审核小组成员要在道路安全工程原理和实践、交通事故调查和预防、交通工程和道路设计等方面具有丰富的知识。另外,根据项目的类型和审核阶段,在审核小组中可以增加执法、养护和人机工学等相关的专业技术人员。

(2)经验要求

审核小组成员具备专业知识及丰富经验是非常关键的。审核清单仅能够帮助鉴别需要考虑的关键问题,它们只能起到辅助记忆的作用,并不能罗列出所有的问题。

(3)公正性要求

审核小组成员应利用自己的专业知识、道路安全工程经验等从道路使用者安全的角度考虑问题,公正地指出设计中存在的所有安全问题。同时,道路安全审核小组成员应考虑到所有道路使用者,特别是对老年人、儿童、残疾人等弱势道路使用者的安全给予充分的重视。

(4)独立性要求

道路安全审核小组成员不得承担除安全审核以外的与道路项目有关的任何任务。道路安全审核小组成员必须从所有可能的道路使用者的角度审核道路项目存在的安全问题,其审核过程和审核结论不应受业主和设计单位的限制。

(5)审核小组规模

审核小组应由不同专业成员组成,可以在实施审核中发挥各自的专业优势,不同专业背景和考虑问题的角度不同可从多角度多方位实施项目的安全审核。采用不同专业成员构成,可使审核小组人员构成合理,从而保证审核质量。

审核小组成员的多少取决于审核项目的规模和类型。推荐审核小组由 2~5 位跨专业的人员组成。使用至少两位成员,保证审核的交叉性。当小组成员数量过多时,很难达成一致意见。在不同的阶段可能需要其他的专业人员(如警察、养护人员、人机工程专家等)加入审核小组。

有时可能只需检查一张平面图,进行一次实地考察或撰写一页报告。在这种情况下,由两个或以上的人员进行审核不太合理。此时,可谨慎选取一人实施安全审核,并提出与道路安全有关的问题。

(6)不同审核阶段的人员组成

审核小组人员的选择取决于项目的规模和类型、审核的阶段和可以获得的资源。由年轻的和年长的成员组成审核小组，这样可以确保从不同的角度分析安全问题。以下对各阶段审核小组的选择给出了一些建议。

①可行性阶段和初步设计阶段

可行性阶段和初步设计阶段的安全审核应该由有经验的审核小组实施，小组成员包括：

a. 在事故调查，安全管理、安全工程、道路安全审核方面具有丰富经验并了解安全研究和标准最新动态的道路安全专家；

b. 掌握了当前道路设计标准和实践的道路设计工程师；

c. 在实施安全审核方面具有经验，并且具备安全工程某方面的专业技能的个人。

参与此阶段安全审核的人员应该至少包括上述领域中的一种技能。道路安全专家也可以是熟悉当前的道路设计标准和实践及交通运营状况的公路设计人员或交通工程人员。

②施工图设计阶段

参与施工图设计阶段安全审核的人员除了前面提到的专业技能外，取决于项目情况，可能需要增加在交通信号控制、智能交通系统、运输系统和设施等方面具备相关技能和经验丰富的人员。

③预开通阶段

参与预开通阶段安全审核的人员所要求的技能与可行性阶段和初步设计阶段相同。然而，审核小组可能需要增加其他专业，可能包括以下的一个或多个：

a. 具有交通和安全管理经验的警察；

b. 熟悉交通设施的养护包括标志、照明、交通控制、除雪等的工程师或监理人员；

c. 具备道路安全人类行为方面知识的人员。

④开通后/现有道路

开通后/现有道路安全审核要求的审核小组组成与预开通阶段相同。

对于由两名及以上审核人员组成的审核小组，必须指定一位成员作为审核小组的负责人来管理审核小组和审核程序的实施。

5. 道路安全审核的组织形式

道路项目实施安全审核的组织形式极其重要，因为它会影响到经过安全审核的项目能否取得技术经济效益，能否真正提高道路项目在可行性、设计、施工等阶段的安全性能，能否尽可能在施工的前期消除安全隐患。目前，国外有几种方式组织道路安全审核以确保审核小组具有合适的经验、技能并且独立于设计单位。AUSTROADS(2002)总结了三种比较流行的方式来组织道路安全审核：

①由专业审核人员或审核小组实施审核；

②由其他道路设计单位实施审核；

③由原来的设计单位实施审核。

在 AUSTROADS 提出的审核组织形式之外，目前使用较多的另外一种组织形式是由跨专业的专家组成审核小组实施审核。

(1)由专业审核人员或审核小组实施审核

可以在公路部门或咨询公司里组建专业审核小组。审核人员专业知识或经验越丰富,独立性越强,更有可能判断出那些未被预见的安全问题。一个专业的审核人员或小组应当是从机构的一般性设计功能中独立出来的实体,除非是为了审核的目的,他不应当参与项目的设计。

(2)由其他道路设计单位实施审核

由其他设计单位实施审核是另外一种可供选择的方式。这种方式可由具备两个或以上设计小组的公路机构采用。然而如果公路机构仅仅只有一个设计小组,则可以求助于其他的道路部门。

这种组织形式的缺点在于缺乏交叉专业技术人员。例如,他们可能在安全工程、养护、运营、事故调查与预防等方面经验较少或根本没有经验。设计小组能评价项目与设计标准的吻合程度,然而这只是道路安全审核很小的一部分。

(3)设计小组内部实施审核

由原来的设计小组成员实施审核,这种组织形式尽可能少采用或不用,因为缺乏独立性。尽管所有的设计人员和设计小组关注安全,但是他们对设计过程太过熟悉,因此他们易于对设计提出偏见的观点。因此倾向于采用与项目无关的人员实施审核。

目前,我国的安全审核还处在初步发展阶段,相关的政策法规还未出台。鉴于这种情况,道路安全审核工作可由业主委托在道路规划与设计、事故研究与交通安全领域具有丰富经验的研究、咨询机构实施。随着道路安全审核应用的推广,应展开审核人员的培训和资质管理。当道路安全审核的应用发展到相对成熟的阶段时,则可以由业主选择安全审核人员组成审核小组进行审核。对大型项目或其修改会对交通运营产生重大影响的项目应由专业人员组成审核小组实施审核,对较小的项目可由设计单位内部组织实施审核。

6. 参与各方的角色和责任

道路安全审核工作,一般涉及业主、设计单位和审核小组三个方面的机构。审核过程中,应明确各方的角色和责任,确保审核的有效实施。审核过程中涉及各方的角色和责任概括如下:

(1)业主

道路安全审核应被当作公路可行性和设计过程中的一个组成部分。因此公路主管部门应该留出足够的资金和资源支持道路安全审核的实施。

公路主管部门应该同意道路安全审核作为质量管理要求的一部分;委托审核小组在项目的合适阶段实施安全审核;审查正式的审核报告并且对合适和可行的建议作出回应。没有业主对审核程序的全力支持,尤其是对审核报告中给出的建议给予认真的考虑,那么审核过程将不会带来任何效益。

公路主管部门应该在本机构内提供各种级别的培训以确保安全是公路项目所有阶段的组成部分(如可行性、设计、施工和养护)。适当的培训将会提高审核小组鉴别潜在问题的能力。

公路主管部门有责任选择具备合适技能和经验的审核小组;提供项目文件;参加开始和完工会议。

(2)设计单位

设计单位有责任向审核小组提供设计图纸以及其他与设计有关的文件，并回应审核报告提出的设计问题，这包括接受可能的修正措施并提供设计方案；或者拒绝修正措施并解释拒绝的原因。任何设计变更应该呈交给审核小组，由审核小组决定是否对设计变更进行审核或将它包含到下一阶段的审核当中。

(3)审核小组

审核小组的主要责任在于审查项目文件和图纸、进行现场勘察来鉴别公路项目中潜在的安全问题。审核小组一般不重新设计项目或实施变更。在实施审核时，审核小组可以使用审核清单辅助审核。审核清单用来鉴别在相关阶段出现的安全问题。这些审核清单仅仅作为指导而不应该当作经验的替代品。审核清单也可以保证审核阶段的连续性。

审核小组必须向业主和设计单位提交审核报告，该报告基于安全工程经验鉴别了所有关键的安全问题。审核小组、设计单位和业主之间举行完工会议讨论审核结果。审核小组应该审查设计单位对审核报告的响应。

三、道路安全审核实施程序

目前道路安全审核的实施是由拟建项目(或现有项目)的业主将项目委托给审核单位，同时提交相关资料。审核人员通过对资料及数据的分析和现场考察，鉴别设计(或现有道路)中的安全隐患，并完成审核报告。设计单位对审核报告中的建议逐项做出回应并给出接受或拒绝的理由，对于有争议的建议项，由业主做出最后决定。设计单位根据回应报告的接受条款，逐项修正设计。

根据国外道路安全审核的经验，道路安全审核程序一般应包括以下八个步骤：

(1)选择道路安全审核小组。

(2)提供背景资料。

(3)召开开工会议。

(4)阅读与审核有关文件。

(5)现场勘察。

(6)撰写道路安全审核报告。

(7)召开完工会议。

(8)审核报告回应。

1. 选择道路安全审核小组

选择道路安全审核小组的目的，是针对具体的审核项目，选择一个独立的并具有合适技能的审核人员或审核小组。审核小组成员的多少取决于审核项目的规模及复杂程度，没有一个固定的成员数目。对于大型的重要的项目，考虑到其规模性及审核人员的专业技能水平，审核小组一般需要两人以上；对于小型工程项目，1 人即可。具体负责挑选审核人员的工作由业主承担。

2. 提供背景资料

为达到对工程项目正确的审核，业主和设计单位必须通过各种方式为审核人员提供必要的背景资料，如相关的报告、说明书、设计图纸、勘测资料、交通量、事故记录等。

可行性阶段安全审核可能需要的背景资料包括：

(1)项目范围和目标。

(2)项目的限制条件。

(3)路线选择和布设选项。

(4)与相邻路网的连续及土地的开发。

(5)环境和地质限制因素。

初步设计阶段和施工图设计阶段安全审核可能需要的背景资料包括:

(1)采用的设计标准。

(2)设计图纸。

(3)平面图细节。

(4)表明可能受项目影响的相邻道路的平面图。

(5)交通预测。

(6)路权。

(7)预期的道路使用者。

对于预开通阶段的安全审核而言,有必要向审核小组提供以前的审核报告(如果有的话)和其他的相关信息,如该道路预期的道路使用者。

开通后的安全审核或现有道路的安全审核需要的背景资料包括:

(1)交通量。

(2)事故记录。

(3)以前的审核报告(如果有的话)。

(4)竣工图纸。

3. 召开开工会议

开工会议一般在审核小组、业主和设计单位之间举行。会议的目的是使审核小组成员熟悉审核项目的背景资料,并让设计单位和业主熟悉审核的过程及目的。会议期间,业主和设计单位向审核小组提交相关的文件和数据,并向审核小组告知可行性研究、设计和施工阶段碰到的问题,明确各方的责任,同时建立起信息交流的通道。项目进度和一些特殊的要求也应该在这一阶段提出和讨论。

4. 阅读与审核有关文件

一旦获得了所有的背景资料,审核小组需要对资料进行分析和评价,鉴定审核项目的安全问题和潜在的事故隐患。该项工作通常与现场勘察交叉进行。在现场勘察前后,有关的图纸、统计数据等资料文件都必须按审核清单的要求来审核。在此阶段,具体的工作可以分配给不同的审核小组成员。例如,一位小组成员检查道路的几何线形,另一位检查道路的排水、照明等。对于一些安全性较差或是比较重要的路段,审核人员尤其应当重视。审核过程中如果发现有些部分需要更多更详细的资料,可以向业主和设计单位索取。

5. 现场勘察

为了对现场有直接的认识,所有审核阶段都需要进行现场勘察,包括白天和夜间。在去现场之前,审核小组应熟悉审核清单以确保勘察富有成效并且突出要关注的问题。除了背景资料以外,审核清单将帮助审核人员检查相关的安全问题。审核清单不应该作为经验的替代者,而且也不会包含所有的安全问题。

可行性研究、初步设计和施工图设计阶段的安全审核，审核小组在初步评审完成之后应实施现场勘察。审核小组应该检查新建道路和现有道路的过渡段并确保多用户的一致性。这包括机动车驾驶人、老年人驾驶人、老年行人、货车和公交车驾驶人、行人、儿童、残疾人等。另外，审核小组应关注典型的天气和地质条件下的道路安全。

预开通和开通后阶段的安全审核应包括对现有设施的审核。审核小组通过现场勘察检查项目的物理设施，包括从多用户的角度评价标志、标线、照明、轮廓标等。审核小组应该鉴别出可能影响道路使用者对路的识别或视距受限的问题。预开通阶段的审核，应尽可能在临近开放交通的时间进行现场勘察，但是仍要留出时间允许设计单位实施设计变更。对于大型项目，预开通阶段的审核可以分阶段实施。

如果可能的话，审核小组应该分别驾车和步行往返方向检查道路。另外，应尽可能在夜间和气候恶劣的条件下对道路实施勘察。从不同道路使用者的角度去看问题，特别要考虑老年人、儿童、残疾人等弱势道路使用者的安全。调查道路两侧区域的道路交通状况、经济发展情况等。如果是新建道路，应考虑其与现有路网的衔接是否会产生道路安全问题、是否会影响现有路网的安全等。

6. 撰写道路安全审核报告

审核报告应该清楚简洁地鉴别出项目对道路使用者的安全水平有负面影响的方面。审核期间，可能会出现没有短期处治办法的安全问题。在这种情况下，不能忽视这些安全问题而应该进行更深层次的调查。

在审核报告中，可以采用多种方法列出所鉴别的安全问题。澳大利亚提出的一种方法是将问题根据重要性进行排名。所有需要立即采取安全措施的问题用文字表明，如“需要马上关注”。审核小组认为是重大的安全隐患标为“重要”。当然这些术语的使用并不意味着审核中出现的其他安全问题就不重要了。

以上所描述的方法可能会导致业主在考虑排名后随意地对那些没有用“重要”标识出的问题给予较少的关注甚至不予关注。审核小组应该考虑其他方法对安全问题进行排序，使其可以清楚地表述审核小组对安全问题给予的优先等级。如果一个问题不会引起业主的及时关注并对其采取相应的措施，那么审核小组不应在审核报告中列出它们。在审核报告中应避免夹杂带有个人色彩的关于公路安全的观点。

道路安全审核报告可按下列格式撰写：

(1)工程项目背景与审核依据。

(2)审核小组人员构成。

(3)安全审核工作报告。

(4)审核结果与建议。

(5)结语。

(6)审核组长及成员签字。

审核报告只需对存在的安全问题提出改进措施，并不对解决安全问题的详细方案进行设计。业主和设计单位仍然是解决问题的决策者。业主和设计单位应针对审核报告指出的问题和提出的建议作出书面的答复，是否采纳审核的意见。

7. 召开完工会议

审核小组完成项目的安全审核后，应召开一次会议，向业主和设计单位介绍审核的工作过程和主要的结果，并就一些不明确的问题与业主和设计单位讨论，听取业主和设计单位对审核结果的意见和对某些问题的解释。审核小组可以根据业主和设计单位的意见对某些问题做进一步的调查和考虑，但审核结论不能受业主和设计单位意见的影响。

会议期间，会场应充满积极的和建设性的气氛。会议应该首先提到审核目的只是单纯提高道路项目的安全水平，并不是对个人或设计单位的设计水平提出质疑。让涉足安全审核的人员相信审核是项目发展有益的组成部分。尤其应该努力使那些涉及安全审核的人员在审核过程中获得经验和提高技能。

8. 审核报告回应

审核小组将正式的审核报告交于业主。业主审查审核报告，并以书面的形式对审核报告中所提出的问题予以答复。对于审核报告中每一个改进措施有可能接受或拒绝。对每一个接受的建议，设计单位/业主应该给出合理的改进措施。项目所有的设计变更应该呈交审核小组考虑或重新审核。

对于每一个被拒绝的建议，需由业主给出书面的理由。设计单位/业主应该确认审核报告中每个建议的决策行动。审核报告和设计单位/业主的回应将成为最终审核记录的一部分。

四、道路安全审核阶段

道路安全审核可应用于道路项目从规划、设计到运营阶段的全过程。应用于道路项目建成之前的各个阶段时，道路安全审核能以较低的费用有效地提高道路的安全性能。当道路安全审核应用于道路项目的运营阶段时，能够鉴别潜在的安全隐患并采取相应的交通工程措施对其进行改善，以避免事故或降低事故的严重程度。一般来讲，道路安全审核主要用于以下五个阶段：

(1)可行性研究阶段。

(2)初步设计阶段。

(3)施工图设计阶段。

(4)预开通阶段。

(5)运营阶段。

1. 可行性阶段

在可行性阶段，重点审核项目的规模、路线方案、设计标准的选择对现有道路网的影响，以及路线的连续性与平顺性，交叉口的位置和类型、道路出入口分布、车道数、路线起终点的合理性等。

对于交通管理项目或其他小的改进项目，这个阶段的审核可能不太重要，直到实施前，它的价值都可能很难判断。然而在此阶段，处治措施的选择将影响安全性能，改变不合适的理念可能成本很高。

对于较大的项目，可行性阶段如果理念或设计标准不合适，则可能无法在后续阶段进行更改。

2. 初步设计阶段

初步设计阶段审核的目的是在施工图设计和施工之前鉴别潜在的安全问题。根据运营、安全和成本需要考虑进行折衷。为了建设安全的道路,需要遵循的道路安全设计原理包括:

(1)在事故发生可能性最高的地方主要是交叉口和弯道创造安全的路侧环境。

(2)尽可能降低车辆发生碰撞事故的可能性。

(3)确保事故发生后,伤害的可能性最小化。

(4)风险管理,如较大安全问题发生的风险小于小的安全问题发生的风险。

(5)确保满足与安全有关的设计规范要求(比如视距)。

设计阶段安全审核考虑的主要问题包括:

(1)道路功能。

(2)交通控制的选择、交叉口类型及道路线形。

(3)平面交叉口和立交的几何形状。

(4)平纵线形。

(5)净空的规定以及它们的后续要求。

(6)视距。

(7)横断面。

(8)路侧危险的识别和移除或防护。

应该注意的是,道路安全审核不是确保项目满足最小设计标准,而是通过较小的附加费用保证整个设计是最安全的。

初步设计完成之后,道路方案基本定型,进一步的变更将受到限制。因此这一阶段的道路安全审核非常重要。

3. 施工图设计阶段

施工图设计阶段的审核在施工图设计完成后实施,主要目的是:

(1)检查用于道路重建和加宽以及周围环境的标准和施工设计图纸,并发现可能存在的安全问题。

(2)推荐对不同的道路使用者提供合适安全水平的设计变更,并注意其内涵。

(3)提供其他与道路项目有密切关系的道路安全审查。

该阶段审核考虑的因素包括:

(1)平纵线形以及相关的视距和视线。

(2)横断面要素。

(3)道路使用者的组成。

(4)平面交叉口、立交和出入口设计。

(5)标线、标志、信号、照明。

(6)路侧物体的净空。

(7)速度环境及路侧环境特征。

(8)将来的路侧条件及潜在的路侧危险。

(9)可能的事故类型、位置和严重程度。

4. 预开通阶段

与较早阶段的审核相比，预开通阶段的审核对安全问题进行更改的机会更有限，但它的重要性在于确保细节的正确实施。

预开通阶段的审核是在新建项目开放交通前进行的。审核小组需要分别开车和步行对新建项目进行检查，以确保其满足所有可能道路使用者的安全需要。

预开通阶段的审核不仅仅是对已建成的项目进行实地检查，而且也是代表“顾客”的验收程序。此时，可能需要对新建项目的一些方面进行小的修改，以确保不会以损害道路使用者安全的方式向他们传达错误的信息。

晚上进行检查的必要性。尽管需要对明显与黑暗有关的设施如标志、轮廓标和照明等进行检查，但也应注意到在白天的道路设计给道路使用者的感觉是完美的，然而晚上可能会给道路使用者完全不同的感觉，并引起具体的安全问题。

如果在项目施工时出现大的设计变更，那么项目经理或项目工程师应该在此时就寻求道路安全工程的建议，而不是依赖于预开通阶段的审核。

5. 运营阶段

运营阶段的安全审核包括对现有路网从安全的角度进行系统检查，以评价道路、交叉口、道路设施、路侧等是否合适。这可能包括两个方面：追踪开放交通后的新建道路或者对现有道路和路网实施安全审核以鉴别与安全相关的问题。

道路安全审核能在新建道路开放交通不久后(一般在开放交通后的几周或几个月内)实施。通过开放交通前可能不太容易实施的观察来获得对驾驶行为及后续问题的注意。虽然在此阶段采取改正措施成本要高很多，但仍可能具有一定的效益。

道路安全审核也能在现有路网的任何路段实施以发现与安全有关的问题。从事故报告中收集到的信息是此阶段审核的重要组成部分。然而作为传统黑点分析的延伸，这些审核应该通过周围其他潜在事故的综合分析来补充。

道路安全审核的各个阶段都应使用道路安全审核清单这个工具。清单是根据以往的工程经验和道路安全工程的基本原理，以及对道路事故调查评价的基础上列出的影响道路安全的问题清单。它一方面可使审核人员在安全审核时加强宏观把握和免于遗漏某些交通安全问题；另一方面也可使业主或设计单位在管理和设计时发现潜在的事故隐患，即可在正式审核开始前，利用安全审核清单作自我检查，起到加强工程安全和质量的作用。安全审核清单通常在评估资料和相应文件、现场勘查及撰写安全审核报告时使用。

第四节　安全性预测

一、概述

通过安全性预测，可以获得不同设计要素组合后的道路安全性的定量描述。在对历史交通安全规律把握的基础上，实现对现有道路或者改建、新建道路设计方案安全性的预测，对公路设计工程师更好地进行公路设计是非常有用的。

安全性预测通常由事故的预测来表示。比较成熟的是美国联邦公路局 IHSDM(交互式公路安全设计模型）模型中的事故预测模型部分。事故预测模型的研究是从单个因素到多个因素，从只考虑统计意义到统计与工程实际相结合，从简单到复杂的逐步深入过程。过去的几十年中事故预测模型得到了很大的发展，这大大归结于随机模型的应用，其中应用最为广泛的是泊松分布模型和 NB(负二项)模型等随机模型。基于这些模型的研究成果在公路规划、初步设计和运营等阶段的安全评价工作中得到了很多的应用。

目前，IHSDM 模型的事故预测模型已完成部分为双车道乡村公路，多车道公路等相关研究正在进行过程中。其研究内容包括基础模型研究、事故修订因子 AMF(Accident Modification Factors)研究、事故预测模型应用研究等几部分。

相对于国外的事故预测模型研究成果，我国相关积累还比较少。从 2003 年开始，由交通部公路科学研究院为主的众多单位在《西部地区公路交通安全评价》课题基础上开始我国事故预测模型的系统研究工作。当前我国的研究成果包括双车道公路和高速公路，其中双车道公路包括普通路段、村庄路段和交叉口路段的研究成果。双车道公路村庄路段事故预测模型的研究，充分考虑了我国双车道公路两侧的用地特点，以及我国交通事故数据资料的记录特点。另外，在双车道公路普通路段及村庄路段上，针对碰撞事故、追尾事故、路侧事故等具体事故类型分别进行了研究。对村庄路段的划分及直接进行碰撞事故、追尾事故等事故预测模型的研究在事故预测模型研究中尚属首次。

当然，受我国交通数据及相关研究积累不足的限制，我国事故预测模型研究成果还有很多不完善之处，事故预测模型的研究还有很多工作可做，相应研究成果也将随着我国道路和事故数据的积累，及研究水平的提高不断提高。事故预测的安全评价方法可应用于建设阶段公路的安全评价工作。

二、事故预测模型思路

1. 模型框架

借鉴美国双车道公路事故预测模型，建立我国双车道公路事故预测模型框架如下：

(1)分段建立基础模型

将公路分为普通路段、村庄路段、交叉口，基于统计分析，分别建立道路和交通要素与事故关系的基础模型。

(2)事故修正因子进行修正

由于统计模型自身的缺点，即统计相关性无法说明道路特征与交通控制特征之间的关系，因此，仅用基本模型预测一定基本条件下事故数，不同于基本条件的道路特征、交通控制特征对路段交通事故数的影响都通过事故修正因子(AMF)来修正。

$$N_{rs}=N_{br}(AMF_{1r},AMF_{2r},\cdots,AMF_{nr}) \tag{4-1}$$

式中：N_{rs}——每年应用事故修正因子后各分段的预测的事故数；

N_{br}——基本条件下每年各分段预测的事故数；

$AMF_{1r},AMF_{2r},\cdots,AMF_{nr}$——分路段事故修正因子(以下以 AMF 表示)。

(3)标定

限于时间、经费、我国公路和事故数据的现状，要依据全国的样本来建立这个模型是完全不可能的。借鉴美国建模应用了 1～2 个州的数据，结合项目进行时安保工程正在北京各区县全面开展，充分利用此条件，采集北京双车道公路的线形、事故、交通的数据，来建立初步的模型。

不同地区的事故不同，即使两条路相似，事故也可能不同。由于基础模型的建立是仅用了一个省的数据建立起来的，许多影响因素未含在基本模型里，如事故记录的区别，驾驶员总数、天气的区别等。因此只提供了一个标定过程，每一个省应用预测模型时可以根据当地的安全状况进行调整。公路交通安全特征随着时间是变化的，即使是建模区域的双车道公路，3～5年后需要进行事故预测时，也需要根据彼时的情况进行调整。

标定周期一般为3年，应用标定程序来确定标定系数(预测值＝标定系数×预测模型预测值)，使标定后的事故预测值适应于各个预测区内自身的安全特性。标定不是必须的。根据掌握的数据、经济性等，有不同的标定程序，这里略去。

(4)EB过程

由于基础模型是统计模型，因此其不能完全表示事故偶然性。举例说明，因为弯坡组合处经常发生事故，应用统计模型的结果是有一定的事故数，实际情况是有些弯坡组合处有可能没有事故发生。EB过程以式(4-2)表示，应用EB过程可以将两者结合起来，提高预测准确性。

$$E_p = w(N_p) + (1-w) \cdot O \tag{4-2}$$

式中：E_p——N_p和O加权平均后得到的预测事故数；

N_p——某一时期某条路预测的事故数(所有路段、交叉口预测事故数的和)；

w——权重；

O——某一段时间观测的事故数。

2. 流程

模型流程：分段，将所要预测的公路分成特征类似的普通路段、村庄路段、交叉口等。针对每一段，按图4-2所示流程进行预测。即得到沿公路的各段事故预测值，将各段事故预测值求和即为整条路的事故预测值。

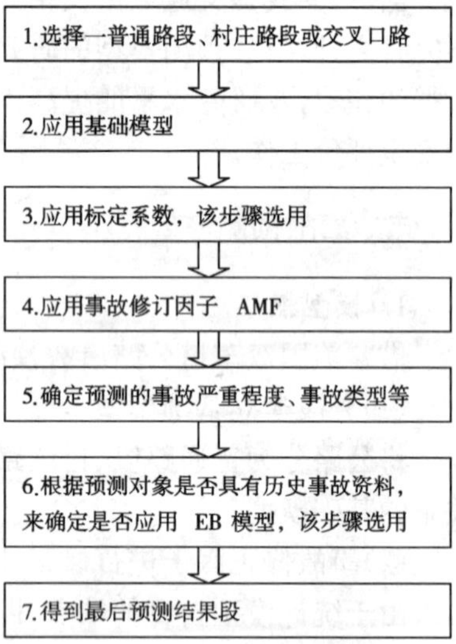

1.选择一普通路段、村庄路段或交叉口路

⇓

2.应用基础模型

⇓

3.应用标定系数，该步骤选用

⇓

4.应用事故修订因子 AMF

⇓

5.确定预测的事故严重程度、事故类型等

⇓

6.根据预测对象是否具有历史事故资料，来确定是否应用 EB 模型，该步骤选用

⇓

7.得到最后预测结果段

图4-2 每一段事故预测流程图

模型优点如下：

(1)是一个定量的预测方法。

(2)AMF使得事故预测结果对于特定地点的道路特征、交通控制特征比较敏感，即可以体现出不同道路特征、不同交通控制特征对事故预测结果的影响。

(3)AMF的应用避免了单纯依靠统计模型的缺陷，即如果仅依据统计相关性，AMF有可能过大、过小或相反。

(4)随着对道路特征、交通控制特征等安全性影响的进一步研究，有明确的论证需要修改，通过修改AMF就可以很容易做到。

(5)随着数据质量的改善、研究的深入，预测方法能够在目前成果基础上继续完善，而不必抛弃现有成果从头开始。

(6)标定过程使预测模型可以根据当地的道路安全状况进行调整。

(7)EB过程可以将预测值和历时事故值充分结合起来,体现事故偶然性和随机性。

模型缺点是:这个预测方法对每一个道路特征、每一个交通控制特征都应用一个AMF,忽略了这些因素之间的关系。理想的情况是:如果这些关联存在,应该在模型中有所体现。但是基于目前所掌握的知识还达不到,如果将来的研究能够获得这方面的进展,可以再将这些结果应用进来。

三、我国双车道公路基础模型

我国双车道公路与美国双车道公路的有如下区别:

(1)交通组成。我国双车道公路上不仅仅是机动车行驶,还有自行车、行人。

(2)道路特征。例如,车道宽度,我国双车道公路车道宽度是3.75m、3.5m、3.0m;美国双车道公路车道宽度分别是2.7m、3.0m、3.3m、3.6m。

(3)道路环境。例如,沿线出入口分布,我国沿公路两侧出入口多而且随意,有些村舍直接开门对着公路;美国地广人稀,私人住宅距离公路较远,且密度远远小于我国。

(4)交通控制特征。例如,交叉口交通控制,我国双车道公路的交叉口基本上没有交通控制,有的连基本的“停”或“让”的标志都没有;美国,交叉口有明确的通行权和优先权的规定。

(5)路侧安全性。例如,路侧边沟,我国双车道公路路侧边沟基本上是矩形边沟;美国从20世纪70年代就开始进行路侧安全的研究设计,边沟基本上是使驶出路外车辆可以驶回公路的浅蝶形边沟。

(6)车辆特性。我国双车道公路上大量车况较差的货车在行驶。

(7)驾驶人驾驶行为、驾驶习惯不同。我国公路上车辆随意超车、越线,随意停放等。

(8)事故特征。上述路、车、人、环境的不同必然导致事故特征有区别。

在基础模型建模工作中,从3 000km的双车道事故、道路、交通组成等数据中提取出了用于基础模型建模的2 000多个样本,利用这些样本进行建模工作。

我国双车道公路与国外不同的一个特点是在公路两侧分布着很多的村镇,居民日常生活的位移需求对公路的安全水平产生了很大的影响。在事故资料收集时也发现,很多事故发生位置由村名等进行表示。在此情况下,充分考虑我国公路的国情,以及充分利用采集来的事故数据(从样本考虑也有好处,例如,一些事故位置标为××村,这样直接归进即可,有利于减少样本损失;同时还可以减少接入口密度判别的工作量),把道路类型分成普通路段、村庄路段、交叉口路段三部分,分别进行预测。

建模工作的开展,是建模、检验和分析,对导致异常情况的样本进行深入分析,再建模、检验和分析等循环深入进行的过程。通过对异常情况的分析,使用于建模的样本数据越来越接近工程实际,拟合结果模型也尽可能精确。尽管普通路段的一般以上事故预测模型和追尾事故预测模型的检验结果不理想,但是所有拟合出的模型仍代表了目前条件下可能拟合出的最好模型,基于获取的数据及样本情况,对普通路段、村庄路段、交叉口路段分别进行了预测模型研究,建模结果汇总情况见表4-5。

基于路段划分的全部建模结果 表 4-5

对象	事故	基础模型
普通路段	全部事故	$p(Y=y_i)=\frac{\Gamma\left(\frac{1}{0.8007984}+y_i\right)}{\Gamma\left(\frac{1}{0.8007984}\right)y_i!}\left(1+\frac{1}{0.8007984\lambda_i}\right)^{\frac{1}{0.8007984}}\left(1-\frac{1}{1+0.8007984\lambda_i}\right)^{y_i}$ $\lambda_i=expo\times e^{(-3.530389+0.0604703h+0.0426319crk+0.0751851hc)}$ 式中：h——路段平曲线用长度加权的弯曲度； hc——路段货车比例； expo——曝露度； crk——每公里接入口个数。
	一般以上事故	$p(Y=y_i)=\frac{\Gamma\left(\frac{1}{0.534151}+y_i\right)}{\Gamma\left(\frac{1}{0.534151}\right)y_i!}\left(\frac{1}{1+0.534151\lambda_i}\right)^{\frac{1}{0.534151}}\left(1-\frac{1}{1+0.534151\lambda_i}\right)^{y_i}$ $\lambda_i=expo\times e^{(-1.362881+0.0320187h)}$ 式中：h——路段平曲线用长度加权的弯曲度； expo——曝露度。
	路侧事故	$p(Y=y_i)=\frac{\Gamma\left(\frac{1}{1.171286}y_i\right)}{\Gamma\left(\frac{1}{1.171286}\right)y_i!}\left(\frac{1}{1+1.171286\lambda_i}\right)^{\frac{1}{1.171286}}\left(1-\frac{1}{1+1.171286\lambda_i}\right)^{y_i}$ $\lambda_i=expo\times e^{(-4.480812+0.8002047qx+0.0704743h+0.0559497hc)}$ 式中：h——路段平曲线用长度加权的弯曲度； expo——曝露度； hc——路段交通量中货车比例； qx——路段所在区县(1 为门头沟,0 为延庆)
	追尾事故	$p(Y=y_i)=\frac{\Gamma\left(\frac{1}{0.7775827}+y_i\right)}{\Gamma\left(\frac{1}{0.7775827}\right)y_i!}\left(\frac{1}{1+0.7775827\lambda_i}\right)^{\frac{1}{0.7775827}}\left(1-\frac{1}{1+0.7775827\lambda_i}\right)^{y_i}$ $\lambda_i=expo\times e^{(-10.01709+0.0306777h+0.1124464crk+0.1719974hc)}$ 式中：h——路段平曲线用长度加权的弯曲度； expo——曝露度； hc——路段交通量中货车比例； crk——每公里接入口个数
	碰撞事故	$p(Y=y_i)=\frac{\Gamma\left(\frac{1}{0.6810461}+y_i\right)}{\Gamma\left(\frac{1}{0.6810461}\right)y_i!}\left(\frac{1}{1+0.6810461\lambda_i}\right)^{\frac{1}{0.6810461}}\left(1-\frac{1}{1+0.6810461\lambda_i}\right)^{y_i}$ $\lambda_i=expo\times e^{(-4.645596+0.0631927h+0.17656zhlc+0.0560254crk+0.0725237hc)}$ 式中：h——路段平曲线用长度加权的弯曲度； expo——曝露度； hc——路段交通量中货车比例； crk——每公里接入口个数； zhlc——路段两侧路侧危险级别的平均值

续上表

对象	事故	基础模型
村庄路段	全部事故	$p(Y=y_i)=\dfrac{\Gamma\left(\frac{1}{0.8256624}+y_i\right)}{\Gamma\left(\frac{1}{0.8256624}\right)y_i!}\left(\dfrac{1}{1+0.8256624\lambda_i}\right)^{\frac{1}{0.8256624}}\left(1-1+\dfrac{1}{0.8256624\lambda_i}\right)^{y_i}$ $\lambda_i=\text{expo}\times e(-3.192039+0.2539114x+0.0673329\text{hc})$ 式中：x——路段横坡用长度加权的值； expo——曝露度； hc——路段交通量中货车比例
	一般以上事故	$p(Y=y_i)=\dfrac{\Gamma\left(\frac{1}{0.332731}+y_i\right)}{\Gamma\left(\frac{1}{0.332731}\right)y_i!}\left(\dfrac{1}{1+0.332731\lambda_i}\right)^{\frac{1}{0.332731}}\left(1-\dfrac{1}{1+0.332731\lambda_i}\right)^{y_i}$ $\lambda_i=\text{expo}\times e^{(-1.224102+0.1239198h)}$ 式中：h——路段平曲线用长度加权的弯曲度； expo——曝露度
	路侧事故	$p(Y=y_i)=\dfrac{\Gamma\left(\frac{1}{1.292546}+y_i\right)}{\Gamma\left(\frac{1}{1.292546}\right)y_i!}\left(\dfrac{1}{1+1.292546\lambda_i}\right)^{\frac{1}{1.292546}}\left(1-\dfrac{1}{1+1.292546\lambda_i}\right)^{y_i}$ $\lambda_i=\text{expo}\times e^{(-10.20017+0.1649236\text{hc})}$ 式中：h——路段平曲线用长度加权的弯曲度； expo——曝露度； hc——路段交通量中货车比例
	追尾事故	$p(Y=y_i)=\dfrac{\Gamma\left(\frac{1}{0.8367338}+y_i\right)}{\Gamma\left(\frac{1}{0.8367338}\right)y_i!}\left(\dfrac{1}{1+0.8367338\lambda_i}\right)^{\frac{1}{0.8367338}}\left(1-\dfrac{1}{1+0.8367338\lambda_i}\right)^{y_i}$ $\lambda_i=\text{expo}\times e^{(-7.103166+0.1300229\text{hc})}$ 式中：h——路段平曲线用长度加权的弯曲度； expo——曝露度； hc——路段交通量中货车比例
	碰撞事故	$p(Y=y_i)=\dfrac{\Gamma\left(\frac{1}{0.4380721}+y_i\right)}{\Gamma\left(\frac{1}{0.4380721}\right)y_i!}\left(\dfrac{1}{1+0.4380721\lambda_i}\right)^{\frac{1}{0.4380721}}\left(1-\dfrac{1}{1+0.4380721\lambda_i}\right)^{y_i}$ $\lambda_i=\text{expo}\times e^{(-3.313053+0.3019637x+0.0539505\text{hc})}$ 式中：x——路段横坡用长度加权的值； expo——曝露度； hc——路段交通量中货车比例
交叉口	全部事故	$p(Y=y_i)=\dfrac{\Gamma\left(\frac{1}{1.002005}+y_i\right)}{\Gamma\left(\frac{1}{1.002005}\right)y_i!}\left(\dfrac{1}{1+1.002005\lambda_i}\right)^{\frac{1}{1.002005}}\left(1-\dfrac{1}{1+1.002005\lambda_i}\right)^{y_i}$ $\lambda_i=e^{(-7.609564+0.0002092\text{jtl}+0.1279471\text{hc})}$ 式中：jtl——交叉口路段交通量的值； hc——交叉口路段交通量中货车比例

在表 4-5 中，汇总了普通路段和村庄路段全部事故、一般以上事故、路侧事故、追尾事故、碰撞事故预测模型的建模结果，其中目前研究水平下普通路段的一般以上事故和追尾事故预测模型相对变量的累积标准残差分析结果不理想。

通过表 4-5 的模型结果统计表，可以计算出事故减少因子，普通路段各模型结果见表 4-6，村庄路段各模型结果见表 4-7。交叉口路段模型结果见表 4-8。事故减少因子的含义为：根据预测模型，一个自变量增加一个单位，其他自变量保持不变的情况下事故降低的百分比。负的事故减少因子表示当该自变量增加一个单元时，事故增加。

普通路段全部模型的事故减少因子 表 4-6

自变量	全部事故	一般以上	路侧事故	追尾事故	碰撞事故
h	−6.233 6	−3.253 681	−7.301 699	−3.115 311	−6.523 21
crk	−4.355 37			−11.901 228	−5.762 45
hc	−7.808 37		−5.754 449	−18.767 475	−7.521 83
zhlc					−19.310 6

村庄路段全部模型的事故减少因子 表 4-7

自变量	全部事故	一般以上	路侧事故	追尾事故	碰撞事故
h		−12.794 839	−17.930 302		
x	−28.905 759				−35.251 213
hc	−6.965 151			−13.885 446	−5.543 236

交叉口路段全部模型的事故减少因子 表 4-8

自变量	全部事故	一般以上	路侧事故	追尾事故	碰撞事故
jtl	−0.020 922				
hc	−13.649 288				

模型中变量的定义如下：

(1)整合路侧 zhlc

整合路侧指标是一个表征样本两侧路侧危险情况的指标，为表征样本两侧路侧危险级别的整体水平，整合路侧为主线左右两侧路侧级别取平均值。

$$\text{zhlc}=\frac{\text{zlc}+\text{ylc}}{2} \tag{4-3}$$

式中：zlc——主线左侧路侧级别；

ylc——主线右侧路侧级别。

(2)路段出入口数量 crk

在路段出入口数据采集的原始记录中，记录的是 0.1km 内出入口的数目。如果在样本中保持 0.1km 的记录标准，0.1km 标准内出入口数目的变化范围会很小，不利于建模数据研究需要。为此，把路段出入口数量定义为每公里路段出入口数量(从起点开始，每公里路段出入口数量)。

(3)年平均日交通量 YAADT

年平均日交通量指标，反映的是在样本事故周期内，交通量的日平均情况。

$$\text{jtl}=\text{YAADT}=\frac{\sum_{i}^{n}\text{AADT}_\text{i}}{n} \tag{4-4}$$

式中：AADT_i——第 i 年平均日交通量；

n——年数。

(4)货车比例 hc

货车比例指标，反映的是在样本事故周期内，货车在全部交通量中所占的平均比例。

$$hc=\frac{\sum_{i}^{n}\frac{\text{HYADT}_\text{i}}{\text{YADT}_\text{i}}\times 100}{n} \tag{4-5}$$

式中：HYADT_i——第 i 年货车平均日交通量；

YADT_i——第 i 年全部车型平均日交通量；

n——用于计算的年数。

(5)路段长度 ldcd

路段长度指标，用于表征样本的长度，其计算方法是路段终点桩号减去路段起点桩号。

$$\text{Ldcd}=\text{ldqd}-\text{ldzd} \tag{4-6}$$

(6)安全曝露度(expo)

安全曝露度综合考虑了样本的交通量和路段长度情况，是表征安全曝露程度的指标。

$$\text{expo}=\frac{\text{YAADT}\times 365\times \text{n}\times \text{ldcd}}{10^6} \tag{4-7}$$

式中：YAADT——年平均日交通量；

n——年数；

ldcd——路段长度。

(7)平曲线弯曲度

平曲线弯曲度为平曲线弯曲曲率转化成角度值。

$$\text{PWD}\{\text{i}\}=\frac{180}{\pi}\times H \tag{4-8}$$

(8)样本平曲线弯曲度 h

代表样本内平曲线弯曲程度。

$$h=\text{LPW}=\sum\nolimits_\text{i}\frac{l_\text{i}}{\text{ldcd}}\times \text{PWD}\{i\} \tag{4-9}$$

式中：l_i——样本内第 i 个平曲线的长度；

$\text{PWD}\{i\}$——第 i 个平曲线的弯曲度。

(9)竖曲线弯曲度

竖曲线弯曲度为竖曲线弯曲曲率转化成角度值。

$$\text{SWD}\{i\}=\frac{180}{\pi}\times v \tag{4-10}$$

(10)样本竖曲线弯曲度 v

代表样本内竖曲线弯曲程度。

$$v=\text{LSW}=\sum_i \frac{l_i}{\text{ldcd}}\times \text{SWD}\{i\} \tag{4-11}$$

式中： l_i——样本内第 i 个竖曲线的长度；

SWD$\{i\}$——第 i 个竖曲线的弯曲度。

(11)样本坡度 g

代表样本内坡度整体情况。

$$g=\text{LPD}=\sum_i \frac{l_i}{\text{ldcd}}\times G\{i\} \tag{4-12}$$

式中： l_i——样本内第 i 个坡段的长度；

$G\{i\}$——第 i 个坡段的坡度。

(12)样本横坡度 x

代表样本内横坡整体情况。

$$x=\text{LHPD}=\sum_i \frac{l_i}{\text{ldcd}}\times X\{i\} \tag{4-13}$$

式中：l_i——样本内第 i 个横坡段的长度；

$X\{i\}$——第 i 个横坡段的横坡度。

四、事故修正因子

事故修正因子成果，来源于前后对比分析、统计模型、历史研究成果等多个方面，其中来源于前后对比分析的结果最为精确。由于前后对比分析研究所需积累周期较长，我国 AMF 研究的进行要随着我国相关研究的深入及数据积累来函渐完善。下面介绍交通部公路科学研究院进行的接入口因素事故修正因子的基础工作。

本章"接入口"这种相交形式定义为：非信号控制、接入道路上有一定并相对稳定的交通量、对主线行车有一定干扰、接入道路的等级低于 4 级。接入道路上可设置让行或停车标志。如：单位、厂区、库房、居住小区等接入公路的接入口，其有一定量的交通、接入道路等级低于 4 级、接入处进和出车辆使用同一车道。

为量化在双车道公路上接入口对安全的影响情况，分别分析了接入口单因素、考虑交通量和路段长度两个因素，以及综合考虑接入口与线形、交通组成等多因素的安全影响分析。

(1)单因素影响分析

接入口密度单因素对不同分类的事故的影响关系进行相关分析，分析结果见表 4-9。

单因素相关分析结果 表 4-9

事故类型	全部事故	一般以上事故	路侧事故	追尾事故	碰撞事故
与接入口密度的相关系数	0.443	0.357	0.488	0.443	0.443

可以看出接入口密度对全部事故次数、一般以上事故次数、路侧事故次数、追尾事故次数和碰撞事故次数都是正影响的，其中对路侧事故次数影响最大。

(2)考虑交通量和路段长度因素的接入口对安全影响分析

在分析接入口对安全影响关系时，样本的长度、时间跨度、交通量等对相关分析有一些干扰，分析时应尽可能保证影响因素的一致性。为减少样本路段长度、交通量等因素的影响，进行接入口密度与事故率的分析。接入口密度与各形态事故率相关分析结果见表 4-10。

接入口密度与各形态事故率相关分析结果表　　　表 4-10

事 故 类 型	总 事 故 率	一般以上事故率	路侧事故率	追尾事故率	碰撞事故率
与接入口密度的相关系数	0.473	−0.100	0.045	0.565	0.040

由表 4-10 可以看出，接入口密度与总事故率、路侧事故率、追尾事故率和碰撞事故率都为正相关关系，即随着接入口密度的增加，上述几种事故率有增加的趋势。其中与总事故率的正相关关系比较明显，与追尾事故的正相关关系最明显。

基于表 4-10 的分析结果，对总事故率与接入口密度关系，以及追尾事故率与接入口密度关系进行详细分析，并拟合相应关系模型，经多种形式拟合结果表明，线性拟合最优。拟合结果见图 4-3 和图 4-4。

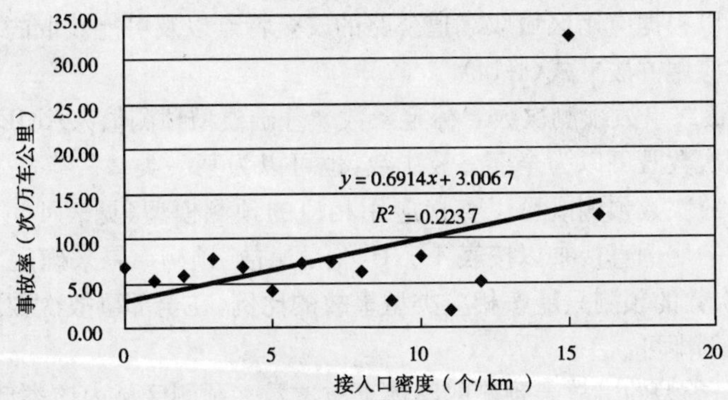

图 4-3　总事故率和接入口密度对应关系图

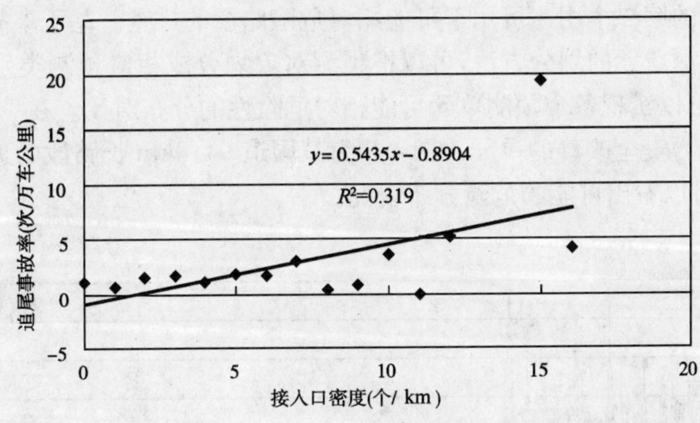

图 4-4　追尾事故率和接入口密度对应关系图

由图 4-3 和图 4-4 的分析结果可进一步证明，总事故率和追尾事故率都随着接入口密度的增加而增加，且追尾事故率与接入口密度的线性拟合结果优于总事故率，即追尾事故率随着接入口密度增加而增加的趋势最为明显。

按前面事故减少因子的定义，图 4-3 和图 4-4 的线性拟合结果可以得出单因素的事故减少因子。负的事故减少因子表示当该自变量增加一个单元时，事故增加。简单的线性回归模型得到总事故率的事故减少因子为−69.14，追尾事故率事故减少因子为−54.35。即接入口密度每增加一个单位，总事故率增加 69.14%，追尾事故率增加 54.35%。

五、预测模型应用

1. 模型用途

对于事故预测模型应用来说，可以体现在两个方面：一个是用于不同设计方案的对比分析，供设计人员作为设计方案对比选择的参照标准；另一个是类似于事故多发段判别分析，从一个路段、一条路或一系列对比单元中判别出可能相对危险的路段。

(1)不同设计方案的交互式对比分析

事故预测模型可以对不同设计方案分别进行预测，然后通过预测结果的对比来作为方案选择的依据。模型具体构成包括基础模型、标定系数、事故修正因子(AMF)的几个层次，具体应用的时候用户可以根据应用区域双车道公路的安全特点以及可能获取的资料情况来确定选用何种程序。具体应用方法见式(4-14)。

$$最终事故预测次数=标定系数\times基础模型预测值\times AMF \tag{4-14}$$

其中事故预测次数既可以为全部事故次数，也可以为某一类事故事故次数。普通路段和村庄路段某一类事故次数预测既可以直接应用相应的预测模型(见表4-5)，也可以根据所应用区域的各类事故的比例直接乘以按表4-5中“全部事故”预测结果来确定。而对于交叉口来说，按某一类事故次数的预测只能按相应类型事故的比例，在全部事故次数预测基础上直接倍乘预测类型事故比例即可。

$$预测的某一类型的事故=预测的整体事故次数\times预测区域内该类型事故比例 \tag{4-15}$$

(2)可能相对危险路段的排查

事故预测模型的第二个用途可用于可能相对危险路段的排查。基于事故预测模型应用时预测对象类别和预测单元的划分方法，可以把预测对象划分成相应预测类别的若干个预测单元，通过预测结果可以实现各个预测单元可能相对危险性的分布对比。在一定标准下，选择预测危险性高的单元为安全改善的单元。图4-5为某国道94.8km长路段的追尾事故预测分布情况，通过图4-5可以看出可能的危险分布情况。

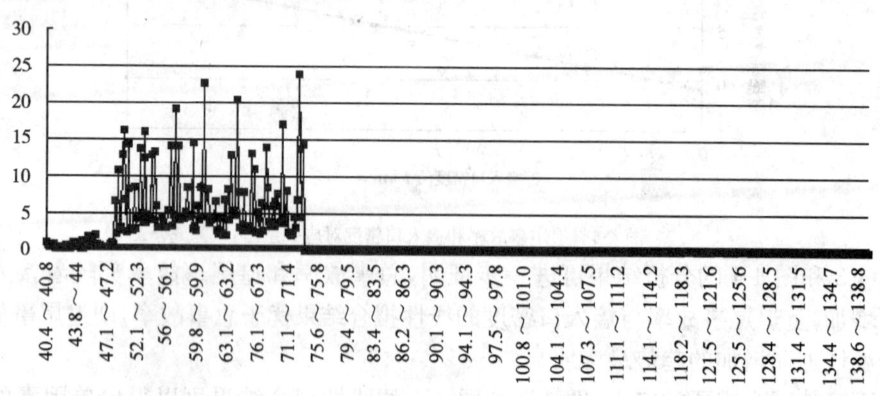

图4-5 追尾事故预测分布情况图

2. 应用

(1)数据采集范围及内容

事故预测模型分析方法实际应用时，需要根据预测模型研究成果中包含的要素情况，收集相应的数据资料。具体收集数据内容如图 4-6,并对采集来的数据进行变量定义。

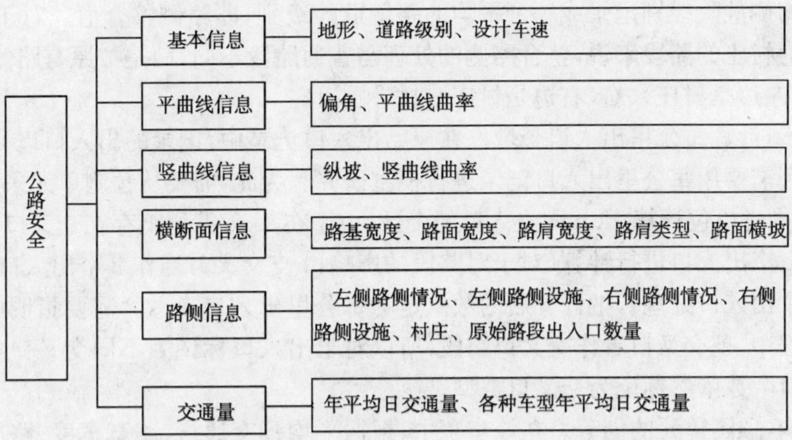

公路安全	数据类别	内容
	基本信息	地形、道路级别、设计车速
	平曲线信息	偏角、平曲线曲率
	竖曲线信息	纵坡、竖曲线曲率
	横断面信息	路基宽度、路面宽度、路肩宽度、路肩类型、路面横坡
	路侧信息	左侧路侧情况、左侧路侧设施、右侧路侧情况、右侧路侧设施、村庄、原始路段出入口数量
	交通量	年平均日交通量、各种车型年平均日交通量

图 4-6　双车道公路安全事故模型包含的数据采集范围

(2)基于线形车采集数据的合成变量计算

事故预测模型研究时,为了更好地分析道路特征要素与道路安全的相互规律关系,在坡度、平曲线曲率等原始表征道路特征要素的变量基础上,又新合成了一些变量,有整合路侧出入口密度、曝露度(Exposure)、接入口密度、交叉口密度等。事故预测模型应用时同样需要对合成变量进行处理。

(3)普通路段、村庄路段、交叉口路段的预测类别划分

根据我国双车道公路综合事故预测模型的研究成果,研究时把预测类别划分成普通路段、村庄路段、交叉口路段三部分,模型应用时,也要根据建模时划分标准,对预测对象进行预测类别的划分。

(4)路段预测对象单元的划分

根据前面所说预测模型研究的方法,需要对普通路段等预测类别进行进一步的划分,从而使其成为一个个可以直接进行事故预测的预测单元,预测单元的划分,根据下面要素的变化来确定样本的结束和新样本的开始:

①平均日交通量;

②路基宽度;

③路肩宽度;

④路肩类型;

⑤接入车道密度(每公里接入车道数);

⑥ 路侧危险度(左右两侧的平均路侧危险度)。

对单一预测单元的要求上述几个指标在样本内保持一致性,同时预测单元的选择要综合考虑交叉口、平曲线的开始和结束、变坡点等因素。

(5)基于线形车采集数据的预测单元划分步骤

以线形车采集的数据为例来说明预测单元的划分过程。该过程是应用 VB 程序从大量的原始数据采集表格中提取出样本的过程。

第一步,计算整合路侧值。在原始路侧信息记录中,记录的是左右两侧路侧的危险级别,

而模型研究中需要的是道路两侧路侧的一个整体情况。为此，在该步骤中，把原始记录中的左右两侧的路侧危险级别记录成一个平均的路侧危险级别，即路侧整合值。对于左右两侧路侧条件标识为村庄的路段来说，整合路侧的处理与普通路段不同，而是按原有路侧村庄分布情况设置为左（左边是村庄）、右（右边是村庄）、村、镇。

第二步，计算每公里出入口个数。在原始出入口记录中，记录的出入口以0.1km为单位，而前面提到需要用每公里出入口记录进行模型研究。为此，需要从预测单元采集的起点开始，以1km为推进单位计算1km内出入口的个数，由于在1km路段上存在交叉口等，在计算时把交叉口按2个出入口进行计算（对于对路段的影响，4支交叉口当作2个出入口，3支交叉口适当当作1个出入口处理），把计算后的数值定为每公里出入口个数。需要指明的是，由于在数据采集过程中，把交叉口看作交叉口路段，所以对于出入口标记为不同交叉口类型的路段，每公里出入口个数依然标记为交叉口类型。

第三步，预测单元的划分。在该步骤中，根据平均日交通量、路基宽度、路肩宽度、路肩类型、接入口密度（每公里接入口数）、路侧危险度（左右两侧的平均路侧危险度）等指标的变化情况来提取预测单元，上述指标保持一致的部分计为一个对象。由于样本分为交叉口、普通路段、村庄路段，对应于上述的预测单元提取标准，预测单元也相应分成三种类型，其中交叉口和村庄路段两端向外各延长100m。

第四步，加入路基宽度和路面宽度指标。在该步骤中，对于提取出来的每个预测单元，根据其所在的道路编号和里程范围，确定其路基宽度和路面宽度指标。

第五步，加入交通量和货车比例。首先根据道路编号和事故周期确定要进行整合的交通量范围，然后计算该周期内交通量的年平均值，货车比例类似计算。其次，对应于提取出来的每个预测单元，根据其所在的道路编号和里程范围，确定其平均交通量和货车比例值。

第六步，预测单元对应各类型事故次数。在该步骤中，对应于提取出来的每个预测单元，根据其所在的道路编号和里程范围，把在相应里程范围和事故周期内的相应类型（总体事故、一般以上事故、路侧事故、碰撞事故、追尾事故）的事故次数进行记录。

第七步，线形采集车线形数据的标准化处理。在该步骤中，把线形检测车的数据格式变成与事故、交通量等统一的格式。

第八步，线形采集车线形数据对应运营桩号的处理。前面已经提到，在整个数据研究过程中，以运营桩号为主键进行标志，线形检测车的里程数据要尽可能与运营桩号对应。线形检测车检测的时候，只要存在整公里桩（标度为1）和500m桩（标度为2），检测时，在这些位置进行标注。该步骤的核心思想就是在1km或者500m内把测试桩号和实际运营桩号之间的差值平均处理，把差值平均化到每个小段。

第九步，预测单元对应平纵横要素数据。在该步骤中，对应于提取出来的每个预测单元，根据其所在的道路编号和里程范围，对相应的处理后的线形数据进行处理，按预测单元竖曲线弯曲度、预测单元平曲线弯曲度、预测单元坡度、预测单元横坡度等计算公式提取相应数据值。

第十步，预测单元数据最后整理。在该步骤中，进行安全曝露度（expo）等指标的最终计算，数据完整，可用于预测建模预测结果计算使用。

表4-11为预测单元划分后各个预测单元信息表格。

预测单元划分后各个预测单元信息表格　　表 4-11

性质	起桩号	终桩号	zhlc	crk	hc	qs	yb	lc	zw	pz	G	V	H	X	expo
路段	24.1	24.2	2	16	50.871	1	0	0	0	0	0.56	0.06	0.25	0.85	0.437416037
路段	24.9	25	2	16	50.871	2	0	1	1	0	1.03	0.027	0.46	0.8	0.437416037
路段	25	25.3	1.5	10	50.871	7	2	3	3	1	1.440741	0.09185185	0.9074074	1.081481	1.31224811
路段	25.3	25.6	1	10	50.871	2	0	1	0	1	2.482759	0.1262069	3.348276	3.834483	1.311224811
路段	25.8	26	1.5	10	50.871	5	1	0	3	1	0.5347826	0.2156522	8.543478	4.086957	0.874832073
路段	26	26.1	2	2	50.871	3	0	1	2	0	0.75	0.106	26.15	3.92	0.437416037
路段	26.1	26.2	4	2	50.871	3	0	0	1	3	0.2	0.19	2.4	0.74	0.437416037
路段	26.2	27	2	2	50.871	23	4	5	5	11	0.53875	0.174375	12.5325	3.69	3.499328292
路段	27	27.1	3	2	50.871	15	0	7	5	6	0.34	0.079	10.64	2.14	0.437416037
路段	27.1	27.3	2	2	50.871	4	0	2	1	1	0.44	0.103	3.235	1.765	0.874832073
路段	27.3	27.4	1.5	2	50.871	0	0	0	0	0	0.31	0.09	9.66	3.16	0.437416037
路段	27.4	27.6	2.5	2	50.871	7	0	1	2	3	0.315	0.186	16.595	3.01	0.874832073
路段	27.6	27.7	3	2	50.871	3	0	1	2	0	0.45	0.194	13.53	3.44	0.437416037
路段	27.7	28	2	2	50.871	2	0	0	0	0	0.36	0.1263333	5.863333	1.466667	1.31224811
路段	28	28.1	2	1	50.871	8	1	3	1	3	0.4272727	0.1572727	4.6	1.9099091	0.437416037

(6)基础模型的应用

在把预测单元进行划分后，把这些单元的各个要素信息带入事故预测模型的相应均值函数，即可以得到各个单元预测的事故均值情况。

3. 预测结果分析

(1)不同设计方案对比分析

事故预测模型应用的第一个用途为进行不同设计方案的对比分析，以供设计人员参照。以某设计对象的两个方案为例。在两个方案中，路基宽度为 8.5m，交通量为 3995 辆/d，货车比例为 80.87%，保持不变，设计方案中路段出入口密度和平曲线弯曲度发生变化，两个方案的事故预测结果见表 4-12。

两个设计方案的预测值对比情况　　表 4-12

方案	路段长度	路段出入口密度	平曲线弯曲度	曝露度	预测值
一	0.3	10	0.907	1.312	2.849
二	0.3	4	4.37	1.312	2.720

由表 4-12，方案二预测事故情况略微优于方案一，设计时，可考虑优先选用。

(2)可能相对危险路段的排查分析

在某路可能相对危险路段的排查分析中，根据追尾事故预测值，按 A95 标准进行事故水平相对较高路段的判定，判别出的追尾事故较高路段的总结情况见表 4-13。安全改善时，可以根据排序选定安全整改的路段及次序。

追尾事故修订值按 A95 判定结果推荐安全改进的路段排序　　表 4-13

路　段	次序	路　段	次序	路　段	次序
72.4 到 73.1	1	56.5 到 57	11	53.5 到 43.6	21
60.5 到 61	2	57.8 到 58.1	12	66.6 到 67	22
64.1 到 64.7	3	68.4 到 68.8	13	48.5 到 49	23
57.2 到 57.6	4	52.5 到 53.1	14	60.2 到 60.4	24
70.5 到 70.9	5	73.1 到 73.3	15	58.6 到 58.8	25
49.6 到 50.1	6	54.8 到 55.1	16	51.7 到 52	26
53.6 到 54	7	66 到 66.5	17	68.8 到 69.1	27
59.1 到 59.6	8	49.2 到 49.6	18	61.3 到 61.5	28
50.5 到 51.1	9	54.4 到 54.7	19	63.2 到 63.4	29
73.4 到 73.7	10	63.5 到 63.8	20	61.1 到 61.3	30

综上，尽管预测模型的应用受可利用数据水平的限制，但是由于该方法综合了历史事故和历史上关于安全研究的大多数成果，并从统计学角度进行客观分析，其结果对于进行安全改善或设计方案的改进是十分有益的。

第五节　速度一致性

一、概述

设计一致性，是指公路实际特征与驾驶者的期望特性相一致。在公路安全设计中，借助设计一致性检验进行交互式设计对于道路安全水平的提高有很大的益处。

当前，在公路设计上为保证设计一致性有三种设计方法分别为基于设计速度的设计方法、基于运行速度的设计方法和两种方法的结合。设计速度的概念被许多国家采用了很多年，我国是基于设计速度理论的国家。美国采用设计速度进行设计，其提出设计一致性来检验线形设计的优劣。这种方法主要是依据道路的线形特征，通过运行速度预测模型的预测来交互式地进行公路一致性设计。即在按设计速度设计出初始线形后，再采用运行速度进行设计检验与修正，直至满足一致性检查为止。

在我国，基于设计一致性的安全评价方法已经进行了较多的研究和应用，如已出版的《公路项目安全性评价指南》，可指导高速公路及一级公路的安全评价工作。此外，《双车道公路安全性评价指南》也在编制过程中。对于设计一致性评价的方法，多用于设计阶段的公路评价，运行后的公路一般根据实测运行速度进行评价。

在本节，主要介绍基于运行速度的相关安全评价方法，设计一致性通过运行速度一致性来表现。本节对设计一致性相关的研究成果进行了总结，主要包括设计一致性分析程序，双车道公路运行速度预测方法，高速公路运行速度预测方法等。

二、设计一致性的提出及判别标准

1. 设计一致性的提出

美国基于车辆行驶速度逐渐提高的事实，认识到设计速度应该更真实反映实际驾驶行为，由此在其新版的《公路与城市道路几何设计指南》中，对于设计速度大于 100km/h 的高速公路仍采用设计速度的设计方法与流程，但对平曲线半径、最大纵坡与坡长限制、视距和加减速车道等一些关键性设计指标的选取，在原设计速度后增加了对应的运行速度指标，要求按实际的运行速度进行调整修正。而对于 80km/h 以下，设计速度较低的双车道公路，提出了设计一致性的检查要求。

近年来，美国根据双车道公路运行速度与事故的统计分析表明，运行速度一致性指标与事故率之间的相关性较好，因此，其成为美国 IHSDM 评价线形一致性的首选，根据运行速度模型推算出两个指标，如表 4-14。美国 IHSDM 中的设计一致性模型是关于设计一致性研究的比较综合的成果，该模型是度量公路线形设计整体协调性的模型。在该模型中，主要认为实际出现的道路特征与驾驶者的期望特征有偏差时，驾车人就可能犯错误。驾驶员的期望有惯性，所以道路设计特征也应有可期望的惯性特征。

运行速度一致性指标 表 4-14

指标	内　容	状态 1(km/h)	状态 2(km/h)	状态 3(km/h)
指标 1	沿线的运行速度 v_{85} 与设计速度的偏差值	$(v_{85}-v_{设计})\leqslant 10$	$10<(v_{85}-v_{设计})\leqslant 20$	$(v_{85}-v_{设计})>20$
指标 2	相临路段间运行速度 v_{85} 的偏差值	$\Delta v_{相临路段}\leqslant 10$	$10<\Delta v_{相临路段}\leqslant 20$	$\Delta v_{相临路段}>20$

注：同时符合两个指标状态 1 的表明线形指标好，几乎没有事故；同时符合两个指标状态 2 的表明线形指标较好，事故率较低；同时符合两个指标状态 3 的表明线形指标差，事故率较高。

设计一致性从狭义上讲主要是指：公路线形的设计和驾驶员的期望驾驶速度的一致性。从广义上讲是指公路各设计要素的改变应该与驾驶行为相匹配。在 IHSDM 中期望速度是指特定的公路设计要素所对应的行驶车速。该车速是以设计车速为中心上下起伏，形成车速分布曲线，以这一曲线映射出公路设计的特性变化。一致性模型通过速度指标确认设计方案中一致性有波动的区段，使设计人员根据模型所提供的信息，有针对性地进行改进，并根据改进后方案所体现出的速度曲线的平顺性，评估方案的安全改进效果。

2. 设计一致性判别标准

原联邦德国和美国分别建立了对小客车行车速度差的控制值。即在路线线形设计中采用两个安全评价标准：路段间的速度连续性与实际运行速度和设计速度间的一致性。其对应的线形质量评价标准如下：

连续性设计标准

(1)好的设计：路段间的运行速度差 $\Delta v_{85}\leqslant 10$km/h；

(2)可以接受的设计：10km/h＜路段间的运行速度差 $\Delta v_{85}\leqslant 20$km/h；

(3)不良设计：路段间的运行速度差 $\Delta v_{85}>20$km/h。

在实际行驶过程中，车辆的运行速度通常与道路所处环境和地形有关，并不与路线的设计车速保持一致，这就导致驾驶员在实际行车时通常超过设计速度，特别是在设计速度较低时。因此，使设计速度和运行速度相一致是另一重要的安全评价标准。同样美德两国在此问题上取得了一致结论，并给出了相的评价标准。即通过运行速度 v_{85} 与设计速度 v_d 之差，评价路线设计的优劣。

设计速度一致性评价标准：

(1) 好的设计：$v_{85}-v_d\leqslant 10$km/h；

(2)中等设计：10km/h$<v_{85}-v_d\leqslant$20km/h；

(3)不良设计：$v_{85}-v_d>$20km/h。

我国近年来也进行了基于运行速度的设计方法与标准的相关研究，交通部推荐性标准《公路项目安全性评价指南》对设计阶段、运营阶段这两个阶段的运行速度协调性、设计速度与运行速度协调性的评价进行了规定。

在该标准中，运行速度协调性是评价线形设计一致性的指标，采用相邻单元路段间运行速度的变化值进行评价。在设计阶段，其评价方法为：根据运行速度预测方法对各相邻路段的线形特征点（起点、终点，平曲线起、终点及曲中点，竖曲线变坡点等）进行双向运行速度预测并计算相邻路段运行速度的差值。在运营阶段，其评价方法为：采用实测运行速度（采用断面测速进行统计后得出的代表车型的运行速度）进行，条件不具备时也可采用运行速度计算模型进行预测。各阶段的评价标准是统一的：评价指标采用相邻路段运行速度的差值 v_{85}，①当 $|\Delta v_{85}|<$10km/h 时表示运行速度协调性好；②当 $|\Delta v_{85}|$ 为 10～20km/h 时表示运行速度协调性较好，条件允许时宜适当调整相邻路段技术指标使运行速度的差值小于或等于 10km/h；③当 $|\Delta v_{85}|>$20km/h 时表示运行速度协调性不良，相邻路段需重新调整平、纵面设计。

三、设计一致性分析程序

设计一致性分析程序和基于运行速度的设计程序是基本一致的。

(1)澳大利亚运行速度设计程序

澳大利亚联邦公路局则将运行速度概念贯穿于路线设计的始终，提出了具体的设计流程；即在初始平面线形和纵坡设计的基础上，通过运行速度预测模型推算各路段的运行速度，并以一定“设计控制原则”为标准，检验和修正初期的平纵设计，然后根据调整后的路线平纵线形和运行速度，最终确定曲线超高、加宽、视距等设计指标。这一设计思路在其 1989 年出版的《道路几何线形设计指南》中提出了详细的运行速度设计流程，如图 4-7 所示。

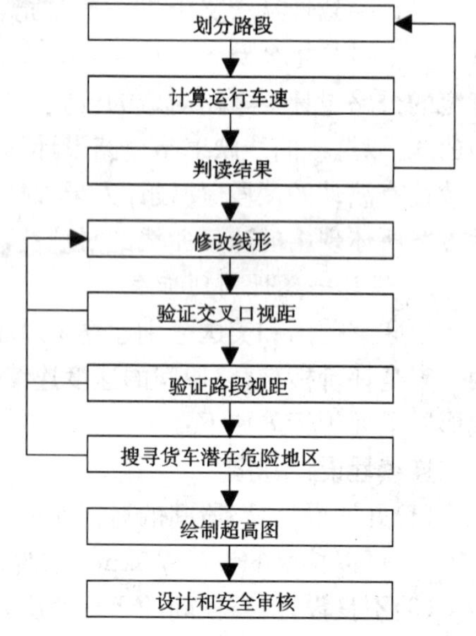

图 4-7 澳大利亚公路局推荐的设计流程

该方法建立了小客车与重型货车运行速度的对应关系，并分别给出了直线段、曲线段和纵坡坡道上的运行速度变化规律。澳大利亚的路线设计思路与设计车速完全脱钩，是真正意义上的运行速度设计方法。

(2)我国基于运行速度设计程序

借鉴国外研究思路，我国运行速度设计程序包括如下几个步骤，如图 4-8 所示。

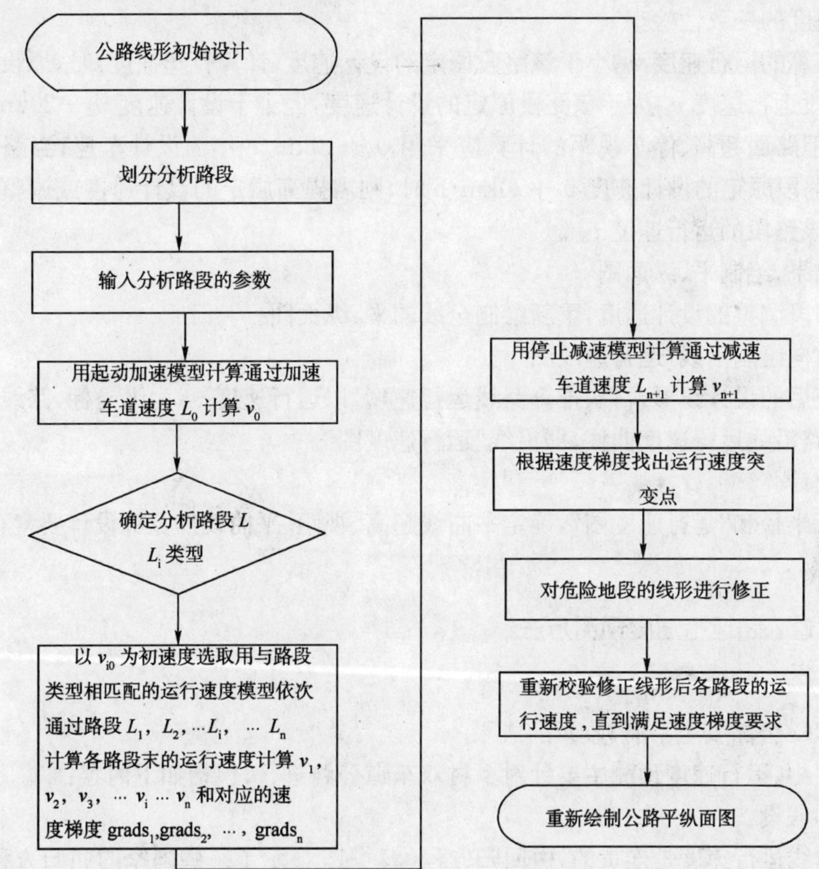

图 4-8　我国运行速度的设计流程

①初始设计

根据前期可行性研究确定的公路设计速度标准进行公路线形初始设计，绘制平面图和纵断面图。

②运行速度检验和修正

进行全线运行速度检查，找出运行速度突变点，对危险路段线形进行修正。检验的具体步骤又包括划分分析路段和运行速度 v_{85} 的测算。其中划分分析路段是根据曲线半径和纵坡坡度的大小将整条路线划分为直线段、纵坡段、平曲线段和弯坡组合段等若干分析单元。其中纵坡坡度小于 3%的直线段和半径 1 000m 以上的大半径曲线自成一段；其余小半径曲线段、纵坡坡度大于等于 3%、坡长 300m 以上的纵坡路段以及弯坡组合路段，作为独立单元分别进行运行速度测算；当直线段位于两小半径曲线段之间，且长度小于临界值 200m 时，则该直线视为短直线，车辆在此路段上的运行速度保持不变。v_{85} 的测算主要根据运行速度预测模型公式计算来完成。

③线形的连续性检验

检验相邻路段的运行速度 v_{85} 之差。两相邻均匀路段之间的运行速度差应控制在 10km/h

以内;不符合要求的线形设计应进行调整或设置一过渡段。

④设计速度的一致性检查

当路段推算的运行速度 v_{85} 小于该路段原定的设计速度(计算行车速度)时,原设计车速不需调整;若路段运行速度 v_{85} 大于该路段原定的设计速度,但小于设计速度 v_d+20km/h 时,设计速度保留,但路面超高、停车视距的计算应采用 v_d+10km/h 作为设计车速;当路段运行速度 v_{85} 大于该路段原定的设计速度 v_d+20km/h 时,则需提高原定的设计速度或调整路线设计要素,以减少该路段的运行速度 v_{85}。

⑤修正结果,绘制平、纵面图

根据各路段调整的设计速度,重新绘制全线的平、纵面图。

⑥按双方向绘制沿线“运行速度图”

根据修正后的设计线形,再次推算路线运行速度,以运行速度 v_{85} 为纵坐标,路线长度为横坐标,绘制公路沿线运行速度曲线,即沿线“运行速度图”。

⑦完成设计

根据设计半径和“运行速度图”,确定平曲线超高、视距、平曲线加宽等设计要素,最终完成路线线形设计。

四、双车道公路运行速度预测方法

1. 国外

(1)PIARC《公路安全手册》收录的成果一

在该方法中,运行速度预测主要针对乡村双车道公路进行,包括如下内容:

①主要的假设:

a. 假设曲线运行速度是连贯的,由回归方程(表 4-15 显示了一些国家的回归方程)计算相应数值;

b. 直线段上的速度是用同一个方程式计算的,CCR(曲率变化率,gon/km)取 0;

c. 当进出曲线时,建议的加减速度是 0.85m/s^2。

乡村双车道公路运行速度的衰减模型　　表 4-15

国家	模型(km/h)	限速(km/h)
德国	$v_{85}=\frac{10^6}{8.270+8.01\text{CCR}}$	100
澳大利亚	$v_{85}=101.2-0.043\text{CCR}$	90
加拿大	$v_{85}=(e^{4.561-5.27\times10^{-4}\text{CCR}})$	90
美国	$v_{85}=103.04-0.053\text{CCR}$	90
法国	$v_{85}=\frac{102}{1+346(\text{CCR}/63\,700)^{1.5}}$	90
希腊	$v_{85}=\frac{10^6}{101\,501+8.529\text{CCR}}$	90
黎巴嫩	$v_{85}=91.03-0.056\text{CCR}$	80

②实施程序

第一步　计算下面的参数，参数定义如表 4-16。

参数定义　　表 4-16

参数	表　述	来　源
v_{C1}	曲线 1 上的运行速度	表 4-15 中的方程
v_{C2}	曲线 2 上的运行速度	表 4-15 中的方程
L_t	两条曲线之间的直线段长度	从定点/规划/资料中获取
v_{t85}	期望速度	表 4-15 中的方程 CCR=0
TL_{min}·	一辆车通过加减速从初速度 v_{C1} 变化到最终速度 v_{C2} 所必需的长度	$TL_{min}=\left\lvert\frac{v_{C1}^2-v_{C2}^2}{25.92\times a}\right\rvert$ 或 $TL_{min}=\left\lvert\frac{v_{C1}^2-v_{C2}^2}{25.92\times d}\right\rvert$
TL_{min}	一辆车通过加速从初速度 v_{C1} 变化到期望速度 v_{t85} 或者通过减速减到最终速度 v_{C2} 所必需的长度	$TL_{min}=\left\lvert\frac{v_{C1}^2-v_{t85}^2}{25.92\times a}\right\rvert+\left\lvert\frac{v_{t85}^2-v_{C2}^2}{25.92\times d}\right\rvert$
v_{tmin}	当直线段长度不足以使车辆达到期望的速度时所能达到的最大速度	$v_{tmax}=\sqrt{\frac{v_{C1}^2+v_{C2}^2+25.92\times a\times L_t}{2}}$

第二步：按照下面的流程图 4-9 进行计算操作

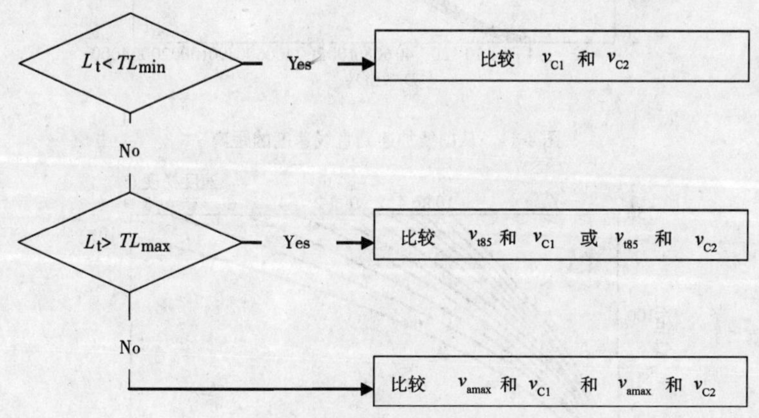

图 4-9　运行速度计算流程图

(2)PIARC《公路安全手册》收录的成果二

该成果反映的是西班牙的研究成果，有如下步骤。

①根据下面公式计算曲线上的 v_{99}：

$$v_{99}=\sqrt{127R(0.25+e)} \tag{4-16}$$

②与在曲线连接的直线上 v_{99} 是 D_t 的函数，查图 4-10；D_t 由下式计算：

$$D_t=D+D_a+D_s \tag{4-17}$$

式中：D——两个曲线间的直线长度，查图4-10；

D_a——从曲线上速度 v_{99} 加速到连接直线的距离，查图4-11；

D_s——速度降低到研究对象曲线上 v_{99} 的距离，查图4-12。

③对比连接直线上 v_{99} 和曲线上 v_{99}。

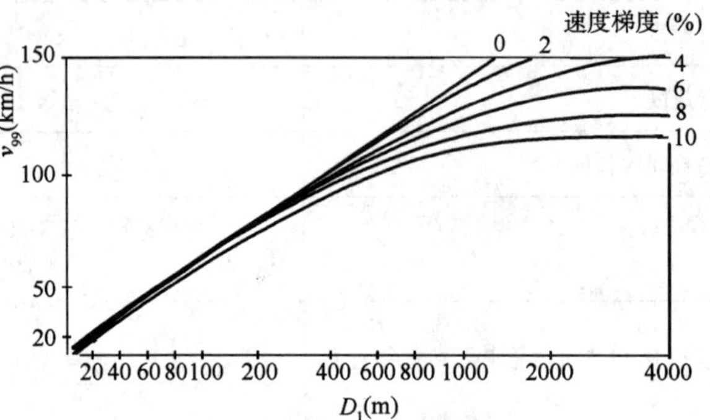

图4-10 直线上的运行速度

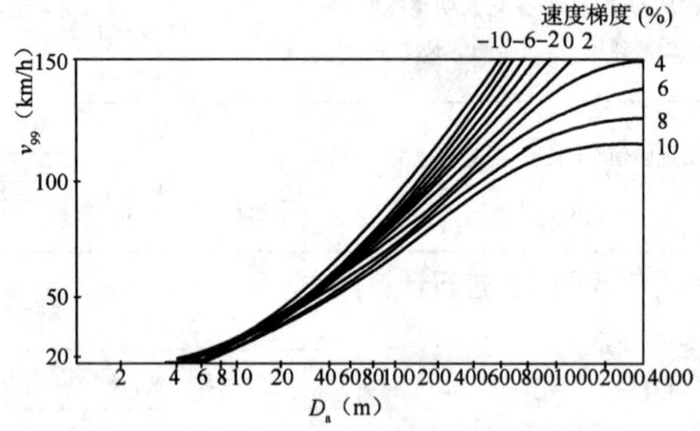

图4-11 从曲线加速到直线速度的距离

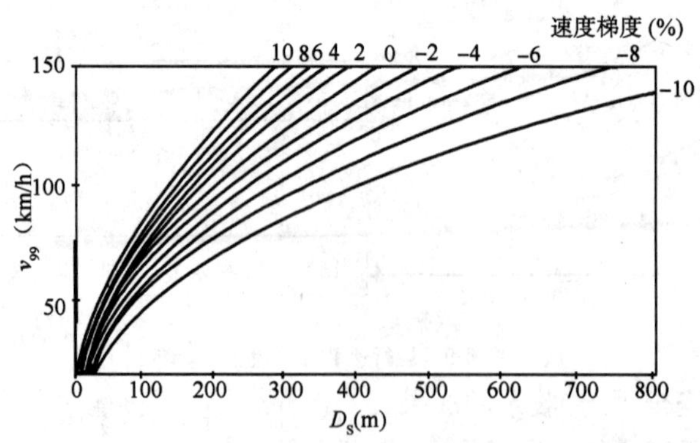

图4-12 速度降低到研究对象曲线上 v_{99} 的距离

2. 我国

在西部课题《山区双车道公路路线设计参数的研究》中，由交通部公路科学研究院首次全面、系统地建立了山区双车道公路运行速度模型。在该研究中把运行速度分为区间速度和点速度。对区间速度产生影响的因素有公路功能、公路环境、地形等。特征点运行速度有平曲线速度影响模型、纵坡速度影响模型、弯坡组合速度影响模型、直线段加减预测模型、横断面尺寸的速度影响模型等。

(1)平曲线速度影响模型

山区双车道公路平曲线,依地形、地物可以分为明弯和暗弯两种:明弯受山体或构造物的遮挡,不具备良好的通视条件,视距因素会对运行速度产生影响;而明晚则通视良好,能够看到整个平曲线及以外的道路环境,运行速度仅受平曲线几何参数影响。由此平曲线速度预测模型包括两种。

①不受视距影响的平曲线速度模型:

$$S_c = 10.75 + 0.87S_a - \frac{1\,002.53}{R} \tag{4-18}$$

式中:S_a——入口速度(km/h);

R——平曲线半径(m)。

②受视距影响的平曲线速度模型:

$$S_c = 97.27 - 0.034S_a - \frac{2\,398.69}{R} - \frac{775.78}{\text{ASD}} \tag{4-19}$$

式中:ASD——入口视距(m)。

(2)纵坡速度影响模型

车辆在纵坡上任一点的速度公式如下求解:

$$\frac{\overline{P}_U}{m} - \left(\frac{v_1+v_0}{2}\right)\left[(f+i)g + \frac{KF\left(\frac{v_1+v_0}{2}\right)^2}{m} + (1+\delta_1)\left(\frac{v_1^2-v_0^2}{2s}\right)\right] = 0 \tag{4-20}$$

式中:$\overline{P}_U$——平均功率(W);

m——汽车质量(kg);

K——风阻系统;

F——迎风面积(m^2);

i——坡度(%);

f——摩阻系数;

δ_1——车辆回车质量换算系数;

s——速度(km/h)。

(3)弯坡组合速度影响模型

车辆在弯坡组合路段,受平曲线和纵坡的共同影响,其影响为二者的线性组合,在弯坡组合模型中,分别选择表征平曲线和纵坡的几何特征的最主要参数,即平曲线半径和纵坡坡度,以两者为变量建立速度影响模型。

$$v_{RI} = 8.49 - 9.73\ln R - 0.0006\exp(I) \tag{4-21}$$

式中:I——坡度(%);

R——半径(m)；

v_{RI}——平曲线中任一点速度。

(4)直线段加、减速预测模型

车辆加速度与车辆速度、期望速度及车辆的最大加速性能有关，多数情况，驾驶人多采用最大加速能力的73%，直线段的加速预测模型为：

$$a=0.73a_0\left[1-\frac{v}{v_s}\right] \tag{4-22}$$

式中：a——加速度(m^2/s)；

a_0——车辆最大加速度；

v——速度(m/s)；

v_s——期望速度(m/s)。

(5)横断面尺寸的速度影响模型

公路横断面尺寸的影响主要通过影响驾驶员的心理而体现在运行速度上。横断面尺寸指的是路面宽度和路侧净区两部分。基于上述两个因素的影响模型如下：

$$v=3.629W_1+6.688W_2+34.997 \tag{4-23}$$

式中：W_1——路面宽度(m)，$W_1<=3.55$m，当$W_1>3.55$m时，取$W_1=3.55$m；

W_2——路侧净空(m)，$W_2<=1.5$m，当$W_2>1.55$m时，取$W_2=1.5$m；

v——运行速度。

五、高速公路运行速度预测方法

基于《公路项目安全性评价指南》推荐的运行速度计算方法主要有两种：一种可针对小客车和大货车进行运行速度预测；另外一种只针对小客车进行预测。

1. 预测方法一

(1)预测思路

为对高速公路的路线设计一致性进行初步评价，采用《公路项目安全性评价指南》(JTG/T B05—2004)(以下称《安全性评价指南》)中的运行速度计算方法，对整条线路上、下行两个方向的运行速度进行预测，具体分析步骤如下：

①收集路线的平纵数据，平曲线数据应包括直缓点、缓直点桩号(若无缓和曲线，包括圆曲线起讫点)及曲线半径，纵坡数据应包括坡段的起讫点桩号及坡度值；

②将平纵线形结合起来采用动态分段技术，将路线划分为若干同质路段，即每个同质路段具有确定的、唯一的曲线半径和纵坡值；

③完成分段后，需要对每个路段与其前后路段的线形综合考虑，来判定路段的线形连接形式，至此，运行速度预测数据准备阶段结束；

④根据每个路段及其前后路段的曲线半径、纵坡值、路段长度、初始速度等模型变量，依据特定线形连接形式所对应的计算方法完成该路段终点运行速度预测；

⑤得到各个路段的驶入、驶出(或称起点、终点速度)速度后，可计算相邻路段间速度差值及速度梯度等衍生变量；

⑥绘制运行速度断面图；

⑦对生成的结果进行各种统计分析，依据设计一致性及线形连续性的判定标准，评价路线设计的一致性及运行速度的连续性等；

(2)运行速度预测方法

在任选一个方向进行第一次的运行速度 v_{85} 测算时，首先要推算出与设计路段衔接的相邻路段速度，作为本路段的初始运行速度 v_0，然后根据所划分的路段类型，按直线段、平曲线段和长大纵坡路段等分别进行运行速度 v_{85} 的测算。路段划分时按如下标准：

平直段——纵坡坡度小于3%的直线段和半径大于1 000m的大半径曲线；

曲线段——半径小于1 000m且纵坡坡度小于2%；

纵坡段——纵坡坡度大于3%且长度大于300m；

弯坡段——半径小于1 000m且纵坡坡度大于2%。

①初始运行速度 v_0

一般可通过调查点的现场观测或按表4-17估算各种设计速度对应的小客车和大型货车的运行速度，作为设计路段的初始运行速度 v_0。

初始运行速度　表4-17

设计速度(km/h)		60	80	100	120
初始运行速度(km/h)	小客车	80	95	110	120
	大货车	55	65	75	75

②直线段上的加速过程和稳定运行速度

在平直路段上，小客车和大型货车在直线都有一个期望行驶速度。当初速度 v_0 小于期望行驶速度时为变加速过程，直至达到稳定的期望车速后匀速行驶。平直路段上车辆的加速过程，按式(4-24)和表4-18测算车辆在直线上的运行速度：

$$v_s=\sqrt{v_0^2+2a_0S} \tag{4-24}$$

式中：v_s——直线段上的期望速度(m/s)；

v_0——驶出曲线后的运行速度(m/s)；

a_0——车辆的加速度(m/s)；

S——直线段距离(m)。

平直路段上期望运行速度和推荐加速度值　表4-18

车　型	小　客　车	大　货　车
期望运行速度(km/h)	120	75
推荐加速度值(m/s²)	0.15～0.50	0.20～0.25

③小半径曲线路段

对于小半径曲线小于1 000m的路段，根据划分路段的曲线半径和曲线前入口速度与曲线衔接形式，按表4-19中的平曲线速度预测模型精确计算曲线中点和曲线出口速度。

平曲线上速度预测模型 表 4-19

曲线连接形式	平曲线速度预测模型
入口 直线—曲线	小客车：$v_{middle}=-24.212+0.834v_{in}+5.729\ln R_{now}$ 大货车：$v_{middle}=-9.432+0.963v_{in}+1.522\ln R_{now}$
入口 曲线—曲线	小客车：$v_{middle}=1.277+0.942v_{in}+6.19\ln R_{now}-5.959\ln R_{back}$ 大货车：$v_{middle}=-24.472+0.990v_{in}+3.629\ln R_{now}$
出口 曲线-直线	小客车：$v_{out}=11.946+0.908v_{middle}$ 大货车：$v_{out}=5.217+0.926v_{middle}$
出口 曲线—曲线	小客车：$v_{out}=-11.299+0.936v_{middle}-2.060\ln R_{now}+5.203\ln R_{front}$ 大货车：$v_{out}=5.899+0.925v_{middle}-1.005\ln R_{now}+0.329\ln R_{front}$

注：v_{middle}：曲中点的运行速度；v_{out}：驶出曲线的运行速度；R_{front}：曲线前方的曲线半径；R_{now}：当前曲线半径；R_{back}：曲线后方的曲线半径；

④纵坡路段

当路线纵坡大于等于3%、坡长大于300m时，按表4-20和图4-13对小客车和大型货车的运行速度 v_{85} 进行修正。

纵坡路段各车型的运行速度修正 表 4-20

纵坡坡度		速度调整值(km/h)	
		小客车	大型货车
上坡	坡度≤4%	降低5km/h/1000m	按图4-13速度折减量与坡长关系曲线进行调整
	坡度>4%	降低8km/h/1000m	
下坡	坡度≤4%	增加10km/h/500m 至期望运行速度	增加10km/h/500m 增加15km/h/1 000m 增加至期望运行速度
	坡度>4%	增加20km/h/500m 至期望运行速度	

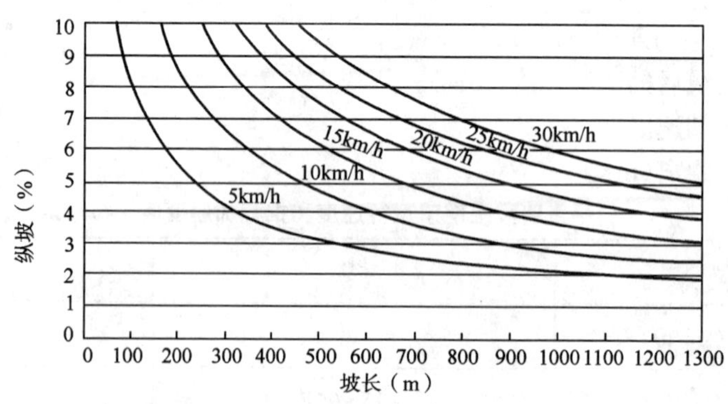

图 4-13 速度折减量与坡长关系曲线图

⑤弯坡组合路段

对于平、纵组合路段，根据划分路段的曲线前入口速度、曲线半径和纵坡坡度，按表4-21推算小客车和大货车在组合线形中点的运行速度。

弯坡组合线形下的运行速度预测模型　　表 4-21

曲线连接形式	弯坡组合线形下的运行速度预测模型
入口 直线-曲线	小客车：$v_{middle}=-31.669+0.57v_{in}+11.714\ln R_{now}+0.176I_{now1}$ 大货车：$v_{middle}=1.782+0.859v_{in}-0.51I_{now1}+1.196\ln(R_{now})$
入口 曲线-曲线	小客车：$v_{middle}=0.750+0.802v_{in}+2.717\ln R_{now}+0.281I\ now1$ 大货车：$v_{middle}=-1.798+0.248\ln R_{now}+0.977v_{in}-0.133I_{now1}+0.23\ln R_{back}$
出口 曲线-纵坡	小客中：$v_{out}=27.294+0.720v_{middle}-1.444I_{onw2}$ 大货车：$v_{out}=13.490+0.797v_{middle}-0.697I_{now2}$
出口 曲线-曲线	小客车：$v_{out}=1.819+0.839v_{midlle}+1.427\ln R_{onw}+0.780\ln R_{front}$ 大货车：$v_{out}=26.837+0.109\ln R\ front-3.039\ln R_{now}-0.594I_{now2}+0.830v_{middle}$

注：表中：$R\in[120,1000]$，$i\in[-6\%,-2\%]\cup[2\%,6\%]$；

v_{in}，v_{middle}，v_{out}——驶入曲线中，曲中或变坡点前的速度，驶出曲线速度；

R_{now}，R_{now}，R_{front}——驶入曲线前，所在曲线，前方曲线的半径；

I_{now1}，I_{now2}——曲线前后两段的不同坡度。

2. 预测方法二

该计算方法仅适用于小客车。

第一步：

(1)按照设计成果绘制平面线形草图。

(2)对计算车速的路段，考虑 1.0～1.5km 长度的引道(即到达计算路段以前路段)运行速度。

(3)把一条路划分为若干个路段，每个直线自成一段，半径大于 600m 的平曲线看作直线。

(4)将位于第一纵栏范围之一的相邻曲线划分为一个路段，曲线组中一条曲线若不位于表第一纵栏范围内，应单独划分为一个路段。

第二步：根据路线草图，按表 4-22 和图 4-14、图 4-15 即可计算每个行车方向各路段起、终点，线形特征以及特定点的运行速度。

路段上小客车的运行速度表　　表 4-22

路段半径范围(m)	路段单曲线半径(m)	路段运行车速(km/h)
45～65	55	50
50～70	60	52
55～75	65	54
60～85	70	56
70～90	80	58
75～100	85	60
80～105	95	62
85～115	100	64
90～125	110	66
100～140	120	68
105～150	130	71
110～170	140	73
120～190	160	75
130～215	175	77
145～240	190	79
160～260	210	82

续上表

路段半径范围(m)	路段单曲线半径(m)	路段运行车速(km/h)
180～285	235	84
200～310	260	86
225～355	280	89
245～360	305	91
270～390	330	93
295～415	355	96
320～445	385	98
350～475	410	100
370～500	440	103
400～530	465	105
425～560	490	106 *
450～585	520	107 *
480～610	545	108 *
500～640	570	109 *
530＋	600	110 *

注:① * 这些估算在测试数据范围以外;

②除雨雾天气影响视线外,本表仅对潮湿公路有效。

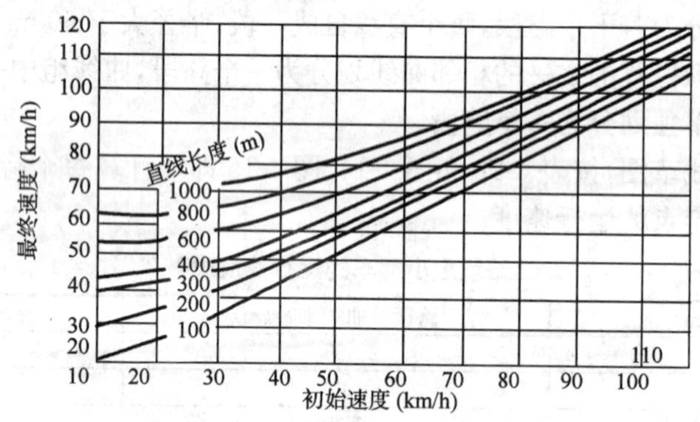

图 4-14 直线段小客车的运行速度

第三步:根据纵坡坡度对运行速度进行修正。

(1)纵坡速度大于等于 4%时,运行速度加减 5km/h。

(2)纵坡坡度大于等于 3%时,并且纵坡长度大于 2km,运行车速加减 5km/h。

在应用过程中,我们发现我国的高速公路速度预测方法还存在一些问题,对成果的实用性和分析精度产生了较大的影响,主要在以下方面:

(1)预测运行速度的高低主要受期望速度的影响,设置的期望速度越高,则预测速度越高,这样就需要对设置期望速度的依据进行推敲。

(2)基于指南成果进行速度一致性分析时,按 20km/h 的速度差进行判别,大多数的结果为道路整体线形良好,速度差不满足标准要求路段很少,甚至分析后没有不满足标准的路段,

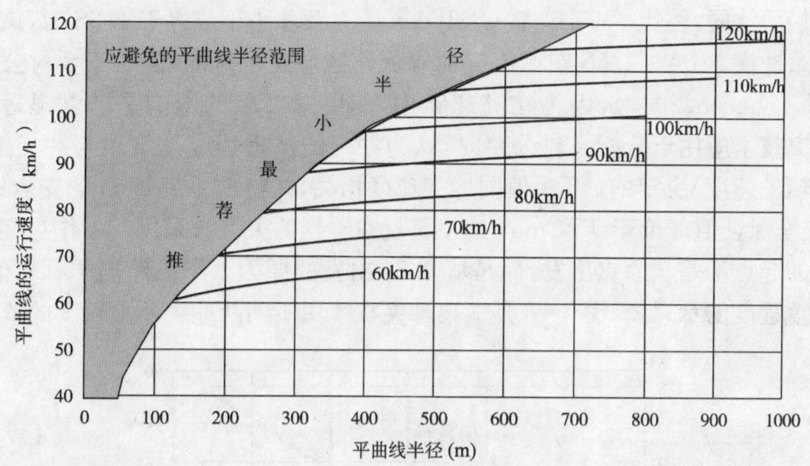

图 4-15　曲线段小客车的运行速度

和实际经验判断有差距。

(3)对于研究成果本身，也存在一些问题，例如，缓和曲线的考虑还比较少(事实上缓和曲线对安全有很大影响)，隧道预测值与实测值差距较大等情况。

上述都对设计一致性分析结果产生了影响。由此，适应我国国情的高速公路预测模型的研究还需要进一步的完善。

第六节　交通冲突分析

交通冲突技术(Traffic Conflicts Technique)，简称 TCT，是国际交通安全领域普遍应用的一种非事故指标评价方法。交通冲突技术是交通安全评价和研究领域内最经常使用的技术手段之一。英国应用交通冲突技术来诊断与交叉口设计有关的安全问题以及对各种修改设计方案后的快速安全评价。奥地利应用交通冲突技术来研究人行横道处各种形式的斑马线效果以及儿童的交通行为，近年来也用于评价城市交叉口的安全问题。日本应用交通冲突技术研究公路弯道安全性及危险交叉口安全评价等问题。道路交通安全专家 Perkins(1969)与 Baker(1972)都曾指出："交通冲突技术能够提供一种研究公路上特定地点潜在事故问题的方法"。

交通冲突技术的优势在于它规避了通常的应用交通事故为指标的评价方法中存在的"小样本、长周期、影响因素多"等一些难以回避的问题和缺陷，而是通过定义可测量、可观测、可记录的交通冲突，经过严密的论证后建立完善的观测与分析理论，实现可控、定量的分析，是一种"大样本生成、快速、定量、高可信度"的微观交通安全评价方法，尤其适用于前后对比分析和效果评价。国际交通安全界对这一技术的评价很高，甚至有专家认为交通冲突技术的出现是 20 世纪交通安全评价领域内的一次革命。

交通冲突技术中的一个主要概念是严重程度的等级划分，但目前并没有一个标准。冲突严重程度的划分这一概念最早是由 C. Hyden 在 1977 年提出。他定义了一个 TA(time to accident)的概念，等价于 Hayward 提到的 TTC_{br}，即采取避险行为时刻开始到道路使用者若不改变行驶的速度和方向的前提下事故可能发生的时刻为止的时间间隔。后来的研究中 TA 值越来越被人们所认同,替代了 TTC_{br}。C. Hyden 认为 TA 小于或等于 1.5S 时,该冲突就可认为是一种严重冲突。TA≤1.5S 在城市交通等低速区域是可行的,但对于乡村公路和高速公路并不适用 (Shbeeb,2000),因为在高速路中,速度对 TA 的影响是非常显著的。Garder (1982)把冲突技术应用于分析乡村公路时,认为冲突的严重程度是 TA 与冲突速度(采取避险措施时车辆的速度)决定的。TA 值同冲突速度相关,并给出一个 0.5s 的安全保证值,实际上 0.5s 的安全保证值等价于 TTCmin,这也是现在看到的大多数采用 TA 作为判断冲突严重程度的图标的起点不是从原点出发,而是从 0.5s 出发的原因。下图给出了 TA 值、冲突速度判断冲突严重程度的示意图,图 4-16 是瑞典冲突技术用于判断冲突严重程度的依据。

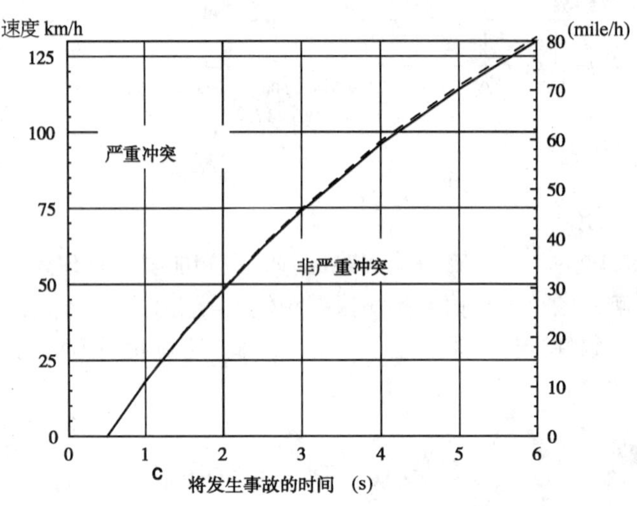

图 4-16 严重冲突与非严重冲突划分

一般冲突和严重冲突之间的界限值的确定是一个比较复杂的问题,随着交通条件的变化,界限值也应做相应合理的调整。我国尚未见相关研究成果及结论。

应用于交通安全评价的交通冲突定义为:不同的交通参与者之间在时间和空间上产生了严重的相互干扰,迫使至少一个交通参与者采取了避让行为,且 TTC 小于一定时间的一种危险的交通状况。

从定义的角度,交通冲突仅仅是一种外在的表征,导致冲突的原因还需要进行更加深入的分析。交通冲突的定义仅仅是对严重程度做出了规定,其意义在于更好的代表发生事故的风险,但是在应用交通冲突进行交通安全评价或分析时,需要进行更多的工作。而且交通冲突技术的使用具有一定局限性,所以交通技术比较适用于对于道路某一点的多车事故分析。最符合交通冲突技术使用条件的是交叉口、进出口等存在大量交通交织的路段,目前交通冲突技术也开始被应用在路段上分析多车事故出现的规律。在交通安全评价中,交通冲突经常用于分析存在的交通安全隐患的类型和危险程度,显而易见的是交通冲突技术只能用于运营阶段的交通安全评价。

交通冲突技术在安全评价中的应用主要包含交通冲突观测与安全性分析两部分内容,其核心是交通冲突的识别和观测。交通冲突观测记录是进行交通安全评价的基础信息,采用现场观测法时无法对交通冲突发生的过程进行回溯,如果记录不全就会导致信息的缺失,因此妥善的记录和保留交通冲突事件的内容显得尤为重要。一份完善的交通冲突记录应该包括必要的观测活动获得的全部结果，而且要便于分析处理，目前普遍采用表格的方式进行记录。

应用交通冲突技术进行交通安全评价必须获得足够的交通冲突观测记录，如果数据不充分有可能导致某一类型的安全隐患被忽略。因此交通冲突观测应至少进行 2～3d 以上，观测日期的选择应考虑交通量在一周内的变化，选择交通量比较高的时间进行观测；对于每天观测的时段选择应涵盖早高峰和晚高峰时段，如果有必要应包括夜间的观测。对于某一特定的路段，至少需要 30 个以上独立的交通冲突事件才能够满足进行交通安全评价的需要，在条件允许的情况下，应尽可能地获得更多的交通冲突事件观测记录。

交通冲突观测记录汇总后，可参照交通事故分析的方法，对不同参数下交通冲突的分布进行研究，如：

(1)不同时段的交通冲突分布。

(2)交通冲突中涉及到的车辆类型分布。

(3)不同气候条件下交通冲突分布或对比，如雨天与晴天交通冲突的对比分析。

(4)不同交通冲突类型的分布。

(5)不同严重程度的交通冲突分布。

在分析过程中必须注意的是，交通冲突与交通事故不是等价的，因此不能简单地认为频率较高的交通冲突类型就意味着发生交通事故的概率也越大，必须综合考虑交通冲突的严重程度，因为交通冲突是通过 TTC 定义的，交通冲突越严重，TTC 越小，说明距离发生交通事故越接近。所以，在应用交通冲突技术进行交通安全评价时，必须同时考虑交通冲突发生的频率和严重程度两方面的因素，不能因为冲突的频率低就认为是不重要的事件。

通过对交通冲突的分析能够揭示被评价路段的交通安全规律，但是如果想确定深层次的原因还需要运用相关的知识，结合道路的特征进行深入的分析，如根据冲突的类型和位置判断导致冲突的原因，是道路线形设计的问题还是标志标线等交通工程设施缺失；根据交通冲突涉及的交通对象分析是否充分的考虑到了所有交通参与者的安全需求等等，这样才能达到交通安全评价的目的。

采用交通冲突技术进行交通安全评价的基本过程是：

(1)设计适合于评价路段的交通冲突记录表格，表格应包含与安全特性相关的内容。

(2)进行交通冲突的观测，获得足够的交通冲突记录数据。

(3)根据交通冲突的类型和发生位置逐步分析产生交通冲突的原因。

(4)整合分析的结果确定存在的交通安全隐患。

(5)提出针对性的改进建议，在资金有限的条件下，应根据效益提出应优先予以考虑的措施建议。

有关交通冲突技术的详细论述请参见本书第九章“交通冲突技术”。

第七节　其他方法及进一步发展方向

一、基于驾驶工作负荷的道路安全评价技术

在交通工程学人、车、路和环境系统中，人是最主要的因素。交通事故产生的原因主要表

现在人的操作上，道路交通安全评价应该更多地从人的角度出发，评价道路设计中线形、周边环境对驾驶人生理心理的影响，分析这种影响是否会超过驾驶人的工作负荷容易引发误操作。

驾驶人在驾驶过程中对信息的处理过程可以用图 4-17 表示。线形、交通流、障碍物等道路环境作用于人的感觉器官，通过传入神经传到神经系统，神经系统结合个体的心理特征及以往的驾驶经验，进行分析判断，而后将最终决策传到反应器产生驾驶行为。

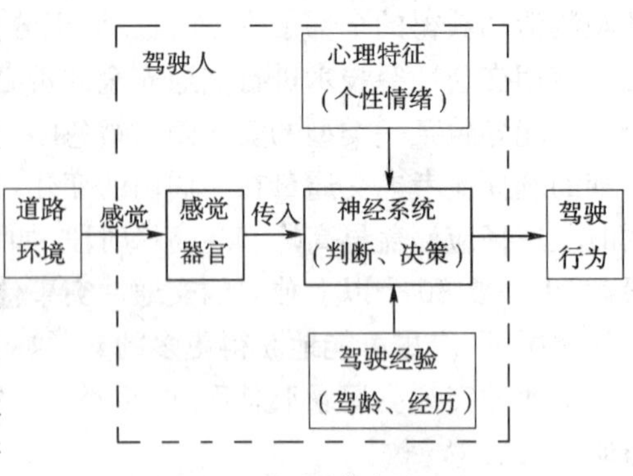

图 4-17　驾驶员信息处理过程

这一过程往往是在瞬间完成的，然而这一过程又是十分复杂的。目前比较公认的观点认为，驾驶行为是由导航、指向和控制三个层次构成的。具体可以分解为：接受信息、处理信息、预测可选行为、决策、采取行动、观察车辆反应等行为阶段。驾驶人在驾车行驶在道路上，也在不断的接收和处理道路环境带来的种种刺激信息，需要不断的做出各种反应，因而也存在一定的“驾驶工作负荷”(driver workload)，驾驶人的应激与疲劳均是驾驶工作负荷过重的表现。在不考虑驾驶技术与车辆机械存在问题的前提下，驾驶人在驾驶行为中的主要工作量，是驾驶人处理道路交通环境信息，然后转化为指导驾驶行为的有效信息的工作负荷量。随着道路环境的变化，驾驶人所接收的信息量和承担的工作量不同，因而驾驶工作负荷也就不同。如果一条道路的线形设计较好、交通流状态良好，交通环境优美，则驾驶人驾车时的工作负荷就会较小，且变化不大，那么这条道路就具有较高的安全性和舒适性；反之，如果驾驶人在某条道路上驾车时的工作负荷较大或变化较大，则驾驶人就会时时处于一种应激的状态，极易导致生理和心理上的疲劳，从而容易发生事故，那么这条道路的安全性就会较差。

通过以上分析可以看出，驾驶工作负荷是基于驾驶人考虑的一个反应道路安全性的重要指标。因而，通过测量驾驶工作负荷及其变化情况，就可以对道路交通安全进行有效的评价。

测量工作负荷的方法众多，工程心理学中提到的主要有作业测量、生理测量和主观测量三类常用的技术。目前，常用的驾驶工作负荷测量指标主要是一些生理指标。

(1)血压与脉搏

脉搏数的升高，是同人的作业强度、紧张程度成正比，且同呼吸、循环机能保持着密切关系。针对某一种作业，研究其作业环境、作业强度及生理上的负担程度时，多采用观测脉搏数的变化来进行分析。作业时脉搏数是随着作业负荷的变动而变动，所以脉搏数的变动是衡量驾驶人驾驶工作负荷大小的一个非常重要的指标。

负荷开始血压迅速上升，负荷终了血压渐渐下降，回复到正常值。在运动初期，最大血压上升，脉压变大，心脏的驱血量增加。但经过长时间的运动，循环系统一经疲劳，最大血压下降，有时减少得比正常值还要低，这时最小血压的变化较小，也就是说脉压和心脏的驱血量减少了，表明心脏的疲劳。在这种情况下，往往导致人的不安感、紧张感、焦躁感，使之注意力下降，精力不集中，判断力下降。

车辆行驶过程中驾驶人不仅承受身体上的生理负荷，更多的被认为是承担着神经紧张状态下的心理负荷。基于以上脉搏数和血压的变动特性，把脉搏数变动和血压变动作为衡量驾驾驶人作业负担的评价指标,在指定的道路环境条件下,测定行车时的脉搏数和血压就可以判明驾驶人因紧张不安或危险感产生的心理和生理上的负担程度。

(2)耗氧量、肺通气量和心率

耗氧量是单位事件内个体所吸收的氧气数量,肺通气量是指单位时间内个体呼吸气体交换的数量,而心率则是每分钟心跳的次数。这三者也是反映工作负荷大小的生理指标。驾驶人所承受的驾驶工作负荷越大,能量要求越高,所消耗的氧气数量也将相应增加,而氧气的增加一般通过提高肺通气量和心脏泵血功能等方式来实现满足。因此,耗氧量、肺通气量和心率均随驾驶人驾驶工作负荷发生变化。对这些生理指标进行检测是评估驾驶工作负荷的重要方法。已有的研究表明,三项参数均随着工作负荷的增加而以近似线性的方式增加。

(3)肌电图

肌电图是反映驾驶人工作负荷水平,尤其是肌肉疲劳程度的重要指标。实际工作中,肌电图是非常复杂的,对肌电图作精确的分析需要借助于计算机自动分析技术。驾驶人驾驶过程中的肌电图变化则更为复杂,目前实际应用还比较困难,也不够准确。

(4)瞳孔直径

瞳孔直径是驾驶人视线追踪技术中的一个指标。视线追踪技术用于研究驾驶人在驾驶过程中对道路环境的注意情况,以确定驾驶人对道路上的什么东西最感兴趣,从而帮助有效的设计道路线形和道路安全设施。

瞳孔直径反映与特定作业活动有关的注意资源需求,即心理工作负荷越大,瞳孔尺寸越大。瞳孔直径也是测量驾驶人疲劳的一个常用指标。在实际研究中,因为瞳孔尺寸变化较小,用于测量的仪器也应具有较高的敏感性。目前使用的仪器主要是眼动仪。

(5)事件相关电位

在驾驶工作负荷测量中最具潜力的测量指标是事件相关电位。事件相关电位是从大脑皮层导出的,由多个离散刺激诱发的电位和。事件相关电位的成分既有正电位也有负电位,它们通常根据潜伏期和振幅等指标加以衡量。事件相关电位中最常用的指标是 P300,它是刺激呈现后 300ms 左右呈现的正电位。

驾驶人在驾驶过程中,道路环境不断变化,驾驶人所接受的刺激也在不断地更新,其 P300 波也在不断发生变化。当前方道路线形与驾驶人主观期望线形相一致时,这种刺激对于驾驶人来说是一种重复的刺激,P300 波的振幅就会有所下降,而当前方道路环境与驾驶人期望不一致时,驾驶人所接受的就是一种未预期的刺激,P300 振幅就会上升。

事件相关电位是生理学上的一个研究指标,随着认知神经心理学的兴起,开始被广泛应用于心理学的基础实验研究中。但由于其费用较高,且不易携带,因而在交通安全心理学领域中还没有被应用。不过随着模拟驾驶技术的发展,事件相关电位技术将在未来实验室的模拟实验研究中有所应用。

目前,国内外已有很多研究通过测量驾驶人在不同道路环境下的工作负荷来对道路的安全设计提供依据,并有相关研究初步探讨了道路线形变化与驾驶人心率、血压变化的关系。采用生理指标测量驾驶工作负荷,除成本费用高和测量。分析复杂外,还存在一个较大的缺陷,这就是结果容易受其他因素的影响。在驾驶行为中,影响驾驶人生理心理变化的因素是复杂多变的。生理上的改变不只是驾驶工作负荷状况的反映,而是道路环境、驾驶人情绪状态等多方面的综合反映。因而,研究中不仅要记录这些指标,更重要的是要区分这些指标究竟是否由道路环境因素所引起。这不仅需要交通工程学本身的研究,更依赖于心理学、生理学以及计算机科学等其他学科的共同发展。

二、基于驾驶模拟器的道路安全性评价

随着计算机技术的迅猛发展,计算机的符号处理能力和多媒体处理能力大大加强,已从局限于数学模型、物理模型发展到感知模型(包括语音模型、视觉模型、听觉模型、触觉模型等)和认知模型。这使虚拟数字代替现实成为可能。交通安全事故具有不可再现性且是破坏性的,因而模拟试验技术具有无比的优越性。应用交通安全仿真可以从宏观和微观不同角度全面系统地进行交通事件的可能性分析。

目前,有学者利用驾驶模拟器,通过驾驶人在道路设计方案转化的虚拟场景中操作驾驶模拟器时车的形态、人的感觉等评判线形的舒适度、安全性等。目前的工作在虚拟场景的真实性、驾驶模拟器真实感等方面有了较大的改进,车的形态、人的感觉方面也尝试了定量化的指标和方法。难点是要建立车的形态、人的感觉的指标和真实道路的安全性关系,才能应用于虚拟场景中测出的指标进行设计方案的安全性评价。

参考文献

[1] 国家安全生产监督管理总局. 安全评价(第 3 版). 北京:煤炭工业出版社. 2005.

[2] 郭忠印,方守恩,等. 道路安全工程. 北京:人民交通出版社,2003.

[3] Transport Safety Performance Indicators. European Transport Safety Council. Brussels 2001.

[4] Goran Nilsson. Traffic Safety Dimensions and the Power Model to Describe the Effect of Speed on Safety. Lund University Bulletion 221. 2004.

[5] Road Safety Manual. Recommendations from the World Road Association(PIARC). 2005. P107.

[6] 2003 年西部交通建设科技项目.《西部地区公路交通安全性评价》(2003 318 223 23)研究报告. 北京:交通部公路科学研究院. 2006.

[7] 张铁军,唐琤琤,张巍汉. 双变量区间过滤法进行事故多发段判别. 公路交通科技. 2006 年 3 月. Vol. 23 No. 4.

[8] D. W. Harwcod, F. M. Council, E. Hauer, W. E. Hushes, and A. Vogt, Prediction of the Expected Safety Performance of Rural Two-Lane Highways. Publication NO. FHWA-RD-99-207.

[9] 唐琤琤. 美国双车道公路事故预测方法及在我国的适用性. 公路交通科技. 2004 年 11 月. Vo1. 21 No. 11

[10] Kay Fitzpatrick. Lily Elefteriadou et al. Speed Prediction for Two-Lane Rural Highways. Publication No. 99-171. August 2000.

[11] 2003 年西部交通建设科技项目.《山区双车道公路路线设计参数的研究》(2003 318 223 22)研究报告. 交通部公路科学研究院. 2006 年 9 月.

[12] Sverker Almqvist. Christer Hyden. Methods fot Assessing Traffic Safety in Developing Countries. Building issues-SIDA and LCHS. Volume 6. 1994.

[13] 张铁军,唐琤琤,吴京梅. 双车道等级公路事故预测模型研究中数据采集研究公路交通科技. Vol. 21 NO. 11 75-77.

[14] 张铁军,唐琤琤. 交通事故研究中数据采集与分析. 公路交通科技. Vol. 2 2 No. 8. 139-142.

[15] 高速公路运行速度设计方法与标准研究,交通部公路科学研究院,2000.

[16]中华人民共和国行业推荐标准. 公路项目安全性评价指南. 北京:人民交通出版社. 2004.

[17] 高速公路车速与安全关系研究. 硕士论文. 马玉春,2006.

[18] Kay Fitzpatrick. “Speed Prediction for two-lane Rural highways”. FHWA-RD-99-171, 1999.

[19] NCHRP, “Design Speed, Operating Speed, and Posted Speed Practices,” Transportation Research Board. U. S. April 2001.

[20] Kay Fitzpatrick, Paul Carlson, Marcus Brewer, Mark D. Wooldridge, “Design Speed, Operating Speed and Posted Speed Limit Practices,” TRB Annual Meeting. 2003.

[21] Rune Elvik, Peter Christensen, Astrid Amundsen, “Speed and road accidents-An evaluation of the Power Model,” TOI report 740. 2004.

[22] “Speed Limits New Zealand-Guidelines for setting speed limits and procedures for calculating speed limits,” New Zealand, March 2003.

[23] 朱祖祥. 工程心理学教程. 北京:人民教育出版社:2003.

[24] 潘晓东,林涛,杨轸. 驾驶人心率血压与山区公路横向力系数关系. 上海:同济大学学报(自然科学版》,2006 年 6 月 第 34 卷第 6 期:748- 751.

第五章　速度管理技术

速度管理是道路交通管理的重点工作之一，其目标是保障交通安全，改善交通环境，提高道路运输效率。速度管理包括法律法规、执法和工程措施等方面复杂内容，应在道路交通安全法等法律框架内开展工作。速度管理是一项重要的交通管理工作，与一个国家一定时期的经济发展和能源政策紧密相关，国外相关部门及研究机构都很重视速度管理的研究及成果应用，在很大程度上提高了道路运输效率，降低了事故发生率，改善了交通环境，保障了社会经济发展。我国相关工作开展较为浅显，且长期以来仅靠设置限速标志来进行速度管理工作，设置方法及管理手段简单、单一，速度管理工作还存在一些不科学、不合理的问题，美国等发达国家也曾有过与我国现阶段社会对速度管理反映强烈的历史时期。

本章主要介绍与速度管理相关的一些理论、工程技术和管理措施，以为提高我国限速管理技术手段提供技术、方法参考。

第一节　速度管理相关概念

进行速度管理很自然会想到是因为车辆超速行驶导致交通事故产生，需要通过速度管理来满足行车安全要求。实际上，这只是速度管理的一个目的，速度管理另一个重要的目的是提高道路的运输效率。从目前的道路技术、车辆技术及驾驶技术看，车辆运输安全与车辆运输效率之间还存在矛盾。在高速行驶下，驾驶员的相对反应时间缩小，车辆操纵安全性能相对下降，道路交通事故发生的可能性及严重性都会增加。而在低速行驶下，道路交通安全得到了保障，但道路的运输效率却下降了，尤其是对于那些与时间相关的运输品，更是如此。所以，如何寻求保障交通安全与提高道路运输效率之间的平衡，是进行速度管理的重要内容，速度管理需通过法律、工程技术、管理等手段来平衡运输安全与运输效率之间的关系。此外，从心理学的角度来看，驾驶员本身遵守限速标志的意愿并不强，其往往会倾向于提高车辆的行驶速度，这种心理意识也给安全行车带来危害。因此，进行速度管理是必需的，是在保障交通安全前提下，尽可能提高道路运输效率的手段之一。

在此，可给速度管理一个明确的定义：速度管理是指在法律法规的总体框架下，为实现保障交通安全、改善交通环境、提高道路运输效率的目的，规范驾驶行为和控制行车速度，给予驾驶员适宜的强制、警告、提示、建议等信息而采取的法律、监控管理和工程措施等的总称。

速度管理涉及的概念有：设计速度、运行速度、平均速度、85%位车速 v_{85}、限制速度、速度差、行驶速度、行程速度、期望速度、运营速度、建议速度。为了能更好地阐述限速管理技术，下面先明确一下与速度管理相关的这些概念及定义。

1. 设计速度

设计速度是一个理论上的技术指标，是公路设计时，在保证交通安全的前提下，受地形限制路段（如小半径弯道、陡坡、视距受限等）应遵循的相应最低技术指标的代表值。设计速度是在交通、气象环境等行车条件良好，车辆行驶只受公路本身条件影响时，在地形等受限制的路段，具有中等驾驶技术的人员能够安全且较舒适地驾驶车辆的速度。设计速度是道路设计时确定道路几何线形等基本要素的最主要技术指标，其是充分考虑了道路所处区域地形、地质、地理和工程造价等具体因素而采用的一个最低设计指标。设计速度是表征某一道路本身线形条件的最低技术指标，实际道路上绝大部分路段的线形条件都高于该路段设计速度所代表的技术指标值。

2. 运行速度

运行速度是一般条件下，85％的驾驶员依据具体的道路条件和行车环境，凭据自己的驾驶条件（主要指驾驶技术和车辆条件）和心理预期而采取的安全行车速度。它是表征道路交通流运行状况的一个技术指标，通常使用实际观测或预测的第 85％位车速（即通常所说的 v_{85}）作为运行速度。运行速度表征了某一道路的实际交通运行情况，它与地形、公路线形条件、交通流量、交通组成、驾驶群体素质、驾驶员期望速度、交通管理设施、交通安全设施、路侧环境等多重因素相关。采用运行速度进行道路交通速度管理能接近实际的车辆运行状态。

3. 平均速度

平均速度包括时间平均速度和区间平均速度两个概念。时间平均速度是指在单位时间内通过道路某断面各车辆的地点速度的算术平均值。区间平均速度是指在某一特定瞬间行驶于道路某一特定长度内的全部车辆的速度分布的平均值。

4. 85％位车速 v_{85}

85％位车速 v_{85}，是在某路段所有车辆统计分布曲线或统计表中占比例达 85％的车辆行驶速度的一个表征值。它表明在该路段行驶的所有车辆中，占 85％的车辆的行驶速度在此速度值以下，只有占 15％的车辆的行驶速度高于此值。85％位车速 v_{85} 常作为运行速度值。

5. 限制速度

限制速度是指道路运营后，在保障车辆安全运行条件下，道路交通管理部门为发挥道路的运输效率，对道路上行驶车辆规定的管理车速，它包含最高行车速度限制和最低行车速度限制。限制速度具有法律效力，是交通警察执法的依据，也是分析交通事故原因常用的一个指标。我国道路交通安全法对道路限速有较明确的规定。

6. 速度差

速度差的概念一般有以下三种：

(1)相邻路段 v_{85} 的差值，表征的是相邻路段的一致性和安全性。调查一般选取断面速度为调查变量。

(2)各个路段的 v_{85} 与设计速度的差值，表征的是整体道路指标的均衡性。

(3)指速度调查样本的均方差，一般用来表征某一断面速度分布的均匀性。速度均匀性（速度方差）必须是在某种特定的服务水平下（如交通量）才具有意义。速度调查样本的速度可为地点速度、行驶速度。

在进行速度管理工作中，比较常用的是前两个概念。重要的一点是，在设计阶段的运行速度通常是指自由流状态下,即车速普遍较高的情况。因而设计阶段的速度差也就是自由流状态下的速度差。运营阶段的安全评价会采用有一定交通量的速度分布,但是当交通量达到一定数值以后,速度差就不具备表征线形一致性的功能,而是受交通量的影响为主。

7. 行驶速度

行驶速度是车辆行驶在道路上某一区间的距离与行驶时间(即行程时间中扣除因阻滞而产生的停车时间)的比值。行驶速度是衡量道路服务质量、估算路段通行能力及延误的主要参数。

8. 行程速度

行程速度亦称区间速度,它车辆行驶在道路某一区间的距离与行程时间的比值。行程时是间包括行驶时间和中途受阻时的停车时间。行程速度是评价道路行车通畅程度与分析车辆发生延误原因的重要指标。

9. 期望速度

期望速度是车辆在不受或基本不受其他车辆约束的条件下,驾驶员所希望达到的最高"安全"车速。一般而言,期望车速与道路等级、交通条件、车辆性能、驾驶员的性格及技术水平、承运任务的急缓等相关。当驾驶员感觉行驶过程中的车辆速度低于期望车速一定数值时,便有改变其车速的意图。

10. 营运车速

营运车速是指营运车辆在运输路线上的周转速度,即车辆行驶距离与运营时间的比值。例如公共汽车的运营时间包括行驶时间、停车延误时间、停靠站等待时间、起终点掉头时间和发车间隔时间。营运车速是衡量运输企业管理水平和运输效率的重要指标。

11. 建议速度

建议速度是指推荐的安全行驶速度,用来提醒驾驶员通过弯道或其他受限制的道路路段时最大的行驶速度。建议速度应与适当的警告标志配合同时使用。建议速度属警告性标志,并非强制执行,在道路非危险路段但线形指标接近低限的点段(诸如小半径曲线路段)常设立相应的建议速度标志。

第二节 速度管理基础理论

交通安全与运输效率之间的矛盾是速度管理中所要考虑的最主要的问题,所以围绕着速度与安全之间的关系产生了相应的理论认识,最有代表性的是"速度伤害论(Speed Kill)"和"速度差伤害论(Variance Kills)"理论。速度与效率、安全之间的关系,美国学者也进行了定量分析,为我们进一步认识两者关系提供了参考。此外,速度特征还与机动车尾气排放、能源消耗和环境污染之间存在一定关系,在本节也介绍了一些它们之间的定量分析模型。

1. 速度伤害理论

速度伤害(Speed Kill)理论是根据能量守恒定律得出,一些学者认为较高速度会相应减少驾驶员对危险情况的反应时间,降低车辆的横向稳定性,从而直接或者间接导致事故发生或增加事故严重性。该理论的基本公式表示如下:

$$e=0.5av^2 \tag{5-1}$$

式中：a——加速度，该值绝对值越大，e 值也越大，释放出的能量也越高；

v——车辆速度，该值绝对值越大，说明车辆的动能越大；

e——在单位时间内车辆释放出来的能量。

从以上关系式可知，车辆的速度越大，在发生碰撞事故时，要求急剧消耗的能量就越大，加速度值也越大，对车辆和人的伤害也越严重。

2. 速度差伤害理论

1964 年英国学者 Solomon 首先提出“变化伤害(Variance Kills)”理论，之后很多学者研究也发现速度均方差与事故率之间存在着关系。Solomon 分析乡村公路数据发现，事故随着车流的速度差增大而增大，亿公里事故率与速度均值离差之间存在 U 形曲线关系，如图 5-1 和公式(5-2)所示。

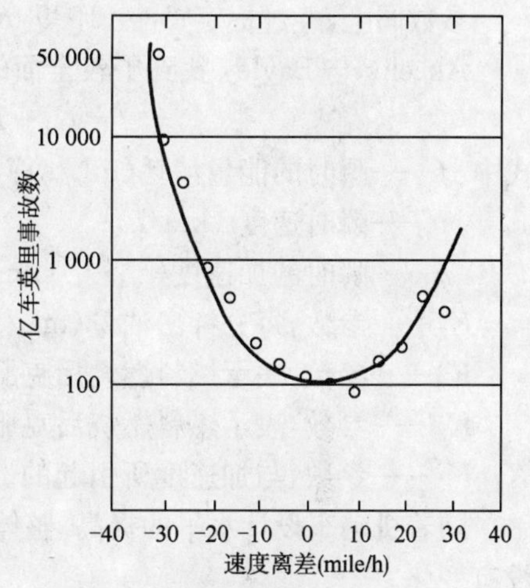

图 5-1　速度均值离差与亿英里事故率间的关系

$$I=10^{0.000\,602\Delta v^2-0.006\,675\Delta v-5.15} \tag{5-2}$$

式中：I—— 亿英里事故率(次/亿英里)；

Δv—— 车速与平均车速之差(mile/h)。

3. 安全-速度-运输效率

安全-速度-运输效率之间也存在一定关系，按照“速度伤害(Speed Kill)”理论，行车速度提高会造成事故发生可能性和严重性增加，道路的运输效率会提高；行车速度降低，车辆行驶的安全系数增高，道路的运输效率降低。两者之间近似存在如图 5-2 所示的趋势。

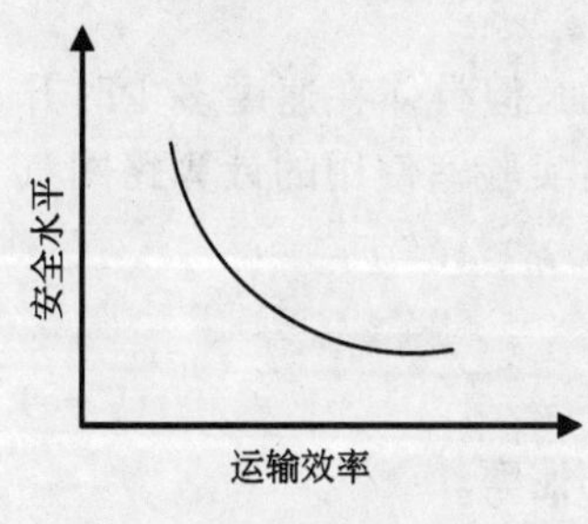

图 5-2　安全水平与运输效率趋势图

1984 年，美国联邦公路局组织研究发现，与 1973 年相比，1982 年机动车限速为 55mile/h 以下，在同样的公路上额外花费了 10 亿小时。1973 年正好是美国 NMSL 限速法案实施的前一年。此外，还发现低速增加了道路使用者的额外旅行时间，但同时也减少了事故的发生，尤其是恶性交通事故的发生。为了量化安全-速度-运输效率之间的关系，研究人员将旅行时间与避免严重伤害进行了对比。研究发现，在限速 55mile/h 的条件下，平均每个人(避免伤害、死亡的人)额外花费的时间相当于被挽救的生命节约的时间。尽管用生命与时间来对比毫无意义，但这样一项研究却给分析安全-速度-运输效率之间的关系，采用合适的限速数值，平衡运输时效和交通安全之间的关系提供了思路。

4. 机动车速度与能源消耗、污染之间的关系

机动车速度与燃料消耗之间存在类似凹形或是凸形曲线关系。

Vincen(1980)提出式(5-3)模型：

$$f_c=a+bv_c+cv_c^2 \tag{5-3}$$

式中：v_c——稳定的巡航速度(km/h)；

f_c——在稳定巡航速度下，每千米消耗汽油量(mL/km)；

a、b、c——模型参数。

美国学者 Akcelik 1983 年标定模型参数为：$a=70$ mL/km；$b=-4.55$ mL·h/km²；$c=0.049$mL·h²/km³。

Post et al. 1981 年提出以下模型。

$$f_c=b_1+b_2/v_c+b_3v_c^2 \tag{5-4}$$

参数同上，经过标定；$b_1=15.9$ mL/km；$b_2=2\ 520$ mL/h²；$b_3=0.007\ 92$ mL·h /km³。

Akcelik 与 Bayley 找到了较全面的公式模式。

$$f=K_1+K_2v+K_3v^2+K_4av+K_5a^2v$$

式中：f——瞬时的能量消耗(mL/s)；

v——瞬时速度 (km/h)；

a——瞬时的加速度($a>0$)(km·h⁻¹·s⁻¹)；

K_1——参数，每分钟出油量(mL/s)；

K_2——参数，表示燃料燃烧后克服的滚动阻力；

K_3——参数，表示燃料燃烧后克服的空气阻力；

K_4、K_5——参数，与加速度所引起的燃料消耗有关。

随着机动车设计水平的提高，整体上车辆的经济速度在逐渐提高，但模型结构和形式基本没有变化。

机动车速度很明显跟机动车尾气排放有着直接的关系，这在全世界各大都市尤其显著。根据当前的模型研究成果，车辆在走走停停、速度很低的行驶状态下，排放的 VOCs、影响臭氧物质和 CO 等污染物质要比自由流、高行驶速度状态多很多。

机动车速度过高，能源消耗也将增大，CO 和 VOC 排放量也增加。但是具体在某一速度值时能排放多少污染物，目前还没有清晰的研究定论。

当行车速度低于自由流速度时，NO_x 和影响臭氧的物质会增加，但具体在速度多少时开始增加及增加的幅度有多大并不能确定。式(5-5)为英国道路交通实验室使用的计算路网汽车尾气排放的公式。

$$\begin{aligned}HC(ppm)&=1.8CO(ppm)\cdot R+4.0\\NO_x(ppm)&=CO(ppm)\cdot R+0.1\end{aligned} \tag{5-5}$$

式中：R——在既定平均机动车速度下，污染物排放量与一氧化碳的比率。

R 取值如表 5-1 所示。

不同平均速度下 R 取值　　表 5-1

平均速度(km/h)	NO_x(ppm)	HC(ppm)
20	0.035	0.205
30	0.05	0.24
40	0.07	0.26
50	0.085	0.28
60	0.105	0.29
70	0.12	0.305

高速行驶状况下，机动车速度很明显跟机动车运动产生的让人难以忍受的车辆噪声有着直接的关系。由于车辆噪声的产生与道路类型、路面材料、路基结构、交通量、车辆构造、轮胎

构造、车辆速度等因素相关，目前为止尚无车辆噪声与速度直接相关的定量研究成果。但随着机动车行驶速度越高，噪声增加的幅度越强劲，这是一个不争的事实。所以，在居住区和对噪声敏感的学校、医院等区域必然应实行严格的速度管理。在这些区域，采取严格的限速措施和配合交通宁静等工程措施进行速度管理，其主要的目的则是对居住环境的严格保护和保障交通安全。

第三节 限速数值确定方法

速度管理中如何合理、科学地确定限速数值，对平衡运输安全与运输效率之间关系具有重要的意义。本节叙述影响限速数值确定的因素，重点介绍限速数值确定方法。

一、影响限速数值确定的因素

1. 交通安全

交通安全是影响确定限速数值的一个很重要的因素，速度伤害(Speed Kill)理论认为速度是事故发生的重要因素，此外还有其他因素与速度共同作用于事故的发生，如酒精、药物对驾驶的影响；安全带的使用；年龄和对待驾驶危险的态度；驾驶员的驾驶经验等。当速度低时，驾驶员具有足够的反应、操作时间来完成适当的驾驶操作；但速度越高，尤其在上述因素共同作用下，驾驶员完成操作时间就相对不足，出现事故危险的可能性就大大增加了。

在给定的道路上，限制速度、驾驶选择速度和安全之间的关系是比较复杂的，如图 5-3 所示。设定一个合适的限制速度时，第一步骤应该考虑影响事故发生的可能性和严重性，限速值和强制政策会影响驾驶员的速度选择，也会影响驾驶员对驾驶路径的选择。驾驶员根据路段的限速值和强制政策选择行驶速度，行驶速度又影响事故发生的可能性和严重性。而长期的事故与速度关系记录，将会影响速度限制和相关法律政策的变化。

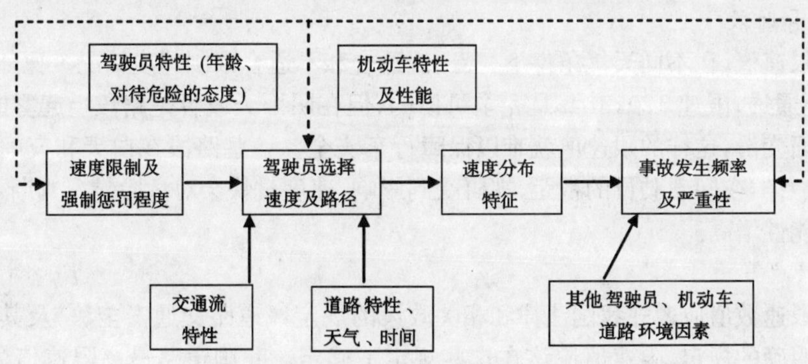

图 5-3 驾驶员行车速度选择变化图

2. 道路类别和功能

道路类别和功能与限制速度之间也存在关系。城市道路与公路类别不同，城市道路中交叉口、停车场、非机动车、行人等比较多，对交通流影响比较大，很难形成稳定的交通流，在这种情况下限速值不应过高。而对公路而言，影响公路行车的因素与城市道路有很大的不同，没有那么多交叉口，行人也很少，能形成较稳定的车流，所以限制速度相对比城市道路较高。

道路功能与速度管理有着直接的相关性，不同功能的道路其限制速度值也不一样，国外限速值的确定很大程度上取决于道路功能。干线道路（如高速公路、干线公路，城市快速道路和主干路等）起到通道运输作用，运输时效要求高，其限速速度值应高于集散道路（如三级公路、城市次干道路和支路等）。道路通过乡镇、村庄等居住区和对噪声敏感的学校、医院等区域时，则必然要实行严格的速度管理。

3. 驾驶员对危险的认知

驾驶员对道路危险的认知影响着驾驶员的速度选择。在没有设置限速的条件下，驾驶员不是把车速开得更快，而是根据其对道路、交通条件及路侧环境等预期的危险因素综合判断后，确定自身适宜的行车速度。在一定条件下，这个速度比较客观地反映了交通通行条件。所以驾驶员对道路危险的认知，在没有设置限速条件下的实际行驶速度也是影响设置限速值的一个重要参考因素。目前，国内外学者倾向于采用第85%位车速 v_{85} 作为限速值初始参考值，认为 v_{85} 车速作为运行速度是安全的、合理的速度，能较好符合大多数驾驶者的意愿，其中一个主要原因是：研究结果表明，驾驶员在一定程度上所选择的行车速度客观地反映了道路实际的交通通行条件。

4. 特殊路段和路侧环境

公路上存在一些特殊路段，如隧道、窄桥、急弯、长下坡路段、穿村路段等；城市道路存在大量交叉口，分流、合流汇合点等。这些点段较易发生事故，影响行车速度，限速值一般应小于其他地段。路侧较危险的路段行车速度也不应过高，过高的行车速度易造成车辆冲出路侧，发生严重交通事故。

5. 交通流量

交通流量的不同影响着驾驶员选择行车速度。低流量条件下，行车速度普遍高，当不受其他因素影响时，限制速度一般会偏高。交通流量与事故发生的可能性也有关系，在一定流量范围内，交通事故为随着流量的增加而呈非线性增长的函数关系。

6. 天气和时段

同样的限速值，在不同天气条件下，会出现适合和不适合限制速度情况。比如一条道路天气良好，视距通透，限速 120km/h 是完全可以的，但在阴雨天或者是路段上起雾时，道路能见度降低或路面变滑，这样的限速值就难以保障行车安全。一些路段在白天和夜间采取的限速数值也可不一样，夜间驾驶员的视距、视野受到影响，速度过快会对危险情况判断不足，造成事故发生的可能性增高。

7. 法律、政策

确定的限速数值应遵守我国法律和相关政策的规定，《道路交通安全法》及其实施条例关于限速有着明确的规定，限速值应该在这些规定下确定。我国道路最高限速值为 120km/h，因而不论是否设置了限速标志，在道路上行驶的小型载客汽车最高车速不得超过 120km/h。我国限速标志的最高数值只能是 120km/h，因为世界上只除德国没有明确规定最高限速值外，其他大多数国家的最高限速值也是 120km/h 左右。我国《道路交通安全法实施条例》规定在高速公路上行驶的小型载客汽车最高车速不得超过 120km/h，其他机动车不得超过 100km/h，摩托车不得超过 80km/h。确定限速方案时，还应考虑运输安全与运输效率之间的平衡点、驾驶员的满足情况等。

8. 居住环境的要求

机动车行驶产生的让人难以忍受的车辆噪声，直接影响了路侧居民的生活质量。机动车行驶速度越高，噪声增加的幅度越强劲。所以，在居住区和对噪声敏感的学校、医院等区域必然应实行严格的速度管理。在这些区域，往往采取严格的限速措施和配合工程措施进行速度管理，限速值的确定主要以满足居民对居住环境的质量需求和保障交通安全为主。

二、限速值确定方法

速度管理是一项重要的交通管理工作，国外相关部门及研究机构都很重视速度管理的研究及成果应用，在很大程度上提高了道路运输效率，降低了事故发生率，保障了居住区的生活质量。我国相关工作的开展较为浅显，速度管理工作还存在一些不科学、不合理的问题。

限速标志设置是速度管理工作中工程措施的一个方面。目前，我国限速标志的设置比较混乱，主要的技术原因是长期以来，我国管理人员和技术人员在设置交通标志时，过于简单化和随意化。实质上，限速标志的设置涉及较为复杂的法律和技术问题。从技术上讲，其包括确定具体的限速值和标志牌设置位置等方面。就某一路段具体管理限速值的确定而言，应综合考虑法定限速（上限）、地形、公路线形条件、交通流量、交通组成、驾驶群体素质、驾驶员期望速度、交通管理设施、交通安全设施、路侧环境等多重因素而确定。发达国家都是由交通工程师依上述因素，对具体路段采用计算或观测的方法确定该路段的运行速度，进而得出该路段的管理限速值。

但至今日，我国大多数相关人员却错误地认为某条公路的设计速度就是该路段的管理限速值，采用该值甚至在此基础上降低一档或采用更低值来进行管理限速。而设计速度是一个理论上的技术指标，是公路设计时，在保证交通安全的前提下，受地形限制路段（如小半径弯道、陡坡、视距受限等）应遵循的相应最低技术指标的代表值。一般情况下，除地形限制的路段外，大部分路段技术指标均普遍高于设计速度对应指标。

因此，不能简单地套用设计速度来确定管理限速值。如对具体线形和交通状况等不加深度分析和计算，简单采用设计速度来确定限速标志值，对于大部分路段必然导致实际行驶速度（运行速度）远高于管理限制速度，特别是在线形指标较好的高等级公路的大多数路段，大部分车辆实际行驶速度值与限制速度值之差就更为明显。其突出反映就是大多数驾驶员依自身技术状况和其对路状的综合判断，其心理期望速度值与过低的管理限速值存在严重偏差。这必然引发强烈的社会反映，使得广大驾驶群体认为限速标志没有传达正确的道路交通管理信息，限速标志失去公信力，从而使其对限速标志视而不见，限速标志失去对速度管理的约束力，仅成为一个不合理的执法依据。这就形成这样一个普遍现象：有执法人员或监控设施存在的地段，驾驶员不得不遵守限速要求，反之则引发严重超速。机械、过低的限速标志设置必然激化交通安全与运输效益的矛盾，也严重背离了速度管理应保障交通安全和运输效益双重目标的宗旨。

综合国内外速度管理的研究，从限速发展历史上可以找出一些具有代表性的限速值确定方法。有些方法理论性较强，但实用性较差，如下面介绍的最优限速法。目前世界各国广泛采用的是法定限速方法和工程技术方法。法定限速方法是依据法律法规的规定确定某路段的最高限速值或最低行驶速度限制，其具有强制性。工程技术方法是依据相关技术规范，结合具体情况采用技术方法确定的某路段的具体限速值或建议行车速度。工程技术方法中的限速值，一般低于或等于法定的最高限速值，它同样具有强制性；但建议行车速度一般应低于法定的最高限速值，它仅具有警告、提示的意义。该建议行车速度标志明确警告和告知驾驶员前方道路状况发生变化，要求驾驶人员应依照具体路况和自身技术状况采取合适的车速通过前方路段，避免因车速过高导致交通意外事故。

目前，发达国家都趋向于在交通安全法等法律法规框架内，寻求交通安全、运输效益和路侧居民生活质量等的综合平衡。针对实际路况，采取对局部路段设置严格的管理限速标志(执法依据)，但对大多数路段设置提示前方路况发生变化，更具人性化、警告性、提示性的建议速度标志的方法。

(1)最优限速方法

早在20世纪60年代，美国学者Oppenlander提出了机动车运行速度最优限速方法。这种方法认为，驾驶员个人选择的驾驶速度不考虑对其他人员的危害。例如，个人以较高的速度驾驶，事故发生的严重性大大增大，直接增加了燃料的消耗和更多废气物质的排放，间接增加了个人或者其他道路使用者所承担的费用。个人选择的最优速度与整个社会的最优速度是不一致的。

Oppenlander把四类费用作为确定最优速度的因素：①机动车运行成本；②旅行时间；③事故；④服务(例如，舒适和方便性)。通过研究机动车在各种类型道路上不同交通条件和交通类型来绘制费用曲线，进而求解费用曲线的最低点求得最优速度，并将其作为确定限速值的依据。这种方法最适合确定针对不同等级道路总体限速值，也可针对每一条道路的实际交通条件来计算限速区的限速值。

这种方法在理论上很吸引人，但从来没有应用到实际工作中。问题之一是进行效益-费用比分析时，关键变量很难准确地通过量化形式表示出来，大量工作只是集中在机动车行驶效率与死亡率、伤亡率之间的评估上，在评估结果上大家难以形成一致的意见，因而现阶段难以获得实际工程应用。但这一理论方法不失为解决速度管理问题的一种好思路。

(2)法定限速方法

法定限速方法是依据法律法规的规定，确定某路段限速标志的最高限速值或对高速公路的最低行驶速度限制，其具有强制性。目前我国《道路交通安全法》中有关限速的具体条款规定就属于法定限速值。

美国历史上曾实行过两次典型的法定限速管理：第一次是第二次世界大战期间，为减少民用汽油的使用量，法律规定全国道路限速值为56km/h(35mile/h)；第二次是1973年能源危机时期，为了减少对石油的依赖性，保障美国社会经济发展，美国国会颁布了NMSL法案，将限制速度提高到88km/h(55mile/h)。当时的研究表明，88km/h为该时期机动车的经济速度。

法令限速在发达国家已有很长的历史，许多地方政府通过法令在当地道路上进行限速管理。近一段以来，居民普遍关注居住区的噪声和安全问题，尤其是紧邻干线公路的居住区，限速问题再次引起政府的重视，不得不实行低速限制，并配合其他的工程措施来管理通过住宅区的车辆行驶速度。这导致了法律法规和技术规范的进一步调整，从而也使交通宁静等先进的管理理念和工程技术产生，并得到了广泛应用。

法定限制速度概念是一个较复杂的法律和政策措施，它力求通过政策取得道路交通安全、运输效率与居住区的生活质量的平衡。因而法定限速往往可能过于粗略，不适合实际路况，例如美国 NMSL 法案就被认为不适合于不同实际道路具体线形和交通条件的公路速度限制。因而，法定限制速度需阶段性地根据不同时期各国的具体状况进行调整。

(3)工程技术方法

在欧美等发达国家，确定限速区域限速值主要采用工程技术方法。该方法要求收集大量数据，通过进一步分析来确定一个适宜的限制速度值。所需收集的数据包括交通组成中占优势车种的速度、事故数据、交通量、道路线形和道路路侧状况等。具体操作时，v_{85}位车速是常用的确定限速水平的数值。即通过调查、计算等手段获得 v_{85}值，以此作为最初的限速参考值，然后综合考虑道路线形、事故情况等因素，最终确定速度限制值。

采用 v_{85}作为限速参考值，可使大部分驾驶员在车辆运行中能够安全地把握、判断他们的速度。而且 85%位限速值 v_{85}也符合国外法律宗旨，即在实际执行中只有 15%的驾驶员必须降低行驶速度，接受法律限速制约，民众反映较小。另外，一些学者研究发现采用 v_{85}速度进行限速，可使道路交通安全得到保障和满足驾驶员对行程时间的心理期望。v_{85}速度一般是观测自由流条件下的地点速度资料，通过进一步分析计算地点速度累计频率分布的第 85%值后获取。

美国研究人员通过观测统计发现，在 10mile/h(16km/h)最大车速概率分布区间(10 mile 区间)内包含了绝大部分(70%)以上的车速值，该区间的上限值与 v_{85}速度值相差无几，两者作为限速值设定基础是一致的，如图 5-4 和图 5-5 所示。研究还发现，车速位于该区间的车辆累积频率越大，车辆速度的离散性越小。因而美国部分州的限速指南也将该区间上限值作为限速值的主要参考依据。

英国、加拿大、澳大利亚等多数国家采取的限速基本原则和美国相似，即在 v_{85}速度值的基础上，综合考虑道路条件、历史事故记录等适当上浮或折减。各国学者基本上均接受 Solomon 关于事故与速度关系的论证，即事故与速度差的关系呈 U 形曲线。车辆在以平均速度一个标准差范围内行驶时，事故率较低；平均速度加上 10mile/h 附近位置(接近 v_{85}速度)，事故率最低(见图 5-6)。而且，这些国家的车速分布非常相似，即约 70%的车辆运行速度集中在 10mile/h 最大车速概率分布区间。

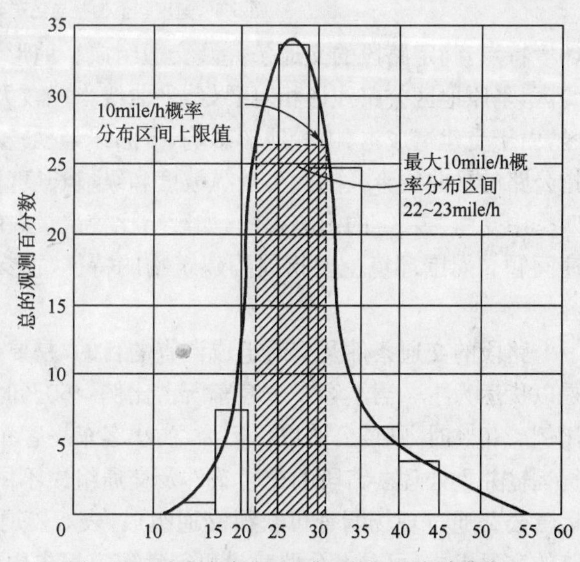

图 5-4　速度分布直方图及典型的“Bell”拟合曲线

工程技术方法需要结合具体的工程项目来分析确定限速数值。交通部公路科学研究院通过大量道路安全运行速度控制管理、限速标志设置和安全评价研究等，取得了丰硕的成果，初步提出了一套适宜我国国情的完整的工程技术方法和具体操作步骤。该方法分以下五个步骤。

步骤一：收集限速路段资料

工程技术方法分析确定限速数值首先需收集限速路段资料，分析确定限速路段所处地形特征、线形条件、气候及周围

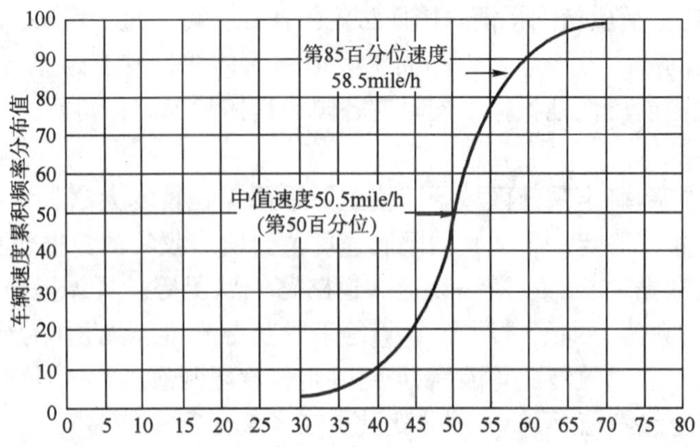

图 5-5 速度累积频率分布的S形曲线

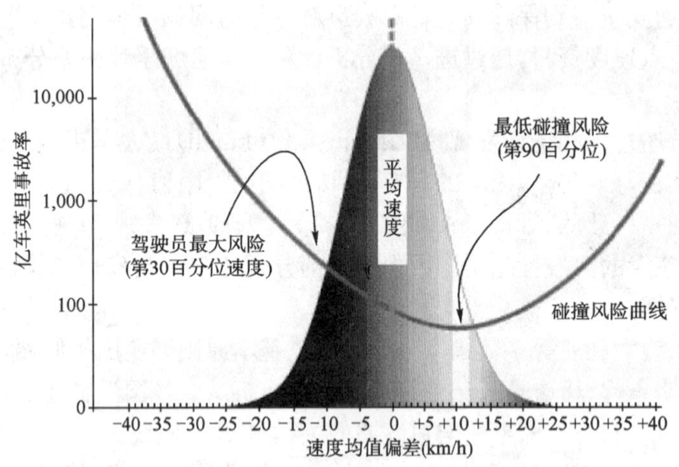

图 5-6 速度均值偏差与亿车英里事故率间的关系

环境特点，确定路段的交通条件及交通组成。地形特征是指路段所处地形属于平原区还是山岭区，平原地区公路线形相对要好，平曲线半径较大，而且路侧的危险程度也相对较低；山岭地区，由于受建造成本、山岭地形影响，平曲线半径较小，路侧情况较平原地区危险。线形条件是指公路的平曲线半径的大小及纵坡度和纵坡长度(竖曲线特点)等。气候是指限速路段在一年四季中受雨、雪、雾的影响程度，如影响比较严重，在公路限速中就应考虑雨、雪、雾影响下的限速问题。周围环境主要指周围建筑物的特征、横穿公路行人是否多、小型交叉口是否多等内容。

路段的交通条件及交通组成调查的目的，是要确定该公路主要服务对象是以客运为主，还是以货运为主。当小客车＋客车所占比例＞60％时，则该公路以客运为主；小客车＋客车所占比例＜40％时，则该公路以货运为主；小客车＋客车所占比例≥40％、≤60％时，则该公路按客货运输并重处理。路段的交通条件及交通组成不同，相应的路段限速方案也应有所侧重。已运营公路通过现场调查可获得交通组成，表 5-2 是某公路交通组成车型划分标准。未开通公路的交通组成，可参考公路建设可行性研究报告中预测分析的交通组成部分内容来确定。

车型划分标准　表 5-2

标　准	载　客		载　货
	客座≤20	客座>20	
车型	小客车	客车	货车

步骤二：v_{85}计算

v_{85}计算，分为已运营公路和未开通公路两种情况。

1)已运营公路

①实地观测调查

已运营公路 v_{85} 车速首先应实地观测，调查获得相关资料。当公路长度≥100km 时，可考虑将公路按照所处地形特点(指平原区和山岭区两种区别情况)划分成两段或多段，但每一段的长度要求≥50km。当公路的长度<100km 时，可不进一步将路段划分。

在每一段上选择至少 10 处典型直线段和 10 处典型曲线段作为 v_{85} 车速的调查点。直线段调查点应选在直线段中点或稍后处，直线长度要在 200m 以上。曲线段调查点应选择曲线半径不同路段，曲线半径从小到大排序，调查点选择曲线的中点或稍后。调查车辆行驶速度的车型为小客车、客车、货车。调查车型的比例应与交通组成调查统计结果一致。每一处调查样本在 100 个以上。

v_{85}车速调查应选择在自由交通流情况下进行。自由交通流的判断标准为车头间距≥50m，高速公路在 100m 以上。调查时应尽量保持隐蔽，即在不对驾驶员的正常行车造成干扰的条件下进行。

②v_{85}车速计算

将每一个调查点调查所得的车辆地点速度从小到大排序，绘制车辆的地点车速累积频率分布图。选择排在第 85%位的车辆速度作为 v_{85} 车速。

通过上述方法，计算 20 个以上调查点处的 v_{85} 车速，将各调查点的 v_{85} 车速平均值作为最终要计算的 v_{85} 车速。将各调查点处的 v_{85} 车速分别减去最终计算的 v_{85} 车速值得到各点相应的差值 Δv，如 Δv 的绝对值>10km/h，应寻找原因，如为调查过程中人为原因，则应重新调查该点的地点速度及计算 v_{85}。否则应将公路中与 Δv 的绝对值>10km/h 的调查路段处的线形特征相同的路段挑选出来，作为局部限速路段，即将其作为特殊路段处理。

2)未开通公路

未开通公路 v_{85} 车速应按照设计文件资料中的路线设计参数和特征值，依照相关技术规范和计算模型测算。当公路的长度≥100km 时，同样考虑将公路按照所处地形特点划分成两段或多段。当公路的长度<100km 时，可不考虑限速段划分。每一个限速段按照平曲线、纵坡特征进一步划分成多个平纵段，选择平曲线半径≤3 000m 的平曲线段，作为 v_{85} 速度值计算段。式(5-6)为交通部公路科学研究院在交通部西部建设科研项目的研究成果，可按该式计算每个平纵段的运行速度，再将计算出来的运行速度取平均值。该平均值即可作为预测的 v_{85} 速度值。

$$v_{85}=15.54\ln r-0.1555t^2\ (100\leqslant r\leqslant 1500、-6\leqslant t\leqslant 6) \tag{5-6}$$

式中：r——平曲线半径(m)；

t——100 倍的纵坡度。

当平曲线半径>1 500m 时，平曲线半径对 v_{85} 速度影响变小，而纵坡度对 v_{85} 影响也很小。此时，选择均值作为 v_{85} 速度值。

步骤三：确定限速初始值

按步骤二确定 v_{85} 速度后，还需考虑我国道路交通安全法以及公路限速管理习惯，进而确定某条道路或路段的限速初始值。《道路交通安全法》要求，高速公路最高限制速度为120km/h，最低限制速度为 60km/h。高速公路限速管理中，以限速 80km/h、90km/h、100km/h、110km/h、120km/h 为常见数值，将这些限速值与 v_{85} 速度比较，该值减去 v_{85} 为负值，且绝对值为最小，这个值可作为限速初始值 v_0。

步骤四：限速初始值检查、修正

通过运行速度调查确定限速初始值后，还需要进行道路线形指标、设计速度、道路交通事故发生情况及路侧环境因素等几方面的核查，以保障最终确定的限速值的可行性。

①道路线形指标核查

道路线形指标核查主要是考虑在通常交通条件下，平曲线处车辆是否会出现由于超高不足引起侧翻、侧滑等交通事故，以及是否存在较大的长大下坡，影响机动车运行。检查平曲线处速度的要求时，采用式(5-7)来反算车辆的最高行驶速度。

$$v=\sqrt{127(\mu+i_{\mathrm{h}})\cdot R} \tag{5-7}$$

式中：v——推算行车速度(km/h)；

μ——横向力系数，取值见表 5-3；

i_{h}——路线超高横坡度；

R——平曲线半径(m)。

μ 值取值表　　表 5-3

取值情况	考虑冰雪路面	干燥路面	考虑旅行舒适
μ	0.2	0.4	0.11

将道路曲线路段中 i_{h}、R 数值代入公式，在 μ 分别取值为 0.2、0.11 时，计算 v 值，并分别用 $v_{0.2}$、$v_{0.11}$ 代表。将 $v_{0.2}$、$v_{0.11}$ 与限速初始值 v_0 作比较。如果 $v_{0.2}<v_0$，则将与 R 值相同的曲线段挑选出来，其中相邻两个平曲线段间距<500m，合并成一个曲线段。如果挑选出曲线段总长度>5%的公路总长度，则需要调低限速初始值 v_0，直至该总长度<5%的公路总长度为止。最后选择 $v_{0.2}<v_0$ 中，平曲线半径为 R 的曲线段选择作为局部限速路段（该路段的限速值见局部路段限速值确定方法）。

$v_{0.2}$ 与 v_0 比较后，进行 $v_{0.11}$ 值与 v_0 比较。如果 $v_{0.11}<v_0$，则将与 R 值相同的曲线段挑选出来，其中相邻两个平曲线段间距<500m，合并成一个曲线段。如果挑选出曲线段总长度>10%的公路总长度，则需要调低限速初始值 v_0，直至该总长度<10%的公路总长度为止。最后选择 $v_{0.11}<v_0$ 中，平曲线半径为 R 的曲线段选择作为局部限速路段（该路段的限速值见局部路段限速值确定方法）。

②考虑设计速度与实际运行速度差的影响

设计速度减去限速初始值 v_0 的绝对值>20km/h 时，可选择设计速度值+20km/h作为限速值。设计速度减去限速初始值 $v_0 \leqslant 20$km/h 时，原限速初始值 v_0 保持不变。

③考虑道路交通事故

如为已经运营的公路，则应进行交通事故和事故多发段原因分析，将事故多发段标记出来作为特殊路段，以便进行工程措施处理，保障公路通行安全。根据事故多发点原因分析结果采取相应的工程措施，并考虑将事故多发段作为局部限速路段。

步骤五：确定全线限速值及局部限速路段

经过上述四个步骤后，即可确定全线或分段后的最终限速值。线形核查中 $v_{0.11} < v_0$ 中与 R 相同的曲线段、$v_{0.2} < v_0$ 中与 R 相同的曲线段、事故多发段即可作为局部限速路段。

(4)专家系统方法

由于限速过程中所考虑影响因素较多，不同等级、类型道路所涉及影响因素不同，因而确定限速值的方法较为复杂。随着计算机技术的发展，研究机构尝试将限速值确定方法模块化，方便使用者操作、计算，进行速度管理的计算辅助工具也应运而生。

澳大利亚道路研究局开发了一种专家软件系统，这种专家系统方法考虑了速度管理研究中的相关因素。该系统通过以下 5 个步骤实现：

①输入限速区域的环境特征（城市道路、公路）；

②车行道、路边等因素（车道宽度、车道数量）；

③基于①、②计算出一个最优的速度；

④通过特殊区域、其他因素修改最终的限速区域、限速值；

⑤计算 85%位车辆速度 v_{85}，与限速值对比验算进行核查，最终输出限速区域的限速值。

专家系统方法实质是在特定领域能够模拟专家思考过程来解决复杂问题的计算机程序。澳大利亚道路研究委员会(ARRB)研发了称为 XLIMITS 系列的专家系统，系统整合了道路管理机构进行限速计算的复杂决策过程，考虑的因素包括：现有限速、运行速度、土地使用、通达性、道路设计参数、事故等。专家系统流程如图 5-7 所示。

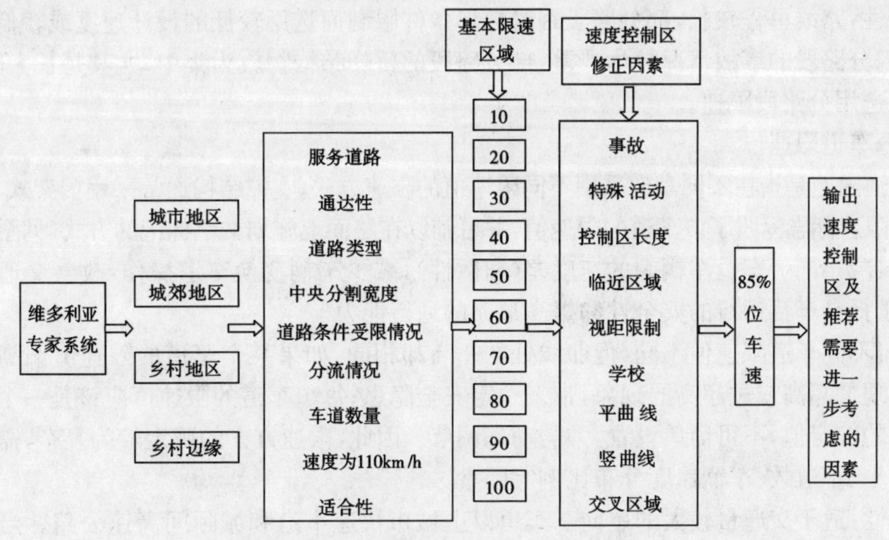

图 5-7 维多利亚专家系统结构图

第四节 限速方案优化技术

道路最高限速值确定后，即可确定限速方案（如单一限速、分车道限速、分车型限速等）。确定限速方案需要考虑车道数量、限速道路长度、交通组成、服务水平等因素。如何在考虑这些因素的基础上选择适合的限速方案，这就需要对限速方案进行优化。本节介绍目前道路限速中常见的限速方案及确定限速方案所考虑的因素，最后介绍一种限速方案优化方法及案例。

一、限速方案

依据限速方案实施需考虑因素的特性，将目前常用的限速方案划分为以下几个类别。

1. 按照空间划分

按照限速空间可把道路限速分成分路段限速、分车道限速、施工区限速、建筑区限速等。

(1)分路段限速

分路段限速是相对道路全线统一限速而言，其顾名思义是将道路全线或道路中较长路段划分成若干的路段单元，每个路段单元依据各自线形、交通量、历史事故等因素采取不同的限速值。全线限速是整条道路或较长路段采用单一的限速值，而分路段限速则可以看作是全线限速的一个细化，每个小的路段单元实施不同的限速值。每个小的路段单元在确定限速值大小时，所考虑的因素与全线限速是类似的。

优点：不同路段限速值符合本路段线形、交通流、历史事故等因素所反映的行车条件，可充分利用道路行驶条件，满足驾驶员驾驶需求。

缺点：各限速路段的划分是一项十分困难的工作，目前尚无定量方法或严格的准则可以参照，在划分时通常需要开展详细车速调查、事故分析、线形指标与标准的符合性检验等技术工作，并结合工程技术人员的经验来确定。

适用性：路线里程较长，部分路段因受地形条件限制而选用较低的设计速度或较低的技术等级，或部分路段的事故情况较为严重、部分路段的桥隧结构物较为集中，尤其是长大隧道，都可以考虑选用分路段限速。

(2)分车道限速

分车道限速是指在不同车道采用不同限速值的限速方法，支撑结构通常采用门架式，车道上方正对的限速标志标明了该车道的限速值，并可辅以在路面上施划文字标记的方式（见图 5-8）。

优点：减小同一车道车辆间的速度差（离散性），减少车辆变换车道操作，改善交通流的运行，有助于提高车辆运行的安全性和提高道路的通行能力。

缺点：不同车道限速值不同，但曲线处的超高却相同，如果某个车道的限速值偏高或偏低则可能出现欠超高或过超高的现象，带来一定安全隐患；每个车道的限速值应该是一个范围而不是单一的确定值，不可简单设置，常需动态调节。因此，限速方案的确定较为复杂，需要考虑交通量水平、车道数、车辆速度分布比例等因素。

适用性：适于交通量较大的单向三车道以上城市快速干道和城际间高速公路。当同一车道的速度非常离散时，或者说快车与慢车在同一车道混行时，需要考虑进行分车道限速。

(3)施工区限速

a)

b)

图 5-8　分车道限速

施工区限速是指道路养护作业或改扩建导致某路段须实行速度管理措施，以保障施工养护作业区的安全，属于特殊路段限速问题。由于施工作业将占用部分车道，车道数量减少，车流密度增大，在一定程度上影响了车辆安全通行和施工养护区作业人员的生命安全，因此施工养护区常为一个特殊的限速路段，应参照相关规范进行防护、诱导交通和限速管理。

(4)建筑区限速

当道路穿过建筑区域，尤其是校区、住宅区、商业区等行人交通流量较大的地区时，较高的行车速度，将会对行人造成严重的危害和对住宅区的生活环境造成一定程度的破坏。因而，近年来发达国家常把建筑区域作为特殊限速区域进行处置，区域限速理论和相应的工程限速措施也应运而生。

2. 按照时间划分

(1)分时段限速

分时段限速即在不同的时间段实施不同的限速标准，较为常见的做法是按照白天和夜间划分时段，美国一些州在某些类型的道路上采用了这一限速方法。夜间视认性差，统计结果表明夜间相对于白天而言事故率更高，事故严重性更大。然而夜间交通量较少，驾驶员通常不愿意在夜间降低车速，仍需要进一步的研究以确定分时段限速的效果。目前，国内尚无此方面成功的应用案例。

伴随交通科学技术的发展，能够反映行车条件(交通流状况、路面状况、能见度、交通事件与事故情况)的可变限速系统正得到越来越广泛的应用。目前，国内道路路侧设置了一定量的可变限速标志，标志除显示限制速度值外，还显示其他多方面的信息。但可变限速系统存在如下两个问题：其一，限速值常常为操作员人工主观设定，而不是一个反映客观行车条件的自动调节体系；其二，是否具有执法效力存在争议。

(2)分气候限速

由于不良天气条件(如雨、雪、雾)给行车安全带来了较大不利影响，鉴于此国内很多道路除规定了常规的限速外(良好天气条件下)，还给出了不良天气条件下的限速值，限速值的确定主要依据工程技术人员的经验。图 5-9 是特殊天气条件下的限速标志的设置实例。

3. 分车型限速

分车型限速是指根据交通流运行特点、车辆运行安全和交通安全管理需要，对不同车型实施不同的限速值。图 5-10 为国内某道路上设置的限速标志，标志指明“小客车最高限速

120km/h，货车最高限速 90km/h，最低限速为 60km/h”。大客车限速是多少呢？限速标志虽没有给出，但《道路交通安全法实施条例》第七十八条明确规定“道路上行驶的小型载客汽车最高车速不得超过每小时 120km，其他机动车不得超过每小时 100km”，这就说明除小客车以外的其他客车最高限速为 100km/h。

图 5-9　分天气限速

美国一些州已经采用了分车型限速的方法以适应客车和重型卡车不同的运行特性；欧洲自 1994 年起就广泛应用这一做法。目前国外通常按客车和大型货车(重型卡车及拖挂车)划分车型。

优点：考虑了不同车型车辆间的性能差异，有助于改善特定类型车辆的安全运行状况。

缺点：车型分类的不确定性和多样性往往是实施分车型限速的主要障碍。如图 5-10 所示，限速车型是按小客车和货车划分的，但 9 座以上的客车的限速是多少？对《道路交通安全法》不是十分了解的驾驶员可能会无意违章。如果车型按客车和货车来划分，虽然车型覆盖全了，但小型载客汽车和其他载客汽车的限速又没有很好的区分。

图 5-10　分车型限速

适用性：某种车型车辆事故状况突出，从限速角度进行管理考虑可减少事故发生率。

4. 其他限速方案

(1)可变限速

可变限速——伴随交通科学技术的发展，能够反映行车条件(交通流状况、路面状况、能见度、交通事件与事故情况)的可变限速系统正得到越来越广泛的应用。国内道路可变限速标志的主要问题如上所述。

(2)建议限速

图 5-11 所示黑黄标志，为美国用于建议驾驶员在特定情况下的舒适行驶速度。它和警告标志一起使用。例如，在蜿蜒的公路上行驶时，弯道警告标志和建议速度标志一起使用，更好地体现了和谐交通的管理理念。

建议限速标志仅推荐安全的行驶速度，用来提醒驾驶员通过前方弯道或其他特殊的道路条件下推荐的最大行驶速度。建议速度并非强制执行，在道路上非危险路段但线形指标接近较低限的点段（诸如指标略低于一般平曲线半径值的路段）设立相应的建议速度标志，是比较好的速度管理方法。图 5-12 为我国某高速公路上所使用的建议速度限速。

图 5-11　美国弯道处建议限速标志

交通工程师设置建议速度标志的目的，是为了帮助驾驶员在危险点（诸如弯道、交叉口、出口匝道、陡坡）选择安全车速。危险点的车速应该比一般管理限速值或者已设置的全路段管理限速值略低，即驾驶员在任何情况下都必须在合理、谨慎的速度下行驶。研究表明，建议速度对驾驶员特别是熟悉该道路的驾驶员的实际行驶速度有小到中等的影响，对不熟悉该道路的驾驶员的实际行驶速度有中等的影响。不遵守设置的建议速度标志的一个原因，主要是建议速度标志设置不切实际，如限速值比较低，或设置位置不当等。

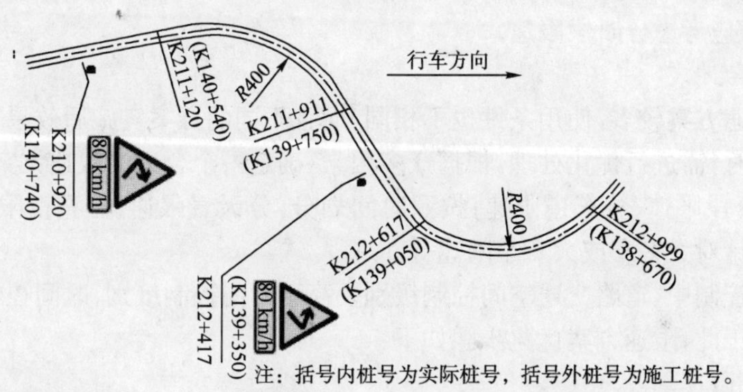

注：括号内桩号为实际桩号，括号外桩号为施工桩号。

图 5-12　建议限速示例

二、限速方案优化

针对每一条道路的具体情况，如何选择限速方案呢？这需要通过比选，对限速方案进行优化。

1. 限速方案优化需考虑的因素

(1)道路交通相关法规

在确定最终限速方案时，应考虑我国《道路交通安全法》及其实施条例关于道路限速的规定。道路最高限速值不能超过 120km/h；高速公路最低限速不能低于 60km/h。在道路上行驶的小型载客汽车最高车速不得超过 120km/h；其他机动车不得超过 100km/h；摩托车不得超过 80km/h。此外确定限速方案时，还要考虑运输安全与运输效率之间的平衡点、社会公众的满意度等情况。

(2)交通组成及其车速特点

交通组成影响着交通流的运行特点，不同车型交通运行特点不一样，所以在确定限速方案时，要考虑交通组成及其车速特点。交通组成中车型有小客车、客车和货车三种。分析该公路服务的主要车型是属于客车、客货还是货车(该车型分析部分见 v_{85} 限速值确定方法)。限速时应分析参考小客车、客车和货车的 v_{85} 车速,该分析可作为分车道、分车型限速的依据。当大型货车所占的比例>40%时,可考虑采用分车型限速,一般可把大型货车的限速值与小客车的限速值相差 20km/h。针对单向三个及三个行车道以上的道路,可采用分车型、分车道结合使用的限速方案。

(3)空间因素

影响限速方案选择的空间因素,包括道路长度及道路行车道数量。道路长度≥100km时,可根据全线限速方法判断是否实行分段限速。一般单向两个行车道不宜设置分车道限速,而当单向行车道数量≥3 个时,可考虑选用分车道限速。行车方向内侧车道为高限速值车道,外车道为低限速值车道。相邻两个车道限速值相差 20km/h 以上或为零。

(4)时间因素

分时间段限速主要是基于以下三种情况:一是道路交通事故中,夜间发生的事故占据总事故比例较大,可考虑采用分黑夜、白天限速方式;二是恶劣天气条件,如果全年中气候影响车辆行驶比较严重,比如雨、雪、雾影响行车时间比较多,需考虑分天气条件限速;三是交通流量随时间变化较大时,应考虑分时段限速。

2. 限速方案优化

由于道路限速方案较多,使用条件也不相同,而且不同的方案实施后效果也不一样。所以在确定限速方案时,需进行优化处理,根据众多因素,确定一个合适的限速方案。限速方案中,按照空间划分,分段限速、分车道限速;按照时间划分,分天气限速、分昼夜限速;按照车型划分,分客货限速,针对大客车或大货车限速等。

交通管理与控制中,道路交通空间控制级别要高于时间控制级别,时间控制级别要高于车型控制级别。鉴于此,限速方案优化步骤如下:

第一步:空间限速

在空间范围内考虑限速方案时,首先,可从是否实施分路段限速着手。在确定路段合理限速值时路段间限速值相差较大,为了能反映实际交通通行条件,可采用分路段设置限速值形式。实施分路段限速也是有要求条件的,如:根据道路线形、道路所处地理位置、事故发生情况、交通流量中的一个因素或是几个因素确定路段需要分段限速;相邻不同限速段总长度要求>30km,否则要合并限速段,限速值以低限速值为准;连续分路段限速中,平均每 100km,限速分段点不应>4 点,否则要对分段点作适当合并,合并原则以低限速值为准等。

其次,考虑是否可以实行分车道限速。原则上单向行车道≥3 个行车道时,可实行分车道限速。单向两个车道原则上不宜采用分车道限速方案。

第二步:时间限速

时间范围内实行分时间限速,是由于不同时间交通流量不同、不同时间所造成的事故发生率及事故严重性不同。在分空间限速的基础上,考虑分时间限速的可行性。当道路交通事故中,如果夜间发生的事故占据总事故的 60%以上,即可采用分昼夜限速方式;在恶劣天气条件,如果全年中气候影响车辆行驶比较严重,比如雨、雪、雾的影响行车时间超过 40%以上,即可考虑分天气条件限速。

第三步：车型限速

大型货车所占的比例＞40％时，考虑采用分车型限速。一般大型货车的限速值低于小客车限速值 20km/h 以上。

表 5-4 为限速方案优化表，根据表中内容，可判选限速方案。

限速方案优化表 表 5-4

判选条件	空间因素				时间因素				车型因素	
	$L\geqslant$100km	$L<$100km	$M\geqslant$3 车道	$M<$3 车道	$CM\geqslant$60％	$CM<$60％	$T\geqslant$40％	$T<$40％	$TZ\geqslant$40％	$TZ<$40％
分路段限速	宜	不宜	—	—	—	—	—	—	—	—
分车道限速	—	—	宜	不宜	—	—	—	—	—	—
分昼夜限速	—	—	—	—	宜	不宜	—	—	—	—
分天气限速	—	—	—	—	—	—	宜	可	—	—
分车型限速	—	—	—	—	—	—	—	—	可	不可

注：①L 表示道路限速路段的长度；M 表示道路单向行车道数量；CM 表示道路夜间发生交通事故占事故总数百分比；T 表示道路全年中受雨、雪、雾等天气因素影响的时间所占百分比；TZ 表示道路交通组成中大型载货汽车所占百分比。

②表中限速方案与影响因素之间的对应关系由强到弱分成四个等级：宜、可、不宜、不可。“宜”表示由影响因素判断选择该限速方案较好；“可”表示由影响因素判断选择该限速方案是可以的；“不宜”表示由影响因素判断选择该限速方案不适合采用；“不可”表示由影响因素判断选择该限速方案不能采用。

将道路中影响限速方案选择的因素按照表中参数要求计算后，依据表 5-4 即可判断选择道路主线限速方案。如果经过判断选择出多个限速方案，按照“分路段限速＞分车道限速＞分昼夜限速＞分天气限速＞分车型限速”级别依次递减的顺序选择限速方案。限速方案可以组合形成综合限速方案，但综合限速方案中单个限速方案不能＞3 个。由于有的限速方案之间不可以组合，表 5-5 给出限速方案间可以组合成综合限速方案的对应表。

限速方案组合对应表 表 5-5

	分路段限速	分车道限速	分昼夜限速	分天气限速	分车型限速
分路段限速	—	＋	＋	＋	＋
分车道限速	＋	—	＋	＋	＋
分昼夜限速	＋	＋	—	×	×
分天气限速	＋	＋	×	—	×
分车型限速	＋	＋	×	×	—

注：“＋”表示在综合限速方案中两个方案可同时出现；“×”表示在综合限速方案中两个方案不可以同时出现，必须舍去一个。

3. 案例

某山区高速公路全长 L 为 246km，设计速度为 80km/h，单向行车道数 M 为 2 个，一型和二型车（主要为小客车）占到 89.2％，大货车所占比例 TZ 约为 10.8％，夜间发生道路交通事故 TW 值为 60％。现采取全线限速 80km/h、隧道等部分路段限速 60km/h 或 40km/h 的速度管理措施，社会反映强烈。利用工程技术方法经过全线调研和计算等工作后，得如表 5-6 限速方案优化结果。

限速方案优化结果 表 5-6

方案＼因素	空间因素		时间因素	车型因素
	L=246km	M=2 车道	CM=60%	TZ=10%
分路段限速	宜	—	—	—
分车道限速	—	不宜	—	—
分昼夜限速	—	—	不宜	—
分天气限速	—	—	—	—
分车型限速	—	—	—	不可

从表中可看出，该高速公路适合采用分路段限速。根据在各个典型路段调查获得的 v_{85} 速度值为：A1 段 v_{85} 为 104km/h、A2 段 v_{85} 为 116km/h、A3 段 v_{85} 为 106km/h。调查中没有发现长下坡路段，但存在隧道路段。最终综合其他因素考虑该高速公路限速方案为：

该高速公路限速方案为分路段限速：A2 段限速 110km/h，A1 和 A3 段限速 100km/h；隧道等部分路段分别视情况采用建议限速或管理限速，限速值为 90km/h 或 80km/h。

第五节　速度管理技术措施

速度管理方面的法律条文及限速标志，对驾驶人在实际驾驶时控制其车辆行车速度具有一定的局限性；对特定的地点、区域和时间而言，驾驶人并非严格按照限速标志的规定行车。为了达到较好的限速效果，采用多种限速管理措施进行综合控制是必要的。本节介绍速度管理技术措施中工程措施、管理措施和智能技术措施，以及分析各种措施的有效性。

一、工程措施

1. *路面物理设施*

为了能够更好地达到控制车辆速度的目的，除了设置限速标志这一强制性标志以外，与其相配套的还有减速垄、薄层铺装、振动标线、减速标线、彩色路面、错视觉标线等配套的速度管理设施。这些设施的综合使用能够有效地提醒或强制驾驶员减速，对控制车辆的速度和达到速度管理的目的具有很好的作用。

(1)减速垄

减速垄为抗老化、抗紫外线、抗冲击、抗高压的橡胶制品，通常用于交通量小的低等级公路、城市次要道路及支路、收费站收费车道前等。它属于强制物理减速，减速效果明显，但对高速行驶的车辆损害较大，故不适合用于行驶速度高的道路路段，如交通量较大的干线公路。图 5-13 所示为设置在收费站前的减速垄。

图 5-13　收费站前设置减速垄

(2)振动标线

振动标线是目前国际上发达国家使用比较

图 5-14　路面设置振动标线

普遍的高新技术产品，白黄两色反光标线有振动提醒、减速、防滑、雨夜反光的作用。在驾驶员因疲劳打瞌睡使汽车偏离车道时会产生共振、摇晃并伴有轮胎与标线产生的刺耳共鸣声，使驾驶员惊醒，从而起到安全提示作用。振动标线如图5-14所示。

日本北海道地区就振动标线对车速、交通事故所产生的作用进行调查，调查结果如下：

①振动标线使用前后汽车行驶速度的调查（见表 5-7）。

振动标线使用前后的速度降低率　表 5-7

	白天(%)	夜晚(%)
使用前	43.5	50.0
使用后	73.5	78.3

②振动标线使用前后交通事故变化状况（5 个月期间）（见表 5-8）。

事故变化情况表　表 5-8

事 故 类 型	减少率(%)	备　注
人身事故数	52.1	—
财产损失事故	36.6	—
死亡事故	77.0	使用前 13 人，使用后 3 人

(3)减速标线

减速标线是在道路上常见的减速设施，通常用于弯道、收费站前和匝道出入口等需要减速的地方，如图 5-15 所示。对于减速标线的效果现在还没有明确的研究成果，就三福高速公路驾驶员问卷调查显示，绝大多数驾驶员熟悉减速标线并且表示通过减速标线时会采取减速措施。

图 5-15　路面设置减速标线

(4)薄层铺装

薄层铺装可达到防止车轮打滑，增强车辆运行制动减速效果，提高安全性的目的。其采用

热熔型等防滑铺路材料使路面彩色化，从视觉上给予驾驶员刺激，并优化了环境，如图 5-16 所示。目前主要用于急弯地带、长大坡道、十字路口及其他需进行速度控制的路段。它有以下 6 大特点：

图 5-16 路面设置薄层铺装

①有效改善道路交通：丰富的色彩，使道路更美观，标识更醒目，行车更安全；

②形成的突起面层，使车辆通过瞬间产生轻快振动，提醒驾驶员减速行驶；

③通过加入耐磨抗滑颗粒等特殊工艺，使硬质集料表面形成突起，提高减速和防滑效果；

④通过涂料中预混玻璃微珠，或在表面撒布玻璃微珠，使其在夜间具有良好的视认性；

⑤施工简单，干燥速度快，大幅度减少封闭交通的时间；

⑥耐久性好。

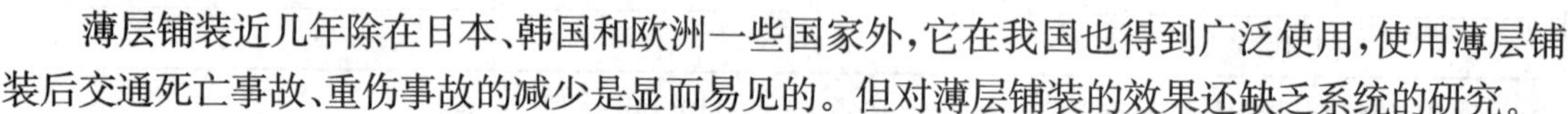

薄层铺装近几年除在日本、韩国和欧洲一些国家外，它在我国也得到广泛使用，使用薄层铺装后交通死亡事故、重伤事故的减少是显而易见的。但对薄层铺装的效果还缺乏系统的研究。

对北京市郊国道 G108、G109 部分路段采用薄层铺装的效果进行跟踪评价的结果显示，薄层铺装使汽车制动点处速度平均提高了 5km，制动点速度离散程度降低，制动行为中最高速度降低，刹车点位置比使用薄层铺装前平均滞后约 10m。由此可见薄层铺装能起到减速、增强路面摩擦能力、保障安全的作用。

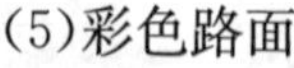

(5)彩色路面

彩色路面，如图 5-17 所示。现阶段有两种常用的彩色路面：一种是浅色，利用一种高反射的浅色集料来改善路面亮度和光的反射性；另一种是在沥青混合物中加入颜料或者人工合成的有色混合物来产生不同的路面颜色。

图 5-17 彩色路面

彩色路面 40 年前就开始用于日本东京，现在世界各地都能看到彩色路面，早期主要用其区分不同的行车车道，如区分人行道与行车道、自行车道与行车道等。彩色路面的使用一方面可以起到美观的效果;另一方面可以对驾驶员产生视觉上的冲击,起到提醒和增强对行人及自行车骑行人等弱势交通者的保护作用,从而提高道路行车的安全性。但目前彩色路面都用于城市道路和近郊公路,其作为速度控制手段的效果需进一步评估。

(6)错视觉标线

错视觉标线是一种利用视觉错觉以促使车辆减速,从而达到减少交通事故目的的新型标线。当驾驶员行驶在铺有错视觉标线的路段时,从心理上感觉道路越走越窄,视觉上感觉前方将是一条狭窄的道路,由于这种强烈的视觉冲击,驾驶员会不由自主地制动减速。同时由于它是一种特殊具有强烈色彩的标线,无论前方路况如何,都会引起驾驶员的心理反应和心理防备,使驾驶员减速行车,保证行车安全。错视觉标线的形式各异,既有平面也有立体的,图5-18为一些在各地使用的错视觉标线的示例。

a) b) c)

图 5-18 错视觉标线

图 5-19 是在北京 G109 国道应用的立体错视觉减速标线。立体错视觉标线施划到道路上要注意尺寸大小,在保证其效果的同时应留出足够的车道宽度,以免引发驾驶员紧急制动造成交通事故。

2. 路侧电子设施

(1)雷达及激光测速器

雷达和激光测速器是采用雷达波和光波测量车辆行驶速度的电子装置,通常被安装在交叉口、事故多发路段,用以监视驾驶员超速等违章行为。这对治理驾驶员超速行为,减少交通事故发生及降低其严重性有着重要作用。在我国普遍被应用在道路监控中,成为交通警察执法的有力工具,实施强制性强,对控制车辆行驶速度效果明显。

美国学者 Teed and Migletz 1993 年评价了控制区雷达探测器对驾驶员的作用,在安装雷达探测器的速度控制区机动车的平均速度大都会有不同程度地减少,尤其是超过限制速度值

图 5-19 北京 G109 国道设置的错视觉减速标线

10mile/h 以上的车辆减少了 30%～50%。Streff 1995 年也进行了同样的研究。研究发现，高速公路车辆行驶速度减少很显著，尤其对于高速行驶的货车效果更为明显。

澳大利亚学者 Rogerson 在墨尔本市检验了超速抓拍系统对机动车速度、事故严重性和事故率所产生的作用。经过调查统计，发现使用速度超速抓拍系统可以有效地减少伤亡事故发生率，但对于减少事故严重程度作用不是很明显。此外还发现，超速数值超过 15km/h 的机动车比例明显减少，大多数机动车保持在允许值 60～75km/h 速度区间内，车流比较稳定，车流的平均速度没有什么变化。

挪威学者 Elvik 1997 年对比分析了超速抓拍系统事故变化情况，发现试验区伤害事故下降了 26%(试验区原存在较高的事故率和事故密度)。研究发现，超速抓拍系统在澳大利亚、英国、德国、瑞典、荷兰、挪威平均减少了 17%的伤害事故发生。

(2)速度反馈系统

速度反馈系统是通过雷达波实时反馈通行车辆行驶速度的装置，车辆行驶到测速区，速度反馈系统就会显示该车辆的行驶速度。速度反馈系统结合安装的限速标志，可以很好地提示驾驶员是否超速，促使驾驶员遵守限速标志行驶，如图 5-20 所示。

国外学者所做的一些研究可作为评价速度反馈系统有效性的参考依据。美国学者 Casey and Lund 1990 年发现速度反馈系统有效减少了车辆的平均行驶速度；Perrillo 1997 年发现在临近速度反馈系统的区域，车辆行驶速度减少 3～5km/h。英国学者 Hamalainen and Hassel 1990 年描述了在英格兰速度反馈系统的实施情况，路段设置速度反馈系统后，速度降低较显著，平均速度降低了 10km，同时还发现，交通事故发生率也降低了。

图 5-20 速度反馈系统

美国学者 Dart and Hunter 1976 年评价了四种速度控制技术：速度反馈系统、速度检测器、固定的巡逻车和模拟警察。研究发现速度反馈系统在降低交通流平均车速方面，效果较其他几种方式差。

3. 黄闪灯

道路上设置黄闪灯可提示过往车辆谨慎慢行，注意前方车辆和行人，保障行车安全。据调查，黄闪灯能较好地引起驾驶员的注意，在交叉路口、事故多发路段前设置黄闪灯，对减少道路交通事故效果明显。没有设置信号控制的交叉口，如夜间交叉口照明条件不好、交叉口有行人通过或是交叉口事故发生较多时都应设置黄闪灯。黄闪灯可和减速让行标志、停车让行标志配合使用 。近年来，利用太阳能供电的黄闪灯获得了广泛的应用。

4. 道口标柱

在较小的支路口处设置涂有反光材料的道口标柱，目的在于标清小交叉口的位置，可给主路上行车尤其是夜间行车的驾驶员有效的提示作用。这种支路小交叉路口车辆很少，不具备信号控制条件，交通管理主要采用停让控制。

二、管理措施

工程措施是从驾驶员对预期行车危险的判断来达到降低行车速度的目的，适合的工程措施能达到较好的速度控制效果。管理措施则是从驾驶员心理和提高其素质及认识来达到降低行车速度的目的，适合的管理措施可发挥较好的速度控制效果。管理措施主要是宣传、教育、法规建设及执法。

1. 宣传、教育

通过对驾驶员进行宣传和教育，增强驾驶员对高速行车危险的认识，从根本上杜绝危险驾驶行为的发生，这是进行宣传、教育的初衷。道路交通事故的发生是由多因素所致，从国内外道路交通事故发生原因统计分析看，人的原因是最主要的因素。所以通过宣传、教育改变驾驶员对待交通安全的态度及改进不良驾驶行为，对提高道路交通安全水平至关重要。宣传、教育应针对不同人群、不同地点进行，保障活动的针对性，需要较长周期方可见效，这是一个慢工出细活的方法。

中国政府相关部门(2006—2008 年)在全国实施了“保护生命、平安出行”交通安全宣传教育工程，其工作目标是通过 3 年的努力，形成省(市)、县二级宣传、公安、教育行政、司法行政、安全监管部门齐抓共管的交通安全宣传工作机制，逐步实现交通安全宣传组织社会化、宣传工作制度化、宣传形式多样化、宣传内容系统化；普及交通安全法规和安全常识，使广大驾驶员、中小学生、城乡居民的交通法制观念和安全意识明显增强，城乡居民交通安全出行守法率明显提高；使无证驾驶、疲劳驾驶、超速、超载、酒后驾驶、低速载货汽车和拖拉机载人等严重违法行为明显减少，重特大道路交通事故高发势头得到有效遏制，道路交通万车死亡率有较明显下降。

驾驶员驾驶技能及道德修养培训是教育工作的重中之重，驾驶员的素质及性格对驾驶活动有直接的影响。驾驶员要掌握熟练的驾驶技能必须有坚强的优良性格特征；冷静、沉着、果断的良好性格特征使驾驶员在遇到复杂、危险或意外情况时，不会惊慌失措，从而作出恰当处理。加强对驾驶员道德修养及良好性格品质的培养，培养驾驶员保持沉着冷静、宽容大度、正直诚实、自信果断、谦虚进取的性格品质，消除不良的交通心理。

驾驶员培训教育主要包括两方面的内容：第一，对驾驶员进行机动车行驶速度法定标准、超速行驶的危害以及超速行驶的法律责任等内容的培训，提高其安全意识；第二，速度判断能力的培训。其培训内容包括:一是分析驾驶员主观判断车速的能力的影响因素,以帮助其正确感知行车速度;二是加强驾驶员速度感知能力的训练,提高速度判断的准确性。驾驶员对车速的判断能力因人而异,但可以通过一定的训练手段来提高车速判断能力。外界景物的清晰度、后退速度、风声大小等指标有明显差别,能否察觉和辨别这种差别,就要依靠经验和训练。

2. *法规建设及执法力度*

目前,我国《道路交通安全法》及其实施条例对各种道路上的不同车辆规定了相应的限速标准;省级立法机构也相应制定了一批地方法规。但是,目前我国的限速标准还没有真正做到将速度、效益、安全很好地结合,还存在一定缺陷及缺乏科学性。

严厉查处机动车超速行驶交通违法行为是预防超速行驶的最有效手段。加大对超速行驶的查处力度,应以公开方式告诉机动车驾驶员道路路段的限速标准。某省道路管理部门在控制车辆超速上,采用发放通行卡计算收费站之间的行程时间的方法来完成。这种方法的好处是避免了直接在现场进行速度测量,节省了人力和物力,使车辆的行驶速度总体保障在限制速度以下,有效地制止了一些车辆的超速行为。经过前后措施对比,交通事故有着明显的降低。

三、智能技术措施

计算机技术、通信技术、电子技术等应用到交通领域,极大地促进了交通领域智能技术ITS的发展,智能交通系统对解决安全问题具有重要作用。据国外一项调查显示,ITS系统可把重特大交通事故的发生率降低40%。目前,ITS系统的很多功能仍不能确定是否适合驾驶员的驾驶行为,比如危险补偿及大规模使用的适合性;其次,ITS系统的功能目标在过去主要被认为是提高道路交通管理水平(交通流和通达性)和驾驶舒适性,并没有强调道路交通安全,甚至忽略了道路交通安全。尽管从目前的发展形式看,ITS系统服务目的有着很大的不确定性,但将来ITS系统在提高道路交通安全水平方面的效益已引起国际范围交通业界的高度重视。

ITS智能技术为速度管理和改变驾驶员的驾驶行为提供了解决问题的多元化途径。如速度协助技术能够完成传统交通安全措施和惩罚措施不能完成的任务,它能给驾驶员及时传递限速信息,并对超过速度限制的驾驶员在任何时间、任何地点予以警告。这个系统能够给驾驶员提供清楚的、舒适的、传统方法不能达到的功能。初步的调研成果表明,该系统更能对驾驶员驾驶行为和解决道路交通安全问题起到良好作用。汽车正在逐渐安装新的速度辅助技术系统(如ACC: Adaptive Cruise Control),可使警察对车辆运行速度在任何时间进行检查,电子拍照识别系统(EVI)可帮助警察对超速车辆进行惩罚。另外,机动车内行车速度监视及行车距离记录系统;驾驶员行车速度信用及超速罚款追查记录系统;机动车行车速度评价系统等新的速度管理技术正逐步获得应用。

巡航控制系统ACC产生的初衷是为了能更适合不同道路环境下的行驶并期待交通流一致,初步调研表明ACC在道路安全行驶方面具有较大成效,但还需持续进行大规模试验以进一步验证。智能速度辅助技术系统ISA(Intelligent Speed Assistance)使用一个内置在机动车内的标准地图,地图中道路速度限制状态已经被编码,并与定位系统GPS相结合。系统基于环境和机动车信息之间传递实现诱导功能,机动车从周围环境接收期望、法定的速度限制信息,然后通过显示屏传递给驾驶员,其在安全方面的作用也逐步显现。ISA系统非常明显的一个功能是可警告驾驶员什么时候超过了限制速度，这样驾驶员就可决定是否调整车辆的行驶速度。从目前关于不同类型的ISA系统研究结果看，ISA系统可以有效地降低车辆的行驶速度，通过该系统对车辆行驶速度的影响，期望会减少60%交通死亡事故。一项研究指出，ISA还可增强驾驶员的注意力，增加驾驶员的预期安全。

第六节　局部区域速度管理

出于交通安全、交通通行影响、道路环境和对生活质量等方面的考虑，局部路段和区域需采取特殊限速管理措施。这些区域包括施工养护作业区、居民生活区和村镇区域、特殊路段等。

一、施工养护作业区

施工养护作业区属于行车条件变化路段，为了保障施工维护作业人员安全及该路段或影响区域车辆顺利通行，需要对施工养护影响区内车道进行控制。控制手段有交通标志、物理工程措施、旗手、交通警察、电子设施等。控制区域分为：施工预告区、上游过渡区、缓冲区、施工作业区、下游过渡区、施工终端区。目的是为了控制车辆的行驶速度，保障车辆及施工人员的安全，维持路段畅通。

1. 施工养护作业区管理

(1)施工预告区

在施工预告区开始点应设置施工预告标志，用交通指示标志通告道路的交通阻断、绕行等情况。施工标志的布设要考虑施工区交通流的情况，施工区视距及交通的干扰情况等。施工预告标志应设在醒目的地点，易被行驶中的车辆驾驶员识别。

施工预告标志离施工区的最小距离为两倍的施工区限速数值，这个距离应为标志设置点到渐变段的起点。当行驶车辆的速度和施工区限速明显不同时，该距离值可采用管制前行驶车辆的车速数值。

(2)渐变段

如果一条道路的一部分被封闭，为引导车辆行进就必须设渐变段。渐变段开始部分应设临时施工标志或临时交通信号灯，夜间应在路栏或独立活动支架上安装反光或施工警告信号灯，高度以120cm为宜。临时标志的设置位置与渐变段的长度密切相关，渐变段的长度根据交通情况不同分为以下三种：

①A渐变段：即指设置有交通控制措施，如在双车道路前设置旗手或临时交通信号灯控制。

②B渐变段：它是指车辆驶过施工作业区后，恢复正常通行条件，开始分流，作业区的结束点至恢复正常通行条件处所形成的渐变段。

③C渐变段：由于施工作业占用一条或多条行车道，车辆必须并用车道才能通行所形成的渐变段。

这三种情况下的推荐渐变段长度见表5-9，其形式如图5-21所示。

渐变段的长度确定后，标志设置位置就确定了。配合渐变段标志的使用，还可以用视线诱导标、锥形交通路标、路栏等渠化设施来渠化交通。短时间施工时可用锥形交通标，表面应按标准粘贴反光标带，以便夜间提供足够的可视距离。长时间施工时应使用视线诱导标，布设间距应使驶来的车辆驾驶员观察诱导设施流畅、不中断。渠化设施间距还应考虑到不能使车辆在其间绕行。

推荐渐变段长度表

表 5-9

车道行驶速度或施工区限速(km/h)	推荐渐变段长度(m)		
	A 渐变段	B 渐变段	C 渐变段
<60	15	15	30
60～80	30	70	140
80～100	30	90	280
>100	30	100	300

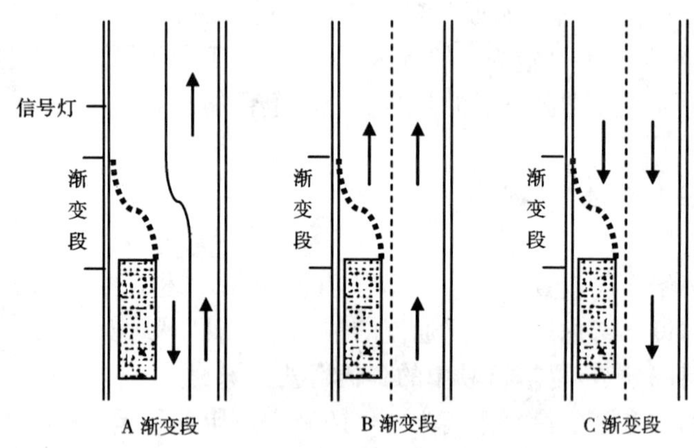

图 5-21　渐变段长度

(3)施工区车辆限速标志

①车辆在施工区通行时，为保证安全，在以下情况下需设置限速标志。

a. 道路表面存有松散的材料或粒径>10mm 的石子。

b. 施工作业路段长度>500m，并且交通量比较大。

c. 由于施工灰尘和烟雾的影响，造成道路的可见度降低。

d. 临近施工区，道路净宽度减小一半或一半以上。

②施工区限制速度选择考虑以下原则：

a. 限制速度不能超过施工区的最大安全速度。施工区的最大安全速度和施工区行人活动、施工类型、进展情况及道路的情况有关，冲撞事故发生多、频繁，最大安全速度应降低。

b. 限制速度应考虑到路上通行的绝大多数车辆的速度，不能过低。

c. 限制速度适度、一致性好，并能给驾驶员提供对突发事件、对交通控制设施和人员指示信息的反应时间。

d. 施工区速度限制的选择见表 5-10，速度限制应在条件改善后马上撤销。

施工区速度限制选择的有关事项　　表 5-10

限速标准	选择的前提	注意事项
40km/h	①道路通行车辆和施工机具车辆一起混行； ②施工人员离通行区 1.2m 以内； ③高速行驶会对桥梁结构施工造成危险时	高速行驶车辆到达施工区前，宜安排交通指挥员使行车速度降低到限速值以下
60km/h	①施工人员离通行区在 3m 以内； ②因施工，道路通行条件变差； ③道路面层平整度降低； ④摊铺沥青封层时间不久	60km/h 这个速度有利于养护新铺的沥青封层，降低对汽车风筒玻璃的破坏，提高对行人、施工车辆和工人的保护程度
80km/h	①施工工作进行时，高速行驶车辆所产生的噪声使工人无法忍受； ②由于施工，可能会给通行车辆行车安全带来影响； ③在信号手、交通管理者之前的交通控制措施处	受限制的车辆在通过施工区时仍保持不能接受的速度时，才设这个速度限制，并且只有在施工时，才设此限速
80km/h 减速区	施工作业限速为 40km/h 或 60km/h，正常通行路段车辆的速度为 100km/h 或以上时	减速缓冲区应设在施工区前方 400～500m

③在以下地点应重复设置速度限制标志：

a. 施工区较长时，提醒驾驶员仍在限速区域内。

b. 需提示从边侧道路进入的车辆，注意前方施工。

④配合施工区标志的使用，在以下情况下需安排旗手（交通疏导员）疏导交通：

a. 沥青路面摊铺时，使通行车辆减速慢行、停车或绕行。

b. 单向通行，使车辆始终朝一个方向行进，在必要时可改变单行线方向。特别是双车道路面，半幅在施工，另半幅只能容纳一辆车单向通行，在施工预告区与终端区需各派一名交通疏导员疏导车辆停止或通行。

c. 低速通行，需要临时限速标志，但没有设置时，交通疏导员可示意通行车辆减速通行。

d. 施工区视距受限时，使车辆慢行并警告驾驶员注意前方存在潜在危险。

e. 其他紧急情况，必要时使车辆停止或引导车辆通行。

交通安全疏导员应经过培训，掌握交通法规和如何快速、有效地指挥交通，能应付突发的交通情况。交通安全疏导员应穿反光标志服，手执红旗或减速慢行标志牌，同时还应设立诱导标及锥形交通路标；交通疏导员应站在视线良好的地点。

2. 施工区速度管理手段

(1)交通标志牌

利用交通标志牌来降低作业区的车速是最常用的方法。在美国用于降低车速的交通标志分为两类：法定限速标志（Regulatory）和建议限速标志（Advisory）。其中，法定限速标志是法律强制执行的，在限速上起主要作用。建议限速标志虽然也是法律规定实施的，但其法律效应没有法定限速标志强，在控制施工区车辆速度上起的作用也较小。我国用于限速的标志属于禁令标志，是法律强制执行的。其效果相当于美国的法定限速标志。

交通标志是属于能吸引瞬间注意力的物体。但试验表明，驶过标志 0.5～1km 以后，在很多情况下，驾驶员已不能记起曾从旁边驶过的交通标志。澳大利亚的一项研究表明：限速标志能够使车辆的平均时速下降 6.4～8.5km，但是 80%～95%的车辆速度仍然高于设定的限制速度。因此，在施工区，为了提高标志的效力，可采取以下几种办法。

①重复设置。研究表明，在 200～250m 的距离内，连续设置限速标志牌，能起到较好的效果。

②将一些简单标志进行组合。这种标志组合形式使标志传达的信息更加醒目和明确。

③将交通标志牌和其他速度控制方法结合。

(2)旗手

旗手也是在作业区常用的控制速度的方法。试验表明，旗手的作用比交通标志大，美国统一交通管理设施手册(MUTCD)中对旗手的动作做了规定。美国学者研究表明，未经培训的旗手能分别使小型载客汽车和载货汽车的平均时速下降 18.8km 和 14.6km；但对旗手培训后，小型载客汽车和载货汽车的平均时速分别下降了 24.0km 和 19.1km 。

一些研究还表明，旗手的一些有创意性的动作配合交通标志牌，能够更有效地降低作业区车辆的平均速度。美国在作业区采用创意性的旗手动作，乡村州际公路上车辆的平均时速下降了 11.3～20.9km，两车道道路上车辆的平均时速下降了 16.2～25.7km。城市主干道上车辆的平均时速下降了 20.9km，城市道路车辆的平均时速下降了 6.4～8.0km。虽然旗手的作用很大，但旗手工作时需站在危险的道路上，因此，旗手工作时，必须穿着带有反光标志的橘红色工作装，以保护自己的安全。必要时应设置相应的设施以保护旗手自身的安全。

(3)交通警察(警车)

利用交通警察来达到控制速度的目的是速度控制最有效的措施之一。根据交警工作的形式可分为两类：动态的和静态的。动态指交警在作业区范围内巡逻；静态指警车及交警停在路旁。

相对来说，静态的交警和警车起的作用比巡逻的警车大。因为当巡逻车在现场时，车辆的速度会明显下降；但当巡逻车离开现场，车速又会上升。研究表明静态交警(警车)能使车辆的平均时速下降 6.4～19km；巡逻车只能使其平均时速下降 3.2～4.8km。

(4)车道变窄

车道变窄属于改变道路条件进行限速的方法。车道变窄能够有效地降低通过作业区内车辆的速度。但车道变窄所起的限速效果和它采用的分隔车道的安全防护设施有很大的关系。锥型交通路标能有效地降低进入限速区域的车辆速度，但是锥形路标需要摆成一条直线，其安置和维护都较费时费力；相对来说，防撞桶及施工隔离墩的安置和维护所需的劳力物力就比较小，效果也比较好。

另外，车道变窄一般用于养护维修作业周期较长的路段；对于短期施工，由于设施的安置和维护需要耗费大量的人力，一般不宜采用。

(5)路段减速垄

通过人为改变路面的平整度，设计颠簸或嘈杂车道来使车辆减速是一个非常有效的方法。由于减速垄高度对行车有危害，必须谨慎地设置减速垄的高度。

减速垄与旗手配合使用会收到更好的效果。美国爱荷华州的试验表明，在旗手前 500ft

左右设置减速垄,效果最佳。

(6)雷达警报器

雷达警报器是利用微波来传递信息的电子雷达系统。它对安装有雷达探测装置的车辆发出"嗡嗡"的警告声,就像交警在路旁警告一样,从而使驾驶员降低车速。雷达警报器可以很方便地安置在许多地方,如闪光箭头标志板、防撞桶等。雷达警报器和交警(警车)配合使用,能更有效地降低车辆的速度。但过度使用会使雷达警报器的效果下降,因为,驾驶员会渐渐明白在雷达警报器旁很少真正有交警。

(7)速度反馈系统

速度反馈系统是20世纪80年代新兴的速度控制的工具。它通过雷达测速,然后把测得的速度显示在显示屏上。驾驶员看到显示器上显示自己超速了,自然会降低车速。

二、居民生活区和村镇区域

居民生活区和村镇区域的公路,一是因为行人多,二是因为高速行驶的车辆对行人、路边建筑区居民(噪声)造成的危害较严重,所以近十多年来发达国家对这些地区采用了比一般路段更严格的限速管理措施。下面为各国对居民生活区和村镇区域限速所作的规定。

(1)美国、加拿大

1995年,美国国会取消了55mile/h(90km/h)的全国最高限速,将限速的权限返还到各州。但各州的速度规章须基于所有50个州使用的基本速度法则:在当时的条件下任何人在公路上驾车的速度不能超过合理和谨慎的速度。美国、加拿大总体限速情况如下:

①城市居住区内:40～50km/h;

②校区和操场区域:30～50km/h;

③人口密集区:30～50km/h;

④村镇道路:50km/h。

(2)德国

①城市连接线:100km/h;

②人口密集区:30～50km/h;

③从高速公路进入市区道路:50km/h,进入非市区道路:100km/h。

(3)法国

村镇区道路:50 km/h。

(4)英国

没有标志指示的村镇区路段:48km/h;在学校附近路段:32km/h。

(5)意大利、奥地利

村镇区道路:50km/h。

(6)日本

有中央分隔带的公路:100km/h;其他大部分公路:60km/h。城区道路:40km/h。

(7)马来西亚、新加坡

城区:60km/h。新加坡高速公路:80km/h;近几年汽车专用路:90km/h;其他的公路限速值还保持为80km/h不变。

(8)澳大利亚

限速从 40～110km/h，间隔为 10km/h。且规定如下：

①校区道路在上课时间：40km/h，在南澳大利亚的校区道路上课时间：25km/h；

②村镇区道路：50km/h；

③主要近郊道路：60km/h。

(9)新西兰

新西兰的限速在 20～100km/h 之间。具体限速情况如下：

①巴士通过事故多发点和学校：20km/h；

②通过道路施工区：30km/h；

③大部分村镇区道路：50km/h；

④居民密集区的公路、危险路段：70km/h 或 80km/h。

三、特殊路段

对一些特殊路段，比如特长(大)桥梁、特长桥隧、隧道群和路侧较危险等路段，车辆速度过高可能会引发较多事故或加大事故严重性，对这些路段可采用综合的速度控制措施，目的是能减少这些路段事故发生的可能性。在确定特殊路段速度控制区限速值时，宜按照一般路段的限速值和特殊路段的道路线形及事故特点来确定。一般情况下，特殊路段速度控制区的限速值可小于一般路段限速值 20km/h。在特殊路段速度控制区之前应设置过渡区，速度过渡区的长度按表 5-11 选取。

速度过渡区长度 表 5-11

一般路段限速值(km/h)	影响区限速值(km/h)	速度差值(km/h)	过渡区长度(m)
60	40	20	30～40
70	50	20	40～50
80	60	20	50～60
90	70	20	60～80
100	80	20	80～100
110	90	20	100～150
120	100	20	150～200

参考文献

[1] National Cooperative Highway Research Program. Safety Impacts and Other Implications of Raised Speed Limits on High-Speed Roads Final Report . NCHRP Web-Only Document 90 (Project 17-23).

[2] Transportation Research Board Managing Speed: Review of Current Practices for Setting and Enforcing Speed Limits . TRB Special Report 254,1998.

[3] Sia ardekani, Ezra hauer, Bahram jamei. Traffic impact models. www. tfhrc. gov/its/tft/chap7. pdf.

[4] Jack Stuster, Davey Warren. Synthesis of Safety Research Related to Speed and Speed Management. PUBLICATION NO. FHWA-RD-98-154. 1998.

[5] Fred Wegman, Charles Goldenbeld. Speed management: enforcement and new technologies. SWOV, Leidschendam, 2006.

[6] 中华人民共和国国务院. 中华人民共和国道路交通安全法实施条例. 北京:人民交通出版社,2004.

[7] 吴新开，吴兵. 高速公路养护维修作业区行车速度控制方法探讨[J]. 公路. 2004.

[8] 瞿洪海,徐桔. 江平公路靖江段养护改善工程施工过程中的交通管制[J]. 科技与经济. 2005.

[9] 裴玉龙,程国柱. 高速公路车速离散性与交通事故的关系及车速管理研究[J]. 中国公路学报,2004.

[10] Driving in Europe: Speed limits. http://www. europe. org/speedlimits. html.

第六章 双车道公路线形安全设计

第一节 公路线形与安全

一、概述

公路交通安全是一个涉及人、车、路、环境多方面因素的综合性问题，对交通部门而言，提高公路的安全水平就是要力争使公路尽可能地与人、车和环境相协调。具体来说就是公路要能够满足驾驶员在驾驶过程中对公路信息和服务的需求，符合驾驶员的驾驶习惯和车辆的行驶特性，能够与周围的自然环境融为一体。

公路基础设施涉及的部分很多，包括构成公路主体的路基、桥涵、隧道以及保证公路功能正常发挥的排水系统、安全设施、机电系统等。这些组成部分都在不同的程度上对交通安全有影响，但是研究表明，其中最重要、最关键的因素是公路的道路线形。线形是驾驶员在驾驶过程中最关注的信息，直接决定了驾驶员采取的驾驶行为，同时线形的走向结合周边的地形也决定了公路的主体和附属工程，因此对于公路部门，可以说"交通安全从线形设计开始"。

通常情况下，驾驶员行驶在与他们所期望的路线特征一致的路段上时，有充足的反应时间、判断失误较少。但是，当路线几何要素与驾驶员的期望不一致时，驾驶员仍然会不自觉地按照所期望的线形行驶，那么在这样的路段就容易出现意外情况，驾驶措施不当的可能性也会增多。从路线设计的角度进行分析，线形设计上的任何突变，都将出现不连贯的驾驶行为，造成驾驶员的不适应并使该位置所发生的交通事故具有聚集性。

因此，为了保证交通安全，首先就要求在公路线形设计中要充分考虑人、车和环境的特性，灵活地运用设计指标，从人性化和均衡性的角度进行针对性的设计，使公路线形连续、均衡，符合驾驶员的期望。

但是，在我国的公路线形设计中，长久以来一直存在着这种忽略驾驶员特性和需求的现象。特别是在经济不够发达的时期，往往片面地强调公路的经济性和通达性，导致公路线形设计上存在着种种安全缺陷，这些缺陷一旦与不利的人、车和环境因素相结合就容易形成交通事故集中发生的路段，例如长直线接小半径平曲线和不恰当的弯坡组合路段，如图 6-1 和图 6-2 所示。

进入 20 世纪 90 年代以后，我国的公路建设事业得到了极大的发展，但是线形设计与交通安全的关系仍然没有得到足够的关注，导致公路线形设计中出现了片面重视高指标，或者在山区连续运用极限指标的情况。虽然这样的设计是符合设计规范和标准的，但是仍有可能导致不符合驾驶员特性和车辆特征的情况出现，从而引发安全方面的问题，例如目前在我国受到社会各界极大关注的长大纵坡问题就是如此。

图 6-1　长直线接小半径曲线

图 6-2　弯坡组合路段

导致上述问题的核心是设计人员还没有将安全的意识融入到公路线形设计中去，在设计方法、流程和指标选择等环节没有充分地考虑交通安全的需求。但是值得欣慰的是，在新修订的《公路工程技术标准》和《公路路线设计规范》中已经包含了有关线形安全设计的若干原则；交通部也已经开始大力倡导在设计阶段开展安全评价工作，并颁布了《公路项目安全性评价指南》作为指导；而且近年来交通安全方面的科研投入得到了不断地加强。相信在全行业的共同努力下，线形设计中对于安全的考虑会越来越全面，我国的公路交通安全水平也会得到不断的加强，但是在这个过程中需要做的工作还有很多。

本章将从线形设计标准和设计方法入手，探讨在双车道公路线形设计中如何对安全方面的因素进行比较全面的考虑，使公路更安全、更人性化。

二、公路线形设计标准的安全问题

线形设计标准是设计人员在线形设计时遵循的基本原则，在设计过程中发挥着至关重要的作用。但是问题是有时候设计人员表现为过于依赖标准，他们往往认为满足了标准的要求就在同时满足了所有各方面的需求。大部分的公路设计者相信按标准建设的公路是安全的，而律师和法官在法律纠纷中通常也认为按标准建设的公路是恰好安全的。事实上，这种推论并不是完全正确的，符合设计标准的公路很多时候都是不够安全的，这是因为有下述明显的原因。

1. 公路线形设计标准要兼顾很多因素

公路线形设计标准不是专门的安全设计指南，标准必须综合考虑多种因素，例如地质地貌、土地使用、工程造价、施工的便利、车辆的机械性能等。标准的作用就是在众多因素里面寻找一个比较平衡的范围，这必然导致了安全方面的考虑被稀释和削弱了。

例如凸形竖曲线的视距控制，根据障碍物高度和驾驶员视高的不同，相应的曲线长度要求会有很大的变化。对于障碍物的高度，德国标准采用的值为 0cm，美国标准为 10cm，澳大利亚标准是 20cm，显而易见的是德国标准能够满足任何情况下驾驶员对于路面上障碍物的识别。而美国和澳大利亚的标准则不能，这更多是出于减少竖曲线长度的考虑，因为将障碍物的高度由 0cm 增加到 10cm,所需的竖曲线的长度就会减少 40%,但这就意味着美国和澳大利亚标准只保证某一尺寸以上的障碍物能够被驾驶员识别。因此单纯从安全的角度看,德国凸曲线设计标准是最安全的,美国次之,澳大利亚凸曲线设计标准则考虑安全最少。

可见,安全因素在线形设计标准中往往会受造价或受其他因素影响,从而得到某种程度的削弱。正如澳大利亚的竖曲线设计标准,在某些设计指标中已经包含了一些潜在的不安全因素,通常这些不安全因素发生的概率会比较小,但是在一些特定的情况下,与特殊的交通和环境因素相互作用,也有可能成为诱发交通事故的重要因素,例如在澳大利亚的公路上有一块高度<20cm 的较大的障碍物。换言之,参照标准进行的线形设计在绝大多数情况下是安全的,但是并不是绝对安全的,在一些特殊的条件下,设计人员应该从安全的角度进一步分析设计指标的适用性。

2. 公路线形设计标准无法涵盖全国的情况

我们国家是一个幅员辽阔的国家,涵盖了世界上绝大多数类型的地形地貌和气候特征,这种多样性决定了标准不可能适用于我国所有的场所和条件,更不可能对全部技术指标作出明确的规定,而且随着交通运输相关领域的发展,产生的新的安全问题并不能在标准中得到及时的体现。因此如果不加分析的套用标准的指标要求,有可能在某些特定地区形成不利于交通安全的状况。

例如,20 世纪 90 年代末开始,在我国多条公路的连续长纵坡上频繁出现了严重的交通安全问题。从标准的角度,这些路段都是符合当时的设计标准的,但是随着重型车的增加、运输效率的提高,在山区的这种特定的线形组合逐渐演变为一种不安全的因素,当与车辆超载等因素相结合的时候就会导致载货汽车的制动系统失灵,进而发生交通事故。

这充分说明标准并不能涵盖所有的安全因素,而且通常要滞后于新的安全问题的产生,因此在线形设计中,要关注是否有需要进行深入考虑的特殊情况,是否有新的问题出现,是否有新的研究成果和工程经验可以借鉴,这对保障线形设计的安全水准是十分重要的。

3. 公路线形设计标准规定是界限值

在我国,公路线形设计标准对于指标值只是规定其界限值,即指标选用不能大于或小于某一数值,而不是采用“设计值域”的方式。这就意味着在满足界限值许可的条件下,设计人员有很大的选择自由度,在此过程中有可能由于设计人员的失误导致指标使用失去均衡的情况。

例如,在设计速度为 60km/h 的二级公路上,标准规定的一般最小半径是 200m,也就意味着允许长直线接 200m 小半径曲线的线形存在,反映到实际的驾驶行为中就会形成较长时间的高速行驶后要急剧减速转弯的情况,而众所周知这是比较危险的,如果曲线内侧的视距条件受到了限制则很有可能形成事故频发的路段。这个例子充分说明在标准允许的情况下,仍有可能出现不利于安全的线形设计。

因此,当标准的规定是界限值的时候,对于指标的运用就变得至关重要,特别是相接路段指标选用的均衡和连续性对公路的安全性影响巨大。在现行的设计标准体系下,这需要依靠设计人员的智慧和经验来掌握,在后续的章节里会针对这个问题进行深入的探讨。

前面提及的三个方面并不是否定标准在安全方面作出的贡献,事实上标准保证了一些危险的极限状况不会出现,对于保障公路基本的安全水准是非常重要的,只是由于受自身的定位和功能所限,标准对交通安全的考虑并不全面。因此,以为“符合标准的线形设计必然是安全的”是一种错误的观点，更不能将标准作为安全设计指南使用。

因此，单纯符合标准的线形设计依然有可能存在不利于交通安全的因素，设计人员应该针对项目的地形地貌、气候、交通等具体情况进行深入的分析，立足于对标准的理解，灵活性地运用标准才是保证线形设计符合安全原则的关键。

在涉及具体的线形设计内容之前，本章首先探讨究竟什么是公路线形安全？公路线形设计的安全性应该如何进行评估？

三、公路线形安全性分析

“安全”是一个相对性的概念，只是“更安全”而没有绝对的安全。公路线形设计的安全性同样也是如此，我们不能孤立地说某种线形是安全的或者是不安全的。同是连接 A 点和 B 点的线形设计方案有很多，在提供相同交通服务的情况下，哪种线形设计方案发生的交通事故最少、最不严重，那么这个方案就是所有方案中最安全的。本章讨论的安全是指在所有可能的方案中如何寻找交通事故频率和严重程度都比较低的设计方案。

但问题是，设计人员不可能在一次路线设计中考虑所有可能的方案进行安全性方面的比较，因此必须有某种方式能够用来评价线形设计方案的安全性，而且要有比较明确的判别标准，只有这样才有可能在有限的比选方案中选择足够安全的线形设计方案，而且能够发现不够安全的线形组合并进行修改。

目前，对公路线形设计安全水平进行评价有直接和间接两种方法。

(1)线形设计安全水平直接分析方法

直接分析法是在对大量历史安全数据搜集和分析的基础之上，预先估测公路线形设计方案有可能导致的交通事故水平的方法。发达国家一直致力于研究这种量化的交通安全评价模型，其中最有代表性的是美国联邦公路局的 IHSDM 模型。

IHSDM 模型是一套定性和定量相结合的方法，它包括政策模型、事故预测模型、设计一致性模型、交叉口归纳模型、交通分析模型等，体现了历史上大多数研究成果的积累。IHSDM 模型中提供的双车道事故预测模型可用于对线形设计方案事故率的预测，有助于设计人员对设计方案的安全水平进行评估。

我国通过 2003 年的交通西部科技项目“公路交通安全评价技术研究”，也建立了直接表征我国双车道公路事故与影响要素间的双车道公路普通路段、村庄路段的全部事故次数、碰撞、追尾、路侧、伤亡事故预测模型，交叉口路段的全部事故预测模型，三支有信号控制、四支有信号控制、三支无信号控制、四支无信号控制的事故次数和伤亡事故预测模型。从此，我国的设计人员也拥有了适合于我国国情的线形设计方案安全水平分析工具。

这种对线形设计方案的事故率进行预测的方法，能够直观地衡量设计方案的安全水平，在无法穷尽所有设计方案的情况下，一般认为当预计的事故率能够显著地低于路网平均水平时，该设计方案的安全状况就是可以接受的。

当然，预测总是与实际情况存在一定的差异，因此也不能简单地将预测的结果直接看作未来必然会发生的状况。但是在对多个方案进行比选分析的时候，事故率预测法能够发挥重大的作用。

(2)线形设计安全水平间接分析方法

事故率是衡量安全水平的最直观也是最有效的方式，但是成功地对设计方案的事故率进行预测具有很大的难度。对此，可以采用对间接指标进行分析的方法来对设计的安全水平进行评价和分析，其中应用最广泛、使用效果最明显的分析方法是运行速度分析法。

运行速度分析法是基于线形影响车辆的运行速度，而速度的变化过于剧烈就有可能导致事故的基本原理。分析的方法是采用速度预测模型根据线形预测车辆的运行速度，然后通过分析不同设计路段之间的速度差异来判断安全性。

显然，间接分析的方法不能直接告诉设计人员，路段上将来可能的事故率会是多少，但是间接分析法能够确定明确的判定标准，更有利于实际工作中的使用。例如运行速度分析法国际公认的标准是速度差>20km/h 时即为不安全状态，这使间接分析的方法更加易于操作。

一般而言，较长路段或大尺度范围内的宏观方案比选采用安全性直接分析法比较适宜，如走廊带的选择和路线整体布线方案；对于局部线位的分析和微调则间接分析法更有优势。总之，能够在设计的不同阶段采用不同的安全性分析方法，就可以保证线形设计方案具有较高的安全水准，不同设计阶段采用的不同分析方法汇总于表 6-1。

不同设计阶段的评价内容、方法及指标 表 6-1

设计阶段	评价内容	评价方法	评价指标
工程可行性研究	走廊带选择	直接分析法	预测事故率
初步设计	路线方案	直接分析法	预测事故率
	线位方案	间接分析法	速度差
施工图设计	线位方案	间接分析法	速度差

注：线形安全性的直接分析和间接分析方法在本书的相关章节有详细的论述，本章不再重复。

四、小结

随着公路交通运输的发展和车辆制造工艺的进步，以及大量普通人参与到公路交通系统之中，公路的功能日益丰富，已经成为任何一个国家经济发展和国民生活不可或缺的基础设施。与此相对应，在现代交通系统中，公路服务的使用者范围不断扩大，交通流的流量、速度和密度都在不断增加，车辆同时向大型化和微型化两个方向发展，公路承载的需求愈来愈多，这就必然要求作为公路设计基础的线形设计要不断地更新理念，以适应不断变化的需求。

时至今日，公路线形设计不仅要保证适用与经济，而且要追求行车的安全与舒适，能够为用路者提供安全、高效的运输服务。同时还要保护对人类生活至关重要的环境、景观、历史和社会资源，寻求与周围自然条件、人文环境相协调的解决方案。

因此，安全是公路线形设计中必须考虑的重要方面，但是除此之外仍然有很多因素需要考虑。限于内容，本书只探讨与安全相关的问题，但是这并不意味着其他的方面不重要。

第二节 线形设计中的速度

一、设计速度与运行速度

自从 20 世纪形成了系统的公路几何线形设计方法以来，速度一直是线形设计理论的基础。目前,国内外关于公路路线设计理论与设计方法主要有两种:一种是以美国、加拿大和前苏联为代表的基于设计速度的路线设计方法;另一种就是近二十年兴起的以德国、澳大利亚等国家为代表的基于运行速度的路线设计方法。我国从 20 世纪 50 年代起引入了设计车速即计算行车速度的概念,作为我国路线设计的基础指标。目前,基于设计速度的设计方法是我国设计规范推荐的方法,并一直为所有的规划设计人员所使用。

设计速度是根据公路的功能、车辆的动力性能和地形条件确定的,各级公路按地形条件的差别,从 20km/h 到 120km/h。设计速度一经选定,公路的所有相关设计要素,如视距、超高、纵坡、竖曲线半径等指标必须与其配合以获得均衡设计。

而运行速度是指在特定路段上,在干净、潮湿条件下,85%的驾驶员行车不会超过的行驶速度,简称 v_{85}。因为,运行速度 v_{85} 考虑了公路上绝大多数驾驶员的交通心理需求,以车辆的实际运行速度作为线形设计的依据,在运行速度的基础上选择线形的设计指标。

不论是设计速度还是运行速度,都是为了控制路线设计方案在某种程度上的一致和均衡。但是从交通安全的角度分析,基于运行速度的线形设计方法尽管比较繁琐,但是却更为合理。

二、基于设计速度的路线设计方法

设计速度被视作线形设计的里程碑,其概念最早是由 AASHTO 在 1940 年提出的,许多国家的设计规范都是基于这个概念而产生的。早期的基于设计速度的设计理论认为一旦确定设计速度,驾驶员会按照设计速度行驶,这样就能够通过设计速度保证沿线设计指标的运用与驾驶员速度的协调。

在交通和汽车制造业尚不发达的时代,设计速度和驾驶员实际运行速度的差距并不大,这是因为受制于车辆技术的制约,车辆的速度不可能提得很高。但是随着当代车辆几乎是水平的提高,车辆的加速和高速性能得到了极大的提高,车辆的实际运行速度与设计速度间的差异开始不断扩大,基于设计速度设计方法的缺陷也开始暴露得越来越明显。

设计速度对于整个设计路段而言是一固定值,作为基础参数,设计速度事实上的作用是规定了一个路段的最低设计标准,但是对于设计指标取值的上限并没有规定,这意味着允许设计人员在很大的范围内随意地选择设计指标值,而这极有可能导致线形指标的连续性和均衡性得不到保证。以平曲线半径为例,当设计速度为 60km/h 时,一般最小半径为 200m,因此半径 8 000m 的曲线与半径 200m 曲线相接的线形设计也是被允许的,而很多实例证明这种相邻路段指标差异过大的线形往往是不安全的。

事实上,驾驶员实际采用的行驶速度总是随道路线形、车辆动力性能与驾驶员特性等各种条件的改变而变化,而且只要条件允许,驾驶者总是倾向于采用较高的速度行驶,因此在气候良好、服务水平较高的时候,大多数路段上驾驶员采用的运行速度都大于设计速度。如图 6-3 所示,驾驶员在平曲线半径<1 000m 时,驾驶员采取的运行速度与设计要求的计算行车速度存在较大的差距:在平曲线半径 200m 时,实际采用的运行速度比规范规定的最大速度高出 30km/h 左右;随半径增大,这种差别逐渐变小;当平曲线半径为 1 000m 时,实际运行速度与规范规定的设计速度的差距逐渐缩小,但是也大于设计速度数值。国外研究也证实了相似的规律。

可见,在实际的驾驶过程中,驾驶员在大多数时间的运行速度都高于设计速度,这样就不可避免地会出现车辆行驶速度不均衡的情况。因此，以设计速度为基础的设计方法并不能保证公路线形的连续性，而且还会导致视距、超高等与实际的驾驶状况不适应的情况，这都会影响公路线形设计方案的安全性。

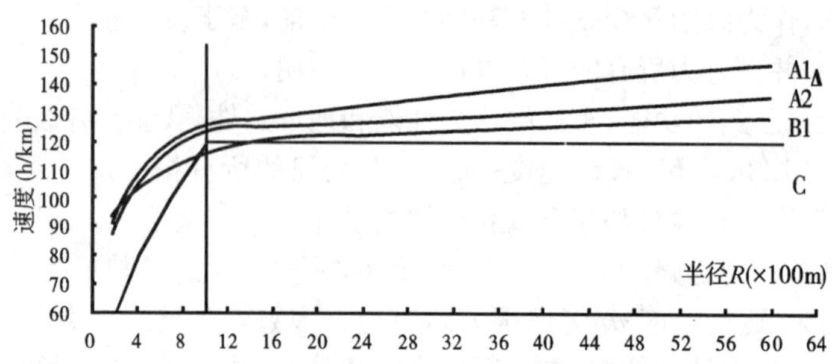

图 6-3　平曲线半径与运行速度的关系

注：A1——在无超车情况下，A 组驾驶员采取的运行速度与平曲线半径的关系；

A2——在超车情况下，A 组驾驶员采取的运行速度与平曲线半径的关系；

B1——在无超车情况下，B 组驾驶员采取的运行速度与平曲线半径的关系；

C——现行《公路路线设计规划》中要求的各运行速度下的最小平曲线半径。

例如，国内某设计速度为 60km/h 的公路，某路段道路线形是 600m 长直线末端接半径为 125m 的平曲线，坡度为 1%。据连续三年交通事故资料统计，此处发生事故占全路段事故数的 21%，虽然在曲线前设置了 60km/h 的限速标志，但事故仍屡有发生。观测表明：车辆进入平曲线的实际行驶速度达到 96km/h，远远超出了该曲线 60km/h 的设计速度标准；或者从另一个角度看，此处只有半径＞400m 的曲线才能保证安全，但是采用设计速度的设计方法并没有保证平曲线指标的选用具有足够的安全性。

因此，从尽可能地保障道路使用者安全的角度考虑，在进行公路路线设计时，不能简单地以设计速度（计算行车速度）来控制道路线形指标。这是因为车辆是连续行驶的，需要以动态的观点来考虑车辆进入曲线和纵坡时的运行速度，所选择的设计用速度要与车辆实际运行的速度相适应。正是为了满足这种设计均衡和连续的要求，出现了以德国和澳大利亚为代表的基于运行速度的公路线形设计方法。

三、基于运行速度的路线设计方法

运行速度是指在特定路段上，在较高服务水平和正常的气象条件下，绝大多数驾驶员行车不会超过的行驶速度，国际上通常选择 85%驾驶员都会遵守的速度值（简称 v_{85}）作为运行速度的标准。

基于运行速度的设计方法是在前期确定的初始平面线形和纵断面设计的基础上，推算设计路段的运行速度 v_{85}，并以线形的连续性和速度的一致性为路线设计质量评价原则，检验和修正初期的平纵几何设计，然后根据调整后的路线平纵线形和运行速度，最终确定曲线超高、加宽、视距等设计指标。

因此，基于运行速度的设计方法是在基于设计速度的设计方法的基础上发展起来的，它的关键是通过运行速度推算、线形连续性校验、速度一致性校验和指标修订，使公路线形设计更加符合道路使用者的需求。

1. 基于运行速度的线形设计连续性检验

线形设计的连续性是指车辆在行驶过程中舒畅、自然，不存在驾驶行为发生突然变化的情况。经过多年的研究，国际上公认线形的连续性应该通过相邻路段的运行速度差值来进行校验，差值越小说明连续性越好。

早在 1964 年，国外研究就证明：运行速度与平均车速偏差越大，则事故率也会越高，或者说速度变化量和事故的频率是直接相关的，该结论得到很多国家的认可。1993 年，Monash 大学事故研究中心针对澳大利亚的公路现状模拟出速度梯度与事故率的近似函数关系：

$$I=500+0.8\Delta v^2+0.014\Delta v^3 \tag{6-1}$$

式中：I——路段事故率，每 10^5 辆 · km；

Δv——速度梯度。

模型反映出速度梯度越大，事故率越高的事故发生规律。联邦德国和美国也都得出了类似的研究结论，并分别建立了对小客车行车速度差的控制值，即在路线线形设计中采用路段间的速度连续性作为安全评价标准。

国内的事故调查资料也反映出了同样的规律，即速度变化和事故频率是直接相关的，平均行驶速度与计算行车速度偏差越高，事故率也就越高。图 6-4 反映了平曲线与弯坡组合处的事故率与两种速度差之间的关系，其中横坐标为设计速度与实际行驶速度的差别，纵坐标为相对事故数。从图上可以明显看出：10～20km/h 速度差，所对应的事故次数，是曲线的拐点范围。速度差＞20km/h，事故率大幅上升；而速度差＜10km/h，事故发生频率较低，不具备聚集性。图上显示出 25km/h 速度差，所对应的事故次数是 10km/h 的 3 倍。

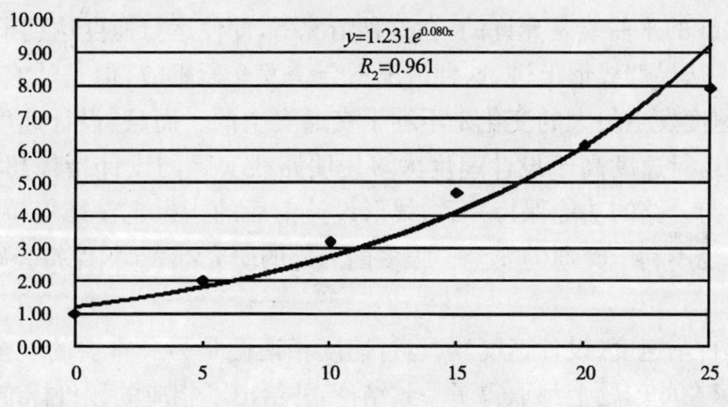

图 6-4　事故率与运行速度差的关系

综上所述，根据国内外的研究，线形设计连续性评价应采用相邻路段速度差 Δv 为检验指标，通常采用的判别标准如下：

(1)好的设计：路段间的运行速度差 $\Delta v_{85}\leqslant$10km/h。

(2)可以接受但是应尽量避免的设计：10km/h＜路段间的运行速度差 $\Delta v_{85}\leqslant$20km/h。

(3)不良设计：路段间的运行速度差 $\Delta v_{85}>$20km/h。

2. 基于运行速度的线形设计一致性检验

设计连续性检验能够保证路线在纵向上保持局部路段指标的均衡，使驾驶员的驾驶行为不发生不利于安全的突变，但是这样并不能完全保证行车的安全。

以上文提到的国内某设计速度为 60km/h 的公路为例，路段道路线形是 600m 长直线末端接半径为 125m 的平曲线，125m 是设计速度为 60km/h 的极限最小半径。现场调查此路段车辆连续行驶速度，直线与曲线相接处、即曲线入口处行驶速度 96km/h，曲线上行驶速度 89km/h，虽然相邻的直线段、曲线段速度相差 7km/h，但曲线上行驶速度与设计速度之差达到 29km/h。据连续三年交通事故资料统计，此处发生事故占全路段事故数的 21%。

在本案例中，路段间的运行速度差异较小，没有达到 10km 以上，换言之，路段的线形连续性很好。分析本案例可知：交通事故频发的原因并不是因为相邻路段间的运行速度存在较大差异，而是因为驾驶员选择的速度与道路线形之间存在较大的差异。

平曲线半径 125m 为设计速度是 60km/h 情况下的极限最小半径，这意味着从车辆动力学的角度超过 60km/h 的速度会导致不安全的状态，但是驾驶员自身并不知道公路曲线的半径，更不会知道 60km/h 以上的行驶速度是不安全的，而是根据自己的预期和判断采用了较高的 89km/h 的速度，由此与公路线形产生了不和谐。当不和谐过于严重时，就会导致交通事故。在实际行驶过程中，车辆的运行速度通常与道路所处环境和地形有关，并不与路线的设计速度保持一致，这就导致驾驶员在实际行车时通常超过曲线的设计速度，特别是在设计速度较低时更容易如此。因此从保障安全的角度出发，仅对车辆前后路段的速度变化差进行控制是不够的，还必须控制车辆运行速度与线形设计对应的设计速度的速度差。

对于某一段特定路段而言，设计速度(计算行车速度)是一致的，其目的是确保路线指标在某一个水平之上。换言之，使用超出设计速度规定的指标值是被允许的，这种情况下即使运行速度超过了设计速度很多也不会出现车速与线形不协调的情况。如设计速度为 60km/h 时，使用半径为 5 000m 的平曲线是允许的，在这种情况下，即使运行速度达到了 120km/h 也不会与线形发生矛盾。从局部线形上讲，这种情况不会诱发交通事故，但是从宏观的角度，车辆在行驶过程中运行速度发生很大的变化是不利于交通安全的。而且，设计速度是控制公路功能的基础指标，如果运行速度高于设计速度太多说明路线实际的设计指标超出了预期的功能。换言之，线形设计与公路的功能保持一致，线形设计前后的指标也没能保持一致，这不但会在投资上导致浪费，也不利于交通的安全。很多国内外的研究都表明，保持公路现行设计的一致性是十分重要的。

因此，使计算行车速度(设计速度)和运行速度相谐调是另一重要的安全评价标准。美国和德国等发达国家在此问题上都取得了一致结论，并给出了相应的评价标准，即通过运行速度 v_{85} 与计算行车速度 v_d 之差，评价路线设计一致性的好坏。

国际上公认的线形设计一致性评价标准如下：

好的设计：$v_{85}-v_d \leqslant 10$km/h；

中等设计：10km/h $< v_{85}-v_d \leqslant 20$km/h；

不良设计：$v_{85}-v_d > 20$km/h。

当某个路段的设计速度不变时，线形设计指标的选择必须与该设计速度协调，如采用的指标过大则有可能使运行速度与计算行车速度的差异过大，因此，通过一致性检验还能保证线形设计的均衡性，并且避免过于宽泛指标的运用，从而避免了基于设计速度的设计方法对设计指标上限没有规定的缺陷。

3. 运行速度预测

无论是评价线形设计的连续性还是一致性，都需要获得车辆实际的运行速度。对于已经通行运营的道路，可以采用断面车速观测的方法获得运行车速，而在设计过程中则必须依靠运行速度预测的方法。

运行速度预测是在大量的速度观测数据的基础上，研究、分析运行速度与线形间存在的内在规律，最终确定的一种通过线形指标参数来预先估算运营后运行速度的方法。

世界上很多国家都根据自已的情况研究制定了运行速度的预测模型，如德国、澳大利亚、加拿大、法国、希腊、黎巴嫩等。我国于 2004 年在颁布的《公路项目安全性评价指南》(JTG/T B05—2004)中规定了适用于我国高速公路和一级公路的速度预测模型和相应的方法，2006 年通过研究确定了适用于双车道公路的速度预测模型，即将于近期在相关的标准规范修订中予以体现。

大量的研究和实践表明：运行速度预测的结果能够提供足够的精度，可以用于对线形设计进行连续性和一致性校验。可以说，在线形设计的过程中，运行速度预测是一项基础性的工具。

4. 基于运行速度的线形设计流程

基于运行速度的设计方法，是在基于设计速度的设计方法的基础上发展起来的。它的基本思想是在传统的基于运行速度设计方法的基础上，通过运行速度预测、线形连续性校验以及速度一致性校验，对现行设计指标进行进一步修订使公路线形协调、顺畅、连续、一致，避免突变，更加符合道路使用者的需求。

基于运行速度线形设计方法的基本流程(见图 6-5)，分为初始设计、检验和修正以及最终完成设计三个主要的步骤。

(1)初始设计

根据前期可行性研究确定的公路计算行车速度标准，采用传统的设计速度(计算行车速度)概念进行公路线形初始设计。设计指标的选择均以设计速度为依据，在初始设计阶段，只需要完成最基础的路线平面和纵面设计即可，并绘制平面图和纵断面图。

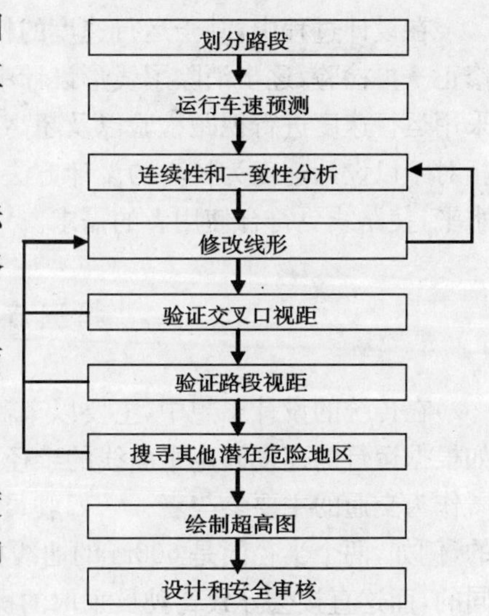

图 6-5 基于运行速度的线形设计流程

(2)检验和修正

对初始设计进行全线运行速度检查，找出运行速度突变点，对危险路段线形进行修正。检验的具体步骤如下：

①划分分析路段。根据曲线半径和纵坡坡度的大小将整条路线划分为直线段、纵坡段、平曲线段和弯坡组合段等若干分析单元，分析路段的划分应按照选用的预测模型的要求进行。

②运行速度测算。运用速度预测模型，分不同的行车方向分别进行运行速度的测算。一般而言，运行速度预测要按大型车和小型车分别进行测算，这是因为大型车和小型车的运行特性是不同的，在设计过程中必须分别予以考虑。

③线形的连续性检验。以运行速度测算的结果为基础，检验相邻路段的运行速度之差。两相邻均匀路段之间的运行速度差最好控制在 10km/h 以内；不符合要求的线形设计应进行调整或设置一过渡段。

④设计速度的一致性检查。当路段推算的运行速度小于该路段原定的设计速度(计算行车速度)时，原设计车速不需调整。若路段运行速度大于该路段原定的设计速度，但小于设计速度 v_d+20km/h 时，设计速度保留，但路面超高、停车视距的计算应采用 v_d+10km/h 作为设计车速。当路段运行速度大于该路段原定的设计速度 v_d+20km/h 时，则需提高原定的设计速度或调整路线设计要素，以减少该路段的运行速度。

⑤视距检验。一般而言，运行速度总是高于初始设计时规定的计算行车速度的，这意味着在实际运营过程中需要的安全视距要高于计算行车速度界定的数值，因此应该按照测算的运行速度对路线的视距进行检验，即包括路线平、纵曲线的视距检验，也包括平交路口通视三角形的检验。对于视距不符合的路段应线形调整指标或设计视距平台。

⑥修正结果，绘制平、纵面图。根据各路段线形调整的结果，重新绘制全线的平、纵面图。

⑦按双方向绘制沿线“运行速度图”。根据修正后的设计线形，再次推算路线运行速度变化过程，以运行速度为纵坐标、路线长度为横坐标，绘制公路沿线运行速度变化曲线，即沿线“运行速度图”。

(3)完成设计

根据“运行速度图”，确定平曲线超高、视距、平曲线加宽等设计要素，最终完成路线线形设计。

在设计过程中，基于运行速度的检验和修正是一个不断调整循环往复的过程，通过检验→修正→再检验，逐步消除了线形设计中存在的不连续、不一致的缺陷，使线形顺畅、均衡。而且采用运行速度进行视距检验以及超高、加宽的设计，使路线更加符合实际的行驶状态。因此，相对于以设计速度为核心的设计方法，基于运行速度的设计思想和方法，能够有效地提升安全水平，使路线更符合使用者的需求。

第三节　线形设计中人的因素

在传统的设计思想中，主要以车辆的动力性能和运行特性来考虑具体设计指标的选用，比如根据运行的速度确定平曲线的半径，根据车辆的爬坡性能确定路线的纵坡。这种思想忽略了作为交通的主要参与者——驾驶员的因素，事实上，驾驶员对于道路的感受和认知是主观的，例如，两个半径同是 600m 的曲线在不同的环境或线形组合中给予驾驶员的感受也许是不同的，而这直接会导致驾驶员采取的操作也完全不同，这种主观认识导致的偏差很可能会导致不利于安全的状况。本章不讨论车辆动力性能与线形设计的关系，仅仅针对与驾驶员相关的因素进行探讨。

在大多数情况下，驾驶员获取公路信息的主要途径是视觉，如果驾驶员获取的视觉信息不充分，或者是间断的，甚至是错觉，就会导致驾驶员对路线的理解出现错误，从而形成不安全的状态。因此在几何线形设计的过程中，要充分地考虑驾驶员的因素，其中的关键和核心就是保证驾驶员的视距以及线形在视觉上的一致性。

一、公路线形的视觉与安全

公路线形的视觉是指驾驶员在行驶过程中，前方公路线形给予驾驶员的路线走向暗示。

驾驶员在高速行驶过程中，能够识别的公路范围是有限的，但是驾驶员会根据视野内的路线状况人为地预测道路的走向。这种预测是驾驶员对于公路线形的一种心理反应，这种反应就是视觉。在大多数情况下，驾驶员的视觉是趋同的，公路线形设计中要充分考虑到驾驶员的视觉特征，确保公路的实际走向与驾驶员的视觉一致。如果道路线形与驾驶员的预期不符，就会使对安全行车造成不利的影响，图 6-6 是几种典型的不符合驾驶员视觉的线形。

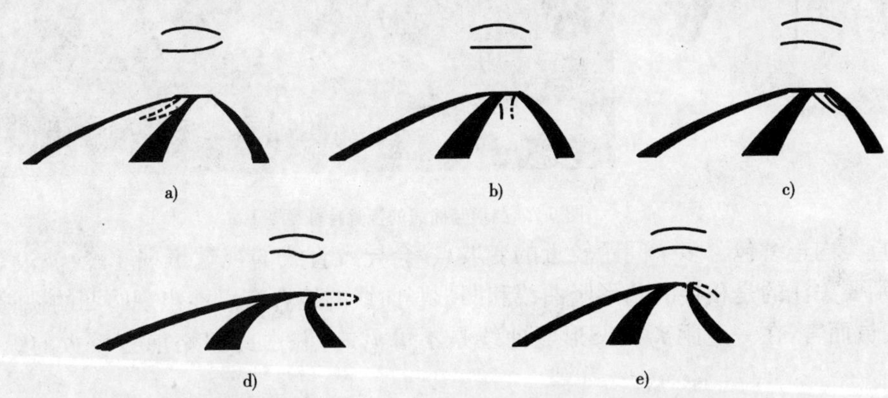

图 6-6　不利于驾驶员视觉的线形

图 6-6a)、b)、c)三种线形同样是凸形竖曲线坡顶的线形，其中 a)图平面线形是左转，b)图是直线线形，c)图是平面右转。由于凸曲线遮挡了视线，驾驶员通过视觉无法正确地预测线形走向，这有可能导致预料不到的危险。

图 6-6d)、e)两种线形平曲线延伸到竖曲线的顶部，d)图是一处反弯曲线，e)图是右转曲线，但是从视觉的角度并不能很好地进行识别，通常驾驶员会认为路线是按 e)图线形发展，因此 d)图线形与驾驶员的视觉就出现了偏差，这种偏差对于安全是十分不利的。

设计人员可以通过绘制公路透视图的方法来检验和消除线形设计方案中不利于驾驶员视觉的情况。此外，在不断地积累设计经验之后，公路设计者们已经总结出了线形设计中的若干规律，例如很多设计者都清楚图 6-6 所示的竖曲线顶点与平曲线起点重合是应当尽可能避免的情况，也了解平曲线和竖曲线半径应控制在一定比例之内。很好地利用这些经验，就能使公路线形设计更符合人的视觉和心理特征。

二、公路线形的视觉特征

为了使公路的线形设计符合驾驶员的视觉，就要了解不同的线形要素具备的视觉特征，以及应该尽可能避免的视觉一致性不佳的线形设计方案。

1. 空间直线的视觉特征

直线是最简单的线形形式，具有最直接的视觉特征，即公路的边缘收缩于无限远的某一点，几乎不会对驾驶员造成任何的误导，但是需要注意的是与竖曲线组合后的空间直线存在下列几种不利于安全的视觉特征。

(1)包含凸形竖曲线的直线路段仅能通视较短的长度,如果竖曲线半径过小将导致凸形竖曲线另一侧无法辨别,通常驾驶员会认为公路以直线的方式继续前进,如图6-7 所示。因此,直线上的凸曲线之后不宜接平曲线,或者将平曲线起点安排在驾驶员能够通视的范围内。

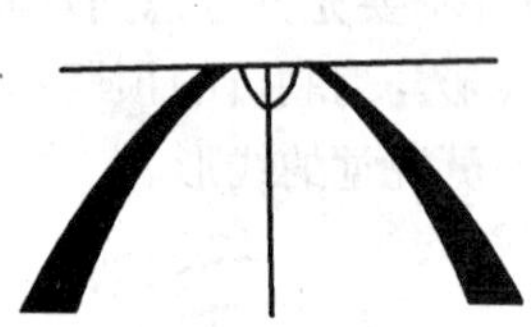

图 6-7 凸形竖曲线的视觉特征

(2)直线内连续包含多个间距较近的变坡点,会导致直线的视觉出现驼峰、波浪等不利的情况,特别要关注的是相接的凸形竖曲线和凹形竖曲线的组合有可能出现暗凹的视觉特征,即对于驾驶员而言,在一定距离内凹形竖曲线是不可见的,并由此忽略前方较大的纵坡,如图6-8 所示。

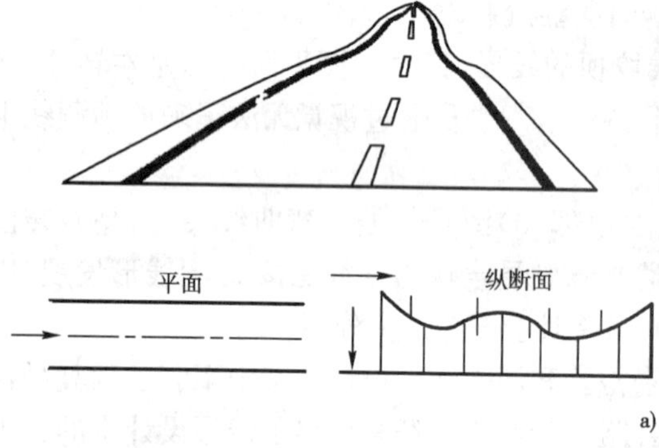

a)

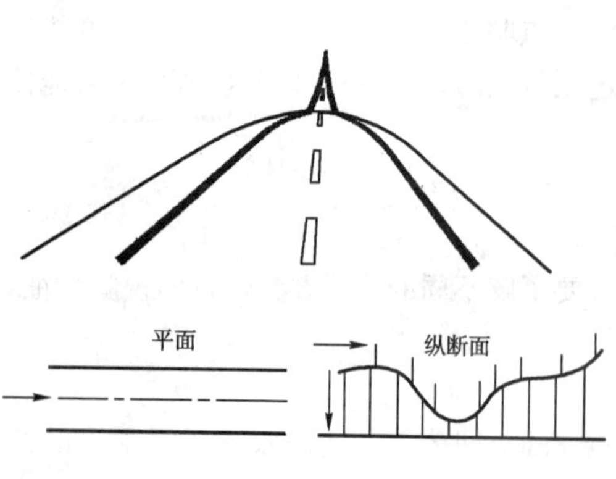

b)

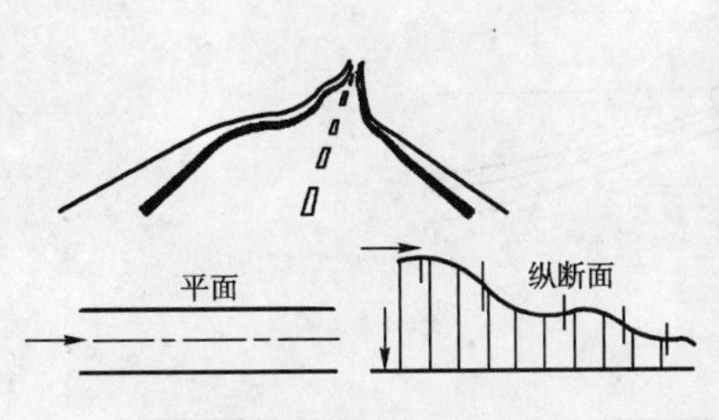

c)

图 6-8 连续竖曲线的视觉特征

a)连续竖曲线的驼峰视觉特征；b)凸凹竖曲线组合导致的暗凹视觉特征；c)连续竖曲线导致的波浪视觉特征

直线上车辆的行驶速度往往比较快，由于线形的简单，驾驶员的注意力也容易分散，因此直线的设计应该具有更大的宽容度。从驾驶员视觉的角度出发，选择直线方案时应注意合理设置变坡点和竖曲线，避免连续的短纵坡，凸形曲线应减小坡差并选用较大的竖曲线半径和曲线长。

2. 空间曲线的视觉特征

现代的公路线形设计重视对曲线的运用，曲线的里程占据了公路总长的绝大部分，由平面曲线与竖曲线相互组合形成的公路三维空间曲线是公路线形中最重要的组成部分。因此，公路线形空间曲线的视觉特征具有十分重要的安全意义，是线形设计中应该着重关注的问题。

与直线比较，影响空间曲线构成的因素很多，因此公路空间曲线的视觉特征更加复杂，一般说来，表 6-2 所列因素能够对曲线的视觉造成影响。

对曲线的视觉造成影响的因素 表 6-2

平 曲 线	竖 曲 线
①曲线的转角； ②曲线的半径； ③曲线的方向； ④曲线的长度； ⑤是否有缓和曲线	①曲线的坡差； ②曲线的半径； ③曲线的方向； ④曲线的长度； ⑤与平曲线相对的位置

通常平曲线和竖曲线力求半径适宜，曲中点尽可能对应，竖曲线的起讫点位于平曲线的缓和曲线之间能够获得最有利的视觉效果，如图 6-9 所示。

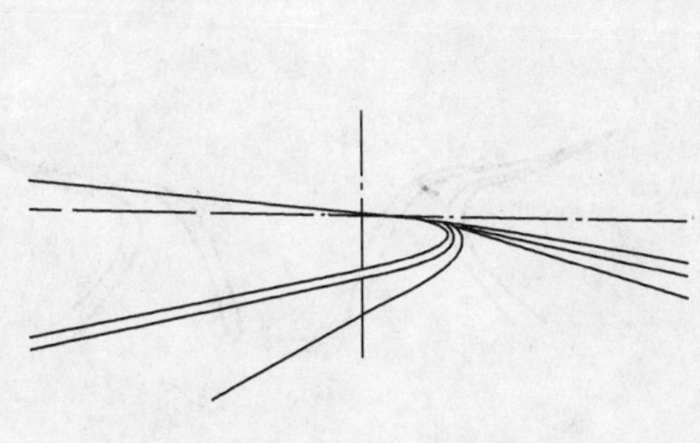

a)

图 6-9

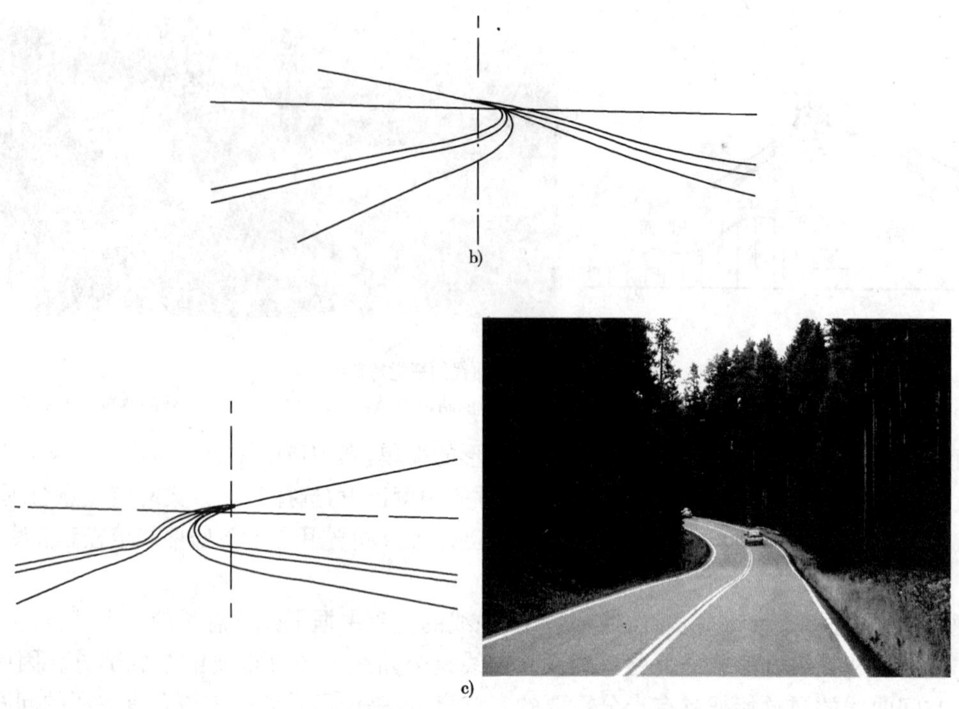

图 6-9 平曲线与竖曲线组合的视觉特征

a)平曲线与竖曲线重合，平曲线较竖曲线长；b)平曲线与竖曲线重合，平曲线较竖曲线短；c)平曲线与竖曲线错位

但是，在线形设计中并不是总能够做到平曲线和竖曲线对应，在大多数情况下都很难达到这种理想状态，因此很多时候路线空间曲线的视觉效果都不是完美的。为了使线形尽可能地符合驾驶员的预期，设计中应该注意以下几个方面：

(1)如果平曲线和竖曲线不能很好地配合，宜将平曲线和竖曲线相互错开布置在直线上。

(2)平曲线和竖曲线的大小应保持均衡，大半径平曲线与较短的小半径竖曲线组合或者较大的竖曲线底部插入小半径平曲线都会造成路线中断或者波折的视觉效果，影响驾驶员对路线的判断，如图 6-10 所示。

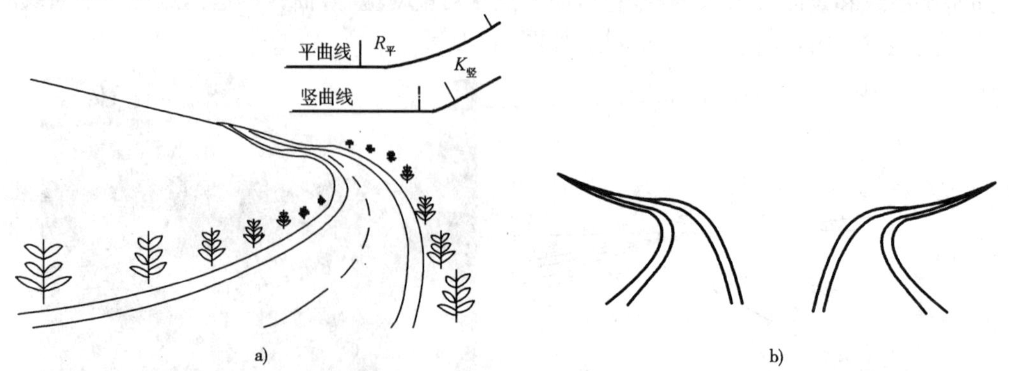

图 6-10 不利空间曲线的视觉特征

a)大半径平曲线与较短的小半径竖曲线组合；b)较大的竖曲线底部插入小半径平曲线

(3)竖曲线变坡点不宜与平曲线的起止点重合。如图 6-11 所示，竖曲线变坡点与平曲线的起止点重合导致左转的平曲线消失在驾驶员的视野中，使路线在视觉上出现了中断，容易使驾驶员的判断出现失误，可能成为交通事故的诱因。

图 6-11　竖曲线变坡点与平曲线的起点重合

(4)当平曲线转角<7°时，走向近似于直线，应尽可能避免连续包含多个间距较近的变坡点，特别是相接的凸形竖曲线和凹形竖曲线的组合，这有可能出现驼峰、波浪、暗凹等不利的视觉情况。如图 6-12 所示，路段呈波浪形延伸，而且在相接的凸形竖曲线和凹形竖曲线之间出现了路线中断的情况。

图 6-12　多个间距较近的变坡点路段

(5)较小半径的竖曲线不宜与缓和曲线重合。如图 6-13 所示，小半径凸曲线与缓和曲线重合导致右转的平曲线位于视野之外，这是不利于安全的，解决的方法是调整竖曲线的位置，或者增加竖曲线的半径。

3. 线形视觉特征小结

从驾驶员的角度看，获得连续、准确的路线视觉信息是安全驾驶的前提，因此保障路线设计的视觉一致性和连续性是很重要的。从视觉特征的角度看，就是要避免路线在视觉上出现中断、消失、波折或者错觉的情况。从设计内容上看，需要着重关注的环节的路线的线形组合，

图 6-13　小半径的竖曲线与缓和曲线重合

除了本章提出的一些需要注意的观点之外，在设计环节中还应尽可能地使用透视图或三维动画等手段对线形的视觉效果进行检验，在检验过程中如果发现了不利于交通安全的路线视觉特征，则应完善线形设计方案，以确保安全。

第四节　双车道公路线形设计指标选择

尽管通过运行速度测算、设计一致性和连续性检验以及路线三维视觉一致性检验能够消除大部分不利于交通安全的设计瑕疵，但是运行速度测算模型本身是具有局限性的，并不能完全涵盖涉及安全的全部内容，因此保障线形设计的安全水平不能完全依靠运行速度检验和视觉检验，还必须在具体设计指标的选择上精益求精。

在长时间的生产实践中，工程师们逐步发现，交通事故和公路线形之间存在某些有规律的联系，通过不断地研究和总结，对于公路线形设计指标选择对安全的影响已经形成了比较全面的认识，并形成了一些很宝贵的经验。在双车道公路线形设计过程中要充分利用这些经验，这对于保障交通安全是十分重要的。本章不重复经典的线形设计理论和方法，仅仅针对指标选择过程中有可能面对的重大的安全问题，就其机理和对策进行探讨。

一、平面线形

平面线形的主要组成部分是直线、曲线和缓和曲线，国内外的研究均表明直线的长度、曲线半径、曲线的转角，以及相邻曲线间的曲率变化程度等是影响交通安全的重要因素。

1. 直线

研究发现直线段长度对于事故是很重要的，国外的研究小组观测到曲线前超过一定长度的直线段可以导致事故的增加，特别是当一条长的直线随后有一条小半径曲线时，事故的数量会迅速增加。这和人们的经验是吻合的，即长直线与较小半径的线形是不安全的。法国的一项研究应用 Poisson 回归技术发现事故率随着曲线半径增加而减少，同时随着曲线前直线段的增加而增加，这些统计结论也被其他一些高事故发生率和失去操纵事故的相关研究支持。

这意味着，直线上的交通安全问题取决于两个因素，即直线的长度与直线后接续的线形特征。就直线本身而言，直线的长度过长会导致驾驶员注意力下降，而且很容易疲劳；更糟糕的是在直线路段上，驾驶员都倾向于用较高的速度行驶，实测证明，长直线路段的运行速度通常会高于计算行车速度很多，这是长直线路段事故率高于短直线的根本原因。

因此，从安全的角度，控制直线的长度是十分重要的，其准则就是直线的长度不应使驾驶员出现明显的注意力下降的情况。对此各国的研究结果和采用的控制指标存在一定的差异，如日本、德国规定直线最大长度不宜超过设计速度的 20 倍，而西班牙规定不宜超过 80%设计速度的 90*S* 行程。根据研究，适合我国驾驶员特征的直线长度应该控制在 72*S* 行程之内，也就是设计速度的 20 倍左右。

此外需要注意的是，曲线间的直线长度又不能过短，这是因为驾驶员在不同曲率曲线之间需要足够的时间判断路线走向，并调整车辆的行驶状态，否则很容易出现转向不足而导致事故。一般而言，当车辆的速度≥60km/h 时，同向圆曲线间最小直线长度以不小于设计速度（以 km/h 计）的 6 倍为宜；反向圆曲线间的最小直线长度以不小于设计速度（以 km/h 计）的 2 倍为宜。

因此，在线形过程中，从安全的角度出发，最好将直线的长度控制在设计速度的 6～20 倍之间。如图 6-14 的长直线线形虽然快捷、经济，但是从安全的角度是不适宜的，应以连续圆滑的曲线代替，如图 6-15 所示的方案。

图 6-14　长直线线形

2. 平曲线

平曲线是平面线形最主要的组成部分，目前大多数线形设计都强调以曲线为主，因此平曲线得到正确的使用对交通安全的影响是十分关键的。

有国外研究表明，事故率 r 和平曲线曲率 D 之间是线形关系，形式如下：

$$r=r_0+\alpha D \tag{6-2}$$

式中：r_0——直线路段上的事故率；

r——曲线上的事故率；

D——曲线的曲率，即曲线半径的倒数；

α——换算系数。

图 6-15 以曲线代替长直线

式(6-2)表明,曲线上的事故率高于直线路段,随着曲线半径的增加而降低,而且可以确定,当曲线半径增加到某一程度后事故率将与直线路段基本趋同,这与人们日常的经验是相符的。但是在其他的一些研究过程中认为事故率确实是随着曲率增加而增加的,但却是非线性的;还有少部分研究认为,事故率与曲线的曲率之间不存在明确的相关关系。因此,国外的研究并没有形成能够被广泛接受的结论,但是工程设计人员通常认为,在同等条件下,较大的曲线半径比较小的半径更安全些,但是前提是线形的整体要连续、顺畅,这可以通过前文提到的运行速度检验的方法得到保证。

我国对平曲线的安全性分析,主要从平曲线的半径、转角及密度这三个方面展开。

(1)平曲线半径

通过对某公路不同路段平曲线半径与对应的平均亿车事故率进行统计分析,发现二者呈幂指数关系。

由图 6-16 所示回归曲线可知,随着平曲线半径的增大,事故率在降低。当平曲线半径减小至1 000m时,事故率开始增加迅速,当曲线半径继续减小时,事故率的增加速度进一步加快。虽然图 6-16 数据仅来源于一条公路,但是仍然代表了事故与曲线半径之间的一种关系,即较小半径的平曲线相对较危险,但是这并不意味着大半径曲线就是安全的,事实上曲线间的均衡和连续更为重要。

(2)平曲线转角

曲线转角也是道路交通安全的影响因素。通过对某公路一年半时间段内不同曲线转角对应的亿车事故率进行分析,得到结果如下:

由图 6-17 可见,当曲线转角在 0°～45°之间变化时,事故率与转角的关系近似成抛物线形,即随着转角的增大事故率在逐渐降低,当转角增大到某一数值时事故率降到最低值(抛物线的极值点),此时随着转角的继续增大事故率又开始上升,变化规律十分明显。可以看出,当路线转角≤7°(小偏角) 时,事故率明显高于 30 个样本点的平均值(平均亿车事故率 83137 次每亿车)。这一统计结果证实了小偏角曲线容易导致驾驶员产生急弯错觉,不利于行车安全这一传统观点。

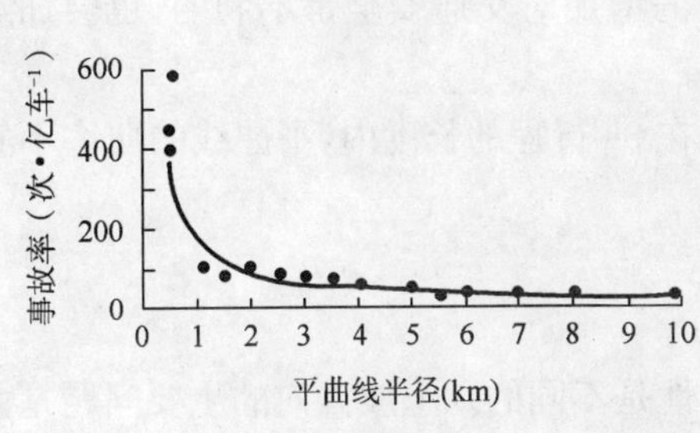

图 6-16　亿车事故率与平曲线半径的关系

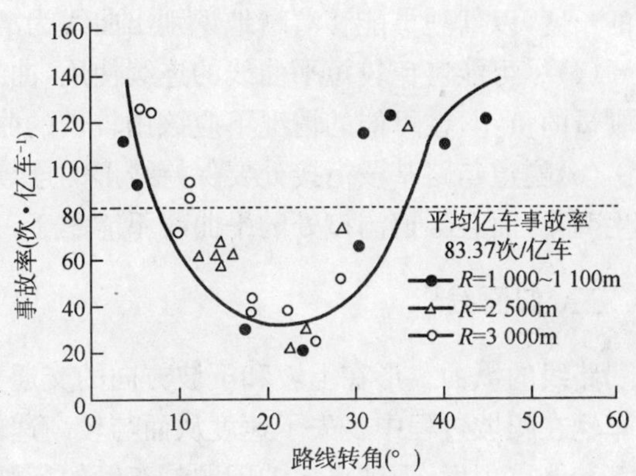

图 6-17　曲线转角与亿车事故率的关系

(3)平曲线密度

根据几条主干道的交通事故率(次/ 亿车 · km) 与平曲线个数的关系进行分析后，发现单位长度的平曲线个数即平曲线密度与事故率有很强的相关关系，即：

$$r=0.49S^2-3.35S+8.30 \tag{6-3}$$

式中：r——亿车事故率，次/ 亿车 · km；

S——平曲线密度，个/ km。

式(6-3)推导出的最佳平曲线密度为 $S=3.4$ 个/km，但是由于公路等级和环境的差异，该结论只能作为特例，不具备推广的前提，但是其揭示的规律具有普遍意义。该方程曲线是开口向上的抛物线，即曲线的密度过大或者过小都是不利于安全的。在我国的设计标准体系中，平曲线密度是依靠曲线长度和曲线间直线的长度予以控制的。

根据上述研究结论，结合工程实践的经验，为保证路线的交通安全，平曲线设计指标的选取要注意以下的原则：

(1)尽可能使用半径大于标准规定的一般值的曲线，避免使用半径为极限值的平曲线。

(2)平曲线之间要连续，特别是在平曲线间为短直线或采用缓和曲线直接连接的时候，要避免出现指标突然放大或者突然变小的情况，而是使用均衡的指标，这样不但能保障安全，而且能提升公路线形的美感，如图 6-18 所示。一般情况下，两反向圆曲线相接组合为 S 形曲线时，两圆曲线半径之比应控制住 R_1/R_{22}(R_1 为大圆曲线半径；R_2 为小圆曲线半径)；两同向圆曲线连接组合为卵形曲线时，两圆曲线半径之比，以 $R_2/R_1=0.2$～0.8 为宜(R_2 为小圆曲线半径)。在设计完成后，还应该采用前文提及的运行速度测算检验的方法对曲线的连续性进行进一步的分析，避免出现线形突变点。

图 6-18　指标均衡的连续平曲线

(3)平曲线的转角应控制在合理的范围内，尽可能地避免使用<7°的转角，因为此时平面线形近似于直线，容易给予驾驶员错误的引导。在必须使用小转角曲线的情况下，必须延长曲

线的长度，以驾驶员能够清晰地识别出曲线为准则。

(4)尽可能避免较短平曲线的连续使用，曲线密度的增加对交通安全是不利的，也会加重驾驶员的负担，在可能的情况下应该用较长的曲线代替。

(5)隧道与路基段衔接处要保持线形的连续，至少在3s行程的长度内，平曲线的曲率不宜发生变化，而且隧道洞口处的平曲线不能小于一般值。

二、纵面线形

路线的纵面线形在上坡和下坡方向的交通安全特性是不同的。上坡方向的主要问题是大型车辆在爬坡过程中丧失了速度从而与较高速的车辆产生了较大的速度差异，加剧了冲突的频率和严重程度；下坡方向的问题是车辆的行驶速度会增加，驾驶员操作的离散型也会增加，更为严重的是当下坡路段过长或坡度过陡时有可能导致车辆制动系统失灵，从而发生事故。

1. 上坡方向的考虑

上坡方向事故主要分布在接近纵坡坡顶的上半部分，以及过了坡顶后紧接着的路段上。这是因为在上坡的过程中车辆必然会发生速度衰减，这种衰减会进一步影响到交通的安全，因此速度的衰减程度是评判坡度和坡长是否影响交通安全的重要标准。

汽车的爬坡能力是用最大爬坡坡度来评定，最大爬坡坡度是指汽车在坚硬路面上用最低挡做等速行驶时所能克服的最大坡度。中型载货汽车在核定载重时，车辆的最大爬坡能力为27%，但是，实际运行中的车辆不会也不可能长时间以一挡爬坡，这样不仅加剧发动机的磨损，而且也无法满足运输经济性的要求。观测表明，在实际上坡行驶过程中，驾驶员在条件允许时总是尽可能地采用高挡行驶，而非按照理论计算所对应的平衡速度上坡。图6-19即反映了不同纵坡坡度下的速度变化情况。

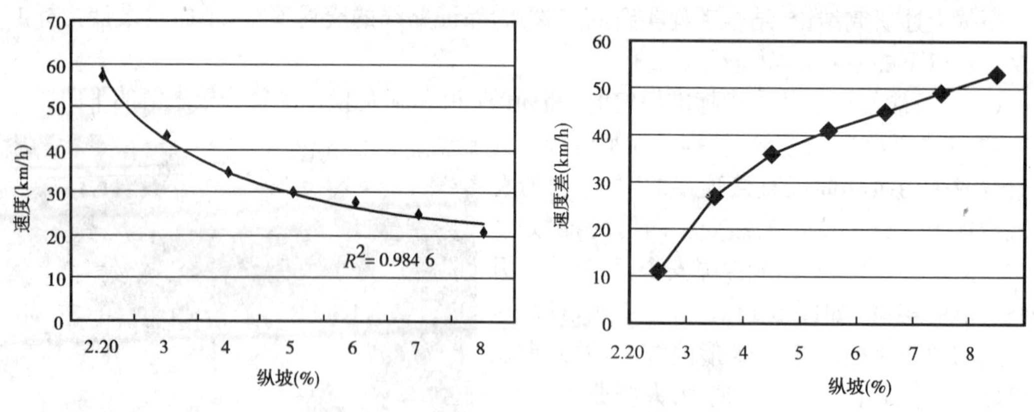

图6-19 纵坡坡度与稳定速度、速度差之间的关系

从曲线趋势可以看出：3%～4%的纵坡是一个分界点，纵坡坡度<4%时，载货汽车的上坡稳定速度变化显著，坡顶速度通常衰减在20km/h左右；而纵坡坡度一旦>4%，坡度对重型载货汽车的影响，就会更加严重，载货汽车大都以30km/h的爬行速度缓慢上坡，速度衰减在40km/h左右。

图6-20反映了小型载客汽车在不同坡度下上坡行驶时速度变化情况。图中小型载客汽车速度与坡度变化的速度层次十分明显。在4%以下的坡道上行驶时，速度只受到轻微的影

响;但随着纵坡坡度的增大,车辆进入上坡路段后,基本呈减速趋势。而且随坡度的增加,小型载客汽车减速的幅度也逐步增大。运行速度下降幅度在 20km/h 左右。

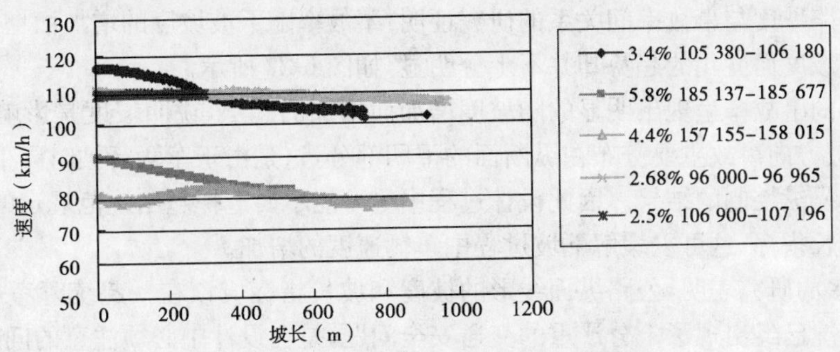

图 6-20 小型载客汽车上坡运行速度图

可见,在上坡方向,大型车速度的衰减要快于小型车,因此不同车型之间的速度差异会进一步增大,特别是双车道公路在一个方向上只有一条车道,这就使车辆之间发生冲突的几率增加,从而降低了上坡路段的交通安全水平。解决的方法是控制坡度的指标以及设置爬坡车道。对于双车道公路,虽然规范规定的纵坡极限值在 5%以上,但是从安全的角度,应尽量将坡度控制在 4%以下,这样可以使上坡路段车辆间的速度差不至于过大。当纵坡超过 5%之后,车速的衰减有可能达到 40km/h,此时应结合交通量和坡长的情况考虑设置爬坡车道。

车辆在纵坡上加速行驶时,其行车速度随坡长的增加是逐渐递增的。而且,当递增到一定程度后速度呈稳定状态。每一纵坡当坡长增大到一定值后,其速度不再增高,因此每一纵坡都有一个稳定速度和达到稳定速度的坡长。而且纵坡越大稳定速度就越小,达到稳定速度的坡长也就越短,纵坡越小,稳定速度越大,达到稳定速度的坡长就越长。从图 6-21 曲线可以知道,3%的纵坡是一个分界点,<3%的纵坡对载货汽车的运行速度影响不大,这样的纵坡值可以作为缓和坡设计并不限制坡长。而纵坡坡度一旦≥3%,其对载货汽车就有了一定的影响,特别是 4%以上的纵坡对载货汽车影响尤为严重,而且载货汽车在 4%~8%之间的纵坡上,行驶达到稳定速度时所经历的坡长也很接近,大都在 200~300m 之间。在这样短的坡长内,速度就已降低到 20~30km/h。因此,对>4%的纵坡,应该根据允许的最小运行速度和速度衰减值的要求,对纵坡坡长进行限制。当坡长无法有效地得到控制时,应考虑设置爬坡车道。

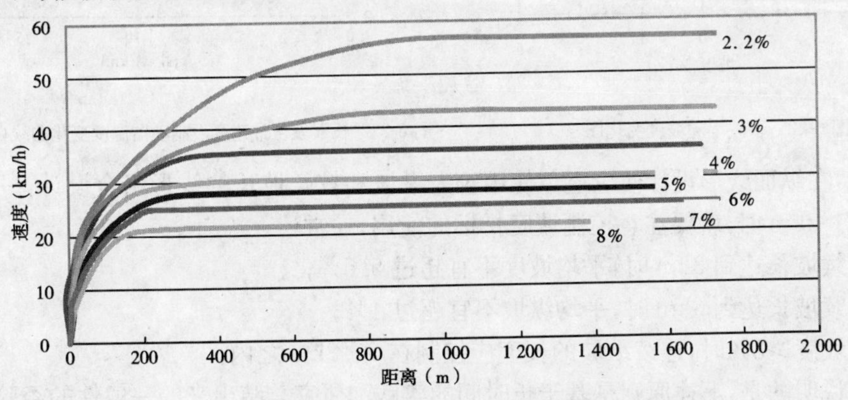

图 6-21 典型载货汽车在上坡道上的速度-距离曲线

2. 下坡方向的考虑

国内外的研究都表明，下坡方向的事故通常要高于上坡方向。例如，美国一项关于俄亥俄和宾州收费道路坡度与事故率间关系的研究证明：事故率随下坡坡度的增加而增加，然而上坡段的事故率随坡度而变化的趋势却并不十分明显，如图 6-22 所示。

下坡方向的事故率呈现出明显的随坡度增加而增加的趋势，说明坡度是影响安全的重要因素，而且下坡方向事故主要分布在纵断面的下凹部分，这是由于车辆行驶时因下坡使车速过高使车辆难以操纵控制的结果。因此设计过程中尽可能不要选择超出规范规定的坡度和单坡度下的最大坡长指标，这可以缓解下坡过程中车辆速度的增加。

此外，更多的研究表明，公路纵面线形的坡度和坡长指标应该在一起统筹考虑，特别是连续的长陡坡状况已经出现了十分严重的交通安全问题，是在设计中必须注意的问题。

大中型车辆在长下坡时，如果不采取发动机制动、排气制动等辅助制动措施，其行车制动器就必须较长时间地、连续地做强度很大的制动，使得制动器温度常在 400℃以上，如图 6-23 所示，有时甚至可高达 600～700℃。另外，虽然制动并不频繁，但少数几次高速制动也会使载重车辆的制动器温度迅速升高。制动器温度上升后，制动器摩擦力矩将显著下降，出现制动器的热衰退。据目前的技术而言，制动器的热衰退是车辆不可避免的现象，只是有程度上的差别。原有的室内实验表明：一般情况下，当制动器的温度不超过 200℃时，车辆的制动器制动力不会发生明显衰减；当制动器温度达到 400～460℃时，车辆的制动器制动力明显下降，只能达到正常温度（100℃以下）的 20%～25%；当制动器温度达到 600℃以后，就有可能使车辆的制动器制动力降到近似为零——制动完全失效。制动失灵是长下坡路段交通事故的主要类型，其原因就是在长时间的下坡制动过程中，制动器逐渐失效，从事故构成的角度看，连续的长纵坡线形是事故产生的根本诱因。

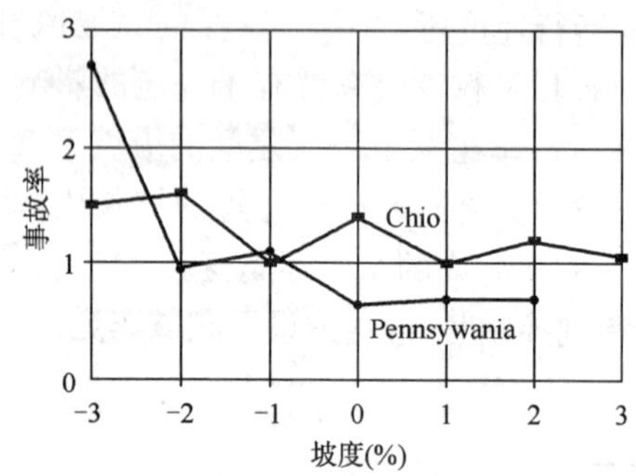

图 6-22 事故率随坡度变化图

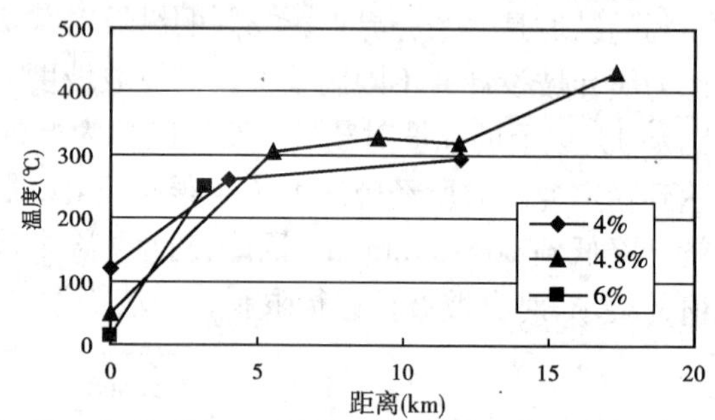

图 6-23 长下坡正常速度下制动器温度变化曲线（无辅助制动）

因此，在纵面线形设计使应避免使用较大纵坡和较长坡长的线形组合设计，一般而言，当连续坡长＞3km 时，就要注意控制坡度指标的使用，通常：

①连续坡长达到 3km 时，平均坡度不宜超过 5.5%；

②连续坡长达到 6km 时，平均纵坡不宜超过 4%；

③当坡度＞3%时，连续纵坡的长度应控制在 7～8km 之内。

必须说明的是，上述原则是基于长时间的实践和研究总结出来的一般性的经验，长下坡路段的交通安全还受制于路段内平曲线的情况，因为过多或半径过小的平曲线会增加制动的次数，从而加剧长下坡路段的安全隐患。

在走廊带或者资金受限的情况下，为了保障安全，可以采用上坡的一幅以较大纵坡以克服高差，而下坡的一幅则充分利用地形通过展线以较小的纵坡顺势而下的分离式路基设计方案，如图 6-24 所示，这可以在总体造价均衡的前提下，控制下坡方向的平均坡度，减少制动失灵事故的发生。

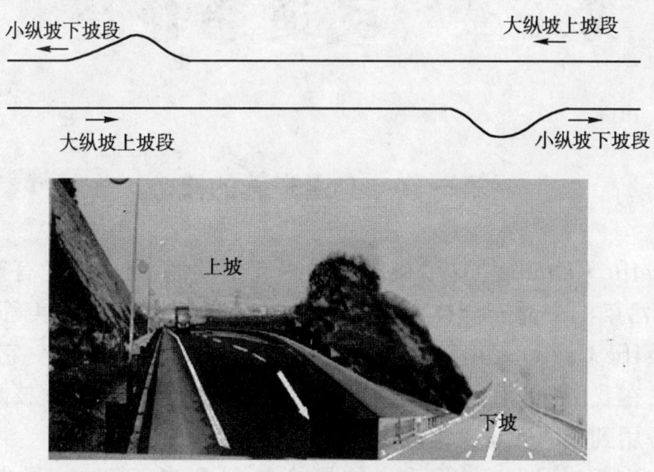

图 6-24　上下分离式路基示意图

参考文献

[1] Accident Models for Two-Lane Rural. FHWA.

[2] New Design Guidelines.

[3] Safety in Geometric Design Standards. Ezra Hauer.

[4] PIMA COUNTY ROADWAY DESIGN MANUAL.

[5] Interactive Highway Safety Design Model. FHWA.

[6] 刘朝晖，张映雪. 公路线形与环境设计. 北京：人民交通出版社，2003.

[7] 美国各州公路工作者协会. 交通部第一公路勘察设计院译. 公路几何设计. 北京：人民交通出版社，1980.

[8] 美国交通部联邦公路管理局. 公路灵活性设计指南. 北京：人民交通出版社，2006.

[9] 廖军洪. Research on Highway Three-Dimensional Dynamic Sight Distance Based on Drivers' Characteristics.

[10] Prediction of the Expected Safety Performance of Rural Two-Lane Highways. FHWA.

第七章　交通宁静技术

第一节　交通宁静的概念

交通宁静(Traffic Calming)这个概念最早兴起于欧洲,至今作为有效地降低事故率、减少噪声、减少空气污染的交通安全技术措施。此技术措施,已经被欧美等发达国家所广泛使用。交通宁静"Traffic Calming"由德语"verkehrsberuhigung"翻译而来,它恰当地描述了这一技术措施的本质。在我国"交通宁静"已经被很多交通安全和交通工程技术人员所重视,并且逐步将这一概念应用到交通安全工程设计与科研之中。

交通宁静区(Traffic Calming Zone)的概念最早源自于荷兰,早期主要使用减速垄(Bumps)、减速丘(Humps)等设施,强制车辆降低行驶速度,减少居住小区的穿越性交通,以保障居民出行的安全。后来逐渐扩展至环境保护与噪声预防治理等方面。目前,部分发达国家又利用其作为营造都市小区域整体生活质量的重要手段。由于各国的交通发展特性不同,对于交通宁静区的定义与范围亦不尽相同。1997 年,美国运输工程学院 ITE(Institute of Transportation Engineering)在佛罗里达州召开的会议上,为了促进不同国家对交通宁静概念理解的统一和研究的发展,对交通宁静下了一个较具体的定义:交通宁静是为了降低机动车辆使用的负面效应、改变驾驶员行为及改善非机动车辆使用者的交通环境,所采取的各种交通安全工程措施及其组合的总称。

第二节　交通宁静在国内外的发展

一、交通宁静在国外的产生与发展

1. 欧洲

荷兰是交通宁静的发源地。19 世纪 60 年代,越来越多的荷兰人开始拥有自己的汽车。随着路上车辆的增加,引起的伤害事故增多,人们开始关注交通安全问题,特别是父母们开始为自己的孩子在车辆穿梭的道路上及街区行走的安全问题而感到担忧。于是,一些居民刨开一部分路面,在上面种植一些植物,人为地设置了一些路障来增加车辆行驶的难度,迫使车辆降低行驶速度或绕行以保障行人安全。这就是交通宁静的雏形。

20 世纪 70 年代,荷兰相继成立了一系列关注交通安全的民间组织和政府组织。1976 年,一些新的降速设施逐渐发展起来,同时相关政府机构设立并开始实施了一系列新的交通规则,出台了居民居住区设计标准(图 7-1 为 1976 年荷兰设置的交通宁静设施)。此时,人们意识到,要在居住区及城市中心区达到安全和舒适的目标,仅仅设置交通标志进行管制是不够的,需要设置相应的物理设施,即"各种交通工程措施及其组合"。于是,在荷兰的街道上开始出现了减速丘等最初的物理降速设施。

图 7-1　1976 年荷兰设置的交通宁静措施

随后,其他的欧洲国家(如德国在 1977 年,丹麦在 1978 年,瑞士在 1984 年)相继制定了交通宁静的策略。在所制定的策略与法令中增加了交通宁静的相关规定,包括增设标志、交通宁静的限制区域等。

随着科学技术的日益更新,交通宁静概念不断推广。1988 年,荷兰将交通宁静的概念由生活居住区扩展到商业中心区以及其他社交场所,这被称为第二代的交通宁静。第二代的交通宁静在方针和法令上得到了加强,并且通过强化宣传教育,使公众和驾驶员更加理解和支持交通宁静理念,从而促进交通宁静的技术和措施得到进一步发展。

第二代交通宁静设施对降低交通事故率作用明显,这是因为这一技术措施得到了社会的广泛理解和支持,民众交通安全意识得到了加强。数据调查显示:荷兰街区设置的交通宁静措施有效地减少了 80%的交通事故发生;设置了交通宁静设施后,德国交通事故的伤亡人数减少了 30%～50%,英国交通事故伤亡人数减少了 24%。在第二代交通宁静措施取得成功的时候,一些研究人员已经开始着手将第三代交通宁静设施应用到公路上。它除了降速措施以外,还包括对整个交通运输系统的有效管理、改进交通运输经济模型和完善相应的交通安全法律法规等。

总之,交通宁静措施在欧洲不同"习俗、制度、环境、行为"下获得了广泛的应用并取得成功,在西欧、北欧,近期在中欧及东欧等广大区域都取得了很好的效果。交通宁静措施与整个欧洲城镇古老悠久典朴的历史建筑、纯美的自然环境和幽静的生活居住区融合在一起,让人真正享受了现代交通与古老文明的完美统一,非常值得人去品味、研究与推广。

2. 澳大利亚

澳大利亚借鉴了欧洲在交通宁静方面的成功经验,重点注重交通宁静在降低车速上的作用,而且维持了社区的交通管理方案(NTM)。然而,澳大利亚社区的交通管理模式、方法、政策条例并不像欧洲国家那样统一,一些政府行为和地方上的创新存在一定差距。同时,一些交通运输的专家还在怀疑是否应该使社区的交通管理更为统一,因为他们认为国家标准会限制创新及新事物的发展。

目前,澳大利亚已经将交通宁静的概念范畴向更广的领域推广,包括从交通控制技术的层次提升到社会意识层次,以及向未来车辆、为行人设计的街道、驾驶员教育、车辆控制技术等领域发展。

3. 加拿大

对交通宁静概念理解的不同和不断发展的交通宁静技术促使加拿大交通运输协会和加拿大交通工程师研究会共同发起了"208 工程",目的在于制定一个统一的国家交通宁静指南。

考虑到交通宁静概念的应用较为宽泛，加拿大交通宁静指南（以下简称“指南”）主要针对交通事故频发的居民区的街道。“指南”第一章包括三方面的内容：交通宁静的概念与回顾，“指南”的应用范畴和目的，交通宁静的责任和法定问题；第二章讲述交通宁静中各种设施组合的重要性；第三章讲述交通宁静设计及归类；最后一章讨论这些设计的指导纲领。

“208工程”的目标如下：

(1)保证交通宁静设施在全国范围内的统一应用。

(2)避免在一些地区设置效果不大或不安全的交通工程设施。

(3)通过沟通，使不赞同使用交通宁静的专家接受这项技术。

加拿大运输协会应用的交通宁静技术来源于美国和欧洲的试验。因为在技术应用上存在一些争议，对一些工程措施实施交通宁静设计后所产生的效果非常有限。尽管如此，加拿大仍然实施了交通宁静措施。

4. 美国

美国对交通宁静的研究可追溯到1979—1981年美国联邦公路管理局开展的一些工作。Appleyard所著的《适于居住的街道》就是以该研究为基础，它较深入地探讨了居民对于交通出行的意见，收集了减速丘(speed hump)等设施相关数据，并讨论了相关法律问题。最终用数据证明了大交通流量对住宅区存在较大的负面影响，以及较高行车速度对生活环境造成的危害较大等结论。

1999年，美国联邦公路管理局FHWA(Federal Highway Administration)和美国运输工程学院ITE(Institute of Transportation Engineering)出版了《交通宁静在美国的实践》报告。同1980年的研究相比，该报告的研究范围超出了住宅区街道、减速丘以及法律问题，把重点放在主干道、实现交通宁静的方法以及政策、程序和政治上的困难等方面。报告概述了公众参与实施交通宁静措施的过程，给出了选择交通宁静措施的指导方针，说明了不同交通宁静措施的平面图形、符号以及标记方法、设计图例等。报告较少使用描述性语言，详细列举了交通宁静区设计方法及案例。这些设计方法及过程指导使报告具有较强的实践指导作用。

美国ITE委员会认为，交通宁静包括线路改变、交通控制设施和交通环境保护等方面的内容，但又不能完全等同。交通控制设施，尤其是停车标志和限速标志，是要求强制实施的控制措施，相对而言，交通宁静的措施则需要自觉实行。其次，交通宁静措施依靠物理学规律而不是人类心理学的规律来降低交通速度。沿街树木、街灯、设备以及其他街景对交通宁静起补充作用，但并不会直接迫使驾驶员减慢速度。此外，路线改变措施，如街道封闭以及转向限制不包括在交通宁静措施之内。因为这些措施没有改变驾驶员行为，仅仅改变了驾驶员对路线的选择。

美国交通宁静措施包括改变道路平面设计、安装障碍物以及其他为取得道路安全、适于居住等公共利益而降低交通速度和减少交通流量的措施。交通宁静最直接的目的就是把速度与流量减少到可接受的程度，不同地区具体目的不同。在采取交通宁静措施上，除减少速度、流量和减少交通事故发生外，研究还发现了以下三种意外的收获。

(1)增加了居住区的宜居性

美国圣何塞(San Jose)CA居住区(neighborhood)采取交通宁静措施后，交通事故发生率大幅降低，采取措施之前9个月发生47起事故，采取措施之后9个月降低到27起。对居民的调查结果显示:居民对这些措施是认可的,且普遍认为安全性和生活环境质量得到了提高。这说明交通宁静对于居住区的宜居性产生了良好作用。其采取的交通宁静方案如下:

①减少穿行交通量;

②减少卡车运输流量;

③减少超速行驶的发生;

④减少噪声、振动以及空气污染;

⑤减少意外事故的发生;

⑥为行人及儿童提供更安全的环境。

(2)减少和预防刑事案件

在美国代顿(Dayton)一个犯罪多发的居住区,采取封闭街道及小巷等交通宁静的方法,把开放的道路系统转变为一系列的小型居住区,每个居住区只有一个远离主干道的入口,并在干道上设置减速丘。由于居住区相对封闭,居住区内的暴力犯罪从1992年报告的11个月内111例降低到1993年同一时期的56例,减少了50%。在同一时期内,非暴力犯罪从1992年的969例降低到741例,减少了24%;居住区内的交通流量、车辆交通事故以及速度也分别降低了36%、40%、18%。这充分说明改变居住区的交通管理方式,采取交通宁静的措施限制机动车辆进入,可取得预防犯罪(CPTED)和保障交通安全的双重目的。

(3)促进城市开发

交通宁静不仅使人们在提高出行安全方面受益,而且增强了城市生活居住区的自豪感,吸引了私人投资,支持其他与房屋所有权及历史保护相关的规划,并且有助于商业区的交易活动。

近几年,美国交通宁静工程实施发展速度迅速,实行交通宁静规划的地区数以百计。在1996年,ITE对美国西部13个州的153个市、县进行调查发现,110个县市使用一种或多种交通宁静工程学措施,其他县市进行的教育活动及强制措施在广义上也属于交通宁静。文献检索发现在过去的30年中,美国大约有350个县市参与一定形式的交通宁静。

二、交通宁静在我国的产生与发展

近几年,我国政府提出“以人为本”的执政纲领。交通宁静作为保护弱势群体的交通安全理念受到全国越来越多的交通工程科研、工程人员的重视。北京、上海等大中城市居住区交通设计都或多或少的采用了交通宁静设计。由于整体起步较晚,我国对于交通宁静的研究还不深入,在将设计理论转变为实际工作的过程中与国外发达国家还存在着较大差距。

2005年交通部公路科学研究院公路交通安全研究中心结合北京市门头沟区道路特点,对冯村居住小区进行了交通宁静科研设计工作,这项工作为我国交通宁静技术的发展奠定了较好的基础,也促进了交通宁静技术在我国的发展。研究报告主要阐述了冯村居住小区的环形交叉口和与其配套的交通安全设施的设置原则、方法。

1. 设置原则和条件

冯村嘉园居住小区的环形交叉口设计,遵循以下三个设计原则。

(1)入口让行原则

为了保持较高的通行能力,在环形交叉口入口处设有“让行”标志,要求驾驶员在进入引道入口和环形车道时减速行驶。

(2)偏转原则

偏转原则是通过工程设计和交通管理措施,使入环车流以环形交叉口的中央岛为中心,车辆偏转减速绕中央岛缓行。

(3)右转原则

环形交叉口无论出口或入口,车辆都必须向右转。

环形交叉口的设置应考虑实际地形和交通控制的需要,满足如下几种情况之一时,可设置环形交叉口。

①如改造成环形交叉口后,能够满足当前高峰小时车流量通行需求;

②左转车流量所占比例较大的交叉口;

③相交道路多于 4 条的交叉口;

④属于郊区道路、车速较快且经常发生左转或横穿道路事故的交叉口;

⑤左转车辆较多的 T 形或 Y 形交叉口;

⑥在居住区内,且直行或左转车辆造成的事故率较高的交叉口。

2. 设计方案

冯村嘉园居住小区环形交叉口设计方案,包括几何设计和交通设施设计两个方面。

(1)几何设计

①环形交叉口的大小。结合交叉口所处的地形和面积,将环形交叉口的大小定位为中型,并考虑车辆最小转弯半径的要求,将内切圆直径定为 40m。

②几何线形设计。将车辆的最小转弯半径作为控制指标,选择的中心岛的直径为 19m,出口半径为 30m。

③入口宽度。相交道路分别为两车道和四车道,考虑到这两条道路交通量的差异,以及利于驾驶员操作等因素,将环岛宽度确定为 10.5m。

④人行道设置。将人行横道的设置与交通岛结合起来,人行横道与安全岛、道路两侧的人行道连接处应设置缘石坡道,避免给行人特别是残疾人带来不便,体现“无障碍通行”设计理念。

⑤自行车道。自行车走非机动车道或人行道,过街时穿越人行横道。

⑥交通岛。交通岛高出路面 10cm,并设置与路拱一致的横坡,以满足排水要求。交通岛的铺砌与装饰应满足美观要求,与人行道保持谐调。

⑦中心岛。中心岛应高出地面一定的距离,岛内可进行绿化,或设置雕塑、纪念碑等标志性物体,对驾驶员起到预告作用。设置植物或其他物体时必须注意高度,不得影响驾驶员的视距。

(2)交通设施设计

①标线。环绕中心岛设置黄色热熔反光标线,实线,线宽 15cm。环形区域内设置两道导向线,引导车辆行驶。与安全岛的边缘线平行的部分采用白色实线,跨越车道部分采用 4∶6虚线,线宽 15cm,采用白色热熔反光标线。导向线的施划应符合车辆运行轨迹。交通岛的轮廓线为白色热熔标线,线宽 15cm。环形交叉口入口设置减速让行标线。人行横道线宽 3m,距减速让行线 7m。

②标志。

a. 警告标志。在中心岛内部，面向环形交叉口入口设置环形交叉标志。在环形交叉口入口处、人行横道前、交通岛端部设置“注意行人”标志和“右侧通行”标志。

b. 禁令标志。在环形交叉口入口处、人行横道前、交通岛端部设置“减速让行”标志。

c. 指示标志。围绕中心岛布置线形诱导标，蓝底白图案，其作用是引导驾驶员的视线，提醒驾驶员正确的操作。

d. 减速丘。在离减速让行线 40m 处设置减速丘，主干道仅在右侧设置，次干道整幅设置。减速丘前 10m 处设置警告标线，标线段共长 30m。

第三节　交通宁静措施

按照交通宁静的定义及其所达到的减少流量、控制速度的目的，交通宁静措施可分为流量管制与速度管制两种。流量管制措施多通过道路障碍，强制驾驶员或使驾驶员感觉不便而改道行驶，以达到减少宁静区内穿越性交通量的目的。速度管制措施通过垂直式、水平式与路宽缩减式三类措施实现。垂直式速度管制措施主要利用垂直方向减速度力的作用来强制车辆减速；水平式速度管制措施是利用侧向方向减速度力的作用来强制车辆减速；路宽缩减式速度管制措施是运用驾驶员视觉与心理压迫感达到减速的目的。垂直式与水平式的减速方法都是运用物理原理，强制驾驶员驾驶时必须减速，效果比运用心理因素的路宽缩减式效果明显。下面介绍各类交通宁静措施所用相关设施的特征、适用范围和优缺点。

一、流量管制措施

1. 街道全封闭(Full Street Closures)

通过在道路上设置栅栏、立柱、绿化岛等设施，完全阻断穿越式机动车辆，以达到降低行车速度、减少交通流量的目的，这种措施称为“街道全封闭”。其适用于穿越交通量较大，周边路网发达，且车辆易于绕行的地区。如图 7-2 所示。

a)

b)

c)

图 7-2　街道全封闭设施示例

a)采用设置立柱的方式阻止机动车穿越；b)采用设置门的方式阻止机动车穿越，并留出旁门供行人及非机动车进出；c)采用设置绿化方式缩小道路宽度，其宽度小于机动车体宽度，以禁止机动车通行

(1)优点

街道全封闭的流量管理措施，能够保证行人和自行车通过；能显著地减少交通流量。

(2)缺点

封闭道路需要启动法律程序,获得当地政府的授权;本地车辆和急救车辆需绕道而行;投资较大,对经济发展有影响。

(3)实施效果

据美欧等发达国家研究成果显示:周边交通量平均下降44%。

2. 街道半封闭(Half Closures)

街道半封闭是指采用一些设施封闭道路的一个行车方向,使车辆单向通行。其适用于交通量过大,且采用其他非限制性措施不能有效解决该问题的区域。如图7-3所示。

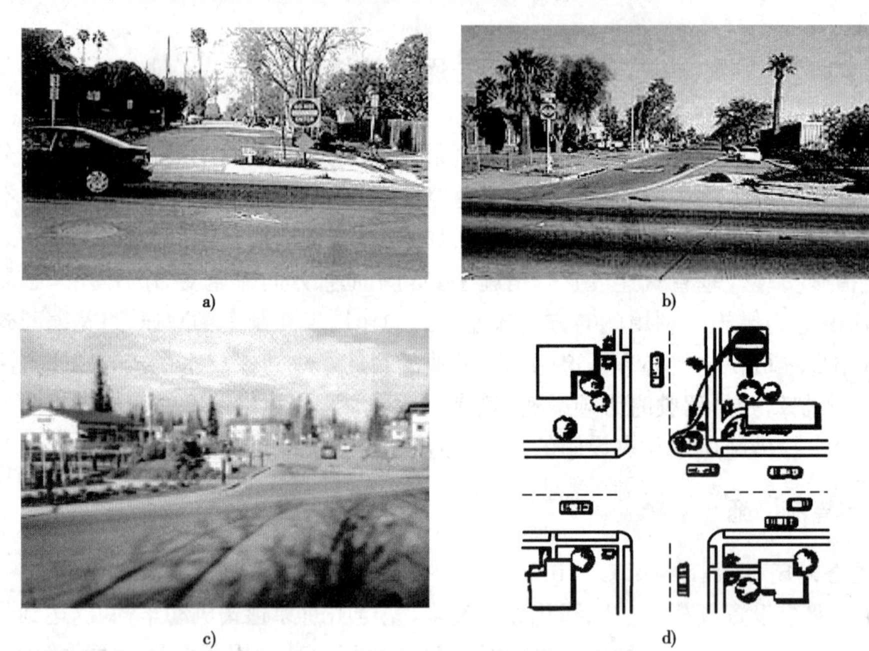

图7-3　街道半封闭设施示例

(1)优点

街道半封闭的流量管理措施,能够保证自行车双向通行;能有效地减少交通量。

(2)缺点

本地车辆和急救车辆需绕道而行;对经济发展有影响。

(3)实施效果

国外研究机构对53个设置地点的评价结果显示,交通量平均下降幅度达42%。

3. 对角线导流(Diagonal Diverters)

对角线导流设施连接交叉口的对向转角,将一个四路交叉口分隔为两个L形的区域,限制交通流向,引导居住区内的车辆选择迂回道路运行,如图7-4所示。L形的道路线形就像半封闭路口一样,能够有效地排除外地车辆,对本地车辆影响很小。该设施宜设置在有外地车辆通过的居住区内。

(1)优点

对角线导流的管理措施,不需要封闭道路,仅改变道路线形;行人和自行车可通行;降低交

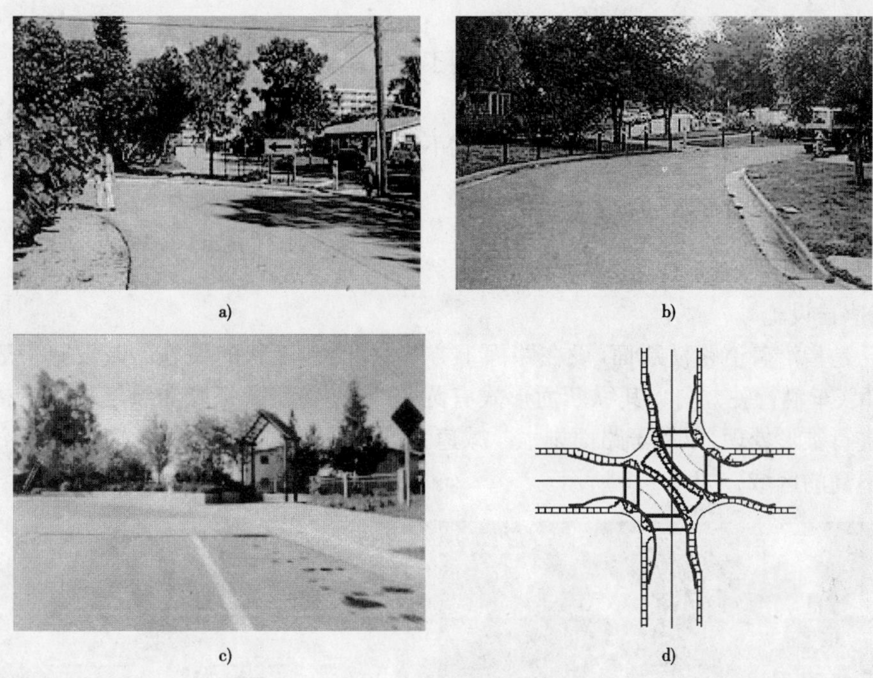

a)　b)　c)　d)

图 7-4　对角线导流设施示例

通流量效果显著。

(2)缺点

其缺点是:引起本地车辆和急救车辆迂回通过;投资较大;需重新改造道路线形。

(3)实施效果

调查 27 个设置地点发现,交通量平均下降 35%。

4. 中央分隔阻断路口(Median Barriers)

中央分隔阻断路口设施是指设置在道路中心线上的分隔岛,该岛延伸至整个交叉口,能够阻断进入交叉口的直行车辆。如图 7-5 所示。

图 7-5　中央分隔阻断路口设施示例

(1)优点

其优点是:能够提高道路交叉口的安全性;减少流向主干道上的交通量。

(2)缺点

其缺点是:需要主干道有足够的宽度;限制了本地车辆和急救车辆的转向通行。

(3)实施效果

从10处设置地点效果评价看,交通量平均下降31%。

二、速度管制措施

1. 垂直式

(1)减速丘设施

减速丘是指沿着道路横断面,设在路面上方,形成凸起隆状的设施。该设施一般长度为10~14英尺(车辆行驶方向),其纵断面形式有圆曲线、抛物线及正弦曲线三种。在接近路缘石的端部进行锥形处理,以利于路面排水。减速丘可设置于要求降低车速,对噪声和污染排放标准要求不高的区域。如图7-6所示。

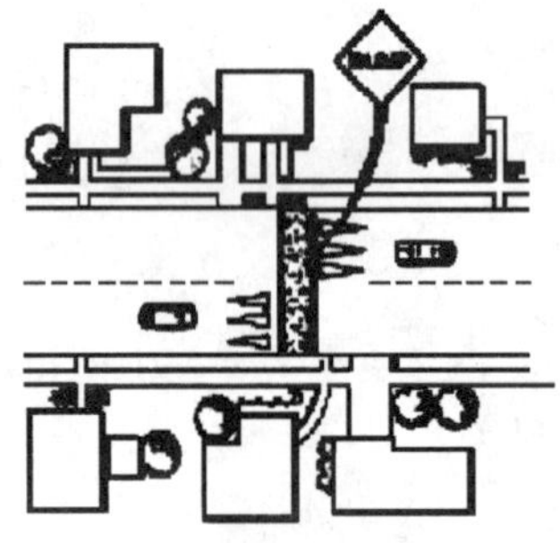

a)

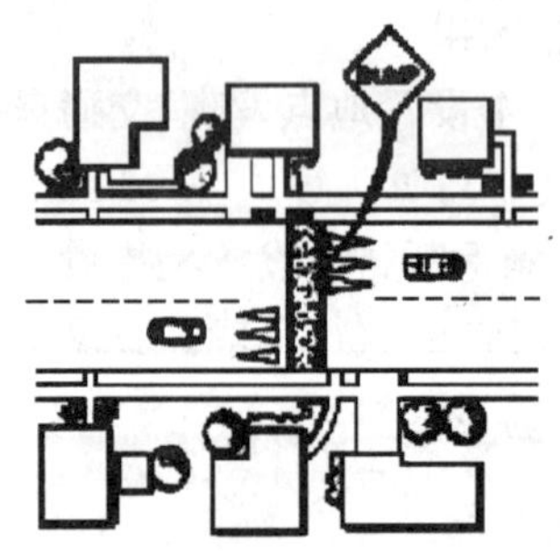

b)

图7-6 减速丘设施示例

a)减速丘;b)临时减速丘

①优点:工程投资相对较小;如果设计合理,自行车易于通行;降低机动车速度效果显著。

②缺点:降低驾驶舒适性;大型车辆(如急救车辆)需要减速才能通行;增加噪声和汽车尾气排放量;与道路景观不协调。

③实施效果:对于12ft的减速丘:对179个设置地点的数据统计显示,85%位行驶车速平均下降22%,平均车速从35.0mile/h下降到27.4mile/h;对49个设置地点的数据统计显示,交通事故平均减少11%,每年的交通事故平均从2.7起下降到2.4起。对于14ft的减速丘:对49个设置地点的数据统计显示,85%位行驶车速平均下降23%,平均车速从33.3mile/h下

降到 25.6mile/h;对 5 个设置地点的数据统计显示,交通事故平均减少 41%,每年的交通事故平均从 4.4 起下降到 2.6 起。

(2)减速台设施(Speed Tables)

减速台与减速丘所起到的作用相似,不同之处在于减速台采用的是平顶结构,减速丘采用的是圆弧或抛物线结构。减速台顶部使用砖块或纹理化的材料来铺设,平顶长度与车辆轴距大致相同,能够停留一辆小型载客汽车。其设计的通过车速要比减速丘高,平顶采用的砖块和纹理材料能够改善减速台的外观,引起驾驶员的注意,提高安全性。减速台可用于需要降低小型载客汽车行车速度,但降低幅度又不是很大的区域。如图 7-7 所示。

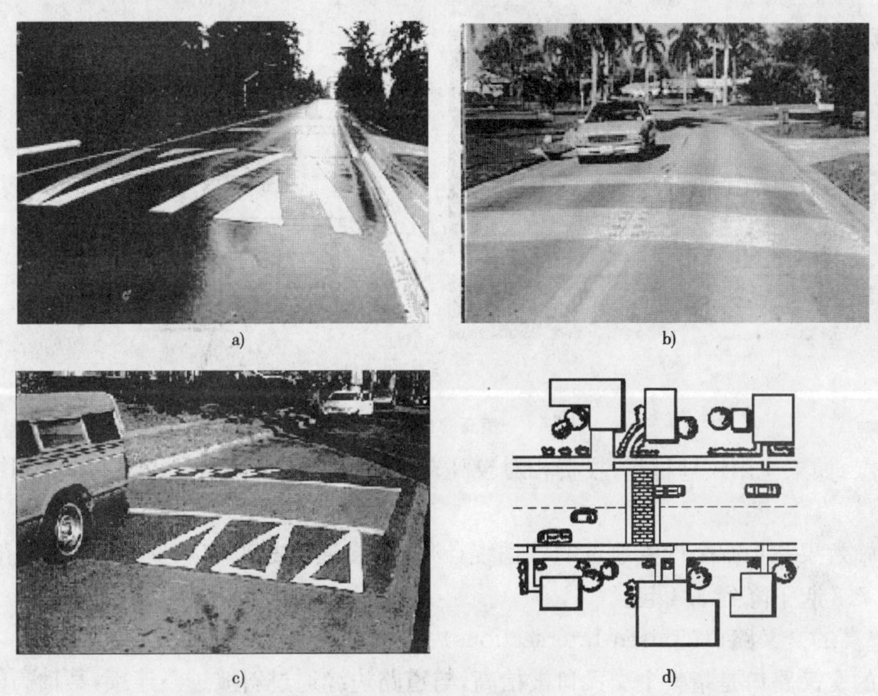

图 7-7　减速台设施示例

①优点:比减速丘平坦,大型车辆(如急救车辆)易于通行;但降低车辆行驶幅度不如减速丘,适合于行驶速度较高的路段。

②缺点:不采用纹理材料,造价较低,但会影响道路美观;而采用纹理材料,造价会很高,诱导提示性和美观性却较好;增加噪声和汽车尾气排放。

③实施效果:对于 22ft 的减速台,对 58 个设置地点的数据统计显示:85%位行驶车速平均下降 18%,平均车速从 36.7mile/h 下降到 30.1mile/h;对 8 个设置地点的数据统计显示:交通事故平均减少 45%,每年的交通事故平均从 6.7 起下降到 3.7 起。

(3)垫高的人行横道(Raised crosswalks)

垫高的人行横道是指在减速台的基础上配备人行横道标志、标线,为行人提供过街的一种设施。行人在这种人行横道上通过马路时,更容易看到驶来的车辆。垫高的人行横道宜设置在车速过高、行人横过马路较多的路段及交叉口进口处。如图 7-8 所示。

①优点:改善行人和车辆的安全状况; 如果设计合理,能增强道路美观。

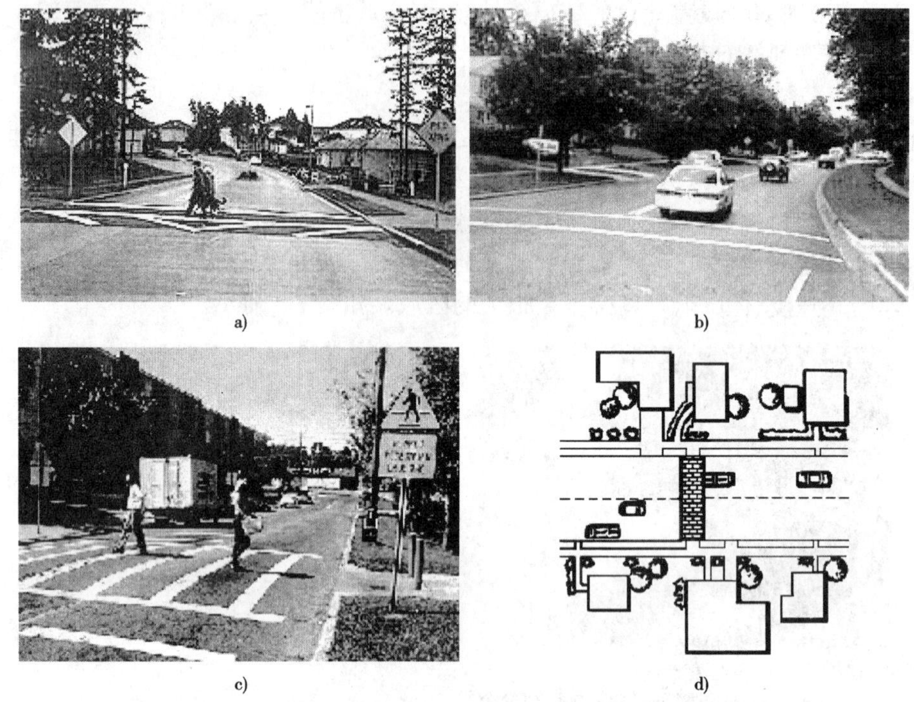

a) b) c) d)

图 7-8 垫高的行人穿越设施

②缺点：如果应用纹理材料，投资相对较高；对道路排水会有影响；会产生噪声和增加尾气排放。

③实施效果：对 60 个设置地点的数据统计显示：交通事故平均减少 60%，每年的交通事故平均从 7.3 起下降到 3.4 起。

(4)垫高的交叉路口(Raised Intersections)

垫高的交叉路口是指整个交叉口被抬高，与道路边缘通过斜坡过渡连接，其抬高的顶部由砖块或其他纹理材料铺设构成。通过改变交叉口的高度，使驾驶员更易辨认人行横道。这种设施适用于行人穿越道路活动较多，或由于缺乏停车位空间，不适合使用其他交通宁静设施的区域。如图 7-9 所示。

①优点：提高行人和车辆的安全性；如果设计合理，会与周边环境和谐自然；它还可以同时对两条道路起到“交通宁静”作用。

②实施效果：对 3 个设置地点的数据统计显示：85%位行驶车速平均下降 10%，平均车速从 34.6mile/h 下降到 34.3mile/h。

(5)纹理化铺面设施(Texture Pavements)

纹理化铺面设施是指通过铺设顿足或不同材料的铺面，使驾驶员感到车辆行驶颠簸而达到减速效果。这种设施可铺设在整个交叉口、人行横道、整条街道。纹理化铺面设施适用于日间行人比较多的商业区等热闹区域，且对噪声标准要求不高的道路。如图 7-10 所示。

①优点：可在长距离范围内降低车速；如果设计合理，它能增加道路美观性；它还能够同时对两条道路起到“交通宁静”作用。

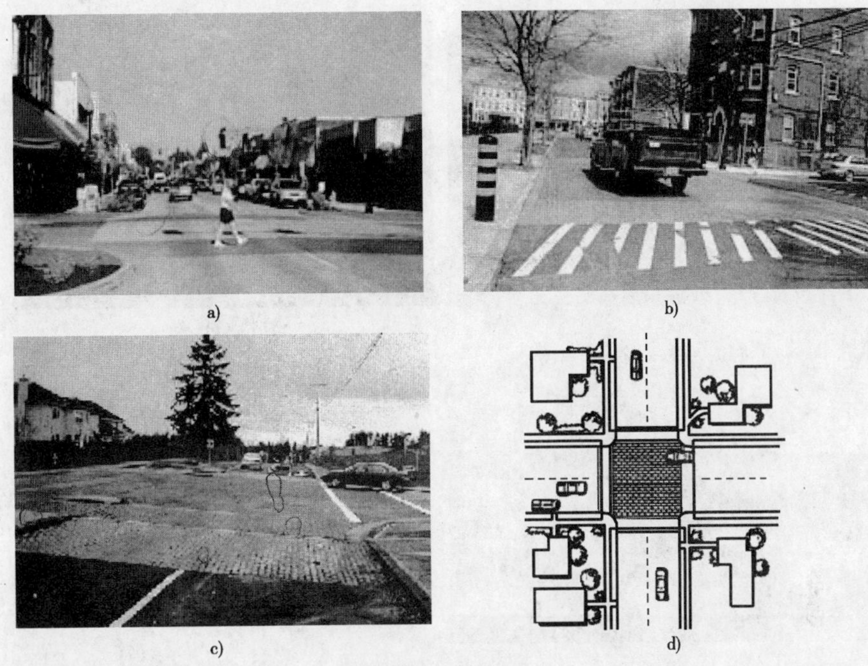
a) b) c) d)

图 7-9 垫高的交叉路口

a) b)

图 7-10 纹理化铺面设施示例

②缺点:投资较高;它如果铺设在人行横道上,就不便于轮椅使用者通行;此外,可视效果也不好。

2. 水平式

(1)住宅区交通环(Neighborhood Traffic Circles)

住宅区交通环是指设置在交叉口,用来渠化交通流的一个凸起的圆岛设施。它适用于社区里大型车交通量较少的交叉口,设置时需考虑车速、流量和安全等因素。如图 7-11 所示。

①优点:在降低车速和提高交叉口通行安全性方面效果明显;设计合理时,可增强道路美观性;它还能够同时对两条道路起到"交通宁静"作用。

②缺点:不利于大型载货汽车(如消防车)通行;设置时,需避免通行车辆侵犯人行横道,同时需排除路边停车问题;还要注意交通环中景观的养护。

图 7-11 住宅区交通环示例

③实施效果:对 45 个设置地点的数据统计显示:85%位行驶车速平均下降 11%,平均车速从 34.1mile/h 下降到 30.2mile/h;对西雅图 130 个设置地点的数据统计数据显示:交通事故平均减少 73%,每年的交通事故平均从 2.2 起下降到 0.6 起。

(2)交通环岛(Roundabouts)

交通环岛与交通环形状相似,不同之处在于环岛占地面积较大,设置在交通流量大的交叉口。它适用于:发生事故较多的交叉口;需减少车辆排队的交叉口;不规则交叉口;不宜采用信号控制的交叉口。如图 7-12 所示。交通环岛是现今欧洲地区广泛采用的改善交通安全和交通环境的交通宁静措施。

①优点:可应用于干线道路,以此降低车速;设计合理时,会增加道路的美观性;与一般控制相比,更能增强交叉口的安全性;它可减少交叉口的排队等待时间;与信号灯控制相比,成本要小。

②缺点:不利于大型车辆(如消防车)通行;设置时,需避免通行车辆侵犯人行横道;同时,设置中需排除路边停车问题;此外,交通环岛中景观植物需要养护。

③实施效果:对 11 个设置地点的数据统计显示:交通事故平均下降了 29%,年平均交通事故从 9.3 起下降到 5.9 起。

(3)曲折路型(Chicanes)

曲折路形式的宁静交通措施是指通过有意的改造路侧或增加小型交通岛设施,将道路改造成 S 形线形或左右不断变换的曲折线形,迫使通过车辆减速慢行。这种措施适用于需要减速,但减速丘等相关设施不宜使用的区域。这种宁静交通措施常用于交通量不大的市区或居民居住小区穿越道路。如图 7-13 所示。

①优点:能够降低车辆速度;还能方便大型载货汽车(如消防车辆)通行。

图 7-12　交通环岛示例

图 7-13　波纹路型设施示例

②缺点：需防止车辆驶离车道；还需重新铺设线路及相关的景观维护工作，投资较大；此外，路边停车需停放在规划的停车位内，不允许存在占用车道临时停车等行为。

(4)交叉路口线形修正设计(Realigned Intersections)

交叉路口线形修正设计可改变道路线形，将 T 形交叉口的垂直入口部分设计为弯曲入口,可降低进入交叉口的车辆行驶速度。对于T形交叉口,原来的垂直通过交叉口的通行方式转变为转向通行方式。这种措施主要适用于T形交叉口。如图7-14所示。

a)

b)

图7-14 交叉路口线形修正设计示例

①优点:它对降低车速和改善T形交叉口安全现状非常有效。

②缺点:修改线形工程投资较大;改变线形所占的土地空间也较大。

3. 路宽缩减式

(1)路口宽度缩减(Neck downs)

路口宽度缩减是指通过缩减交叉口进口处的道路宽度及行人穿越道路的长度,并设置凸起的安全岛以提高驾驶员对过往行人注意力的交通安全措施。它也可以通过在拐弯处缩小道路半径来降低拐弯车辆的车速。如图7-15所示。

a)

b)

c)

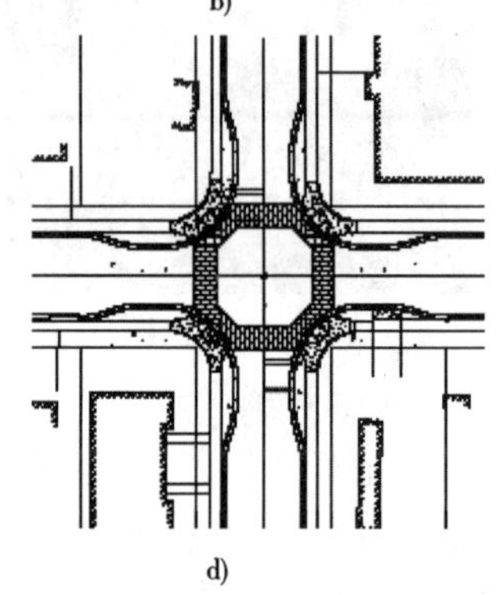

d)

图7-15 路口宽度缩减设施示例

①优点:改善行人穿越道路的安全环境;大型车辆在直行和左转上易于通行;对路边停车有适当的保护作用;能降低行车速度,特别是右转车辆。

②缺点:降低了紧急车辆右转时的通行速度;在交叉口附近不允许路边停车;造成自行车和机动车混行。

③实施效果:综合各种路宽缩减措施,7个设置地点的统计数据显示:85%位行驶车速平均下降7%,平均车速从34.9mile/h下降到32.3mile/h。

(2)道路中央实体分隔岛(Center Island Narrowings)

道路中央实体分隔岛是指设置在道路中心线位置上,使行车道变窄,凸起的中央分隔岛。它通常需要绿化,提供给交通参与者宜人的景色。一般设置在通向社区的道路中,经常配合纹理铺装一起使用,并且中间还留有便于行人横穿道路的停歇空间。适用于进入社区、行人穿行距离较长的道路。如图7-16所示。

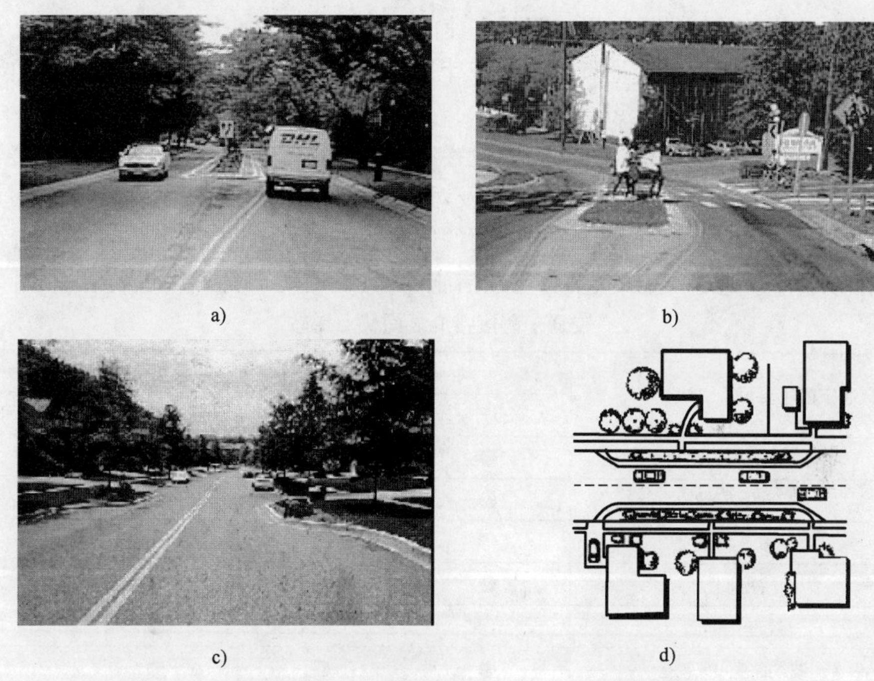

a)　b)　c)　d)

图7-16　缩减车道宽度的中央分隔岛设施示例

①优点:增强行人的人身安全;设计合理时,可提高道路的美观性;还能降低交通量。

②缺点:缺乏速度管制措施,不能达到降低车速的目的;不允许路边停车。

③实施效果:对34个设置地点的统计数据显示:85%位行驶车速平均下降了10%,平均车速从33.6mile/h下降到31.5mile/h。

(3)路段宽度缩减(Chockers)

路段宽度缩减是指通过扩展人行道或设置绿化带,使路缘带扩宽,形成行车道窄化的措施。它适用于需要进行速度控制,且停车空间较充分的区域。如图7-17所示。

①优点:增强行人的人身安全;设计合理时,可提高道路的美观性;同时,可降低交通量;还可进行路边停车。

a)

b)

图 7-17　路段宽度缩减设施示例

②缺点：缺乏速度管制措施，影响降低车速的效果。

③实施效果：对 28 个设置地点的数据统计显示：85%位行驶车速平均下降了 15%，平均车速从 25mile/h 下降到 21.5mile/h。

上述交通宁静措施各有优、缺点，主要设置方法区分为垂直式、水平式、障碍式等。其优点可用降低车速、减少流量、减少车流冲突，以及对环境的影响等指标加以衡量；缺点可用地区可及性、对紧急车辆的影响、对非机动车辆运距的影响、强制效果、维护强度，以及设置（维护）成本等指标加以衡量。通过综合对比，将各项措施的优、缺点列于表 7-1 和表 7-2 中。

交通宁静区措施之间优点比较　　表 7-1

交通宁静主要设置方法		优点			
		降低车速	减少流量	减少交通冲突	对环境影响
垂直式	垫高的人行横道	●	○	◎	◎
	垫高的交叉路口	◎	○	◎	◎
	减速标线	○	○	○	○
	减速丘	●	◎	●	◎
	纹理化铺面	○	○	◎	◎
水平式	波纹路型-单车道	●	●	●	◎
	波纹路型-双车道	◎	○	◎	◎
	路口宽度缩减	◎	○	○	◎
	道路中央实体分隔岛	◎	○	◎	○
	交通环	●	◎	●	●
障碍式	街道全封闭	○	●	●	◎
	街道半封闭	○	●	◎	◎
	对角线导流	○	●	◎	◎
	交叉路口渠化	○	◎	◎	◎
	中央分隔阻断路口	○	●	◎	◎
优点强度：●＝高　◎＝中　○＝无					

交通宁静区措施之间缺点比较　　表 7-2

交通宁静主要设置方法		缺点					
		对区域通达性的影响	对紧急车辆的影响	对非机动车辆视距的影响	强制效果的发挥情况	维护强度	设置及维护成本
垂直式	垫高的人行横道	○	◎	◎	○	◎	低～中
	垫高的交叉路口	○	◎	◎	○	◎	高
	减速标线	○	○	◎	○	●	低～中
	减速丘	○	◎	◎	○	◎	低～中
	纹理化铺面	○	○	◎	○	◎	低～中
水平式	波纹路型-单车道	○	◎	◎	○	◎	中～高
	波纹路型-双车道	○	○	○	○	◎	中
	路口宽度缩减	○	○	○	○	◎	低～中
	道路中央实体分隔岛	◎	○	○	○	◎	低～中
	交通环	○	◎	◎	○	◎	中～高
障碍式	街道全封闭	●	●	◎	○	◎	中～高
	街道半封闭	◎	○	◎	◎	◎	中
	对角线导流	◎	◎	◎	○	◎	中～高
	交叉路口渠化	◎	◎	○	○	◎	中～高
	中央分隔阻断路口	◎	◎	◎	○	◎	低～中
潜在缺点强度：●＝高　◎＝中　○＝无							

从表 7-1 可知：在降低车速方面，水平式设施的效果最好，其次是垂直式措施（但减速标线及纹理化铺面设施均无明显效果），障碍式设施几乎没有效果；在减少流量的效果方面，障碍式设施最佳，其次为水平式与垂直式措施；在减少车流冲突方面，障碍式措施效果最好，水平式措施效果相对较差；而在环境影响方面，障碍式措施效果好，水平式措施景观效果最佳，并且对防止噪声、空气污染均能产生较好的效果。

在各种交通宁静措施缺点方面（见表 7-2）：障碍式设施对区域通达性和紧急车辆救援时间的影响最大，主要是因为通路受到阻断，车辆不能直接通行，需绕行才能完成运输任务；对非机动车通行（行人通行、脚踏车及大众运输工具通行）的影响，垂直式、水平式及障碍式设施多会产生中等程度的负面作用；从强制改变驾驶行为的效果来看，垂直式、水平式及障碍式措施的效果较好；在维护强度方面，垂直式、水平式及障碍式设施均存在特定的维修问题，其中减速标线需经常维护；在设置及维护成本方面，评价障碍式措施的成本潜在缺点多为中到高以上，垂直式及水平式措施多为低到中。

对各主要设施的优缺点分析可知，特定设施的优、缺点往往同时存在。如障碍式设施虽然阻隔效果好，对于穿越性交通流、居住环境均能产生正面效果，但是会产生降低区域通达性及增加紧急救援时间等负面影响。因此，选择措施时必须确定交通宁静区的设计目标及要改善的问题，甚至还要考虑居民的支持与否等因素。

第四节 交通宁静区的设计

一、设计原则、流程

1. 设计原则

(1)交通宁静区的设计需以小区为基础，秉承以人为本的原则——将道路空间优先分配给行人和非机动车使用。

(2)转移过境交通流，对其余的交通流采用减速处理措施。

(3)健全行人、非机动车路网设施，保障行人及非机动车的通行质量，提高小区居民(特别是儿童、行动不便者和老年人)的可活动空间。

(4)改善公共交通及其停车转乘的相关设施。

(5)整体规划停车空间。

2. 设计流程

交通宁静区的设计应听取当地居民、专家、学者、消防人员、警察等的意见和建议，通过互动式的讨论方式取得最佳的方案。其工作流程如图 7-18 所示。

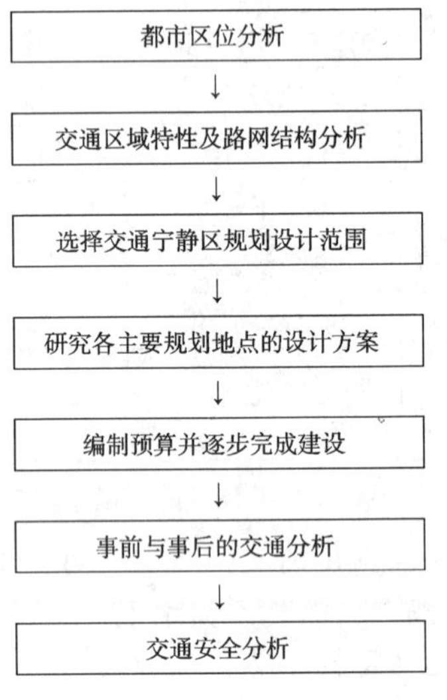

图 7-18 交通宁静区设计流程

3. 设计注意事项

道路上运行的车辆总会受到平曲线形和竖曲线形两类线形的影响，控制好平曲线和竖曲线在交通宁静中的设计，能够很好地达到控制车辆速度、保障交通安全的目的。在交通宁静措施中，垂直式措施和水平式措施都使用到了平曲线设计和竖曲线设计，因此在设计中注意保持平曲线、竖曲线与控制车辆车速的协调一致。

(1)保持平曲线曲率与车速一致

路段减速点的平曲线曲率越大，车辆行驶时速度越慢。在交通宁静措施中，交通环、环岛、波纹路型、路口宽度缩减等都使用了平曲线设计知识和理论。一条道路的最大行车速度确定后，曲率较大的曲线段的车辆行驶速度小于路段最大行车速度，当路段减速点间距较短时，减速点间车辆加速路段较短，这样就不会导致行驶车速高于最大行车速度。

美国公路和运输员工协会给出了平曲线曲率和运行速度之间的关系，如下公式所示：

$$R=v^2/15(e+f)$$

式中：R——平曲线半径(ft)；

v——通过曲线处的速度(mile/h)；

e——公路曲线段超高度；

f——横向摩擦系数。

按照设计速度的概念，R 代表特定设计速度 v 下的平曲线半径最小值，大于这个值的半径都可选作为设计指标。为了达到交通宁静的目的，比 R 小的半径值会对驾驶员产生不舒服的离心力感觉，所以选择比 R 小的曲线半径值会避免驾驶员行车速度超过最大速度。

(2)保持竖曲线与车速一致

与平曲线一样，竖曲线产生的加速度使驾驶员在超过限定的驾驶速度时会产生不适应感。减速丘、减速台以及其他减速点处曲线越凸，车辆通过的速度就越慢。一条道路最大行车速度确定后，竖向曲率较大的减速点会使车辆速度保持低于最大行车速度行驶。当减速点间距离较短时，车辆的行驶速度会低于最大行车速度。

AASHTO 规定“当离心加速度不高于 $1ft/s^2$ 时，在竖向曲线底部的驾驶感觉是舒服的”。重力和离心力在竖曲线的上升处相互抵消，在竖曲线的下降处相互叠加，因此在竖曲线的上升处的加速度比竖曲线的下降处可允许的范围更大。美国研究成果认为，在短期内竖向加速度最大达到 1g($9.8m/s^2$)或者 $32ft/s^2$ 是可以让驾驶员接受的，但一些学者认为这样大的加速度显得过多。答案可能是这两个界限中的某个值。

二、交通宁静区设计要点

1. 确保视认性

无论在白天还是在黑夜，交通宁静设施必须具有良好的视认性。环岛、交通环、波形路型、路口宽度缩短等措施都应配置反光材料、标志和照明等，确保驾驶员看清前方路况信息。此外，所用设施的安装地点要满足停车视距的要求。

2. 标志与交通宁静措施配合使用

在道路适当地点处设置警告标志，告知驾驶员前方即将进入交通宁静区，并尽可能提供给驾驶员交通宁静区的措施信息，保障驾驶员安全、顺利地到达目的地。

3. 交通宁静措施与街道景观的谐调

交通宁静措施应与街道景观相谐调，与自然相统一，并能起到增强街道外观效果与驾驶员视觉感受的作用。优秀的街道景观设计可以起到告知和提示驾驶员的作用，使驾驶员清楚已经驶入或正在驶入居住区。

4. 考虑不同种类车辆对设计的要求

设计时，应该考虑到应急服务车辆及一些大型车辆的通行情况，要尽量满足它们行驶时的速度或通达性要求。

5. 使设施的维护最小化

长期的维护保养费用要在设计过程中给予充分的考虑，尽量做到成本最小化。

6. 路边停车设计要合理

路边停车可以提高道路使用率，在某种程度上限制了机动车的车速。然而，路边停车会影响驾驶员的视野，对于超速行驶的车辆非常危险，因此要注意交通宁静区内路边停车设计的合理性。

7. 时刻考虑控制车辆速度

交通宁静的设计与相关设施的设置，应本着控制机动车车速的目的来进行。

三、交通宁静区主要设计内容

交通宁静区的设计工作要在整体路网功能结构规划后进行，这样才能对道路空间进行局部变化设计。此项设计工作主要包括交叉口设计、路段降速措施设计、临时设施设计和景观绿化设计等。

1. 交叉口设计

交叉口交通宁静设计的做法，包括人行道扩大、交通环(微型环岛)、路面凸起、路面变换、施划标线等。如表 7-3 所示。

改变交叉口的设计手段

表 7-3

设置地点	形式类别	设计形式
交叉口	高程变化	路口减速丘
		垫高的交叉路口
	线形变化	路口弯道
		路口宽度缩减
		交通环
	交通管制	禁止通行
		车速限制
	辅助措施	纹理化铺面
		植栽

在街道狭窄、穿越性交通量大且停车问题严重的地区，建议改善街道处交叉口的视距，如表 7-4 所示。

交叉口视距改善措施

表 7-4

目标	策略	方法
缩短驾驶员在交叉口处所需的视距	降低街道行车速度	缩小路宽、改变交叉路口空间、降低直行车辆速度
	增强交叉口的易辨识性，减少驾驶员认知时间	在交叉口处设置减速丘、强化标志与标线
减少交通冲突次数	减少街道交叉口数目、街道改为单行道、减少汽车穿越	改变街道路网结构

下面介绍交叉口处交通宁静措施设计。

(1)垫高的交叉口

垫高的交叉口是将减速台整体覆盖在交叉口范围内。设计时，要考虑交叉口高度对路侧行人通行的影响，以及与人行横道的连接，同时还要考虑残疾人员的通行情况。为了避免车辆碰撞行人，还需设置一些如交通标志等安全设施 。图 7-19 为一个典型的垫高的交叉口设计图。

(2)交通环岛

交通环岛最早是由华盛顿州西雅图郡发明使用，大约 1980 年才被发展为标准规范。最初，西雅图设计交通环的目的是使车辆左转时，通过交叉口中心，沿着交通环右侧行驶。后来，为了满足大型车辆通行以及建设成本要求，西雅图开始针对交叉口空间量身订做交通环，并允许车辆面向中心岛或在中心岛前方左转。标准规范逐步完善后，交通环岛设计是以单厢载货

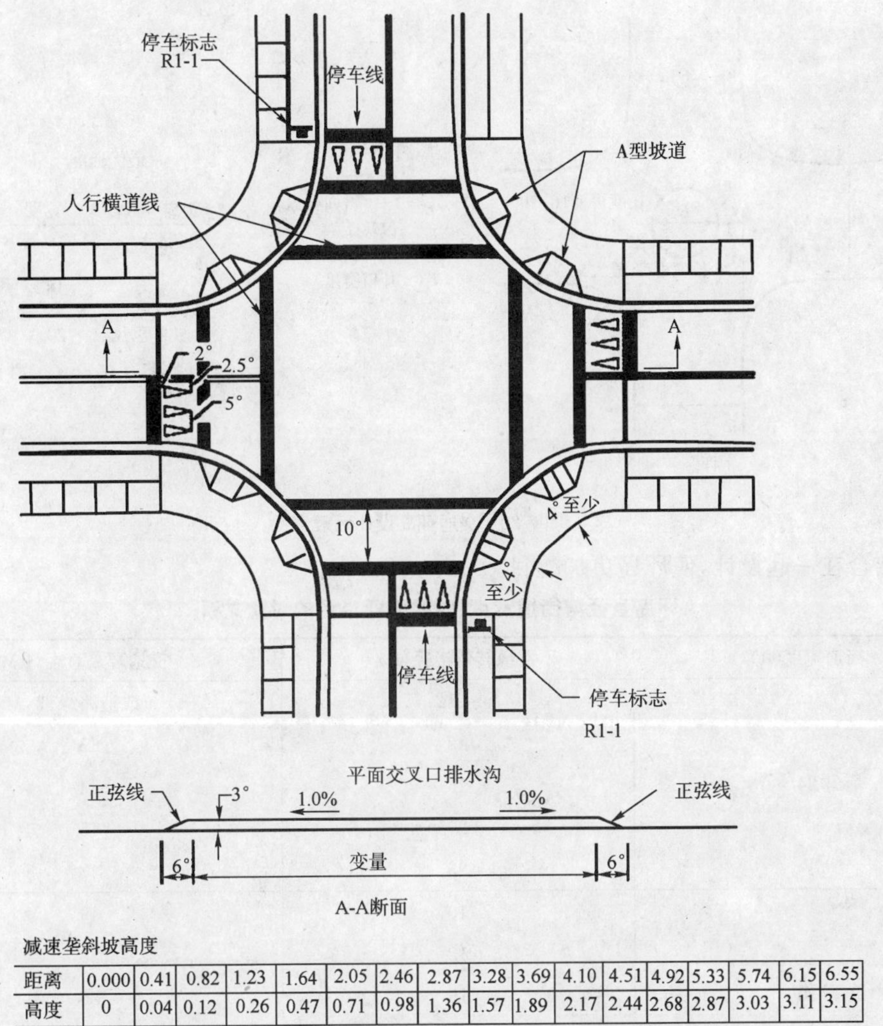

距离	0.000	0.41	0.82	1.23	1.64	2.05	2.46	2.87	3.28	3.69	4.10	4.51	4.92	5.33	5.74	6.15	6.55
高度	0	0.04	0.12	0.26	0.47	0.71	0.98	1.36	1.57	1.89	2.17	2.44	2.68	2.87	3.03	3.11	3.15

图 7-19　典型的垫高的交叉口设计图

汽车作为设计对象，要求中心岛的尺寸足以让一辆载货汽车绕它行驶半圈，而大型车辆则必须爬上交通环岛的边缘才可达交叉口。

交通环岛没有一个单一的几何设计尺寸，要根据交叉口尺寸来确定。相交的街道越宽，为了保障车辆完成转弯，中心岛要越大。如果相交的街道宽度不同，交通环岛应为椭圆形，以便在所有的交通通路上驾驶员完成转弯操作。

如图 7-20 所示，西雅图标准里的中心岛与道路边线延长线的距离(偏距)最大为 5.5ft，中心岛与拐角间路面宽度(开放区宽度)最小值为 16ft，最大值为 20ft。这两者是相对的关系，随着偏距的减小，开放区宽度必然会增加。将这些参量用于不同宽度的街道和不同半径的拐角处，得出表 7-5 中的西雅图导流环尺寸。

交通环岛还存在竖向设计问题，交叉口的路面与中心岛之间应保持一定的高度，这可使驾驶员清楚地看到中心岛，同时也有利于排水。从驾驶员角度看，2～4in 高度的环岛边沿视认性不是很好，也不能保护环岛中心的景观物质。因此，经常把可爬越的环岛边缘与一个更高的

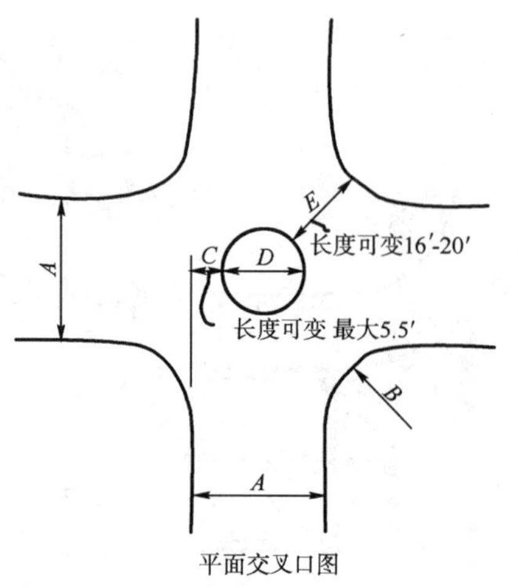

图例

A 街道宽度
B 路缘石回转半径
C 偏移距离
D 圆环直径
E 开口宽度

最优标准

偏移距离	开口宽度
5.5′最大	16′最小
5.0′	17′±
4.5′	18′±
4.0′	19′±
3.5′或更小	20′

图 7-20　交通环岛设计元素

内边缘结合在一起设计，使环岛更加醒目。

环岛直径与街道宽度、路缘转弯半径的对比关系　　表 7-5

街道宽度(ft)	路缘转弯半径(ft)	交通环岛直径(ft)
24	<12	改造路缘带
	12	13
	15	14
	20	15
	25	17
30	10	19
	12	20
	15	20
	20	22
	25	24
36	10	26
	12	26
	15	27
	18	28
	20	29
	25	33

(3)交叉口路口宽度缩短

缩短交叉口进口宽度通常与路边停车一起使用，适合于转弯半径较大的交叉口。通过缩短进口宽度，可为行人提供较短的穿越街道距离和较长的可视距离。在典型的缩短交叉口进口宽度设计中，要求进口转弯半径要小、车道宽度要窄，以至载货汽车驻停观察后，才可右转通行。

当进口道比较宽时，在主要道路和与之交叉的次要道路起始段都有停车空间，交叉口进口道可被缩短到不至于载货汽车通过交叉口时驶入对向车道的宽度即可。当进口道比较窄、又不存在路边停车时，交叉口进口宽度不宜缩短。在设计时，还要考虑实施的可行性，要满足下面两个条件：

①当进入交叉口的高峰小时交通流量<50 辆/h，重型车交通流量<2%，并且该条道路不是联络线(Transit Route)；

②路边转弯半径应该足够大，允许一辆载货汽车或大型客车转弯时，不至于跑到对向车道。图 7-21 为典型的交叉口路口缩短设计图。

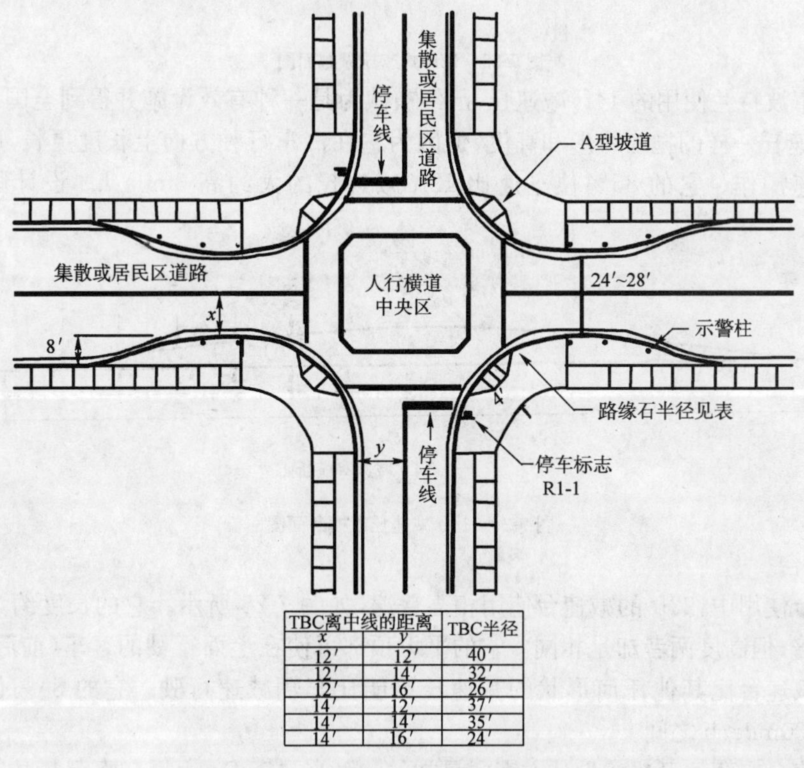

TBC离中线的距离		TBC半径
x	y	
12′	12′	40′
12′	14′	32′
12′	16′	26′
14′	12′	37′
14′	14′	35′
14′	16′	24′

图 7-21　典型的交叉口路口缩短设计图

2. 路段降速设计

路段降速措施包括路面减速丘、减速台、曲折路型、道路中央实体分隔岛等。

(1)减速丘

在美国，使用最普遍的交通宁静设施是 12 英尺减速丘(见图 7-22)，它也是唯一一个由交通工程师学会对其设计与应用开发了一套推荐性准则的交通管理设施。12ft 减速丘外形为抛物线，它的 85%位车速在 15mile/h 与20mile/h之间。按照高度不同，其可分为 3in、3.5in 和 4in 三种尺寸形式，如图 7-23 所示。由于 4in 高减速

图 7-22　12in 抛物线减速丘及其横断面切块

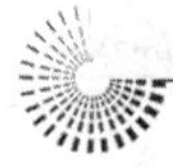

丘在应用中显得过于突兀，已不受设计人员关注，目前，普遍使用的还是 3in 和 3.5in 减速丘。

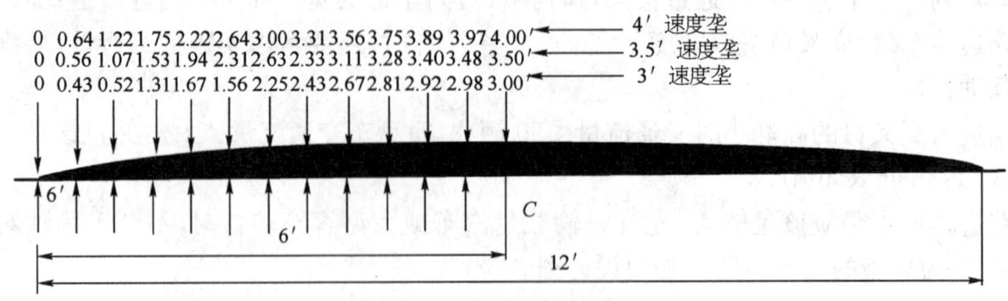

图 7-23　12ft 减速丘纵抛面图

美国城市波特兰使用的 14ft 减速丘，已经被认为是一种有效设施并得到全国认可。它具有与 12ft 减速丘一样的抛物线形和高度，但因为它在汽车行驶方向上长度更长，所以能减缓车辆紧急降速操作。它的 85% 位车速比 12ft 减速丘的大约高 3mile/h。设计图如图 7-24 所示。

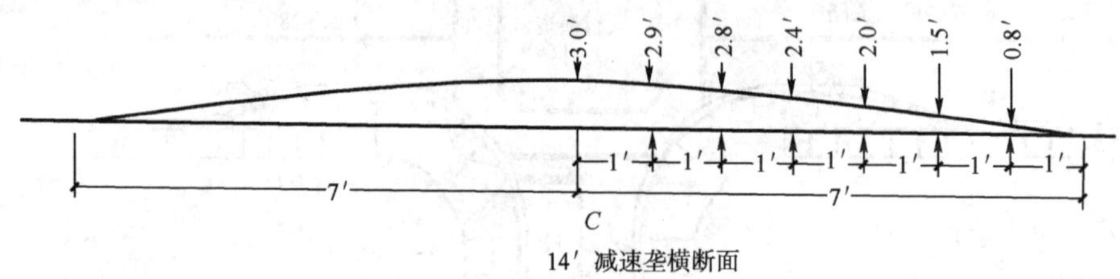

图 7-24　14ft 减速丘纵横断面图

(2)减速台

在减速台使用中，22ft 的减速台使用相当普遍，如图 7-25 所示。它的长度约为 12ft 减速丘长度的两倍，但高度两者却是相同。它的平坦顶部可使在上面行驶的客车(前后轮)能即刻停止。22ft 减速台比其他任何形状的减速丘更能让车辆减速行驶。它的 85% 位车速介于 25mile/h 与 30mile/h 之间。

22ft 减速台有两种可选的设计方案。最初的一种来自于 Seminole 郡，是模仿 12ft 减速丘设计的。它的 6ft 斜坡与 12ft 减速丘侧面斜坡有相同的抛物面，只不过是一个 10ft 平台被插入两面斜坡之间，从而构成了一个减速台(见图 7-23)。出于结构的简单化及美观等方面的要求，Gwinnett County, GA，发明了另一个设计方案。它的斜坡是直的而非曲线形的，这种 Gwinnett County 减速台形状可以通过在侧面铺设混凝土板构成减速台外部结构，中间填充沥青坚固地塑造起来(见图 7-26～图 7-28)。由于在平台下降处有突变，这种外形减速台的 85% 位车速比 Semi-

图 7-25　22ft 的减速台

nole 郡的低 2～3mile/h。

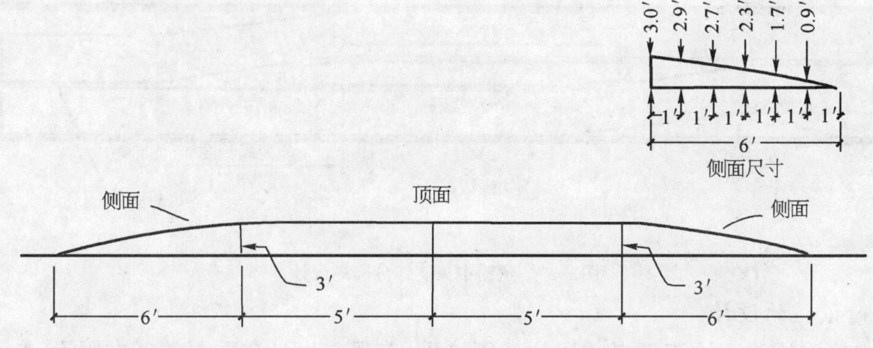

图 7-26 Seminole 郡的 22ft 减速平台纵抛面图

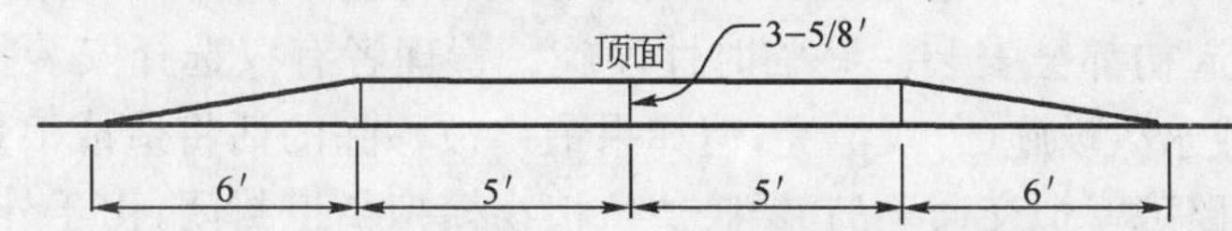

图 7-27 Gwinnett 县的 22ft 减速台纵抛面图

(3)曲折路型

曲折路型可通过改变路侧边缘带或增加路边安全岛来实现,增加路侧安全岛在美学上会有局限性,但保留了现有排水系统,建设费用也较少。改变路侧边缘带或路边设置安全岛的外形都是半圆形的,以便于机械设备清除积雪,它们都应有45°渐变段,利于诱导驾驶员行车,且都是立体的,竖向高度为 2～4in,以引起驾驶员的注意。典型的设计如图 7-29 所示。

图 7-28 Gwinnett 县的混凝土减速台造型

(4)道路中央实体分隔岛

道路中央实体分隔岛是典型的半个波形路型,它的尺寸与曲折路型相同,因为它们都是通过改变线形来降低车辆行驶速度。不过据统计,道路中央实体分隔岛要比曲折路型行车速度高 5mile/h。典型设计如图 7-30 所示。

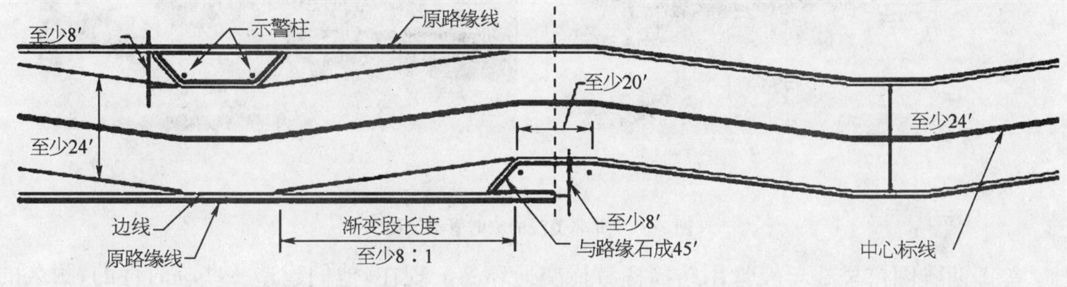

图 7-29 曲折路型设计

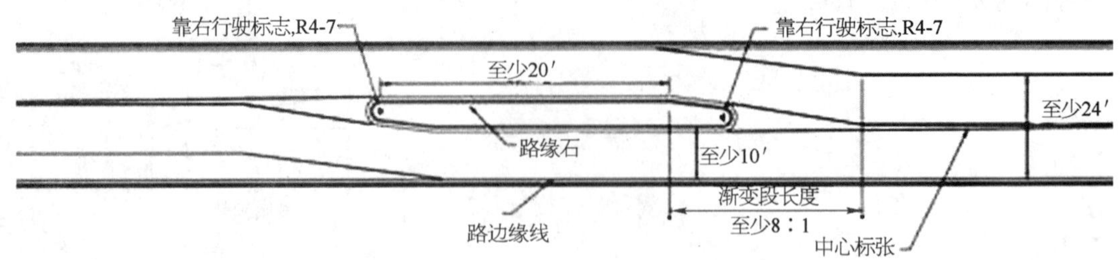

图 7-30 道路中央实体分隔岛设计

3. 临时设施的设计

交通宁静措施能否被管理者和居住者所接受,美观成为一个重要的考虑因素,在平衡建造成本与美观之间关系时,临时设施是个很好的解决方案。为了评估宁静措施效果并得到居民的认可,大部分工程起初都会安装一些临时性设施。管理者有权选择安装临时设施(花费较少,但可能不美观)或永久设施(外观漂亮,但如果最终被移除的话将造成浪费)。如果他们安装临时措施,比如用路障模拟交通环岛、塑胶仿生植物模拟街道封闭,由于外观上效果差的原因,可能会遭遇居民的反对(见图 7-31)。

图 7-31 并非美观的临时管治措施

美国西雅图市早些年经常用防撞桶替代交通环岛。现在,他们建造一些临时性的、耐久的交通环岛,得到居民和所有工作人员的认可。

临时设施通常没有美化过的永久设施那样令人赏心悦目，但假定采用合理的材料、颜色和布局，它们也会具有美观性。夏洛特市的临时性单车道障碍栏是用塑胶杆建造的，外形连续、一致，很好地传递了交通管理信息。在进行街道封闭和出入口管制时，可设置一些绿色植物，这些植物可以使用仿生植物，使用效果和真实植物不相上下。有些时候组成临时环岛的施工路障或防撞桶也会让使用者接受，因为只要他们清楚该设施能正确传达出当前的通行状况(见图 7-32)。

图 7-32　临时设施极少可能引起居民的反对意见

4. 景观绿化的运用

根据视觉景观反馈调查，有景观绿化的场所往往评价最高。美化过的街道路侧会使减速丘或其他一些竖向交通宁静设施外观变得柔和自然。美化过的阻隔栏杆、中心岛和交通环岛更具有特色，会形成令人愉悦的街道风景(见图 7-33)。

图 7-33　有和没有园林设计的对比图片

在霍华德郡，用混凝土填置中心岛面已经引起了争议(见图 7-34)。景观美化能改善中心岛的外观，还能通过引起人们对它们的注意来提高中心岛的使用效果和安全性，原因在于任何一个立体物质如树木、灌木丛、仿生植物、护柱、标志等都能引起人们对交通宁静措施的注意。

四、实施交通宁静前、后期的主要工作

(1)如条件允许，先安装设置暂时性的宁静工程设施，并对其进行一定时期的有效监控，视效果如何再进行永久设施的安装。

图 7-34 用混凝土填置中心岛面

(2)制订一份详细的项目计划,其中包括已经定型的设计图纸、当地政府许可并支持的一些方针政策。

(3)要求一些相关人员参与到设计当中,例如,消防员、警察、当地紧急医疗救护的人员。

(4)与消防局的消防人员进行研讨,深化宁静措施的设计,重点要放在减速丘和交通环岛设计上。

(5)统揽整个社区的交通运行状况,避免出现将一个社区的现状问题转移到邻近的其他社区中去。

(6)确保所有标志的设置及道路的渠化符合国家标准,并作为交通控制管理的有益补充。

(7)仔细检查机动车、行人、自行车的停车视距,使其达到相关标准规范的要求。

(8)在设施安装地点,仔细检查、对比安装前后的停车视距,查看路边的停靠车辆及相关的景观美化是否遮挡了视线。

(9)路边停车不能阻挡紧急车辆(如消防车、救护车)的通行。

(10)进行现场调查,解决宁静设施与其他一些服务或安全设施(如消火栓等)的冲突问题。

(11)在没有路缘石的路段,为了确保车辆在行车道内安全地行驶,应该设置一些辅助设施(如道路轮廓标、警示桩等)。

(12)交通宁静设施应远离行车道。

(13)如果限速及与其相匹配的警告标志配合宁静设施一起使用时,就应将宁静设施设置在视距受限的道路弯曲段。

参考文献

[1] Institute of Transportation Engineers . traffic calming state of the practice . FHWA-RD-99-135,1999.

[2] Municipality of Anchorage Traffic Department. Traffic Calming Protocol manual. 2001.

[3] City of Sarasota Engineering Department. Traffic Calming Manual. 2003,9.

第八章　平面交叉口安全技术

第一节　概　　述

公路与公路在同一平面相交的地方称为平面交叉口。在公路网中，各种等级公路纵横交错，必然会形成很多交叉口。相交公路的各种车辆和行人都要在交叉口汇集、通过和转换方向。平面交叉口由于不同交通方式、不同交通流向的相互干扰，会使通行能力降低，同时也是最容易发生交通事故的点段。根据公安部2005年度公布的相关数据，平面交叉口发生的交通事故约占总事故量的20%。交通部公路科学研究院交通安全研究中心近5年的相关调研和统计分析表明，我国平原地区平面交叉口发生的交通事故（含与平面交叉口相关的交通事故）约占该区域总事故量的40%，山区平面交叉口发生的交通事故（含与平面交叉口相关的交通事故）约占该区域总事故量的30%。这与我国不重视平面交叉口安全设计，路口设计简单粗放，路口接入随意，且缺乏平面交叉口安全设计相关技术指导，驾驶员的遵章率低等因素紧密相关。因此，如何正确设计平面交叉口，组织好交通流汇入分流，对于提高平面交叉口的通行能力和减少交通事故都具有重要意义。

一、平面交叉口类型划分

平面交叉口从不同的角度有不同的分类方法。

从几何形式上，可分为常见的十字形、T字形及其演变而来的X字形、Y字形、错位交叉和多路交叉等几种。

从交通特性和交通组织方式上，可分为加铺转角、分道转弯、拓宽路口和环形交叉等几种类型。

从交通控制类型上，可分为无信号灯控制和有信号灯控制两大类。无信号灯控制交叉口，又可分为完全无控制交叉口和停、让控制交叉口和环行交叉口三类。

二、平面交叉口几何要素定义

与基本路段不同，为了使交通流在平面交叉口范围内安全、高效地运行，需要对平面交叉口进行合理的规划、设计，通过标线、交通岛等渠化设施有效地组织交通流顺利通行。为了便于文中阐述平面交叉口交通安全知识，在图8-1中定义了各种功能设施的名称。

三、平面交叉口交通冲突点概念

在平面交叉口范围内，不同行驶方向的交通流以较大的角度相互交叉的点成为交叉口冲

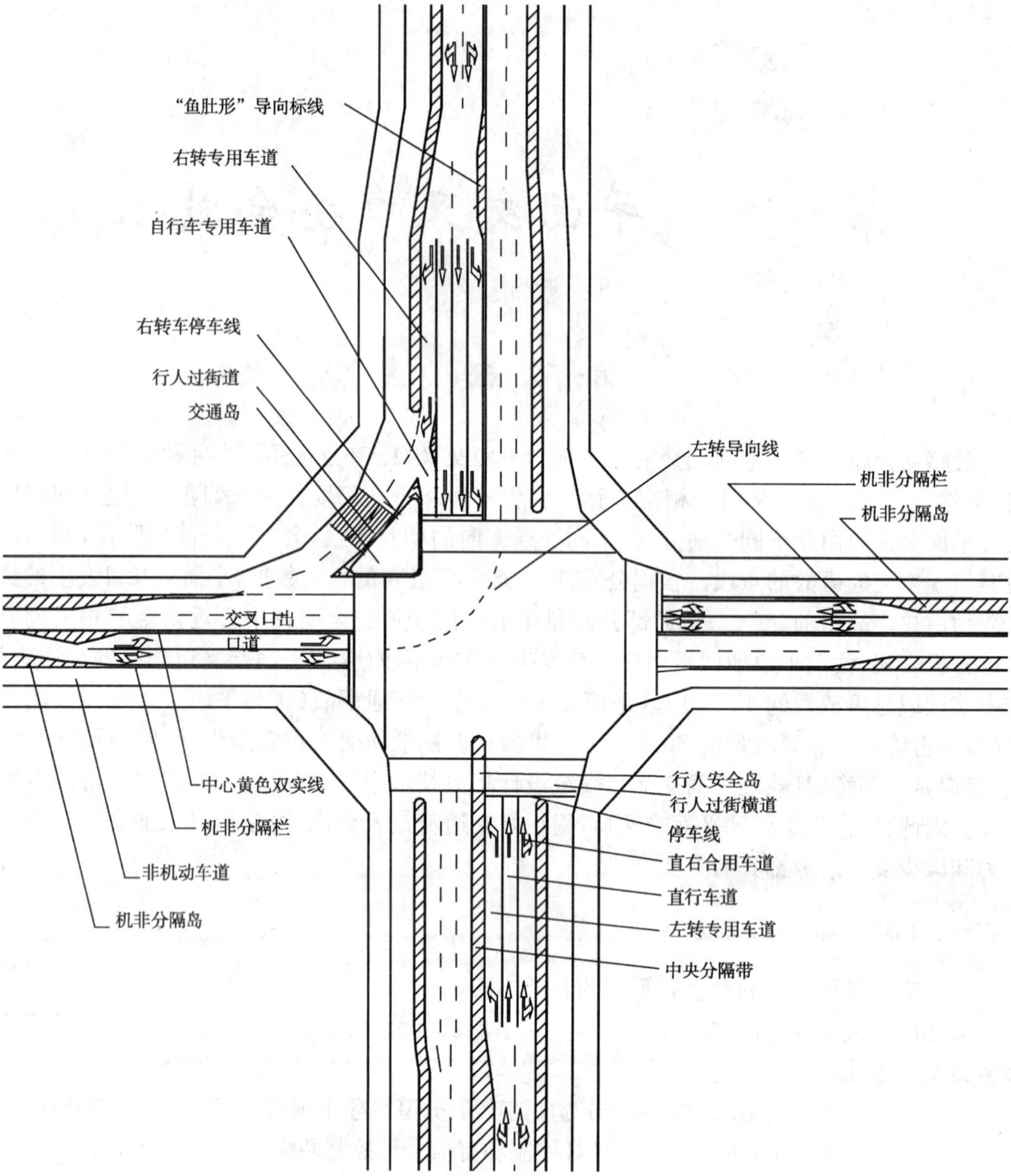

"鱼肚形"导向标线
右转专用车道
自行车专用车道
右转车停车线
行人过街道
交通岛
左转导向线
机非分隔栏
机非分隔岛
交叉口出口道
中心黄色双实线
机非分隔栏
非机动车道
机非分隔岛
行人安全岛
行人过街横道
停车线
直右合用车道
直行车道
左转专用车道
中央分隔带

图 8-1 平面交叉口几何要素定义图

突点。图 8-2 为 4 路交叉口交通冲突点示例。

无交通管制的平面交叉口都存在交通冲突点，其数量随相交道路条数的增加而显著增加，其后果是交通事故发生概率显著增加。当相交道路均为双车道时，冲突点的数量可用式(8-1)计算：

$$冲突点=\frac{n^2(n-1)(n-2)}{6} \tag{8-1}$$

式中：n——交叉口相交道路的条数。

由此可见,在进行平面交叉口规划和设计时,应力求减少相交道路的条数,尽量避免5条或5条以上道路相交。

交通冲突点由于存在碰撞、刮擦的可能,是影响交叉口行车速度、通行能力和发生交通事故的主要原因。其中,产生冲突点最多的是左转弯车辆。如图8-2所示4路交叉如果没有左转车流,则冲突点可由16个减少到4个,而5路交叉口则从50个减少到5个。因此,在平面交叉口设计中如何正确处理和组织左转弯车辆,是保证交叉口交通畅通和安全的关键所在。

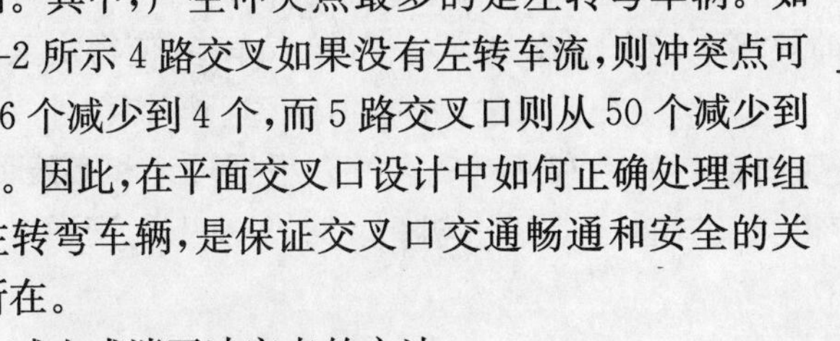

图8-2　4路交叉口交通冲突点示例
(圆形点为交通冲突点)

减少或消灭冲突点的方法:

(1)实行信号控制或交通管制。将交叉口设置为信号控制交叉口,使发生冲突的车流从通行时间上错开。如4路交叉口设置信号控制之后,冲突点可由16个减至2个,或更少。如果在平面交叉口内禁止车流左转,再辅以信号控制,则可完全消灭冲突点。

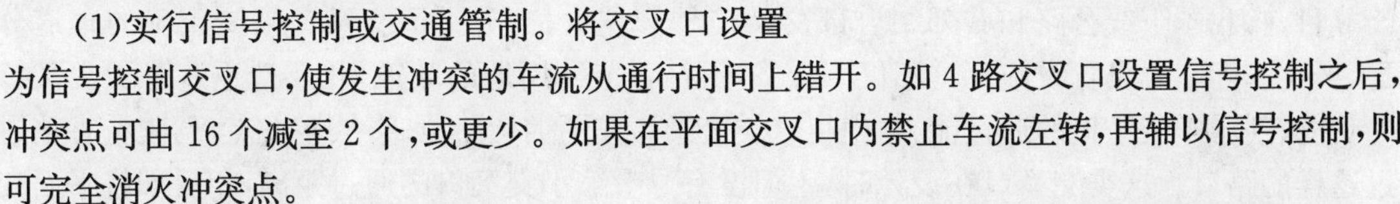

(2)采用渠化交通。在平面交叉口内合理设置交通岛、交通标志和标线或增设辅助车道,引导车辆沿一定路径行驶,减少车辆之间的相互干扰,则可有效减少、消灭冲突点或减轻冲突的严重程度。比如,将平面交叉口设置为环形控制则可消灭所有的冲突点。

(3)修建立交。如果交叉口交通流量过大,通过交通控制和渠化仍不能有效解决问题,则可考虑从空间上分流冲突交通的方式,设置为立体交叉的形式。

四、我国平面交叉口存在的主要问题

从道路安全角度上讲,平面交叉口是道路路网中最关键、最敏感的因素之一:因为相交公路的道路使用者都要在平面交叉口使用同一空间,使得平面交叉口存在着多方位的交通冲突,极易诱发交通事故。据统计,全世界大约1/3的交通事故发生在交叉口,国外一些发达国家所占比例分别为:法国24%、英国33%、荷兰28%、日本41%、奥地利34%,中国的情况更为严重,有些地区甚至超过了45%。

目前,我国对平面交叉口设计还没形成一个完整的设计规范,大部分平面交叉口没有进行入口拓宽、设置左右转弯车道和设置安全岛等渠化处理措施。有些平面交叉口虽然设置了渠化设施,但路权分配和渠化的方法不合理,这些因素都在一定程度上影响着平面交叉口的运行安全。

(1)交叉口选位不当或平纵线形设计不合理

目前我国许多平面交叉口在选位上欠考虑,比如将平面交叉口设置于小半径弯道、平曲线切点、凸曲线变坡点等位置,造成平面交叉口视距不良,驾驶操作困难,容易引起事故的发生。

(2)缺乏路权概念

目前在我国公路无信号灯控制交叉口普遍没有设置"路权分配"功能的标志和标线等相关设施。这些交叉口的车流是在无交通管理控制的混乱情况下行驶的,加之驾驶人员素质不高,因此我国平面交叉路口交通事故相当频繁,易形成交通事故多发的“黑点”。

以上两点,是我国平面交叉路口安全设计理念和设计方法最需改善的两个主要方面。

(3)转弯车道设置不当

由于目前我国公路设计部门设计的道路在交叉口部分都是按路段一样简单处理,即交叉口部分都是平行的,与路段等宽的线条相交,没有考虑对交叉口部分的路段拓宽,缺乏设置左、右转弯车道的余地,一是造成了许多交叉口路段后期不可能设置左、右转弯车道,二是许多地区为了增加左、右转弯车道而在交叉口前部将直行车道改变成左、右转弯车道,使得交叉口的进口的直行车道数小于出口直行车道数。这就迫使交叉口进口前段所有直行车流都须强制性变换车道,造成交通混乱,大大降低了交叉口通行效率和通行安全性。根据理论和实践证明,这种错误的左、右转弯车道设置方式,使得交叉口通行能力平均降低 30%～60%,交通事故概率增加 30%以上。

(4)车辆通过距离过长

目前,我国干线公路和城郊结合部交叉口越修越大,部分平面交叉口缺少正确的车道分配、渠化和停车线设置设施。这不仅不经济,不符合节约用地的政策,相反严重违背了交叉口的功能,削弱了交叉口的通行能力,使得这类交叉口成了拥堵路段、事故多发点,驾驶员害怕通过这样的路口。这类交叉口在设计时,不但没有尽量缩小交叉口的通过距离,相反却将平面交叉口的面积设置很大,使得交叉口通过距离远远超过相交道路的横向宽度。有些平面交叉口物理区域的宽度甚至达到了相交道路横向宽度的 3～6 倍,长达 100m 左右,这种大面积平面交叉口的设置造成了交通流在交叉口范围内混乱无序行驶,冲突面积很大,同时严重影响了自行车、行人的过街安全,导致交通事故频发。另外,这种大面积交叉口使得信号灯控制效率极低。根据理论和实践证明,这种交叉口的通行效率比正常交叉口平均降低 30%以上。

(5)标志、标线缺失或设置错误

很多平面交叉口设计没有严格按照交通安全设计原则设置交叉口的标志和标线,甚至有的交叉口严重缺少基础控制设施,造成交叉口处于毫无控制的状态,形成事故多发点。具体体现在以下几个方面。

①道路车道标线宽度设计不正确,车道宽度设置不统一、不规范。有些车道宽到足以容纳两辆车并行行驶的现象,这样就使得车道标线不能有效地规范交通流,一旦发生事故,还容易引起理不清的法律纠纷。

②停车线设置普遍缺乏正确的规范。往往将停车线远离人行道,大于 3m,有时甚至达到 10m,造成交叉口通行距离过长,降低了通行效率。

③缺乏正确的行人-自行车车道设计方法,许多交叉口完全没有考虑行人-自行车的安全通行问题或者对自行车和行人的安全考虑不足,使得这些弱势群体直接暴露于机动车流之中。

④缺乏正确的交通控制标志的设置。无信号灯控制的交叉口普遍缺乏“路权分配”所需的“停”或“让”标志和人行横道标志,易形成事故隐患。

⑤缺乏正确的道路指路标志,目前我国交通指路标志普遍存在信息不完整或信息本末倒置。在我国大部分平面交叉口,仅在入口前方设置一处方向地点距离标志。而根据驾驶员信息需求规律,驾驶员在进入交叉口之前最想知道的信息是相交道路的路名,其次才是地名,在

车辆驶过交叉口之后，驾驶员需要的信息是方向确认信息和地点距离信息。也就是说，现在常用的指路系统将距离信息提前了，将地名信息重要性提高了，忽略了路名信息和方向确认信息的设置。

(6)T形交叉口的错误设计

目前我国T形交叉口普遍采用了具有严重交通安全问题的三角导流岛的错误设计，这种三角导流岛的两侧斜边道路设计成为都是与主线相交的进出口车道，从而使得交叉口在主线的交通流冲突点增加了一倍。同时，在支线上使得左右转车流在三角点处交错，增加了支线上的冲突点。加上这种T形交叉口普遍没有设置任何分配路权的标志标线等交通控制设施，使得该种渠化类型的平面交叉口更为危险。

第二节　平面交叉口宏观交通安全技术

一、平面交叉口功能区划分

1. 功能区的定义

交叉口物理区，是指交叉道路的重叠部分(见图8-3)。

交叉口功能区，是指交叉口物理区及其上游和下游车道的延伸部分(见图8-4)。车辆在交叉口所进行的识别、减速、排队、转向或穿越、加速等一系列复杂的操作都是在功能区内完成的，因此，功能区对交叉口交通运行的通畅性和安全性有着重要意义。

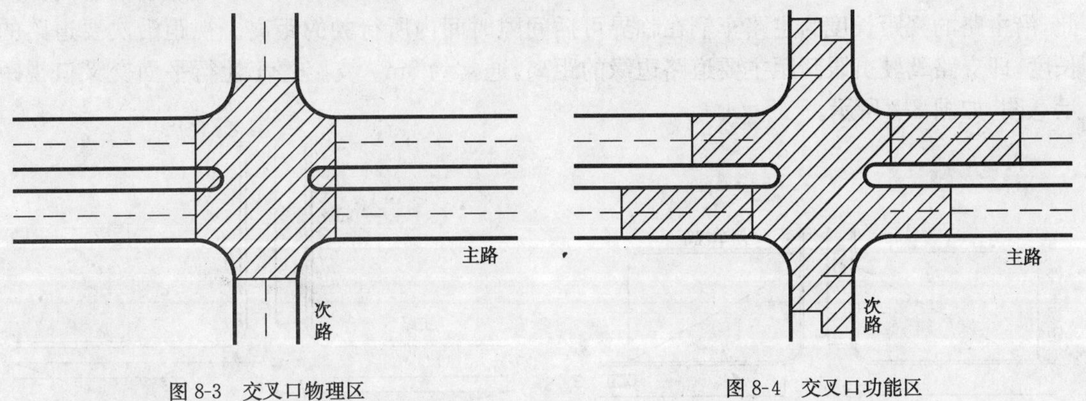

图8-3　交叉口物理区　　　　图8-4　交叉口功能区

2. 功能区的组成

根据车辆在平面交叉口内驶入和驶出状态不同，将平面交叉口功能区分为上游功能区和下游功能区，驶入车道为上游功能区，驶出车道为下游功能区。

交叉口上游功能区由驾驶员发现交叉口的感知—反应时间内行驶的距离、车辆减速行驶的距离和车辆排队长度三部分组成。如图8-5所示。

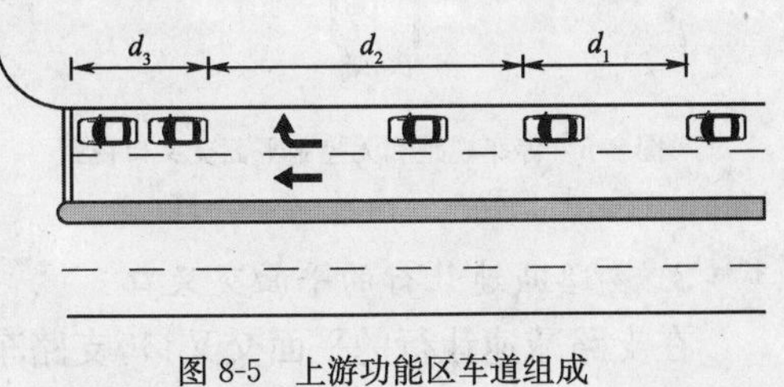

图8-5　上游功能区车道组成

下游功能区是交叉口功能区的下游部分，是车辆驶离交叉口物理区域后需要进行管理控制的部分。下游功能区的范围，通常由加速车道的长度和停车视距两个指标来确定。在没有加速车道的平面交叉口，下游功能区的长度由停车视距确定。

二、平面交叉口视距保障

视距是平面交叉口安全设计的一个重要参数，对交叉口的运行安全有着重要影响。在我国现行《公路路线设计规范》(JTG D20—2006)和《公路工程技术标准》(JTG B01—2003)中，均要求公路平面交叉口的视距都应满足各自进口道停车视距。其实对于不同交通控制类型的平面交叉口，其安全视距需求也不尽相同，因此，在进行平面交叉口安全评价、设计和养护时，应该视实际交叉口的情况具体分析。

1. 无控制平面交叉口

无控制平面交叉口的视距计算过程类似于交叉口进口道停车视距，即驾驶员从发现冲突交通流车辆到刹车至车辆完全停止所需要的长度。图 8-6 为无控制平面交叉口视距示例。

由于无控制平面交叉口未能在路权上明确车辆的优先权，往往会发生车辆抢行而导致的侧面碰撞事故，而且由于路权未得到明确，事故后期责任判定也比较困难，因此应尽量避免在公路上设置此种类型的平面交叉口。

2. 支路停车让行的平面交叉口

在支路停车让行的平面交叉口，支路车辆在交叉口上游功能区减速并完全停止，在确定主路无冲突车辆或主路交通流具备安全可插间隙后，再进行穿越、左转或者右转等驾驶行为。只有当主路车辆可插间隙大于临界可插间隙时，支路车辆才能安全地完成穿越或转向行为。因此，沿主路的视距长度为主路车辆在临界可插间隙时间内所行驶的距离。视距沿次要道路的长度，即支路驾驶员眼睛距主要道路边缘的距离，通常为 5m。支路停车让行平面交叉口视距示意图，如图 8-7 所示。

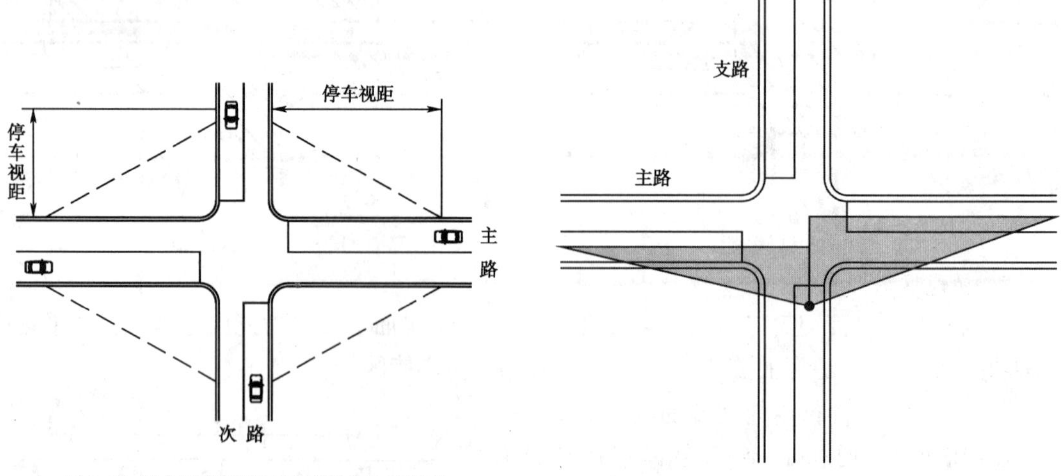

图 8-6　停车视距和无控制平面交叉口视距

图 8-7　支路停车让行平面交叉口视距

3. 支路减速让行的平面交叉口

在支路减速让行的平面交叉口，支路车辆在上游功能区减速并观察相交主路的交通状况，确认安全后，再进行穿越、左转或者右转。同支路停车让行交叉口一样，沿主路的视距长度为主路车辆在临界可插间隙时间内所行驶的距离。沿支路的视距长度为支路车辆的减速距离，在无观测数据的情况下，可将车辆从正常行驶速度减速到正常行驶速度的40%所行驶的距离作为沿支路的视距长度。图8-8为支路减速让行交叉口视距示意图。

4. 信号控制交叉口

在信号控制交叉口中，各进口道车辆受信号控制，路权不会产生冲突，所以信号控制交叉口的视距要求不高，只要满足任一条车道第一辆车能够让其他车道的第一辆车看见即可。图8-9为信号控制交叉口视距。

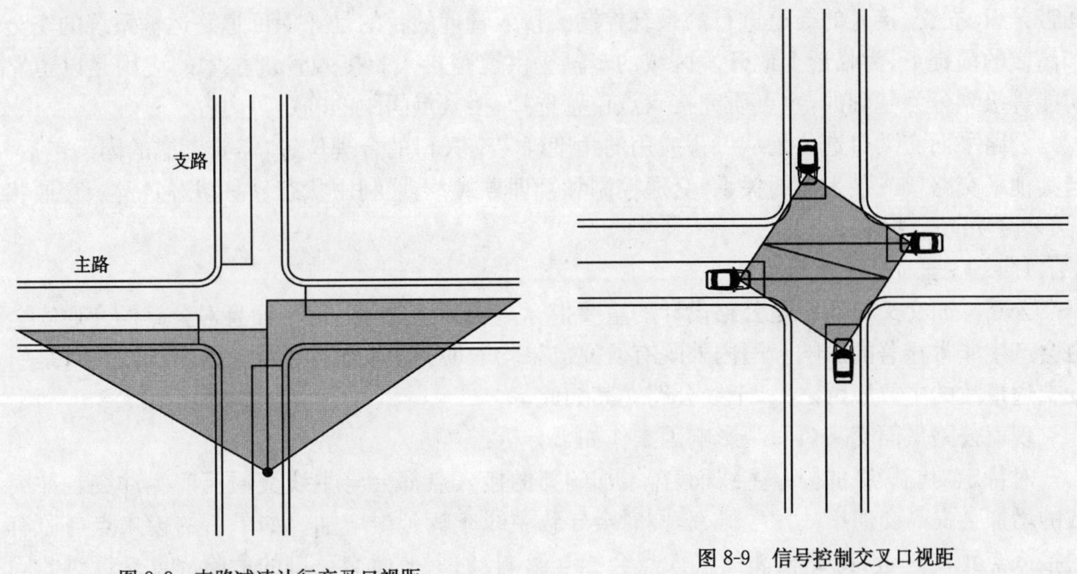

图8-8　支路减速让行交叉口视距

图8-9　信号控制交叉口视距

5. 全路停车让行控制交叉口

全路停车让行控制交叉口在我国比较少见，一般在相交道路等级和车道数相同或接近时才会采用全路停车让行的控制方式。交叉口各进口道车辆到达交叉口都要停车，以选择合适时机通过。全路停车让行控制交叉口视距要求等同于信号控制交叉口，即只要满足任一条车道第一辆车能够让其他车道的第一辆车看见就行。

6. 平面交叉口视距设计中应注意的问题

从理论角度上讲，在进行平面交叉口设计时，可以按照上述交叉口视距计算方法确定不同控制类型的交叉口的视距。但在我国，公路平面交叉口通常位于人烟稀少的郊外，交通流量较小，在无人监管的情况下，驾驶员的遵章率较低，所设计的支路停车、支路让行、信号控制可能不能有效发挥作用，在此情况下，按照上述方法计算确定的交叉口视距也就不能保障交叉口的安全运行。因此，从实际情况出发，尤其是对交通流量小、监管不到位地区的平面交叉口，应该以相交道路的停车视距作为交叉口的视距，在条件受限情况下，至少需要保证沿主路的视距满足停车视距的长度。在国民素质不断提高，驾驶员能够完全遵守标志、标线和信号的控制规定情况下，按照上述的理论方法确定平面交叉口的视距设计是可行的，但也应视具体情况进行修正。

三、平面交叉口位置选择

平面交叉口是公路网中的节点，其位置的选定不但影响路网效益的发挥，而且直接影响交通运输的安全。

美国从交通安全、运营效率等多方面对公路平面交叉口选位问题进行了多年的研究，接入管理(Access Management, AM)理论便是其研究成果的综合体现。接入管理的概念源于20世纪初期，其后随着道路系统的逐步完善及车辆的不断增长，逐步由初期的接入控制发展到现代的综合接入管理。接入管理是就特定道路而言，对其接入支路的位置、间距、设计及运营，中间带开口，立交，接入的街道进行的系统控制。接入管理的目的是在保证道路运输系统的安全和高效的前提下，为临近土地开发区域的车辆提供道路接入。接入管理技术的应用是以道路功能等级划分为基础的，重点研究接入点位置选择、接入点间距的确定等内容。

公路平面交叉口选位是从工程应用的角度确定交叉口的合理位置，需要考虑的因素包括：与其他平交路口或接入点的关系、交通控制和管理方式、土地利用状态、周边几何特性、交通状况、公路功能等级等。

1. 公路平面交叉口间距

公路平面交叉口间距是公路设计的重要指标，它不仅会影响效率，而且对公路的交通安全也会产生非常显著的影响。国内外既有研究成果均表明，平面交叉间距过小，数量过多，是引发交通事故的主要原因之一，干线公路尤其如此。

现就公路平面交叉口间距影响因素作如下分析：

对特定功能等级的公路主线而言，增加的新的接入点都会与主线交通流产生冲突。冲突数的增加会提高交通事故发生概率，同时会导致主线车辆延误增加。如果新的接入点与原有的接入点距离过近，则此相邻的接入点会相互影响，加重平面交叉口的危险程度。针对此问题，通过实施接入管理，可在通行效率与交通安全之间达到有效平衡。

建立公路平面交叉口间距的标准，需要考虑的因素包括：

①公路功能等级。功能等级越高的公路，其远距离运输功能越强，相应的接入间距应更长。

②地区。就公路所穿越的地区而言，包括乡村地区、城市郊区两类。在这两类地区，交通量大小、主路与路侧环境的相互干扰情况、驾驶员行为特征、土地利用规划等均有很大不同，由此，在这两类地区中所确定的交叉口间距标准也不相同。

③运营车速。车速是评价主路交通冲突、延误及安全性的主要指标。主路交通的直行车速与进入或离开主路的车辆间的速度差是评价所涉及交叉口安全状况的重要指标。某些操作导致车辆运行距离会随车速的变化而变化，如变换车道、制动等，这与道路部分几何要素的设计、视距的确定等均直接相关。

④交通流。一般而言，公路上交通流随机性较强，当交通量较小时，车辆间车头时距较长，转向车辆不会明显干扰主路直行交通流。然而，当转向或直行交通量较大时，两者之间冲突会相应变大。

⑤间距标准的制定。接入道路的间距及设计标准，需考虑主路运行车速、进入/驶离交通量、潜在的重叠影响区域、交通安全、视距、对主路交通流的运营影响等因素的影响。就工程应用而

言,可从最小停车视距、右转冲突区域重叠、最大出口通行能力等方面权衡接入道路间距标准。

⑥停车视距。停车视距指标为路线设计中最基础的设计指标之一。在我国现行规范中对不同设计车速条件下的停车视距作了明确的规定,当最小停车视距能满足时,则两接入道路间距可满足最小紧急制动距离。现行规范规定的停车视距如表 8-1 所示。

现行规范中不同车速条件下的停车视距(适用于 1～4 级公路)　表 8-1

设计车速(km/h)	100	80	60	40	30	20
停车视距(m)	160	110	75	40	30	20

⑦交叉口功能区长度。

物理区:指交叉口路缘石从直线改为圆弧段以内的部分。

功能区:对于交叉口上游来车说,指驾驶员从开始认识到进入交叉口到实际的排队部分;对交叉口下游离开的车辆来说,功能区指驾驶员从交叉口车速到正常设计车速的部分。如图8-10所示。

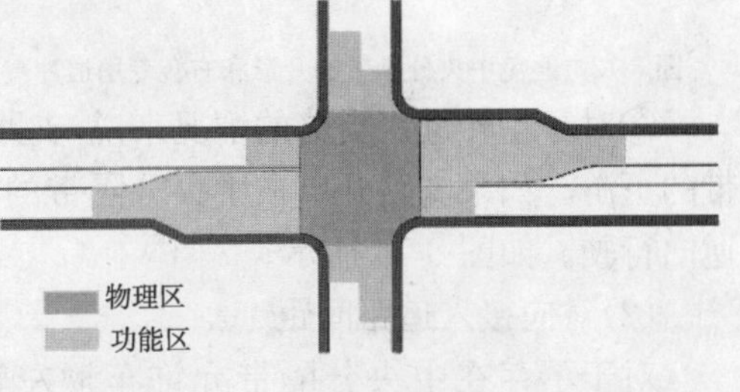

图 8-10　物理区和功能区示意图

在确定平面交叉口间距时,应保证上游交叉口的下游功能区与下游交叉口的下游功能区不重叠。如图 8-11 所示。

⑧最大出口通行能力。接入道路间距不小于车辆从 0 加速到主路直行车辆运行车速时所需距离的 1.5 倍。由此可减小延误,提高间隙接受率,能使接入道路车辆更安全、有效地汇入到主路交通流。

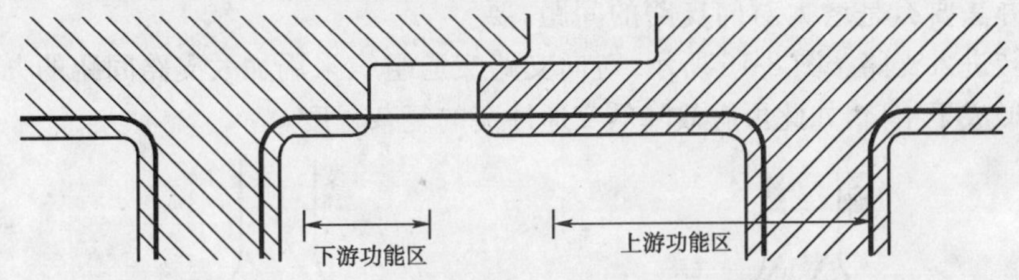

图 8-11　交叉口间距与功能区长度关系

⑨平面交叉口间距选取要点。在具体选择平面交叉口间距时,应根据临近土地利用类型、相关地块的中长期土地利用规划、交通量增长、允许左转道路的接入频率、各车型大小及比例等具体道路环境具体分析,通过权衡停车视距、功能区长度、最大出口通行能力等因素,选取最大值作为平面交叉口间距确定标准。

2. 公路平面交叉口定位

公路平面交叉口定位首先应满足上述平面交叉口间距要求。除此之外,还需要同时考虑的影响因素包括公路功能等级、中间带类型、土地利用类型、平面交叉口类型、控制方式等。

(1)公路平面交叉口与中间带的关系

主路中央分隔带的开口对支路的定位和交通管理影响很大,在设计支路时,必须仔细考虑支路位置和中央分隔带开口的关系。一般有以下几个原则需要把握:

①当主路由右转专用道进入支路时,避免主路另一个方向的车流通过主路中央分隔带的开口左转直接进入支路,因为主路的直行车流会遮蔽右转车道上车辆,使得右转车道的车辆和

左转车辆发生碰撞。如图 8-12 所示。

②当主路允许车辆通过中央分隔带左转时，避免支路开口正对中央分隔带开口，因为从主路另一个方向左转进入支路的车辆容易和左转车辆发生碰撞。如图 8-13 所示。

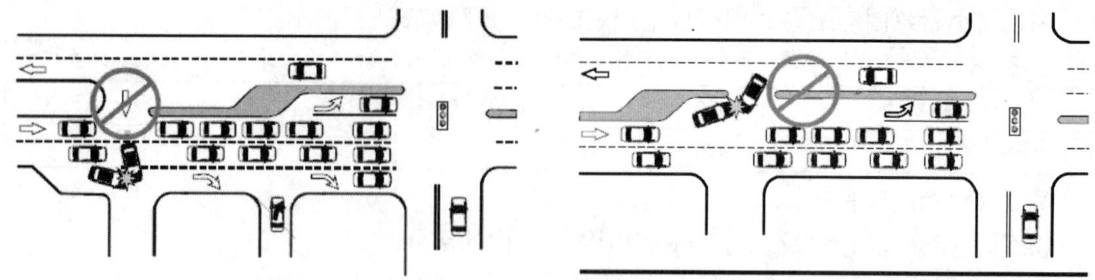

图 8-12　避免中央分隔带的开口和右转专用道冲突　　图 8-13　避免中央分隔带开口与左转弯车道的冲突

③对于左转进入支路的情况来说，支路的开口应正对着中央分隔带开口或者在中央分隔带的下游。如果支路开口在中央分隔带的上游，那么距离应至少在 30m 以上，以防止驾车员逆向行驶。如图 8-14 所示。

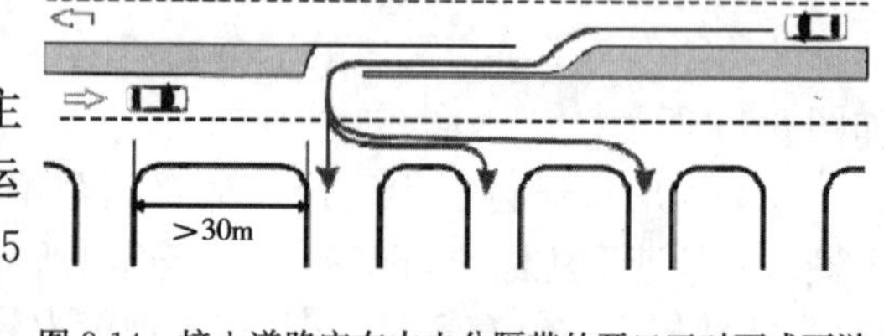

图 8-14　接入道路应在中央分隔带的开口正对面或下游

(2)对向接入道路间距

对于不存在中央分隔带允许车辆左转的主路，如果对向支路的间距太小，就会带来很大的运行问题，同时增加了左转的潜在冲突。如图 8-15 所示。

解决的办法要么是增大对向支路的间距，要么是限制左转进入支路。图 8-16 所示，对向支路交通组织采用加大支路间距的办法，使各个入口与主路形成丁字口，如此可有效降低交通冲突的复杂程度。

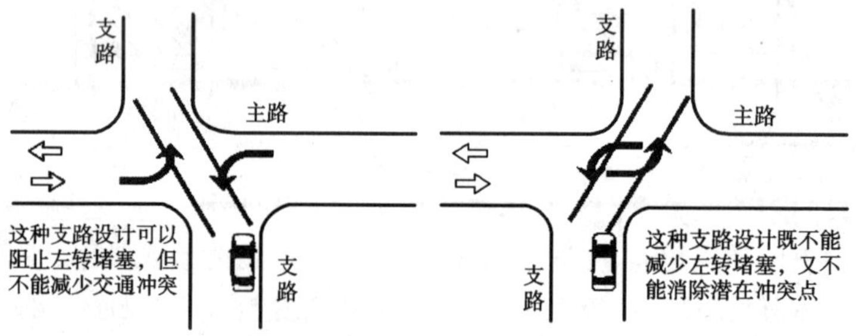

图 8-15　对向接入道路间距过小

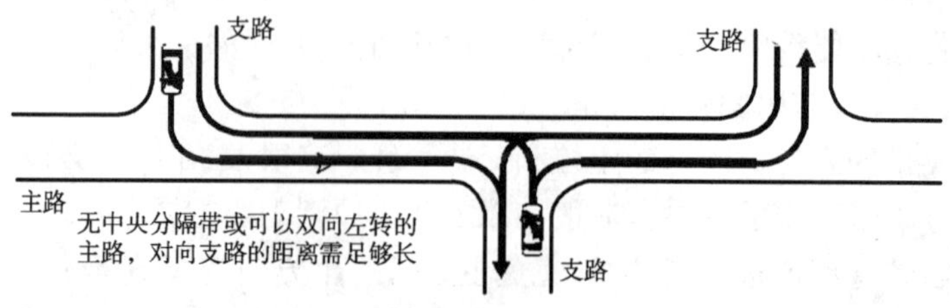

图 8-16　对向接入道路间距拉大

(3)接入道路靠近立交桥

在公路网范围内，一般只有高速公路和高速公路，或者高速公路和一级公路以及一级公路和一级公路之间相交才会使用立交桥。存在立交桥的地段往往交通量大、转弯多、速度快，并且加速减速频繁。因此，对于靠近立交桥的支路设计，必须特别小心。

立交桥主路上的交通应完全或基本不受支路接入交通的影响。为了主路交通运行畅通和安全，支路因尽可能远离立交桥。如图8-17所示。

主路的运行车速越大，支路和主路匝道的需要的间距也越大。如表 8-2 所示。

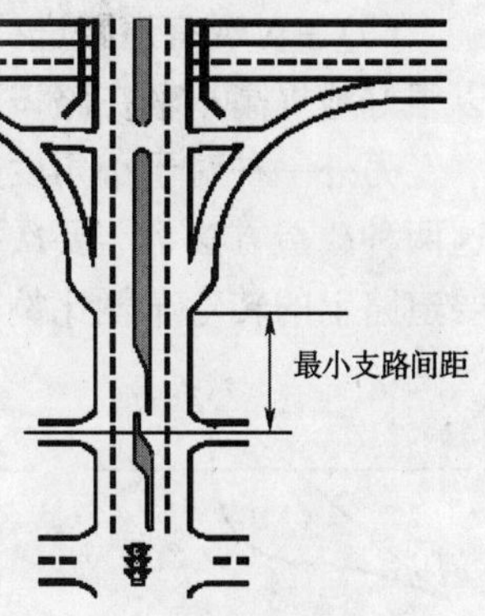

图 8-17　立交区域接入道路的定位

接入道路和立交桥标牌车速的关系　　表 8-2

区域类型	运行车速(km/h)	推荐最小间距(m)
城市	56	229
接合部	72	229～275
乡村	88	275～366

四、平面交叉口线形设计

1. 平面线形

平面交叉口是机动车、非机动车和行人之间冲突最多的地方。为了保证交通安全，平面交叉口附近道路的线形应该满足以下使用要求。

(1)保证车辆在识别距离以外清楚地看到交叉口的位置以及交叉口内车辆的运动状况。

(2)保证道路使用者能够清晰辨识交通控制设施的信息。

(3)进入交叉口范围区后能够保证视觉的平顺度，易于道路使用者对车辆进行操作。

(4)交叉口范围内的地面排水能迅速排除，防止由于路面积水带来的安全隐患。

(5)保证车行道和人行道的各点高程，能与道路两旁建筑物的地面高程相谐调，具有良好的空间感。

在进行交叉口具体安全设计时，应使交叉口处的线形满足以下要求。

(1)平面交叉范围内两相交公路应正交或接近正交，因为斜交会导致转弯车辆需要较大区域完成转弯运动和视距受限，并且斜交增加了次要道路车辆穿越主流车辆的时间。新建公路与等级较低的现有公路斜交时，交角不应小于 70°。若交角过小，则次要公路在交叉前后一定范围内应作局部改线。

(2)平面线形宜为直线或大半径圆曲线，不宜采用需设超高的圆曲线。因为超高和路面加宽使交叉口的设计变得复杂并且可能造成视距不良。

(3)应避免低等级公路与带有中分带的多车道公路在有曲线超高的地方交叉，因为这种情况很难通过调整坡度来设计合适的交叉口。

(4)由于条件限制时，停让控制交叉口的主要道路和信号控制交叉口的相交道路上，圆曲线半径也应该满足现行规范中规定的最小圆曲线半径值。

(5)在对现有道路进行改建时,对次要道路使用适当的曲线组合代替直线或单一曲线,可以很好地提高车辆在路口的运行效率和运行安全。如图 8-18 所示。

另外一种对于小角度交叉口的改造方法,是将交叉口改造成错位交叉口,如图 8-19 所示。这两种改造方法都需要次要道路上的直行车辆先汇入主要道路,然后再驶进次要道路。当次要道路上的转弯车辆比例较大时尤为适用。

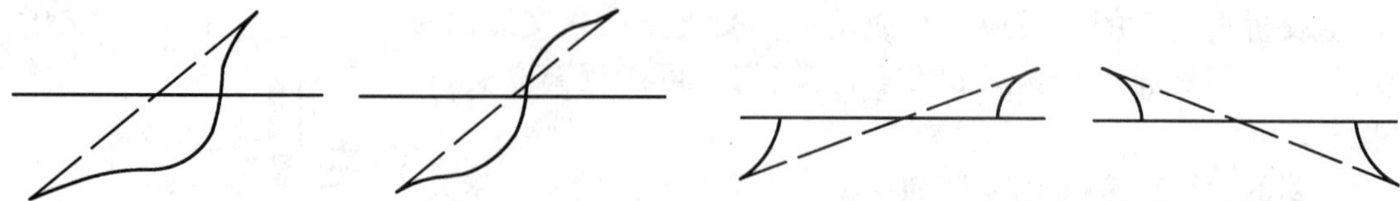

图 8-18 次要道路线形改善

图 8-19 次要道路线形改善

在我国公路交叉口渠化设计中,对于已经形成斜交交叉口也可以通过局部改善的方式调整交叉角度。如图 8-20 和图 8-21 所示,为云南小磨公路交叉口在土建和整地已经完成的情况下,对交叉角作了局部的调整。

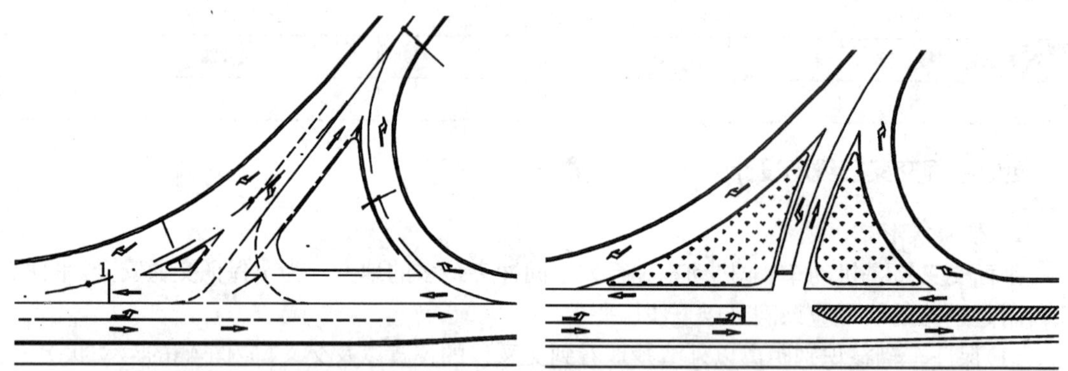

图 8-20 曼庄平面交叉口交叉角优化比较图

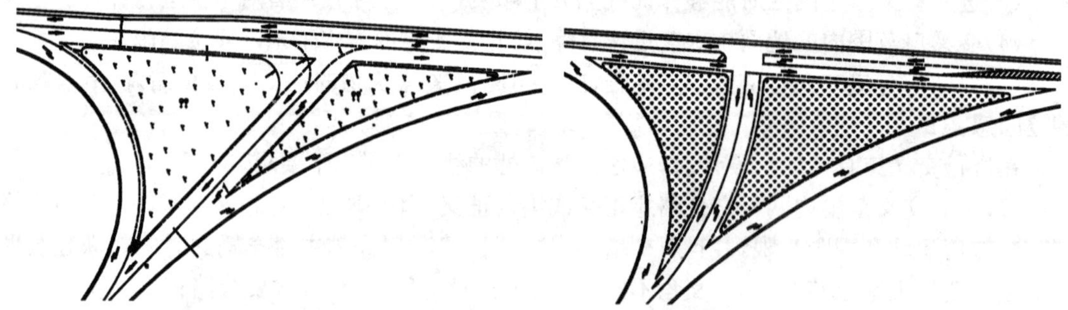

图 8-21 勐腊进口平面交叉口交叉角优化比较图

2. 纵断面线形

平面交叉范围内,两相交公路的纵面宜平缓。纵面线形应满足停车视距的要求。

主要公路在交叉范围内的纵坡,应在 0.15%~3%的范围内;次要公路紧接交叉的引道部分,应在 0.5%~2.0%的范围内。主要公路在交叉范围内的圆曲线设置超高时,次要公路的纵坡应服从主要公路的横坡。

在路段纵坡<3%时，小型载客汽车停止和加速距离与在水平路段上相差不大。但是当纵坡>3%时，大多数驾驶员不能准确判断在大坡度的路段上停车和加速的距离。因此，相交道路上在交叉口附近的纵坡不应超过3%，特殊情况下，调整几何设计指标后也不应超过6%。

如果次要道路在交叉口内存在纵坡，变坡点应该向远离交叉口的方向调整一段距离，以提供次要道路车辆能够平稳地进入交叉口，同时也有利于交叉口内的排水。

为确保能够有效识别道路线形，必须极力避免在道路的曲线段的切点处、凸凹曲线以及桥梁的连接部等处设置平面交叉口。

3. 横断面布设

(1)车道宽度

车道宽度通常是从交通安全、效率、驾驶的方便和舒适程度等方面进行考虑，然后制定的标准。在我国的各种道路等级中，都有与之相应的车道宽度的标准数值。在交叉口内，直行车道的宽度宜与路段上使用相同的宽度值，在需要增加出入口车道的平面交叉口，可以适当缩减车道宽度，在原有的宽度基础上减小0.25m。

(2)直行车道的设置原则

原则上交叉口出口道的车道数量必须大于或者等于进口道的直行车道数。为使直行车辆顺利通过交叉口，应使交叉口出口车道与进口车道在位置上对应(见图8-22)，避免为了设置左转弯道而使得车道出入口位置错位。

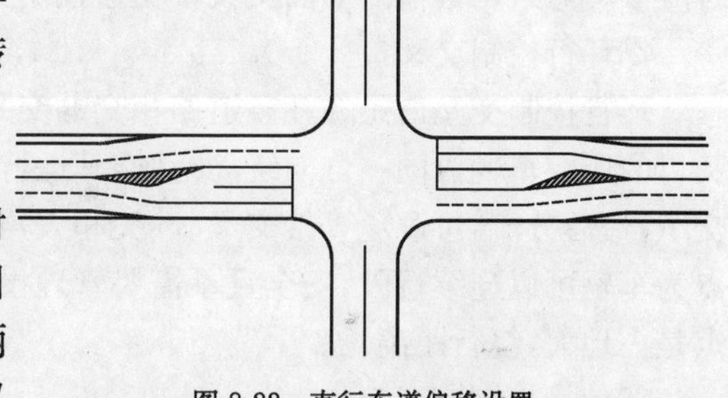

图8-22　直行车道偏移设置

(3)左转弯车道

左转弯车道能降低与左转相关事故(左转时的侧面撞击、追尾等)，还可以防止由左转交通引起的通行能力的降低。由于左转车辆对直行车辆的影响远比右转车辆大，因此对于新建公路建议设置一条专用的左转弯车道。为了在有限的空间中，可以利用中央分隔带和路侧绿化的宽度以及缩小车道宽度等办法来设置左转弯车道。

为了避免直行车辆误入左转弯车道，应采用左转车辆从直左车流分出的方式设置左转弯车道，并配以完善的指示标志、标线进行提前预告。禁止将直行车道直接设置为左转弯车道。

(4)右转弯车道

当交通右转弯交通量特别多，对直行造成的延误大，交叉口呈小角度交叉而且右转弯交通量较多时，应考虑设置右转弯专用道。

五、平面交叉口控制方式选择

1. 交通控制方式的分类

交叉口交通控制，可分为无信号灯控制和有信号灯控制两大类。无信号灯控制交叉口，又可分为完全无控制交叉口，停、让控制交叉口和环行交叉口。完全无控制交叉口不设任何导流设施，车辆经过交叉口可自由通过，故其安全性能较差，不建议使用。因此，平面交叉口的控制方式通常为停车让行控制交叉口、减速让行控制交叉口、环行交叉口和信号控制交叉口四种控制类型。

2. 交通控制方式选择

(1)车辆运行特性分析

交叉口车流的运行特征,是指车流进入交叉口后的车流运行状态。其包括在交叉口处速度的变化情况、车流的行驶轨迹及运行特点。现分别针对以下三种控制方式进行分析。

①停、让控制交叉口。

停、让控制交叉口是指对没有实施信号控制的交叉口,为了保障路口交通的安全、有序和畅通,而采用停车、让路标志控制进入路口的车辆通行的控制方式。这种控制方式一般适用于交通流量较低的路口或有明显主次关系的路口。在非优先车流的进口道上设置停车或让路标志,在保障有优先通行权车辆通行的前提下,以停车或让路方式通过交叉口。在停、让控制交叉口,主路上的车流通常不受影响,可无须停车顺畅通过,其速度可保证和路段上的速度基本一致;支路车流需在交叉口进口处先停车观望,利用主路的车头间隙通过交叉口。如果主支路上都有左、右转车流,则一般各项车流遵循以下的优先规则通过交叉口,即:次要道路上的右转车流、主要道路上的左转车流、次要道路上的直行车流、次要道路上的左转车流。

设有停车或让路标志的交叉口可以最大限度地保证主路车辆顺畅通过,但支路由于要让行,会产生较大的延误,特别是当交叉口的交通量接近其通行能力时,停车、延误更加严重,此时应该考虑采用其他的平面交叉口交通控制方式。

②环行控制交叉口。

环行控制交叉口是在几条道路相交的交叉口中央,设置圆岛或带圆弧形状的岛,使进入交叉口的所有车辆以同一方向绕岛行驶,其运行过程一般为先在不同方向合流,接着于同一车道交织,最后分流,可避免直接交叉、冲突和大角度碰撞。其实质是自行调节的渠化方式。其优点为车辆可以连续行驶,安全且不需要管理设施,平均延误短,很少制动、停车,节约用油。缺点是占地大,绕行距离长。

③信号控制交叉口。

信号控制是冲突交通流在空间上无法实现分离时,在时间予以分离的交通控制方法。交通信号在配时上有多种方法,目前应用较为普遍的是多相位预定周期配时方法。相位是在一个周期内,安排了若干种控制状态,每一种控制状态对某一方向的车辆或者行人配给通行权,并合理地安排了这些控制状态的显示顺序。车辆进入信号控制交叉口后,要根据信号灯提供的通行相位排队等候通过。

实行信号控制的交叉口,在时间上使相互冲突的交通流分离,减少了各向车流之间的相互干扰,提高了车辆运行的安全性和效率。但若设置不当,不仅会浪费设备及安装费用,还会导致主要道路上的车辆延误增加,进而影响这个交叉口的车流畅通。

(2)延误分析

交叉口是道路交通顺畅的制约关键所在,延误是评价交叉口的运行效率和服务水平的重要指标。延误是指由于交通干扰、交通管理和控制设施等因素引起的车辆运行时间损失。它不仅反映了交叉口交通控制、交通设计的合理性,同时也反映了道路使用者的受阻程度和感受的服务质量,以及能源消耗和环境影响等。因此,交叉口的延误分析对城市道路交通规划、交叉口的信控方案等设计具有很大的意义。

对于停、让控制交叉口,由于要优先保证主路车辆通行,故主路车辆的延误很小,一般无需停车可顺畅通过，此时延误近似为零；支路车辆则需要停车观望，故延误较主路大。

对于环行控制平面交叉口，车辆基本不需要停止即可汇入交织流再进行分流到相应的行驶方向。通常情况下，其延误大于停车让行或减速让行控制交叉口，少于信号控制交叉口。

进入信号控制交叉口的车辆，由于信号灯周期性的放行或中断某一方向交通流，在一定车道上的车辆只能利用周期内的部分时间通过交叉口，在其他时间内车辆要等候绿灯信号，故车辆在路口排队等候时会产生一定的延误。

我国的交通工程学者在研究不同控制方式下交叉口的延误时，得出了交叉口延误-交通量关系曲线，如图 8-23 所示。

(3)安全特性分析

信号控制从时间上分离了交叉口相互冲突的交通流，消除或者减少了交叉口的冲突点，从安全角度看，大大降低了交叉口范围内发生事故的可能性。由于环行控制平面交叉口降低了交通流冲突的严重程度，因此，其事故的严重程度要远远小于其他控制类型的平面交叉口，但如果环行控制平面交叉口设置不当，可能会增加事故的发生概率。

美国 NHTSA，FARS 机构在 2002 年中统计了不同控制方式下事故严重性的对比，如图 8-24所示。

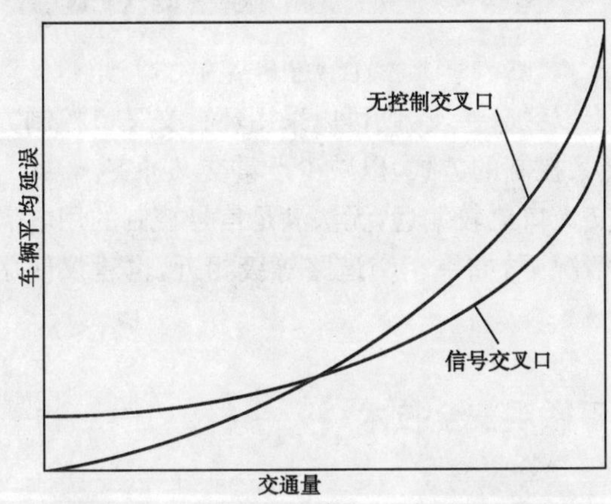

图 8-23 不同类型交叉口延误—交通量关系曲线

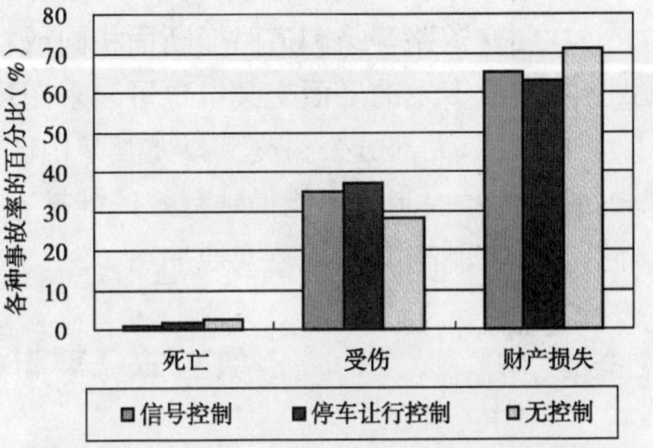

图 8-24 不同控制方式事故严重性的对比

综上所述，同其他交通控制方式相比，无交通控制道路及无标志标线控制道路不仅发生的事故多，而且事故死亡率高。无交通控制道路多处于跨省区地段、连接县乡地段或连接市区与郊区的地段，绝大多数是等级低、路况差的道路；对于通过标志标线进行控制的道路，由于部分交通参与者没有良好的交通安全意识，对标志标线视而不见，道路上的标志标线起不到应有的作用，这是导致标志标线控制的平面交叉口事故多发的主要原因。

3. 选择方法

在平面交叉口控制方式选择时，除了考虑上述因素之外，还应具体情况具体分析。

在相交公路等级较高、交通流量较大的主要交叉口，采用支路停让控制后，支路车辆难以寻到合适的穿插间隙，往往会发生谁先到谁先通过的现象，不但影响交叉口通行效率，而且会经常发生交通冲突，在此情况下，采用信号控制交叉口，在时间上给各交通流向分配路权能够有效提高通行效率和通行安全。如图 8-25 所示，系北京郊区公路信号控制平面交叉口实例。

在存在明显主路与支路的平面交叉口，如果主路交通量能够满足支路穿越的需求，则应该优先选择支路停车让行或减速让行的控制方式。因为如果设置成信号控制交叉口，支路可能存在不遵守信号控制而随意穿越的行为，反而不利于平面交叉口的安全运行，而且设置信号控制会明显增加平面交叉口车辆的时间延误。如图 8-26 所示为北京郊区的一停车让行控制平面交叉口。

图 8-25 北京郊区信号控制平面交叉口实例

图 8-26 北京郊区减速让行平面交叉口实例

在相交道路等级和道路横断面相同或相近，难以区分主支，则可以采用环行交叉口控制方式。在事故多发的平面交叉口也可以采用环行交叉控制的方式，以减少严重交叉冲突。

在我国，大部分公路交叉口尤其是山区平面交叉口比较偏远，无法满足信号控制的用电需求，或者信号控制机不能得到有效的维护。在此情况下，如果相交道路等级相近，也建议使用环行交叉控制来有效规范交通冲突。

第三节 平面交叉口微观安全技术

一、左转弯专用道

根据平面交叉口交通冲突理论，左转交通流是交叉口范围内冲突点最多，冲突最严重的交通流。设置左转弯车道可以在一定程度上提高左转弯车辆的通行安全性。左转弯车道可以让车辆从直行交通流中平滑地分离出来，在左转弯车道内减速并完全停止，从容地观察交叉口范围内的交通状况，等待安全的左转机会，有效地避免了转弯车辆在直行车道上减速而引起的后面直行车辆追尾事故，同时减轻了驾驶员转弯过程中的信息处理和驾驶操作负荷，减少在转弯过程中交通冲突事故。

根据国外大量研究表明，左转弯车道能够明显提高交叉口的安全水平。据 1999FHWA《乡村公路交叉口的事故碰撞模型》研究：在信号控制和无信号控制的交叉口增设左转弯车道能分别减少事故率 38%和 77%。据 2003FHWA《Interactive 公路安全设计手册》研究：在无信号控制的交叉口设置左转弯车道，在城市道路、郊区道路和公路上，能分别减少 70%、65%和 60%的交通事故。据加利福尼亚州的研究：在双车道公路上设信号灯和左转渠化能减少

20%的交通事故,而仅仅设置信号灯无左转渠化只能减少6%。由此可见,在平面交叉口设置左转弯车道的安全效果是十分明显的。

(1)类型组成

根据进入交叉口前后的角度,可将左转弯车道分为左转弯减速车道和左转弯加速车道。根据偏移的方式,左转弯减速车道又分为直接左转弯车道、主线偏移左转弯车道和左转偏移式左转弯车道。

左转弯减速车道:它是为左转弯车辆提供安全减速和待行的车道,下面文中所提到的左转弯车道即是左转弯减速车道。

左转弯加速车道:它是为了减小左转弯车辆运行速度与相交道路直行车辆运行速度的差值而为左转弯车辆提供的加速和汇流之用的车道,如图8-27所示。

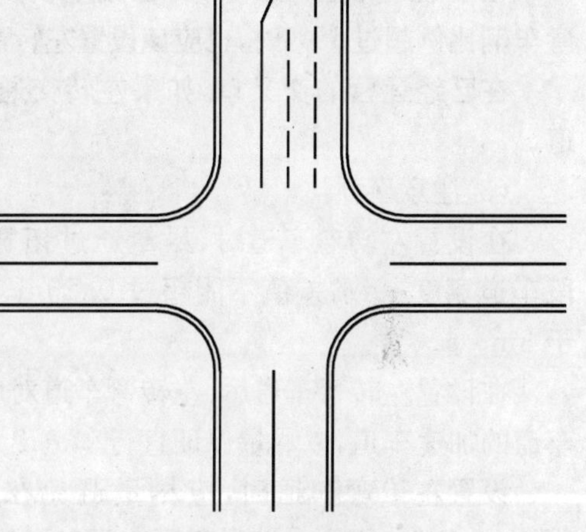

图8-27 左转弯加速车道

直接左转弯车道:它是直行车道方向不变,左转弯车道从左侧向外扩展的方式设置的左转车道,主要由渐变段、减速段和等待段组成。该种类型左转弯车道通常在中央分隔带较宽的情况占用中央分隔带设置,如图8-28所示。

主线偏移左转弯车道:它是通过偏移直行车道的方式而设置的左转弯车道(见图8-29)。该种类型的左转弯车道通常在中央分隔带宽度不足以容纳整个左转弯车道或无中央分隔带可利用的情况下使用。其长度组成不但包括渐变段、减速段和等待段的长度,而且还需要额外设置用于偏移直行交通流所需要的偏移段长度。

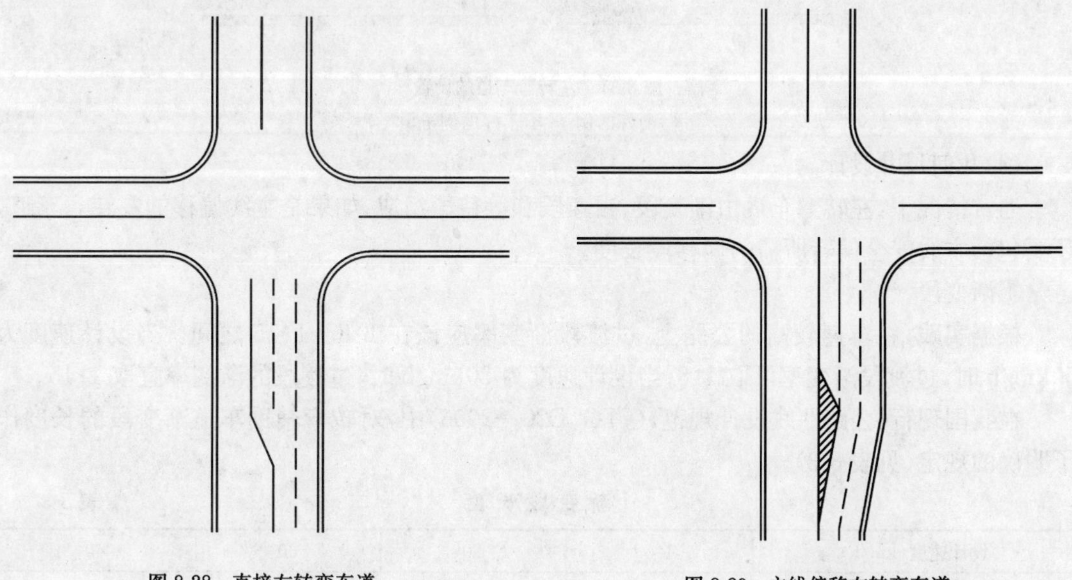

图8-28 直接左转弯车道

图8-29 主线偏移左转弯车道

左转偏移式左转弯车道:它是利用中央分隔带的宽度设置的与直行车道分离的左转弯车道(见图 8-30)。其组成与直接左转弯车道一样,由渐变段、减速段和等待段组成。

(2)设置条件

在公路通车运营之后,再进行拓宽设置左转弯车道的难度较大,因此在路侧具备拓宽条件情况下,所有干线公路的交叉口都应拓宽设置左转弯车道或留作备用。

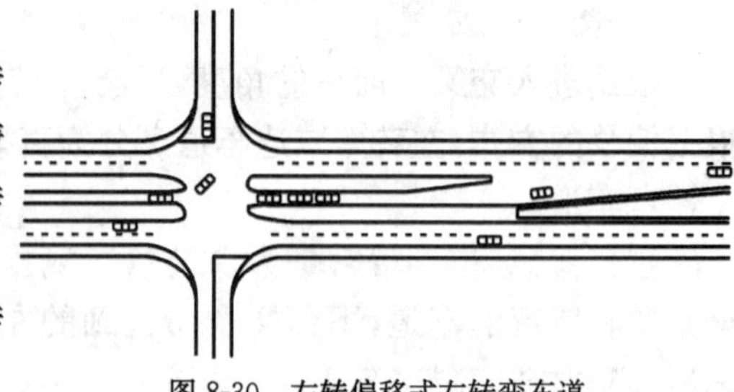

图 8-30 左转偏移式左转弯车道

在集散道路上,交叉口交通流量较大或左转弯车辆比例超过 15%时,也应该设置左转弯车道。

在已经运营的交叉口,如果左转交通流的平均排队长度超过 3 辆,则建议设置左转弯车道。

(3)注意事项

在设置左转弯车道时,尽量通过拓宽交叉口入口的方式设置,保持入口直行车道与路段车道宽度一致,差值不能超过 0.25m。拓宽的左转弯车道宜与直行车道一致,但不能小于 3m。

在设置左转弯车道后,左转弯车道对应的出口位置应设置渠化岛或设置相交道路左转弯车道的加速车道,以尽量保证直行车道出入口位置对应。

设置左转弯车道时,应尽量避免在交叉口入口将直行车道直接变换为左转弯车道(见图 8-31)。否则会使得车辆在入口引道紧急变换车道,引起入口交通流紊乱。

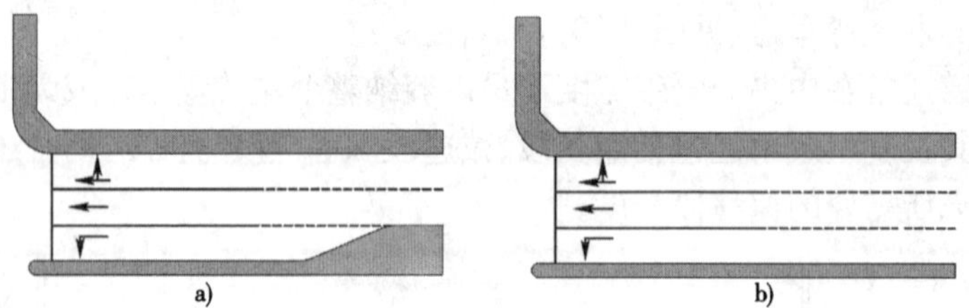

图 8-31 左转弯车道的设置
a)好的例子;b)不好的例子

(4)几何尺寸设计

通常情况下,左转弯车道由渐变段、减速段和等待段组成,如果是主线偏移的左转弯车道,还要包括主线安全偏转所需的偏移段长度。

①渐变段

根据实践,在车速较高的公路上,过渡段渐变率应该在 1:8～1:15 之间。当设计速度为 50km/h 时,过渡段渐变率可取 1:8;当设计速度为 80km/h 时,过渡段的渐变率宜取 1:15。

在我国现行《公路路线设计规范》(JTG D20—2006)中,对转弯辅助车道渐变段的长度作了明确的规定(见表 8-3)。

渐变段长度 表 8-3

设计速度(km/h)	100	80	60	40
渐变段长度(m)	60	50	40	30

当车辆从直行车道上高速驶入辅助车道时，过渡段必须与车辆行驶轨迹相似。过渡段并不是越长越好，如果过渡段太长往往容易诱使一些本来要直行的驾驶员进入减速车道，当过渡段位于平曲线上时更是如此。

渐变段过渡段形式，分为直线型和曲线型两种类型。

直线型过渡是最常见的过渡形式，在利用路肩设置左转弯车道时，用直线型过渡方式尤为适合。但当路侧有路缘石时，车辆撞在过渡段末端路缘石上的概率很大，会导致驾驶员对车辆失去控制，此时不宜采用直线型过渡方式。

曲线型过渡又分为三种形式，分别是部分切线过渡、对称反向曲线过渡和非对称反向曲线过渡。如图 8-32b)所示为部分切线过渡形式，该方式是在过渡段的末端设置短曲线，相切的部分占总长度的 1/3～1/2。如图 8-32c)所示为对称反向曲线过渡方式，这种过渡方式在两侧有路缘石的城市道路上经常采用。图 8-32d)所显示的过渡形式，是最符合车辆行驶轨迹的一种方式。该方式的一条转向曲线的半径是另一条曲线半径的 2 倍，当过渡段长度＞30m 时，过渡段 1 和过渡段 2 适用于运行车速较低的情况。

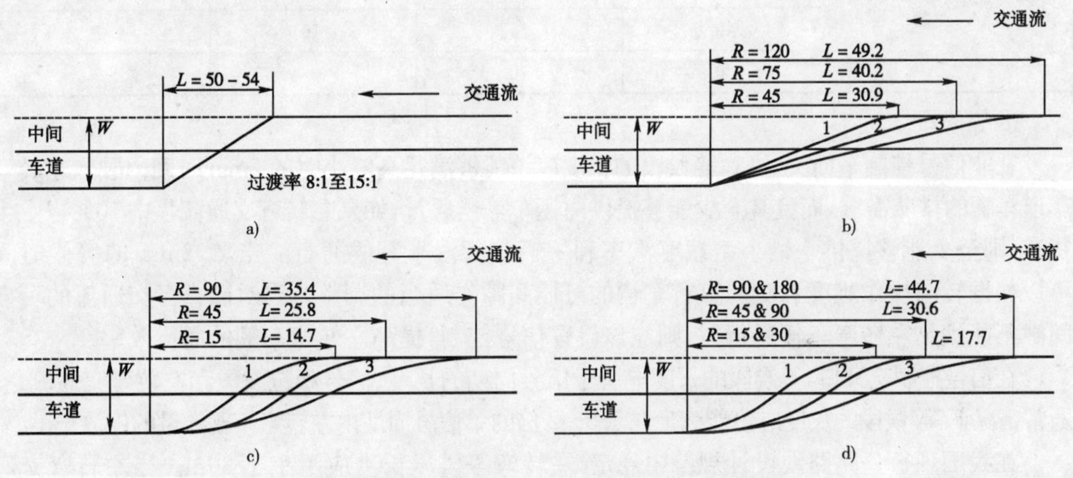

图 8-32　过渡段的设计(尺寸单位:m)

a)直线过渡；b)部分切线过渡；c)对称反向曲线；d)非对称反向曲线

②减速车道

在公路纵坡＜3%的情况下，让车辆从设计速度很舒服地减速到停止所需要的全部长度，如表 8-4 所示。

减 速 长 度　　表 8-4

设计速度(km/h)	50	60	70	80	90
渐变段长度(m)	70	100	130	165	205

但在实际应用中，提供这么长的减速车道是不现实的。根据实践，可将渐变段作为减速段的一部分，同时，车辆在进入渐变段之前的车道上也可以很轻易地把速度降低 15km/h。在考虑以上两项因素之后，剩余所需要的减速长度即可作为辅助减速车道的设计长度。如果辅助减速车道设计得过短，那么就会使得左转车辆和直行车辆在直行车道的速度差过大。15km/h 是在干线公路上普遍能够接受的车辆速度差，而在集散公路和城市街道上，由于驾驶员会有更

多的耐心，速度差可以适当放宽一些。

在我国现行的《公路路线设计规范》(JTG D20—2006)中，根据相交公路的主次、类别和变速条件等对辅助车道减速段的长度作了明确的规定，如表8-5所示。

减速车道长度表 表8-5

公路类别	设计速度(km/h)	减速车道长度(m)		
		末速(km/h)		
		0	20	40
主要公路	100	100	95	70
	80	60	50	32
	60	40	30	20
	40	20	10	—
次要公路	80	45	40	25
	60	30	20	10
	40	15	10	—
	30	10	—	—

③等候段

在非信号控制平面交叉口，等候段的长度应该能够满足高峰小时的2min时间内驶入左转弯车道车辆的排队需求，而且其至少能够提供两辆车等候通行，如果左转弯交通流量中10%以上为货车，则至少能够提供一辆小型载客汽车和一辆载货汽车等候通行。当然，2min的等候时间可以根据转向操作难度和对向直行车辆的可插间隙作适当的调整。当对向直行交通流的可插间隙不能满足左转弯车辆通行时，则应该设置信号控制，提高左转弯车辆的通行效率。

在信号控制交叉口，等候段的长度取决于信号周期的长度、信号相位设置和左转弯交通流量。通常情况下，等候段的长度应该能满足在1.5～2倍的单信号周期内左转弯车辆数量的停放长度。

在我国现行公路路线设计规范中规定，左转弯等候段长度应不小于30m。当左转弯交通流量很小时，可不考虑等候长度。

④偏移段

在没有中央分隔带或中央分隔带宽度不足的平面交叉口入口，为了在左侧设置左转弯车道，主线交通流的流向需要向右侧偏移一定宽度。主线偏移段有两种设置方式：一种是对向出口车道方向不变，只通过偏移入口方向直行车道的方式；另一种是通过偏移双向直行车道位置的方式。第一种方式单侧需要拓宽一个车道，所需要的偏移段的长度较长，因此，只在道路左侧不具备拓宽条件时使用。第二种方式是左右两侧各需要拓宽半个车道的宽度，在渐变率相同的情况下，该种偏移方式所需的偏移段长度仅为第一种方式的一半，因此，只要道路两侧都具备拓宽条件，建议使用两侧拓宽的方式设置左转弯车道。

偏移段的长度，建议参照美国联邦公路局出版MUTCD中推荐的公式(8-2)确定。

$$L=0.62Wv(v\geq 70\text{km/h})\text{或}L=(Wv^2)/155(v<70\text{km/h}) \tag{8-2}$$

式中：W——主线偏移宽度；

v——行车速度。

偏移段的长度最小不能低于 60m。

下面以两个案例说明如何确定左转弯车道的关键几何参数和交叉口入口所需要拓宽的长度。

案例一：左转弯车道几何参数设计

现有一条二级公路，双向两车道，无中央分隔带，设计速度为 80km/h。确定左转弯车道主线偏移段、渐变段、减速段和等候段的长度以及设置左转弯车道所需要拓宽的长度。

二级公路未设置中央分隔带，应设置偏移段将左转弯车道从直行车道中分离出来。偏移段的长度，建议参照美国联邦公路局出版 MUTCD 中推荐的公式 $L=0.62Wv$（$v\geqslant 70$km/h）确定，最小长度为 60m。其中，W 为主线偏移宽度，v 为行车速度。

如果采用中间线往两侧拓宽的方式，每一侧需要拓宽 1.75m，由 $L=0.62Wv$（$v\geqslant 70$ km/h）可计算出偏移段的长度为 90m。

如果采用一侧拓宽的方式，则单侧需要拓宽 3.5m，由 $L=0.62Wv$（$v\geqslant 70$km/h）可计算出偏移段的长度为 180m。图 8-33 是左转弯车道单侧偏移设置图。

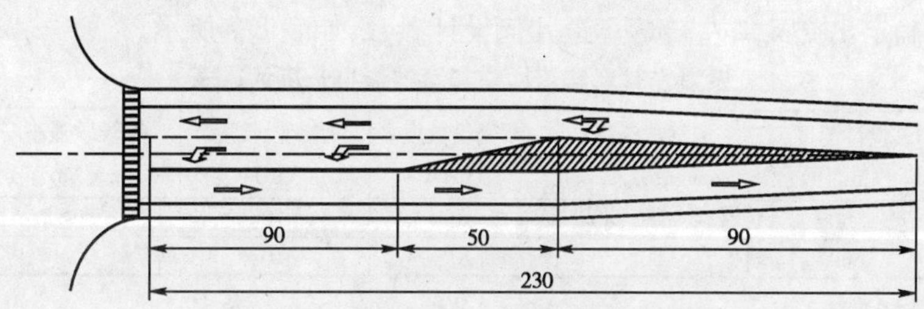

图 8-33　左转弯车道单侧偏移设置图（尺寸单位：m）

按照现行《公路路线设计规范》（JTG D20—2006）中规定，左转弯车道应由渐变段、减速段和等候段组成。等候段的长度不应小于 30m，设计速度 80km/h 的主要公路，车速减到 0km/h 所需要的减速段的长度为 60m，渐变段的长度为 50m。由此可以计算出，设计速度为 80km/h 的二级公路路段，左转弯车道的最小长度为 30＋60＋50＝140m（不含主线偏移段长度）。

由此可以计算出左转弯车道几何参数（见表 8-6）。

设置左转弯车道所需加宽的最小长度计算表　　表 8-6

设置方式	设计速度（km/h）	偏移段长度（m）	渐变段长度（m）	减速段长度（m）	等候段最小长度（m）	加宽段最小长度（m）
单侧偏移	80	180	50	60	30	320
双侧偏移	80	90	50	60	30	230

案例二：左转弯车道几何参数设计

现有一条一级公路，双向 4 车道，中间设有 1.5m 宽的中央分隔带，设计速度为 60km/h。确定左转弯车道主线偏移段、渐变段、减速段和等候段的长度，以及设置左转弯车道所需要拓宽的长度。

该一级公路设有 1.5m 宽的中央分隔带，可利用部分中央分隔带的宽度设置左转弯车道。偏移段的长度，建议参照美国联邦公路局出版 MUTCD 中推荐的公式 $L=(Wv^2)/155$（$v<70$km/h）确定，最小长度为 60m，其中，W 为主线偏移宽度，v 为行车速度。

如果采用中间线往两侧拓宽的方式，设计速度为 60km/h 一级公路，偏移段的长度为 60m。如果采用一侧拓宽的方式，偏移段的长度为120m。图8-34为一级公路左转弯车道设置图。

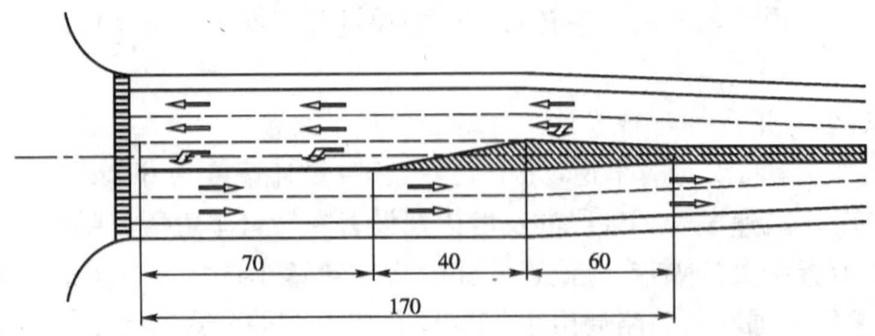

图8-34 一级公路左转弯车道设置图(尺寸单位:m)

在现行《公路路线设计规范》(JTG D20—2006)中规定，左转弯车道应由渐变段、减速段和等候段组成。等候段的长度不应小于30m，设计速度为60km/h的主要公路，车速减到0km/h所需要的减速段的长度为40m，渐变段的长度为40m。由此，该一级公路左转弯车道的最小长度为30＋40＋40＝110m(不含偏移段的长度)。

由此可以确定出交叉口左转弯车道几何设计参数，如表8-7所示。

设置左转弯车道所需加宽的最小长度计算表 表8-7

设置方式	设计速度(km/h)	偏移段长度(m)	渐变段长度(m)	减速段长度(m)	等候段最小长度(m)	加宽段最小长度(m)
单侧拓宽	60	120	40	40	30	230
双侧拓宽	60	60	40	40	30	170

(5)左转弯加速车道

在车速较快的干线公路上，为减轻左转弯车辆在出口处对直行车流产生不利影响(速度差异而造成的潜在追尾事故等)，应考虑设置左转弯加速车道。在中央分隔带较宽和对应入口已经设置了左转弯减速车道的平面交叉口，其出口也建议设置左转弯加速车道。

左转弯加速车道长度包括加速长度、等待长度和渐变段长度，如果合流直行流量不是特别大，则不需要考虑等待长度。渐变段长度与左转弯减速车道相同，加速车道长度可按照加速度$1m/s^2$确定。现行的公路路线设计规范中，对加速车道的长度也作了详细的规定(见表8-8)。

加速车道长度表 表8-8

公路类别	设计速度(km/h)	加速车道长度(m)		
		始速(km/h)		
		0	20	40
主要公路	100	250	230	190
	80	140	120	80
	60	100	80	40
	40	40	20	—
次要公路	80	90	80	50
	60	65	55	25
	40	25	15	—
	30	10	—	—

二、交通岛

交通岛是在两车道间,用来控制车辆的移动,同时车辆不能使用的区域。交通岛也可以用于庇护行人和安置交通控制设施。在交叉口内的中央分隔带或车道分离的部分都被认为是一个交通岛。从这个定义可以看出交通岛的形状并不唯一,路缘石所包围的区域、油漆或热塑性的标线所画的区域都能够称为交通岛。当车辆进入交叉口时,行车轨迹就被交通岛确定下来,拥有这种特性的交叉口叫做渠化的交叉口。

1. 交通岛的种类

根据交通岛的功能,可将交通岛划分为导流岛、分隔岛和安全岛三种类型。对于具体的交通岛,其可能兼有上述三种类型中的一种或多种功能。

(1)导流岛:它是为指示、规定左右转弯等交通方向而设置的岛。

导流岛是交叉口设计的重要组成部分,具有规范车辆行驶轨迹、分离和固定冲突点位置、控制冲突角度、划掉交叉口多余的路面、保护行人、为交通控制设施提供设置位置等多种功能。

设置导流岛可以合理组织交通,使行驶路线清晰,易于操作。在有可能产生交通混乱的地方,建议使用较大的交通岛,而不是很多的小岛。对多个车道进行渠化设计的交叉口,建议先使用临时的可以移动的支柱或沙袋,观察交通流的轨迹,调整交通岛的尺寸和形状,然后再进行施工和设计。

物理交通岛主要用在多车道的公路和城市道路或者一些重要的两车道公路上。在城市或城市附近,车速较低,驾驶员对这些限速设施熟悉,渠化可以起到很好的作用。如果在乡村地区和隔离区,无论是白天还是晚上,驾驶员应该很容易发现交通岛,否则不提倡使用物理岛。

标线渠化(涂漆或划标线)岛的效率高,易于修改,但对车辆的约束性低。如果需要进行硬隔离,就应设置物理岛,但是标线渠化也可以在开始阶段用于确定最佳的交通岛位置。

图 8-35 所示为导流岛的设置。一般在以下几种情况下宜设置导流岛:

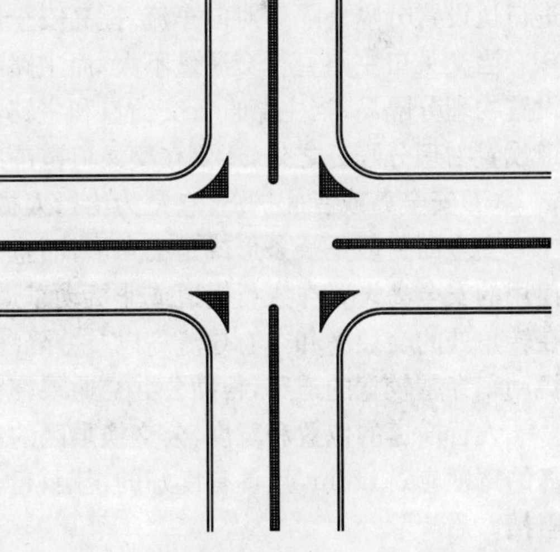

图 8-35　导流岛的设置

①四车道道路相交而成的交叉口,当直行左转和右转驶入某个进口道的交通量过大,建议在该交通流汇合处设置导流岛;

②四车道以上道路相交而成的交叉口,建议在各进口道都设置导流岛;

③当交叉口某进口道设有右转弯减速车道或者设置右转弯车道,建议在该处设置导流岛;

④当交叉口为非正交时,若相交角<70°(70°是规范标准中常出现的角度,作为交叉口斜交的一个临界角),建议在小交角处设置导流岛。图 8-36 所示为斜交导流岛的设置。

(2)分隔岛:它是为分离同向和对向的交通(主要是直行交通流)设置的岛。

分隔岛通常设在没有分隔带的公路平面交叉口。分隔岛可以起到警告作用,提醒驾驶员前面有交叉口，还可以调整交叉口附近的交通。这些分隔岛在控制斜交交叉口的左转车辆和提供分离式右转车道时尤为有效。在四车道和交通量较大且具备拓宽条件的双车道公路上，建议使用分隔岛。

分隔岛的线形设计应该对驾驶员的引导在不知不觉中进行。可以使用加宽渐变段，但要根据设计速度来设计。在乡村道路上，车速较快，反向曲线的最佳半径应该>1 165m。在中等速度的道路上，可以选择>620m 的半径。具体设置如图 8-37 所示。

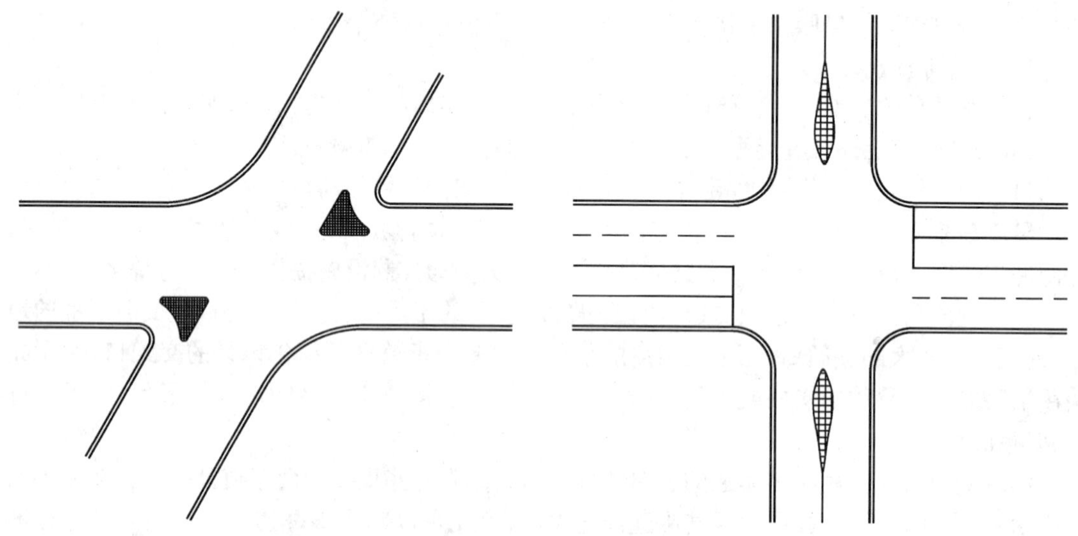

图 8-36　斜交导流岛的设置

图 8-37　分隔岛的使用

对于进口道没有设置中央分隔带的交叉口，在以下两种情况下可以根据其交通流特征，在进口道设置分隔岛隔离对向车流，提高安全性能。

当交叉口主路直行交通量不大，而主路与支路间的转向交通量较大时，建议在支路进口道设置物理分隔岛；当主路直行交通量和主路与支路间的转向交通量都较大时，除了在支路进口道设置物理分隔岛之外，还要在交叉口范围的主路上设置中央分隔带。

(3)安全岛或者庇护岛：它是为给行人提供庇护空间设置的岛。

安全岛一般是长条形或是三角形，而且一般位于车辆行驶轨迹不需要占用的地方。行人使用的安全岛设置在人行横道或非机动车道附近，在行人和非机动车穿越时提供帮助和保护。在转角处的交通岛和中心导流岛以及分隔岛都可以作为安全岛使用。安全岛可以使行人和非机动车穿越较宽的道路，帮助公共交通乘客完成换乘，或方便轮椅使用者。

人行横道的位置和宽度、公交换乘区的位置和尺寸都会影响安全岛的尺寸和位置。安全岛的宽度应>1.8m，且具有良好的视距，行人和非机动车视线不能被电线杆、标志杆、岗亭等阻挡。

在公路上，许多交通岛都可作为行人使用的安全岛使用。交通岛设计的主要原则可以直接应用于设计安全岛。总的说来，安全岛的设计必须能够简单明了地显示行人和非机动车行驶路径，易于机动车驾驶员辨识。

2. 交通岛的鼻端的设计

交通岛必须让驾驶员能够很容易地发现它的存在并选择正确的行驶路径。为使驾驶员不受误导，在交通岛的鼻端设计时尤其有必要引起注意。分流点与岛头的距离 L(m)可根据岛的前端半径 R(m)和设计速度 v(km/h)按照公式(8-3)和公式(8-4)求得。

异向时：
$$L=\frac{v \cdot R}{3} \tag{8-3}$$

单侧移动时：
$$L=\frac{2v \cdot R}{3} \tag{8-4}$$

但是，如果情况如图 8-38b)不是在干线公路上，L 的长度就可以缩小一半。

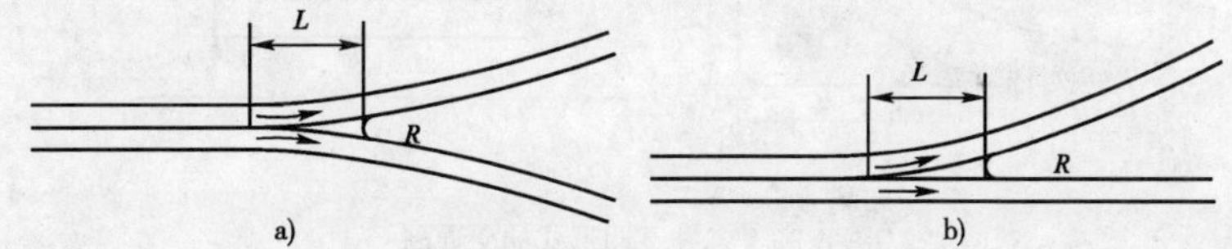

图 8-38　分流点与岛头距离

行车道到端头的偏移要足够的大，对于路缘石中央分隔岛，从分隔带边缘的行车道到交通岛端头路缘面的偏移不小于 0.6m，最好在 1m 左右。对于其他的物理岛，端部到直行道边缘的偏移在 1～2m，到转弯车道的偏移在 0.6～1m。

3. 交通岛的大小

交通岛的大小必须能够引起驾驶员的注意。公路上使用凸台式交通岛的面积应至少大于 7m^2。细长的交通岛的宽度不应小于 1m。在空间受到限制的情况时，细长的交通岛的最小宽度可以减少到 0.5m，交通岛以及分离带的各个要素最小值，如表 8-9 所示。

交通岛以及分离带的各个要素最小值　　表 8-9

区　分	各个要素	城　市	乡　村
a)	W_a	1.0m	1.5m
	L_a	3.0m	5.0m
	R_a	0.5m	0.5m
b)	W_b	1.5m	2.0m
	L_b	(W_f+1.0)m	(W_f+1.0)m
	R_b	0.5m	0.5m
	面积	5.0m^2	7.0m^2
c)	W_c	(D+1.0)m	(D+1.5)m
	L_c	5.0m	5.0m
d)	W_d	1.0m	1.5m

注：D——设施的宽度(m)；W_f——人行横道线的宽度(m)。

4. 交通岛的形状

图 8-39 所示是各种不同形式的交通岛。交通岛的前端内移距(O_1,O_2)以及偏移距(S)，是根据通过车辆的速度、岛的大小、交叉口所处位置等方面确定的，其标准值如表 8-10 和表 8-11 所示。

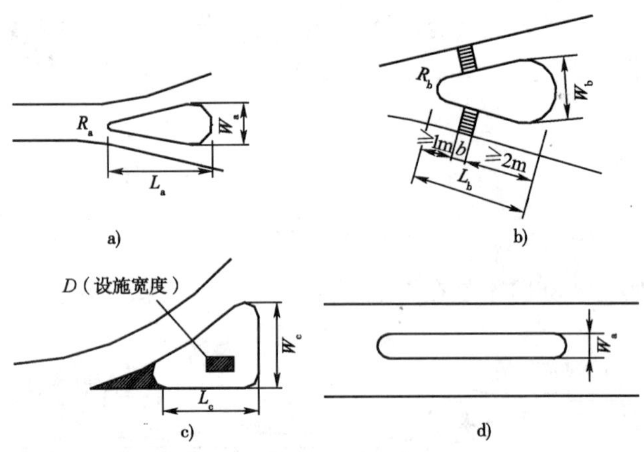

图 8-39 各种不同形式的交通岛

a)分隔交通流；b)兼作安全岛；c)设置设施；d)不设过渡段分隔段

偏移距和内移距的值　　表 8-10

设计速度(km/h)	S_1,S_2	S_3	O_1	O_2
80	1.0	0.5	1.5	1.0
60	0.75	0.5	1.0	0.75
50 以下	0.5	0.5	0.5	0.5

交通岛端部的半径　　表 8-11

R_1	R_0	R_r
0.50～1.00	0.50	0.50～1.50

图 8-40，是交通岛的偏移距、内移距和端部曲线半径示意图。当导流岛特别大时，导流岛端部内移距在主要道路一侧按 1/20～1/10 过渡，在次要道路一侧按 1/10～1/5 过渡。

5. 行人保护岛设计

(1)行人保护岛设置条件

四车道公路若几何条件允许就可以设置行人保护岛；六车道或六车道以上的公路建议设置行人保护岛。

相交角度＜70°的两个进口道之间，建议设置行人保护岛。

(2)行人保护岛设计要求

行人保护岛的设置一般会和人行横道相连接；四车道以上的交叉口，若功能区内的进口道上存在开口，且有行人穿越，建议设置行人保护岛。行人保护岛设计最小长度至少 4m，最小宽度 1.5m，最小面积 $6m^2$。图 8-41 所示为交叉口行人保护岛。

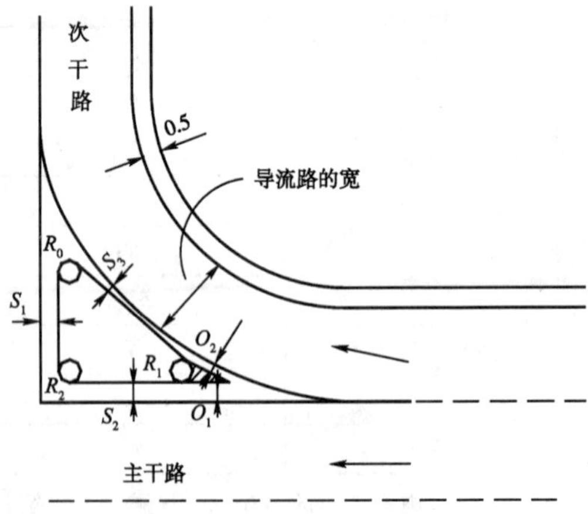

图 8-40 交通岛的偏移距、内移距和端部曲线半径示意图

6. 平交口弱势群体保护设计

(1)位于乡村的四车道以下相交的平交口：该类交叉口面积小，行人和非机动车交通量小。

建议设置人行横道,同时设置硬路肩供行人和非机动车行驶。

(2)位于乡村的四车道及以上相交的平交口:该类交叉口面积大,行人和非机动车交通量小,机动车与非机动车冲突少。建议设置人行横道,设置硬路肩供行人和非机动车行驶。

(3)位于郊区的四车道以下相交的平交口:该类交叉口面积小,行人和非机动车交通量大,机动车与非机动车冲突多。建议设置行人和非机动车的过街横道,设置侧分带,设置行人和非机动车共用的非机动车道。

(4)位于郊区的四车道及以上相交的平交口:该类交叉口面积大,行人和非机动车交通量大,机动车与非机动车冲突多。建议设置行人和非机动车的过街横道,设置侧分带和中央分隔带,设置行人道和非机动车道,设置渠化的安全岛,并且将安全岛与人行横道相连接。

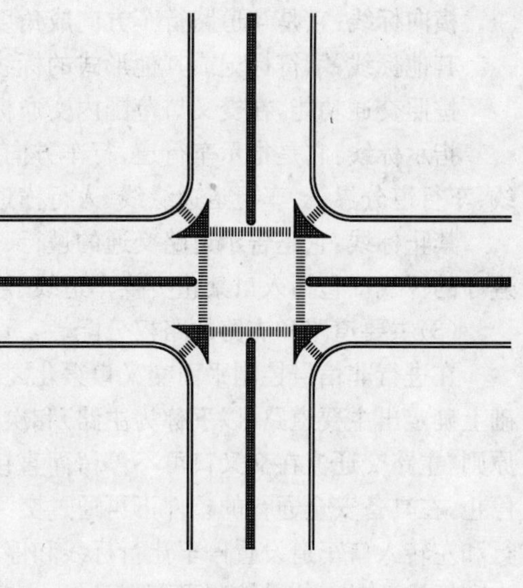

图 8-41 交叉口行人保护岛

三、标志标线布设

平面交叉口是两条或多条公路相交而形成的冲突及其影响区域,在这个区域范围内,如果不对交通流进行有效控制,则必然会引起交通混乱乃至影响交通安全。

合理的布设标志标线不但能够指示车辆行驶方向,而且能够明确平面交叉口区域内各部分的路权,控制行车轨迹和冲突点,保证车辆安全顺利通行。

(1)标志类型组成

通常情况下,交叉口标志是与交叉口通行相关的标志,涉及标志的所有类型,如:

警告标志:它是交叉口警告标志、注意信号灯标志。

禁令标志:它是指禁止驶入标志、禁止通行标志、禁止转弯标志、禁止掉头标志、停车让行标志、减速让行标志。

指示标志:它是指直行及转弯标志、靠右侧或左侧行驶标志、立交行驶路线标志、环岛行驶标志、车道指示标志、允许掉头标志。

指路标志:它是交叉口预告标志、交叉口指路、地点方向确认等在交叉口前后,正确引导车辆直行或转向行为的相关道路和地点信息标志。

由于指路标志相关内容在标志章节已经进行了详细的介绍,在本章里不再重述。

(2)标线类型组成

交通标线是由标划于路面上的各种线条、箭头、文字、立面标记、突起路标和轮廓标等所构成的交通安全设施。它的作用是引导交通、明确路权、规范车辆行驶轨迹,有时和标志配合使用,实现其规范交通的目的。

按照设置方式,在交叉口范围内交通标线可分以下几种:

纵向标线:它是沿道路行车方向设置的标线,如出入口车道线等。

横向标线：它是与道路行车方向成角度设置的标线，如人行横道线、停止线等。

其他标线：字符标记或其他形式的标线，导线箭头等都属其他标线。

按照交通功能，在交叉口范围内交通标线可分为指示标线和禁止标线这两类：

指示标线：它是指示车行道、行车方向、路面边缘、人行横道等设施的标线，包括路面中心线、车行道分界线、车行道边缘线、人行横道线、导向箭头等标线。

禁止标线：它是告示道路交通的遵行、禁止、限制等特殊规定，车辆驾驶员及行人需要严格遵守的标线。包括入口禁止变换车道线、停止线、停车让行线、减速让行线、导流线等。

(3)主要道路和支路的路权分配

在进行非信号控制平面交叉口渠化之前，需要分析道路等级、交通流量、横断面宽度的基础上确定出主要道路(以下称为主路)和次要道路(以下称为支路)。坚持主路交通流优先通行原则，主路交通流在交叉口可不停留而直接通行，支路交通流需要在进入交叉口冲突区域之前停止，在具备安全通行的条件下再通过交叉口。为了明确这种路权优先顺序，就需要在支路直行和左转入口车道设置停车让行标线和停车让行标志，在支路右转入口车道设置减速让行标志和标线。对于信号控制平面交叉口，相交公路冲突交通流已经通过信号控制从时间上分离，因此，不存在主路畅通、支路停车或减速让行的问题。

(4)车道分配

根据入口各流向交通流量分配车道，在保证路段直行车道与入口直行车道位置对应的前提下，设置左转弯专用车道将左转弯车辆从直行车流中分离，设置右转弯匝道，增加右转车流通行速度和减少与直行车流分合流的角度。

出口车道的位置应与入口直行车道对应，其数量不小于入口直行车道的数量，相交道路左转流量较大时，出口应对应地设置左转加速车道，以减少左转车辆和直行车辆在出口的速度差，使左转车辆较为容易地汇入直行车流中。

在路段无中央分隔带或中央分隔带宽度不足以设置左转弯道时，可将进口道直行车道向外侧偏移后再设置左转弯车道，同时出口直行车道也需要随入口直行车道的位置作相应的偏移。当交叉口为十字交叉口时，左转车道可以对应设置；当交叉口为丁字交叉口时，左转车道对应的出口位置可以设置称为相交道路左转车流的加速车道或用渠化岛代替。总之，应保证左转弯车道位置不在路段直行车道的延长线上，以及保证直行出口车道与入口直行车道位置对应。

当出口横断面由于条件限制，直行出口车道数量小于入口直行车道数量时，应该在入口处通过逐步渐变，压缩出口直行车道数来解决。

左转弯车道的详细设置内容，见本章中的左转弯车道这一节。

(5)人行横道设置

当交叉口满足以下条件时，需要设置人行横道：

①交叉口是信号控制交叉口。

②交叉口位于城镇、城郊，行人过街交通量较大。

③交叉道路为集散功能的道路，行人过街交通量较大。

④交叉口附近存在学校、工厂、居民区、集市等，行人过街交通量大并且出行时间较集中。

在设置人行横道时，应尽量体现以下设计原则：

①应尽量减少人行横道长度，减少行人在冲突区域的暴露时间。

②保证人行横道具有足够的宽度，以能够引起机动车驾驶员的注意，并能保证行人以最快的速度通过交叉口危险区域。

③尽量符合行人交通流特性，以保证人行横道能够得到有效利用。

④人行横道尽量与行车道垂直并设置在驾驶员容易识别的位置。

人行横道设计应能够满足以下要求：

①人行横道位置。人行横道位置应平行于路段人行道的延长线上并适当后退（见图8-42*a*部分），在右转机动车容易与行人发生冲突的交叉口，应后退距离宜取3～4m（见图8-42 *b*＝3～4m部分）。有中央分隔带的道路，行人横道应设在分隔带端部向后1～2m处（见图8-42*c*部分）。

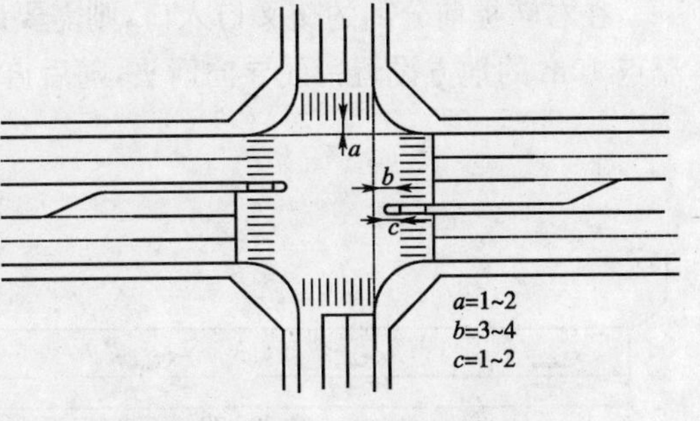

图8-42　人行横道位置示意图（尺寸单位：m）

②人行横道的长度。人行横道的长度应控制在15m以下，＞15m时应考虑在中间设置行人过街安全岛，实行二次过街或多次过街。进出口机动车道达六条时，也应在中间设置行人安全岛。

③人行横道的宽度。人行横道的宽度与通过行人交通量有关，但最小不能小于3m，当通行交通量较大时，应以1m为单位增加人行横道的宽度。

④行人视距的要求。行人视距指行人在人行横道行进过程中观察两侧的视野范围（见图8-43）。行人视距必须确保行人在通过人行横道时看清两侧的车辆，以便及时避让；同时也必须确保驾驶员在进入交叉口时看清过街的行人，及时作出反应。

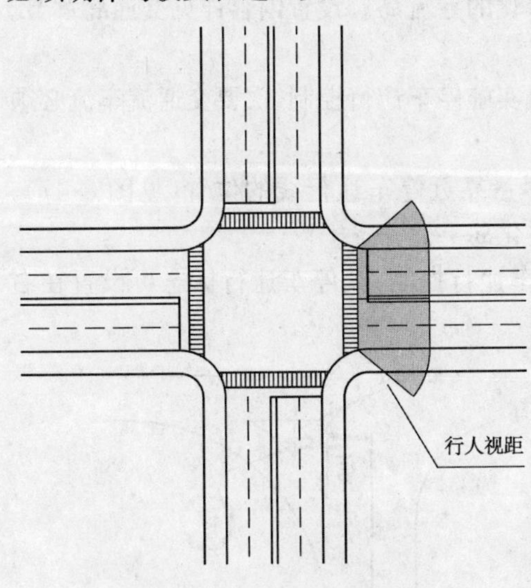

图8-43　人行横道的行人视距

影响行人视距的障碍物主要是中央分隔带与侧分带的绿化植被、各种广告牌以及交叉口附近违章停止的车辆等。在进行平面交叉口设计时，应尽量避免在人行横道外侧15m范围内存在阻碍视距的障碍物。

(6)停车线设置

在信号控制的平面交叉口入口车道和设有停车让行控制的入口车道必须设置停车线。停车线宜垂直车道中心线设置。有行人横道时，宜在其后1～2m处设置，当畸形交叉口，或特殊需要时，停车线应后退更大的距离。停车线位置不应对相交道路流入的交通流构成影响，当有左转弯车道，且相交道路流入的左转交通流的转弯半径较小时，其停车线位置可以较同进口道的直行车道的停车线后退2～3m。停车线的设置，如图8-44所示。

(7)导向箭头设置

导向箭头是用来标示本车道车辆的行驶方向的特殊标线。路口各方向进口渠化段应设置

3组导向箭头，因道路条件所限，导向车道过短，可设置两组箭头，第2组导向箭头作为预示导向箭头。

以停车线位置为基准，第1组导向箭头距停车线5m，第2组导向箭头设置于导向车道的起始位置，通常距离第一组导向箭头30～70m，第3组导向箭头作为预示导向箭头在距离第2组导向箭头30～70m的位置设置。普通交叉口入口导向箭头的设置，如图8-45所示。

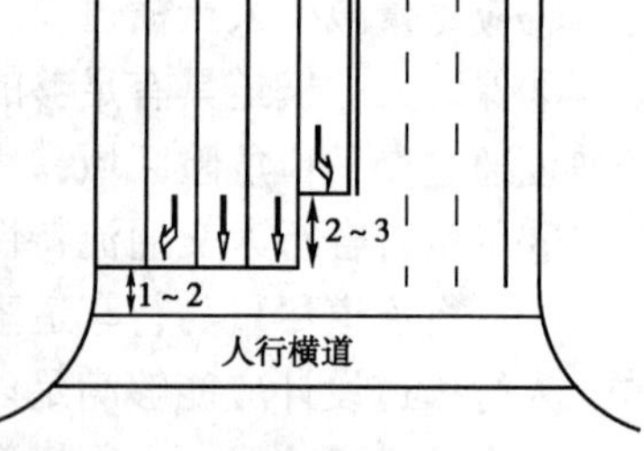

图8-44　停车线的设置(尺寸单位：m)

在右转提前分离的交叉口入口，则需要调整右转有直右导向箭头的位置，需要在距直右分流点10m的地方设置一处导向箭头，随后再设置一组预示导向箭头，如图8-46所示。

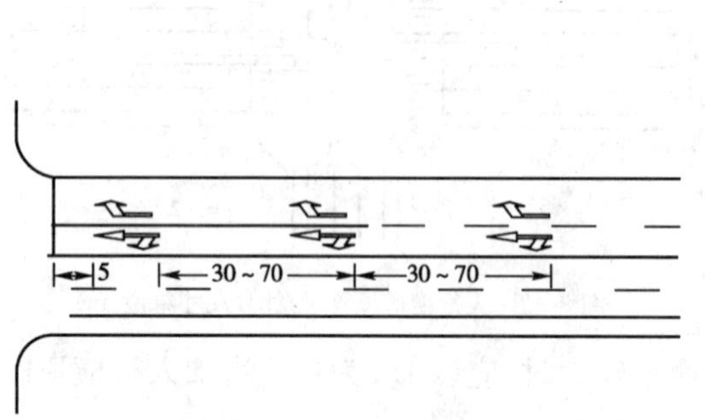

图8-45　普通交叉口入口导向箭头设置(尺寸单位：m)

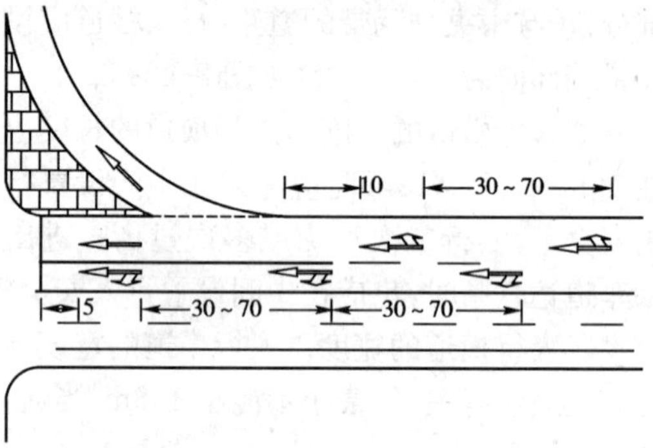

图8-46　右转提前分离的导向箭头设置方式(尺寸单位：m)

(8)导流岛设置

将完成车道渠化后空余的区域设置为导流岛。当导流岛面积较小时，可用渠化标线填充；当导流岛较大时，可考虑使用凸台式水泥导流岛或绿化的导流岛。设置内容详见交通岛章节。

(9)停车让行标志与标线

当两交通流相交为冲突点时，应该对次要交通流实施停车让行控制，次要交通流车流必须在停车线后方完全停止等待安全通行的机会。

停车让行标志应设置于停车让行线的右侧，并尽量靠近停车让行线的位置(见图8-47)，在设有渠化岛的交叉口，可将停车让行标志设置于渠化岛上。

如果次要道路的直行和左转交通流需要使用停车让行控制，其停车让行标志可设置在右转渠化岛上，如图8-48所示。

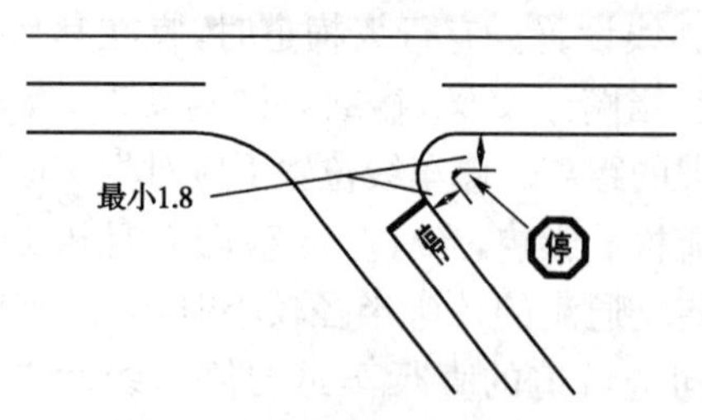

图8-47　斜交路口停车让行标志的设置(尺寸单位：m)

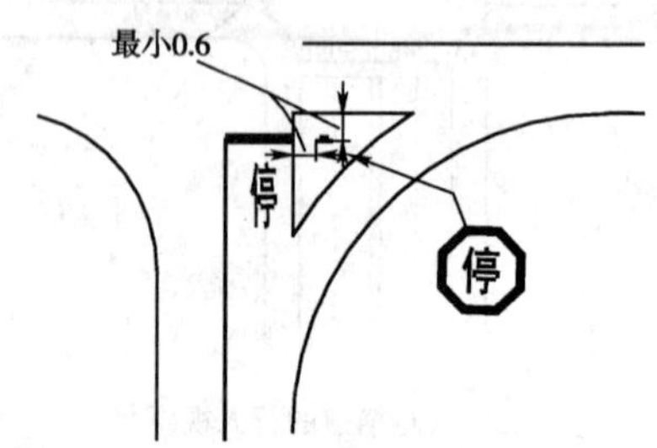

图8-48　渠化岛上停车让行标志的设置(尺寸单位：m)

(10)减速让行标志与标线

当两交通流以小角度合流时，次要交通流车流不必完全停止等待通行，可以减速观察相交交通流的交通状况，并选择是否通行。在这种情况下，应该对次要交通流实施减速让行控制。

与停车让行控制标志设置一样，减速让行标志应尽量靠近减速让行线的位置设置。当汇流角度较小、汇流区域较大时，应将减速让行标志设置于次要交通流即将汇入主要交通流且与次要交通流行驶方向垂直的位置。如图 8-49 所示，右转交通流与直行交通流汇流时，减速让行标志的设置位置。

(11)两侧通行标志

在导流岛进口车流与右转车流分离端设置两侧通行的标志，以防止车流撞上凸台。两侧通行标志尽量靠近导流岛的端头，但不能影响车辆行驶。两侧通行标志的设置位置，如图 8-50 所示。

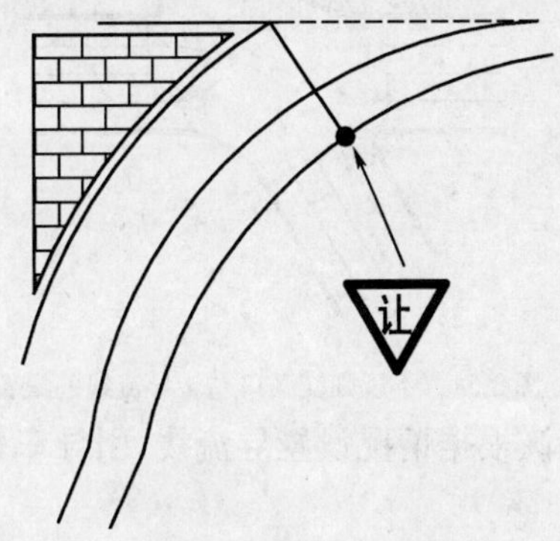

图 8-49 减速让行标志的设置位置

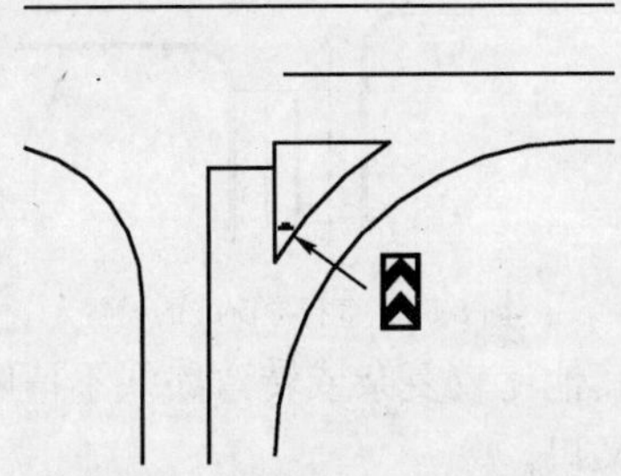

图 8-50 两侧通行标志的设置位置

(12)禁止驶入标志

为了避免交叉口标志过多，一般不设置禁止驶入标志，但当右转渠化岛的面积较大，左转车辆容易误入相交导流的右转匝道时，需要在右转匝道的出口端的导流岛上设置禁止驶入标志。图 8-51 所示为禁止驶入标志的设置位置。

(13)导流线

在面积较大或者形状不规则的平面交叉口，当交叉口是四车道与四车道相交或任一条相交道路车道数大于四条时，交叉口物理区域较大，车辆左转需要设置参照。在此情况下，为了有效规范车辆行驶的轨迹，减少车辆左右游移的幅度，应该设置左转导流线(见图 8-52)。

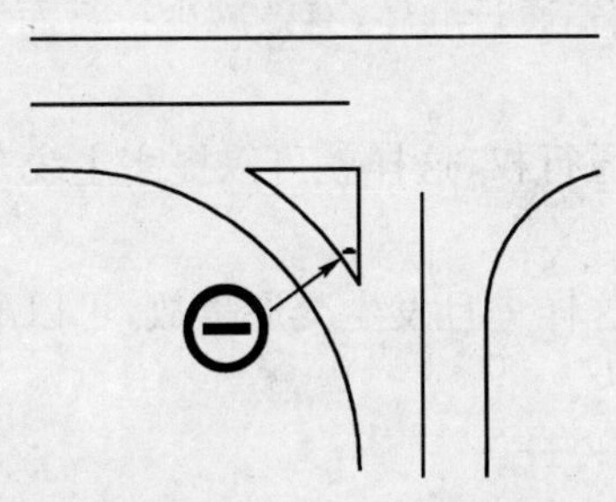

图 8-51 禁止驶入标志的设置位置

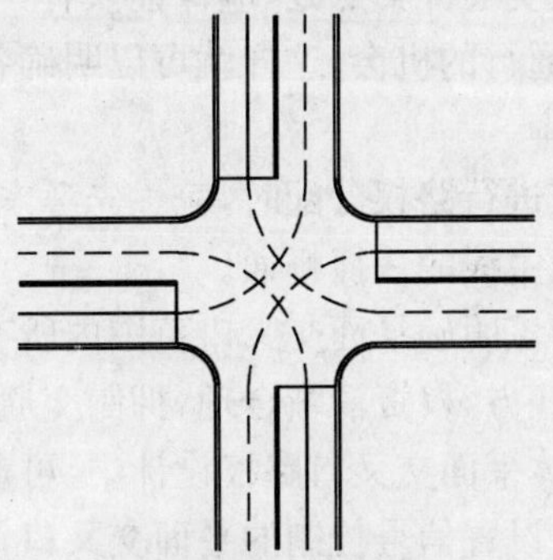

图 8-52 左转导流线的设置

当车辆直行通过平面交叉口时，驾驶员习惯于不改变车辆行驶方向直接通行，因此，当交叉口直行出入口车道偏置时，为了避免车辆到达出入发现位置不对应匆忙转向而引起的不必要的交通冲突，应在直行车道的出入口之间设置直行导流线，引导直行车辆正确行驶(见图 8-

53)。需要注意的是,虽然设置直行导流线能够有助于提高安全,但偏置的直行出入口仍然是交通口通行的安全隐患,在可能的情况下,应尽量避免采用偏置的直行出入口布设方式。

平面交叉范围内两相交公路应正交或接近正交,因为斜交会导致转弯车辆需要较大区域完成转弯运动和视距受限,并且斜交还会明显增加次要道路车辆穿越主线直行车流的时间。当相交道路不可避免地出现斜交时,应设置导流线辅助车辆转弯(见图 8-54)。

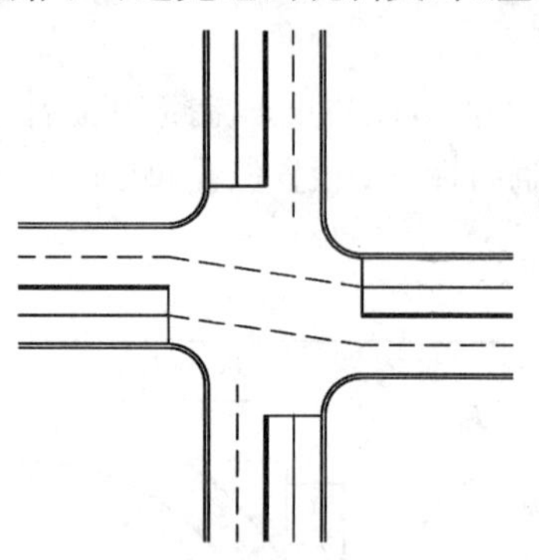

图 8-53　直行导流线的设置

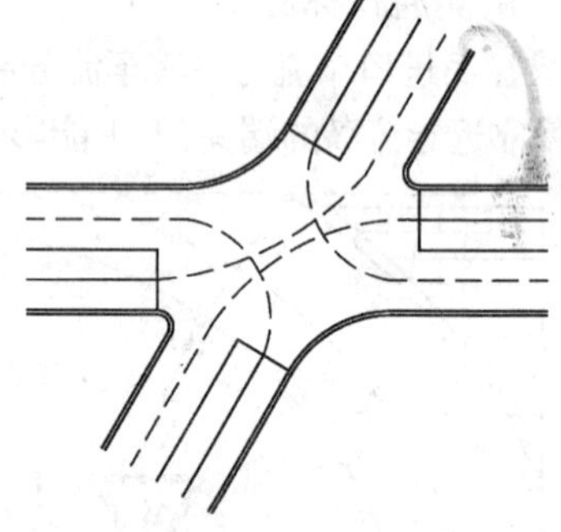

图 8-54　不规则交叉口左转导流线的设置

在其他比较复杂或转弯路线不清晰的交叉口,也应该根据情况设置导流线,引导车辆顺利通过交叉口。

第四节　平面交叉口安全设计

一、设计原则和设计要点

1. 明确路权

平面交叉口是道路交通的主要交通冲突点,应该对所有的交通流分配正确合理的交通通行权利和通行次序,明确交叉口范围内所有点的路权,使得交通流在交通冲突点处能够有序、安全地行驶。路权分配的原则如下:

(1)在交通冲突点处,应保证只有一股交通流具有优先权,其余交通流的车辆在冲突点前等待安全通行的机会,这样就可以明确各交通流的优先通行顺序,有效减少抢行而发生的交通事故的概率。

(2)在进行路权分配时,应优先考虑主线车辆的通行权,这样就可以提高主线车辆的通行速度,保障主线的快捷畅通。

(3)应该明确平面交叉口范围内所有点的路权,这样一旦发生交通事故,可以准确地确定事故的责任方,权责清晰合理,抑制交通违规违法行为。

在具体平面交叉口路权设计中,可参照以下原则设计。

(1)在设置信号控制的平面交叉口,交叉口范围内主要路权是通过信号控制从时间上进行分配的。在信号控制不能有效划分路权的局部路段则需要通过设置"停、让"标志和标线来辅助实现。比如分离的右转交通流与自行车和行人交通流的冲突点,则需要在右转匝道冲突点前方设置减速让行标志和标线。

(2)在非信号交叉口,首先应确定主线道路和支线道路,然后给予主线道路交通"优先通行权”，对支线道路交通设置“停、让”控制设施。具体体现如下：

①在支路左转或直行穿越交叉口的位置设置“停”标志和标线，支路车辆在此停车等待，确认主路无车辆通过或具备安全可插间隙时再通过。

②对于设置右转渠化岛的右转匝道，在右转交通流汇入直行交通流的位置设置“让”标志和标线，右转车辆让行直行车辆。

③在环行交叉口的交织环外侧设置“让”标志和标线，入环车辆让行环内车辆。

(3)在主线和支线道路等级分配有困难的情况下，如果交通流量较大，应设置信号灯控制，车辆在信号灯绿灯相位下优先通行。如果信号设备供电或养护困难，则采用环行控制方式，入环车辆让行环内车辆。如果交通流量较小，则可设置小型环岛实行环行控制方式，或在所有入口设置“停”标志和标线，实行全“停”控制方式。在我国，使用全“停”方式控制的平面交叉口较少，驾驶员对这种控制方式还不适应，因此，通常情况下不建议采用这种控制方式。

2. 控制冲突点

(1)减少冲突点的数量

同等冲突类型的交通冲突点的数量越多，交通事故率也就越高，应尽量通过渠化或设置信号控制的方式减少冲突点的数量。

(2)固定冲突点的位置，将交通冲突点限定在尽可能小的区域内

交通冲突区域过大，车辆通过随意性也就越大，不利于驾驶员判断与之冲突的车辆的行驶轨迹，在冲突车辆错让或抢行过程中，容易发生刮擦或侧碰事故。因此，在交叉口范围内，应通过设置渠化岛或导流线的方式限定车辆行驶的轨迹，减少车辆在平面交叉口范围内游移幅度，以达到固定交通冲突点的位置、并将交通冲突点限定在尽可能小的区域内的目的。

(3)分离冲突点的位置

如果两个或多个交通冲突点的距离过近，则驾驶员在同一地点、同一时刻可能面临多个危险冲突，此举势必加重驾驶员信息处理和操作负担，在驾驶员反应不及时的情况下，便有可能诱发交通事故。因此，在进行平面交叉口优化或设计时，应该通过设置渠化岛、标志、标线等方式分离冲突点的位置，使驾驶员在同一地点、同一时刻只面临同一种交通冲突情况，从而能够从容反应和操作车辆。

(4)控制冲突的严重程度

交通冲突的严重程度与交通事故发生的概率和事故的严重程度直接相关，减轻交通冲突的严重程度尤为重要。减轻交通冲突严重程度的方法，包括控制冲突角度和控制冲突车速两种方法。冲突角度的控制可通过设置渠化岛或导流线减小合流与分流角度、变锐角对撞冲突为直角冲突或同向冲突来实现。冲突车速的控制可通过设置减速缓冲段、待转车道及配套标志标线来实现。

3. 设置左、右转弯车道

在道路条件允许的情况下，应尽量通过拓宽交叉口入口、在主路上设置左(右)转弯车道。设置左、右转弯车道具有以下优点：

①将转弯车辆从直行交通流中平滑地分离出来，减少直行车辆的延误，增加直行车道的通行能力。

②转弯车辆可以在转弯车道内减速并完全停止，等待机会转弯，避免车辆在速度较高、观

察不清的情况下转弯，减少转弯车辆的交通冲突事故。

③主路车辆速度较高，设置左右转车道之后，转弯车辆可以从直行交通流中分离出来再减速转弯，有效避免了转弯车辆在直行车道上减速而引起的后面直行车辆追尾事故。

④拓宽入口，增加入口车道数量本身即可以增加交叉口通行能力。

4. 保持出(入)口车道位置对应、数量平衡

(1)应保证入口直行交通流在平面交叉口物理区内不改变驾驶方向即可驶入出口车道。此种设置主要基于以下几个方面的因素考虑：

①在平面交叉口物理区内，交通冲突点较多，改变直行车道出(入)口的位置势必增加驾驶员的判断和操作的负担。

②在一些大型的平面交叉口，交叉物理区面积较大，驾驶员在入口处判断出口车道的位置较为困难。

③通常情况下，直行交通流尤其是主线直行交通流交通流量较大，出(入)口位置对应可以提高通行效率。

④从驾驶习惯上讲，驾驶员习惯于直行车辆通过平面交叉口不改变行驶方向，直行车辆出(入)口位置对应有利于提高通行舒适度和通行安全。

(2)应保证入口直行车道数与出口车道数平衡，原则上出口道的车道数量必须大于或者等于进口道的直行车道数。此种设置有利于交叉口出(入)口车道位置对应和出(入)口通行能力对应，避免出口拥堵和发生追尾、碰撞事故。

(3)直行出(入)位置和数量非对应的交叉口应设置导流线，疏导车道进入相应出口车道。

5. 合理利用渠化岛

(1)渠化岛的设计应能够有效规范车辆行驶轨迹，避免车辆在交叉口范围内游移。

(2)渠化岛的设计应考虑到为标志和信号控制设施提供设置空间，减少车辆碰撞控制设施的概率。

(3)渠化岛的设计应考虑为行人和自行车提供安全避让空间，使之成为自行车和行人穿越交叉口的“保护岛”和“中转站”。渠化岛的合理设计可缩小机动车通过交叉口冲突区域的时间和距离，减少非机动车和行人暴露于冲突区域的时间，确保通行安全。

(4)渠化岛类型选择原则如下：

①在安全岛面积$<20m^2$时，应采用标线渠化的方式，因为过小的渠化岛如果采用凸台式渠化岛不易引起驾驶员的注意，容易发生车辆碰撞渠化岛的现象。

②安全岛面积在$20\sim50m^2$之间时，为了有效约束车辆的行驶轨迹，应该采用凸台式渠化岛，并在渠化岛两侧应设置斜坡，使其同时具备为行人和非机动车通行而提供保护的功能。

③安全岛面积在$>50m^2$时，从景观角度考虑，为了美化交叉口的环境，减少凸台水泥岛的干燥感，渠化岛应采取绿化的方式。为了便于非机动车和行人在岛上的通行，可在绿化渠化岛内设置4m宽的水泥混凝土人行通道。

6. 保障视距

视距是平面交叉口安全设计的一个重要参数，对交叉口的运行安全有着重要影响。我国许多平面交叉口事故多发，成为事故黑点，大部分情况下是由于视距不足引起的。

从我国实际国情出发，尤其是对交通流量小、监管不到位地区的平面交叉口，应该以相交

道路的停车视距作为交叉口的视距，特殊情况下，只要需要保证沿主路的视距满足停车视距的长度。在道路条件受限，且驾驶员遵章率较高的地区，可按照本书介绍的各种控制类型的平面交叉口视距计算方法确定视距。

二、设计流程

交叉口安全设计包括基础数据搜集、渠化详细设计两个过程。

1. 基础数据搜集

(1)交通调查内容

①交通流量。根据 12h 或 24h 的交通流量来估计 AADT 和 DHV，同时估算交通量的年增长率。

②交通组成。在调查交通量时，将交通组成分为行人、自行车、摩托车、农用车、小客车、小货车、中客车、中货车、大客车、大货车十类，以便于进行标准车换算和非机动车道和人行道的设计。

③转向比例。在交通调查时，分转向分别统计各转向的各交通组成的交通流量，以便于在交叉口设计时候，分配车道和信号配时。

④车辆运行速度。通过人工和仪器的方法调查路段车辆运行速度，以便于估计交叉口设计所需要的交叉口视距和变速车道的长度。

⑤事故资料。近年来交通事故的地域特征、自然条件和其他一些有关事故的资料。

(2)环境调查

在设计的初始阶段，调查、汇编与交叉口有关的数据是非常必要的。它们是：位置与地形，物理特征、文化、历史背景和其他具有特殊意义的事件，交叉口道路的排列，未来规划和现存道路设施的条件，所需行车视距，地形、自然条件和现存排水系统条件，土地所有权边界、形式和使用习惯，所应准备的入口道，现存铺设道路的条件，有关部门的一些特殊需求等。

2. 渠化详细设计

(1)根据相交道路交通流量和平面交叉口的危险程度，确定是否设置信号控制。对于不设置信号控制的平面交叉口，则需要确定主要道路和次要道路，并对次要道路实行停车让行控制。

(2)根据交通流量和转向比例分配车道，尽可能地设置左转弯车道和右转匝道，并使出(入)口直行车道位置和数量对应。

(3)合理选择人行横道和停车线的位置，使得人行横道和停车线在不影响车辆直行和左转的情况下，尽量能够减少行人绕行的距离和缩小平面交叉口物理区域的面积。

(4)利用平面交叉口范围内多余的区域设置渠化岛，并根据渠化岛的面积和位置，确定渠化岛的设置形式(标线渠化岛、凸台式渠化岛和绿化渠化岛)和是否可用来设置行人保护岛。

(5)根据管控和引导要求布设标志和标线。在停车让行控制的入口设置停车让行标志和标线；在右转匝道与直行车道合流点设置减速让行标志和标线；在右转导流岛直右交通流分流端设置两侧通行的标志；在可能引起车辆误入的右转匝道出(入)口的导流岛上设置禁止驶入标志；根据停车线的位置和交通流分流点的位置设置导流箭头。

(6)检查平面交叉口各流向交通流是否通畅，交通流线是否明确，对较为复杂或容易引起误解的交通流线设置渠化标线。检查各交通流冲突点的路权是否得到明确，交通冲突的严重性是否得到缓解，冲突点的位置是否得到有效分离和固定，对于不满足设计要求的设计作相应的调整，直至满意为止。

三、优化设计案例

在下面优化设计案例中，笔者以曾经做过的平面交叉口优化设计为例，分析传统的、常用的渠化设计存在的交通安全问题，并提出改善意见，供设计者参考使用。

1. *左转弯车道设计*

(1)原设计方案

图 8-55 所示为一设计速度为 80km/h 二级干线公路的平面交叉口入口，相交公路为县乡公路，为了提高左转效率，设置了左转弯车道。

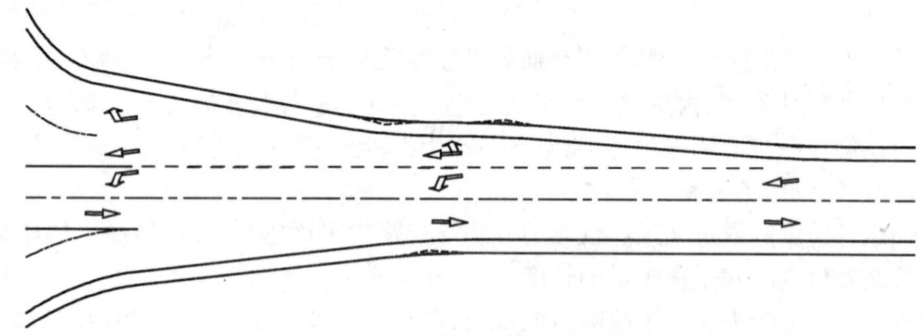

图 8-55 左转弯车道原设计方案

(2)危险因素分析

原设计方案中下行方向入口左转弯车辆不需要改变行车方向，而直行车辆则需要通过向右偏移的方式从直、左混合车流中分离出来。这不符合主线直行优先的原则和驾驶员的驾驶习惯，容易使得直行车辆驶入左转弯车道，造成安全隐患。从保证交通流驾驶行为的连续性和安全性角度分析，应采用左转弯车辆改变驾驶行为从直行车流分流出来的方式，尽量避免强制改变直行车辆行驶方向。

(3)优化设计方案

采用如图 8-56 所示鱼肚皮的左转弯车道渠化方式，先按照左转弯车道小节中所推荐的渐变率逐渐偏转主线的行驶方向，直至偏转左转弯车道的宽度，让左转弯车辆从混合交通流中分离出来，在左转弯车道内从容地减速和等待通行。这样既能保证直行交通流的安全顺畅通行，又符合车辆分流习惯，避免直行车辆误入左转弯车道，消除原设计方案中的安全隐患。其优化方案，如图 8-56 所示。

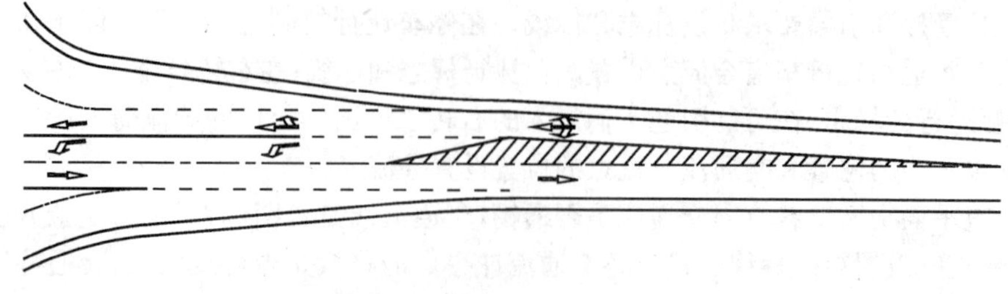

图 8-56 左转弯车道优化设计方案

2. 斜交丁字平面交叉口设计

(1)原设计方案

该平面交叉口为主线和主线连接线形成的斜交丁字平面交叉口(见图 8-57)。横向为道路主线,双向两车道、设计速度为 80km/h。竖向为一县城的连接线。两条道路斜交的角度为 50°,主线外侧拓宽后设置了左转弯车道。

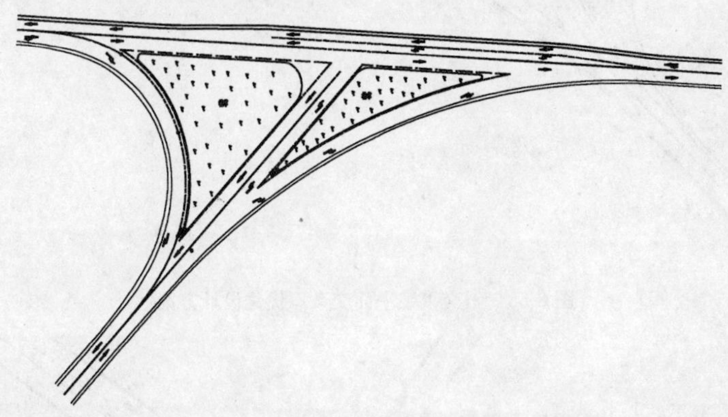

图 8-57　斜交丁字平面交叉口原设计方案

(2)危险因素分析

该平面交叉口与上个案例一样,也存在左转弯车流直行、直行车流向外侧偏转分流的安全隐患。

该平面交叉口交角为 50°,过小的斜交角度会导致转弯车辆需要较大区域完成转弯运动和视距受限,并且斜交增加了次要道路车辆穿越主流车辆的时间,应该将交叉角度控制在 70°～90°之间,并尽量为直角。

(3)优化设计方案

首先,在无法调整平面交叉口的位置、使两条公路垂直相交的情况下,计算支线设计速度允许的曲率,以此曲率局部调整支线公路入口的线形,变直线为曲线,使支线与主线近似直交。

左转弯车道采用图 8-58 所示鱼肚皮的左转车道渠化方式,为了避免出现出(入)口直行车道位置不对应的情况,出口位置也随入口向外侧拓宽,左转弯车道对应的出口区域用导流岛渠化填充,优化方案如图 8-58 所示。

3. 畸形平面交叉口设计

(1)原设计方案

如图 8-59 所示,该平面交叉口为一畸形交叉口。横向为道路主线,双向两车道、设计速度为 80km/h。竖向为支线,交通流量不大,但横穿的比例较高,交通组成以行人、非机动车和摩托车为主,是附近村庄的主要出入口。上方入口为窄桥,不具备拓宽渠化条件;下方入口由于受到民宅的影响,不具备调整为垂直相交的条件,只能采用斜交的方式。

原设计中通过拓宽主线入口设置了两条车道,下方入口处的设计使得车辆能够提前左转,避免了转弯半径的不足。

(2)危险因素分析

原设计中,下方入口采取了提前左转的通行方式。此种设计有效规范左转分流点的位置,

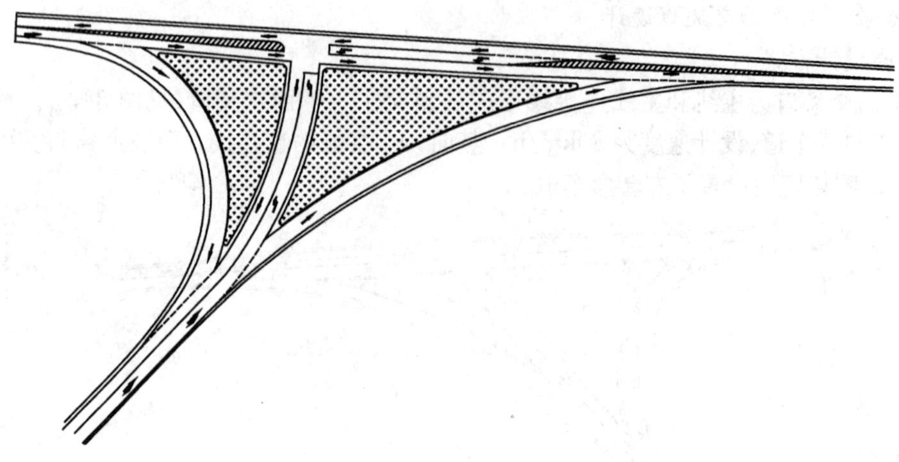

图 8-58　斜交丁字平面交叉口优化设计方案

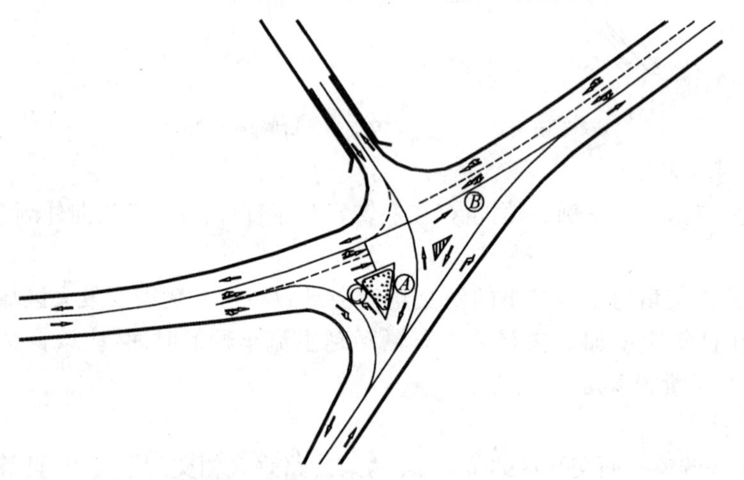

图 8-59　畸形平面交叉口原设计方案

也不符合驾驶员转弯习惯，应该避免此种类型的设计。

原设计渠化图中，标注 A 处的宽度达到 6m 多，过宽的车道空间可以使得两辆车在同一车道并行，路权不清，容易引起刮擦事故。依据该点转弯半径，车道宽度取值 4.0～4.5m 即可满足大型车转弯需求。

原设计主线的左侧入口为一个直行车道和一个直左车道，按照出(入)口车道对应的原则，出口也应设置两条车道，而在 B 点之后，仅有一条车道可以使用，这就需要外侧车道车辆在没有过渡缓冲的情况下在 B 点并入内侧车道，如果不能在 B 点顺利合流，则该车道车辆就容易与下方入口的右转车流发生冲突。而且按照原设计方案，B 点还是主线右侧入口左转弯车辆经过的区域。由此，可以看出，设计中 B 点存在着严重的交通冲突，将来有可能成为事故多发地点。

主线右侧入口为直左和直右两条入口车道，根据车道数量和车道位置对应原则，出口也应该为两条车道，而实际情况是，出口仅为一条车道，而且两侧不具备拓宽设置两条出口车道的条件。

(3)优化设计方案

①由于支线大型车比例很小，可取消下方入口左转交通流的提前左转的设置。

②主线右侧入口方向左转弯车辆调整在交叉点附近左转通行。

③将 A 点的宽度由原来的 6 m 缩减为 4.0～4.5m。

由于转弯交通流量不大，且交叉口四周拓宽受限，在出口不具备拓宽设置两条出口车道而使其与入口车道数量和位置对应的情况下，可保持主线交叉口入口车道与路段车道数量一致，将入口两车道调整为一条车道。其优化方案如图 8-60 所示。

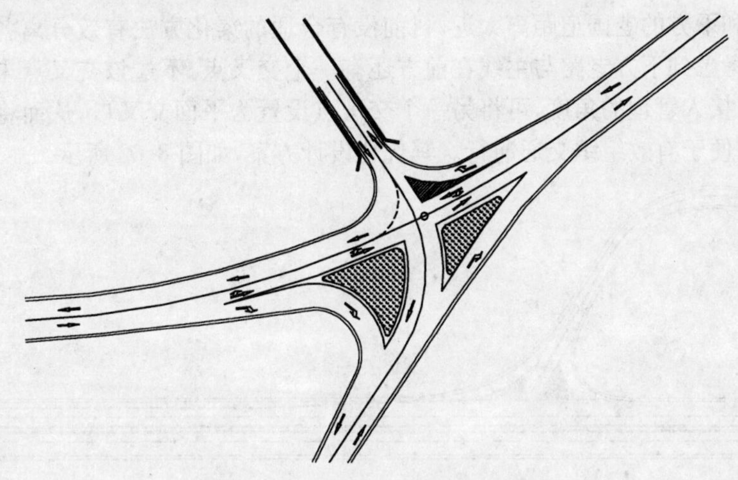

图 8-60　畸形平面交叉口优化设计方案

4. 可分离式平面交叉口设计

(1)原设计方案

可分离式平面交叉口横向为道路主线，双向四车道、设计速度为 60km/h。竖向为支线，主线下方为老国道，与主线的距离很近，其四周散居着民居，由于新线的修建，老国道改为服务村民的地方道路。其设计方案，如图 8-61 所示。

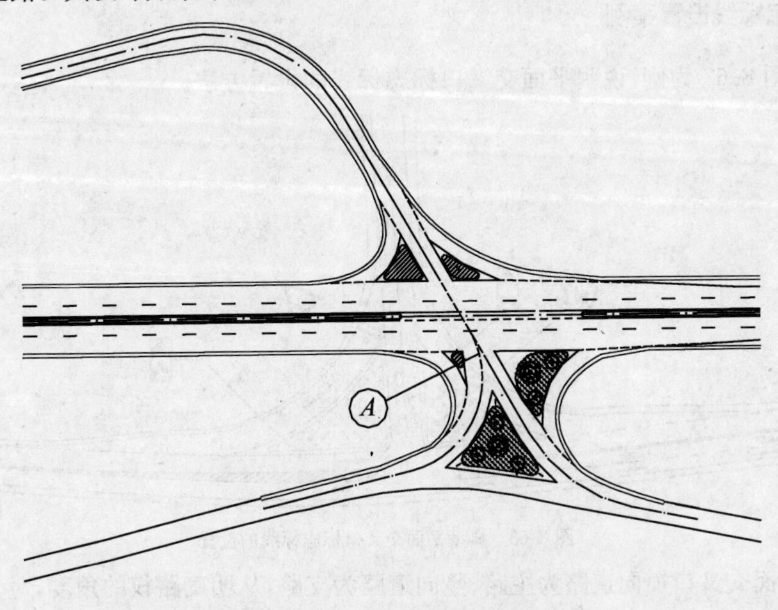

图 8-61　可分离式平面交叉口原设计方案

(2)危险因素分析

原设计方案中,虽然能够实现交叉口通行的目的,但 A 点附近的冲突点没有得到有效分离,路权未能明确,当交通流量较大时,容易引起交通安全和交通堵塞问题,而且该设计方案使得后期的指路标志设置非常困难。

(3)优化设计方案

由于主线和下方的老国道距离太近,目前没有合适的渠化方法有效分离各交通流形成的交通冲突点。考虑到下方老路与主线在前方还有一个交叉点,不过该交叉点未设置平面交叉口,从出(入)口接入管理的角度,可将另一个交叉点设置为平面交叉口,从而将该交叉口拆分为两个交叉口,便于有效组织交通通行。其优化设计方案,如图 8-62 所示。

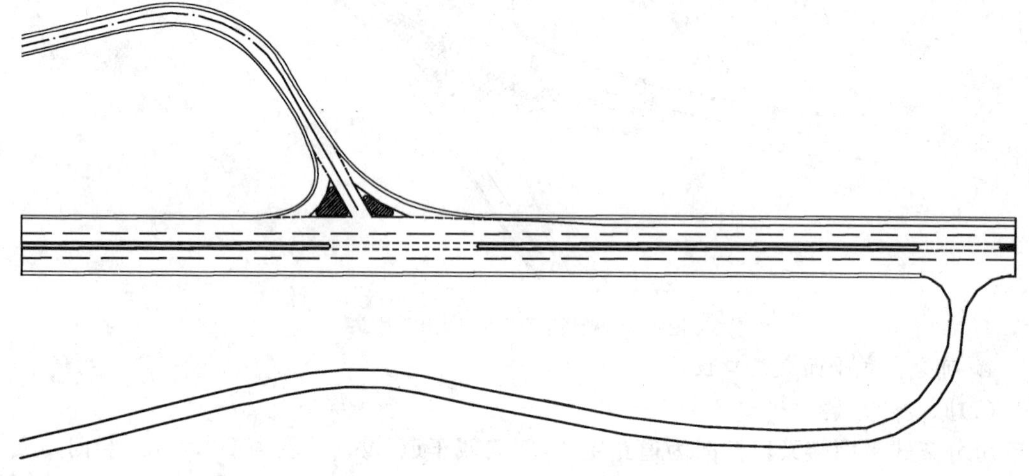

图 8-62 可分离式平面交叉口优化设计方案

四、标志标线设置案例

下面以图 8-63 为例,说明平面交叉口标志标线的设置方法。

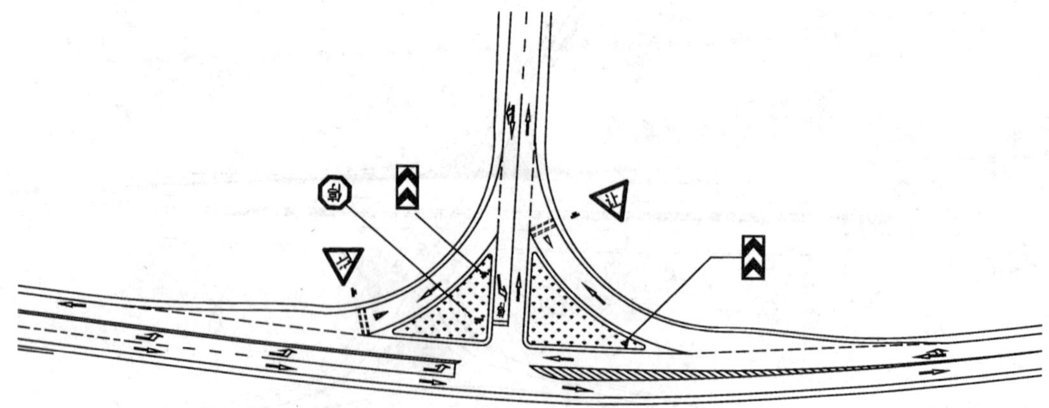

图 8-63 典型平面交叉口标志标线的设置

(1)该平面交叉口横向道路为主路、竖向道路为支路,从明确路权的角度,对支路实施停车让行控制,在入口车道端头设置停车让行标志和停车让行标线。停车让行标志设置于距离停车点最近的导流岛上,以不影响直行车辆通行为准。

(2)为了提高主路左转弯车辆行驶安全性,同时也为了提高主路的通行能力,在左侧入口通过拓宽设置了左转弯车道。为了保证主路直行车道出(入)口位置对应,将左转弯车道对应的出口区域用渠化标线设置为渠化岛。

(3)由于该平面交叉口自行车和行人很少,所以不设置人行横道。

(4)由于主路左转交通路权低于对向行驶的直行交通流的路权,因此,在左转弯车道入口设置停车线。停车线的设置位置在不影响转弯半径和不干扰其他交通流的情况下,尽量靠近交叉点设置。

(5)在右转交通流与主线交通流的合流点处,由于右转交通流的路权低于直行交通流的路权,且两交通流的冲突并不严重,因此,在此点对右转弯车辆实施减速让行控制,设置减速让行标志和减速让行标线。

(6)将第 1 组导向箭头设置于停车线或入口车道结束位置后方 5m 的位置;第 2 组导向箭头设置于导向车道的起始位置;第 3 组导向箭头作为预示导向箭头距离第 2 组导向箭头 30~70m 的位置设置。同时在右转分流点前方 10m 布设一组导向箭头,指导车辆右转。

(7)为了给车辆以明确的诱导,防止车辆撞上渠化岛,在渠化岛的分流端设置两侧通行的标志。

(8)最后检查、补充,完成标志标线设计。

参考文献

[1] The Institute of Transportation Engineers and The Federal Highway Administration. Toolbox on Intersection Safety and Design,2004.

[2] U. S. Department of Transportation. Manual on Uniform Traffic Control Devices,2003.

[3] 东南大学. 公路平面交叉口几何安全设计技术指南,2007.

[4] 周蔚吾. 公路平面交叉优化设计. 北京:知识产权出版社,2006.

第九章　交通冲突技术

第一节　概　　述

交通冲突技术(Traffic Conflicts Technique),简称 TCT,是国际交通安全领域普遍应用的一种非事故指标评价方法。1968 年,通用汽车公司的两名研究人员第一次提出了交通冲突的概念,并将交通冲突作为交通安全评价的一种方法。随着技术体系的不断成熟和发展,交通冲突技术获得了国际交通安全工作者的认同和青睐。时至今日,交通冲突技术已经是交通安全评价和研究领域内最经常使用的技术手段之一,并且建立了技术研究合作组织——国际交通冲突技术委员会(ICTCT)。从 20 世纪 70 年代起即开始经常组织国际间关于交通冲突技术的交流与协作,这更加促进了交通冲突技术的发展。

交通冲突技术的优势,在于它规避了通常的应用交通事故为指标的评价方法中存在的"小样本、长周期、影响因素多"等一些难以回避的问题和缺陷,而是通过定义可测量、可观测、可记录的交通冲突,经过严密的论证后建立完善的观测与分析理论,实现可控、定量的分析,是一种"大样本生成、快速定量、高可信度"的微观交通安全评价方法,尤其适用于前后对比分析和效果评价。国际交通安全界对这一技术的评价很高,甚至有专家认为交通冲突技术的出现是 20 世纪交通安全评价领域内的一次革命。

第二节　交通冲突技术基本知识

一、交通冲突技术的定义

顾名思义,交通冲突是指不同的交通参与者之间在时间和空间上产生了相互干扰,并且迫使交通参与者采取避让行为的一种交通状况。从交通冲突的含义可以知道,交通冲突是一种有可能导致危险后果的多个交通对象参与的干扰状况,交通冲突的发生将明显地使道路使用者感觉到发生事故的可能性。交通冲突的重要判别标准,是参与事件的双方中至少一方不愿意被牵涉进干扰之中,并且采取了有意识的避让行为。也就是说,在一次交通冲突过程中,至少有一个交通参与者的交通行为发生了变化,而这种变化是可以观测和记录的。

正因为交通冲突是可以观测、识别和记录的与安全相关的独立事件,因此可以通过较短时间的观测采集到足够数量的数据样本，能够保证评价分析的结果具有较高的置信度。但是以交通冲突作为交通安全评价的指标，还需要解决一个重要的问题，即驾驶员规避其他交通参与者的情况很多，但是大多数并不存在诱发交通事故的危险，而是属于正常驾驶过程中的行为。比如驾驶者远远地看到行人横穿人行道时采取了减速避让的操作，由于操作充分，并不会发生严重的后果。而交通安全评价的最终目的是减少交通事故，如果交通冲突分析中包含了这些不会诱发危险的冲突，则必然会夸大发生交通事故的可能性，从而影响交通安全评价的准确性。因此，仅仅以交通参与者受到干扰并采取了避让行为作为交通冲突的定义是不全面的，至少是不符合交通安全分析和评价要求的。

采用交通冲突作为安全研究指标的重要前提，是一定数量的交通冲突和事故之间必然存在着某种相对固定的换算关系。通过常识性的判断，我们知道，交通冲突本身的严重程度是不同的，其中只有最严重的那部分才是危险的交通状态，也就是如果交通参与者没有及时作出正确的反应就会发展为成为交通事故。因此，交通冲突的严重程度是决定是否能被用于交通安全分析的关键因素。国外将能够评价安全状态的严重的交通冲突称为"near-collisions"，也就是近似事故。这一部分严重的冲突事件仅占全部交通冲突很小的一部分，如图 9-1 所示。

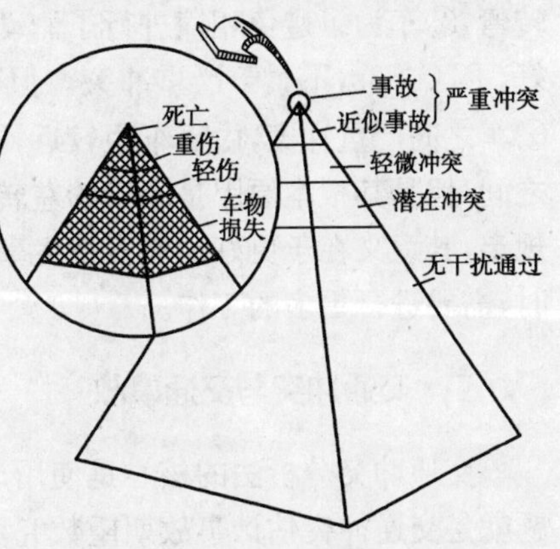

图 9-1　交通基本事件及其相互关系

因此，应用于交通安全分析和评价的交通冲突定义除了规定冲突的外在特征之外，还必须对冲突事件的严重程度予以分类，并且必须定义出一般冲突和严重冲突之间的界限值。

能够客观地量度冲突严重性程度的基本方法有以下几种：

(1)道路使用者之间的空间距离；

(2)时间距离；

(3)为避让事故所需要的减速度。

选择"距离"作为度量参数，在实际应用中是十分直观且合乎逻辑的。冲突双方之间的距离越小，则发生事故的可能性就越大。但是使用距离作为判断标准存在着一些理论或实际操作上的问题：

(1)如果冲突速度很低，即使距离很小，发生事故的可能性也不大。

(2)在一些特殊情况下，不同交通参与者之间的距离小未必意味着不安全。例如，两车相互垂直交叉的时候，较小的距离也能保证安全通过。

如果使用为避让事故所需要的减速度作为判断标准，则无法涵盖驾驶员通过紧急转向来避免事故的情况，而且测量减速度需要比较复杂的设备，在实际操作中难度也比较大。因此，目前国际上通行使用"Time to Collision"(简称 TTC，距事故发生的时间)作为严重性的判别标准。TTC 是道路使用者逼近相撞点的实际速度与距离的时间矢量对事故点的投影，它综合反映了距离和速度的因素，避免了低速下判别难的问题，而且以时间作为参数在实际观测中也便于操作。

一般冲突和严重冲突之间的界限值的确定是一个比较复杂的问题，超出了本书的范围，本书仅给出国际上比较认可的结论。一般而言，TTC＜3s 时即认为是一次严重的有可能导致交通事故的冲突。需要特别说明的是，这 3s 的时间是从驾驶员作出反应开始至碰撞点的时间，在这个时间段内一般是一个减速的过程。如果不考虑交通参与者的减速过程，仅以冲突前的初始速度计算的话，界限值则为1.5s 左右。当然这仅仅是一种通常意义上的结论，随着交通条件的变化，界限值也应进行相应合理的调整。

综上所述，应用于交通安全评价的交通冲突定义为：不同的交通参与者之间在时间和空间上产生了严重的相互干扰，迫使至少一个交通参与者采取了避让行为，且 TTC＜3s 的一种危险的交通状况。

从定义的角度，交通冲突仅仅是一种外在的表征，导致冲突的原因还需要进行更加深入的分析。以图 9-2 为例，①车左转弯，②车为了避免相撞进行了制动，由于①、②车之间视距良好，TTC＞3s，不属于严重冲突。但是②车的制动导致了③与②车之间严重冲突，由于车距较近，TTC＜3s。从定义的角度看，交通冲突发生在②车和③车之间，但是其根本原因是①车的左转弯行驶。因此交通冲突的定义仅仅是对严重程度作出了规定，其意义在于更好地代表发生事故的风险，但是在应用交通冲突进行交通安全评价或分析时，需要进行更多的工作。

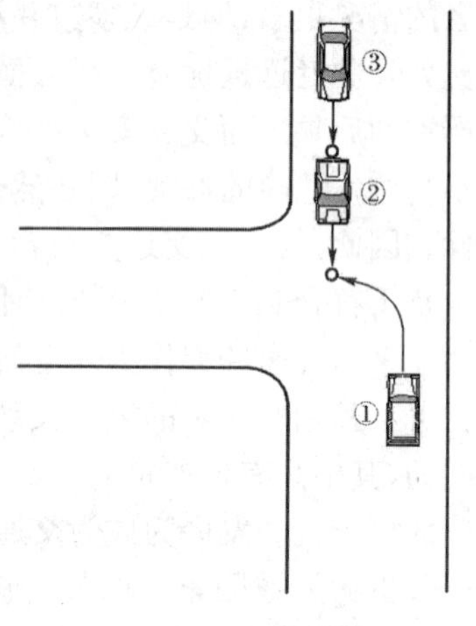

图 9-2　交通冲突事件示例

二、交通冲突与交通事故

交通冲突分析法的核心是使用严重冲突代替交通事故作为分析对象，那么一个重要的问题就是交通冲突估计事故期望数究竟准确度如何？

根据定义，交通冲突是一种“近似事故”的危险的交通状态，但是仅有很少的一部分交通冲突会演化为交通事故，而且完全是随机的，因此尽管交通冲突是一种很危险的交通状态，但是并不能直接等同于交通事故概率。根据国外交通安全技术界“如果一个关于安全性估计的技术方法将产生一个方差的无偏估计，则称此技术方法是有效的”的观点，技术人员对采用交通冲突技术估测交通事故数量的有效性展开了长时间的研究。

研究的方法是选取一定数量的特征路段或交叉口，搜集交通事故数值和冲突值，通过分析有关运算变量的数据，确定严重冲突与事故之间关系的变化规律。这种研究方法的基本假设为：“在严重的交通冲突和事故的关系中存在一个真值”。下面以瑞典研究人员针对交叉口交通冲突与交通事故换算系数的研究为例，探讨交通冲突技术的有效性。

$$换算系数=\frac{单位时间的事故数量}{单位时间的冲突数量}$$

换算系数能够直观地表达交通冲突和交通事故之间的对应关系，是否存在稳定可靠的换算系数能够用来判断交通冲突分析方法是否是有效的。

根据研究，换算系数与交通的形式有很大的相关性，对于交叉口而言，是否存在直行交通流是至关重要的，这与人们直观的经验是相符的。因此根据交通流的特征将交叉口分为两个类别，如表 9-1 所示。

交 通 分 类 表 9-1

交通分类	描 述
1	低速交叉口与只有转弯车的高速交叉口情况
2	至少有一方直行车的信号灯交叉口情况

研究人员选取50个位于不同地区的交叉口进行了分析，发现换算系数的趋势是一致的，并确定了换算系数的置信区间和理论推荐值，如表9-2所示。

交叉口冲突与事故之间的换算系数(10^{-5}) 表 9-2

换算系数	机动车-机动车	机动车-无装置保护者
交通分类1	3.3×10^{-5} $(2.2\sim6.0)\times10^{-5}$	15.5×10^{-5} $(12.7\sim19.1)\times10^{-5}$
交通分类2	12.1×10^{-5} $(9.4\sim16.3)\times10^{-5}$	86.9×10^{-5} $(70.4\sim106.9)\times10^{-5}$

注：采用的交通事故样本为发生人员损伤的事故，括号内的值是在90%置信度水平下的置信区间值。

根据研究，严重的交通冲突数量与交通事故数量具有鲜明的相关性，不同交叉口的换算系数具有良好的一致性，这说明了交通冲突与交通事故之间存在密切的联系，甚至可以认为对于特定的交通分类，存在理论上的真正的换算系数使交通冲突和交通事故呈现线性相关的关系，这说明了用交通冲突代替交通事故作为安全性评价的指标是可行的。但是受数据样本大小的限制，理论上的换算系数是不可能获得的，而且交通分类的复杂性决定了换算系数的多样性，例如十字交叉口的换算系数不能用于环岛交通事故数的估测，有自行车交通交叉口的换算系数不能用于无自行车交通的交叉口。因此使用交通冲突预测或评估交通事故发生的概率是不现实的。

综上所述，可以获得以下结论：

(1)使用交通冲突作为安全性评价的指标是完全可行的。

(2)在无法确定足够精度换算系数的情况下，交通冲突不能用于估算交通事故的水平。

三、交通冲突技术的适用范围

交通冲突分析法是一种间接分析法，它通过对严格定义的交通事件进行观测和分析来评价特定路段的交通安全水平或状况。相对于直接采用交通事故作为指标的评价方法，交通冲突分析法并不直接面对交通安全最关心的指标——交通事故，因此，交通冲突技术的使用具有局限性。在选择交通冲突技术作为评价工具的时候，需要注意以下几个问题：

(1)由于交通冲突的次数与交通事故的数量之间的换算系数很难获得，因此，交通冲突分析法对于预测交通事故率或者其他的交通安全指标并不能起到很好的效果。交通冲突分析法更加适用于交通安全水平的相对性评价，例如事前-事后评价或者是安全改造措施的效果评价等。

(2)交通冲突技术着眼于不同交通参与者之间在空间或时间上的相互干扰，是一种描述多个交通参与者相互之间危险程度的一种技术。交通冲突技术没有包含单个交通对象危险状态以及车辆与道路不谐调的内容，因此交通冲突分析的结果仅仅能说明发生在多个交通参与者之间的危险。

(3)交通冲突技术依赖于对现场的交通冲突观测，不能脱离具体的道路环境。而且交通冲突是独立的单一事件，不能用来描述一个连续的交通安全过程。

交通冲突在技术本质上是交通安全研究中可以选用的一种工具,在使用交通冲突技术进行安全研究之前,应该分析研究的目的和道路的环境。如果存在上述的问题则不宜采用交通冲突这个分析工具,否则有可能导致不全面或者错误的结论。

因为交通冲突技术的使用具有上述的局限性,所以比较适用于对于道路某一点的多车事故分析。最符合交通冲突技术使用条件的是交叉口、进出口等存在大量交通交织的路段。目前,交通冲突技术也开始被应用在路段上分析多车事故出现的规律。在交通安全研究中,交通冲突经常用于分析存在的交通安全隐患的类型和危险程度。

第三节　交通冲突观测

交通冲突技术的本质,是采用可观测的交通冲突代替交通事故数据进行安全性分析。相比传统的依赖于交通事故的分析方法而言,交通冲突技术具有很大的优势。这是因为系统的观测交通事故的发生过程是极为困难的,技术人员只能通过交警部门的记录推测事故的概况,而交警部门事故记录所包含的信息是不够充分的,特别是轻微事故经常没有记录,导致事故样本不全,对安全评价的结果产生不利的影响。而且交通事故是小概率事件,在一次交通安全研究中,往往需要 3～5 年的历史数据才能够满足要求,而在这么长的时间段内,会有很多影响因素发生变化,如交通量的增减、交通法规的变化或是交通对象属性的改变(如车型比例的改变),因此交通事故数据已经受到了种种因素的影响,这会影响安全研究的准确性和科学性。相比之下,获取足够数量的交通冲突需要的时间比较短,而且通过录像等手段,所有交通冲突可以反复观测、再现和分析,可以保证数据的完整性和规模,有利于短时间内获得足够精确的结论。应用交通冲突技术代替交通事故直接分析方法的前提,是进行有效、精确和科学的交通冲突事件观测。

一、交通冲突事件的观测

交通冲突事件的观测是对特定的道路和交通环境进行观察,识别其中发生的交通冲突事件,并将安全分析需要的数据记录下来。根据定义,TTC＜3s 的严重交通干扰作为交通冲突事件,而 TTC 的时间是很难进行精确掌握和观察的,通常的做法是识别交通中的突变行为,如紧急制动、剧烈的转向等。实践表明,这种行为的出现往往意味着一次交通冲突的发生,而且其实际上的 TTC 也符合交通冲突的定义。

应用交通冲突技术进行交通安全研究,必须获得足够的交通冲突观测记录。如果数据不充分,有可能导致某一类型的安全隐患被忽略。因此交通冲突观测应至少进行 2～3d 以上,一般应持续 4～6d,观测日期的选择应考虑交通量在一周内的变化,选择交通量比较高的时间进行观测;对于每天观测的时段选择应涵盖早高峰和晚高峰时段,必要时还应包括夜间的观测。对于某一特定的路段,至少需要 30 个以上独立的交通冲突事件才能够满足进行交通安全研究的需要。在条件允许的情况下,应尽可能地获得更多的交通冲突事件观测记录。

每一个交通冲突事件都有其诱因,而这些诱发因素往往也是导致交通事故发生的因素,因此交通冲突观测中要尽可能地包含比较全面的信息。这些信息对于分析不利于安全的因素和进行交通安全评价是十分重要的。一般来说,在交通冲突观测中要记录以下内容:

(1)交通冲突发生的地点;

(2)交通冲突中涉及的交通对象类型；

(3)交通冲突的类型；

(4)交通冲突的严重程度；

(5)交通冲突发生的时间；

(6)交通冲突发生处道路的情况；

(7)交通冲突发生时的天气状况；

(8)交通冲突发生时段的交通量；

(9)交通冲突发生的原因及过程描述。

交通冲突的观测有两种常用的方法，即录像法和现场人工观测法。录像法是在现场选择合适的高处安放摄像机，对交通状况进行持续的录像，然后在室内放映，由专业的人员识别交通冲突并记录下相关信息的方法。现场人工观测法是由经过专门训练的技术人员在现场进行观测，凭借专业知识和经验识别出现的交通冲突，并判断交通冲突包含的相关信息，在现场进行记录。

人工观测法具有较大的机动灵活性，准备时间短，操作简单，而且观察员能够直观地观察到冲突发生时的声响或其他明显的反应，对于正确判别交通冲突事件十分有利。人工观测法的缺陷是现场的情况无法保留，而且对观察员的要求很高，他们不但要具备专业知识的水准，而且还需要能够较长时间地保持精力的集中。而录像法可以反复倒带，随时定格，而且可以多人共同观察，对于交通冲突的确定和分析会更加准确。此外，录像带可以保存，并可以随时进行进一步的分析。录像法的缺陷是大型车辆会遮挡住镜头，有可能错过一些重要的冲突事件，而且动用的设备和人员比较多。

交通冲突技术在交通安全评价中主要用来分析是否存在交通安全隐患，以及交通安全隐患的类型和存在的原因，并不要求对可能发生的事故数量进行定量的描述。因此在交通安全评价过程中，选择不利的交通状态进行集中观测，获得较充分的冲突状态描述即可，对于样本的数量没有过高的要求。由此看来，训练有素的观察员进行现场观测即能够满足交通安全评价的要求，但是在交通流量比较低或野外观测不便利的条件下也可以考虑采用录像法。

交通安全评价过程中进行交通冲突观测时，应该选择高峰时段进行观测；对于夜间应安排单独的观测；如果评价路段存在雾、雪等不利的气候条件，应在恶劣气候条件下进行观测。通过观测，以获得各种条件下的交通冲突数据，确保交通安全评价能够涵盖各种不利的交通状况。

二、交通冲突观测记录

交通冲突观测记录是进行交通安全研究的基础信息，采用现场观测法时无法对交通冲突发生的过程进行回溯，如果记录不全就会导致信息的缺失，因此认真地记录和妥善地保留交通冲突事件的内容显得尤为重要。一份完善的交通冲突记录应该包括上一部分中要求的必要观测活动获得的全部结果，而且要便于分析处理。目前普遍采用表格的方式进行记录。

交通冲突记录表，应该包含以下内容：

(1)交通冲突的观测人员；

(2)观测的日期、观测路段的桩号；

(3)交通冲突发生的地点；

(4)交通冲突中涉及的交通对象类型；

(5)交通冲突的类型；

(6)交通冲突的严重程度；

(7)交通冲突发生的时间；

(8)交通冲突发生处道路的情况；

(9)交通冲突发生时的天气状况；

(10)交通冲突发生时段的交通量；

(11)交通冲突发生的原因及过程描述；

(12)记录表格的编号。

不同类型的评价路段需要设计不同形式的记录表格，本书以平面交叉路口为例，设计比较典型的交通冲突记录表，为读者提供参考。

表 9-3 是针对十字平面交叉路口设计的交通冲突记录表，每一张表格记录一次交通冲突事件，不但表格中的内容能够满足交通安全评价的要求，而且记录方便，便于现场操作。

十字平面交叉路口交通冲突记录表 表 9-3

<table>
<tr><td>路 段 桩 号</td><td colspan="3"></td><td colspan="3">表 格 编 号</td><td></td></tr>
<tr><td>日期</td><td colspan="3"></td><td colspan="3">天气</td><td></td></tr>
<tr><td rowspan="2">交通量(小时)</td><td>交通流方向</td><td colspan="2"></td><td colspan="3">折算交通量</td><td></td></tr>
<tr><td>交通流方向</td><td colspan="2"></td><td colspan="3">折算交通量</td><td></td></tr>
<tr><td>观测员</td><td colspan="2"></td><td colspan="3">观测点(标示在简图上)</td><td colspan="2"></td></tr>
<tr><td>冲突发生时间</td><td colspan="2"></td><td colspan="3">交通冲突类型</td><td colspan="2"></td></tr>
<tr><td rowspan="4">冲突车辆类型</td><td>车辆编号</td><td colspan="5">车辆类型</td><td>备注</td></tr>
<tr><td>1</td><td colspan="5">□大型车 □中型车 □小型车</td><td rowspan="3"></td></tr>
<tr><td>2</td><td colspan="5">□大型车 □中型车 □小型车</td></tr>
<tr><td>3</td><td colspan="5">□大型车 □中型车 □小型车</td></tr>
<tr><td rowspan="4">避让行为</td><td>车辆编号</td><td colspan="5">避让行为</td><td>备注</td></tr>
<tr><td>1</td><td colspan="5">□紧急制动 □突然转向 □加速</td><td rowspan="3"></td></tr>
<tr><td>2</td><td colspan="5">□紧急制动 □突然转向 □加速</td></tr>
<tr><td>3</td><td colspan="5">□紧急制动 □突然转向 □加速</td></tr>
<tr><td rowspan="2">冲突严重程度</td><td colspan="4" rowspan="2">□TTC∈(2.0～3.0s)
□TTC∈(1.0～2.0s)
□TTC∈(0.0～1.0s)</td><td colspan="3">备注</td></tr>
<tr><td colspan="3"></td></tr>
<tr><td colspan="5">冲突过程简图</td><td colspan="3">冲突过程简单描述</td></tr>
<tr><td colspan="5"> 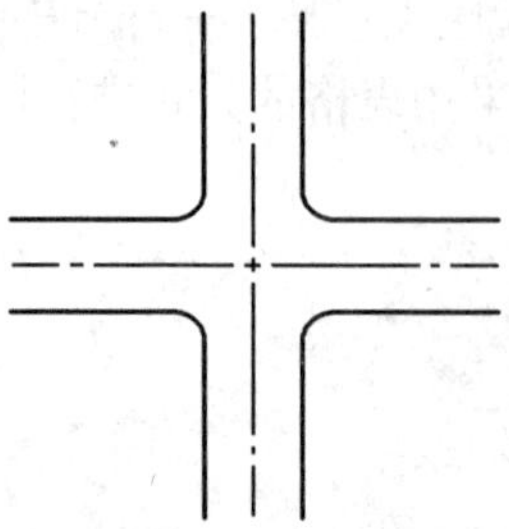</td><td colspan="3"></td></tr>
</table>

下面以图 9-3 所示的交通冲突为例，探讨如何填写《交通冲突记录表》(见表 9-4)。

通过表 9-4 中记录表中的信息能够完整地还原图 9-3，说明交通冲突记录表设计的目标已经达到了。在设计其他类型路段的交通冲突记录表时，也应以回溯交通冲突的完整全过程为设计的目标。同时应根据不同的应用要求补充相关的记录参数，比如高速公路交织区速度是与冲突相关的重要参量，因此在配备测速仪器的条件下，应在设计表格时包含车辆速度记录的内容。

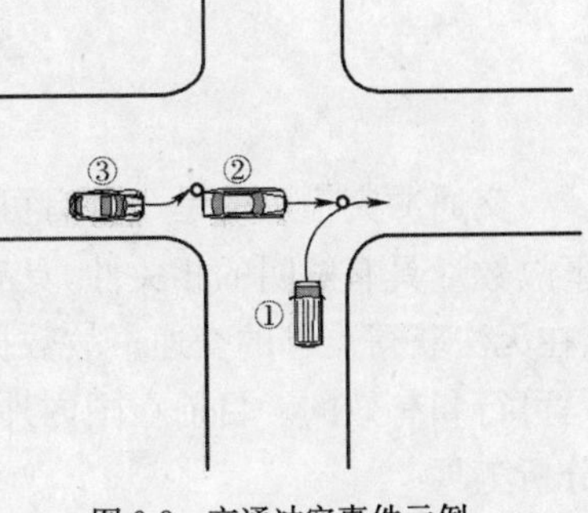

图 9-3　交通冲突事件示例

交通冲突记录表填写示例　　表 9-4

<table>
<tr><td>路段桩号</td><td colspan="2">S702 K10＋500(×××平交口)</td><td>表格编号</td><td>K10500—011</td></tr>
<tr><td>日期</td><td colspan="2">2006 年 10 月 8 日</td><td>天气</td><td>多云(路面干燥)</td></tr>
<tr><td rowspan="2">交通量(小时)</td><td>交通流方向</td><td>S702 东西方向</td><td>折算交通量</td><td>200</td></tr>
<tr><td>交通流方向</td><td>X504 南北方向</td><td>折算交通量</td><td>40</td></tr>
<tr><td>观测员：</td><td>×××</td><td colspan="2">观测点(标示在简图上)</td><td>交叉口西南角</td></tr>
<tr><td>冲突发生时间</td><td>7:32</td><td colspan="2">交通冲突类型</td><td>追尾冲突</td></tr>
<tr><td rowspan="4">冲突车辆类型</td><td>车辆编号</td><td colspan="2">车辆类型</td><td>备注</td></tr>
<tr><td>1</td><td colspan="2">■大型车 □中型车 □小型车</td><td rowspan="3">①车超速</td></tr>
<tr><td>2</td><td colspan="2">□大型车 □中型车 ■小型车</td></tr>
<tr><td>3</td><td colspan="2">□大型车 □中型车 ■小型车</td></tr>
<tr><td rowspan="4">避让行为</td><td>车辆编号</td><td colspan="2">避让行为</td><td>备注</td></tr>
<tr><td>1</td><td colspan="2">■紧急制动 ■突然转向 □加速</td><td rowspan="3"></td></tr>
<tr><td>2</td><td colspan="2">■紧急制动 □突然转向 □加速</td></tr>
<tr><td>3</td><td colspan="2">■紧急制动 ■突然转向 □加速</td></tr>
<tr><td rowspan="2">冲突严重程度</td><td rowspan="2" colspan="2">□TTC∈(2.0～3.0s)
■TTC∈(1.0～2.0s)
□TTC∈(0.0～1.0s)</td><td colspan="2">备注</td></tr>
<tr><td colspan="2">①车与②车间 TTC 大概 2.0s；
②车与③车间 TTC 大概 2.0s</td></tr>
<tr><td colspan="3">冲突过程简图</td><td colspan="2">冲突过程简单描述</td></tr>
<tr><td colspan="3">③ ② ①</td><td colspan="2">①车超速由南向北行驶，由西向东的②车在交叉口范围内紧急制动以躲避①车，①车向右急转弯且紧急制动；由西向东行驶的③车尾随②车，在②车制动后也立即制动，同时向左转弯。冲突比较严重，整个过程伴随剧烈的制动声，路面制动痕迹明显</td></tr>
</table>

第四节　交通冲突技术应用

交通冲突描述的是一种有可能导致交通事故的危险交通状态，而且交通冲突数量与交通事故数量具有鲜明的相关性，具有稳定的换算系数，因此使用交通冲突数据代替交通事故数据(在无法获得足够的交通事故数据的前提下)进行交通安全评价和研究，在理论上和技术上都是可行和有效的。目前在国内外，交通冲突技术已经是交通安全研究中经常使用的一种微观分析工具。

在应用交通冲突技术的过程中必须注意的是，交通冲突与交通事故不是等价的，因此不能简单地认为频率较高的交通冲突类型就意味着发生交通事故的概率也越大，必须综合考虑交通冲突的严重程度。因为交通冲突是通过 TTC 定义的，交通冲突越严重，TTC 越小，说明距离发生交通事故越接近。所以，在应用交通冲突技术进行交通安全研究时，必须同时考虑交通冲突发生的频率和严重程度两方面的因素，不能因为冲突的频率低就认为是不重要的事件。

通过对交通冲突的分析能够揭示被研究路段的交通安全规律，但是如果想确定深层次的原因，还需要运用相关的知识，结合道路的特征进行深入的分析。例如，根据冲突的类型和位置判断导致冲突的原因，分析是道路线形设计的问题还是标志标线等交通工程设施缺失；根据交通冲突涉及的交通对象，分析是否充分地考虑到了所有交通参与者的安全需求等等。只有这样才能达到交通安全研究的目的。

交通冲突技术在交通安全研究领域有着很多的应用，目前在交叉口、双车道公里、交织区和弱势交通者等很多领域，已经广泛地使用交通冲突技术作为安全评价和研究的有力工具。

一、平面交叉口

在交通冲突技术产生的最初阶段，几乎完全是用于平面交叉口路段的。时至今日，平面交叉口的安全研究依然是使用交通冲突技术最多的领域。

1. 平面交叉口交通冲突事件的类型划分

交通参与者不同的驾驶行为和位置，会导致不同类型的交通冲突。交通冲突的类型对于交通安全分析具有十分重要的意义，因为交通冲突的类型往往揭示了交通安全隐患的性质以及可能导致的交通事故类型，这对于交通安全完善设计等其他安全工作也具有极高的参考价值。根据导致交通冲突的原因，通常包括下列类型。

(1)左转弯冲突

左转弯冲突是交叉口最常见的交通冲突类型，是左转弯车辆与其他方向的车辆互相争夺共同的空间而导致交通冲突。根据其具体情况又可以分为相对冲突和交叉冲突。相对冲突是相互干扰出现在相同或相对的方向上；交叉冲突是指车辆行驶方向相互垂直的交通冲突。这两种情况，如图 9-4 所示。

(2)垂直冲突

垂直冲突是无信号控制四路(或更多)交叉口比较常见的交通冲突类型,是相互垂直方向的车辆互相争夺共同的空间而导致交通冲突,如图 9-5 所示。

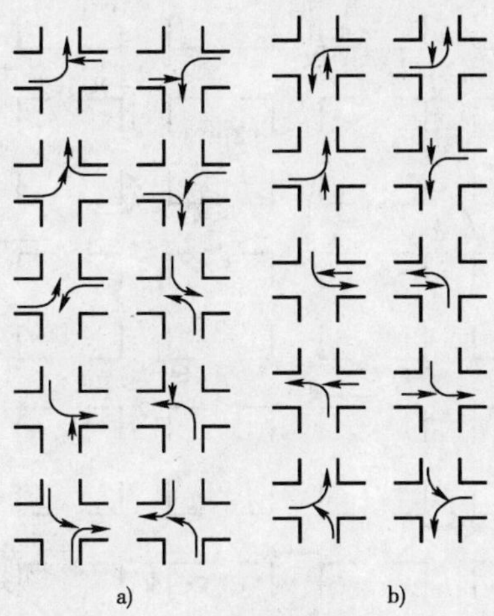

图 9-4　左转弯交通冲突事件图例

a)相对冲突;b)交叉冲突

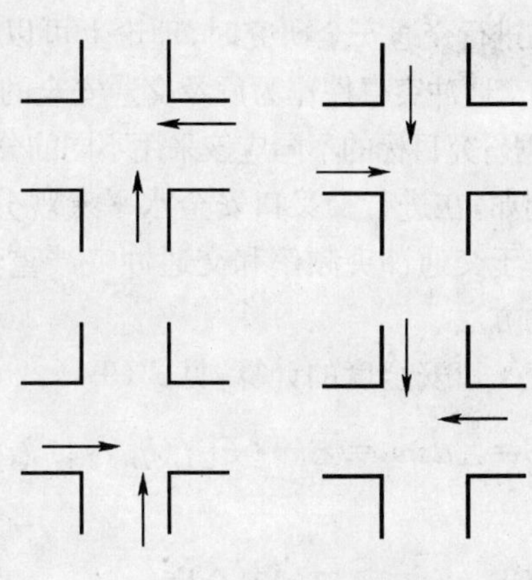

图 9-5　垂直交通冲突事件图例

(3)追尾冲突

追尾冲突在交叉口和道路上都比较常见,是由于前后车辆间的速度和距离不谐调而导致的。其主要的形式如图 9-6 所示。

(4)右转弯冲突

右转弯冲突是右转弯车辆与直行车辆间发生的冲突。由于右转弯冲突通常的表现形式是追尾,因此也有些国家和科研机构将右转弯冲突归入追尾冲突。其主要的形式如图 9-7 所示。

图 9-6　追尾交通冲突事件图例

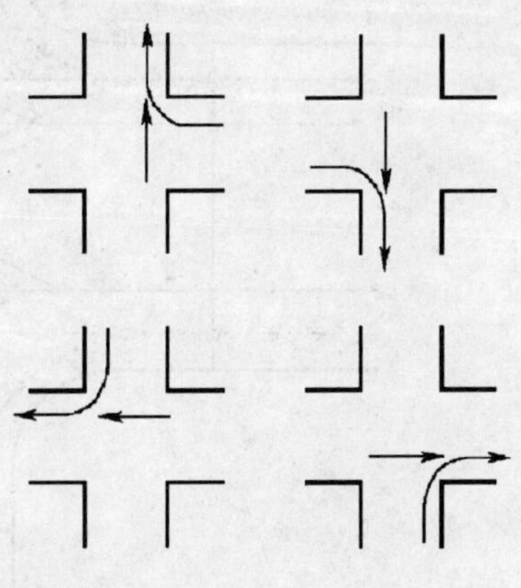

图 9-7　右转弯交通冲突事件图例

(5)行人冲突

行人冲突是行人与机动车之间发生的冲突，常见于人员较密集的交叉口。其主要的形式，如图9-8所示。

2. 平面交叉口交通冲突事件分析

在进行交通安全研究时，理论上可以将观测到的准确的交通冲突事件作为危及交通安全的事件进行处理，根据研究目标的不同应该采用不同的分析方法。

例如，在进行交叉口安全水平宏观分析时，通常采用基于交通冲突频率和交通冲突严重程度计算安全度的方法。

交叉口安全度的计算，见式(9-1)：

$$DS=\sum_{i=1}^{n}dsm_{i}=\sum_{i=1}^{n}k_{i}\cdot F[f(q_{1i},q_{2i}),g(v_{i},a_{i})] \tag{9-1}$$

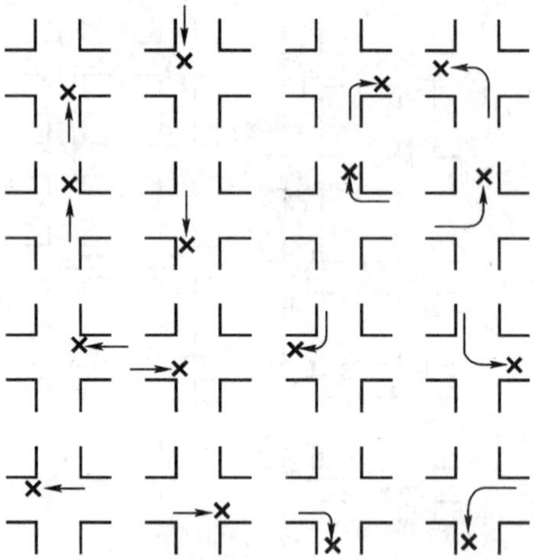

图 9-8　行人冲突事件图例

式中：DS——交叉口的安全度；

n——交叉口内实际的交通冲突点的个数；

k——考虑出行者行为的安全系数；

q_1、q_2——两个方向的交通流率；

α——交通冲突发生的角度。

需要注意的是，式中的 n 指的是交叉口范围内冲突点的数量，而不是观测到的交通冲突事件的数量。通过理论分析能够确认可能存在的交织冲突特征点(见图 9-9)，但是理论分析的结果与实际运行状态未必相同，因此应通过交通冲突观测分析予以确认。

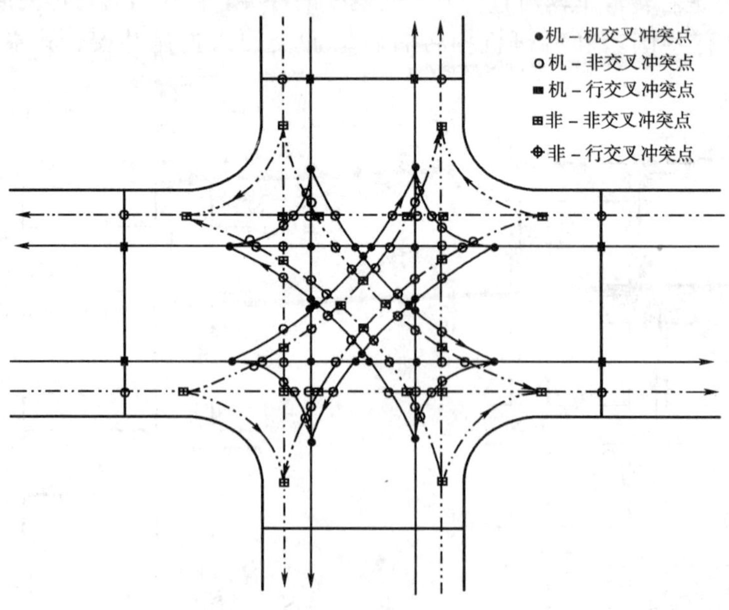

图 9-9　无信号控制交叉口交通冲突特征点汇总示意图

通过对安全度的分析，能够从总体上衡量交叉口的安全水平，在进行交叉口安全性横向分析或事前事后分析的时候是十分有效的工具。此外，通过对不同条件下交通冲突的分布进行研究，可以获得交叉口的安全特性，并用来分析影响交叉口安全性的主要因素，如：

(1)不同时段的交通冲突分布；

(2)不同交通参与者间的交通冲突分布；

(3)不同气候条件下交通冲突分布或对比，如雨天与晴天交通冲突的对比分析；

(4)不同交通冲突类型的分布；

(5)不同严重程度的交通冲突分布；

(6)其他。

在国内外的研究中，也建立了基于灰色理论、BP 神经网络等的分析和预测方法。这些方法在交通安全研究领域内发挥了越来越重要的作用，但是由于内容比较复杂，本书不作详细介绍，请有兴趣的读者参考相关专业书籍。

除了对交叉口的安全性进行分析，应用交通冲突技术的微观分析技术揭示存在于平面交叉口具体的交通安全隐患外，还可以用于分析交叉口产生安全问题的原因，在交通安全评价、事故黑点分析、改建设计方案的制订等方面都是十分有效的技术。

下面以图 9-10 所示的某城市内的平面交叉路口为例，说明交通冲突技术在交通安全评价中的应用。在完善设计等其他交通安全工作中，分析的方法是相似的。

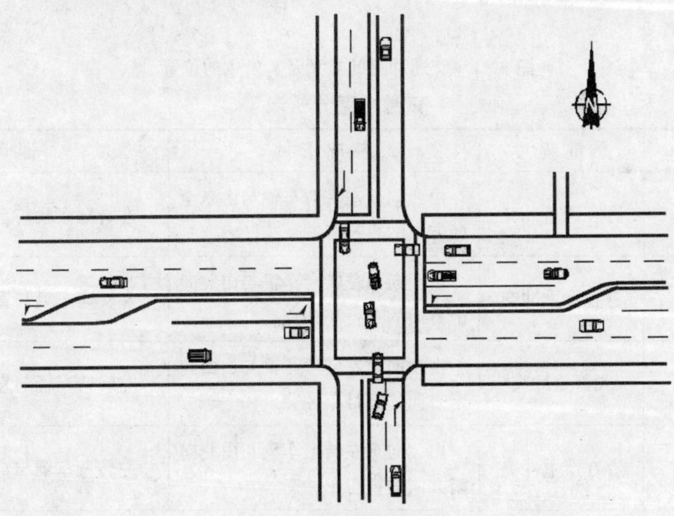

图 9-10　交通冲突分析案例

交叉口的观测记录汇总后总共有 44 条有效的交通冲突记录，根据交通冲突发生的位置和冲突的类型将所有的交通冲突绘制在平面交叉口的图纸上，如图 9-11 所示。通过该图能够确定有主要的 11 种交通冲突，分别进行分析后，结果汇总成表 9-5。

通过表 9-5，能够得到以下主要的结论：

(1)从交通冲突在平面交叉口区域内的分布看，在所有的方向上都发生了左转弯车辆与直行车辆的冲突，冲突的频率高，而且在其中三个方向上都出现了严重的交通冲突。这说明左转弯车辆与直行车之间的路权没有得到妥善的分配。然而几乎不存在交叉冲突的情况，说明两个方向直行车的路权已经得到了很好的界定。

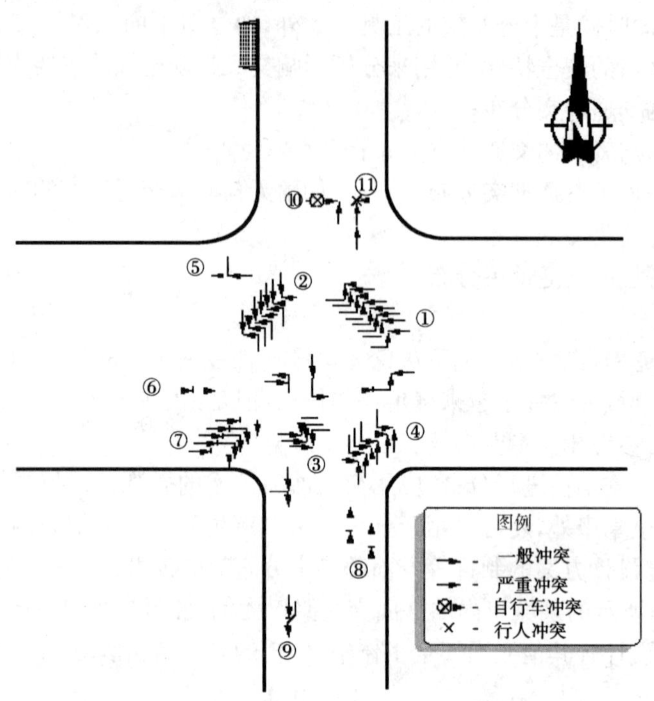

图 9-11　交通冲突的类型及其发生的位置

交通冲突分析表

表 9-5

序　号	冲突类型	严重程度	表现形式	原因分析
1	左转弯冲突	存在严重冲突	由西向北左转弯车辆与由东至西方向的直行车冲突	左转弯车辆与直行车抢占通行权
2	左转弯冲突	存在严重冲突	由南向西左转弯车辆与由北向南方向的直行车冲突	左转弯车辆与直行车抢占通行权
3	左转弯冲突	无严重冲突	由东向南左转弯车辆与由西向东方向的直行车冲突	左转弯车辆与直行车抢占通行权
4	左转弯冲突	存在严重冲突	由北向东左转弯车辆与由北向南方向的直行车冲突	左转弯车辆与直行车抢占通行权
5	追尾冲突	严重冲突	由东向西方向直行车追尾冲突,后车紧急避让	前车突然减速
6	追尾冲突	严重冲突	由西向东方向直行车追尾冲突,后车紧急制动	前车突然减速
7	右转弯冲突	存在严重冲突	由西向南车辆与由西向东车辆冲突	右转弯车辆与直行车辆抢占通行空间
8	追尾冲突	严重冲突	由南向北方向直行车追尾冲突,后车紧急制动	前车突然减速

续上表

序　号	冲突类型	严重程度	表现形式	原因分析
9	交织冲突	无严重冲突	由北向南车辆变换车道与内侧车辆冲突	车辆突然变换车道
10	自行车冲突	无严重冲突	由南向北车辆与过街自行车冲突	没有考虑自行车的安全需要
11	行人冲突	无严重冲突	由南向北车辆与过街行人冲突，与行人的冲突又引发了一次追尾冲突	没有考虑行人的安全需要

(2)由西至南方向有较多的右转弯车辆导致的追尾冲突，而且存在一次严重冲突。从冲突的形式可以判断，该方向的右转弯车辆很多，而且与直行车之间没有很好的分流措施。

(3)由南向北和由西向东方向都出现了追尾冲突，虽然频率较低，但是都是严重冲突。其表面原因是前车避让交叉口内的车辆突然减速导致的，但是其根源是直行车与左转弯车辆间的冲突。

(4)交叉口北部有两次行人和自行车冲突发生，说明该区域有较多的行人过街，但是没有得到有效的安全保证，或者道路没有充分考虑弱势交通参与者的安全需求。

由于结论①和结论③的根源相同，因此能够确定该交叉口存在三个方面的交通安全隐患，即：

(1)虽然分配了双方向直行车之间的通行权，但是对于左转弯车辆与直行车辆的通行权没有很好地分配，而且没有相关的设施保障。建议的改进措施是通过信号控制明确区分左转弯转车和直行车的通行权。

(2)由西向东方向交叉口前区域内没有为右转弯车辆开辟专用车道，导致与直行车辆的相互干扰。改进的建议是增加右转弯专用车道使用，并通过标志标线予以保障。

(3)自行车和行人横穿交叉口的安全需要没有得到充分的体现。改进建议是增加人行横道(如行人冲突数量很多，应建议增加天桥或地下通道)，并设置行人信号灯规范行人的通行权。

通过这个实例可以发现，如果不采用交通冲突技术，依靠评价人员的经验也可能发现存在的交通安全隐患，但是采用交通冲突技术的好处是在改造资金受限的时候，可以根据交通冲突的频率和严重程度选择优先实施的改造措施。在本例中，解决左转弯车辆与直行车辆的冲突明显是效益最突出的措施，应作为改造的首选措施。

限于篇幅，本实例的分析比较简单，在实际工作中，在进行交通安全评价或改造设计时还应该考虑交通量、交通组成等多方面的因素。

二、路段

路段交通冲突是在可观测条件下，两个或多个道路使用者之间或道路使用者与道路构造物之间，在同一时间、空间上相互逼近，其中一个道路使用者进行了某种不规范或不恰当的操作，如转换车道、改变车速、突然停车等，导致至少一方必须采取回避措施(改变行车状态)，否则会处于碰撞或危险的境地，这一事件或现象就是路段交通冲突。

在较长的路段范围内进行全面的交通冲突观测和分析需要投入大量的工作，是十分困难的，因此路段交通冲突技术常常用于特定路段类型的安全特性分析或事故多发点的成因判别。

在一般路段上，由于公路交通的特殊性，车辆行驶方向比较单一，车辆间的行驶状态比较简单，与交叉口复杂的交通情况不同。路段交通冲突主要发生在直线方向上，横向冲突虽然存在，但是数量很少。路段交通冲突一般从冲突角或碰撞角度对交通冲突进行分类。所谓冲突角（碰撞角度），是指发生交通冲突的行为者的行驶方向之间的夹角 θ，$\theta\in[0°,180°]$。如果其中一方是道路构造物，则它的行驶方向规定为固定物纵断面方向。应用冲突角进行交通冲突分类可以得到以下四种冲突类型，如图9-12 所示。

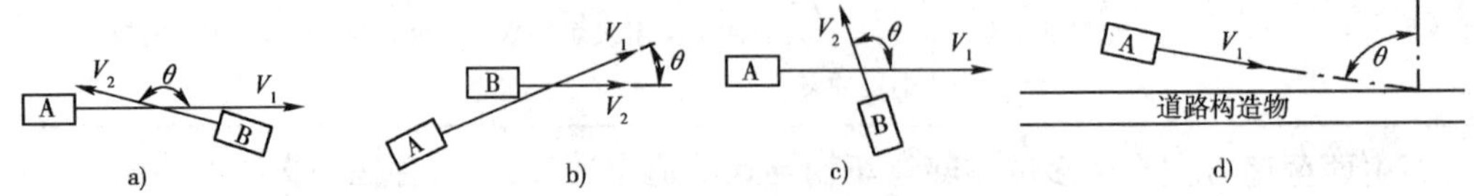

图 9-12 路段交通冲突类型

(1)正向冲突：冲突角 $\theta\in[135°,180°]$ 时的交通冲突称为正向冲突。其主要表现为冲突车辆以相反的方向相互逼近，是车头与车头之间的冲突碰撞。

(2)追尾冲突：冲突角 $\theta\in[0°,45°)$ 时的交通冲突称为追尾冲突。其主要表现为冲突车辆以相同的方向相互逼近，是车头与车尾之间的冲突碰撞。

(3)横穿冲突：冲突角 $\theta\in[45°,135°)$ 时的交通冲突称为横穿冲突。其主要表现为冲突车辆以交错的方式相互逼近，是车头与车辆中部之间的冲突碰撞。

(4)撞固定物冲突：道路使用者与道路上的固定构造物发生冲突，冲突角 $\theta\in[0°,90°]$。其主要表现为冲突车辆以一定的角度逼近道路构造物，是车头与道路构造物之间的冲突碰撞。

路段上的交通冲突与交通事故之间也存在着鲜明的相关关系，如针对国内某路段的研究得出如下线形换算关系：

$$\text{交通事故数}=0.04638\times\text{交通冲突数}-0.371$$

虽然该结论只适用于该路段，但是这也证明了使用交通冲突技术能够用来研究交通事故的规律。因此，可以使用交通冲突的频率、单位交通量冲突数等指标来衡量路段上交通事故发生的可能性，冲突的严重程度也可以在某种程度上表明发生事故的可能性更大，或是事故的损失可能更大。这就给交通事故记录不全，特别是在开通时间不久的路段上进行交通安全分析、评价和研究提供了可靠、有效的工具。

具体使用交通冲突进行分析和安全研究的方法与平交口没有太大的区别，而且可以用于交通事故的分析方法都适用于交通冲突分析，本书其他章节有很多介绍，本章不再重复。

三、交织区

交织区历来是交通事故率较高的公路区域，美国《道路通行能力手册》(HCM)1950 版就提出了道路交织区的概念与研究方法，从那时起就已经对交织区开始了探索性的研究，至今也是以美国对交织区的研究最为广泛深入。这里，我们引用《HCM》1994 年第三版中对交织区的定义：行驶方向大致相同的两股或多股车流沿相当长的路段不借助交通控制设施进行的交叉定义为交织。当一合流区后面紧接着一分流区，或当一条驶入匝道紧接着一条驶出匝道，并在两者之间有辅助车道连接时，就构成了交织区。在互通式立交中，环形立交和苜蓿叶形立交的出入口匝道之间就存在着典型的交织区，如图 9-13 所示。

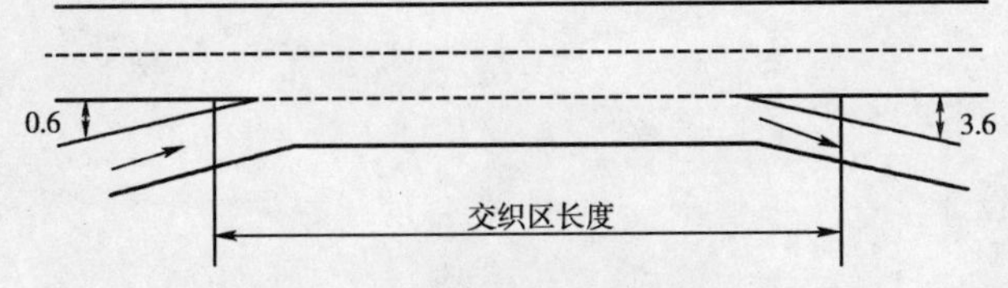

图 9-13　典型的交织区(尺寸单位:m)

交织区的交通冲突一般发生在车辆变换车道时,在多车道公路、高速公路出(入)口处比较常见。其主要的形式,如图 9-14 所示。

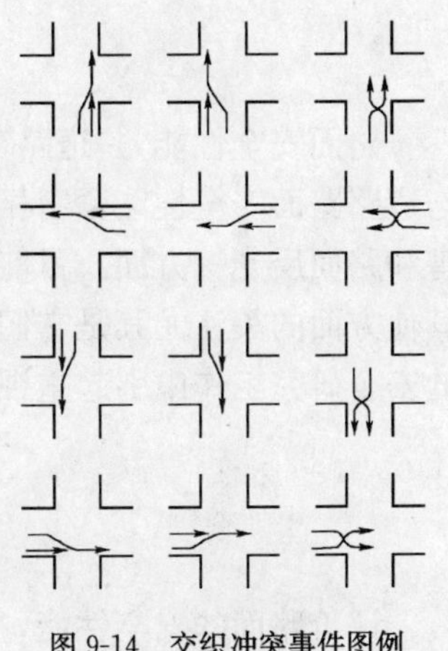

图 9-14　交织冲突事件图例

从宏观的角度,将交织区的交通量和交通冲突数据作为数据源,应用灰色理论等方法把道路交织区交通安全水平确定在某一区域内,对其交通安全状况给予评价,是基于交通冲突技术的交织区安全评价的基本方法,这使工程师有可能对不同的交织区设计方案进行对比分析。

此外,对于具体交通冲突事件的分析能够揭示出微观上存在的具体的交通安全问题,有助于发现产生交通冲突的原因,并采取相应的对策和方案。

第五节　小　　结

交通冲突技术,是国际交通安全领域新兴开发的非事故统计评价方法。相对于传统的基于交通事故统计的方法,交通冲突技术具有大样本、快速、定量、小区域的特点,能够很好地弥补交通事故统计法的不足。交通冲突的实质是交通行为不安全因素的表现形式,其发展可能导致交通事故发生,也可能因采取避险行为得当而避免交通事故发生。交通事故与交通冲突存在着相似的形式,两者的差别仅在于是否发生了直接的损害性后果。交通冲突技术的价值就体现在可以替代交通事故统计来进行安全分析和研究。

因此,传统的基于交通事故统计的绝大部分研究方法都可用于交通冲突技术,在交叉口、普通路段以及交织区都有着很好的应用。目前交通冲突技术也开始用于弱势交通群体、交通宁静技术等新兴领域,相信随着时间的推移,交通冲突技术在交通安全领域的应用会越来越广。

参考文献

[1] 克列斯特·海顿,张苏.交通冲突技术.成都:西南交通出版社,1994.
[2] 郑安文,郭健忠,牛伟民.公路交通冲突及影响交通冲突危险性因素分析.湖北:武汉大学学报(自然科技版),2002(4).
[3] 岳小泉.基于交通冲突的高速公路交织区的安全评价研究.福建:福建农村大学,2006.
[4] 罗石贵,周伟.路段交通冲突技术研究.北京:公路交通科技,2001(1).
[5] 马慧茹,赵峰.利用交通冲突评价双向路段交通安全.山西:山西科技,2005(2).
[6] 管晓伟.基于交通冲突技术的平面交叉口安全评价研究.北京:北京交通大学,2006(5).

第十章 路面安全性能

路面安全性能，是道路交通安全技术中“路”方面影响因素中最基本和最重要的组成部分。与道路路面安全性能紧密相关的因素，主要有路面的防滑性能、路拱横坡与排水性能、路面病害和路面反光等方面。目前，世界各国对路面防滑性能方面的研究较为重视，成果丰硕，但对其他方面的关注尤其是它们与道路交通安全的相关性研究方面却相对较弱，这是需要在今后的安全研究工作中引起重视的一个方面。

第一节 概 述

评价路面的安全性能，主要通过防滑性能、排水性能、病害状况和反光性能等多种影响因素来体现。这些因素之间有时互相起促进作用，而有时却互相起相反作用，我们在评价路面安全性能时应考虑所有影响因素的综合作用。提供优良的路面安全性能，应从路面结构和材料设计、施工工艺和控制、建设质量和运营状况的技术指标检测与评定、使用性能的维护和恢复措施等多环节入手，最终才能得到一个处于高水平的安全性路面。因此，路面安全领域应该分别从上述环节对各个影响因素开展研究工作。

车辆在路面上行驶，车辆轮胎直接与路面产生相对作用力。这个力从安全角度考虑在三个方面起作用：首先是提供足够的驱动力，使车辆按驾驶员的控制意愿行驶；其次是提供纵向制动力，在需要或紧急情况下使车辆于安全距离内停车；另外还提供横向摩阻力，防止车辆在高速行驶或紧急制动时发生侧滑。上述三个作用力在水平面上与车辆行驶方向成相同、相反和垂直的角度，其均是通过驾驶员操控车辆的驱动、制动和转向系统使轮胎对地面进行主动相对运动所产生的。根据轮胎与路面间作用力对行车所提供的安全保障效能，我们一般希望路面具有较高的摩阻力，即具有较高的路面防滑性能。

路面横坡包括曲线段超高和直线段路拱，其中曲线段超高的作用是为转弯车辆提供向心附着力，而直线段路拱的作用是为路面排水，防止路面积水造成高速行车时发生水漂和产生严重车尾喷雾现象。因此，公路建设和运营维护都应达到一个合理的横坡标准，当公路经过长期使用后横坡发生不利变化后，还应建立检测手段和恢复措施。另外，作为特殊排水形式的透水(或称多空隙)沥青混凝土路面的主要功能也是为了快速排除路面积水，其有效排水率和功能维护便成为这种路面设计、施工和养护的实现目标。

高速行车的一个基本安全条件是路面的平整性和完整性，而公路通车运营后，由于荷载和环境气候的长期反复作用，路基路面材料结构和强度将发生变化，产生路面车辙、沉陷、坑槽、断板、错台、泛油等多种病害。这些病害均会使路面平整度下降，对高速行车将造成安全隐患，例如沥青路面车辙会使行车轮迹带位置产生积水，沉陷、坑槽和错台会造成跳车甚至方向失控，泛油、冰雪或其他污染会降低路面摩擦系数等。因此，对运营道路的病害检查和处理，不仅是公路管理部门养护的需要，也是公众安全使用道路的保障。

当驾驶员长时间驾驶车辆在路面行驶时，其眼睛对路面反光具有在生理上光强或疲劳的忍受力极限，当接近或超过一定标准后，驾驶员将因为生理反应产生操作失误现象，导致交通事故。因此，我们对道路材料的光学特性和经长期碾压磨光路面反光特性方面应该进行研究，为驾驶员提供一个舒适的外部驾驶环境，进而保障行车安全。

上述各项路面性能或指标在许多欧美公路发达国家都开展过长期的研究，由于涉及人的生命安全问题，因此很多国家制定了非常严格和详细的法规和技术标准，并且采用了许多高科技自动化的先进技术与设备来检测和评价路面的安全性能。英国是其中的典型代表，其从20世纪30年代就开始路面的抗滑问题研究，首先提出了道路行车安全事故的评价模式，时至今日英国根据道路交通流量和车速（或道路等级）已制定了详细完善的城镇道路和公路的抗滑标准。另外，最初由英国开发研制的摆式仪、SCRIM横向力系数测试车、Mu-meter摩擦系数测试仪、激光构造深度仪等设备不仅在英国被用来定期检测路网防滑性能，还被世界上许多国家所采用，将这些设备的测试结果参数规定为其工程技术标准。此外，美国、瑞典、日本等国家历年来也都对道路或机场跑道表面的抗滑性能进行过专门研究，并且这些国家目前也都开发了有各自独特技术特点的摩擦系数测试设备。

中国的路面安全技术是20世纪80年代从抗滑研究开始的，最初被引入公路行业使用的防滑指标是用摆式仪测试的摩擦系数和用铺砂仪测试的构造深度。随着我国高等级公路的大规模建设和实际平均车速的不断提高，对道路的行驶安全性能的要求也在不断提高。因此，国内从20世纪90年代开始有很多单位开展了路面安全性能的研究课题，例如通过对世行贷款项目引进的英国横向力系数测试车SCRIM的研究结果，使横向力系数SFC成为我国检验和评价高速公路路面防滑性能的主要技术指标之一；又如通过对材料微观和宏观结构的研究，制定了高等级公路使用的粗集料磨光值PSV和构造深度TD的技术标准。此外，我国的路面设计规范中还推荐了专门用于防滑的开级配沥青混合料类型。近年来，为适应高等级公路连续、快速、安全的大规模工程质量评定和运营养护评价检测的需求，国内引进了多种原理的摩擦系数和构造深度测试设备。同时国内也开发出了相应的国产设备，大量高科技自动化的检测设备已被投入生产和管理实际工作当中。

综上所述，我国已经制定了一套路面防滑安全技术指标体系，从设计参数、施工控制、质量验收评定、养护状况评价等多个环节保障路面的安全行驶，但是目前对诸如路面病害和路面眩光等问题对安全行车带来影响尚未进行过科学系统的研究，需要我们进一步开展综合研究。本章将就上面所提到的涉及路面因素的安全问题展开讨论。

第二节 路面防滑

一、摩擦学基本理论

我们知道，当两个接触并存在接触压力的物体之间具有相对移动趋势或处于滑动过程中时，通过接触物体表面微观构造和分子间的作用将产生相对于物体运动方向相反的摩阻力或粘附力。在表面物理化学领域对摩擦学早就进行过深入的理论研究，这其中既包括我们通常所熟悉的自然现象和感性认识，也包括科学家通过试验观察和分析研究所揭示的普通人不了解的科学规律。下面介绍的摩擦学的基本知识，是我们进行路面防滑研究的基础。

1. 摩擦基本定律

一般物理学摩擦系数的定义为 $\mu=F/W$，其中，F 代表摩擦力，W 为垂直于物体接触表面的荷载或压力。1699 年法国军事工程师 Amontons 在皇家学会发表了著名的 Amontons 定律，其发现摩擦系数 μ 服从一个简单的规律，即 μ 的大小与物体表面接触面积无关。该定律如图 10-1 所示，当荷载压力 W 相同时，两个相同材质滑块的摩擦力 F 也相同，即若 $W_1=W_2$，则 $F_1=F_2$，此时 μ 与两滑块的接触面积也就自然无关了。该定律非常普遍地有效，但其与人们的直觉想象却似乎矛盾，这一问题的基本机理需要通过物体表面微观性质和接触机理来解释。

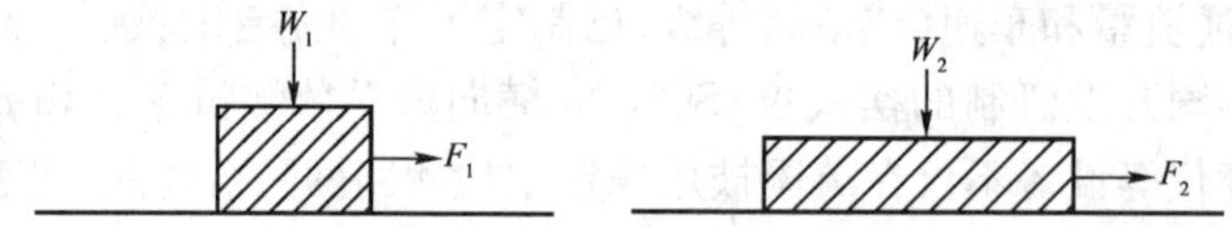

图 10-1 Amontons 定律示图

2. 固体表面间接触性质

根据现代试验方法，我们可知，即使人类生理感官上（包括视觉和触觉）外表很光滑的物体表面在分子尺寸上也是不规则的。例如可通过光干涉法测定材料表面低至 10 埃（10^{-9}m）的高度变化，也可用带特殊硬化探针的测试仪测试物体表面的一般粗糙度。研究结果表明，结晶物质的表面有深度为几百至几千埃的不规则变化高度的台阶。物体表面的这一性质导致的结果，是如图 10-2 所示的两个物体表面接触时将只以孤立的区域相互接触。可以预期的是，最初接触时只有三个接触点，而随着接触压力的增加，表面初始接触点将产生变形，从而导致随后的多点接触。

根据上述理论得出的结论是，两物体表面的实际接触面积比表观接触面积小得多，也就是说两物体的摩擦作用只局限发生在很小的真实接触面积上。这一结论可通过三个试验来证实：一个试验是通过不同压力下两固体间的电导率会发生变化；另一个试验是两物体快速摩擦时会产生局部高温；还有一个试验就是用显微镜可观察到两物体摩擦后表面产生的划痕。

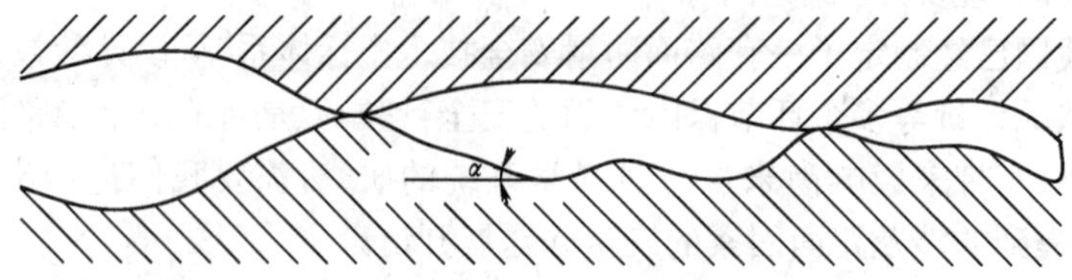

图 10-2 微观表面接触

3. 摩擦剪切作用机理

当两个物体表面开始接触时，初始接触点上的压力非常大，导致接触点开始变形，这一过程一直持续到有足够的接触点（即实际接触面积）时才达到平衡，此时各点的局部压力下降至物质的特征屈服压力 P_m。正常情况下实际接触面积由物质屈服压力决定，即式(10-1)：

$$A=W/P_m \quad (10\text{-}1)$$

在摩擦学典型测量中，两个硬度相近且都不太软的物体摩擦时，在接触点上产生的是剪切力，如式(10-2)所示：

$$F=As_m \quad (10\text{-}2)$$

式中：s_m——物质的单位面积的剪切强度。

将式(10-1)代入式(10-2)得到式(10-3)：

$$F=W(s_m/P_m) \quad (10\text{-}3)$$

式(10-3)可进一步变换并定义为：

$$\mu=F/W=(s_m/P_m) \quad (10\text{-}4)$$

从式(10-4)可以看出，μ 是同一物质的不同性质参数的比值，是一个常数。这一结论就是前面提到的 Amontons 定律。

二、路面防滑机理

车辆在路面上正常行驶时涉及的直接防滑内容主要有两个方面，即减小制动时的制动距离和防止车辆高速行驶制动时的侧滑或摆尾。为了满足行车防滑要求，就应当提供一个具有足够大地面摩阻力的路面，这其中又包括两个层次的要求。首先的要求是地面材料表面微观构造提供的基本摩阻力。通过测试我们知道，一般道路表面在干燥情况下对车辆轮胎所产生的摩阻力都是足够的，但在路面有水且高速行车的情况下，摩阻力会因路面与轮胎间存在的水膜而急剧下降，因此，我们又提出了路表宏观构造要求，即路面构造的瞬时排水能力，防止基本摩阻力的下降。

鉴于上述要求，我们在评价路面防滑性能时必须使用两个技术指标，即摩擦系数和构造深度。从一般物理意义上讲，摩擦系数是表征路面相对摩阻力大小的系数，为水平摩阻力与竖向荷载力的比值；而路表构造深度是一定面积路表面凹凸不平的开口空隙的平均深度，既包括材料表面外形构造，也包括材料颗粒之间的外部构造。一般我们进行路面防滑机理的研究也就是以上述两个指标作为评价标准，但同时构造深度指标所起的作用最终还是要通过摩擦系数来体现。

1. 摩擦系数

我们在进行路面防滑机理研究时，同样可以使用摩擦学的基本定律。若设车辆制动滑行(skidding)时轮胎与路面材料间的摩擦系数 μ 取为常数，通过应用 Amontons 定律可说明车辆速度与制动距离间的关系。当车辆开始制动时，其起始动能为 $mv^2/2$，车辆的全部动能都将为制动过程所消耗，制动作用所作的功为制动力 F(即摩阻力)乘上车辆的滑行距离。根据 Amontons 定律可得：

$$F=\mu W=mg\mu \quad (10\text{-}5)$$

根据上述推论则有：

$$\frac{mv^2}{2}=Fd=mg\mu d \quad (10\text{-}6)$$

即

$$d=\frac{v^2}{2g\mu} \quad (10\text{-}7)$$

从上式可说明，若 Amontons 定律成立，则车辆制动滑行距离与车辆质量、轮胎大小和宽度无关，只要已存在车轮打滑现象，制动滑行距离就完全由车辆制动时的初始速度和摩擦系数所决定。同时可看出，车速越快，滑行距离越长；而摩擦系数越大，则滑行距离越短。一般在工程设计时根据道路等级和几何线形会确定一个相应的设计车速，但为了保证车辆的安全行驶，就还应该保证路面具有一定的防滑水平，即提供足够大的摩擦系数。

我们知道能够决定材料摩擦系数的基本因素是材料表面的微观构造，因此在路面防滑研究中重点需要关注的是铺筑路面所用粗细材料的表观性质。路面组成材料分为大尺寸的粗骨架材料（粗集料）、小尺寸的填充材料（细集料）和胶结材料（黏结料），其中粗集料一般为石料，细集料为砂，黏结料为沥青或水泥。在轮胎与路面表面接触中对摩擦系数起主要作用的是粗集料，因此石料的表面微观构造是防滑研究的重点之一。

目前在道路应用领域，通常认为集料的微观构造是提供基本摩阻力的原始来源，1971 年国际道路会议常设委员会第十四届布拉格会议文件第二章对此作出了详细的论述。其中一个重要的结论是，在所有车速范围内集料表面微观构造对提供防滑力的作用都是必不可少的，而只有在中高车速时宏观构造深度才能体现出重要性来。集料微观构造与宏观构造各种组合形态对摩擦系数所起的作用，可见图 10-3 和表 10-1。

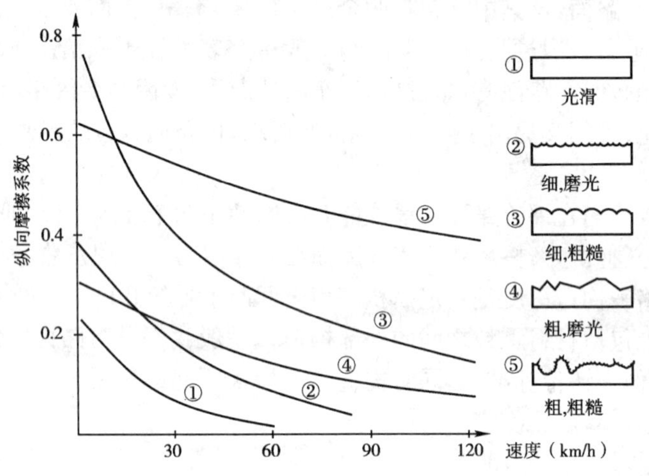

图 10-3 各种构造形态的防滑作用

路面构造性能分类

表 10-1

面层	构造		排水能力	
	微观	客观	黏性的	动态的
光滑	磨光	细	差	差
弧形	磨光	中等	差	好
砂纸状	粗糙	细	极好	差
棱角状	粗糙	中等	极好	好

续上表

面　层	构　造		排 水 能 力	
	微观	客观	黏性的	动态的
刻槽	磨光	粗	中等	极好
刻槽	粗糙	粗	极好	极好
多孔	中等	粗	好	极好

我们一般评价道路防滑性能是指路面在湿润状态下测试摩擦系数，当集料微观构造剖析尺寸在 0.005mm 以上时，随着构造深度的增加，湿摩擦系数也会急剧增加；但是当微观构造 ＞0.1mm 后，路面对轮胎磨损很大，而湿摩擦系数增加幅度却较小。因此，为了得到较高的湿摩擦系数值而不过分磨损轮胎，建议的路面集料微观构造的粗糙度范围应介于 0.01～0.1mm 之间。

对上述尺度微观构造的定性评价可通过电子显微镜来观察，而定量确定集料微观构造粗糙度水平的指标是石料的磨光值(PSV)，需通过特定试验来测定。目前世界各国广泛采用英国运输和道路研究所(TRRL)研制的设备及规定试验方法测定石料磨光值，即首先用石料加速磨光机按规定方法对石料试件进行磨光处理，然后用摆式摩擦系数测试仪测定试件表面的摩擦系数值，该值即为石料的磨光值。我国和英国、日本等多个国家都进行过石料磨光性能的研究，均得出路面摩擦系数与石料磨光值之间具有良好的相关性的结论，式(10-8)和式(10-9)是我国和日本分别得到的摩擦系数和磨光值的关系式。

中国公式：
$$F=1.02\mathrm{PSV}-1 \tag{10-8}$$

日本公式：
$$F=0.51\mathrm{PSV}+25.2 \tag{10-9}$$

根据回归检验，两公式的相关性均良好，但关系系数存在一定程度的差异。经计算可知，以 PSV＝50 为中心的一定区域内换算值还是比较接近的。分析认为，当 PSV 值较小或较大时造成公式转换结果差异性较大的原因可能有两方面：一个原因是两国路面类型不同；另一个原因是两国生产的磨光机和摆式仪可能在设备技术性能上存在差异。但这些差异并不影响摩擦系数与磨光值具有良好关系的结论。

2. *构造深度*

构造深度(Texture Depth)又称纹理深度，是综合表征路面粗集料表面宏观构造和粗集料颗粒之间开口空隙平均深度的技术参数。其主要作用是当高速行驶的车辆轮胎瞬间压在附有积水的路面时，为路面与轮胎接触面之间提供排水通道，避免在两者之间形成水膜，使车辆失去附着力。两段用相同材料铺筑且构造深度不同的路面在表面有水存在的状态下，构造深度大的路面摩擦系数衰减率要远小于构造深度小的路段。因此，我们说构造深度并不能在原有条件下将摩擦系数值的水平提高多少，但它能防止在路面存在水和高速行车情况下摩擦系数的下降，所以在工程实施和使用过程中一般都寻求获得尽量大的构造深度值。但是应该特别指出的是，我们这里所说的较大构造深度值是指在一定范围内相对而言的，过大的构造深度对路面的使用将产生不利影响，这是因为构造深度达到某个值后，排水能力将维持在一定水平不再上升，但过大的构造深度却会造成路面耐用性的下降。目前世界各国铺筑的绝大多数沥青混凝土路面的构造深度一般都＜2.0mm。

英国公路署(HA)1998 年委托 TRRL 对路面构造深度进行了专门的试验研究。该研究项目共对 13 种路面表面类型测试了 133 个试验路段，取得了 2000 多组数据。试验分别采用了制动式和横向力式摩擦系数测试车以及激光构造深度仪，测试速度分别采用 20km/h、50km/h、80km/h、110km/h、130km/h，试验路段构造深度值变化范围为 0.2～2.0mm。从制动力摩擦系数(F_n)的试验结果(图 10-4)可以看出，当车速增加时，随着构造深度的增大，摩擦系数衰减率在减小。当构造深度值 SMTD＜0.7mm 时，速度变化对摩擦系数衰减率的影响幅度较大。另外，我国交通部公路科学研究所分别于 1990 年和 2002 年在专门修建的不同摩擦系数试验路段上以 35km/h、50km/h、70km/h 速度进行了铺砂法构造深度 TD 与横向力系数 SFC 的关系试验。其试验结果显示出 SFC 随速度增加而产生的衰减率与构造深度的关系(图 10-5)。

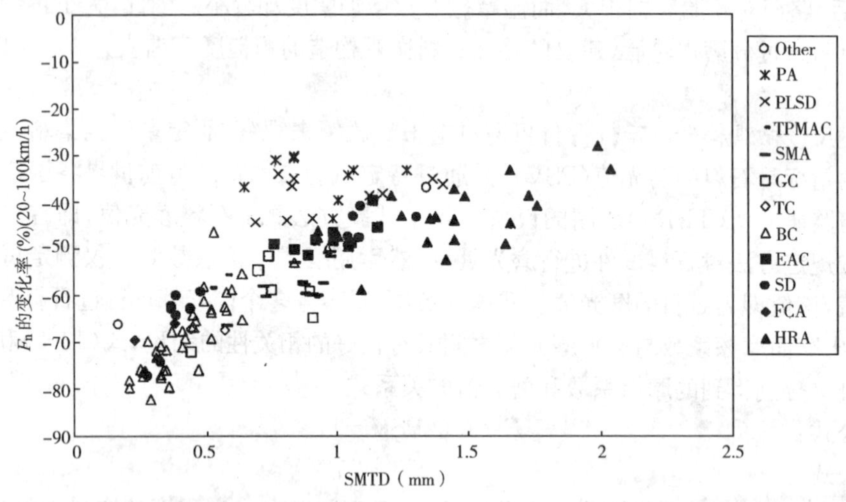

图 10-4　英国不同试验路段 SMTD 与 F_n 衰减率关系

三、路面防滑设计和技术标准

为了铺筑出防滑功能良好的道路供车辆安全行驶，应从设计、施工、材料、工程验收和养护运营状况等诸多环节进行控制，并制定相应的评价技术标准。其中路面设计可以说是后面几个环节控制的依据和根本，它们都应以满足设计要求为最终目标。而设计过程一开始我们就应考虑路面行车安全的需求，采用合理的路面结构和材料配比形式，按照一定技术等级标准进行设计并确定工程施工的质量验收标准。上述过程涉及的内容将在有关的法规、标准、规范中得以体现。

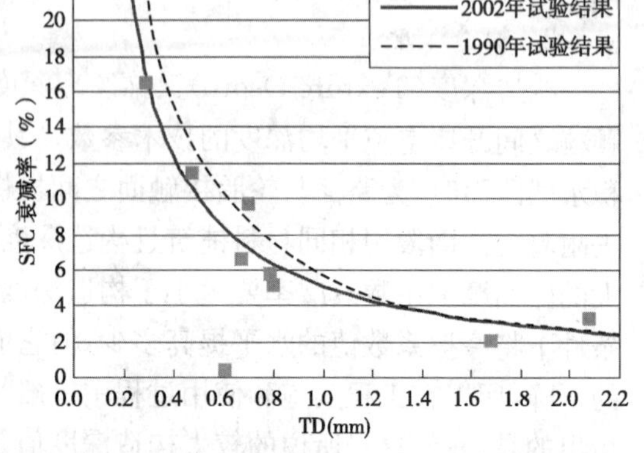

图 10-5　我国不同摩擦系数路段 TD 值与 SFC 关系图

1. 路面防滑设计

路面防滑设计是在一般路面设计方法的基础上，改进材料组成和规格，或采用特殊的施工工艺或设备，最终形成具有特殊防滑功能的路面表面形式。多年来，世界各国在这方面都进行过长期大量的研究工作，并形成了多种防滑路面结构形式。其中最基本的设计方法是针对不同等级路面提出对材料性能的不同要求，例如使用不同磨光值的面层石料。另外，还可采用一些特殊的防滑形式的路面结构，比较典型的专用防滑路面结构包括以下几种。

(1)沥青混凝土路面：多孔透水沥青路面、开级配沥青路面、嵌压式沥青路面、异性材料沥青路面、预制或黏结防滑层沥青路面。

沥青混凝土路面各类以防滑为目的的设计内容包括：

①选用磨光值和磨耗值都较高的石料，提高路面的摩擦系数值；

②采用特殊的集料配合比(例如开级配形式)，形成较大的表面开口空隙，增大路面宏观构造深度；

③采用特殊的集料配比，在表面磨耗层形成通透的孔隙(如透水沥青路面)，增强排除表面积水的能力；

④通过采用高磨光值粗集料表面嵌压的方式，提高路面摩擦系数，如图 10-6 所示；

⑤在表面磨耗层采用不同强度和比例的材料，使材料在车轮磨耗过程中成不均匀剥落，进而提高表面的粗糙度；

⑥直接利用黏结材料将<3mm 的高磨光值颗粒材料(例如煅烧铝矾土颗粒)黏结在道路表面，提高防滑性能。

(2)水泥混凝土路面：表面制槽或拉毛处理水泥路面、嵌石水泥路面、裸露集料水泥路面。

水泥混凝土路面各类防滑设计的内容包括：

①当水泥混凝土尚未凝结时，在路面表面进行塑性拉槽、压槽或拉毛处理，在表面宏观构造上提供排水通道；

②在已凝结的或已磨光的水泥混凝土表面进行硬性刻槽处理，提供排水通道；

③铺筑水泥混凝土时，在表面嵌压一层高磨光值的石料，提高表面摩擦系数，如图 10-7 所示；

④利用特殊工艺措施在刚铺筑的水泥混凝土表面进行刷浆处理，通过裸露粗集料来提高路面的摩擦系数。

图 10-6 高磨光值石料嵌压式沥青路面

图 10-7 高磨光值石料嵌压式水泥路面

上述这些特殊的路面结构从设计技术角度讲有三个目的：提供较高的路面摩擦系数；提供较高的构造深度值；提供较强的耐磨耗性能。进而从使用技术角度要达到的目的是：为车辆轮胎提供较强的附着力，为在积水路面高速行车时的轮胎与路面之间提供足够的排水通道，以及尽量保持路面防滑性能的长期耐久性使用。

此外，上述诸多路面防滑技术和形式都应在设计过程中就提出要求并规定标准，在施工过程中遵照执行。历年来世界上使用比较多的设计形式主要还是沥青路面的粗集料密级配设计形式和水泥路面的拉槽或刻槽方法。但是，像开级配透水沥青路面和嵌石或裸露集料水泥路面在一些国家也有较大规模的应用，我国目前对这些技术也正在进行深入的研究工作。

2. 防滑技术标准

为了保证建设和运营中的道路工程具有满足安全要求的防滑性能，就必须在设计、施工、验收和养护等各个环节分别制定明确的技术标准，以便科学、准确、及时地反映道路的实际状况。世界各国根据自己不同的条件，按照不同的要求分别制定了本国的技术标准。这些标准中涉及的主要技术指标包括石料磨光值、摩擦系数和构造深度三类，有些国家同时也对石料的磨耗值、冲击值提出了要求。

(1)磨光值

石料磨光值主要是在沥青路面设计和施工规范中明确提出技术要求的，它是保证铺筑后路面具有足够摩擦系数值水平的基础。很多国家都对沥青路面用石料有标准规定，但各国对其规定的内容和形式有所差别。下面列举几个国家的磨光值标准内容，如表 10-2～表 10-4 所示。

法国石料磨光值标准

表 10-2

PSV	评　　价	适用范围
<0.35	劣	不适用于磨耗层
0.35～0.45	合格	适用于道路线形和交通条件有利的路段表面
0.45～0.55	好	适用于一般路段表面
>0.55	很好	适用于道路线形和交通条件不利的路段表面(弯道、交叉口、高速公路)

英国石料磨光值和磨耗值标准

表 10-3

<table>
<tr><td colspan="2" rowspan="3">所要求的夏季平均 SFC 值
(车速 50km/h)</td><td colspan="12">PSV</td></tr>
<tr><td colspan="12">交通量(卡车/日/车道)</td></tr>
<tr><td colspan="2"><250</td><td colspan="2">1000</td><td colspan="2">1750</td><td colspan="2">2500</td><td colspan="2">3250</td><td colspan="2">4000</td></tr>
<tr><td colspan="2">0.30</td><td colspan="2">30</td><td colspan="2">35</td><td colspan="2">40</td><td colspan="2">45</td><td colspan="2">50</td><td colspan="2">55</td></tr>
<tr><td colspan="2">0.35</td><td colspan="2">35</td><td colspan="2">40</td><td colspan="2">45</td><td colspan="2">50</td><td colspan="2">55</td><td colspan="2">60</td></tr>
<tr><td colspan="2">0.40</td><td colspan="2">40</td><td colspan="2">45</td><td colspan="2">50</td><td colspan="2">55</td><td colspan="2">60</td><td colspan="2">65</td></tr>
<tr><td colspan="2">0.45</td><td colspan="2">45</td><td colspan="2">50</td><td colspan="2">55</td><td colspan="2">60</td><td colspan="2">65</td><td colspan="2">70</td></tr>
<tr><td colspan="2">0.50</td><td colspan="2">50</td><td colspan="2">55</td><td colspan="2">60</td><td colspan="2">65</td><td colspan="2">70</td><td colspan="2">75</td></tr>
<tr><td colspan="2">0.55</td><td colspan="2">55</td><td colspan="2">60</td><td colspan="2">65</td><td colspan="2">70</td><td colspan="2">75</td><td colspan="2"></td></tr>
<tr><td colspan="2">0.60</td><td colspan="2">60</td><td colspan="2">65</td><td colspan="2">70</td><td colspan="2">75</td><td colspan="2"></td><td colspan="2"></td></tr>
<tr><td colspan="2">0.65</td><td colspan="2">65</td><td colspan="2">70</td><td colspan="2">75</td><td colspan="2"></td><td colspan="2"></td><td colspan="2"></td></tr>
<tr><td colspan="2">0.70</td><td colspan="2">70</td><td colspan="2">75</td><td colspan="2"></td><td colspan="2"></td><td colspan="2"></td><td colspan="2"></td></tr>
<tr><td colspan="2">0.75</td><td colspan="2">75</td><td colspan="2"></td><td colspan="2"></td><td colspan="2"></td><td colspan="2"></td><td colspan="2"></td></tr>
<tr><td rowspan="2">AAV</td><td>石屑面层</td><td colspan="2">≤14%</td><td colspan="4">≤12%</td><td colspan="6">≤10%</td></tr>
<tr><td>碎石路面</td><td colspan="3">≤16%</td><td colspan="3">≤14%</td><td colspan="6"><12%</td></tr>
</table>

美国德克萨斯石料磨光值标准　　表 10-4

交通量(辆/车道·年)	PSV 中值	PSV 范围
50 000～150 000	28	26.5～29.5
150 000～600 000	32	30.5～33.5
600 000～2 500 000	37	35～39
2 500 000～10 000 000	42	40～44
＞10 000 000	47	47～49＋

从上述法、英、美三个国家制定的石料磨光值标准可看出，不同国家为保证路面防滑所制定得石料标准根据适用范围的分类方式不同而有所区别，但分类依据不外乎交通量、路段条件和路面摩擦系数水平三种。其他一些国家也制定了各自的石料磨光值标准，但不像英、法等国家标准制定得如此详细。我国从 20 世纪 90 年代开始在路面设计规范和集料试验规程中分别对石料磨光值制定了使用标准。由于早期我国公路等级、车速和车流量都较低，因此防滑标准制定比较简单，磨光值仅规定高速公路 PSV＞42，其他公路 PSV＞35。随着我国公路建设和交通运输的发展，根据最新的研究成果，交通部 2006 年颁布的《公路沥青路面设计规范》(JTG D50—2006)中对石料磨光值制定的新的标准，如表 10-5 所示。该标准参考了国外标准制定方法和我国的实际交通状况，根据年降雨量分公路等级来制定石料磨光值。

我国沥青路面石料磨光值技术要求　　表 10-5

年降雨量(mm)	高速公路和一级公路	二级公路
＞1 000	＞42	＞40
500～1 000	＞40	＞38
250～500	＞38	＞36
＜250	＞36	—

筑路材料中使用的石料范围很广，而满足磨光值要求的石料种类也很多。日本曾对大量石料进行了研究试验，结果表明各类碎石石料的磨光值分布范围如表 10-6 所示。

各类石料磨光值　　表 10-6

岩类	岩种	PSV 平均值范围
火成岩	安山岩、玄武岩、橄榄岩	61±8
水成岩	石灰岩	46±4
	砂岩	58±4
	砾岩	61±4
	页岩	63±4
变质岩	粘板岩、角闪岩、片麻岩	62±9

石料用于沥青路面时除需满足磨光值标准外，还应满足耐磨耗、冲击强度和与沥青黏附力的要求。一方面火成岩(或岩浆岩)的强度较高，但如花岗岩、石英岩等均为酸性石料，与沥青的黏附性较差；而另一方面与沥青黏附性很好的基性石料强度又较低，如石灰岩。因此，我们在选用沥青表面层石料时必须综合考虑以上各种因素，同时根据工程周围石料矿藏资源分布、运输和价格等因素最后确定所使用的石料。

我国的石料矿藏资源比较丰富，但 20 世纪 90 年代以前由于各种因素的综合考虑，绝大部分沥青路面都采用的是我国储量最多且分布范围最广的石灰岩。随着我国高等级公路修建规模的不断扩大，对满足技术要求的防滑石料需求越来越迫切，根据当时调查和试验的结果初步认为，玄武岩是比较适合用于高等级公路面层的防滑石料，因为其强度、磨光值及与沥青黏附性都较高，同时在我国很多地区都有玄武岩矿藏，能够保证大规模建设的使用需求。但是在后来的一段时期内却形成了错误观念，很多人认为修建高速公路的面层防滑石料只能用玄武岩，甚至为此远距离采购和运输来获得原料，花费了很高的代价。实际上采用何种石料应通过试验来验证其是否符合技术要求，只要满足了各项技术标准，不论是哪种石料都可以采用，例如我国分布和储量同样较多的辉绿岩、安山岩同样可以作为高等级公路的防滑石料使用。反过来即使是玄武岩中也有不符合磨光值要求的品种，例如过于高强度和致密的玄武岩磨光值并不一定合格；而那些强度适中，却包含有一定数量气孔和结晶颗粒的玄武岩才是最好的防滑石料。

(2)摩擦系数

摩擦系数是直接表征路面防滑性能的最重要指标，也是各国长期研究和制定标准的重点。不同工作原理测试设备得到的摩擦系数值存在一定的差别，目前世界各国所使用的摩擦系数测试设备有多种类型，因此各国规定的标准也不同。此外，各国所制定标准的分类级别也各不相同，有仅以车速作为分类标准的，也有按不同道路条件下防滑危险等级作为分类标准的，还有按不同道路条件下路段事故率作为分类标准的。表 10-7 是德国规范对摩擦系数的要求，由于德国同时允许斯图加特摩阻仪（SRM）、横向力系数测试车（SCRIM）和摆式仪三种设备使用，因此规范中分别制定了三种摩擦系数的标准。表 10-8 是英国运输部制定的路面防滑技术标准，标准的特点是仅规定了不同条件路段的测试水平，没有硬性限定最低标准值。表 10-9 是澳大利亚的路面防滑标准，其设定摩擦系数标准值与路段事故率直接挂钩。从英国和澳大利亚标准中可看出，公路等级越高，相应的规定标准值越低。这是因为高等级公路路况好，封闭交通，外界干扰少，不容易出现事故；而普通道路各种如行人、非机动车、交叉口等产生干扰的因素多，容易发生事故。英国的调查结果验证了这一结论（见图 10-8），因此一般道路的安全标准水平应该制订得更高一些。另外需要指出的是，为避免法律纠纷，世界上几乎所有国家都将路面防滑标准作为推荐性或内部技术评估标准，不作为强制法规来公布使用。

德国摩擦系数标准 表 10-7

标准类型	测试速度(km/h)	μ	SFC	BPN
警告值	80 60 40	0.36 0.45 0.54	0.39 0.46 0.53	50
临界值	80 60 40	0.30 0.39 0.48	0.32 0.39 0.46	45

注：μ 为 SRM 测试值；SFC 为 SCRIM 测试值；BPN 为摆式仪测试值。

英国摩擦系数标准　　　　表 10-8

路段分类	路段定义	SFC50 或等代指标的检测水平和相应的危险等级							
		0.30	0.35	0.40	0.45	0.50	0.55	0.60	0.65
		1	2	3	4	5	6	7	8
A	高速公路(主车道)		■						
B	双车道公路的一般路段		■						
C	单车道公路的一般路段			■					
D	双车道公路的次要交叉口			■					
E	单车道公路的次要交叉口				■				
F	驶入和穿越主要交叉口(所有分流车道)				■				
G_1	坡度 5%～10%,坡长＞50m 的双车道公路下坡车道和单车道公路(上下坡)				■				
G_2	坡度＞10%、坡长＞50m 的双车道公路(下坡车道)和单车道公路(上下坡)					■			
H_1	弯道(没有 40mile/h 或更低的速度限制)半径≤250m				■				
J	环岛的驶入车道						■		
K	驶向信号交叉口、人行横道、公铁平交路口或类似路段						■		
H_2	弯道(没有 40mile/h 或更低的速度限制)半径≤100m					■			
L	环岛				■				

注:表中路段类型 H_2 和 L 采用 SFC20 值检测水平作为标准。

澳大利亚摩擦系数标准　　　　表 10-9

路段等级	路段定义	每百万辆车路段事故率(%)								
		0.11～0.30	0.31～0.60	0.61～0.90	0.91～1.20	1.21～1.50	1.51～1.80	1.81～2.10	2.11～2.40	＞2.40
一般	下列公路上的直线段和大半径曲线段: 高速公路、干线公路和交通量＞2 500 辆/车道/d 的其他道路	(0.25)	(0.30)	0.35	0.40	0.45	0.50			

续上表

路段等级	路段定义	每百万辆车路段事故率(%)								
		0.11～0.30	0.31～0.60	0.61～0.90	0.91～1.20	1.21～1.50	1.51～1.80	1.81～2.10	2.11～2.40	>2.40
不良	与交通量>2 500 辆/车道/d的公路相交的交叉口邻近路段； 环岛及其邻近路段； 小半径曲线段； 纵坡>5%，坡长>100m 的路段			0.35	0.40	0.45	0.50			
很不良	在限制车速不小于 60km/h 的路上，管制设施引道(靠近路段)； 市区干线道路上接近交通标志、人行横道及其他类似设施的路段； 接近收费口的路段					0.45	0.50	0.55	0.60	0.65

注：表中采用 SFC50 值检测水平作为标准。

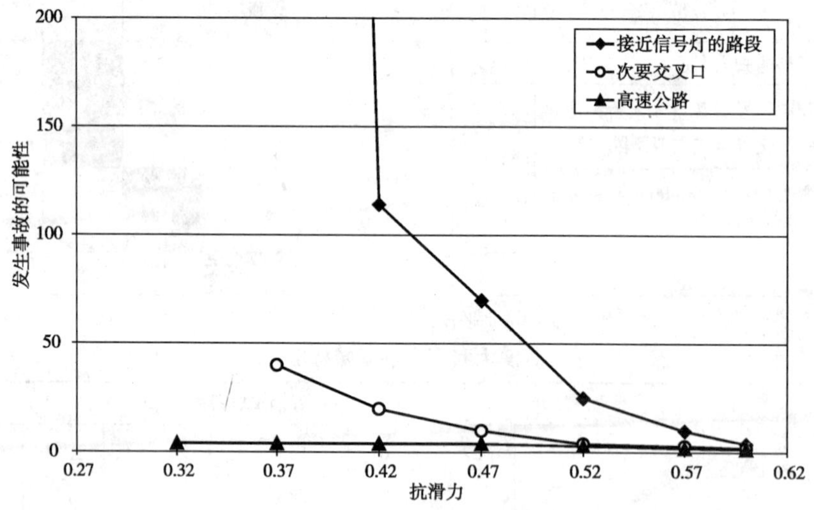

图 10-8 不同路段发生事故的可能性

我国以前的沥青路面摩擦系数评价使用 SFC 和 BPN 两种指标，但随着近年来采用各种新的沥青路面类型和道路等级的提高，摆式仪在很多条件下已不适用；另外，老规范中摩擦系数全国只统一规定一个标准值，这对于不同降雨量地区的道路状况客观评价是不合适的，对于不同地区的道路建设也存在技术经济上的不合理性。因此，最新的《公路沥青路面设计规范》(JTG D50—2006)中仅规定以 SFC 作为评定指标，而且根据各地区降雨量的不同分别制定防滑标准，如表 10-10 所示。

我国沥青面层交工防滑(摩擦系数)技术要求　　表 10-10

年降雨量(mm)	横向力系数 SFC60	年降雨量(mm)	横向力系数 SFC60	年降雨量(mm)	横向力系数 SFC60
>1 000	≥54	500～1 000	≥50	250～500	≥45

(3)构造深度

构造深度是评价路面防滑性能的另一个技术指标。如前所述,新建路面构造深度的大小决定于集料粒径的大小和级配比例,而使用期路面的构造深度还受石料磨耗情况的影响。长期观测的数据显示路面构造深度的变化情况存在一定规律,即路面刚建成时构造深度具有一个初始值,随着路面通车后轮胎的磨耗作用,路面粗集料外部的沥青膜及路面表面部分细小集料被磨掉,构造深度值在通车初期逐渐增大,据统计路面通车前 100 万辆交通量能使构造深度值平均上升约 21%。路面构造深度在达到某一个最大值后,将随着车轮长期不断的磨耗作用而下降,在车流量基本稳定的情况下,构造深度最终将下降到某一个基本稳定值的水平。我们关心的是构造深度最终所下降到的稳定值是否能满足保证车轮与路面间排水的功能,进而根据构造深度的衰变率制定出路面施工的技术要求,而且构造深度标准值不能要求太高,应该规定适中,既能满足安全需要,又不影响路面使用耐久性。同样,各个国家对路面构造深度的技术标准规定形式也存在差别。表 10-11 是法国对构造深度推荐评价标准,其按构造深度值大小将路面划分为 5 个等级。表 10-12 是我国对沥青路面构造深度的技术要求,构造深度的标准值参照摩擦系数的分类方法按年降雨量规定。

法国路面构造深度技术标准　　表 10-11

路面等级	铺砂法 TD 值(mm)	路面状况评价
A	TD≤0.2	很细构造的路面,这种路面应禁用
B	0.2<TD≤0.4	细构造路面,只适合车速<80km/h 的路段
C	0.4<TD≤0.8	中等构造路面,适合车速 80～120km/h 的路段
D	0.8<TD≤1.2	粗糙构造路面,适合车速超过 120km/h 的路段
E	TD>1.2	构造极粗糙路面,适合高速直线路段后的危险区域或霜冻频繁地区

我国沥青面层交工防滑(构造深度)技术要求　　表 10-12

年降雨量(mm)	构造深度 TD(mm)	年降雨量(mm)	构造深度 TD(mm)	年降雨量(mm)	构造深度 TD(mm)
>1 000	≥0.55	500～1 000	≥0.50	250～500	≥0.45

四、路面防滑检测技术

目前世界各国针对路面防滑性能所采用的检测设备和测试方法有很多种,其中测试石料磨光值各国基本都统一使用英国标准的磨光机和摆式仪,而摩擦系数和构造深度指标各国的设备使用情况却比较复杂,我们在引用各国技术标准时应该说明是使用哪种设备在何种条件下进行的试验。随着我们使用不同的设备和方法,测试结果或评价结论将存在一定的差异。多年来许多国家在防滑检测技术方面都开展了大量研究,随着机械、电子和计算机技术的不断发展,各类自动化检测设备的研发进展尤其迅速。这些设备在工作原理和稳定性、测试方式和效率、现场工作安全性和造价成本等方面分别具有不同的特点和优势。

1. 摩擦系数测试设备

在道路专业领域评价路面防滑性能时所使用的摩擦系数指标，一般都是指特定试验设备和方法所得到的结果，因此不同工作原理测试设备将测得不同的摩擦系数参数类型。图 10-9 是根据目前世界各国所使用的不同工作原理摩擦系数测试设备，对摩擦系数进行的参数类型分类。

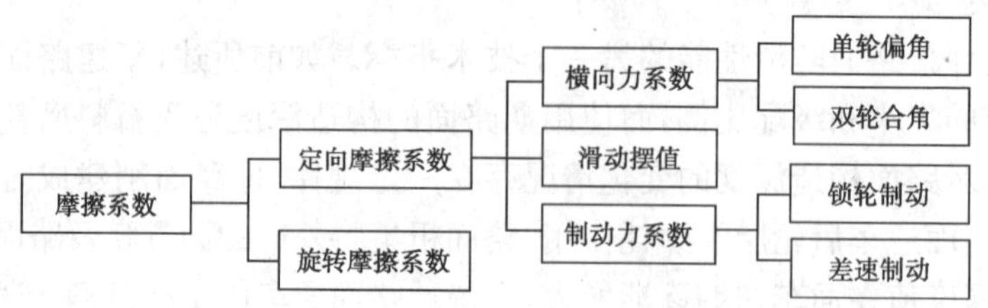

图 10-9 摩擦系数参数类型分类

摩擦系数类型首先分为定向和旋转两类，其中定向摩擦系数包括横向力系数、滑动摆值和制动力系数三类。横向力系数又分为单轮偏角和双轮合角两类；制动力系数又分为锁轮制动和差速制动两类。下面就每种类型的摩擦系数及其测试设备介绍其特点。

(1)定向摩擦系数

顾名思义，定向摩擦系数在测试过程中保持磨阻力的方向不变。该测试方式又可分为横向力、滑动摆值和制动力三种。

①横向力系数

路面为车辆提供的行驶防滑安全保证包括两方面，即足够的制动力和防止车辆侧滑。因此我们对于车辆行驶方向上横纵两个角度的地面摩擦情况都非常关心。横向力系数是一个综合反映横纵两个方向摩擦力的技术指标，它是两个方向摩擦力的合力。目前，测试横向力系数的测试设备有 SCRIM 和 Mu-Meter 两种测试系统。它们的测试原理都是通过与车辆行驶方向成一定角度的测试轮来测试地面的滚动摩擦系数，但两种设备的测试轮偏转角度、测试力方向、荷重及轮胎尺寸均不同，因此它们的测试结果也存在差异。图 10-10 是 SCRIM 测试系统的结构形式，可以看出该系统使用一个测试轮工作，测试轮与行驶方向成 20°夹角，传感器测力方向垂直于测试轮，测值为 SFC。图 10-11 是 Mu-Meter 测试系统的结构图，其同时使用两个测试轮工作，两轮之间夹角为 15°，传感器测力方向为水平，测值为 μ。

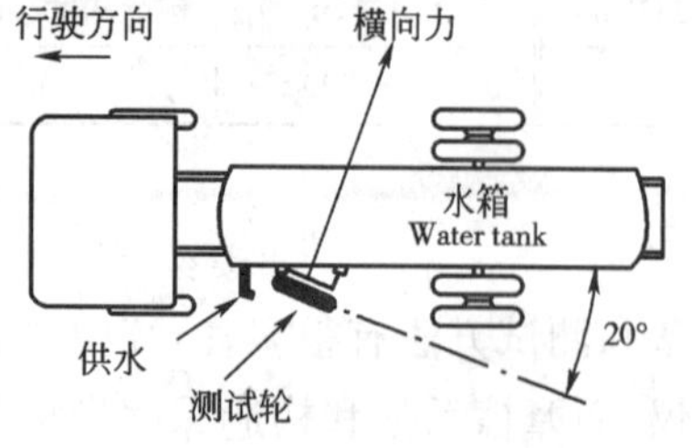

图 10-10 SCRIM 测试系统

上述两种设备都能以道路上的正常行车速度进行测试，几乎可以用于各种道路路面的摩擦系数测试。SCRIM 测试系统本身自带一个数吨的水罐，能够连续测试几十公里，适合于大规模路网检测。Mu-Meter 测试系统最初用于机场道面的测试，后经配备小型水罐后，目前也被用于普通公路的检测。

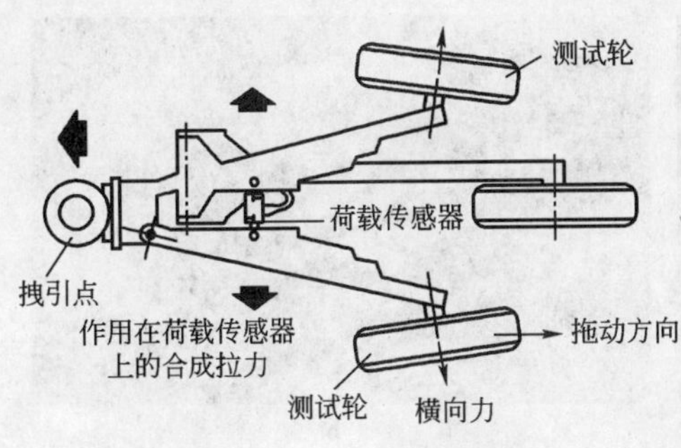

图 10-11　Mu-Meter 测试系统

②滑动摆值

我们通常使用的摆式仪测试结果为滑动摆值，测值为 BPN。目前许多国家都生产摆式仪，但结构形式和技术参数一般都参考英国标准。摆式仪结构简单，是一种手提便携式仪器(图10-12)，被大量用于现场定点测试。摆式仪工作原理是将一定质量的摆锤在摆杆水平高度释放，摆锤从一侧自由向下摆动，当摆锤摆到最低位置时，摆锤的势能全部转化为动能，同时摆锤下部有一个橡胶滑块被控制在地面滑动 126mm，滑动过程中摆锤将因磨阻力作功而损失部分动能，然后摆锤从另一侧向上摆起，但由于能量的损失，摆锤将不能摆回水平高度。根据上述原理，可计算出摆锤回摆至不同高度所代表的摩擦系数值大小。

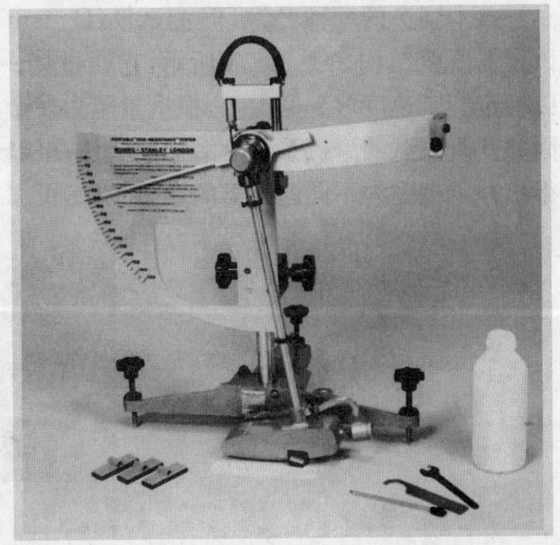

图 10-12　摆式仪

摆式仪操作和携带方便，可用于多种路面，但由于其橡胶滑块尺寸较小，在粗糙度较大的沥青路面和槽状结构的水泥路面上滑动时会发生振动现象，影响了其基本工作原理，造成测值不稳定，因此不适宜在这些路面上使用。

③制动力系数

制动力系数即滚动车轮被施加一个制动力后在路面滑动所产生的摩擦力与荷载的比值。制动力系数的大小可以直接反映车辆制动后的滑行距离长短，因而也是不同等级或不同设计时速道路路线设计时计算停车视距的关键指标。目前能够测试制动力系数的设备根据测试原理分为两类：一类是锁轮制动方式；另一类是差速制动方式。锁轮制动方式设备的工作原理是制动时使车轮完全停止转动，而差速制动方式设备是通过不同直径齿轮组转动差速形成一定百分比的滑移率来测量摩擦力。制动力系数类型测试设备以前在航空机场跑道上使用得较多，而且测试时经常采用不洒水干测的方式。目前北美和部分欧洲国家也开发了用于公路测试的此类设备，同时为测试系统附加了喷水装置，以适合道路湿测的要求。该类设备分为整车和拖挂两种方式，如图 10-13 所示。

a)

b)

图 10-13　制动力系数测试设备

a)整车;b)拖挂

(2)旋转摩擦系数

日本制造的一种名为 DF 测试仪(Dynamic Friction Tester)的测试结果为旋转摩擦系数。该仪器主要结构如图 10-14 所示,它通过将一个底部带有橡胶滑块并施加固定荷重的金属盘以一定旋转速度放到路面上,根据摩阻力使金属盘停止旋转所作的功来计算摩擦系数的大小,因此其所测试的摩擦系数是沿橡胶滑块在旋转方向上得到的。该仪器的特点是一次测试可以得出一定范围内不同速度下的摩擦系数,可以在现场利用汽车电源进行定点测试。

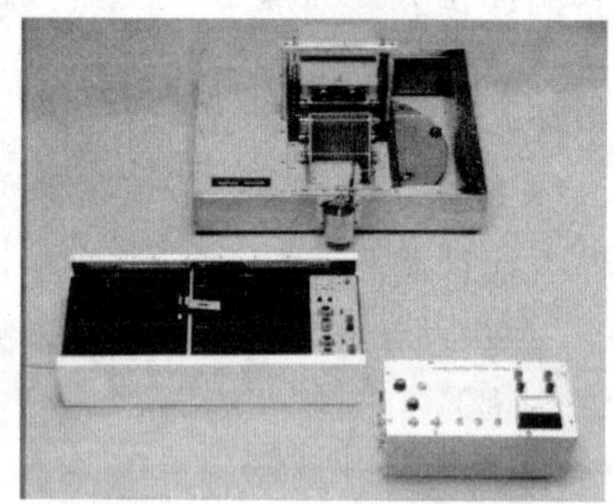

a)

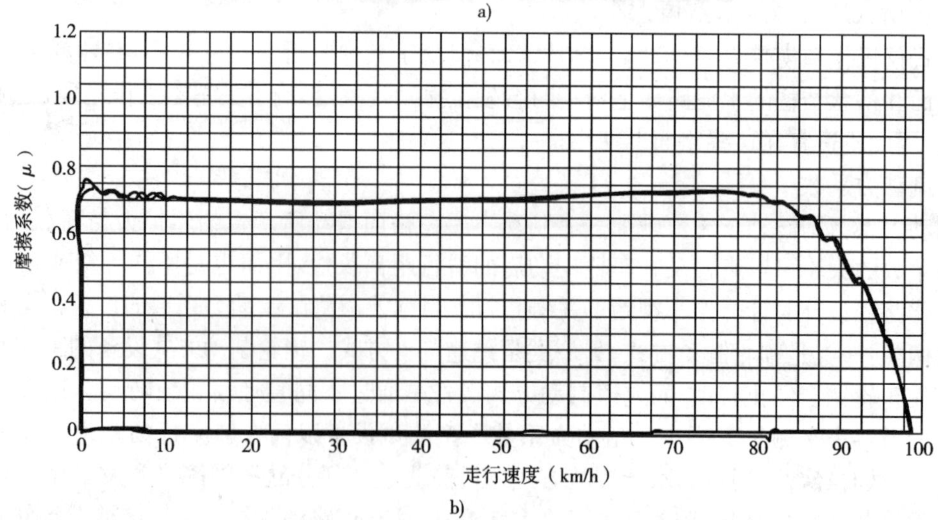

b)

图 10-14　DF 测试仪及测试结果记录曲线

以上是世界各国所使用的测试不同类型摩擦系数的设备，有的国家根据情况规定使用其中一种或几种设备，并分别制定工程技术标准；而有的国家并未明确限定使用何种设备，但在工程技术评价时将不同类型摩擦系数转换成统一参数标准的工作是必要的。

另外，特别需要强调的一点是，公路行业在评价路面防滑性能时，一般都是指在地面潮湿有水的情况下测试的摩擦系数，因此上述所有设备都带有喷水装置。

2. 构造深度测试设备

构造深度是指粗集料表面和集料颗粒之间宏观构造的平均深度，目前根据测试设备工作原理能得到的构造深度指标类型有两类：铺砂法（TD）和断面法（SMTD）。

（1）铺砂法构造深度

铺砂法构造深度有两种测试方法，即手工铺砂法和电动铺砂法。

①手工铺砂法的测试原理，是用量筒量取一定体积的标准砂在路面上均匀摊铺成圆形，然后测量圆形的直径，再通过式（10-10）计算平均构造深度。

$$\mathrm{TD}=\frac{1\ 000V}{\pi D^2/4}=\frac{31\ 831}{D^2} \tag{10-10}$$

式中：TD——构造深度（mm）；

V——标准砂的体积，$25\mathrm{cm}^3$；

D——砂摊铺成圆形的平均直径（mm）。

②电动铺砂法的测试原理，是利用电动铺砂仪将一定体积的标准砂摊铺成5cm宽的带状，然后根据式（10-11）和式（10-12）计算平均构造深度。

$$t_0=\frac{V}{B\times L_0}\times 1\ 000=\frac{1\ 000}{L_0} \tag{10-11}$$

$$\mathrm{TD}=\frac{L_0-L}{L}\times t_0=\frac{L_0-L}{L\times L_0}\times 1\ 000 \tag{10-12}$$

式中：t_0——标准砂在玻璃板上的标定厚度（mm）；

V——标准砂体积，50mL；

B——铺砂带的宽度，5mm；

L_0——50mL标准砂在玻璃板上的摊铺长度（mm）；

L——50mL标准砂在路面上的摊铺长度（mm）。

（2）断面法构造深度

断面法构造深度，是通过激光构造深度仪测试路面一定距离上断面的平均深度来计算得到的。激光构造深度仪的工作原理，实际上就是激光测距技术的使用。目前实际使用的激光构造深度仪有手推式和车载式两种，如图10-15所示。车载式激光构造深度仪可以以正常行车速度进行连续测试，适合大规模工程检测，还具有在通车运营路段上现场测试而确保安全性的优点。

最后应该着重指出的是，当我们用相关技术指标评价路面性能时，若实际检测所采用的设备测试参数类型与工程技术标准规定的指标类型不同，就必须进行参数的转换计算，以便统一技术标准，客观评价路面状况。因此，测试同一技术指标的不同设备类型间的相关性试验非常重要，也是目前各国很多研究机构开展的一项重要工作。

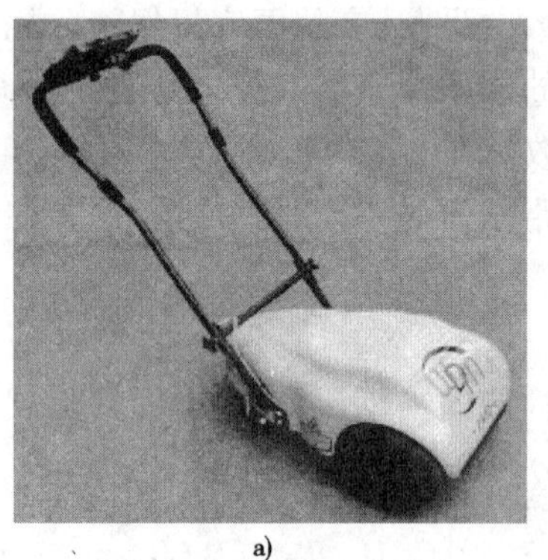

a)

b)

图 10-15 激光构造深度仪

a)手推式;b)车载式

第三节 路面横坡

一、路面横坡安全作用

一般直线路段的路面横坡是指所设置的路拱横坡,其针对路面安全所起的作用仅是排除路面积水,使积水流向车道外侧。路面积水是车辆高速行驶的最大危害,因为当车速较低时,滚动轮胎有足够时间排开路面上的积水,使轮胎与路面紧密接触,为车辆提供足够的附着力;而当车辆行驶达到一定速度后,将没有足够的作用时间完全排除滚动轮胎前方路面上的水分,致使轮胎与路面之间存在一层隔离水膜。这层水膜将导致产生两种对行车安全性的危害:一种危害是车辆制动时地面提供的摩阻力不够,延长了制动距离;另一种危害是高速行驶车辆可能在积水区路面上发生水漂现象,使车辆失去控制。式(10-13)和式(10-14)是法国和英国分别在试验室内和野外路面上试验确定的路面水膜厚度与路面坡度间的关系。

$$e=A\cdot K(i)L^{\frac{1}{3}}P^{-\frac{1}{3}} \tag{10-13}$$

式中:e——水膜厚度;

$K(i)$——降雨强度;

L——流径长度;

P——路面斜率。

$$WD=0.015(L\cdot I)^{0.2}N^{0.2} \tag{10-14}$$

式中:WD——水膜厚度;

I——降雨强度;

L——流径长度;

$1/N$——路面斜率。

上述两个公式的试验都是在一定降水强度下进行的,可看出水膜厚度都直接与路面的斜率有关。因此,路面路拱横坡的作用就是及时排除路面上能够自由流动的水分,尤其是路面宽度较大甚至横断面上存在不平整现象时,横坡的作用更加明显。

在曲线弯道路段，路线设计时一般都设置有超高横坡，其作用是为转向车辆提供足够的向心力，保证车辆行驶的操作安全性。因此，在弯道路段本身设有超高横坡的情况下，一般不必再专门设置路拱横坡。弯道超高的设置属于路线设计范畴，本处路面因素的讨论对此不再多作讨论。

设置路面横坡是一般城市道路和公路与机场或各类站场大面积道面之间存在的不同之处，路拱横坡坡度既要满足排水的需要，又不能影响正常的行车，因此各国对路面横坡都有相关规定。

二、路面横坡技术标准

路线设计时路面路拱横坡标准的设置是多方面要求折中的结果，影响因素包括降水强度、车速、路面类型和等级、路面宽度、施工工艺等。各个国家对直线路段的横坡标准规定有所不同，但横坡范围一般都在 1.5%～2.5%的范围内，仅在特殊情况下有所变化。我国的《公路路线设计规范》(JTG D20—2006)中对直线段路拱横坡的规定如下：

(1)高速公路、一级公路整体式路基的路拱，宜采用双向路拱坡度，由路中央向两侧倾斜。位于中等强度降雨地区时，路拱坡度宜为 2%；位于严重强度降雨地区时，路拱坡度宜适当增大。

(2)高速公路、一级公路分离式路基的路拱，宜采用单向横坡，并向路基外侧倾斜，也可采用双向路拱坡度。但积雪、冰冻地区，宜采用双向路拱坡度。

(3)六车道、八车道高速公路、一级公路，当超高过渡段的路拱坡度过于平缓时，可设置两个路拱。

(4)二级、三级和四级公路的路拱，应采用双向路拱坡度，由路中央向两侧倾斜。路拱坡度应根据路面类型和当地自然条件确定，但不应小于 1.5%。

另外，《公路沥青路面养护技术规范》(JTJ 073.2—2001)中规定了高速公路和一级公路的路拱坡度养护标准是 1.0%～2.0%；其他等级公路将工程技术标准设计值减低 0.5%作为养护标准。

三、路面横坡检测技术

路面横坡最传统的测试手段是用水准仪和尺子分别测量路面行车道横断面两侧的高程差和宽度，然后计算横坡的坡度值。常用的工具还有坡度尺，将其平行放在路面横断面上可直接读出横坡值。目前最先进的测试设备是路面多功能测试车和几何数据采集系统，如图 10-16 和图 10-17 所示。

图 10-16　路面多功能测试车

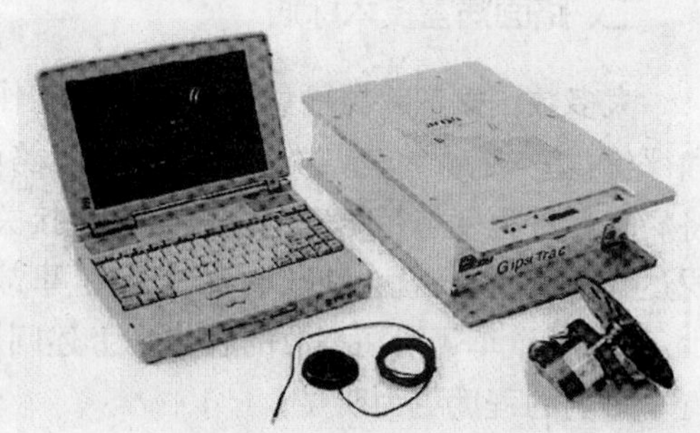

图 10-17　几何数据采集系统

上述两种设备的工作原理，都是通过一种固定在车辆上的精密三维惯性测量传感器高频率地测试车体在路面上的偏角。该类设备的性能优点是能以正常行车速度测试路面的横坡数据，采样频率和工作效率都非常高，尤其是不影响正常的通行车流，具有很好的现场安全性，非常适合于交通量大和路网级的路面横坡连续检测。

第四节　路面病害

一、路面病害安全评价

路面病害有很多种类，其中的部分病害严重时将存在使高速行车发生危险的可能性。此类病害主要包括沥青路面的车辙、沉陷、壅包、坑槽、泛油和水泥路面的错台、沉陷、碎裂、活性集料反应等。它们造成的具体行车危害如表 10-13 所示。当然还有很多其他种类的病害与行车安全没有直接关系，本处不再讨论。

路面病害的行车安全危害　　表 10-13

路面类型	病害名称	行车安全危害表现
沥青路面	车辙	车辆行驶方向失控或小型载客汽车拖碰底盘
	沉陷	车辆严重颠簸、方向失控、爆胎
	壅包	车辆严重颠簸、方向失控、爆胎
	坑槽	车辆严重颠簸、方向失控、爆胎
	泛油	车辆发生滑溜事故或制动失控
水泥路面	错台	车辆严重颠簸、方向失控、爆胎
	沉陷	车辆严重颠簸、方向失控、爆胎
	碎裂	车辆严重颠簸、危害轮胎
	活性集料反应	危害轮胎

目前，世界各国的路面性能技术标准中尚未见到针对安全问题制定的病害标准，但在高速公路的通行中确实存在因某种严重病害造成的安全事故的事例，例如在某些颠簸严重的路段边侧经常会发现从车轮上脱落的面盖，这就意味着车轮变形严重，具有发生爆胎的可能性。因此，在部分国家进行道路安全审计项目中，已考虑到病害因素导致的潜在威胁。

二、路面病害技术标准

大多数国家都将路面病害放在养护工作中考虑，因而也多从专业养护角度对其进行检测和评价，基本是都将其归类并折算成沥青路面面积或水泥路面板块数后计算评价系数，很少有将病害严重程度与行车安全事故建立直接关系的。例如，车辙深度达到多少或坑槽深度和面积达到何种程度，就会使车辆驾驶失控、事故发生率上升；路面泛油产生的面积和区域达到多少，就会导致车辆滑溜事故的发生。上述问题对高速公路而言尤其重要，因为这些病害对高速行车影响的程度更为明显。

目前世界各国对路面病害的分类方法和评价标准存在一定差别，有把各类病害合并计算统一评价指数的，也有对其中某一个病害单独规定评价标准的。例如，很多国家都将车辙作为单独评价的指标，壳牌和1986年版AASHO设计方法均将高速公路车辙标准定为10mm，美国AI法定为12.5mm，日本《道路养护与维修手册》规定汽车专用道路的车辙标准为25mm。我国的《公路沥青路面养护技术规范》(JTJ 073.2—2001)中规定了高速公路和一级公路的车辙标准为15mm。这里需要指出的是我国虽然单独规定了车辙的标准，但在评价路面状况时却是把车辙与其他病害合并一起计算状况评价指数的。

表10-13所列涉及路面安全的病害，只是我国技术标准和规范规定的所有病害种类中的一部分。病害的评价方法分三步：首先将各类病害按严重程度的轻重分级；然后乘以不同的换算系数；最终通过病害所占全部路面的比例计算路面状况指数(PCI)。

《公路水泥混凝土路面养护技术规范》(JTJ 073.1—2001)中规定：

$$\mathrm{PCI}=100-\sum_{i=1}^{n}\sum_{j=1}^{m_i}DP_{ij}W_{ij} \tag{10-15}$$

$$\mathrm{DP}_{ij}=A_{ij}D_{ij}B_{ij} \tag{10-16}$$

式中：i 和 j——病害种类和轻重程度；

n 和 m_i——病害种类总数和第 i 类病害的轻重程度等级；

DP_{ij}——第 i 类病害、第 j 类轻重程度的单项扣分值，是病害密度 D_{ij} 的函数；

D_{ij}——第 i 类病害、第 j 类轻重程度的板块数占调查路段总板块数的比例；

A_{ij} 和 B_{ij}——规定的参考系数；

W_{ij}——同时出现多种病害时，第 i 类病害、第 j 类轻重程度扣分值的修正系数。

水泥混凝土路面病害状况等级评定标准，如表10-14所示。

水泥混凝土路面病害状况等级评定标准 表10-14

评定等级	优	良	中	次	差
PCI	≥85	≥70～<85	≥55～<70	≥40～<55	<40

《公路沥青路面养护技术规范》(JTJ 073.2—2001)中规定：

$$\mathrm{PCI}=100-15DR^{0.412} \tag{10-17}$$

$$\mathrm{DR}=\sum_{i=1}^{n}\sum_{j=1}^{m_i}D_{ij}K_{ij}/A\times100 \tag{10-18}$$

式中：DR——路面综合病害率，以百分数计；

D_{ij}——第 i 类病害、第 j 类轻重程度的实际病害面积；

K_{ij}——第 i 类病害、第 j 类轻重程度的修正系数；

A——调查路段的路面总面积。

沥青路面病害状况等级评定标准，如表10-15所示。

沥青路面病害状况等级评定标准 表10-15

评定等级	优	良	中	次	差
PCI	≥85	≥70～<85	≥55～<70	≥40～<55	<40

《高速公路养护质量检评方法》(试行)中规定：

$$PCI=100-15DR^{0.41} \tag{10-19}$$

$$DR=100\frac{\sum_{i=1}^{n}w_iA_i}{A}\text{(沥青混凝土路面)} \tag{10-20}$$

$$DR=100\frac{\sum_{i=1}^{n}w_iB_i}{B}\text{(水泥混凝土路面)} \tag{10-21}$$

式中：DR——沥青混凝土路面病害率或水泥混凝土路面坏板率(%)；

A 和 A_i——沥青路面实际调查总面积和第 i 种病害的面积；

B 和 B_i——水泥混凝土路面实际调查板块总数和第 i 种病害的坏板数；

w_i——沥青混凝土路面或水泥混凝土路面第 i 种病害的权重系数。

该检评方法中不直接评价 PCI 的优劣，而是将其与其他指数合并计算成路面养护质量指数 PQI，进一步计算成高速公路养护质量指数 MQI 后再进行等级评定。

实际检测评定过程中得到的路段路面状况指数值，虽然是所有病害的综合计算结果，并且未体现与路面安全的直接关系，但最终评定等级的优劣也能间接反映病害对车辆行驶安全的影响程度。

三、路面病害检测技术

最普通的路面病害调查方法是人工目测、记录和统计。该方法工作速度慢，效率低，且在通车路段上作业的现场安全性差。早期法国曾经开发过胶片式的病害摄影车。目前世界上已投入使用的比较先进的路面病害自动化检测设备，是多功能路况测试系统。研制这类设备较早的国家是加拿大(图 10-18)和澳大利亚(图 10-19)，近年来我国和美国、英国、日本等国家也都相继在开发相关产品。

图 10-18 加拿大病害检测车

图 10-19 澳大利亚病害检测车

目前所使用的病害检测系统的工作原理是，首先在现场用高分辨率数字摄像机对路面进行连续拍照；然后通过专用图像分析软件对数字图片进行自动分析计算，得到某些病害(如裂缝)的检测结果，同时通过人工辅助判别补充其他病害的测试结果。此外，车辙、坑槽、错台等病害的深度需通过另一类设备来测试，现在技术比较成熟的设备是激光断面仪。根据工作原理其类型分为三类：第一类设备是共梁多激光点式断面仪（图 10-20），其原理是通过安装在同一个刚性梁架结构上的多个激光测距仪，同时测量地面的相对高程，进而得到车道横断面的数据，并计算出不同位置的变形深度；第二类设备是扫描式激光断面仪（图 10-21），它是通过一个高速旋转的光学棱镜将一个激光器发射的激光束投射出去，在地面上形成一条逐点扫描线来测量断面数据；第三类设备是脉冲式线激光断面仪（图 10-22），它是通过一个光学透镜将一个激光器发射的脉冲激光束衍射成上千个点同时投射到路面上形成一条激光线，然后再用高分辨率数字相机拍摄激光线的变形来计算断面的变形数据。

图 10-20 共梁多激光点式断面仪

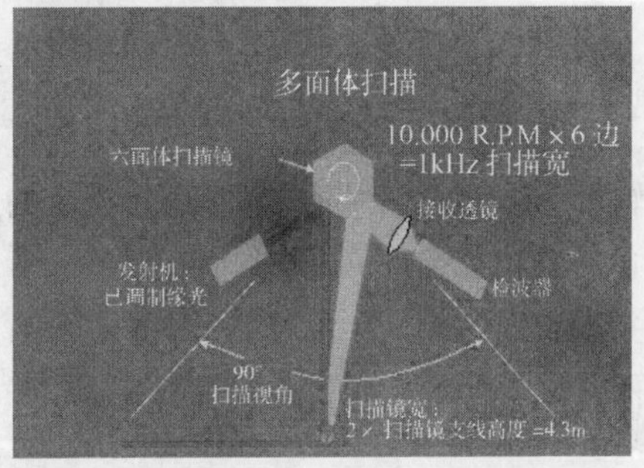

图 10-21 扫描式激光断面仪

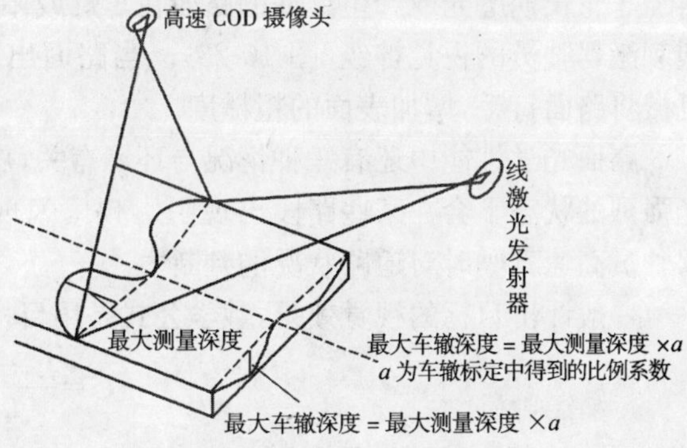

图 10-22 脉冲式线激光断面仪

第五节　路面光学特性

一、路面安全光学特性研究

车辆驾驶员良好的视力状况是安全行车的有效保证，而道路颜色和亮度是直接刺激人员视觉感官的重要因素。目前，较高等级道路主要是沥青路面和水泥路面两种类型，这两种路面我们有时通俗地称为黑色路面和白色路面。从人类生理学角度研究，白色路面更易使人视觉产生高强度刺激和疲劳效应，这个现象可以从驾驶员在强烈阳光照射下的水泥路面上长时间行车时的感觉得到印证。同样的例子是在阳光照射下的雪地上长时间活动的人员必须配戴墨镜，否则眼睛将受到伤害。

世界各国目前在黑白两种路面表面特性的研究中，很少有关于水泥路面光学性能影响行车安全的研究结果，原因主要是上述现象必须在一定的环境条件下才成为安全问题。国际道路协会(PIARC)下设的道路光学特性工作组与国际照明委员会(CIE)共同发表的报告表明，早期对路面光学特性的研究只注重于道路的照明状况，虽然其注意到了路面的颜色和眩光对驾驶员的影响，但未开展进一步的研究。随着道路条件和车速的提高，路面光学特性的影响程度又有所增强，在光线强烈的情况下即使部分驾驶员采取了佩戴墨镜的措施，但整体交通安全的潜在危险性依然存在。

二、路面颜色、亮度和反光

从人员视觉舒适的角度考虑，道路颜色宜保持同色、柔和，因此道路铺筑时应选择均匀材料，养护修补区域尽量保持与周围路面颜色的协调。如果长距离路段内频繁出现颜色对比强烈变化，必然造成驾驶员的视觉紧张。

从生理耐疲劳性的角度考虑，路面建筑所用材料应采用暗色系的，尽量避免使用大量偏白色和带有晶体反光解理面的石料。尤其在阳光强烈的地区，白色路面极易造成驾驶员视觉疲劳的现象。

路面光学特性中另外一种非常重要的特性就是表面反光，或称眩光。眩光一般是表面材料经车轮长期磨光或产生泛油的路面在车灯或阳光一定角度照射下产生的一种现象，它会强烈刺激驾驶员的视觉神经(图 10-23)。当路面出现明显的反光现象时，一般采取的措施是用机械将路面打毛，增加表面的粗糙度。

路面光学性能中还有一种情况与环境有关，就是路侧物体(如树木)阴影的影响。当在阳光强烈的状态下会在某些路段出现阴影频繁闪现的情况(图 10-24)，这种现象有时也会影响驾驶员高速驾驶时对道路状况的判断力。

一般评价目标的视觉效果，数学公式是用目标与其背景的亮度反差来表示：

$$C=\frac{L_0-L_f}{L_f} \tag{10-22}$$

式中：C——路面与背景亮度反差比率；

L_0——路面亮度；

L_f——背景亮度。

图 10-23　路面眩光

图 10-24　路侧阴影

早期道路光学的路面照明研究中注意到 C 值不宜低于 20%，但这只是 C 值范围的低限临界值，实际上 C 值应该还有一个高限标准，目前在此方面的研究还不充分。上述讨论的路面光学特性在道路交通安全领域研究工作中还属于比较薄弱的环节，而且这些问题的处理还必须与道路设计、材料、养护等工作结合，利用新的检测和评价手段，跨学科开展研究才能解决。

参考文献

[1] A W ADAMSON. Physical Chemistry of Surfaces[M]. John-Wiley，1976.

[2] Technical Committee Report on Flexible Roads[R]. ⅩⅥth World Road Congress Vienna，1979.

[3] W E MEYER，J REICHERT. Surface Characteristics of Roadways：International Research and Technologies[M]. ASTM STP 1031.

[4] 交通部公路科学研究所. 第二届国际防滑会议论文集[C]，1986.

[5] 梁乃兴，韩森，屠书荣. 现代路面与材料[M]. 北京：人民交通出版社，2003.

[6] 交通部公路科学研究所. 高速公路沥青路面抗滑技术标准修订研究报告[R]. 2002.

[7] 中华人民共和国行业标准公路工程质量检验评定标准[S]. JTG F80/1—2004. 北京：人民交通出版社，2004.

[8] 中华人民共和国行业标准. 公路路线设计规范[S]. JTG D20—2006. 北京：人民交通出版社，2006.

[9] 中华人民共和国行业标准. 公路水泥混凝土路面养护技术规范[S]. JTJ 073. 1—2001. 北京：人民交通出版社，2001.

[10] 中华人民共和国行业标准. 公路沥青路面养护技术规范[S]. JTJ 073. 2—2001. 北京：人民交通出版社，2001.

第十一章　路侧安全设计

第一节　路侧安全概述

我国公路交通事业的迅速发展，带动了城镇居民的出行需求以及物流需求的巨量增长，社会工业化与机动化的步伐越来越快。伴随着社会经济与道路交通迅速发展的一个重要问题是道路安全，这已成为了社会各界广泛关注的话题。近十年来，我国的交通事故死亡率都位居世界前列，对社会发展与稳定带来不利影响。在众多的交通事故中，路侧事故越来越多地引起了交通管理人员和交通工程师的高度重视。

简单地讲，路侧事故是指单车冲出路外后发生的事故。据不完全的调查与统计：路侧交通事故在公路交通事故中约占 30%；在一次死亡 3 人以上的重特大恶性事故中，由于车辆冲出路外坠落陡崖或高桥的路侧事故约占重大恶性交通事故的一半，甚至更多。由此可见，减少与路侧相关的交通事故，降低路侧交通事故的伤亡率，对于提升道路交通安全水平，改善我国当前严峻的交通安全形势，具有重要意义。

车辆冲出路外导致路侧事故的原因很多，但是，不管车辆驶离道路的原因是什么，驾驶员的错误都不应该以牺牲生命为代价，工程师所面临的巨大挑战是如何设计更为宽容的道路，通过经济有效的措施，降低车辆冲出路外的概率以及路侧事故的严重性。宽容路侧设计理念和路侧安全设计方法始于 20 世纪 60 年代，经过近半个世纪的发展，国外路侧安全设计的方法与理论体系日趋成熟，在工程实践方面也进行了诸多尝试与创新。继 1989 年版《路侧设计指南》之后，美国 AASHTO 又于 1996 年、2002 年分别推出了《路侧设计指南》第二版、第三版。在欧洲，2003 年英、法、德等 9 国联合启动了“更安全的欧洲道路路侧基础设施”计划（也称为“RISER”计划），旨在通过收集、分析路侧安全有关数据，提出和获取路侧设计和养护的成熟经验和有益做法来提高路侧的安全性。

我国在路侧安全设计理念、路侧安全设计工程实践方面起步较晚，尤其是在路侧事故规律、路侧安全评价以及适于我国国情的系统化的路侧安全防护方法等方面还基本上处于空白。然而，我国等级公路的路侧安全问题却非常凸显，尤以数十万公里山岭重丘区二级以下的低等级公路的路侧安全更为突出，低等级山区公路普遍存在着防护设施匮乏、防护设施防撞能力不足、防护设施设置不当、边坡边沟安全隐患突出等特点。

近几年，随着全国公路安全保障工程实施范围的扩大、实施层次的深入、部分成果的推广，广大工程技术人员在路侧安全理念与设计方法方面积累了大量的实践经验。此外，2004 年交通部西部项目管理中心专门针对路侧安全问题设立了《公路路侧安全评估及防护方法研究》项目，其目标是结合我国国情，开展路侧事故规律、路侧安全评估方面的研究，缩小与国外的差距，开发和编制国内第一版《公路路侧设计指南》以指导路侧安全改造工程，尤其是要在路侧安全的系统化对策方面做出集成创新工作。如今，课题的部分成果已经在工程实践中得到了应用，初步发挥了社会效益和经济效益。

本章内容在大量公路安全状况调研与分析、路侧安全设计实践经验、相关路侧安全科研的基础上，对有益的成功经验和科研成果进行了全面的总结和梳理，重点对我国路侧安全问题的基本状况、路侧安全设计理念、路侧安全等级评估方法、系统化的路侧安全改善对策等方面进行了全面阐述。

一、路侧事故基本特征

1. 总体情况

据国内部分双车道公路的统计❶，路侧事故数约占全部事故的1/4，路侧事故与其他类事故相比，更具严重性，如图11-1所示。路侧事故数虽然仅占总数的1/4，但其中的死亡事故却占到了总死亡事故数的40%，重伤事故数比重超过50%。

2. 车型

从路侧事故的肇事车型分析，分析结果体现出了小客车和大货车比重高的特点，通常小客车占60%～70%，大货车占10%～20%。分析其原因：小客车速度快，驾驶员在超车、会车或避险过程中，容易发生措施不当的事故，如打转向盘过度。另外，小车以较高速度通过湿滑路面时，也容易引起侧滑的事故，尤其是在弯道处车辆转弯需要更大的横向力时。大车重心高，在弯道处易发生侧翻事故，另一方面，制动距离增大或制动失灵也是重载或超载货车发生此类事故的主要原因。需要指出的是：由于每条道路都可能在主要功能、服务范围、线形条件、交通量、交通构成、路侧特征等方面存在差异，因此肇事车型构成也不尽相同。

3. 事故等级

图11-2为路侧事故等级分类统计结果，就总体情况而言，路侧事故中轻微事故所占比重超过80%，可见路侧事故主体仍是轻微事故。

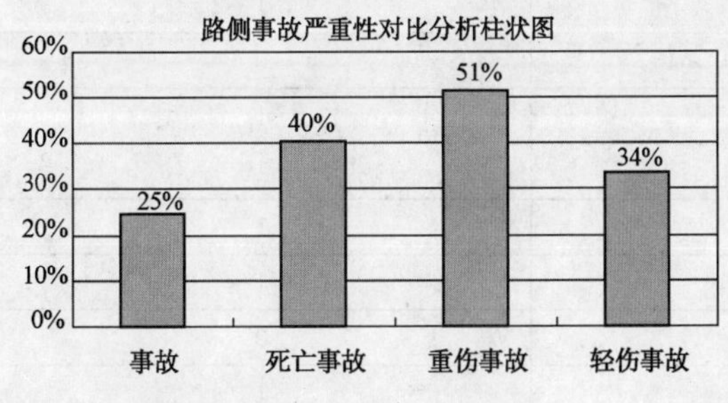

图11-1 路侧事故总体情况统计图

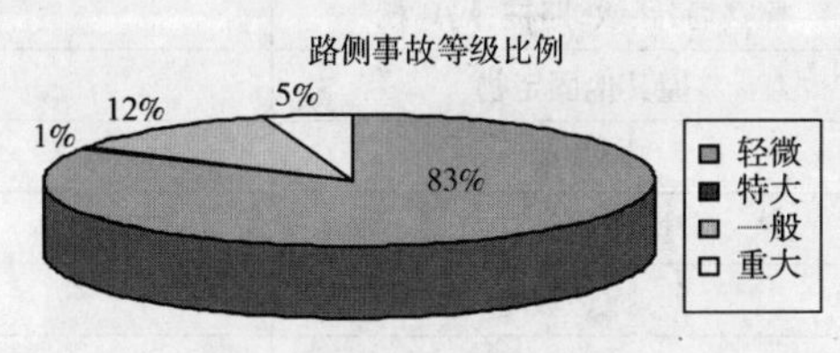

图11-2 各等级路侧事故所占比重对比图

4. 事故形态

从不同事故形态的路侧事故数来看，排在前三位的依次是撞行人、撞静止车辆和驶入边

❶ 本小节结论基于北京、贵州地区31条、总里程约740km双车道公路路侧事故数据的统计结果。

沟，比重均超过10%，累积约占路侧事故总数的一半，此外，撞行道树、侧翻、撞挡墙（也包括路墩、路桩、隔离栅）的路侧事故比重也较高，均超过5%（图11-3）。

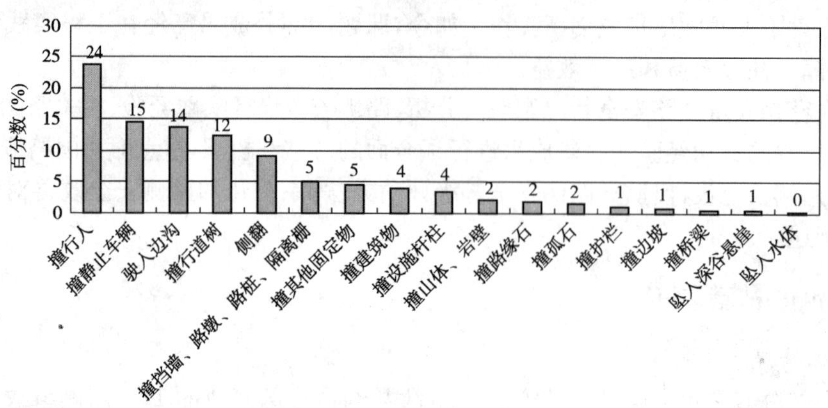

图11-3　各种路侧事故形态之事故数比重柱状对比图

从不同事故形态路侧事故的严重程度来看，最为危险的事故形态是撞行人、驶入边沟和撞静止车辆，仅此三种形态的路侧事故造成的重伤、死亡人数就占到70%左右，同时，它们所占的路侧事故数比重也是最高的。此外，撞行道树、侧翻、坠入深谷悬崖造成的伤亡也较多（见表11-1）。坠入深谷悬崖的路侧事故虽然比重不足1%（图11-3），但由于这类事故多为群死群伤的重大、特大恶性事故，造成了4%的人员重伤和死亡，需要引起足够重视。

按形态分类的路侧事故造成的伤亡人数比重统计结果　　表11-1

路侧事故形态	重伤+死亡(%)	轻　伤(%)
撞行人	46	48
驶入边沟	16	12
撞静止车辆	12	9
撞行道树	10	15
侧翻	8	6
坠入深谷悬崖	4	1
撞护栏	2	0
撞挡墙、路墩、路桩、隔离栅	1	1
撞其他固定物	1	1
撞桥梁	1	1
撞设施杆柱	1	1
撞边坡	0	0
撞孤石	0	1
撞建筑物	0	1
撞路缘石	0	1
撞山体、岩壁	0	2
坠入水体	0	0
合计	100	100

路侧事故形态分析结果告诉我们：不论是从路侧事故数比重，还是从路侧事故造成的伤亡人数来看，虽然路侧事故形态具有多样性，但通常某种或少数几种形态的路侧事故会占有绝大部分比重（通常不多于三种形态的路侧事故其比重就会占到70％～80％），这有助于工程技术人员在针对公路路侧安全问题制定具体对策时，抓住重点，做到有的放矢。

5. 驶出方向

从驶出方向角度分析，右侧事故约占2/3（图11-4），可见路侧安全改善的重点仍是右侧路肩以外的区域。

6. 道路线形

从驶出路外处的线形条件来看，弯道占10％左右，占绝对比重是非弯道（图11-5）。山区等级公路多弯，但统计结果并没有显示弯道处的驶出路外事故也相应较多，这在一定程度上说明：弯道处的路侧事故相对集中在少数、甚至是个别的弯道，这些弯道通常具有长直线接小半径、下坡连续弯，或是超高及缓和曲线设置不当的特点。

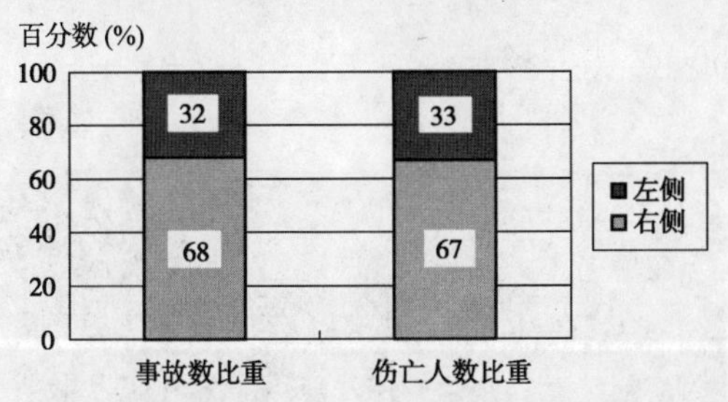

图11-4 左右侧事故次数及伤亡人数比重柱状对比图

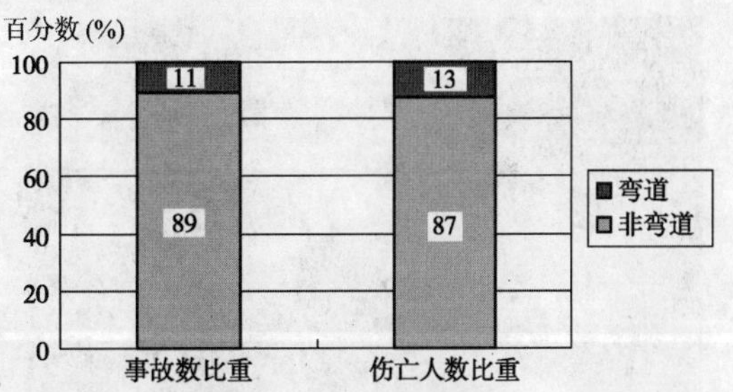

图11-5 弯道/非弯道路侧事故次数及伤亡人数比重柱状对比图

注：非弯道并不等同于直线段处，由于弯道与非弯道的判定主要依据案情记录信息，不排除没有明确指明线形条件的路侧事故不发生在弯道处。因此，实际弯道所占的比重可能比统计结果要高。

二、我国典型路侧安全问题

1. 路侧防护

路侧险要路段缺乏安全防护设施或防护设施不符合标准（防撞能力不足）的情况也经常存在。图11-6路侧为深不见底的悬崖，且公路线形为连续下坡弯路，路侧却未设置任何防护设施，连最基本的轮廓标和线形诱导标也未安装。图11-7路侧为山涧，虽然设置了双波钢板护栏，但防撞能力明显不足，图11-7中明显可见该段护栏被冲撞多次，撞断的开口和已经变形失效的护栏段尚未得到及时维修和升级。

2. 边坡

路侧边坡凹凸不平，与路基边缘形成高坎；路侧边坡坡度较陡，使得冲出路外的车辆在边坡上不能得到有效控制，易发生倾覆。如图11-8所示，紧靠路基的路侧边沟与路面形成高坎，当车轮落入高坎内，将导致车辆侧翻。如图11-9所示，路侧边坡比率约为1∶3，仍比较危险。在地形条件允许的条件下可适当放缓边坡，或采取降低路基高度的灵活设计方案。

3. 边沟

边沟宽、深、大是我国现有公路路侧边沟的突出特点，且通常这些边沟的排水能力远超过实际需要。图11-10在较为干旱的北方设置如此宽大的边沟显然超过了实际所需的泻水能力。

图 11-6 路侧为悬崖

图 11-7 路侧为山涧

图 11-8

图 11-9

图 11-11 路侧排水矩形边沟紧靠行车道边缘，路侧净区宽度几乎为零，且该边沟形式能造成车轮卡阻，引发翻车事故，可考虑在边沟上设盖板的处置措施。

图 11-10

图 11-11

4. 路侧街道化

路宅不分，使得公路路侧净区非常狭窄，也增大了机动车与非机动车/行人间发生事故的可能性和严重性，如图 11-12 所示。在街道化较为严重的路段，尤其是当房屋等建筑物紧靠公路时，宜实施路宅分离、机非分离，设置或开辟非机动车专用车道等措施，以提高路侧的安全性。

a)

b)

图 11-12

5. 行道树

行道树也是我国路侧安全的主要危险物之一，行道树的种植更多的是考虑绿化的要求，而较少关注路侧安全问题，最突出的问题是行道树距离行车道太近。图 11-13 路侧行道树紧邻行车道边缘，树木直径均在 20cm 以上，且纵向间距较密。图 11-14 路侧大树出于安全考虑被砍伐，取而代之的是在距离车道更远的地方栽种了绿化树，但砍伐遗留下的树桩凸出地面过高，也会对冲出路外车辆造成危险。

图 11-13

图 11-14

6. 护栏端头

护栏端头安全问题重视程度不足，处理过于简单化，缺乏缓冲效能设施。中央分割带护栏开口处的端头以及出入口三角区的路侧护栏端头被车辆碰撞的概率较高，若不进行特殊处理，也将导致严重的后果。图 11-15 给出的是端头处理不当的例子。

7. 桥墩、大型杆柱

对净区内的坚硬桥墩、大型交通标志/广告牌立柱等危险物缺乏有效的防护和标识。图

11-16中巨大坚硬的铁路桥墩紧邻行车道,图 11-17 中路中央的超大型广告牌钢制立柱也没有采取有效的防护措施,都给行车安全带来了隐患。

图 11-15

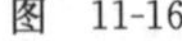

图 11-16

图 11-17

第二节 路侧安全设计理念

一、宽容设计

路侧是指从车道外边缘到道路红线边界的这一范围。路侧安全设计是指对这一区域进行安全设计,也称为路外设计。路侧安全设计的要素众多,涉及边沟、边坡、排水设施、路侧植被、护栏、交通标志、公用设施杆柱、路侧相关结构物等。路侧安全设计理念的核心是宽容设计,即要求工程师的设计具有“容错”的特性,能够最大程度地降低路侧事故发生频次与事故的严重性。设计是一种创造性的工作,路侧安全设计也不例外,它要求工程师在设计全过程中必须贯彻灵活的设计思路,才能做到因地制宜、经济有效。和谐设计理念是路侧安全设计理念的更高层次与要求,它要求工程师在确保安全的前提下,使设计做到路与人和谐、路与车和谐、路与环境和谐。

1. 路侧净区

路侧净区是指由车道边缘线开始向路外延伸的平缓、无障碍物区域。在实际中,净区条件很难达到理想化，总是或多或少地存在一些危险物。如果路侧净区内存在坚硬物，且驶出路外的车辆与之碰撞的可能性较大并能够导致伤害事故的发生，可按以下的优先顺序采取对策：

移除——如果危险物能够被移除的话，宜采用该对策，这是处置危险物最为根本的办法。

再设计——如果危险物不能够被移除，但通过新的设计方案可消除危险物的安全隐患。

移位——危险物虽然不能被移除，但可将其移至距离行车道更远的地方，减小驶出路外车辆与其碰撞的可能性。

解体消能设施/装置——如果危险物不能被移除，也不能被移至更远的地方，可考虑采用解体消能设施或装置，来降低车辆与其碰撞的严重性。

防护——如果危险物连续分布，采取上述对策不经济时，可考虑对危险物进行防护。

标识危险——受改善资金或其他条件限制时，有时候设计人员不得不采取折中的方案，在一定程度上承担事故风险，仅采取标识危险物的简单对策。

下面给出上述对策的一些应用案例。如图 11-18 所示，将粗大的树木砍伐。如图 11-19 所示，去掉纵向排水涵洞的立墙，改成车辆可穿越式的篦子。如图 11-20 所示，将少量的粗大树木移至距离行车道更远处。如图 11-21 所示，采用解体消能式立柱代替普通立柱。如图 11-22 所示，设置安全护栏对成排的紧邻行车道的树木进行防护。如图 11-23 所示，设立警示桩，并涂以反光涂料来标识危险的纵向排水口。

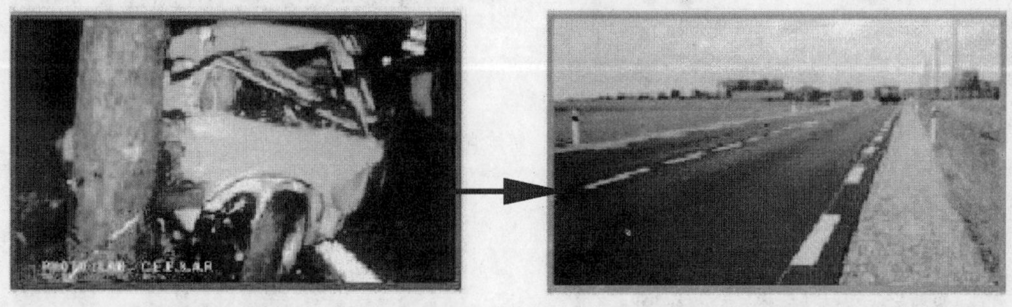

图 11-18　移除

图 11-19　再设计

2. 主动引导

确保车辆在正常的车道内行驶是防止和减少路侧事故的最根本措施，是安全设计人员进行路侧安全改善时应优先考虑的，通常也是防止车辆驶出路外的最为经济有效的措施。主动引导是指通过采取安装交通安全设施和改善道路行车环境等措施实现驾驶员与道路的良性交互，使驾驶员能够根据行车环境所传达的信息自觉地改变操作行为和行驶方向，行车环境起到了“主动”引导的作用。主动引导的措施通常有：施划视错觉标线、设置线形诱导标、改善路侧地物等。

图 11-20　移位

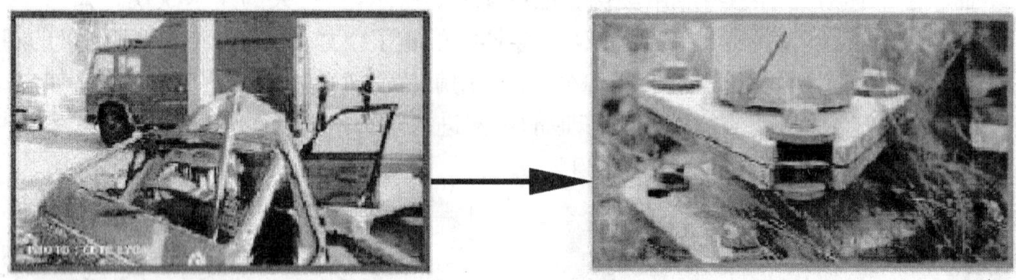

图 11-21　解体消能装置

图 11-22　防护

图 11-23　标识危险

下面给出几个从人的因素考虑的路侧设计案例。

(1)如图 11-24 所示,上跨桥与公路非正交。这种不对称的设计容易造成驾驶员向道路中线处驶去,继而冲过对向车道而驶出路外。改善的办法很简单,可在左侧(桥墩远端一侧)靠近路肩处种植一小段灌木,以改善视觉上的不利影响,如图 11-25 所示。

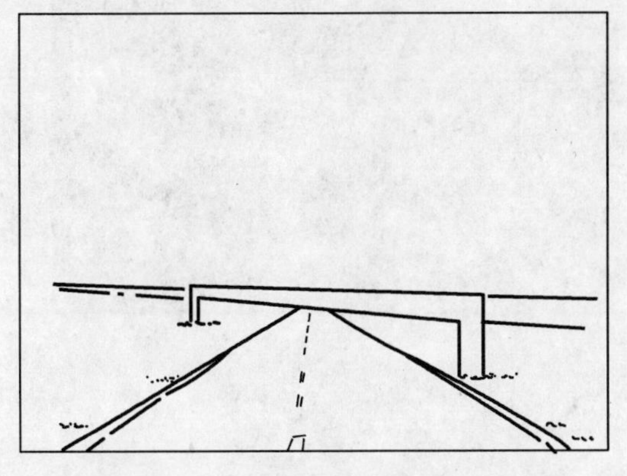

图 11-24

图 11-25

(2)小半径曲线外侧的行道树也可能给驾驶员带来误导,如图 11-26 所示,曲线外侧的行道树相对稀疏,且疏密程度基本上是一致的,但在转弯处存在一个"缺口",有别于前后行道树的分布特点,这些都可能给驾驶员的视线引导带来不利影响。从安全角度考虑,宜对其进行处理,处理后的效果如图 11-27 所示。

图 11-26

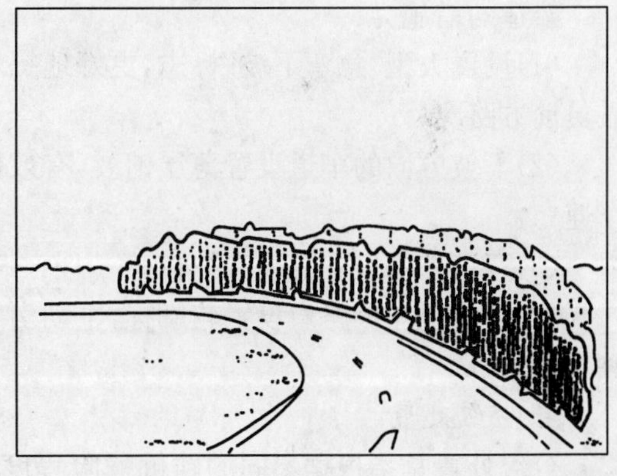

图 11-27

3. 全时保障

全时保障要求无论是在白天还是在夜间,不论是在良好天气条件下还是在恶劣气象条件下,道路安全设施均能够发挥良好性能。虽然现在工程级及以上级别的反光膜通常能够满足视认性要求,但在恶劣天气条件(如雨天、雾天)下,老化以及表面积聚灰尘污渍而未及时清洗的情况下,其反光效果会有明显下降。即便是在正常条件下,与有源设施相比,在视认性方面仍有较大差距。太阳能交通标志相比于普通标志具有耐候性好(特别是冬季和长连续阴雨天)、发光亮度适宜(无眩目和黯淡等)、夜间视认距离长、警示效果显著等特点。图 11-28 给出的是北京门头沟109国道上的太阳能安全设施应用实例。

图 11-28

二、灵活设计

1. 综合处置

公路安全改善的工程实践表明：单一技术措施的采用，其效果往往不尽如人意，路侧事故也不例外，通常需要采取融合多种措施的技术对策。如图11-29所示，改造路段为一直线段陡下坡接小半径圆曲线，曲线外侧为深谷，下坡方向的车辆发生多起由于车速过高，驾驶员没有意识到前方急弯，来不及转向而冲出路外的事故。

改造的措施为：

(1)设置大型“急弯下坡”标志，更好地提示驾驶员前方路况；

(2)下坡方向的车道设置薄层铺装，有效控制车速；

(3)弯道外侧设置混凝土护栏；

(4)直线段左侧路肩设置轮廓标，主动引导行驶车辆。

图 11-29

2. 分级处置

分级处置是指根据不同的路侧危险程度（或称路侧安全等级）来采取不同程度的防护措施。路侧安全等级的确定可采用本章第三节给出的基于灰色聚类理论的路侧安全等级评估方法。路侧安全等级为I时，一般不需要采取路侧安全改善措施；等级为II时，根据资金情况和特殊需要，可以采取完善标志、标线等资金投入少的措施，可考虑设置护栏；等级为III时，视情况除可采取完善标志、标线等措施外，也可采取改善视距、改善路面抗滑性，甚至是改善几何线形等资金投入较大的措施，该安全等级通常应该设置护栏；等级为IV时，需采取综合性的措施来大幅改善路侧行车安全性能，为降低碰撞事故的严重性，必须设置护栏。需要指出的是，不同路侧安全等级的路段，在考虑设置护栏时，注意不同防撞等级护栏的选择。

如图11-30所示，左侧为农田用地，地势比较平坦，但路堤高度较高，大约3m，且边坡很陡，如果车辆驶出路外就很可能会导致翻车事故。针对该情况设置了防撞等级为 B 的缆索护栏。如图 11-31 所示，公路左侧为陡崖，且路段处于连续弯路，交通量较大，货车比重较高。历史事故资料表明该路段曾经发生过车辆冲过护栏坠入深谷的恶性事故，据此，设置了防撞等级为 SA 的波形梁护栏。

图　11-30

图　11-31

三、和谐设计

路侧安全设计的要素非常多，涉及边沟、边坡、排水设施、路侧植被、护栏、交通标志、公用设施杆柱、路侧人造结构物等；路侧设计的范围也比较大，通常指行车道外边缘开始向外一直延伸到公路用地地界的区域。因此，在这样一个较大的区域去设计、设置种类繁多的设施，能够兼顾到环境保护与景观和谐是非常不易的。在景观方面尽量减少人工雕琢的痕迹，使公路线形与道路景观融为一体，自然地形成一道亮丽的风景线，给驾乘人员提供一种“车在路上驶，人在画中游”的愉悦舒适感受。

如图 11-32 所示，公路一侧为竹林，给人一种清新宁静的感觉，树桩型护栏设置得很合理，既能起到一定的防护作用，护栏的形式、色彩又能与道路景观相融。如图 11-33 所示，这是一个国外路侧处置的案例，道路一侧远方是一个蔚蓝的湖泊，水面为群山环抱，山上植被郁郁葱葱。虽然路侧边坡较陡，但由于车辆经过此处时，多数驾驶员会放慢车速以远眺远方风景，车

图　11-32

图　11-33

辆驶出路外的情况并不严重，因此，设计者放弃使用安全防护性能更好的路侧护栏，取而代之的是路侧点缀一些不规则石块，使路景充满了动感，同时也能起到视线诱导作用。

第三节　路侧安全等级评估方法

一、概述

在针对路侧安全问题实施改善项目时，工程技术人员和决策者会面临一系列的棘手问题，例如，如何识别需要安全整治的备选点段？如何确定这些备选点段实施的优先级？如何确定资金安排的重点，使有限的资金投入获得更大的安全收益？回答上述问题的一个简洁思路就是能够对不同的路侧条件进行分级，通过不同的级别来区分路侧危险等级。

最早提出路侧安全分级的是 Zegeer 等人。他们根据路侧净区宽度、边坡坡度、是否设置护栏、是否存在坚硬危险物等路侧特征，将路侧危险程度分为七级，级别越高表示路侧越危险。我国在借鉴国外路侧安全等级分级的基础上，提出了路侧危险程度四级划分方法，并指出应根据路侧危险情况设置相应等级的护栏，具体划分方法最早见于 2004 年交通部颁布的《公路安全保障工程实施技术指南》(试行本)。

鉴于路侧安全问题本身的重要性和复杂性，考虑到已有路侧安全评估方法存在的局限性，2004 年交通部西部交通建设科技项目之《西部交通安全应用技术研究》单列《路侧安全等级评估及防护方法研究》子题对路侧安全等级评估方法予以重点研究，建立了基于灰色聚类理论的四级(I 级、II 级、III 级、IV 级，级别越高表示路侧安全水平越低)路侧安全等级评估方法，实现了路侧危险程度的定量化评价。工程实践证明，该方法有效、实用。本节后续内容将重点介绍基于灰色聚类理论的路侧安全等级评估方法的开发过程与应用，并给出案例。

二、评估指标体系与变量

1. 评估指标体系

路侧安全等级评估指标体系由道路线形、交通量、路侧历史事故和路侧特征四大类组成，每一大类指标又包含若干个下一级指标。一般认为，道路线形和交通量因素与车辆驶出路外的概率或频次有关；路侧特征因素影响路侧事故的严重性；路侧历史事故属于客观事实，是最为直接表征路侧安全状况现状的指标。指标体系如图 11-34 所示。

2. 变量

(1)平曲线变量 X_1

X_1 为集计变量，表示评价路段平均百米长度的偏角值，按式(11-1)计算。

$$X_1=\sum_i(\mathrm{WH}_i\times \mathrm{DEG}_i) \tag{11-1}$$

式中：WH_i——第 i 个圆曲线位于评价路段内的比重，$\mathrm{WH}_i=\frac{l_i}{L}$；

DEG_i——圆曲线 i 每百米长度的曲线偏角，$\mathrm{DEG}_i=\frac{18\,000}{\pi\cdot R_i}$；

$\sum_i \mathrm{WH}_i=1$(将评价路段中直线段部分的 DEG 值视为 0)。

l_i——评价路段中第 i 个圆曲线的长度；

L——评价路段的长度；

R_i——第 i 个圆曲线半径；

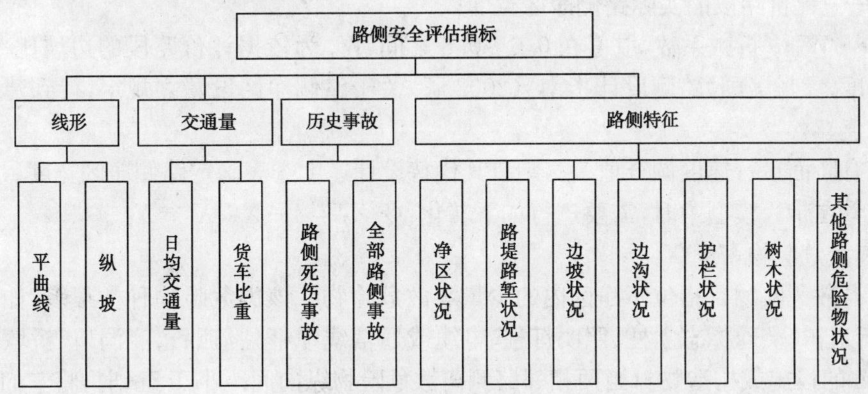

图 11-34　路侧安全等级评估指标体系

(2)纵坡变量 X_2

X_2 为集计变量，表示评价路段加权平均纵坡值，按式(11-2)计算。

$$X_2=\frac{\sum_{i}(G_i\times l_i)}{L} \tag{11-2}$$

式中：G_i——评价路段中第 i 个坡段纵坡值；

l_i——第 i 个坡段长度；

L——评价路段的长度，$L=\sum_{i} l_i$。

(3)日均交通量 X_3

由于当前交通部门交通量统计报表中的当量数是以中型车为标准换算车型的，因此，评价方法中的日均交通量为按各类车型的换算系数换算成标准当量中型车的交通量。

(4)货车比重 X_4

货车比重按式(11-3)计算。

$$X_4=\frac{\sum_{i}\text{Truck}_i}{\text{ADT}}\times 100\% \tag{11-3}$$

式中：Truck_i——i 类货车的中型车当量数；

ADT——日均交通量的中型车当量数。

根据现有交通量观测站的记录信息，货车包括小型载货汽车、中型载货汽车、大型载货汽车、拖挂车、小型拖拉机和大中型拖拉机六种车型。

(5)路侧事故数 X_5

X_5 通常是指评价路段单元近三年发生的路侧事故数。注：在对一条路进行路侧安全等级评估时，需要将其划分成长度 500～1 000m 的若干评价路段单元。

(6)路侧伤亡事故数 X_6

X_6 通常是指评价路段单元近三年发生的路侧伤亡事故数。

(7)路侧净区满足率 X_7

路侧净区宽度满足率按式(11-4)计算。

$$X_7=\frac{CZ}{W}\times 100\% \tag{11-4}$$

式中:CZ——评价路段的实际路侧净区宽度;

$W=\alpha\cdot W_\alpha$,α 折减系数,取值在 0.6~0.8 之间,W_α 为依据评价路段的边坡比率、交通量和设计速度,参考美国《路侧设计指南》(2002 版)关于路侧净区设置之规定,得到建议净区宽度的下限值。

如果有断面运行速度调查值 v_{85},则以其代替设计速度查表确定路侧净区宽度。路侧净区满足率变量在带入模型中时,需要进行如下转化:令 $X_7^*=1-X_7$,$X_7=X_7^*$。

(8)离散危险物密度 X_8

路侧离散危险物是指位于净区内的少量零散危险物。该类危险物种类很多,如直径大于 10cm 的行道树、交通标志立柱、照明灯柱、电缆或通信线缆杆柱、孤石、涵洞口、桥墩等纵向长度小于 3m 的设施或构造物。当两相邻路侧离散危险物纵向间距小于 5m 时,将它们一并统一考虑,视为路侧连续危险物。

离散危险物密度表示单侧平均每公里路段内的离散危险物数量,按式(11-5)计算。

$$X_8=\frac{n}{L}\times 1\,000 \tag{11-5}$$

式中:n——评价路段内的离散危险物数量;

L——评价路段长度。

(9)离散危险物平均横向距离 X_9

路侧离散危险物平均横向距离按式(11-6)计算。

$$X_9=\sum_{\mathrm{i}}x_{\mathrm{i}}/n \tag{11-6}$$

式中:x_{i}——路侧离散危险物 i 的横向距离,横向距离是指外侧车道边缘线至危险物的径向距离,如图 11-35 所示;

n——评价路段内的离散危险物数量。

离散危险物平均横向距离变量在带入模型中时,需要进行如下转化:令 $X_9^*=1-\frac{X_9}{W}$,$X_9=X_9^*$,W 计算参见路侧净区宽度满足率变量部分内容。

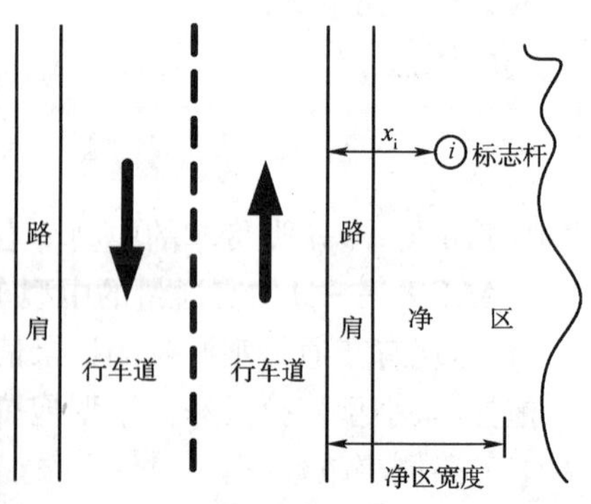

图 11-35 路侧净区内离散危险物示意图

(10)连续危险物密度 X_{10}

路侧连续危险物是指位于净区内的纵向长度大于 3m 的危险物,当两相邻路侧离散危险物纵向间距小于 5m 时,需对其进行合并。成排的间距小于 5m 且直径大于 10cm 的行道树、宽大的能够导致车辆发生卡阻或翻车的边沟、净区内的护栏、横向排水设施的立墙、房屋建筑物等均为常见的路侧连续危险物。

路侧连续危险物密度表示单侧平均每公里路段内的连续危险物长度,按式(11-7)计算。

$$X_{10}=\frac{\sum_{i} l_{i}}{L}\times 1\,000 \tag{11-7}$$

式中：l_i——评价路段内的连续危险物 i 的长度；

L——评价路段长度。

(11)连续危险物平均横向距离 X_{11}

连续危险物平均横向距离按式(11-8)计算。

$$X_{11}=\sum_{i}(x_{i}\times l_{i})/\sum_{i} l_{i} \tag{11-8}$$

式中：x_i——路侧连续危险物 i 的横向距离，横向距离是指外侧车道边缘线至危险物的径向距离，如图 11-36 所示；

l_i——评价路段内的连续危险物 i 的长度。

连续危险物平均横向距离变量在带入模型中时，需要进行如下转化：令 $X_{11}^{*}=1-\frac{X_{11}}{W}$，$X_{11}=X_{11}^{*}$，$W$ 计算参见路侧净区宽度满足率变量部分内容。

(12)路侧深度变量 X_{12}

路侧深度是指行车道路面至路侧悬崖、沟壑、边坡或路肩挡墙底部的高度，如图 11-37 所示。对于设置防撞护栏的地段或挖方路段，X_{12} 值取 0(假定护栏具有足够的强度，且处于养护良好的状态，能够对冲出路段的车辆实施有效拦截和导向)；对于不具备防撞能力设置了的路段，X_{12} 取值按路面至路侧悬崖、沟壑、边坡或路肩挡墙底部的高度计算。需要指出的是，在实际数据采集过程中，不可能用测量工具去精确地测量，通常利用目测获得粗略数据即可；对于未设置防撞护栏且临近路侧下方有湖泊、河流、水库等较大水体或铁路线的路段，可令 $X_{12}=15$。

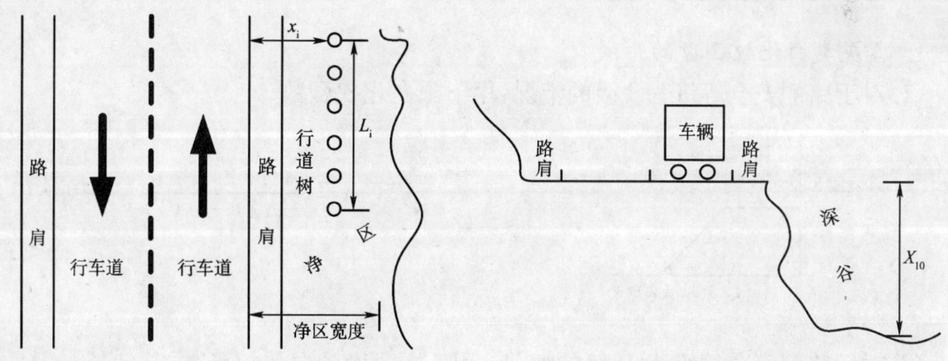

图 11-36　路侧净区内连续危险物示意图

图 11-37　路侧深度估算方法示意图

三、变量权重的确定

评价方法中的各变量的权重由层次分析法确定。在权重确定的过程中，首先设计调查问卷，构造各层次指标的比较矩阵，以一种更易理解、更易操作的方式来获取专家知识，再计算判断矩阵的特征根，最大特征根对应的正规化特征向量的分量即为变量的权值。具体计算过程从略，表 11-2 是根据专家经验结合层次分析法得到的各变量权重。

路侧安全等级评估指标变量权重值　表 11-2

η_{ij}	层次单排序				层次总排
	线形	交通量	历史事故	路侧状况	
	0.198 2	0.103 9	0.283 7	0.414 2	
平曲线变量 η_1	0.5				0.099 1
纵坡变量 η_2	0.5				0.099 1
日均交通量 η_3		0.285 7			0.029 7
货车比重 η_4		0.714 3			0.074 2
路侧事故数 η_5			0.166 7		0.047 3
路侧伤亡事故数 η_6			0.833 3		0.236 4
路侧净区状况 η_7				0.500	0.207 1
离散危险物密度 η_8				0.024	0.009 9
离散危险物横向距离 η_9				0.056	0.023 2
连续危险物密度 η_{10}				0.036	0.014 9
连续危险物横向距离 η_{11}				0.084	0.034 8
路侧深度 η_{12}				0.300	0.124 3
Σ	1	1	1	1	1

四、灰类白化权函数的构造

1. 各灰类白化权函数的形式

(1)对于路侧安全等级为Ⅰ级的情况,用下限白化权函数。

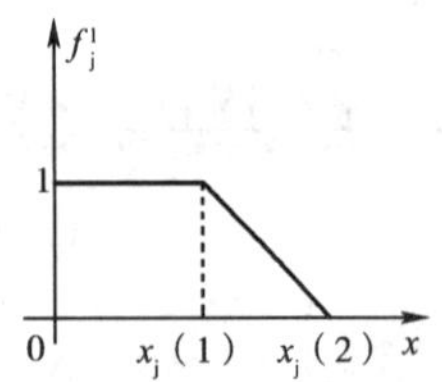

$$f_j^1(x)=\begin{cases}0 & x>x_j(2)\\ \dfrac{x_j(2)-x}{x_j(2)-x_j(1)} & x\in[x_j(1),x_j(2)]\\ 1 & x<x_j(1)\end{cases}$$

(2)对于路侧安全等级为Ⅱ级的情况,用适中测度的白化权函数。

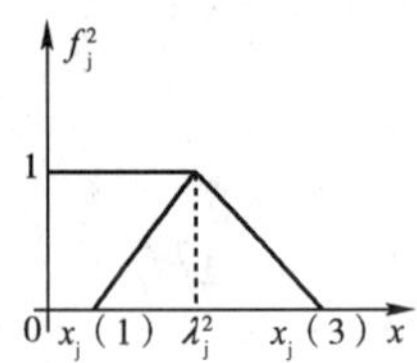

$$f_j^2(x)=\begin{cases}0 & x\notin[x_j(1),x_j(3)]\\ \dfrac{x-x_j(1)}{\lambda_j^2-x_j(1)} & x\in[x_j(1),\lambda_j^2]\\ \dfrac{x_j(3)-x}{x_j(3)-\lambda_j^2} & x\in[\lambda_j^2,x_j(3)]\end{cases}$$

$$\lambda_j^2=\frac{1}{2}\times[x_j(1)+x_j(3)]$$

(3)对于路侧安全等级为III级的情况，用适中测度的白化权函数。

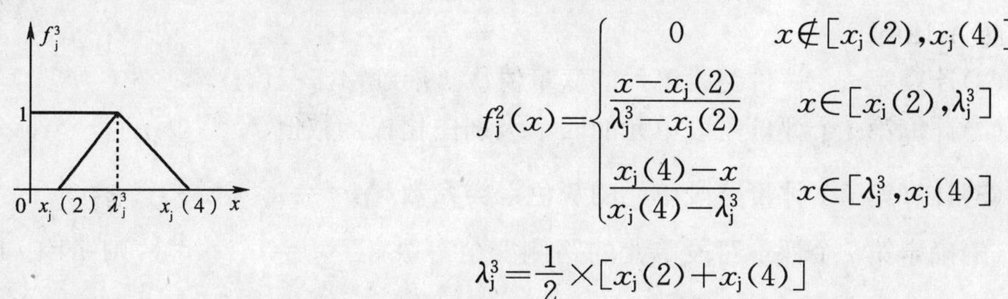

$$f_j^2(x)=\begin{cases}0 & x\notin[x_j(2),x_j(4)] \\ \dfrac{x-x_j(2)}{\lambda_j^3-x_j(2)} & x\in[x_j(2),\lambda_j^3] \\ \dfrac{x_j(4)-x}{x_j(4)-\lambda_j^3} & x\in[\lambda_j^3,x_j(4)]\end{cases}$$

$$\lambda_j^3=\frac{1}{2}\times[x_j(2)+x_j(4)]$$

(4)对于路侧安全等级为IV级的情况,用上限白化权函数。

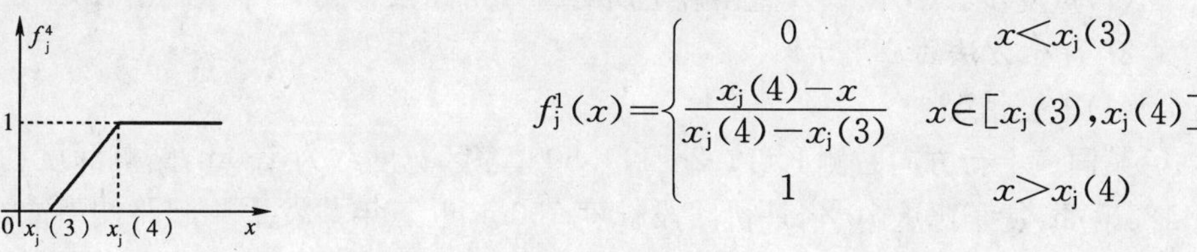

$$f_j^1(x)=\begin{cases}0 & x<x_j(3) \\ \dfrac{x_j(4)-x}{x_j(4)-x_j(3)} & x\in[x_j(3),x_j(4)] \\ 1 & x>x_j(4)\end{cases}$$

2. 指标变量的各灰色级别取值

表11-3给出的是建立白化权函数时每个函数转折点的值。确定了白化权函数的形式和转折点数值后,白化权函数的数值表达式也随之确定,便可用于灰色聚类评估具体的计算过程中。

给定的各个指标的等级值 表11-3

变　量	$x_j(1)$	$x_j(2)$	$x_j(3)$	$x_j(4)$
平曲线变量 X_1	15	30	50	100
纵坡变量 X_2	1	3	5	7
日均交通量 X_3	100	750	1500	6 000
货车比重 X_4	10%	30%	50%	70%
路侧事故数 X_5	0	1	3	5
路侧伤亡事故数 X_6	0	1	2	3
路侧净区状况 X_7	0.1	0.3	0.5	0.8
离散危险物密度 X_8	1	10	20	50
离散危险物横向距离 X_9	0.1	0.3	0.5	0.7
连续危险物密度 X_{10}	10	50	200	400
连续危险物横向距离 X_{11}	0.1	0.3	0.5	0.7
路侧深度变量 X_{12}	1	2	5	10

五、评估方法应用

1. 评估方法的应用流程

路侧安全等级评估可按如下步骤进行：

(1)收集线形、交通量、事故和路侧特征数据；

(2)将被评价路段划分成 n 个评价路段单元，长度以 500m 左右为宜，除特殊条件外，最长不应超过 1km；

(3)计算第 i 个评价路段单元的变量值 $X_{ij}, j=1,2,\cdots,12$；

(4)计算第 i 个评价路段单元的四个级别白化权函数值 $f_j^k(X_{ij}), k=1,2,3,4$；

(5)计算第 i 个评价路段单元的灰色聚类系数 σ_i^k，$\sigma_i^k=\sum_{j=1}^{m} f_j^k(X_{ij})\cdot\eta_j$；

(6)确定第 i 个评价路段单元的路侧安全等级，若 $\sigma_i^{k'}=\max\limits_{1\leqslant k\leqslant s}\{\sigma_i^k\}$，则路段 i 的路侧安全等级为 k^*；

(7)重复步骤(3)～(6)，直至确定所有待评价路段单元的路侧安全等级。

2. 评估方法的应用示例

(1)数据情况

某国道上行方向右侧 K112.2～111.500，净区宽度约为 1.0m，路侧深度约 2m，交通量为 1 183辆/h，货车比重 70%，评价路段长度 700m，近三年共发生 4 起路侧事故，其中一起事故造成 2 人轻伤。实际路况见图 11-38，线形数据见表 11-4、表 11-5，路侧特征数据见表 11-6。

图 11-38

案例评价路段平面线形一览表

表 11-4

线形类型	起点桩号	终点桩号	半径(m)	长度(m)
平曲线	K111.5	K111.538	62	38
直线	K111.538	K111.56	—	22
平曲线	K111.56	K111.594	40	34
直线	K111.594	K111.619	—	25
平曲线	K111.619	K111.658	52	39
直线	K111.658	K111.75	—	92
平曲线	K111.75	K111.804	50	54
直线	K111.804	K111.846	—	42
平曲线	K111.846	K111.894	48	48
直线	K111.894	K112.022	—	128

续上表

线形类型	起点桩号	终点桩号	半径(m)	长度(m)
平曲线	K112.022	K112.074	54	52
直线	K112.074	K112.111	—	37
平曲线	K112.111	K112.141	36	30
直线	K112.141	K112.173	—	32
平曲线	K112.173	K112.2	65	27

案例评价路段纵坡数据一览表 表 11-5

起点桩号	终点桩号	纵坡	长度
K111.500	K111.623	6.28	123
K111.623	K111.700	3.18	77
K111.700	K111.949	5.28	249
K111.949	K112.200	5.87	251

案例评价路段内离散危险物分布情况 表 11-6

危险物	桩号	横向距离
电线杆	112.018	0.5
电线杆	111.883	0.5
涵洞口	111.793	0.5
涵洞立墙	111.616	0.5
电线杆	111.491	0.5

(2)计算过程

各指标变量值及其相应各级白化权函数值的计算过程从略。表 11-7 列出各步骤计算的最终结果。经计算，得知该路段的路侧安全等级为 IV，主要是由于急弯陡坡的不良线形、较多的路侧历史事故记录以及净区宽度太小所致。此计算结果表明的是安全整治工程实施前的情况。由路况图片可以看出，该路段在安全整治工程实施的过程中，采取了一系列的安全措施，如设置轮廓标、铺设薄层铺装、设置振动型道路中心标线和清晰的车道边缘线，路肩也进行了平整，驶入该路段前方辅以警告标志，安全整治后的该路段其路侧安全水平已有了明显改善。由于基于灰色聚类理论的路侧安全等级评价方法尚有诸多因素，如标志、标线、视线诱导设施等未考虑，因此，在对设施十分完善的公路进行路侧安全等级评价时，需要特别注意这一点，此时工程技术人员可根据实际情况，对评价结果进行适当调整。

路侧安全等级评估案例计算结果汇总表 表 11-7

序号	指标变量 x_j	权重 η_j	取值	$f_j^1(x_j)$	$f_j^1(x_j)\cdot\eta_j$	$f_j^2(x_j)$	$f_j^2(x_j)\cdot\eta_j$	$f_j^3(x_j)_j$	$f_j^3(x_j)\cdot\eta_j$	$f_j^4(x_j)$	$f_j^4(x_j)\cdot\eta_j$
1	X_1	0.099 1	53.3	0	0	0	0	0.665 7	0.066	0.066	0.006 5
2	X_2	0.099 1	5.44	0	0	0	0	0.78	0.077 3	0.22	0.021 8
3	X_3	0.029 7	1 183	0	0	0.452 9	0.013 4	0.165	0.004 9	0	0
4	X_4	0.074 2	70%	0	0	0	0	0	0	1	0.074 2

续上表

序号	指标变量 x_j	权重 η_j	取值	$f_j^1(x_j)$	$f_j^1(x_j)\cdot\eta_j$	$f_j^2(x_j)$	$f_j^2(x_j)\cdot\eta_j$	$f_j^3(x_j)_j$	$f_j^3(x_j)\cdot\eta_j$	$f_j^4(x_j)$	$f_j^4(x_j)\cdot\eta_j$
5	X_5	0.047 3	4	0	0	0	0	0.5	0.023 7	0.5	0.023 6
6	X_6	0.236 4	1	0	0	1	0.236 4	0	0	0	0
7	X_7	0.207 1	0.75	0	0	0	0	0.2	0.041 4	0.833 3	0.172 6
8	X_8	0.009 9	7	0.333	0.003 3	0.631 6	0.006 3	0	0	0	0
9	X_9	0.023 2	0.87	0	0	0	0	0	0	1	0.023 2
10	X_{10}	0.014 9	0	1	0.014 9	0	0	0	0	0	0
11	X_{11}	0.034 8	0	1	0.034 8	0	0	0	0	0	0
12	X_{12}	0.124 3	2	0	0	0.5	0.062 2	0	0	0	0
Σ	$\sigma_j^k=\sum_{j=1}^{m} f_j^k\eta_j$	1	—	—	0.053	—	0.318 3	—	0.213 2	—	0.321 9

注：由 $\sigma_i^{k'}=\max_{1\leqslant k\leqslant s}\{\sigma_i^k\}=\max_{1\leqslant k\leqslant 4}\{0.053,0.318\,3,0.213\,2,0.321\,9\}=0.321\,9$，可知该段道路路侧安全等级为Ⅳ级。

第四节　路侧事故主动预防技术

一、视线诱导

1. 轮廓标

轮廓标以指示道路线形轮廓为主要目的，设置于道路边缘，通常用以指示道路的方向、车行道的边界。轮廓标在公路前进方向左右侧对称设置。在视线不良、急转弯、车道数或车道宽度有变化及连续急弯陡坡等路段应设置轮廓标。在气候条件恶劣、线形条件差和事故多发地段应设置反光性能高的轮廓标或采用尺寸较大的反射器。

如图 11-39 所示，线形条件为下坡接小半径曲线，路侧不是很险要，但存在高低不整的绿化植被，路线的边界和轮廓显得不清晰，尤其是在夜间行驶时表现得更为突出，有必要设置轮廓标以标识线形轮廓防止意外车辆冲出路外。图 11-40 所示为国外乡村双车道公路轮廓标应用实例，公路所处地势平坦，路两侧无高大植被，视野开阔空旷，由于路两旁缺少参照物，容易造成车速过快，导致车辆冲出路外的路侧事故。

图 11-39　柱式轮廓标

图 11-40　乡村双车道公路柱式轮廓标

2. 线形诱导标

线形诱导标以指示或警告改变行驶方向为主要目的，通常用于引导车辆驾驶员改变行驶方向，确保安全运行。一般视需要设于易发生交通事故的小半径曲线外侧，或其他因受山体、树木、建筑物等阻挡造成视距不良且线形条件较差的位置，如急弯、不利弯坡组合等。

如图 11-41 所示，弯道外侧为坚硬的山体，山体与行车道外边缘线大致有 1.5m 的距离，路侧并不十分危险，但由于此弯道路段前后线形条件较好，考虑到驶入弯道的车速可能较高，车辆冲出弯道外侧的风险较大，因此，设计人员设置了柱式线形诱导标。如图 11-42 所示，路段曲线外侧为深谷，路侧十分险要，设置了混凝土护栏。由于该处曲线半径较小，且受内侧山体遮挡，视距明显不足，驾驶员难以判定前方线形条件，因此，需设置附着式线形诱导标。

图 11-41 柱式线形诱导标

图 11-42 附着式线形诱导标

二、危险提示

路面图文标识是指以路面文字或图案的方式向驾驶员传达前方路况或当前所应采取的措施。就防止车辆驶出路外发生路侧事故的角度而言，此类路面标识主要是设置下陡坡前方和急弯外侧车道前方的“慢”、“减速”、“限速 40”以及弯转箭头等图文标识。

图 11-43 给出的是一个控制车速、防止车辆冲出路外的综合处置案例。在交通量小的乡村双车道公路上，车辆的行驶速度可能很快，但前方突然出现了一个几乎达到 90°的左转急弯，设计人员为实现减速的目的，在道路的两侧设置了限速标志，同时在地面施划一组横条标线和“50”文字标识，以更好地提示驾驶员减速。此外，道路中央设置了一处渠化导，强迫车辆在通过该处时，需要作轻微的转向操作，目的也是为了更好地控制车速。如图 11-44 所示，道路两侧存在两个小的出入口，前方线形为上坡左弯，视距受限，且曲线外侧路边存在建筑物。为提高出入口处的安全性，防止车辆速度过快而冲出路外撞上建筑物，工程师在路面上施划了一组横条标线和限速文字标识，同时在出入口两侧设置路口标。

三、越界提醒

1. 振动标线

振动标线是以改善夜晚和雨天的交通安全，减少交通事故为目的，通过提高雨天时标线视认性而开发的突起型道路标线产品，具有振动提醒、减速、防滑、雨夜反光的作用。当驾驶员因疲劳打瞌睡时，飞驰的车辆在冲出公路前碾压在此类标线上时，会产生共振摇晃并发出一种低沉的“轰隆”声，使驾驶员惊醒，提醒驾驶员车轮已压线，防止行车中驾驶员瞌睡和越线行驶，可有效避免车辆冲出路外的事故。

图 11-43

图 11-44

振动标线主要用于事故多发地段和对道路轮廓认识性要求高的场所，如高等级公路的边线、转弯处、导流处、出入口标线、桥梁、隧道、陡坡等路段。振动标线可设置在道路中心线或车道边缘线处，设置于道路中心的振动标线一般为黄色(图 11-45)，设置于车道边缘的一般用白色(图 11-46)。

图 11-45　道路中线振动标线

图 11-46　车道边缘线振动标线

2. 路肩振动带

路肩振动带通过车辆在上面行驶时产生的振动和噪声来提示驾驶员采取措施返回正常行驶车道，对于因疲劳驾驶、瞌睡、分神等原因导致的侵入路侧事故的降低非常有效。它具有维护费用低、可在现有或者新建的路面使用、效益—成本比高等优点。路肩振动带对于减少因超速行驶、避免碰撞事故而采取的突然猛拐以及以较大角度侵入路侧的单车事故作用不大。由于路肩振动带设置的目的是提醒那些“漂移”(以较小的驶出角度，逐渐驶出路外)出路外的驾驶员，因此，当道路具有相对较宽的路肩，且振动带设置于车道边缘线附近时会更有效。

如图 11-47 所示，路侧地形平坦，有很大余宽，线形平直，适宜设置路肩振动带，具备较高的投资效益比。这种设置能够给较小角度正渐渐驶出路外的驾驶员足够的时间和空间来重新操作方向以安全地驶回到行车道上。

图 11-47　路肩振动带应用实例

路肩振动带形式多种多样，除了采用上面给出的路面刻槽形式外，也可采用在车道边缘线外侧直接施画特殊形式的标线以达到振动提醒的作用。用特殊形式的标线充当路肩振动带的做法在北欧国家非常普遍。下面给出一些用路面标线做路肩振动带的实例，见图 11-48、图 11-49。

图　11-48

图　11-49

四、路面抗滑

路面抗滑系数是路面设计需要考虑的主要安全因素，大量的冲出路外事故与路滑因素有关。美国 1999 年的统计数据表明，双车道、不分隔、无交叉口也没有车流交汇的道路中，有 11％的单车冲出路外致死事故发生在湿滑的路面。在湿滑条件下，路面表面产生的摩擦大大减小，研究指出，0.05mm 的水膜就会带来 20％～30％摩擦力的减少，而且摩擦的效果受速度的影响较大。路面使用年限、路面结构状况、交通量、路表结构质地、骨材、路面混合特征、轮胎条件、路面存水状况等诸多因素都将影响路面的抗滑性。

有很多路面抗滑对策，包括改变路面材料，增加覆盖层（沥青或者混凝土），或者增加路表面质感，或使用路面凹槽等。目前国内采用较多的方法主要有薄层铺装（图 11-50）、路面打磨粗糙（图 11-51）等。薄层铺装在日本、韩国应用得较为普遍，一般用在高速公路和设计速度较高的主干道弯道、长直线路段、下坡路段、经过城镇的路段或进入收费广场地段上。

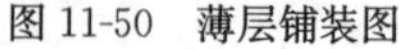
图 11-50　薄层铺装图

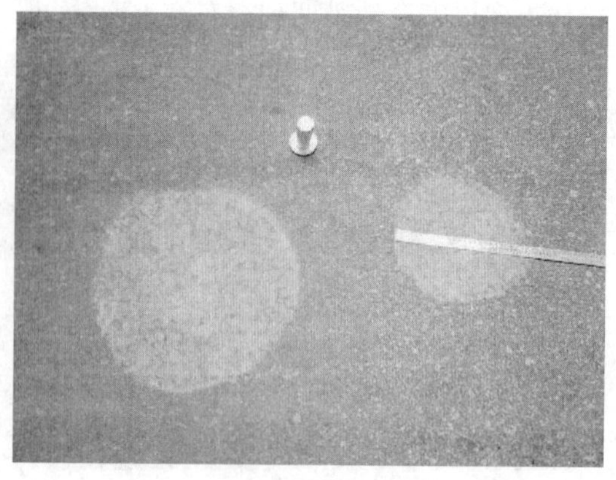
图 11-51　路面构造深度对比试验图

五、路肩处置

路肩是位于行车道外缘至路基边缘，具有一定宽度的带状部分，起到保护路面和路基的作用，并提供侧向余宽。侧向余宽为驶出路外车辆提供容错空间，如果路肩更宽，路肩与边沟、边坡的组合设计更合理，就可以为车辆提供更大的路侧净区。常见的路肩处置对策是路肩加宽、硬化或两者同时进行。

多数条件下，路肩加宽涉及路基的拓宽，在项目资金有限的条件下并不是一个十分经济的对策，尤其是对于山岭重丘区的公路更是如此。路肩硬化是增加路面宽度的一种最为经济、有效的方式，尤其是在山区公路等路面宽度较小时，能起到提高通行能力、提高行车安全性的目的。

图 11-52 所示的是一个平原区路肩硬化的实例，通过路肩硬化减少了行人、自行车等非机动车出行者侵占行车道的机会，降低了车辆冲撞路侧弱势交通群体的事故，宽的路肩也为驶出路外的车辆提供了容错的区域。如图 11-53 所示，在山区弯路、路窄陡坡路段，或是有停车需求的路段，采用砂浆栽砌的路肩硬化方式。

图　11-52

图　11-53

六、速度控制

1. 减速标线

减速标线用于提醒驾驶员前方应减速慢行，一般设置在长下坡路段(下坡方向车道)、小半

径曲线段(曲线外侧车道)、上坡凸型竖曲线前方视距不足路段(上坡方向车道)等处。设置减速标线时,需注意以下事项:

(1)应尽量使车辆通过各(组)标线间隔的时间大致相等,以利于行驶速度逐步降下来。

(2)一般垂直于行车方向设置,应在需要设置的方向车道上贯通设置,当单向具有 2 条及以上的车道时需要特别注意。

(3)减速标线的抗滑能力不低于路面抗滑能力的要求,尤其是设置在弯道上的横向减速标线。

减速标线设置方式灵活多样,可以连续设施(图 11-54),也可以间隔分组设置(图 11-55)。分组设置时,组间距宜控制在 30～50m 之间;既可以条带式设置(图 11-54),也可以组块式设置(图 11-55),组块式设置的优点是利于纵向排水,缺点是存在设置空缺,振动减速效果略有影响。

图　11-54

图　11-55

2. 减速丘

减速丘是指在路幅宽度范围内较正常路面高度隆起的强制性减速措施,可采用沥青混凝土或水泥混凝土两种材料施工。减速丘沿公路纵向一般为 5～10m,宽度一般与路幅同宽,高度一般为 5～10cm,可以有效降低车速,但是对行车的舒适性有一定影响。

减速丘一般用于低等级公路,设置在进入村镇、学校等行人交通量大的路段前方、个别交叉口前,也可以设置在一般路段,尤其是长下坡或小半径曲线前,使驾驶员降低车速。设置时应全断面铺设,并设置相应的减速丘标志(图 11-56)和标线(图 11-57),避免驾驶员因没有注意到减速丘的存在而未及时采取减速措施,导致车辆在通过减速丘时出现剧烈的颠簸甚至意外。也可以根据过城镇、村庄路段的限制车速,在减速丘前设置相应的限速标志。

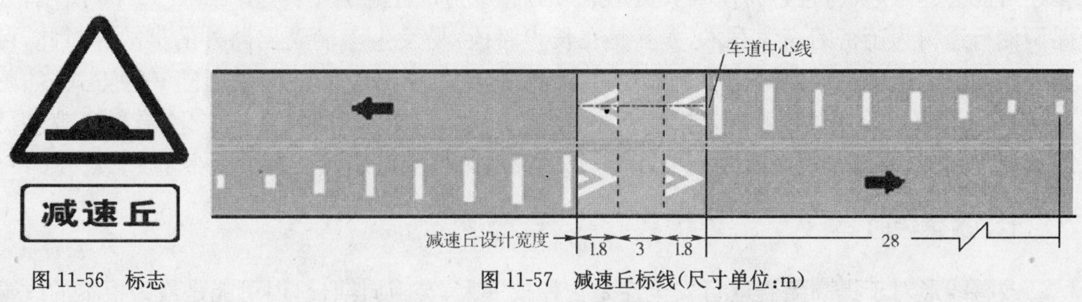

图 11-56　标志

图 11-57　减速丘标线(尺寸单位:m)

图 11-58 与图 11-59 为国外减速丘的应用案例，其中图 11-58 减速丘用于村庄路段前方，图 11-59 用于交叉口前方。减速丘与必要的标志或标线配合使用，效果良好。

图 11-58

图 11-59

3. 视、错觉标线

错觉标线是一种减少交通隐患的新型标线，通过改善视觉效果，达到降低车速的目的。当驾驶员行驶在有这种标线的路段时，从心理上感觉道路越走越窄，从视觉上感到前方将是一条狭窄的道路，由于这种强烈的视觉冲击，驾驶员会不由自主地制动减速。

图 11-60 所示为国内某国道上设置的“梳子”样式的视觉减速标线。图 11-61 所示为日本道路上设置的由黄、蓝、白三色组成的视觉减速标线。图 11-62 所示为韩国高速公路车道上设置的蓝色“V”形视觉减速标线。

图 11-60

图 11-61

图 11-62

4. 视觉心理减速

路侧单调的行车环境容易使驾驶员失去对车速的准确判断能力。由于参照物缺乏变化，车速可能会越来越快，且容易使驾驶员形成疲劳感或造成注意力不集中。如图 11-63 所示，公路两侧行道树为茂密的高大乔木，尤其是在长直路段，易发生车辆驶出路外的事故。对此，可将公路两侧的覆盖植被或绿化工程做一些调整，避免很长路段范围内采用同一种方式，如图 11-64 所示，可以采用高低不同、错落有致的绿化方式，使路侧参照物富于变化，有助于驾驶员对车速的判断，有助于缓解驾驶疲劳，降低车辆冲出路外的可能性。

七、改善线形

改善线形对于提高路侧运行安全性是一种投资大、实施周期长，但可能是最为根本的改善方法，一般只有当投资小、见效快的对策不能取得预期效果，或出于其他原因考虑有必要进行线形改造时采用。线形改善通常结合道路的大、中修工程进行。

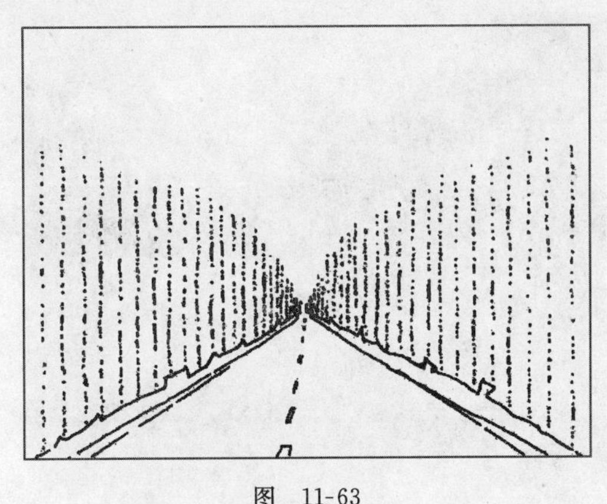

图　11-63

图　11-64

1. 避免前后线形不一致

设计良好的道路应能够借助道路线形、周边环境、道路设施等多方面因素向驾驶员传达前方路况信息，使驾驶员有充足的时间作出反映，驾驶员通常也会按照其在驾驶操作过程中积累的经验对前方的路况进行估计或预判断。前方路况如能与多数驾驶员的预期相一致，换言之，道路前后线形条件是一致的，而不是突变的，这将降有助于低驾驶员信息处理强度，缓解驾驶疲劳，避免急转弯、紧急制动等危险的紧急操作。

前后线形是否一致，是否符合驾驶员的预期，可从图 11-65 与图 11-66 对比分析中体现。图 11-65 中有一处小半径曲线，采用了低技术指标，对行车安全不利，但该小半径曲线前后线形指标也比较低，能够给驾驶员起到某种“预示”的作用；而图 11-66 反映的情况则相反，小半径曲线前后线形条件非常好，对于驾驶员而言，该小半径曲线出现得很突然，驾驶员往往对此始料不及，或准备不足，进入急弯时来不及降低车速，引发事故。对于前后线形的一致性（也称协调性）评价可采用《公路项目安全性评价指南》(JTG/T B05—2004)给出的方法，评价指标为相邻单元路段间运行速度 v_{85} 的变化值，当 $|\Delta v_{85}|>20\text{km/h}$ 时表示运行速度协调性不良，相邻路段需要重新调整平、纵面设计。

图　11-65

图　11-66

2. 截弯曲直

对于老路交通事故多发的不良线形组合路段，运用运行车速理论，改善线形，提高行驶安全性。图 11-67 为大半径曲线接小半径曲线的连续 S 形曲线，时有发生车辆冲出路外的交通事故。在实际中采用了截弯曲直的措施来改善线形，如图 11-68 所示。

3. 消除“暗凹”

暗凹等线形视觉不连续，景观效果差且有行车安全隐患，尤其是当暗凹底部衔接小半径曲线时，极易造成因车速过快，驾驶员来不及转向或紧急情况下转向过度向打过而导致车辆冲出路外或侧翻。如历史事故资料显示，此类不利线形组合处发生了较多的事故，应采取改善线形的整改方案彻底消除隐患。如图 11-69、图 11-70 所示，通过调整纵坡等手段，可以消除老路“暗凹”造成的视觉中断。

图 11-67　改善前

图 11-68　改善后

图 11-69　改善前

图 11-70　改善后

第五节　减少路侧翻车与碰撞事故的技术

一、路侧净区设置

路侧净区是指位于行车道外侧边缘与路权限界范围内的区域(图 11-71)。该区域不应存在能导致碰撞伤害的坚硬危险物，驶出路外的车辆在该区域上不会发生倾覆，行驶在净区内的车辆能够得到有效控制，并且通常能够再次安全地返回行车道。设计人员通常可通过硬化路肩、放缓路基边坡、设置可逾越的排水设施、消除紧邻路侧范围内的危险物等技术手段来尽可能提供充足的路侧净区。

美国 AASHTO《路侧设计指南》(2002 版)指出，高速公路行车道边缘以外不少于 9m 的宽度可使 80%的失控车辆得到恢复，大多数公路按照不少于 9m 的宽度来设置无障碍区。路侧净区宽度的选择，应综合考虑交通量、设计速度和路基边坡坡率，表 11-8 给出了路侧净区宽度的建议值。

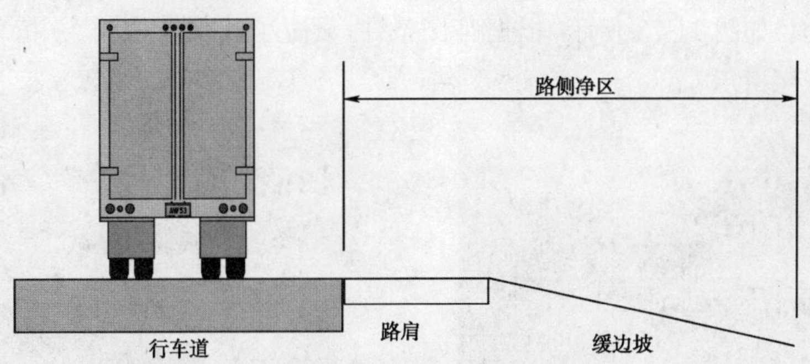

图 11-71　路侧净区范围

不同条件下的路侧净区宽度值　　表 11-8

设计速度	日均交通量	前坡比率			后坡比率	
		≤1V∶6H	1V∶5H～1V∶4H	1V∶3H	1V∶5H～1V∶4H	≤1V∶6H
≤60	≤750	2.0～3.0	2.0～3.0	2.0～3.0	2.0～3.0	2.0～3.0
	750～1 500	3.0～3.5	3.5～4.5	3.0～3.5	3.0～3.5	3.0～3.5
	1 500～6 000	3.5～4.5	4.5～5.0	3.5～4.5	3.5～4.5	3.5～4.5
	>6 000	4.5～5.0	5.0～5.5	4.5～5.0	4.5～5.0	4.5～5.0
70～80	≤750	3.0～3.5	3.5～4.5	2.0～3.0	2.5～3.0	3.0～3.5
	750～1 500	4.5～5.0	5.0～6.0	3.0～3.5	3.5～4.5	4.5～5.0
	1 500～6 000	5.0～5.5	6.0～8.0	3.5～4.5	4.5～5.0	5.0～5.5
	>6 000	6.0～6.5	7.5～8.5	4.5～5.0	5.5～6.0	6.0～6.5
90	≤750	3.5～4.5	4.5～5.5	2.5～3.0	3.0～3.5	3.0～3.5
	750～1 500	5.0～5.5	6.0～7.5	3.0～3.5	4.5～5.0	5.0～5.5
	1 500～6 000	6.0～6.5	7.5～9.0	4.5～5.0	5.0～5.5	6.0～6.5
	>6 000	6.5～7.5	8.0～10.0	5.0～5.5	6.0～6.5	6.5～7.5
100	≤750	5.0～5.5	6.0～7.5	3.0～3.5	3.5～4.5	4.5～5.0
	750～1 500	6.0～7.5	8.0～10.0	3.5～4.5	5.0～5.5	6.0～6.5
	1 500～6 000	8.0～9.0	10.0～12.0	4.5～5.5	5.5～6.5	7.5～8.0
	>6 000	9.0～10.0	11.0～13.5	6.0～6.5	7.5～8.0	8.0～8.5
110	≤750	5.5～6.0	6.0～8.0	3.0～3.5	4.5～5.0	4.5～5.0
	750～1 500	7.5～8.0	8.5～11.0	3.5～5.0	5.5～6.0	6.0～6.5
	1 500～6 000	8.5～10.0	10.5～13.0	5.0～6.0	6.5～7.5	8.0～8.5
	>6 000	9.0～10.5	11.5～14.0	6.5～7.5	8.0～9.0	8.5～9.0

在我国目前条件下，无论是填方路段，还是挖方路段，完全按照表 11-8 要求设置路侧净区是不切合实际的。设计人员在设计中应尽量考虑为失控车辆的救险提供适当的机会，采用因地制宜、灵活多变的设计思路。下面给出一些路侧净区应用案例。

如图 11-72 所示，路侧地势平坦，路肩外矩形边沟加设盖板，使路侧净区范围由路肩处拓宽至路堑边坡处。如图 11-73 所示，根据路侧条件，设置了浅碟形边沟，并植草绿化，美观安全。

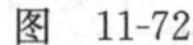

图 11-72

图 11-73

二、路堤与路堑边坡

路侧净区通常是由路肩(硬路肩和土路肩)和缓和的边坡构成，而且大部分净区宽度是由缓和边坡提供的，因此，边坡无疑成为路侧设计的重要组成部分，设计人员需要知道造成翻车的临界坡率。

1. 路堤边坡

(1)可返回路堤边坡

可返回路堤边坡是指坡度小于等于 1∶4的边坡，如图 11-74 所示。这样的边坡相对平缓，车辆驶入可返回路堤边坡后一般能停车或减速后慢慢驶回到行车道。从安全的角度考虑，要求可返回边坡没有明显间断和没有凸起固定物，坡顶宜圆化处理，以使冲出路外车辆能保持和路面接触，坡底也应圆化以使车辆顺利跨越。可返回边坡安全性最好，能够为冲出路外的车辆提供最大限度的安全保障，不需要设置护栏进行防护，可在必要位置设置视线诱导设施。

(2)不可返回路堤边坡

不可返回路堤边坡是指坡度介于 1∶3～1∶4的边坡，如图 11-75 所示。大多数车辆驶入后都无法停车或返回行车道，车辆通常会驶达坡底，所以此类边坡上不应存在固定障碍物。不可返回边坡具有较好的安全性，常见于微丘地区或山区地势较为平坦的谷地，通常不需要设置安

图 11-74　可返回路堤边坡

图 11-75　不可返回路堤边坡

全护栏，路基高度超过 3m 时可设置视线诱导设施或警示桩，交通量大、车速高的公路也可考虑设置护栏。

(3)危险路堤边坡

危险路堤边坡是指坡度大于 1∶3的边坡，如图 11-76 所示。车辆冲入此类边坡时，驾驶员无法控制车辆，车辆发生倾覆的可能性非常大。如果该类边坡距车道的距离小于建议的路侧净区宽度，并且边坡无法进行改建，一般应考虑设置护栏。如果危险路堤边坡所处路段运营安全状况良好，且冲出路外的单车不会造成重、特大事故的，可以不设置护栏，采取安装警示桩、设置轮廓标、施划车道边缘振动标线、设置路肩振动带等更为经济的措施或综合运用以上措施。

图 11-76　危险路堤边坡

2. *路堑边坡*

当道路处于挖方路段时，路堑边坡对于驶出路外车辆的安全性取决于其平整程度和障碍物存在状况。如果路堤边坡坡度小于等于 1∶3，并且后坡上不存在障碍物，那么不管路堑边坡距离公路多远，路堑边坡本身都不会造成太大危险。国内目前对路堑边坡一般不进行防护，除非在行车道与路堑边坡之间存在危险的边沟时，可考虑对边沟进行防护。

在山区低等级公路上，路线傍山一侧往往有突出、粗糙的岩壁靠近行车道，如图 11-77 所示，侧向净空小，容易造成车辆与之发生刮蹭或撞击。一旦意外冲出路外车辆撞上坚硬的、未经过修整的岩壁，通常会导致严重事故。因此，应结合道路、交通和事故状况，对个别位置的突出岩壁加以整治。

三、排水设施

路侧排水设施主要包括路缘石、边沟、涵洞等排水结构物。有效的排水设施设计是路侧安全设计的关键内容之一，其设计和建造需要考虑对路侧自然环境带来的影响。排水设施的设计总体上应遵循如下原则：

(1)在满足排水的条件下，去除不必要的排水结构物。

图 11-77　坚硬粗糙的路堑边坡

(2)在满足排水的条件下,将产生危险的排水结构物移至更远处。

(3)在无法去除和移走结构物时,应保证车辆能安全穿越排水结构物,不会直接冲撞结构物或因不可穿越而侧翻,保障车辆仍能安全地驶回公路。

(4)边沟应根据具体情况、路侧安全以及美观的要求进行评估后,灵活设置,尽量做到宽、浅、绿、隐(远)。

(5)在满足排水的条件下,倡导设置路侧浅碟式或暗埋式排水沟,尽量避免设置外露式路侧矩形或梯形边沟。

(6)当浅边沟不能满足排水要求时,如对于山区多雨和填挖工程量大的地区,可采取封盖边沟的方法,但要对封盖边沟的建设和养护进行经济分析,对盖板的强度进行重车荷载验算。

(7)在条件允许的情况下,结合路侧净区设计理念,路侧净区内不设突出的路缘石,不设护栏,倡导不设置路缘石或不全线连续设置路缘石。

1. 路缘石

路缘石主要用于排水控制、描绘道路轮廓、美观、减少道路养护工作、辅助路侧设计等功能。根据路缘石的功能作用和形状,可以分为障碍缘石和可穿越缘石两类。障碍缘石指垂直或接近垂直路面的路缘石,这种路缘石主要用于阻挡驾驶员有意离开行车道,如图 11-78 所示。可穿越缘石指与路面不垂直的路缘石,在必要的情况下可以使车辆容易的穿越它,如图 11-79 所示。

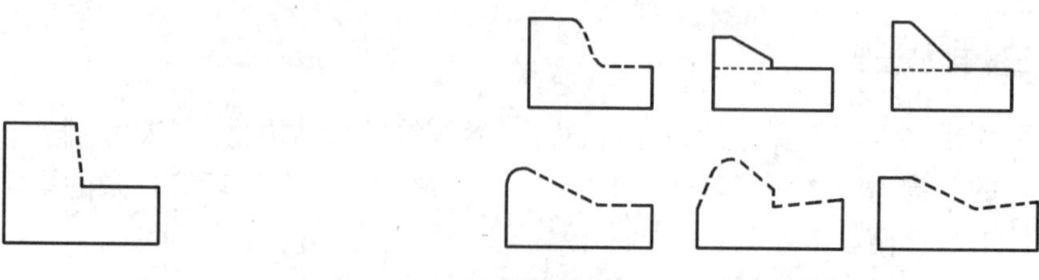

图 11-78　障碍缘石　　　　图 11-79　可穿越缘石

为避免冲出路外的车辆在穿过路缘石或与其发生碰撞时带来严重的事故后果，路缘石的设计应注意以下事项：

(1)尽量不设置路缘石。虽然路缘石对处理排水有效，但会对发生侧滑而离开行车道的车辆产生危险。可考虑采用其他可行方法替代实现路缘石的功能。

(2)高速行车道(速度在 80km/h 以上)边缘不宜使用路缘石。路缘石不能对车辆起到水平导向的作用，但会产生竖直导向。高速行驶的车辆一旦和路缘石相接触，会导致车辆腾空，从而使驾驶员失去对车辆的控制。如果必须使用路缘石，就需要考虑增大路侧净区。

(3)低速行车道边缘视情况可以使用路缘石。

(4)车速过渡路段(即车辆要经历较大幅度减速时所途经的路段，如道路限速从 100km/h 渐降至 50km/h 的情况)慎用路缘石。

(5)在需要设置路缘石的路段，路缘石突出路面的高度不得大于 12cm，并应采用圆滑外形。对于可穿越缘石，要控制其高度不要超过 10cm，以免过高的路缘石刮擦车辆的下部。

(6)路缘石与波形梁护栏联合使用时，路缘石应与护栏面齐平或位于护栏面之后。如果路缘石的高度是 15cm 或更高，则必须加强波形梁的强度以减小其形变量，避免车辆越过护栏。

(7)路缘石与混凝土护栏联合使用时，应避免路缘石在具有一定斜坡的混凝土护栏前使用，这种设置会导致护栏无法发挥其正常功能。

(8)如果现有路缘石与护栏的组合应用未经试验验证，则必须进行实车碰撞试验验证。

(9)如果路缘石后存在障碍物，应当使其离路缘石外表面的距离不能低于 0.5m，但该距离不能计入有效路侧净区宽度。

2. 边沟

良好的边沟设计，在满足排水要求的同时，应尽量做到不导致驶出路外车辆翻入沟中或与边沟发生后果严重的碰撞。我国等级公路上设置的边沟通常具有宽、深、大的显著特点。大量的工程实践表明，传统设计的边沟即使在我国南方的暴雨期间，大部分边沟的流水量也没达到其设计流量。基于此，设计人员应根据沿线地形地貌、路基填挖高度、实际汇水量、排水能力、工程造价与养护便利性以及对行车安全与环境景观的影响程度等方面综合考虑，采用灵活自然的断面形式和尺寸。

解决边沟带来的路侧安全问题主要可从以下几方面着手：

(1)通过车道外侧边缘线、路肩振动带或在路肩上设置轮廓标来提示和预防车辆驶入危险的边沟。该做法并不能阻止冲出路外的车辆跌入边沟，具有良好的经济性。

(2)在边沟前方设置高度不超过 10cm 的路缘石，来更好地提示行车道边界轮廓，但要注意出水口设计，满足路面排水要求。

(3)在不易改造的宽、深危险边沟前设置护栏进行防护。

(4)结合地形条件和实际边沟状况，对其进行安全改造，如：可将边沟的前坡适度放缓，有条件的可放缓至 1∶4；边沟上方覆盖能够承载车辆的盖板。此类做法成本较高，通常配合路的大修改造实施。

(5)将边沟外移至距离行车道更远的地方，为行人、非机动交通出行者提供更宽阔的空间，以避免路侧撞击事故。该做法成本高，一般较少采用。

(6)对于新建公路,可在设计阶段进行规划,从上述几方面对策中,选取经济、有效的方案。

下面给出两种常用类型边沟的设计案例。

(1)浅碟形边沟

浅碟形边沟是国内目前比较提倡的一种边沟形式。与传统的矩形、梯形边沟相比,其在安全、经济、环保方面具有一定优势。在满足排水的条件下,可将边沟修建成浅碟形边沟,使驶出路外的车辆能够驶回公路或不侧翻。应用浅碟式边沟的关键在于结合地形和路侧实际情况采取灵活的标准进行设计。

如图 11-80 所示,山区双车道公路的交通量小,且排水量不大,将原来的不规则的、存在不安全边坎的路侧进行平整,没有将路肩硬化,而是采用更为经济的浅碟形土边沟。如果雨水冲刷地表较为严重,可对裸露地表植草绿化。如图 11-81 所示,公路地处平原区,交通量很大,且行道树距离车道较远,将路侧边沟设置成植草的浅碟形边沟,加之路肩较宽,因此,路侧净区基本得到了保证,路侧安全状况良好。

图 11-80 山区公路浅碟形边沟

图 11-81 平原区公路浅碟形边沟

(2)矩形边沟

一些由于排水量大而不能设置浅碟形边沟的路段,可以采取加盖板的矩形沟或暗埋式矩形边沟等形式。当采用矩形边沟加设盖板的方案时,盖板以及边沟沟壁的强度要经过验算,满足大型车辆的载重要求;盖板的孔眼设计应利于排水;盖板的尺寸应合适,方便养护。

如图 11-82 所示,通常由于填方边坡与挖方边坡相比更具危险性,图中填方路段矩形边沟的盖板上表面采用略微凹陷的梯形,当车辆以较小的角度冲出路外时,盖板上表面的凹陷梯形构造能够通过振动给驾驶员以提示,使驾驶员能够及时控制方向,避免事故发生。如图 11-83 所示,公路处于挖方路段,汇水面积较大,盖板孔眼采用狭缝形式,透水性更好。因此,盖板的尺寸、上表面构造以及透水孔眼的形式需要综合安全、排水、美观等多个因素。如图 11-84 所示,矩形盖板边沟的使用,使净区由原来的硬路肩处一直延伸到路堑边坡的坡角处,净区宽度得到了很大的改善,路侧安全性大幅增加。

3. 涵洞

涵洞在路侧安全中同样也是不容忽视的一个因素,其主要体现在进出口的结构特征上,结构较大的端部包括混凝土端墙和翼墙,而较小的管道则具有斜面型的端部。虽然这种设计可以使排水通畅的同时保证了设施的抗侵蚀能力,但在驾驶员驶出路面时,这些结构就很可能对驾驶员产生不利的影响。可供设计人员选择的涵洞安全处置对策，按照优先次序主要有如下几种：

图 11-82

图 11-83

图 11-84

(1)使用可穿越式设计方案；

(2)延长结构物或使之远离行车道，以降低被碰撞的可能性；

(3)对结构物进行防护；

(4)如果上述的措施都不合适，在一定程度上需承担事故风险，可采用反光材料予以警示或标识其轮廓。

如图 11-85 所示，弯道内侧的涵洞口设置了钢条制作的篦子，使前后净区宽度保持连续，提高了行车的安全性。图 11-86 给出的是国外对边坡上的涵洞口(大型排水管口)的安全处置案例，将涵洞口或水管口设计成与边坡平行，取消涵洞的端墙或翼墙，同时覆盖钢制栅格，使涵洞口或水管口成为车辆可穿越的形式。这种可穿越式设计在国内目前还鲜有案例，值得借鉴。

图 11-85

图 11-86

四、去除或移位路侧危险物

当车辆驶出路外后，为降低车辆与路侧障碍物发生碰撞的可能性，有时候需要将路侧障碍物去除、移位至更远处，或是减少可能形成路侧障碍物的设施的使用量。常见的适用于该方法处置的路侧障碍物有行道树、路侧灌木、公用设施杆柱、坚硬的堆放物(如石头堆)或孤石等。

1. 行道树及其路侧灌木

直径超过 10cm 的树木对车辆会构成威胁。树木离路边越近，车辆就越容易碰到它们。

从保护环境的角度考虑，对于紧邻行车道的行道树应首先采取移植方式处置，如不能够移植别处或更远的地方，确实对行车安全产生十分不利的影响时，或历史事故资料显示曾发生车辆与之相撞的事故，那么应采取砍伐的对策。

如图 11-87 所示，大树与公路距离太近，树上的剐蹭痕迹表明了以前在这里曾经发生过事故，所以应该把树移走或增加防护。如图 11-88 所示，树林与道路靠的太近，把树林完全移走过于困难而且花费巨大，但将交叉路口、出入口处的树木移除是很必要的，既改善了路口的视距，又降低了车辆在转弯时与树木相撞的可能性。

图 11-87

图 11-88

2. 公共设施杆柱

公用设施杆柱通常是指电线杆、通信线缆杆、照明杆柱等，材料种类涉及木质、混凝土、钢材等。当这些坚硬的杆柱距离行车道很近时，尤其是当它们位于车辆冲出路外概率高的路段的路侧时，会给行车安全带来很大隐患。从安全的角度考虑，最佳的解决方法是尽可能根据实际情况少设置设施杆柱，并且设置在最不太可能被车撞到的地方。对于必须设置杆柱的地方，应遵循以下一些原则：

(1)增加路边杆柱的横向距离；

(2)增加杆柱的间距；

(3)尽量使用多功能设施杆柱(联合使用)；

(4)把电线、通信线缆等埋入地下。

下坡路段、交叉口、车道减少、路面变窄等处是驾驶员易于驶离路外的地方，如图 11-89 所示。不宜在车道减少位置的前方设置杆柱，这将使车辆正常行驶方向正对设施杆柱，尤其是在弯道下坡的路段更应避免此情况。如图 11-90 所示，路面变窄处路侧不宜设置设施杆柱。如图 11-91 所示，“Y”形交叉口左转弯外侧(图中主路尽头正对的位置)不宜设置杆柱。

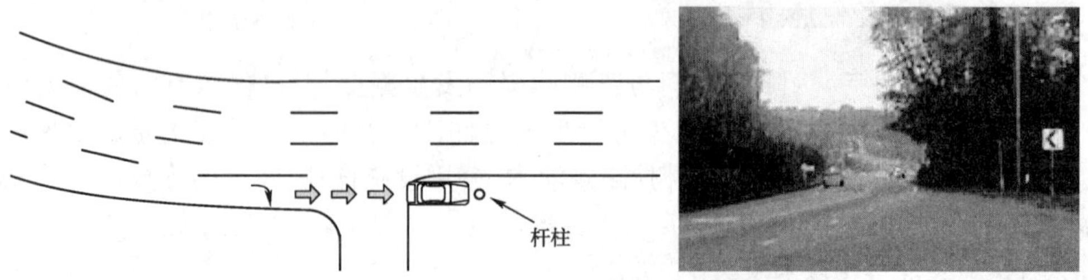

图 11-89　下坡车道末端易发生碰撞地点示意图

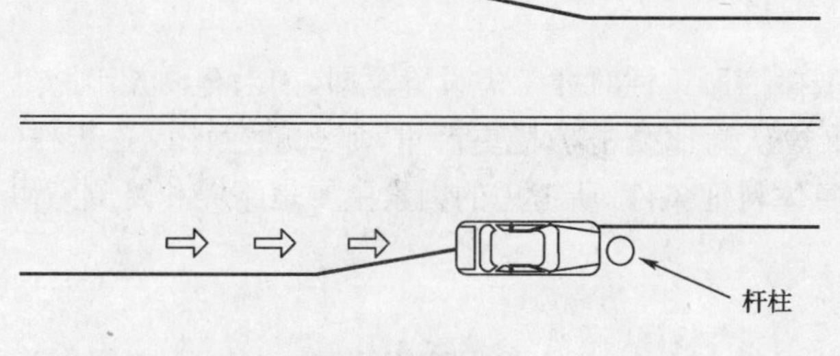

图　11-90

图　11-91

五、路侧危险物轮廓标识

当路侧危险物不能通过去除、移位、革新设计等手段进行处置时，可采取在危险物上涂刷反光漆或粘贴反光膜的方法标识其轮廓，或在危险物前方设置警示标志，起到及时提醒驾驶员危险物存在的作用。在某些情况下，这是一种十分经济有效的措施。

如图 11-92 所示，设置在桥梁前方的警告标志，给驾驶员以预先的提示，既可以防止车辆与桥梁护栏（栏杆）端头发生恶性的正面碰撞事故，还具有防止车辆由桥梁起点前方的“缺口”处冲向桥下的作用。图 11-93 为实际中采用的桥墩轮廓标识方法，警示效果明显。如图 11-94 所示，在护栏端头前方设置轮廓标，加之护栏端头处均进行了外展处理，护栏端部的安全性能得到了有效的保障。

图　11-92

图　11-93

图　11-94

第六节　路侧事故安全防护技术

当冲出路外的车辆不可避免地要发生翻车、坠车或碰撞事故时，通常采取设置路侧护栏的方法来进行防护，以尽可能地降低事故的严重性。路侧护栏是指设置于道路横断面两边土路肩上的护栏，用来防止失控车辆越出路外，保护路边构造物和其他设施，也可以保护行人、非机动车等弱势交通群体的安全。如果护栏不能够有效拦截和安全导向碰撞车辆，则其本身也是一种障碍物。护栏长度不够、端部处理不当、高度不合理、硬件缺损均影响护栏整体功能的正常发挥。规范的安装和良好的养护在很大程度上决定了在用护栏的实际效果。

设置于路侧的护栏主要有缆索护栏、波形梁护栏、钢背木护栏、混凝土护栏等形式，设置于中央分隔带的护栏主要有波形梁护栏和混凝土护栏。《公路交通安全设施设计细则》(JTG/T D81—2006)（以下简称 D81 规范）规定路侧护栏防撞等级分为 B、A、SB、SA、SS 五级，中央分隔带分为 Am、SBm、SAm 三级。

一、护栏的设置依据

通常认为,只有当设置护栏后能够降低碰撞严重性时才考虑设置。即,如果车辆驶出路外后发生倾覆或撞击路侧坚硬危险物的后果被认为比撞击护栏更严重,那么就应该设置护栏。一般在设计过程中,护栏设置多依据路侧具体特征条件,所考虑的因素主要是路堤和路侧障碍物状况。

1. 路堤

图 11-95 是 D81 规范给出的由边坡、路堤高度决定的护栏设置条件,具体如下:二级及以上等级公路边坡坡度和路堤高度在 I 区方格阴影范围之内的必须设置护栏;二级及以上等级公路边坡坡度和路堤高度在 II 区斜线阴影范围之内的应设置护栏;二级及以上等级公路边坡坡度和路堤高度在 III 区内的,三、四级公路边坡坡度和路堤高度在 I 区内的宜设置护栏。

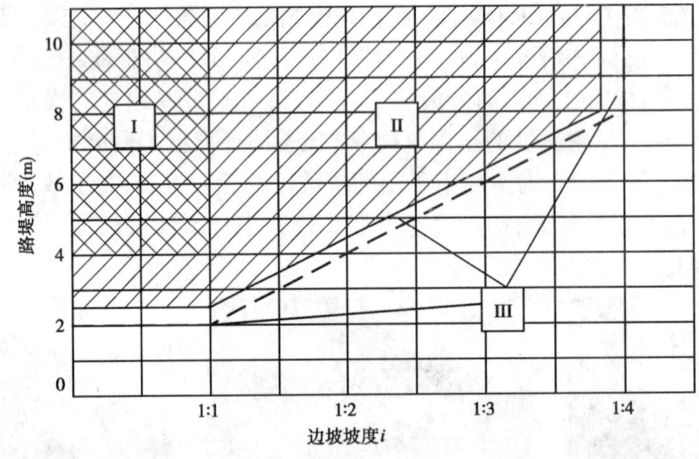

图 11-95 边坡、路堤高度与设置护栏的关系

2. 路侧障碍物

路侧障碍物包括车辆不能穿越的地形和固定危险物,固定危险物可以是人造的(如涵洞)也可以是自然的(如树)。护栏只应在车辆撞击护栏的严重性比撞击未设防护固定危险物的严重性低的情况下设置。

通常需要设置防护的车辆不能穿越的地形以及路侧障碍物列于表 11-9。直接与行车道相邻的路侧障碍物通常采取去除、移位、整改或防护的处理措施。对不可穿越的地形或者路侧障碍物进行防护,通常只有在它们处在净区之内,并且从实际上或经济上来说它们不能被去除、移位,或者被设计成可解体的,才考虑设置护栏。

不可穿越地形和路侧障碍物护栏设置依据 表 11-9

路侧障碍物	设 置 情 况
桥墩、桥台和桥梁栏杆末端	通常需要防护
巨石	基于固定物的本身和碰撞的可能性判断决定
涵洞、排水管、涵洞端墙	基于障碍物的尺寸、形状和位置判断决定
挖方和填方边坡(平滑)	一般不需要防护

续上表

路侧障碍物	设置情况
挖方和填方边坡(陡峭)	基于碰撞的可能性判断决定
边沟(纵向)	基于边坡的形式判断决定
边沟(横穿)	如果正面碰撞的可能性较高时通常需要防护
路堤	基于填方高度和坡度判断决定
挡土墙	基于墙壁的相对平滑和碰撞的期望最大角度判断决定
标志/照明支撑物	非解体支撑物时通常需要防护
交通信号支撑物	在高速乡村公路净空区内孤立的交通信号可能需要防护
树	基于特殊的环境判断决定
公共设施杆柱	防护需要具体情况具体对待
水域	基于水的位置和深度以及侵入的可能性判断决定

3. 路侧安全等级

根据路侧安全等级确定是否设置护栏和护栏等级。基于灰色聚类理论的路侧安全等级评估方法将路侧安全等级被分成四级,等级的确定综合考虑了线形、交通量、历史事故和路侧特征四方面因素。结合工程实践经验,建议参考表11-10依据路侧安全等级设置护栏。

依据路侧安全等级设置护栏建议 表11-10

路侧安全等级	路侧护栏设置建议	路侧安全等级	路侧护栏设置建议
Ⅰ级	不需要设置护栏	Ⅲ级	应设置护栏,视情况而定
Ⅱ级	可考虑设置护栏,视情况而定	Ⅳ级	应设置护栏

二、护栏防撞等级的确定

护栏防撞等级应根据公路等级、设计速度、车辆驶出路外可能造成的事故严重程度以及路侧安全等级等因素确定。设置路侧护栏时,可参照表11-11;二级及以下等级公路进行路侧安全等级评估后,也可参照表11-12。

路侧护栏防撞等级的适用条件 表11-11

公路等级	设计速度(km/h)	车辆驶出路外有可能造成的交通事故等级		
		一般事故或重大事故	单车特大事故或二次重大事故	二次特大事故
高速公路 一级公路	120	A	SB	SS
	100、80		SB	SA
	60		A	SB
二级公路	80、60	B	A	SB
三、四级公路	40、30、20		B	A

基于路侧安全等级的路侧护栏防撞等级的适用条件　　表 11-12

公路等级	设计速度(km/h)	路侧安全等级	护栏防撞等级
二级公路	80	II 级	不设置、B
		III 级	B、A
		IV 级	A、SB
	60	II 级	不设置、B
		III 级	B
		IV 级	A、SB
三级公路	40	III 级	B
		IV 级	A
	30	III 级	不设置、B
		IV 级	A
四级公路	20	IV 级	B、A

三、护栏的设置要点

1. 护栏的最小设置长度

护栏的最小设置长度，指的是护栏的标准段、渐变段和端头所构成的总长度。路侧护栏的最小设置长度，主要考虑护栏的整体作用，只有当护栏作为连续梁时，才能很好地发挥整体效果，护栏才是有效的。路侧护栏最小设置长度见表 11-13。两段路侧护栏之间相距小于表中规定的最小长度时宜连续设置。

路侧护栏最小设置长度　　表 11-13

公路等级	护栏类型	最小长度(m)
高速公路、一级公路	波形梁护栏	70
	混凝土护栏	36
	缆索护栏	300
二级公路	波形梁护栏	48
	混凝土护栏	24
	缆索护栏	120
三、四级公路	波形梁护栏	28
	混凝土护栏	12
	缆索护栏	120

2. 护栏横净距

在保证功能正常发挥的同时，路侧护栏宜设置在距离行车道尽可能远的地方。这有助于向偶然驶出路外的车辆提供足够的机会，在碰到护栏之前，控制车辆并重新返回到行车道。同时，也可以保证足够的视距，特别是在交叉口附近。路侧护栏横净距是指路侧护栏与行车道边缘线间的侧向距离，其大小主要取决于设计时速，如表 11-14 所示。如果有可能的话，护栏要尽量设置在横净距之外，特别是那些相对较短的、孤立的护栏。对于长而连续的护栏来说，如果护栏起点位于横净距以外，然后逐步过渡到行车道边缘附近，横净距就不那么重要了。

护栏横净距　　表 11-14

设计速度(km/h)	侧向距离(m)	设计速度(km/h)	侧向距离(m)
120	3.2	60	1.4
100	2.4	40	1.0
80	2.0		

3. 护栏的变形量

护栏在碰撞受力后的变形量是护栏设置时要考虑的一个重要因素，尤其当被防护对象是刚性物体的时候。如果护栏防护的是刚性物体，那么护栏与被防护物体之间的距离应不小于护栏在受车辆撞击后所发生的实际变形量，也就是说护栏与被防护物体间距足够大确保车辆不会碰撞到物体而导致阻绊或更为严重的后果。我国还没有各防撞等级护栏的最大变形量的数据，《高速公路护栏安全性能评价标准》(JTG/T F83—01)给出了各种刚度护栏的最大动态变形量(表 11-15)，可供参考。如果护栏与障碍物间距不能得到保证，那么在到达碰撞物体前的一段护栏就要采取加大力柱尺寸、减少力柱间距、加强梁板强度等措施以减小护栏的变形量。

护栏最大动态变形量　　表 11-15

护栏形式	最大动态变形量(mm)	护栏形式	最大动态变形量(mm)
刚性护栏	100	半刚性双波形梁护栏	1 000
半刚性三波形梁护栏	750	缆索护栏	1 000

4. 护栏基础

如果是防护路基，为保证护栏发挥良好的性能，护栏到路基边缘的距离必须充足，以确保护栏立柱获得足够的土壤支撑力。通常 0.6m 的距离就能够满足对护栏立柱的支撑要求，如图 11-96 所示。但该距离与土壤的特性、边坡坡度、预期碰撞条件、立柱截面、立柱埋深等因素有关。

如果路侧边坡很窄且对应的路肩宽度不足，或当立柱埋设于变坡点时致使护栏基础不稳，如图 11-97 所示，可将立柱埋深增加 0.3m 或更多，以抵消变坡点处降低的土基支持力。此外，也可采取减少立柱间距、在土壤中埋设金属板件等措施。

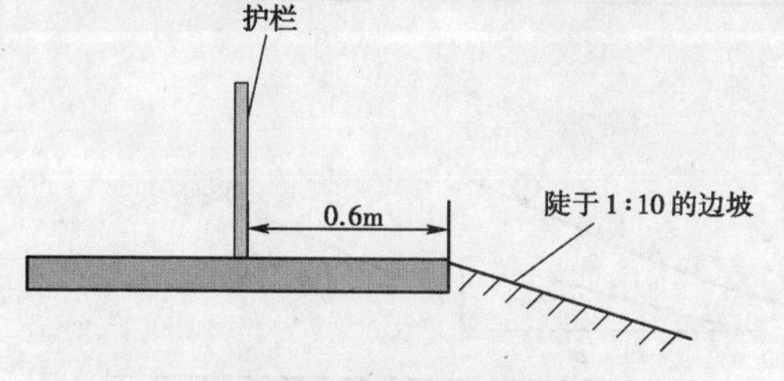

图 11-96　护栏设置位置距路基边缘距离要求

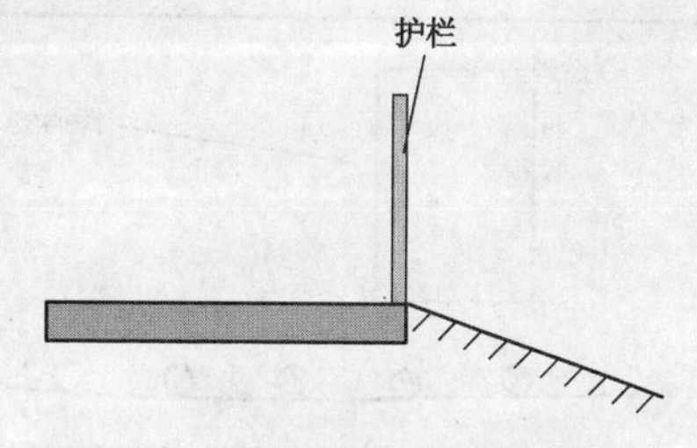

图 11-97　护栏设置在边坡边缘

5. 地形条件

路缘石和路侧边坡是两个需要特别注意的因素。在车辆与护栏发生碰撞前，如果车辆穿过路缘石或路侧边坡，可能会导致两种不利情形：其一，碰撞前车辆腾空，跨过护栏；其二，车辆与护栏的碰撞点太低，车辆前部钻进护栏，并在护栏立柱处发生卡阻或阻绊。

(1)路缘石

路缘石不论其是否与护栏联合使用,在设计时速高的道路上都不应采用。如果路缘石与波形梁护栏一起使用,应符合下列条件:

①路缘石最大高度为100mm;

②如果路缘石高度大于100mm,则应在护栏后面增加另外的梁板或在现有梁板下方增加摩擦梁以提高护栏的刚度;

③路缘石与护栏面齐平或位于护栏面之后。

路缘石与混凝土护栏联合使用应尽量避免,尤其是路缘石在具有一定斜坡的混凝土护栏前使用。如果准备大量采用某种路缘石/护栏组合结构,就需要进行实车碰撞试验来评估路缘石/护栏组合应用情况下的护栏安全性能。

(2)边坡坡度

路侧护栏的设计和测试多是在水平地形条件下进行的。如果护栏设置在坡度陡于1∶10的边坡上,那么,在某些碰撞角度和速度情况下,失控车辆可能会上跨过标准路侧护栏或者碰撞点很低。总体来讲,路侧护栏应设置在坡度为1∶10或更缓的边坡上;当边坡坡度大于1∶6时,可能不具备设置护栏的条件,如果一定要设置,需谨慎考虑,并留出侧向空间余量以保证失控车辆以设计碰撞高度撞向护栏。

6. 护栏端部外展

当路侧护栏不能平行于行车道边缘线时,需要考虑将路侧护栏向外展开,外展的部分通常是护栏的端部,主要用于路侧护栏由起始位置到被防护障碍物(如桥墩)过渡。外展处理使路侧护栏端部距离行车道更远,将护栏逐渐引入到与行车道边缘线平行的位置,如图11-98所示。表11-16给出不同设计车速下,路侧护栏最大展开率的推荐值。

护栏端部展开率推荐值　　表11-16

设计速度(km/h)	展开率(a∶b)	设计速度(km/h)	展开率(a∶b)
120	30∶1	60	12∶1
100	22∶1	60以下	10∶1
80	16∶1		

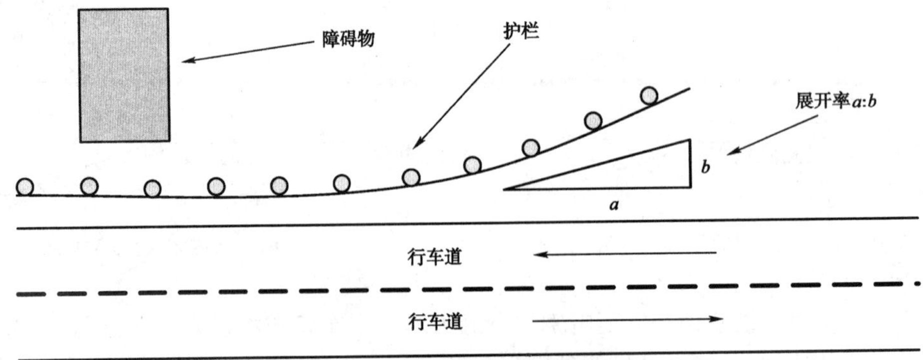

图11-98　护栏端部外展处理示意图

四、护栏端头

护栏端头是指护栏标准段开始端或结束端所设置的端部结构。车辆撞到未经特殊处置的护栏端头时，由于碰撞角度大（基本上相当于正面相撞），对车辆的导向作用不显著，缓冲时间短，加速度大，因此，通常会对车辆和乘员造成严重危害。此外，护栏端头还可能刺穿车辆，或者导致车辆倾覆，比车辆与护栏标准段碰撞相比更具危险性。下面给出一些护栏端头处置良好的案例。

如图 11-99 所示，采用的圆头外展可解体式护栏端头，端部采用打孔的木质立柱。如图 11-100 所示，在使护栏端部高度基本保持不变的情况下，将端头自然掩入边坡并进行锚固。

图　11-99

图　11-100

图 11-101、图 11-102 所示的特殊护栏端部为国外公司专利产品，其中图 11-102 所示是一种称为“ELT”的护栏端头，该端头通过了美国 NCHRP350 报告测试水平 3 的要求，在北美和欧洲应用较多。

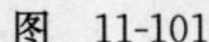

图　11-101

图 11-102　ELT 护栏端头

如图 11-103 所示，设计人员结合端头处的实际地形条件，将混凝土护栏端头“隐匿”或“消隐”于路侧山体或挖方边坡中。如图 11-104 所示，为一中央分隔带混凝土护栏端头的斜坡式处理实例，同时在端头前方一定范围内施划了黄色的路面渠化标线，提示驾驶员不要驶入以防撞到危险物，简单、有效。需要指出的是，本例中的混凝土护栏端头前方如有条件，可另放置一些防撞筒或其他缓冲吸能设施，效果会更好。由于斜坡式端头会对碰撞车辆产生提升作用，可能导致车辆翻向路侧，因此，在路侧为深谷、陡崖的路段应慎重采用。

图 11-103

图 11-104

五、护栏过渡段

护栏过渡段是指两种不同护栏断面结构形式之间平滑连接并进行刚度或强度过渡的专门结构段，大多设置在路基与桥梁连接处。图 11-105 反映的是比较典型护栏过渡问题，路基波形梁护栏与桥梁混凝土护栏间存在缺口，致使坚硬的桥梁护栏混凝土端头暴露，一旦车辆与之发生撞击，对乘员的伤害将是致命的。

图 11-105

下面给出一些护栏过渡处理良好的设计案例。依据路侧不同的危险程度，设置不同等级的路侧护栏是路侧设计人员应该把握的一个基本原则，图 11-106 所示即为一个这方面的良好设计案例，不同防撞等级波形梁护栏间的衔接合理，过渡自然。如图 11-107 所示，将路基波形梁护栏板延伸一段，并锚固在混凝土桥梁护栏上，同时将波形梁护栏端部附件的立柱进行加密，实现护栏刚性的连续变化，更好地导向碰撞车辆，还可在波形梁板下方添加槽钢做的摩擦梁。该处理方法具有成本低、施工方便的优点。

图 11-108 是一个隧道口护栏过渡良好的案例。设计人员将护栏端部延伸至隧道洞内，使护栏与隧道壁之间的距离满足护栏的最大动态变形量，而不是采取刚度渐变、衔接处波形梁护栏与隧道壁搭接的过渡方式，更有利于护栏防撞性能的发挥。此外，隧道进口前方一定范围内

的右侧硬路肩施画斑马线，提示驾驶员在正常行驶车道内行驶，并注意控制车速，进一步提高了隧道口的运行安全性。图 11-109 为一波形梁护栏与混凝土护栏过渡段的设置实例，单波形梁通过加密立柱和设置防阻块实现了刚度的渐变。

图 11-106

图 11-107

图 11-108

图 11-109

图 11-110 与 11-111 是波形梁护栏与缆索护栏的过渡实例，两者均采用了相同的处理方式，即：波形梁护栏采用地锚式，缆索护栏沿行车方向在波形梁护栏结束处继续向前延伸一段，直至接近波形梁护栏的标准段，使两种形式的护栏端部重叠，缆索护栏在内侧，波形梁护栏在外侧。这样处理的好处是实现了护栏强度的过渡，同时也有效地防止驶出路外的车辆撞到波形梁护栏端头发生“飞车”事故。

图 11-110

图 11-111

参考文献

[1] 唐琤琤,何勇,等.公路安全保障工程实施技术指南.北京:人民交通出版社,2007.

[2] 交通部公路司.新理念公路设计指南.北京:人民交通出版社,2005.

[3] 交通部公路科学研究院.JTG D81—2006 公路交通安全设施设计规范.北京:人民交通出版社,2006.

[4] 交通部公路司.JTG B01—2003 公路工程技术标准,北京:人民交通出版社,2004.

[5] 高海龙,阚伟生,李长城,等.双车道等级公路路侧事故预测模型研究,公路交通科技,Vol. 24, No. 7,2007:127-131.

[6] 高海龙,何勇,李长城,等.中国公路安全保障工程的措施及作用.国际公路安全研讨会论文集,2005:7-11.

[7] 李长城,高海龙,汤筠筠.改善我国公路路侧的系统化对策.道路交通与安全 Vol. 7, No. 1,2007:33-37.

[8] 李长城,阚伟生.我国双车道等级公路路侧事故规律统计分析.道路交通与安全.Vol. 6, No. 10,2006:15-18.

[9] 李长城,汤筠筠,阚伟生.公路路侧安全设计理念与案例.交通科技,No. 2,2007:61-64.

[10] 李长城.路侧安全灰色聚类评估方法研究.国际公路安全研讨会论文集,2005. 10:239-244.

[11] 唐琤琤,贡锁白.路侧护栏设计.公路交通科技,2001:18(3).

[12] 兰剑,李长城.基础带有U型环周切口的可解体立柱研究.道路交通与安全.Vol. 6, No. 10,2006:1-3.

[13] 阚伟生,李长城,汤筠筠.公路路侧安全问题对策研究.公路.No. 3, 2007:97-101.

[14] 钟小明,李长城,唐琤琤,等.双车道公路路侧安全设计理念.公路交通科技,Vol. 21, No. 11,2004:82-84.

[15] 孙月长.缆索护栏的设计与应用.公路,1996(1).

[16] 马卫民.路缘石 路栏与交通安全.辽宁交通科技,1997(2).

[17] 赵文光.水泥混凝土安全护栏.筑路机械与施工机械化,1994,11(2).

[18] 黄淑琴.国外公路护栏.国外公路,1996,16(2).

[19] Li Changcheng, Gao Hailong, etc.. Evaluation on Roadside Safety Degree Based on Grey Theory. IEEE ITSC conference, September 17-20, 2006, Toronto, Canada:1633-1637.

[20] Roadside Design Guide, American Association of State Highway and Transportation Officials, Washington, D. C., 2002.

[21] Guide Specifications for Bridge Railings. American Association of State Highway and Transportation Officials. Washington,D. C., 1989.

[22] Ross, H. E., Sicking, Jr., D. L., Zimmer, R. A., Michie, J. D.. NCHRP Report 350: Recommended Procedures for the Safety Performance Evaluation of Highway Features. Transportation Research Board of the National Academies. Washington, D. C.,

1993.

[23] Timothy R. Neuman, Ronald Pfefer, Kevin L. Slack, etc.. Volume 6: a guide for addressing run-off-road collisions, NCHRP500 report. Transportation Research Board of the National Academies. Washington, D. C., 2003.

[24] Ross, H. E., Jr., Kohutek, T. L.. Safety Treatment of Roadside Culverts on Low Volume Roads. Research Report 225-1, Texas A&M Research Foundation. Texas Transportation Institute. Texas A&M University, March 1978.

[25] Glennon, J. C.. NCHRP Report No. 148: Roadside Safety Improvement Programs on Freeways—A Cost-Effective Priority Approach, Transportation Research Board of the National Academies. Washington, D. C., 1974.

[26] Guide for Selecting, Locating, and Designing Traffic Barriers. American Association of State Highway and Transportation Officials. Washington, D. C., 1977.

[27] Sicking, D. L., Ross, H. E., Jr.. Roadside Concrete Barriers-Warrants and End Treatment. Research Report 346-IF. Texas Transportation Institute. Texas A&M University. College Station. Texas, November 1985.

[28] Wright, P. H., Robertson, L.. Priorities for Roadside Hazard Modification: A Study of 300 Fatal Roadside Object Crashes. Traffic Engineering. Vol. 46, No. 8, August 1976.

[29] Transportation Research Board. Strategies for Improving Roadside Safety. NCHRP Research Results Digest 220, Transportation Research Board. Washington, D. C., 1997.

[30] H. E. Ross, Jr. Evolution of Approaches to Address the Roadside Safety Problems. Paper presented at Roadside Safety Workshop TRB A2A-04 Committee Meeting. Woods Hole. Massachusetts. August 1994.

第十二章　长大下坡路段安全处置技术

第一节　概　　述

据统计，中国的山地丘陵约占全国土地总面积的 43%，而山区公路克服高差展线，不可避免存在连续下坡。事故统计分析表明，无论是一般公路还是高速公路，连续下坡路段事故高发，且重、特大事故占较高的比例。虽然发生在山区公路的交通事故占全国交通事故的比例不大，但多为群死群伤的重特大交通事故。

由于地形、地质、水文等自然条件复杂，且生态环境制约大，山区公路往往存在坡度大、坡道长的连续长大下坡路段。与长下坡道路相关的交通事故占山区交通事故总数的 40%。长下坡路段重特大交通事故发生率高，面临着严峻的交通安全形势。当前，车辆严重超载是我国长下坡路段重特大交通事故发生的主要原因，但也与特定的长下坡道路线形等密切相关。

我国现有技术规范没有对长下坡线形做出明确的定义。本书定义的长大下坡路段一般是指在线形设计上出现的容易造成车辆长时间制动或空挡滑行的长距离、大坡度的坡段，其常伴随长下坡和连续弯道。这些长下坡依山傍崖，地势落差大，使得车辆（尤其载重货车）长时间制动，引起制动毂过热导致制动减弱或者失效，进而使车辆失控引发交通事故。

为了解决长下坡路段的交通安全问题，需要对人、车、路、环境、管理等因素进行综合分析与思考。人的因素包括驾驶员的行驶行为，车的因素包括车辆载质量和制动性能，路的因素包括路段的线形设计和工程设施，环境因素主要为影响安全行车的气候条件，管理因素包括管理部门采取的各种管理措施。

第二节　国内外纵坡和坡长规定

文献分析表明：汽车运行速度除了与发动机和汽车车身设计制造水平有关外，还与道路所处地形、周围环境、车辆状况和驾驶员操作行为等密切相关。欧美发达国家关于运行速度的研究起步较早，并基于长期大规模的丰硕研究成果给出了不同设计速度下的纵坡坡度与坡长限制规定。表 12-1～表 12-3 分别列出了日本、德国等部分国家在公路纵断面设计中关于纵坡坡度与坡长限制的规定。

根据设计车速，纵坡坡度要采用小于左栏所示的标准最大纵坡值。但当地形及其他原因不得已时，可以用到右栏所示的绝对最大纵坡值；而在寒冷积雪地区，绝对最大纵坡坡度要小于括号内的数值。此外，对于超出标准最大纵坡的路段，其坡长限制如表 12-2 所示。

《日本高速公路设计要领》纵坡坡度及坡长标准　　表 12-1

设计速度(km/h)	最大容许纵坡(%)	
	标准最大纵坡(%)	绝对最大纵坡(%)
120	2	5(4)
100	3	6(5)
80	4	7(6)
60	5	8(6)

注:括号内为寒冷地区采用的数值。

采用标准最大纵坡以上的坡度时的坡道限制　　表 12-2

设计车速(km/h)	坡度值(%)	限制长(m)
120	3 4 5	800 500 400
100	4 5 6	700 500 400
80 *	5 6 7	600 500 400
60 *	6 7 8	500 400 300

注:设计车速 80km/h、60km/h 时,容许最小速度不是设计速度的 1/2,而分别是 45km/h、40km/h。

联邦德国在关于事故与纵坡长度关系的调查研究表明:在单方向行车的公路上,下坡方向的事故数要比上坡多,而且当纵坡坡度大于 6%时,行车事故明显超出平均事故数。因此,在其道路设计规范中,从经济性与安全性出发,对允许的最大纵坡进行了如表 12-3 所示的规定。

联邦德国的最大纵坡设计标准　　表 12-3

设计车速(km/h)	40	50	60	70	80	90	100	120
最大纵坡(%)	—	—	8	7	6	5	4.5	4

美国 AASHTO 按照典型货车(质量/功率比为 120kg/kW)的爬坡性能曲线,高速公路按照不同的设计速度、分地形给出了全国性应用的最大纵坡控制值,如表 12-4 所示。

美国各级公路最大纵坡控制　　表 12-4

设计速度(km/h)	120			100			80		
地形	平原	丘陵	山岭	平原	丘陵	山岭	平原	丘陵	山岭
最大纵坡(%)	3	4	5	3	4	7	4	5	7

另外,美国还根据公路运输的典型货车数据,进入纵坡路段的车速按 110km/h 考虑,研究了不同减速度下,纵坡坡度与坡长的关系,绘制纵坡坡度、坡长和速度变化值之间的关系

图(图 12-1)。

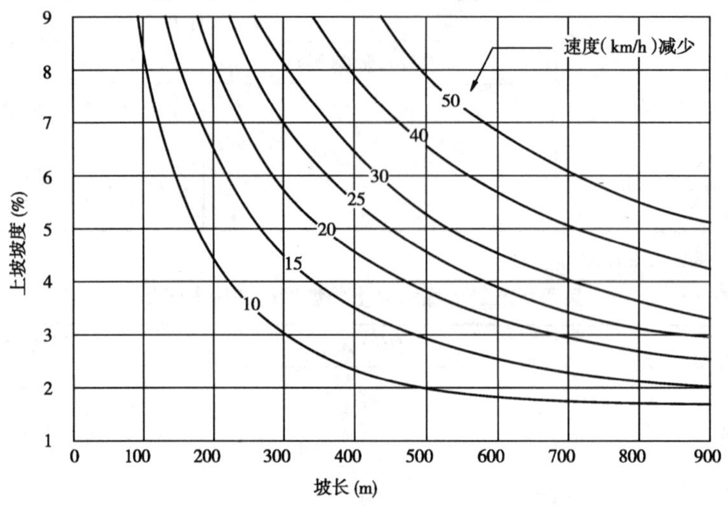

图 12-1 纵坡坡度、坡长和速度减小之间的关系图

图 12-1 中显示了对应于任何坡度,致使典型性货车(120kg/kW)以 110km/h 速度驶入后,速度降至平均运行车速以下时的坡长。同时规定用 15km/h 的速度差作为确定某一给定坡度最大坡长的一般设计准则,其原因是当低于这一速度时,将对后面的车流造成很大的影响,而且当速度变化量大于 15km/h 时,事故数明显激增。如果设计坡长大于图中所示的长度,尤其是交通量达到或接近通行能力时,或者货车比例较高时,应考虑增设爬坡车道专供慢行车辆行驶。

东盟公路设计标准:东盟公路的设计标准按公路等级进行划分,如表 12-5、表 12-6 所示。

东盟公路最大纵坡控制 表 12-5

公路分类	重要公路			一级公路		
地形分类	平原	丘陵	山岭	平原	丘陵	山岭
设计速度(km/h)	100～120	80～100	60～80	80～110	60～80	50～70
最大纵坡(%)	4	5	6	5	6	7
公路分类	二级(2 车道)			三级(2 车道)		
地形分类	平原	丘陵	山岭	平原	丘陵	山岭
设计速度(km/h)	80～100	60～80	40～60	60～80	50～70	40～60
最大纵坡(%)	6	7	8	6	7	8

东盟公路 提供爬坡车道的临界坡长 表 12-6

地形分类	重要公路	一级公路
平原	3%—800 4%—500m	3%—900m 4%—700m
丘陵	4%—700m 5%—500m	4%—800m 5%—600m
山岭	5%—600m 6%—400m	5%—700m 7%—400m

从各国的规定值看:由于国外公路小客车比例高,载重车动力性能好,因此国外对最大纵坡的规定不仅普遍比国内标准稍大(图 12-2),而且可根据地形特征比较灵活采用。

近几十年来,由于相关技术与试验条件的改善,计算机软、硬件的飞速发展,使得车辆速度预测水平有了大幅度的提高,各国在公路线形设计方面已从单纯根据汽车行驶对道路的动力学要求开始,还逐渐考虑了驾驶员的驾驶行为和生理心理特征,从驾驶的连续性和舒适性要求出发,用动态的观点,采用运行速度的设计方法进行路线平纵设计,使得平、纵线形协调一致。

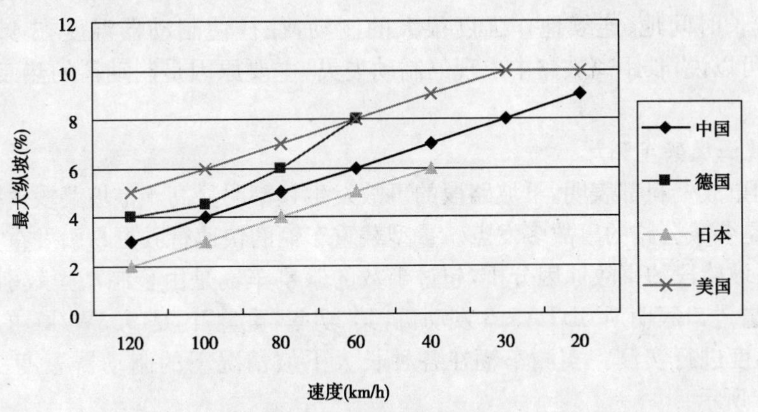

图 12-2 各国最大纵坡值比较

注:图中各国的最大纵坡规定均为标准最大纵坡,没有考虑特殊情况下使用的绝对最大纵坡(即比标准最大纵坡稍大的极限纵坡)。

比较各国的标准最大纵坡规定,我国的最大纵坡值居中,比日本略高,比美国稍低,和德国接近。但日本的绝对纵坡值比其标准纵坡要高很多,平均增加 3 个单位。鉴于我国的载重汽车性能与国外的汽车性能有一定的差别,因此,标准中没有设置更高的最大纵坡。

各国对临界坡长的规定,都考虑了不同的地形和不同的设计速度。

在同一设计速度、同样的纵坡条件下,日本和东盟的坡长限制相同,都比我国的短 100m。较短的坡长限制将有利于行车的顺畅和舒适,同时还能保证上坡车辆的车速不致降低过多。如果陡坡的坡长过长,尤其在山区,将会导致下坡方向因长距离的下坡,造成制动效能衰退。美国给出的坡长限制是根据速度折减 15km/h 给出的,假定坡段前的引道是平坡,其坡长也比我国的坡长限制略短;而且要求一旦超出限制坡长,必须设置爬坡车道。因此,根据选择的典型车辆的爬坡能力和下坡制动性能衰减数据,确定当前和未来一段时间内合适的纵坡坡长限制应该是及时和正确的。

第三节 连续下坡事故机理分析

一、理论分析

1. 制动失灵事故基理

从制动原理来说,制动器在制动过程中是将车辆的动能转化为热能。制动器有三个主要的性能指标，第一是制动的效能，也就是短距离内制动的能力；第二是制动的稳定性，也就是车辆在制动过程中方向控制的能力，车辆在制动过程中会不会侧滑或者跑偏就取决于制动的稳定性；第三则是热衰退性，也可以叫做制动效能的恒定性。试验室试验表明：一般情况下，当制动器温度不超过200℃时，车辆的制动器不会发生明显衰减；当制动器温度达到400～600℃时，车辆制动力明显下降，只能达到正常温度下(100℃以下)的25%～25%；当制动器达到600℃以后，就有可能使车辆制动器的制动力将到近似为零，即制动完全失效。

大中型车辆在连续下坡时，如果不采用发动机制动、排气制动等辅助制动措施，其行车制动器就必须较长时间地、连续地作强度很大的制动，往往使制动器温度在400℃，有时高达600～700℃。可以说，长距离坡路中出现的制动失灵，主要原因是制动器的热衰退性不能满足要求。

2. 制动鼓温度实车测试

国内外的事故资料都表明，下坡路段的事故发生频率明显高于上坡路段，特别是长大下坡路段，几乎都是各条公路的事故多发点。重型载重车辆的快速行驶更易引发重大、恶性交通事故。而根据下坡路段的事故原因分析，超过半数的肇事车辆是由于制动失效引起的。以东风8t载重车，配置进口康明斯6BTA5.9发动机，其“功率/重量”比是9.3W/kg的车辆为代表型对其制动鼓温度进行实测。实测车辆在各种长大下坡情况下的制动器温度变化曲线，如图12-3～图12-9所示。

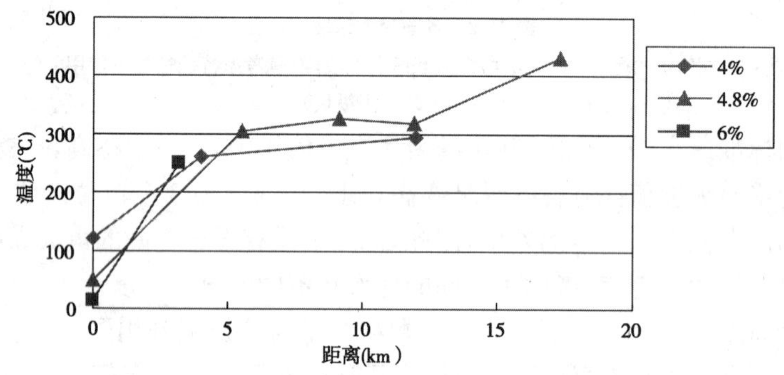

图12-3 长下坡正常速度下制动器温度变化曲线(无辅助制动)

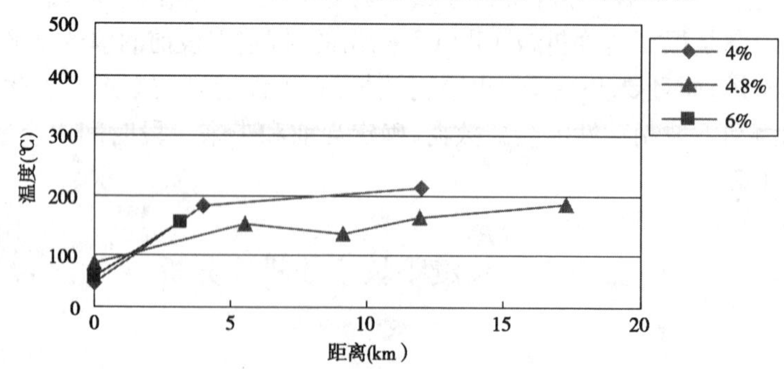

图12-4 长下坡正常速度下制动器温度变化曲线(排气制动)

由图12-3～图12-9可知，在以正常速度行驶和固定车速行驶，并分别要求驾驶员不采取任何辅助制动措施和采取排气制动、淋水降温等辅助制动措施的下坡试验中，根据不同坡长对

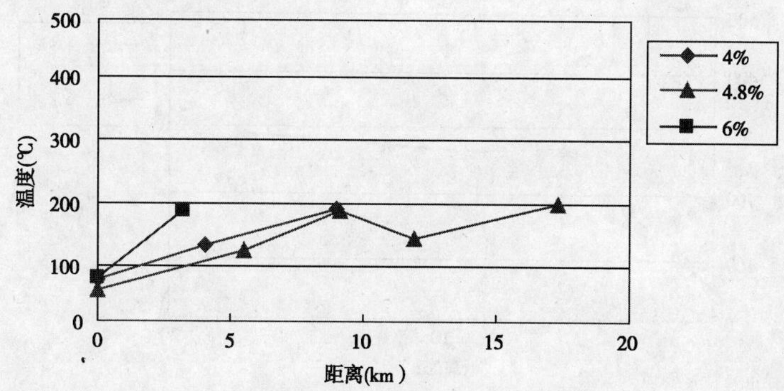

图 12-5　长下坡正常速度下制动器温度变化曲线(淋水制动)

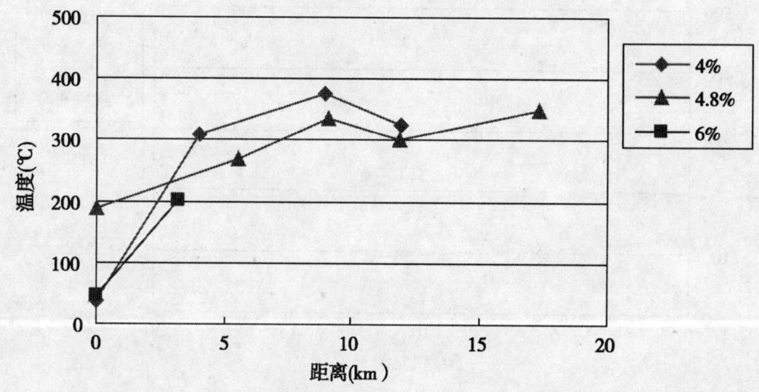

图 12-6　长下坡速度 30km/h 制动器温度变化曲线(无辅助制动)

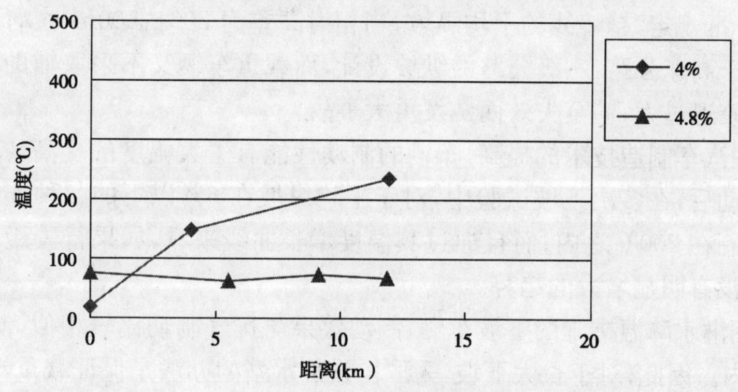

图 12-7　长下坡速度 30km/h 制动器温度变化曲线(排气制动)

应的制动鼓温度变化范围,结合制动鼓的热稳定性试验结果,可得出如下结论:

(1)对于平均纵坡 6%长下坡,3～4km 的下坡距离就可使制动鼓温度接近 300℃。因此,3～4km 内的平均坡度不应大于 6%;这一结果与原有公路工程技术标准 3.0.17 中“任何相连 3km 路段的平均纵坡不宜大于 5.5%”的规定是符合的。

(2)对于平均纵坡 4.8%长下坡,制动器温度接近 300℃的路程长度约在 5km。此时克服高差 240m;而对于平均纵坡 4%长下坡,制动器温度接近 300℃的路程长度在 7～8km,克服高

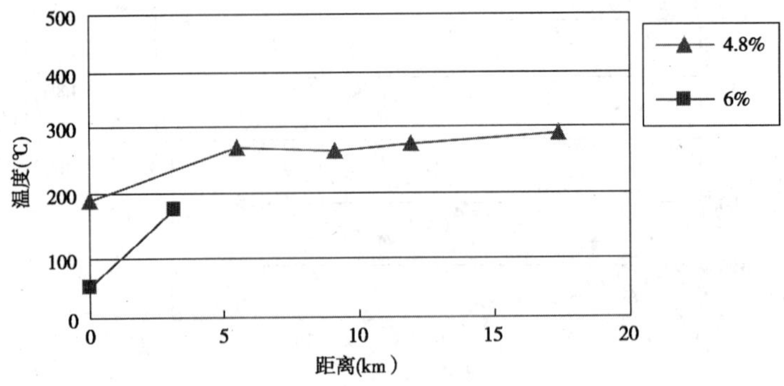

图 12-8 长下坡速度 40km/h 制动器温度变化曲线(无辅助制动)

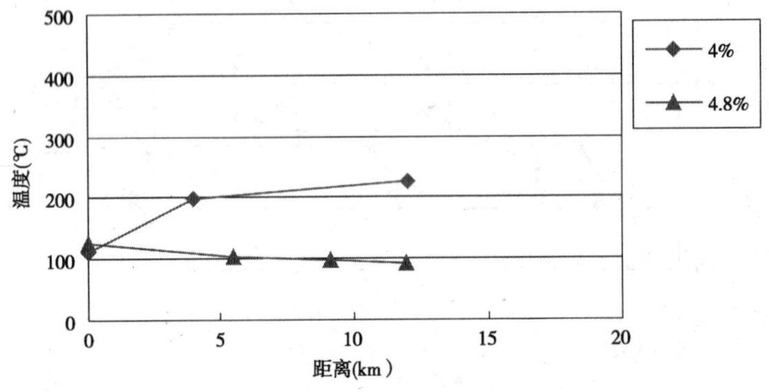

图 12-9 长下坡速度 40km/h 制动器温度变化曲线(排气制动)

差 320m。而现标准规定"越岭线的平均纵坡,当相对高差为 200～500m 时,不宜大于 5.5%"。这一规定若用于高速公路、一级公路的纵坡设计,而载重车辆又不采取辅助制动措施,将会出现因制动效能衰退过大,甚至失效而诱发重大事故。

(3)随着现在汽车制造技术的提高,车辆的制动性能有了大幅度的提高,特别是柴油载重汽车采用排气制动后,在多次下坡试验中,对于平均纵坡在 6%以下的各种连续下坡路段,制动器的温度均控制在 200℃之内;而且通过其温度增长曲线来看,如果行驶距离进一步加长,制动器的温度也没有明显增大的趋势。

(4)对于采用淋水降温措施的下坡车辆,制动效果与排气制动比较相似,制动器温度也基本控制在 200℃内。因此,对于长大下坡,采取增设加水站的办法是保证载重汽车制动性能稳定的有效服务设施。

3. 下坡系统制动系统温度模型

以上章节分析说明:如车辆不存在超载现象,且采用辅助制动,一般情况下不会发生制动失灵的现象。但目前,我国公路上通行的货车绝大多数存在严重超载现象,因此建立车辆载重、坡度、坡长关系模型对评价现有交通环境下,连续长下坡安全水平、指导设计人员合理进行道路指标组合、避险车道位置确定提供理论依据起着重要作用。世界道协会道路安全手册根据能量守恒原理建立了在下坡路段汽车制动的温度模型。

汽车在坡顶的总能量为汽车动能与势能之和(图 12-10)。汽车动能公式见式(12-1),势能公式见式(12-2)。

$$E_{kin}=\frac{mv^2}{2} \tag{12-1}$$

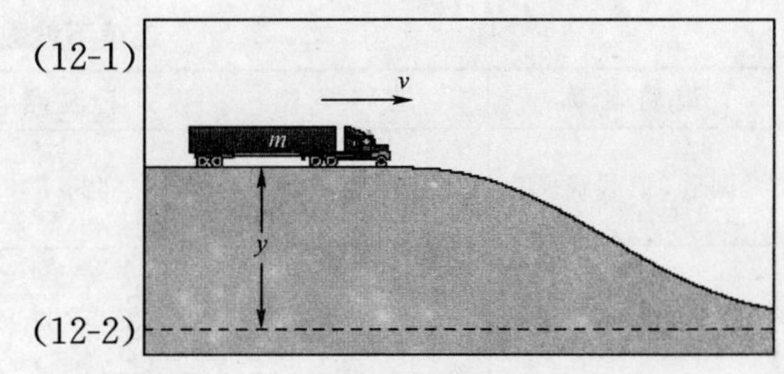

图 12-10　车辆在下坡运行图示

式中：E_{kin}——动能(J)；

m——汽车总质量(kg)；

v——汽车速度(m/s)。

$$E_{pot}=m\times g\times y \tag{12-2}$$

式中：E_{pot}——势能 (J)；

m——汽车总质量(kg)；

g——9.8(m/s²)；

y——坡的高度(m)。

根据动能守恒原理，势能在下坡过程中，通过各种阻力(滚动、机械、空气、引擎、制动等)散发。制动系统通过两金属间的摩擦转换成热能。长时间的制动将能导致制动系统过热，从而导致制动系统发生失效。

下式为美国 Myers et al(1980 年)研发的货车制动系统温度模型：

$$T(t)=(T_i\times e^{-k_1\times t})+T_a\times(1-e^{-k_1\times t})+k_2\times P_B\times(1-e^{-k_1\times t}) \tag{12-3}$$

式中：T_i——初始温度；

T_a——环境温度；

$k_1=1.23+0.0256\times v$；

$k_2=0.1+0.00208\times v$；

$P_B=P_G-P_E-P_F$；

P_G——下坡功率(马力)；

P_E——引擎失效功率(马力)；

P_t——摩擦功率(马力)；

$P_G=\frac{W\times G\times v}{375}$；

$P_F=\frac{(450+17.25\times v)\times v}{375}$；

W——车辆总重(磅)；

G——坡度(%)；

v——速度(mile/h)。

二、调研分析

1. 事故统计分析

若干事故高发的连续下坡路段分析(表 12-7)表明：尽管道路的技术指标均满足规范要求，但仍然事故高发，事故以货车制动失灵为主，且随下坡里程增加呈递增趋势，如表 12-7 所示。事故车辆境外车辆多于境内车辆。下以两个实例对连续下坡的事故特征进行分析。

连续下坡数据资料表　　表 12-7

道路名称	道路类型	下坡路段	道路技术指标	发生制动失灵的集中位置
国道 312 线咸永段	一级公路	K1562～K1569	长 6.67km，平均纵坡 3.85%，最大纵坡为 5.5%	距坡顶 3～6m
京珠北高速公路	山区高速公路；设计速度 80km/h	K39～K52(南行)	长 13km，最大纵坡为 5%（K49＋060～＋760 处）	制动失灵事故集中在坡低 K49～K52
八达岭高速公路	山区高速公路；设计速度 60km/h	K60＋145～K50＋052(进京)	山岭重丘区高速公路，长度 10 093m，高差 324.33m，平均纵坡 3.21%	制动失灵事故集中在坡低 K55～K51
漳龙高速公路	山区高速公路；设计速度 80km/h	和溪—龙岩段	长度为 14.5km 的长下坡路段，平均坡度 3.35%，最大坡度 5.5%	

(1)国道 312 线咸永一级公路

根据陕西省交通部门委托长安大学对国道 312 线咸永一级公路 K1562～K1569 段的事故调查分析，可以更清晰地看出长下坡地段对行车安全的影响。

该段长 6.67km，平均纵坡 3.85%，最大纵坡为 5.5%。

该段从 1998 年到 2002 年共发生 205 起，事故死亡 57 人，其中绝大多数发生在由西向东的下坡道上。事故的总体特点如表 12-8 所示。

事故总体特点　　表 12-8

事故发生位置	事故原因	事故形态	事故车辆类型	车辆属地
坡底段 63%（130 起）	制动失效 56.2%（73 起）	侧面碰撞、追尾碰撞 65%	大型车辆 60%；中型车辆 14%	长途过境车辆 55%

具体的各项指标分布如图 12-11～图 12-15 所示。

从上列一系列图示的情况看，可以抽取出事故发生的直接原因：63%的事故发生在下坡方向的坡底地段，其中 56.2%为制动失效引起，且越靠近坡底段，因制动失效引起的事故越集中。这充分说明车辆在下坡路段由于连续的制动，造成制动片发热，温度过高，磨损严重，导致制动失灵。

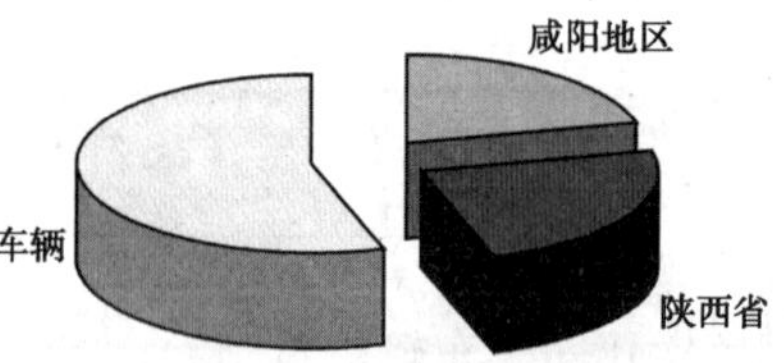

图 12-11　肇事车辆所属地区分布图

侧面碰撞、车辆刮擦和追尾碰撞为主要事故形态，也同样证明了大部分事故与制动失效有关。肇事车辆 55%为过境车辆，74%为大中型车辆，且绝大多数处于超载状态，说明长下坡对大中型车辆(尤其是满载和超载车辆)的影响很大，汽车处于长下坡时，制动器制动力明显发生衰减。

(2)云南某高速公路事故特性调查分析

云南某高速公路上的事故多发点也是位于两处连续下坡地段，平均纵坡分别为 4.6%、下坡段长 10km(桩号从 K130～K140 段)和 4.7%(桩号 K188～K201 段)、坡长 13km。由于该

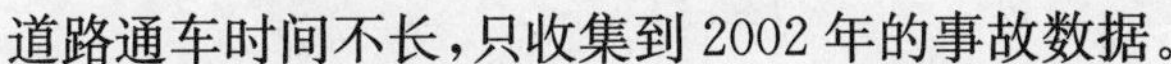

道路通车时间不长，只收集到 2002 年的事故数据。

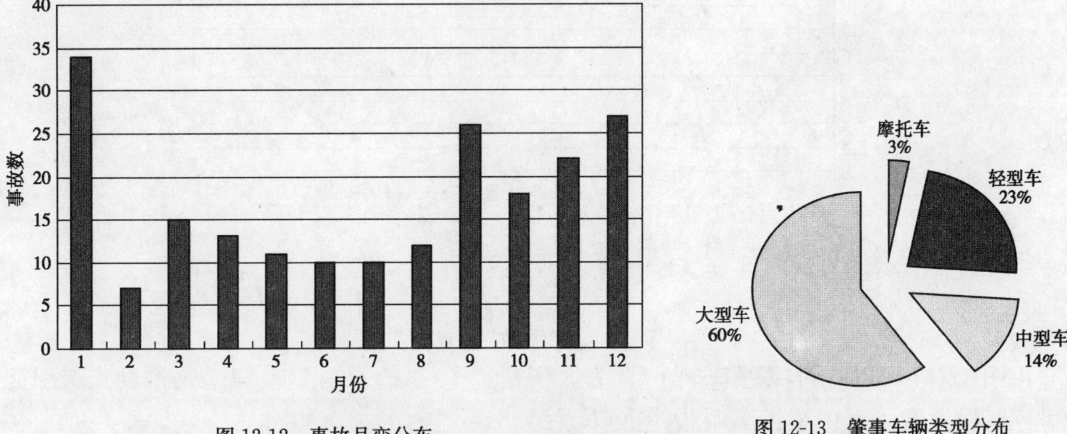

图 12-12　事故月变分布

图 12-13　肇事车辆类型分布

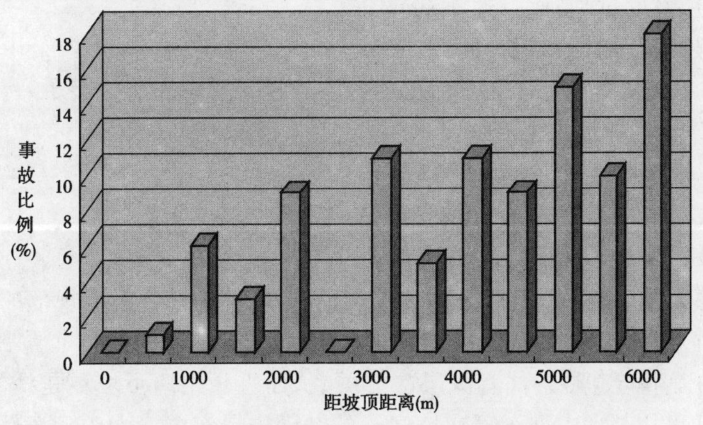

图 12-14　事故地点分布图

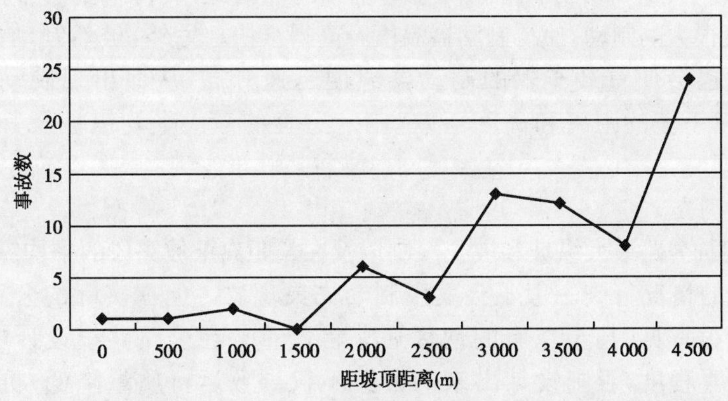

图 12-15　制动失效地点分布

如图 12-16 所示，在桩号 K130～K140 段事故数明显高于其他路段，桩号 K190～K205 段也属于事故较多的路段。在长达 100km 的道路上，如果事故的发生与道路线形无关，则其应该在道路上平均分布，而不会呈现相对于某一段集中的现象。因此，从全线的事故发生频率看，可以说明这两处高发事故段均与长大下坡的纵断面线形有关。

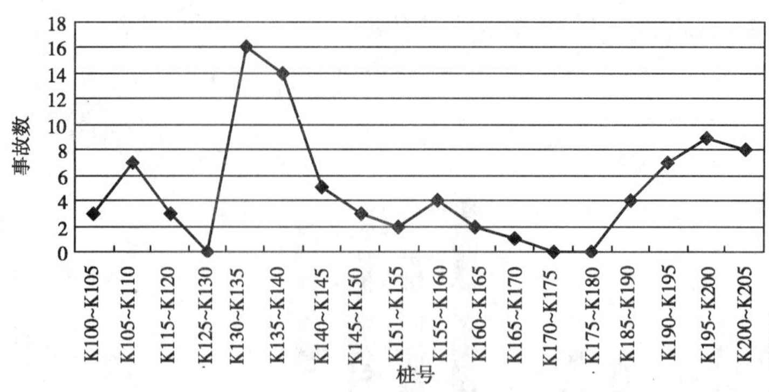

图 12-16 事故数据分布

由图 12-17 可以看到，肇事车辆 68％为大中型货车，事故原因 60％以上是制动失灵引起的。究其原因在于大中型货车超载严重，长距离的下坡后制动片温度过高，而且通车初年又没有为载重车修建配套的加水站。因此，导致部分重型货车制动失灵。这一点在路政人员对肇事者的讯问笔录中体现得很清楚。

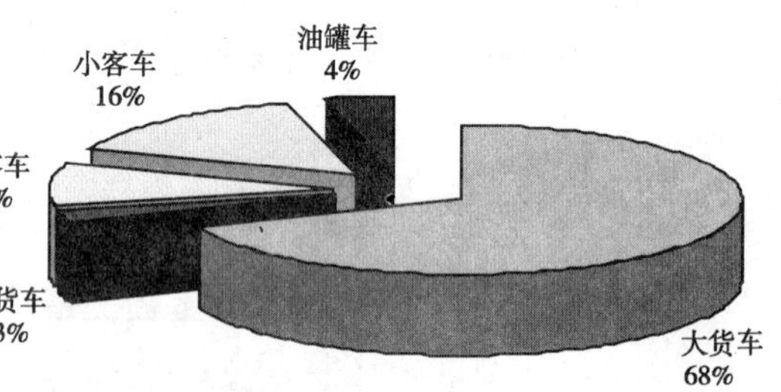

图 12-17 肇事车辆类型

从云南某高速公路两段下坡段的事故情况看，长距离下坡对大中型车辆的行驶安全是一个很大的考验。因此，对于长距离连续下坡，如果不对驾驶员和车辆采取有效管理和控制措施，即使是符合标准规范的 4.6％的平均纵坡，仍会导致制动失效的事故发生。

因此，事故的发生与道路条件有深层次的关系，而且长距离下坡更是诱发事故的重要因素，基本上 60％的事故与大中型车辆在坡底段的制动失灵有关。大中型车辆在长下坡时，如果不采取发动机制动、排气制动和淋水降温等辅助制动措施，其行车制动器就必须较长时间地、连续地作强度很大的制动，使得制动器温度升高得很快。另外，虽然制动并不频繁，但少数几次高速制动也会使重载车辆的制动器温度迅速升高，从而出现制动失控现象。因此，适当控制连续下坡的距离和高度落差，制定适宜的最大平均纵坡及其下坡距离是十分必要的。

2. 车辆载重调查

理论研究表明：公路最大纵坡和坡长限制以及在长距离下坡路段的平均纵坡限制，车辆运载标准质量货物的情况行驶一般不会发生制动失灵现象。但在实际的公路货运中，车辆货运超载的现象很常见，甚至在有的地区还非常严重。在公路路线设计中，应考虑到超载的普遍性和严重程度，否则设计出来的公路不仅导致运行质量降低，更会造成严重的交通事故。

根据目前车辆的装载情况及道路的使用现状，适应形势发展需要，必须测定重载车辆尤其是超载车辆的分布情况。这里引用交通部公路科学研究所《超载运输对公路适应性能影响的研究》报告，以江苏省的调查结果作为参考。调查在江苏省内整个公路网内展开，重点选取了 205 国道淮阴东双沟工段、216 省道江都邵白工段、204 国道南通工区、312 国道苏州外跨潭工段等几段骨干路线。这几段是重载车流量最为密集,道路因为重载而损坏的情况也是十分严重的,因而有一定的代表性和典型性。

(1)车辆类型分布规律

根据车辆的额定载质量和轴型分布,将车辆分为中型、重型、三轴半挂、四轴半挂等,分别用U1.1、U1.2、S1.1.1、S1.1.2、S1.2.2、S1.2.3……来表示。其中,数值1代表单轴,2代表双联轴;字母U代表固定车身的整车(Single Unit Truck),S代表半挂车型(Semi-Tractor Trailer)。从表12-9可以看出,U1.1型车辆占据了半数以上。

各路线全年交通量以及车型分布情况 表12-9

路 段		205国道淮阴东双沟工段	216省道江都邵白工段	204国道南通工区	312国道苏州外跨潭工段	平均
AADT		9 692	16 133	14 607	13 731	13 541
有效AADT		6 560	9 061	5 921	6 647	7 047
有效AADT占总AADT的百分率		67.68%	56.16%	40.54%	48.41%	53.20%
有效AADT分类车型百分率	U1.1	49.59%	62.07%	65.68%	70.63%	61.99%
	U1.2	2.68%	1.27%	5.53%	5.01%	3.62%
	S1.1.1	2.47%	4.45%	2.36%	4.23%	3.38%
	S1.1.2	7.11%	13.16%	2.87%	7.23%	7.59%
	S1.2.2	0.10%	0.36%	0.10%	2.22%	0.70%
	S1.2.3	0.41%	0.27%	0.10%	0.20%	0.17%
	≥S1.2.3	0.21%	0.10%	0.10%	0.10%	0.05%
	大客车	37.42%	18.42%	23.46%	10.68%	22.50%

(2)车辆轴重分布规律

从调查的前轴的轴重情况来看,超过轴限6t的比例很小,即使超过,也是在1t以内。考虑到其中的测量误差,认为前轴超限情况是可以忽略不计的,所以,调查主要着眼于分析车辆的后轴轴重分布情况,见表12-10。

U1.1型货车后轴轴重分布 表12-10

轴载(t)	1~2	2~3	3~4	4~5	5~6	6~7	7~8	8~9	9~10
辆数	9	11	26	25	13	15	10	17	11
频率(%)	3.50	4.28	10.12	9.73	5.06	5.84	3.89	6.61	4.28
轴载(t)	10~11	11~12	12~13	13~14	14~15	15~16	16~17	17~18	
辆数	13	14	20	27	23	16	4	3	
频率(%)	5.06	5.45	7.78	10.51	8.95	6.23	1.56	1.17	
样本数		257			超限百分率		46.69%		

在单独对货车进行统计的结果中可以看出,U1.1型货车的后轴轴载分布呈现两极化,即在4~5t(空载)以及14~15t(超限)这两个范围出现的概率相对最高,而在轴限10t附近的轴重出现频率并不是很多,而超过单轴轴限10t的百分率高达46.69%。

综上所述，根据江苏省的统计调查结果，公路上货运的超载现象严重，单轴载货车后轴超过轴限 10t 的百分率高达 46.69%。将江苏省的调查结果作为参考，可以大致推断出其他地区也应该有与此大致相同的比例，在一些运煤通道上可能更高。因此，按前、后轴载重 3∶7的分配比例，整车超载 80%左右应该是具有一定代表性的。

依据行驶力学平衡理论进行下坡分析。图 12-18 反映了不同坡度下依靠发动机辅助制动，各挡位的制动力与速度关系。对于给定的载重车总质量，就可计算出不同坡度下的下坡分力，该下坡分力与曲线的交点即为下坡的平衡速度。从曲线图可以看出：当汽车下坡行驶时，只有挂低速挡才能抵消载重车的下坡分力，否则必须依靠频繁制动来保持车辆的稳定行驶。

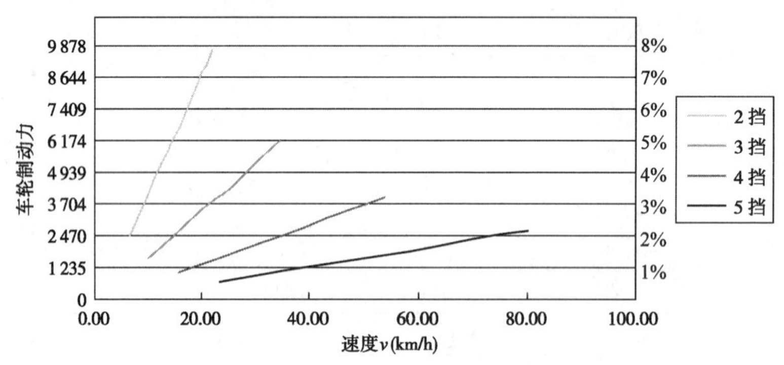

图 12-18 各挡位的制动力与速度关系图

一旦车辆超载 80%行驶，不仅直接导致下坡力增加，而且纵坡坡度也相当于增大了近一倍，因此，驾驶员若依据常规驾驶经验采用原挡位速度继续下坡，就必须长时间地持续制动，进行强制制动以保持稳定运行状态。但在长下坡段，由于持续的长时间制动，必将带来制动片温度急剧升高、制动性能衰减而导致事故发生。

因此，从超载方面考虑，在路线设计时，应该考虑到超载车辆的普遍性和严重性，尤其是纵面线形设计时应根据该地区的实际载重吨位进行纵坡的坡度与坡长设计，以降低这部分超载车辆对正常车流的影响，提高行车安全，从而保证整条公路的运行质量和运输效率。

3. 驾驶行为调查

(1)制动辅助措施采用

汽车下长坡时，由于汽车自身重力作用，汽车将会加速行驶。在此情况下，若仅用行车制动，由于制动器的温度升高，必将导致热衰退和液压制动系的气阻，从而破坏汽车的制动效能及制动器的使用寿命。为此，目前重型汽车(柴油车)均装设有不同形式的辅助制动装置，确保汽车行驶安全。辅助制动装置有发动机低排挡制动、排气制动和淋水制动三种主要形式。

发动机低排挡制动就是在汽车行驶时，发动机停止供油，不松开离合器，并挂上排挡，利用发动机的摩擦阻力和泵吸阻力来消耗汽车的动能，使汽车行驶速度降低。使用时通常挂上低速挡，使发动机转速提高，产生的制动力矩增大，以获得较好的制动效能。但由于在下坡中速度控制不好，挂低挡会对发动机造成较大磨损，因而在实际应用中，除了制动失灵的情况，驾驶员极少采用低挡位发动机制动。

淋水制动是一种在车辆运行中广泛采用的非正常制动措施。其原理就是在车辆上加挂水箱，在车辆长下坡过程中向车辆的制动装置（制动鼓、制动片）淋水，以达到降低制动装置温度，保持制动效能的目的。在实际调查中发现，几乎所有的大型车辆（载重车、客车）都有淋水装置，在南方冬季不结冰地区使用尤为广泛，在这些地区公路上还设有加水站。但淋水制动的缺点也显而易见，即车辆不断的向路面淋水会导致路面磨阻力下降，影响其他车辆在下坡过程中的安全行驶，在北方冬季造成路面结冰，极易造成事故。

(2)挡位控制

从汽车行驶理论分析，大型车辆在长下坡路段应使用低挡位，采用发动机辅助制动来平衡由于车辆自重带来的下坡力，以减轻其行车制动器的负荷强度。但通过实际调查发现，驾驶员在下坡过程中，尤其是载重货车的驾驶员，往往抱有侥幸心理，考虑近期利益，总想多拉快跑而忽视行车安全。出于对车辆的最小磨损和最短运行时间的考虑，除非驾驶员认为制动失灵的可能性极大，大部分货车驾驶员都尽可能的采用较高挡位，并通过淋水设施来降低制动鼓的温度。

此外，车辆因超载上坡只能以很慢的速度行驶，直到下坡才把上坡爬行积累的压抑充分释放，速度会逐渐加快。因此必须施加较大的制动力才能保持车辆的稳定行驶，但会加剧制动片的磨损。据现场调查，有的超载车辆平均 20 天就要换一副制动片，但即使这样，与挂低挡对发动机的磨损和低速度相比，驾驶员认为还是比较经济的。在有淋水制动辅助设施的情况下，驾驶员下坡采用的挡位还会进一步提高，如表 12-11～表 12-13 所示。

驾驶员下坡挡位表(平均纵坡 4%)　　表 12-11

速度(km/h)	30		40		50		60	
制动辅助设施	无	有	无	有	无	有	无	有
挡位	5	5	5	6	5	6	5	6

驾驶员下坡挡位表(平均纵坡 4.8%)　　表 12-12

速度(km/h)	30		40		50		60	
制动辅助设施	无	有	无	有	无	有	无	有
挡位	4	4	4	5	5	6	5	6

驾驶员下坡挡位表(平均纵坡 6%)　　表 12-13

速度(km/h)	20		30		40	
制动辅助设施	无	有	无	有	无	有
挡位	3	3	4	4	4	5

4. 结论

超载是导致连续下坡事故高发的根本原因，驾驶员不规范的驾驶行为（如从经济利益出发，采用非正常的制动方式，较高挡位行驶）是导致连续下坡事故的重要原因，道路条件仅为诱发因素。我国道路设计指标虽然同国外相近，但由于以上原因，我国连续下坡事故显著高于其他路段。

第四节　长大下坡综合处置技术

一、线形设计

1. 依据货车实际载重确定纵坡坡度或坡长

从超载方面考虑，在路线设计时，应该考虑到超载车辆普遍性和严重性，尤其是纵断面线形设计时应根据该地区的实际载重吨位进行纵坡坡度与坡长设计，以降低部分超载车辆对正常车流的影响，提高行车安全，从而保障整条公路的运行安全。

2. 注重缓坡设置

鉴于我国重型车辆超载严重，且车辆性能普遍较差，改装车辆占较高比例，驾驶员素质大体偏低，安全意识差的社会现象，建议我国目前或在将来的一定时期内，为保障载货汽车安全行驶，连续下坡设计应注重在两陡坡间设置一定长度的缓坡。

3. 避免急弯线形

线形不连续性，如急弯路段增加了制动频率，增加了连续下坡制动失灵事故的发生几率。因此，建议在设计阶段，采用运行速度模型对连续下坡路段进行重点检验，保持线形连续性，无论是大车还是小车相临路段运行速度差均宜小于 10km/h。

二、交通工程设计

1. 避险车道设置

避险车道是减少连续下坡制动事故严重程度的有效措施。避险车道可使失控车辆从主线中分流，避免对主线车辆的干扰，并使失控车辆安全的减速度条件下平稳地停车，而不出现人员受伤、车辆严重损坏的现象。

(1)避险车道类型

避险车道设置应首选上坡制动床型避险车道(图 12-19)，当因空间位置所限不能建造上坡制动床型避险车道时，可选择建造沙堆型避险车道(图 12-20)，但应保持沙子松散、干燥。

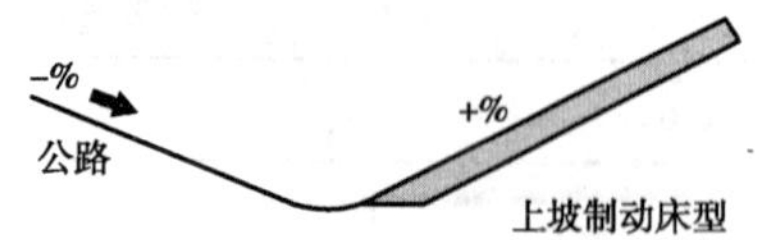

图 12-19　上坡制动床型避险车道

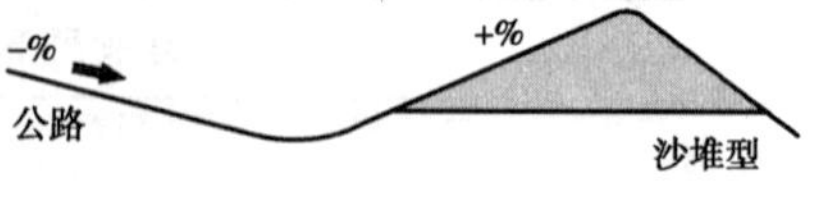

图 12-20　沙堆型避险车道

(2)设置原则

应根据连续长大下坡路段货车失控事故情况、坡度、坡长、货车占交通量的百分比以及事故的严重程度等因素，综合考虑是否设置避险车道。

(3)设置位置

避险车道应设置在能拦住大部分失控车辆的地方，一般设置在：

①连续长大下坡或陡坡路段接小半径曲线前方。在车辆驶入小半径曲线前，宜沿曲线切线方向设置避险车道。

②宜设置在连续长大下坡路段的下半部。

(4)避险车道结构参数

一条完善的避险车道应由避险车道引道、避险车道、服务车道及配套交通设施组成，如图12-21所示。

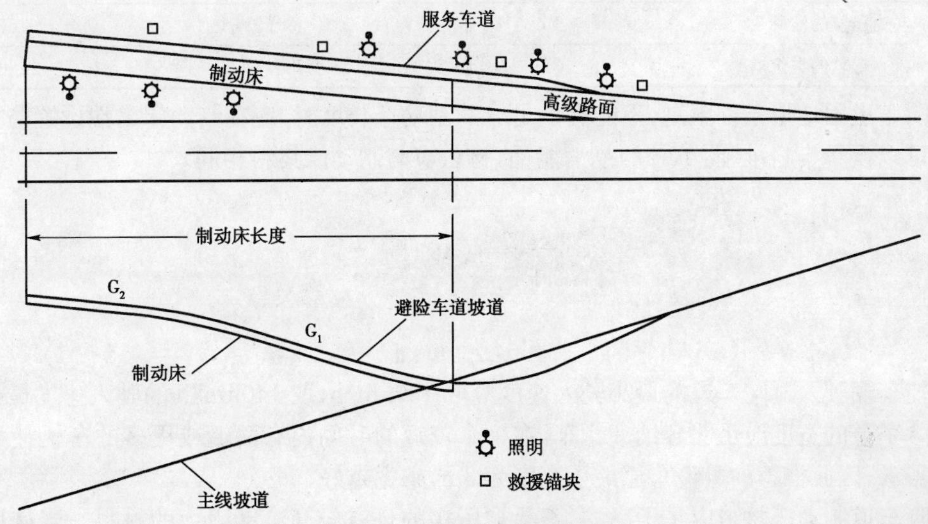

图 12-21　典型避险车道纵横断面图

引道连接着主线和避险车道，为主线和制动床之间提供了一定的偏移量，避免制动床沙砾飞溅回主线影响主线交通，并为驾驶员提供了充足的反应时间和空间，操纵车辆安全地驶入避险车道。

在引道上，驾驶员应能看清避险车道的全貌，引道的终点应设置为方形。避险车道引道的长度至少要有 310m。

避险车道的平、纵线形均应为直线，与主线的夹角(即驶入角)应尽可能小，以小于 5°为宜。

避险车道的坡度主要根据地形所能提供的避险车道长度来确定，但坡度不能过大，否则驾驶员会心存恐惧，不敢驶入避险车道。

避险车道的长度可以通过式(12-4)估算：

$$L=\frac{v^2}{254g(R+G)} \tag{12-4}$$

式中：L——避险车道制动床长度(m)；

v——车辆驶入避险车道制动床时的速度(km/h)；

R——滚动阻力除以 100，如表 12-14 所示；

G——坡度(百分数)除以 100。

在制动床内坡度改变的地方，第一个坡道末端的最终速度可以计算出来，并可以使用这个速度(v_i)作为下一个坡道的初速，来计算下一个坡道末端的最终速度。依此类推，即：

$$v^2=v_i^2-30L(R+G) \tag{12-5}$$

不同材料的 *R* 值　　表 12-14

表面材料	*R* 值	表面材料	*R* 值
硅酸盐水泥混凝土	10	碾碎的松散的集料	50
沥青混凝土	12	松散的沙砾	100
压实的沙砾	15	沙子	150
松软的泥土	37	豆形沙砾	250

避险车道因地形条件限制，不能提供足够的制动床长度时，应在制动床末端设置防撞消能设施。可以设置集料堆（图 12-22）或消能桶，材料应与制动床集料相同。

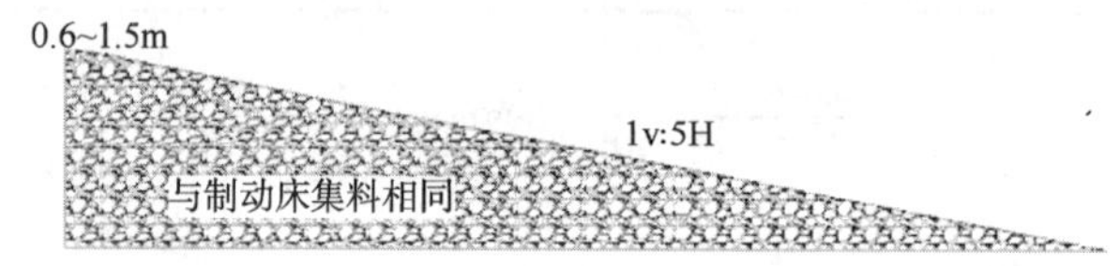

图 12-22　集料堆

失控车辆驶入避险车道的最小驶入速度应取 130km/h，取 140km/h 的驶入速度最好。

避险车道的宽度应足够容纳一辆车，在一个较短的时间内有两辆或更多的车辆使用避险车道的需求，因此推荐的避险车道最小宽度为 8m，越宽越好。

避险车道制动床材料应是干净的、不易被压实的且有较高滚动阻力的材料。当使用集料时，应是圆形的、未被压碎的、单一尺寸占支配地位的材料。细砾是最常使用的材料。如果细小尺寸的材料被清除，那么满足表 12-15 级配要求的材料效果最好。

级配要求　　表 12-15

筛孔尺寸(mm)	2.36	4.75	12.5	25	37.5
通过率(%)	5(max)	10(max)	25～60	95～100	100(min)

避险车道制动床集料的深度应为 1.1m，最小深度不应低于 1m。为了使车辆能够较为平滑地减速停车，集料的深度应在 30～60m 长的距离内从制动床入口处的 7.5cm 逐渐过渡到完整深度，如图 12-23 所示。

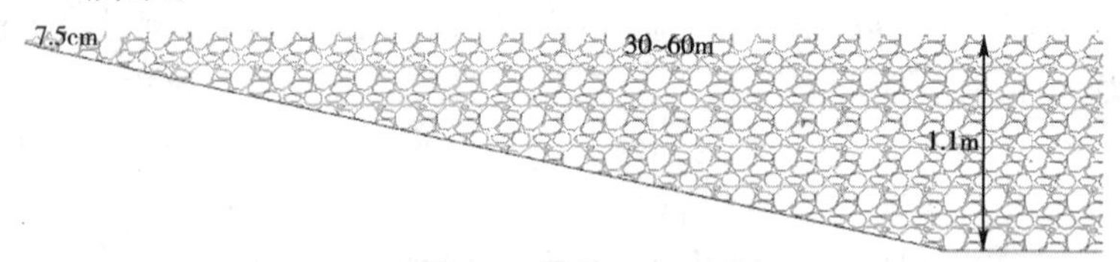

图 12-23　集料铺设深度的过渡

为了避免制动床冻结和制动床集料的污染，避险车道必须设置完备的排水系统。可以通过使制动床横断面成一坡度，阻止水源进入避险车道，设置横向排水管和纵向排水沟的方式实现排水。在底基和制动床材料之间铺设土工布或块石面，也可以阻止含水的细小材料的渗透。

（5）服务车道

服务车道应紧靠制动床，以便拖车和维护车辆使用。服务车道的宽度应至少为 3m，其表面应被铺设。应避免失控车辆的驾驶员误把服务车道作为避险车道使用。

（6）配套交通设施

为了拖出失控车辆，设置锚块固定拖车是必需的。锚块通常沿着制动床以 50～100m 的间距设置。在制动床之前 30m 也应设置一个锚块，以便于拖车拖出失控车辆。

若有条件，可提供照明，以便驾驶员在夜间也可以更好地识别避险车道。

若有条件，可布设一定的监控设备，以便失控车辆进入避险车道后及时救助，并加强对失控车辆驶入避险车道的入口速度、车辆驶入轨迹等情况的监测。

①避险车道交通安全设施

在坡顶应提供连续长大下坡路段的坡度、坡长、平面线形和避险车道位置等信息。在避险车道之前应至少设置两块避险车道预告标志(前 1km、前 500m)，在避险车道引道入口前应设置避险车道标志，引导失控车辆驶入避险车道。在引道入口前应设置"禁止停车"标志，并设置"失控车辆专用"标志，如图 12-24 所示。

图 12-24　避险车道预告标志

在避险车道引道路面刻画"失控车辆专用"，保证只有失控车辆才能使用避险车道。

在避险车道制动床两侧可以设置护栏，并在两侧设置轮廓标，轮廓标的反光器颜色应为红色，以区别于主线。轮廓标的间距以 15m 为宜。

②避险车道的运营和养护

a. 运营管理。加强宣传，使驾驶员了解避险车道的作用、怎样使用避险车道、使用避险车道将会发生什么、怎样从避险车道出来以及怎样正确使用避险车道。

在坡顶设置制动检查站，确保制动合格的车辆才能下坡，并在下坡路段适当位置提供停车休息区，使驾驶员能够停车冷却制动器。在检查站和休息区提供下坡路段的坡度、坡长等信息，标明避险车道的数量和位置，并可向驾驶员推荐安全的下坡速度。

加强对下坡路段货车下坡速度的控制，确保只有失控车辆才能驶入避险车道。在避险车道处设置救援信息，使失控车辆能够及时得到救助。

b. 养护。在避险车道每次被使用、失控车辆被拖出避险车道制动床之后，应尽快抚平制动床集料。即使没有车辆驶入避险车道，也应该定期翻松集料，以免集料被压实，每次翻松至少 60cm 深。

冬季应防止制动床集料冻结，如果冻结应及时用盐化解。下雪期间，避险车道、至少避险车道引道应该没有积雪，以保证避险车道的轮廓可见，以此来表明避险车道的存在。

2. 服务设施设置

(1)坡顶设置大型停车区

坡顶设置服务区及检查站,强制货车在下坡前进入检查站强制接受制动系统性能检查,并在服务区内设置连续下坡路段路况简图,如沿线服务设施、避险车道事故易发点段等情况,使驾驶员提前了解路况,做到心中有底。除此之外,坡顶设置大型停车区可使车辆行驶的初始速度为零,降低制动失灵的事故风险。

(2)沿线设置检修的服务区或停车区

根据驾驶员调查,货车驾驶员出于经济效益的考虑,不愿意采用低挡滑行,而采用对付制动失灵的方法是行驶一段路程,停下来检查一下车况,且使制动片自然冷却,因此沿线设置停车或服务区是符合大部分驾驶员安全行车的需求的。

(3)加水站设置

对制动鼓进行淋水是驾驶员常采用的辅助制动措施,因此在沿线服务区内设置加水站,以满足驾驶员需求。淋水降温、加水站设置是我国特定时期非常规的安全处置措施。此种措施在北方冬天应慎用。

3. 交通标志系统设置

连续下坡应根据道路线形特点、避险车道或服务设置情况、事故易发点段、车辆运行速度设置完善的交通标志,对驾驶员安全驶过连续下坡路段给以指导、提醒、警示,以达到防患于未然的目的。

三、加强车辆管理及驾驶员教育

连续下坡事故高发是人、车、路三方面因素综合作用的结果,货车超载及人的不良驾驶行为是主导因素,道路条件是诱导因素。因此,减少事故多发路段的事故数量及严重程度,除了改善道路条件,加强管理也起着举足轻重的作用。

1. 加强对货车运输管理

在长下坡之前的路侧建立制动检查区,要求所有的卡车都必须停车检查,以确保制动性能正常。

2. 加强对驾驶员的教育

教育内容包括长大下坡驾驶常识教育、长大下坡告知教育等,例如提示在下坡路段采取辅助制动措施,告知本路在何处存在危险的长陡坡路段、设有哪些安全设施,提示或要求车辆强制休息,指导驾驶员如何使用避险车道及制动冷却降温装置等。教育地点可选择在道路入口、临近长大下坡的停车区或强制休息区,教育形式可考虑采用发放安全须知卡片、宣传栏、录音广播等。

第五节　实施案例及评价

一、广东某高速公路综合处置措施

1. 工程背景

广东某高速公路是国道主干线北京至珠海的重要组成部分,为国家“九五”计划的重点工程之一，起于湘粤两省交界地，路线全长109.93km。项目按全封闭、全立交、四车道的高速公路标准设计，分别采用重丘和山岭区高速公路技术标准，设计行车速度分别为100km/h和80km/h。

广东某高速公路K39～K52路段为南行方面长下坡路段，连续下坡长度达到13km，路段平均纵坡2.79%，最大纵坡为5%（K49+060～K49+760处），同时由于地处粤北山区，长下坡路段常年多雾，年平均有雾天数达到120多天。在2003年4月通车以后，由于大量货车严重超载、驾驶员安全意识淡薄、路段坡陡坡长等原因，导致该路段交通事故频繁，形势比较严峻，被公安部和交通部列为事故黑点。广东省高速公路管理部门高度重视，积极行动，及时采取措施，共增加投资7000多万元，分两期实施了交通安全改善工程。

(1)交通事故情况

该高速公路在2003年4月通车以后，南行K39～K52长下坡路段，由于大量货车严重超载、驾驶员安全意识淡薄、路段坡陡坡长等原因，导致该路段交通事故频繁，通车当月就发生了15起交通事故，至2003年年底，该路段共发生交通事故98起，死亡3人，重伤3人，轻伤11人。

(2)初步整治后情况

2003年下半年，高速公路管理部门先后投资800多万元，在南行39～52km路段增设了标志标线，并对三个避险区进行了优化。同时对长下坡段采取了单车道间断放行等交通管制措施，短期内有力地压制了事故发生率，但由于超载和安全意识等方面的原因没得到改善，整治后效果并不明显，2004年以后事故率又有所反弹。2004年长下坡路段共发生了交通事故140起，死亡25人，重伤17人，轻伤46人。

2. 工程措施

(1)初期措施

①标志牌、标线

在2003年5月份、6月份和8月份，先后两次在南行39～52km长下坡路段先后增设了“长坡慢行”、“限速行驶”、“禁止大型车辆超车”、“雷达测速”“挂低速挡下坡”等多块标志牌（如图12-23～图12-25所示），并增画、加密减速标线。同年11月份对北行K39～K23长下坡路段，也增设了“长坡慢行”、“限速行驶”、“挂低速挡下坡”等交通安全标志牌，增画、加密减速标线。先后共增设60多块标志牌，增画、加密减速近20组标线。

a)

b)

c)

图12-25　连续下坡预告标志

a)“连续下坡长度”预告标志（设于坡顶前一段距离）；b)“低挡下坡”“连续下坡开始”警告标志（设于连续下坡起点）；c)“低挡下坡”警告标志（设于连续下坡中间路段）

②避险区改造

在北行的 K34 和南行的 K44、K51 三个位置设置有制动失灵避险区，通车以后，根据失控车辆冲进避险区之后出现的情况，管理处先后四次对已设置的 K34、K44 和 K51 三个避险区进行设计改善与优化，主要是对路床铺设的沙层厚度进行加厚、调整，增加波形护栏等防护设施，增设指示标志牌等。

③增设冷却场

利用原路基施工时遗留下来的空地，在南行 43km 处增设大货车冷却场，作为大型车辆加水、降温、检修的场所(图 12-26)。

图 12-26　冷却场

(2)二期措施

从 2004 年开始，为了最大限度遏止交通事故的发生，高速公路管理部门通过邀请交通部公路科学研究院交通安全研究中心对该路段进行了安全评估，召开安全专家会议进行专题讨论等方式，针对事故发生的主要原因是大量货车严重超载这一特征，实施了路段的安全整治方案，即二期措施，于 2005 年初开始工程施工，至 10 月份完工，工程建设总投资约 6 100 万元。

①大桥冷却场

该冷却场位于南行长下坡段的 K48 右侧(图 12-27)，主要针对长下坡大货车因长时间制动，制动系统容易由于过热导致失灵，在下坡段为货车提供停车检测、冷却、休息的场所，占地约 7.3 万 m^2，建筑面积 690m^2，主要设施有冷却槽、便利店、公厕，混凝土路面及停车场 4.7 万 m^2，并有给排水、电气等设施。

②云岩段供水工程(图 12-28)

该供水工程主要为 K29～K52 上下坡路段的服务区、冷却场、冷却槽、观景台(停车区)及收费站提供用水。包括取水泵房、自来水厂、综合机房、蓄水池以及 29km 给水管线。

③观景台改建为停车区(图 12-29)

将南行方向 K20＋900、K29＋500、北行 K30 观景台改建为小型停车区，为车辆提供检修场所。停车面积约 1200m^2，区内建便利店、卫生间及值班室。

④设置小港湾停车区(图 12-30)

a)

b)

c)

图 12-27　大桥冷却场

图 12-28　云岩段供水工程

图 12-29　观景台改成的停车区

针对通行货车车况差、故障率高的情况，增加及改造 14 个港湾式停车带，以避免车辆占道检修。其中在北行方向 6 个，南行方向 8 个。港湾式停车带长度大于 50m，宽度为 3.8～4.5m。

⑤增加路面摩擦系数(图 12-31)

针对事故发生多为下坡货车超速、制动失灵引起这一原因，在南行 39km～52km 之间，纵坡大于 4%的路段设置路面薄层铺装约 6 500m²，提高路面制动性能。

⑥加强路侧护栏防护等级

对现有交通标志进行优化，提高高填方路段路

图 12-30　小港湾停车区

a)

b)

图 12-31　路面薄层铺装增加路面摩擦系数

侧防护等级。在 46～52km 事故高发路段实行大小车分道行驶，强制大型车辆靠右行驶，低速 60km/h 行驶，以控制大货车下坡车速，避免货车超速失控引起的事故发生。共增设标志牌 128 个，增加钢筋混凝土护栏 3 750m，波形护栏6 500m。

⑦增设且改造原有避险车道(图 12-32、图 12-33)

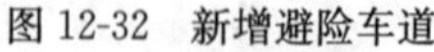
图 12-32 新增避险车道

图 12-33 改造后避险车道设置服务车道

在南行方向 K47 位置增加一处缓冲车道(避险区)，并将原有的三处避险区再次改造，主要改造平面线形、路面材料级配、排水系统，以及增加拯救车道。

⑧标志、标线

加密小半径平曲线路段的线形诱导，对平半径小于 1 000m 的路段的“线形诱导标”进行加密(图 12-34)，增设路灯 264 套(图 12-35)。禁止超车路段采用振动标线。更改交通标线(含振动标线及反光漆)共计 15 225m^2。

图 12-34 弯道增设线形诱导标

图 12-35 弯道路段增设路灯

大小车分道行驶(图 12-36)，减少车辆间的速度差。

图 12-36 大小车分道行驶

3. 效果评价

作为被公安部和交通部列为事故黑点的 K39～K52 长下坡路段，在 2004 年 10～12 月份，共发生交通事故 63 起，其中有 19 起属于大货车制动失灵、39 起属于大货车超载失控和超速追尾引起，属于小汽车追尾的有 5 起，死亡 6 人。而在 2005 年10～12月份安全整治工程建成后，发生事故数只有 25 起，均为大货车，主要为超载失控和超速追尾引起，死亡 1 人，并且无大的事故发生。以前，制动失灵的车辆冲进避险区之后，经常出现翻车，甚至人员伤亡的情况。2005 年 9 月份以后，避险区重新投入使用以来，所有进入避险区的车辆都能安全停住，既没有翻车、倒滑等情况出现，更没有人员伤亡情况发生，真正地达到了避险的效果。

从近期情况看来，在安全整治工程投付使用后，该路段的交通事故率已大为降低，无重大交通事故发生，安全改善成效明显。但因超载原因造成的交通事故和制动失灵后冲入缓冲车道的车辆仍比较多，有关主管部门仍需采取得力管理措施进行整治，以达到治本的目的。

二、北京某高速公路综合处置措施

1. 工程背景

北京某高速公路进京方向潭峪沟隧道出口段(55～50km 路段)自开通至今，一直是事故多发路段。自 1998 年 11 月山区二期工程开通至今，此路段共发生各类交通事故 167 起，伤 103 人，死亡 36 人。其中，特大交通事故 19 起，伤 43 人，死亡 29 人；重大交通事故 7 起，伤 7 人、死亡 7 人；一般事故 141 起，伤 53 人。因货运机动车长距离下坡持续使用制动，导致制动失效冲进紧急险区的车辆 400 余辆，冲入山沟的 47 辆。

2002 年 1 月至 7 月，通过控制货车进入，即在西拨子和营城子等入口设置 5t 以上货车禁行标志，大货车分流绕行 110 国道，因制动失效造成的交通事故一度得到遏制。但自 2002 年 11 月 18 日，河北省至北京市高速公路全线开通，从河北省直进入高速的货车剧增，交通事故也随之飙升。从 2002 年 11 月至今全线开通仅 6 个月的时间，此路段共发生各类交通事故 9 起，伤 23 人，死亡 11 人，与全线开通前 6 个月事故 7 起，伤 10 人，死亡 4 人相比，分别上升了 28.6％、130％、175％。

2003 年 5 月 22 日，交通部公路科学研究院调研人员在现场刚好遇到一起大货车翻车冲出护栏坠崖事故，近 200m 波形梁钢护栏被碾压、拖曳成碎片，所载钢轨摔成几段并散落一地，严重影响了道路交通(图 12-37)。该起特大交通事故，发生在 2003 年 5 月 14 日下午 4:30，也是在该段段范围内，实际路政里程桩号 53km 处。

a)

b)

图 12-37　K53 处事故现场

2. 处置措施

(1)前期已有措施

①设置紧急避险车道(图 12-38):原有避险车道 3 处,货车制动失效可以进入紧急避险车道。根据观测表明,已有的避险车道满足不了驾驶员需求。

②设置大货车制动系统冷却设施:在潭峪沟隧道出口设置了货车制动系统冷却池(图 12-39),对过往的货车制动系统进行冷却、降温,防止制动片碳化,造成制动失效。

图 12-38 避险车道

图 12-39 冷却池

③施划减速带和防滑外缘线:在潭峪沟隧道至进京 49km 路段,施划减速标线(图 12-40),提醒驾驶员降低车速。

④设置可变情报板(图 12-41):共两处,滚动播出"制动失效车辆,请及时进入紧急避险区"等字幕进行宣传,提示驾驶员进入事故多发地段,谨慎驾驶,注意行车安全。

图 12-40 防滑标线

图 12-41 可变情报板

⑤设置限速标志:在道路右侧设置限速标志,小型车限速 60km/h,大型车限速 40km/h。

⑥将车道重新划分为小车道、大车道和应急车道,以地面文字和标志标示(图 12-42)。

⑦在连续转弯和急转弯处安装警告和限速标志(图 12-43)。

⑧违章超速检测:设置摄像机对车辆进行车速检测,迫使驾驶员控制车速,减少事故发生(图 12-44)。

尽管采取了上述种种措施,但并没有从根本上解决问题,交通事故仍然经常发生,并呈上升趋势。

(2)后期完善措施

a)

b)

图 12-42　大、小车分道行驶

图 12-43　弯道前警告标志

图 12-44　设置测速摄像头

通过以上分析可以明确：重大事故多发的原因首先是大货车超载。首都高速公路管理部门委托交通部公路科学研究院安全研究中心对该路段进行了安全评价，经相关部门审查，采取了以下处置措施：

①增加避险车道

避险车道是减少制动系统失灵车辆事故的有效设施。原有两处避险车道已经明显不够用，而且避险车道建设存在问题，一是避险坡道的长度不够，车辆有冲出避险车道坠崖的记录；二是车辆进入避险车道难以及时移出，需要耗费两天时间；三是进入避险车道入口处无过渡段，不适合车辆的行驶需求，更不用说制动失灵的车辆和心中恐慌手足无措的驾驶员。根据现场考察的线形和车辆行驶轨迹，在 K51＋100 和 K52＋700 附近增设了两处避险车道。

②横断面加宽

由于受地形限制，该路段设计多采用极限值，这也是事故多发的一个重要原因。现场考察 K52＋150～K51＋500 所处小半径曲线段，曲线半径为 300m。这一段公路右侧(曲线内侧)尚有部分公路用地，利用此用地对这一段路线的横断面进行了加宽，改善了曲线半径较小造成的行车局限。图 12-45 是该路段改善前所拍摄的。

曲线内侧加宽后，仍然维持大小型车分道行驶，小型车车道行驶轨迹不变，大型车车道在曲线内侧加宽。加宽部分利用标线和突起路标进行了渠化，大小型车车道行驶轨迹均不变，加宽部分路段设置了紧急停车带，尽量提供可能的侧向净距，如图12-46所示。

③提高护栏防撞等级

图 12-45 设置小型停车检修区

已有的护栏是满足公路设计标准的。由于事故频发,这一段护栏已经加强,采用双波形量护栏与双波形梁护栏的组合形式。但是目前这种组合护栏的设置存在三个问题:

一是组合护栏的高度不足。我国现有的《高速公路交通安全设施设计及施工技术规范》中规定了波形梁护栏的设置高度,即横梁的中心高度在路面或路缘石面上 60cm 处,而对于这种组合形式未作规定。现有一道波形梁护栏的设置高度可有效地防止小车下钻并部分防止中型车上越,而为了防护大车而增设的另一道波形梁护栏应设置于现有护栏之上,而不是目前设置的形式。

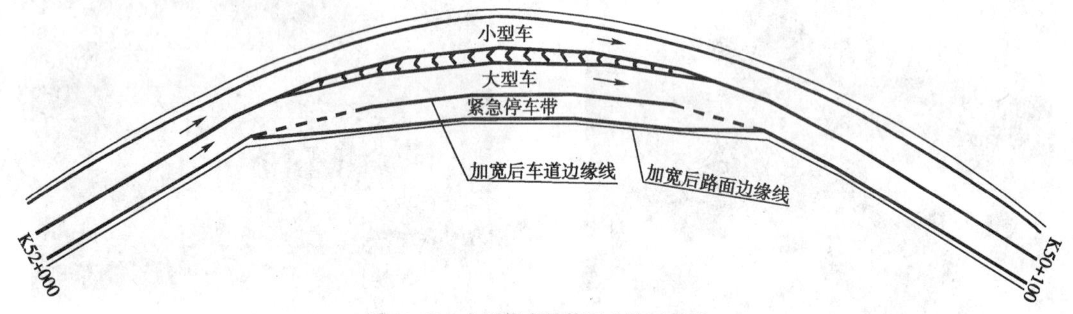

图 12-46 小型停车检修区改造示意图

二是护栏立柱的埋深不足。由于立柱位于石方区及浆砌片石的挡墙处,打入困难,当时施工时使用风镐,其钻入深度不够。

三是护栏的防撞等级不够。从护栏改造后发生的事故看,例如调研小组碰到的 5.14 事故,两道双波形梁护栏对超载的大货车的防护仍显不足。上述原因也是影响护栏防护能力发挥的重要原因。

路侧危险的路段应提高护栏防护等级,可采用两道三波形梁钢护栏或混凝土护栏(1100mm 高度以上)。考虑到 2008 年后大货车分流,该高速公路恢复旅游线路的定位,故采用了两道三波形梁钢护栏(图 12-47)。

④加强标志信息

从事故资料看,重大事故多为外埠车辆,往往是由于驾驶员不明路线情况而引发。因此,应统筹安排标志设置,充分发挥已有设施(可变情报板)的作用,并增加警告和指示标志,反复强调信息。原则有二,一是使驾驶员充分了解路况,二是使驾驶员充分了解制动冷却站和避险车道等设施状况,正确和充分使用这些设施。具体措施说明如下:

a. 隧道入口前 K58+950 处标志(图 12-48)。

此标志信息过于集中,驾驶员来不及读完就驶过去了。因而采取了将信息分解、重复设置的方式(图 12-49)。

• K59+100 可变情报板滚动显示“隧道内及出隧道后连续下坡,注意慢行”、“隧道出口处大货车制动冷却站,所有大型货车必须进入,免费使用”等信息。

图 12-47　改造后的两道三波梁

图 12-48　隧道入口前标志

图 12-49　连续下坡标志及路面限速标识

- 隧道前 1km 及 2km 处设置连续下坡的告示牌(隧道内及出隧道后连续下坡)。
- 隧道前 0.5km 及 1.5km 处设置指示标志(隧道出口大货车制动冷却站)。
- 考虑到路面标记“大型车 40”,限速 40 的标志可不再立,重复路面标记。

b. 隧道入口前的隧道警告标志一般用于双向行驶、不好的隧道口前,这里可以不用,改成“下陡坡”的警告标志(图 12-50)。

图 12-50　隧道前标志改造

c. 出隧道后设立了近 10 处的“反向弯路”、“急弯”、“连续弯路”等警告标志,改为在隧道出口处及以后每一纵坡较大的坡段开始处设立“下陡坡”及相应图形的警告标志,以达到更好的效果(图 12-51)。

图 12-51　出隧道后标志改造

d. 在出冷却站后 K56＋050 处有一可变情报板(图 12-52),充分利用此设施,滚动显示“前方连续下坡急弯”、“前方事故多发路段”。

图 12-52　K56＋050 可变情报板

e. 在避险车道入口处增加“避险车道”的警告标志(图 12-53)。

a)

b)

图 12-53　避险车道入口设置避险车道警告标志

a)原有标志;a)改造后标志

f. 改变一些标志版面用词，使标志更加直观、明了(图 12-54)。“制动失灵”改为“刹车失灵”，“紧急避险停车区”改为“紧急避险车道”。

图 12-54　避险车道原有标志

⑤增加太阳能频闪标志

这一路段由于地形险峻、事故多发、设施众多，标志的数量已经较多了。这一路段的标志数量约 45 处。这样有两个问题，一是增加了驾驶员的生理负担，影响驾驶员对标志的认读；二是由于标志众多，重点标志或关键标志不突出，影响驾驶员对重要标志的认读，故选择了重要标志采用动态(频闪、照明等)形式。

⑥ 增加其他安全设施

a. 针对重大事故都是大货车的情况，已经采取了大小型车分道行驶的措施。现已强化此措施，一是车道分界线采用实线，二是路段上多次重复“大型车、小型车”的路面标记。

b. 施画了减速标线的路段，路侧有紧急停车带时，大型车往往行驶在紧急停车带上，故在紧急停车带上施画了渠化标线。

c. 加强路面减速标线的养护，确保其作用的发挥。

d. 增设轮廓标，增加夜间行车安全性。

⑦加强管理措施

a. 在潭峪沟隧道出口处，加强管理，使大货车全部进入冷却站，强制进行制动系统冷却。

b. 对进入冷却站的所有大货车进行制动检查，有问题的修理后方可进入高速公路。

c. 考虑到标志认读的有效性，更为直接和经济的做法是在前方收费站入口随通行券发放宣传卡。宣传卡上说明前方路况、设施状况及使用情况等。这样使外地驾驶员提前了解路况，配合标志使用，充分发挥标志的作用。

d. 冷却站内设立静态或动态的宣传栏，显示前方道路弯路、长下坡危险，事故多发，谨慎驾驶，前方避险车道情况及使用，大小车型分道行驶，限速等情况，同时显示一些事故资料、照片等以达警示作用。

3. 效果评价

该高速公路 K50～K54.5 长度为 4.5km 的路段在 2002 年 1 月到 2003 年 10 月间路政记录的事故有 155 起，共死亡 23 人。自 2003 年 10 月综合处置后，2003 年 10 月至 2005 年 10 月期间共有事故记录 43 起，死亡 4 人。这说明连续下坡路段综合处置效果明显。

三、其他

管理经验和事故资料都证明了我国连续下坡路段重大事故频发的根本原因是大货车超载。如果不彻底解决此问题，连续下坡路段的事故状况不可能彻底改善，所有技术措施都不可能解决管理问题。

参考文献

[1] Road Safty Manual Recommendations. The World Road Association(Plarc).

第十三章　公路安全与景观

第一节　概　　述

随着近年来我国公路建设的飞速发展和人民生活水平的不断提高，人们对公路的要求从最初的解决基本出行问题逐渐转变为能否提供安全、高效、舒适、快速的人性化交通问题，要求公路在满足自身交通功能的同时，更需要兼顾安全、景观等附属功能。在这种需求下，公路建设也逐渐由以往只保证工程结构物质量而忽略与周边环境协调的做法，变得更加注重以人为本和生态环保。公路景观设计就是在这样的背景下出现的，并迅速在全国各地的高等级公路建设中兴起和推广，逐渐发展成为公路行业的一门新兴学科。

但是，令人担忧的是，近年来国内出现了过度重视公路景观效果，而忽视了更加重要的交通安全的情况，例如在公路净区内进行绿化、为了视觉效果取消护栏的设置等。这种做法忽略了公路需要提供的最基本服务，有舍本逐末之嫌。事实上，如果处理得当，公路景观和安全是能够互相促进，相得益彰的。本章将探讨如何在保证安全的前提下，提升公路的景观效果，达到双赢的目的。

一、公路景观概述

现代意义的"景观"(landscape)一词，最早起源于西方，是最近几年才传入我国的。什么是景观？学者们试图从地理学、生态学、建筑学、艺术等不同角度来阐释其概念，不同学科见解有所不同，地理学家把景观当作大地的风景场；艺术家把景观作为表现与塑造的对象，等同于风景再造；建筑师则把景观作为建筑物的配景或背景，称为建筑环境。阐述各有不同，但其中重要的一点是一致的，那就是景观是人们对所处环境的一种论释，是人们对环境视觉所感知的景象特征。

而公路景观就是一种带状的人文和自然相结合的大地风景，属于大地景观的范畴。具体来讲，它主要是指由道路、附属设施、周边自然环境及人的活动等因素所构成的一个总的空间概念，它表示道路与其周边环境共同构成的一条带状大地环境，它反映了路域环境特征，是人文与自然环境相结合的建筑艺术。因而公路景观要求将工程与环境美学高度统一在一起，形成一个整体的景观概念，这与纯艺术或纯园林景观是有区别的。

以路权为界，公路景观可分为自身景观和沿线景观。公路自身景观包括公路线形(平、纵、横)、公路构造物(挡墙、护栏、路缘石、边沟、边坡、桥涵、隧道、互通等)、服务性设施(休息服务区、加油站、收费站、观景台和标志牌等)以及公路绿化等。公路沿线景观是指公路所处的外部行驶环境，是构成公路整体景观的主体，同时也是乘客在行驶过程中的主要观赏对象。公路自身景观可以通过景观设计等加以修饰，公路沿线景观只能在规划和设计阶段，通过选择与周围景观协调的路线来实现。

按客体构成要素，公路景观可分为自然景观和人文景观。自然景观主要指自然形成的地形、地貌（如平原、山区、草原、森林、大海、沼泽等）、植物景观、动物景观、水体景观以及四季气象时令变化带来的景观。这些景观物恰恰又属于生态系统，故又可称为生态景观。人文景观是指公路沿线的风土人情，沿线生活的人们用自己的智慧和双手创造的各种社会、民族、宗教、文化、艺术等特殊工程物（如城镇、村寨、庙宇、水坝和大桥等）以及公路自身。

按观赏者活动方式，公路景观可分为动态景观和静态景观。动态景观是指驾驶员和乘客在行驶过程中所见到的连续变化的公路线形以及边坡及植被等，称为动态景观，也可称为线形景观。静态景观是指从休息设施、观景台或独立景点以及桥梁等处所见到的相对静止的景观，称为静态景观，也称点式景观。

按使用者视点不同，公路景观可分为内部景观和外部景观。行驶在公路上或驻足于公路附属设施（如停车场、服务区、观景台）内的驾驶员和乘客所见到的景观称为内部景观。从公路沿线居住地等其他公路以外的视点所看到的包括公路在内的景观称为外部景观。

二、景观、安全与视觉

安全在很大程度上是驾驶员对外界世界反映的一种结果，受到人眼视觉的影响。驾驶员的驾车过程中 80%以上的信息，如路线的走向、临近的车辆、交通标志提供的信息等，是通过视觉获得的。因此，驾驶员视界中的事物都有可能对安全造成影响。可以说，安全和公路的视觉特征是息息相关的。

通常情况下，车辆在行驶中，驾驶员看到前面的诱导物，预知前面的路线走向，正常情况下需要 10s 时间，这 10s 行程内的外界环境会对行车安全造成直接的影响，因此这个范围内的公路视觉特征必须符合安全方面的要求，例如保证通视条件，重视对驾驶员视觉的诱导，确保不出现错觉等。

而景观本质上是一种视觉感受，是受到人眼视觉直接制约的。公路景观是否优美，是否能给人以愉悦的感受完全来自于人们对自己视觉的体验和感受。人眼的眼基距约为 6.5cm，两眼同看一个物体，其视觉的角度略有不同，大脑利用这一差异加工成立体图像。一般情况下，立体感最清晰的距离是 30cm，观察立体感最远限度约 150m。驾驶员在距离 1.2m（小汽车）高度上，在相应速度下所看到前方的运动范围，称为驾驶员视觉范围。这个活动的视觉范围，是需要考虑公路景观的范围。

因此，景观与安全都是受制于驾驶员视觉的，而且景观作用的视觉范围（30～150m）与安全要求的视觉范围（300m）基本重合，这是构成景观与安全相互关系的基础。在这个基础上，公路景观与交通安全在很多方面相互交织，互相影响，互相促进，形成了密不可分的关系。

第二节　公路景观与交通安全关系

长久以来，公路景观和交通安全之间的关系常常被人忽略，事实上公路景观与公路交通安全二者之间是相辅相成、既相互促进又相互制约的辩证关系。优美舒适、功能科学合理的公路景观设计不仅能起到美化公路交通环境、保护自然环境的目的，也能对良好的交通安全环境起到积极的营造和辅助作用。同时，由于功能要求的差异，公路景观与交通安全二者之间又存在相互制约的方面，不合理的公路景观设施或施工养护行为会对公路交通安全造成不利的影响，当公路交通安全得不到充足的保障或出于某些功能方面的考虑时，往往也会对公路景观绿化设施提出具体的要求，或产生不利于景观的影响。

一、公路景观对交通安全的促进

安全驾驶是公路应具有的最基本的属性或功能之一，诸多公路设施设置的出发点便是为公路的使用者提供安全的驾驶环境。从工程力学、生态学、心理学及人体工程学的角度考虑，良好的公路景观设计对公路交通安全的保障有着积极的作用。比如，在德国，研究人员在1990年对街道中央分隔带景观研究中发现，在中央分隔带景观改造之后，总的事故降低了30%，受伤事故降低了60%。在加拿大的多伦多，Bahar和Naderi在1997年也发现，在公路景观改善之后，交通事故率和事故严重程度都有明显降低。归纳起来，公路景观对交通安全的促进作用体现在以下几个方面。

1. 延缓驾驶员疲劳和紧张

优美的公路景观，能够平缓心情，使驾乘人员心情舒畅，增添旅行乐趣(图13-1)。富有变化的景观对驾驶员视觉刺激则有助于减少烦躁，消除旅途疲劳，避免打盹或瞌睡现象的发生。从生理机能上讲，优美而富有变化的公路景观则能够使人体各个系统器官，特别是中枢经系统、血液循环系统和内分泌系统的功能活动全部处于稳定的平衡状态之中，有利于安全稳定的驾驶。

图13-1　优美、富有变化的公路景观缓解驾驶员的疲劳

此外，和谐的公路景观有助于缓解紧张，增加驾驶安全感。因此，对可能引起驾驶员恐惧或紧张的场景和场所利用景观进行装点和遮蔽，可以消除或减轻驾驶员的恐惧和紧张心理，促进交通安全。如隧道口采用隐蔽式的洞口，或者采用消除式手法使隧道与周边环境协调时，可以使驾驶员感觉自然舒适，减轻突兀结构物带来的压力，如图 13-2、图 13-3 所示。

图 13-2 砌石的隧道洞口可增加驾驶压力

图 13-3 景观绿化的隧道洞口可减轻驾驶压力

2. 视线引导，防眩

在车辆行驶过程中，驾驶员的视野是随道路前方情况而变化的，植物在立面上所形成的竖线条可作为视觉参考，引导驾驶员的视线。尤其是在黑暗、有雾或下雪时，可以使驾驶员识别道路线形和侧向界限，提高交通安全性。这主要体现在在驾驶员视线方向，公路景观在空间范围内形成的类似引导线的视觉效果，这种效果比公路路面和路线本身给予驾驶员的引导要强烈和有效得多。因此，合理的中央分隔带绿化和路侧具有视线诱导性植物能够显著地提高驾驶员行驶的安全性。例如，在平面弯道外侧种植成行的乔木，能够使曲线的变化非常明显，更好地帮助驾驶员对路线走向形成正确的预期。此外，高速公路中央分隔带内的植物，在满足高度和密度要求的情况下具有良好的防眩作用，是首选的防眩技术方案，见图 13-4、图 13-5 和图 13-6。

图 13-4 行道树对驾驶员视线的诱导

3. 使线形走向更加明确

安全的重要方面是公路的线形走向要与驾驶员的心理预期一致。很多研究都证明，通过多种措施向驾驶员提示正确的线形走向是非常重要的。

公路景观是提示公路线形的重要因素，特别是利用树木高度和位置来表示道路位置和线形的变化是很合理的方式，能够有效地避免驾驶员因变化反应不及而发生事故。

图 13-5 弯道外侧种植树木诱导视线

图 13-6 中央分隔带绿化诱导视线

下面以丁字路口为例进行说明。

(1)可用图 13-7a)的植树方式来预告前方道路出现了支路。

(2)道路转弯处如果线形不明晰是很危险的,某些驾驶员较迟才能注意到道路转弯,导致突然转向,容易诱发冲突,甚至导致交通事故的发生。图 13-7b)行道树的设置方式能够提示这种线形变化,尤其适用于转弯方向为主要的干道的情况。

(3)如果是次要道路转弯,主要道路直行时,为了强调主要道路可采用图 13-7c)的方式。

(4)在道路急转弯处或视线内出现两个弯道时(图 13-7d)),驾驶员在视力范围内会看不清前方道路的走向,这时可沿道路轴线方向种植树木,为驾驶员指明道路方向。

因此,在景观设计中如果能考虑在驾驶员 10s 行程范围内,通过路侧植物和景观要素对公路线形进行提示或强调,就能够使驾驶员更有效地判断前方的走向,这对于安全具有十分明显的提升作用。

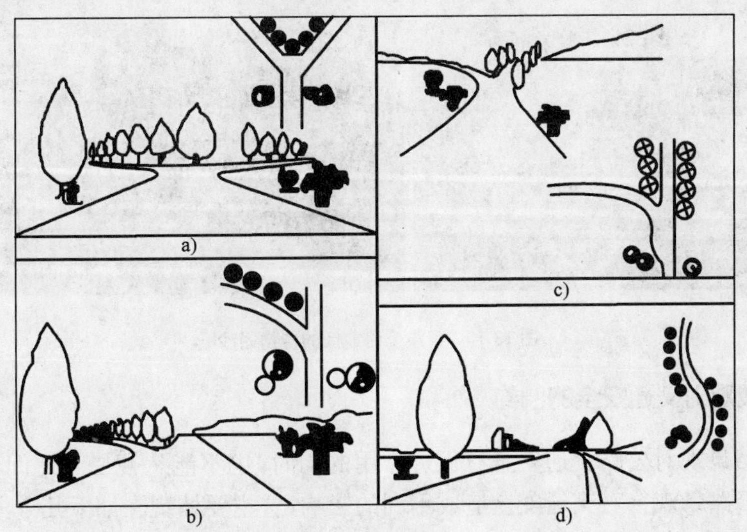

图 13-7 线形预告栽植示意图

4. 缓解自然环境的明暗变化

在明亮的日光下,环境亮度可高达 8 000cd/m^2,虽然隧道内设有隧道照明,但与自然环境亮度相比,仍然存在巨大反差(图 13-8),由此形成的黑洞效应或白洞效应往往成为事故多发的促成原因。而通过洞外景观设计则可以有效降低洞外的环境亮度，具体的景观设计手法包括洞外尽量采用绿化植树减少环境光线的反射，在隧道口道路两侧设遮阳篷、遮光篷或种植高大的遮光树木等，如图13-9所示。通过这些措施可以在营造优美的公路景观的同时，有效地实现照度的过渡，提升隧道洞口处的安全性。

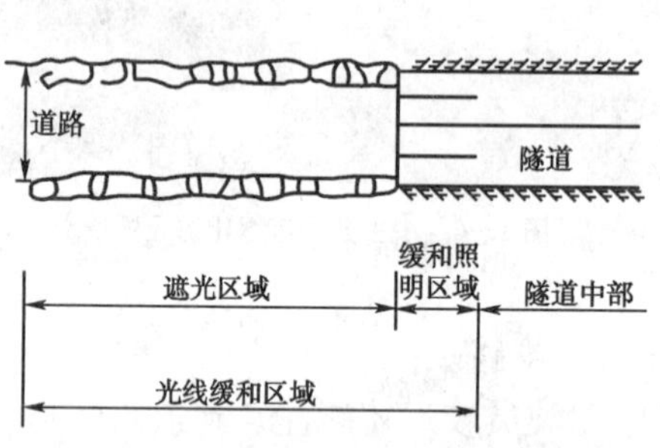

图13-8　隧道出入口植树遮光示意图

图13-9　隧道口遮光栽植实例

5. 改善交通环境

以绿色植物材料为主的公路景观绿化设施在公路环境保护中起着不可替代的作用，同时对于改善公路交通环境、促进交通安全也起着显著的作用。例如在沙漠地区，大风和沙暴会严重威胁到行车的安全，而通过植物固沙（图13-10）不但能改善路容路貌，防护路堤，而且还能提升交通安全水平，可谓一举三得。

图13-10　沙漠公路地区的植物固沙

二、公路景观对交通安全的制约

在肯定公路景观对公路交通安全有促进作用的同时，也不能忽视二者之间存在的制约关系。不合理的公路景观会对交通安全造成不利的影响，这主要体现在如下几个方面。

1. 分散驾驶员的注意力

与环境不和谐的、视觉冲击力强的公路景观会更过地吸引驾驶员的注意力，导致驾驶员驾驶时不够专注，从而增大发生交通意外的风险。如图13-11所示，大面积生硬的浆砌护面墙和隧道洞门上加贴浮雕装饰，这些本用于大堂之内让人驻足品味的浮雕艺术品刺激着驾驶员的眼球，分散了注意力。很多事故案例也说明，明显或者具有吸引力的广告或路侧景观也会为行车安全埋下隐患。

图 13-11　视觉冲击力强的公路景观分散驾驶员注意力

如图 13-12，在北京三元桥的三环路旁立起了一块巨型涂料广告牌后，该处路段连续发生多起追尾事故，主要原因是驾驶员的注意力完全被引人入胜的广告所吸引，从而忽视了安全驾驶。这个案例可以说明，分散驾驶员的注意力的景观对安全是十分不利的。

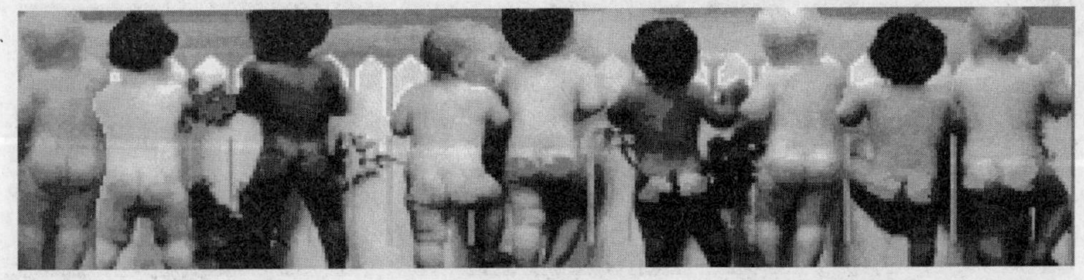

图 13-12　广告牌

2. 遮挡视线，影响视距

公路路侧或高等级公路中央分隔带内的绿化植物或景观设施影响驾驶员的视线，使安全行车需要的视距条件得不到保障是最常见的不利于交通安全的典型问题。例如在弯道内侧，行道树距行车道过近，影响到驾驶员的视距和车辆安全行驶所需的横净距，就存在较高的事故危险，如图 13-13 所示。特别是当路侧行车道树过于靠近平交路口时，会遮挡相交道路，使驾驶员忽略平交路口尤其是小平交路口的存在，如图 13-14 所示。即使在交叉口设置了警告标志，行车道树的栽植也不利于驾驶员观察相交道路的交通状况，若支路上有车辆突然驶入主线，

图 13-13　弯道内侧树木遮挡视线

图 13-14　绿化树遮挡的小平交路口

就极有可能导致严重的交通冲突，甚至引发事故。在有绿化的中央分隔带的公路上，如果中央分隔带绿化带设置过于靠近平交路口或距离中央分隔带开口过近，遮挡驾驶员的视线，也容易诱发交通事故。

因此，在路侧和中央分隔带的视线净区内以及平交口的通视三角形内不宜采用高于驾驶员视高的公路景观元素。

此外，树木遮挡交通指示牌，或是遮挡交通信号灯，阻碍驾驶员有效获取道路信息的现象在我国也经常出现。这会降低公路管理设施的有效性，对安全造成不利的影响。

3. 增加碰撞风险，加重事故严重程度

车辆在公路上行驶时，需要一个安全的路侧宽度，如果景观绿化的高大树木种植在路侧净区范围内，则会增加车辆碰撞树干的可能性，在树干直径大于 10cm 时，则会加重事故的严重程度(图 13-15)。根据法国的研究，在汽车撞树的事故中，造成死亡的平均几率是 10.2%，而在其他交通事故中，造成死亡的几率是 2.9%。由此可见，如果路侧景观绿化树横向设置不当，同样会对交通安全构成很大的威胁。

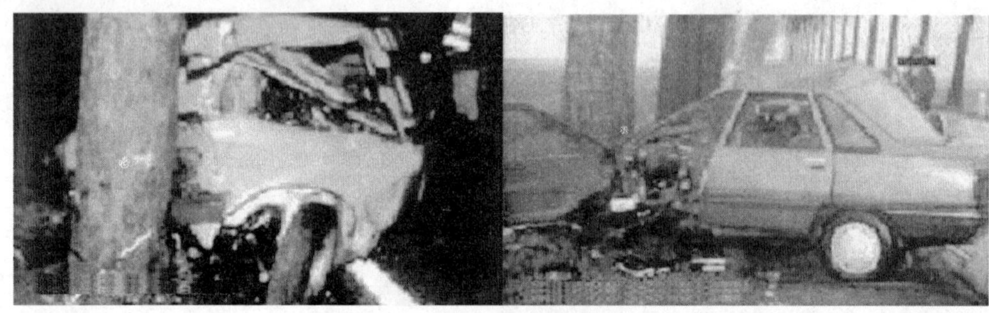

图 13-15 车辆撞树导致恶性事故

4. 视觉误导

景观绿化时，不当的路侧和中央分隔带绿化树的栽植容易误导驾驶员，尤其在平面曲线和凸形竖曲线相结合的路段。例如，如果竖曲线后方的绿化树有明显的开口，则容易给驾驶员造成前方直行的错觉(图 13-16)。

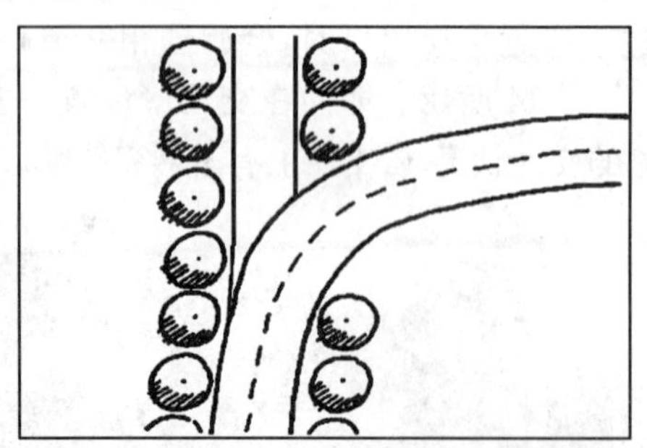

图 13-16 容易造成视觉误导的公路景观

三、公路安全设施对景观的影响

公路安全设施包括护栏、交通标志、可变信息情报板等都是高于路面的结构物，在充满现代气息的城市或乡镇，公路安全设施能够与周边环境良好地融合，但是在野外，当公路环境情况以自然植被为主体的时候，公路安全设施往往会显得突兀，在整体的公路景观中过于吸引视线，有喧宾夺主之嫌，使公路的整体景观被削弱。

如图 13-17，路侧的混凝土护栏很好地保障了安全，但是不但遮挡了路侧的青山，而且也给驾驶员以压迫感。

如图 13-18，沿溪线使用了颜色和结构都十分醒目的桥梁栏杆，成为了视野中主要的视觉要素，使路侧优美的自然景观受到了很大的影响。此处如使用通透的护栏结构形式则能更好地保护景观。可见，公路安全设施对景观的影响可以通过合理的设计予以消除。

图 13-17　突兀的公路安全设施

图 13-18　沿溪线的桥梁栏杆

四、结语

总之，公路景观与公路交通安全二者之间是相辅相成、既相互促进又相互制约的辩证关系。如果处理得当，精心设计，就会在保障安全的同时获得优美的公路景观，达到真正的和谐，实现安全与环境的双赢；但是如果在营造公路景观时没有充分考虑安全的因素，也会导致不安全的因素，这是交通从业人员应该特别注意的问题。

第三节　交通安全的景观化考虑

安全是用路人最基本的需求，但是仅仅保证了安全并不能满足人们日益增长的多方面的出行需求，良好、舒适的出行体验，优美的公路景观同样是公路要为驾驶员提供的重要服务。

随着时代的发展、理念的不断更新以及设计技术的不断进步，公路的安全设计已经逐渐突破了传统的范畴，逐渐向实用与美观相结合的深层次发展。国内外的成功实践证明，在工程中完全可以充分发挥安全与景观相互促进的方面，以景观促安全，以安全提升景观，实现二者的和谐统一，共同发展，为公路使用者提供最优质的出行服务。

在交通安全工作中考虑景观方面因素的根本目的是在保障交通安全的大前提下，改善和提升公路的整体景观效果。当然，任何时候都不应该为了景观的要求而放弃对安全的要求。除了极特殊的情况，安全仍然是应该首先考虑的问题。

一、交通安全景观化考虑的内容

公路景观与交通安全是既相互促进又相互制约的辩证关系，所以，交通安全的景观化也需要从以下两个角度进行考虑：首先要充分利用公路景观促进交通安全，如通过合理设置行道树对线形的走向进行诱导，安排富有层次变化的景观消除驾驶员疲劳等；其次要尽可能地消除安全设施对公路景观的不利影响，通过新理念、新技术和新材料的使用，使公路安全设施与环境融为一体，起到提升景观的作用。

从交通安全景观化涉及的内容看，由于景观与安全都受制于驾驶员视觉，因此，从广义上讲，一切驾驶员视觉范围内的与安全相关的公路设施都应该考虑景观方面的因素。但是根据大量实践的经验，公路设施的使用与公路环境的营造是比较关键的两个环节。

在安全工程中考虑的公路设施通常包括以下内容。

(1)交通标志，包括警告、禁令、指示、旅游和公益类标志等；

(2)交通标线；

(3)护栏，包括路基段的护栏和桥梁的护栏；

(4)隔离设施；

(5)诱导设施，包括诱导标、轮廓标和标识等；

(6)监控设备，包括情报板、CCTV、路侧的检测器等；

(7)休息设施，包括服务区、停车区和紧急停靠带等。

从景观的分类角度，这些公路设施的共性是都属于人工景观，而且均位于公路路面以上，有着十分明显的外露结构，外观上与公路本身和周边的环境存在着较大差异，在大多数情况下会对公路的景观效果造成不利的影响。

与安全相关的公路环境则主要包含以下内容。

(1)原生的自然环境：公路周围自然的山体、水体、植被、光照条件等；

(2)人文景观环境，包括公路自身由黑色路面构成的带状线形、公路边坡、公路绿化、排水系统以及隧道等工程结构构成的公路环境。

这些公路设施和路侧环境都是与安全息息相关的，按照交通安全理论和实践经验，都已经有很成熟的方法和标准来规范公路设施的设置以及路侧环境的整治。但是传统的处置方法大多没有考虑到公路景观和环境的因素，往往显得结构过于笨重，视觉效果突兀、生硬。这与现代的公路建设理念是不相容的。因此，必须从理念到设计手法上都进行更新，在交通安全设计中充分考虑景观方面的因素，以景观促进安全，同时巧妙地处理安全设施以提升景观，达到安全与环境的和谐统一，给驾乘人员以美好的出行体验。

二、路侧安全的景观化考虑

研究证明，1/3 以上的交通事故是与路侧环境发生关系，因此路侧环境是与安全休戚相关的重要因素。其中，路侧的景观对安全的影响在公路纵向和公路横断面方向是截然不同的。

1. 公路纵向景观与安全

公路纵向景观对于驾驶员而言是一个时间段内的连续感受。驾驶员行驶过程中的感受，驾驶员的心理状态和兴奋性都直接受到公路纵向景观的影响。更重要的是，驾驶员需要通过纵向景观来获取公路走向的信息。因此，尽管常常被人们所忽视，但是事实上公路的纵向景观对于交通安全是十分重要的。从交通安全的角度，公路纵向景观至少需要重点考虑两方面的内容。

(1)富于层次和变化,减缓驾驶员疲劳

著名的建筑师詹斯·詹森说:“如果公路景观过于单调而使驾驶员打瞌睡,那么,不管公路本身有多么好,都是危险的。”公路纵向景观应该能够为驾驶员创造优美的行车环境,营造轻松愉快的驾驶氛围,避免驾驶过程中精神高度紧张而过早疲劳,这就要求路侧景观应随道路环境适当变化,避免过于单调而导致的驾驶员精神涣散或疲劳。因此,公路纵向景观应该用景观序列的理念进行营造。

景观序列是在公路前进的纵向上,由不同风格或特色的景观构成的一个富于变化,又有机联系的成序列的景观构成,这可以保证驾驶员在驾驶过程中保持足够的兴奋度。一般情况下,一个公路项目可视路段的长短把景观序列确定为两段式、三段式或多段式。对于较长的公路,对整条公路要有一个整体上的把握,即在整体上对公路进行景观序列设计。如果线路可能太长,还可以对局部景观序列进行处理,采用嵌套式景观序列设计模型,如图 13-19 所示。

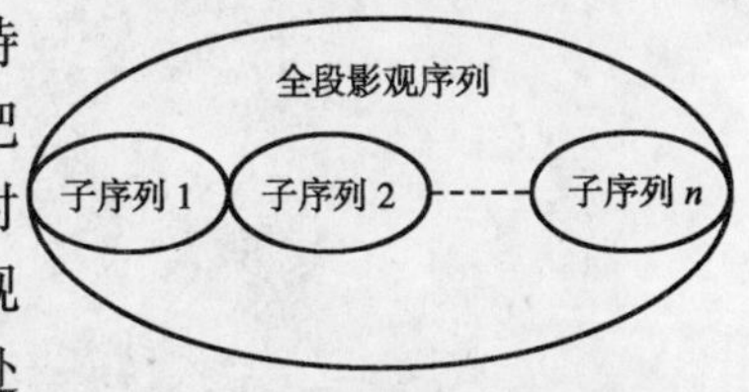

图 13-19 公路景观序列嵌套模型

图 13-20 是国内某段高速公路结合周边自然景观设计的三段式景观,分别以原始森林、农田风光和万亩茶园为主题,构建了富于层次变化的序列,使驾驶员在不同的路段有不同的驾驶感受,由变化带来的新鲜感会保持驾驶员的兴奋度,从而减缓驾驶疲劳,提高行车的安全水平。

a)

b)

c)

图 13-20 某高速公路三段式景观

a)序列一:以原始森林为主的景观;b)序列二:以农田为主的景观;c)序列三:以茶园风貌为主的景观

此外,公路本身的线形也是纵向景观的重要组成部分,灵活的利用路线线形和横断面的变化,不但能有效的吸引驾驶员对于路线的关注,避免驾驶员精力不集中的情况,而且可以带来富有韵味的景观效果。

在开阔的视野中，平直的线形会给人以单调的感觉，如图 13-21a)，驾驶员的视线没有显著的焦点，很容易导致疲劳。研究证明，长直线是最容易导致疲劳和瞌睡的线形。因此，为了更有效地引导驾驶员的视线，在纵向线形设计上在直线段中间插入平曲线，如图 13-21b)所示，曲折的线形具有的美感使驾驶员的视觉感受发生变化，能有效地避免驾驶疲劳，改善安全条件。

a) b)

图 13-21 公路线形变化

利用道路横断面的变化(平交口位置横断面加宽)，自然提示了驾驶员交叉口的位置以及形式，无须设置交叉口警告标志，通过灵活运用横断面的变化构建的纵向景观巧妙地蕴含了驾驶员需要的信息，而且还保证了视野之内景色的连续性，是成功的安全与景观统一的设计案例，如图 13-22 所示。

图 13-22 道路横断面的变化

(2)诱导路线走向，避免驾驶员误判

公路纵向线形的走向是最重要的安全信息。通常情况下，驾驶员通过黑色路面的蜿蜒变化获取路线的走向，但是由于路面位于驾驶员的视线以下，在空间上占据的尺度比较小，因此在一些情况下，路面本身提供的走向信息可能是不足的，甚至是错误的，特别是在凸形竖曲线的后方经常会出现这样的情况。此时,通过公路景观给予驾驶员路线走向是十分必要的,也是十分有效的。

如图 13-23 所示,路线的前方有一凸形竖曲线,由于竖曲线后方的线形被遮挡,因此在箭头 A 处的路面完全消失在驾驶员的视野中,在没有其他提示信息的情况下,前方的路线左转、右转和直行都有可能,这将给驾驶员的判断带来困难,也会增加驾驶员的紧张程度,给行车安全带来威胁。在本案例中,通过行道树的栽植(箭头 B 方向)给予了驾驶员强烈的提示,即竖曲线后方的路线走向是直行左转,而且对于左转曲线的起点位置也给予了提示,这使驾驶员能够正确地预判路线走向,避免出现误判的状况。

图 13-23　行道树对路线走向的引导

需要注意的是,景观设置不当也会遮挡驾驶员的视线,干扰驾驶员对路线走向的判断。如图 13-24,曲线内侧的行道树完全遮挡了平曲线起点之后的线形,使驾驶员无从判断右转后是直行还是 S 形曲线,这是应该尽量避免的情况。对于公路两侧的植物,尤其是行道树,在使用中应该充分考虑交通安全的需要,通常情况下应遵循以下原则。

①平曲线路段

平曲线处的行道树应种植在曲线外侧,以显示线形变化。如果全部植高树,会对驾驶员产生压迫感,因此,除少量高树外,可栽一些低矮灌木,起到视觉缓冲作用(图 13-25)。为保证视线,弯道内侧横净距范围内则避免栽植高大树木,灌木的栽植高度不高于 1.2m。

图 13-24　行道树对路线走向的遮挡

②竖曲线路段

a. 凸曲线路段的栽植:在凸曲线顶部种植低树,在稍低一点的地方种植高树,这样就可以从远处越过峰顶看见后面高树的顶端,使方向明确,起到视线诱导的作用(图 13-26)。

b. 凹曲线路段的栽植:在凹形竖曲线的底部应尽量避免栽植高大树木,否则会使视野变窄，不利于安全驾驶(图 13-27)。

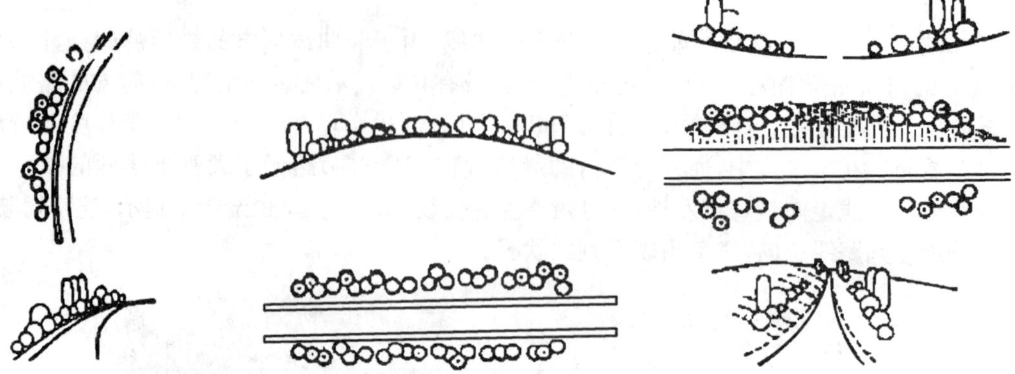

图 13-25 曲线外侧视线诱导树栽植　图 13-26 凸曲线诱导树的栽植　图 13-27 凹曲线诱导树的栽植

2. 公路横向景观与安全

公路的横向景观设置应考虑以下两个方面的内容。

(1)减轻事故后果

公路的横向设计应遵循宽容设计的理念，为不慎冲出行车道的车辆提供尽可能多的保护，避免车内人员受到更大的伤害。首先应考虑的是在路侧营造开阔、平坦的空间，设置足够的路侧净区，使失控的车辆能够自己慢慢停止，或者自行返回行车道。

如图 13-28 所示，在路侧景观的设计上采用了路侧净区，最大限度地降低了车辆驶离行车道的危险性，同时开阔的净区也具有很好的景观效果。与此类似，浅边沟也是兼顾安全与景观的很好的路侧景观设计方案。

如图 13-29 所示，隐藏式边沟或浅碟形式的边沟能够避免车辆驶离行车道后陷入边沟的危险，对于行车安全十分有利，而在边沟上植草或栽植植被后具有优美的景观，完全避免了传统砌石边沟生硬、安全性差的缺点。

此外，合理的路侧绿化能够为失控车辆提供有效的缓冲和防护，减缓事故的严重程度。美国康狄格州公路局报告指出，种植两排间隔为 1.2m 的野蔷薇，高度为 1.5m，当汽车时速为 60km/h，以 5°角度冲入灌木丛时，时速可减少为 8km/h，驾驶员和车体均无损伤。由此可见，韧性枝条状的树木有很强的缓冲和防护作用，在特殊要求的公路上可以考虑适当采用这种缓冲植物作为防护，以改善路侧的景观(图 13-30)。在护栏等防护设施完善公路的路肩外侧种植缓冲植物，也能成为护栏之后的第二道安全防护屏障，同时在视觉上也能增强驾驶安全感，提升公路的景观。

研究结果证明，当树干直径大于 10cm 时，则会发生严重的车辆碰撞事故。根据法国的观察，在汽车撞树的事故中，造成死亡的平均几率是 10.2%。因此在路侧净区范围内应避免高大粗壮的景观设计，特别是树木。

(2)隔离行人，保证安全

公路的横向景观设施还可以用于行人较多或混行严重的路段，用以隔离行人或非机动车，避免车辆在非交叉口路段随意进出，提高路段交通安全水平和车辆行驶速度。用于隔离功能的道路景观通常采用带刺的灌木，比如黄刺玫，即能有效阻挡人车进入，又能美化路侧环境。

a)

b)

图 13-28　开阔的路侧净区

a)

b)

图 13-29　安全的浅边沟具有很好的景观效果

如图 13-31，在行车道与人行道中间设置了仿木结构的护栏，兼作为隔离行人和机动车的设施，不但保护了弱势交通参与者，而且与周围的原始风貌的自然环境十分协调。

三、中央分隔带

中央分隔带具有避免对向冲突、诱导视线、防止眩光等交通安全功能，这些功能是不能被削弱的。因此，从兼顾交通安全和景观美观的角度，中央分隔带景观应遵循以下基本原则。

图 13-30 路侧缓冲植物的栽植

图 13-31 隔离行人和机动车的公路横向景观

(1)中央分隔带的设计应具有明显的节奏感和韵律感，能够渲染和调节单调的行车气氛，使驾乘人员保持轻松明快的心情，减缓反应迟钝和旅途疲劳。

(2)中央分隔带的景观设计必须满足对向防眩的基本功能，当中央分隔带采用绿化景观时，绿化应做到四季常绿，尽量减少落叶、冠形不齐的现象，以免削弱防眩功能。

(3)中央分隔带景观尤其是景观绿化设计部分色彩不宜太艳丽，以免分散驾驶员的注意力，影响行车安全。同时，色彩应注意每隔一定距离增加一些跳跃性的色彩，调节驾驶员的视线。

1. 中央分隔带防眩设计

在高速公路上行驶时，夜间强烈的眩光会引起视觉功能下降，容易诱发交通事故，因此保障中央分隔带绿化景观的防眩功能十分关键。目前国内通常采用植物防眩的设计方案。为保证防眩的效果，需要对植株的间距和高度进行设计。

防眩对内侧车道的小型车最重要，根据视觉原理驾驶员视野偏离视轴中心约 1.5°，而当车辆高速行驶时，视野超过 60°，清晰度就会逐渐减少。如图 12-32 所示，若灌木树冠直径为 d，植株间距为 s，车辆行驶方向视角为 2α 时，有 $L=d/\sin\alpha$，视野为 60°时 $\alpha=30°$，此时 $L=2d$。

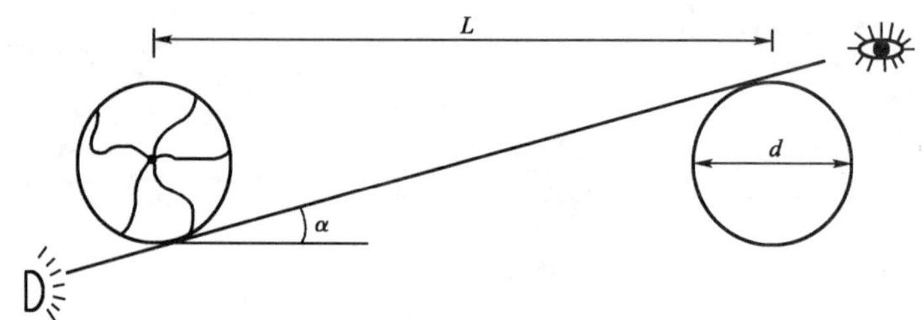

图 13-32 中央分隔带防眩株距计算示意图

通常情况下，只要灌木超过视线高并且植株间距满足树冠直径的两倍时，即具有一定的防眩效果，当然防眩要求高时则需专门设计。在进行中央分隔带的景观设计时，必须满足防眩的要求，以保证美学要求与交通安全功能取得一致。

防眩树木的种植高度与车灯位置与驾驶员的视线高度有关，一般小汽车的前照灯的高度是 70cm，驾驶员的视线高度为 100～120cm；货车的前照灯高度一般为 110cm，驾驶员的视线高度为 180～200cm。

考虑到植株过高会隔断公路景观的连续性，给使用者带来闷感，一旦被强风刮倒，还会影响行车安全，在小半径凹曲线处，过高的中央分隔带景观也容易阻挡视距；而植株过低，则起不到防眩作用，不利于安全，同时，树冠下净空高度不宜高于小汽车的车灯高度，否则容易使得防眩失效。因此，树高的选择一般不应低于 120cm，以 120～180cm 的高度为佳。当树冠下净空高度高于 40cm 时，需要种植一些低矮灌木。

2. 中央分隔带风格变换

为了渲染和调节单调的行车气氛，使驾乘人员保持轻松明快的心情，减缓反应迟钝和旅途疲劳，应该适时地对中央分隔带的景观特征进行变换（图 13-33）。考虑到中央分隔带的风格不能千篇一律，以免使用者产生枯燥困倦之感；但又不可杂乱无章，以免令使用者眼花缭乱，分散注意力，一般以汽车行驶 2～3min 变换一个景观特征为宜。如果时速为 100km，则 3～5km 为一个特征转换类型。

a)

b)

c)

图 13-33　多种风格中央分隔带的景观

四、公路交通安全设施的景观化考虑

公路交通安全设施是保障道路畅通、安全，完善道路服务的设施，不但承担着重要的功能，而且是公路环境的有机组成部分，对道路整体的形象和景观有至关重要的影响。因此，为了营造和谐、优美、舒适的公路环境，在保证道路设施功能的前提下，还应该使公路设施尽可能地与周边的人与环境和谐，追求浑然天成、互融互补的效果。本节将在公路交通安全设施的景观化设计理念的基础上，以交通标志和护栏为重点，探讨如何在公路交通安全设施的设计中兼顾景观。

1. 公路交通安全设施的景观化设计理念

公路交通安全设施，包括交通标志、交通标线、护栏、轮廓标等，都是人工构造物。传统设计方法的现代感十分鲜明，与公路周边的自然感反差十分明显，是安全工程中对公路景观影响最大的部分，已经落后于目前公路项目建设的理念和目标(图 13-34)。应在保证安全的前提下尽可能考虑新理念、新技术和新材料的应用，使安全与景观能有机地融合在一起。

图 13-34 规则的现代设计手法削弱了环境的美感

因此，公路交通安全设施的景观化设计理念应秉承和谐的理念，采用自然化和乡土化的手法，将道路设施真正地融入天地之间，成为自然景观的一部分。

(1)自然化手法

自然化的设计手法与传统的规则式设计相对应，通过材料和外观的设计处理，从形式上表现自然，立足于将道路设施充分融入自然环境中，创造和谐、自然的新景观(图 13-35)。自然式设计的核心是:崇尚自然，借鉴道路沿线地域的环境特征、结构特点和演替规律，结合设施自身的特征，在保证设施功能的前提下，科学而艺术地打造具有浓郁地方性特征的公路设施。

自然化手法的另一个重要方面是公路的设施要“少而够”，也就是说，在满足功能要求的前提下控制设施的数量和规模，不与自然争景。

(2)乡土化手法

乡土化原则是指通过研究公路所经区域所具有的独特的“乡土材料、乡土文化及乡土建筑技术”等，经过科学地分析论证，以继承与发展的形式融入到公路设计中，达到尊重地域环境、体现地域特色、降低工程造价的目的。

乡土化技术理念主要体现在利用乡土建筑材料、乡土植物材料、乡土建筑技术、乡土文化营造个性公路自然环境等方面。这些方面如果应用得恰当，不仅可以创造出独具个性且与环境协调的公路作品，而且由于使用了最普遍、常见的材料和技术等，可以最大限度降低工程造价(图 13-36)。

乡土化设计还体现在对乡土文化的尊重与发掘利用方面，应充分考虑路线的区位、环境特点，使作品充分体现出对历史的尊重，达到公路与历史人文环境的和谐统一。二者相得益彰，增加公路观赏性的同时，又做到了发掘、利用历史人文景观资源的目的(图 13-37)。

图 13-35　自然的挡墙设计，与环境浑然一体

图 13-36　乡土材料的利用

图 13-37　乡土化的建筑技术

(3)隐蔽化手法

隐蔽化原则是指通过结构和色彩的设计，使不要求视认效果的设施隐藏在环境背景之内，不构成公路景观的主要因素。通过隐蔽的设计手法，能够最大限度地保持自然环境的原貌，符合自然、和谐的要求(图 13-38)。

图 13-38　隐蔽的缆索护栏，不遮挡自然的原貌

2. 交通标志的景观设计

交通标志是公路直接向驾驶员提供信息的设施，是道路与道路使用者进行沟通的媒介；同时交通标志是交通规则和交通信息的图形化语言，具有法律意义。国家标准 GB 5768 对于交通标志的图形、符号、颜色和外观尺寸均有严格的规定，作为公路的建设者应该严格遵循国家标准的规定。但是在和谐、创新理念的指引下，在标准规定的框架之内，可以采用自然化、乡土化和隐蔽化的设计手法，赋予交通标志新的特色。

自然的才是最美的。从自然美学的角度讲，人工雕琢的痕迹越少，道路与自然就越和谐；而从标志的功能上又要求其越醒目越好。交通标志设计就是要从这对矛盾中寻求最佳的平衡点。

(1)交通标志的景观化设计原则

交通标志的景观化设计必须遵循下列四个基本原则。

①满足现有规范和相关法律法规的要求

标志的景观设计必须在我国现行的规范和相关法规允许的范围内进行，不能突破国家对于交通标志的规定。交通标志是一种法律的语言，为了保证标志的一致性，相关的标准是国家的强制性标准，擅自变更的行为是一种违法行为，因此对于有强制性规定的标志不能从图案、内容上进行景观方面的修改，只能在标志的结构上考虑景观方面的要求。而对于部分强制性要求以及无强制性要求的标志则可以从标志的位置、内容、图案上考虑景观的元素，同时还可以对标志的结构进行景观设计。

②满足安全和信息提示的基本功能

标志的景观设计应秉承安全第一，不降低道路的交通安全水平为原则，而且不能减少驾驶员能够获得的有效信息。

③与环境相协调原则

标志景观设计必须结合标志的功能以及具体的道路情况和景观特征，结合不同路段地形地物的特点，因地制宜地进行合理的景观设计。

④安全功能优先原则

交通标志首先是一种道路安全设施，对于保证公路的安全水平和服务水平具有至关重要的作用，因此交通标志的景观设计不能降低标志系统应具有的功能，若景观要求与交通标志的功能要求发生冲突，则会有以下结果：首先考虑对标志系统进行功能优化，通过调整标志的内容和位置，在保证功能的前提下追求美观；若无法通过优化实现上述目的，则保证交通标志的功能，而承受景观方面的瑕疵。

(2)交通标志的景观化设计内容

根据交通标志不同的组成，景观化设计的内容包括标志的版面与结构两部分内容。其中标志版面的景观设计主要考虑标志的图案以及版面的合理布局，图案应该美观、直观，给人以心理冲击；布局应该和谐、大方，避免过于局促的布置。标志结构的景观设计主要是应用隐蔽化的设计手法，以弱化交通标志结构的存在感为主要方向。

①交通标志版面

根据满足现有规范和相关法律法规的原则，指路、禁令、警告等标志的版面必须严格按照国标的要求设计，只有旅游标志和公益类标志可以在版面的设计上考虑景观方面的优化。

a. 旅游区标志版面

旅游区标志包括指示旅游点位置、旅游信息中心、休闲场所等于旅游者相关的标志信息。旅游标志的版面设计应结合公路周边的自然景观和旅游区的特征进行，除了标志的字高需满足一定速度下驾驶员识别的要求，其余均可因地制宜地采取有特色的设计。

如图 13-39，a)、b)两图为美国黄石国家公园内的旅游景区标志，为了控制标志整体尺寸，并没有采用较大的图案作为标志的内容，其中 a)图标志采用了比较特殊的字体引起驾驶员注意，b)图标志则在标志的右下角采用了旅游区的徽标。c)、d)两图是我国设计得比较好的旅游标志。黄石公园的旅游标志比较简单自然，我国的设计案例则通过有特色的图案表明了旅游区的特征，而且图案风格简单明晰，值得借鉴。

a)　b)　c)　d)

图 13-39　旅游区标志

b. 公益类标志

公益类标志是为了提醒驾驶员注意安全或保护自然环境和动植物资源等，出于公益性目的而设置的一些善意的提示性标志。国家标准中并没有对公益类标志进行明确的规定，可以在保证视认性的前提下，进行适当的景观化考虑。

如图 13-40 所示，a)图为美国黄石国家公园内的标志，提示前方有野兔出没；b)图是我国公益标志的使用案例。比较而言，我国的公益标志在色彩上和设计上更容易与其他类型的标志区分开来，但是显得过于规则，现代文明的意味较强。

②交通标志结构的景观化设计

公路上大型交通标志的结构都比较庞大，色彩上以镀锌层的亮白色为主，在公路上显得十分笨重、显眼，在景观上有喧宾夺主的感觉，景观设计的重点就是避免交通标志结构成为视野中最显著的景物。目前，国际上流行的趋势是弱化交通标志结构的视觉效果。处置的方式主要有四个方面。

a)

b)

图 13-40　公益类标志

a. 门架和悬臂标志具有更加强烈的视觉冲击力，因此尽可能采用路侧交通标志，使公路上的视觉具有更好的通透性，减少压迫感。

如图 13-41 所示，路侧的标志结构拥有很好的视认性，而且不阻挡视线，而位于行车道上方的标志虽然更加显著，但是遮蔽了天空和自然景色。因此从和谐、优美的角度出发，路侧结构更适合于景观化的要求。但是在安全需求更高的路段，为了突出标志的存在，应考虑使用悬臂或门架的结构。

a)

b)

图 13-41　路侧标志及悬臂标志

b. 采用高强度的材料和更加轻巧、通透的结构设计，使交通标志更加纤细，轻盈，降低在环境中的存在感，或者应用乡土化的设计手法，使用与环境协调一致的材料作为标志的结构，从而获得与整体公路环境的和谐。

如图 13-42 所示，采用木材作为柱式标志的结构，标志的版面仍然采用标准样式，能够避免金属立柱亮白的颜色对整体自然景观的破坏。即使由于力学要求的缘故使用金属立柱，也可以在立柱的表面采用接近木材的颜色。

如图 13-43 所示，对于内容较多、尺寸较大的标志，版面使用拼接的方式，满足功能要求之余增加了自然的风味，立柱需要提供更坚固支撑时可以采用右图方式加固。

c. 标志的位置应尽量减少对景观的影响。

a)

b)

图 13-42　木质交通标志

a)

b)

图 13-43　多样的交通标志版式

如图 13-44 所示，a)图为设置标志前的状况，挖方边坡的截水沟裸露在外，混凝土边沟显得十分粗糙和生硬；b)图是安装标志后，截水沟被完全遮挡。通过对标志位置的灵活安排，巧妙地消除了环境中存在的瑕疵。

a)

b)

图 13-44　交通标志的改进示例

d. 巧妙地使用色彩，使标志的结构在整个景观中处于被忽视的地位，从而达到弱化交通标志结构视觉效果的目的。根据国外相关的研究，采用的色彩以在周围景观中不十分显眼为原则，以暗茶色、淡茶色和暗灰色为主要供选择色调。结构的尺寸越粗大，选择的颜色应越深。

通常，标志的结构采用镀锌层的颜色，在以黑色和绿色为主色调的环境中非常显著，尤其在阳光的照射下更是如此。此时，可以对采用不显著的暗色调对标志结构进行处理，弱化结构的存在，提升景观感受。如图 13-45 所示，银白色的标志结构改变为淡茶色之后，存在感明显降低，改善了驾驶员的视觉感受，景观效果得到了提升。

a)

b)

图 13-45　改变交通标志的颜色

图 13-46 为某高速公路的工程实际，从弱化标志结构角度出发，标志结构颜色由传统的防锈银白色改为亚光的不易引人注意的茶褐色，从远处看几乎完全融入到了背景之中。

图 13-46　某高速公路标志设计示例

3. 护栏的景观设计

护栏是行车道两侧的安全设施，其目的是防止失控车辆驶出路外，降低事故中人员和财产的损失，在现代交通系统中占据着举足轻重的地位。

同时，护栏占据着驾驶员和乘客路侧的视野，是整个交通环境中有机的组成部分，直接影响着道路的整体景观。因此，对于有景观要求的公路来说，护栏的选择不但要考虑对车辆的防护，而且要使护栏的形式与自然景观和文化传统相得益彰。

(1)设计原则

护栏的景观化设计必须遵循下列两个基本原则。

①必须能够满足安全防护的基本功能

护栏设置的基本目的是对失控车辆提供有效的防护，避免重大损失，挽救驾乘人员的生命。护栏的景观设计必须在满足护栏基本防护功能的基础上进行，不能以降低护栏的安全防护和诱导水平为代价。

②与环境相协调原则

公路作为长度很大的线性工程，路线穿越的沿线环境也在不断变化，单一形式的护栏使人产生单调乏味的感觉，且难以与富于变化的环境相协调。因此，护栏的景观设计应结合具体的道路情况和景观特征，结合不同路段地形地物的特点，因地制宜地进行合理的景观设计。

(2)设计内容

目前，国内常用的护栏的形式为波形梁护栏、缆索护栏和混凝土护栏三种。除此之外，经过多年的发展，已经出现了一些安全与景观效果并重的护栏形式，在国内外已经有很多使用。这些成功的经验值得借鉴。

在进行护栏景观设计时，护栏形式的选择，应充分比较各种护栏的性能，分析行驶安全感、压迫感、视线诱导、瞭望的舒适性，并考虑与公路周围环境的协调，结合经济性、施工条件及养护维修等因素，在综合分析的基础上确定。

①缆索护栏

缆索护栏的优点是通透性好。在地势平坦的平原地区，或者在山区的坝区路段或沿溪线，道路线形顺直，视野开阔，风景优美，对护栏的透景要求比较高。此时，应该优先选用缆索护栏，以减少遮挡，释放心情，舒缓压抑、紧张的情绪。

如图 13-47 所示，缆索护栏在视觉上的存在感很弱，具有不遮挡视线、视野开放的特征，最大限度地展现自然的本来面貌，适合沿河路段和开阔的路段使用。

②混凝土护栏

混凝土护栏刚度高，防护能力强，对防止车辆越出路外的效果好，而且能给人以安全感。因此从保障安全的角度，在路侧深沟、陡崖、高路堤、临水等车辆冲出路外容易引起重大恶性事故的路段以采用混凝土护栏为宜。传统的混凝土护栏外观单调，结构笨重，给人以压抑的感觉，可以通过贴面或改变护栏形式的方式来提升混凝土护栏的景观效果。

如图 13-48 所示，a)图中的混凝土护栏采用了城墙垛样的外观，b)图中的混凝土护栏则采用了外表贴面的处置方式，以本地的石材或卵石对护栏的外表面进行处理，改善了混凝土护栏生硬、呆板的形象。

③波形梁护栏

波形梁护栏刚柔相兼，具有较强的吸收碰撞能量的能力，具有较好的视线诱导功能，能与道路线形相协调，外形美观，损坏处容易更换。通透性较混凝土护栏要好，适应能力较缆索护栏更强。因此，在除特殊要求需要设置其他类型的护栏之外，其他路段均应设置波形梁护栏。

图 13-47 缆索护栏

a)

b)

图 13-48 混凝土护栏

④钢木护栏

所谓钢木护栏，并非完全由木材构成，只是护栏在外观上呈现出木材的质感。为达到护栏的防撞强度要求，木护栏都是由钢材和木材两种材料混合构成，由钢材和木材一起提供所需要的强度。这种护栏外形独特，木材的天然色彩和纹理使护栏呈现出一派田园景象，尤其适用于自然风景优美的公路沿线和旅游线路。

如图 13-49 所示，钢木组合结构护栏在国内外已经得到了广泛的应用。其中，a)、b)、c)是国外使用的情况，d)是我国自主开发的钢木护栏。对于树木较多，视野比较狭窄的 a)、d)，或是视野内的元素比较杂乱的 b)路段，钢木组合结构护栏给人的感觉自然，能够与自然环境很好地结合，而设置在开阔地带的钢木护栏 c)则对视线有较大的遮挡，虽然护栏的外观比较自然，但是从整体来讲还是对景观有比较不利的影响，效果不如通透型的护栏。

a)　b)　c)　d)

图 13-49　钢材组合结构护栏

⑤桥梁护栏

桥梁是开放式的结构物，历来是群死群伤事故多发的路段，因此桥梁上的护栏要能够保证将车辆阻止在道路上，避免车辆翻落桥下的悲剧。与此同时，考虑到景观要求，桥梁护栏应该尽可能地采用通透的梁柱结构(图 13-50)，同时处理好桥梁护栏的端头。

如图 13-51，桥梁采用通透式的护栏，驾驶员能够观赏到美丽的河流或湖泊，具有很好的景观效果。护栏的端头采用外展式，端头结构可以采用石料贴面，使其更具自然风味。

图 13-50　桥梁护栏

图 13-51　桥梁护栏的端头

参考文献

[1] 袁玲. 公路景观绿化的交通特性研究. 公路,2004.10.
[2] 张强，陈雨人. 高等级公路中绿化与安全的关系分析. 公路,2005.11.
[3] 魏中华,王海忠,任福田. 公路景观设计理论框架研究. 北京工业大学学报,2007.1.
[4] 魏中华,王珊,任福田. 高等级公路景观序列构成研究. 公路交通科技,2004.11.
[5] 黄笑锋. 公路绿化与公路交通问题的研究[D]. 西安公路交通大学硕士论文,2000.4.
[6] JEONG HUN MOK. DELINEATING TRAFFIC SAFETY BENEFITS OF TRAVEL-WAY CORRIDOR LANDSCAPE CHARACTERISTICS AND LANDSCAPE IMPROVEMENTS. Texas A&M University,2007.5.
[7] 殷艳红,潘晓东,等. 道路视觉环境与安全行车的关系. 公路与汽运,2007.5.
[8] 路琦. 公路护栏景观视觉设计. 公路交通科技(应用版),2006.
[9] 孟强,沈毅,等. 公路景观绿化与交通安全的辩证关系. 国际公路安全研讨会,2005.10.
[10] 杨航卓. 中国公路景观建设现状与发展方向. 国际公路安全研讨会,2005.10.

第十四章　标志联网技术

第一节　概　　述

一、道路交通标志的内涵和外延

道路交通标志是通过图形、符号、文字、颜色向人们传递道路信息，用以管制、警告及引导交通的安全设施。它在现代道路交通管理中发挥着重要作用。

1. 道路交通标志的内涵

(1)道路交通标志是一种语言

道路交通标志是一种专供道路交通使用的符号语言，以通用的、易于理解和交流的符号为基础，以能被察觉和便于识别的方式向驾驶员或其他道路使用者传递信息。符号语言是一种经过精炼的文化缩略语，蕴藏着人类的智慧和文明。因此，标志也具有简化性、约定性、直入主题的特点。例如：机场高速的名称、旅游指示标志和施工标志中采用形象化的图形语言等就是很好的体现。

(2)道路交通标志是一种组合图

组合图是一种由文字、字符和图形混合构成的图案。道路交通标志使用图形和文字(包括中文汉字、字母、数字)，具有组合图的基本特征，但组合图还具有另一种特殊的性质：组合图本身是能够被组合的，即图的镶嵌。指认道路标志是一种组合图，即表示道路交通标志具有这种组合图的嵌套使用性。实际研究表明，嵌套图形的表示方法对标志的视认性具有增强作用。例如：在指路标志中加入道路编号的图形，即能够实现充分利用现有标志版面的条件下，提高标志的信息容量，同时能使标志更美观、更生动。

(3)道路交通标志是一种标识物

标识物是一种具有特定意义的物体，这种意义可以反映出象征性、美观性、参照性、尺度性等。例如：目前在高速公路入口处设置公路起点标志，能反映出高速公路的使用者已经在接受高速公路给其提供的服务，同时也象征着高速公路使用者能开始快速、安全、舒适地驶往目的地。高速公路沿线设置地点距离标志、里程牌和百米牌标志，能为高速公路的使用人员提供位置的参照性，也能成为驾驶员合理控制行驶速度的尺度。

2. 道路交通标志的外延

道路交通标志的作用是用以管制、警告及引导交通，其外延是对系统化导向功能、动静结合的交通组织功能、交通管理功能和其他协调功能等需求的满足。道路交通标志的外延具有更加丰富的内容，它体现出交通管理人员对交通的认识程度，反映道路交通的管理水平。

(1)道路交通标志是一种服务设施

道路交通标志的核心是服务道路交通使用者,根本目的是要为道路使用者创造一种安全、顺畅的交通环境。例如:指路标志为道路使用者提供交通信息服务;警告标志用以警告车辆、行人注意危险地点,提示应采取相应措施等。

(2)道路交通标志是一种管理设施

通常的管理具有行政强制性和服务性。作为道路交通的管理手段,交通标志也具有交通执法的强制性。交通管理的命令和要求通过交通标志传递给道路使用者。例如:禁令标志明确指示交通管理中不被允许的交通行为,部分指示标志则指示交通使用者应当采取的交通行为等。这些标志传递的信息具有法律的强制性,如果交通参与者违反这些标志的规定,可能导致对自身、其他交通参与者等的伤害,是违法行为。

(3)道路交通标志是一种控制设施

随着交通的快速发展,交通量的迅速提高,需要对交通流采取一定的控制策略,才能实现交通的有效管理,提高交通服务的质量和能力。对交通的控制作用按大小分为强制执行和指导执行两种,前者是依据交通导向和诱导的策略制订的相关管制措施,具有强制性;后者是依据管理经验和道路条件对道路使用者进行的指导性提示,具有明显的服务性质。如:禁令标志中的限速、限高、限宽等标志,多雾路段慢行指示标志,高速公路中分合流标志等。

二、我国道路交通标志应用的历史、现状和面临的挑战

1. 道路交通标志的演化

从步行时代起到现代社会,交通工具的发展已经历了四个时代。

(1)第一个时代,马拉车时代。城市通常是人口高度集聚的,经济、工业、商业和住宅的高密度区都在城市中部核心区,古代的人们采用标记来区分房屋建筑设施,如标识出马厩、驿站、码头等;并具有了道路按功能进行划分的初步思想,如设置粮道、盐道、官道等。人类所有的记录里,最早使用的路标,就要追溯到古罗马时代的战争年代。那时,从罗马城到加普里亚的军用大道上已设有里程碑和指路牌。

在我国,公元3世纪也曾采用过铜牌记录里程。随着车工具的广泛使用,种类渐渐多样化,开始出现交通混杂的状况。为了解决秩序混乱的局面,交通标志开始体现交通规则,并具有了管理的强制性。我国古时有一种叫仪制令的交通规则,创始于唐代。宋太宗太平兴国八年(公元983年),朝廷下诏,令京都开封及各州,在城内主要交通路口悬挂木牌,上书仪制令作为交通规则,人人都要遵守。到南宋,这一交通规则又由各州扩大到各县,而且由悬挂木牌发展到刻石立碑以永久示人。

(2)第二个时代,1888年美国弗吉尼亚州出现了世界上第一条电车线路,标志着城市交通进入电车时代。但早在1832年美国纽约就出现了世界上第一条马拉有轨车线路,从而产生了交通线路的概念。电力时代电车的应用使市内交通平均速度提高了两倍,交通可达性的提高从而产生了新的交通设施需求,例如设置固定车站与站牌、连续的线路指示等。

(3)第三个时代,进入20世纪后,市际和郊区铁路运输车辆的出现,使得交通标志也开始需要根据不同交通方式进行协调设置。

(4)随后进入第四个时代,第一辆汽车于19世纪80年代在德国诞生,到了20世纪初,汽

车大行其道，路标也随之推陈出新。1903 年巴黎街头首次出现一正方形黑底白色图案的路标，当时规定了 9 种标志。1908 年在伦敦召开的国际会议上第一次提出了交通标志的统一化要求。1949 年联合国交通运输委员会的提议象征着交通标志开始走向国际化、科学化道路。20 世纪 40 年代以后，代表人类对道路使用功能需求的快速、安全、便捷、舒适的高速公路产生。随着高速公路和环形路得到快速发展，城市道路等级和功能进一步细化，也必然要求交通标志越来越系统化和规范化。

2. 我国交通标志的发展

在世界道路交通标志发展史中，我们的祖先做过很大的贡献。据《中国交通史》记载，"神农度地甄四海，东西九十万里，南北八十万里，始有里数。到黄帝时道路就有记里堆，后来用铜表记里。"说明中国早在 4000 多年前就有原始的道路标志。但对标志的深入研究始于上世纪初期，1934 年苏浙皖京沪交通委员会制定了道路交通标号志设置规则。1955 年，公安部发布了《城市交通规则》，将交通标志共分为 3 类 28 种，其中指示标志 8 种，警告标志 4 种，禁令标志 16 种，形式非常简单。1972 年交通部、公安部联合发布了《交通规则》，将交通标志分为警告标志、禁令标志和指示标志 3 类，共 34 种。随着交通运输和交通管理技术的发展，20 世纪 80 年代初，交通部发布了《公路标志及路面标线》(JTJ 072—82)部颁标准，将交通标志分为警告标志、禁令标志、指示标志、指路标志和辅助标志 5 类共 105 种。此后各大城市分别制定了道路交通管理和暂行规则，其中包括交通标志、标线图例。1986 年交通部组织编制完成了第一部全国统一的《道路交通标志和标线》(GB 5768—1986)国家标准，此时交通标志的运用才走向规范化。但随着交通科技的不断进步，交通复杂程度的日益加剧，人们对交通标志的技术提出了更高的要求。为此，交通部公路科学研究院标准研究编制组总结了我国道路交通标志设计、施工、制造、检验等方面的经验教训，同时广泛收集和了解各发达国家近十几年来在道路交通标志方面研究的新动向，经过征求众多意见和反复修改，于 1999 年重新公布了《道路交通标志和标线》(GB 5768—1999)国家标准，将标志分为主标志和辅助标志两大类，共有 327 种。我国交通标志标准发展概况如表 14-1 所示。

我国交通标志发展概况 表 14-1

序号	标志种类	单位	年份				
			1955	1972	1982	1986	1999
1	警告标志	种	4	7	34	32	49
2	禁令标志	种	16	18	16	35	42
3	指示标志	种	8	9	25	25	29
4	指路标志	种			26	29	68
4.1	一般道路标志	种				16	30
4.2	地点识别	种				7	13
4.3	告示牌	种					10
4.4	其他	种				6	15
5	高速公路标志	种				31	80
6	旅游标志	种					17
7	施工区标志	种					26
8	辅助标志	种			4	16	16
合计			28	34	105	168	327

在《道路交通标志和标线》(GB 5768—1999)颁布以后,我国道路交通标志呈现了一派欣欣向荣的景象,各省(自治区)、市、县都采取有力措施加以贯彻执行,使交通标志工作得到快速发展,无论设计、制作、加工、施工、质控、检测等等都有了长足的进步。不少地方还根据国家标准,结合本地的实际情况,制定了地方规范、指南等。另外,交通部还制定了与国标相适应的配套部颁规范,公安部也制定了有关的指南。

3. 当前我国交通标志应用中面临的挑战

近十几年我国交通基础建设飞速发展,交通"硬环境"日趋完善。与之相对应,返观交通"软环境",也就是交通服务功能的发挥却没有跟上基础建设前进的步伐,作为交通服务功能重要载体的交通标志在设置工作中出现了许多新问题。总结全国的情况,交通标志设置中的问题可以归结为两大类。

(1)技术类问题

指现有交通标志设置方法和技术的不完善或不能适应新形势需要而产生的问题,体现为以下几点。

①现有指路标志信息选取方法不能满足网络化道路交通体系功能发挥的需要

经过长期的建设和发展,我国道路网体系已经初具规模,局部地区的道路网骨架已经成型。以道路联网为基础的交通体系与以前单条道路为主的交通体系有本质的区别,道路网系统对交通标志特别是指路标志的信息选取有了更高的要求。

如图 14-1 所示,由于缺乏路网条件下指路标志信息的选取原则和方法,我国现有指路标志多选择某一特定地点作为指示信息。这种选取原则更多针对单条道路进行考虑,在道路成网条件下如何为道路网的使用者提供高质量的指路、导向信息,满足多种不同目的驾驶员的需求,发挥路网的最大功效,充分实现路网体系对交通的疏导作用,是我国交通所面临的新问题。

图 14-1　以指示本地地名为主的现有指路标志

②指路标志信息发布不系统、不连贯

指路标志应当为道路使用者提供完整的系统信息。指路标志信息系统至少应当包括现在所在地的位置信息、所在道路的信息、所行驶方向的信息、确认所选择方向是否正确的信息、前方到达的重要道路或区域的信息、目的地周边的指示信息等。每一项信息对交通使用者都有不同的作用和含义,指路标志应当通过多种方式向道路使用者提供系统的信息指引服务。

从全国现有指路标志应用情况的分析可以发现,指路标志信息发布的系统性有待加强。现有指路标志主要发布现在所在地的信息、前方及周边区域的信息,缺乏对于现在所在道路(编号)的提示、对于行驶方向的提示、对周边道路(编号)的提示等信息,确认所选择方向是否正确的信息也较少。

信息发布的连贯性是影响指路标志功能发挥的关键，为保证指路标志信息发布的连贯性，需要确定不同类别信息发布的地点和连续发布的方法。完整的指路标志系统由预告标志、交叉口指路标志和指路确认标志构成，各种标志按照其所起的作用，发布不同的信息，共同构成完整的指路信息发布系统。而我国目前指路标志系统性方面的问题主要体现在三个方面：一是预告标志基本没有。在一些大型交叉口，由于缺乏适当提前的预告标志，造成驾驶员走错路或路口迟疑现象。二是存在信息发布的突然中断现象，使驾驶员特别是外地驾驶员无所适从。三是存在不同标志信息之间相互矛盾的现象。

③标志版面设计五花八门，现行国标有关规定未得到很好的执行

标志版面设计是保证标志视认性的基础，国家标准从总体原则角度对其进行了规定，这些规定都是以科学原理为基础的，应当得到良好的遵守。

由于各地交通情况千差万别，加之缺乏将国标的原则规定具体化的版面设计技术规范，导致现有标志版面设计五花八门，现行国标的有关规定未得到很好的执行，如图 14-2 所示。各地普遍存在为控制版面尺寸缩小字体、拼音，英文指路标识字体过小，标志字体颜色及版式不符合国标要求等问题。

图 14-2 五花八门的现有标志版面设计

④部分现有交通标志不能适应新的法律环境，亟须完善

随着《道路交通安全法》、《道路交通安全法实施条例》等一批新法律法规的出台，交通标志应用的法律环境发生了一定的变化，需要进一步完善交通标志的应用，以适应新法律法规的要求。

新的法津立法的基本原则是“法律没有禁止的就是合法的”，这一点与以前许多法律的立

法原则有本质的区别。满足新法律体系的要求，尤其需要对各种禁令（图 14-3）和警告标志等的设置原则进行调整，按照新法律体系的宗旨，针对具体的交通特点对有关规范进行深入和细化。

图 14-3　含义模糊的禁令标志

⑤缺乏对新型交通标志应用的技术规范和指导，一定程度上妨碍了新型标志的推广和应用。

近几年交通科技日新月异，许多新材料、新方法、新工艺被应用到交通标志领域。新型交通标志（图 14-4）的出现，解决了许多过去长期困扰的难题。实践证明，许多新型交通标志在具体交通环境下能够获得非常好的应用效果，值得大力推广和应用。

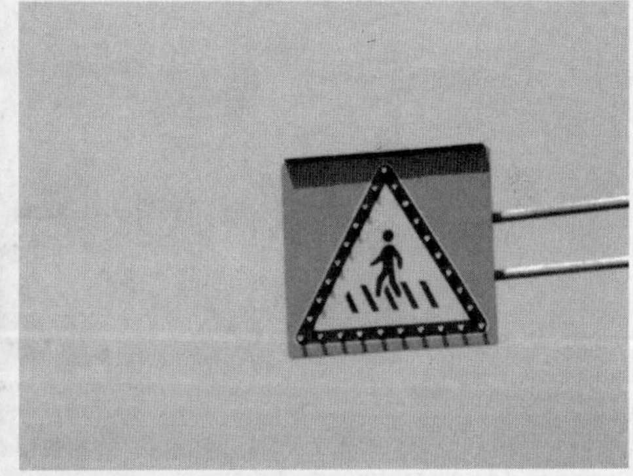

图 14-4　新型交通标志

由于缺乏对新型交通标志应用的技术规范和指导，设计者在应用这些新型标志时无所适从，或者错误的应用，一定程度上妨碍了新型标志的推广和应用。

(2)管理类问题

指由于管理或设置不善导致的交通标志应用问题，体现为以下几点。

①较高等级公路交通标志设置乱

较高等级公路指路标志信息不足或过载是常见的问题。标志不能向道路使用者提供所需的必要信息或提供的信息过多，造成驾驶员无法在正常行驶状态下完全接受这些信息。另外，较高等级公路周边各种非公路标志牌林立的现象也较为普遍，影响了正常交通标志功能的发挥(图 14-5)。

a)

b)

c)

图 14-5 较高等级公路交通标志设置

②低等级公路交通标志设置少

近些年来，各地乡、村道路建设如火如荼，为物流、信息流及繁荣农村经济发挥了良好作用。但是，公路修好了，交通安全标志却往往被忽视了，给交通安全埋下了隐患。低等级公路交通标志缺乏的现象在全国非常普遍(图 14-6)。

③标志设置缺乏统一协调

交通建设中普遍存在的分段施工、分段设计及分段维护的实际情况，使交通标志设置缺乏总体规划、总体布局设计和统一管理。不同部门、不同单位、不同时期的标志树立在临近路段甚至是同一路口，标志信息不统一甚至相互矛盾，让使用者无所适从。有时同一路口、同一标志柱上安装了多块标志版面，标志信息过多，缺乏层次感。

a)

b)

图 14-6　低等级公路交通标志缺乏

第二节　路网条件下交通标志功能定位及需求分析

一、交通标志功能定位

交通标志设置是使机动车、非机动车及行人能够安全有序的移动，以维护道路畅通和行车安全为目的的。标志是为道路使用者(特别是不熟悉路况的外地使用者)提供更好的指示、提醒、警告、引导和信息服务。

(1)标志设置应提供以下主要信息。

①关于道路的名称、行驶里程、路线方向、目的地地名和其他驾驶所需信息。

②在特定场所、特定时间的交通规则信息。

③不明显、不容易被发现的危险路段的信息。

(2)标志更有效地发挥作用，应当满足以下标准。

①信息的简明性：提供的信息要清晰、简洁、易懂，满足道路使用者的需要。

②信息内容的正确、权威性：标志信息的内容应该能够引起道路使用者的注意、重视并遵守。

③信息的可读性：交通标志的设置应充分考虑道路使用者的行动特性，即充分考虑在动态条件下发现、判读信息及采取行动的时间和前置距离，有足够的时间让道路使用者作出正确的反应。

④设置位置的正确性：交通标志应设在车辆行进正面方向最容易看见的地方，可根据具体情况设置在道路右侧、分隔带上、导流岛上，或车行道上方。

⑤重要信息的重复性：对于重要的决策性的信息应给予重复提示，一般应该提示 2～3 次以上。标志设置应进行总体布局，防止出现信息不足或过载的现象，也不能过度使用标志；标志牌在一根立柱或悬臂上并设时，应按“禁令标志”、“警告标志”、“指示标志”的顺序，先上后下，先左后右排列，最多不应超过四种。

关于指路标志的功能定位，需要着重说明一点：在交通指路信息的传递交流过程中，驾驶员、交通图、交通标志、指路人等均是交通信息的载体，不同载体富含的指路信息的内容、广度和深度、服务对象、可记忆性等均不相同，在传递指路信息中所起的作用也是不同的。指路标志由于受版面限制，有很大的局限性，而道路使用者对指路的要求往往由于目的不同，存在着很大的差别。因此，仅仅依靠标志来达到完全指路是很困难的。道路使用者到没有去过的地方旅行时，可借助道路地图等辅助手段，预先选择好行驶路线，到什么地方出口，转向什么路线，再利用指路标志确认路线，顺利到达目的地。

二、交通标志信息需求分析

从交通的演化和对交通标志的需求认识过程分析，交通标志应有以下信息功能需求。

D1：路线的度量功能（里程），如道路中每隔 1km 设有里程标；

D2：道路的方向标识功能，如道路的分岔口对多个方向进行指示；

D3：交通规则的通告功能，如道路的优先权、禁止等通行管理规则；

D4：交通设施的标识功能，如桥隧、加油站、收费站、路政管理所等设施；

D5：地理界限及地点的标识功能，如行政区界、路政区界、执法区界等；

D6：交通方式的标识功能，如客、货车、小型与大型车、机动与非机动车等；

D7：道路运营管理的指示功能，如收费道路指示、车道封闭等；

D8：道路等级的标识功能，如对国道、省道、县道的指示；

D9：道路特性的标识功能，如上（下）坡、弯道、急转弯等；

D10：交通安全的警示功能，如注意主线车辆、请系安全带等；

D11：系统化的导向功能，如旅游地点和机场高速公路的连续方向诱导等；

D12：交通控制的功能，如可变速标志进行环路速度控制；

D13：其他综合管理的功能，如禁止酒后驾车、禁止长时占用超车道等。

各功能需求与我国标准中主要功能的关系如图 14-7 所示。从图中看出，对于提供交通信息和指引行进方向的需求种类相对较多。因此，交通标志的信息化工作十分重要，从道路使用者的角度来说，指引行进方向的功能也尤为突出。本章下面的内容将主要针对交通标志中的指路标志设置方法展开。

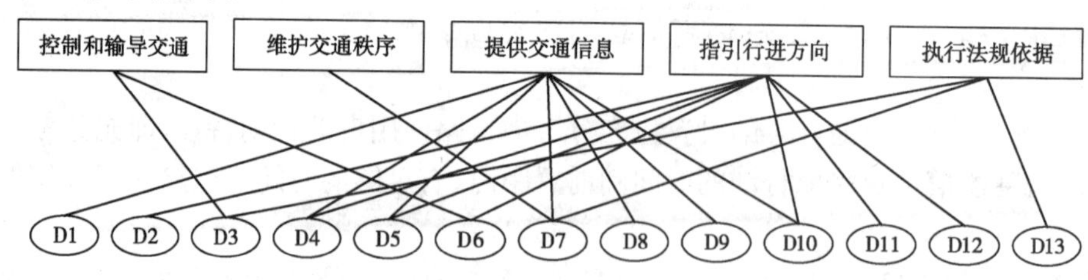

图 14-7 交通标志功能分类与需求关系

第三节 一般道路网指路标志设置技术

一、一般规定

道路是公路和城市道路的总称。公路是指连接城际间的道路，根据功能和适应的交通量分为：高速公路、一级公路、二级公路、三级公路、四级公路。城市道路则分为城市快速干道、主要道路（干道）、一般城市道路、街巷（胡同）等。一般道路是指除高速公路和城市快速干道外其他各类道路的总称。除高速公路和城市快速干道外，其他各级道路指路标志应按一般道路指路标志设置。一般道路中的互通式立交标志设置方法可参照高速公路的方式进行。

道路指路标志的服务对象应是陌生的“驾驶员”。指路标志是为驾驶员指引路线的最重要的一种手段。设置合理的指路标志应使驾驶员能够在指路标志的指引下，配合交通地图从而顺利达到目的地。

一般道路指路标志的形状应为矩形，除道路编号标志、旅游标志等本章对标志颜色进行特别说明的标志外，一般道路指路标志的颜色为：蓝底、白图案、白边。一般道路指路标志版面中出现高速公路路线名称、道路编号或旅游景点名称时，应在版面中用相应的不同颜色的图框进行显示。高速公路路线编号（绿色）采用绿底矩形图框、白色边框、白色文字；国道（红色）、省道（黄色）、县道（白色）采用与其编号标志相同颜色的矩形图框、白色边框（县道无边框）、白色文字（县道是黑色）；旅游景点名采用棕色底矩形图框、白色边框、白色文字表示。

一般道路指路标志的字高确定应符合《道路交通标志和标线》（GB 5768—1999）中相关规定。版面尺寸应以标志内容的字体高度 h 为基准，根据《道路交通标志和标线》（GB 5768—1999）中对于标志版面若干控制要素的要求进行具体设计，版面尺寸不应一刀切，即标志版面的大小应依据该道路功能确定的字符字体高度 h 和字符数量确定，不应大范围内使用同一版面尺寸，更不能因受使用同一版面尺寸的想法，而采取压缩字符字体大小或使用不符要求的其他字符类型的方法。

一般道路指路标志的版面内容一般包括道路名、地点名、地理方向、距离信息四大方面信息。一般道路指路标志版面内容不宜采用中英对照方式，标志版面中除路线编号及路程距离外，不宜包含其他非中文字符。

二、一般道路指路标志的信息

1. 一般道路指路标志的信息要素及选取原则

(1)信息要素

道路指路标志的信息要素应包括：对前方及相邻道路（路线）名称、道路编号信息、地点信息、地理方向信息、距离信息的指引和确认；道路沿线行政区域、著名地点、公共设施及行车安全的指引。

①道路（路线）名称或编号信息：

a. 前方及相邻道路（路线）名称或编号信息；

b. 当前所在道路（路线）名称或编号信息。

②地点信息：

a. 重要地区，包括直辖市、省会、自治区首府、副省级城市、地级市等；

b. 主要地区，包括县及县级市、重要旅游景点等；

c. 一般地区，包括乡、镇、村等；

d. 著名地点和主要地点，包括交通设施、文化设施、旅游设施和其他公用设施等以及交通量较大的交叉路口、国道或省道的分支点等；

e. 行政区划分界线。

③距离信息：驾驶员距离前方重要道路、省市、城镇、立交等的距离。

④地理方向信息：包括东、南、西、北等四个地理方位信息。

⑤行车安全的指引信息等。

(2)信息选取原则

顾名思义，指路标志应以“指路”即指示前方及相邻道路(路线)名称或编号信息为主，辅以指示地点信息即地名信息。但受具体某一单条道路指路标志设置需求的误导，在我国道路网已初步建设完备的近相当长一段时期以来，我国道路指路标志的设置仍然采取以指示地名(地点)为主要信息的方式，加之配套的交通地图不完善及选取的地名信息不当(如选取了当地人知道但不熟悉，外地人更不熟悉的地名)等原因，必然造成了“行路难”的状况，交通标志备受责难也就不足为奇了。

指路标志信息选取原则为：以指示前方及相邻道路(路线)名称和编号信息为主体，辅以指示地名(地点)信息，加以当前所在道路(路线)名称或编号信息、距离信息、地理方向信息、行车安全的指引信息等进行配套完善。也就是说，指路标志版面首先应提供完善的前方及相邻道路(路线)名称或编号信息，再按本节下述相关方法，以分级的方式并辅以提供具体某一道路邻近的地名(地点)信息，然后从路网相联的角度提供距离、地理方向、行车安全的指引等信息，从而形成配套完善的路网指路标志系统。道路指路标志的设置，必须从道路网络是互联互通这一基本事实出发，指导道路使用者在实际生活中，从寻找区域(地区)到线(路线)，再由线到点(地点)这一路径，循序渐进，由面到线再到点，完成交通出行。

2. 一般道路指路标志的信息分级

指路标志信息要素应按层次性原则分级选用。标志信息要素可按表 14-2 分级。

指路标志信息分级表 表 14-2

等级	一级信息	二级信息	三级信息
地区名称信息	省、自治区、直辖市和省、自治区的省会城市、计划单列市、经济特区	地级市、县(市)、大型经济开发区、著名地点、道路沿线设施、港口	乡镇、重要集镇、著名村庄
路线名称信息	高速公路名称和编号、国道名称和编号②	省级道路名称和编号②	县乡道编号
旅游景区信息	国家级旅游景点、自然保护区③	市级旅游景点、自然保护区、博物馆③	县级旅游景点、博物馆、纪念馆
交通枢纽信息	飞机场、火车站	火车场站、长途汽车总站、大型环岛、大型立交桥	重要路口
重要地物信息	国家级旅游景区、国家级产业基地、大型文体设施	市级产业基地、市级文体场馆、科技园	县级产业基地和企业、县级文体中心

3. 一般道路指路标志信息选取

(1)一般指路标志信息应分级选取。一般道路指路标志应根据道路行政等级、服务区域特点选择交叉口指路标志信息要素。不同行政等级道路平面交叉时，指路标志信息要素可按表14-3选择。

道路平交路口标志信息要素选择参考表　　表14-3

主线方向道路行政等级	主线方向标志信息	支线方向标志信息		
		国道	省道	县、乡道
国道	一级、(二级)	一级、(二级)	(一级)、二级	(二级)、三级
省道	一级、(二级)	一级、(二级)	(一级)、二级	(二级)、三级
县、乡道	二级、(三级)	(一级)、二级	(二级)、三级	(二级)、三级

(2)当前方有多个同等级信息要素时，不同等级信息选取应有所区别：

①前方有多个同等级一级、二级信息要素时，信息选取应遵循就近原则，循序渐进地进行选取，信息不应跳跃、遗漏。

②前方有多个同等级三级信息要素时，选取其中重要信息；当道路前方有多个同等级三级信息要素时，应综合交通量、交通吸引、地区经济发展水平等因素选取其中最重要的三级信息要素。

(3)不同服务功能道路的指路标志信息选取应有所差异。在遵循分级选取的前提下，当同一方向上有多个同级信息时，信息选取应有所差异。国省干线道路是连接不同区域的命脉，主要满足远途运输，应以指示远方重要区域、地点为主，路名为辅；城区内道路以指示路名为主，其次是地点、方向和距离。

(4)一般道路指路标志信息应与地图相对应，突出重点信息。一般道路指路标志的信息应是"公众"需要的重要信息，指路标志中的信息应与地图中相关信息相呼应，不应将普通地图上都没有的信息设置于指路标志牌上。

(5)一般道路指路标志信息应具有较强的可读性。一般道路指路标志设置的信息内容必须清楚、简明和易读，标志版面排版应规范、醒目。

(6)一般道路指路标志版面信息量应适当，必要时可以拆分。指路标志版面中所包含的信息总量不应超过7个，一个方向上的指示信息数量不应超过两个。当一个方向上须设置两个信息时，应将离现在地相对较近的信息放在另一个的左侧或上方。为了避免信息过载现象，必要时可以将信息拆分后设置在前后两套指路标志上。

4. 一般道路指路标志的信息发布

(1)一般道路指路标志信息发布包括设置在交叉口前后附近的路径指引标志以及设置在路段处的对道路经过地点、道路沿线设施、道路行车安全的指引标志。

(2)一般道路指路标志信息发布应连续并且适当重复。

①一般道路指路标志信息发布应该连续，不应中断或因穿插其他信息而遗漏该信息。信息应爆出主线—支线—道路的连续性。

②一般道路指路标志信息发布应适当重复。避免驾驶员因疏忽错过某一信息以及某一信息出现后，驾驶员长时间得不到该信息的确认，不知自己是否已选择正确路径。

(3)指路标志中国道、省道应统一采用道路编号进行表示。县级道路及以下道路应该同时标明道路名称及道路编号。

(4)同一条道路标志设计的标准、设置原则、风格、规格应保持一致性。

①对于一些改建工程的交通标志设置,必须结合改建后的道路交通情况,重新进行完善设计;

②对于分段设计的道路,应当保持标志设置原则的统一和协调,避免标志指示的路名、地点、趋向、距离等信息的混乱,必须兼顾与周围路网系统的有机联系。

5. 指路标志中的箭头

(1)交叉口前交叉口指路标志中,各个方向的箭头代表与交叉口直接相连的交叉道路。标注在箭头上的道路编号应为交叉道路的道路编号;标注在箭头外,箭头所指向的道路编号应为交叉道路所能通达道路的道路编号。

(2)门架或悬臂安装的标志,指示车道行驶方向和地点时,标志箭头应朝下,对准该车道中心。

(3)出口预告标志、地点方向标志的倾斜向上箭头,指示车辆向箭头倾斜方向分岔出口。

(4)平交路口的行式标志,规定为三行。最上一行箭头向上,表示路口向前直行;第二行箭头向左,指示车辆在路口向左转弯;第三行箭头向右,指示车辆在路口向右转弯。

(5)指示车辆前进方向而非专指某一车道时,箭头向上。

三、路径指引

对路径进行指引的标志是指设置在交叉口前后指引驾驶员行驶方向或确认其行驶方向的指路标志。

1. 路径指引的标志配置

路径指引包括交叉口预告标志、交叉口指路标志以及指路确认标志。交叉路口应根据相交道路的行政等级按照表 14-4 的规定设置相应的路径指引标志,其设置位置如图 14-8 所示。各类交叉路口的交通标志设置见本节第五部分的内容。

不同形式交叉口路径指引标志配置　　表 14-4

被交道路 主线道路	国　道	省　道	县　道	乡　道
国道	预、指、确	预、指、确	预、指、确	指
省道	预、指、确	预、指、确	预、指、确	指
县道	预、指、确	预、指、确	预、指、确	指
乡道	指	指	指	指

注:预——交叉口预告标志;指——交叉口路径指引标志;确——指路确认标志;加点标志——应设置的交通标志;不加点标志——可根据需要设置的交通标志。

2. 交叉口预告标志

(1)交叉口预告标志应参照表 14-4 与图 14-8 进行设置。设计速度 70km/h 及以上的道路交叉路口预告标志应设置在距交叉路口 300～500m 处,其他道路应设置在距交叉路口标志 150～300m 处。

(2)交叉口预告标志可预告前方交叉口的形状、交叉道路的编号、名称、交叉方式(十字交叉或 T 字交叉)、可通达道路及地点、对周围路网的路径指引(图 14-9)。交叉道路编号可通过将编号写在指示方向的方向杆上来表示(图 14-10、图 14-11)。

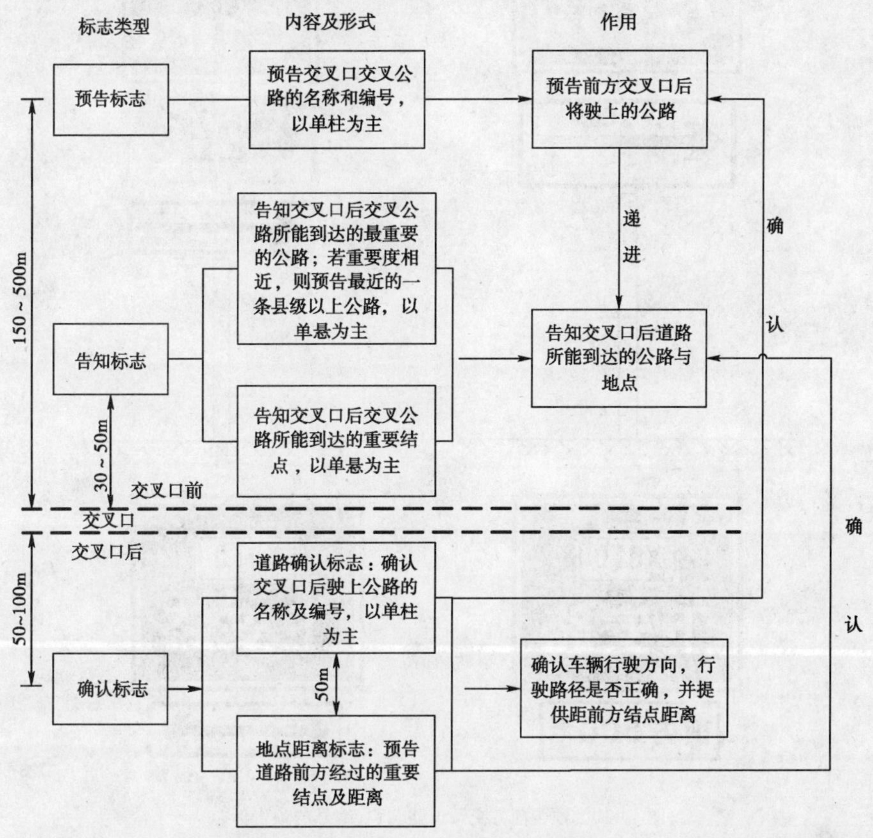

图 14-8　交叉口预告、告知、确认的布置图

图 14-9　预告交叉口形状和去向的预告标志示例

(3)在交叉口处产生两条或两条以上线路重合时,预告标志应预告相重合线路的路线名称并且通过辅助标志指示具体走向,如图 14-12 所示。

3. 交叉口指路标志

(1)十字交叉口指路标志:凡一、二级公路与相同等级道路十字相交时,必须设置十字交叉口指路标志;其他等级道路相交时,应参照表 14-2 进行设

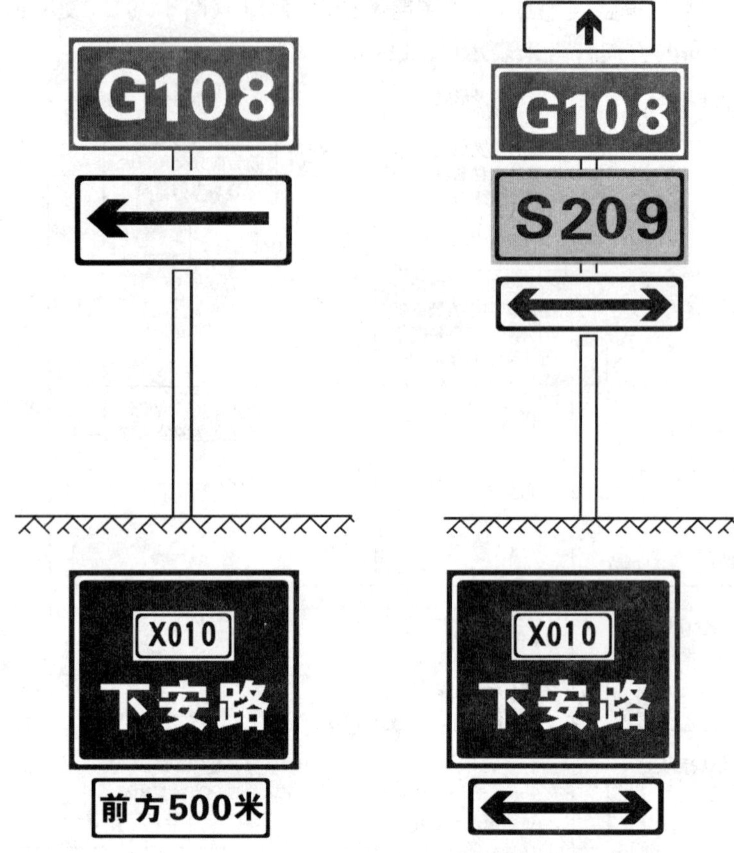

图 14-10　预告前方交叉道路名称、编号的预告标志

置。十字交叉口路径指引时,应考虑路口周围路网交通诱导的需求。十字交叉口指路标志设置应符合以下规则。

①十字交叉口指路标志应指引交叉道路每个方向通向的重要道路、区域与地点。指引信息应该按照信息分级进行选取,具体可参照表 14-2。

②交叉道路编号可通过将编号写在指示方向的方向杆上来表示。

③十字交叉口指路标志应指示车辆前方地理信息(东、南、西、北)。

④当交叉口为重要交叉口时,指路标志宜表明当前所在地点信息(图 14-13)。

⑤当标志信息字数较多时,路径指引标志宜省略地点距离信息,同时在交叉口后设置地点距离标志。

⑥十字交叉口指路标志设在距交叉口前 30～50m 范围。

(2)T 形路口指路标志:凡一、二级公路与相同等级道路丁字相交时,必须设置 T 形交叉口指路标志;与三、四级公路、等

图 14-11　预告前方交叉道路去向、交叉口形式及交叉道路编号的预告标志

图 14-12　线路重合段路名预告标志

外道路相交或低等级道路之间相交时，应参照表 14-4 进行设置。T 形交叉口路径指引时，应考虑路口周围路网交通诱导的需求，T 形交叉口指路标志设置应符合以下规则。

①T 形交叉口指路标志应指引交叉道路每个方向通向的重要道路、区域与地点。指引信息应该按照信息分级进行选取，具体可参照表14-3 选取。

②交叉道路编号可通过将编号写在指示方向的方向杆上来表示。

③除如图 14-14 所示位置指路标志外，T 形交叉口指路标志宜指示车辆前方地理方向信息(东、南、西、北)。

图 14-13　十字交叉路口指引标志示例

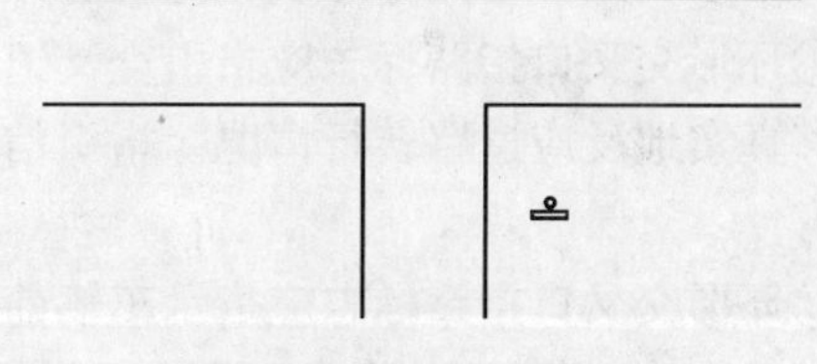

图 14-14　不应表明地理方向的 T 形交叉口指路标志

④当标志信息字数较多时，指路标志宜省略地点距离信息，同时在交叉口后设置地点距离标志(图 14-15)。

⑤T 形交叉口指路标志(图 14-16)设在距交叉口前 30～50m 范围。

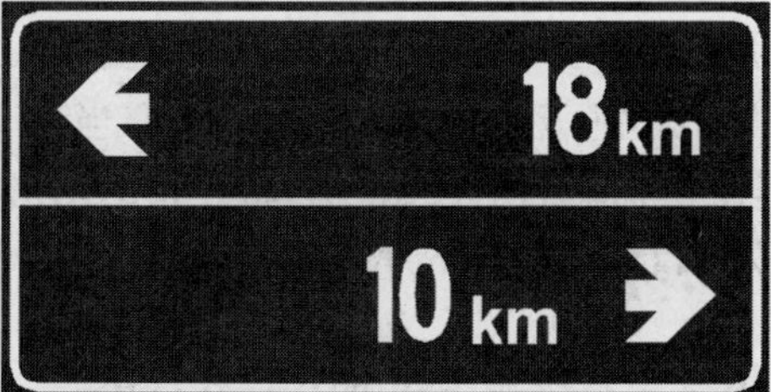

图 14-15　T 形丁字交叉口指路标志

图 14-16　T 形交叉口指路标志

(3)Y 形交叉口指路标志(图 14-17):凡一、二级公路与相同等级道路斜向相交时,必须设置 Y 形交叉口指路标志;与三、四级公路、等外道路相交或低等级道路之间相交时,应参照表 14-4 进行设置。Y 形交叉口路径指引时,应考虑路口周围路网交通诱导的需求,Y 形交叉口指路标志设置应符合以下规则。

①Y 形交叉口指路标志应指引交叉道路每个方向通向的重要道路、区域与地点。指引信息应该按照信息分级进行选取,具体可参照表 14-3 选取。

②当标志信息字数较多时,指路标志宜省略地点距离信息,同时在交叉口后设置地点距离标志。

③Y 形交叉口指路标志设在距交叉口前 30～50m 范围。

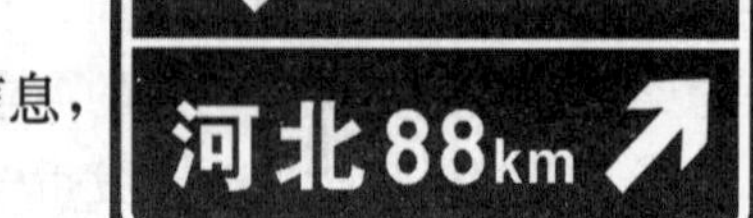

图 14-17　Y 形交叉口指路标志示例

(4)环形交叉口指路标志,凡一、二级公路与相同等级道路环形相交时,必须设置环形交叉口指路标志;与三、四级公路、等外道路相交或低等级道路之间相交时,应参照表 14-4 进行设置。环形交叉口路径指引时,应考虑路口周围路网交通诱导的需求。环形交叉口指路标志设置应符合以下规则。

①环形交叉口指路标志应指引交叉道路每个方向通向的重要道路、区域与地点。图形应该能够真实地反应道路转行情况。指引信息应该按照信息分级进行选取,具体可参照表 14-3 选取。

②环形交叉口指路标志应指示车辆前方地理信息(东、南、西、北),在重要环岛处设置的路径指引标志,应指示目前所在环岛名称。

③对于情况复杂的环形交叉口(图 14-18),可以同时在环岛上针对每个出口设置简单的道路指向标志。道路指向标志由区域或路名指向标志与辅助标志组成。

④重要环岛应在指路标志中表明环岛名称。

⑤环形交叉口指路标志设在距交叉口前 30～50m 范围。

(5)互通立交指路标志(图 14-19),一般道路的互通立交,必须设置互通立交指路标志,如图 14-19 所示。互通立交指路标志的信息要素可参照表 14-3 选取。如遇复杂的立交或连续立体交叉的情况,应设法将标志信息分解。当设一块立交指路标志不能顺利诱导交通时,可增设指路标志,沿车流方向连续指引,将复杂的图形信息分解为简单图形。互通立交指路标志设在互通立交出口前 30～50m 位置。互通立交路径指引时,应考虑立交周围路网交通诱导的需求。

(6)分岔处指路标志,应标明道路分岔后车流方向和去往的目的地。指路标志上的信息要素可参照表 14-3 选取。分岔处路径指引时,应考虑岔路周围路网交通诱导的需求。路径指引

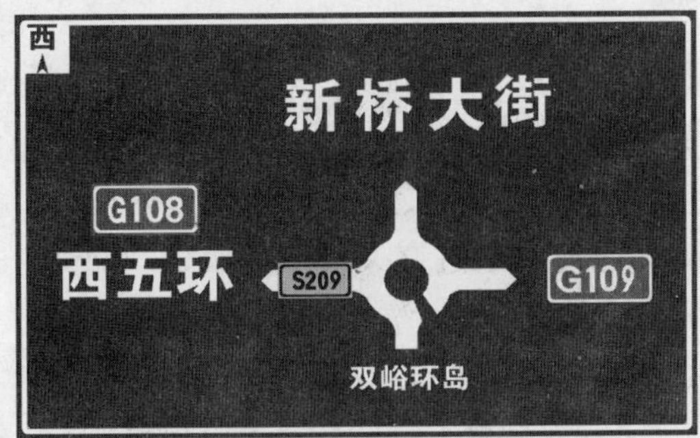

图 14-18　复杂环形交叉口指路标志与设置在环岛上的指向标志

图 14-19　互通式立交路口指路标志示例

标志设在道路分岔口的三角地带端部，一般采用双悬臂结构，如图 14-20 所示。

(7)绕行标志：凡前方道路因某种原因（如施工、禁止左转）对车辆通行进行限制，需要车辆绕行的路口前应设绕行标志。绕行标志应标明前方道路绕行的正确行驶路线和理由，如图 14-21 所示。绕行标志设于因某种原因需要车辆绕行的路口前适当位置。

(8)此路不通标志，应设在道路断头路的入口醒目位置，如图 14-22 所示。

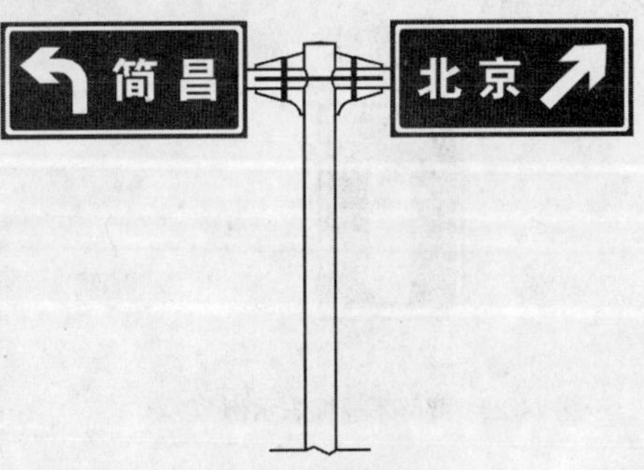

图 14-20　分岔处指标志示例

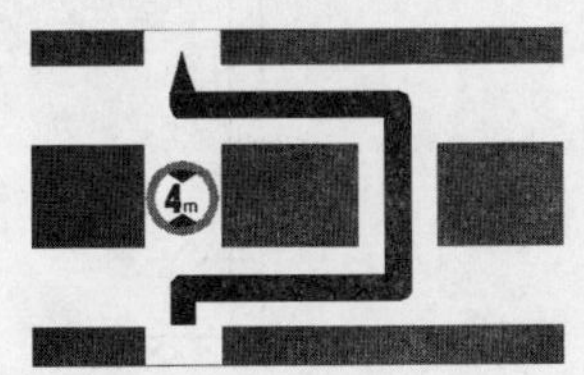

图 14-21　绕行标志示例

4. 指路确认标志

指路确认标志应参照表 14-2 及图 14-8 进行设置。指路确认标志通常包括地点、距离标志与道路编号标志。

(1)地点距离标志:用以指示现在地点距离前方重要道路、地点的距离,是对交叉口指路标志的补充与确认,示例如图 14-23。地点距离标志应在通过交叉口后 500～2000m 处进行设置。地点距离标志设置应符合以下规定。

①地点距离确认标志应与路网紧密结合,根据驾驶员实际需求,对道路信息进行确认。

②地点距离确认标志内容应与交叉口前交叉口指路标志内容相对应。指路标志中指示的地点、区域、道路等信息都应在地点距离确认标志中得以确认。

③每块地点距离标志上的地名确认不应超过三行,地名应按照由近而远的顺序,在标志版面上从上至下排列。一般情况下,国、省道上的地点距离标志宜有三行。第一行为离现在地最近的三级信息(或二级信息),第二行为道路沿线较重要的二级信息(或三级信息),第三行为沿线较远的一级信息(或二级信息)。县、乡道上的地点距离标志可设三行。第一行为离现在地最近的三级信息,第二行为道路沿线较重要的三级信息,第三行为离现在地最远的二级信息。

④地点距离标志上所显示的距离应该是到目的地边界点的实际距离。

⑤地点距离确认标志(图 14-23)不应相隔太远。一般情况下,当距离第一块地点距离确认标志 10km 范围内没有出现与指示内容相关的指路标志,则应再设置一块地点距离确认标志,且前后标志信息应该对应、连续。

(2)道路编号标志如图 14-24 所示。凡与编号道路相交的路口,可在交叉口前 300～500m 处预先设置道路编号(预告)标志;应在交叉口前 20～50m 处或小型交叉口后 10～30m 处设道路编号标志;应在通过交叉口后 300～1 000m 处设道路编号(确认)标志。道路编号标志在设置时可与地点距离标志并设在一个单柱结构上(图 14-25)。县级及以下道路编号标志应同时包括道路名称与编号。

图 14-22 此路不通标志示例

图 14-23 地点距离标志示例

国道编号

省道编号

县道编号

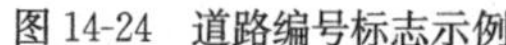

图 14-24 道路编号标志示例

图 14-25 道路编号标志与地点距离标志并设示例

5. 不同等级道路交叉口路径指引标志设置示例

图 14-26 为某路网示意图，其中国道 326 为该地区主要运输通道，并先后与国道 210、省道 205、县道 010 相交。不同等级道路交叉口指路标志设置示例见图 14-27～图 14-30。为节省篇幅，示例仅以道路向北进口方向为例。

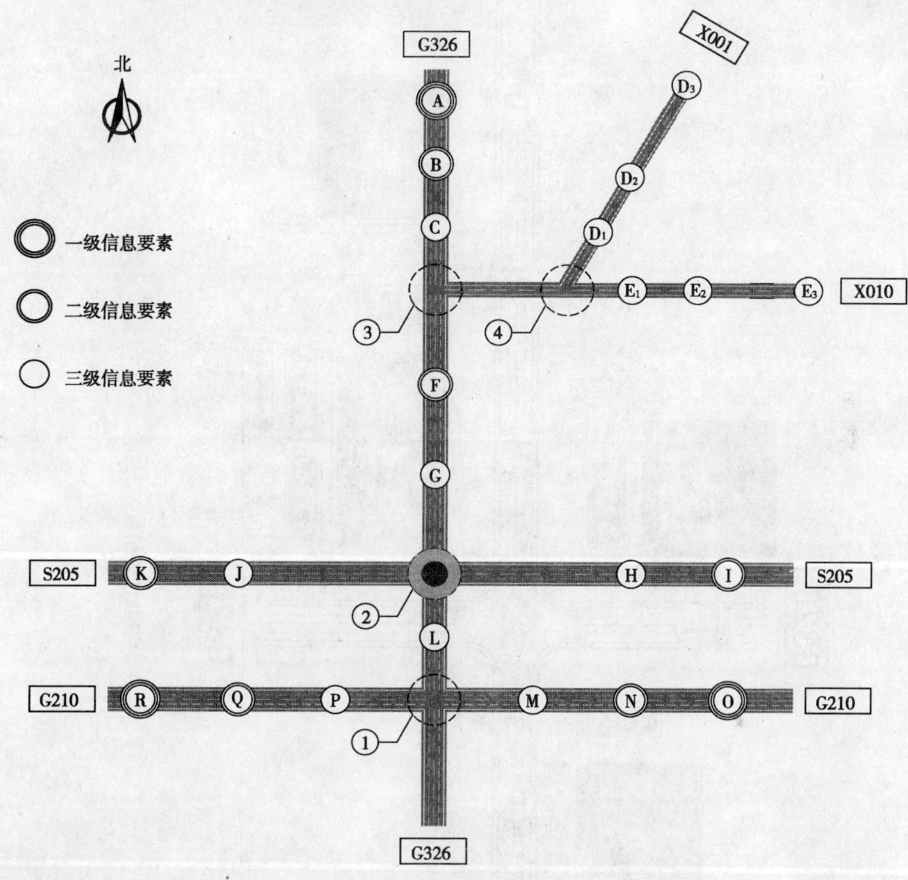

图 14-26　某区域路网示例

(1)国道与国道相交指路标志设置示例(图 14-27)

①确定交叉口①为国道 326 与国道 210 相交属于国道与国道交叉口，应配置交叉口预告标志、交叉口路径指引标志以及指路确认标志。

②在交叉口①前首先设置交叉口预告标志，预告前方为 G326 与 G210 相交交叉口，G210 为交叉公路。

③该交叉口为十字交叉，因此应设置十字交叉口指路标志，交叉口指路标志信息选择遵循表 14-3 的规定，国道 326 主线方向指示前方最近的一级信息要素 A 和最近的二级信息要素 F。支线(国道 210)右转方向指示最近的一级信息要素 O 和最近的二级信息要素 N；左转方向指示最近的一级信息要素 R 和最近的二级信息要素 Q。该路口为本地区重要路口，在指路标志版面中进行标识。

④过交叉口后的指路确认标志包括道路编号标志与地点距离标志。国道 326 上地点距离标志指示 A、F 以及最近的三级信息要素 L，国道 210 地点距离标志同理进行设置。

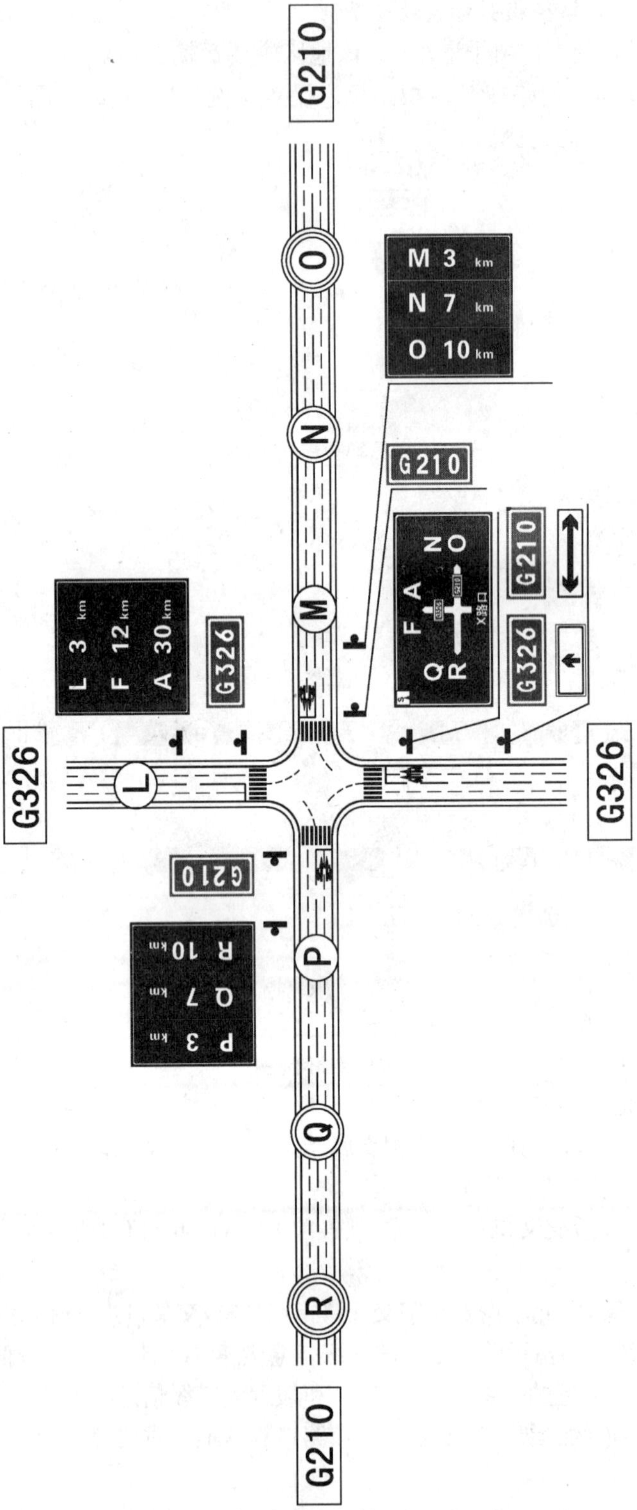

图 14-27 国道与国道相交分例

(2)国道与省道相交指路标志设置示例(图 14-28)

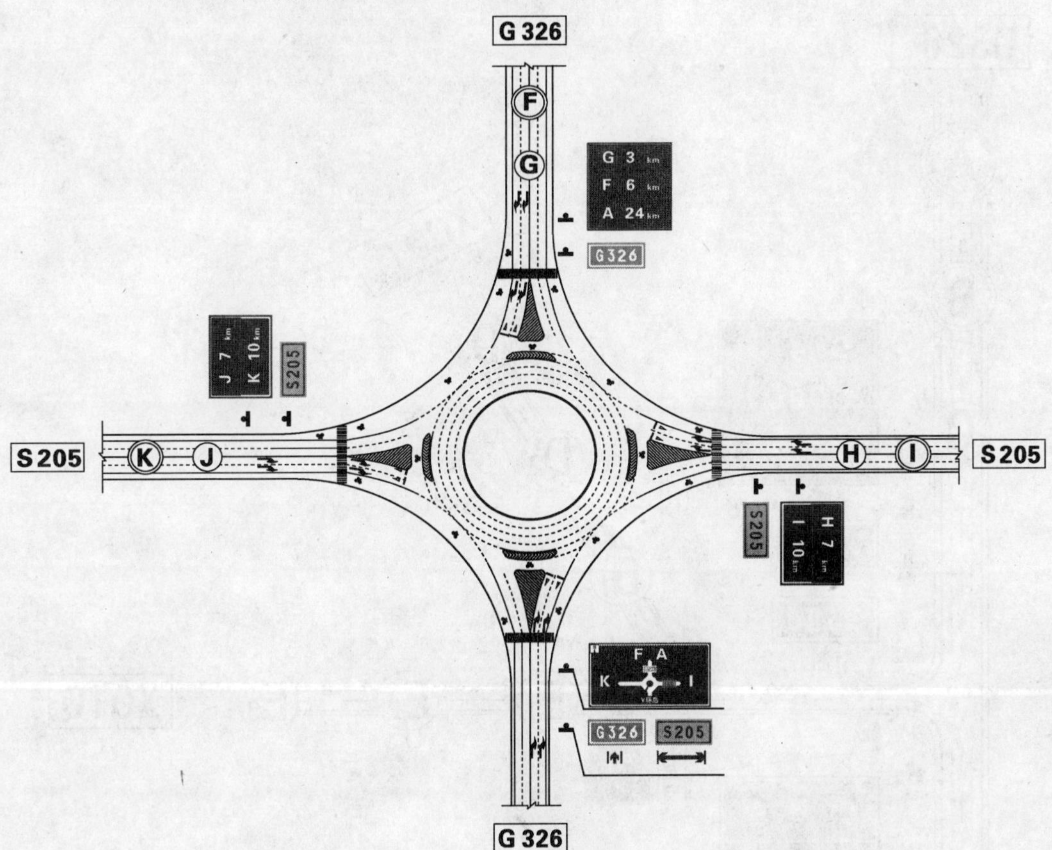

图 14-28　国道与省道相交示例

①确定交叉口②为国道 326 与省道 205 相交,属于国道与省道交叉口,应配置交叉口预告标志、交叉口路径指引标志以及指路确认标志。

②在交叉口②前首先设置交叉口预告标志,预告前方为 G326 与 S205 相交交叉口,S210 为交叉公路。

③该交叉口为环岛,应设置环形交叉口指路标志,交叉口指路标志信息选择遵循表 14-3 的规定,国道 326 主线方向指示前方最近的一级信息要素 A 和最近的二级信息要素 F。支线(省道 205)右转方向指示最近的二级信息要素 I 和最近的三级信息要素 H ;左转方向指示最近的二级信息 K 和最近的三级信息要素 J。该环岛为本地区重要环岛,在版面中进行标识。

④过交叉口后的指路确认标志包括道路编号标志与地点距离标志。国道 326 上地点距离标志指示 A、F 以及最近的三级信息要素 G,省道 205 地点距离标志指示最近的二级信息要素及三级信息要素。

(3)国(省)道与县道相交(图 14-29)

①确定交叉口③为国道 326 与县道 010 相交,属于国(省)道与县道交叉口。同时,因 X010 交通量较大,应配置交叉口预告标志、交叉口路径指引标志以及指路确认标志。

②在交叉口③前首先设置交叉口预告标志,预告前方为 G326 与 X010 相交交叉口,X010 为

交叉公路。

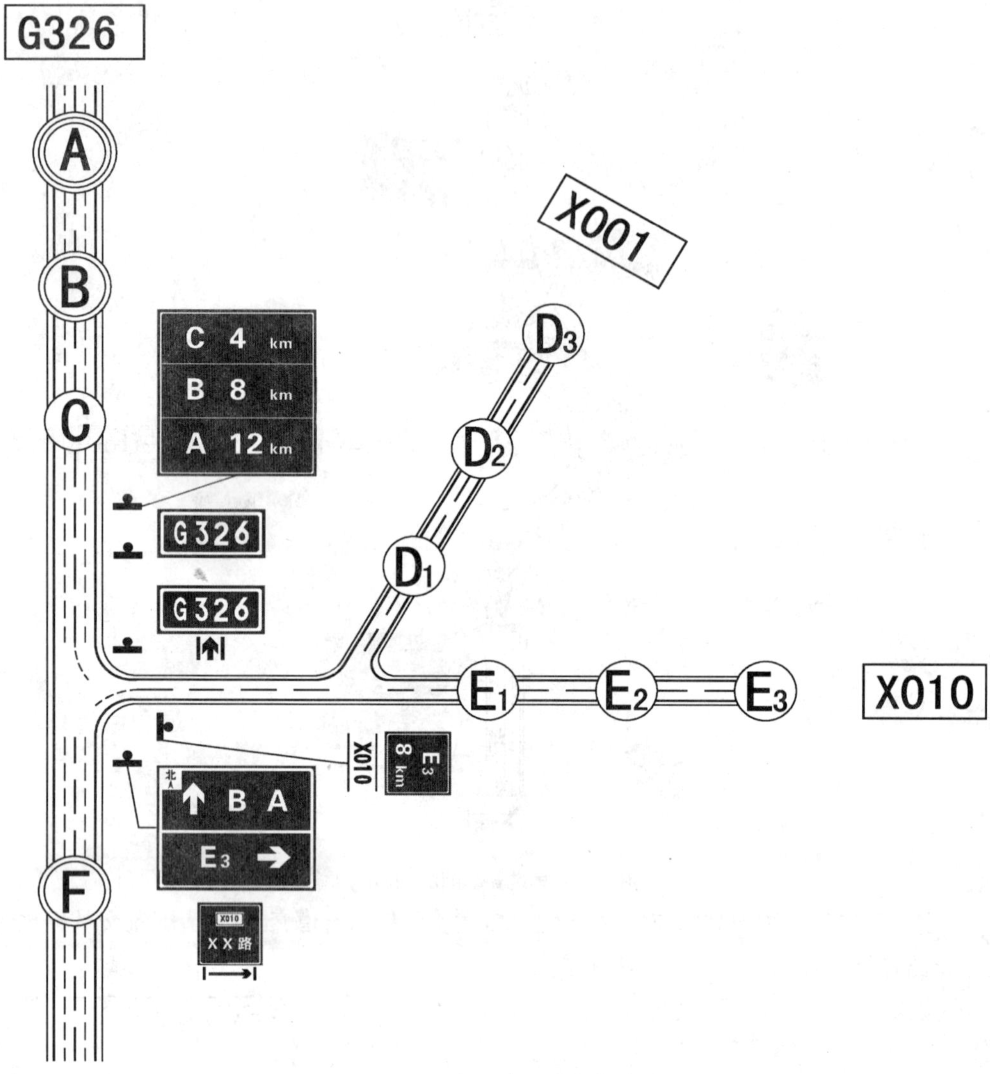

图 14-29　国(省)道与县道相交示例

③该交叉口为 T 形交叉口，应设置 T 形交叉口指路标志，交叉口指路标志信息选择遵循表 14-3 的规定，国道 326 主线方向指示前方最近的一级信息要素 A 和最近的二级信息要素 B。支线(县道 010)方向信息选择应根据前方三级信息的重要度进行。通过对沿线三个三级结点 E_1、E_2、E_3 的资料收集与调研，发现 E_2、E_3 的机动车保有量、人口、面积等均高过 E_1，而 E_2、E_3 重要度非常相近，此时应选取道路终点 E_3 作为指示信息。

④过交叉口后的指路确认标志包括道路编号标志与地点距离标志。国道 326 上地点距离标志指示 A、F 以及最近的三级信息要素 G，县道 010 地点距离标志同理进行设置。

(4)县道与县道相交(图 14-30)

①确定交叉口④为县道 010 与县道 001 相交，属于县道与县道交叉口。同时，因县道交通量较大，应配置交叉口路径指引标志以及指路确认标志。

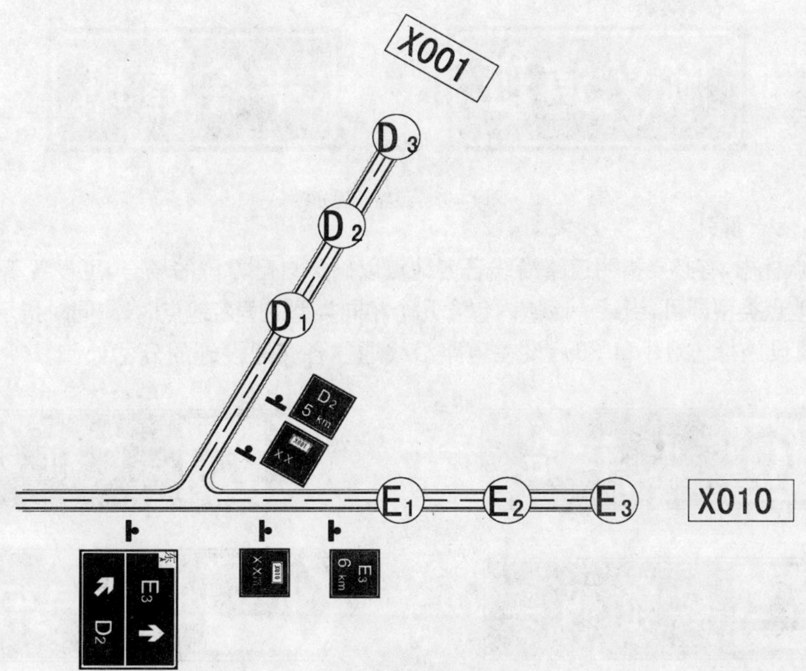

图 14-30　县道与县道相交示例

②在交叉口③前首先设置交叉口预告标志，预告前方为 G326 与 X010 相交交叉口，X010 为交叉公路。

③该交叉口为 Y 形交叉口，应设置 Y 形交叉口指路标志，交叉口指路标志信息选择遵循表 14-3 的规定，县道 010 主线方向指示前方最重要的三级信息要素 E_3。支线（县道 001）方向指示前方三级信息中最重要的 D_2。

④过交叉口后的指路确认标志包括道路编号标志与地点距离标志。地点距离标志分别指示距离 E_3、D_2 的距离。

四、地点指引

1. 行政区境界标志

各级道路通过省、自治区、直辖市境界时，必须设置行政区划分界标志；国道、省道公路在通过省会市、地（市）、县（市）境界时，应设置行政区划分界标志；县乡道公路在通过乡镇境界时，可设置行政区划分界标志；行政区划分界标志设在道路沿线行政区划分界线上，如图 14-31 所示。分界牌与行车方向垂直。

图 14-31　行政区划分界示例

道路管辖分界标志表示道路养护、路政、服务、收费、监控、通信等管理区段的分界，设在道路沿线各管辖区分界线上，如图 14-32 所示。分界牌与行车方向平行。

顺义道班　平谷道班

图 14-32　道路管理分界

2. 著名地点指引

著名地点标志，有必要指明道路沿线著名地点以确定自己方位的场合，可设置著名地点标志。一般仅指示地点类型即可，当某一区域内包含几个相同类型的著名地点时，应同时指示地点名称。

(1)交通设施标志(图 14-33)：设在道路沿线通往各交通设施的分岔处。

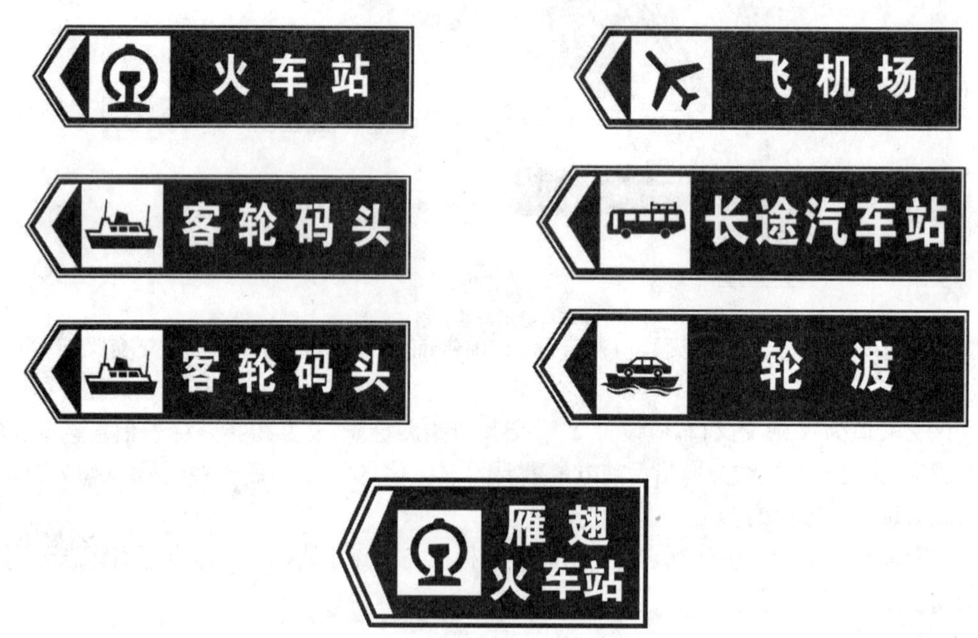

图 14-33　交通设施指引标志示例

(2)道路构造物标志：凡道路沿线高架桥、互通式立交、长度超过 1 000m 的大桥、长度超过 100m 的隧道等构造物宜标明现在位置时可设置道路构造物标志。桥梁、隧道标志宜预告桥梁及隧道长度，如图 14-34 所示。一般设置在道路沿线构造物前 50～100m 范围处，一般采用路侧单柱式结构形式。

外砂河大桥 长度3552m　金钟路高架桥 长度3552m

图 14-34　道路构造物指引标志示例

(3)公共设施标志(图 14-35)：应设在道路沿线驶往公共设施(如：急救站、加油站、洗车房、汽车修理厂、餐厅、旅馆等)的分岔处。

3. 现在地的指引

(1)地名和山川河流名标志

图 14-35　公共设施指引标志示例

道路沿线具有表明现在位置特征时，可有选择地设置地名标志和著名山川、河流名标志，如图 14-36 所示。设在道路沿线村、镇（乡）、县所在地和著名山川、河流的附近。

图 14-36　地名标志示例

(2)道路界碑

道路两侧用地范围分界线上每隔 200～500m 应设置道路界碑，表示道路占地区域。道路界碑柱体为白色，字为黑色，如图 14-37 所示。

(3)里程碑和百米桩

一般道路应设里程碑。设于道路前进方向的右侧，每隔 1km 设一块，国道里程数字超过四位数时，采用大的尺寸，如图 14-38 所示。编号道路的里程碑上可写国道、省道、县、乡道的编号。百米桩设在道路右侧各里程碑之间，每 100m 设一块，如图 14-39 所示。

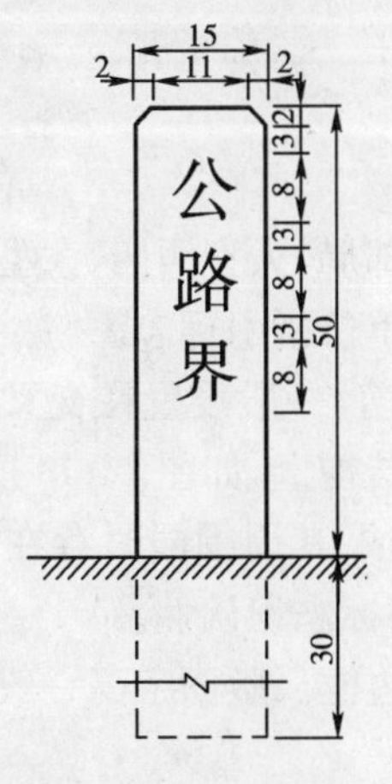

图 14-37　道路界碑(尺寸单位：cm)

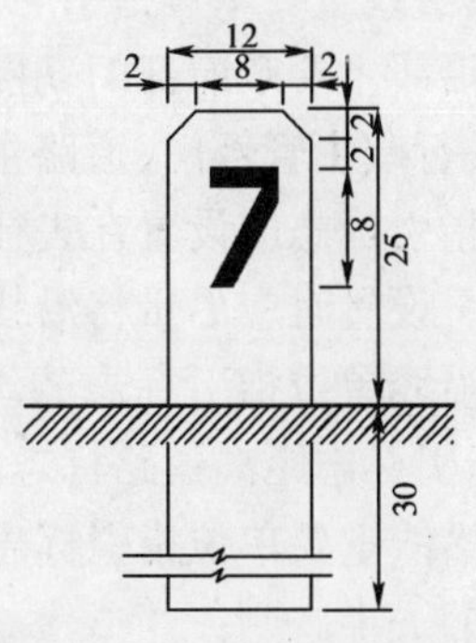

图 14-38　百米桩示例(尺寸单位：cm)

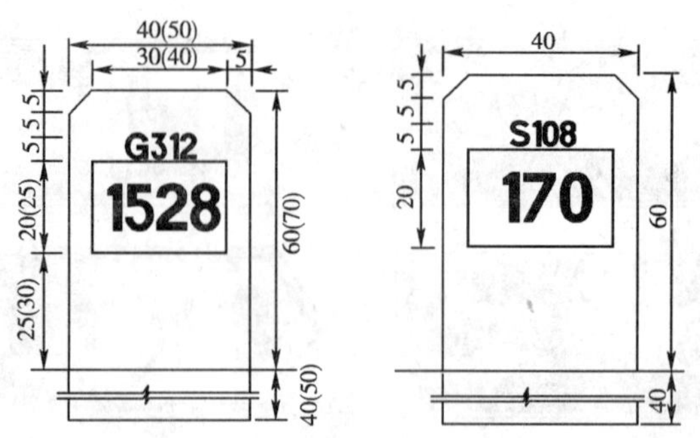

图 14-39　里程碑示例(碑厚 15cm,尺寸单位:cm)

4. 道路沿线设施的指引

(1)停车场标志

凡服务区、停车区和道路沿线向公众开放的停车场,应设置停车场标志,如图 14-40 所示。设在通向停车场入口醒目位置。

(2)错车道标志

单车道四级道路采用 4.5m 路基,并设有错车道时,应设错车道标志,如图 14-41 所示。错车道标志设在道路错车道附近之路侧。

(3)观景台标志

凡道路两侧观景台应在其前 50m 设置观景台标志,如图 14-42 所示。望远镜的朝向表示观景台在道路两侧的位置。

图 14-40　停车场标志示例

图 14-41　错车到标志示例

图 14-42　观景台标志示例

5. 道路沿线重要单位、非道路服务场所的指引

(1)道路沿线重要单位指引

①道路沿线主要政府部门、驻地办事处、主要银行、医院、邮局、大型酒店、大型商场等重要单位,经相关行政主管部门、道路主管部门批准、审核,可设置单位指引标志。

②单位指引标志应设置在去往相关单位的最近的交叉口前,一般设置在交叉口三角地及地域宽阔处。设置时应尽量将沿线若干单位并设在一处标志结构上,如图 14-43 所示。

③道路沿线单位指引标志的级别低于其他道路标志。如果其周围同时存在其他道路标志,则单位指引标志距离道路标志应大于 5m,且不得影响道路标志识认性。

④道路沿线重要单位指引标志版面统一为白底、黑字、黑边框。版面字高一般取该路上指路标志字高的一半。

(2)道路沿线非道路服务场所指引

①道路沿线小型餐饮、服务场所、商业场所经相关行政主管部门，道路主管部门批准、审核需要设置相应指引标识时，可设置非道路服务场所指引标识。

②全路段非道路服务场所指引标识应采取统一形式，规范管理。

③非道路服务场所指引标识不得影响交通安全和干扰道路交通标志的使用。标识外缘必须远离道路边沟外缘 5m 以外。标识净空不应大于 2m。

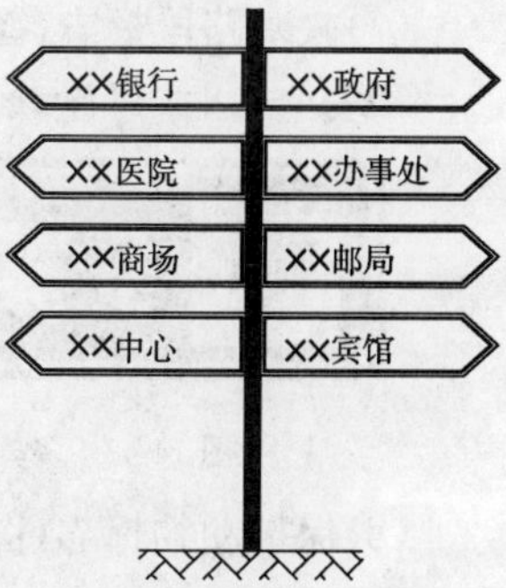

图 14-43　道路沿线重要单位指引示例

五、道路行车安全指引

1. 道路告示牌

(1)凡遇以下情形时，可设道路安全告示牌：

①由于某种原因(道路平面线形、纵断线形、通行条件变化、路上设施、道路沿线危险、气象状况等)，道路前方可能存在着潜在危险应该给驾驶员以足够警示，但又不够设警告标志的条件时；

②在很长一段距离内，连续存在某一典型的道路线形安全隐患时；

③在很长距离内路段上无任何标志，外界视觉干扰少，易引起疲劳时；

④提倡文明驾驶，保护环境，爱护动物。

(2)陡坡慢行标志(图 14-44)。山区道路坡度接近规定最大纵坡值时，可设陡坡慢行标志。陡坡慢行标志设在下坡坡顶前适当位置。

(3)连续下坡标志(图 14-45)。山区道路长度超过 3km，路段平均纵坡大于 5.5%时可设连续下坡标志。连续下坡标志设在连续下坡路段起点位置。

图 14-44　陡坡慢行标志

图 14-45　连续下坡标志

(4)连续弯路标志，当在某一长度大于 700m 路段，连续有三个或三个以上半径小于各等级道路极限最小半径反向平曲线相连，且各圆曲线间的距离(L)小于一定长度时可设连续弯路标志(图 14-46)。

(5)大型车靠右行驶标志(图 14-47)。一级公路有大型车辆影响其他车辆正常行驶时，可设大型车靠右行驶标志。大型车靠右行驶标志设在同向有两条(或两条以上)车道的上坡路段或长直线路段前适当位置。

图 14-46　连续弯路标志

图 14-47　大型车靠右行驶标志

(6)多雾路段标志(图 14-48)。二级以上公路局部多雾路段，应设多雾路段标志。多雾路段标志设在经常有雾路段以前适当位置。

(7)软基路段标志(图 14-49)。一级公路路面有局部下沉，桥头跳车，已严重影响行驶舒适性和安全性时，可设软基路段标志。软基路段标志设在该路段前适当位置。

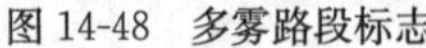
图 14-48　多雾路段标志

图 14-49　软基路段标志

(8)保护动物标志(图 14-50)。森林公路、旅游公路经常有野生动物出没、横穿公路的路段，可设保护动物标志。保护动物标志设在经常有野生动物出没路段的公路边。

(9)注意横风标志(图 14-51)。经常有较强的侧向风、季风，对车辆驾驶稳定性有一定影响时，可设注意横风标志。设在一、二级公路有较强侧向风的高架桥、垭口等路段前适当位置。

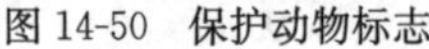
图 14-50　保护动物标志

图 14-51　注意横风标志

(10)减速丘慢行标志(图 14-52)。凡道路横断面设置有高出路面的减速丘时，应设减速丘慢行标志，车辆通过减速丘必须减速慢行。该标志设在减速丘前适当位置。

(11)系安全带标志(图 12-53)。机动车驾驶员、乘坐人员应当按规定使用安全带，可在道路入口或路段适当位置设系安全带标志。

图 14-52　减速丘慢性标志

图 14-53　系安全带标志

(12)请勿疲劳驾驶标志(图 14-54)。易引起驾驶员精力不集中、怠倦的路段，可设请勿疲劳驾驶标志。

(13)严禁酒后驾车标志(图 14-55)。饮酒、服用国家管制的精神药品或麻醉药品者，不得驾驶机动车，可在道路入口或路段适当位置设严禁酒后驾车标志。

图 14-54　请勿疲劳驾驶标志

图 14-55　严禁酒后驾车标志

(14)严禁乱扔弃物标志(图 14-56)。车辆在行驶中或者在停放中，不准向车外抛撒任何物品，如烟头、纸屑、果皮果核、酒水饮料等各种垃圾，以及痰、鼻涕和小便等身体排泄物。可在道路入口或路段适当位置设严禁乱扔弃物标志。

(15)驾车勿用手机标志(图 14-57)。驾驶员在道路上驾车行驶时禁止使用手机,可在道路入口或路段适当位置设禁止使用手机标志。

图 14-56　严禁乱扔弃物标志

图 14-57　驾车勿用手机标志

2. 线形诱导标

在受山体、树木或房屋等阻挡,及其他使驾驶员难以明了前方线形走向,易发生交通事故的小半径弯道外侧,可视具体情况设置一定数量的线形诱导标。在互通立交匝道外侧及渠化设施端部可设置线形诱导标,如图 14-58 所示。

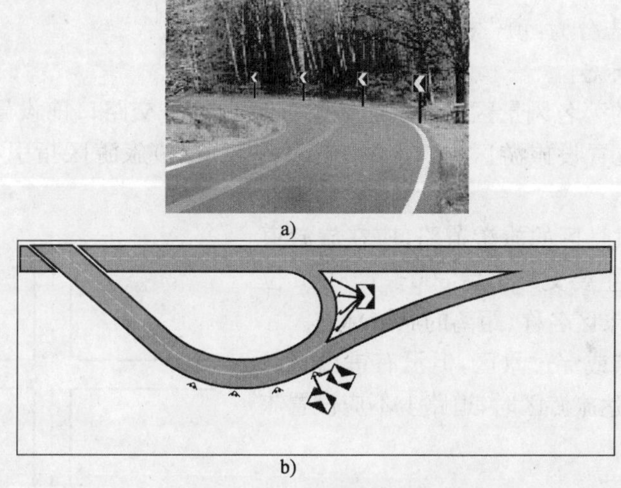

图 14-58　线形诱导标的设置示例

线形诱导标的设置位置和数量应根据道路线形、曲线半径、曲线长度、偏角大小确定。线形诱导标应保证驾驶员在曲线范围内连续看到不少于三块诱导标。一级公路的危险弯路以及大型车辆占有率较高路段,线形诱导标可设置双层。中央隔离设施端部位置的线形诱导标,可参考图 14-59 示例设置。

图 14-59　中央隔离设施及渠化设施端部的诱导标示例

六、旅游区指引

1. 一般规定

(1)旅游标志分为:旅游区指引标志和旅游符号标志两类。

(2)旅游区指引标志用于指示旅游景点的名称、方向和距离。即使是专用的旅游道路,旅游区指引也主要依赖沿途的地点距离标志、路径指引标志来实现。

(3)旅游标志的颜色为:棕色底、白色字符。在地点距离标志、路径指引标志中的旅游景点名称的颜色,应符合 GB 5768《道路交通标志和标线》指路标志颜色规定。

(4)旅游区指引标志应根据旅游景点的特色,专门设计形象、美观的图案。

(5)旅游景区标志内容只能显示该景点的图案、方向和距离信息,不得显示带有盈利性的广告信息。

(6)一般情况下,为防止标志过密或者信息过载,可以将旅游景区的名称合并到指路标志中,在版面允许的条件下还可以包含景区图案。

(7)旅游景区标志分为:预告标志和指引标志。

2. 旅游区指引标志

一般道路沿线的著名风景区,可在通往景区最近的平交路口前设置旅游区指引标志。在距交叉口 100m 位置设旅游区(方向)标志。(一般道路)旅游区指引标志设置示例如图 14-60 所示。

直接通往著名风景区的旅游道路,应在旅游道路起、终点和经过各主要交叉口后 300～1 000m 位置,设置指引著名风景区名称、距离的旅游标志。

道路虽经过景点或穿过景区,但没有进出景区的出入口,而无法到达旅游区时,道路上不应设置旅游区距离、方向标志。

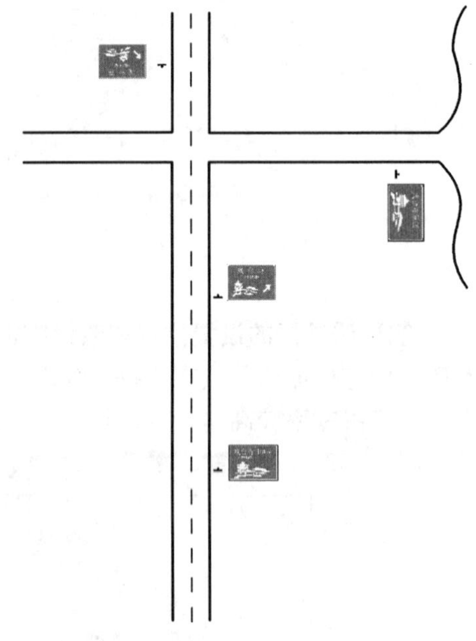

图 14-60 (一般道路)旅游区指引标志设置示例

3. 旅游符号

(1)旅游符号作为旅游景点内设施或活动场所的指引,设在通往各景点或各活动场所的分岔口。旅游符号标志设置示例如图 14-61 所示。

(2)旅游符号作为标志,可以组合,也可单独使用,但在同一立柱上组合的符号不宜多于 4 个。旅游符号的下面可以附设行驶方向辅助标志。旅游符号标志组合示例如图 14-62 所示。

(3)旅游区名称与旅游符号组合使用时,可把旅游符号放在旅游区名称下,指示各旅游项目及方向。旅游区名称与旅游符号组合设置示例如图 14-63 所示。

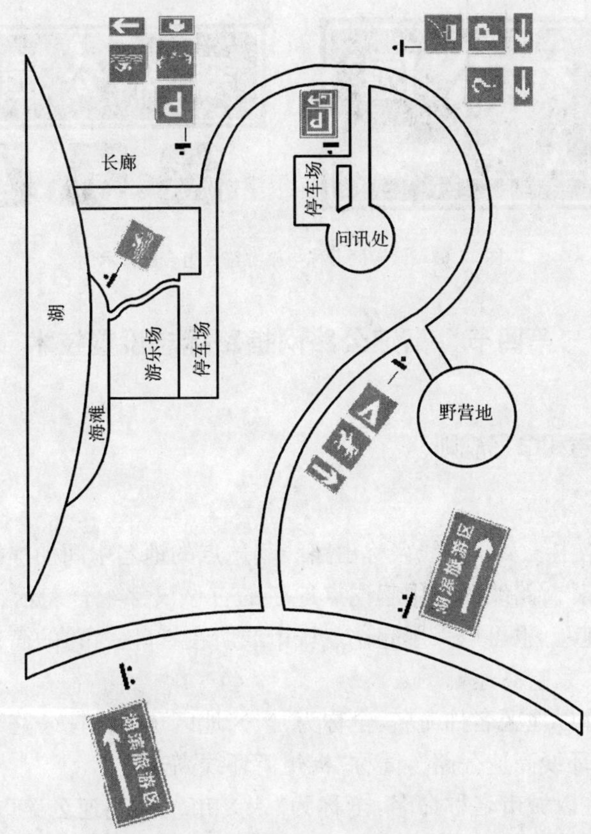

图 14-61　旅游符号标志设置示例

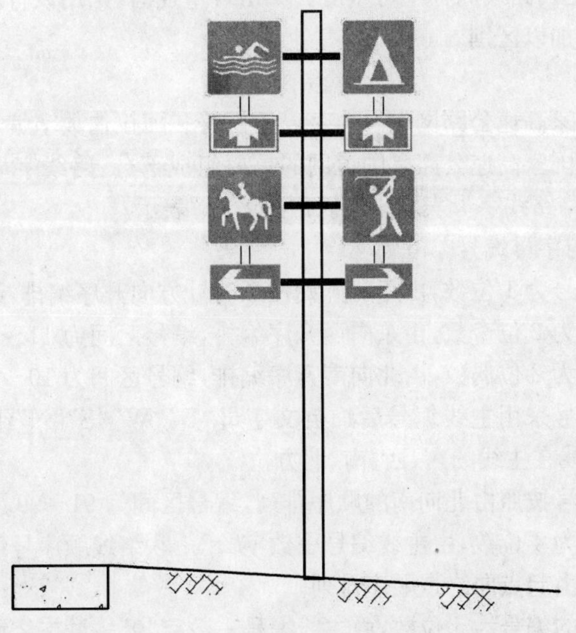

图 14-62　旅游符号标志组合示例

图 14-63 旅游区名称与旅游符号组合设置示例

第四节 高速公路网指路标志设置技术

一、高速公路编号和命名规则

1. 命名规则

(1)国家高速公路主线及联络线名称由路线起讫点的地名中间加连接符“—”组成,全称为“××—××高速公路”。路线简称用起讫点地名的首位汉字组合表示。如“沈阳—海口高速公路”,简称“沈海高速”。也可以采用起讫点城市或所在省(区、市)的简称表示。如“北京—哈尔滨高速公路”,简称“京哈高速”。

(2)地区环线名称以地区名称命名,全称为“××地区环线高速公路”,简称为“××环线高速”。如“杭州湾地区环线高速公路”,简称“杭州湾环线高速”。

(3)城市环线名称以城市名称命名,全称为“××市绕城高速公路”,简称为“××绕城高速”。如“沈阳市绕城高速公路”,简称“沈阳绕城高速”。

(4)国家高速公路网路线简称不可重复。如出现重复时,采用以行政区划名称的第二或第三位汉字替换等方式加以区别。

2. 编号规则

(1)编号结构:国家高速公路网编号由字母标识符和阿拉伯数字编号组成。

(2)字母标识符:国家高速公路是国道网的重要组成部分,路线字母标识符采用汉语拼音“G”表示。省高速公路路线字母表示采用汉语拼音“S”表示。

(3)数字及数字与字母编号

①首都放射线编号为 1 位数,由正北开始按顺时针方向升序编排,编号区间为 1～9。

②纵向路线编号为 2 位奇数,由东向西升序编排,编号区间为 11～89。

③横向路线编号为 2 位偶数,由北向南升序编排,编号区间为 10～90。

④并行路线的编号采用主线编号后加英文字母“E”“W”“S”“N”组合表示;“E”“W”“S”“N”分别表示并行路线在主线的东、西、南、北方位。

⑤地区环线的编号按照由北向南的顺序排列,编号区间为 91～99。

⑥联络线的编号为 4 位数,由主线编号+数字“1”+联络线顺序号组成。联络线的顺序号按照主线的前进方向由起点向终点顺序排列。

⑦城市绕城环线的编号为 4 位数,由主线编号+数字“0”+城市绕城环线顺序号组成。主线编号为该环线所连接的纵线和横线中编号最小者,如该主线所带城市绕城环线编号空间已

全部使用,则选用主线编号次小者,依此类推。如该环线仅有放射线连接,则在 1 位数主线编号前以"0"补位。同一条国家高速公路穿越多个省(区、市),所连接的城市绕城环线的顺序号在各个省(区、市)单独排列。在不同省(区、市)允许出现相同的城市绕城环线编号。

3. 国家高速公路网路线命名和编号

(1)国家高速公路出口编号一般为阿拉伯数字,其数值等于该出口所在互通立交中心里程桩号的整数值;桩号值超过千位时,仅保留后三位的数值。如果出口处桩号为 K15＋700,则该出口编号为 15;某出口处桩号为 K2036＋700,则该出口编号为 36。

(2)同一枢纽式互通立交在同一主线方向有多个出口时,该枢纽式互通立交所有主线出口统一编号,采用出口编号后加英文字母组合表示。出口编号按照桩号为 K15＋700,在主线 K15＋200、K16＋200 和反方向 K16＋200、K15＋200 处有 4 个出口,则该出口编号为 15A、15B 和 15C、15D。

4. 省级高速公路网路线命名和编号与国家高速公路网的衔接

(1)省级高速公路网路线的命名和编号规则应与国家高速公路网的命名和编号规则保持一致。

(2)省级高速公路网路线编号的字母标识符采用汉语拼音"S"表示。

(3)省级高速公路网路线数字编号应当尽可能避免与本省(区、市)境内的国家高速公路网路线数字编号重复。

二、基本规定

1. 高速公路编号标识

国家高速公路编号标识采用矩形,四角为圆弧形。除独立设置的高速公路入口预告系列标志颜色为白底、绿字外,位于其他位置的国家高速公路编号必须为绿底、白字、白边框,如图 14-64a)所示。独立设置国家高速公路路线编号标志时,应有衬底,其宽度与边框宽度相同,如图 14-64b)所示。

省高速公路编号表示可参照上述版面设计。

高速公路路线编号标识中的字母标识符和阿拉伯数字采用等高,其高度应符合表 14-5 的规定。字符纵横比例、间距应符合现行《道路交通标志和标线》(GB 5768—1999)的有关规定。

高速公路编号的文字高度与设计速度的关系　　表 14-5

设计速度(km/h)	100～120	71～99	40～70	<40
公路编号标识中的字母标识符、数字及出口编号标识中的数字高度(cm)	45～50	35～40	25～30	15～20

路线编号标识的规格可参照图 14-65 选取。

2. 里程编排规则

(1)国家高速公路应按照规划的路线走向全国统一编排里程。首都放射线以北京为起点,纵向线由北向南、横向线由东向西累计。省高速公路采用全省统排的方法,编排原则与国家高速公路相同。

(2)已全线贯通的高速公路,应按照实际的里程进行编排。尚未全线贯通的高速公路,以

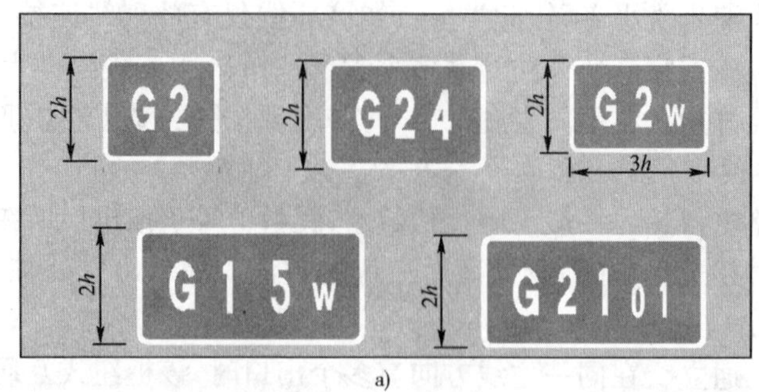

a)

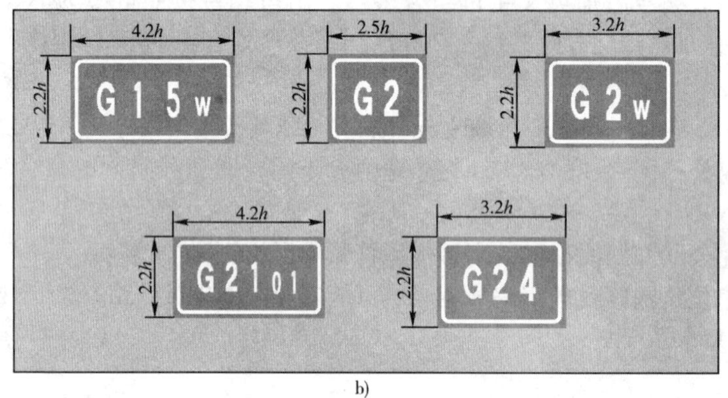

b)

图 14-64 国家高速公路编号标识

a)路线编号标识效果(非独立设置);b)路线编号标识效果(独立设置)

省(自治区、直辖市)为单位,根据规划确定各省(自治区、直辖市)足够余量的里程数,两省(自治区、直辖市)之间有交叉(即"插花地")时,由相邻两省(自治区、直辖市)加以协商,以保证同一条高速公路的里程数唯一性为原则。全线贯通后,应进行统一编排调整。

(3)路线重合时,应采用行政等级最高的公路路线的里程。如行政等级相同,则选择编号较小的高速公路的里程。离开重合段后,无连续里程的路线第一个里程应为车辆行驶的总里程,即里程数应为前重合点里程加重合路段里程,如图 14-66 所示。编排顺序应按国家规划的路线走向进行。在准确位置不能安装里程牌时,可在 15m 范围内移动,否则宜取消该里程牌。

(4)地区环线和城市绕城环线里程应单独编排,路线起点里程为 0,里程按照顺时针方向进行累计。

(5)其他路线与地区环线或城市绕城环线有重合路段时,重合路段里程按照环线累计;重合路段结束后路线起点的里程为该路线的前重合点里程+重合路段里程。一般情况下,重合路段宜取环线与相交路线重合里程最短段,如图 14-67 所示。

(6)里程牌可双面设置在中央分隔带,也可单面设置在路侧,应在对交通车型构成、路侧和中央分隔带的设置条件等加以分析的基础上确定。无论是单面还是双面,同一桩号处里程牌的版面内容应相同。

(7)里程牌标志的形状、颜色和文字高度应符合现行《道路交通标志和标线》(GB 5768—1999)的规定。版面规格如图 14-68 所示。

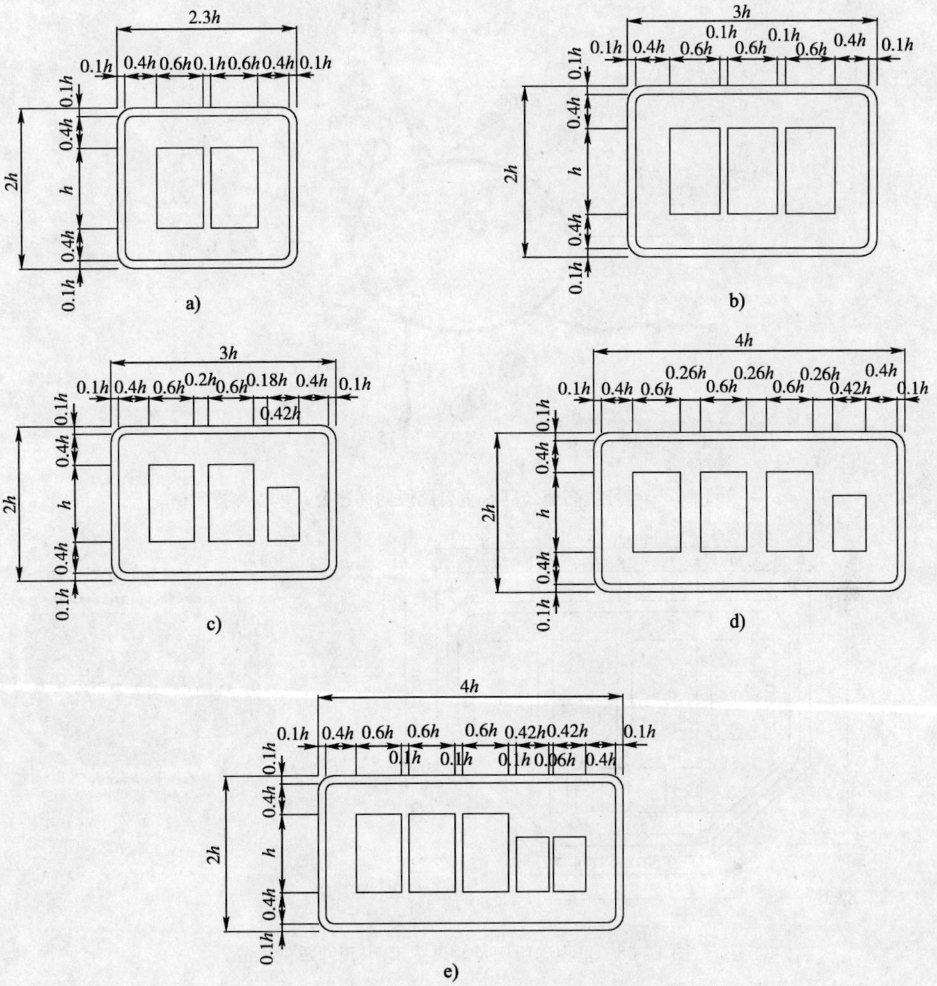

图 14-65　路线编号标识规格

a)一位数字编号版面尺寸；b)两位数字编号版面尺寸；c)一位数字加一字母编号版面尺寸；d)两位数字加一字母编号版面尺寸；e)四位数字编号版面尺寸

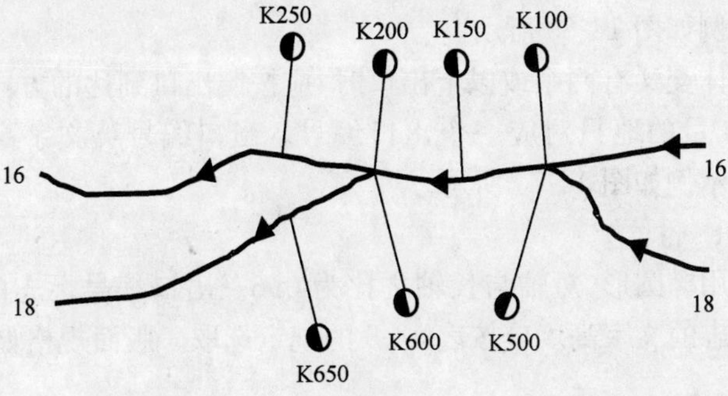

图 14-66　路线重合路段里程编排示例

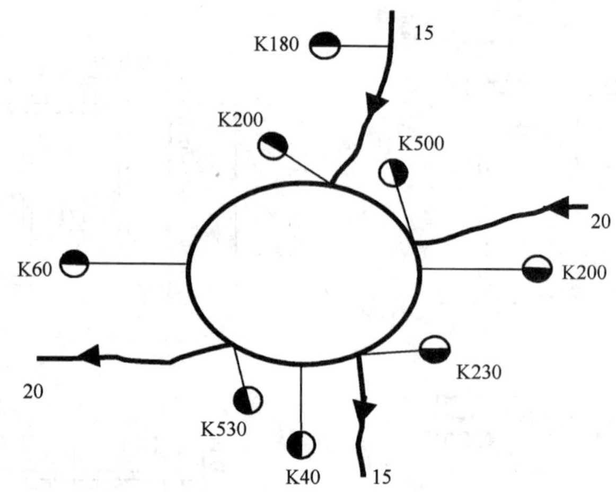

图 14-67　与环线高速公路有重合路段的高速公路里程编排示例

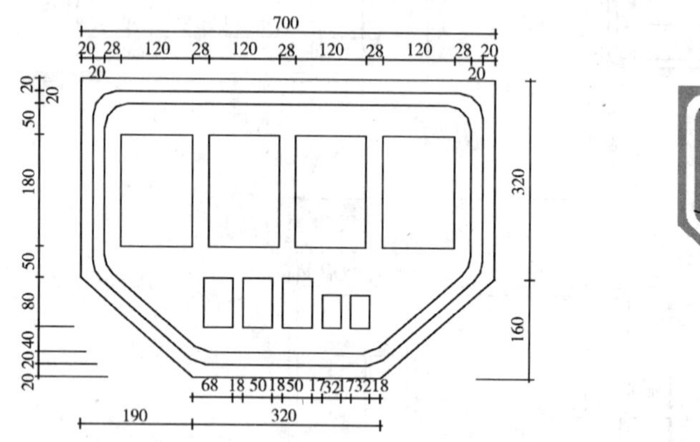

图 14-68　里程碑版面及效果图示例(尺寸单位:mm)

3. 出口编号规则和标识

(1)出口编号规则

采用出口所在的里程桩号(或立交桥中心桩号)作为高速公路的出口编号。路段重复时应保留行政等级最高的高速公路出口编号。如行政等级相同,可选择编号小的国家高速公路的出口编号为基准。示例如图 14-69 所示。

同一个互通式立体交叉有两个或以上出口时,应按照出口到达的方向在出口编号后加 A、B、C 等表示,保证一个目的地只对应一个出口编号。出口编号英文字高为数字高度的 2/3。典型情况下出口编号示例如图 14-70 所示。

(2)出口编号标识

出口编号标识采用椭圆形,短轴与长轴之比为 0.6。出口编号标志的颜色为白底、绿字、无边框。出口编号标志的文字高度应按表 14-5 的规定选取。版面规格如图 14-71 所示。

三、系统化信息选取及发布技术

高速公路指路系统由入口指引系列标志、行车确认系列标志、出口指引系列标志、著名地

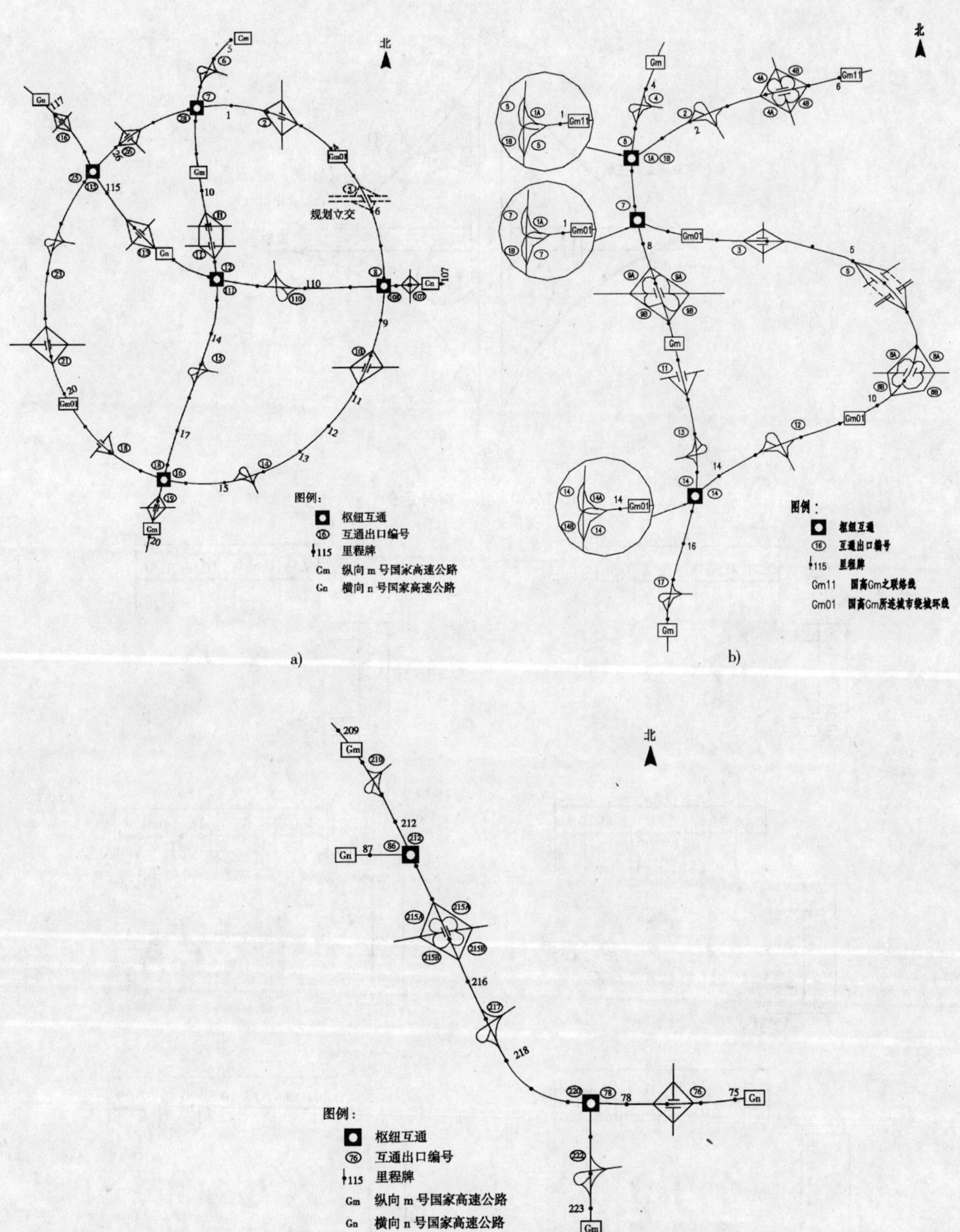

图 14-69 高速公路互通式立体交叉出口编号方法示例

a)主线与环线高速公路的互通式立体交叉出口编号方法示例；b)主线与环线、支线高速公路的互通式立体交叉出口编号方法示例；c)高速公路重复路段的互通式立体交叉出口编号方法示例

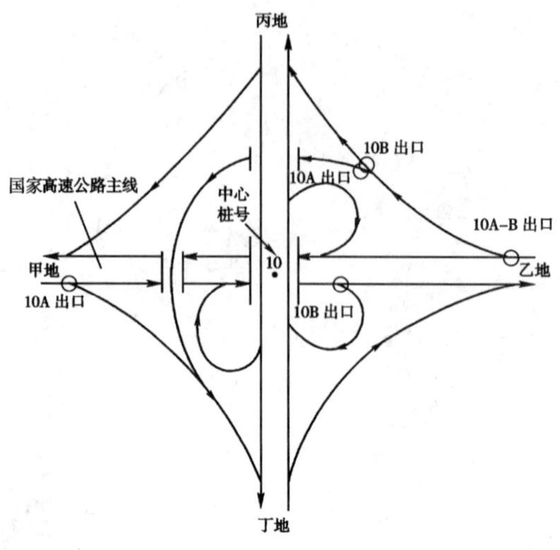

图 14-70　出口编号示例

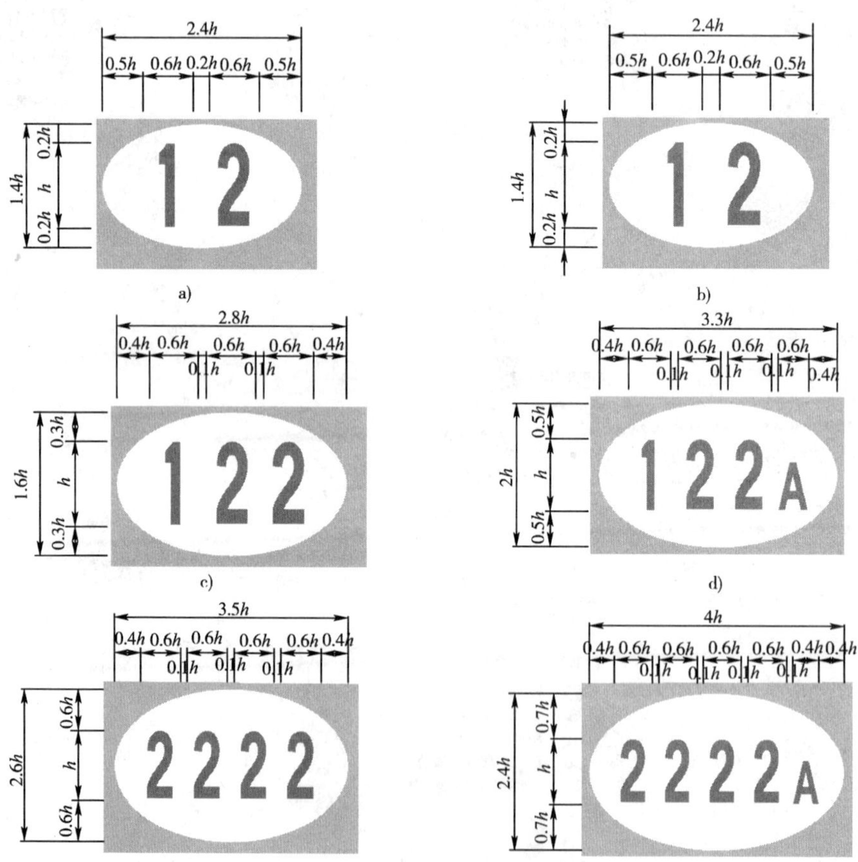

图 14-71　出口编号标识规格

a)一位编号版面；b)两位编号版面；c)三位编号版面；d)、e)四位编号版面；f)四位编号加一位字母版面

点和区界指引系列标志、沿线设施和旅游区指引系列标志及里程桩和百米牌等构成。

不同的标志相配合，向道路使用者提供系统化的信息服务，至少包括如下信息类型：

(1)前方相交道路或能够通达道路的名称或编号信息；

(2)前方地区名称和地点信息；

(3)当前行驶道路的信息；

(4)距离信息；

(5)道路分叉、立交时的走向信息；

(6)当前行驶的地理方位信息(东、南、西、北)。

标志类型与发布信息类型之间的对应关系如表 14-6 所示。

标志类型与发布信息对应表　　表 14-6

标志＼信息	前方道路名称或编号	前方地区、地点	当前行驶道路信息	距离信息	分叉、立交走向	地理方位
入口指引系列	●	◎				◎
行车确认系列	●	●	●	●		◎
出口指引系列	●	●	●	●	●	◎
著名地点和区界指引系列		●		●	●	
沿线设施和旅游区指引系列	◎	◎	●	●		
里程桩、百米牌			●			

注：●表示必须选择；◎表示可选择。

1. 入口预告系列标志

(1)高速公路入口 2km、1km 和 500m 处设置预告标志，预告前方高速公路编号信息，示例版面如图 14-72 所示。

图 14-72　高速公路入口距离预告标志

(2)高速公路与城市绕城环线存在共线段时，所有入口预告标志应同时预告高速公路和城市绕城环线的信息。高速公路仅指示其编号，以“××绕城段”信息指示城市绕城环线，示例版面如图 14-73 所示。

(3)高速公路之间存在共线时，所有入口预告标志应同时预告共线的高速公路的编号信息，示例版面如图 14-74 所示。

图 14-73 高速公路与城市环线共用段标志

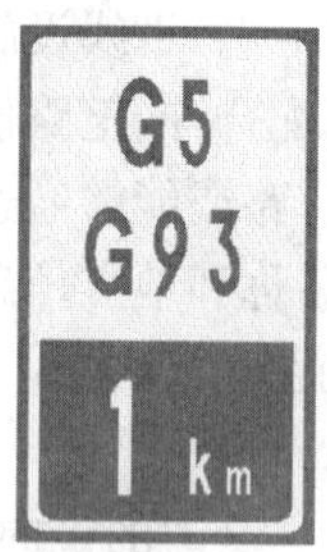

图 14-74 高速公路之间共线预告标志

2. 入口标志及起点标志

(1)在高速公路匝道或加速车道起点附近设置高速公路路名牌标志或独立设置的高速公路编号标识，提示国家高速公路入口，也可结合适当的地理方位和地点信息指示，示例版面如图 14-75 所示。

(2)高速公路与城市绕城环线存在共线段时，所有入口标志应同时指示高速公路和城市绕城环线的信息。高速公路信息通过设置高速公路路名牌标志或独立设置的高速公路编号标识的方式进行指示，以“××绕城段”信息作为辅助标志，指示城市绕城环线，并可辅助指示行驶方向等信息，如图 14-76 所示。

(3)高速公路之间存在共线时，应在入口处并行设置所有共线的高速公路的路名牌标志或独立设置的高速公路编号标识。

(4)在高速公路起点附件应设置高速公路起点标志，版面如图14-77所示。

图 14-75 高速公路入口标志

图 14-76 高速公路与城市环线共线段入口标志

图 14-77 高速公路起点标志

(5)高速公路终点标志设在距离高速公路终点 500m 附近位置，预告距离根据需要可为 2km、1km 和 500m。高速公路终点预告标志及终点标志版面如图 14-78 所示。

3. 地点、距离标志

地点、距离标志需要指示高速公路的信息时，仅指示其编号。示例标志版面如图 14-79 所示。

4. 地点、方向标志

用于指示高速公路路线方向、前方地点及前方通达路线编号，示例版面如图 14-80 所示。

图 14-78　高速公路终点及终点预告标志

图 14-79　地点距离标志

图 14-80　地点方向标志

5. 出口预告及出口标志

(1)在每一个出口后适当位置,设置下一出口预告标志,对下一出口的编号及距离进行预告,示例版面如图 14-81 所示。

图 14-81　下一出口预告标志

(2)在距离互通式立体交叉前面基准点 2.5km 处应设置出口编号预告(图 14-82 a),2km、1km、500m 处设置出口预告标志见图 14-82 b)、c))。

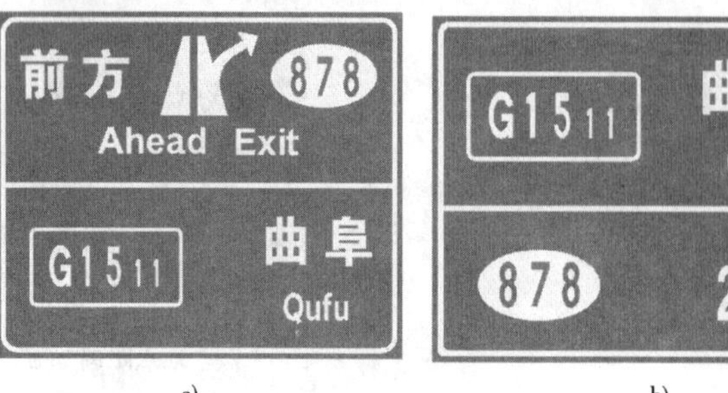

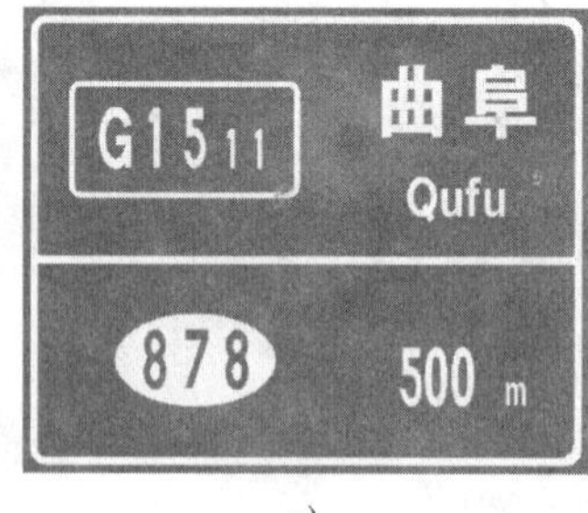

a) b) c)

图 14-82 出口预告标志

(3)在高速公路驶出匝道三角地带端部应设置出口标志或地点、方向标志。出口标志版面如图 14-83 所示。

图 14-83 出口标志

第五节 市区道路指路标志设置技术

一、系统构成

市区指路标志系统由交叉口指路标志、地点距离标志和本地信息指示标志组成。

(1)交叉口指路标志:设置于交叉口前,用于交叉口指路。标志版面由指向信息单元(主要信息、辅助信息)、本地信息单元(本地名)、指向图案和方向指示单元构成,如图 14-84 所示。

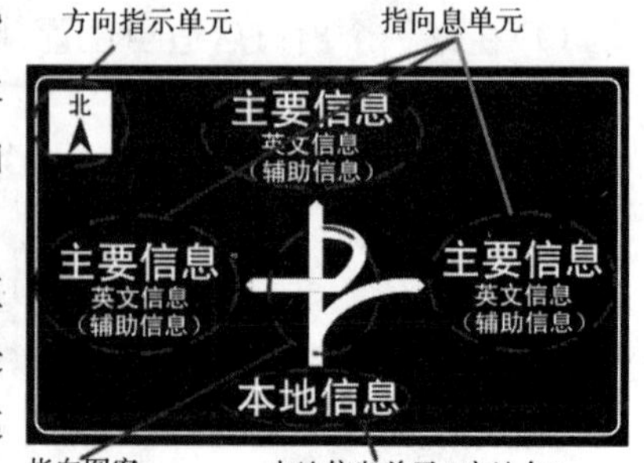

图 14-84 交叉口指路标志版面

①指向信息单元:可由主要信息和辅助信息构成。主要信息用于提示前方相交或可以直接到达的道路名称,是指向信息单元中的基本信息;辅助信息用于预告可以到达的重要地点或次要的道路名称。

②本地信息单元:即本地名,标注指路标志所在位置的地理名称,确定原则如下:

a. 指路标志所在地点具有经由地名管理机关正式命名的标准地名，即采用该名称作为本地名，如建国门桥、西单。

b. 指路标志所在地点不具备第一项所述条件，但具有历史沿用、公众认知度高的地名，即采用该名称作为本地名，如新街口、西八间房。

c. 指路标志所在地点不具备第一、二项所述条件，此路口为一条或多条道路起点的，取其中一条道路的名称附加地理方位端点作为本地名，如××路西口。当此路口为多条道路起点，遵循以下原则确定本地名：取公众认知度较高的道路名称附加地理方位端点作为本地名；取道路等级高、通行状况好的道路名称附加地理方位端点作为本地名，如府右街南口。

d. 指路标志所在地点不具备第一、二项所述条件的，并且该路口为两条道路中部相交的，采用两条道路"通名叠加"的方式确定本地名（将道路等级高、通行状况好的道路名称前置），如霄云路芳园路口。

e. 指路标志所在地点不具备第一、二项所述条件的，并且构成该路口道路未经地名管理机关正式命名，本地名暂时空出。

③指向图案：用以标示行进方向和行驶方式，具体图案参照《道路交通标志和标线》的有关规定。

④方向指示单元：以"东、南、西、北"和指北针图案的形式，指示现在所行驶的方向，一般设置于标志板的左上部，版面布置有困难时也可单独辅以小块标志，在大型交叉口、立交桥及路况较为复杂的路段，还可单独设置方向指示标志，示例如图 14-85 所示。

图 14-85　单独设置的方向标志

(2)地点距离指示标志：设置于路段中，用于指示前方能够到达的重要道路、区域、建筑物、大型设施及其距离，版面一般包括三行，第一行为最近的前方信息，第二、三行依次指向远方能够到达的重要信息。距离信息取标志所在地到指示地的实际距离，可取小数点后一位进行指示，但只显示 0.5km 的整数倍数字，小数点后为 0 时，只指示整数值。示例如图 14-86 所示。

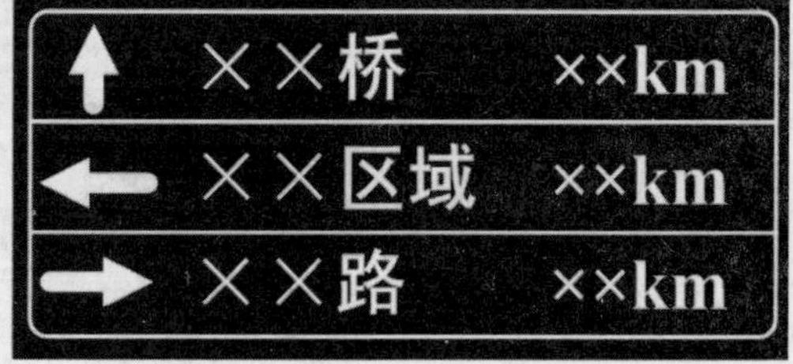

图 14-86　地点距离指示标志

(3)本地信息指示标志：用于指示正在行驶的道路名称、所在的立交桥名称等本地信息，信息选取参照交叉口指路标志中本地信息的选取方法，版面示例如图 14-87 所示。

二、设置原则

市区道路指路标志设置时遵循如下的基本原则。

(1)系统连续：指路标志系统应具有连续性和规律性。指路信息应保持连续性，避免出现

图 14-87 本地信息指示标志

信息间断现象，不同的指路标志系统应相互衔接；指路标志指示内容应遵循相对统一的规律，以形成便于理解、辨认的指路标志系统。

(2)简明准确：指路标志版面设计应避免信息过载或信息不足，指路标志的指向内容要简明准确，便于交通参与者辨认。指路标志上的道路名称和地名采用经地名管理机关确认的标准地名，根据需要也可采用历史沿用、公众认知度高的名称，如二环路、新街口等。

(3)位置合理：指路标志设置位置合理，前置距离适当，避免出现标志遮挡现象。

(4)指路标志的信息指向方式以“线点结合”为原则，向交通参与者提供前方道路信息、重点区域信息及方向信息。

指路标志信息选取以预告前方相交或能够直接到达的道路或区域名称为主的示例如图 14-88 所示。

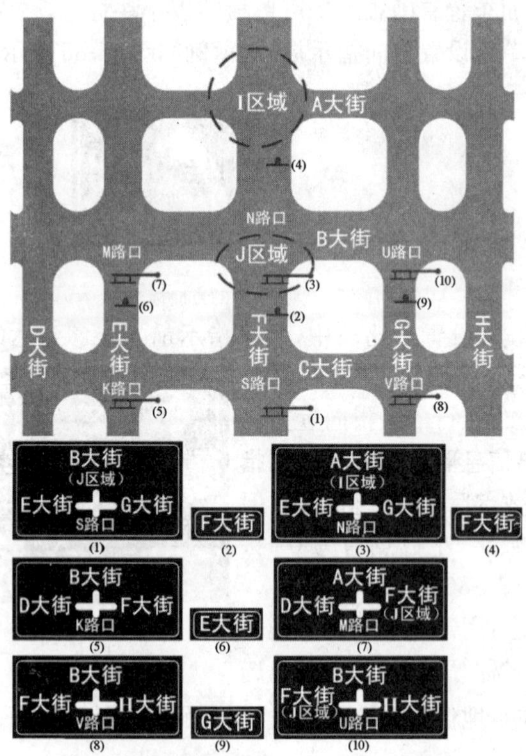

图 14-88 预告前方相交道路为主的指路标志信息选取示例

三、设置方法

(1)城市道路平交路口指路标志

设置在路口进口方向距路口停止线 80～100m 处。有车道行驶方向标志时，车道行驶方向标志设置在距停止线 80～100m 处，指路标志设置在距车道行驶方向标志 80～100m 处。

(2)环路联络线指路标志

主要信息表示前方将要到达的城市主干道(环路)，辅助信息表示前方相交的城市一般道路名称、临近的重要交通集散点(立交桥)、周边大型公共场所(如体育馆、火车站)等，示例如图 14-89 所示。

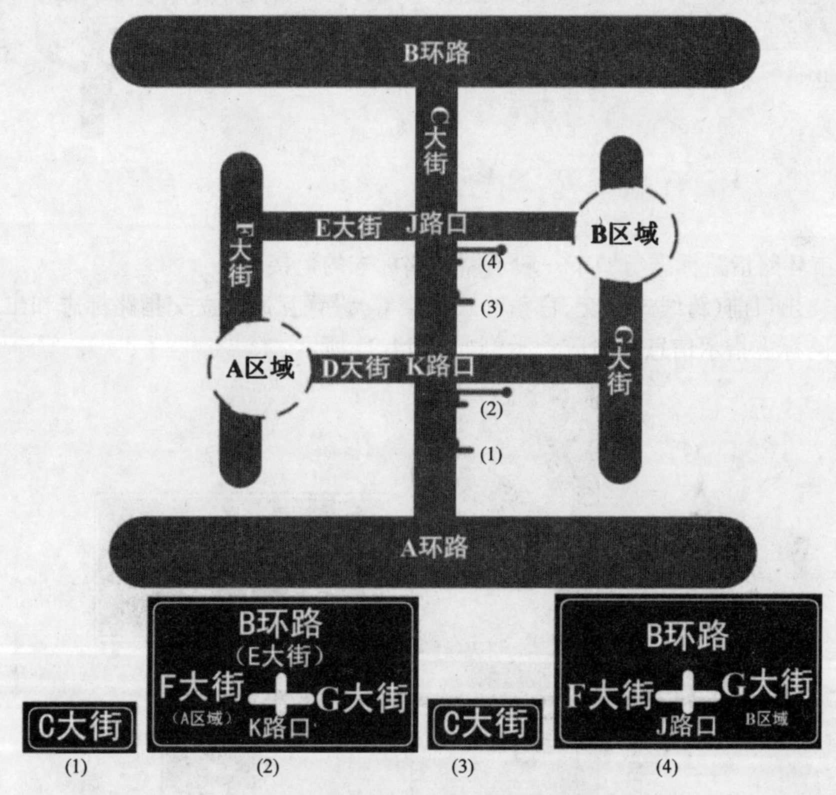

图 14-89　城市道路环路联络线指路标志示例

(3)地点距离指路标志的设置

放射线城市道路的地点距离指路标志按照功能分为:进城指路预告标志和出城指路预告标志。进城指路预告标志设置在进城主要放射线沿线重要交通集散点后，对前方环路(立交桥)名称及编号、主要行政区域的名称和距离进行预告。指示信息一般不超过三条。出城指路预告系统:设置在出城主要放射线沿线重要交通集散点后;对前方环路(立交桥)、主要行政区域的名称和距离进行预告。指示信息一般不超过三条。

连接城市放射线道路的地点距离指路标志，指示内容为道路前方所要经过的城市主干道及重要地点的名称和距离。

(4)立交桥出口前指路标志的设置

立交桥出口前设置互通式立交预告和指示标志。减速车道起点设置出口指示标志，出口处设置出口标志，示例如图 14-90 所示。

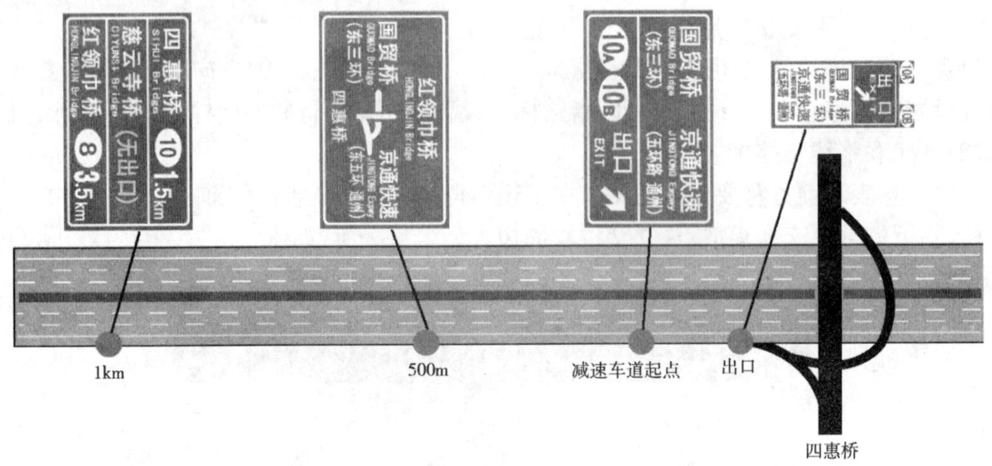

图 14-90 立交桥出口前指路标志的设置示例

（5）城市环路指路标志与城市一般道路指路标志的衔接

环路立交出口前（跨线式立交、苜蓿叶式立交等）设置互通式立交指路标志和出口标志，与桥下路口指路标志指示信息相对应。示例如图 14-91 所示。

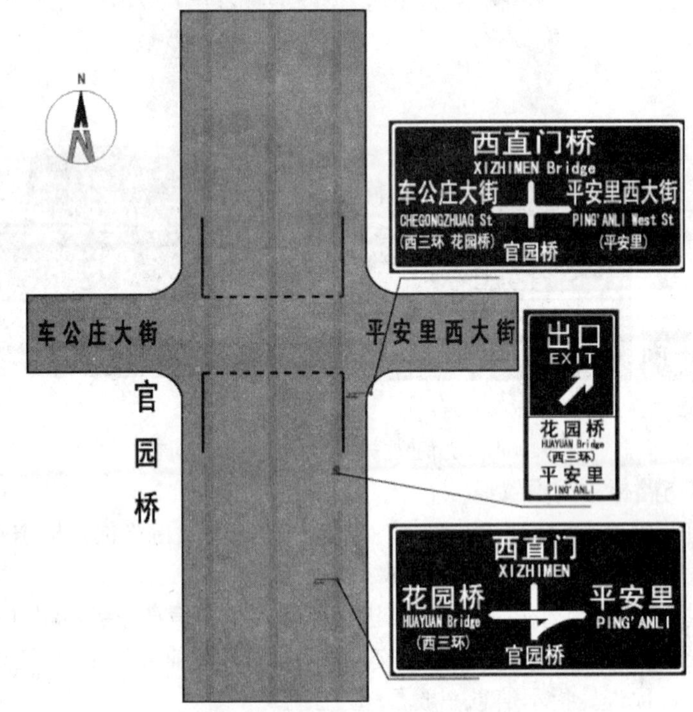

图 14-91 环路跨线式立交出口与城市道路指路标志衔接示例

环路互通式立交出口前设置互通式立交标志，同时在出口处设置出口标志（图 14-92）。

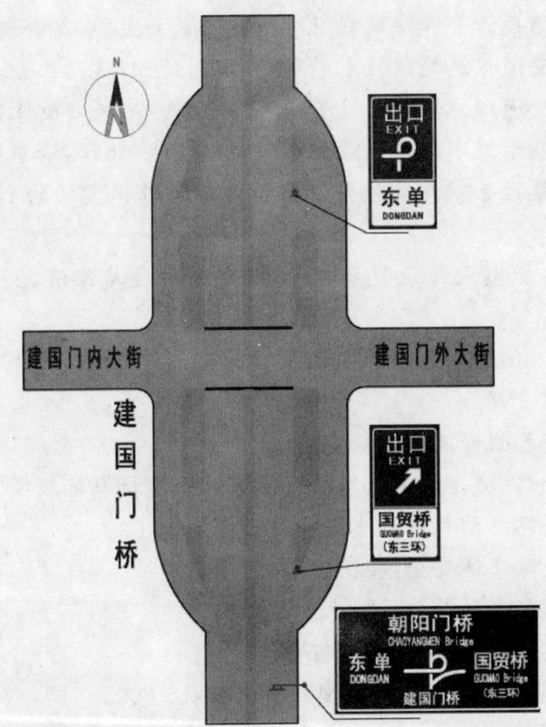

图 14-92　环路互通式立交出口指路标志示例

参考文献

[1] 赵金龙. 山区公路交通标志设置研究[D]. 西安:长安大学,2006.

[2] 张存保,杨晓光,严新平. 交通信息对驾驶员选择行为的影响研究[J]. 交通与计算机,2004 年第 5 期,第 22 卷(总第 120 期):31-34.

[3] 张前哨. 基于 A＊算法的地图寻径的研究[D]. 武汉:武汉科技大学,2005.

[4] 佘文晟. 环城高速公路交通标志的信息化及设置研究[D]. 成都:西南交通大学,2005.

[5] 马永峰. 公路网 GIS 数据组织方法及公路网多目标最有出行路径研究[D]. 天津:河北工业大学,2004.

[6] 王豫辉. 高速公路路网模型及清分算法的研究[D]. 西安:长安大学,2006.

[7] 段广云,沈振宇. 高速公路交通信息发布系统实际应用中的若干问题及对策[J]. 公路交通技术,2004 年 12 月,第 6 期:107-109.

[8] 何胜学,范炳全. 动态交通路网中有效路径的确定方法[J]. 上海理工大学学报,Vol. 28,No. 6,2006:599-604.

[9] 赵旭. 大连城市交通信息网的设计与实现[D]. 大连:大连理工大学,2002.

[10] 徐玉霞. 大规模路网动态交通流预测模型和算法研究[D]. 大连:大连理工大学,2006.

[11] 刘雪岩. 出行路线选择行为研究[D]. 北京:对外经济贸易大学,2006.

[12] 张兰芳,方守恩. 出入城市的道路交通指路标志系统设置方法研究[J]. 交通控制,2006.7:21-23.

[13] 舒文军. 城市快速路的标志牌设置[J]. 中外公路. 第 24 卷第 4 期,2004.8:184-185.

[14] 范东凯. 城市动态路径诱导算法研究[D]. 西安:长安大学,2006.
[15] 关彩霞. 城市道路交通信息处理技术的研究[D]. 沈阳:沈阳工业大学,2002.
[16] 袁修荣. 城市道路交通标志设计与设置研究[D]. 西安:长安大学,2005.
[17] 颜波. 车载自主导航系统中的动态最优路径规划[D]. 北京:清华大学,2004.
[18] 朱志勇. 车辆动态路径导航系统框架及自适应路径选择方法的研究[D]. 长沙:长沙理工大学,2005.
[19] 邱杨,胡光明. 指路标志设计设置研究[J]. 交通科技与经济,2006 年第 6 期(总第 38 期):9-10
[20] 美国:Manual on Uniform Traffic Control Devices.
[21] 日本:道路标志设置手册.
[22] 台湾:道路交通标志标线号志设置规则.
[23] 上海:上海市高速公路、城市快速路及城市高架路交通标志标线技术总则.
[24] 广东:广东省高速公路路网指路标志一体化设置指南.
[25] 北京:北京市高速公路交通安全设施设计指导手册.
[26] 杭州:杭州市区交通标志引导系统技术总则.
[27] 安徽:公路交通标志设计和应用技术规范研究.
[28] 夏传苏. 交通标志世界[M]. 北京:中国人事出版社, 2005.
[29] 徐建闽, 曾华燕. 高速公路交通标志内容设置的若干问题[J]. 中南公路工程, 2006, 31(5).
[30] 杜志强. 北京市环路现状及交通标志设置探讨[J]. 交通工程, 2007,1.
[31] 刘会学. 交通标志结构设计的理论与方法[J]. 公路交通科技,1997, 14(3).
[32] 王玉泉, 孔莉, 付建伟. 浅谈高速公路的交通标志设计[J]. 交通科技, 2005,212(5).
[33] 刘喜平, 张于良, 靳航. 高速公路交通标志版面设计[J]. 山西交通科技, 2000, 134(3).
[34] 陈建云, 李凯,晁遂. 高速公路标志设置的几点问题及建议[J]. 交通与安全,2006:160.
[35] 王跃辉, 彭国雄. 指路标志设置位置的研究[J]. 道路交通与安全,2004,4(1).
[36] 李钢. 高速公路交通标志设计与应用[J]. 上海公路,1995,4.
[37] 李令举,张继民,宋舒. 道路交通标志的设计[J]. 云南交通科技,1999,15(1).
[38] 丛涛. 北京市道路交通标志指路标志的设置[J]. 道路交通与安全,2002,6.
[39] 刘会学. 高速公路网络环境下交通标志的设计[J]. 公路,2004,12.
[40] 石茂清. 道路交通安全设施设计研究[D]. 西南交通大学, 2005.
[41] 李永汉. 如何发挥高速公路标志牌的功能[A]. 第一届全国公路科技创新高层论坛论文集智能交通与机电工程卷 [C], 2002 .
[42] 李旺. 高速公路交通标志的总体功能和设置原则[A]. 中国公路学会 2003 年学术年会论文集[C], 2003.
[43] 李文权, 王炜. 高速公路路侧标志设置问题[J]. 东南大学学报(自然科学版),2007,37(1).
[44] Candy. 怎样发挥高速公路标志牌的作用 [J]. 广告大观(标识版), 2006, 11.

第十五章　交通安全实验技术

实验是科学研究的必备步骤和关键要素之一。实验是人类根据研究目的,运用科学仪器装备,人为地控制、创造或纯化某种自然过程,使之按预期的进程发展,在尽可能减少干扰因素的情况下进行定性或定量观测,以探求该自然过程变化规律的一种科学活动。实验要求研究人员发挥主观能动性,控制条件,改变客观状态和进程,使实验活动更有利于对自然界规律性的认识。实验是在科学理论指导下的探索性活动,以理论思维和分析判断为基础,是检验理论的客观标准和重要手段。实验具有提供事实(发现事实、探索规律)、验证理论(正确性及其适用范围)、测定常数、推广应用及开拓新领域4方面基本属性。

交通安全实验技术是交通安全研究体系的一个重要组成部分,本章主要介绍交通安全实验的意义及特点、交通安全实验设计及实例、典型的交通安全实验系统。

第一节　交通安全实验技术概述

一、交通安全实验的目的和意义

交通安全实验是实验工程(Experimental Engineering)[1]的一个派生,是交通安全研究的必备步骤和有效手段之一。它是利用物理实验或模拟技术等辅助技术进行交通安全系统理论及应用技术研究的主要方法之一。其基本思想是利用局部或者典型的实验来代替现实中难以实现的工程建设和物理现象,并通过对实验数据的分析及处理,研究交通安全系统各因素之间定性或定量关系,或者对交通安全研究成果(模型、推论等)进行验证。

交通安全实验技术是通过科学的实验方案设计,以相似原理、控制理论、系统技术、信息技术、数学建模、数理统计和交通安全领域相关专业技术为基础,以计算机和各种专用物理效应设备为工具,再现复杂的交通安全研究对象,并对交通安全系统进行研究的一门多学科综合性技术。

交通安全实验的主要目的如下:

(1)通过真实或局部再现复杂的交通安全研究对象(交通安全关键问题),确定研究对象中各因素之间的定性、定量关系或关键参数,探索交通安全系统各因素间的基础理论、关键应用技术和解决方案,有效解决交通安全研究中的关键问题,提高道路交通安全水平。

(2)根据交通安全研究中数学建模、理论推导等所使用的假设或者前提条件,构建相应的实验系统,对数学模型或理论等研究成果进行验证,并通过实验结果对模型或者理论进行修正。

由此可见,通过对复杂的交通安全研究对象的再现,交通安全实验不仅可为交通安全研究提供可行的、有效的支撑平台,而且通过交通安全研究成果的验证及修正,成为提高交通安全研究成果应用水平的重要工具，这对于解决交通安全研究领域的关键问题、提高道路交通安全水平具有重要意义。

二、交通安全实验的特点

道路交通安全系统影响因素众多，彼此交互关系错综复杂。交通安全实验应力争从系统角度真实地体现道路交通安全系统的内涵属性，以便清晰地体现研究对象诸多影响因素之间的定性、定量关系。另外，在第一章中谈到道路交通事故具有随机性、突发性及不可逆性等特性，因此，交通安全实验应有针对性地开展相关工作，从而具有如下特点。

1. 可控性

由于道路交通安全系统参数众多，影响复杂，因此，为了取得真实、可靠的实验结果，交通安全实验中的关键参数或者实验过程必须具有可控性。例如，人为地固定一些实验参数或将某些关键参数限制在一定范围，只改变部分变量以考察其对所研究指标的影响等。

2. 可重复性

道路交通安全研究的有些研究对象(如交通事故等)往往是不可重复、不可逆的，这也是交通安全研究必须面对的重要问题，其给道路交通安全研究带来了较大困难。为此，交通安全实验应具有可重复性，以利于在复杂的研究对象中获得可靠、有效的分析研究成果。

3. 鲁棒性

交通安全实验应具有较强的鲁棒性，以很好地抵御外部干扰，以突出感兴趣的研究参数，获得可靠的实验结果。

4. 经济性

虽然诸如实车碰撞等交通安全实验代价非常昂贵，但是交通安全实验仍应注重经济性，需通过合理的实验设计和严谨的实验方案优化，以节约资源，保证交通安全实验的经济性。

5. 可拓展性

交通安全实验应考虑实验参数和实验过程的可扩展性，除针对某一特定对象进行实验研究外，还应根据研究进程和客观条件，考虑实验参数和实验对象的扩展，以获得更为丰富的实验数据。

6. 快速真实性

交通安全实验应快速再现研究对象的真实特性，以迅速获得实验结果，缩短实验数据获取周期，且需有效地避免由于人为因素、交通中断等干扰而造成的数据失真或者丢失。

第二节　交通安全实验设计

一、实验设计概述

实验设计(Design of Experiment, DOE)，也称为试验设计，是指对实验进行科学合理的安排，以达到最好的实验效果。实验设计是实验过程的依据，是实验数据处理的前提，也是提高科研成果质量的一个重要保证。

1. 发展现状

20世纪20年代英国学者R. A. Fisher[2]在农业实验中运用均衡排列的拉丁方，解决了长期未解决的实验条件不均衡问题，提出了方差分析方法，创立了实验设计。

随后，实验设计方法大量应用于农业和生物科学。从20世纪30年代起，英国的纺织业中也开始使用实验设计。第二次世界大战中，美国的军工企业开始使用实验设计方法。二战以后，美国和西欧的化工、电子、机械制造等众多行业纷纷采用实验设计。

随着研究的逐渐深入和应用的日趋广泛，实验设计技术也在不断发展和提高。特别是随着信息技术、数理统计等技术的发展，实验设计方法得到较好的补充和完善，被广泛应用于医学、化工、半导体工业、物理、化学等领域，取得了良好的应用效果。

目前，实验设计方法已形成了两大流派：一个是以美国统计质量管理专家G. E. P. Box[3]为代表的经典实验设计方法，主要包括比较实验、全因子实验（或析因实验）、部分因子实验、响应曲面模型(RSM)等；另一个是日本质量管理专家田口玄一博士[4]于20世纪50年代提出的实验设计方法，该方法注重实验设计方法与工程技术的结合，先后提出了3次设计、损失函数、信噪比和内外表等概念，并提出了正交实验技术。

我国从20世纪50年代开始进行实验设计的研究，并逐步应用于生产实践。60年代，华罗庚教授在我国倡导与普及的“优选法”（国外称之为斐波那契方法）即为一种典型的实验设计方法。1978年，国际数理统计学会方开泰院士与数论专家王元教授把数论方法应用于实验设计，提出了“均匀设计”方法[5][6]，并得到了普及与应用。目前我国关于实验设计的研究热点主要集中于多响应实验设计和计算机辅助实验设计[8]等方面，并取得了一系列可喜的研究成果。

2. 实验设计的要素和原则

从统计学意义来说，实验设计的含义为：在设计实验的过程中，使获得的实验数据适合于统计方法分析，从而得出有效和客观的实验结论。

(1)实验设计的三要素[9]

通常，实验设计的3个要素是指实验因素、实验单元和实验效应，其中实验效应采用实验指标反映。

①实验因素

定义：实验因素(Factor)简称为因素或因子，是实验的设计者希望考察的实验条件。因素的具体取值称为水平(Level)。

实验因素的确定是实验设计的一项重要工作，是进行实验设计的前提。在实验设计中，需首先确定可能影响实验指标的实验因素，并根据专业知识初步确定因素水平的范围。若实验过程中影响实验指标的实验因素很多，需要对众多的实验因素进行分析，以便选用合理的实验设计方法进行妥善安排。同样，若因素水平选取的过于密集，实验次数将会增多，许多相邻的水平对实验结果的影响十分接近，将会浪费人力、物力和时间，降低实验的效率；反之，因素水平选取的过于稀少，因素的不同水平对实验指标的影响规律将得不到真实的反映，因而得不到理想的实验结论。在专业知识不足或者缺乏经验的前提下，可以先做筛选实验，选取较为合适的因素和水平数目。

②实验单元

定义：按照因素的给定水平对实验对象所作的操作称为处理(Treatment)，而实验单元是指接受处理的实验对象。

接受处理的实验对象或产品就是实验单元。在工程实验中,实验对象是材料和产品,只需要根据专业知识和统计学原理选用实验对象。在医学和生物实验中,实验单元也称为受试对象,受试对象的选择不仅要依照统计学原理,还需要考虑生理和伦理问题。而在交通安全的实验对象中,既包括工程实验中的材料和产品,也包括医学和生物实验中的受试对象,需根据研究的课题合理选择。

③实验效应

定义:衡量实验结果好坏程度的指标称为实验指标,也称为响应变量(Response Variable)。实验效应是通过实验指标体现的反映实验处理效果的标志。

实验效应是实验设计过程中实验结果的评价要素。与对实验因素的要求一样,实验指标应尽量选用定量形式,而尽量避免定性的实验指标。另外,要尽可能选用客观性强的指标,尽量避免主管指标(如给某些定性实验结果进行人为打分或赋值)。除主观、客观指标外,还有一些指标的来源虽然是客观的(如化验中絮状反应的观察等),但在判断上也受主观影响,称为半客观指标。对这类半客观指标应事先规定读取数值的严格标准,必要时还应进行统一的技术培训。

(2)实验设计的原则

Fisher 在实验设计的研究中提出了实验设计的 3 个原则,即随机化原则、重复原则和局部控制原则。半个多世纪以来,实验设计得到迅速的发展和完善,上述 3 个原则仍然是指导实验设计的基本原则。此后,学者们通过理论研究和实践经验对这 3 个原则进行了进一步的发展和完善,把局部控制原则分解为对照原则和区组原则,形成了实验设计的 4 个基本原则,分别是随机化原则(Randomization)、重复原则(Replication)、对照原则(Contrast)和区组原则(Blocking)。目前,这 4 大设计原则已被人们普遍接受,成为保证实验结果正确性的必要条件。

①随机化原则

随机化是指在对某研究总体的抽样或实验研究过程中,使总体中的每一个研究对象(观察单位)都以概率均等的原则随机地被分配到实验组和对照组或有同等的机会被抽到研究的样本中的一种措施,是实验中随机分组和抽样研究时需贯彻的重要原则。

随机化的意义是为了避免研究人员在对实验对象分组时,由于主观选择实验对象以及已知或未知的影响因素而产生的偏性所引起组间的不均衡,进而影响实验结果真实性的问题。因此,随机化原则是实验研究中保证取得无偏估计的重要措施。同样,从总体中进行抽样研究,其目的是用抽样的结果去估计总体的情况,为了使样本对总体有较好的代表性,采用随机抽样的方法往往能客观地计算抽样结果的可靠程度和评价抽样结果的精确度。

此外,获得统计结论所用的各种数理统计方法(如抽样误差的估计、统计推断中的假设检验等)都是建立在所计算或比较统计量的样本是从总体中随机抽取或随机分配这一假设的前提上的,只有遵循随机化原则的抽取样本资料,用统计方法得出的实验结论才是符合客观事实和科学的。

②重复原则

所谓重复,是指在同一实验条件下重复进行若干次基本实验。重复原则具有两条重要的性质:

a. 允许实验者得到实验误差的一个计量。在实验过程中，总会存在由于偶然原因造成的随机误差，通过重复实验可以在进行方差分析时定量地将误差成分的影响计算出来，进而客观地评价实验结果。

b. 如果样本均值作为实验中因素对应的估计量，则重复实验可以求得这一效应更为精确的估计。如果第一次实验结果的方差为σ^2，那么重复n次后，实验的方差将减少为σ^2/n。因此，重复的主要目的是得到比较精确的实验结果，实验的次数越多，得到的结果就越精确。当然，在做实验时还应考虑到重复带来的实验时间延长、实验经费增加等问题。好的实验设计应该在两者之间取得平衡。

③对照原则

对照原则是主要用于比较实验的一个原则。除了因素的不同处理外，实验组与对照组中的其他条件应尽量相同。只有高度的可比性，才能对实验观察的项目作出科学结论。对照有很多种，可根据研究的目的和内容加以选择。常用的有空白对照、安慰剂对照、实验条件对照、标准对照和历史或中外对照等[8]。实验设计中的对照组在实验中是一种处理，在统计分析中作为实验因素的一个水平。

④区组原则

区组是提高实验精确度的一种方法，它是将实验对象按照某种水平或标准进行分组，一个区组就是实验材料的一个部分，同一组内的实验条件尽量相同，与整个实验相比，一个区组内的性质应更为类似，该组的实验结果将更为真实，故通过区组化可以在很大程度上提高实验的精确度。

二、交通安全实验设计的主要类型

众所周知，交通安全系统是一个涉及人、车、路、环境及管理诸多因素的复杂系统。因此，交通安全实验也具有程序复杂、类型众多等特点。根据交通安全研究目的，结合上节实验设计的分类，交通安全实验设计的主要类型有以下几种。

1. 探索实验

我国道路交通安全形势严峻，交通事故总数仍然居高不下；重大事故仍不能得到有效控制；道路交通安全仍隐患大量存在。究其原因，主要是我国交通安全研究尚不够深入，不能为我国的相关决策提供科学基础；交通安全研究领域诸多机理性、基础性的关键问题尚未得到解决；交通安全系统的人、车、路、环境等研究对象尚有许多未知属性。要研究交通安全领域的机理性和基础性问题，探索交通安全研究对象间的关系和规律，探索实验是交通安全研究中最为重要的手段之一，这也是交通安全实验设计中最常用的实验设计类型之一。例如：采用探索实验，可根据事故的形态，研究事故的群体、时间、地点、行为方式、交通环境及其他安全隐患等实验因素之间的特点和规律，找出该类事故的产生机理，制定相关的预防措施，使预防工作更具有针对性和系统性，从而保证预防工作更加有效。

2. 验证实验

该类实验是重现科学推断或者研究成果的前提条件，验证该推断或成果的正确性，可作为探索实验、比较实验等其他实验方法的有效补充。在交通安全研究领域中，通过数学建模、探索实验等方法获得的研究结果和实验结论可以通过该类实验对其适用性和正确性进行验证，故在交通安全实验设计中，该类实验也具有重要地位。

3. 比较实验

该类实验是交通安全研究领域与“人”相关因素——如驾驶员生理和心理特性、行人与车辆的冲突行为等研究常用的实验方法。其目的是检验同一研究对象的一种或几种处理效果，例如：选用相同年龄、教育背景、心理特征和身体特性的一组驾驶员作为研究对象，分别使其产生饮酒、服药和疲劳等状态，通过比较其生理、心理参数，研究该组驾驶员在不同状态下的驾驶特性等。

4. 优化实验

如前所述，该类实验的目的是高效率地获得研究对象的最优实验条件，确定研究对象的最优特征参数。在交通安全研究领域中，对“路”的因素（如护栏等道路交通安全设施的安全性能、长大下坡避险车道的设置等）研究中，通常为了获得研究对象的最优性能参数，通常采用该类实验。例如：为了在相同碰撞条件、相同材料和路侧条件下获得最具安全性的道路护栏结构参数而进行的实车碰撞实验。

三、交通安全实验设计的常用方法

随着信息技术、数理统计等技术的发展，实验设计方法得到了较好的补充和完善。本节根据交通安全研究领域的特点，结合笔者的研究实践，给出交通安全实验设计的常用方法。

1. 正交设计方法

正交设计是日本质量管理专家田口玄一博士(Dr. Genichi Taguchi)于 20 世纪 40 年代后期提出的一种多因素优化实验设计方法，它从全面实验的样本点中挑选出部分有代表性、具有正交性的样本点进行实验。其作用是只用较少的实验次数即可找出因素水平间的最优搭配或由实验结果通过计算推断出其最优搭配。

正交实验设计的基本工具是正交表——一种依据数理统计原理而制定的具有某种数字性质的标准化表格。

正交表表示为：

$$L_{\mathrm{m}}(r^{\mathrm{p}}) \tag{15-1}$$

式中：L——正交表的代号拉丁方(Lation Square)；

p——正交表的列数，表示本次实验的因素数目；

r——实验因素 p 的水平数；

m——正交表的行数，表示本次实验需要进行的次数。

例如，表 15-1 为正交表 $L_9(3^4)$，其主体部分有 9 行 4 列，由 1、2、3 三个数字组成，使用该表即可进行最多 4 个因素，每个因素 3 个水平的实验设计，使用该方法需做 9 次实验。

由表 15-1 可知，正交实验设计方法采用正交表来安排多因素多水平的实验，一方面，由于正交表的正交性，使得部分实验中包括了所有水平，并使得对任意两个因素的所有水平信息及两因素间的所有组合信息，无一遗漏。因此，虽然正交表安排的只是部分实验，却能实现全面实验的功能；另一方面，由于正交实验的实验点均衡地分布在实验中，具有很强的代表性。并且各项实验最大限度地排除了其他因素的干扰，从而可综合比较该因素不同水平对实验指标的影响情况。总之，通过正交的部分实验寻找最优化条件，只用较少的实验次数即可实现全面实验所得到的最佳条件，节约了大量的人力、物力和时间等资源。从正交实验设计的特点分析，正交实验适用于因素和水平较少的实验设计。

$L_9(3^4)$正交表　　表 15-1

实验号	列号			
	1	2	3	4
1	1	1	1	1
2	1	2	2	2
3	1	3	3	3
4	2	1	2	3
5	2	2	3	1
6	2	3	1	2
7	3	1	3	2
8	3	2	1	3
9	3	3	2	1

2. 均匀设计方法

均匀设计(Uniform Design，UD)是 1978 年方开泰研究员和数学家王元共同提出的，使用设计好的均匀设计表进行实验设计的方法。近 10 年来，均匀设计在国内的应用日益广泛，成功的案例与日俱增。例如美国福特汽车公司正将均匀设计用于他们 6 Sigma 管理体系的推行以及新型发动机的研制。

均匀实验设计是以数论知识为基础的，其理论核心是数论方法中的偏差计算方法，均匀实验设计将偏差作为实验点均匀性度量。由于均匀实验充分利用了实验点分布的均匀性，所获得的适宜条件虽然不见得是全面实验中的最优条件，但至少也在某种程度上接近了最优条件。这样，不仅可以满足实验的一般要求，也为深入研究各因素的变化规律和进一步寻优创造了条件。该方法的优点在于不考虑“整齐可比”性，在正交设计中为整齐可比而设置的实验点就可不予考虑，因而大大减少了实验次数。采用均匀设计法，每个因素的每个水平只需做一次实验即可基本实现全面实验的功能。

均匀实验设计的基本工具是均匀设计表，可表示为：

$$U_{\mathrm{n}}(q^{s}) \tag{15-2}$$

式中：U——均匀设计表的代号；

n——均匀设计表的行数，表示本次实验需进行的次数；

s——均匀设计表的列数，表示本实验的因素数目；

q——因素的水平数。

例如，表 15-2 为均匀设计表 $U_7(7^4)$，其主体部分有 7 行 4 列，由 1、2、3、4、5、6、7 七个数字组成，分别表示各实验因素的 7 个水平。使用该表需做 7 次实验，可进行最多 4 个因素，每个因素 7 个水平的实验设计。

均匀设计表 $U_7(7^4)$　　表 15-2

实验号	列号			
	1	2	3	4
1	1	2	3	6
2	2	4	6	5
3	3	6	2	4
4	4	1	5	3
5	5	3	1	2
6	6	5	4	1
7	7	7	7	7

除此之外，每个均匀设计表都附有一个使用表，指导我们从设计表中选用适当的列，以及由这些列所组成的实验方案的均匀度。表 15-3 即为均匀设计表 $U_7(7^4)$ 的使用表（注：表 15-3 中最后一列是表示由该行中的这些列所组成实验方案的均匀度的偏差值）。

均匀设计表 $U_7(7^4)$ 的使用表　　表 15-3

实验因素 S	列号				均匀度偏差 D
2	1	3			0.239 8
3	1	2	3		0.372 1
4	1	2	3	4	0.476 0

由表 15-3 可知，若所设计的实验有 2 个因素，应选用表 2 中的 1、3 列进行实验设计。同理，若有 3 个因素，应选用 1、2、3 列；若有 4 个因素，应选用 1、2、3、4 列进行实验设计。

从均匀设计的特点来看，均匀设计用于多因素多水平的实验设计具有很大的优越性。

3. *析因设计方法*

析因设计(Factorial Design)也称为因子设计，是欧美各国所使用的主要的实验设计方法，其主要应用于分析两个或多个因素的主效应和交互效应。

根据实验因素及水平的组合情况，可将析因设计分为全因子实验设计和部分因子实验设计，即：

(1)全因子实验设计

全因子实验设计是指含有两个或两个以上实验因素（含区组因素）的实验，把所有因素各水平之间的组合都作为实验的一个处理的实验设计方法。在该设计方法中，如需要考虑交互效应，还需进行重复实验。

全因子实验设计既适用于比较实验，也适用于优化实验，并且有利于分析因素间的交互作用，但是鉴于全因子实验设计的实验次数很多，一般只在如下两种场合使用：

①只有两个实验因素，这也就是双因素方差分析问题；

②每个因素只有两个水平。

全因子实验设计的优点如下：

①对于优化实验，可以直接从实验结果中找到因素水平的最优组合，而不必通过统计

分析；

②对于比较实验，可以直接分析因素间的各种交互效应。

全因子设计的缺点是实验次数很多，造成人力、物力、经济等资源的浪费。

(2)部分因子实验设计

部分因子实验是在假定高阶交互作用不显著的情况下，将全因子实验压缩而得的。其主要依据为如下 3 个关键性质：

①效应稀疏原理——当有很多变量时，系统可能被少数几个主效应和低阶交互效应所支配；

②投影性质——部分因子设计可投影到更强(更大)的有显著性因素的子集所组成的设计中；

③序贯实验——可将两个(或者两个以上)部分因子设计序贯地组合成一个设计，用来估计所感兴趣的因素效应和交互作用。

在实际的交通安全实验研究中，通常只有主因子和低阶交互作用影响最终的实验结果。由于部分因子实验设计相对于全因子实验设计进行了压缩，导致各因素效应之间出现混杂，但是鉴于该混杂主要集中于主效应与高阶交互作用或者低阶交互作用与高阶交互作用之间，当高阶交互作用可以忽略时，该混杂的影响也不重要了。

为了表示部分因子实验中上述混杂的程度，英国统计学家 Box[10] 将混杂程度定义为分辨率，并对该分辨力进行了分类，如表 15-4 所示。

部分因子实验设计的分辨率表　　表 15-4

实验分辨率	特　点
分辨率＝III	只保证各实验因素之间不混杂，即：主效应之间互不混杂，主效应与二阶交互效应及各交互效应之间存在混杂
分辨率＝IV	保证各实验因素之间不混杂，每个实验因素与其他二阶交互效应也不混杂，但二阶交互效应之间存在混杂
分辨率＝V	保证每个实验因素和每个二阶交互效应之间都不混杂，但二阶交互效应与高阶交互效应之间存在混杂

由表 15-4 可知，分辨率越低，该部分因子实验的混杂程度越大。

在交通安全实验中，由于环境、时间、成本等原因而限制实验次数的情况下，部分因子实验显示出它的优越性，其中 2^k 分式析因设计尤其重要，它主要用于实验之初的因素筛选阶段，可以提供最小的实验次数用以研究全因子设计的 k 个实验因素，使用方差分析考察实验因素效应的大小和方向，并在众多的实验因素中确定关键影响因子，并提供关于交互作用的信息。

四、交通安全实验设计方案评价

根据交通安全实验的可控性、可重复性、鲁棒性、经济性和快速真实性等特点，在节约、高效、科学、合理的前提下，以采用最经济的实验方案、获得最优实验效果为目标，将从定性和定量两个方面进行交通安全设计方案的评价。其中，衡量实验效果的定量指标是偏差等均匀性度量指标；衡量实验方案经济性的主要定量指标为实验次数。而交通安全实验设计方案评价的定量指标主要包括实验的可控性、可重复性、鲁棒性和可拓展性等。

1. 定量指标

(1)偏差——均匀性度量指标

均匀性是衡量一个实验设计优劣的关键指标，也是在多个实验方案中选择最优方案主要依据的重要指标之一。度量均匀性的指标很多，其中偏差(Discrepancy)是历史最久、最为广泛接受的指标[10,11]。

均匀设计方法提出之初，采用“星偏差”作为均匀性的度量，但是由于星偏差不便于计算，且对坐标系的旋转缺乏不变性，Hickernell[12]提出采用泛函分析工具——希尔伯特再生核空间来定义均匀性测度，并指出中心化 L_2—偏差(Centered L_2- Discrepancy，简记为 CD_2)、可卷 L_2—偏差(Wrap-around L_2- Discrepancy，简记为 WD_2)对坐标系旋转具有不变性、便于计算和与因子设计中的许多准则有紧密联系等特点，可作为均匀性度量指标。此后，Heckernell and Liu[13]提出了一种更为合理的均匀性的测度，即离散偏差(Discrete Discrepancy，简记为 DD)。与其他均匀性测度相比，DD 不仅大大降低了计算费用，而且有它自身的统计合理性。

上述各偏差可根据如下公式计算(具体推导见参考文献[4]、[5])：

假定实验区域 c^{c_n} 上分布的 n 个实验点 $X=\{x_k=x_{k_1},\cdots x_{k_{c_n}},k=1,\cdots,n\}$，则中心化 L_2—偏差 $CD_2(X)$ 可根据下式计算：

$$CD_2(X)=\left[\begin{aligned}&\frac{1}{n^2}\sum_{k,l=1}^{n}\prod_{i=1}^{c_n}\left(1+\frac{1}{2}\left|x_{ki}-\frac{1}{2}\right|+\frac{1}{2}\left|x_{li}-\frac{1}{2}\right|-\frac{1}{2}\mid x_{ki}-x_{li}\mid\right)\\&+\left(\frac{13}{12}\right)^{c_n}-\frac{2^{1-c_n}}{n}\sum_{k=1}^{n}\prod_{i=1}^{s}\left(2+\frac{1}{2}\left|x_{ki}-\frac{1}{2}\right|-\frac{1}{2}\left|x_{li}-\frac{1}{2}\right|^2\right)\end{aligned}\right]^{\frac{1}{2}} \tag{15-3}$$

可卷 L_2—偏差 $WD_2(X)$ 可表示为：

$$WD_2(X)=\left[-\left(\frac{4}{3}\right)^2+\frac{1}{n^2}\sum_{k=1}^{n}\sum_{j=1}^{n}\prod_{i=1}^{s}\left[\frac{3}{2}-\mid x_{ki}-x_{ji}\mid(1-\mid x_{ki}-x_{ji}\mid)\right]\right]^{\frac{1}{2}} \tag{15-4}$$

综上所述，在交通安全实验设计方案的均匀性评价中，可采用 CD_2(中心化 L_2—偏差)、WD_2(可卷 L_2—偏差)和 DD(离散偏差)作为定量指标，对设计方案的均匀性进行定量评价。

(2)实验次数

实验次数是表征实验成本最直观的定量指标，亦是衡量实验方案优劣的主要指标。在保证实验效果的前提下，实验次数越少，实验成本越低，实验方案越优。然而，交通安全的实验设计亦不能一味地追求实验次数的减少。实验次数越少，实验包含的信息量越少，可获得的实验效果越有限。

2. 定性指标

在前述定量评价指标的基础上，为使交通安全实验设计方案的评价更加具有合理性和科学性，还需从实验方案的可控性、可重复性、鲁棒性和可拓展性等方面进行评价。

(1)可控性

根据所设计实验方案的实验因素及其水平在实验过程中是否可控制，或者实验方案中是否可固定某一个或多个参数进行实验以得出其对实验结果的影响，对所设计的交通安全实验进行定性评价。

(2)可重复性

根据实验方案是否可以重复再现交通安全领域的相关研究对象(采用仿真技术等),以在复杂的研究对象中获得可靠、有效的研究成果,定性评价交通安全实验方案的优劣。

(3)鲁棒性

根据所设计的实验方案抵御外部干扰的能力,从是否可以突出感兴趣的研究参数,获得可靠的实验结果等方面对其进行定性评价。

(4)可拓展性

根据实验方案是否除针对某一特定对象进行实验研究外,还可根据研究进程和客观条件,进行实验参数和实验对象的扩展,以获得更为丰富的实验数据,对所设计的交通安全实验方案进行定性评价。

3. 交通安全实验设计方案评价流程

交通安全实验设计方案评价流程如图 15-1 所示。

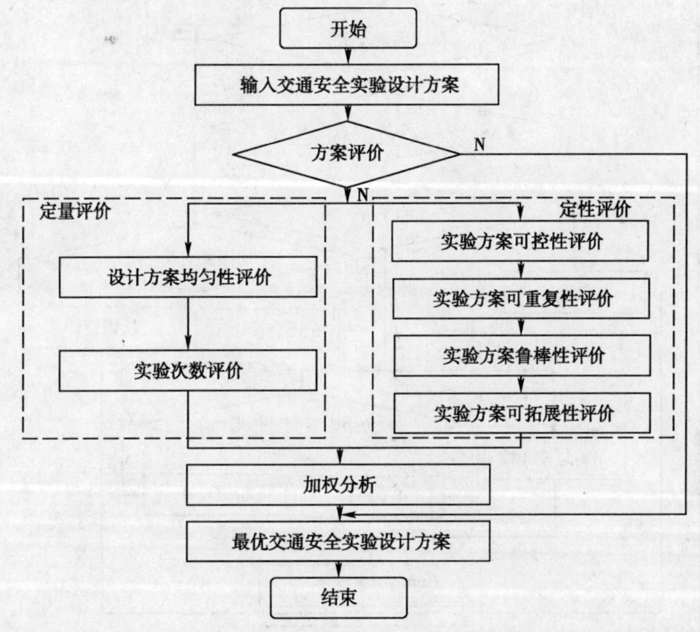

图 15-1　交通安全实验设计方案评价流程图

由图 15-1 可知,针对同一研究对象,使用正交设计、均匀设计和析因设计等方法设计的交通安全实验方案,经均匀性、实验次数 2 个定量指标和可控性、可重复性、鲁棒性和可拓展性 4 个定性指标评价后,经加权分析,即可确定最优交通安全实验设计方案,以利用最小的实验次数,获得最优的实验结果。

五、交通安全实验设计流程

综上所述,交通安全实验设计的流程如图 15-2 所示。

如图 15-2 所示,在交通安全实验设计过程中,需首先明确实验目的(如:探索车辆行驶过程中运行速度对交通安全的影响、比较不同防护方法对道路交通安全水平的改善等），确定实验类型（如：探索实验、验证实验、比较实验和优化实验等）。并在此基础上确定实验的因素和水平，然后根据实验水平的多少和是否考虑实验因素间交互作用等原则，分别选用正交设计方法、均匀设计方法和析因设计方法进行交通安全实验设计，最终生成实验计划表，完成交通安全实验设计。

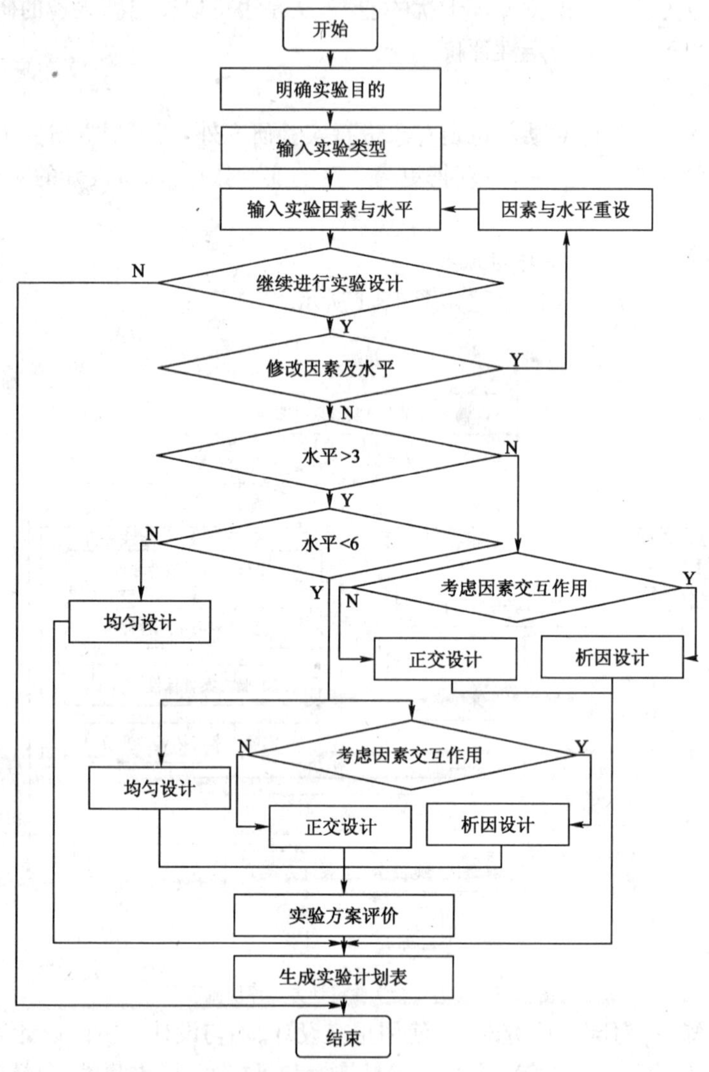

图 15-2 交通安全实验设计流程图

根据图 15-2，交通安全实验设计方法的选择原则是：

(1)若实验水平不大于 3，且实验因素之间的交互作用可以忽略，宜选用正交设计方法进行交通安全实验设计；

(2)若实验水平不大于 3，且需考虑实验因素之间的交互作用，宜选用析因设计方法进行交通安全实验设计；

(3)若实验水平大于 6，由于正交设计的实验次数约为均匀设计的 4.5 倍以上，宜选用均匀设计方法进行交通安全实验设计；

(4)若实验水平大于 3 而小于 6，以上 3 种实验设计方法均可使用，待采用上述 3 种方法设计完成后，需根据上节所述交通安全实验设计方案评价方法对其进行评价，选择最优方案，生成最终的实验计划表，完成交通安全实验设计。

第三节　交通安全实验设计实例

一、驾驶员突发事件感知反应时间研究实验设计

在分心驾驶情况下，驾驶员对突发事件的感知反应时间有所不同，通常年龄越大所需感知反应时间越长；此外，目前文献中较少涉及年龄 65 岁以上驾驶员与其他年龄段驾驶员的差异。为对上述问题进行研究，在实验设备——驾驶模拟器上，针对驾驶员在分心状况下面临前车无预警制动情况进行实验，具体实验设计过程如下。

1. 实验目的

研究不同年龄段驾驶员对突发事件的感知反应时间，探讨其对于驾驶行为和交通事故的影响。

2. 实验类型

本实验属于探索实验(探索视觉分心对驾驶行为的影响)和比较实验(比较不同年龄段驾驶员对突发事件的感知反应时间)。

3. 实验因素和水平

本实验以省道作为主要实验场景，其实验因素和水平如下：

(1)驾驶员年龄，分为 3 个因素水平，即：20～30 岁(青年段)、30～49 岁(中年段)和 65 岁以上(老年段)。

(2)行车速度，根据现场观测，将省道的行车速度分为 3 个因素水平，即：40km/h(低)、60km/h(中)和 80km/h(高)。

(3)跟车距离，驾驶员跟车距离 S_f 由安全距离、驾驶员感知反应距离、驾驶车辆制动距离共同组成，可根据下式计算[15]。

$$S_f=\frac{1}{2}\left(\frac{v_0^2}{a}-\frac{at_s^2}{12}+v_0t_s\right)+v_0t_r-\frac{v_0^2}{2a} \tag{15-5}$$

式中：v_0——行车速度(即实验因素 2)；

a——车辆加速度，根据分析设定为 7.85m/s^2；

t_s——车辆制动时间，设定为 0.3s[15]；

t_r——系统设定感知反应时间，也即前车紧急制动开始至驾驶员察觉并完全放开加速踏板为止所需时间。

由上式可知，影响跟车距离的诸多变量中，行车速度为本实验的因素 2，车辆加速度、车辆制动时间均为常量，故确定 t_r 为本实验的第 3 个因素，根据当前研究成果，将其分为 3 个实验水平，即：短、中、长 3 个水平，具体数值与行车速度相关，如表 15-5 所示。

系统设定感知反应时间与行车速度关系表　　表 15-5

行车速度(实验因素 2)(km/h)		系统设定感知反应时间(实验因素 3)(s)		
		短	中	长
低	40	2.0	2.3	2.6
中	60	2.3	2.6	2.9
高	80	2.6	2.9	3.2

(4)碰撞事故,本实验因素可分为 2 个因素水平,即:低(不存在碰撞事故)和高(存在碰撞事故)。

根据本实验的目的,在实验设计时应考虑不同实验因素间的交互作用。

4. 实验设计方法

本实验的水平均不大于 3(分别为 3 和 2),且需考虑不同实验因素的交互作用,故根据上节交通安全实验设计流程,采用析因设计方法(主要包括全因子实验设计和部分因子实验设计)。

5. 实验设计结果

鉴于本实验的因素和水平不多,故采用全因子实验设计方法,可得本实验的设计结果,如表 15-6 所示。

驾驶员突发事件感知反应时间研究实验设计表　　表 15-6

实验号	A	B	C	AB	AC	BC	D
1	1	1	1	1	1	1	0
2	1	1	1	1	1	1	1
3	1	1	1	1	1	1	
4	1	2	2	2	2	4	0
5	1	2	2	2	2	4	1
6	1	2	2	2	2	4	
7	1	3	3	3	3	9	0
8	1	3	3	3	3	9	1
9	1	3	3	3	3	9	
10	2	1	2	2	4	2	0
11	2	1	2	2	4	2	1
12	2	1	2	2	4	2	
13	2	2	3	4	6	6	0
14	2	2	3	4	6	6	1
15	2	2	3	4	6	6	
16	2	3	1	6	2	3	0
17	2	3	1	6	2	3	1
18	2	3	1	6	2	3	
19	3	1	3	3	9	3	0
20	3	1	3	3	9	3	1

续上表

实验号	A	B	C	AB	AC	BC	D
21	3	1	3	3	9	3	
22	3	2	1	6	3	2	0
23	3	2	1	6	3	2	1
24	3	2	1	6	3	2	
25	3	3	2	9	6	6	0
26	3	3	2	9	6	6	1
27	3	3	2	9	6	6	

表中，实验因素1(年龄)记为A，该实验因素的3个水平——20～30岁(表示为1)、30～49岁(表示为2)、65岁以上(表示为3)；实验因素2(行车速度)记为B，该实验因素的3个水平——40km/h(表示为1)、60km/h(表示为2)、80km/h(表示为3)；实验因素3(系统设定感知反应时间)记为C，其对应的因素水平——短(表示为1)、中(表示为2)、长(表示为3)；实验因素4(碰撞事故)记为D，其对应的因素水平——不存在碰撞事故(表示为0)、存在碰撞事故(表示为1)。

对于本试验，主要考虑前3个实验因素的二阶交互效应，而不考虑其高阶交互效应，即：采用AB、AC、BC分别表示实验因素1和素2、实验因素1和3、实验因素2和3之间的交互作用，表中各交互作用的值为对应因素和水平的乘积。

由表15-6可知，通过27次实验即可实现以年龄、行车速度和跟车距离为实验因素的驾驶员突发事件感知反应时间研究，得出年龄、行车速度和跟车距离对驾驶员突发时间感知反应时间的影响关系，进行不同年龄段对突发时间感知反应时间的比较，并分别考虑了以上实验因素交互作用对最终实验结果的影响。

采用上述实验设计方案进行实验后，可得出如下主要结论：

(1)同一碰撞事故(突发事件)下，不同行车速度对驾驶员的反应时间有明显影响，在40km/h、60km/h和80km/h不同速度下的年龄、跟车距离等实验因素间均存在交互作用，无碰撞事故比有碰撞事故的感知反应时间减少了约0.5s，也即，感知反应时间延迟超过0.5s即可能发生追尾等交通事故。

(2)年龄对于速度为40km/h下的反应时间仍有交互影响，在行车速度为60km/h下，年轻人(指青年段和中年段)的反应时间比老年人(老年段)平均少了0.4s。

(3)在不同行车速度下，不同的系统设定感知反应时间存在差异，导致跟车距离存在较大差别。系统设定感知反应时间越短，跟车距离越短，驾驶员的注意力提高，从而使得驾驶员的感知反应时间减少，尤其是在速度为80km/h下，系统设定反应时间为3.2s时，对感知反应时间的影响最大。

(4)在车流量少、跟车距离较远的情况下，前方发生紧急情况时，仍会造成驾驶员生理上的影响，使得驾驶员心跳速率增加。当系统设定反应时间小于2.3s时，发生事故的风险将会大幅增加，需得到足够重视。

由此可见，由于采用了严谨的实验设计方法，使得本实验的各因素、水平及其交互作用均得到了充分的考虑，在节约实验成本的前提下，得出的实验结果更具有科学性和合理性。

二、边坡稳定性影响因素敏感性实验设计

边坡稳定性是影响道路交通安全水平的重要因素之一。然而，影响边坡稳定性的因素众多，交互作用明显。为了能够获得影响边坡稳定性的各敏感参数，以便据此制定可行的治理对策，进行边坡稳定性影响因素敏感性实验研究。

1. 实验目的

本实验的目的在于研究影响边坡稳定性的摩擦角、黏聚力、重度、地震系数等因素的敏感性，以便于制定合理对策提高边坡稳定性。

2. 实验类型

本实验属于探索实验。

3. 实验因素和水平

本实验采用如图 15-3 所示的坡高为 20m 的均质土坡进行实验，其实验因素和水平如下：

(1)重度 γ，单位：$kN \cdot m^{-3}$，范围：18～25；

(2)内摩擦角 φ，单位：(°)，范围：15～29；

(3)黏聚力 c，单位：kPa，范围：30～51；

(4)地震系数 a，单位：$cm \cdot s^{-2}$，范围0～100。

以上每个因素根据其范围均匀选用 8 个水平。

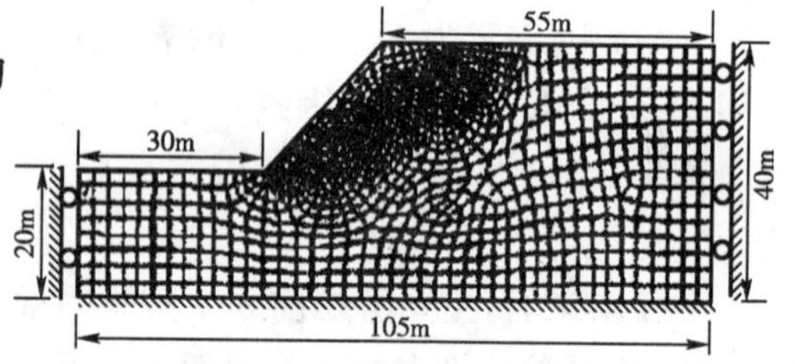

图 15-3 实验用土坡示意图[15]

4. 实验设计方法

由于本实验的因素和水平较多，故采用均匀设计方法。

5. 实验设计结果

根据实验因素(4 个)和水平(8 个)，选择均匀设计表 $U_8^*(8^5)$，并根据 $U_8^*(8^5)$的使用表，确定使用该表的第 1、2、3、5 列进行实验设计，表中 A 为实验因素 1(重度 γ)、B 表示实验因素 2(内摩擦角 φ)、C 表示实验因素 3(黏聚力 c)a、D 表示实验因素 4(地震系数)。实验设计结果如表 15-7 所示。

边坡稳定性影响因素敏感性实验设计表 表 15-7

实验号	A	B	C	D	稳定性系数 K
1	18	17	39	100	1.20
2	19	21	51	87.5	1.50
3	20	25	36	75	1.34
4	21	29	48	62.5	1.65
5	22	15	33	50	0.935
6	23	19	45	25	1.21
7	24	23	30	12.5	1.09
8	25	27	42	0	1.38

对上述实验结果进行回归分析可得，地震作用 a 为不显著因素，内摩擦角 φ、黏聚力 c、重度 γ 均为明显因素（显著性水平 $a=0.05$），其显著性大小依次为：内摩擦角、黏聚力和重度。

此外，由表 15-7 可知，若对各实验因素进行全面设计共需 4 096 次实验，而采用均匀设计方法只需 8 次实验即可得到较好的实验结果，从而大大节约实验成本，提高实验效率，这正是交通安全实验设计的优势所在。

第四节 典型的交通安全实验系统

本节首先介绍人、车、路、环境等协同实验研究的多自由度交通安全驾驶模拟实验系统，然后分别从人、车、路等方面介绍驾驶员生理心理实验系统和碰撞实验系统（包括车辆实车碰撞实验系统、道路交通安全设施实车足尺碰撞实验系统、缩尺模型碰撞实验系统和模拟碰撞系统等）。

一、多自由度交通安全驾驶模拟实验系统

多自由度交通安全驾驶模拟实验系统（多自由度交通安全驾驶模拟器）是利用高性能电子计算机，在自动控制、仿真、机械和电子等技术支持下，从人、车、路、环境等闭环系统出发，系统地进行交通安全领域相关仿真实验研究和开发的大型实验装备。它一般由模拟舱、运动模拟系统、实时控制与运算系统、视景模拟系统、声响模拟系统、中央控制台和数据采集及分析系统等组成。

与交通安全研究领域现有实验设备相比，多自由度交通安全驾驶模拟系统具有如下优点：

(1)可以任意建立某一个道路交通环境，包括真实的、设计中的或用于特殊实验的场景，用于各类交通安全问题的研究，极大地提高研究效率。

(2)可以任意记录驾驶车辆的运动参数、交通流特性参数、驾驶员生理及心理特性参数，用于各种相关计算和分析，增加研究深度，拓宽研究范围。

(3)可以极为方便地改变参数和环境，进行各种对比实验，提高了交通安全研究的准确性和科学性。

(4)能够在保证研究人员和仪器设备安全的情况下，进行各种极端和危险工况下交通安全的相关研究。

本部分首先介绍多自由度交通安全驾驶模拟实验系统的发展及研究应用现状，然后介绍国内外几种典型的多自由度交通安全驾驶模拟实验系统。

1. 发展及应用现状

模拟实验系统最早用于飞机驾驶训练。直到 20 世纪 70 年代初，美国通用汽车公司才开始用胶片放映方式进行汽车驾驶模拟方面的研究。因此，国外道路交通汽车驾驶模拟至今已有 30 多年的历史，国内的研究历史也已有 10 多年。

目前，驾驶模拟实验系统已经有几十种形式，按规模大小和用途，可分为大型模拟器、中型模拟器和小型培训用模拟器。以下将分别从国外和国内进行驾驶模拟器发展及应用现状介绍。

(1)国外发展及应用现状

20 世纪 70 年代初，美国通用汽车公司、弗吉尼亚工业研究院和州立大学从开始致力于驾驶员在环系统(Human-in-loop)的驾驶模拟器研究，这项工作持续了 20 多年，目前已开发出具

有16自由度的车辆模型和一个小型的可动式底座的VPI-SU型驾驶模拟器，该驾驶模拟器能够向驾驶员提供接近真实的驾驶感觉，并已广泛应用于驾驶训练及交通科研领域。同期，日本大阪产业大学开始研究可赋予加速度感觉的座椅模拟装置，用液压机构实现车辆加速和制动过程中的运动模拟。

20世纪80年代初，美国联邦公路局FHWA(Federal Highway Administration)开始了公路驾驶模拟器(Highway Driving Simulator)方面的研究，开发了一种座椅固定式驾驶模拟器，主要用于道路交通中人的因素的研究实验，例如：交通控制装置开发、驾驶员冒险驾驶体验、智能交通系统和危害鉴定等研究。同一时期，英国利兹大学也开发出了座椅固定式的面向交通问题的驾驶模拟器。

20世纪80年代中期，瑞典公路交通研究院(The Swedish Road and Traffic Research Institute)开发出了具有精确车辆动力学模型和4自由度液压运动平台的VTI Driving Simulator I型驾驶模拟器。同期，德国戴姆勒一奔驰(Daimler- Benz)汽车公司开发出了世界上规模最大的驾驶模拟器，主要用于轿车的开发工作；日本的东京大学、丰田汽车研究所和马自达汽车公司也相继开发出了用于汽车产品开发的驾驶模拟器。

20世纪90年代初，世界各大汽车制造商开始开发自己的驾驶模拟器。福特和克莱斯勒汽车公司一直用固定基座的模拟器开展研究开发工作；1989年，德国大众汽车公司改建了其原有的驾驶模拟器，更新了计算机系统和视景生成系统，应用于汽车新产品的研制；1991年，日本马自达汽车公司建立了跑车型、开发型驾驶模拟器，采用了更高级的硬件平台，包括高性能的仿真计算机系统和图形处理硬件系统，其车辆动力学模型非常完善，运动系统可模拟6自由度车辆姿态；1995年，日本汽车研究所也建成了带有体感模拟系统的驾驶模拟器；1993年底，美国交通部DOT(Department of Transportation)在IOWA大学建立了美国国家大型驾驶模拟器，其规模已经接近德国奔驰汽车公司的驾驶模拟器，成为世界上最具代表性的几个大型驾驶模拟器之一，并在人、车、路等交通安全研究领域得到了广泛应用。2004年，瑞典公路交通研究院在VTI Driving Simulator Ⅰ型驾驶模拟器的基础上，开发了具有更高运动精度、更逼真视景和声响系统，具有开放性和模块化的VTI Driving Simulator Ⅲ型驾驶模拟器，使该驾驶模拟器的性能及应用水平达到国际先进水平。

图15-4是国际上较有代表性的几种驾驶模拟实验系统

(2)国内发展及应用现状

我国在驾驶模拟器方面的研究起步较晚，经历了一个从引进国外产品到自行研制的较漫长的发展过程。开始是引进捷克的点光源平板投影式仿真器，道路盘上的道路是用笔描绘而成的平面景象，无坡道，接着引进了美国的胶片放映被动式汽车仿真器。

20世纪70年代，中国已有自己研制的点光源转盘机电式汽车模拟器。20世纪90年代，随着计算机技术和图形、图像技术的发展，国内相继出现了自己研制的、仿真精度较高的主动式实时汽车驾驶模拟器。

装甲兵工程学院开发的MUL-2QJM汽车驾驶模拟器采用了实时车辆动力学、运动学仿真模型和实时计算机图像生成技术，不仅可以完成汽车驾驶培训，还可以进行车辆安全性、人机工程、道路工程等的研究。南京大学软件新技术国家重点实验室开发的主动式三维汽车驾驶训练模拟器，应用了三维场景人工智能技术。昆明理工大学交通综合模拟实验室也于1999

图 15-4　国际上较有代表性的几种驾驶模拟实验系统

a)美国弗吉尼亚大学驾驶模拟器；b)瑞典 VTI Driving Simulator I 型驾驶模拟器；c)英国利兹大学驾驶模拟器；d)；日本东京大学驾驶模拟器；e)美国 IOWA 大学 NADS 驾驶模拟器；f)瑞典 VTI Driving Simulator III 驾驶模拟器；g)挪威 Autosim as 驾驶模拟器；h)Daimler Chrysler 驾驶模拟器

年开发出了基于网络的 WM 型汽车驾驶模拟器，除了其先进的车辆模型、逼真的视景系统外，它的联网功能可允许多台驾驶模拟器同时操作，并具有可选择的对车辆的监视功能。1996 年 12 月，吉林大学汽车动态模拟国家重点实验室建设完成的开发型 ADSL 驾驶模拟器通过国家验收，研制总投资验收审计为 2 380 万元人民币。该驾驶模拟器具有真实的人—车操作界面、重复可控的试验工况、可任意嵌入实物试验、高速的仿真运算能力、无风险的极限工况试验等功能。2002 年 11 月底，该实验室又开发了带有运动模拟的实用开发型汽车驾驶模拟器，为在国内汽车行业推广基于驾驶模拟器的汽车整车动力学性能仿真技术，打下了较强的硬件基础。

图 15-5 是国内较有代表性的驾驶模拟器。

从上述模拟实验系统国内外发展及应用情况可知，国外关于模拟实验系统的研究开始的较早，其技术已经趋于成熟，被广泛应用于驾驶培训、车辆新产品开发、交通安全及其他交通问题研究等

a)

b)

c)

图 15-5　国内较有代表性的驾驶模拟器

a)吉林大学开发型大型驾驶模拟器；b)吉林大学实用开发型驾驶模拟器；c)昆明理工大学驾驶模拟器

领域内，为这些研究工作提供了很好的支持，并能够促进这些研究的不断深入和深化。国内关于模拟实验系统的研究尚处于起步阶段，研究水平和应用技术状况还不能完全满足相关研究的需要。

由此可见，多自由度交通安全驾驶模拟实验系统需要有比一般驾驶模拟器更多的技术支持，软件方面需要有路网快速生成系统、公路线形设计系统、交通视景智能快速生成系统、交通标志、标线及各种设施视景库、动态交通流模型及仿真支持系统、驾驶员感觉支持系统、各类参数分析和打印系统等；硬件方面需要有支持动态交通流的高性能外围计算机、后视景投射系统、驾驶舱内辅助系统、驾驶员参数测量系统等。按照规模划分，应用于交通安全研究领域的系统应当至少属于较为复杂的中型模拟实验系统。

2. 国内外典型的驾驶模拟实验系统

本部分将从主要性能指标、结构特点和支撑的研究方向 3 个方面介绍美国 IOWA 大学的 NADS-1 型驾驶模拟实验系统、瑞典 VTI Driving Simulator III 型驾驶模拟实验系统和我国吉林大学 ADSL 型驾驶模拟实验系统。

(1)美国 IOWA 大学 NADS-1 型驾驶模拟器❶

NADS(The National Advanced Driving Simulator)系列驾驶模拟器位于美国 IOWA 大学 NADS 仿真中心，是美国交通部 DOT 投资兴建的具有世界领先水平的大型开发式驾驶模拟器，目前主要从事驾驶仿真模拟、车辆性能和驾驶员认知系统 3 个领域的研究实验。

①主要性能指标

NADS-1 模拟器的主要性能指标如表 15-8 所示。

NADS-1 驾驶模拟器主要性能指标表　　表 15-8

子系统	主要参数	性能指标	备注
运动模拟系统	自由度	13	
	横纵向行程(*XY*)	±9.75m(加速度为±0.6g，最大速度为±5m/s)	
	垂直向行程(*Z*)	±0.6m(加速度为 1g，最大速度为±1.5m/s)	
	偏摆(yaw)	±330°(加速度为 120°/s^2，最大速度为 60°/s)	
	俯仰/翻滚(pitch /roll)	±25°(加速度为 120°/s^2，最大速度为 45°/s)	
	振幅	±0.06m(40Hz)	
视景模拟系统	视野	360°(水平)；45°(垂直)	
	视频刷新频率	60Hz	
	图形平滑(polygons)	880 000(共 11 通道)	
	总像素数	2 112 万(共 11 通道)	
	边缘柔化	全屏，2～16x	
	纹理存储	1 408MB(共 11 通道)	
	传递延时	≤32ms(主机触发到投影仪输出)	
	对比度	700∶1	
	总体亮度	2 400 流明(共 8 个投影仪)	
	虚拟场景	郊区、农村、城市和高速公路典型场景、其他特定场景	
	场景环境条件	白天、黑夜、晚间、雾、烟、雨和冰雹	
	场景对象	155 种特型车辆、标志和对象	
眼动检测系统	faceLABTM 型眼动仪	4.0.1 版	
声响模拟系统	动态范围	100dB(20dB 噪声平台)	
	带宽	15Hz～20kHz	
	信噪比	96dB	
	失真	≤1%	
	动态同步	≤28ms(主机触发到声音供放输出)	
驾驶舱	可更换车辆	Chevy Malibu，Jeep Cherokee，Ford Taurus，Freightliner Century，Farm Tractor，Earth-moving Equipment	6 种车型
	操控感知系统动态性能(带宽)	≥50Hz	
	车辆更换时间	≤8h	
	特征	具有转向盘、制动、加速踏板等所有操作部件	

❶ 来源：http://www.nads-sc.uiowa.eda。

续上表

子 系 统	主 要 参 数	性 能 指 标	备 注
车辆动力学模型	现有模型	Chevy Malibu, Jeep Cherokee, Ford Taurus, Freightliner Century, Dodge Intrigue, Ford Expedition, BMW 330i 等	
数据采集子系统	数据格式	二进制、文本和 MATLAB(更新频率 240Hz)	
	视频格式	DVD MPEG, SVHS, MiniDV	
	数据周转时间	<48h(可根据客户需求定制)	

②结构特点

a. 粗精结合的运动系统

该系统采用了粗精结合机械结构以再现车辆行驶过程中的运动特点。其中由 20m 的二维导轨(X、Y)构成的粗动台用于再现车辆行驶过程中的加速度和低频运动(如起动、制动等),而连接于粗动台上的 Hexapod 并联机构构成精动台,用于再现车辆行驶过程中的各种位姿和高频运动(如转弯、偏摆、俯仰和翻滚等)。

图 15-6 为 NADS-1 型驾驶模拟行程及粗精运动系统。

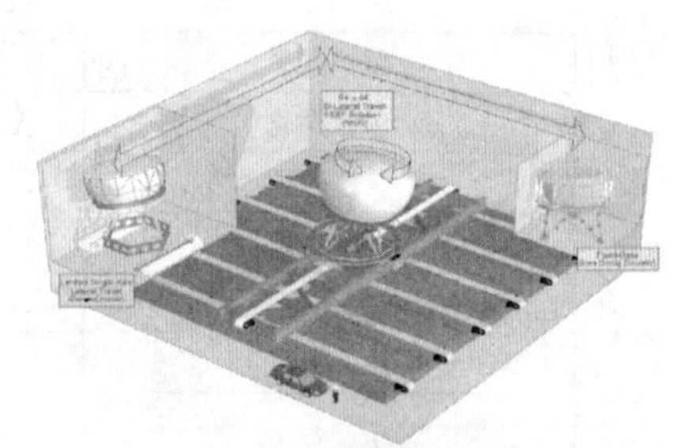

图 15-6 NADS-1 型驾驶模拟行程及粗精运动系统

b. 车型可置换的椭球形驾驶舱

该系统的椭球形驾驶舱具有模块化、统一的硬件接口,可方便地实现 6 种仿真车辆(由实车改装而成)的置换,已进行更为广泛的实验研究,置换时间小于 8h。图 15-7 为 NADS-1 型驾驶模拟器椭球形驾驶舱。

c. 逼真的虚拟现实场景

本驾驶模拟实验系统采用了 360° LCD 屏,并由 8 台投影仪营造了高清晰感和真实度的虚拟现实场景(见图 15-8),其视野水平方向可达 360°,垂直方向可达 45°,总像素数达到 2 112 万,以及各种高水平的柔化、存储和平滑等技术处理,极大地提高了该系统的仿真实验效果。

d. 真实的路感与驾乘体验

通过 4 个液压激振器和 XY 粗动机构,配合逼真的虚拟现实场景,真实体现了车辆行驶过程中的路感和驾乘感觉,见图 15-9。

e. 完善的驾驶行为和车辆性能数据采集及分析工具

该系统可采集如下 3 种数据:工程数据(Engineering)、眼球轨迹(Eye-tracking)和视频数据(Video Data)。其中工程和视频数据主要采集模拟驾驶器运动子系统、车辆运动系统和驾驶员特征参数(20min 可生成 500MB 的原始数据),用以分析车辆性能;眼球轨迹数据由眼动仪(FaceLABTM)测得,用于对驾驶行为的分析和研究(见图 15-10)。此外,该系统可对驾驶模拟器所有子系统的数据进行记录和分析,记录频率可达 240 次/s,且具有 10TB 左右的存储空间。

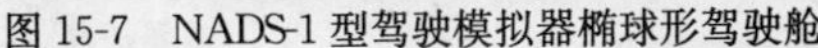

图 15-7　NADS-1 型驾驶模拟器椭球形驾驶舱

图 15-8　NADS-1 型虚拟现实场景

图 15-9　NADS-1 型驾驶模拟器路感产生系统

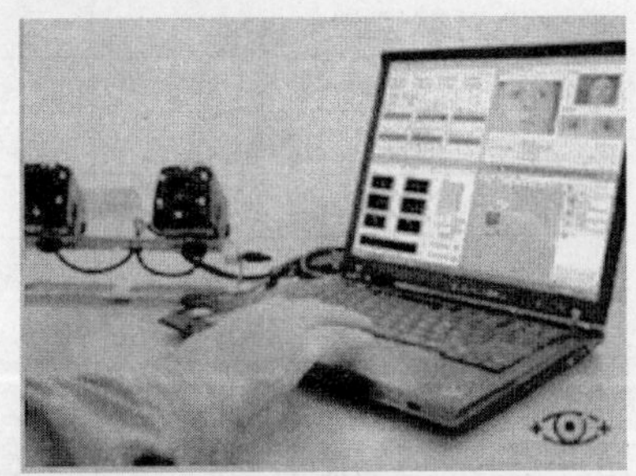

图 15-10　NADS-1 型驾驶模拟器数据采集及分析系统

③支撑的模拟实验

目前,NADS-1 型驾驶模拟实验系统主要支撑如下 3 个方向的模拟实验研究。

a. 驾驶行为实验研究

本系统可支撑驾驶员分心性能、驾驶行为及药物和驾驶员损伤机理等方向的模拟实验研究。

b. 先进车辆主动安全实验研究

本系统可支撑车辆电子稳定性、车辆主动安全性、车道变换冲突技术、车轮负载、车辆碰撞避免技术等的模拟实验研究。

c. 先进仿真技术

本系统可支撑车辆仿真数据库、驾驶模拟仿真研究和设计咨询、农业车辆仿真实验虚拟场景和农业设备驾驶模拟仿真平台等实验研究。

(2)瑞典 VTI Driving Simulator III 型驾驶模拟器❶

图 15-11　瑞典 VTI Driving Simultor III 型驾驶模拟器

瑞典国家道路及运输研究中心(Swedish National Road and Transport Research Institute,VTI)驾驶模拟器的开发始于 20 世纪 80 年代中期,目前已研发至第三代(2004 年 4 月正式发布),如图 15-11 所示。

该系统由底至上大致由导轨、多自由度运动平台、垂直激振器、驾驶舱、投影系统和声响系统等组成。其中该系统运动子系统通过依靠先进的技术整合,逼真再现了车辆行驶过程中的线性运动、转动和车辆的振荡(主要用于产生路感)。

①主要性能指标

该系统的主要性能指标如表 15-9 所示。

Driving Simulator III 驾驶模拟器主要性能指标(VTI)　　表 15-9

子 系 统	主 要 参 数	性 能 指 标	备　注
运动子系统	最大行程(单轴导轨,粗动台)	±3.75m	直线运运导轨
	最大速度	±4m/s	
	最大加速度	±0.8g	
	俯仰(Pitch)	−9°～+14°	综合运动平台
	翻滚(Roll)	±24°	
	垂直振幅	±0.06m	振动台
	横向位移(导轨方向为纵向)	±0.06m	
	翻滚角	±6°	
	倾斜角	±3°	
视景子系统	前方投影屏幕	120°	
	后视视景	3 个	
	虚拟场景	郊区、农村、城市和高速公路典型场景、其他特定场景	
	场景环境条件	白天、黑夜、晚间、雾、烟、雨和冰雹	
驾驶舱	可更换车辆	模块化结构,可进行车型更换	
	特征	具有转向盘、制动、加速踏板等所有操作部件	

②结构特点

a. 独特的粗动台设计

与美国 NADS-1 型驾驶模拟器不同,本系统采用了直线电机驱动的单导轨粗动台来再现车辆行驶过程中的低频高加速度运动(见图 15-12)。其水平面内另一个方向的运动,通过将驾驶舱转动 90°来实现,大大降低了其对房间尺寸的要求,减小了机械加工难度,在较好地再现车辆驾乘特性的同时,节约了大量设备购置资金。

b. 较开放的系统结构

该系统由第一代开始,定位于实用化的科研仿真实验平台,并依据科研需求,不断进行创新与改进,逐渐形成了相对开放的系统结构和灵活的科研接口,其总体结构见图 15-13。

❶ 来源:http://www.vti.se。

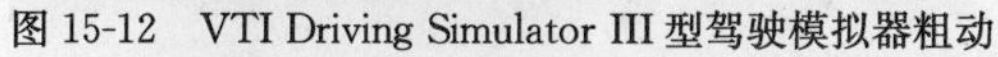

图 15-12 VTI Driving Simulator Ⅲ型驾驶模拟器粗动　　图 15-13 VTI Driving Simulator Ⅲ型驾驶模拟器总体结构图

c. 模块化的系统组件

该系统的运动子系统、仿真车辆、视景系统等采用模块化方法进行设计，从而使得相关子系统具有可靠、高效的互换拓展空间，便于该系统的科研和功能拓展，其驾驶模拟器见图 15-14。

③支撑的模拟实验

目前，VTI Driving Simulator Ⅲ型驾驶模拟实验系统进行的实验研究如下：

a. 人、车、路协同模拟实验研究；

b. 道路和隧道模拟设计实验研究；

c. 车辆操控性能实验研究；

d. 人—机接口测试及人机工程学实验研究；

e. 酒精和毒品对驾驶者的影响实验研究；

f. 驾驶行为实验研究；

g. 身体机能残障的驾驶者的行为实验研究。

(3)吉林大学 ADSL 开发型大型驾驶模拟器[1]

吉林大学 ADSL 开发型大型驾驶模拟器(见图 15-15)是我国首台开发型驾驶模拟器。该驾驶模拟器于 1996 年 12 月以世界先进水平的评价通过国家验收，研制总投资验收审计为 2 380万元人民币，仅占国外同规模开发型汽车驾驶模拟器的十分之一。目前，该模拟器的总体性能和技术指标居亚洲第一、世界先进水平。

图 15-14 VTUI Driving Simulator Ⅲ型驾驶模拟器

图 15-15 吉林大学 ADSL 型驾驶模拟器

①主要性能特点

ADSL 开发型驾驶模拟器的主要性能特点如下：

[1] 来源：http://www.ascl.jlu.edu.cn。

a. 真实的人—车操作界面；

b. 重复可控的试验工况；

c. 具有气候、光线等效果的逼真视景，任意嵌入实物试验；

d. 面向结构的 29 自由度实时动力学仿真模型；

e. 无风险的极限工况试验。

②支撑的模拟实验

ADSL 开发型大型驾驶模拟器支撑的主要模拟实验研究包括：

a. 车辆主动安全性能实验研究；

b. 车用控制系统实验研究；

c. 道路安全性能实验研究；

d. 交通法规合理性实验研究。

二、驾驶员生理心理实验系统

在人、车、路和环境等组成的交通系统中，驾驶员是系统的主导者和决策者。进行交通系统中驾驶员的生理、心理等特征参数的研究，掌握驾驶员车辆行驶过程中心理、生理指标变化规律，对于拓展交通安全的研究领域，提高交通安全研究水平具有重要意义，而驾驶员生理心理实验系统正是上述研究重要的支撑。

目前心理学研究中所关注的生理指标主要有心率、血压、眼动、脑电和脑成像技术。测量这些指标的仪器分别是动态心电系统、眼动仪、事件相关电位仪、驾驶适性检测系统等，这些仪器正是驾驶员生理心理实验系统的重要组成部分。

1. 动态心电系统

与其他设备相比，动态心电系统具有价格便宜、操作方便、易于携带等特点，无论是在实验室进行的模拟实验还是在现实情境下的实车试验中均可使用，是人机工程学研究的必备设备。

动态心电系统可以实时记录被试者在各种情况下的心率与血压变化情况，通过记录驾驶员在实验过程中的心率和血压变化数据，并利用该系统所提供的分析软件进行分析，可以清楚地得出不同刺激条件和实验条件下被试者心理的变化，从而为道路线形和安全设施的设置提供驾驶员心理指标的依据。

以北京美高仪公司与美国 DM SOFWARE 公司联合生产的 ECGLAB 型 12 导联动态心电仪为例，它的基本构成是一只掌上电脑般大小的接收人体心电信号的小盒子及其与身体相连接的导联外加一套分析处理心电信息的软件和硬件，如图 15-16 所示。

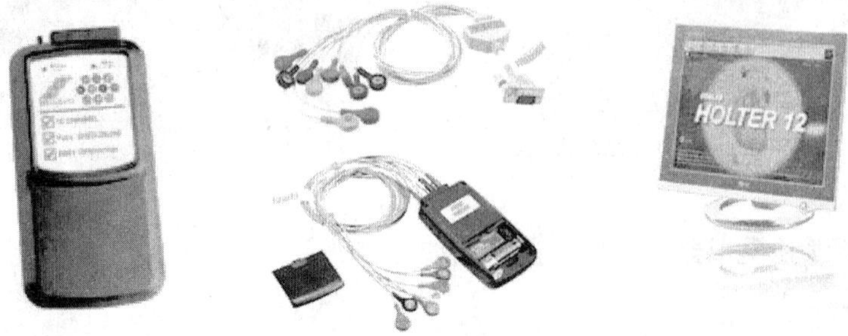

图 15-16 ECGLAB 型 12 导联动态心电仪软、硬件示意图

ECGLAB 型动态心电仪能连续检测人体 24h 的心电变化信息，它小巧方便、便于携带，适用于驾驶员处于动态的行车条件。因驾驶员行车时身体各部位相对静止，所以用动态心电仪记录到的心电信息变化基本上只与驾驶员驾车时的心智活动状况相关，而不太受驾驶员身体活动的影响，故在行车试验中仪器及其检测的数据具有较高的稳定性和合理性。

2. 眼动仪

眼动仪是记录测试对象眼睛瞳孔大小变化、注视点位置和轨迹以及注视点关注程度等指标的精密实验仪器，是交通安全研究领域"人"的因素研究中必不可少的实验仪器。

目前，驾驶员生理心理实验系统中常用的是德国 SMI(Senso Motoric Instruments)公司生产的 iView X HED 眼动测试系统，如图 15-17 所示。

图 15-17　德国 iView X HED 型眼动仪

该仪器的特点是精度高、便于携带，可适时记录驾驶员在行车过程中，眼睛瞳孔大小的变化、注视点的位置和轨迹以及注视点关注的程度，可进行诱导系统的舒适性、视距、视线等指标的检测，测得人的心理、生理参数，便于加工处理。

iView X 眼动仪工作过程是用红外线摄像机摄取受试者的眼睛图像，经过 MPEG 编码后送入计算机进行图像数据采集分析，实时计算出眼珠的水平和垂直运动的时间、位移距离、速度及瞳孔直径、注视位置。其数据分析功能如下。

(1)注视分析：显示出发生视觉刺激时注视点移动的路径，观看活动图像或静止图像时目光停留位置和时间。

(2)统计分析：绝对的和相对的注视时间。选定时间段内注视持续时间所占的百分比。

iView X HED 型眼动仪的检测过程：被测者头戴装有半反半透镜和红外线摄像头的头盔，标准配置头盔为有线连接，可以选择无线遥测头盔。被测者目光透过眼前的半反半透镜注视物体图像，一部分光线反射到摄像头被记录下来从而确定眼珠和瞳孔的位置，计算出眼珠的水平和垂直运动的时间、距离、速度及瞳孔直径。另一个摄像头摄取被测者注视的物体图像并确定注视位置。摄像机追踪虹膜和瞳孔上的角膜反射对头部相对运动进行补偿。受试者头部甚至全身都在运动时，头部运动传感器测得的数据对注视数据进行修正从而得到精确的注视数据。此外，另一台计算机 iView PC 可控制系统进行眼动、视觉刺激和数据采集等多种功能。

该眼动仪的主要技术参数：

(1)采样率，50/60Hz；

(2)跟踪分辨率(Pupil/CR)，0.1°(标准配置)；

(3)注视定位精度，0.5°～1.0°(标准配置)；

(4)跟踪范围，+/-30°(水平)，+/-25°(垂直)；

(5)头盔质量，450g。

3. 脑电 ERP 事件相关电位仪

随着认知神经科学研究的突飞猛进，脑电事件相关电位受到脑科学界更为广泛的关注。

事件相关电位具有无创性、高时间分辨率的特点，能够和传统的行为测量指标有机地结合起来研究脑认知加工活动。现在它已成为科学工作者进行脑认知机制研究的最有效的方法。

ERP事件相关电位仪是对刺激事件(包括物理刺激和心理因素)诱发出来的脑电信号(又称诱发电位、事件相关电位)进行检测和分析的仪器，是进行驾驶员认知功能等研究的主要仪器设备。它可依时间顺序绘成一系列时间—空间分布图，可精确地表达脑电信号的时间、波幅、波形。通过采用一系列新的提高空间分辨率的技术，它已成为一种独立的三维脑功能成像方法。它与PET、fMRI的结合分析是当代脑功能成像方法学的最新进展。

图15-18　EGI公司生产的脑电分析系统

以美国EGI公司生产的脑电分析系统(如图15-18所示)为例，介绍脑电ERP事件相关电位仪的构成、性能特点和该产品的主要技术参数。

(1)系统构成

①硬件部分

a. Geodesics 工作站——Mac Book Pro 笔记本电脑；

b. 惠普黑白激光打印机；

c. NET AMPS 放大器；

d. 4个网状电极(由用户选择尺寸)；

e. 电源隔离装置。

②软件部分

a. Net Station 软件(EEG/ERP信号采集、显示、标注、回放和分析)；

b. CINEMA 4D 三维脑地形图及动画生成软件；

c. GeoSource 或 BESA 脑电信号源分析软件(选配件)。

(2)性能特点

①高密度网状电极—脑电应用领域新纪元

经过多年的努力，EGI公司成功研制出了以氯化钾溶液作为导电媒介的高密度网状电极，避免了因涂抹导电膏所带来的诸多不便，从而拓展了脑电应用领域。主要表现在：

最新的设计——高密度网状电极基本覆盖了颈部以上的所有部位(包括脸颊和脑干)，满足了精确源定位所需要的硬件环境。

佩戴舒适——传统脑电电极帽采用涂抹(注入)导电膏的方式，不仅费时费力，而且会引起被试者的情绪不安和紧张。高密度网状电极不需要头皮处理和涂抹导电膏，只需在1%的氯化钾溶液中浸泡3min左右即可佩戴，彻底消除被试者因电极佩戴不适造成的紧张不安，提高实验样本数据的准确性和真实性。加之网状电极帽采用海绵与皮肤接触，增加了舒适度，因此适用于儿童的EEG/ERP测试。

简便省时——佩戴过程简单迅速，128导联仅需要5min，256导联不超过7min，从而大大缩短了研究工作者的实验前准备时间，提高了工作效率。

②高性能的苹果电脑工作站

EGI公司采用苹果电脑作为主机,其强大的图像处理功能、稳定性以及抗病毒能力是PC机所不能比拟的,并且新近推出的苹果电脑可兼容Windows操作系统。

③精确的采集与刺激同步

EGI公司推出的同步时钟方案成功地解决了ERP实验中采集和刺激系统的同步问题。Net Amps放大器通过Single-Clock实验控制定时器,向E-Prime刺激系统发出定时脉冲,实现采集和刺激系统分享同一时钟,达到了毫秒级的精确同步。

(3)EGI脑电系统技术参数

A/D转换:24bits;

输入阻抗:200MΩ;

采样速率:20kHz(256通道);

采样范围:±200mV;

放大器噪声:< 0.6μV;

精确度:70nV/bit;

共模抑制比:120dB。

4. *驾驶适性检测系统*

驾驶适性,是指驾驶员安全行车必备的生理、心理特性。而驾驶适性检测系统是基于事故倾性理论,运用当代心理学的研究成果,利用先进的科学仪器与设备,从心理、生理、人机工程学等方面检测从业人员是否适宜驾驶工作。其中心理素质包括知觉能力、判断认识水平、反应特性、注意力品质、性格、智商、态度等。

驾驶适性检测系统可分为地面固定型和流动检测型两种,国内比较有代表性的是安徽三联科技股份有限公司的驾驶员适应性检测系统。该系统由检测设备和计算机管理两大部分组成,前者又可分为生理检测和心理检测两种设备。其中,心理检测设备主要包括LJ9101-B型速度估计测试仪、LJ9306夜视力测试仪、LJ9307动视力测试仪、LJ9204B深视力检测仪、LJ9103B型操纵机能测试仪、LJ9102-B型复杂反应判断测试仪等,用于速度估计、复杂反应、操纵机能、人格测定、安全意识、危险感受、深视力、动视力、夜视力等参数的检测;而生理检测设备主要由动态心电仪、色觉检测仪、LJ9409听力计等组成,用于驾驶员身高体重、肺功能、血压、心电图、色觉、听力、视机能、握力背力、视野等生理参数的检测。

该系统的功能特点如下:

(1)系统硬件设备符合国标GB18463的要求。

(2)系统检测指标体系采用国标测评指标。

(3)灵活性强,既有地面固定型,也有车载流动型。

(4)综合性强,可检测包括国标规定的所有检测项目在内的18个检测项目。

(5)自动化程度高,由检测仪器自动检测,计算机统一自动处理。

(6)功能完备,系统能够完成从驾驶员登记、检测、评判、输出结果等一整套工作。

图15-19是驾驶适应检测系统主界面。

三、交通安全碰撞实验系统

交通安全碰撞实验系统是利用碰撞技术进行人、车、路等安全性能分析、评价等研究的实

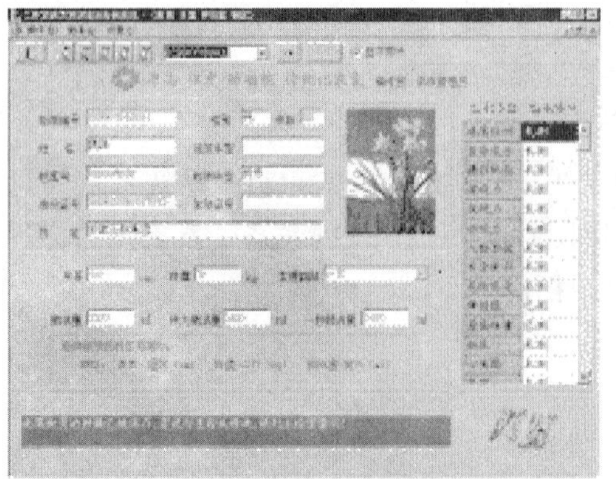

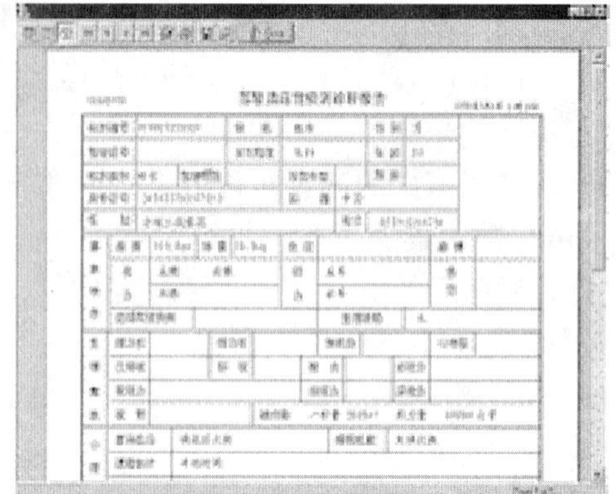

图 15-19 驾驶适应检测系统主界面

验系统，它可分为实车足尺碰撞实验系统、缩尺模型模拟碰撞系统和碰撞仿真实验系统。

其中，实车足尺碰撞实验系统利用实际车辆和与研究对象相同的实物模型进行碰撞实验，获得的数据具有较强的有效性、针对性和合理性，但经济性较差，效率不高；缩尺模型模拟碰撞系统是利用相似原理建立研究对象的缩尺模型进行碰撞研究的实验系统，其获得的实验数据需进行进一步换算和推导，相对于实车足尺碰撞系统实验数据的有效性和针对性稍差，但可以大幅提高实验效率、降低实验条件，仍是碰撞实验研究的重要手段；而模拟碰撞实验系统是利用先进的计算机技术和建模技术等，在计算机中建立研究对象的虚拟模型，计算出该对象的碰撞特性和数据，该实验系统在虚拟平台上进行实验，可以最大限度提高实验效率、节约实验成本，但是实验数据的有效性需与实际实验进行标定。

1. 实车足尺碰撞实验系统

根据实验研究对象不同，可将目前国内外实车足尺碰撞实验系统划分为针对“车”的因素——车辆被动安全性能研究的车辆实车碰撞实验系统和针对“路”的因素研究的护栏等交通安全设施实车足尺碰撞实验系统。

(1)车辆实车碰撞实验系统

车辆实车碰撞实验系统是进行交通安全中“车”的因素——车辆被动安全性能研究的重要研究工具和平台，现已得到广泛重视，并取得了较好的研究成果。该系统可进行车辆正面、侧面、追尾、翻滚等类型的碰撞，从而获得车辆被动安全性研究的重要数据，并可据此对实验车辆的安全性能进行分析和评价。

目前，国外各大汽车公司及检测机构均拥有汽车实车碰撞实验系统，用于实验车辆牵引的跑道长度一般为 70～350m，其中室内的实车碰撞实验室跑道长度一般为 70～150m。该系统的牵引方式主要有直流电机牵引、液压马达牵引和橡皮绳 3 种。比较有代表性的国外车辆实车碰撞系统有英国米拉(MIRA)、荷兰国家应用科学研究组织(TNO)、英国交通研究中心(TRC)、英国交通研究实验室(TRL)、美国 MGA 研究公司等，如图 15-20 所示。

我国从 1992 年开始进行汽车被动安全性研究工作，现具有车辆实车碰撞系统，能开展实车碰撞实验的单位主要有：交通部公路科学研究院通县试验场、中国汽车技术研究中心、清华大学汽车研究所、国家汽车质量监督检验中心(襄樊)、上汽集团汽车实验场等，各单位实验系统的主要情况如表 15-10 所示。

图 15-20　国外车辆实车碰撞实验系统

国内车辆实车碰撞实验系统[1]　　表 15-10

单位名称	交通部公路科学研究院	清华大学	国家汽车质量监督检验中心(襄樊)	国家汽车质量监督检验中心(长春)	中国汽车技术研究中心
跑(轨)道	400m	53m	40m	43m	120m
固定壁障	180t	100t	150t	70t	100t
牵引方式	直流电机开环牵引	橡皮绳	橡皮绳	橡皮绳	直流电机闭环牵引
测量系统	拖线、车载	拖线	拖线	车载	拖线、车载
碰撞广场	有	无	无	无	有
摄影地坑	有	有	无	无	有
室内或室外	室外	室内	室外	室内	室内

以交通部公路科学研究院通县试验场实车碰撞实验系统(如图 15-21 所示)为例，该系统具有动力间、控制间、配电间、假人标定间和实验准备间，总建筑面积 432m^2；车辆导向加速路一条，宽度 4m，长度 400m。露天碰撞广场一个，宽度 100m，长度 150m。

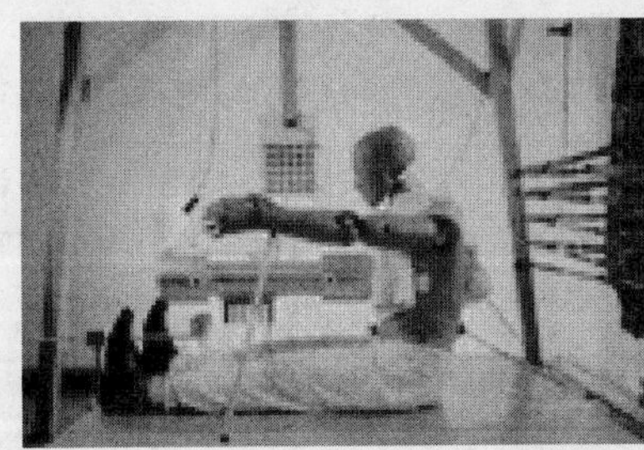

图 15-21　交通部通县试验场实车碰撞实验系统

该系统的主要仪器设备如下。

①直流电机电力牵引系统：牵引能力 10t、80km/h，2t、120km/h；控制精度±2%；控制方式为模拟控制。

②混合Ⅲ型假人 4 个：其中 50%分位 2 个、5%分位 1 个、6 岁儿童 1 个。

③数据采集设备：车载数据采集 32 通道、非车载数据采集 24 通道、动态应变仪 18 通道。

④摄像及图像分析设备：高速摄像机 4 台、图像分析系统一套。

⑤假人标定系统：包括头部跌落、颈部拉伸和弯曲、胸部冲击、膝部冲击和剪切。

---

[1] ××，汽车碰撞实验，世界汽车，2004.2：50-51。

(2)护栏等道路安全设施实车足尺碰撞实验系统

护栏等道路交通安全设施实车足尺碰撞实验系统是通过不同车型(车辆吨位等级)、碰撞速度、碰撞角度等参数实车对护栏等道路安全设施的足尺模型的安全性能进行研究的实验系统。

目前,国内具有该实验系统的单位主要有交通部公路科学研究院和北京深华达交通工程检测有限公司。前者位于北京通县的交通部综合试验场(如图 15-22 所示),车辆牵引采用直流电机控制,其主要牵引能力 10t 大车可达 80km/h,2t 可达 120km/h,车速控制精度可达±2%;具有宽度为 100m,长度为 150m 的露天实验广场;此外,该系统还配备高速摄像机以及拖线、车载式多通道数据采集分析系统,目前已进行了护栏等多种道路交通安全设施的实车足尺碰撞实验,并据此编制了《高速公路护栏安全性能评价标准》(JTG/T F83-01—2004),取得了较大研究成果。

图 15-22 护栏等道路安全设施实车足尺碰撞实验系统

2. 缩尺模型碰撞实验系统

交通安全缩尺模型实验系统是利用相似原理,对道路交通安全设施和车辆零部件等的缩尺模型进行安全性能研究的实验系统。该系统可在一定程度上节约实验成本,提高实验效率,但需要采用相似变换等方法对实验数据进行变换和处理以保证实验结果的有效性。

以护栏等交通安全设施缩尺模型碰撞实验系统为例,该系统的核心设备为摆锤试验机(图 15-23 为西班牙 ARIES 公司摆锤试验机)。该试验机由台车、构架、摆锤、速度控制系统、数据采集和分析系统组成,其台车可通过选择不同配重模拟不同车型进行碰撞实验,以获得更为有效的实验数据。

图 15-23 缩尺模型碰撞实验系统核心设备摆锤实验机

主要技术指标如下。

(1)外形尺寸:2.8m(宽)×4.6m(长)×5.0m(高);

(2)摆锤质量:800～2500kg;

(3)最大冲击速度:17km/h;

(4)冲击速度精度:2%。

早在1988年,交通部公路科学研究院交通工程部在承担的"七五"国家重点科技项目(攻关)《高速公路交通安全设施的研究》中,为确定适合于我国的高速公路护栏结构形式,对几种W形波形梁护栏进行了一系列仿真试验和足尺缩尺试验研究工作。项目首先对在我国高速公路修建初期安装使用的I型波形梁护栏(日本标准)按我国护栏设计条件对其碰撞过程进行了仿真试验,评价该护栏结构是否适合于我国高速公路;同时,运用模态分析试验和摆锤冲击试验,对I型波形梁护栏结构的动特性进行了分析,得出了护栏的冲击位移和冲击应变(应力)的计算模型,并得到了护栏强度与其截面特性的关系,根据这一关系,分析了I型护栏立柱与横梁截面是否合理,并确定了新型II型波形梁护栏立柱和横梁的结构;其次对新确定的II型波形梁护栏结构以及I型护栏结构进行足尺缩尺模型试验,根据缩尺理论,按1∶5的比例制成模型,对I、II型缩尺护栏进行模态分析试验和摆锤冲击试验,对两种护栏的动特性、强度与刚度进行了分析与比较;在上述研究工作的基础上,项目进行计算机仿真试验,根据我国护栏的设计条件,对II型波形梁护栏结构与防撞性能进行了评价,在分析比较两种护栏的受力与变形、汽车减加速度、汽车转角变化以及驶出角变化后,项目提出了当时适合于我国高速公路的最佳波形梁护栏结构,为早期我国制订高速公路的波形梁护栏产品标准和施工规范提供了依据,奠定了我国公路交通安全防护设施的研究基础。

3. 模拟碰撞实验系统

模拟碰撞实验系统,也称为仿真碰撞实验系统,是基于高性能的数字计算机硬件平台,利用先进的计算机有限元分析工具(软件),通过对实验对象的计算机建模与分析进行碰撞安全性研究的实验系统。根据实验系统的研究对象分类,可将其分为车辆碰撞模拟实验系统和道路交通安全设施碰撞模拟实验系统。

鉴于交通安全碰撞实验研究具有如下特点:

(1)实验对象大多处于动态过程中,用统计的研究方法不仅周期长、工作量大,而且时效性很差,很难及时掌握和处理影响交通安全的各因素之间的关系;

(2)碰撞实验多为危险、极端工况下交通安全的影响因素研究,很难完全保证实验人员和仪器的安全,致使诸多实验研究不能开展;

(3)碰撞实验具有一定的不可重复性,宜受自然环境、驾驶员的影响,很难保证实验条件完全相同;

(4)碰撞实验属于破坏性实验,无论实验车辆和实验对象均很难重复利用,因而实验成本较高,实验效率较低。

而模拟碰撞实验系统不仅极易实现实验条件的可重复性,减弱自然环境和驾驶员等人为因素的影响;还可极为安全地进行危险、极端工况下的碰撞实验研究。此外,该系统主要依靠高性能的数字计算平台,只需改变模型即可方便地进行不同研究对象的碰撞实验,可极大地降低实验成本,提高实验效率。

目前,国内外模拟碰撞实验系统研究正处于蓬勃发展阶段,各种优秀的有限元建模及分析软件层出不穷,碰撞实验系统的硬件支撑平台(计算机、工作站等)的性能指标突飞猛进,模拟碰撞实验系统的应用领域日益广泛和碰撞模拟系统的实验精度日益提高，已在很大程度上提高了交通安全领域的研究水平。以交通部交通安全工程研究中心的模拟碰撞实验系统为例，该系统基于高性能计算机群 HPCC，其有限元分析软件采用 LS-Dyna 求解软件，已成功应用于护栏碰撞模拟实验和相关设计咨询，如图 15-24 所示。

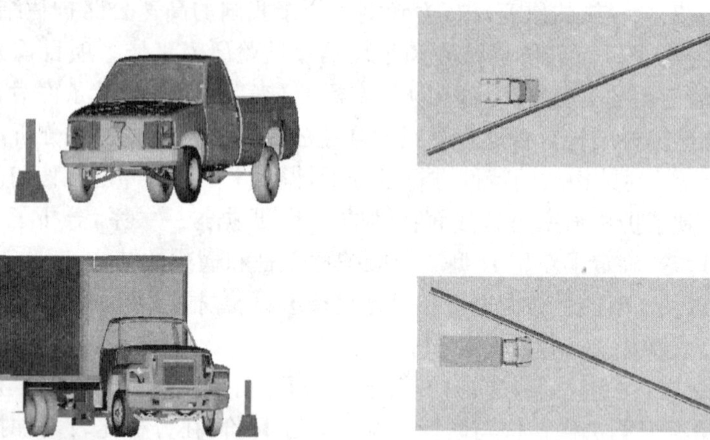

图 15-24　不同车型护栏模拟碰撞实验

(1)系统的用途

针对我国在交通安全设施开发、验证手段单一，尤其是在护栏的防撞性能研究技术手段仅仅依靠实车碰撞试验，所花金额巨大、周期过长等多方面不足，该平台的建立填补了国内安全设施碰撞方面的一项空白，丰富了交通安全设施研究手段。基于此平台，将对新型护栏的开发、碰撞机理的研究等方面的后续工作给予强有力的支持。该系统已为北京、江苏等地的实际公路工程项目和交通部西部交通科技项目的展开提供了强有力的支撑作用。

该平台能很好地形成模拟试验与实车碰撞试验相结合的模式，两条腿走路，相互完善，是我国交通安全设施迅速提高研究水平和效率的一个重要基础性研究平台。与此同时，该平台能合理减少实车碰撞次数，节约护栏开发的费用，缩短护栏开发周期，是实车碰撞试验的一个有力补充。有关实车碰撞与模拟试验的详细情况另见本书其他章节。

(2)功能介绍

①标准碰撞车辆模型(图 15-25、图 15-26)。

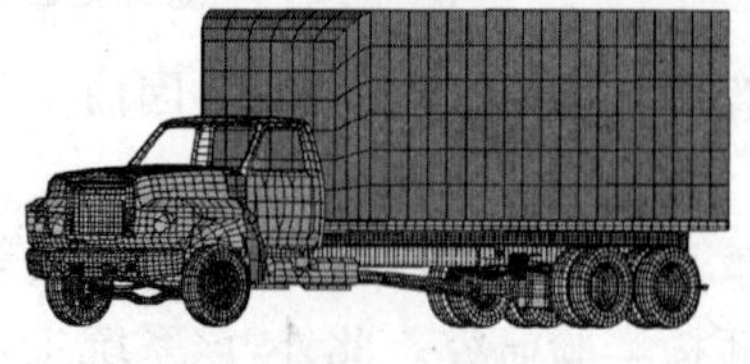

图　15-25

图　15-26

②护栏模型的建立：

a. 国标中现有的护栏形式见图 15-27。

b. 对于新型护栏的建立和开发，图 15-28 为模拟碰撞五计算结果。

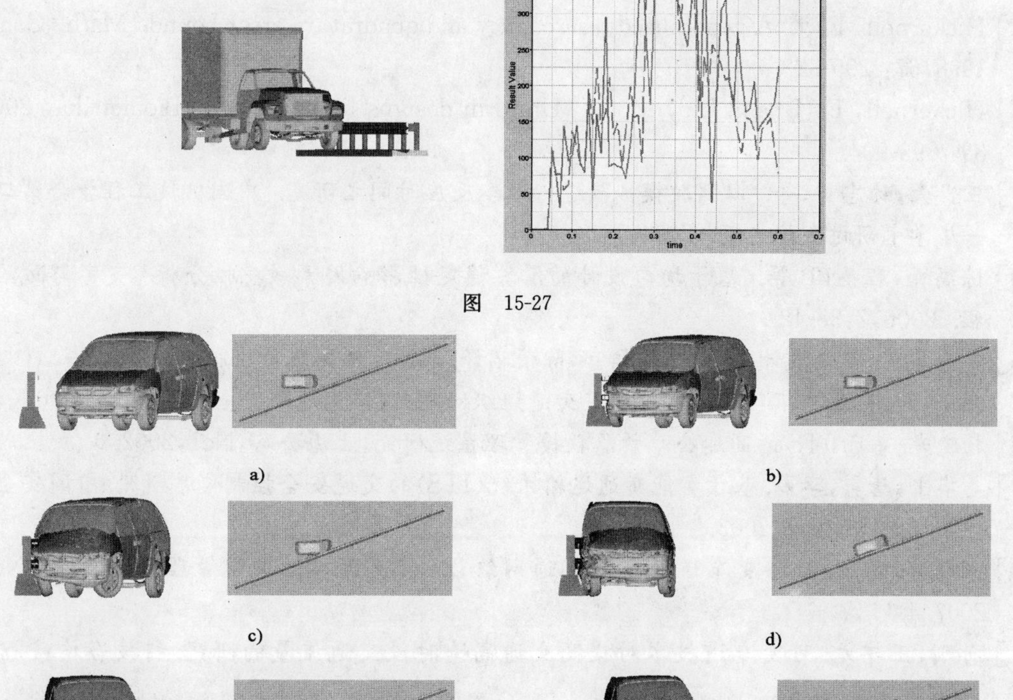

图　15-27

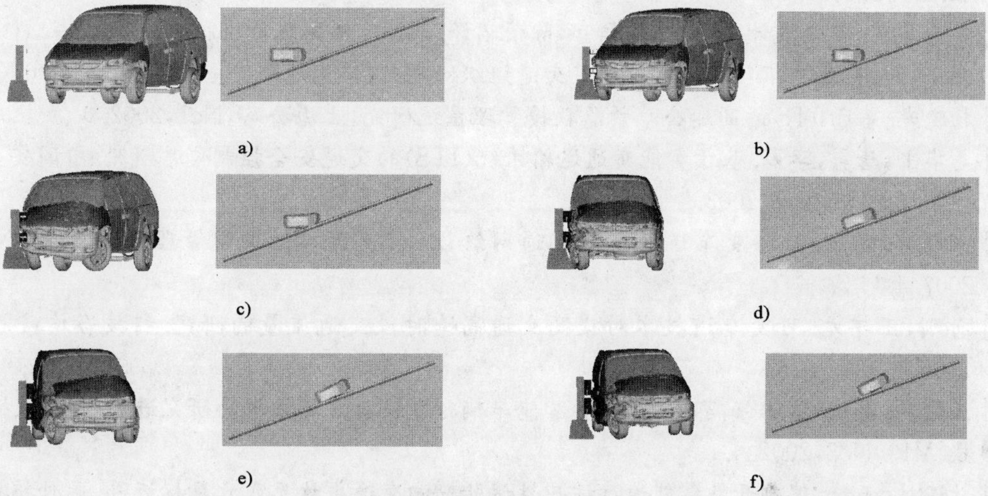

a)　b)　c)　d)　e)　f)

图 15-28　模拟碰撞五计算结果

a)起始状态；b)碰撞后 0.035s；c)碰撞后 0.075s；d)碰撞后 0.14s；e)碰撞后 0.2s；f)碰撞后 0.25s

参考文献

[1] Chen L D. Experimental Engineering Lecture Notes [EB/OL]. http:// css. engineering. uiowa. edu，August，1996.

[2] Fisher R A. Statistical Methods for Research Workers. 13th Edition，Edinburgh：Oliver and Boyd，1958.

[3] G. E. P. Box. Statistics for Experiment，John Wiley & Sons，INC，1990.

[4] 田口玄一. 实验计划法. 丸善株式会社.

[5] 方开泰. 均匀设计. 应用数学学报. 1980,3：363-372.

[6] 方开泰,马长兴. 正交与均匀试验设计. 北京:科学出版社,2001.

[7] 何桢,张于轩. 多响应实验设计的优化方法研究. 2003,4:51-53.

[8] 狄东仁,黄来,陆继东,等. 分解炉计算机辅助实验平台的研究与开发. 华中科技大学学报(自然科学版). 2003，12:85-89.

[9] 刘文卿. 实验设计. 北京:清华大学出版社,2005.

[10] Box et al. Statistics for Experimenters, New York: JohnWiley&Sons, 1978.

[11] 夏之宁，堪其宁. 正交设计与均匀设计的初步比较. 重庆大学学报，1999.9.

[12] Hickernell, F. J. A generalized discrepancy and quadrature error bound. Math. Comp. 1998,67: 299-322.

[13] Hickernell, F. J. and Liu, M. Q. Uniform designs limit aliasing. Biometrika, 2002, 89: 893-904.

[14] 王世豪,林志勇,等. 以驾驶模拟器进行跟车反应时间之研究. 中国机械工程学会第二十一届学术研讨会论文集. 2004,11.

[15] 陈高峰,程圣国,等. 基于均匀设计的滑坡稳定性影响因素敏感性分析. 灾害与防治工程. 2006,2:38-42.

[16] 蒙哥马利. 实验设计与分析. 王仁官,陈荣昭译. 北京：中国统计出版社,1999.

[17] 崔妍,刘东. 北京市朝阳路可变车道交通组织研究. 道路交通与安全,V6,No9,2006.

[18] 杨晓光. 基于ITS的高速公路紧急救援管理系统研究,上海公路,No1,2002.

[19] 姜华平,唐勇,李磊. 基于智能交通运输系统(ITS)的交通安全控制体系研究. 中国安全科学学报,V13,No7,2003.

[20] 张好智,高自友. 可变车道的道路交通网络设计优化方法. 中国管理科学,V15,No2,2007.4.

[21] 孙刚,王丰元. 可变车道技术对提高交通高峰时段交通流量的研究. 科技咨询,No25,2006.

[22] 王荣本,李斌,储江伟,郭克友. 世界智能车辆行驶安全保障技术的研究进展. 公路交通科技,V19,No2,2002.4.

[23] 杜连柱,王斌. 瑞典开展智能速度适应性试验—向交通事故无死亡目标迈进. 国外技术动态,P45.

[24] 邹文端,伍衡山. 智能交通安全设施的规划设计,华南大学学报(自然科学版),V20,No1,2006.3.

[25] 赵亚男,达庆东,杨群,刘焱宇,张国伍. 智能交通安全系统的研究. 中国安全科学学报,V11,No3,2001.6.

[26] 刘蓉晖. 智能速度顺应系统：一种先进的车速管理方法. 交通运输系统工程与信息,V5,No4,2005.8.

[27] 廖红卫. 中国智能交通发展的思考. 西南交通大学硕士学位论文,2004.1.

[28] 王笑京. 智能交通与道路交通安全. 交通世界,2004.10.

[29] 王笑京. 中国智能交通系统发展战略. 北京：人民交通出版社，2006.

[30] 王笑京,等. 智能交通系统体系框架原理与应用. 北京：中国铁道出版社，2004.

[31] 朱茵，王军利，周彤梅. 智能交通系统导论. 北京：中国人民公安大学出版社，2007.

[32] 杨荫凯. 智能交通系统(ITS)概述及我国的发展对策选择. 地理科学进展,Vol.18,No.3,1999.

[33] Li Changcheng, Bao Zuo-jun, Discussion on environmental sensors station sitting for expressway, ICTCT (International Co-operation on Theories and Concepts in Traffic

Safety) Extra-Workshop in Beijing，China，April 2-3 2007，pp. 332-338.

[34] Intelligent Transportation System-Benefits，Costs and Lessons Learned，US department of transportation，FHWA，2005.

[35] Isa-UK，intelligent speed adaptation，Project Summary，University of Leeds & MIRA，2006.

[36] EIP技术在电子警察中应用. http://www.21its.com/Common/DocumentDetail.aspx?ID=20070604103515O5234.

[37] ITS传感器概述及视频检测技术的研究. http://www.21its.com/Common/DocumentDetail.aspx?ID=20060805100227O2653.

[38]车辆导航系统的发展. http://www.21its.com/Common/DocumentDetail.aspx?ID=2006100414441714688.

[39] 车载记录仪. http://www.21its.com/Common/SpecialDetail.aspx?ID=20060706165611O0326.

[40] 第三代车载GPS联网导航系统. http://www.21its.com/Common/DocumentDetail.aspx?ID=2006071011410000048.

[41] 杭州锦恒车速反馈标志亮相. http://www.21its.com/Common/NewsDetail.aspx?ID=20070322004616O5205.

[42] 驾驶辅助系统需求殷切 适应性定速系统更智能. http://www.21its.com/Common/DocumentDetail.aspx?ID=20060707135610O0670.

[43] 南宁安装广西首套“车速反馈标志”提醒车辆勿超速. http://www.21its.com/Common/NewsDetail.aspx?ID=20060525154213O0100.

[44] 福特汽车安全新技术介绍. http://data.7835.com/free/zdxl/xjs/xjs00043.htm.

[45] 汽车防撞全自动驾驶仪项目. http://www.21its.com/Common/DocumentDetail.aspx?ID=20061025234151O0824.

[46] 我国的智能交通. http://news.enorth.com.cn/system/2006/10/16/001435013.shtml.

[47] 智能交通系统中的信息发布终端——LED显示屏. http://www.21its.com/Common/DocumentDetail.aspx?ID=20060708124321O0121.

[48] 自动车辆定位技术概述. http://www.21its.com/Common/DocumentDetail.aspx?ID=20060707135137O0658.

第十六章　实车碰撞与仿真技术

交通安全研究涉及的专业和方向很多,科学、合理的研究方法是科研、实际应用工作的基础。目前采用的主要方法包括实车碰撞试验和计算机仿真两种。实车碰撞主要用于检验已生产出来的安全设施是否具备所要求的安全防护能力,检验其大变形力学特性,需要造出实际产品(样品)后才能进行试验,具有结果直观、可靠性高等优点。但是,实车碰撞试验需要付出高昂的代价,同时受时间和资金的限制,难以考虑多种解决问题的方案,从而制约了产品设计的优化。近些年,随着计算机技术的迅速发展,使得可以通过碰撞的数值分析(如有限元,多刚体分析)算法来解决这个问题。数值分析能够迅速地进行参数研究或灵敏度分析,易于实现产品参数的优化设计。也就是说,比起实车碰撞试验来,计算机仿真方法既省时又节省资金,不失为一种比较好的研究方法。但计算机仿真不能完全取代碰撞试验,且仿真模型的正确性还需根据试验数据来验证。目前,实车碰撞试验和计算机仿真是开发、验证及改进道路防撞护栏及其他系列道路防护设施产品的基础研究手段。

第一节　实车碰撞技术

一、发展历程

实车足尺护栏碰撞试验在国外高速公路发达的国家进行的很广泛,试验技术已相当成熟。美国、日本、德国、法国等国家都设有专门的研究机构及永久性的大型碰撞试验场。除国家级的研究机构外,一些大学、地区性和财团支持的公路研究部门也开展各自的护栏及防护设施研究项目,并开发出多种多样的护栏结构。从 1952 年起。美国开始进行实车碰撞试验,在 20 世纪 60～70 年代发展最为迅速。“美国全国公路合作研究计划”共进行了数百次实车碰撞试验,研制出几十种护栏结构,提供了大量的力学参数,为护栏的标准化工作奠定了牢固的基础。美国 TRB(Transportation Research Board)技术委员会制定的《公路安全设施安全性能评价方法》(NCHRP 350 号报告)已成为美国行业标准。各种护栏结构上路使用前,必需按其给定的技术条件进行试验验证,通过该文件给定的安全评价指标。欧洲和日本碰撞试验自 1965 年来一直迅速发展,根据实车碰撞试验,分别制定了各自的技术评价标准。

目前,各国采用的实车碰撞试验技术基本是类似的。试验大致可如下进行:即在试验场上,按一定的技术条件安装好要试验的护栏及各种测试仪器,试验车通过加速,以一定的角度和速度在自由状态下与护栏碰撞,各种现场测试仪器(如高速摄影、摄像、电测量仪器、加速度仪器)将记录下碰撞过程中护栏系统、车辆的动态变化过程,通过分析,判断比较,给出护栏系统安全性能的客观评价。因为实车碰撞试验是个很复杂的试验,许多关键的试验条件(如冲击速度、冲出角度等)难以精确控制,加上动力碰撞和材料破坏的随机性和不稳定性的影响,所以实车碰撞试验不具备重复性。

因此,在资金许可的范围内,加强试验的精确性和可控性、类重复性是极为重要的。此外,不同的研究机构在不同的试验场地,使用不同的测试仪器所得到的试验结果如何比较和评价,也是需要研究的。

目前,解决上述问题的方法就是试验程序标准化。即所有的研究机构应按统一的标准试验程序及试验条件进行试验,按统一的评判标准评价护栏的优劣。试验条件一般包括:护栏类型,设置方法,碰撞过程中护栏结构的变形和破坏情况,人体及车体的减加速度,车辆破损情况,碰撞后试验车运动轨迹,同时还应给出数据采集方式及测试仪器的类型及精度。对试验结果的评价标准包括:

(1)结构余度,即护栏导向功能、破坏程度、许可位移指标等;

(2)乘员风险,包括车辆破损、人体及车体速度、减加速度限制指标;

(3)车辆轨迹,包括碰撞后车辆退出角度、停止距离、回弹距离等指标。

EN 1317 由欧洲标准委员会(CEN)制定提出。EN 1317 中不但划分了道路安全设施的种类,而且规定了各种道路安全设施的安全防护等级与对应的性能评估方法。针对欧洲道路车流中车型的不同组成,EN 1317 详细规定了各个级别代表车型的尺寸规格,试验车辆被大致划分为 3 种车型:小型车,大型客车和大型货车(HGV)。再根据整车质量把每种车型具体划分为几种规格。车辆参数中明确规定了整车质量、配重、轮距、轴距、前保险杠离地间隙、重心位置等的要求,但没有对车辆的具体几何外形作特别要求。试验中可以选择满足规定的车型或者其他通过配重达到规定要求的车辆。

NCHRP Report 350 是由美国交通部(DOT)下属的交通研究部(TRB)与国内多个研究机构联合编写,NCHRP 是国家高速公路联合研究项目的简称。报告中包含了对多种道路设施安全性能的评估方法与程序,指导高速公路设计工程师、安全工程工程师、护栏开发人员与其他关注道路安全的研究人员的工作。NCHRP Report 350 中同样规定了各个级别代表车型的尺寸规格,试验车辆被划分为四种车型:小型车,客货两用车、单箱货车和大型货柜拖车。小型客车中专为紧凑型轿车设立了 700C 级别,而根据美国客货两用车和 SUV 车型比例高的特点,特别设立了 2000P 级别的车辆。车辆参数中明确规定了整车质量、配重、轮距、轴距、前凸出部分尺寸、重心位置等的要求,对车辆的具体几何外形同样没有作特别要求。

EN 1317 与 NCHRP Report 350 各自对护栏安全防护性能规定了不同的评估标准,评估中考虑的因素可归为两类。一类是护栏对车辆碰撞防护的评估;另一类是护栏对乘员安全影响的评估。在护栏对车辆碰撞防护的评估中,优先考虑护栏的强度是否足够承受车辆高速撞击而不失效,保证能够使车辆维持在护栏之内。用以避免车辆冲出道路或桥梁坠入深谷等恶性事故的发生。其次,护栏的几何外形也被考虑。因为高等级护栏需要同时阻挡小型客车和重型载重车的撞击,而不同车型与护栏接触的高度存在很大差别。为防止不同类型车辆与护栏碰撞时发生骑越或者钻越护栏的现象,护栏的几何外形设计需要考虑兼容多种车辆高度。最后,对车辆碰撞轨迹的规定着重评估护栏的部件设计结构是否合理。碰撞后要求车辆维持在原有车道,护栏需要具有很高的吸能特性并保持变形在可控制的范围内,才能更多吸收碰撞产生的能量从而有效降低碰撞对乘员的冲击损伤。同时，护栏需要具有恰当的结构刚度和可预期的部件断裂方式。这样才能保证车辆在碰撞后不产生过大的反弹，不会侵入到相邻车道，避免事故车辆对道路的其他使用者造成二次伤害。

在护栏对乘员安全影响的评估中，乘员安全风险与车辆碰撞护栏的动态响应之间的关系很难量化评定。众多重要影响因素均影响乘员损伤指标，比如乘员的体形、座椅位置、碰撞发生前的姿态、车辆约束系统、车辆内饰等的不同均会对试验结果产生显著的影响。尽管近年来在试验手段，计算机模拟技术以及假人开发方面都取得了长足的进步，这些技术无疑加强了对试验中乘员损伤的评估能力。但是由于考虑到试验成本的大幅度增加和缺乏相关研究护栏的机构对新技术进行试验中的应用检验，所以对 ASI 和 THIV 等伤害指标计算中存在很多的假设，比如乘员位置处于车身重心位置、忽略车辆碰撞时的偏转、乘员空间假定为±0.3m×±0.6m的空间等。数据均采集自车身重心处加速度信号，经过等效换算公式得到损伤指标。所以乘员伤害指标并不能直接反应实际试验对乘员的真实损伤程度，但通过纵向对各个试验中不同的 ASI 值的对比评估得到对乘员提供更多保护的护栏。显然，在护栏评估中加入对乘员损伤的规定从根本上反应了对道路使用者的保护，但其评估指标的制定至今仍然存在诸多假设，尚需要做更多的试验来修正与改进评估方法，才能较为准确地对乘员伤害指标作出准确评估。

我国实车碰撞试验技术近几年发展较快，从 1989 年开始，交通部公路科学研究所等单位开始了实车碰撞技术的研究，1993 年完成了全国初步的两次实车碰撞试验，主要取得了如下成果：

(1)修建了我国第一个大型的实车足尺护栏碰撞试验场，研制了一套较为完整的加速牵引导向装置。

(2)建立了一套完整可靠的数据采集系统，并开发研制了一批测试记录设备。

(3)共进行了近百次实车碰撞试验，得出了一组比较合理的波形梁护栏新结构，验证了两种已上路使用的特殊形式的护栏结构。

(4)在碰撞试验的基础上，分析研究提出了护栏设计的一些指标，为补充修改高速公路交通安全设施、技术施工规范提供了重要的依据。

在这些研究试验工作的基础上，1994 年交通部颁布了《高速公路交通安全设施设计及施工技术规范》(JTJ 074—94)，并在 2005 年进行了修订。2004 年颁布了《高速公路护栏安全性能评价标准》(JTG/T F83-01—2004)，实车碰撞试验成为交通安全设施检测、研究的重要手段。

二、实车碰撞技术条件

1. 试验场地

试验场地坡度要求小于 2.5%，铺设硬质路面，试验中保持路面清洁。为评估车辆碰撞的行驶轨迹，要求在碰撞点前 15m 及预计碰撞点后 40m 轨迹的范围内应铺设路面。在撞击点附近要求路面清洁，尽量减少尘土，保证图像记录清晰。

2. 试验车辆

车辆轮胎要求达到制造厂家的推荐值，车辆悬架、轮胎、转向系统等均正常。车身外侧需贴标志点以利进行数据分析。车辆的转向系统不应约束，保持车辆滑行中的方向自由。车辆配重应固定牢固，并且不应超过汽车厂商推荐的在水平和垂直平面上的质量分配平衡。

3. 测试护栏

护栏的安装应按照护栏安装技术要求和研发目的执行。护栏长度应能满足发挥护栏整体的防护性能。碰撞点应该选择在护栏整体长度的前 1/3 处。碰撞点一般应选择在护栏结构较薄弱处，包括设计的敏感地带。

4. 碰撞速度与角度的精度和误差

速度和角度的试验测量，均要在距离碰撞点小于 6m 的距离内测定。速度精度控制在±1%，角度精度控制在±0.5%。试验中为了避免碰撞能量产生更大的差异，速度与角度的最大误差不能同时发生。所以在速度误差的上限，角度只能允许在负差范围内变动。

5. 车载数据采集设备

为测定 ASI 和 THIV 值，需要最低的传感器数量为 4 个三向加速度传感器，分别采集车辆纵向、横向和垂向的加速度值。一个角速度传感器负责采集车辆的偏转角度。在试验中，所有传感器放置在最接近车辆重心的位置。传感器与数据记录仪符合 ISO 6487，滤波等级采用 CFC 180。

传感器应该放置在车辆重心位置，然而往往因为车辆实际的物理结构造成重心位置处无法安放传感器。这种情况下，传感器的实际安装位置会与重心位置偏移一定位置。由于车辆的偏转，传感器位置的偏移会造成数据的偏差，即与重心处的实际值有较大偏差。为减少偏差，得到车辆重心处数据，可以通过加入第二组三向传感器采集的数据来修正，这两组数据经过坐标转换来推导出重心处数据。

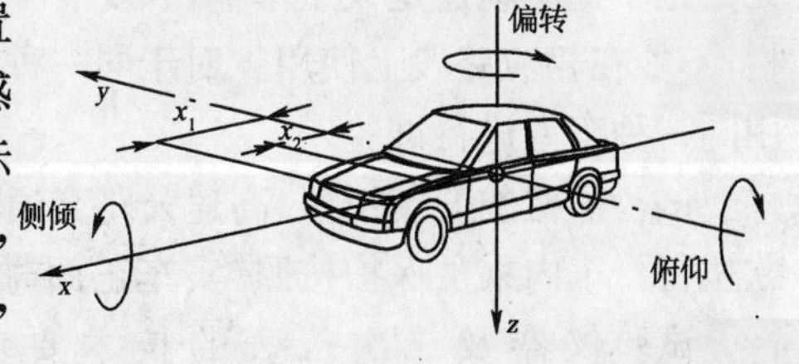

图 16-1　两组加速度传感器安装位置

参考图 16-1，对于在沿 x 轴方向距离车辆重心前方 x 距离的点 P：

$$\left.\begin{aligned} a_{\mathrm{x}} &= a_{\mathrm{xc}} - x(\omega_{\mathrm{y}}^2 + \omega_{\mathrm{z}}^2) \\ a_{\mathrm{y}} &= a_{\mathrm{yc}} - x\dot{\omega}_{\mathrm{z}} \\ a_{\mathrm{z}} &= a_{\mathrm{zc}} - x\dot{\omega}_{\mathrm{y}} \end{aligned}\right\} \tag{16-1}$$

式中：a_{x}、a_{y}、a_{z}——分别是 P 点位置的纵向、横向和垂向加速度；

a_{xc}、a_{yc}、a_{zc}——分别是车辆重心位置的纵向、横向和垂向加速度；

ω_{y}、ω_{z}——分别是俯仰角速度和偏转角速度；

$\dot{\omega}_{\mathrm{y}}$、$\dot{\omega}_{\mathrm{z}}$——分别是俯仰角加速度和偏转角加速度。

在车身上取 P_1 和 P_2 两点，根据上式有：

$$\left.\begin{aligned} a_{\mathrm{x1}} &= a_{\mathrm{xc}} - x_1(\omega_{\mathrm{y}}^2 + \omega_{\mathrm{z}}^2) \\ a_{\mathrm{x2}} &= a_{\mathrm{xc}} - x_2(\omega_{\mathrm{y}}^2 + \omega_{\mathrm{z}}^2) \\ a_{\mathrm{y1}} &= a_{\mathrm{yc}} - x_1\dot{\omega}_{\mathrm{z}} \\ a_{\mathrm{y2}} &= a_{\mathrm{yc}} - x_2\dot{\omega}_{\mathrm{y}} \\ a_{\mathrm{z1}} &= a_{\mathrm{zc}} - x_1\dot{\omega}_{\mathrm{y}} \\ a_{\mathrm{z2}} &= a_{\mathrm{zc}} - x_2\dot{\omega}_{\mathrm{y}} \end{aligned}\right\} \tag{16-2}$$

则可推导出车辆重心处加速度值：

$$\left.\begin{aligned}a_{xc}&=\frac{x_1a_{x2}-x_2a_{x1}}{x_1-x_2}\\a_{yc}&=\frac{x_1a_{y2}-x_2a_{y1}}{x_1-x_2}\\a_{zc}&=\frac{x_1a_{z2}-x_2a_{z1}}{x_1-x_2}\end{aligned}\right\}\tag{16-3}$$

三、我国护栏实车碰撞条件及应用

1. 实车碰撞条件

(1)基本要求

按国际通行惯例，道路上设置的每一种结构形式的护栏均应采用实车足尺护栏碰撞试验进行安全性能评价。每一种结构形式的护栏在进行实车足尺护栏碰撞试验时应分别采用小型车辆和大型车辆同时进行试验。小型车辆试验主要评价车内乘员的安全性和碰撞后的车辆运行轨迹；大型车辆试验主要评价护栏防撞性能和碰撞后护栏的最大动态变形量。试验过程中无论是小型车辆还是大型车辆，只要有一项指标不符合相关技术标准的规定，均视为不合格护栏，不能在相应路段上使用。对于同一种结构形式的护栏进行多次重复试验时，每一次试验宜用同一种车型进行试验。

试验护栏的安装按照《高速公路交通安全设施设计及施工技术规范》(JTJ 074)的相关条款执行。车内乘员保护按照《实车正面碰撞乘员保护设计规则》(CMVDR294)的相关条款执行。试验仪器及二次仪表的技术要求应按照《实车正面碰撞乘员保护设计规则》(CMVDR294)的相关条款执行。车辆重心高度测量按照《汽车重心高度测定方法》(GB/T12583)的要求执行。

(2)碰撞条件

碰撞条件是指试验车辆的总质量、试验车辆在碰撞点的碰撞速度和车辆与试验产品的碰撞角度，质量、速度、角度是碰撞条件的三大要素，因其决定了碰撞时的最重要评价参数——碰撞能量。世界各国依据其具体的交通条件，如车型及车型构成、交通事故状况及道路技术参数等，通过大量样本调查和回归分析，其最终采用的碰撞条件均不一样，但也基本相差不大，并可依碰撞能量划分为几个等级。交通部公路科学研究院经过二十余年的研究分析，提出了适合我国国情的护栏碰撞条件，有力地支撑了我国公路交通事业的快速发展需求。

中国的碰撞条件如下：

试验车辆分为小型客车和大型车辆，小型客车总质量为1.5t，大型车辆总质量为10t、14t、18t。

小型客车碰撞速度为100km/h，大型车辆碰撞速度为40km/h、60km/h 、80km/h。

实车碰撞试验的碰撞角度为20°。

依不同的试验目的，研究工作中护栏碰撞条件也可视具体条件进行调整。

根据道路路侧的危险程度和防护对象，可将公路护栏按照防撞性能进行分级，护栏等级划分的具体内容按照《高速公路交通安全设施设计及施工技术规范》(JTJ 074)的相关条款执行。

护栏实车碰撞试验条件见表16-1。

实车碰撞条件　　表16-1

序　号	车辆质量(t)	碰撞车速(km/h)	碰撞角度(°)	碰撞能量(kJ)
1	1.5	100	20	—
2	10	60	20	160以上
3	10	80	20	280以上
4	14	80	20	400以上
5	18	80	20	520以上
6	特殊设计护栏：需要特殊设计的公路，如集装箱占有率相当高，跨越非常重要建筑区(通航等级高、繁忙的河道、干线高速铁路)等，各项指标可根据公路设计的实际情况具体确定			

试验指标允许误差如表16-2所示。

试验指标允许误差　　表16-2

序号	车辆质量(t)	质量误差(kg)	试验车速(km/h)	速度误差(km/h)	试验角度(°)	角度误差(°)
1	1.5	±75	100	±4.0	20	±1.5
2	10	±300	40	±2.0	20	±1.5
3	10	±300	60	±3.0	20	±1.5
4	14	±400	80	±3.0	20	±2.0
5	18	±500	80	±3.0	20	±2.0

(3)碰撞场地

试验场地应宽阔平坦，加速跑道应使试验车辆加速后达到标准要求的车速并满足速度精度要求。碰撞广场不能有积水、结冰、积雪(模拟特殊气候状况的试验除外)等。碰撞广场的长度从碰撞起点起不应小于50m。

在护栏碰撞点附件的内侧路面上及护栏的外侧应能设置可供进行图像采集的标准线和标准点。

实车足尺护栏碰撞试验不得在专用实车碰撞试验场以外的场所进行。

(4)试验车辆

试验车辆应保证车辆的总成完整，行驶系统、转向系统、制动系统等性能应完好、可靠，轮胎的气压符合技术要求，试验车辆应整洁。

试验车辆应按照评价等级相应的总质量进行配载，配载时载荷应均匀分布，同时不得超出厂家技术要求规定的额定载重量，载荷应进行有效固定。

牵引加速的车辆燃料箱的燃料用水来代替，其质量应为制造厂商规定的燃料箱注满时的90%。

自驱动车辆燃料箱的燃料满足加速距离的需要即可。

试验车辆应在顶部及侧面设置用于摄像分析的标记。小型客车如安装试验假人，应保证安全带的完好和有效。应进行测量车辆满载时的重心高度。试验车辆的主要技术参数及车长、宽、高、自重、总重等应记录。

(5)车辆加速

试验车辆应用适当的方法加速到标准规定的试验车速，在碰撞前应保证10 m以上的速度稳定行程。试验车辆在加速和运行过程中转向器应处于自由状态，不得进行锁制。试验过程中车辆的制动器踏板应处于自由状态。试验车辆加速过程中，不得损坏。牵引加速车辆在与护栏碰撞前，车辆应与牵引装置分离。自驱动车辆在与护栏碰撞前应熄火。

(6)试验数据测量及分析

①测量项目

对于试验中乘员风险项目的测量，推荐采用假人测量各项相关指标；没有条件使用假人的，可用车体重心位置附近的三方向加速度评价乘员风险。测试项目包括：

a. 碰撞速度。

b. 碰撞角度。

c. 驶出角度。

d. 驶出速度。

e. 假人头部性能指标(推荐测试项目)。

f. 假人胸部性能指标(推荐测试项目)。

g. 假人腿部性能指标(推荐测试项目)。

h. 试验车辆的车体重心位置三方向加速度。

i. 碰撞后车辆的运行轨迹。

j. 护栏最大动态变形量。

②数据采集

碰撞速度的测量：

a. 速度测量装置应设置在距实际碰撞点前6 m以内的区域。

b. 速度测量装置的视值误差不得超过±1%。

c. 所测得的实际碰撞速度的速度误差应符合《高速公路护栏安全性能评价标准》(JTG/T F83-01—2004)中3.0.5中的规定。

碰撞角度的测量：

a. 通过护栏上部的高速摄像机，拍摄车辆与护栏碰撞时实际碰撞点处的瞬时画面。

b. 车辆的中轴线与护栏形成的夹角即为实际碰撞角度。

c. 所测得的实际碰撞角度的角度误差应符合《高速公路护栏安全性能评价标准》(JTG/T F83-01—2004)中3.0.5中的规定。

驶出角度测量：

a. 通过护栏上部的高速摄像机，拍摄车辆碰撞后驶离护栏的瞬时画面。

b. 车辆的中轴线与护栏初始状态形成的夹角即为驶出角度。

驶出速度测量：

a. 在碰撞区域设置标准间距线。

b. 通过护栏上部的高速摄像机，读取车辆通过标准间距所用时间，计算出驶出速度。

假人指标测量：

a. 此项测试只推荐对于小型客车，大型车辆可不进行此项测试。

b. 假人放置于驾驶员席。

c. 可调节座椅调整到中间位置。

d. 假人安装好后系好安全带。

e. 通过假人头部的 3 个方向的加速度传感器，测量出 3 个方向的加速度，并通过计算公式得出假人头部的 HPC 值。

f. 通过假人胸部的位移传感器，测量假人胸部的位移指标；通过假人腿部的力传感器，测量假人腿部的受力指标。

车体加速度的测量：

a. 通过安装在车体上的 3 个方向加速度传感器，测量车体 3 个方向的加速度。

b. 加速度传感器应安装在车辆的重心附近位置。

c. 加速度传感器安装应牢固，并且不会受到车内其他物体的冲撞。

护栏最大动态变形量的测量：

a. 采用电测量方法直接测量护栏最大动态变形量。

b. 采用高速摄像读取护栏最大动态变形量的测量。即用护栏上部高速摄像机，拍摄碰撞时护栏最大动态变形位置的画面，根据设置的固定标尺测算护栏最大动态变形量的测量。

c. 采用在护栏最大动态变形位置区域设置固定标准间距标志杆，根据碰撞过程中护栏与标志杆的实际接触点测定护栏最大动态变形量。

③图像采集

试验过程中应设置 3 台以上的高速摄像机，其中一台应设置在护栏的上方，记录车辆与护栏碰撞的全过程。摄像机的拍摄速度最低不得低于 200 幅/s。用护栏上方的摄像机记录车辆的碰撞角度、驶出角度、驶出速度、车辆运行轨迹、车辆运行状态等；用护栏变形垂直方向的摄像机记录护栏的最大动态变形量。

④数据及图像分析

数据分析：

a. 在计算假人头部性能指标、胸部性能指标、腿部性能指标之前，应对采集到的数据进行滤波。头部加速度、胸部位移量、腿部力的通道滤波等级按照《实车正面碰撞乘员保护设计规则》(CMVDR294)的相关规定执行。

b. 当采用车体加速度作为乘员风险评价指标，在计算车体加速度 10ms 间隔平均值的最大值时，应对加速度曲线进行滤波。车体加速度的通道滤波等级按照《实车正面碰撞乘员保护设计规则》(CMVDR294)的相关规定执行。

c. 计算车体加速度 10ms 间隔平均值的最大值，以 0.5ms 为平均间隔计算加速度的平均值。

图像分析：

a. 采用图像进行位移测量时，利用标准点之间的标准距离进行比例计算。

b. 采用图像进行速度测量时，通过比例计算出行驶距离，再根据高速摄像每秒钟的拍摄幅数，得到行驶距离所用的时间即可得到行驶速度。

c. 在分析碰撞后车辆的运行轨迹时，应在试验场地内车辆行驶方向上，从实际碰撞点开始标明 20m×限制宽度(2.2 + 车宽 + 0.16 车长)m 的区域。利用图像分析碰撞后车辆在 20m 距离内是否驶出限制宽度。

(7)护栏安全性能评价标准

在进行评价试验时，每一种等级的护栏均应根据应用路段，按照评价等级相应的车辆总质量，小型客车、大型车辆两种车型各进行一次实车足尺护栏碰撞试验。

①评价项目

a. 护栏的防护性。

b. 乘员风险。

c. 驶出角度。

d. 驶出速度。

e. 碰撞后车辆的运行轨迹。

f. 碰撞后车辆的运行状态。

g. 护栏最大动态变形量的测量。

②护栏的防护性

a. 护栏应能够有效地阻挡车辆，并对车辆进行正确导向，车辆不得以任何形式穿越、翻越、骑跨、下穿护栏。

b. 在碰撞过程中，护栏可以在可预期的状况下变形，但脱离组件、碰撞碎片（护栏碎片）或其他护栏上的碰撞物不能侵入驾驶室内及阻挡驾驶员的视线。

③乘员风险

利用假人测量时，各项指标应符合以下标准：

a. 头部性能指标 HPC 值≤1 000。

b. 假人胸部性能指标 THPC≤75mm。

c. 假人腿部性能指标 FPC≤10kN。

利用车体加速度测量时，三方向加速度 10ms 间隔平均值的最大值（a_x、a_y、a_z）均应≤20g。

④驶出角度

车辆碰撞后的驶出角度应不大于碰撞角度的 60%。

⑤驶出速度

车辆碰撞后的驶出速度应不小于碰撞速度的 70%。

⑥碰撞后车辆的运行轨迹

碰撞后在距离实际碰撞点 20m 的区域内，试验车辆的任何部位不得越过 2.2(m) + 车宽(m) + 0.16 车长(m)的限制宽度。

⑦碰撞后车辆的运行状态

碰撞后车辆应保持正常行驶姿态，可以有适当的摇晃、倾斜，但不得发生横转、掉头、翻车等现象。

⑧护栏最大动态变形量

刚性护栏最大动态变形量≤100mm；无论是哪一种形式的护栏如果用于桥梁护栏，其护栏最大动态变形量应≤500mm；半刚性三波梁护栏最大动态变形量≤750mm；半刚性双波梁护栏最大动态变形量≤1 000mm；柔性护栏可根据其安装位置参照半刚性护栏最大动态变形量的指标。

以上评价项目的每一条款均应满足标准要求，其中任何一条不符合本标准的规定，均应视为该种护栏不符合要求，不宜在需要设置该等级护栏的路段上使用。

2. 应用案例——城垛式水泥混凝土护栏实车碰撞试验

城垛式水泥混凝土护栏是我国在安全保障工程中为山区低等级公路新开发的一种护栏形式，主要目标是在保持高的防护性能的同时，增加水泥混凝土护栏的环境协调性。水泥混凝土护栏的各项设计指标确定之后，进行了实车碰撞试验，以验证设计方案是否达到了预期的防护效果。试验之前的护栏如图 16-2 所示。护栏内配筋及应力—应变传感器布置如图 16-3 所示。

图 16-2　试验前的城垛式水泥混凝土护栏

图 16-3　内部配筋及应力应变传感器布置

试验车辆分别采用 10t 的货车和 1.5t 的小轿车，采用电力牵引拖动方式。碰撞速度为 60km/h，角度为 20°。碰撞过程如图 16-4 所示，碰撞后护栏如图 16-5 所示。

图 16-4　实车碰撞过程

图 16-5　碰撞之后的护栏

经实车碰撞试验验证，该护栏达到了设计的防护等级，可以在公路上使用。

第二节 仿真技术

系统仿真技术是利用模型对实际系统进行试验研究的过程。这里的系统是广义的，指为了达到某种目的，一组彼此互相联系的、若干要素的有机整体。系统的表示方法不是唯一的，可根据研究目的不同采取不同类型和数量的信息来描述同一系统。模型是对系统的一种简化表示方法，即抓住一般的、抽象的、规律性的主要部分来表示系统。

科学家和工程师对实际系统行为的研究，主要运用两种方法：试验和分析。在现实生活中，有些系统并不存在，不可能在原型上作试验；或者即便实际上存在这些系统，但在这些原型系统上作试验往往太昂贵、太危险，或可能发生严重的破坏。这时仿真技术就成了十分重要，甚至必不可少的工具。

系统仿真技术近几十年、尤其是近十年来得到了快速的发展。随着计算机技术的发展，应用计算机进行系统仿真更是日益受到人们的重视。计算机仿真技术结合了试验和分析这两种方法，将分析的方法用于模拟试验：充分运用已有的基本物理原理，可建立待研究系统的数学模型；采用与实际物理系统试验相同的基本研究方法，可在计算机上运行仿真试验。

1. 计算机模拟技术的历史

对汽车碰撞的研究，国外起步较早，较早开展汽车碰撞研究的是美国。早期汽车碰撞研究主要是进行各种条件下的碰撞试验，包括实车试验和模拟试验。20 世纪 60 年代人们开始了计算机模拟碰撞技术；70 年代美国开始使用计算机辅助交通事故分析；而近 20 年来，汽车碰撞计算机模拟技术得到迅速发展，已经开发出了许多成熟的用于碰撞模拟的商业软件包，如 PAMCRASH、MADYMO3D、CAL3D、LS-DYNA3D 软件等。

国外开展的汽车碰撞计算机模拟研究主要包括事故再现、碰撞受害者模拟、汽车结构抗撞性模拟 3 个方向。

事故再现研究的内容是，在汽车事故发生后，由汽车的最终位置开始，运用按经验建立的运动学和动力学模型往回推算，即反向经由碰撞后阶段—碰撞阶段—碰撞前阶段，使事故情况在时间和空间上得以重现。

汽车碰撞受害者模拟的研究工作开始于 20 世纪 60 年代中期，使用的动力学分析模型是多刚体系统模型和生物力学分析模型，分别用来模拟人体整体动力学响应和人体局部结构伤害程度。

汽车结构抗撞性模拟的动力学分析模型是非线性大变形有限元模型。有限元模型的优点在于能真实地描述结构变形，适用于建立汽车结构模型及人体局部结构的生物力学分析模型。

车身结构抗撞性研究主要研究轿车车身结构对碰撞能量的吸收特性，寻求改善车身结构抗撞性的方法，在保护乘员空间的前提下，使得车身变形吸收的碰撞能量最大，从而使传递给车内乘员的碰撞能量降低到最小。

在采用现代数学模拟技术之前，早期车身结构抗撞性研究完全依赖于试验方法来进行，往往需要付出很高的代价，而且受到时间和费用的限制。电子计算机的出现使得人们采用数学模拟方法来研究车身结构的抗撞性成为可能。20 世纪 70 年代初，发展了基于质点力学理论的一维弹簧质点整车模型。

随着计算机技术和多体系统动力学建模理论的发展,Nikravesh 等人将塑性铰的概念引入多体系统中以模拟结构中的大变形部件,并采用多体系统动力学软件来研究车身结构的抗撞性。但是这种方法在精度上还存在一定的问题。

随着 Cray 等巨型机的出现,基于显示积分的有限元方法在 20 世纪 80 年代初有了很大的发展,使得人们可以对大型结构进行动态有限元分析,车身结构的抗撞性研究进入了一个崭新的发展时期。自 20 世纪 80 年代中期第一次整车耐撞性的有限元分析后,有限元法在汽车耐撞性分析方面的应用迅速增长。计算机技术的高速发展和以有限元法为突出代表的工程计算方法日趋成熟与完善,使得汽车耐撞性的数值分析正在逐步取代与改进部分实验室工作,给整个汽车耐撞性的分析和改进带来十分深刻的影响。现在可以说,对车身结构的抗撞性模拟研究,最精确的方法是车身结构的整车有限元分析方法。

目前,汽车结构的耐撞性能现在已成为发达国家进口和销售汽车的重要检验指标。美国、日本和西欧等汽车制造公司都有专门的人员和最先进的计算机设备从事汽车耐撞性的有限元分析。

2. 现阶段比较流行的软件技术及其理论

在汽车安全碰撞方面,有诸如 LS-Dyna、Pam-Crash、PC-Crash、Madymo 等主流碰撞软件。这些软件通常是用来作整车的碰撞安全评估,对于计算机的综合条件要求也相对较高,也有一些软件,如 Nastran、Patrans、Ansys、ProE 等可以用来作单个零件的应力分析,虽然受自身条件限制,但是在某些情况下也可以做单独部件,如防撞梁的碰撞变形分析。

(1)LS-Dyna

LS-Dyna 是世界上著名的通用显式动力分析程序。它以 Lagrange 算法为主,兼有 ALE 和 Euler 算法;以显式求解为主,兼有隐式求解功能;以结构分析为主,兼有热分析、流体—结构耦合功能;以非线性动力分析为主,兼有静力分析功能(如动力分析前的预应力计算和薄板冲压成形后的回弹计算);特别适合求解各种结构的高速碰撞、爆炸和金属成型等高度非线性瞬态动力学问题。在工程界得到广泛应用并被认为是最佳的显式分析软件包,与实验结果的无数次对比证实了其计算的可靠性和准确性。

LS-Dyna 特色如下:

①显式求解为主兼有隐式算法,适合于求解高速、高度非线性问题。

②具有 160 多种材料模型,是材料模型最为丰富有限元软件。

③具有 50 多种接触类型,是接触类型最为齐全的有限元软件。

④极好的并行计算能力,包括分布式并行算法(MPP)和共享内存式并行(SMP)良好的自适应网格剖分技术,包括自适应网格细分和粗化。

⑤行业化的专用功能:如针对汽车、板成形行业。

支持的硬件平台:

LS-Dyna 同时具有单机多 CPU(SPM)和多机多 CPU 并行处理能力,可在各种硬件平台上运行,包括 PC、Unix 工作站、Linux、超级计算机及 MPP (大信息量并行处理机)平台。

(2)Pam-Crash

Pam-Crash 是法国 ESI 公司推出的有限元碰撞软件,与 RADIOS、LS-Dyna 并称为世界 3

大有限元碰撞软件，在世界各大汽车公司得到了最广泛的应用。其前处理软件 PAM-GENERIS 可以接受 I-DEAS、DAISY、PAM-SOLID、PATRAN、NASTRAN、MEF/MOSAIC、STYLER(STRIM100)、ANSYS、DYNA、ELFINI 等软件的文件格式，在前处理中可以定义材料、接触、焊点、刚墙、约束等，其后处理软件 PAM-VIEW 可以方便地处理动画，查询结果，绘制曲线，特别是在计算过程中也能观看已计算的结果，十分方便。

(3)RADIOSS

RADIOSS 是一种用于车辆碰撞、撞击等领域的模拟软件，按时间步骤积分的显示有限元计算软件。在撞击模拟领域里，RADIOSS 是一直处于领导地位的商用软件。

具有处理高速动力荷载下，高阶非线性材料的力学响应问题；

齐全的材料物性数据，包括磁化特性和损耗数据等；

可使用拉格郎日、欧拉或任意混合拉格郎日—欧拉 3 种不同的坐标系统；

多用于 Windows 系统、UNIX 系统、矢量机、并行机、超级计算机以及多机联网构成的大规模分布式并行计算系统(Linux CLUSTER)；

针对典型的钢材、复合材料、泡沫、有机玻璃、蜂窝状材料、混凝土、塑料、织布等，软件包提供超过 35 种不同的材料模型；

强大的前处理功能，有效地缩短撞击分析和人体防护分析的建模时间；直观的后处理分析功能，详细演示结构变形的动态过程。

(4)Madymo

Madymo 软件由荷兰国家应用科技研究院 TNO 开发，广泛应用于车身结构设计、安全气囊、安全带、座椅、仪表板、转向盘转向柱等开发，是乘员约束系统整合及优化设计的首选工程软件。基本特点如下：

①多刚体与有限元方法的无缝耦合，使 Madymo 核心求解器具备卓越的计算效率。

②丰富的 Crash Dummy 模型，涵盖 Hybrid III、Euro-SID、US-DOT SID 等所有目前国际通用的碰撞试验假人。所有的假人模型都经过全面严格的验证，其计算效率与精度受到广泛赞誉，成为汽车碰撞安全性设计的工业标准。

③成熟高效的气囊模拟算法，包括 IMM (Initial Metric Method)和基于 CFD 的 Gasflow 模型，为精确模拟气囊展开过程和 OOP 设计提供了坚实的基础。

④提供最丰富的气囊模拟手段，精确模拟多腔气囊，多喷点、多级气体发生器，以及气囊织物的剪切锁死效应等气囊模拟的前沿热点问题。气囊模拟技术的发展得益于 Madymo 在全球 Airbag Supplier 的广泛应用，包括 Autoliv、KSS、TAKATA、Delphi、Mobis、Daphimetal 等。这些气囊供应商的技术需求，都是 Madymo 技术革新的动力。

⑤丰富的实用工具，包括气囊折叠 Folder，参数分析及优化设计的 AutoDOE，模型评估和随机分析的 ADVISER 等，都在国际汽车行业得到广泛应用和赞誉。

3. 成熟的软件系统

(1)机群环境介绍

随着并行计算机系统的飞速发展和相应软件产品的开发成功，基于 MPP 的计算技术和性能正在达到许多领域对超级计算的要求，因而高性能计算机系统成为了人们关注的热点。特别是当生物工程、石油地质勘探和天气预报等领域由于并行计算机的参与取得巨大成功后，更多的应用领域开始引入并行计算的概念，更多专业的研究者希望并行计算机早日成为他们研究时方便实用的工具。

但是开发并行计算软件是一件非常困难的工作，它要求用户了解并行计算机的体系结构，并行语言的使用方法，更要求用户清楚并行计算算法的细节并具有控制并行计算细节的技巧，而复杂的并行网络体系结构，晦涩难懂的 MPP 应用编程模式和特点各异的计算应用领域等又对传统的软件设计思想提出的了严重的挑战。为此面向对象的技术和设计思想被越来越多的软件工具应用到了并行计算中。特别是原来分布计算环境中应用的构件技术引入到 MPP 环境中以后，可以隐藏这些细节，为众多领域的研究这开发并行计算软件提供极大的方便。

所谓构件是指可用来构造其他软件的可复用的软件组成成分。它既可以是被封装的对象类、类树、功能模块等，也可以是软件框架、软件构架、文档资料、分析件或设计模式等。它使不同小组开发的并行构件之间具有良好的交互性，也最大限度地保证了构件的复用，这将大大减轻用户的开发工作。

1977 年，DEC 公司推出了以 VAX 为结点机的松散耦合的集群系统，并成功地将 VMS 操作系统移植到该系统上。20 世纪 90 年代以来，随着 RISC 技术的发展和高性能网络产品的出现，集群系统在性能价格比（Performance/Cost）、可扩展性（Scalability）、可用性（Availability）等方面都显示出了很强的竞争力，尤其是它在对现有单机上的软硬件产品的继承和对商用软硬件最新研究成果的快速运用方面，表现出了传统大规模并行处理机（Massively Parallel Processor，MPP）无法比拟的优势。

目前，集群系统已在许多领域获得应用。可以预见，随着对称多处理机（Symmetric Multiprocessor，SMP）产品的大量使用和高性能网络产品的完善，以及各种软硬件支持的增多和系统软件、应用软件的丰富，新一代高性能集群系统必将成为未来高性能计算领域的主流平台之一。具有代表性的集群系统有 IBM 的 SP2、SGI 的 POWER CHALLENGEarray、Microsoft 的 Wolfpack、DEC 的 TruClusters、SUN 的 SPARC cluster 1000/2000PDB 以及 Berkeley NOW 等。我国国家智能计算机研究开发中心的曙光-1000A、曙光-2000I 和曙光-2000II 也都属于集群系统的并行计算机。

简单地说，并行计算机就是用若干（几到几千）处理器并行执行一个作业，以提高计算效率。并行计算机的结构、规模、性能可以有很大的差异，其价格也就可以从人民币数万元到数亿元。以较低的投资，用若干台性能较高的 PC 机组装成集群并行计算机，采用 Linux 操作系统以及目前在各类并行机上通用的信息传递接口 MPI 并行环境，以此为起步发展并行计算和研究，是一个合适的选择。计算机科学技术的发展在高性能计算领域为其他科学技术的发展提供了越来越宽广的平台。另一方面，科学技术的发展对高性能计算环境（硬、软件）不断提出更高的要求。针对特定的研究领域，在一定的财力资源下，集群并行计算机可以为数值模拟的发展提供串行计算机系统所无法比拟的高效平台。

(2)Beowulf 集群系统简介

Linux 环境下的集群系统中比较有影响的是 Beowulf 集群。Beowulf 集群的研究是由美国国家航空航天局（NASA）于 1994 年启动的。1994 年，Thomas Sterling 和 Don Becker 等人构建了一台由以太网连接的拥有 16 个 DX4 处理器的集群。他们把这个集群计算机叫作 Beowulf，主要用来进行地球、空间科学的研究。Beowulf 的主要目的是使用普通的、相对廉价的计算机构建能够处理繁重计算的集群。此后，Beowulf 的思想迅速被世界上许多研究机构认同和接受。在 Beowulf 集群上运行的软件是 Linux 操作系统、并行虚处理机(Parallel Virtual Machine，PVM)和消息传递接口 MPI(Message Passing Interface)。一般由服务节点来控制整个集群。服务节点是集群的控制台和对外的网关。在规模比较大的 Beowulf 集群中可以有多个服务节点，例如专门用集群中的一个节点作为控制台或统计整个集群的运行状态。通常，除服务节点外，Beowulf 集群中的其他节点都是哑成员，即它们不与外界交互。这些成员节点由服务节点来管理，执行服务节点分配的任务。交通部公路科学研究所现有就是此类机群系统。

Beowulf 集群中的成员节点以及内部连接是集群专用的。从这一点来看，Beowulf 更像是一台完整的机器，而不是一个由许多计算机组成的松散的群体。集群下的大多数节点没有键盘、显示器等，只是通过远程登录来访问控制它们。就像 CPU 和内存可以方便地安装到主板上一样，Beowulf 的节点作为内置的模块插入 Beowulf 集群中。

Beowulf 集群中的节点之间的连接(通常是高速网络，比如 FastEthernet、ATM、Myrinet 等)也是仅供节点间使用，它与集群与外界连接的普通网络相隔离。这些特点使得 Beowulf 集群中各节点的负载均衡且节点之间的信赖关系变得更容易处理，因为它们不受外界的影响，同时，节点之间的通信也会更高效。Beowulf 并不是一个软件包、一种新的网络拓扑结构或者内核技术，而是一种基于 Linux 操作系统的机器来构建并行虚拟机的思想。尽管有很多软件(例如:内核的修改，PVM 和 MPI 并行运算库或者管理工具)可以使 Beowulf 体系结构更快、更容易管理和使用，但仍然可以只使用 Linux 来建造一个自身的 Beowulf 集群。一个最简单的 Beowulf 集群可以由两台互相连接并且拥有一些信任关系(比如 NFS 和 rsh 权限)的 Linux 计算机组成。

(3)Beowulf 集群系统 Linux 操作系统以及并行编程

在本系统中，我们采用的操作系统是 REDHAT Fedora core 4 (KERNEL2. 6. 11)的 Linux 系统。并行编程环境采用基于消息传递接口(MPI)的局域多计算机(Local Area Multi-computer，LAM)，它是由 Ohio 超级计算机中心开发的，适用于异构 Unix 机群的 MPI 编程环境和开发系统。目前我们所安装的 LAM 版本是 6. 5. 9 版。同时还安装了 Fortran 90 开发平台。

在 RedHat FC4 系统安装结束以后，还安装了 F2C(Fortran-to-C)软件包以及一些必要的服务软件。由于每个节点有两块网卡分别担任消息传递和接收的工作，并且两块网卡共用一个 IP 地址，为了实现这样的功能，必须添加一个虚拟的网络设备，将两块网卡绑定到这个虚拟的网络设备上。在外界看来，每个节点只有 1 个 IP 地址和 1 块网卡。

在 RedHat FC4 可以正常运行以后，必须启动如下的系统服务：rlogin、rsh、nfs、ftp、telnet 等。其中的 rlogin 和 rsh 服务只需要在 8 个计算节点上配置。出于安全方面的考虑，RedHat FC4 在默认的系统设置下，是不提供 rlogin 和 rsh 服务的，用户必须手工设置必要的文件和参数，实现 rlogin 和 rsh 服务。相应的 nfs(网络文件系统)必须在服务节点和计算节点上同时配置。在所有的系统服务配置成功后，就可以安装 LAM6. 5. 9 了，这个软件包是免费的，可以到 HTTP://WWW. LAM-MPI. ORG 下载最新的版本，安装过程可以按照软件包自带的安装说明进行安装。安装和配置结束以后，可以在 Linux 提示符下运行 recon -v，来测试 LAM 是否成功安装。

(4)MPI 简介

一般并行计算机系统有两个基本的体系结构:分布存储和共享存储。基于分布存储的并行计算机的每个节点都有各自的本地存储器,同时也能通过高速网络接口等方式访问其他节点的存储器。各节点通过消息传递来进行数据交换。而基于共享存储的并行机系统则是多个节点通过高速总线访问一个全局的存储器空间。这种方式由于总线带宽的限制,一般将处理器个数限制在 2～16 个之间。最新的并行计算机体系结构使用分布存储和共享存储混合的方式,即每个节点都是由 2～16 个基于共享存储的处理器组成,再由多个这样的节点通过高速的通信结构构成分布存储的并行计算机系统。

MPI 是由 MPI 论坛组织开发的适用于基于分布内存的并行计算机系统的消息传递模型。它提供了一个实际可用的、可移植的、高效的和灵活的消息传递接口标准。MPI 以语言独立的形式来定义这个接口库。并提供了与 C、Fortran 和 Java 语言的绑定。这个定义不包含任何专用于某个特别的制造商、操作系统或硬件的特性。由于这个原因,MPI 在并行计算界被广泛地接受。其标准已由原来的 MPI-1 发展到目前的 MPI-2。

MPI-1 标准规定了如下的规范:

①Fortran77 和 C 分别调用 MPI 子程序(函数)的命名、调用顺序以及返回值的规则,所有的 MPI 实现都必须遵循这些规则。从而保证遵循这些标准的 MPI 程序可以在任何平台上的可移植性。

②具体的 MPI 库实现由硬件供应商提供,从而开发出适合各供应商硬件的最优版本。MPI-2 规范对 MPI-1 进行了如下的扩展:动态进程;单边通信;非阻塞群集通信模式和通信子间群集通信模式;对可扩展的 I/O 的支持,叫作 MPI-IO。在 MPI-1 中,I/O 问题全部忽略。MPI-1 只定义对 Fortran 77 和 C 语言的绑定, MPI-2 将语言绑定扩展到 Fortran 90 和 C++;对实时处理的支持;扩展了 MPI-1 的外部接口,以便使环境工具的开发者更易于访问 MPI 对象。这将有助于开发剖析(Profiling)、监视(Monitoring)和调试(Debugging)工具。

目前已经有一些 MPI 实现包括了 MPI-2 规范中的某些部分,但还没有完全支持 MPI-2 规范的 MPI 实现。

(5)交通部公路科学研究所集群系统硬件配置和结构

交通部公路科学研究所集群系统硬件配置现采用 8 台 CPU 为 PowerEdge 430 Server PIV-2.8GHz Dual Core Processor、内存为 1G、硬盘为 80GB/7200RPM 服务器作为节点组成集群机,实现基于消息传递的分布式内存的并行计算机系统。采用 3COM@ Baseline Switch 2816 系列交换机(24 口/1000M),将交换机设置为 3 个虚拟网段,其中的一个网段设置为信息接收网段(LAN1),另一个网段设置为信息发送网段(LAN2)。LAN1 只负责接收来自节点计算机的消息,将接收到的消息发送到 LAN2 的各个端口,LAN2 将消息发送到相应的节点计算机,以使各节点计算机的两个网卡分别进行消息的发送和接收,提高消息传递的速度。交换机的第 3 个网段用于将系统与局域网连接,从而实现远程登陆服务等功能。

交通部公路科学研究所计算机群介绍如下。

①硬件条件

HPC system hardware list:

a. 8 nodes DELLTM PowerEdgeTM Systems which one contains one PowerEdge 430 Server;

b. One 3COM@ Baseline Switch 2816 (3C16478);

c. A suit of KVM SWITCH (Multi-Pcs switch controler);

d. DELL PowerEdge sc 1430 files Server for pre-post;

e. One 17′ CRT monitor;

f. One DELL normal Keyboard;

g. One normal 3D mouse。

图 16-6 为并行运算平台。

图 16-6 并行运算平台

②软件环境

a. 最新 LS-DYNA971 MPP VERSION FOR LINUX 16 CPU;

b. mpp971_d_7600. 2. 398_ia32_linux_lam659;

c. LAMMPI6. 5. 9;

d. REDHAT Fedora core 4;

e. Oasys shell 93。

三、仿真流程

基于 HPC 的仿真流程见图 16-7。

HPC 仿真流程;

模型几何部分;

利用 UG、pro/e、CATIA 或 I-DEAS 等进行实体建模。

前处理、过程计算:

HyperMesh 是一个高性能的有限元前后处理器,它能够支持直接输入已有的三维 CAD 几何模型,并且导入的效率和模型质量都很高,可以大大减少很多重复性的工作。它具有以下优点:

(1)直接输入 CAD 几何模型及有限元模型,减少用于建模的重复工作和费用。

(2)高速度、高质量的自动网格划分,极大地简化了复杂几何的有限元建模过程。

(3)在一个集成的系统内支持范围广泛的求解器,确保在任何特定的情形下都能使用适用的求解器。

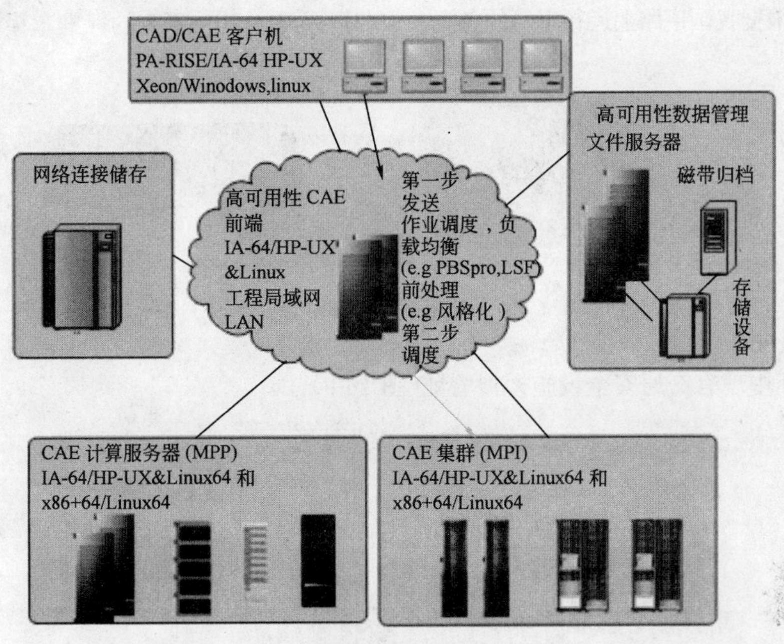

图 16-7　仿真流程

(4)高度可定制性更进一步提高了效率。

(5)HyperMesh 支持很多不同的求解器输入输出格式，在利用 Hypermesh 划分好模型的有限元网格后，可以直接把计算模型转化成不同的求解器文件格式，从而利用相应的求解器进行计算。Hypermesh 可以作为企业统一的 CAE 应用平台，即统一利用 Hypermsh 进行网格划分，然后对于不同的问题利用不同的求解器进行求解。

(6)HyperMesh 生成 dyna 关键字文件，再通过用户编辑修改 K 文件，就可以利用 Dyna 进行过程计算。

后处理、结果分析：

HyperMesh、LSPOST 也具有先进的后处理功能，可以保证形象地表现各种各样的复杂的仿真结果，如云图、曲线标和动画等。

四、仿真应用

与国外发达国家相比，我国在交通安全研究、验证手段等方面科研手段单一，尤其是在护栏的防撞性能研究技术手段方面，仅仅依靠实车碰撞试验，所花金额巨大、周期过长。仿真平台的建立可以填补国内安全设施碰撞方面的一项空白，丰富交通安全研究手段。基于此平台，将对新型护栏的开发、碰撞机理的研究等方面的后续工作给予强有力的支持。

利用仿真平台的模拟试验与实车碰撞试验相结合，两条腿走路，相互完善，将是我国交通安全设施迅速提高研究水平和效率的一个重要基础性研究方向。与此同时，仿真技术的应用能合理减少实车碰撞次数，节约护栏开发的费用，缩短护栏开发周期，是对实车碰撞试验的有力补充。

1. 标准碰撞车辆模型

针对现阶段每次实车碰撞所用车辆的个体差异可能给试验结果带来的影响，开发出模拟碰撞标准车型。根据我国道路上运行车辆的各类参数和指标，制作出一系列的标准车模型，见图 16-8。

图 16-8 标准车模型

2. 交通安全研究

(1)国标中现有交通安全设施模拟验证(图 16-9)

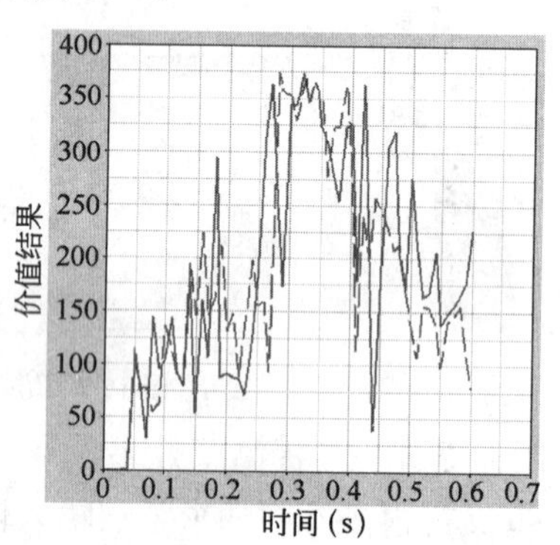

图 16-9 现有交通安全设施模拟验证

根据我国车型、载重等参数的不断变化，不断补充和完善现有护栏形式和提高防撞等级，使之与交通要求相适应，对现有安全设施提出改进意见和完善方向。

(2)对于新型安全设施的建立和开发(图 16-10)

针对不断出现的新型的安全设施，利用计算机群进行模拟碰撞试验手段，大大缩短开发时间，节约开发费用，并通过分析模拟试验结果，优化结构。

(3)假人模型(图 16-11)

运用 H-III 型假人模型测量在模拟碰撞试验发生时，其乘员头部、胸部、腿部等的伤害指数。并根据其伤害指数的大小提出改进安全设施的意见，从而达到减小对乘员伤害的目的。

(4)人体三维重建技术

利用 CT 扫描、三维重建技术，建立数字虚拟人，着重于交通创伤人体的生物力学研究。下面以人体下肢骨伤害研究为例进行介绍。

从大量的临床统计数据表明，交通事故下肢损伤是最为常见的一种创伤，但对其损伤机理国内外现在并没有深入研究，其创伤相关研究尚不完善，有待进一步开展。本研究方向将结合临床医学，一方面从创伤理论上加以挖掘，另一方面结合现有医疗设备和大量临床数据进行直观分析，最终做到理论与临床相结合、医学与生物力学综合，分析在我国交通事故创伤中，造成下肢损伤的原因及影响范围。主要的研究内容有以下几个方面。

①人体下肢骨、各关节在车辆碰撞条件下受力分析

大量的临床统计表明，车辆发生碰撞期间，人体一般多为坐姿，下肢相对较为固定，不易活

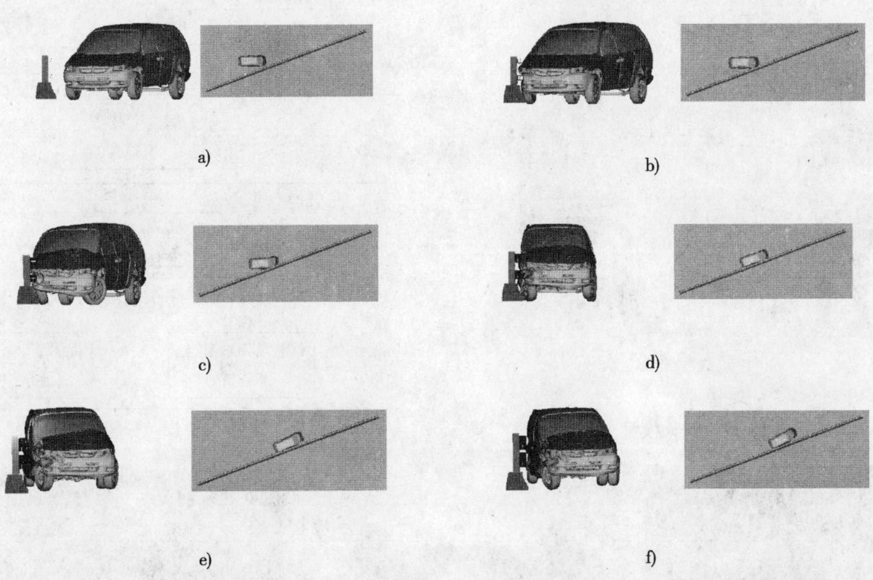

图 16-10　新开发设置模拟碰撞

a)起始状态；b)碰撞后 0.035s；c)碰撞后 0.075s；d)碰撞后 0.14s；e)碰撞后 0.2s；f)碰撞后 0.25s

动，受直接冲击较大，主要集中在膝关节处，容易引起膝关节错位或骨折，并上下波及到大腿骨和小腿骨，易引起腿骨骨折，严重的将导致髋骨骨折。

该研究内容将对车辆内人员的下肢受力进行理论分析，在充分考虑人体下肢各关节运动状态的情况下，进行适当的数学简化，给出相应的理论模型，确定下肢骨在碰撞条件下的运动机理。

运用 CT 技术，对人体下肢骨、各关节进行数字化处理，形成数字的人体下肢骨模型，并进行在各种不同冲击荷载作用下，下肢骨应力、应变分析，确定其受力状态、变形及模拟骨折情况。

②在实车碰撞条件下，假人下肢受力研究

利用带假人的实车碰撞试验，采集假人下肢的受力数据，重塑人体下肢骨在车辆碰撞中的受力状态：

假人各关节的受力分析；

假人小腿骨的受力分析；

假人大腿骨的受力分析；

理论分析与实车试验的综合分析。

根据理论分析与有限元模拟，临床与实车试验的数据对比，分析总结出在车辆发生碰撞条件下，车内人员下肢骨的受力综合分析和各种不同冲击荷载条件的破坏形式。其分析流程见图16-12；人体三维重建见图 16-13。

五、案例

随着交通事业的发展，20 世纪 80 年代开始，道路护栏作为重要的交通安全设施在我国获得大规模应用。在几十年的应用过程中，我国道路护栏的种类不断丰富，功能也不断拓展。今天，护栏已经成为保障道路交通安全顺畅的重要设施，其最基本的作用体现在两个方面：一是

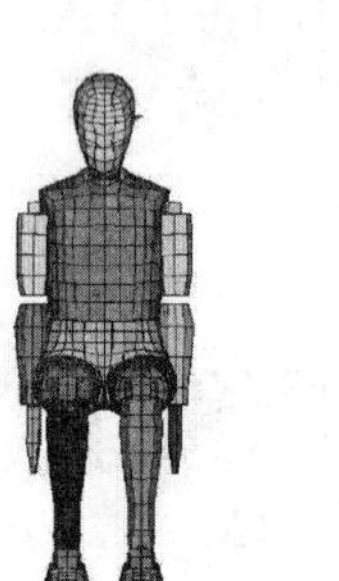

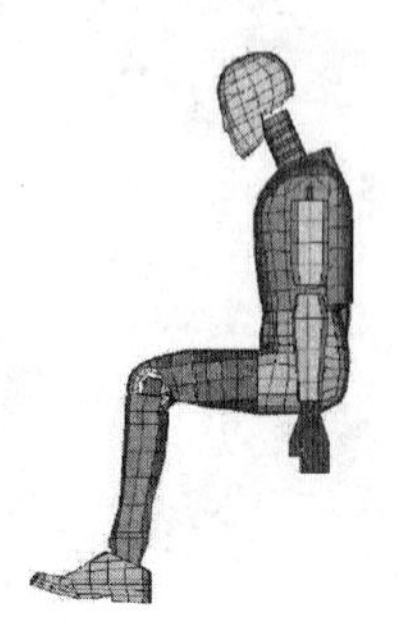

图 16-11 假人模型

试验	已有实车碰撞试验数据的整理和分析	医院统计数据与人体下肢模型
仿真	假人下肢伤害拟合	
模拟试验和分析	碰撞条件下假人下肢伤害机理	
	驾驶员下肢伤害分析	人体下肢交通事故伤拟合

图 16-12 分析流程

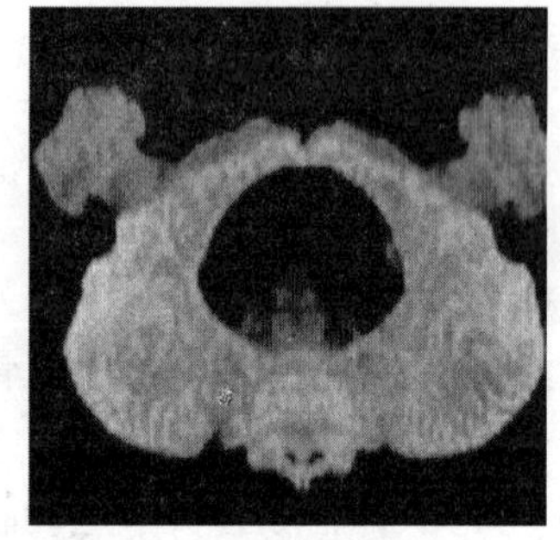

人体髋骨 CT 扫描图像

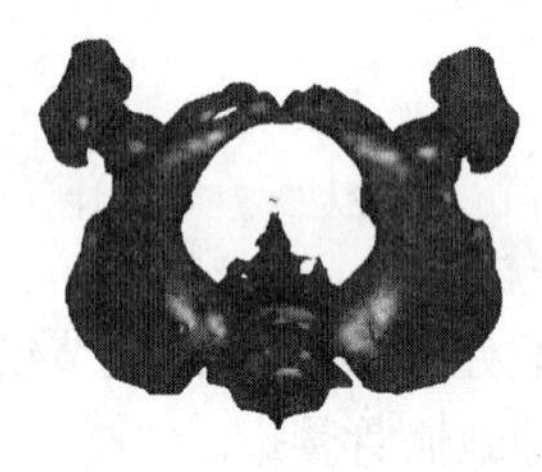

髋骨三维重建

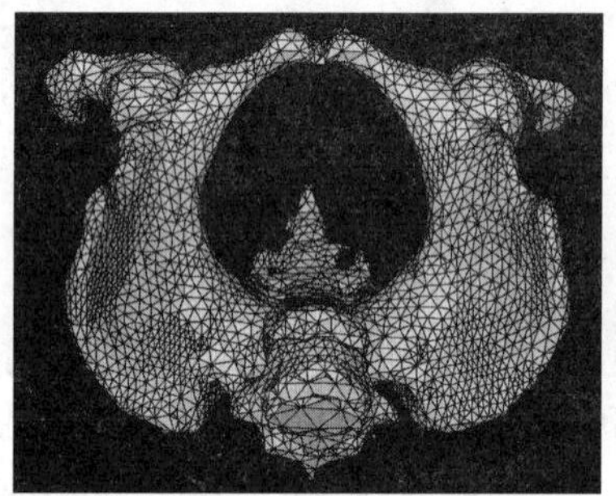

髋骨有限元模型

图 16-13 人体三维重建

良好设计的护栏系统能够大幅度降低恶性交通事故的发生频率和严重程度；二是能与其他道路交通设施配合，形成整洁美观的路容路貌。

护栏在我国的应用也要经历发生、发展直至接近成熟的过程。总结我国道路护栏的应用情况可以发现，当前主要存在以下两方面的问题：

一是道路条件的不断完善，带来交通流量和成分的变化，现行的护栏设置标准是否仍然适用。

二是，近几年我国交通行业更多的强调护栏的经济性、景观协调性，但护栏的基本功能——防护性能却受到了一定的忽视。许多工程为了追求美观和经济，盲目上一些没有经过论证的护栏系统，产生了安全隐患。图 16-14 为事故后的护栏。

1. 模拟试验方案

为保持桥梁护栏的通透性和良好的防撞性能，设计了如图 16-15 所示的桥梁护栏(详见本章后附图 1、附图 2)。

设计护栏整体高度为 985mm，下部采用高为 40cm 的新泽西钢筋混凝土护栏结构形式，混凝土中每两米预留 263mm 的方孔，并预埋上下钢板及套筒。护栏上部构造采用梁柱结合的钢结构，上部构造的立柱插入下部混凝土的预埋套筒中，中间灌注水泥砂浆将上下部结构连接成一体。

为保证该种桥梁护栏具有良好的防撞性能，进行了模拟碰撞试验，并分析优化其设计方案。

模拟碰撞试验条件：

图 16-14　事故后的护栏

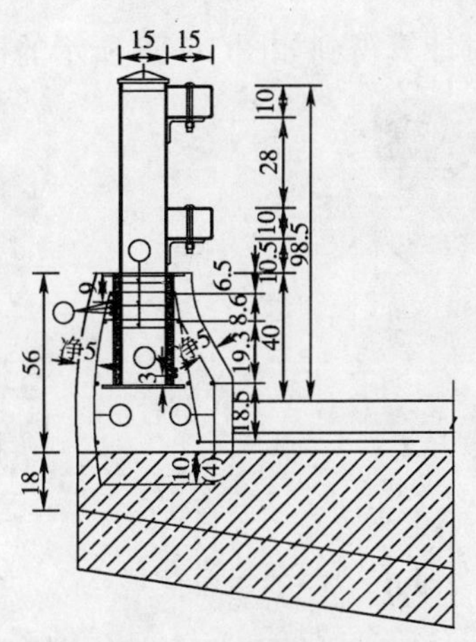

图 16-15　新型护栏截面图(尺寸单位:cm)

(1)采用车型如图 16-16 所示。

图 16-16　10t 货车、1.5t 小轿车、2t 商务车模型

(2)碰撞角度。2004 年颁布的交通部推荐标准《高速公路护栏安全性能评价标准》(JTG/T F83-01—2004)中对碰撞角度的要求已经改为 20°。综合考虑专家咨询意见和有关研究成果,本项目模拟检验中采用的碰撞角度为 20°。

(3)最终模拟碰撞方案如表 16-3 所示。

模拟碰撞方案　　表 16-3

编号	车　型	总 长 度	碰撞条件		
			碰撞速度(km/h)	碰撞角(°)	碰撞点
1	14t 货车	3L	80	20	中间段
2	1.5t 轿车		100		中间段
3	2t 商务		120		中间段

注:L 表示桥梁单跨长度。

2. 模拟碰撞结果及分析

模拟碰撞方案一

试验车型:14t 货车;碰撞角度:20°;碰撞速度:80km/h。

依据《高速公路交通安全设施设计及施工技术规范》(JTJ 074—94)中有关桥梁护栏防撞等级划分的规定,验证设计方案是否达到设计的防护等级(PL3),并在此基础上作出相应的防撞性能评价。

护栏—车辆碰撞模型如图 16-17 所示。

图 16-17　模拟碰撞方案一

通过计算得到如图 16-18 所示的模拟碰撞结果。

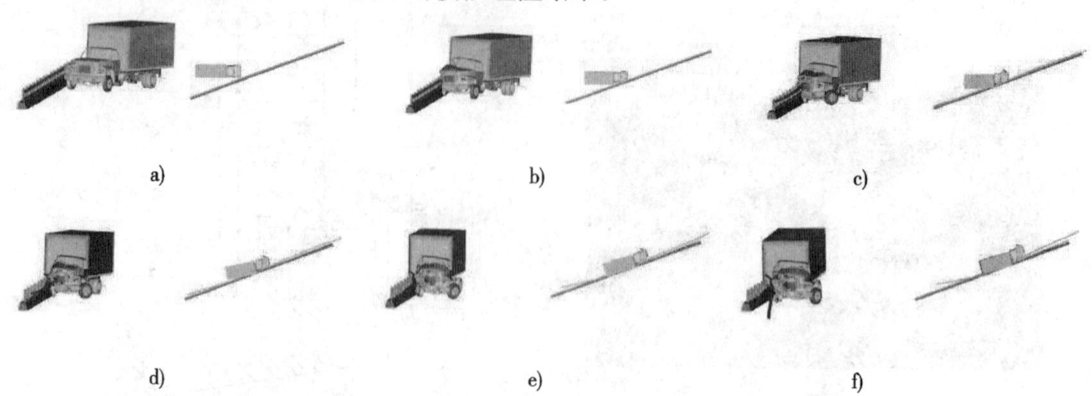

图 16-18 模拟碰撞一计算结果

a)起始状态;b)碰撞后 0.12s;c)碰撞后 0.24s;d)碰撞后 0.36s;e)碰撞后 0.48s;f)碰撞后 0.6s

从上述计算结果可见,在标准的 PL3 级护栏检验条件下,护栏上部横梁与立柱之间的连接螺栓发生断裂,横梁套筒螺栓发生断裂,导致碰撞过程中上部横梁脱落并飞出,失去对事故车辆的导向作用,车辆直接撞击护栏立柱,产生了较大的阻拌,车辆变形严重。由于横梁与立柱之间的连接螺栓强度不够,导致护栏未达到 PL3 级防护等级。

为了确定合适的横梁、立柱连接螺栓强度,将有限元模型中连接螺栓加强。原设计方案中套筒连接螺栓采用 Q235-B 钢制 M12 螺栓、横梁连接螺栓采用 Q235-B 钢制 M16 螺栓,改为套筒连接螺栓换为高强螺栓 M16,横梁连接螺栓换为高强螺栓 M20,高强螺栓机械性能均达到国标规定的 8.8S 级。重新按照模拟试验一的条件进行计算,结果如图 16-19 所示。

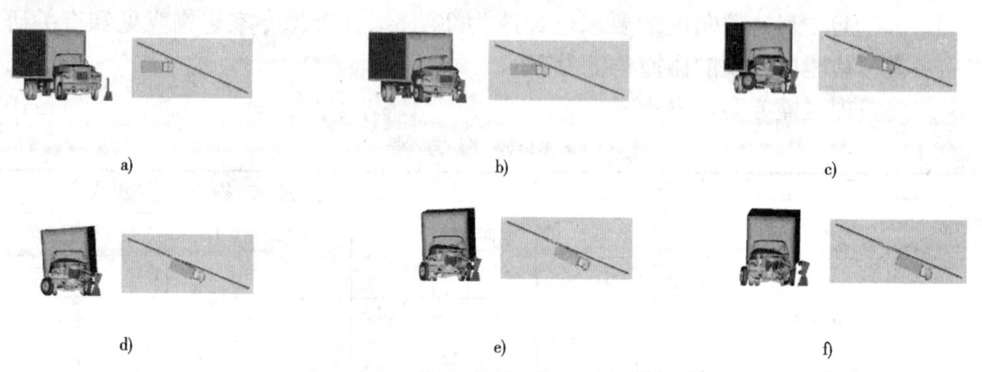

图 16-19 螺栓加强后模拟碰撞一计算结果

a)起始状态;b)碰撞后 0.1s;c)碰撞后 0.3s;d)碰撞后 0.5s;e)碰撞后 0.6s;f)碰撞后 0.75s

从模拟碰撞过程可以看出,原设计方案螺栓加强后,14t 的卡车以 80km/h、20°的角度碰撞护栏时,车辆并未翻出桥侧,护栏对车辆也未产生明显阻绊,碰撞后车辆能够顺利导出。车辆的驶入驶出角度的比较如图 16-20 所示。

车辆最大驶出角度满足标准要求,碰撞过程中护栏能够起到很好的导出作用,车辆未出现甩尾、翻越等危险情况。

护栏在碰撞过程中的动态最大变形量如图 16-21 所示。

分析得出碰撞过程中护栏的最大动态变形量为 36.5cm,满足护栏防撞性能评价标准的要求。

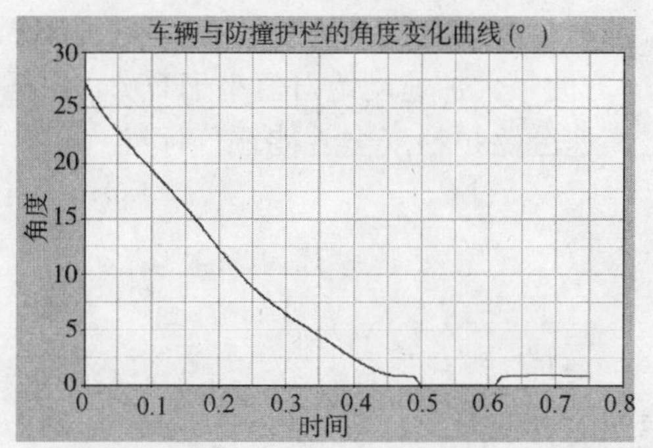

图 16-20　模拟碰撞一车辆驶入驶出角度变化图

图 16-21　模拟碰撞一护栏最大动态变形量

图 16-22 所示为碰撞点处 6 个横梁连接螺栓和 2 个立柱与横梁连接螺栓在碰撞过程中的受力情况。8.8S 级高强螺栓 M20、M16 所能够承受的最大力分别为 200kN 和 130kN。从图中可以看出，碰撞过程中横梁套筒连接螺栓的最大受力为 100kN，立柱与横梁连接螺栓的最大受力为 75kN，均未达到螺栓的极限，并有一定的安全系数。计算结果说明，增强螺栓后的设计方案达到了 PL3 级防护标准。

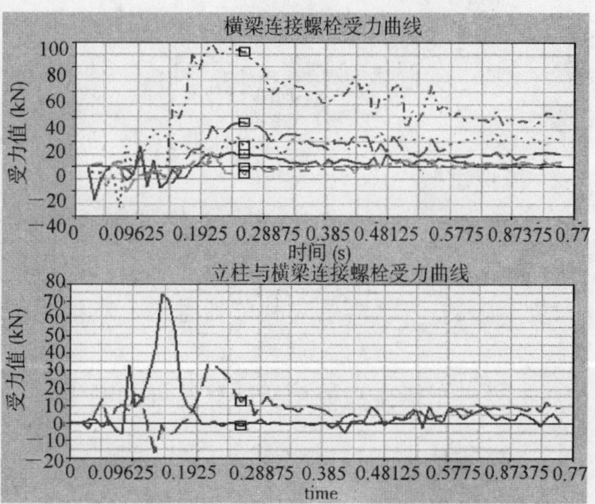

图 16-22　模拟碰撞一连接螺栓受力图

模拟碰撞方案二

车型：1.5t 轿车；角度：20°；碰撞速度：100km/h。

护栏—车辆碰撞模型及计算结果如图 16-23 所示。

从上述模拟碰撞过程可以看出，护栏能够很好地防护 1.5t 小轿车以 100km/h、20°角的碰撞，碰撞过程中车辆没有翻出桥侧，没有明显绊阻，碰撞后车辆顺利导出，说明护栏的防护性能满足要求。

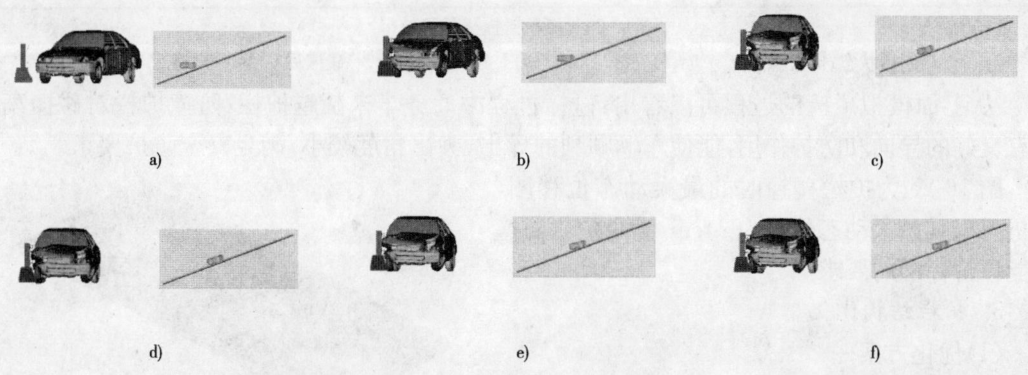

图 16-23　模拟碰撞二计算结果

a)起始状态；b)碰撞后 0.07s；c)碰撞后 0.15s；d)碰撞后 0.25s；e)碰撞后 0.34s；f)碰撞后 0.4s

图 16-24 为碰撞过程中车辆 x/y 两方向重心加速度变化曲线。从图示结果分析，车辆 x 方向重心加速度峰值绝对值 10ms 平均小于 $20g$，y 方向最大加速度绝对值小于 $20g$。根据模拟结果可以判定，护栏对小轿车的防护性能满足《高速公路护栏安全性能评价标准》(JTG/T F83-01—2004)的要求。

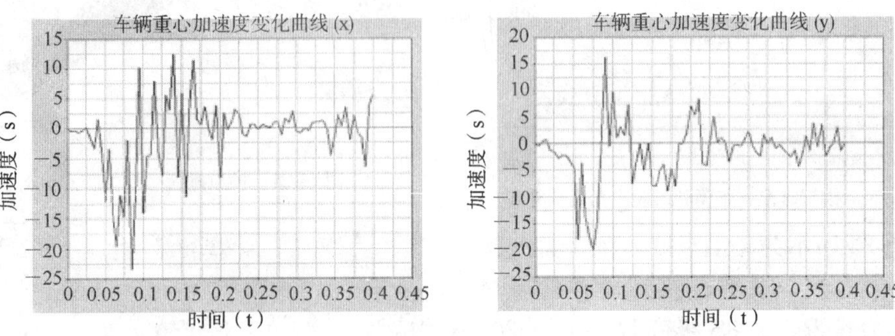

图 16-24 车辆重心加速度变化曲线

模拟试验三

车型：2t 商务车；角度：20°；碰撞速度：120km/h。

高速公路行驶的商务车辆越来越多，而且汽车构造较为独特，不能简单地归为小轿车或客车、货车中的一类，需要对其单独考虑。本次模拟试验的目的就是考察护栏对典型商务车辆的防护性能。

护栏—车辆碰撞模型及计算结果如图 16-25 所示。

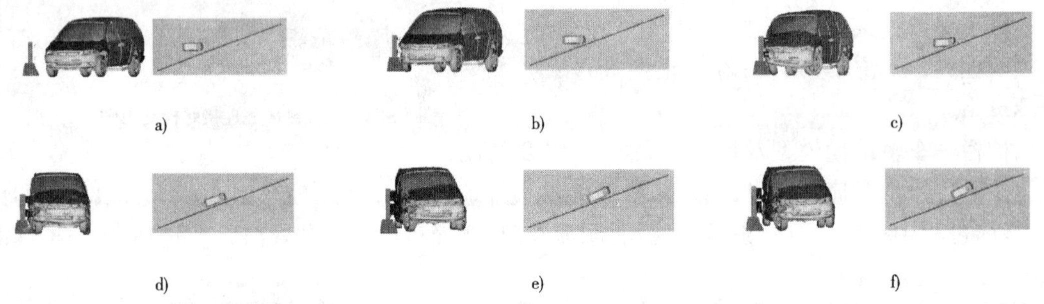

图 16-25 模拟碰撞三计算结果

a)起始状态；b)碰撞后 0.035s；c)碰撞后 0.075s；d)碰撞后 0.14s；e)碰撞后 0.2s；f)碰撞后 0.25s

从上面模拟碰撞的过程可以看出：碰撞过程中商务车未翻越护栏，防撞护栏对碰撞车辆具有良好的导向和防护作用，能使车辆顺利的导出，驶出角度较小，满足安全防护要求。

图 16-26 为护栏碰撞时的最大动态位移图，分析得出其最大动态位移为 24cm，满足护栏防撞性能评价标准的要求。

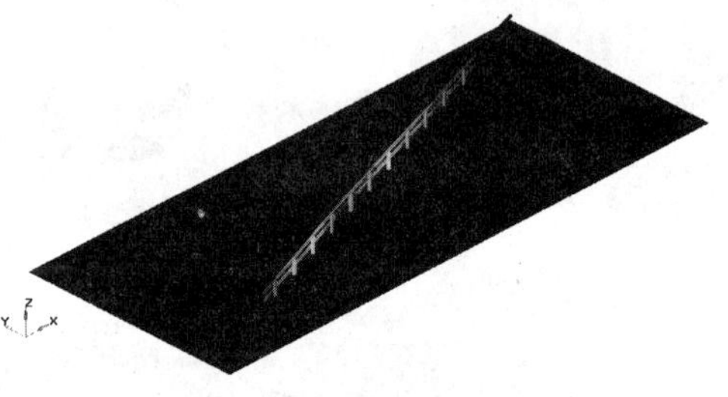

图 16-26 护栏最大动态变形量

3. 护栏结构优化

(1)优化方案一

将桥侧护栏的连接点置于立柱中心处，设定横梁截面尺寸为宽 130mm、高 90mm、厚度 6mm，立柱截面尺寸厚度为 5mm，连接套筒长 900mm、宽 116mm、高 76mm、厚度 4mm、托架宽为 80mm、高 125mm、厚度 10mm、托架在连接处长度为 170mm，其余长度为 130mm。

车辆—护栏碰撞模型及仿真结果如图 16-27 和图 16-28 所示。

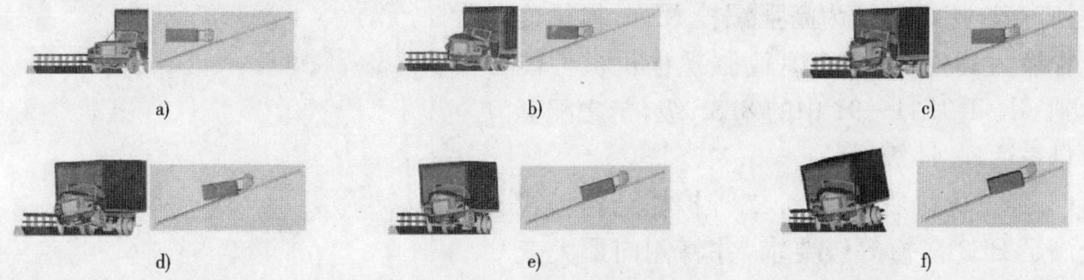

图 16-27　优化方案一模拟计算结果

a)起始状态；b)碰撞后 0.1s；c)碰撞后 0.2s；d)碰撞后 0.3s；e)碰撞后 0.4s；f)碰撞后 0.5s

套筒在整个护栏防撞性能中起到了十分关键的横向连接作用。优化方案一用了套筒设计，长度为 900mm，且将连接处置于立柱中心处。通过模拟试验结果分析，碰撞过程中护栏绊阻现象得以较大程度改善，护栏能顺利地将碰撞车辆导出。护栏的最大侧向位移为 224mm，变形较小。防撞能力各项指标均满足 PL3 等级要求。

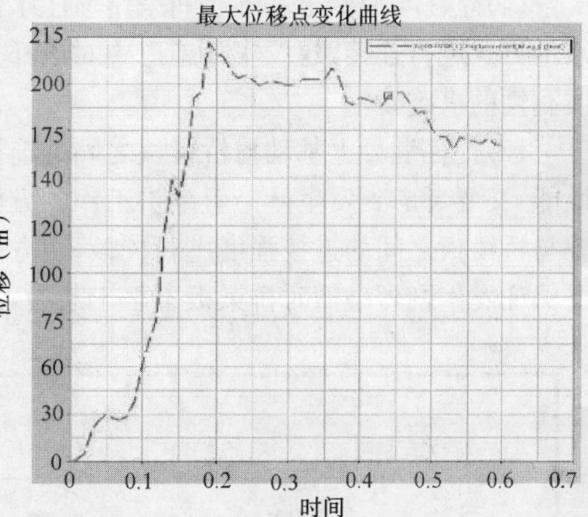

图 16-28　优化方案一侧向位移分析

(2)优化方案二

为桥侧护栏选材更为经济，在方案一的基础上进一步优化，将其中的横梁厚度 6mm、套筒厚度 4mm 都优化为 5mm，其余几何尺寸不变，进行模拟碰撞试验，结果如图 16-29 和图 16-30 所示。

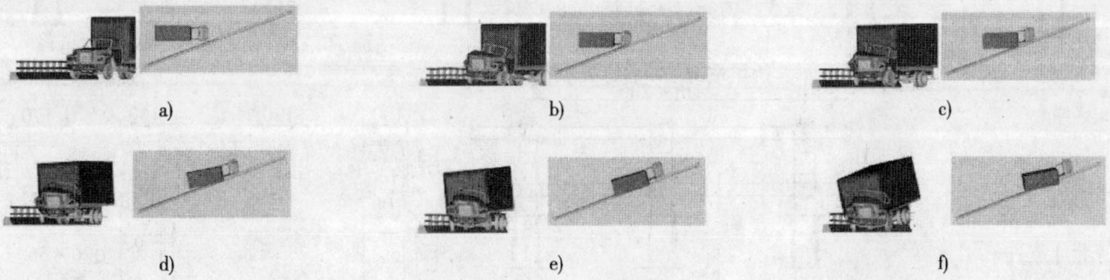

a)　b)　c)

d)　e)　f)

图 16-29　优化方案二模拟计算结果

a)起始状态；b)碰撞后 0.1s；c)碰撞后 0.2s；d)碰撞后 0.3s；e)碰撞后 0.4s；f)碰撞后 0.5s

由碰撞结果分析得出，横梁和套筒的厚度均变为 5mm 后，在减少钢材用量、降低成本的同时，其防撞能力未明显下降，仍然满足 PL3 防护等级的要求。

4. 小结

(1)在套筒连接螺栓和横梁连接螺栓强度足够的情况下，设计方案总体防护性能能够达到交通部部颁标准《高速公路交通安全设施设计及施工技术规范》(JTJ 074—94)中规定的桥梁护栏 PL3 防护等级。

(2)原设计方案中套筒连接螺栓采用 Q235-B 钢制 M12 螺栓、横梁连接螺栓采用 Q235-B 钢制 M16 螺栓，经模拟检验，强度不能满足要求。建议：套筒连接螺栓换为高强螺栓 M16，横梁连接螺栓换为高强螺栓 M20（高强螺栓机械性能需达到 GB/T 1231—91 中的 8.8S 级，与之配套的螺母需达到8H 级）。

(3)经过优化后的第一、二种护栏结构形式完全满足 PL3 防撞等级要求，并将侧向最大变形位移由原方案的 36.5cm，分别减少到 22.4cm 和 12.8cm，起到良好的优化效果。

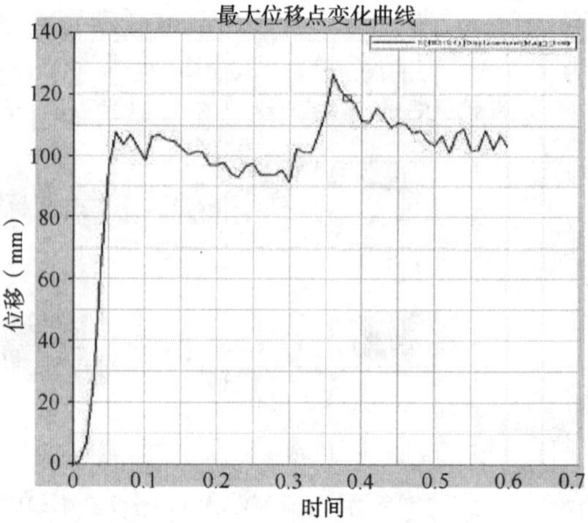

图 16-30 优化方案二侧向位移分析

(4)立柱与混凝土基础之间采用灌注水泥砂浆的方式进行连接，建议实际施工中对该部分施工质量进行重点检查，并考虑提高该部分施工便利性的措施。

(5)护栏混凝土基础与桥梁板之间的连接强度应当慎重选择，既保证护栏具有较高的防护性能，又要考虑到发生碰撞后维护工作的方便性。建议针对不同的应用情况，对护栏混凝土基础与桥梁板之间的连接强度进行校核，一方面保证护栏能够达到设计的防护等级，另一方面又要保证发生剧烈碰撞时桥梁板不至于断裂，以利于事故之后桥梁的维护。

附图 1

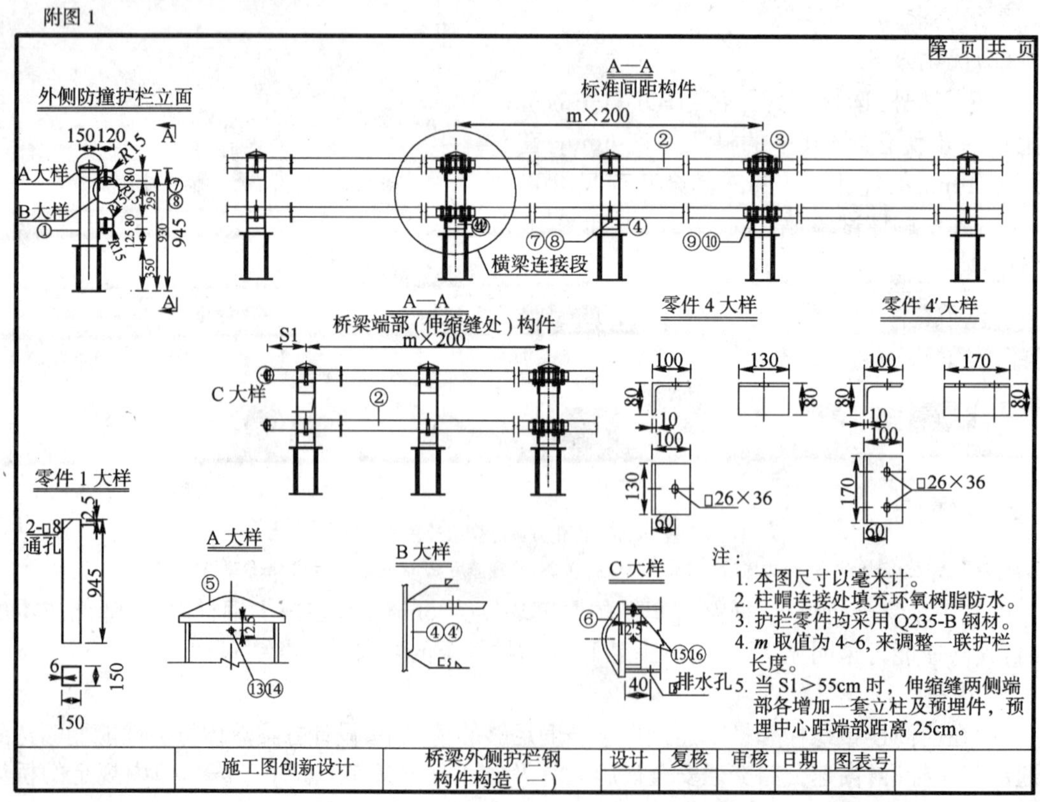

附图2

第 页 共 页
标准零件2大样
m×2 000
2×m□22
通孔
桥梁端部（伸缩缝处）零件2大样
3-□8
1-□8
2×m-□22
零件5大样
2-M6
（四面）25 1035
零件6大样
3-M6
（四面）25 1035
零件3大样
8-□22
通孔
C—C
D—D
零件7大样（防盗螺栓）
零件8、10大样（螺母）
零件9大样（防盗螺栓）
注：
1. 本图尺寸以毫米计。
2. 护栏中的所有零件均应镀锌。
3. 护栏零件均采用Q235-B钢材，防盗螺栓采用8.8级高强螺栓。
施工图创新设计
桥梁外侧护栏钢构件构造（二）
设计
复核
审核
日期
图表号

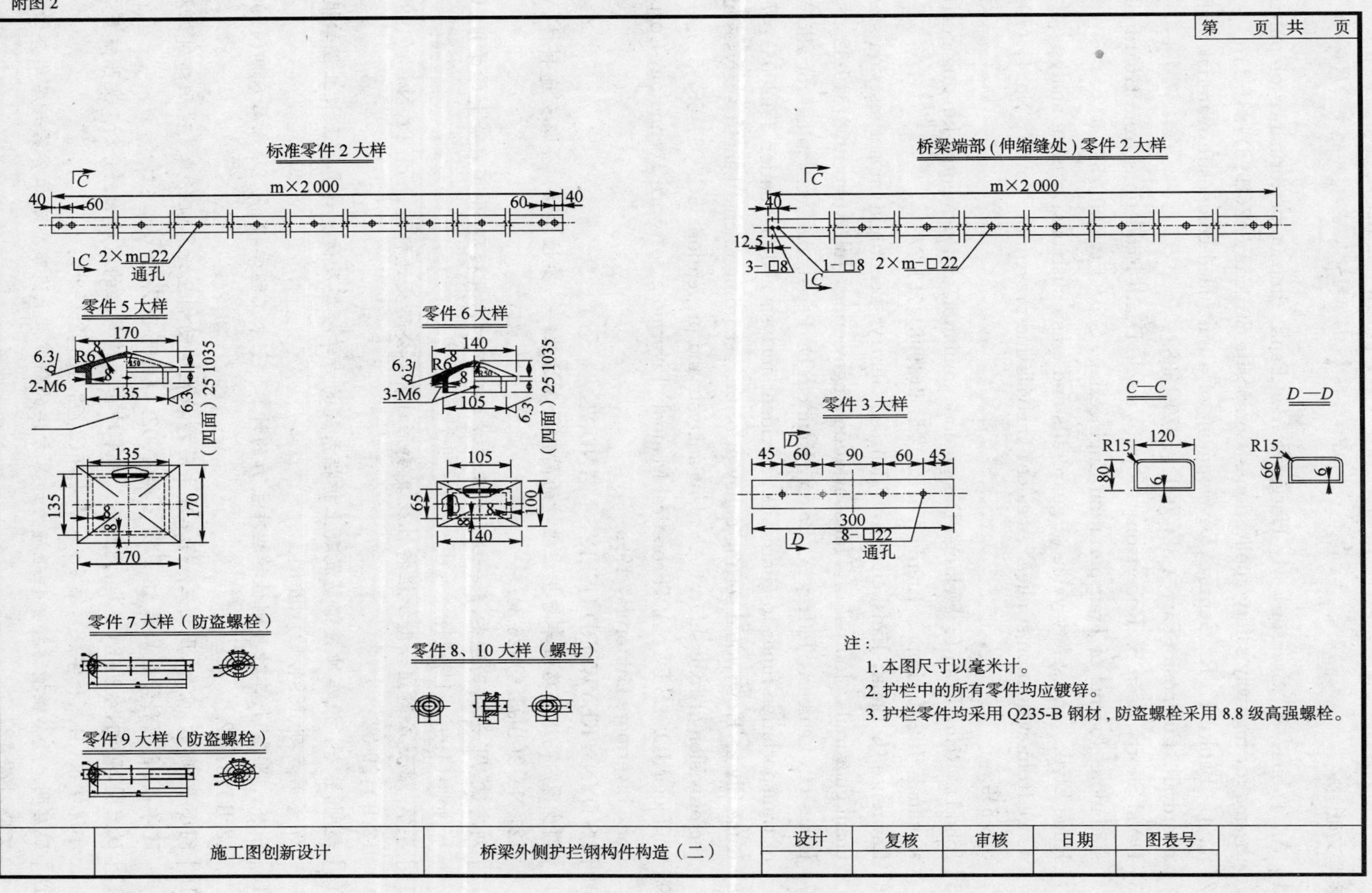

参考文献

[1] A. Tabiei, A. Svenson, M. Hargarve, L. Bank. Impact performance of pultruded beams for highway safety applications. Composite Structure 42(1998):231-237.

[2] L. C. Bank, T. R. Gentry. Development of a pultruded composite material highway guardrail. Composite Part A 32(2001):1329-1338.

[3] David Short, Leon S. Robertson. Motor Vehicle Death Reductions from Guardrail Installation. Journal of Transportation Engineering, Sep/Oct, 1998:501-502.

[4] Rune Elvik. The safety value of guardrails and crash cushions: a meta analysis of evidence from evaluation studies. Accident analysis and prevention Vol 27, No. 4, (1995): 523-549.

[5] John D. Reid, Dean L. Sicking. Design and simulation of a sequential kinking guardrail terminal. Int. J. Impact Engng Vol 21, No. 9(1998):761-772.

[6] Lawrence C. Bank, Jianshen Yin, T Russell Gentry. Pendulum impact tests on steel W beam guardrails. Journal of Transportation Engineering, Jul/Aug, 1998:319-325.

[7] James H. Lambert, Jeffrey A. Baker, Kenneth D. Peterson. Decision aid for allocation of transportation funds to guardrails. Accident analysis and prevention 35(2003):47-57.

[8] Rune Elvik. How would setting policy priorities according to cost benefit analyses affect the provision of road safety. Accident analysis and prevention 35(2003):557-570.

[9] Hallquist JO. LS-DYNA Theoretical Manual. Livermore Software Technology Corporation, Livermore California, 1998.

[10] LS-DYNA KEYWORD USER'S MANUAL.

[11] 刘少源. 高速公路汽车与护栏碰撞的简化计算方法——柔性梁法. 公路交通科技,Vol. 12, No. 2(1995. 6):26-34.

[12] 刘志斌,周一鸣,冯连杰,熊一鸣. 汽车—护栏碰撞的仿真模型. 中国农业大学学报,Vol. 1,No. 4(1996):112-118.

[13] 李华. 高速公路组合型护栏特性及其变形计算. 公路交通科技,Vol. 14,No. 4(1997 年 12 月):29-32.

[14] 赵明,张誉. 汽车冲撞钢筋混凝土护栏系统的力学模型及仿真计算. 土木工程学报,第 27 卷第 6 期(1994. 12):56-61.

[15] 张誉,赵明. 汽车冲撞刚性护栏冲击力的计算. 土木工程学报,第 28 卷第 6 期(1995 年 12 月):37-42.

[16] 阎小平,邱欣,索智,周兰玉. 汽车冲击防撞护栏运动响应计算机仿真. 沈阳建筑工程学院学报(自然科学版),第 18 卷第 2 期(2002. 4):105-107.

[17] 姚启明,孙利,李明飞,才华,周兰玉. 汽车冲击防撞护栏的运动响应分析. 沈阳建筑工程学院学报(自然科学版),第 18 卷第 4 期(2002. 10):250-253.

[18] 姚启明. 汽车碰撞防撞护栏碰撞力计算方法的研究. 上海市公路学会第六届年会学术论文集:122-127.

[19] 雷正保,钟志华. 摆锤撞击半刚性护栏过程分析的有限元模型. 湖南大学学报(自然科学版)2001,28(3):108-116.

[20] 雷正保. 汽车纵向碰撞控制结构设计的理论和方法. 长沙,湖南大学出版社,2001.

[21] 车静光. 微机集群组建、优化和管理.

[22] JTG/T D81—2006 公路交通安全设施设计细则.

[23] JTG/T F83-01—2004 高速公路护栏安全性能评价标准.

第十七章　车辆安全技术

第一节　概　　述

汽车诞生和发展的百余年来，汽车安全一直受到汽车制造企业、汽车消费者以及各国政府的普遍重视和关注。随着社会地发展和经济地进步，世界范围内的汽车保有量不断增加，随之而来的交通安全问题成为了现代社会的一大公害。据统计，全世界范围内平均每分钟至少有一人死于交通事故。在我国，汽车保有量以每年大约 15％的速度递增，交通事故发生起数也呈连年递增趋势，从 1985 到 1994 的十年间，交通事故数量和死亡人数分别增加了 27％和 62％，1995 年已达到了 27 万多起和 7 万多人，成为世界上交通事故最严重的国家。面对严峻的交通安全形势，汽车消费者和政府管理者对汽车安全性的期望越来越高。

汽车安全性问题与汽车的制动性能、操纵性能、动力性能、平顺性能等直接或间接有关，因此，汽车安全性研究最初是与提高汽车的整车性能的研究交织在一起的。随着二战后汽车工业的持续发展，到 20 世纪 60 年代中期，西方发达国家中汽车的保有量和汽车的动力性能有了明显的提高，公路上的车流密度和车流速度已达到了一个空前高的水平，汽车事故发生率空前高涨，汽车安全性受到了公众和政府部门的高度重视。为了降低汽车事故的发生率，各国在政府部门中都成立了专门的交通安全管理机构，负责有关交通安全的政策与法规的建议与制定。美国于 1966 年在联邦政府运输部内建立了国家公路安全局(NHSB)，即国家公路安全署(NHTSA)的前身；澳大利亚联邦运输部于 1970 年左右创立了联邦道路安全局(FORS)；日本于 1956 年在首相办公厅内成立了交通事故防止政策总部，并在此基础上成立了安全措施中央委员会和交通政策总部。从这一时期开始，各国相继制定或修订了安全法规，如美国的 FMVSS、欧共体的 EEC 指令和 ECE 法规、澳大利亚 ADR 设计规则、日本的道路运输安全标准和新型汽车审查标准等。在这些法规的制约下，以及为了提高产品的竞争力，各大汽车制造商和一些研究机构开展了汽车安全性的专门研究。汽车安全性研究逐渐从汽车技术研究的其他领域中分离出来形成了一个独立的分枝。

汽车的安全性能分为主动安全性和被动安全性两类。主动安全性也称为“一次安全性”，是指在交通事故发生前能够采取相适宜的措施，特别是当汽车即将进入危险的不稳定运动状态时，驾驶员能够通过操纵汽车方向盘躲避障碍或者通过制动踏板进行紧急制动，避免交通事故的发生。这种涵盖了对汽车行驶环境的辨识能力、确保汽车本身的基本行驶性能以及保障驾驶员对汽车的基本操纵稳定性的汽车安全系统，被称为汽车主动安全系统。被动安全性也称为“二次安全性”，是指减轻事故后果的性能，即事故发生时，汽车具有保护成员以及周围行人不伤亡或少伤亡的性能。对应于汽车的主动安全性和被动安全性,汽车安全性能研究也分为主动安全性研究和被动安全性研究。

第二节 汽车被动安全技术

一、汽车被动安全性的研究方法

1. 试验研究

汽车被动安全性的研究最早是通过试验来进行的。有关汽车被动安全性的试验有台架冲击试验、台车碰撞模拟试验和实车碰撞试验。台架冲击试验主要用来模拟人体的不同部位与车辆有关部件之间的碰撞,以评价车辆部件本身的安全性能。如为了满足 FMVSS 203 法规的要求,通常采用形状和质量类似人体上躯干的质量块冲击转向器,测量转向器与人体产生的碰撞力的大小。台车碰撞模拟试验主要用来对车内乘员约束系统进行性能评价,其原理是利用可调的机构(如缓冲器、程序器、活塞针阀等)使台车获得可重复的、接近于实车碰撞的减速度波形。实车碰撞主要用来对已开发出的成品车型进行按法规要求的试验,以鉴定其是否达到法规的要求,如 FMVSS 204(转向控制装置的向后位移)、FMVSS 208(成员碰撞保护)、FMVSS 212(挡风玻璃的安装固定)、FMVSS 301(燃油系统完整性)等,都要求进行速度为 48km/h 的实车与固定障壁的前碰试验。与实车碰撞试验不同,台车碰撞模拟试验 不仅要控制碰撞速度,也要控制减速度波形,而实车碰撞试验只控制碰撞速度。

不论是台车碰撞模拟试验还是实车碰撞试验,都要涉及到试验数据的采集与处理。通常采用的数据采集系统为电测量和光测量相几何的系统。试验中要用到大量的传感器和数台高速摄像机,这些数据采集系统以及试验中采用的假人在试验前都要进行严格的标定,因此其试验准备工作是十分费时的;另外被动安全性试验特别是整车试验都是破坏性试验,试验费用十分昂贵。由于试验中一些随机因素的影响,试验结果往往不够稳定,可重复性差。随着计算机技术在计算速度、内存容量以及图形功能等方面的发展,以及有限元和多体动力学建模方法的发展,使得采用计算机仿真方法进行汽车被动安全性研究成为可能。

2. 计算机仿真研究

与实车试验相比,计算机仿真具有以下优越性:

(1)所需周期短。计算机仿真与 CAD/CAM 相结合,使得新产品的被动安全性能在产品的开发过程中就可以得到控制,减少产品的开发研制周期。

(2)所需费用低廉。由于不需大量传感器、高速摄像机、强光源、动力驱动装置等硬件设备,同时在进行整车被动安全性仿真时,不需要进行破坏性试验,因此可以节约大量的人力物力。

(3)具有可重复性。由于试验过程受很多随机因素的影响,因此在研究不同的系统参数对安全性能的影响时,不易得到明确的结果,而计算机仿真依赖于计算机硬件本身,所以当某一参数改变时,可以很容易地得到该参数对系统性能地影响。

(4)可以获得任意所需数据。试验中要获得较多地数据,就必须增加传感器和高速摄像机的数量,而且由于传感器的安装位置要求以及不可摄像点的存在,有些数据是不可获得的。而计算机仿真在数据获得方面不受限制，只要在所关心的点上建立一个描述坐标即可。

(5)不受时间、空间、气候等条件的限制，可以随时进行。

计算机仿真方法存在着试验无法比拟的优越性，但不是说计算机仿真完全可以脱离试验或完全代替试验。这是因为计算机仿真方法中所建立的汽车整车或人体模型，本身存在有很多局限性，不可能完全反映真实的碰撞过程，因此计算机仿真结果的正确与否最终需要试验来验证。同时，由于计算机性能和模拟方法的限制，特别是随着在进行车身结构的抗撞性研究方面，计算机仿真的周期较长。随着计算机仿真技术的发展，特别是随着并行计算技术和建模理论的发展，计算机仿真方法会越来越广泛地应用于被动安全性地研究中。

目前，国际上在汽车被动安全性研究方面具有代表性的几个商品化软件为：美国 Calspan Corporation 开发的 CAL3D 软件、荷兰 TNO 开发的 MADYMO 软件、美国 Livermore 软件技术公司 LSTC 开发的 LS－DYNA3D 软件以及法国 ESI 公司开发的 PAM－CRASH 软件。根据建模方法和功能的不同，可以将这些软件分为两类：一类是 CVS(Crash Victim Simulation)碰撞伤害模拟软件，这一类软件从 20 世纪 70 年代发展起来，采用多刚体系统动力学理论建模，主要用来模拟碰撞事故中成员与环境的相互作用，CAL3D 和 MADYMO 就属于这一类；另一类是采用显示有限元理论建模，主要用来描述车身结构的抗撞性，这一类软件是从 20 世纪 80 年代开始发展起来的，以 LS-DYNA3D 和 PAM-CRASH 为代表。采用计算机仿真的方法研究汽车的被动安全性，所要描述的物理过程为：车身变形—人体运动—人体与环境的相互作用，因此需要对车身、人体和碰撞环境进行建模。基于多刚体系统动力学的 CVS 软件，对于人体采用多刚体系统动力学的方法建模，对于车身变形和人体与环境的相互作用则分别采用减速度波形和力—变形曲线来描述，减速度波形和力—变形曲线需要通过试验或前期计算获得，并作为已知条件输入到程序中。由于系统内变形部件，如安全带、安全气囊、转向器以及仪表板等采用非线性弹簧来描述，因而不能准确地反映物理实际。基于显示有限元理论地抗撞性软件，可以准确地描述车身变形过程和系统中地变形部件，但对人体运动的描述方面确存在薄弱之处。为了突破这些不足，人们采用了两种不同的方法：一种是在现有 CVS 软件中增加有限元模块来实现对变形部件的描述或是将现有的 CVS 软件和抗撞性分析软件集成为一个整体，这种方法需要在多刚体模块与有限元模块之间建立一个交互界面来进行两个模块之间的数据传递。MADYMO 在 5.0 以后的版本中增加了有限元模块，对于安全带和安全气囊可以采用有限元方法建模；美国 EASi 公司将 MADYMO 和 LS-DYNA3D 结合在一起，开发了 EASi-CRASH 商用化软件；法国 ESI 公司专门开发了 PAM-CVS 界面，通过该界面可以在 PAM-CRASH 与 CAL3D 或 MADYMO 之间建立联系。另一种方法是对于变形部件和人体采用统一的有限元方法建模，通过在有限元模型中增加铰约束，来实现对人体运动的描述。ESI 公司的 PAM－CRASH 商用化软件采用的就是这种方法。

二、汽车被动安全技术

1. 车身结构抗撞性技术

汽车结构抗撞性技术主要研究汽车特别是轿车结构对碰撞能量的吸收特性，寻求改善车身结构抗撞性的方法，在保证成员安全空间的前提下，使得车身变形吸收的碰撞能量最大，从而传递给车内成员的碰撞能量降低到最小。采用现代数学模拟技术之前的早期研究主要依赖于试验方法来进行，由于试验需要等待样车制造出来才能进行，根据试验结果对结构进行修改往往要付出较高的代价；另外由于受时间和费用的限制，不可能对解决问题的所有可能方案进行尝试，此方法在车身机构抗撞性研究方面有很大的局限性。计算机模拟技术的发展使得人们采用数学模拟方法来研究车身结构抗撞性成为可能。采用计算机模拟方法来研究车身结构的抗撞性，其建模方法与计算机技术的发展相适应，经历了由简单到复杂的发展过程。20 世纪 70 年代初，发展了基于质点力学理论的弹簧质点整车模型，模型自由度少，需要的计算量不大，与当时的经济技术水平相适应。由于这一方法是一维建模方法，不能反映整个结构的完整性，因此随着计算机技术和多体系统动力学建模理论的发展，Nikravesh 等人将塑性铰概念引入多体系统中，以模拟结构中的大变形部件，并采用多体系统动力学软件来研究车身结构的抗撞性。与弹簧质量模型相比，塑性铰模型虽然可以描述整个系统的完整性，但需要在建模之前对大变形部件进行经验判断，并已知其变形特性，同时由于将小变形部件以刚体表示，精度上还存在一定的问题。随着 Cray 等巨型机的出现，基于显式积分的有限元方法在 20 世纪 80 年代初有了很大的发展，使得人们可以对大型结构进行动态有限元分析，车身结构的抗撞性研究进入了一个崭新的发展时期。可以说对车身结构抗撞性的研究，最精确的方法是车身结构的整车有限元分析方法，但这一方法需要在大型机乃至巨型机上进行，且十分费时。基于弹簧质量以及塑性铰方法的模型虽然对计算量要求不大，但存在精度不高等问题，因此可以根据计算精度和计算量的不同要求，分别采用不同的模型。从工程角度出发，在概念设计阶段，可采用弹簧质量模型进行定性分析，而在产品设计的最后阶段，则宜采用整车有限元模型进行定量评价。

2. *碰撞生物力学*

主要研究人体各部位在不同形式碰撞中的伤害机理、人体各部位的伤害极限、人体各部位对碰撞载荷的机械响应特性，以及碰撞试验用人体替代物。

(1)伤害机理的研究

认识和理解不同部位和器官对不同形式的碰撞机理是碰撞生物力学研究的基础，对设计和开发安全驾驶室内饰组件具有重要意义。到目前为止，人们广泛开展了头部、颈部在前碰和侧碰中的伤害机理的研究，并对肩部、胸部以及骨盆在侧碰中的伤害机理进行了探索。Strich 于 1961 年发现了脑组织 DAl(Diffuse Axonal lnjury)分布轴突伤害现象。对这种伤害的进一步研究表明，除了高线加速度场、高角加速度场以及没有平动和转动的直接撞击都可引起脑组织的 DAl 伤害。对于颈部伤害机理的研究表明，挤压和向前弯折是造成前碰中颈椎骨折和脱臼的主要原因，颈椎由于错位、脱臼、骨折所造成的压迫导致了颈椎神经的伤害。对于侧碰中人体伤害的研究表明，人体伤害的强度取决于侧碰中车门相对于乘员塌陷的速度和车门内侧衬垫材料的特性。侧碰中人体的伤害集中在肩部、胸部以及骨盆。

(2)人体各部位伤害忍受极限的研究

伤害忍受极限定义为人体或人体的某一部位对于一个特定的伤害等级所能忍受的力和加速度级别。由美国汽车医学协会(AAAM)提出的简化伤害标准 AIS 是目前广泛采用的伤害级别的衡量指标。1960 年，美国韦恩州立大学的 Lissner 提出了直线加速度下头部耐冲击性的韦恩州伤害标准 WSTC 曲线，在此基础上，形成了头部伤害标准 HIC。HIC 采用下式计算：

$$HIC = (t_2 - t_2)\left[\frac{1}{t_2 - t_1}\int_{t_1}^{t_2} a\mathrm{d}t\right]^{2.5} \tag{17-1}$$

式中：t_1——碰撞过程中的任意时刻；

t_2——相对于 t_1 的 HIC 达到最大值的时刻；

a——头部质心的加速度。

HIC 评价指标已被各国的法规广泛采用。例如，美国 FMVSS 规定 HIC 不得大于 1000 对于胸部在前碰中的伤害忍受极限，Kroell 等人在前碰死尸试验的基础上提出胸部挤压指标 C，在此基础上，Lau 和 Viano 通过对野兔和猪的试验提出了黏性指标 VC。VC 值以胸腔壁的变形速率与胸腔的挤压变形率的乘积来表示，即：

$$VC = \frac{\mathrm{d}[D(t)]}{\mathrm{d}t} \times \frac{D(t)}{D(o)} \tag{17-2}$$

式中：$D(t)$——胸腔厚度随时间变化关系(m)。

VC 指标能够很好地揭示胸部的伤害机理，但由于其精度依赖于试验中对胸腔变形的准确测量，而这往往是很困难的，因此，VC 指标目前还停留在理论水平上，没有得到法规的认可。由于在试验中加速度值是容易得到的，因此，FMVSS 208 建议试验假人的胸部加速度值在超过 60g 时，作用时间不得超过 3ms。对于人体下肢的伤害，各国法规普遍采用大腿的径向受力来表示。

对胸部在侧碰中的伤害忍受极限，有 C 指标、VC 指标和 TTI (Thoracic Trauma Index) 胸部伤害指标。C 指标、VC 指标与前碰中的定义相似，只不过是将有关量以胸腔侧壁的对应量来表示，TTI 则由下式计算：

$$TTI = 1.4 \times A + 0.5 \times (R + T) \times m/m_s \tag{17-3}$$

式中：A——试验用假人的年龄；

R——碰撞侧第 4 根和第 8 根肋骨的最大加速度绝对值的平均值(g)；

T——胸部第 12 节脊椎的最大加速度绝对值(g)；

m——试验用假人的质量(kg)；

m_s——标准参考人体质量，取为 75kg。

由于 TTI 指标考虑了人体的年龄和质量，因此，能够对某一特定人群的伤害进行评价，同时，计算中采用的是加速度值，也便于测量。鉴于此，新的侧碰标准 FMVSS 214 中规定、试验中 SID 侧碰假人对于两门轿车 TT1 为 $90g$，4 门为 $85g$。目前，对胸部忍受极限的标准还在进一步探讨之中，其他国家的法规也有可能采用 TTI 指标对胸部在侧碰中的伤害进行评价。

除了头部、胸部以及大腿的伤害忍受极限研究外，人们还开展了对骨盆、胫骨、膝骨、腹部、肩部、脸部伤害忍受极限的研究。

(3)碰撞响应特性的研究

生物系统对于碰撞的响应特性，可以表示为：力—变形曲线，或力、变形、加速度的时间历程。准确的响应曲线是计算各种伤害指标的基础，然而，在生物力学试验中，碰撞力的准确测量通常是很困难的，因为传感器的布置会破坏碰撞表面的力学特性。因此，生物力学数据都采用加速度的时间历程来描述。在过去的20年中，人们除了对头部的研究外，还集中对脸部、颈部、胸部、腹部、脊柱、骨盆、胫骨以及膝部的碰撞响应进行了研究，初步得到了一些碰撞响应曲线，为生物力学的进一步研究奠定了基础。这一研究领域中，最新的研究方向是采用有限元数值模拟的方法来研究人体各部位的碰撞响应随着人们对生物组织的材料特性的认识不断加深，有限元方法将成为研究生物力学响应的重要方法。

(4)碰撞试验人体替代物的研究

碰撞试验的伤害性决定了碰撞试验不可能采用真人来进行，除非在一些没有任何危险的试验中，如研究低速碰撞时人体与安全带约束系统的相互作用时，才通过志愿者来进行。在早期的生物力学研究中，人们采用了活体动物特别是类人猿和猴类来进行研究，但由于动物保护组织的极力反对，目前已很少采用。人类死尸是最理想的碰撞试验人体替代物。但由于死尸的收集和保管都有一定难度，而且死尸在伤害忍受极限及生物力学响应方面随年龄和性别的变化较大，不易形成统一的比较标准。因此人们依据志愿者和死尸生物力学试验得到的有关数据，设计出人体试验装置ATD(Anthropmorphic Test Device)即假人用来进行碰撞试验。ATD的设计通常是非常复杂的，不仅要保证严格的生物可信度，而且还要根据需要安装大量的传感器以采集所需数据。目前，前碰试验中最常用的假人为美国福特公司于20世纪70年代开发的Hybrid II型假人和Hybrid III型假人。从80年代开始，人们的注意力开始转移到儿童保护和侧碰保护方面，ECE法规要求采用儿童假人来进行儿童约束系统的试验验证，即将实施的FMVSS 208标准要求采用侧碰假人进行试验。为了满足EEC指令和ECE法规要求，荷兰TNO道路车辆研究所开发了TNO-P系列儿童假人，包括新生儿P0、9个月P3/4、18个月P1 1/2、3岁P3、6岁P6和10岁P10假人，这些假人已被ECE-R44所采用；同时，TNO还开发了TNO-10型假人，专门用于ECE-R16和EEC-D82/319/ECE对安全带的认证试验中。对于侧碰而言，美国交通部于1980年最早开发了S1D假人，并于1990年对其进行了改善，开发了B10SID假人。除此之外，在欧共体实验车辆委员会EEVC(European Experimental Vehicle Committee)的资助下，欧共体多国政府和私人组织联合开发了EUROSID假人。之所以在不同的碰撞中采用不同的假人，是因为在不同方向的碰撞中，人体具有不同的生物力学响应和伤害特性，由于假人制造技术的限制，人们还没有开发出能够对不同方向的碰撞伤害进行评价的假人。随着生物力学和假人制造技术的发展，适用于各种方向碰撞的假人必然会出现。文献(15)报告了美国NHTSA开发AATD(Advanced ATD)高级人体试验装置的情况，拟完成的AATD对从正碰到侧碰乃至翻滚的各种碰撞试验都将适用。

3. 乘员约束系统及安全驾驶室内饰组件的开发研究

这一项目主要研究不同形式的安全带和安全气囊的机械特性，以获得最优的约束性能，使人体避免与驾驶室内饰组件发生二次碰撞；研究开发安全座椅、吸能式转向器、安全仪表板、内饰组件的吸能衬垫材料，使得人体与之发生二次碰撞时，所受到的伤害最小。

(1)安全带

安全带作为主要的乘员约束系统，其作用主要是约束前碰和翻滚过程中人体相对于车体的运动。为了提高安全带的约束性能，人们在安全带系统中增加了预紧器和卷收器，并且，针对没有锁止功能的卷收器，开发了自动锁止卷收器 ALR 和紧急锁止卷收器 ELR(图 17-1)。近年来，特别是在美国，为了提高安全带的使用率，出现了一种主动安全带，使得乘员上车落座后立即处于安全带约束状态，除了致力于提高安全带的约束性能和舒适性能外，人们的注意力还集中于减小安全带自身对人体造成的伤害方面。Leung 等人的研究表明三点式安全带对人体胸部和腹部可能造成挤压伤害，Viano 等人的研究表明在安全带约束下的乘员，当其头部和颈部的运动不能很好地受限制时，更容易使头颈部受到伤害，建议安全带和安全气囊必须一起使用。

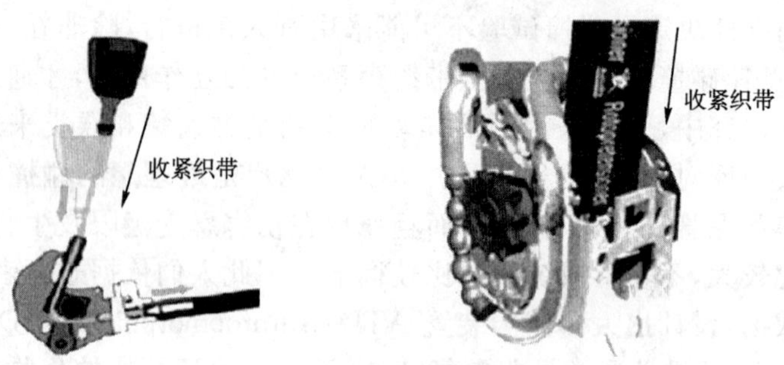

图 17-1 锁扣式预紧安全带(左)和卷收器式预紧安全带(右)

预紧式安全带和限力式安全带(图 17-2)都是近年来发展起来，并已经得到越来越广泛应用的安全带。在汽车碰撞初期，预紧式安全带能收紧松弛的织带，使乘员尽早地进入被约束状态；在碰撞过程较后阶段，限力式安全带将织带给予乘员的力控制在一个可接受的水平上。这两种功能可以很大程度上提高安全带的性能。

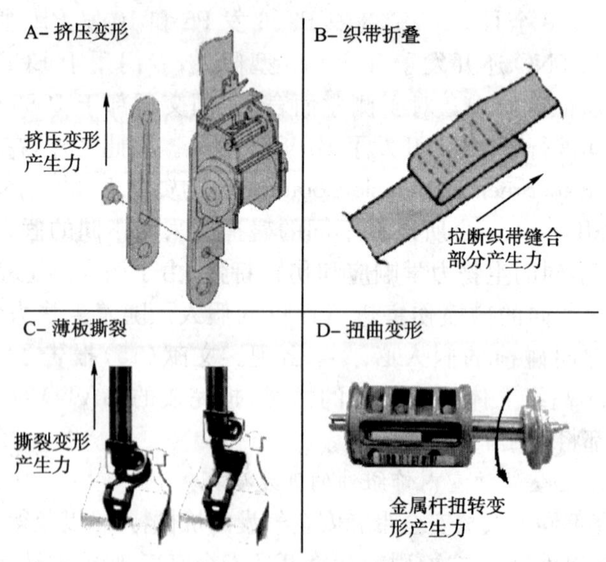

图 17-2 限力式安全带的各种形式

安全带在约束乘员的过程中，往往会对乘员的胸部产生伤害，如果织带刚度设计不合理，伤害还相当严重。气囊式安全带是一种借鉴了气囊特性的安全带产品，如图 17-3 所示。在发生碰撞时，安全带上的气囊展开，对人体产生缓冲作用，减少对胸部、腰部的伤害。

同样的思路，安全带气囊是一种安装于安全带上的正面碰撞气囊，如图 17-4 所示。气囊的袋子镶嵌在安全带的腰带上，发生器放在座椅下端，通过密封管连接。这种气囊可以避免传统气囊对人面部的冲击，但实际的应用效果还有待探讨。

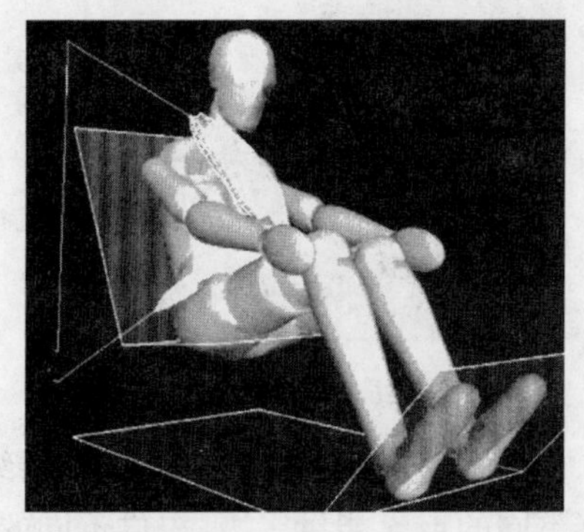

图 17-3　气囊安全带

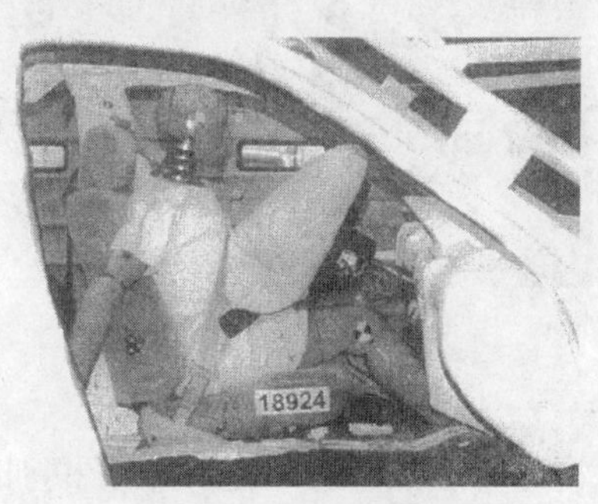

图 17-4　安全带气囊

(2)安全气囊

安全气囊的出现是作为辅助的乘员约束系统，主要用来防止乘员在前碰事故中与驾驶室内饰件的二次碰撞。安全气囊系统由传感器、气体发生器、气囊三个子系统构成。碰撞传感器是气囊系统的一个重要组成部分，目前，传统的机械式传感器正在被单点式电子传感器所取代。关于气体发生器，当前技术是采用固态的叠氮化钠作为气体发生剂。叠氮化钠燃烧后产生的叠氮化物容易造成环境污染。一种替代方法是采用利用少量固体燃料加热储存气体的混合式气体发生器；另一种方法是采用有机气体或可燃气体混合剂为燃料的纯气体式气体发生器。目前，对于采用无烟型推进剂作为燃料的纯烟火式气体发生器也在研究之中。

除此之外，人们的注意力还集中在气囊充气过程中与人体的相互作用，以及何时达到完全充气状态以使乘员获得最佳的保护等问题上。为了研究这些问题，人们更多地借助计算机仿真的方法。在早期的气囊模型中，采用椭圆或椭球等几何体来设定气囊的最终形状，通过人体侵入几何体的深度来计算人体受到的约束力，不能模拟气囊的充气过程，也不考虑气体和气囊的质量，因此，不考虑气囊与周围环境的相互影响，不能模拟处于离位状态的乘员与气囊的相互作用，也不能计算人体受到的气囊冲击力。随着有限元技术的发展，Hoffman 等人应用 PAM—CRASH 有限元软件建立了气囊的有限元模型，充分考虑了气囊的质量，也可以模拟充气过程，但对于气体流量、压力和温度的计算，仍采用理想气体方程。对于充气过程的流体有限元分析还没有文献描述。值得一提的是为了防止侧碰中人体的伤害，侧碰安全气囊也已研究成功并获得应用。

图 17-5 是一种利用超声波方法探测乘员距方向盘/仪表板远近的解决方案，如果发现乘员距离过近，就提前触发气囊，同时有可能的话降低气囊的点火能量等级，防止气囊点爆时刻对人的伤害。

图 17-6 是某气囊厂商研制的乘员侧智能 ECU 系统。4 个超声波位置传感器和座椅位置传感器可以判别乘员与气囊之间的位置关系；重量传感器判断乘员是否为儿童或者没有乘员；

带扣传感器判断乘员是否系好安全带。通过以上传感器的输入信号,ECU 可以决定气囊是否点爆,以什么方式点爆。

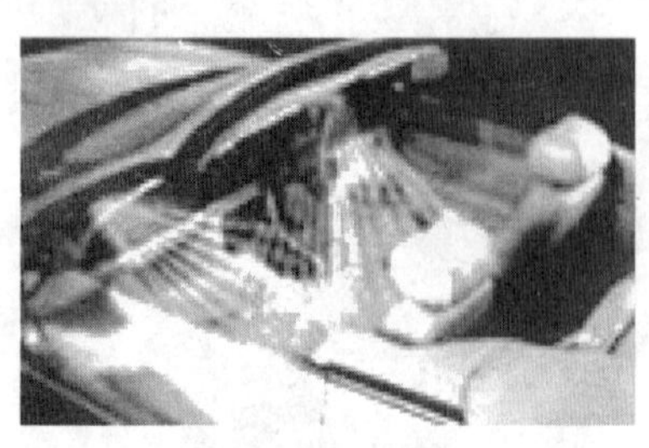
图 17-5 超声波乘员探测

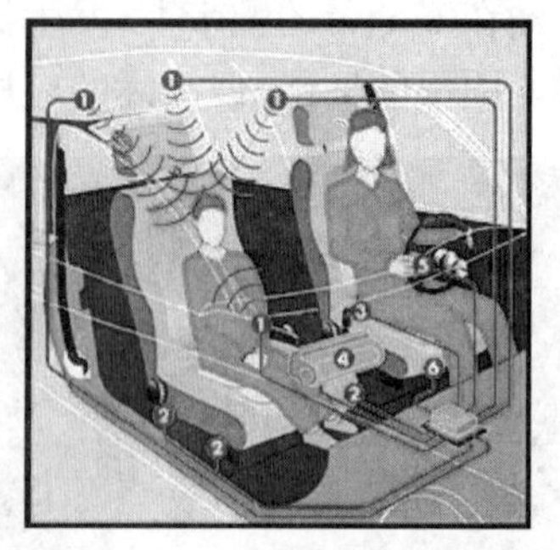
图 17-6 乘员侧智能 ECU 传感系统

气囊的分级点爆技术是和乘员识别技术相辅相成、共同发展的,目前的乘员识别系统,能够判断出乘员的类型和乘坐状态,需要点火系统能够有不同的点火能量等级,提供不同的气囊充气容积,这样才能适应于不同的乘员类型。除了主控电子单元外,分级气囊点爆技术的重要环节就是多级气体发生器,它有 2 个或者 2 个以上的气体发生器,可以独立点火或者同时点火,通过组合点火气体发生器以及调整各自的点火时间来调整气囊的充气过程,从而实现乘员的最优保护。图 17-7 和图 17-8 分别是某种双级气体发生器模块及其接线图。

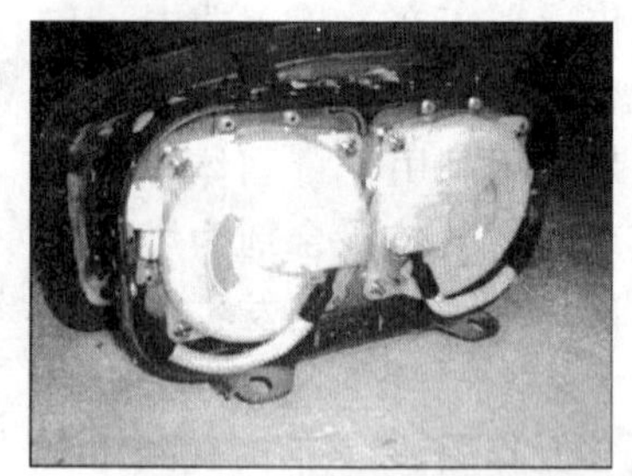
图 17-7 双级气体发生器 1

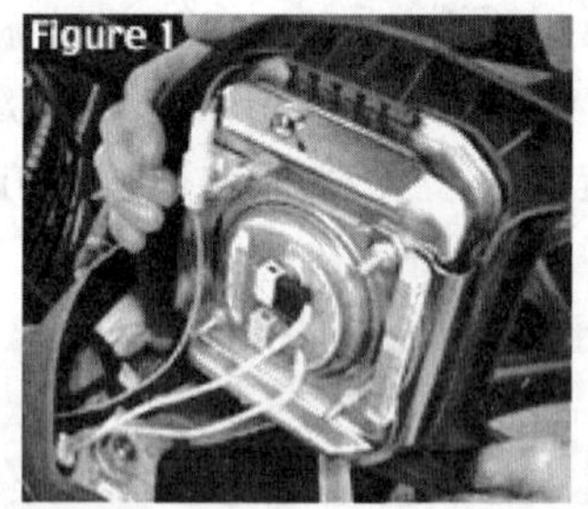

图 17-8 双级气体发生器 2

图 17-9 是某款车装备的双级气囊模块的工作原理图。

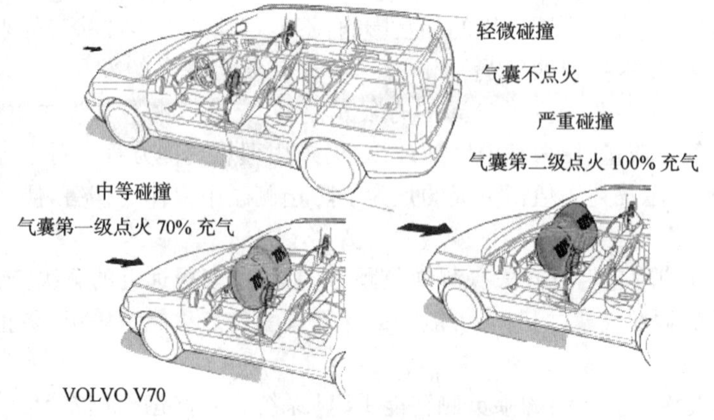

图 17-9 分级气囊点爆技术原理

低能量气囊的设计出发点和多级气体发生器类似，都是为了避免气囊点爆时可能对乘员造成的伤害，但是原理完全不一样，它是通过降低气囊点火的能量来实现的，可以通过提早点火延长气囊的充气时间，或者选用新型的充气方式如压缩空气等。

随着汽车安全技术的发展，汽车将会变得越来越安全，能够在各种碰撞形式下实现乘员的最优保护，这就需要汽车的控制系统能够识别各种碰撞形式，并根据预制的控制算法控制气囊以及其他辅助设备工作。目前已经实际应用的全方位乘员保护电子控制器可能识别的碰撞形式包括：正面全宽碰撞、正面角度碰撞、正面柱碰撞、尾部碰撞、侧面碰撞、侧面柱撞、滚翻等，实现对应的功能必须有相应的传感模块支持，例如，针对侧面碰撞需要安装侧面压力或者侧面压溃传感器，而针对车辆的滚翻需要安装滚翻传感器。

图 17-10 是一套比较完整的全方位乘员保护系统的解决方案，包括儿童座椅传感、乘员离位传感器、乘员识别传感器、侧面气囊传感器等，能够判断乘员的关键乘坐信息和各种类型的碰撞形式，从而选择最合适的点火时刻和点火能量等级，对乘员起到最好的保护效果。

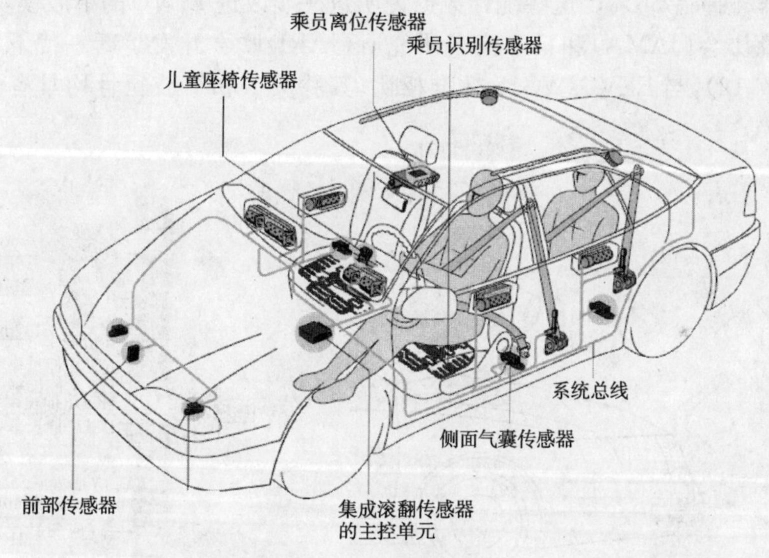

图 17-10　全方位乘员保护系统解决方案

(3)安全驾驶室内饰组件的开发研究

在碰撞过程中，人体伤害的直接原因是人体与内饰组件之间的二次碰撞。在前碰中，如果正确地使用安全带和安全气囊，可以防止二次碰撞；在侧碰中，除了上文提到的侧碰安全气囊，至今还没有一种好的方法来防止二次碰撞。为了避免前碰中由于不能正确使用安全带和安全气囊，或由于安全带和安全气囊失效而引起的二次碰撞以及侧碰中二次碰撞所造成的伤害，人们开展了内饰件对人体伤害的研究，并设计了安全座椅、吸能式转向器、安全仪表板、膝垫等，同时，也在积极寻求吸能式内饰件衬垫材料。

4. 行人碰撞保护技术

试验和计算机仿真是汽车—行人碰撞的两类主要研究手段，尸体试验、行人假人试验和行人模块试验则是试验研究的三种主要形式。尸体试验和行人假人试验可以较好地反映真实事故工况，其中尸体试验还可用于直接研究人体伤害；然而，从目前的研究来看尸体试验的可重复性较差，行人假人尚不成熟，其站立姿态的控制和试验过程都较难设计，有待于进一步的开发，二者尚不能作为车辆安全评价标准。采用相互独立的行人碰撞模块，如下肢碰撞模块和头部碰撞模块，则能够较为容易地进行试验控制，但碰撞模块试验往往欠缺对人体运动学因素的充分考虑。

(1)基于碰撞模块的评价方法

EEVC的安全评价标准(1998)选取的是基于碰撞模块的试验方法，图17-11给出其碰撞模块示意图。EEVC的下肢碰撞模块作了较大的简化，只规定了膝关节的侧向弯曲和相对位移两个方向的力学特性，没有考虑其前后方向的弯曲和相对位移。这种两自由度的下肢模块仅适合评价行人站立姿态的侧面正撞，对侧面斜碰撞、前碰撞、后碰撞和行人步行姿态等复杂工况并不直接适用。在实际的行人与车辆碰撞事故类型中，人车碰撞的复杂工况是大量存在的。山西省400例行人交通事故中，后撞(人车同向)、前撞(人车相对)、侧撞(包含侧面正撞与侧面斜撞)分别占29%、5%、66%。德国柏林技术大学的研究结果表明，步行姿态的人车碰撞占56%。这些统计数据说明进一步改进EEVC的下肢模块是必要的。日本汽车制造商协会(JAMA)和日本汽车研究所(JARI)联合开发了新一代下肢碰撞模块(Flex-PLI，图17-12)，与EEVC/WG17标准相比，其膝关节和下肢腿骨均具有更好的仿生性能(biofidelity)。

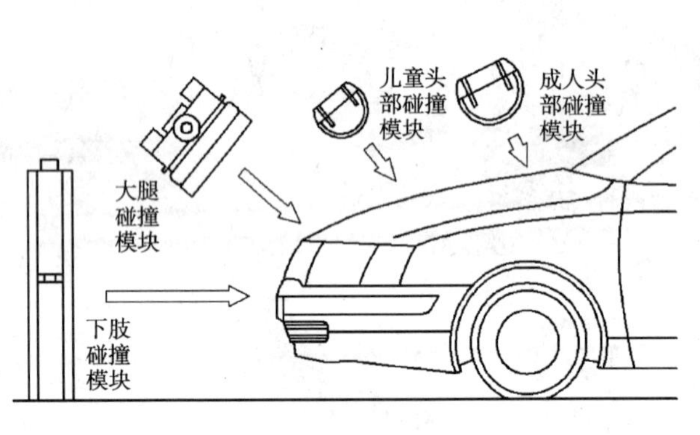

图17-11 用于评估行人碰撞保护的EEVC碰撞模块

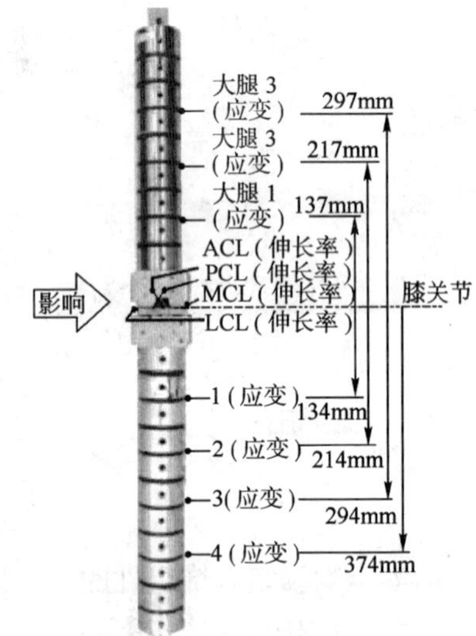

图17-12 JAMA-JARI下肢碰撞模块Flex-PLI的整体设计

由于膝部损伤和腿部骨折都发生在碰撞初始阶段，Harris(1991)主张上体模块的影响可以忽略。但是Sakuirai等(1994)在装配和不装配上体模块两种条件下分别实施了下肢碰撞模块撞击试验，结果显示上体模块质量对膝关节的拉力和弯曲角度影响较大。Ishikawa等(2003)通过对比行人假人试验，对EEVC要求的下肢碰撞模块试验进行了评估，研究发现，假人试验的膝部剪切位移和弯曲角度均明显大于碰撞模块试验的结果，Ishikawa等将其归因于假人上体惯性和脚底—地面摩擦。

(2)行人假人的开发

20世纪90年代美国国家高速公路安全管理局(NHTSA)主导开发的新一代碰撞假人THOR能够更真实地反映人体的结构及动力学特性,有望逐步取代现行的Hybrid III碰撞假人。由于THOR假人的先进性,它可以通过设计改进成为开发第一代行人碰撞假人的基础。本田汽车研发部门在THOR假人的基础上开发了行人碰撞假人POLAR(图17-13),最主要的设计变化是在膝关节设计上能够反映横向剪切和弯曲效应(图17-14),其研发小组的标定试验结果显示POLAR可以很好地重现人车碰撞中的行人运动姿态,并且该假人能够经受50km/h的碰撞而不损坏。

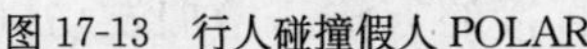

图17-13　行人碰撞假人POLAR

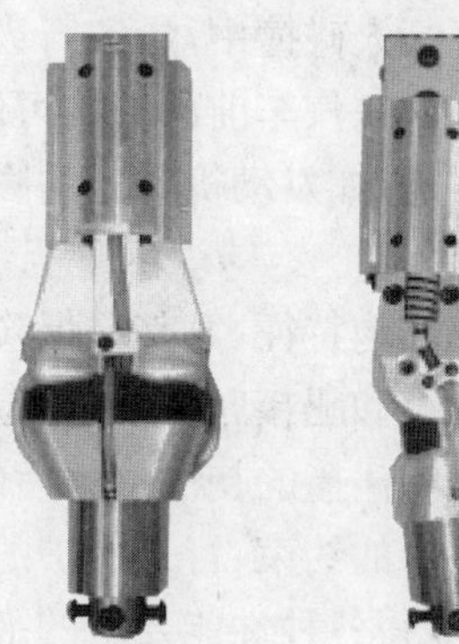

图17-14　POLAR的膝关节结构

(3)人体计算机模型开发

随着计算机性能的提高,人体计算机模型很可能最终取代碰撞假人模型。然而由于缺乏足够的实验数据,以及受到目前计算机性能的限制,现有的人体计算机模型仍不够精确。日本丰田公司开发了用于研究乘员和行人受伤机制的人体有限元模型(THUMS,图17-15),该模型的下肢伤害和人体碰撞运动姿态的模拟结果与人车碰撞的尸体试验结果基本吻合,模拟结果还表明腿骨断裂和膝关节韧带撕裂对行人的碰撞运动姿态影响较大。

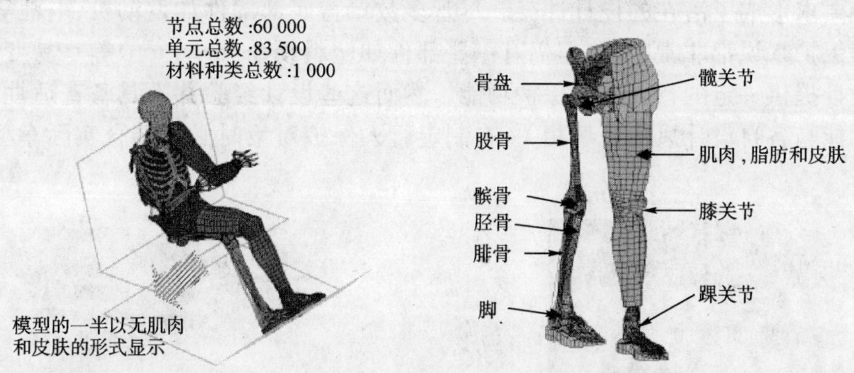

图17-15　人体有限元模型THUMS及其下肢模型

杨济匡等(1997)则开发了基于MADYMO的人体数学模型,用于模拟轿车—行人碰撞中的行人响应并重点考察下肢和头部响应。该模型已被用于进行保险杠高度、保险杠高度、发动机罩盖边缘高度、发动机罩盖边缘刚度以及碰撞速度等参数研究。

日本本田与PSG公司(2003)为研究下肢损伤而联合专门开发了行人下肢有限元模型,该模型可重现三点弯曲试验中的腿骨骨折和剪切、弯曲试验中的膝关节韧带损伤。在此之前,杨济匡等(1996)也建立了人体下肢骨骼系统的有限元模型,用于研究侧向碰撞中膝关节的损伤机制,还用于模拟胫骨与大腿骨关节面之间的横向脱臼,分析韧带变形、腿骨和膝关节的应力分布等。在我国,第一军医大学建立了数字化虚拟中国男性一号膝关节的三维有限元模型,研究了股骨、胫骨复合体模型在体重冲击下的运动力学响应,以及膝关节软骨关节面在载荷传导中的缓冲作用。

(4)行人碰撞保护措施研究

在汽车—行人碰撞中,导致行人受伤的主要汽车部件包括保险杠、发动机罩盖和挡风玻璃。研究表明改进汽车前部结构可以减轻行人受伤程度;应空气动力学之需而进行的某些汽车前部形状改进,如发动机罩盖的圆弧过渡、表面光滑和保险杠位置降低等,也会附带地提高行人保护功能。

汽车前部结构特征,尤其是保险杠高度、形状和刚度对腿骨的断裂有很大影响。腿部的受伤模式与保险杠和腿接触位置(是位于膝关节上方、下方还是膝关节处)密切相关。汽车前端设计同时也影响碰撞的初次接触后的行人运动姿态。现有保险杠设计已经受到汽车正面碰撞和低速碰撞要求的约束,行人保护的新要求给保险杠设计提出了新的挑战——在设计中必须进行优化,以取得各种性能要求的平衡。

为了吸收头部碰撞能量和降低头部受伤几率,一种较直接的方法是增加发动机罩盖和下部组件(如发动机)之间的吸能空间(图17-16)。然而,这种方法很可能影响汽车前部外形设计,并给发动机罩盖结构增加额外的设计约束。

为了提供行人头部碰撞保护,头部与发动机罩盖之间的接触刚度应当有所限制。罩盖的永久变形通常集中在头部模块接触区域及其周围邻近区域,占罩盖全部变形的很大比例;通过降低发动机罩盖的接触刚度(图17-17),有望降低头部模块的HPC值。然而汽车的整体结构性能和耐撞性能又要求发动机罩盖结构必须具备一定整体刚度和强度,这些不同的性能要求形成了潜在的设计冲突。尽管多数罩盖底部部件如发动机、电池等对于行人头部碰撞保护来说都非常坚硬,但仍有一些部件如塑料顶盖(cowl top)等是易变形的,可通过附加设计提供一定的行人头部保护功能。然而这些设计经验并不具备普适性,汽车的行人保护功能与各自设计风格密切相关,在制定行人保护对策时必须结合实际车型加以考察和调整。

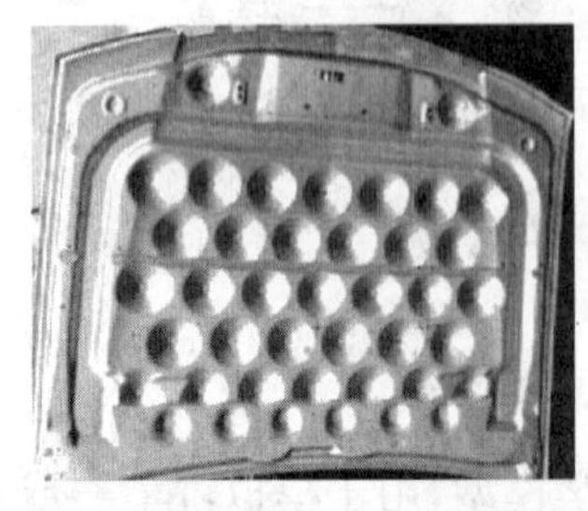

图17-16　发动机罩盖内板的多圆锥结构

图17-17　发动机罩盖铰链的可变形单连接结构

5. 儿童乘员保护

在世界各国，儿童乘员的伤亡已经成为一个很严重的问题(图 17-18)。根据世界卫生组织 2002 年的调查数据，10 起交通事故中就有 1 起涉及儿童，(其中有 49 736 名 0～4 岁的婴幼儿、130 835 名 5～14 岁的儿童在交通事故当中伤亡。)交通事故对 5～14 岁儿童的伤害已经排在儿童各种伤害的第二位，仅次于传播疾病对儿童造成的伤害。在中国，许多家长在乘车时喜欢把幼儿抱在怀中，这是很危险的！试验表明，一辆以每小时 48km 行驶的汽车，如果发生碰撞，一个 9kg 的儿童在瞬间会产生 275kg 的冲力，孩子会像子弹一样飞出！车用儿童座椅作为儿童约束系统的一个特例，它的使用大大增强了儿童的乘车安全。

由图 17-18 可以得出，儿童安全座椅的使用减少了儿童在事故中的伤亡，而且儿童座椅比只使用安全带或是坐垫减少伤害的效果更加明显。儿童系上成年人用的安全带也增加 60%的安全度，固定在后向式儿童专用座椅上的儿童与未系安全带的儿童相比，受伤害的几率可减少 90%；坐在增强型儿童座椅上的儿童可提高 80%的安全度。

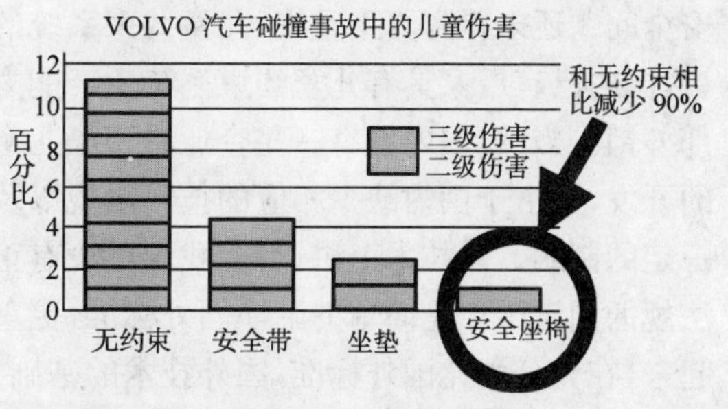

图 17-18　VOLVO 汽车中的儿童伤害比例

随着汽车的普及，汽车儿童安全座椅首先在欧美等发达国家得到发展，特别是 20 世纪 80 年代以来，欧美等国相继出台相关的法规，强制儿童乘车必须使用汽车儿童安全座椅，汽车儿童安全座椅成为每个家庭的必需品。目前，世界上有超过 30 个国家已经出台了相关的法规，强制儿童乘车必须使用汽车儿童安全座椅，同时也有相应的法规及生产和检测标准。这些标准的颁布与实施，有力地保障和促进了汽车儿童安全座椅的发展。目前世界上主要有以下几大标准：欧洲 ECE、R44/03 标准、美国 JPMA/ASTM、加拿大 CMVSS、213、日本 JIS 等，还有澳大利亚、中国台湾等也都相继颁布了相应的标准。美国法律规定儿童乘车时必须使用儿童安全座椅；而如果汽车前座安装有双安全气囊，则必须把儿童安全座椅安装在后座上。违例者会被罚款 100～300 美金。瑞典从 1982 年开始就制订了法规，对 7 岁以下的儿童乘车，车上应备有保护儿童安全的装置，到目前为止，这种安全装置的使用率已上升到 95%。加拿大体重在 18kg(40 磅)以下的儿童，乘车时必坐在儿童安全座椅上；较重的儿童，则需扣上安全带。此外，如果你的汽车前座安装有双安全气囊，切勿将儿童放在前排座位，违例者会被罚款。澳大利亚根据汽车协会的调查，应早在 1985 年就正式立法，规定儿童乘车必须使用儿童安全座椅。1985～1990 年间，在遭遇车祸的儿童中因正确地使用了经过安全测试的儿童汽车座椅而避免了致命伤害。

1997 年，EURONCAP 项目开始，两个儿童假人以及儿童安全座椅被安装于车辆的后排座椅。一些汽车厂家为自己的车型开发了儿童约束系统，但是大部分汽车厂商使用市场上出售的座椅。试验结果非常有意思，同样的儿童座椅在不同的车型中的试验结果不同，而且都不如其在 ECER44 的台车试验结果。EURONCAP 试验显示：儿童约束系统主要是为正面碰撞而设计，儿童座椅的误用主要是由于汽车后排座椅和儿童座椅不兼容。

在过去的十年中，儿童乘员安全技术发展缓慢。新的试验方法，包括试验用假人，损伤指标仅仅在正面碰撞和侧面碰撞中被提议。然而，这些议案到现在还没有获得法律效应。然而，汽车中儿童乘员保护的研究落后于成人乘员保护十年甚至更长的时间。儿童约束系统试验评估以及儿童假人的开发是从20世纪70年代中期开始的。在儿童伤害生物力学中缺乏理论知识。现有的ECER44台车试验把头部位移作为损伤指标，并没有把HCI值或者脖子受力作为判断标准。

在我国，随着乘用车不断进入家庭，对儿童约束系统研究也逐渐提到议事日程上来。目前，我国在这方面的研究还处在起步阶段，从需求上讲，还不是那么迫切。其主要原因是儿童安全问题还未得到真正重视，儿童约束系统的保护作用还未得到正确的认识。从制造能力上讲，国内已有厂家具有儿童约束系统生产能力，但其技术和试验都是由国外技术支持，产品全部外销。当然，国内也有一些企业看到了儿童约束系统在中国市场的潜力，也正在进行这方面的开发，但由于国内缺少相应的技术法规以及试验等方面的技术支持，使这方面的发展受到了一定的制约。从技术上讲，目前我国还没有正式的标准法规，没有一套完整的试验系统。标准法规的制定不单是简单的翻译国外标准，更重要的是应与国内的制造能力、相应试验能力结合起来，在充分消化国外标准，国外技术的基础上制定出我国相应的标准法规。我国已认识到了儿童约束系统在中国的发展前景，这几年来陆续投入了相应的人员和资金进行标准法规的研究以及试验能力的开发，已取得初步的阶段性进展。但是，距离汽车安全发展的要求还有相当的差距，还应投入更大的力量进行研究和开发。

三、汽车被动安全标准和法规

1. 国外汽车被动安全规范综述

(1)被动安全规范系统分类

国外一般汽车安全规范系统可分为如下两类，第一类是国家政府颁布的汽车安全技术法规，例如，美国的FMVSS (Federal Motor Vehicle Safety Standards)，欧洲的ECE(Economic Commission for Europe)，这类安全法规是每一个投放到市场的汽车所必须满足的规定。第二类是汽车安全星级评定标准，其目的是对每一车型向客户提供其相对安全水平等级。NCAP(对于正向碰撞)和UNCAP(对于侧向碰撞)是美国最主要的汽车安全星级评定标准。Euro-NCAP是欧洲的汽车安全星级评定标准。虽然这些较安全技术法规更为严格的安全星级评定标准不是每一辆车所必须满足的规定，但是，“安全评定五星级”是当今所有汽车制造商为在激烈的市场竞争中处于不败之地所努力争取的目标。

(2)汽车安全技术法规

①美国汽车安全技术法规发展过程回顾

美国汽车安全技术法规是美国联邦法律第49篇的571部(FMVSS-Federal Motor Vehicle Safety Standards)。虽然571部目前是一包含碰撞预防、适撞性以及碰撞后三个方面共56条法规的内容丰富的大法，但是它仍处于发展过程中，每年都有新的法规及修正文本颁布。下面只列出571部中较为重要的几条颁布及执行时间，以说明571部逐步发展及完善的过程。

FMVSS209(安全带集成)——571部的第一个汽车安全技术法规，是于1967年3月1日开始执行。

FMVSS201(车内碰撞时对乘员的保护)是于1968年1月1日开始执行。

FMVSS204(正向碰撞时方向盘向后位移的规定)是于1967年3月1日开始执行。

FMVSS208(乘员适撞性防护)是于1967年3月1日开始执行。

FMVSS214(侧向碰撞防护):其中静态标准于1973年1月1日开始执行,动态碰撞试验标准于1993年9月1日开始执行。

FMVSS303(汽油车燃油系统完整性)是于1994年4月25日开始执行,并于1996年9月1日修订。由于该条规定了后向碰撞的要求,所以将它列于此。

②国外主要汽车安全技术法规简介

除美国的汽车安全技术法规外,其他很多技术发达国家也都制定了类似的汽车安全技术法规,表17-1列出了国外几个主要的适撞性法规。

国外主要适撞性法规　　　　表17-1

国　家	适撞性法规	试验方法
美国	正向碰撞法规(FMVSS204,FMVSS208)	以30mile/h速度行驶的汽车撞向刚性墙,车头全部与刚性墙相撞
	侧向碰撞法规(FMVSS214)	以33.5mile/h速度运动的Barrier撞向以15mph速度行驶的汽车的侧壁
澳大利亚	正向碰撞法规(ADR69)	以48km/h速度行驶的汽车撞向刚性墙,车头全部与刚性墙相撞
欧盟国家	正向碰撞法规(ECE-R94)	以56km/h速度行驶的汽车撞向可变形Barrier,车头的40%与Barrier相撞
	侧向碰撞法规(ECE-R95)	以50km/h速度运动的Barrier撞向静止车的侧壁
日本	正向碰撞法规(Articlel8, Safety Regulations for Road Vehicles)	以50km/h速度行驶的汽车撞向刚性墙,车头全部与刚性墙相撞
	侧向碰撞法规(Articlel8, Safety Regulations for Road Vehicles)	以50km/h速度运动的Barrier撞向静止车的侧壁

(3)汽车安全星级评估标准

①美国新车安全评估标准发展过程回顾

美国新车安全评估标准(New Car Assessment Program,以下简称NCAP)最初制定于1978年。该标准的目的是向客户提供一个相对的汽车抗碰撞能力,为他们在购车选型时提供参考。当然,这个安全评估标准的最终目的是以市场激励的方式(而不是强制规定的方式)促使汽车制造商努力提高他们汽车的安全水平。NCAP规定汽车以35mile/h的速度撞向刚性墙,并将所测得的车内假人的头部损伤准则(HIC)、胸腔加速度(G),以及大腿部压力(FEMURLOAD)作为反映汽车安全水平的数据并公布于众。

然而,这种以数值形式表示的汽车安全水平难以被大众所理解,所以美国高速公路运输安全管理局(National Highway Transportation Safety Administration,简写 NHTSA)基于 NCAP 近 20 年的执行经验,在 1994 年发展了非数据格式的汽车安全水平等级表示方法。这种能使客户很直观地了解汽车相对安全水平的非数据格式表示方法就是汽车安全星级评估标准。以 35mph 速度行驶的轿车正向撞到刚性墙后,基于头部及胸部损伤概率函数建立的 NCAP 星级评估标准如图 17-19 所示。

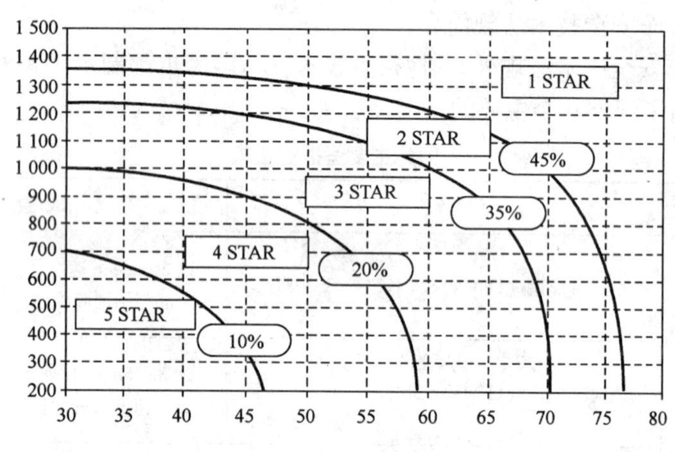

图 17-19 NCAP 星级评定标准

因为 NCAP 只规定了汽车正向安全水平等级评估方法,所以在美国高速公路运输安全管理局的要求下,美国国会在 1992 和 1993 联邦年度提供基金开展了对侧向碰撞安全水平等级的评估方法及评价标准的研究。一年后,侧向碰撞安全水平星级评估标准(LINCAP—Lateral Impact New Car Assessment Program)开始应用于 1994 年以后的车型。以 38.5mile/h 速度运动的 Barrier 撞向以 18.75mile/h 速度行驶的轿车侧壁后,前排及后排座位处 LINCAP 星级评估标准见表 17-2。

前排及后排座位处的 LINCAP 星级标准 表 17-2

TTI	LINCPA 星级
>98	★
⩽98	★★
⩽91	★★★
⩽72	★★★★
⩽57	★★★★★

其中 TTI 为下脊骨处侧向加速度的峰值和上肋骨与下肋骨中大的侧向加速度峰值的平均值,单位是 g。

②国外主要汽车安全星级评估标准简介

上述介绍了由美国国家高速公路运输安全管理局负责的 NCAP 及 UNCAP 汽车安全评估标准,除此之外,美国还有由高速公路安全保险机构(Insurance Institute for Highway Safety,IIHS)负责的汽车安全星级评估标准。而在世界其他国家,如澳大利亚、欧洲联合共同体等也都有类似的汽车安全星级评估标准,表 17-3 为世界主要汽车安全星级评估标准汇总。

世界主要汽车安全星级评估标准　　　表 17-3

国　家	评估机构	试验方法	每年评估量	衡量方法
美国	国家道路交通安全委员会（NHTSA）	正向碰撞试验（NCAP）：以 35mile/h 速度行驶的汽车撞向刚性墙，车头全部与刚性墙相撞	平均每年 40 个车型	根据可能对乘客造成伤害的概率，将评估分五级，以星级表示，五星级表示最高安全等级
		侧向碰撞试验（LINCAP）：以 38.5mile/h 的速度运动的 Barrier 撞向以 18.75mile/h 速度行驶的汽车的侧壁	1997 年 25 个车型	
	高速公路安全保险机构（IIHS）	正向碰撞试验：以 40mile/h 速度行驶的汽车撞向可变形 Barrier，车头 40%与 Barrier 相撞	1997 年 22 个车型	根据车体结构的变形、乘客约束系统的作用以及乘员受伤概率将评估分为四级
澳大利亚（NRMANCAP）	新南威尔士道路和交通部门授权的公路安全机构	正向碰撞试验：以 56km/h 速度行驶的汽车撞向刚性墙，车头全部与刚性墙相撞	平均每年 10 至 20 个车型	根据车体结构的变形、乘客约束系统的作用以及乘员受伤概率将评估分为四级
		正向碰撞试验：以 64km/h 速度行驶的汽车撞向可变形 Barrier，车头 40%与 Barrier 相撞	1997 年 22 个车型	
欧洲联合共同体（Euro-NCAP）	瑞典或其他国家公路委员会中的交通部门	正向碰撞试验：以 64km/h 速度行驶的汽车撞向可变形 Barrier，车头 40%与 Barrier 相撞	1997 年 20 个车型	根据车体结构的变形及乘员受伤概率将评估分为五级，以星级表示，五星级表示最高安全等级
		侧向碰撞试验：以 59km/h 速度运动的 Barrier 撞向静止汽车的侧壁	1997 年 20 个车型	

2. 我国汽车碰撞标准

我国于 1999 年 10 月 28 日由原国家机械工业局发布了汽车法规 CMVDR 294《汽车正面碰撞乘员保护的设计规则》。2000 年 4 月 1 日，国家将此项检验列入当时汽车形式认证（公告）40 项强制检测项目中。虽然 CMVDR 294《汽车正面碰撞乘员保护的设计规则》不是国家强制性标准法规，但它一旦被政府部门采用即具有了国家强制性标准的法律约束力，并一直采用至今。2004 年 6 月 1 日，我国参照欧洲 ECE R94 法规制定的国家强制性标准《乘用车正面碰撞的乘员保护》（GB 11551—2003）正式出台，至此我国真正拥有了自己的汽车正面碰撞标准。

2002 年，政府相关部门将汽车侧面碰撞、后碰撞强制性标准法规制定纳入了汽车强制性国家标准制修定“十五”发展规划。2006 年 1 月 18 号国家标准委员会发布《汽车侧面碰撞的乘员保护》（GB 20071—2006）和《乘用车后碰撞燃油系统安全要求》（GB 20072—2006）两项标准,并于2006年7月1日起正式实施。至此,我国已建立汽车正面碰撞、侧面碰撞,以及后碰撞三位一体的汽车碰撞国家强制性标准体系。

我国的汽车正面碰撞标准《乘用车正面碰撞的乘员保护》(GB 11551—2003)是非等效采用ECE R94法规制定的,在碰撞角度、碰撞速度等方面与欧盟ECE R94法规是不一样的(见表17-4)。我国的法规要求是速度50km/h下的100%正面碰撞,而欧洲标准为速度为56km/h下的正面偏置40%重叠碰撞。100%正面碰撞的意思就是,车辆正面完全撞在障碍物上,车头的受力面为100%;而偏置40%重叠碰撞则是,车辆正面的40%与障碍物相撞,受力面为40%。

中国、欧美日汽车正面碰撞试验要求对比 表17-4

项　目	中国GB 11551—2003	美国FMVSS208	欧盟ECE R94	日本TRAIS11-4-30
固定壁障质量	70t以上	45t以上	70t以上	70t以上
索引加速度	没要求	0.5g以下	没要求	0.5g以下
垂直加速度	0.29g以下	0.29g以下	0.29g以下	0.29g以下
假人标定室温度	20.5～22.2℃	20.5～22.2℃	20.5～22.2℃	20.5～22.2℃
车辆标志温度	19～22℃	20.5～22.2℃	19～22℃	20～23℃
假人	两个Hybrid III第50百分位男性	Hybrid III第50百分位男性	两个Hybrid III第50百分位男性	两个Hybrid II或Hybrid III第50百分位男性
伤害值(最大允许值)	头部HPC:1000胸部变形:75mm大腿力:10kN	头部HPC:1000胸部G:60g胸部变形:76.2mm大腿力:10kN	头部HPC:1000T胸部hPC:75大腿FPC:10kN	头部HPC:1000胸部G:60g大腿力:10kN
碰撞角度	0°	0°～30°	40%偏置碰撞	0°
碰撞速度	40～50km/h	48.3km/h	56km/h	48～50km/h
碰撞位置精度	±50mm	±50mm	±50mm	±300mm

我国的汽车侧面碰撞及后碰撞标准都是参照欧洲ECE R95法规制定的。侧碰标准规定所有M1类车型(9座(以下)4轮(以上)载客机动车辆)和N1类车型(最大设计总质量≤3.5吨的4轮(以上)载货机动车辆),都必须满足侧碰“强制性规定”;而在后碰标准中则规定,所有M1类车型都必须满足后碰“强制性规定”。

我国的汽车侧面碰撞标准具体方法是,将侧碰撞假人安放在驾驶员座位上,被撞车辆垂直牵引导轨静止停放在规定位置。测验时,移动变形壁障以50km/h的速度撞击汽车驾驶员侧面,并以这一试验结果判断被测车辆是否符合侧碰标准具体要求。我国侧面碰撞标准主要要求的是车辆侧门结构的安全性,在进行车辆结构调整时,主要改进侧门和B柱设计,在侧门上加装防撞杆。

乘用车后碰撞测试的具体试验方法是,车辆静止不动,移动壁障以50km/h的速度从后方撞击试验车辆，并以测试结果判断被撞车辆是否达到相关标准。

3. 我国的新车安全性星级评价规程 C-NCAP

中国汽车技术研究中心在深入研究和分析国外 NCAP 的基础上，结合我国的汽车标准法规、道路交通实际情况和车型特征，并进行广泛的国内外技术交流和实际试验确定了 C-NCAP 的试验和评分规则。与我国现有汽车正面和侧面碰撞的强制性国家标准相比，不仅增加了偏置正面碰撞试验，还在两种正面碰撞试验中在第二排座椅增加假人放置，以及更为细致严格的测试项目，技术要求也非常全面。C-NCAP 对试验假人及传感器的标定、测试设备、试验环境条件、试验车辆状态调整和试验过程控制的规定都要比国家标准更为严谨和苛刻，与国际水平一致。

(1)正面 100％重叠刚性壁障碰撞试验(图 17-20)

试验车辆 100％重叠正面冲击固定刚性壁障。碰撞速度为 50～51km/h(试验速度不得低于 50km/h)。试验车辆到达壁障的路线在横向任一方向偏离理论轨迹均不得超过 150mm。在前排驾驶员和乘员位置分别放置一个 Hybrid III 型第 50 百分位男性假人，用以测量前排人员受伤害情况。在第二排座椅最右侧座位上放置一个 Hybrid III 型第 5 百分位女性假人，用以考核安全带性能。

(2)正面 40％重叠可变形壁障碰撞试验(图 17-21)

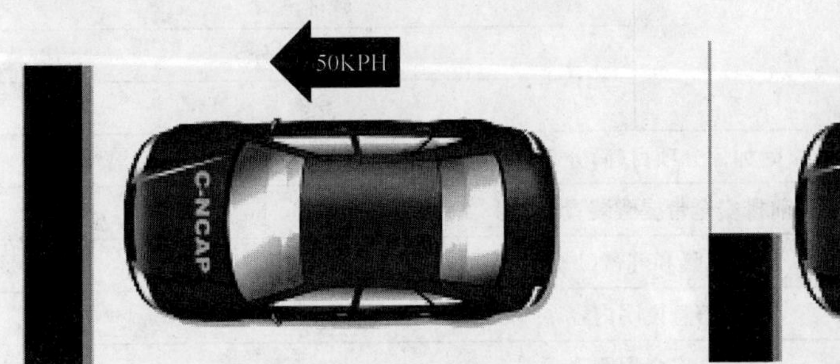

图 17-20　正面 100％重叠刚性壁障碰撞试验

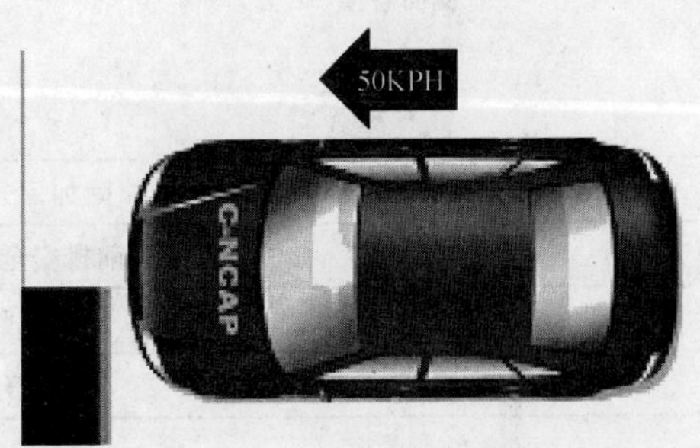

图 17-21　正面 40％重叠可变形壁障碰撞试验

试验车辆 40％重叠正面冲击固定可变形吸能壁障。碰撞速度为 56km/h～57km/h(试验速度不得低于 56km/h)，偏置碰撞车辆与可变形壁障碰撞重叠宽度应在 40％车宽±20mm 的范围内。在前排驾驶员和乘员位置分别放置一个 Hybrid III 型第 50 百分位男性假人，用以测量前排人员受伤害情况。在第二排座椅最左侧座位上放置一个 Hybrid III 型第 5 百分位女性假人，用以考核安全带性能。

(3)可变形移动壁障侧面碰撞试验(图 17-22)

移动台车前端加装可变形吸能壁障冲击试验车辆驾驶员侧。移动壁障行驶方向与试验车辆垂直，移动壁障中心线对准试验车辆 R 点，碰撞速度为 50～51km/h(试验速度不得低于 50km/h)。移动壁障的纵向中垂面与试验车辆上通过碰撞侧前排座椅 R 点的横断垂面之间的距离应在±25mm 内。在驾驶员位置放置一个 EuroSID II 型假人，用以测量驾驶员位置受伤害情况。

图 17-22　可变形移动壁障侧面碰撞试验

(4)项目评分(表17-5)

C-NCAP的项目评分　　表17-5

试验评分项目(满分48分,每项16分)	
正面100%碰撞(16分)	头-5分
	颈-2分
	胸-5分
	大腿-2分
	小腿-2分
正面40%偏置碰撞(16分)	头-4分
	胸-4分
	大腿-4分
	小腿-4分
侧面碰撞(16分)	头-4分
	胸-4分
	腹部-4分
	骨盆-4分
附加评分项目(满分3分)	
前排安全带提醒装置(2分)	
侧气囊和气帘(1分)	
信息说明内容	
安全配置	
燃料消耗量	

(5)车型分类和星级划分(表17-6)

被评价车型分成五类:

①小型乘用车——长度小于4m的乘用车,包括小型MPV;

②A类乘用车——两厢式乘用车及长度小于等于4.5m或排量不大于1.6L的三厢式乘用车;

③B类乘用车——长度大于4.5m且排量大于1.6L的乘用车;

④多功能乘用车——MPV(座椅多于2排);

⑤运动型乘用车——SUV。

C-NCAP中最高得分为51分。其中,三项试验每项试验满分为16分,三项试验总得分满分为48分。对安全带提醒装置及侧气囊(及侧气帘)分别有2分和1分的加分。将三项试验的得分及加分项得分之和(四舍五入至小数点后一位)记为总分,并按以下条件确定评价星级。除总分外,对于5星级车,假人特定部位得分不能为0,对于4星级车,每项试验得分不能低于10分。根据总分,按照以下星级划分对试验车辆进行星级评价。

C-NCAP 星级划分　　表 17-6

总　分	星　级	总　分	星　级
≥50 分	5+ (★★★★★☆)	30 且<40 分	3 (★★★)
≥45 且<50 分	5 (★★★★★)	≥15 且<30 分	2 (★★)
≥40 且<45 分	4 (★★★★)	<15 分	1 (★)

第三节　汽车主动安全技术

汽车主动安全的基本原理，首先是利用各种传感器感知驾驶员对汽车的操作情况以及汽车本身的运动状态，然后由电子控制单元(ECU)根据传感器获得的信息确定出相应的控制策略，最后控制执行机构采取相应的动作，直接影响和控制车轮滑转(移)率、车轮侧偏角和车轮垂向运动，从而间接控制轮胎和路面接触面上的纵向力、侧向力和垂向力，提高汽车的主动安全性、机动性和舒适性。汽车主动安全控制是一个多系统相互影响、相互作用的复杂控制过程。

自 20 世纪下半叶至今，世界各大汽车公司及大学等研究机构在政府的支持下，对汽车主动安全技术进行了系统深入研究和开发。目前汽车主动安全控制系统主要包括：汽车防抱制动系统(ABS)、汽车驱动防滑系统(TCS/ASR)、汽车稳定性控制系统(ESP)、汽车制动辅助系统(BA)、汽车四轮转向(4WS)、汽车主动前轮转向(AFS)、汽车横摆运动控制系统(DYC)、汽车主动悬架(AS)、汽车主动车身控制(ABC)以及作为智能交通系统(ITS)一个分支的高级汽车控制与安全系统(AVCSS)等。

一、汽车横摆运动控制系统

汽车横摆运动控制系统是 20 世纪 90 年代中期以来研究较多的一种针对汽车操纵稳定性的主动安全系统。当轮胎处于非线性或接近饱和区域(未到饱和)时，汽车横摆运动控制系统直接对某一个或某几个车轮施加互不相同的纵向力(多为制动力)，直接产生一个整车横摆运动扭矩，由该横摆扭矩辅助转向操作来稳定车辆，从而抑制严重的不足转向和过多转向趋势。将汽车横摆运动控制系统能够和 ABS/TCS 结合起来，就形成了同时控制车轮滑转(移)率和整车横摆运动的综合控制系统，其代表产品是博世公司的 ESP 系统和丰田公司的 VSC 系统。图 17-23 为 ESP 系统的结构示意图。

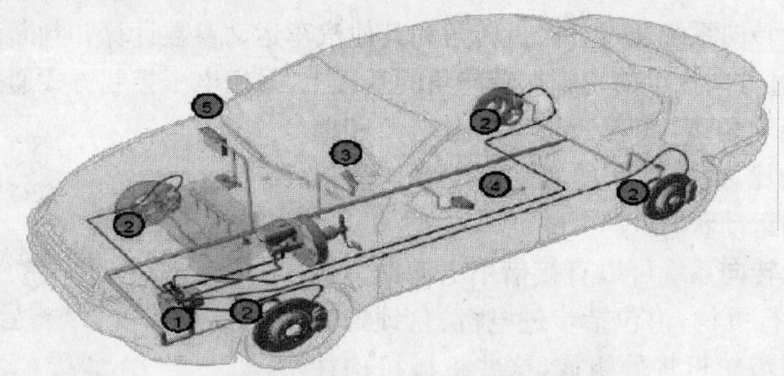

图 17-23　ESP 系统结构示意图

1-带 ECU 的液压调节模块；2-轮速传感器；3-方向盘转角传感器；4-横摆角速度和横向加速度传感器；5-与发动机管理系统间的通信

当汽车处于转向运动时，汽车横摆运动控制系统通过安装在汽车操纵元件（方向盘、踏板等）上的传感器测量信号，结合车辆动力学模型识别驾驶员所期望的汽车运动状态，并表示成横摆角速度和质心侧偏角等标志汽车运动状态的期望参数值；对测量整车运动状态的传感器（侧向加速度传感器、横摆角速度传感器等）的测量信号进行处理和计算，获得汽车运动状态的实际参数值。将期望参数值和实际参数值进行对比，二者的差值被视为误差值。当误差值仍处于一定范围内时，表明汽车仍处于较为稳定的运动状态，则汽车横摆运动控制系统不采取任何动作；当误差值超出一定范围时，表明汽车已经接近不稳定的运动状态，则汽车横摆运动控制系统根据误差值的大小，按一定的控制逻辑，确定稳定汽车运动所需的整车横摆力矩量值，并根据一定的分配原则转化成对各个车轮的纵向力调节指令。各车轮分别执行不同的纵向力，产生附加的横摆扭矩，稳定了汽车的横摆运动，并使得汽车的实际运动状态更接近驾驶员所期望的运动状态。

如果没有机械机构的限制，汽车横摆运动控制系统可以控制任何一个车轮以获得需要的横摆扭矩。但是由于受到诸多实际条件的制约，如机械结构、电子控制、实时性、成本等，目前所发展的汽车横摆运动控制系统按控制车轮形式的不同，主要分为以下几种：

（1）同时控制汽车单侧车轮的汽车横摆控制系统：主要采用单个车轮进行制动操作，如果单个车轮不能满足要求，再辅以车辆同侧的另一个车轮。这种汽车横摆控制系统的优点在于，动力学原理和控制逻辑简单、受控部件少、机械结构易于实现、实时性较好、成本较低；但是不能最充分地利用路面附着力。

（2）同时控制汽车单轴两侧车轮的汽车横摆运动控制系统：采用前轴或后轴的两个车轮进行横摆运动控制。可以同时在同轴的两个车轮上施加大小相等的驱动力和制动力，也可以采用大小不等的驱动力和制动力以产生加减车速的效果，这与所制定的控制逻辑相关。这种系统的优点在于，理论上可以保证在产生横摆扭矩的同时不会影响汽车纵向车速。但是，同轴车轮驱动和制动同时进行，需要设计较为复杂的机械结构才能实现。

（3）同时控制所有车轮的汽车横摆运动控制系统：将纵向力分布在所有车轮上。这种系统的优点在于，受控部件较多，可以比较容易地实现对多个控制目标的解耦和优化控制，也可以实现对路面附着了充分利用。但是，它对控制逻辑和控制算法的要求很高，对实时性的要求更高，成本也会相应增加。

二、汽车主动前轮转向系统

汽车主动前轮转向系统通过方向盘转角和其他汽车运动参数计算并判断汽车的转向运动状态，在驾驶员通过方向盘给前轮施加转向角的基础上，采用电子控制方式通过执行电机给前轮叠加一个增量转向角度，或者变化方向盘转角和前轮转角之间的传动比，使得汽车的实际运动状态更接近驾驶员所期望的运动状态。

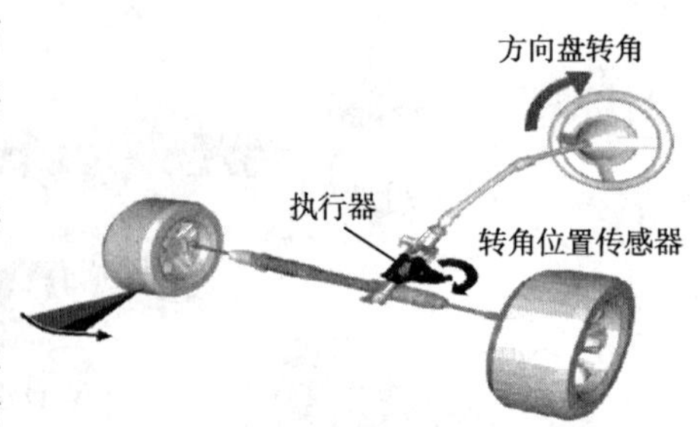

图 17-24　汽车主动前轮转向系统结构示意图

汽车主动前轮转向系统可以直接借用电动助力转向系统（EPS）的执行机构，由包括步进电机、自锁式蜗轮蜗杆机构和行星齿轮机构等组成，这些机械机构往往做成一体式的部件，如图 17-24 所示。汽车主动前轮转向系统保留了方向盘与转向前轮之间的机械连接，当系统出现故障时，这些机械结构可以实现自动锁止，恢复到传统的转向系统，保证了系统的安全自保性能。

由于汽车主动前轮转向系统在前轮转向系统中增加了一个可以控制的自由度，所以可以通过对前轮转角的动态修正以及变化转向系统的传动比来提高转向操作的舒适性，改善转向系统的对方向盘输入的动态响应特性以及增强汽车稳定性。当汽车低速行驶时，主动转向系统减小转向系统的传动比或者叠加一个与方向盘转角同向的电机驱动转角，使得汽车的转向响应更加快速和灵活，改善转向过程的舒适性。当汽车高速行驶时，主动转向系统增大转向系统的传动比或者叠加一个与方向盘转角反向的电机驱动转角，使得所需的方向盘转角增大，更便于驾驶员精确地进行转向操作，改善转向过程的操纵稳定性。

三、高级汽车控制与安全系统

高级汽车控制与安全系统是智能交通系统中以车辆为研究对象的子系统，它通过利用信息感知、动态辨识、控制等技术与方法提高汽车的主动安全性。按照车辆控制的自主程度来分，对高级汽车控制与安全系统的研究可分为三个阶段：第一阶段是针对减轻车辆碰撞危害的车辆主动避撞报警系统，此系统对探测到的危险情况给出警报。第二阶段为目前的半主动式车辆控制系统，与上一阶段相比，该阶段具有更高级的车辆自动化，如当驾驶员对警告来不及反应时，系统接管车辆的控制，通过控制车辆的转向、驱制动等使车辆恢复到安全状态。第三阶段是自主车辆控制系统，该系统具有完全的车辆自动化，研究包括车辆自适应巡航、道路保持、低速等距行驶、队列行驶等问题。按照车辆控制方式分，可分为纵向、横向控制以及综合控制。

1. 汽车纵向主动避撞系统

资料显示，有70%～90%的交通事故是由于驾驶员操作失误所致。如果能够在事故发生前提醒驾驶员注意并在紧急状况下帮助驾驶员采取安全措施，对减少交通事故的发生无疑是非常有用的，汽车主动避撞系统正是实现这一功能的技术手段。

汽车主动避撞系统利用现代信息技术、传感技术来扩展驾驶人员的感知能力，将外界信息（如车速、其他障碍物距离）传递给驾驶人员的同时综合利用路况与车况信息，判断车辆当前运行状况的安全程度，在紧急情况下能自动采取措施控制汽车，使汽车主动避开危险，保证车辆安全行驶或最大可能的减小事故的伤害程度。汽车具备了这样的主动安全性，才可能从根本上减少交通事故，提高交通安全。

汽车主动避撞系统主要有四项功能：一是一般道路交通情况下，自动控制车辆的运行，降低驾驶员的劳动强度；二是在驾驶员疲劳、疏忽等情况下辅助驾驶员，保障行车安全；三是在雾、雨、雪等恶劣天气情况下，扩展驾驶人员的感知能力，辅助驾驶员保障行车安全；四是在非常紧急情况下避免碰撞事故发生或减小碰撞剧烈程度，降低碰撞带来的损害。

由于恶劣天气情况和非常紧急情况（包括前方车辆由于发生碰撞事故而突然原地停止、前方突然出现静止障碍物、前方车辆最大制动减速度紧急制动等情况）下交通环境的特殊性，使汽车主动避撞系统实现后两项功能的方法与实现前两项功能的方法有较大差异，而首先实现前两项功能对于促进汽车主动避撞系统的实用化，降低道路交通事故发生率，提高车辆主动安全性具有重要意义，国内外现阶段的研究也以实现汽车主动避撞系统的前两项功能为主。研究表明，借助于这种主动避撞系统，追尾碰撞降低率可达62%，无事故发生时可大大降低驾驶员的劳动强度。

汽车主动避撞功能有几种实现方式，而通过对自车(主动避撞车)纵向运动状态的控制，使自车与前方目标间保持合适的距离或自动维持自车的某种运动状态是实现汽车主动避撞功能的直接和有效的手段，以这种方法实现汽车主动避撞功能的系统就是汽车纵向主动避撞系统。

(1)系统设计

汽车纵向主动避撞系统作为一个复杂的控制系统，其结构与普通的控制系统结构相同，由传感器、控制器和执行器三部分组成。传感器的功能是准确、快速地测量车辆运行状况及交通环境信息。控制器依据传感器提供的信息和预先设定的参数、算法，进行车辆当前安全状态的判断，并依据控制算法计算结果向执行器发出控制命令。执行器接收控制器的控制指令，按照期望的方式实现对车辆的控制操作。

为实现主动避撞的功能，汽车纵向主动避撞系统包括以下几项关键技术：行车信息感知及处理，行车安全状态判断，车辆动力学建模和控制以及控制执行技术。各关键技术与系统结构间的关系如图 17-25 所示。

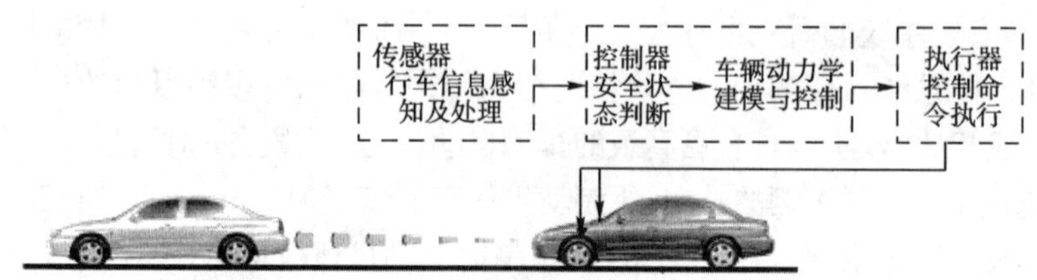

图 17-25　汽车纵向主动避撞系统结构与关键技术

汽车纵向主动避撞系统通过对自车纵向运动状态的合理控制使自车与前方目标间的距离保持在安全水平或实现自车的自动行驶，从而实现上述的系统功能。作为一个控制系统，其总体结构包括传感器、中央控制系统和执行器三部分。如图 17-26 所示。

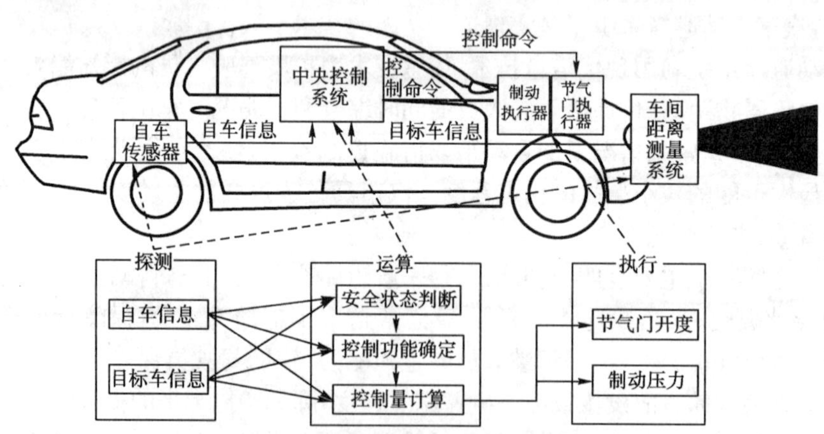

图 17-26　汽车纵向主动避撞系统总体方案

要实现主动避撞的功能，系统首先需要获得实时、准确的车辆行车信息，这些信息即包括自车运动状态的信息，也包括自车与前方目标间的相对运动信息。自车运行状态信息利用自车传感器获得，自车与前方目标间的相对运动信息利用车载雷达系统获得。

获得车辆行车信息后，避撞系统首先对车辆运行的安全状态进行判断，按照判断的结果确定系统将要进行的控制功能，进而依据控制方法产生控制命令，这一部分运算工作由中央控制系统完成。

汽车纵向主动避撞系统对车辆的纵向运动进行控制，控制动作包括加速、匀速及减速三种，分别通过对车辆发动机节气门开度的控制和制动系统制动压力的控制来实现，系统所需的控制执行器就需要包括节气门执行器和制动执行器两部分。节气门执行器的功能是响应中央控制系统的控制要求，实现期望的节气门开度；制动执行器的功能是响应中央控制系统的控制要求，实现期望的制动压力。

汽车纵向主动避撞系统利用车载雷达系统获得自车与前方目标间的距离，通过对自车的纵向动力学控制使车间距离保持在安全水平或维持自车的自动行驶，对自车的纵向动力学控制是实现系统功能的手段。作为车辆纵向动力学控制研究的基础，包括自车、车载雷达系统及目标车在内的汽车主动避撞系统坐标系如图 17-27 所示。

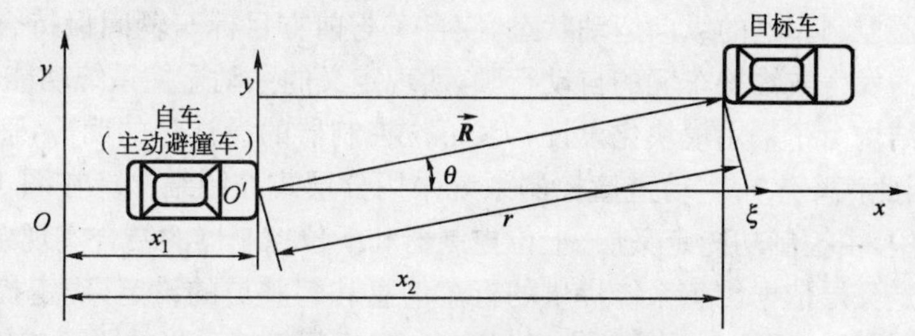

图 17-27　汽车主动避撞系统坐标系

以自车（安装有车载雷达的主动避撞车）行驶方向为 x 向（车辆无转向及横向摆动时，x 向与车辆纵向相重合），以自车行驶方向的垂直方向为 y 向（车辆无转向及横向摆动时，y 向与车辆横向相重合），以车辆运行轨迹上固定不动的某一点为固定坐标原点 O，建立汽车主动避撞系统固定坐标系。车载雷达在自车上安装位置点（自车前端中部位置）的 x 坐标作为自车的 x 坐标，以 x_1 表示；目标车尾的 x 坐标作为目标车的 x 坐标，以 x_2 表示。以自车行驶方向为 ξ 向，以自车行驶方向的垂直方向为 η 向，以车载雷达在自车上的安装位置点为运动坐标原点 O'，建立随自车运动的汽车主动避撞系统运动坐标系。车载雷达对于目标车辆的测量点在运动坐标系中的坐标以 (ξ,η) 表示。雷达测得的目标车辆相对位置向量以 $\vec{\boldsymbol{R}}(r,\theta)$ 表示。r 为目标车辆与自车间的相对距离，θ 为测量点相对于自车中轴线的方位角。按照系统的坐标表示，实现汽车纵向主动避撞系统功能的控制系统总体方案如图 17-28 所示。

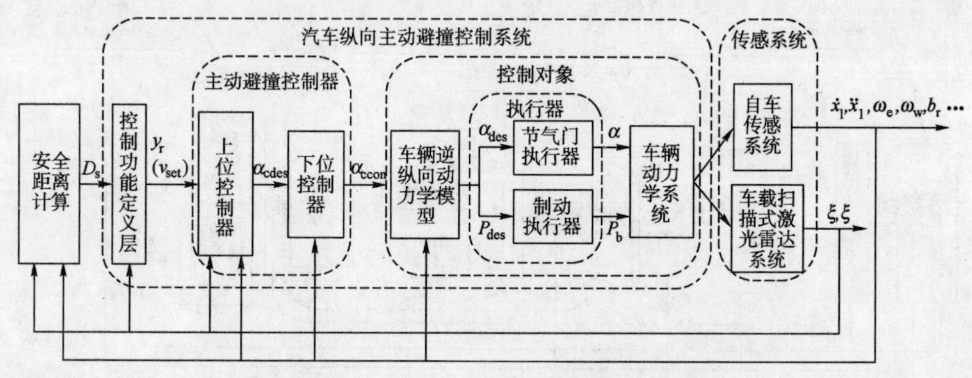

图 17-28　汽车纵向主动避撞控制系统总体方案

图中，D_s 表示安全距离；y_r 表示期望的自车到目标车辆的距离；v_{set} 表示期望的自车速度；a_{cdes} 表示期望的自车加速度；a_{ccon} 表示下位控制器的控制量，称为控制加速度；α_{des} 表示期望的自车节气门开度；P_{des} 表示期望的自车制动压力；α 表示自车实际的节气门开度；P_b 表示自车实际的制动压力；$\dot{x}_1$ 表示自车实际速度；$\ddot{x}_1$ 表示自车实际的加速度；ω_e 表示自车发动机转速；$\dot{\omega}_e$ 表示自车车轮转速；b_r 表示自车驾驶员制动信号；ξ 表示自车与目标车辆间的实际距离；$\dot{\xi}$ 表示自车与目标车辆间的相对速度。

系统利用车载雷达获得前方目标车辆的运动信息，利用自车传感系统获得自车运行状态信息，将这些信息进行综合处理，获得当前条件下自车与前方目标车辆间的安全距离，并依据安全距离与实际距离之间的相对关系确定车辆运行的安全状态。按照自车运行安全状态的判断结果，控制系统对当前情况下避撞系统所要进行的控制功能做出定义，然后利用主动避撞控制器和控制执行器控制车辆的纵向运动状态，使自车与前方目标车辆间保持合适的车间距离以避免碰撞事故的发生或维持车辆的自动行驶，实现定义的主动避撞系统功能。

分层式控制结构由于采用模块化设计，上、下位控制器的设计目的明确，适合于主动避撞控制器的设计，因此汽车纵向主动避撞控制系统采用分层式控制结构。在图 17-28 所示的控制系统总体方案中，由控制功能定义层、上位控制器和下位控制器的结合实现系统定义的控制功能。控制功能定义层依据传感系统提供的行车信息和驾驶员的设定，确定控制系统将要执行的功能；上位控制器按照控制功能的定义（与前方目标间保持适当的距离或使自车保持某一速度自动行驶），确定出当前情况下期望自车实现的加速度；下位控制器依据上位控制器的输出，对车辆动力学系统进行控制，实现这一期望的加速度。

由于车辆动力学系统的非线性，对于它的精确控制较为困难，控制系统总体方案在控制对象中引入了车辆逆纵向动力学模型，下位控制器对于控制对象的控制量是控制加速度，经车辆逆纵向动力学模型的转换，变为期望的节气门开度和期望的制动压力，再分别通过节气门执行器和制动执行器变为实际的节气门开度和实际制动压力，施加于车辆动力学系统，实现上位控制器期望的车辆加速度，进而实现汽车纵向主动避撞系统的功能。

(2)系统关键技术

实现图 17-28 所示的控制系统总体方案所需的关键技术如图 17-29 所示。

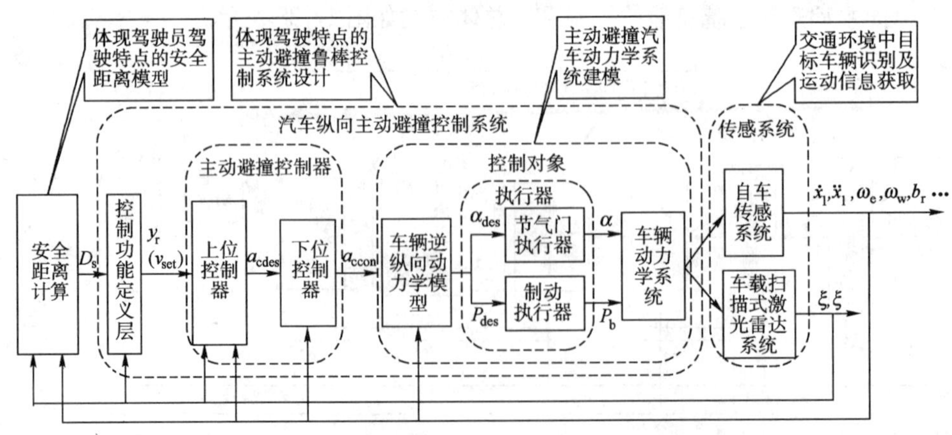

图 17-29　实现控制系统总体方案所必需的关键技术

汽车主动避撞系统的功能是通过对车辆动力学系统的控制来实现的，作为控制系统设计的基础，需要建立合适的主动避撞汽车动力学系统模型；仿真试验是检验并改进汽车主动避撞系统功能的依据，作为仿真试验的基础，也需要建立比较准确的主动避撞汽车动力学系统模型，因此，实现控制系统总体方案所必需的第一项关键技术就是主动避撞汽车动力学系统建模。

主动避撞汽车动力学系统模型包括三部分：车辆纵向动力学系统模型、车辆逆纵向动力学系统模型和连接两者的执行器模型，如图 17-30 所示。

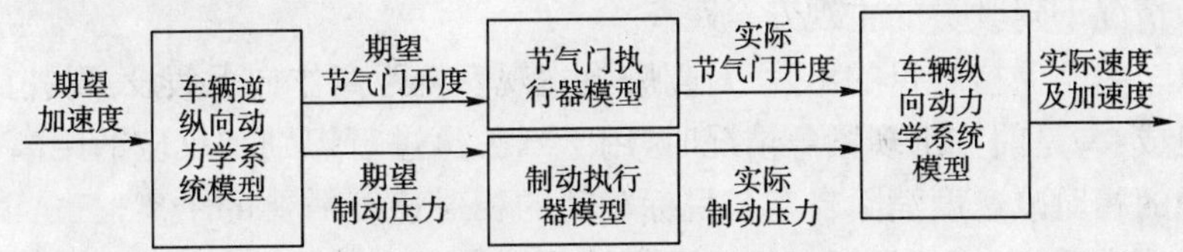

图 17-30 主动避撞汽车动力学系统模型结构

汽车纵向动力学总成包括：发动机、液力变矩器、自动变速器、车辆传动行驶系及整车运动系统。汽车纵向动力学模型结构如图 17-31 所示，图中粗实线表示力矩传递路线，虚线表示转速传递路线，细实线表示信号量。

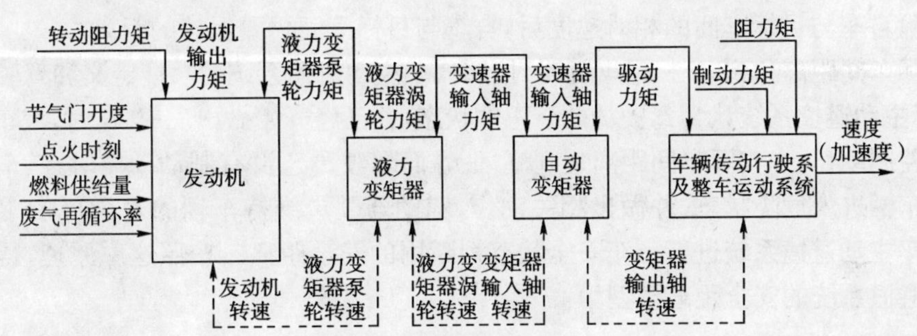

图 17-31 车辆纵向模型

汽车主动避撞系统功能的实现需要用到车辆的逆纵向动力学系统模型，输入量是期望加速度，输出量是期望的节气门开度和期望制动压力。车辆逆纵向动力学系统模型的结构如图 17-32 所示。

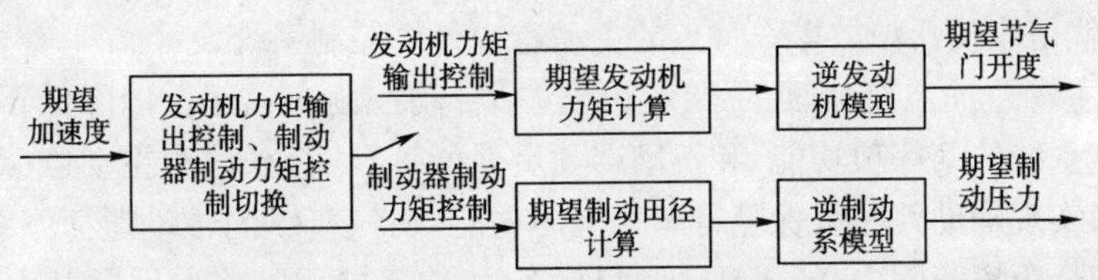

图 17-32 车辆逆纵向动力学系统模型结构

汽车主动避撞系统作为智能交通系统的组成部分，其研究和开发应当体现智能交通系统的特点，而智能交通系统的重要目标就是实现人—车—路的一体化。从体现智能交通系统特点出发，汽车主动避撞系统控制下车辆的动作特性应当接近实际驾驶员操纵下车辆的动作特性，即汽车主动避撞系统的控制效果应当体现驾驶员的驾驶特点。为实现这一点，在汽车纵向主动避撞控制系统总体方案中，一方面安全距离计算方法应当体现驾驶员的驾驶特点；另一方面对车辆纵向运动的控制方式应当体现驾驶员的操作特点。安全距离计算是主动避撞控制系统设计的基础，实现控制系统总体方案所必需的第二项关键技术就是体现驾驶员驾驶特点的安全距离模型。

实际道路交通情况下，驾驶员操作车辆维持自车与前方目标车辆（运动或静止）间的距离，在一定运行工况（如一定的车速、相对速度条件）下，当车辆间的实际距离小于某一值时，驾驶员会有不安全的感觉，并通过制动维持车辆的安全行驶，令驾驶员开始有不安全感觉时的车间距离就是这种情况下驾驶员的主观安全距离。

从驾驶员车间距保持的目的出发，对驾驶员主观安全距离作如下假设：驾驶员主观安全距离由三部分组成：一是前方出现紧急情况时，用于驾驶员进行识别和反应的距离；二是驾驶员按照他所期望的相对减速度消除自车与目标车间的相对速度需要的距离；三是消除自车与目标车间的相对速度后，自车与目标车间仍要保持的距离。

上述假设称为驾驶员车间距保持目的假设，按照该假设得到驾驶员主观安全距离为：

$$D_{d} = d_{r} + d_{br} + d_{fl} \tag{17-4}$$

式中，D_d 表示驾驶员主观安全距离；d_r 表示驾驶员识别交通情况并做出反应所需要的距离；d_{br}表示驾驶员按照他所期望的相对减速度消除自车与目标车间的相对速度需要的距离；d_{fl}表示消除自车与目标车间的相对速度后，自车与目标车间仍要保持的距离。

当实际车间距离达到 $d_r+d_{br}+d_{fl}$时，按照汽车主动避撞系统的功能定义和驾驶员优先的原则，汽车主动避撞系统认为驾驶员处于正常状态，并已经开始做出反应，这时，汽车主动避撞系统没有控制动作；当实际车间距离达到 $d_{br}+d_{fl}$ 而驾驶员还没有制动动作时，汽车主动避撞系统判断车辆进入危险状态，并做出相关动作，辅助驾驶员维持车辆的安全行驶，因此，$d_{br}+d_{fl}$才是汽车主动避撞系统进行行车安全状态判断用的安全距离。按照这一原理，得到适用于汽车主动避撞系统的安全距离模型为：

$$D_{s} = d_{br} + d_{fl} \tag{17-5}$$

式中，D_s 表示汽车主动避撞系统安全距离。

按照上述分析，汽车纵向主动避撞控制系统的设计应当体现驾驶员的操作特点，另外，由于车辆行驶环境及车辆运行状态参数经常变化，汽车主动避撞控制系统必须具有良好的鲁棒性，即控制效果受控制对象状态变化及控制系统应用环境变化的影响较小。满足上述两点要求的关键技术就是体现驾驶员操作特点的主动避撞鲁棒控制系统设计。

汽车纵向主动避撞系统实现的系统功能包括自动控制车辆运行以降低驾驶员劳动强度（汽车主动避撞系统的第一项功能）和辅助驾驶员保障行车安全（汽车主动避撞系统的第二项功能）两项。为实现辅助驾驶员保障行车安全的功能，在汽车纵向主动避撞系统控制下，当前方较近距离（安全距离范围内）处出现运动目标车时，自车能跟随前方目标车运动，保持自车与目标车间的动态安全距离；当前方出现静止目标时，自车能够自动减速，直至停止，自车停止后与静止目标间保持一定距离；为实现自动控制车辆以降低驾驶员劳动强度的功能，在前方没有目标或目标距离较远（安全距离范围之外）时，避撞系统能够在保证安全的基础上控制自车按照设定的速度自动巡航行驶。

控制功能定义层的作用是依据传感系统提供的行车信息和驾驶员的设定，确定当前状态下控制系统将要执行的功能。以上述系统功能定义为基础，设计汽车纵向主动避撞控制系统的控制功能定义层流程如图 17-33 所示。

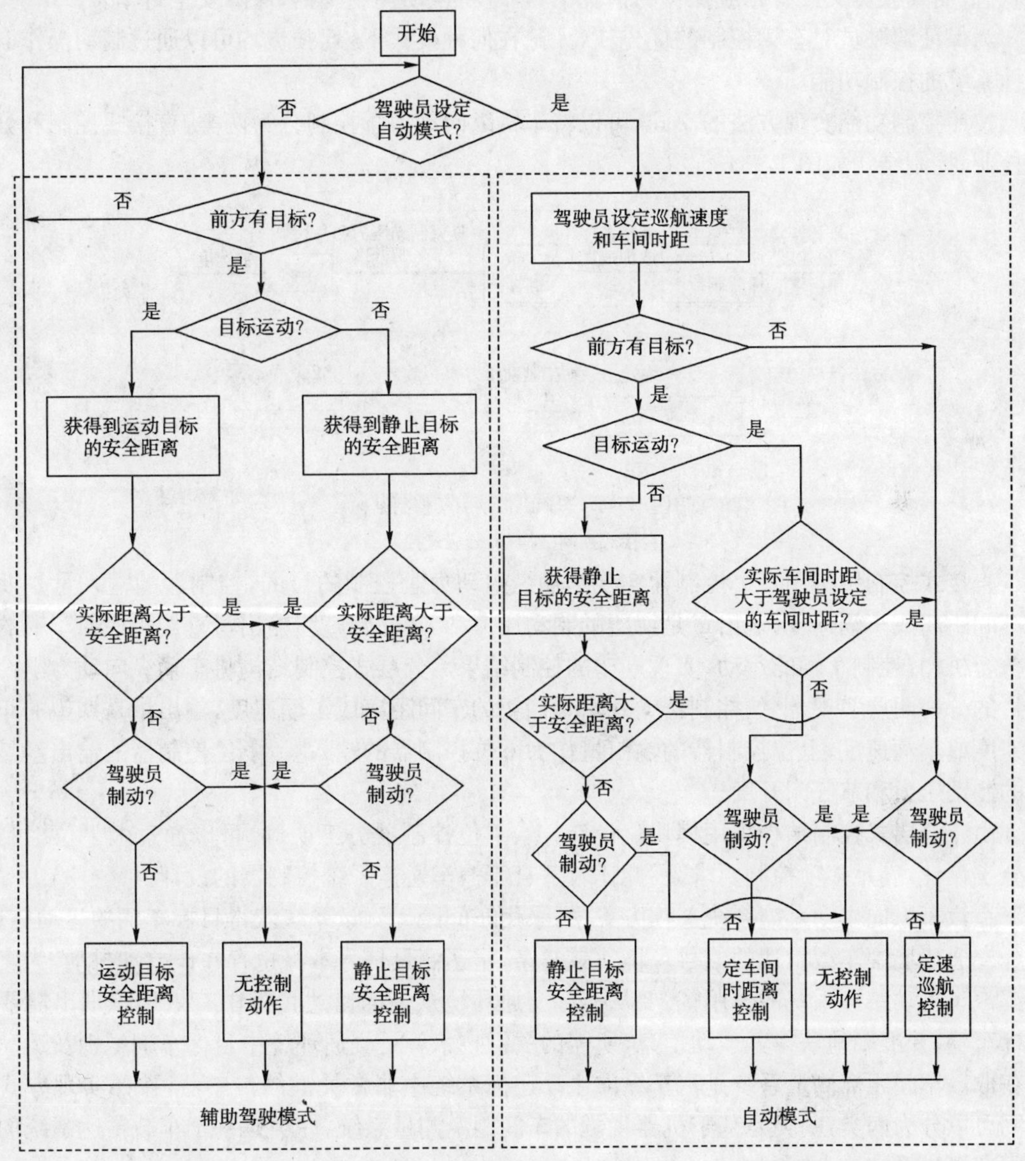

图 17-33　控制功能定义层流程图

控制功能定义层将汽车纵向主动避撞系统的运行模式分为自动模式和辅助驾驶模式两种，模式的选择取决于驾驶员的设定。在自动模式下，自车在避撞系统控制下自动运行（方向控制仍然由驾驶员完成），当前方没有目标或虽有目标但位于安全距离以外时，避撞系统控制车辆按照驾驶员设定的速度自动运行；当前方出现运动目标并在安全距离之内时，避撞系统控制自车跟随前方目标行驶，并保持驾驶员设定的车间时距；当前方出现静止目标时，避撞系统控制自车自动停车。

在辅助驾驶模式下，车辆的操作由驾驶员来完成，避撞系统辅助驾驶员保证行车的安全。驾驶员正常操作状态下，避撞系统实时对车辆运行安全状态进行监控，在判断为车辆运行于危险状态，而驾驶员又没有相应操作的情况下，系统将自动控制车辆，保障安全行车。

为保证驾驶员对车辆控制的优先权，无论在何种模式下，驾驶员均可以通过制动操作取消避撞系统的控制功能。

按照控制功能实现方法的不同，可以将车辆纵向动力学控制分为两类：直接式控制和分层式控制，控制结构如图 17-34 所示。

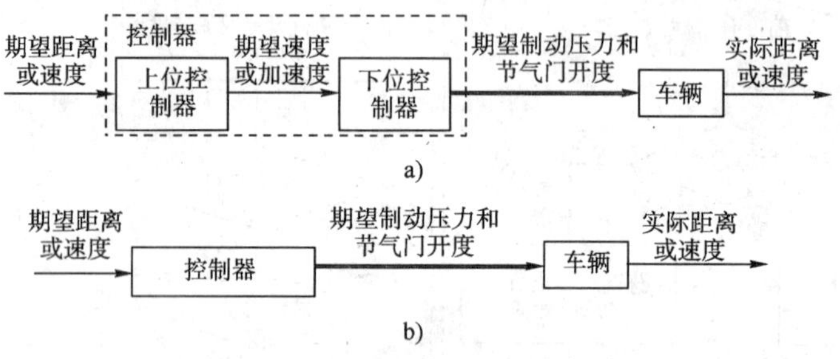

图 17-34　车辆纵向动力学控制结构

a)直接式控制结构；b)分层式控制结构

直接式控制结构用一个控制器实现车辆纵向动力学控制的目的，控制器的输入量是期望的车间距离或车辆速度，输出量是期望的制动压力和节气门开度，输出量直接传递给车辆的控制执行机构，控制车辆的运动，实现期望的控制结果。分层式控制结构将车辆纵向动力学控制的目的分为两层实现，上位控制器输入量是期望的车间距离或车辆速度，输出量是期望的车辆加速度或车辆速度，上位控制器的输出量作为下位控制器的输入量，下位控制器的输出量是期望的制动压力和节气门开度。

由于分层式控制结构采用模块化设计，上、下位控制器分工明确，可以通过上下位控制器的分别设计，满足多项控制要求，因此比较适合于汽车避撞系统控制器的设计。

在汽车纵向主动避撞系统总体方案中，采用车间距离测量系统获得目标车辆的运动信息。实际交通环境中车载雷达的信号环境比较复杂，雷达测量信号本身也存在误差和抖动，为真正发挥汽车主动避撞系统的作用，需要从实际交通环境众多的雷达目标中有效地识别出需要的目标车辆，并准确地获得其运动信息，所需的关键技术就是交通环境中目标车辆识别及运动信息获取。车间距离测量系统是汽车纵向主动避撞系统中非常关键的传感器，按照实现方式的不同可以分为两类：一类是基于机器视觉的车间距离测量系统，一类是基于车载雷达系统的车间距离测量系统。

基于机器视觉的车间距离测量研究是通过对视觉信号的实时处理获得车间距离值。视觉信号具有探测范围宽、目标信息完整、符合人的认知习惯等优势。但机器视觉测距应用于汽车主动避撞环境时却存在较大的不足：一是由于视觉信号处理的运算量大，距离测量的实时性较低；二是受摄像头分辨率及视觉信号处理方法的限制，基于机器视觉测得的车间距离精度较低。图 17-35 所示为用于车间距离测量的 CCD 摄像机。

图 17-35　车载 CCD 摄像机

基于车载雷达系统的车间距离测量研究是以微波或激光雷达作为测距传感器，通过对雷达测量信号的处理获得前方目标车的距离及相对速度等信息。与基于机器视觉的车间距离测量相比较，雷达测量的实时性、准确性较好。按测量介质不同，可以将车载雷达系统分为微波雷达（如图 17-36 所示）和激光雷达（如图 17-37 所示）两种。微波雷达的优点是运行可靠，测量性能受天气等外界因素的影响较小，缺点是结构复杂，成本较高。激光雷达的主要优点是结构简单，测量精度较高，缺点是测量性能易受环境因素干扰，在雨、雪、雾等天气情况下测量性能会有所下降。

图 17-36 车载微波雷达

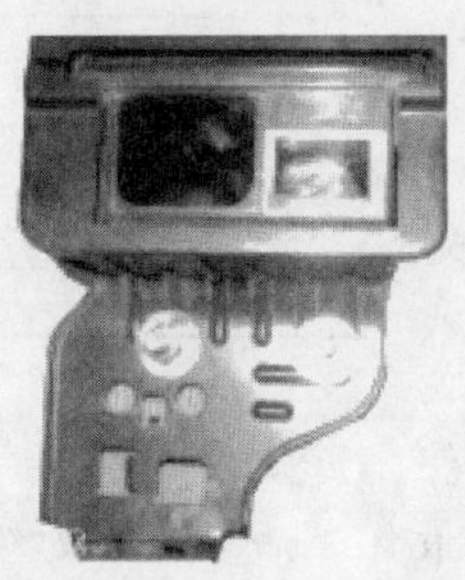

图 17-37 车载激光雷达

2. 汽车纵向行驶走—停巡航控制系统

汽车纵向主动避撞系统的研制和开发主要针对的是在高速公路上高速行驶的车辆，而不适用于城市中低速、高车流密度情况下使用。具有走—停功能的车辆自适应巡航控制系统正是针对车速低、车距近的行驶情况所做的功能扩展，这就要求适应巡航控制系统具有更好的近距离探测能力，更准确的信号处理功能，以及响应速度快、鲁棒抗干扰性强的系统控制性能。

与常规汽车纵向主动避撞系统相比，车辆走—停巡航控制系统的运行工况具有以下特点：频繁走、停的城市拥挤交通工况，车速通常在 0～40km/h 之间变化，期望车间距离小，对车间相对距离、相对速度的控制精度要求高，因此该系统表现出较为复杂的非线性、时滞、干扰的动力学特性。针对此具有复杂动力学特性的车辆走—停巡航系统控制方法及其应用的研究已得到各国学者的重视，并取得了相应的研究成果。

(1)车间纵向动力学系统控制模型的建立

在动力学系统控制模型建立方面，采用状态空间方程建立了非线性车辆纵向动力学系统控制模型，并结合车间纵向动力学系统模型，提出一种车辆走—停巡航系统集成模型，该模型不但考虑了低速行驶工况下，由于发动机、液力变矩器等主要部件的影响而导致的车辆强非线性动力学特性，而且还考虑了前导车加/减速度频繁变化的干扰影响，从而将被控车辆和车间纵向动力学特性统一到一个平台下进行分析，合理地反映了目标车干扰和自车非线性动力学特性之间的内在联系。

(2)基于输出干扰解耦的走—停巡航控制系统

在完成在动力学系统控制模型建模的基础上，为实现低速工况下对车间相对距离、相对速度的合理控制，根据上述建立的车辆走—停巡航纵向动力学系统集成模型，提出了基于输出干扰解耦的走—停巡航控制系统。该控制系统的基本原理为，通过采用输出干扰解耦方法，实现期望的控制目标值(即车间相对距离、相对速度误差)与目标车加减速度干扰完全无关,然后采用常规的线性控制方法(如LQ方法)设计反馈控制器,从而不但保证控制目标值取得良好的动态响应特性,而且能够实现系统对目标车加减速度干扰的完全解耦。

图17-38所示为基于输出干扰解耦的走—停巡航控制系统框图,该闭环控制系统存在两个反馈环:内环(即输出干扰解耦控制环)实现系统输出对干扰的解耦及部分线性化,外环(即LQ控制环)实现系统闭环动态特性的调节。

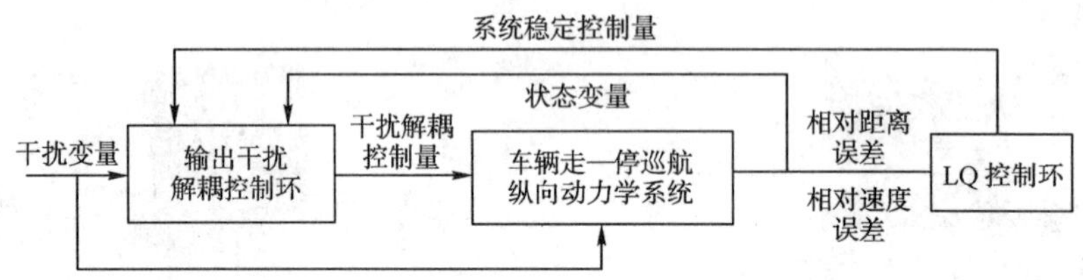

图17-38 基于输出干扰解耦的车辆走—停巡航控制闭环系统

3. 具有最优燃油经济性的纵向行驶车辆自适应巡航控制系统

具有最优燃油经济性的车辆自适应巡航控制系统是更为先进的巡航控制系统,它在不降低原有控制系统对车间相对距离、相对速度的跟踪性能同时,实现对发动机燃油消耗量的最优控制。该系统不但减少了事故发生率、减轻驾驶人员工作强度,而且进一步改善了车辆的燃油消耗量和保护城市环境。该系统的基本原理为:通过综合控制节气门开度和变速器传动比,从而协调发动机的节气门开度和转速变化,使其工作点尽可能运行在燃油消耗量最低的区域内,最终保证发动机在获得期望的输出转矩同时,实现燃油消耗量的最优化,相应的系统控制框图如图17-39所示。

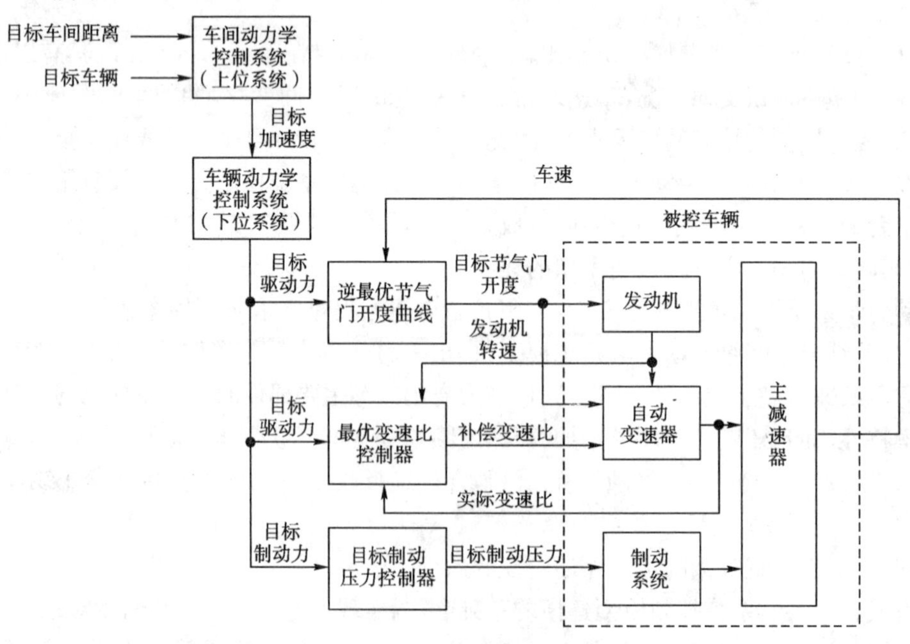

图17-39 具有最优燃油经济性的纵向行驶车辆自适应巡航控制系统框图

图 17-40 和图 17-41 所示为基于电控机械式自动变速器（AMT）载重车辆，所设计的具有最优燃油经济性的车辆自适应巡航控制系统与原有自适应巡航控制系统（当 AMT 分别采用经济和动力换档模式）的控制效果对比。结果表明，改进的车辆自适应巡航控制系统在不降低系统控制精度的同时，其燃油经济性得到了较大的改善。

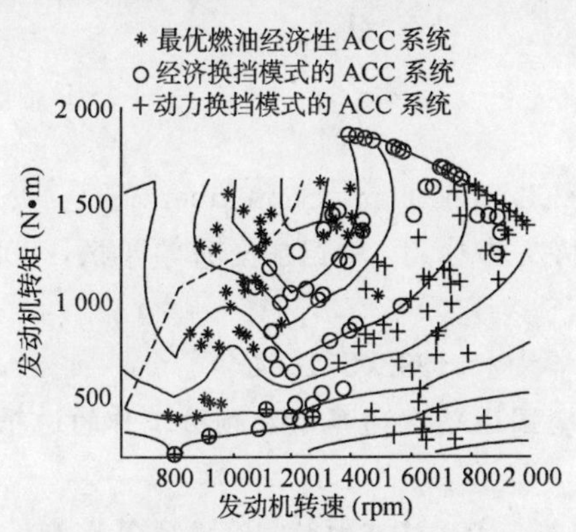

图 17-40　三种控制模式的发动机工作点对比

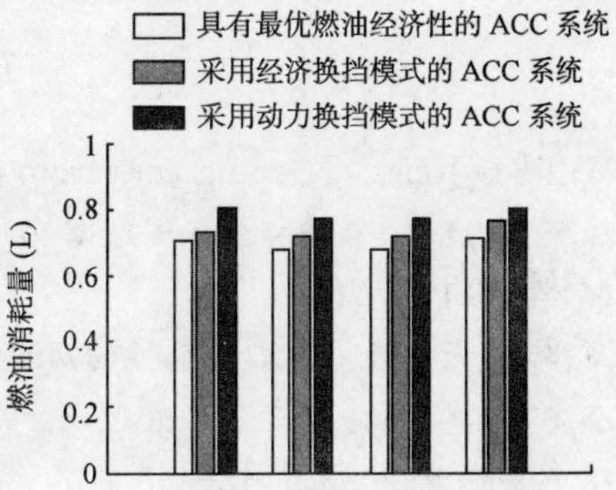

图 17-41　三种控制模式的燃油消耗量对比

4. 车道保持辅助系统

作为先进车辆安全与控制系统的一个分支，车道保持辅助系统是新一代的汽车辅助驾驶系统。其目的是当驾驶员疏忽时，保持汽车仍在控制下行驶。它采用警告系统告知驾驶员汽车在其行驶车道中离开了它的路径，如果驾驶员不及时做出反应，系统会启动自动控制装置自动控制转向，使汽车回至原来的路线。

车道保持辅助系统的基本原理为，系统通过车载传感器感知前方道路与当前车辆位置信息，由传感器及 A/D 转换送入计算机，然后经过偏移量以及偏移历程的辨识，再经控制算法的运算得出控制指令，该指令控制驱动电机输出转向、转速及转角等参数，通过机械连接传递到汽车转向盘，以调整车辆转向轮的转角，从而控制汽车保持期望的行车路线，并在不同的车速、载荷、风阻、路况下都具有良好的乘坐舒适性。图 17-42 所示为车道保持系统的系统结构图。

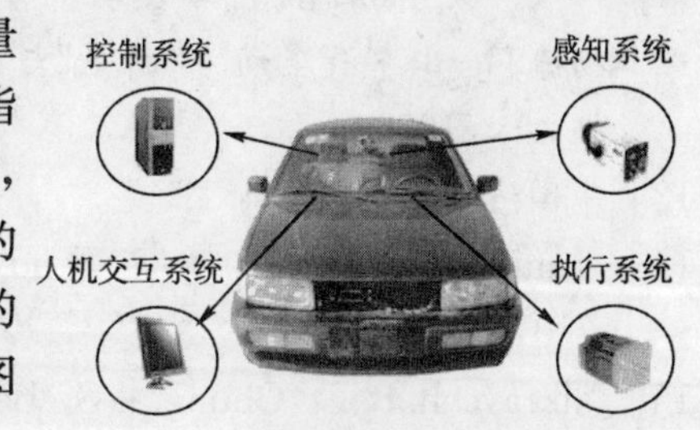

图 17-42　车道保持辅助系统结构图

车道保持辅助系统按照实现功能可以大致分为三个模块，分别为信息感知模块，控制模块，转向执行机构模块，控制系统框图如图 17-43 所示。

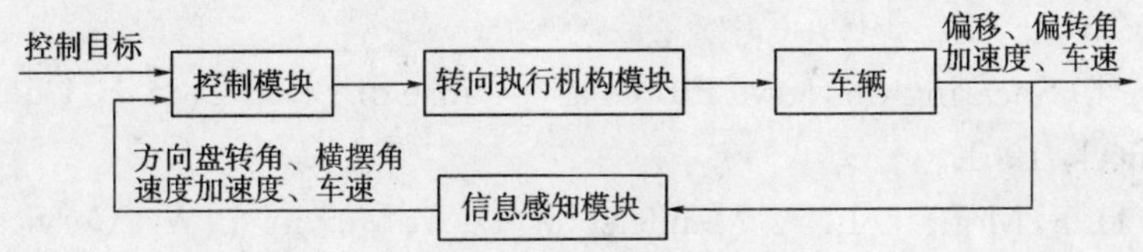

图 17-43　车道保持辅助系统控制框图

在车道保持辅助系统中，信息感知模块可以分为环境信息感知以及车辆自身状态信息感知两部分。其中，车身自身感应系统包括方向盘转角传感器、横摆角速度传感器、加速度传感器和车速传感器等。控制模块为车道保持系统的核心部分,主要部件是计算机。控制模块根据信息感知模块获得的环境信息以及车辆位置、行驶状态信息,通过一系列的算法进行计算,获得并且输出方向盘的控制信息。执行模块的主要部件为驱动电机及其电机驱动器。由控制模块输出的控制信号,通过驱动电机带动方向盘的转向管柱或者转向拉杆完成对于车辆的横向控制。

参考文献

[1] Willie D Jones. Keeping cars from crashing. IEEE Spectrum. September 2001:40～45.

[2] 陈照章,成立,朱湘临. 我国道路交通安全的现状及其对策. 中国安全科学学报,2002,12(6):14～17.

[3] 廖琪梅,李卓森. 汽车安全性的历史和现状. 汽车技术,1998,3:1～4.

[4] 公安部国家安全生产监督管理局. 关于2002年全国道路交通事故及预防工作的通报. 道路交通管理,2003,3:42～43.

[5] 姚明. 浅谈未来汽车安全性能及其技术的发展趋势. 实用汽车技术,2006年第5期.

[6] 林逸,郭九大,王望予. 汽车被动安全性研究综述. 汽车工程,1998年(第20卷)第1期.

[7] 何文,钟志华. 汽车被动安全性研究概述. 长沙:湖南大学学报(自然科学版),第27卷第2期.

[8] 侯飞. 国外汽车被动安全规范综述. 上海汽车,2000.3.

[9] 李怀彬. 我国汽车碰撞标准体系浅析. 汽车研究与开发,2005年第11期.

[10] http://www.c-ncap.org/.

[11] 一汽—大宇(烟台)汽车发动机有限公司,公司简介,1999.

[12] 杨德润. 山东汽车动力"新星"与山东轿车工业的"曙光". 山东汽车工程学会年会论文选编之六,1998.

[13] 中国汽车报,1999.4.12.

[14] Tani. M, Emori. R. I. A Study on Automobile Crashworthiness. SAE Paper No. 700175,1970.

[15] Nikravesh. P. E, Chung. l. S, Benedict R L. Plastic Hinge Approach to Vehicle Crash Simulation. Computers&Structures, 1983; 16(1～4).

[16] Hung. E. The PAMCRASH Code as an Efficient Tool for Crashworthiness Simulation and Design. Second European Cars/Trucks Simulation Symposium, Schliersee, Germany. May 22～24. 1989.

[17] Strich. S. J. Shearing of Nerve Fibres as a Cause of Brain Damage Due to Head injury. The Lancel, 1961.

[18] Huelke. D. F, Moffatt. E. A, Mendelsohn. R. A, Melvin. J. W. Cervical Fractures and Fracture Dislocations—An Overview. SAE SP438 Paper No. 790131, 1979.

[19] Cavanaugh. J. M, Walilko. T. J, Malhotra. A, Zhu. Y, King. A. I. Biomechanical Response and Injury Tolerance of the Thorax in Twelve Sled Side impacts. Proc. 34th Stapp Conf, SAE Paper No. 902307, 1990.

[20] Kroell. C. K, Schneider. D. C, Nahum. A. M. Impact Tolerance of the Human Thorax Ⅱ. Proc. 18th Stapp Conf. SAE Paper No. 741187, 1974.

[21] lau. I. V, Viano. D. C. The Viscous Criterion. Basis and Application of an Injury Severity Index for Soft Tissue. Proc. 30th Stapp Conf. SAE Paper No. 861882. 1986.

[22] SAE information report: Human tolerance to impact conditions as related to motor vehicle design. SAE J885 JUL86, Society of Automotive Engineers, Inc. 1986.

[23] Ruan. J. S, Khalil. T, King A L. Dynamic Response of the Human Head to Impact by Three-Dimensional Finite Element Analysis. ASME, Journal of Biomechanical Engineering, 1994; 116.

[24] TNO Road-Vehicle Research Institute. Dummy newsletter, N0. 4, 1994. 5.

[25] Melvin. J. W, Robbins. D. H, Benson. J. B. Experimental Application of Advanced Thorack Instrumentation Techniques to Anthropomorphic Test Devices. Proc. 7th ESV Conf, U. S. Government Printing Office, 1980.

[26] Beebe. What is BioS1D?. SAE Paper No. 900377, 1990.

[27] Janssen. E. G, Vermissen. A. C. M. Biofidelity of the European Side impact Dummy—EUROSID. Proc. 32nd Stapp conf, SAE Paper No. 881716, 1988.

[28] Schneider. L. W, et al. Development of an Advanced ATD Thorax System for improved Injury Assessment in Front Crash Environment. Proc. 36th Stapp Conf. SAE Paper No. 922520, 1992.

[29] Johannessen. H. G. Historical Perspective on Seat Belt Restraint Systems. SAE Paper No. 840392, 1984.

[30] 崔淑兰. 国外汽车碰撞试验及乘员约束系统技术动态. 国外汽车,1990(3).

[31] Leung. Y. C, et al. Suomarining injuries of 3 Pt. Belted Occupants in Frontal Collision—Description. Mechanism and Protection, SAE Paper No. 821158, 1982.

[32] Viano. D. C. Crash Injuries Prevention: A Case Study of Fatal Crashes of Lap-Shoulder Belted Occupants. SAE Paper No. 922524. 1992.

[33] The State of Inflatable Belt Restraints: An investigation of Technology to Date Reveals Some Unresolved Design Concerns. Automotive Engineering, 1992; 100(2).

[34] Wang. J. T, Ncfske. D. J. A New CAL3D Airbag Inflation Model. SAE Paper No. 880654, 1988.

[35] Hoffman R, et al. A Finite Element Approach to Occupant Simulation: The PAM-CRASH Airbag Model. SAE Paper No. 890754, 1989.

[36] Standhemmer P. 汽车的安全性. Auto Parts PSE′95, Oct. 14-19, Beijing, China, 1995.

[37] MADYMO 3D User's Manual. Version 5. 1. TNO Road Vehicle Research Institute, 1994.

[38] Hoffman R, et al. Finite Element Approach Analysis of Occupant Restraint System Interaction with PAM—CRASH. 34th Stapp Conf, SAE Paper No. 902325, 1990.

[39] Ni. X, Lasry. D, Haug. E, Hoffman. R. Advances in Problem—Adaptive Occupant Modeling with PAM—SAFE. Proceedings of 13th International Techincal Conference on Experimental Safety Vehicles, Paris, 1991.

[40] 黄世霖等.汽车被动安全性试验研究.汽车工程,1992;14(4).

[41] 王瑄,陈弘,董丽莉,赵航. CATARC汽车模拟碰撞试验系统的研究. 中国汽车工程学会第十届年会论文集,北京. 1996. 7.

[42] 交通部公路科学研究所. 交通部公路交通工程综合试验场简介. 1993.

[43] 于旭光,黄世霖. 汽车碰撞过程中人体响应的研究. 汽车工程,1992;14(3).

[44] 林逸,王望予,郊九大. 汽车碰撞的二维人体运动学仿真及其在交通安全研究中的应用. 北京:中国公路学报,1995;18(3).

[45] Gun. J. D, Lin. Y, Wand. D. M, Sun. D. O. Modeling and Software Realization of Occupants in Vehicle Passive Safety Analysis. Proceedings of the NATO—ASI on Crashworthiness of Transportation Systems: Structural Impact and Occupant Protection, Troia, Portugal. 1996. 7.

[46] 钟志华,郭正康. 汽车抗碰撞分析中的摩擦力计算. 汽车工程,1993;15(6).

[47] 钟志华. 汽车耐撞性分析的有限元方法. 汽车工程. 1994;16(1).

[48] 周一鸣,信世强,朱勇华. 汽车碰撞中人体保护装置的研究,汽车工程, 1993;15(1).

[49] 陈祯福.汽车底盘控制技术的现状和发展趋势 [J].汽车工程 第28卷第2期,2006年2月:105-113.

[50] 杨兆升,史其信. 智能运输系统概论. 北京:人民交通出版社, 2003. 1.

[51] Trachtler, Ansgar. Integrated vehicle dynamics control using active brake, steering, and suspension systems, Robert Bosch GmbH, FV/SLF 2, VDI Berichte, 2004: 463-473+725.

[52] Greul. Roland, Eliis. S, Wey. T. Improvement in vehicle stability by integration of AWD (All-Wheel-Drive) and ESP, Universitat Duisburg-Essen, Lehrstuhl Mechatronik; VDI Berichte, 2004: 677~685.

[53] 侯德藻. 汽车纵向主动避撞系统的研究[D]. 北京:清华大学,2004.

[54] 宾洋. 车辆走停巡航系统的非线性控制研究[D]. 北京:清华大学,2006.

[55] K. Yi, J. Hong, Y. D. Kwon. A vehicle control algorithm for stop and go cruise control. Proc Instn Mech Engrs, Vol215 Part D:1099~1115.

[56] 東又 章,安達 和孝,桥詰 武德,等.ブレーキ制御付 ACCの車間距离制御系の設計.自動車技術会学术演讲会前刷集 No. 114~99:5~8.

[57] Yoshinori Yamamura, Masahiko Tabe, Minoru Kanehira, et al. Development of an adaptive cruise control system with stop and go capability. SAE Technical paper 2001-01-0798.

[58] Massimo Canale, Stefano Malan. Tuning of stop and go driving control strategies using driver behavior analysis. IEEE Intelligent Vehicle Symposium 2002, Vol. 2:407 ~412.

[59] Paul Venhovens, Karl Naab, Bartono Adiprasito. Stop and go cruise control. Proceed-

ings of Seoul 2000 FISITA world automotive congress, Seoul Korea, June 12～15, 2000:1～8.

[60] Alberto Isidori. Nonlinear control systems. Berlin, Heidelberg. Springer Verlag, 1985 .

[61] 高为炳.非线性控制系统导论.北京:科学出版社, 1988.10.

[62] Keqiang Li, Yang Bin, Hiroshi Ukawa, Masatoshi Handa. Study on Stop and Go Cruise Control of Heavy-Duty Vehicles. Transactions of JSAE, Vol. 37, No. 2, March, 2006: 145～150.

[63] Yang Bin, Keqiang Li, Hiroshi Ukawa, Masatoshi Handa. Modeling and Control of Nonlinear Dynamic System for Heavy-Duty Trucks. Proceedings of the Institution of Mechanical Engineers, Part D, Journal of Automobile Engineering.

[64] Shengbo Li, Yang Bin, Keqiang Li, Hiroshi Ukawa, et al. A Control Strategy of ACC System Considering Fuel Consumption. Proceedings of International AVEC, 2006, Taipei, China..

[65] E. D. Dickmanns. Vision for ground vehicles: history and prospects, International Journal of Vehicle Autonomous Systems(I JVAS), 2002, 1(1): 1～44.

[66] M. Bertozzi, A. Broggi, A. Fascioli. Vision-based Intelligent Vehicles: state of the art and perspectives. Journal of Robotics and Autonomous Systems, ,2000, 32(1):1～16 .

[67] Ayoubi. M,Ruck. G. EPS-Electric Power Steering in BMW Z4[J]. Tagung Fahrwerktechnik Munchen 2/3. 07. 2003.

[68] Schwarz. R, Bauer. U, Fritz. S, etal. ESPII Driving Dynamics in the Next Generation: part 1 [J]. ATZ, 2003(11).

[69] Anton. T, Van Zanten, Robert Bosch GmbH. Evolution of Electronic Systems for Improving the Vehicle Dynamic Behavior, AVEC'02, 20024481.

[70] Keiyu Kin, Osamu Yano, Hiroyuki Urabe. Enhancements in vehicle stability and steerability with slip control, JSAE Review 24(2003), 71～79.

第十八章　交通安全心理学

在交通安全人、车、路、环境系统中，人是最主要的因素。交通欲达到安全、快速、舒适、方便、经济之目的，不能单靠增建道路、添加交通设施、多生产汽车、改进车辆性能等，而必须对道路使用者进行研究。同时，制造汽车、修建道路、交通组织管理等也都应考虑人的因素。

自 1879 年冯特(Wundt)在德国成立第一座心理学实验室起，一门研究人的心理过程和心理规律的学科由此诞生。在此之后的 100 多年时间内，心理学经历了一个漫长的发展过程，学科理论不断充实，学科分支不断扩展。心理学与交通工程学、人体工程学、人机工效学等多门学科结合，形成了一门新兴的边缘学科——道路交通安全心理学，其属于工程心理学的一个分支。

第一节　交通安全心理学概述

一、心理学及其分支

人的心理或心理现象，是指在处理客观事物过程中，人脑里所产生的主观活动。也就是说，心理是脑的机能，脑是心理的器官。心理现象可以分为心理过程和个性心理两个方面。

心理过程是指人对客观事物的认识过程和对待、改造客观现实的意向过程，包括感觉、知觉、记忆、思维、想像、情绪和情感等。外界刺激作用于人的感觉器官，产生感觉；而后传入人的中枢神经系统进行分析，形成知觉；对于一些事物的感知经过重复进入人的记忆系统；在处理一些问题时，需要提取这些记忆进行思维或想像活动；这其中还会伴随个体对事物的喜欢、厌恶等情绪与情感过程。这就形成了人的个性心理特征，又称个性差异，其是指一个人在心理活动中，所表现出来的比较稳定的、经常的特征，包括个体的能力、性格、气质等。个性心理是由个体长期的经历和所处的社会环境形成的，受先天生理遗传与后天社会的影响，因而在一段时间内相对稳定，不会改变且很难改变。

心理过程与个性心理特征实质上是分不开的。因为各种心理过程总是产生在具体的个体——人身上，每个人又具有不同的个性心理特征；同时，个性心理特征也只有在具体的心理活动过程中才能表现出来，人的各种心理现象见图 18-1。

心理学是一门研究人的心理现象及其发生发展规律的学科，它从心理过程和个性心理特征两个方面来研究人的心理问题。作为一门研究人的学科，心理学一经产生，便与其他学科相结合产生了各个领域的交叉边缘学科，形成了心理学的庞大分支体系，见图 18-2。

二、交通安全中的心理学问题

在交通安全系统中，人是最主要的因素，交通事故的发生与交通参与者的心理有着密切的关系，研究交通系统中驾驶员、行人、骑车者的心理现象和规律，有助于解决交通安全问题。

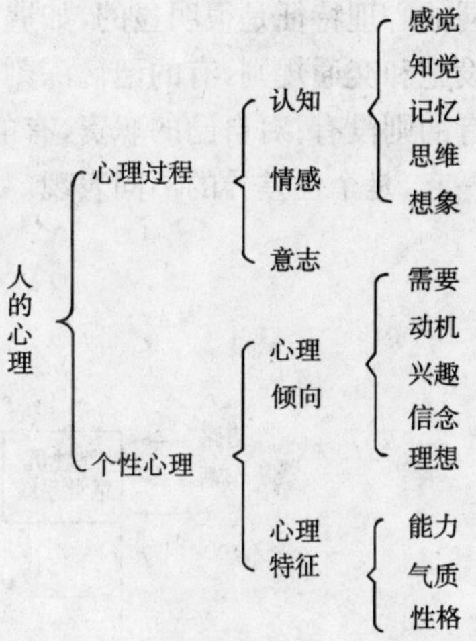

图 18-1 人的各种心理现象

交通参与者的心理现象是在交通实践活动中产生和发展的，是人对复杂多变的客观现实的反映，同人的基本心理现象一样，反应在心理活动过程和个性心理特征两个方面。

心理活动过程是实时的，任何交通参与者在不同的时间、地点和交通环境中，都有心理活动的过程。首先是认识过程，即人凭着他的感受器(眼、耳、口、鼻等)直接与各种交通工具、交通设施、交通现象、建筑物和行人等外界事物接触，感受到这些交通事物的某种属性开始的，然后运用自己已有的经验和知识，对它们不断深化成知觉的过程。可以说，交通参与者对交通事物的认识过程，就是交通参与者对交通事物个别属性的各种不同感觉加以联系和综合的过程，是交通参与者决定自己行为的重要基础。认识过程只是心理过程的开始，接着认识过程的是情感过程。交通参与者对交通事物进行认识活动的同时，必然会表示自己的态度，产生一定的主观体验，并且对不同的事物产生某种独特色彩的体验。如驾驶人员对交通警察的指挥、对交通调度、对执行交通任务、对某个交通事故的处理、对某种交通设施，甚至对交通有关的其他事物等，都会表现出满意、愉快、喜欢或沉默、厌恶、愤怒等不同的态度，作出肯定或否定的心理反应，这就是情感过程。情感过程还不是心理过程的终止。在前面两个过程的基础上，继续深化，又产生意志过程，即人们为达到设定的交通目标，想办法下决心，克服困难，采取措施，超越障碍，实现自己的目的，这就是意志过程。认识、情感、意志是心理过程的 3 个方面，虽然有着一定的区别，但又不是孤立的，更不是割裂开来的，而是前后呼应、密切联系的。当然，对每一个人的个性心理特征来说三者是一个统一的整体，驾驶员的心理现象见图 18-3。

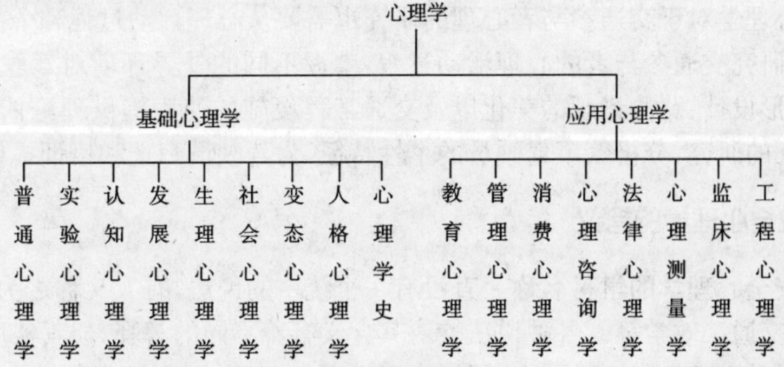

图 18-2 心理学的学科分支

个性心理特征强调个体之间的差异，是指每个人都有每个人的特点，彼此之间存在差异，主要表现在个人的能力、气质和性格等方面。在交通中由于个性差异的不同，表现出来各自不同的心理特征是很明显的，如遇到路标、信号，有的反应敏捷，有的反应迟钝；对道路特征、交通设施和交通规则，有的记忆深刻，有的容易遗忘；有的存在着凝聚的事故性容易发生交通事故，有的则没有；对自己的职责，有的认真负责，有的马马虎虎。这些都是与个性差异密切联系在一起，是个性差异的不同表现。

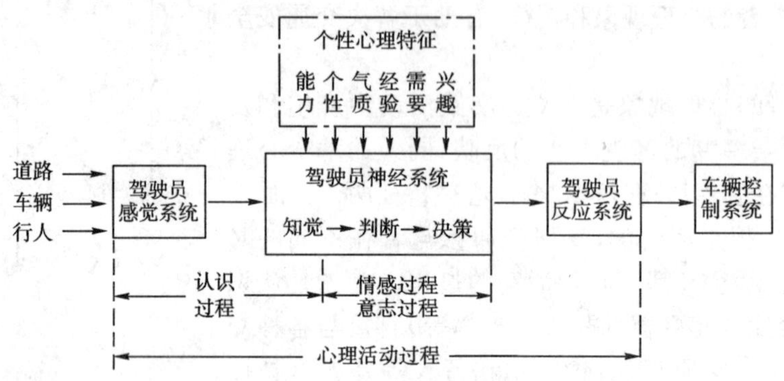

图 18-3　驾驶员的心理现象

交通安全心理学对于交通参与者心理的研究也需要从心理活动过程和个性心理特征两个方面进行，通过研究交通参与者的心理活动过程，掌握不同的外界环境对驾驶员生理、心理的影响，为道路线形设计、路侧景观的美化以及交通工程设施的使用提供理论依据；通过对驾驶员个性心理特征的研究，分析肇事驾驶员的个性特征，为驾驶员筛选和培训提供指导。

三、交通安全心理学的含义

有关交通安全心理学的学科名称一直没有一个统一的说法，有人又称之为交通心理学、交通工程心理学、交通工效学等。各种说法均对其含义有着不同的解释，但其实质基本相同。即交通安全心理学是心理学的一个分支，属于应用心理学范围，心理学是研究人类行为的科学，而交通安全心理学则是把心理学的方法、事实和原则应用于道路交通中的人，研究道路交通系统中人的心理活动规律和个性心理特征。

交通安全心理学同心理学和交通工程学有密切关系，是将心理学知识应用于道路设计、交通设施设计、交通安全、交通组织管理、交通安全宣传和汽车设计的一门应用学科。研究在道路交通过程中，如何适应用路者的心理、生理特征；如何调度人的积极性；如何实现安全、舒适、便捷、经济和高效，是交通安全心理学的目的。

交通安全心理学是交通安全技术学科的理论基础。交通安全心理学所研究的驾驶员的操纵特性、反应特性、视觉特性、交通事故心理分析等内容是交通安全技术学科中的重要组成部分。交通安全心理学的研究成果，推动了道路线形设计理论的发展，形成了道路线形设计新理论。

另外，交通心理学是一门处在发展中的边缘学科，与人的因素工程学、生理学、医学、社会学、经济学等都有关系，这也是交通安全技术学科研究的一个具体内容。

四、交通安全心理学的研究对象

交通安全心理学与心理学的其他分支学科一样，有着自己所探索的领域和研究的重点，因而也就有它特定的研究对象。总体来说，交通安全心理学的研究对象，主要是由交通活动过程中所特有的矛盾构成的。交通活动过程中最有意义的莫过于安全、正点到达目的地，而要做到这点，牵涉到的问题很多，如人的特性、道路特性、车辆特性和交通设施是否完善等。但是，交通活动最终是由人去完成的，交通活动安全与否、能否达到目的地都要取决于它能否符合交通人员的要求以及它满足交通人员心理的程度如何。故交通人员(特别是驾驶人员)是交通活动过程中的主体。所以，在交通活动过程中，驾驶人员、车辆与道路环境以及时空的因素是交通安全心理学的主要对象。

依据早期行为主义心理学的观点，人在交通系统中的行为可概括为下列关系式：

S—O—R

式中：S——Stimulus 意为刺激；

O——Organism 意为生物体，即人；

R——Response 意为反应。

例如驾驶员(O)驱车前进，交通民警用手势发出信号，指挥驾驶员路侧停车。信号对驾驶员来说，就是一种刺激(S)。驾驶员受到刺激后在路侧停车，这就是反应(R)。

在交通过程中，人的行为是人体器官对外界刺激产生的反应。不同的外界刺激作用于同一个人，会产生不同的反应；相同的外界刺激作用于不同人，也会产生不同的反应。因此，也可理解为交通安全心理学的研究对象就是 S—O—R 之间的关系。

第二节　交通安全心理学的研究内容

在交通活动过程中，人、车、路、环境是一个有机的系统，提高整个系统的效能是交通安全心理学的主要任务。在人机驾驶系统中，车内和车外的事物现象如何引起驾驶员的心理活动，其心理活动过程是怎样的，驾驶员的个性心理特征又是如何形成和发展，各类交通心理的特征是什么，会有哪些驾驶效能障碍，又如何去解决这些障碍等，都是交通心理学的研究内容。交通安全心理学作为一门学科，目前尚不成熟，其体系也未形成，甚至连名称也不统一。从过去已开展的工作来看，其研究内容大体可以概括为以下几个方面。

一、人的基本驾驶能力

交通的目的是服务于人，道路工程的设计应当从人的基本驾驶能力出发，设计符合人本身要求的汽车环境、道路线形、路侧设施及环境等。要达到这一目的，首先要对人的基本驾驶能力开展研究。这包括人的简单反应时、选择反应时，静视力、动视力等视觉特征，驾驶行为中涉及的短时、瞬时记忆，思维活动，注意的研究等。

1. 感知觉

感觉是人脑对直接作用于感觉器官刺激物个别属性的简单反应，知觉是头脑对感觉到的外部信息加工后产生的反映事物整体的心理现象。在行车过程中，驾驶员不断地通过视觉、听觉、触觉等器官从交通环境中获取道路、行车条件、车辆状况等信息，并将这些信息进行处理，作出正确的反应。所以说驾驶员的工作性质属于感知劳动，其感知觉特性对驾驶工作至关重要，对交通安全具有决定性影响。

心理学关于人的基本感知觉的研究已有比较成熟的成果，如人的感觉阈限和差别阈限的研究可以为道路交通标志的版面和内容尺寸的设计提供依据；静视力与交通安全的关系不大，提示在驾驶行为中应开展驾驶员动态视力特征的研究；知觉的选择性、整体性、理解性为标志内容设计和道路路侧景观设计提供了理论依据等。这些基础的研究成果已在道路安全设计中开始被重视，并在一定程度上提高了交通安全水平。

2. 注意

注意是心理活动对一定对象的指向和集中。驾驶员的感知觉离不开其注意能力的参与，只有通过注意，驾驶员才能从众多的信息中选取有用的信息进行加工。人的注意可以分为随意注意和不随意注意两种，前者需要我们作出一定的努力，需要一定的心理能量，后者则是一种不需要我们作出努力的注意，不需要心理能量的参与，实际中应培养驾驶员对于道路线形和设施的不随意注意，减少驾驶员的心理负担。另外，注意包括注意的广度、注意的稳定性、注意的分配和注意的转移 4 种能力，为了达到安全行车的目的，驾驶员需要具有良好的注意品质，能够合理地分配注意，主动地转移注意。

3. 决策与判断

驾驶员在对道路环境知觉以后，就面临着一个作出何种反应的问题，这一过程称为决策或判断过程。决策和知觉是密不可分的，驾驶员是先有知觉然后才进行决策的。举例来讲，当驾驶员期望超过前面慢速行驶的汽车时，首先要知觉判断自己车辆与对象交通的距离，然后才决策是否超车；又如，驾驶员知觉到道路上的红色信号灯后，才决策停车。决策过程涉及人的记忆、思维和推理，决策中的个别差异要远比知觉中的个体差异大得多，因为驾驶员的知识水平、经验和期望等的差异都很大。驾驶员决策中的个体差异解释了为什么不同驾驶员在面临相同情况时会作出不同的反应。

4. 反应能力

驾驶员在接受外界信息进行处理后，需要有正确快速的反应来执行决策，反应是回答某种刺激所产生的动作。简单地讲，从驾驶员受到某种刺激(如光线或声响等)开始，至作出相应的反应动作为止所需要的时间即是反应时间，它包括了驾驶员进行知觉、决策和反应所花费的时间总和。在实际驾驶过程中，驾驶员的知觉、决策过程很难研究，有时也没有比较进行研究，驾驶员整体的反应时间才是我们最关注的。

反应时间有简单反应时间和复杂反应时间之分。简单反应时间是指对单一信号刺激作出单一反应的时间，如被试者看到灯亮后马上按键进行反应所需要的时间；复杂反应时间也称选择反应时间，是指被试者有可能接受几种刺激，且需要针对不同刺激作出不同反应的时间。

对于驾驶员来讲，复杂反应时间更为重要，因为在实际驾驶车辆中，驾驶员面临的是来自各个方面的不同刺激，需要作出不同的反应。这些反应是否正确并及时，决定了事故会否发生。另外，驾驶员的反应时间还受驾驶员机体状态和技术熟练程度的影响，通过一定的驾驶训练任务可以提高驾驶员的反应能力。

人的基本驾驶能力属于人的基本心理规律，基础心理学已有大量的研究成果，交通安全心理学主要是借鉴了这些成果，或者在此基础上开展了部分研究，研究成果和结论有待进一步的深化。

二、驾驶员信息处理过程

人的基本驾驶能力的研究是从具体的领域考察人的某一个方面的驾驶能力，而驾驶员信息处理过程的研究则是从整体上系统探究驾驶员在行车过程中的一系列的心理现象，找出其规律，为交通安全提供依据。

驾驶员的工作是一种不断感知信息、处理信息的劳动，信息是驾驶员安全行驶的保证。在行车中，驾驶员不断接受来自外界的各种行驶条件的信息和车辆自身行驶状况的信息，凭借自己的理解（驾驶经验），在头脑中进行分析和处理，并发出指令，传向运动器官（手和脚），从而对转向盘、操作杆等操作装置进行操作，使汽车正常运行。汽车行驶的轨迹，相对于道路的适应程度，车辆的振动、速度等行驶状态以及各种操作后车辆的变化，这些信息反馈给驾驶员；与此同时，驾驶员仍接受道路状况及行驶环境的信息。这样，驾驶员在大脑中把信息模型转化为观念模型，结合出行的目标，不断驱使运动器官调节操作。如此循环，直到实现预期目标，安全完成人、机位置的转移。

1. 信息的接收

驾驶员对于交通信息的接收即是其感知觉过程，这其中涉及一系列的神经传输过程。以驾驶员获取视觉信息为例，就包括外界光线到达人眼视网膜、视网膜细胞产生兴奋、神经将兴奋传到视觉中枢、从视觉中枢传到运动中枢等一系列复杂的过程。对于驾驶员信息接收过程的研究，一般包括两个方面：一是探讨交通环境中的哪种刺激能够引起驾驶员的注意，这包括驾驶员感觉阈限的研究及注意选择性的研究；另一个方面是探讨驾驶员获取信息的分类，这有利于对驾驶员的信息处理过程做深入的探讨。

驾驶员所接收信息的分类有很多种：依据接收信息感觉器官的不同，可以将驾驶员获取的交通信息分成视觉交通信息、听觉交通信息、嗅觉交通信息和皮肤觉交通信息等，这其中视觉交通信息最为重要，一般而言驾驶员所获取信息的80％多来自视觉，所以针对驾驶员静动视觉特征的研究尤为重要；依据驾驶员获取信息来源的不同，可以将交通信息分为道路交通信息、车辆信息、行人交通信息和环境交通信息等。

对于道路设计者而言，应在尽可能的条件下，设计出诱导性好的道路，为驾驶员提供易于觉察的需求信息，交通标志标线的设计应尽可能明显，清理道路两侧的无关广告信息，减少驾驶员负荷；对于车辆设计者来说，仪表等显示器的设计要有利于驾驶员观察，车辆设计尽量不影响驾驶员视野，并为驾驶员提供良好的感知信息的环境。

2. 信息的处理

驾驶是感知信息、处理信息、控制车辆的过程。信息处理即是前面提到的思考、决策和判断的过程，它是安全行车的重要环节，驾驶员只能在掌握了可靠信息的基础上才能制定出正确决策去控制车辆。驾驶员信息处理往往受到时间限制。行车安全与否，不在于接收了多少信息，而在于正确处理信息的数量。

驾驶员信息处理能力的高低取决于驾驶员的智力、驾驶经验多少以及驾驶员的生理、心理条件。一般来说驾驶员智力越高、驾驶时间越长、经验越多、生理与心理条件越好，则信息处理能力越高；反之，则越低。研究驾驶员信息处理能力发现，肇事率高的驾驶员的信息处理能力明显低于不肇事的驾驶员。

驾驶员信息处理过程需要心理能量的参与。一般而言行车速度越快，单位时间内需要处理的信息越多，驾驶员的信息负荷过多，超出处理能力，迫使降速行驶时，则会加剧驾驶员的疲劳；当信息负荷过小时，则易分散驾驶员的注意力，或因单调而瞌睡。因此，应在道路设计和交通管理中，保证驾驶员适当的外界刺激，使其处于最佳精神状态，以利安全行车。

3. 信息储存与记忆

信息储存是驾驶员将感知过的事物、体验过的经历、做过的行动、思考过的问题以一定的形式保留在头脑中形成记忆的过程。记忆是通过识别、储存、再现等方式在人们的头脑中积累和储存个体经验的心理过程。记忆有多种分类，如感觉记忆、短时记忆和长时记忆等；交通信息的记忆更多的是一种自传体式的场景记忆。这种记忆的特点是把自己经历过的事情以一定的场景形式进行储存，更容易被提取。

在交通系统中，要减少交通事故，一方面需要驾驶员具有良好的对驾驶经验的信息储存外，还要通过各种途径增进驾驶员对交通路线与交通环境的良好储存。在交通事故的统计分析中，不难发现外埠车辆的肇事率较高，其原因一方面是由于长时间外出疲劳所引起，另外一个重要因素就是对新到地区交通路线、交通环境信息短缺所致。因此，对于外埠驾驶员来说，去一新地区完成运输任务时，应预先研究自己的行车路线，熟悉交通情况，存储必要的交通信息，这样才能避免不必要的交通事故的发生。作为交通安全部门，应为驾驶员了解交通信息提供方便，尽可能编制道路路线图、行车建议图、限速路线图、路线危险地点图、路段事故通报等。道路上应完善指路标志，以保证驾驶员具有良好的信息感知系统，储存必要的交通信息。

三、驾驶员个性心理特征

如前所述，人的心理包括心理过程和个性心理两个方面，驾驶员行车时的心理过程研究属于人心理的共性研究，不关心每个驾驶员的不同。而现实情境中，驾驶员的个性心理特征也在交通安全中起重要作用。如一次很难找出原因的事故多数是因为驾驶员的情绪和马虎所造成；相同的环境下，有些驾驶员发生了事故，而另一些驾驶员则有效地避免了事故的发生，这也是由于驾驶员间的差异所致。共性寓于特性之中，研究驾驶员的个性心理特征，有利于我们更好地了解驾驶员行车时的心理，提高道路交通中人的能动性，充分发挥现有交通设施的作用，确保交通安全、舒适、方便。

1. 驾驶员个性差异研究

所谓个性，是指在一个人身上经常地、稳定地、带有倾向性地表现出来的心理特征，包括人在对待社会、对待工作、对待人际关系中表现出来的特性。个性心理特征影响着驾驶人员的一切言行举止。正是驾驶人员个性心理特征与驾驶活动的结合，才给各自的驾驶行为涂上独特的色彩，显现出不同的差异性，这种差异性主要包括能力、气质和性格等方面。

(1)能力的差异

能力是一种个性心理特征，是人顺利实现某种活动的心理条件。它在人们所从事的活动中表现出来，并在活动中得到发展。人的能力是在人的生理素质的基础上，接受一定的社会物质生活和文化教育环境的影响，在社会实践活动中形成和发展起来的。它受到先天因素的制约，但起决定作用的是后天因素。

通过心理学家的研究发现，人的能力包括多个维度和分类，如一般能力和特殊能力，前者即是我们所说的智力，后者指人在某个领域中所表现出的特殊能力；再如模仿能力和创造能力，前者是指人简单模仿别人行为的能力，后者指人产生新思想和新产品的能力；还有液体能力和晶体能力，前者指信息加工和问题解决中表现出的能力，后者指获得语言、科学知识的能力。

由于一个人的生理素质、文化教育、社会实践、工作经验和个人努力与修养等不尽相同，所以就形成了一个人能力的个别差异。在驾驶活动中，驾驶人员能力的个别差异主要表现在观察、记忆、注意与注意分配、选择反应、手足协调、动作量的控制和情绪等方面。

人的能力有大有小，因而可以利用各种智力量表来测量人的能力。驾驶员的能力和从事其他职业的人的能力一样，包括一般能力和特殊能力。一般能力即智力，可以采用韦克斯勒成人智力量表测量；特殊能力就是驾驶能力，包括视认能力、感知能力、精力集中能力、分析判断能力、反应能力等，这些均可以采用心理学的一些基本工具和量表进行测量。

(2)气质类型的不同

气质是比较稳定的心理特征，主要表现在人的行为、心理活动的动力方面。驾驶人员感知的速度、思维的灵活程度、注意力集中时间的长短、情绪的强弱、意志努力的程度以及心理过程的指向性特点等方面，都表现了每个人之间的气质差异。

古希腊心理学家希波克拉特认为人体内有 4 种体液：血液、黏液、黄胆汁和黑胆汁。4 种体液的比例决定了人的 4 种不同气质，多血质、胆汁质、黏液质和抑郁质。4 种气质类型的人的个性特征有所区别，多血质活泼、好动、反应迅速、喜欢与人交往、兴趣易变迁；胆汁质直率、热情、精力旺盛、情绪易波动、心境变化剧烈；黏液质安静、稳重、反应缓慢、沉默寡言、情绪不易外露、注意稳定难以转移、善于忍耐；抑郁质孤僻、行动迟缓、体验深刻、善于觉察别人不易觉察的细小事物。同时，他认为每个人都有 4 种气质类型，只是某个人会以某种气质类型为代表。

有些专家针对驾驶员的气质与交通事故的关系开展了研究，并得到了一定的结论。但其实气质类型本身没有好坏之分，任何一种气质在一种情况下可能具有积极意义，在另一种情况下可能具有消极意义。不过，这种研究也有可取之处，通过研究了解驾驶员的气质，对于安全教育、驾驶培训、组织交通运输等都有重要意义。

(3)性格差异

性格是人的个性心理特征的重要方面，人与人之间的个别差异，往往首先表现在性格上。驾驶人员作为一个社会人，也同样具有十分复杂的性格构成因素和性格的行为表现特征。

人的性格有两个维度，一个是内外倾，一个是稳定性，两者结合可以将人分成 5 种不同的性格特征。不过，在实际对性格的测量中，不同的测量问卷又对人的性格的不同方面进行了界定，如最为常用的卡特尔 16PF 问卷，就将人的个性分成了 16 个不同的维度。性格与气质有着密切的联系，一个人的某一代表性的气质特征往往决定了他的性格。由于气质更加难以界定，因而在探讨人的个性差异时，我们更多的是用到性格特征。

研究人的个性特征，是一个较为棘手的问题，研究驾驶员在交通过程中的个性特征，就更为棘手。在道路上，驾驶员驱车前进，其个性特征受到诸多因素的影响。如自身条件随着驾驶时间的延长而变差，交通状况的突变不可预测，外界刺激的数量与强度的多变等。因此，直接测量驾驶员在行车条件下真实的个性心理特征参数，几乎是不大可能的。近年来出现的驾驶模拟器，虽然给测定驾驶员的心理特征创造了有利条件，但是在实验室内(试验场上)操纵模拟器的心理压力与在道路上操纵汽车时的心理压力，有很大区别。在模拟器上测定的心理特征参数，需作修正。

通过研究驾驶员的个性心理特征，改善驾驶行为；采用适当方式限制驾驶行为的变化，避免错误驾驶；改善车辆结构设计，修正道路缺点，满足驾驶心理特征的需求；缩小驾驶需求与完成驾驶任务所需求的驾驶能力之间的差距，杜绝与交通事故有关的驾驶行为，保证交通安全。

2. 驾驶员事故倾向性

事故倾向性(Accident Proneness)概念最早由 Osborne 提出。一般认为，事故倾向性是指在同样的情境下，有些人因生理或心理原因比另外一些人本质上更容易发生事故。人们在对事故的大量调查研究中发现，驾驶人群中存在一小部分驾驶员，他们只占总驾驶人群的很小比例，发生的事故数却占总事故数的相当大的比率。这类驾驶员即事故倾向性驾驶员。

在美国康乃狄格州人们调查了 330 名驾驶员的记录，发现 6 年内 4%的驾驶员发生的事故数占总数的 36%。在我国也有人在对合肥、西安、济南等地的 3 548 名驾驶员的事故调查中发现事故倾向性驾驶员的存在，其比率为驾驶人群的 6%～8%。

在对事故倾向性驾驶员的研究上，早期主要从体格、感觉运动、运动协调性等身体素质方面探讨他们发生事故的原因。20 世纪 30 年代开始，人们开始更多地关注事故倾向性驾驶员与正常驾驶员在个性心理方面的差异，并通过大量的调查研究得出了一系列的结论(见表 18-1)。

事故多发者与无事故驾驶员的特征比较 表 18-1

项目		事故多发者	无事故驾驶员
性格特征	协调性、自查力	少	有
	自我中心性	强	少
	攻击性、活动性	大	小
	作业量	少	多
	动摇性	大	小
心理特征	知识水平	低	高
	待人关系	很少关心他人、亲密度少	关心别人、亲密度多
	不满情绪	强(突然产生)	少
	情绪受刺激	不安定 兴奋性强	安定 正常
	感受性	过敏	正常
	理解外界现象	主观、片面	客观、全面
	适应性	异常	正常
	安全态度	冒险	安全为主
	安全教育观	轻视	重视、积极
	交通法规观	轻视	重视
	对事故的责任性	缺乏	强

资料来源：王健. 交通安全心理学[M]. 重庆：科学技术文献出版社重庆分社，1988 年 6 月。

3. 驾驶员筛选与培训

通过前面的讨论，我们知道人是存在个性差异的，不同的人适合不同的作业任务。驾驶汽车需要具备一定的条件，不是所有人都适宜当汽车驾驶员。为了保证交通安全，对申请驾驶执照的人，有必要经过一系列驾驶资格检查和驾驶适应性检查。对已经当上驾驶员的人，定期进行心理培训与辅导，加强教育与管理工作。

驾驶员的驾驶适宜性是指驾驶员应具备的能够圆满完成驾驶任务的素质，该素质是由驾驶员的先天素质和后天所学技能构成，两者相对稳定而又相互补充。驾驶适应性检测的目的，在于通过科学的仪器诊断，区别出事故多发驾驶员，并对他们实施针对性再教育与训练。

驾驶适应性检查应当包括对驾驶员身体方面的检查、生理特性方面的检查以及心理特性方面的检查。我国现行的驾驶员资格考试，仅仅是对驾驶员基本身体素质、驾驶能力的一种检验，而缺乏对驾驶员心理特征的检查，如驾驶员感知觉能力、注意能力及其他心理水平的测量。

日本曾在全国普及对职业驾驶员的适宜性检测，经过 20 多年的努力，使日本连续多年成为世界上交通事故最少的国家。国内有关驾驶适宜性检测的研究和检测系统的开发尚属于起步阶段，且主要用于职业驾驶员的选拔领域，西安公路交通大学李百川教授及其课题组受交通部委托，就驾驶适宜性理论和检测问题进行了长达 10 年的研究工作，在长期调查、测试、研究的基础上，制定了交通部行业标准《职业汽车驾驶员适宜性检测评价方法》，并已据该标准开发出了适合我国国情的"驾驶员适宜性检测设备系统"；刘志宏等编制了军队汽车驾驶员职业适宜性测验；凌文辁等人构建了汽车驾驶员安全驾驶的性向测验，国内相关机构也已开发了专门的驾驶适宜性检测系统，这些都有待进一步的推广。

在做好驾驶员筛选的同时，还应注意驾驶员的复查和培训工作。韩国每年都会对驾驶员进行复查，并取消最次的 3%的驾驶员的驾驶资格，这在一定程度上对驾驶员起到了监督和促进作用。另外，驾驶员的培训也非常重要，在基础研究的基础上，开发驾驶员培训与教育的课程体系，指导并开展相关的教育与培训课程。大庆行思心理学网站已联系相关单位正开展相关的工作，取得了很好的教育成果。全国范围内驾驶员培训工作亟待开展。

四、交通事故中人的因素

在对交通事故原因的统计中发现人的因素是最主要的，印第安大学的一项调查发现，仅仅由于人的因素引起的交通事故就占全部调查事故的 57.1%，如果加上人的因素与车辆和道路环境因素共同引起的交通事故，那么，至少有 92.6%的交通事故与人有关。

交通事故中人的原因可分为直接原因和间接原因。直接原因是指事故发生前驾驶员的行为和事件。如驾驶员的感知错误、判断不准、反应不当等，这些都是事故发生前驾驶员的行为。间接原因是指影响驾驶员完成安全驾驶任务所必须的信息处理功能的驾驶员条件和状态，简言之，就是指驾驶员的条件和状态。包括生理心理条件、情绪与智力、经验水平等。

1. 人的直接原因

交通事故中人的直接原因是指事故发生前一瞬间驾驶员的行为和故障，是可以直接观察到的，一般需要在交通事故鉴定中首先明确。关于交通事故中人的直接原因的研究，是在大量交通事故数据的基础上统计得出的。早期研究发现，交通事故中人的直接原因包括自杀或故意事故、眩晕或打盹、知觉错误、决策错误和操作错误等。其中，驾驶员的知觉错误和决策错误所占百分率最高。

2. 人的间接原因

在一次事故中，驾驶员的直接原因往往很容易明确，但间接原因却很难搞清楚。不过，研究人的间接原因远比直接原因更加有意义。举例来讲，一次事故中，驾驶员发生事故的直接原因是操作不当，如没有按照信号灯停车，这个结果对我们来讲没什么意义，我们无法根据这一结论来采取措施减少交通事故的发生。但是，如果能够发现驾驶员之所以没有按照信号灯停车的间接原因是饮酒所致，那么，我们就可以通过限制驾驶员饮酒后驾车来避免大量交通事故的发生。

交通事故中人的间接原因包括生理的、心理的和经验的 3 个方面的众多原因。其中研究最多的是饮酒、药物、疲劳等问题。饮酒会引起人感知觉机能下降、判断能力变差、注意力和记忆力衰减，从而易导致恶性事故的发生，西方发达国家有近 50%的事故是由于驾驶员饮酒所造成，因而现在世界各国均对驾驶员饮酒行为进行了严格限制；药物包括毒品引起的交通事故在西方国家比较常见，我国较少；驾驶疲劳是指驾驶员在驾驶车辆时，由于驾驶作业引起的身体上的变化、心理上的疲劳以及客观测定驾驶机能低落的总称，是交通事故发生的一个重要原因，目前已经有大量的研究在围绕导致驾驶疲劳的原因及如何减少和检测驾驶疲劳而展开。疲劳驾驶是我国导致交通事故的主要原因之一。

对交通事故中人的因素进行研究，有利于明确事故发生的原因，从而帮助采取措施预防事故的发生。

五、道路设计中人的因素

道路交通事故多数是由于人的因素直接造成的，但究其实质之一是因为道路的设计有不符合人的需求的因素存在，没有按照人的生理、心理特点来设计道路。道路设计中人的因素，是指设计道路时应考虑人的需要，在使用过程中，应考虑人对道路产生的反应。对道路设计中人的因素进行研究，可以知道作为使用者的人究竟需要什么样的道路，从而指导道路的设计与施工，减少道路上不符合驾驶员期望的线形等不良设计，避免交通事故的发生。

1. 驾驶员的期望心理

驾驶人的驾驶活动受其驾驶期望的影响。驾驶期望是指驾驶人根据心理准备去反应，通过预测试图把握自己面前的情况。它是驾驶人长期在某些交通现象作出反应后所形成的一种心理倾向。对于有一定驾驶经历而且对道路状况持较高期望值的驾驶员，其期望值更高。

驾驶人对道路的普遍期望主要表现在对道路的线形、交通信息的显示、路权的拥有等方面。当道路设计与驾驶人的期望不相一致且未及时提供相关信息，则会导致驾驶错误和反应时间长，甚至会酿成交通事故。出行距离越长对道路的期望值越高，对初次行走的道路寄予的期望值也比较高。如果道路的设计与驾驶人的期望不相一致时，就会引起期望心理失衡，从而增加驾驶人的心理负担。

针对大货车驾驶员期望心理的研究发现，大货车驾驶员一般出行距离比较长，面临的道路环境比较复杂，而且很多路线是初次行走，因此，在途中常常会引起期望心理失衡，从而造成心理负担很大。让驾驶员长时间的猜测和在紧张的情绪中驾驶也很容易使他们身体疲劳，心脏负荷过大，判断力下降，反应迟钝。

通过对驾驶员期望心理的探究，可以了解驾驶员在某种道路环境下，对前方道路线形、交通信息的主观期望，以此来设计道路。如通过对驾驶员进行的长大下坡感受性问卷发现，驾驶员并不担心在长大下坡上行车，而更多的是关注自己知不知道是在长大下坡上行车，这就提示我们应该在长大下坡开始处或之前一段距离设置长大下坡的预告标志，提示驾驶员注意。

2. 道路线形的设计

道路的线形是由直线和曲线及缓和曲线等组合构成的空间带状结构物。传统道路线形的设计只考虑汽车行驶的要求，静止地套用道路设计技术标准，忽视了用路者的心理、生理反应。道路线形设计新理论以用路者的交通需求和生理、心理反应特征作为道路线形设计的理论基础，重视各种线形路段对驾驶员心理的影响。

一般认为，直线是道路上最安全的线形，但是过长和过短的直线都隐存着危险因素。在长直线上行驶的驾驶员会从心理上放松警惕，认为直线段行车视野开阔，便于超车，而不断地加速。另外，在长直线上驾驶时间太长会产生催眠现象，反应也变迟钝，从而导致行车中判断失误，对突然出现的情况惊慌失措，处理措施不当而极易发生交通事故。短直线给驾驶员造成的心理影响是，当驾驶员行驶在 2 个同向弯曲的短直线的第 1 个弯道时，会把短直线连接的第 2 个弯道和自己所在的弯道看成同一个弯道，当他行驶到短直线时，就会按在第一个弯道上汽车行驶轨迹的曲率而保持汽车前轮的转弯角度。这时当驾驶员发现汽车严重偏离行驶轨迹时也常常是交通事故发生的时候。

在平曲线上造成交通事故的主要因素有：平曲线半径太小、超高不适和视距不足。调查表明，高速公路平曲线路段的事故率与平曲线半径大小存在着相关关系。过小的曲线半径会降低驾驶员的停车视距，使他们不能提前观察到前方转弯处尤其是左侧对面行驶而来的车辆状况，也不能对道路线形的走势做到心中有数。这时一旦发生意外情况，驾驶员稍有疏忽大意，车祸在所难免。

竖曲线路段与交通安全密切相关的因素有：变坡点处的曲率与坡长、视距。同一条曲线在坡度大于 3%时，交通事故率就急剧上升，坡度变大很容易使驾驶员在下坡时为了省油而使用空挡。当此时坡度也过长时就造成汽车由于在长时间下受到自重分离的加速度影响而加速过快。驾驶员通常认为在直线上行驶是较安全的路段而疏于操作。竖曲线还会减少驾驶员的视距。当在凸形竖曲线设置的曲线半径很小时，由于其两头都是下坡段，驾驶员是在做爬坡运动，他的视野也是朝斜上方观察前方的汽车。当汽车快到凸形竖曲线的坡顶时，驾驶员的视距就受到极大限制，他的视野就出现一小段的盲区，这时的视距只有几米，一旦对方出现逆道行驶的车辆，双方都处在措手不及的状态。对于凹形竖曲线，主要的危险时段是夜间。夜间行车，驾驶员大都使用远灯，可以提前发现远方来车，从而减速或避让。凹形竖曲线两侧都是下坡路，一方面驾驶员为了冲上对面的上坡会提前加速以获得较大的汽车动量，另一方面汽车下坡行驶时的灯光会更贴近路面，这就减少了驾驶员的行车视距。

实际中，驾驶员多数时间是行驶在由组合线形（平、纵、横）所构成的道路之上的，各种指标的组合也很容易导致事故的发生。如当大坡度的长直线组合有小半径弯道时，行车就十分危险。因为驾驶员很可能以高速进入弯道，他们同时面临着给车换挡和平面拐弯的问题，复合型的操作增加了驾驶员驾驶的难度，一旦出错就易发生交通事故；凸形竖曲线顶部开始有急弯时，驾驶员靠近顶部才知道有平曲线，速度过高不能立刻反应，行车容易失误；在长路段平而直

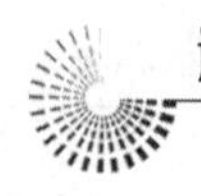

的线形上，信息处理的要求低，导致驾驶员疲劳和反应迟钝，随着行车时间的增加，事故发生的可能性也随之增大。

好的道路条件和道路环境可以使人在驾驶时心情愉悦，科学合理的线形设计可以使驾驶员对道路的走向和路况作出准确的判断从而减少操作时的失误。道路线形设计要注意与地形配合，与周围环境配合，依地形设计道路线形，用环境为线形服务。同时，要使道路更加人性化，更多的体会使用者的感受，让道路的使用者更加舒适，最大限度地减少交通事故的发生。

3. 交通工程设施的设置

道路设计不仅包括线形本身的设计，还包括道路周边设施、环境的设计。要为驾驶员提供一个舒适、轻松的驾车环境，交通工程设施的设置也同样要人性化，满足驾驶员的生理、心理规律。

(1)交通标志

交通标志是将交通指示、警告、禁止和指路等交通特定信息用文字、图形符号、形状、颜色形象化地表示出来的设施。道路交通标志的设计和设置也应满足用路者的需求。交通标志的设置首先要具有可理解性，即标志内容的设计应该让驾驶员能够准确理解它所传达的信息，这就要求标志内容在设计时应当简单明了、通俗易懂；其次，交通标志应具有一定的视认性，即满足驾驶员在各种条件下以各种速度行驶时均能有效地看清楚标志的内容，这就需要考虑不同设计车速下标志中汉字的字高、笔画宽度等；最后，交通标志的设置也有所讲究，标志的设置位置不仅要有利于驾驶人员的辨别，而且也不能影响道路外观的整齐美观。我国现有道路两侧，往往在交通标志设置的地方也设置了大型标语牌、广告牌、导游标志等非道路标志，严重扰乱了驾驶人员的注意力，也破坏了道路外观。

(2)道路标线

一条道路的线形在驾驶员眼中好像一条灰色的带子，长时期的注意很容易因为色彩的单调而引起疲劳。道路标线的施画不仅可以起到一定的车辆引导作用，而且使道路色彩更加美观。道路标线通常包括行车道中心线、车道分界线、路缘线、交叉口中心圆、禁止超车线、停车方位线和导向箭头等。这些标线可以是连续的实线、间断线和指示箭头。一项研究评估了影响驾驶员驶进弯道车速的变化，选择 5 条弯道进行试验，测量标线修改前后车辆驶入弯道的速度。在两条弯道的路面上画上线条，使驾驶员知觉道路的宽度(看起来更窄)和弯道曲率(看起来更大)。这两种方法都使车辆驶进弯道的速度减低和超速行驶的车辆比例显著减少。那些在弯道前设置弯道警告标志的地方并没有导致速度的降低。在英国进行的一项类似研究中，与道路方向垂直的路面上画上间隙渐变的线条，当驾驶员驶过这些标线时，他们感到车速很快，因为这些标线在驾驶员视区逐渐快速移动，使驾驶员相信他们的车速在加速，因而减速，采用这种标线 1 年后，交通事故从每年 14 起减为 1 起。

(3)减速丘与振动带

减速丘与振动带的主要作用是辅助或提醒驾驶员减速。早期使用的减速丘给驾驶员的颠簸感过于明显，易引起驾驶员的反感。且高速行驶的车辆在碰到减速丘后由于剧烈的振动容易导致驾驶员惊慌失措、反应错误而发生事故。因而，目前道路上均在减少减速丘的使用，而改用施画于地面与道路方向垂直的若干条减速带。这种减速带给驾驶员的感觉不是那么强烈，但也能起到提醒驾驶员减速的作用。

(4)护栏、隔离设施、防眩板

护栏的主要作用是减小驶出道路车辆发生事故的严重程度。现有护栏的设计和设置不仅考虑护栏是否能够有效地拦住车辆,更多的考虑事故在有护栏和没有护栏两种情况下的严重程度,以此作为是否设置护栏的标准。同时,护栏的设置也开始与道路景观相结合,不仅要具有一定的通透性、美观,而且要能融于周围环境之中,与自然景观统一和谐。为此,在缆索护栏、波形梁护栏被广泛使用的基础上,新型钢木护栏也在研发推广应用中。

隔离设施的主要作用是将行人与车辆分离开,防止行人闯入行车道。我国是个人口众多的国家,以往城市干道均设置了一定的隔离设施来分离行人和车辆。近年来,随着高速公路的修建,行人穿行高速公路而引起的事故增多,国内高速公路两侧均在加设防止行人闯入的隔离设施。

防眩板是属于较早的基于驾驶员考虑而设置的一种交通设施,其主要作用是阻止对向车辆车灯对驾驶员的影响。防眩板的设置方法也是在大量研究的基础上形成的,其设置间距和偏角均应符合人眼视觉的要求。

(5)信号灯、照明设施

交通信号灯是交通管理常用的设备,就其功能不同,可以分为安全信号灯、行人过街信号灯、车辆使用信号灯和普通信号灯。信号灯的设置大多是基于交通安全心理学的研究成果。首先,信号灯的设置应充分考虑一个交叉口是否有设置信号灯的必要性,设置前后通行能力的比较,驾驶员、行人的接受程度等;其次,信号灯的设置位置应能够引起驾驶员的注意、便于观察、符合视觉要求;再者,信号灯的类型,信号灯所采用3种颜色的确定及目前一些行人过街信号灯采用人在跑或走路的图案都是交通安全心理学的研究成果;最后,信号灯的设置时间,交叉口信号灯各相位时间的分配等,也都要综合考虑道路车流量和驾驶员、行人的基本心理规律。

白天与夜晚驾驶汽车的最大差别就是照度下降和视力下降。统计资料表明,夜晚的交通事故比白天要多。虽然,利用汽车头灯的照明驾驶员可以看到一些道路环境,但在交通密度大、行人比较集中、存在路侧干扰的道路上和较长的隧道中,装置固定式道路照明有助于减少交通事故。灯光和自然光是有差异的,如何使照明效果满足驾驶员的需求、实现驾驶员的最佳视觉效果是交通安全心理学研究的内容。一般而言,夜间道路照明要有适当的亮度,好的照明,不产生眩光,使道路轮廓清楚,有利于行车安全,也有利于形成好的道路外观形象。

4. 基于驾驶员心理的道路安全评价

道路设计的目的是为道路使用者服务,因而道路安全评价的关键是看道路设计是否满足道路使用者的需求,对道路使用者来说是否安全。然而受研究方法及技术的制约,传统的道路安全评价技术只能依据以往的经验和已发事故数据进行主观的人为评价,缺少理论的支持,评价结果不具有说服力。随着认知神经心理学的兴起与人机工程学的发展,对人心理生理负荷、疲劳等的研究已由定性分析变为定量化分析,通过建立评价驾驶员心理生理上的反应指标,研究道路交通环境对驾驶员形成的心理和生理影响,评价道路交通环境提供给驾驶员的安全性和舒适性,并提出有效的改善方案,已逐渐成为道路交通安全评价一个新的方向和技术。

基于驾驶员心理的道路安全评价是通过对驾驶员驾驶工作负荷变化特征的测量来实施的。工作负荷是指人在从事各类活动时,由于不断地接收和处理外界信息,人体总是需要承受一定大小的工作量。这种工作量的大小如果以单位时间的相对量表示，则称为“工作负荷”，即工作量越大，工作负荷越高。不合理的工作负荷不仅对个体本人不利，也对工作不利。驾驶工作负荷是基于驾驶员考虑的一个反应道路安全性的重要指标。

要测量驾驶工作负荷，首先要确定能够量化驾驶工作负荷大小的指标。常用的驾驶工作负荷测量指标主要是一些生理指标，包括血压、脉搏、耗氧量、心率等。随着认知神经心理学的发展，脑电、眼动等指标也开始被尝试使用。

采用生理指标测量驾驶工作负荷，除成本费用高和测量、分析复杂外，还存在一个较大的缺陷，这就是结果容易受其他因素的影响。在驾驶行为中，影响驾驶员生理心理变化的因素是复杂多变的。生理上的改变不只是驾驶工作负荷状况的反映，而是道路环境、驾驶员情绪状态等多方面的综合反映。因而，研究中不仅要记录这些指标，更重要的是要区分这些指标究竟是否由道路环境因素所引起。这不仅需要交通工程学本身的研究，更依赖于心理学、生理学以及计算机科学等其他学科的共同发展。

六、行人、骑车人和乘客的心理规律

在道路交通 4 大因素中，人是交通系统的主体。然而，在以往研究交通问题时，却往往只把注意力集中在驾驶员身上，忽视了交通系统中其他的参与者，如行人、骑车者和乘客。与驾驶员相比，行人、骑车者属于交通系统中的弱势群体，他们更容易受到伤害。由交通事故的分析可知，与行人、骑车者有关的交通伤亡事故占很大比例。尤其我国道路交通多为混合交通，在繁华街道上，汽车多，行人、骑车者更多，经常交通阻塞，因而事故多、伤亡多。进入 21 世纪，我国行人、骑车者的死亡人数占交通事故总死亡人数的 4/5。重视研究行人和自行车交通事故的规律，研究行人和骑车者的生理特征和心理活动及其行为，对整顿交通秩序，强化法制，制定管理对策，完善交通工程设计，提高交通安全程度，都是非常重要的。乘客虽然不是交通事故的重要方面，但道路交通是为乘客服务的，研究乘客的心理和需求，对交通规划、道路工程设计以及交通秩序的管理等方面都是不可缺少的因素。

1. 行人心理

由交通事故的分析可知，行人交通事故所占比例很大。行人因穿越不当，贸然冲到街道上、闯红灯、徘徊、抢行、老人反应迟钝、小孩在路上玩耍等都会造成交通事故。行人一旦发生事故，由于没有一定的保护措施，事故形态都会比较严重。因此，在研究交通安全问题时，必须重视行人交通心理和交通行为，对行人交通加强管理，以减少行人交通事故，保证交通安全。有关行人交通心理的研究主要集中在 3 个方面，即行人交通事故规律的研究、城市行人过街速度研究及行人安全性研究。

通过对行人交通事故状况的研究可以了解行人事故的地点分布、时间分布、年龄分布及成分分布等事故规律，从而掌握行人的交通心理状况。由于行人交通事故状况的研究是在大量事故资料基础上进行的，只要有事故资料、辅以统计分析方法很容易得出结果。因而这方面的研究已比较成熟。

城市道路交叉口是行人与车辆冲突最为严重的地方，通过对城市行人过街速度的研究，可以人性化地设置红绿灯等交通设施，保障行人的安全。有人研究发现，不仅不同年龄、不同性别的人过街时间存在差异，不同城市的行人过街速度也有明显的差异，因而城市交叉口红绿灯相位的控制应综合考虑这些因素，在研究调查的基础上设置。此外，行人过街速度的研究也开始被应用于城市过街天桥和地下通道设置有效性的评价上。

基于行人心理的研究成果，交通工程专家也在探讨如何保证行人安全的问题，这包括各种交通设施的布置、交通管理等方面都要考虑行人的方便和安全，更要对行人进行交通安全教育。

2. 骑车者心理

工业发达国家，自行车、摩托车作为主要交通工具已逐渐失去其使用价值，它们主要用于健身和娱乐活动。在我国，由于经济发展和人民生活水平尚不发达，自行车、摩托车作为交通工具，省时可靠，方便生活，有利生产，因而它们被广泛应用。所以在我国交通系统中，骑车者是一个不容忽视的群体。

与汽车不同，骑自行车、摩托车的人直接暴露在自然环境中，更易获取外界信息，因而心理活动也就更加纷繁复杂。作为不同的骑车者，其心理特点不同，但也有共同的心理规律。如研究发现，骑车者有急快、超越的心理，多数骑车者有骑快车、骑飞车、见空就钻、在车流和人流中穿行以及在交叉口抢红灯的心理。这主要是由于其急切的心理特点及自我估计偏高所致。骑自行车的人容易注意力不集中，爱东张西望，爱结伴并行，边走边聊；骑摩托车的人好胜、冲动、喜欢到汽车道穿行。

据不完全统计，我国 2005 年交通事故中骑摩托车和自行车的人占总死亡人数的 37%。要减少骑车者的交通事故，除采取措施改善摩托车、自行车的交通条件，改善道路设施外，还必须加强摩托车、自行车的交通管理，注重交通法规宣传，严格交通执法，加强监督管理。

3. 乘客心理

人们乘车出行的共同愿望是安全、舒适、迅速、准时。因此在道路设计、道路美化、汽车设计、公交车调度、管理、驾驶员操纵车辆、交通设施布置及交通管理等各方面，都应考虑到乘客的要求。

研究发现，乘客的要求一般包括两个方面：一是安全、舒适的需要，这就要求道路设计要顺畅连续，不要有线性突变，道路两侧景观要进行美化，使乘客能够观赏风光，减少疲劳，驾驶员驾车要稳，不能时快时慢；二是迅速、准时的需要，乘客乘车都希望缩短出行时间，尽快到达目的地，因而这就要求车辆要迅速，减少拥堵，确保准时。基于乘客对旅行准时性的要求，目前城市交通时间可靠性也可作为评价交通系统的一个指标。

七、交通管理中人的因素

在道路交通系统中，管理的宗旨就是要采取各种行之有效的科学方法与管理措施，将交通的无序变为有序，保证交通流通畅，交通事故最少。在交通管理工作中，应当注意人的因素，充分发挥人的主观能动性，针对人的生理、心理特点进行管理，以达到好的效果。交通管理所涉及的方法主要有：制定严格的交通法规来约束道路使用者、对驾驶员进行交通安全宣传以及由交通警察在特殊情况下采取特殊管理方式等。

1. 交通法规

道路交通法规是由国家按立法程序，为维护道路交通秩序，保障交通安全和畅通而制定的规则、规定、办法和技术标准的总称，是以法律形式出现的交通行政性法规。由于道路交通法规体现了法律的强制性和规范性，一旦颁布，各级道路交通管理部门都要严格遵守和实施。因而，制定道路交通法规必须充分考虑各种问题。道路交通法规在法学方面的依据是宪法，在技术科学方面的依据很广泛，包括道路工程学、汽车工程学、交通工程学、人体工程学、心理学和行为科学等。

我国现行《道路交通管理条例》，充分考虑了人的因素。如对交通标志、标线颜色、形状的规定；禁止饮酒、醉酒开车等。交通法规的制定，对交通参与者的心理和行为起到了一定的引导和积极作用，有利于协调人们的交通行为，保障道路交通的安全和畅通。但同其他法规一样，道路交通法律也存在不健全的问题，亟待完善。

2. 交通安全宣传与教育

交通宣传工作是道路交通管理工作中的一个重要组成部分，是交通法规的实施和工程设施发挥作用的有力工作。交通宣传的对象不止是驾驶员，而是全体国民。对全体国民进行交通宣传，提高他们的现代交通意识，至关重要，是整顿好路面交通秩序，提高交通安全程度的重要保证。通过宣传教育，向人们传播、灌输交通法规、法令、政策和交通安全常识，培养交通道德，使人们树立交通法制观念，做到自觉地遵守交通规则，维护交通秩序。

实践证明，交通安全宣传与教育对减少交通事故的发生起到明显的作用。美国于 1928 年率先在小学实行交通安全宣传教育，2006 年其汽车拥有量是中国的 4 倍，但交通事故死亡人数却远远低于中国，这与交通安全宣传、教育有着一定的关系。日本早期交通事故率也很高，但从 1961 年起成立了以普及全国交通安全教育、防止交通事故为宗旨的全国交通安全协会，其汽车拥有量每年都在增加，但交通事故率却在显著减小。

中国是一个发展中国家，根据发达国家的经验，随着我国经济的发展，汽车拥有量将不断增加，交通事故率也会显著提高。近年来，相关部门开始关注交通安全问题，并采取了一些安保措施，使得交通事故率有减小的趋势。但这种被动的防治难以从根本上解决交通安全问题。只有通过全国性的交通安全宣传与教育，提高全体国民的交通安全意识，才能真正解决交通安全问题。

3. 交通警察

在交通管理工作中，交通警察是一项将服务与管理融为一体的工作，社会性很强。一个城市交通系统的运转，离不开交通警察的协调管理。提高交通警察的心理素质对加强公安交通警察队伍的建设，以及维护好交通秩序，保证交通安全都有重要意义。对于交通警察心理素质的研究结果发现，作为交通警察应该具有的心理素质包括：责任心强、感知能力强、思维敏捷、判断准确、具有顽强的意志、爽朗的性格、真挚的感情以及求知的心理。这些都是一个好的交通警察在管理和执法过程中不可获取的素质。

除了交通警察自身的心理素质，部分学者还对交通警察的影响力进行了研究。所谓影响力是指一个人在与他人交往中，影响与改变他人心理与行为的能力。在交通管理中，交通警察的影响力，就是交通参与者对其指挥、劝告及纠正的反应。交通警察在管理中，不仅要依靠自身的权力来制约、惩罚交通参与者，更应该依靠自身的个人魅力、品格等因素影响他们，实现文明执法。

然而，我国目前交通警察整体素质离现代交通管理还存在较大差距，制约了交通管理的水平。这就需要对交通警察开展培训。由于认识不足，我国交通警察的培训工作起步较晚，还没有得到应有的重视,没有走向正规化。交通管理工作的现代化取决于对交通管理工作人员的培养,因此,加强人才培养是当务之急。

在道路交通管理中,交通法规是管理依据,交通警察是管理执行者,宣传与教育是防治手段,三者均涉及人的因素。随着科学技术的发展和社会的进步,交通管理在交通系统工作中的作用越来越重要。交通管理应当充分考虑人的心理特征,实现有效管理,使交通系统发挥最大的作用。

八、汽车工程心理学

道路交通是人、车、路和交通环境组成的动态系统。在这一系统中,人坐汽车,人驾驶汽车。因此,在设计汽车时必须考虑人的因素,即考虑到人的生理、心理的特点,特别是驾驶员的因素,要使坐车人舒适、安全,使驾车人操作方便、工作舒适、行车安全,也就是说应从人机工程学的角度设计汽车。

追溯汽车设计的发展,我们不难发现,汽车设计已经从过去作为代步工具的功能、经济、实用的汽车设计方法,逐步发展为人机工程型的综合设计方法。过去设计汽车,设计人员主要将精力放在车体结构、材料美观、生产装配、节能、减少污染等汽车自身结构完善上,即目标是制造好的机器,因而汽车的动力性、经济性、整体性方面有了很大的提高。随着经济的发展和汽车自身的不断完善,车速越跑越快,交通事故越来越多。因此,一些国家开始限制汽车工业的发展,并将汽车设计的发展方向由美观转为安全。如今,交通安全的观念不仅为驾驶员、企业和政府机关所关注,汽车制造工业部门也开始致力于生产安全汽车,并根据人机原理设计汽车。

要设计符合人的生理、心理特点的汽车,需要开展一系列的相关研究,内容如下。

1. 驾驶员生理参数的测量

要进行汽车设计,首先面临的问题就是要确定汽车各个地方的尺寸,如规定车身长度、座椅高度等,只有这样,设计出来的汽车才能正确地适应人的需要,这些都必须通过对人体信息的测量来获取数据。

汽车设计中生理参数的获得更多是从人体测量学的研究成果而来。我国每年都会开展国民体制测量,一般而言,所测量的各个生理指标数据都会呈正态分布。汽车生产厂家可依据这些数据来设计符合绝大多数人驾驶需求的汽车尺寸。

近年来,随着汽车工业竞争的加剧,车辆生产商更多地从驾驶员角度出发,设计汽车不止参考全国的人体测量指标,他们还会分地区地考虑当地人的生理特点,如我国南方人身材矮小,北方人身材高大等,这些都使得汽车的设计更加人性化。

2. 汽车信息输入装置

汽车上提供信息的装置可分为 3 种:提供车辆自身运行情况的信息,包括车内的各种仪表、信号灯、警告装置等;提供路面、行人等信息,包括挡风玻璃、反光镜、前照灯等;提供给别人的信息,包括信号灯、喇叭、车辆自身大小和车体颜色等。

驾驶员行车是一个不断感知外界环境变化的过程。行车时,驾驶员处于驾驶室内,与正常的自然条件下感受不同,如何合理地设计汽车的信息输入装置,使驾驶员能够迅速、准确、尽可能多地获得所需信息,是汽车设计应当重点考虑的问题。

3. 汽车操纵装置

汽车操纵装置是驾驶员经加工处理后而得到的指令传输到其运动器官，转换成车辆输入动作的装置。包括转向盘、变速杆、加速踏板、制动踏板、离合器踏板以及各种开关、按钮等。驾驶员的输出指令是通过四肢进行反应的，因此在进行操纵装置的设计时，应考虑驾驶员的生理与心理特点，使装置能迅速、有效地传递指令，又不会使驾驶员感到费力、疲劳。

4. 驾驶员工作环境

驾驶员的工作不同于一般的职业对工作程序有预见性，汽车行驶在道路上，道路的条件不断变化，突变情况多，各种交通情况出现无规律可循。由于行车错误都以交通事故形式体现出来，因而驾驶员行车时思想高度紧张，容易疲劳。为此，汽车设计中应给驾驶员创造一个舒适的工作环境，以减轻驾驶员劳动强度，使驾驶员心境处于良好状态，确保行车安全。

一般而言，驾驶室内的环境设计应满足以下几点：

(1)保护驾驶人员免受雨雪风霜和灰尘的侵袭，以及烈日的照射。

(2)为驾驶人员提供方便、舒适的驾驶条件，造就良好的工作环境和心理环境。不仅要保证驾驶操作时手和脚有足够的活动空间，而且要为驾驶员提供一定的“心理个人空间”，使驾驶员不感到拥挤。

(3)保持驾驶室内有适当的温度和湿度，保证通风。

(4)控制噪声和振动。固定的噪声频率和持续的振动很容易使驾驶员工作负荷增加，产生疲劳，因而应尽量减少驾驶室内的噪声和振动，以调节驾驶员的工作情绪和听觉环境。

总之，进行驾驶工作环境的设计，目的是使驾驶员处于良好的工作环境中，安全行车。

人的基本驾驶能力，驾驶员信息处理过程，驾驶员个性心理特征，交通事故中人的因素，道路设计中人的因素，行人、骑车人和乘客的心理，交通管理中人的因素以及汽车工程心理学8个领域，大体概括了交通安全心理学的研究内容和方向，构成了交通安全心理学的体系框架。每个领域都包含着若干小的研究问题，前期交通工程专家和心理学者已经针对一些问题开展了部分研究，但更多的问题还有待进一步的研究。

第三节　交通安全心理学的研究方法与技术

心理学之所以能够成为一门科学，在于其有一套科学的研究方法。作为心理学应用学科的一个分支，交通安全心理学继承了心理学的科学研究方法。心理学研究中常用的方法，在交通安全心理学中也有所应用，如观察法、实验法等。同时，由于学科的发展和学科之间的渗透，交通安全心理学又从生理学、工程学等学科中借鉴了某些研究方法，并最终结合交通领域的实际研究问题，形成了一套科学完整的研究方法与技术。

一、研究变量

科学研究的目的旨在探讨事物之间的关系，这些研究的对象我们称之为研究变量。在交通安全心理学研究所涉及的各种变量中，有的是需要加以控制的，有的是需要研究者操控的，有的则是需要仔细观察、记录以备统计处理的。一项研究中，研究者操纵的变量我们称之为自变量，需要加以控制的变量称为无关变量，需要记录观察的变量称为因变量。对交通系统中驾驶员和行人的研究是依据各种假设来进行的，假设描述两个变量之间的关系，即自变量和因变量之间的关系。

自变量也称刺激变量，它是研究中有意加以改变的因素；而因变量即反应变量，它是在研究中加以测量的变量。这两个变量通常可以客观地观察、测量和记录。例如，我们要开展饮酒对驾驶行为的影响，那么饮酒就是自变量，我们需要根据一定的指标有目的地改变它，如饮酒量、饮酒频率等；驾驶行为就是因变量，需要我们观察、测量和记录。具体实验时，要做的就是得出每种饮酒条件下，驾驶员的驾驶行为数据，从而采用一定的数学分析方法来构建两者的关系或模型。这里所说的每种饮酒条件，我们称之为水平，一项研究中自变量可能不止一个，每个自变量又会包括几个不同的水平。另外，在研究中，我们不想涉及，但是又会对因变量产生影响的各种因素或变量，我们称之为无关变量，这些变量是需要我们在实验时采取方法加以平衡或消除的。无关变量并不是绝对的，在一个研究中我们不想考虑某个变量对因变量的影响时，它是无关变量；而在另一个研究中，它又可能会成为我们重点考虑的，这时它是自变量。

1. 自变量

在道路安全研究中，任何影响驾驶任务的因素都有可能是自变量。就标志的视认性而言，所涉及的因素就包括多个方面（表 18-2）。交通安全心理学家所关心的是影响驾驶员行为个别差异及驾驶员操作性能的环境变化效应。根据自变量水平的不同，实验操作通常将驾驶员分成两组或多组来完成相同的实验任务。有时为了减少可能影响结果的个别差异，还会重复给予同一个驾驶员不同条件下相同的实验任务。驾驶员的个性特征是无法操作的，但可以通过事前的测量，匹配不同个性特征的人群，使之在自变量上有所不同，从而达到控制自变量的目的。

影响标志视认性的各种因素　　表 18-2

影响因素		具体内容
主观因素		驾驶员因素：性别、年龄、驾驶技能等
客观因素	设计	标志形状、标志颜色、标志的符号和文字，标志的尺寸，标志中文字的字体、尺寸、间隔及笔画的粗细，标线样式，标线颜色，标线宽度，标线实线与虚线间隔等
	设置	距离车道中心距离，高度，顺序，倾斜角度等
	道路	道路宽度、线形、坡度等
	天气	光线明暗、雾、雨、雪
	交通	公路交通、城市交通
	车辆状态	车辆速度、车辆类型
	材料	是否反光

资料来源：初秀民，严新平，章先阵等。道路交通标志标线视认性虚拟测试系统设计。武汉理工大学学报·信息与管理工程版. 2005,8,27(4)。

2. 因变量

交通安全心理学研究的因变量可以说就是交通安全，但是很明显交通安全又无法做因变量。首先，交通安全的概念太广，我们不可能开展一项研究就能解决交通安全的所有问题，所以通常我们会把交通安全的一个方面作为研究的因变量来考察；其次，实验研究中的因变量必须是可以直接观察、测量的，而交通安全无法测量，这就要求我们寻找能够代表交通安全的指标和变量。其实，只要我们打算开展某个研究，研究的因变量也就自然而然地出现了，以前面讲到的饮酒对驾驶员驾驶行为的影响研究为例，因变量显然就是驾驶行为，可是在这个研究中驾驶行为究竟指哪些方面，实验中具体需要测量哪些指标和变量，这才是研究者所需要重点考虑的。

3. 无关变量

无关变量也称控制变量或混合变量，顾名思义，这种变量跟实验研究无关，它的存在往往把研究结果的解释复杂化。这就要求我们在实验研究中采用一定的方法控制它们对实验结果的影响，一般而言，采用心理学的实验设计方法和统计学上的数据分析可以在一定程度上控制它们对因变量的影响。但是，交通安全心理学研究中的无关变量是复杂多变的，有些无关变量我们很容易注意到并加以控制，有些却是我们无法看到或无法控制的。在驾驶研究领域中，一个经典的例子是驾驶员视力与交通事故的关系。大多数人深信，良好的视力是安全驾驶汽车所必须的条件。然而，一些早期的关于驾驶员视力与交通事故记录的关系研究表明，视力差的驾驶员所发生的事故次数倒比视力好的驾驶员所发生的事故次数还少。如果依此结果，恐怕现在的驾驶员考核就不应该限制视力差的人通过了。很明显，这个研究就没有很好地控制无关变量，实验结果受到了无关变量的影响。驾驶员的年龄、驾驶经验都是应该控制的因素。

自变量、因变量、无关变量是研究中必须首先明确的问题，一项研究只有弄清楚了这 3 个变量，再加上科学的实验设计和严格的实验控制，才能得出有效的研究结论。

二、实验设计

前面讲到实验研究的过程就是研究者采取一定的方法操作自变量的变化，控制无关变量的影响，从而观察或观测因变量的变化。研究者所采用的这些方法就是实验设计。一项研究在明确了各变量之后，就面临着采取什么样的实验设计的问题。科学的实验设计，是决定实验能否成功的关键。

心理学中的实验设计大体包括两种，准实验设计和真实验设计。准实验设计属于一种比较广泛的实验设计，通常在不是很严格的实验条件下采用；真实验设计则是一种严谨的实验设计方法，通常在严格的实验条件下采用。真实验设计又包括很多具体的方法，有两种分类：一种是根据研究中自变量的数量，将实验设计分成单因素、两因素和多因素实验设计，自变量的数量越多，研究也就越复杂，实验设计中涉及的问题也就越多。另一种是根据研究中被试者参与实验的方式将实验设计分为被试内实验设计和被试间实验设计两种，前者是指每个被试者都需要参与实验中的所有试验处理，而后者往往是事先依据一定的标准把被试者分成不同的组别，每组被试者参与不同的试验处理。实际应用中，两种实验设计的分类通常被混合。举例来讲，要研究汉字的字高、笔画宽度和字频对汉字视认效果的影响，研究中涉及的自变量包括 3 个，所以是多因素的实验设计；同时，由于被试者的个体差异不在研究考虑之列，所以每个被试者要参与各种试验处理，研究也是被试者内的实验设计，于是我们通常称这种实验设计为被试者内多因素实验设计。

被试内和被试间设计各有其优缺点，在研究中究竟应采用哪种设计，应综合考虑各种情况合理选择。如在标志视认性的研究中，实验的变量为标志的特性(字高、笔画、反光膜等)，这些因素是可以通过设计不同的实验材料来控制的，而实验的被试者对实验影响不大，可采用被试内设计。这种研究方法的特点是对被试者数量的要求不是很高(10～30 人足够),但根据实验设计可能会需要大量的实验材料。而在研究不同群体(如不同驾龄、性别、个性特征等)驾驶员的驾驶差异时,实验的自变量被试的因素无法控制,这时只能采取被试间的设计。这种实验设计方法,需要大批的被试者(一般每个水平上 15 人以上),按照被试者的不同将其分成不同的组别,而后各自实验。

在交通安全心理学的研究中,实验设计也是需要考虑的,实验室内的基础研究和模拟研究应采用真实验设计严格控制,而室外的观察或实车实验研究则应采用准实验的实验设计方法。

三、研究方法

科学的研究需要科学的研究方法来实施,交通安全心理学常用的具体研究方法众多,归纳起来大体包括以下几种。

1. 观察法

观察法是交通安全心理学进行研究的一种基本方法,是研究者通过对在道路交通系统中拟研究的自然发生的待定事件,有计划、有目的地观察、记录用路者的行为表现,分析某种行为起因的一种方法。在应用观察法进行道路交通安全心理研究时,应遵循一个基本原则,就是研究者不能以任何方式去干扰观察的情境,必须是在现实的自然的交通环境中。

交通事故是评价安全措施的最基本有效的标准,凡是与交通事故有关的因素都是重要的,遗憾的是交通事故研究局限于观察法,从这种方法得到的结果又不容易获得实验研究的支持。也许正是因为这个原因,从观察研究得出的因果关系才具有启发性,并可作为进一步研究的假设,所以观察法可以说是交通安全心理学的首要研究方法。

根据观察的不同要求,观察法可以分为自然的观察和控制的观察两种。自然观察是在自然条件下,或在不让被观察者知道研究人员正观察他的行为的情况下进行的;控制观察则大多数是借助测量仪器进行较为严密而精细的观察行为。

观察法作为一种常用的基本科学研究方法,早就在交通工程学中被广泛使用。一个典型的例子是对交叉口自行车交通群体素质的观察研究,研究者通过观察在有无警察执勤的情况下,自行车交通群体闯红灯的表现,得出了自行车交通群体整体素质不高,主动遵守规章意识差的结论,研究提示我们必须通过管理来实现秩序的正常(表 18-3)。

对自行车交通群体的观察研究　　表 18-3

观察时段	观测条件	观测结果
06:30～07:00	无警察执勤	闯红灯比例 98%
07:00～07:30	有警察执勤	闯红灯比例 2%

资料来源:罗智勇。道路交通心理学研究的五种方法。交通企业管理,2004 年第 6 期。

由于观察法是在自然的条件下进行,观察者不改变被测试者的交通条件,不干涉他们的交通行为,所取得的结论一般来说都比较自然和真实。这就决定了应用观察法的优点:首先,通过观察可以获得描述某些交通行为现象的资料,而这些资料对进一步研究是必需的;其次,通过观察可以找出进行实验研究的刺激变量;再次,通过观察可以提出一些更为切合实际的测量指标或反应指标。

但是,因为是在自然的交通活动中对被测者的外显行为进行观察,观察法带有一定的被动性，观察时只能等待某种现象的出现，历时比较长；要观察的对象也不一定随时都能看到；而且受观察者主观因素的影响比较大，观察到的结果也可能是偶然的或者不精确的。因此，从观察到的素材提炼结论时，需要慎重。为了减少主观因素对观察法的影响，需要注意以下几点：

(1)了解观察对象的活动过程、事件出现的规律，为编制观察计划搜集必要的资料。

(2)明确观察目的，划分观察步骤，提出切实可行的观察内容，采取适当的工作方法。

(3)设计观察用表。表格应简明，列出观察项目，只需观察者在相应的空格内画标记，不必写字，避免忙乱。

(4)确定观察时间和观察持续时间。何时进行观察，取决于研究目的，例如拟研究交通高峰期间行人过街情况，就选在高峰时间进行观察。观察持续时间的长短，则视观察事件的显现过程而定，同时应考虑取得足够的数据。

(5)选择观察样本。由于驾驶员的情况各异，交通条件错综复杂，因此，应选择一定数量的有代表性的样本进行观察，以便得出客观的结果。

2. 测量法

心理学中的测量法也称作心理测验，这种方法是用规范的试题和相应的量表，对被试者智力水平和心理特征的个别差异进行测定。道路交通安全心理学中所使用的测量法略有不同，大体上包括问卷调查法、工具测量法两种。

问卷调查属于一种比较简单的测量方法，通常是研究者根据自己研究的具体问题，设计一些简单的调查问卷，通过询问驾驶员或者其他道路使用者的意见来获得数据的方法。最基本的调查方法就是抽样调查法。在做法上可以有多种形式，如开调查会、答卷和深入现场调查等。例如，可以通过邀请各类交通人员座谈，了解在驾驶中交通人员的心理活动过程；可以拟出交通心理过程中的许多问答题，要求被调查人员回答(一般都采用简单明了的是非题，只需被调查者回答“是”、“不是”或“不知道”)；也可以到现场调查事件的实际情况，甚至直接参加某项交通实践活动，以取得亲身的体验等。最后，将所获得的资料，运用统计学方法，加以整理、归纳、统计、分析，找出事物的概率和事态分布，作为分析交通心理过程和解释交通心理现象的根据。这种通过有代表性的抽样调查而得到具有某一特性对象的全体的规律是比较科学的。由于问卷法简单方便，能够较快地获取大批数据，因而在研究中应用比较广泛。但是，由于问卷法所采用的问卷多数是研究者自己所设计，问题往往带有引导性，问卷的质量有待考虑，调查结果说服力不够，所以问卷法通常只能作为一种辅助的研究方法。

与问卷调查不同，工具测量法则更为科学可靠。它是通过使用已经标准化了的专业量表或专业的心理生理测量仪器来对被试者进行测量，从而获得被试者某一方面心理水平的一种方法。道路交通安全心理学中常用的心理测量方法有：视角测量、注意分配测量、反应时间测量以及被试者性格和生物节律测量等。实际研究中，工具测量法通常与实验法、观察法等结合使用，以达到研究目的。如要开展驾驶员性格与交通事故关系的研究，我们通常可以找到一批驾驶员，他们中有的是高事故发生者，有的是从未发生事故者，采用性格测量问卷对他们进行性格测定，然后再使用数理统计分析法建立驾驶员性格与交通事故发生率的关系。工具测量法目前在交通安全心理学中的使用也比较广泛，它不仅适用于室外的研究，而且在室内的基础实验研究中也被广为使用。

3. 实验法

实验法是实验者有目的地控制和改变条件，影响被实验者心理的发生和发展，从而进行研究的方法。相比其他研究方法，实验法是最为严格科学的研究方法，同时也是交通安全心理学的重要研究方法。由于交通条件很复杂，分析某种事件与所有影响因素的关系很困难，而且在自然条件下，不可能获得某一种影响因素与某种事件的定量关系。因此需要控制某些因素，进行实验研究。

实验法因实验要求和场地条件的不同，可以有实验室实验法和自然场地实验法两种。前者在特定的实验室内进行，按更严格的控制条件进行实验，用于比较简单和比较容易控制的心理现象的实验研究，研究结果比较真实地反应了自变量的影响，但实验环境远离了道路复杂的交通条件；后者是在交通活动的实际现场中进行，按创造的实验条件进行实验，一般多用于对比较复杂多变的心理现象的研究，研究结果更接近实际交通情况。

(1)实验室实验法

实验室实验法是指在专门实验室内进行的，借助各种仪器设备，严格控制实验条件，取得精确数字的研究方法。交通安全心理学中的很多问题都可以在实验室进行研究。如驾驶员对交通标志的视认性、驾驶员对各种外界刺激的反应(包括简单反应与复杂反应)、视觉适应性、汽车某些装置对操作的影响等。

依据对现实情境模拟程度不同，实验室实验法可以分成基础实验研究、局部模拟实验研究和驾驶模拟实验研究 3 种。

驾驶模拟实验研究是指在实验室中采取模拟技术，利用模拟驾驶舱、三维投影仪等设备完整地模拟现实驾车的实验方法。与实车实验相比，该方法的优点在于因为是在实验室进行，且实验场景是事先设计好的，所以比较容易控制实验的无关变量，另外，由于驾驶员在实验中不做移动，所以可以同时采用一些仪器记录驾驶员驾驶过程中各种生理指标的变化，以获得更多的实验数据。但是，这种研究方法对于仪器的依赖程度较高，实验成本甚至超过实车实验，对于自变量的控制也比较困难。

与全部模拟实验相比，局部模拟实验研究只需要一些基本的车辆模型，以模拟驾驶员开车时的一些操作，实验场景多数使用幻灯片或者电脑直接呈现。该方法所需投资较少，实验设计严密，但实验结论的外部效度不如全部模拟实验。

基础实验研究适合于对人基本驾驶行为的一些能力进行研究，有关驾驶员信息处理能力和限制的知识都来源于基础研究。一般来说，参与这种研究成果的应用不仅局限于交通安全领域，参与的被试者也根本不知道研究的目的是用于驾驶领域，而且研究者对基本的实验过程更感兴趣。但这种研究很难概括实际道路环境中的驾驶行为，研究结论在实际的驾驶环境中可能会发生变化。

以上 3 种研究方法中，基础实验研究国外开展的较早，且结论已比较成熟，国内对这些方面的研究起步较晚，成果很少，多数是在借用别人的研究成果，但这种成果的本土化还有待考虑。局部模拟实验研究和全部模拟实验研究，国外研究结构已经在开展，只是目前成果还很少；国内多家科研单位也已经开始重视，甚至已经购买了研究所需设备，但真正使用研究尚需一个过程。

(2)自然场地实验法

自然场地实验法是在实际的道路交通环境中,创造条件或适当控制条件,研究用路者的心理活动,是一种实车实验的方法。与实验室实验不同,自然场地实验法为了在短时间内取得满足要求的数据,就需投入较多的人员和资金。另外,需向被试人员说明研究目的和要求,以便取得他们的理解和配合。

在进行自然场地实验时,首先应考虑的是实验场地问题。有些实验可以在专门的实验场内选取一定线形的道路进行,而有些实验则需要在实际运营的道路上开展,这时又需要考虑是在自然流条件下还是在限制车辆通行条件下进行。

自然场地实验与实验室实验的区别主要在于环境不同。现场实验研究是在实际道路环境中与驾驶员和行人打交道,研究的结果可以直接应用于道路交通中,缺点是对许多变量缺乏严格的控制,而它的研究结果因为受到混合变量的影响,所以仅仅适用于所研究的特定范围。

在交通安全心理学的研究中,自然场地实验法被应用于各个领域的研究中。英国道路研究所为弄清驾驶员的速度错觉,曾在一段长 65km 的高速公路上做过下述试验。起初,让驾驶员以 100km/h 的速度行驶 5s,然后要求驾驶员凭感觉,把车速降至 60km/h;第二次,以 100km/h 的速度行驶 30km 后,把车速降至 60km/h;第三次,以 100km/h 的速度行驶 60km 后,把车速降至 60km/h。试验结果见表 18-4。可以看出,随着驾驶员时间的增长,驾驶员主观估计 60km/h 时的实际车速越高,说明长时间的高速驾驶,容易使驾驶员对低速的估值过高。

车速判断试验结果 表 18-4

试验条件	驾驶员主观估计车速为 60km/h 时的实际车速	误差(%)
100km/h 车速保持 5s 后减速	66.7	11
100km/h 车速连续行驶 30km 后减速	75.7	26
100km/h 车速连续行驶 60km 后减速	80.1	32

资料来源:任福田.交通工程心理学[M].北京工业大学出版社,1993 年 3 月。

国内也曾有人针对交通标志反光膜的视认效果开展过自然场地的实验研究,通过测量驾驶员刚好能够看清标志中字模时距离标志的距离,来评价各种反光膜效果的优劣,取得了一定的成果。

作为实验法的两种具体方法,自然场地实验与室内实验之间有密切的关系。一般在现场条件不具备的情况下,先进行室内实验,在室内的实验有了一定结果时,再应用现场实验来验证结果是否符合实际情况。

4. 个案研究法

个案研究是指研究者不是针对整体中的一部分人开展研究,而是就某一个问题对某个人开展追踪研究。个案研究需时较长,短则几个月,长则数十年,因此是一种纵向的研究方法。在交通安全心理学中,这种研究法通常是应用在对一些经常造成事故的驾驶员进行长期追踪调查,查明其违章肇事的心理原因,为驾驶员训练和筛选提供心理依据。

由于个案研究属于一种长期的追踪研究,因而研究需要的人力物力较大,且容易出现样本丢失现象。另外,由于研究对象仅仅是一个个体,不具有代表性,研究结论也往往难以得到推广。目前,在交通安全心理学的研究中还很少被应用。但是,这种方法更加重视个体的差异,研究结论对群体研究有一定的启发意义。如对不适宜驾车人群的心理特征的掌握，只有通过对经常肇事的驾驶员追踪调查才能得知，而追踪调查的结论，又可以作为驾驶员训练与筛选的心理依据。

5. *数据统计分析法*

数据统计分析法是在搜集和处理研究资料时进行定量分析的方法，在道路交通心理学的研究中十分重要，可以使研究结论更具有可操作性，使一些交通现象导致的结果更易于被人们把握。在交通工程学的研究中，统计法早已被广为采用。例如，交通工程专家通常通过统计交通事故，从大量的统计资料中，整理出某些规律性的东西，以指导实践，预防事故的发生。但交通安全心理学所采用的数据统计分析略有不同，它主要应用在两个领域。

首先，交通安全心理学的数据统计分析法同样应用于交通事故数据的分析。道路交通事故是评价安全措施的最基本有效的标准，交通安全心理学中的很多问题是无法开展实验操作研究的，如要研究饮酒与交通事故的关系，我们不可能去让一群驾驶员饮酒后去观察他们是否会发生交通事故，这是违反伦理的，因而只能采取别的思路开展研究。交通运营中很容易得到大量的数据，如何从这些事故数据资料中得出一定的研究结论，这就需要采用数据统计分析的方法。不过，交通安全心理学更加重视发生事故驾驶员的某一心理特性数据与其事故数据的关系分析，以此来探讨驾驶员心理特征或心理过程与交通事故的关系。

其次，数据统计分析法还主要应用于对基本研究结果的分析上。基础实验、调查问卷等各种研究方法获得的数据最终都需要采用数据统计分析方法来进行分析得出结论。

在使用统计方法时，有一点是需要注意的，即只有在能证明具有某些特征的驾驶员人数远大于一般驾驶员人数时，才能推论这些特征是某种事件的原因。

最后应当指出，交通安全心理学研究需要满足科学研究的基本要求：一是研究要客观，研究者只能从获取的客观数据中得出结论，而不能带任何偏见或先入之见去观测数据；二是要求研究者必须在严格控制的条件下进行观测；三是要求实验具有重复性和可证性；实际研究中应当充分考虑这些问题。再者，由于人们行为的复杂性，特别是在道路交通这样的复杂系统中，虽然研究方法多种多样，但没有哪一种方法是最好的，各有其利弊，研究者应承认这些方法的缺点和存在的困难，根据研究课题的需要，有选择地以某种方法为主，其他方法为辅，或交错应用几种方法进行研究，得出正确的结论。

四、研究的伦理学问题

作为一门研究人的学科，心理学实际研究中存在着许多伦理学的问题。同样，交通安全心理学在应用驾驶研究时，研究者也应考虑到伦理学的问题。特别是对驾驶员进行实验时，有关被试者的测试条件，有些我们可以干预改变却不该干预。举例来讲，我们要研究情绪是否愤怒对驾驶员驾驶行为的影响，理论上我们应找到一批被试者，将其分成两组，一组作为对照组，不进行任何干预，另一组为实验组，采取方式使其情绪变得愤怒，然后让两组驾驶员都进行实际驾驶任务，来观察他们驾驶行为的不同。但是，实际中我们却不能这么做，因为一方面操纵别人的情绪是不正当的行为，对于实验组被试者会产生心理上的不良影响；另一方面愤怒情绪下的驾驶员容易产生交通事故，结果也是我们无法承担的。所以，我们只能采取其他的方式开展这种研究，比如我们可以通过搜集已发生事故的驾驶员之前的情绪状态资料，来进行事后的分析;也可以事先告知被试者我们的实验任务,然后在进行驾驶任务时采用模拟驾驶,以避免不良后果的产生。

有关伦理学的实验问题,国外已有很多相关的伦理委员会来监督这些实验研究,国内相关单位还比较少,但出现的问题还不多。考虑伦理学问题对交通安全心理学研究来讲是增加了一些条件限制,但并未阻止进行合法的研究,只要注意伦理学问题,交通安全心理学家仍可以做各种研究,并保证被试者的身心健康。

第四节　交通安全心理学的发展、现状及展望

交通安全心理学最初研究的问题是与交通安全有关的评价、事故倾向性、筛选驾驶员尤其是大客车驾驶员等职业驾驶员,尔后扩展到与交通标志有关的视认性,进而把用路者作为道路交通系统的组成因素从整体上进行研究。交通安全心理学的发展,从研究驾驶员的行为,扩展到研究驾驶员、行人、骑车者、老人、儿童和残疾人等所有用路者的交通心理,以努力保障交通安全。

一、交通安全心理学的发展历史

交通安全心理学是一门很新的学科,在有关学术团体组织中,独立的交通安全心理学的学术组织还比较少见。尽管有些国家起步较早,但是,完整的交通心理学理论体系并没有完全建立起来。过去一般都把它概括在心理学或工业心理学的范围之内。直到今日,也没有确切的交通安全心理学产生的标志。一直以来,交通安全心理学的发展是在交通组织与心理学家的密切合作下完成的。

交通安全心理学的发展大体可以以下面的代表性事件来论述❶:

1909 年,英国肖特研究了离心加速度变化率与人的感觉的关系,并提出变化率$\leqslant 0.6\text{m/s}^2$时,人的感觉可以接受,从而导出了道路缓和曲线长度计算公式——肖特公式。这是交通工程领域最早开始考虑人的心理需要问题。

1912 年,美国劳动立法协会委托在哈佛大学任教的心理学家闵斯特泼格(H. Munsterberg)研究电车发生事故的原因,是心理学家第一次开展交通安全方面的研究。为此,他设计了一套测试驾驶员心智能力的方法和仪器,测试驾驶员的心智能力。他的工作,推动了交通安全心理学的发展。

1919 年,格林伍德和伍兹(M. Greenwood & H. Woods)首先提出事故倾向性问题,即在某个人身上存在着容易诱发事故的某些特性。到了 20 世纪 50 年代,该问题的研究达到高潮。但对有没有事故倾向性一直争论不休,延至今日。

1933 年,美国研究道路标志颜色的可认性,使得交通安全心理学的研究由事故倾向性问题扩展到交通标志的设计方面。

1934 年,美国农业部的 W. H. 西蒙森和 R. E. 罗耶在一篇《改善道路边缘》的文章中提到,驾驶员驱车在山区公路上行驶,产生害怕心理,感到不适应。其原因是道路边坡高、陡,驾驶员

❶ 资料来源:任福田,交通工程心理学[M]。北京工业大学出版社,1993 年 3 月。

坐在驾驶位置上看不见路堤坡脚所致，这种盲点，使驾驶员产生心理上的危险。这标志着交通安全心理学的研究扩展到道路线性设计的宜人性问题上。

1937年，美国J.R.哈米尔顿和L.L.瑟斯通在“驾驶安全”一文中，分析了快速行车与视觉的关系，提出了视觉的原理。

1938年，J.L.加尔布斯提出了道路焦点的概念，并将这一概念用于公路定线设计。所谓道路焦点是指任何已知车速条件下，驾驶员视觉最好的那一块面积。驾驶员到这块面积的距离称为道路焦距。

1937～1939年，美国提出了道路标志的尺寸和字体大小。

20世纪30～40年代，心理测验技术的发展，也影响到交通工程心理学的发展，具体影响到选择驾驶员。

20世纪50年代，交通工程人员开始把用路者纳入人—机系统进行研究。已注意研究驾驶员的视觉性、驾驶员的正确行为、反应特性等问题。1959年，美国公共交通局聘请心理学家从事管理和研究工作。

20世纪60年代，交通安全心理学的研究最活跃。美、日、俄、德等国对驾驶员在交通过程中产生的各种心理现象、行人心理、事故心理等进行了广泛研究，形成了交通安全心理学的雏形。

20世纪70年代，交通安全心理学的研究，又增加了研究人与车辆的冲突、交通公害与儿童性格形成的关系。

经过二十多年的研究，已积累了一批资料。国外出版了一些专著。例如日本出版了《道路人间工学》(1972年)，《交通心理学》(1975年)，《驾驶员心理学》(1979年)等；前苏联出版了《考虑驾驶员心理因素设计道路》(1980年)等；美国出版了《交通安全中人的因素》(1972年)，《交通心理学》(1979年)等。

我国对交通安全心理学的研究起步较晚，未形成队伍。20世纪80年代初，为制定国家交通标志标准，交通部公路科学研究院进行了视认性、判断距离的研究，结合交通管理对驾驶员适宜条件、驾驶疲劳、事故心理进行分析、研究。近几年，我国已出版了一批论述交通心理学的书籍，如《人体工程学》(1980年)，《安全行车心理学》(1983年)，《交通工程心理学》(1986年)，《交通工程学导论》(1987年)，《交通安全心理学》(1988年)，《道路交通心理学》(1989年)；此外，在杂志上也刊登了很多有关交通安全心理学的文章。

二、交通安全心理学的研究现状

近年来，交通心理学正在发展。目前，一个世界性的动向是交通心理学不但逐步为人们所认识，而且社会要求也越来越迫切，不少国家和地区都设置了专门的研究机构，并且配备了专业人员来广泛地开展各方面的调查研究工作。

从目前情况来看，欧洲许多国家以及美国和日本等，大都把交通心理学从心理学或工业心理学体系中逐渐独立出来，由为数可观的心理学者组成一支交通心理学的研究新阵容。

1. 美国

美国是世界上人均拥有汽车量最多的国家，其交通安全心理学的研究起步较早，很多研究都比较成熟，且研究成果已经被推广应用。近年来，随着认知神经心理科学的发展，美国多数实验室开始运用模拟驾驶舱、脑电仪、皮电仪、眼动仪等各种现代化设备和仪器，来评价道路设计和交通设施设置的优劣。

2. 欧洲

近年来，欧洲各国对交通安全心理学的研究越来越重视，各国均成立了专门的机构开展研究，如联邦德国的“技术管理协会”(简称 TUV)，在全国设立了 10 多所心理医学研究所，每个研究所里都有 20 多名心理学者从事交通事故分析和驾驶适应性的研究工作。全国只有 750 多万人口的奥地利，在“奥地利交通安全管理委员会”所属的“交通心理学研究所”中工作的心理学专家(不是一般研究人员)都有 15 人之多，而且有一半的人在首都维也纳从事这方面的工作。这些国家的主要研究课题和主要从事的工作包括：驾驶适应性测试、药物心理学研究、对事故多发点进行研究和驾驶行为的研究。

3. 日本

在日本，交通心理学的研究也比较突出，特别是近十余年来，日本的城市交通、高速公路和一般城乡交通，都有了很大的发展，与此同时，交通心理学的研究也比较系统。日本早在 20 世纪 60 年代对交通心理学就有比较系统的研究成果，同时，在日本还设立了交通心理学的专门研究机构，大学也有专门课程。

4. 中国

我国交通安全心理学的研究起步较晚，20 世纪 50～60 年代初期，中国科学院心理研究所在开展工程心理学研究的同时，就进行了许多有关交通心理学方面的研究，但研究成果不多，文化大革命中研究又受到了中断。直到 20 世纪 80 年代，交通心理学的研究才有了新的发展，不仅有研究机构和专门研究小组，而且在有关高等院校也开展了研究工作，并取得了可喜的成绩。

20 多年来，经过学者们的共同努力，交通安全心理学的研究取得了较大成绩。研究内容不仅涉及交通安全心理学基础理论、基本研究方法的探讨，也对驾驶员的生物节律、驾驶疲劳、行车时的心理过程、个性心理、驾驶员筛选和训练以及道路交通标志的视认性进行了系列研究。

三、交通安全心理学的未来发展

交通安全技术、交通工程学和心理学都是比较年轻的学科，作为他们交叉产生的边缘学科，交通安全心理学则显得更不成熟，至今尚未形成独立的学科体系。然而，随着交通事业的发展，交通安全心理学必将得到快速发展。

总结其他学科的发展经验，未来交通心理学研究应在以下几方面加以特别注意。

1. 加强理论研究

纵观交通安全心理学的研究，给人的印象是成果不少，但比较零散，缺少相对集中的探讨。一门学科的发展，必要的理论体系是基础。因此，加强交通安全心理学基础理论的研究已是刻不容缓。尤其在我国交通安全心理学研究起步较晚，缺乏综合的、成熟的理论作为指导。今后应多加介绍国外交通心理学中较成熟的理论，同时还要加强我国交通心理学的本土化建设。

2. 加强研究方法的研究

一般说来，一门学科发展的程度如何，主要看它的研究方法达到了什么水平。在交通安全心理学目前的研究中，主要是借用心理学的实验法和测验法。当然，这两种方法在交通安全心理学的研究中是大有用武之地的，今后还应大力推广使用。同时也应该结合交通安全心理学的实际，对这些方法加以改进，使之具有该学科的研究特色。另外，可以预言在今后的研究中，个案分析法和追踪调查法将会得到更为广泛的应用。因为从总体上讲，实验法和测验法都是一种群体水平上的研究，要完整地揭示事故中人的因素的作用，个体水平上的微观研究也是不容忽视的。对某位驾驶员或某起交通事故进行具体考察、追踪探讨，也不失为预防和控制交通事故的一种有意义的尝试。无论是实验法、测验法，还是个案分析法、追踪调查法，若能与安全性高、费用较低、可进行分解式研究的计算机模拟联系起来，其研究前景将更为广阔。

3. 加强心理的整合研究

就目前的交通安全心理学研究现状而言，基本上都停留在对心理现象的某一层次或某一侧面的探讨上，或是就注意广度、反应时间作单项考察，或是对个性加以简单测验，缺乏对心理现象的整合性研究。在一起交通事故的分析中，即使可以断言是人的因素所致，但要确定是哪种心理因素，也不是一件轻而易举的事情。如果仅仅从某一方面出发，得出的结论就有可能偏离实际，甚至是错误的。因此，今后在交通安全心理学的研究中，应从多层次、多侧面、多角度出发，由分析而至综合，作整体性的研究。在一起交通事故的心理学分析中，既要关注心理过程的各个层面，又要对人格特征加以详细探讨，只有这样，才能从根本上揭示心理因素在交通事故中的作用。

4. 加强学科间的联合研究

导致交通事故的原因众多，虽说人是其中主要的因素，但车、路、环境等因素也不容忽视。因而在预防和控制交通事故上，不同的学者从不同的角度出发，采用不同的方法，都获得了一些有价值的研究成果，而交通安全心理学的研究仅仅是其中的一个方面。科学的历史告诉我们，面对重大问题，仅仅依靠单方面的研究是不够的，各学科各自为政也是行不通的。为了更好地进行研究，遏止交通事故的频频发生，各学科的联合研究是很有必要的。在今后的研究中，大力加强交通心理学与计算机科学、工程学、交通管理学等学科的联系，从总体上构造出一个“人—车—路”系统模式，分析驾驶行为，透视交通事故，将具有重要的意义。

参考文献

[1] 王健.交通安全心理学[M].重庆:科学技术文献出版社重庆分社,1988.

[2] 赖维铁.交通心理学[M].武汉:华中理工大学出版社,1988.

[3] 任福田.交通工程心理学[M].北京:北京工业大学出版社,1993.

[4] 朱祖祥.工程心理学教程[M].北京:人民教育出版社,2003.

[5] 叶奕乾,何存道,梁宁建.普通心理学[M].上海:华东师范大学出版社,1997.

[6] 罗智永.道路交通心理学研究的五种方法[J]. 交通企业管理,2004,6:22-23.

[7] 何存道.驾驶事故中人的因素[J].心理科学通讯,1985(1):42-44.

[8] 杨鑫辉.驾驶适性理论若干问题探讨[J].心理学探新,1992 (2):1-3.

[9] 李永鑫,赵国祥.我国交通心理学研究现状与展望.信阳师范学院学报(哲学社会科学版),2000(01).

第十九章　公路交通气象

第一节　概　　述

一、公路交通气象研究概况

早期的公路交通气象研究源自于交通运输安全的实际需求，是针对性地解决具体项目中的具体问题而逐步积累发展起来的。虽然追溯影响交通安全和运输效率的基本要素依然是人、车、路和环境，但随着公路运输日益繁重，影响因子之间的作用关系无论从量的增长方面，还是关系之间的复杂程度方面都产生了许多质的变化。因此，有层次的进一步细分四个基本元素下一层级的关系属性，深入探求其间的作用关系，展开相应的对策研究，推动整体学科进步，能够充分展现出交通安全研究目标的实用价值和生命力。

公路交通气象研究作为公路交通安全研究内容的延伸，不应仅仅是方向上的简单拓展，而是要系统地融合相关学科的知识与成果，建立起具有独立研究特色的交叉学科门类与体系，最终能够产生指导改进本领域生产效益的推动力。

近年来，系统地研究公路交通气象问题已渐成规模，相关实践成果初显成效，这对加快形成公路交通气象学科研究具有积极的促进作用。

二、公路交通气象研究的理论框架

公路交通气象研究的首要焦点当属学科的理论框架。至今，在讨论公路交通气象研究时，多数技术路线仍是以提出问题、研究问题、解决问题的“问题研究”方式在进行，还不能系统地概括所研究对象的本质、特性及其发展规律，缺少抽象思维的“理论研究”特征。因此迫切需要通过系统地研究，树立起一个里程碑式的开创性标志，以便确立起学术规范，能够引导着研究的思考方式，并将使用相同或相近术语的研究者群体聚集在共同的逻辑范畴之内，形成科学研究的氛围与实质。

公路交通气象研究是以气象影响、道路状况、驾驶行为三个主要因素为对象，针对交通安全效应规律的研究，以此为基点构建的理论框架必须要有成熟的基础性学科作为支撑，公路交通气象研究的学科依托就是交通运输工程学和气象学，由此构成的前沿方向则是三要素之间因果函数的解析。当然研究过程中还会借鉴、汲取社会学、心理学、经济学、法学、运筹学与控制论等多门学科的知识与成果，以足够广泛的认知水平去分析公路交通安全在社会活动中的复杂形态。

三、公路交通气象研究的范畴与方法体系

气象因素是公路交通环境因素的重要组成部分，具有一定的周期性，波及范围宽广，影响程度不均衡等特点。目前研究的主流方向分成两个层面进行：

(1)基于气候气象影响的交通防灾减灾与应急救援研究。

(2)面向道路安全服务水平的天气气象不利影响对策研究。

具体研究方法以现场观察研究、数理统计、同类归集、逻辑推演等类型居多，这说明目前研究的总体水平仍处于历史数据累积、经验判断和规律特征辨识阶段。对各种阶段性结论和分析假设的验证性研究触及得不多，估计症结就是模拟近似气象环境的试验方法仍没有突破性的进展。

将气象因素作为主变量，通过对路面抗滑性能、驾驶视认性、驾驶行为、行驶动力性能、岩土结构稳定性、天气紊乱生理健康承受限度等二级关联因变量的迭代扩散，形成对交通安全特性的函数映射，得以分析其间的因果关系与作用力，是现阶段非常重要的研究思维模式。而普遍采用以现场观测数据来源为主的研究方法时，会存在不同程度的缺陷。

首先，对于大尺度地理区域的系统防灾研究层面而言，气候特征分布只有在较长时间区间内(数十年、上百年)才呈现出规律特性。虽然总体上可以预测气候趋势，但实际发生时的物理场会存在脉动，如果这种突变摆幅过于明显，在投入资源有限的情况下，将直接影响构建监测网点布局的准确有效性。比如，针对公路交通安全影响至关重要的水毁、雾害、雪灾等天气因素及伴生因素，若欲建立起有效覆盖公路网的监测站网就必先研究各类危害特征的气候分布、气象生成以及 1 000～7 000m 中低天气尺度的次运动等规律。

从实际价值看，海拔 1 500～3 000m 以下低空带的天气学和流体力学扰动作用是公路交通安全研究的重点，是直接分析不利天气与安全因素关联性机理的主要外部约束条件，其中 5～100m 近地距离影响是形成安全对策与技术防护措施的研究焦点。由于低空层容易受到气流切变影响，路面近地空间水平和垂直均匀性气象结构并不稳定，理想的观测基点较难选取，因此，利用地表浅层热谱地图曲线规律映射路面适驾性能是目前正在探索的间接研究方法之一。

可以看出，现场观察法和现场实验法研究，无论是观测周期之长(一个周期往往是一年时间)，还是场景复现性之差(同期同现象的再现概率极低)，都严重制约了求证的效果与可行性。所以，为了缩短研究周期、提高复现比对精确性，虽然仍面临着技术方面的种种难点，但建立起试验室环境下的多组态模拟研究是一项非常必要和迫切的工作。

另外，有两种正在尝试的度量分析方法也同样很有意义：

(1)基于危害风险与风险概率的安全宽容边界研究，利用对局部时空范围内单一因素或多因素气象(天气)发生的风险发生可能性与风险影响程度的二维坐标矩阵分类，判别安全等级。

(2)基于安全均衡线(安全指标或敏感系数)的上下限区间的异常波动控制，反映出安全水平的调控需求。

这两种方法主要针对微观时空环境下，气象因子与道路行驶直接致害因果关系的量化分析。其中，第(1)种方法也适用于宏观预测和分析研究；第(2)种方法侧重对不利气象造成交通安全隐患的预防控制反馈机制研究。

由于目前研究过程中仍非常缺乏足够量的试验数据支撑，风险概率估计主要还是基于专业人员经验的主观概率评估，只有极少的是客观概率统计研究。如，通过某一路段，某一季节，某一时段，雾霭生成与消散过程的长期观测记录，预测其发生规律的应用案例就属于客观概率估计。

风险概率可依据严重程度由强到弱分成 K(Kill)、M(Modify plan)、T(Trigger)、R(Review and reconsider)、I(Ignore)五个等级。面对同时产生影响的多气象因子或次生危害可以采取层次分析法，分解识别其主次因素，综合隐患或危害发生的可能性与影响程度，进而采取相应的回避、控制、转移、承受等防范对应措施。

四、公路交通气象研究的应用前景

若从广义层面诠释公路交通安全，不言而喻，是属于社会公共安全的有机组成部分，对其展开深入研究的现实价值意义重大。鉴于公路交通安全研究涉及了社会科学与自然科学的广阔领域，并随着社会交通活动的日益复杂化，各类安全干扰因素无论从广度还是深度方面均发生着激烈的变化，同时深刻地影响着社会、政治、经济、人文等各个层面的和谐与发展。

公路交通气象问题因其涉及面广，波及地域广阔，影响频繁，十分需要加强研究以弥补公路交通安全结构的不足。尤其，气象灾害是发生类型最多，危害最严重的自然灾害之一，需要从宏观着眼，从微观着手，建立起识别、预测、应对、评价等一系列研究理论和方法体系，科学系统地解决不利气象对公路交通安全的影响。

我国幅员辽阔，气象影响带有鲜明的地域特征和显著分布差异性，灾害并发或交替发生并不罕见。公路沿线地形地貌与地质伴生灾害，也会对公路工程主体及附属设施造成威胁，引发不安全隐患。

公路交通气象研究起步较晚，基础性技术支持非常薄弱，经验积累匮乏，具有交叉学科与边缘学科的多重属性，当前正从感性认识阶段向理性知识体系过渡深入。

从发达国家的历程可以看到，作为交通安全研究的重要分支，融合了气象学、交通工程学、信息技术等大量最新成果，但未知和被忽视问题仍然很多，关键难点没能根本解决，成熟经验还非常稀缺。大量工作的着力点还是集中于切合气象大尺度影响特征，有效地构建大范围区域的气象监测与信息发布网。相对而言，有关气象因素与安全驾驶的本质机理研究还显得疑雾重重，不得要领。

目前，国内已有相当一部分具体项目开展了各种形式的交通气象研究和实践，产生了大量积极效果，为实现全社会的预防减灾目标发挥了重要作用，引起了社会各界的广泛关注；更重要的是为继续深入探索，赢得了许多宝贵的空间和基础。

为此，需要在满足具体项目需求的应用技术研究和实现普遍指导作用的基础理论研究两个方面同时推进；既能解决浮于表面的紧迫问题，又能循序渐进从根本上掌握客观规律，正确指导生产实践。

如今的社会活动既复杂，又关系紧密，以辨证的思维方式认知公路交通气象研究过程，结论是某一领域在汲取了众多相邻学科的成就和营养的同时，也会将自身的进步成果辐射、影响、回馈到学术各界，乃至促进整个社会生活质量的提高和公共安全环境的改善，公路交通气象的研究正是遵循这一发展历程。

第二节　公路交通气象前期发展概况

一、国外发展概况

1. 各国发展历程

许多国家都非常重视道路交通气象服务保障。1992年成立的国际道路天气常设委员会(SIRWEC)致力于降低和减少气象条件对交通的不良影响。目前,已有澳大利亚、比利时等30多个国家加入该组织,合作研制出道路天气信息系统(RWIS),记录道路天气状况,尽早预报影响交通的恶劣天气状况,减少意外事故,确保安全运输。RWIS的花费和效益比为1∶8。现已有30个国家使用了该系统。美国交通部进行"高级运输气象信息系统"研究;联邦公路管理局进行"道路气象管理系统"研究;许多州都建立了冬季公路气象系统。意大利交通部推出"抗雾智能公路"计划。加拿大进行了气候信息与道路安全的研究,对与不良天气条件有关的道路事故风险进行了经验性的评估,建立起可提高道路安全性的天气信息系统。澳大利亚进行了大量能见度与车辆速度以及速度差异性方面的研究。德国建立公路气象信息系统(SWIS)。欧空局对瑞典RWIS和天气预测进行了经济效益评估,认为这些系统使瑞典交通局每年节约86 000万SEK。

美国交通部在1995年5月～2000年11月进行了"高级运输气象信息系统"研究。该项目利用中尺度气象分析和预报等现有技术生成空间和时间气象信息,并集成到高级运输信息系统中,增进公路交通的安全性和有效性。通过这样的研究,建立了气象信息模型和公路气象管理中心,支持交通气象分析和预报,并开发气象环境支撑决策系统,针对不利气象状况造成的通行困难进行快速评估,进而论证了在全国范围内建立公路气象信息系统模型的可行性。

美国交通部联邦公路管理局2003年5月1日开始"道路气象管理系统"的研究,该项目是美国ITS系统中乡村公路智能运输系统的组成部分,研究内容包括不利气象状况对公路的主要影响、针对不利气象状况的决策支持系统、针对不利气象状况的反应措施、针对不利气象状况的交通管理和紧急事件管理、针对冬季不利气象状况的公路养护管理等。

另外,美国许多州都建立了冬季公路气象系统,如威斯康星州、密苏里州等。该系统通过在道路上指定地点布设气象检测器,采集路面温度和路面状态(干、湿)、大气温度和湿度等气象数据,测量和预报冬季风雪期间道路上积雪和积冰的发生时间和覆盖范围,预测积雪和积冰对交通的影响程度,从而合理地安排道路养护,包括合理安排人力、物力进行扫雪、除冰等操作,更有效地利用扫雪机械和除冰剂,减少人员成本、设备消耗和除冰剂用量等。

意大利有关部门于2003年秋推出了一项"抗雾智能公路"计划,该计划由意大利交通部与意大利全国公路管理局以及菲亚特研究中心合作。"智能公路"系统结合了雷达和激光技术,它可以穿透雾气,利于道路畅通。意大利的公路和大部分高速公路将为驾驶员配置先进的安全系统,雷达、激光和自动驾驶仪将在雾幔中安全导向公路车辆的驾驶,即使在雾气蒙蒙的情况下,驾驶员仍可放心驾驶。除上述技术外,一种与卫星连接的特殊技术将被采用,它可以在第一时间向所有系统用户传送交通信息，例如突发的交通事故情况和肇事地点等。此外，“抗雾智能公路”计划还将引进一级方程式赛车的安全保护设置，以提高汽车在险情下的行驶安全度。

加拿大进行了气候信息与道路安全的研究，对与不良天气条件有关的道路事故风险进行了经验性的评估，其目的是建立起可提高道路安全性的天气信息系统。研究主要分为三个方面，一是在大气能见度降低时，事故风险率的提高程度及其与道路特征、驾驶员和车辆特征之间的关系性以及这些事故所导致的社会和经济损失；二是驾驶员在决策过程中需要的信息类型和来源以及驾驶员利用这些信息所作出的行为调整；三是驾驶员是否需要更多更丰富的天气信息，这些天气信息如何被利用，它们的作用如何等。

澳大利亚主要进行能见度与车辆速度以及速度差异性方面的研究，指出雾天事故高发的原因主要是车速过高和速度差异引起的车辆间干扰增加。为提高雾天行车的安全性，澳大利亚在高速公路上采取了设置动态情报板进行大雾预警等措施，并对设置后的车辆速度降低与车速差异减小进行了分析，验证了设施的有效性。

德国于20世纪80年代初期开始在道路沿线布设天气检测设备以检测天气的变化及其对道路交通的影响，检测得到的信息将汇总到德国国家气象服务中心，由其发布并研究新的天气预测方法。

瑞典早在1972年就开始尝试简单的天气警报系统，此系统通过电话网络来传递道路的结冰情况。现在瑞典RWIS系统除650个野外观测站外，还有3颗卫星和21个雷达观测站，天气及道路交通数据来源非常广泛，该系统主要对冰雪天气进行监测和发布信息。

2. 小结

纵观国外对于不利气象条件对公路运输安全的影响研究可以发现，这些研究有以下特点：

一是研究涵盖范围广阔，涉及信息收集、传输、模拟和道路与天气条件信息发布等各个方面；

二是以研究成果为基础，建立了信息快速传输机制，不利气象条件信息可以快速发布，为交通管理中心、紧急事件管理中心和道路养护部门作决策提供了有力的支持；

三是基础数据平台建设完善，基础理论研究充分，不利气象条件对公路运输安全影响研究成果及基本的观测数据，为其他相关的基础和应用性研究奠定了良好的基础。所有这些，为保证公路运输系统的安全性、可靠性、及时性提供了保障。

二、国内发展概况

我国地源辽阔，地形复杂，季风气候变化大，是世界上气象灾害频繁发生的国家之一，致使影响公路交通的气象灾害种类繁多。在我国对公路交通影响的各种气象灾害中，影响范围最广、时间最长、损失最大的莫过于降水。可以说，中华民族的历史是一部与暴雨洪涝作斗争的历史。距今4 000多年前传说中大禹治水的故事，便是生动的例证。

我国的气象灾害不仅种类多，而且发生频繁、危害面广、灾情严重，对公路交通产生极大的威胁，带来巨大的经济损失。公路交通气象灾害的直接经济损失包括：公路路基、路面、桥梁、涵洞、护坡及其他公路设施的破坏情况以及由此带来的次生灾害（如毁坏农田、民房、植被等）、人员伤亡、交通工具损失等。直接损失一般都可以用计量单位进行统计。除此之外还有间接经济损失，包括车辆延误、交通中断、交通污染、环境破坏等。

各种气象灾害都有可能造成极大的损失，但由2000～2005年的公安部全国道路交通安全统计数据表明，在所有的恶劣天气中（包括雨、雪、雾、大风、阴、沙尘、其他），雨、雪、雾造成的公路交通事故占恶劣天气所导致公路交通事故的59.94%，可见，雨、雪、雾是造成公路交通事故的主要气象灾害。2006年全国公路水毁造成的路基、路面、桥涵等公路基础设施的经济损失位居6年的榜首，超过100亿元。2006年12月20日，京沪高速两侧有积雪，路面结冰。因雪后路面湿滑，京沪高速泗村店出口7km处发生10多起追尾事故，近百辆车连环相撞，致多人轻伤，3人重伤。2000年9月4日，京沈高速公路K268～K270处因突发团雾，造成近百辆车追尾相撞，死伤60余人，经济损失无法估计。2002年3月20日，我国北方大部地区经历了一场近年来最为严重的沙尘暴，首都北京黄尘遮天蔽日，导致交通不畅，运输受阻。

虽然国内针对公路交通气象灾害的研究没有国外完善，但是很多专家也进行了相关研究。以下将从学术研究、科研发展、政府政策三个方面扼要地介绍我国交通气象的一些发展历程。

1. 学术研究

孙继松等人通过对2001年12月7日降雪天气过程与历史同期降雪过程的比较以及对降雪过程中不同物理介质路面温度变化的观测研究，认为“12·7”北京地区路面交通严重受阻是由于特殊的时间、特殊的城市和特定的路面状况等多种非气象因素与“落雪成冰”的气象环境条件共同作用造成的。这种气象环境条件的形成是由于降雪过程中，雪面、路面与近地面大气之间复杂的热量交换和相互影响的结果：降雪开始时，由于雪片的吸热作用，造成路面和紧贴地面的大气温度下降，而近地面层气温的下降，反过来造成路面温度进一步降低，在两者的共同作用下，地表落雪迅速形成冰面。冰面的反射作用又进一步加速了气温、尤其是近地面层气温的下降，不断降低的气温使得冰层硬度加强、厚度迅速增加。作者还通过天气诊断和数值模拟分析，对这次降雪天气过程的物理机制进行了简单的讨论。

王郁彭等对某城市交通事故的月际、年际变化规律进行了总结和分析，并对当地多发天气对交通安全的影响进行了统计分析。结果表明，在排除人、车、路的原因外，天气条件是一个不可忽视的重要因素。

李盾等对武汉地区35年来雾资料进行了统计分析，归纳了武汉地区雾的出现频率、类型及分布规律等基本特征，同时收集整理了湖北省及武汉市全社会运输流量、交通事故的次数和经济损失等资料，估算了雾对武汉地区交通安全所造成的损失。结果表明，武汉地区一年中7.9%的天数，1.2%时间的交通运输都会因雾而延误、滞留甚至中断，其直接损失和连带损失十分巨大。武汉市的交通事故每年在2 500次左右，因雾造成的交通事故占所有交通事故的1%左右，据统计，武汉市因雾发生的交通事故的经济损失估计在700万左右。

白惠星等人通过对沙漠公路周围16个气象站30多年的资料分析，结合近几年沙漠腹地的气象观测资料，指出大风、沙尘暴、高温等是沙漠公路一线主要的气象灾害，分析了灾害性天气的时空分布，并提出了相应的防御措施。

杨亚薪，范德新在分析了公路交通气象灾害的成因及国内外公路交通气象的研究概况的基础上，提出了建立我国高速公路交通气象灾害实时监测与决策服务系统的设想。即要有重点、分阶段、高起点地先建立高速公路自动气象观测站网，然后开展一系列的同步天气观测和试验研究，逐步建立高速公路交通气象灾害判别指标，最后在现有的公路管理信息系统的框架内开发出高速公路交通气象灾害实时监测与决策服务系统。

谢静芳等人分析了降水、气温、风、能见度等气象条件的变化对城市交通主要环节产生的影响，认为天气对城市交通的影响主要表现在对道路状况、驾驶员视野、行车速度以及车辆本身的影响。影响城市交通的主要气象条件是各种降水天气和恶劣能见度，其次是大风天气和气温的变化，而各种气象因子之间又相互联系和影响。因此，气象条件对城市交通的影响，是各种气象要素综合变化和影响的结果，并与城市的交通状况密切相关，在实际预报服务中必须进行全面分析和综合考虑。由此其提出了保障交通安全应采取的必要措施，为开展城市交通气象服务提供了依据。

张清等通过交通与气候关系的诊断分析，从宏观角度提出了气候对交通运输直接影响和间接影响的两种途径，并给出了两种影响的观念模型。之后他们又利用收集的资料，从我国实际国情出发，在分析我国气候特点、交通运输发展特点的基础上，结合研究了我国交通运输气候灾害的特点、类型、分布及其影响(如表19-1所示)，为进一步开展气候异常对交通运输的影响研究打下了基础。

我国公路交通气象灾害的类型及其分布 表19-1

灾害类型	主要发生地	对公路交通的影响
暴雨洪水	全国各地均有，主要发生在东北、华北、华中、华南、西南及西北部分地区	冲毁或淹没路基、路面、桥涵、交通通信设施、车站；诱发泥石流、滑坡、崩塌等地质灾害，阻塞、掩埋道路，砸毁车辆等
雪灾	东北、西北、华北、华中、西南	积雪阻塞道路，减小路面摩擦，降低车速，车辆控制困难，易发生交通事故
冰冻雪	华北、华东、华中	减小路面摩擦，行车难以控制，易发生交通事故
雾害	东北、华北、华东、华中、华南、西南	降低能见度，易发生交通事故，特别对高速路影响更大
风害	东北、西北	吹倒路树阻塞交通，吹毁沙石路面，行车不稳
沙尘暴	西北、华北北部	减小能见距离，形成沙阻
高温	华东、华中	沥青路面变软，黏度显著降低，驾驶员易疲劳
低温	东北、西北、华北	破坏路面，车辆发动困难，冻坏水箱

孙永泰就典型恶劣天气(雨、冰、雪、雾)对安全行车的影响进行了分析，针对每种天气指出了对安全行车造成影响的因素和作用机理。

张后发等从安全车速与能见距离的关系出发，讨论了浓雾中高等级公路行车障碍的能见距离和安全车速的计算方法，并根据浓雾天气对驾驶员反应时间的影响，对计算方法中所涉及的反应时间和安全距离进行了重新修正，计算了安全车速，讨论了高速公路关闭的能见度条件，并针对如何降低因浓雾引起的汽车追尾相撞事故的发生提出了建设性的意见。

谭华军对复杂气象条件下高速公路的监控方案进行了探讨。文章指出利用采集到的各种异常天气信息，进行定性分析，进而确定特定气象条件下的控制策略，信息采集流程见

图 19-1。控制策略共分为 3 个级别，每个级别的控制策略都相应规定了情况上报流程以及具体的应对办法。例如，对于能见度在 100m 以内轻雾，当其范围较大，影响车辆的正常运行，造成交通不畅，且有轻微事故发生或造成车道阻塞的情况下，规定采取 1 级控制方案(见图 19-2)。

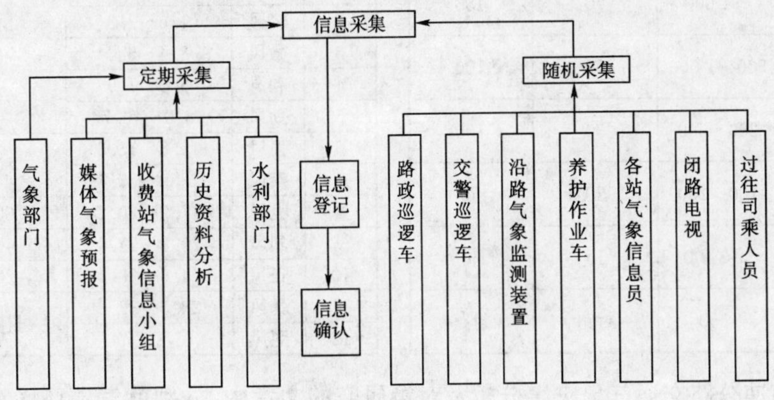

图 19-1　信息采集流程

贾志绚等人在分析行车间距计算方法的基础上，提出了在一般气象条件下保证交通安全一般要求的基本安全间距的概念及计算公式，同时探讨了在特殊气象条件下对安全间距的影响因素及修正参数。

刘文智对高速特殊气象条件下的控制方案进行了探讨，控制方案的实施局限在可变信息标志上。表 19-2～表 19-7 是其研究中提出了针对雾、路面状况、雨、雪、冰、横风等不利气象条件给出的控制措施。

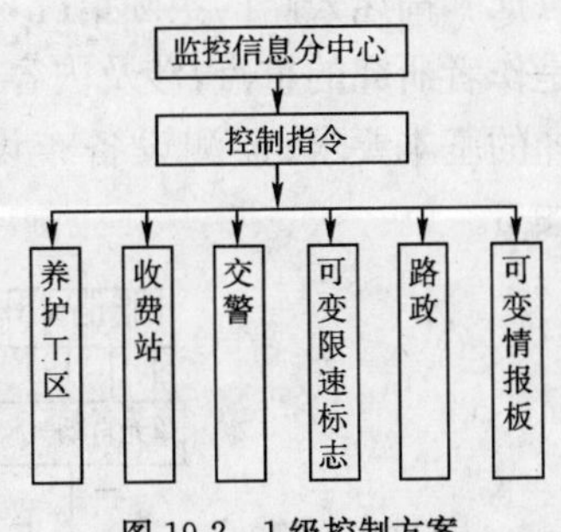

图 19-2　1 级控制方案

雾的等级与控制措施　表 19-2

等级	定义	能见度(m)	限速(km/h)	车距(m)
1	无雾	＞1 000	—	—
2	薄雾	500～1 000	100	150
3	轻雾	200～500	80	150
4	中雾	100～200	60	100
5	大雾	50～100	40	50
6	重雾	＜50	封路	封路

路面状况控制措施　表 19-3

等级	能见度(m)	潮湿路面		湿润路面	
		限速	车距	限速	车距
1	＞1 000	—	—	—	—
2	500～1 000	100	200	90	200
3	200～500	70	200	60	200
4	100～200	50	100	40	100
5	50～100	30	50	20	50
6	＜50	封路	封路	封路	封路

雨天控制方案　表 19-4

分级	降雨量(mm)	限速(km/h)	车距(m)
小雨	0～10	—	—
中雨	10～25	80	150
大雨	25～50	60	100
暴雨	50～100	40	50
大暴雨	100～250	30	40
特大暴雨	＞250	20	30

雪天控制方案　表 19-5

分级	24h 降雪量(mm)	限速(km/h)	车距(m)
小雪	0.1～2.4	—	—
中雪	2.5～4.9 或积雪 3cm	80	150
大雪	5.0～9.9 或积雪 5cm	60	100
暴雪	＞10.0 或积雪＞8cm	40	50

结冰路段控制方案　　表 19-6

等级	定义	能见度(m)	限速(km/h)	车距(m)
1	无雾	>1 000	70	150
2	薄雾	500～1 000	50	100
3	轻雾	200～500	30	100
4	中雾	100～200	20	50
5	大雾	50～100	15	50
6	重雾	<50	封路	封路

横风控制方案　　表 19-7

等级	名称	风速(m/s)	限速(km/h)	车距(m)
0	无风	0～0.2	—	—
1	轻风	0.3～1.5		
2	轻风	1.6～3.3		
3	微风	3.4～5.4		
4	和风	5.5～7.9		
5	劲风	8.0～10.7		
6	强风	10.8～13.8	80	150
7	疾风	13.9～17.1		
8	大风	17.2～20.7	60	100
9	烈风	20.8～24.4	40	50
10	狂风	24.5～28.4	20	30
11	暴风	28.5～32.6	封路	封路
12	飓风	>32.7		

蒋燕在高速公路交通气象灾害分析及对策研究的文章中，分别就气象环境对公路行车安全、应急救援、路政养护施工、道路通行能力的影响进行了分析，在此基础上，结合上海的气候特征和高速公路的实际情况，探讨了减少高速公路交通气象灾害事故的应对措施。这一部分是作者研究的重点，涉及内容包括：高速公路交通气象信息监测（监测设备的主要类型、设备选择的基本要求、监测设备布设原则）、气象信息数据的处理和分析、控制方案与对策，见图 19-3。

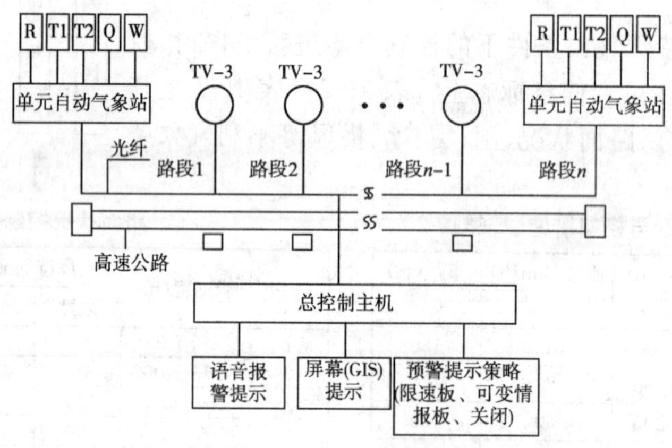

图 19-3　气象信息监测系统

R-降水量传感器；T1-气温传感器；T2-地表温度传感器；Q-湿度传感器；W-风向风速传感器；TV-3-路段能见度检测单元

当道路交通系统因受气象、地质等灾害的影响而不能正常运营甚至使交通完全中断时，其后果是多方面的，涉及：道路通行能力下降，车辆行驶缓慢，道路运输系统效率大打折扣；交通事故率的上升或事故严重性的加剧或兼而有之；用户出行延误和出行成本增加等。陈艳艳通过用户成本构成分析、交通需求及分配建模，对灾害的上述影响之一，即用户成本进行了评估。作者指出：用户成本及补救工作成本构成的灾害损失即灾害后果是道路关闭时间、其他绕行路线可用性及补救措施的函数。此外，通过对灾害发生概率及相应后果进行风险评估，作者还对减少道路关闭概率或相应损失提出了建议，为减灾策略的制定提供可供比选的、具有不同经济性的多种方案。

方向池在一篇关于公路水毁灾害经济损失评估的文章中，讨论了公路水毁与社会经济发展的关系，提出了公路水毁灾害社会经济评估的要素，并计算了 1980 ～1991 年云南省公路水毁造成的灾害损失率。

2. 科研发展

国内近年来在公路交通气象方面有所发展，不仅在交通领域，而且在气象领域也有不小的进步，并逐步向两个行业数据共享方向发展。

(1)公路交通气象在交通领域的科研现状

目前，普通公路沿线基本未建立任何气象观测设施，所获知的气象信息主要来自公路周边相近的气象观测站的实况监测数据和气象部门制作的区域性天气预报信息以及公路沿线零散气象站的单站天气预报结果，缺少针对公路特点的精细化、专业化的气象预报信息，导致灾害性天气事件的预警机制尚不健全。高速公路的情况与普通公路相比，情况稍好一些。目前，在部分高速公路上设置有如下三种气象数据采集设备：能见度监测器、路面冰冻探测器、气象观测器。但是，这些采集设备系统存在的主要问题在于，一是目前的气象参数采用气象标准，参数精度和类型不能适用于公路部门需要；二是所采集的气象参数是微观数据，缺乏与宏观数据结合，从而不能发挥作用。以下为公路部门已经开展的公路交通气象方面的相关研究：

①北京市公路局开展了“高速公路雾警自动限速标志系统”的研究，着重解决目前华北地区冬季由于大雾引起的高速公路安全事故和高速公路关闭问题。

②同济大学曾进行杭州湾大桥灾害性天气的交通安全保障预案、高速公路灾害性天气事故预防管理系统(上海市市政局)等项目研究。

③江苏省气象科学研究所在沪宁高速江苏段布设了 13 套气象监测站，并进行了基于公路交通气象监测数据的短时天气和临界预报研究。

④交通部公路科研所、广东省交通厅以及中国气象局广州热带海洋气象研究所也对京珠北高速公路红云雾区安全保障技术开展了相应研究。

⑤交通部公路科学研究所与中国气象局预防减灾司合作开展“公路交通气象灾害预警预报”工作，初步形成了“公路交通气象资料库”、“公路交通气象专栏”，日常开展公路交通气象预报、重大公路交通气象预警工作。

⑥交通部公路科学研究所、云南思小高速公路建设指挥部共同承担了西部交通建设科技项目“西部交通安全应用技术”中“高速公路雾区交通安全保障技术”课题的研究，并已形成初步研究成果。

(2)公路交通气象在气象领域的科研现状

目前，气象预报只是针对某一行政区域级别的气象预报，针对交通虽有一定的指导作用，但是，存在以下主要问题：气象预报是区域性的气象预报，而公路具有线状分布的特点；气象预报多为大中尺度预报，其空间分辨率相对较粗，而公路更关注局地性天气的影响，二者模式不尽相同；气象预报考虑的是某一行政区域内整体情况，未能细化到公路具体地形以及交通对气候的反作用；气象预报中要素级别的划分，未能充分根据不同气象要素对交通影响程度划分不利气象状况及等级。以下为气象部门已经开展的公路交通气象方面的相关研究。

中央气象台对京津唐大雾的统计特征已经做了大量的工作，对大雾发生时的大气环流形势进行了总结并找出了一些和大雾相关性较好的天气因子，这些因子在进行区域性雾的预报工作中起到了很好的参考依据作用。

江苏省气象局与江苏省宁沪高速公路股份公司合作，先后完成了“宁沪高速公路(江苏段)秋冬季大雾灾害研究”、“江苏省高速公路大雾遥感监测业务系统”、总装备部“低云大雾实时检测预报服务系统”。

重庆市气象局开展了大雾动力预报方法预报试验。

云南气象局展开了公路方面的特色服务。主要有公路沿线的短期天气预报(降雨、降雪、大雾、气温等)，天气实况，公路施工的公路施工气象指数预报。

河北省气象局展开了高速公路路况等级预报。主要是对未来影响交通的各种不利气象因子进行综合分析，提醒驾驶员和交通部门采取防御措施。

国家气象中心专业气象台对我国大部分城市开展了行车安全指数预报。主要是未来影响行车安全的气象因子的综合预报分析(降雨、降雪、雾、气温等)。

气象部门根据多年的气象服务工作，并通过与服务单位不断的沟通与协同，逐渐积累了建立有效的灾害预警与应急响应体系的经验。

(3)公路交通气象在公路和气象领域的数据共享

目前，少部分公路定时接收气象局系统的气象预报，采取无线接收方式；绝大部分公路则未与气象系统进行数据共享，包括两方面：气象系统的气象数据未实现与交通系统的共享；交通系统的微观气象检测数据(气象检测器、能见度检测器等)及地形地貌数据未实现与气象系统的共享。

(4)其他部门在公路交通气象中的科研现状

针对气象灾害等级的划分和对灾害影响的评估，国内已开展了许多研究工作。在评估理论、评估指标体系、评估方法、减灾数据库以及评估集成信息系统方面均取得了很大进展，也积累了一定的经验。近年来，学者们开始应用系统集成思想，对灾害评估信息系统进行了深入研究，并设计出了各种不同的系统方案。随着计算机学科和 3S 技术的发展，灾害评估信息系统的研究已经不再单纯地是方案的设计，而逐渐地过渡到客户化的可操作的灾害评估信息系统。我国“七五”期间，通过国家攻关项目和国际合作研究，分别在黄河下游、黄河三角洲、洞庭湖等地区开展洪水险情预报与灾情对策信息系统的研究，尤其在灾害背景数据库的建立和专业应用分析模型的研究方面取得了相当的经验和一定的科学积累。“八五”科研攻关项目中已开展了系列的灾害应急监测与评估研究及相应技术的研制，如：水利部、科学院建立了实时洪水监测与评估研究及水灾风险评估系统，中国科学院与中国气象局初步建立了实时台风、暴雨—洪涝灾害信息及减灾系统等。

三、政府政策

政府部门在对国内公路交通气象研究应用方面给予了极大的支持，主要包括：

(1)为了有效预防和减少高速公路不断发生低能见度气象条件下多车相撞的重大交通事故，公安部在 1997 年 12 月发布了“关于加强低能见度气象条件下高速公路交通管理的通告”，通告就车辆雾灯安装、在能见度受限的条件下的车灯使用以及限制车速等方面作出了明确要求。

(2)由于气象灾害对公路运输安全有着不可忽视的影响，1999 年我国公安部和气象局联合发文“关于加强公安机关和气象部门工作配合积极预防公路交通事故的通知”(公通字

[1999]103号文)，争取将公路沿线气象监测系统的建设纳入公路建设的统一规划，增加投入，同步建设。

(3)2002年，我国公安部与国家气象局联合发出通知，要求各地公安、气象部门加强相互间的工作配合，将及时、准确的气象信息应用于我国高速公路的交通管理中。通过对高速公路通过地区气候情况以及恶劣天气形成的季节、地域特点以及形成规律的分析，气象部门可以为高速公路交通管理部门提供及时的气象服务，使交警提前掌握有关恶劣天气预报信息，提早预防、宣传，以减少高速公路的交通事故。

(4)中国气象局在"十一五"科技规划中对交通气象特别关注，指出现代交通运输追求快速、高效、安全、正点，无论是铁路、公路运输，还是水上、空中运输，均与天气、气候密切相关。规划中还提出了交通气象综合监测、气候系统与交通相互作用的模拟和预测、交通气候评估、人工影响局部交通环境、信息资源共享等课题。

(5)为向社会公众提供及时准确的公路交通气象信息，提高政府对公路交通气象灾害的应急处理能力，2005年7月27日，交通部和中国气象局联合签署了《关于共同开展公路交通气象监测预报预警工作》的备忘录，决定建立长期、稳定、可靠的公路交通气象信息采集、预测分析与发布机制，为社会公众出行和政府决策提供准确全面的公路交通气象监测预报预警信息。

四、小结

公路交通气象安全在我国交通领域中尚属新的概念，国外已有的相关研究成果，由于侧重的不同，很大程度上不适于我国国情。在我国公路建设势头迅猛、基础信息结构不完善的条件下，为初步实现我国公路信息化管理和科学决策要求，公路交通气象预报、预警和应急体系的建设已成为当务之急。

2004年5月起，为认真贯彻交通部公路司有关《开展公路交通气象前期研究工作》的指示，交通部公路科学研究院交通安全研究中心成立了"公路交通气象专项研究小组"。2005年7月27日，交通部和中国气象局签署了《共同开展公路交通气象预报工作备忘录》。此两部局备忘录的签署填补了我国公路交通气象安全管理的空白，是我国公路交通气象服务领域的一座里程碑，标志着交通部和中国气象局将以优势互补、注重实效、稳步推进、成果共享的原则联合开展工作，逐步建立公路交通气象信息预测、发布机制，对高速公路和国道提前预报灾害性天气，避免公路交通延误，减少恶劣天气诱发交通事故，创造更安全、更畅通、更便捷的公路出行条件。

目前公路交通气象安全业务主要是由交通部公路司委托交通部公路科学研究院成立的"公路交通气象信息服务与应急处置临时工作组"(简称公路交通气象组)来承办负责的。该小组目前的主要职责就是按要求及时向交通部外网及有关媒体提供"未来24小时公路交通气象预报"；根据恶劣天气的影响程度，及时制作并向有关省(区、市)交通主管部门发布"重大公路气象预警"；协助交通部公路司组织协调大范围、重大恶劣气象的应急处置工作，及时跟踪、了解恶劣天气对公路交通的影响情况。遇到有公路封闭、阻断或长时间交通阻塞时，根据要求协调有关部门和省级交通主管部门及时采取相关应急处置管理措施，努力减轻气象灾害损失；组织京沈、京津塘高速公路气象服务试点。并在试点经验的基础上，逐步研究国家高速公路网的精确气象监测、预报和预警工作；确定典型气象灾害对公路交通影响分级标准，跟踪、评估相关预报、预警信息，提高信息服务质量；建立并维护全国高速公路、国道气象灾害影响分级数据库，不断提高预报信息对公众出行的参考价值；组织开展相关的公路气象科学研究，并根据技术发展情况，适时建立并维护中国公路气象信息系统；编制相关的技术标准和行业指导意见，推进全国公路气象服务工作规范有序进行；组织落实与中国气象局合作的其他事项。

自该小组成立以来，现已累积、不断完成全国公路交通预报580余篇，完成全国重大公路交通预警30余篇，全国公路交通灾情简报20篇。其已经越来越受到广大人民群众、交通道路主管部门以及新闻媒体的重视，成为我国交通气象安全管理的重点和防灾减灾的有效工具。

第三节　高速公路气象机理性研究

一、高速公路事故成因分析

高速公路引发交通事故的原因涉及人、车、路、环境及管理五大因素，由于驾驶员疏忽、车况不良、道路线形及路面状况差、天气恶劣、管理不完善等原因对高速公路行车安全造成极大影响。通过对高速公路交通事故特点的分析，归纳出影响高速公路行车安全的主要因素，如表19-8所示。

影响高速公路行车安全的主要因素　　表19-8

人的因素	驾驶员安全意识淡薄 驾驶员缺乏高速公路行驶经验 违章、违规操作	气候与环境因素	缺乏对恶劣天气进行预报和预警 未对积雪、结冰、大风、多浓雾等路段采取保障措施 不良天气条件下的紧急救助措施不到位
车辆的因素	车辆超限、超载 汽车制动性能欠佳 汽车轮胎状况不佳 汽车灯光存在故障	管理因素	高速公路运输法规不健全 高速公路交通安全知识普及率差 交通管理信息化手段落后
道路因素	道路规划设计不合理 标志、标线等安全设施不完善 路面养护不及时		

事实上，上述影响高速公路安全的五方面因素是综合发挥作用的，我们在对高速公路进行安全管理时，应采取综合性的措施。特别需要指出的是，气候与环境因素(主要为不利或恶劣天气条件)具有人为不可事先控制的特点，不利天气条件下发生的一起起重、特大事故不仅给社会、家庭带来了巨大的损失，导致了不良的社会影响，也给交通管理部门带来了前所未有的压力与挑战。

二、不利天气对高速公路运营的影响分析

1. 对安全的影响

不利天气是指包括阴天、雨天、雪天、大雾、高温、冰冻及沙尘暴等相对于晴天而言的不利天气，在这些不利天气情况下，驾驶员的情绪、视线受到很大影响，交通流速度明显下降，路面

附着系数下降,附着力明显减小,机动车的制动稳定性、转向操作稳定性都将变差,车辆容易打滑、跑偏,制动距离显著延长,再加上一些驾驶员不注意限速预告或者无视规定,超速行驶,因而发生事故的几率增大,并易导致多车连续追尾相撞的恶性交通事故,对高速公路行车安全产生不良影响。

由于雨、雪、雾、大风等不利气候对车辆安全行驶造成极大威胁,导致高速公路交通事故亦呈多发趋势。以 2005 年交通事故统计数据为例,如表 19-9 所示,因雨、雪、雾等不利气候引发的交通事故约占事故总数的 22.56%。在不利天气条件下,交通事故发生率明显高于正常天气水平,随着我国高速公路通车里程的增加,经常有因雨路湿滑、积雪结冰以及大雾干扰而引发的特大和重大事故发生,对高速公路行车安全产生严重不良影响。

2005 年不同天气条件下高速公路事故分布 表 19-9

天气因素	事故起数		死亡人数		受伤人数		直接财产损失(万元)	
	数量	占总数	数量	占总数	数量	占总数	数量	占总数
合计	18 168	100%	6 407	100%	15 681	100%	50 892.83	100%
雨	2 761	15.20%	750	11.71%	2 445	15.59%	8 471.35	16.65%
雪	619	3.41%	104	1.63%	352	2.24%	1 111.09	2.18%
雾	691	3.80%	373	5.82%	645	4.12%	2 563.62	5.04%
晴	12 010	66.11%	4 387	68.46%	10 227	65.22%	32 950.38	64.74%
大风	23	0.13%	10	0.16%	25	0.16%	56.08	0.11%
阴	2 035	11.20%	772	12.04%	1 953	12.45%	5 663.84	11.13%
沙尘	4	0.02%	0	0.00%	3	0.02%	13.00	0.03%
其他	25	0.13%	11	0.18%	31	0.20%	63.48	0.12%

2. 对畅通的影响

造成高速公路交通拥挤或中断的原因主要分为两类。一类是常发性的,主要是由于交通运输需求接近甚至超过道路实际的通行能力所致;另一类是偶发性的,主要是由偶发性的交通事件(车辆故障、散落物、勤务)、事故、恶劣天气所致,其中恶劣天气的影响与交通事件、事故相比,影响波及面更广,持续时间也往往更长,如高速公路上为避免异常天气或自然灾害对高速公路的安全运营造成更大影响而关闭某个车道或全部车道。例如,2006 年 10 月 30 日清晨 6 时许,京沪高速公路江苏高邮段龙奔服务区附近,从下行线 216～219km 共 3km 路程内出现团雾,因能见度严重降低,导致发生 6 处“连环撞”事故点,共造成 5 人死亡,50 多人受伤,阻断交通长达 9h。又如,2007 年 3 月 3 日～5 日的降雪过程中,辽宁境内的 11 条高速公路基本瘫痪,全线封闭均超过 24h,因暴风雪封闭的高速公路总共 2 000 余 km。

交通拥挤及中断所带来的危害往往不为人们所重视,因为它产生的影响通常是间接的,但对社会带来的危害却是不容忽视的。一是它会带来时间及能源这些稀缺资源的耗费,大幅提高了社会成本。高速公路上发生交通拥挤时,车辆运行速度低,甚至发生堵塞,大大延迟了通行时间,造成时间的大量耗费;同时车辆的低速运行和间歇性的制动、起动使车辆的耗能增加,这降低了高速公路的运输效率,给营运客、货车辆带来极大经济损失。二是加重了交通污染,交通拥挤时车辆排放尾气急剧增加,喇叭鸣放增多,整个拥挤或堵塞路段空气和噪声污染严重，让人难以忍受。三是增加了交通事故发生的几率，交通拥挤、堵塞使交通无法畅通，使人—车—路系统运行失调，容易导致交通事故的发生。

3. 对基础设施及环境的影响

高速公路上由于恶劣天气侵蚀、车辆超载行驶、不良的道路养护等原因会对高速公路路面产生严重的道路损耗，影响路面质量，加速路面使用寿命。路面损坏将直接影响车辆行驶的平稳。当路面凸凹不平时，车辆呈跳跃行驶，会降低行车的安全性和舒适性，使行车消耗增大，还给道路沿线环境造成振动和噪声干扰，对车和驾驶员都会产生不良的影响。

为了减少冰、雪对高速公路行车安全的影响，当冬季降雪后，往往在清除冰雪路面时采取撒盐的方法，虽然清除冰雪较快而彻底，但会使路面受到侵蚀而致使表面剥落，对路面造成损坏。此外，路盐的不正确使用或过量使用，还会造成对金属构件的腐蚀，尤其是桥梁结构物中的钢筋。路盐对水土资源的影响也不容忽视。

三、不利天气对交通安全的影响机理

在对高速公路行车安全造成威胁的诸多天气因素中，尤以雨、雪、雾对车辆安全行驶的影响最为严重。

1. 雨天

雨天情况下的路面摩擦系数不到干燥铺装路面的一半，因而车轮极易打滑，随着车速增加，路面的摩擦系数急剧减小，车辆制动距离逐渐增大，对行车安全造成极为不利的影响。不同车速在雨天条件下的制动距离见表 19-10。

不同车速在雨天条件下的制动距离(m) 表 19-10

车速(km/h) / 路面条件	50	60	70	80	90	100	110
干燥沥青路面	12.3	17.8	24.0	31.5	39.9	49.2	59.5
湿润沥青路面	24.6	35.5	48.2	63.0	79.7	98.4	119.1

同时，雨水易造成路面积水和视线不良，雨天在高速公路行驶时，因轮胎与路面间的积水不能及时排除，水的阻力使轮胎上浮，严重时，将产生“水膜溜滑现象”，易造成车辆失控，导致事故发生；如果轮胎花纹沟槽变浅或气压变低时，更易发生这种危险(不同气压条件、不同水膜厚度下的临界车速见表 19-11 和表 19-12)。

不同气压条件下的临界车速 表 19-11

车　型	小 汽 车	载 货 汽 车
胎压(kPa)	147～197	343～588
临界车速(km/h)	73～84	111～145

不同水膜厚度下的临界车速 表 19-12

水 膜 厚 度		2	4	6	8
临界车速	新胎	120	110	100	90
	花纹磨秃胎	80	80	80	80

雨天潮湿路面对光线的反射作用，使驾驶员视野整体降低，而视线触及范围也因雨刮滑动部分的限制而缩小，加之雨雾、水花等的作用也将对行驶产生不利影响。

2. 雾天

雾天对高速公路安全行车最不利。雾天能见度降低，视线障碍大，驾驶员可视距离大大缩短，由于景物、交通标线及前后车辆都难以辨别清楚，使驾驶员容易判断失误，导致发生前后车辆迫尾事故。同时,雾会使光线散漫,并吸收光线,致使视物的亮度下降,影响驾驶员观察。

3. 冰、雪天

高速公路上冰雪堆积使路面变滑,汽车转向及制动的稳定性下降,汽车操纵困难。据英国的气候条件与交通事故资料统计,降雪时高速公路事故发生率是干燥路面的5倍,结冰时事故发生率是干燥路面的8倍,见表19-13。

路面状况与打滑关系(英国) 表19-13

车型 \ 路面	干燥		降雪、冰冻		合计	
	打滑	全体	打滑	全体	打滑	全体
小汽车	17 987	171 297	3 656	6 499	21 643	1 777 796
公共汽车	288	9 522	78	212	366	9 734
1.5t以下货车	1 191	12 900	270	540	1 451	13 440
1.5t以上货车	1 111	8 072	163	431	1 274	8 503

在冰雪天气条件下,路面附着系数仅为正常干燥路面附着系数的1/8~1/4,车速越高,路面附着系数越小,车辆制动距离增大,制动困难,对行车安全威胁极大。不同车速在冰、雪天条件下的制动距离如表19-14所示。

不同车速在冰、雪天气条件下的制动距离(m) 表19-14

路面条件 \ 车速(km/h)	50	60	70	80	90	100	110
干燥沥青路面	12.3	17.8	24.0	31.5	39.9	49.2	59.5
冰雪路面	49.2	71.0	95.5	125.0	150.0	196.9	238.2

在冰、雪打滑的路面上行驶,车轮各部分作用力稍不平衡(如转向、制动和骤然加减速度)即可造成整车失去平衡,导致侧滑、甩尾失控,从而导致事故发生。此外,由于雪天的路面比雨天路面更滑,一些驾驶员对路面积雪湿滑程度估计不足也易导致事故发生。当雪后晴天时,由于积雪对阳光的强烈反射作用,产生眩光,即雪盲现象,也会使驾驶员视力下降,成为安全行车的潜在危险。

由以上分析可见,不利天气对车辆行驶的影响主要是由于雾、雨、雪等不利天气导致能见度降低和路面冻结、湿润造成路面附着系数降低产生打滑现象等原因造成的。因此,及时准确地掌握天气状况及其恶劣程度,采取相应的预防措施,对有效保障高速公路行车安全至关重要。

四、高速公路雾形成机理研究

大雾天气水平能见度低,严重影响驾驶员的视线,使之看不清运行前方和周围的情况,对车间距离的判断和控制、对道路交通标志的识别都会产生困难,在这种情况下极易发生与前方停止或慢行的车辆碰撞、与道路上的固定物相撞等交通事故。

雾天高速公路上的能见距离是影响行车安全最关键的因素。驾驶员在雾天发现并识别前方行驶车辆或障碍物,然后采取措施是一个比较复杂的过程,包括前方目标出现,驾驶员的眼睛移动;固定物与目标的发现过程和识别清楚后准备采取措施两个阶段。道路上雾水和积累的油与泥土的混合，使轮胎与路面附着力减小，车轮打滑，从而制动距离增加。

由于高速公路通常跨越距离较长，特别是很多高速公路都通过农村和山区，使得高速公路的情况相对变得复杂。雾的分布往往很不均匀，有时会在一个路段上视线相当明朗、而在另一个路段却大雾弥漫。由于这种情况通常发生在夜间，高速行驶的车辆突然驶入大雾区，驾驶员会感到视觉突然变暗，有些驾驶员不能适应视力的突然变化，便会产生一种恐慌感，从而容易引发交通事故。我们可以看出雾对高速公路的行车影响是最大的，我们将着重研究这方面的内容。

近年来，无数由大雾引发的交通事故已经说明了雾对高速公路的交通安全有着极其严重的影响作用。大雾引发的事故不仅导致车毁人亡，带来生命财产的巨大损失，而且事故处理时间长，干扰高速公路交通的正常运行。大雾天气条件下，即使没有交通事故发生，但由于能见度低下，有雾段关闭交通，明显削弱了高速公路的通行能力，给沿线地区和公路管理等部门带来重大损失。

1. 高速公路雾的形成条件

雾的形成主要是由于近地面空气的冷却作用。空气冷却除因气压降低而产生的绝热冷却外，还有辐射冷却、接触冷却、平流冷却和湍流冷却四种方式。当空气冷却至露点以下时，空气中的水汽凝结便形成雾。

鉴于雾形成的物理过程是近地面大气降温、增湿，空气达到饱和时水汽在气溶胶粒子上凝结为小水滴，致使能见度降低的过程。经众多浓雾形成的物理过程的分析研究后，得出有利于高速公路沿线地区近地层雾形成的条件为：

充足的水汽含量，即近地面空气相对湿度达到形成雾时所要求的空气相对湿度临界值。湿度是雾形成的必备条件之一，当空气中的水汽充足时，空气冷却降温，水汽凝结才形成雾。

凝结核的存在。高速公路上行驶的汽车尾气中含有大量的水汽、碳氢化合物、细小碳烟颗粒等物质，同时，汽车在行驶的过程中会带来大量的尘粒。两个因素共同为近地层空气中水汽的凝结提供凝结核。

稳定的大气层结，即有维持晴空、微风的低层均压场和高层高压脊(有暖平流)的大尺度天气形势。

存在贴近地面和低空逆温层。大气逆温层的存在是大气层结稳定的条件，它具有抑制空气对流和湍流的作用。在逆温层下有利于聚集大量的气溶胶粒子和水汽，有利于辐射雾的形成。逆温层越厚越强，雾越浓。

2. 高速公路雾形成的特点

通过对高速公路沿线典型雾例的调查分析，高速公路沿线地区雾形成的特点如下。

(1)突发性

高速公路沿线的雾具有较强的突发性。这是雾引发高速公路交通事故的一个重要原因。高速公路上，雾的突然出现(局地性雾)或雾浓度突然由稀变浓，都会导致公路路域环境能见度的急剧降低，从而影响交通安全。

雾中能见度这种局地性短时急剧的变化(见图 19-4)对高速公路交通安全的影响尤为明显。团雾的产生是高速公路沿线雾突发性特点的表现之一。团雾可使高速公路能见度急剧降低，同时，由于团雾在风的作用下漂移不定，对高速公路行车安全的危害极大。

高速公路沿线雾具有明显的时间变化规律。一场大雾的出现往往经历了产生、发展、成熟和消亡4个阶段，在各个阶段，雾的特征(雾层高度、浓稀度等)时间会发生明显的变化。季节性变化是高速公路沿线地区雾时间变化规律较为明显的表现。以沪—宜高速公路沿线的上海、南京、武汉、宜昌4个城市的年平均雾日数为例，如图19-5所示。可见，在冬季(12月～次年2月)沿线雾日出现次数最多，占全年雾日数的34%，其次为秋季(9～11月)和春季(3～5月)，分别占全年雾日数的20%和25%，而夏季(6～8月)出现雾的次数较少，仅为10%。

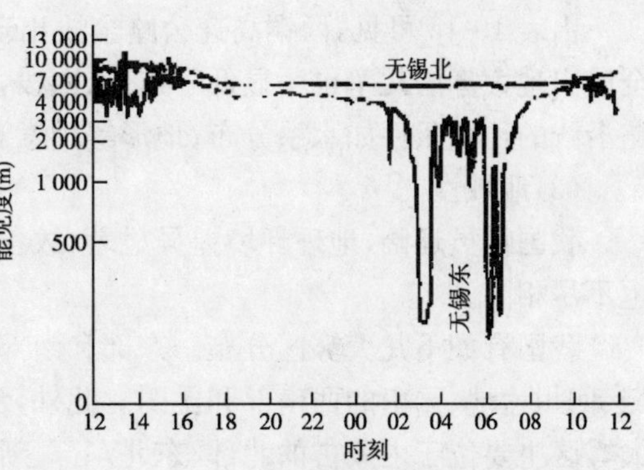

图19-4 沪宁高速公路无锡段雾中能见度的变化
(2002年11月5～6日)

以西安为起点的陕西省几条高速公路沿线雾日数的调查分析，表明陕西境内高速公路沿线雾的出现也有明显的季节性变化的特征。

(2)路段分布特点

高速公路沿线雾具有明显的路段分布特点，雾的形成与周边的环境密切相关。以沪—宜高速公路沿线地区雾观测的结果为例，沪—宜高速公路处于长江中下游，但是受形成雾的环境条件不同的影响，公路沿线地区每年出现雾的天数有较大差别。图19-6显示的是沪—宜高速公路沿线城市年平均雾日数。由图可见，公路沿线的年雾日数的区域性特征明显。

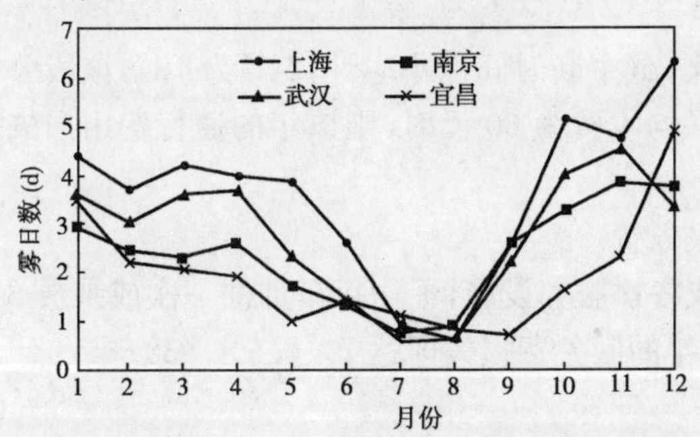

图19-5 沪—宜高速公路沿线主要城市雾日数的月变化

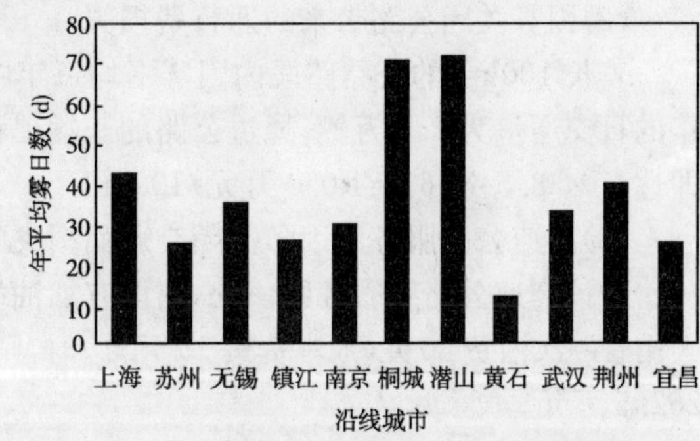

图19-6 沪—宜高速公路沿线城市年平均雾日数

表19-15是对陕西省境内的西铜、西宝高速公路各路段发生大雾的统计数据。

西铜、西宝高速公路各路段大雾统计 表19-15

路段 \ 比例		月份 10	11	12	1(次年)	2(次年)	3(次年)	次数(次)	占总次数百分比(%)
西铜	北段	19	24	13	5	5	18	84	36
	南段	33	25	42	11	5	14	130	56
	全段	4	6	4	1	1	2	18	8
西宝	东段	33	28	43	12	5	16	137	79
	西段	1	5	8	3	3	5	25	14
	全段	4	2	3	0	1	1	11	7

由表19-15可见，西铜高速公路全段出现大雾的几率明显低于北段、南段，西宝高速公路全段出现大雾的几率也明显低于东段、西段，说明雾的发生具有明显的路段分布特点。高速公路沿线的环境条件如水系分布、地形等因素影响着公路沿线雾的产生及其类型。

(3)地域性

我国幅员辽阔，地理环境差异显著，故各地出现雾的几率变异性大，雾对高速公路的影响也不尽相同。

我国有如下几大雾区分布。东部和南部的大雾区主要分布在东部沿海地区、福建、长江流域、四川盆地、云南的西南部和昆明。此外，台湾也是我国雾日数较多的地方。西部和北部的大雾区主要位于内蒙古的北部、东北东部、新疆乌鲁木齐地区、京津塘、关中平原。国道主干线纵横交错，基本上不是处在大雾区之中，就是从大雾区的临近经过。因此，这几大雾区的形成对我国主要高速公路行车安全的影响极大。

由于地域差异，我国沿海和内陆的高速公路沿线形成雾的类型也略有不同。沿海高速公路上发生的一般是平流雾空气移至冷空气的下垫面上产生的雾，范围广且深厚。而内陆高速公路上形成的一般为辐射雾，是夜间地面辐射冷却直接使贴近地面的气层变冷而形成的雾。

3. 高速公路雾影响经济分析

(1)因雾造成交通事故的直接经济损失

如将年平均因雾造成事故天数计作 A，每天发生在百公里公路段面上的交通事故为 B(辆)起，每(辆)起事故损失为1.5万元，则一次性直接经济损失为 $A\times B\times 1.5$ 万元/100km。

(2)因雾关闭公路带来的通行费损失

若长100km的公路路段内因雾平均每年中断7d(中断时间以小时计，24h为1d)，该段公路的日交通量为2.5万辆，通过公路的车辆单程平均收费为60元时，则该年的通行费用损失即达 $7\times 2.5\times 60=1\,050$ 万元/100km。

(3)高速公路服务区因雾关闭交通而损失的服务费

若该高速公路有服务区一处，内设有加油站或餐饮服务设施，平均每车加油一次或乘员3人用餐一次消费30元(成本费按15元计)时，则该年的服务费损失即达 $7\times 2.5\times(30-15)=262.5$ 万元。

(4)社会效益损失

如每车乘员按3人计算，则动力损失为 $7\times 2.5\times 3=52.5$ 万人次/100km。

如按每车运送货物按1.5t计算，则运力损失为 $7\times 2.5\times 1.5=26.25$ 万t/100km。

第四节　公路交通气象应用研究

一、预报

全国公路交通气象预报主要是针对未来24h全国各地有雷暴、大到暴雨、沙暴、台风的公路路段进行提前的预报，方便地方公路部门及时查询，做好防灾准备，也方便了广大出行的群众。

在公路交通气象预报系统中，最主要的成果就是每天的公路交通气象预报稿，它每天及时发布在中国公路信息服务网——公路气象板块(http://glcx.moc.gov.cn/gonglu/bangong/)上。

二、预警

1. 24h 常规交通气象预报及临时紧急预警

公路交通气象组每天都会完成24h公路交通气象预报稿，根据具体灾情完成预警稿，并根据媒体要求制作新闻简稿，目前已达到“单人1小时”预报、预警制作标准。其工作流程具体见图19-7。

2. 周期性全国公路气象预警

周期性全国公路气象预警主要是指当进入全国汛期(一般是指每年的5～9月份)、雾期(一般是指每年的10～11月份)、雪期(一般是指每年的12月～第2年1月份)时，通过气象部门对于汛期的恶劣天气的预警信息，考虑到其恶劣天气现象是否会对公路交通的运营状况带来影响甚至威胁，对恶劣天气对交通的影响甚至威胁程度进行预测分析并划分等级，向交通行业内部和行业外部的公众媒体进行预警信息的制作、发布及提示，并对划定在影响区域内公路的气象实况和道路实况进行追踪反馈的一系列复杂的过程。

其目的主要是为了降低汛期特有的恶劣的天气现象对公路交通的影响，提高公路运输方式的安全性、稳定性，将公路交通气象安全预警信息准确地制作出来并及时地发布给交通行业内部和行业外部的公众媒体，提示地方主管部门做好相应的准备预防工作；建立公路交通管理部门在交通行业内部的可行的预警运作方式及其流程，树立交通系统在公众媒体面前的良好服务形象。

其主要的工作包括：汛期预警稿的下达和灾情简报的上报。二者紧密结合，不可分割，预警是为地方防汛部门应急服务的，灾情简报是对上级主管部门的灾情汇总与总结。

三、应急处置管理

公路交通气象安全汛期应急管理，是指当发布出的公路交通气象安全汛期预警信息中包含汛期特有的暴雨、台风、雷雨大风等警告，并且在预测中的受影响区域中发生了预警信息中描述的危险状况，即当公路交通气象安全预警信息实现时，日常的监控已无法扭转汛期的公路交通气象灾害征兆向危险趋势发展而陷入灾难性危机，有必要采取一种特殊性质的针对于汛期公路交通气象安全的应急管理，以降低汛期的气象灾害对公路交通运输的影响。

这种公路交通气象安全的汛期应急管理是以应急预案、特别领导小组、紧急救援体系、社会救助方案等介入公路部门的汛期领导管理过程，其中应急预案是连接预警和应急的重要部分。一旦公路安全运营恢复正常，应急管理就完成了使命，此时还要解除应急。

四、小结

我国关于气象灾害对于公路运输安全的影响及预报、预警研究的不足主要表现为以下3个方面。

(1)缺乏针对气象灾害对于公路交通安全影响机理的基础性研究，从而导致对影响公路运输的气象灾害的监测、预警和应急预案水平不高，一方面不能为公众提供准确、适当的运输安全预警信息；另一方面，也不能为相关管理部门制定政策提供必要的参考和支持。

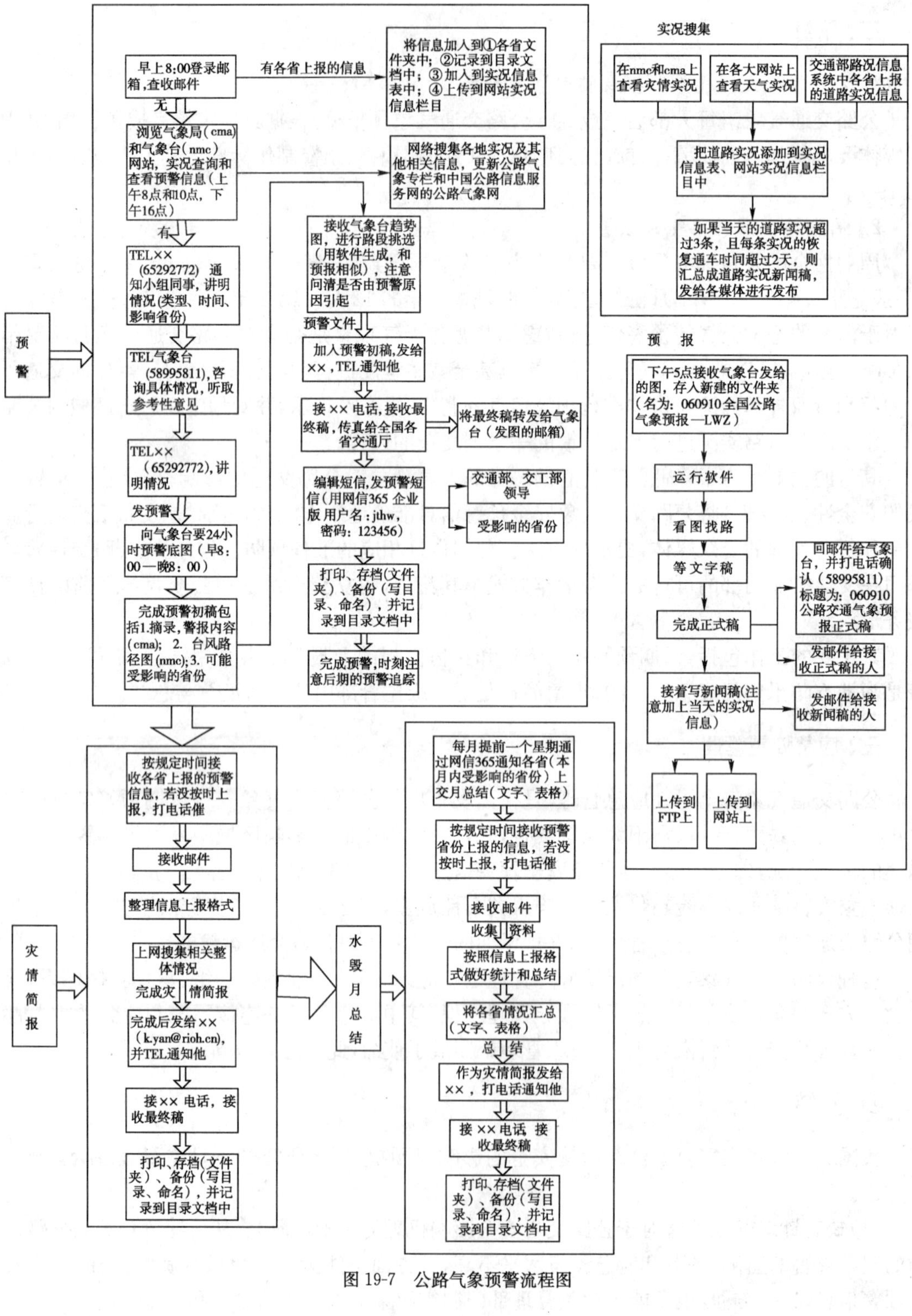

预警

- 早上8:00登录邮箱，查收邮件
  - 有各省上报的信息 → 将信息加入到①各省文件夹中；②记录到目录文档中；③加入到实况信息表中；④上传到网站实况信息栏目
  - 无 ↓
- 浏览气象局（cma）和气象台（nmc）网站，实况查询和查看预警信息（上午8点和10点，下午16点）
  - → 网络搜集各地实况及其他相关信息，更新公路气象专栏和中国公路信息服务网的公路气象网
  - 有 ↓
- TEL××（65292772）通知小组同事，讲明情况（类型、时间、影响省份）
- TEL气象台（58995811），咨询具体情况，听取参考性意见
- TEL××（65292772），讲明情况
- 发预警 ↓
- 向气象台要24小时预警底图（早8：00—晚8：00）
- 完成预警初稿包括1.摘录，警报内容（cma）；2. 台风路径图（nmc）；3. 可能受影响的省份
- 接收气象台趋势图，进行路段挑选（用软件生成，和预报相似），注意问清是否由预警原因引起
- 预警文件 ↓
- 加入预警初稿，发给××，TEL通知他
- 接××电话，接收最终稿，传真给全国各省交通厅 → 将最终稿转发给气象台（发图的邮箱）
- 编辑短信，发预警短信（用网信365 企业版 用户名：jthw，密码：123456） → 交通部、交工部领导；受影响的省份
- 打印、存档（文件夹）、备份（写目录、命名），并记录到目录文档中
- 完成预警，时刻注意后期的预警追踪

实况搜集

- 在nmc和cma上查看灾情实况
- 在各大网站上查看天气实况
- 交通部路况信息系统中各省上报的道路实况信息
- 把道路实况添加到实况信息表、网站实况信息栏目中
- 如果当天的道路实况超过3条，且每条实况的恢复通车时间超过2天，则汇总成道路实况新闻稿，发给各媒体进行发布

预　报

- 下午5点接收气象台发给的图，存入新建的文件夹（名为：060910全国公路气象预报—LWZ）
- 运行软件
- 看图找路
- 等文字稿
- 完成正式稿 → 回邮件给气象台，并打电话确认（58995811）标题为：060910公路交通气象预报正式稿；发邮件给接收正式稿的人
- 接着写新闻稿（注意加上当天的实况信息） → 发邮件给接收新闻稿的人
- 上传到FTP上；上传到网站上

灾情简报

- 按规定时间接收各省上报的预警信息，若没按时上报，打电话催
- 接收邮件
- 整理信息上报格式
- 上网搜集相关整体情况
- 完成灾情简报 ↓
- 完成后发给××（k.yan@rioh.cn），并TEL通知他
- 接××电话，接收最终稿
- 打印、存档（文件夹）、备份（写目录、命名），并记录到目录文档中

水毁月总结

- 每月提前一个星期通过网信365通知各省（本月内受影响的省份）上交月总结（文字、表格）
- 按规定时间接收预警省份上报的信息，若没按时上报，打电话催
- 接收邮件
- 收集资料 ↓
- 按照信息上报格式做好统计和总结
- 将各省情况汇总（文字、表格）
- 总结 ↓
- 作为灾情简报发给××，打电话通知他
- 接××电话，接收最终稿
- 打印、存档（文件夹）、备份（写目录、命名），并记录到目录文档中

图 19-7　公路气象预警流程图

(2)缺乏气象和公路运输部门之间的信息共享、联合机制,综合气象信息和交通信息的针对性研究不够,缺乏从宏观和微观层次对气象灾害对公路运输安全影响的系统研究。

(3)缺乏公路交通气象灾害基础数据平台,缺乏基于路网的全局性气象信息采集、处理、服务网络,表现为:

①信息采集手段单一,采集点数量不足,即气象监测站网的密度不够。设置气象监测站这一项工作在京津塘等高速公路上做得比较多,但是汛期的到来与等级较高、质量较好、路堤尤其高的高速公路影响不是很大。事实上,我国是多山的国家,很多公路都是穿山越岭,沿河跨溪,而且低等级的公路比例较大,质量差,再加上公路部门的管理模式不健全,抗御灾害的能力较差。因此,对沿线区域气象的影响最为敏感,受灾、成灾概率大。

②基础研究较为薄弱,公路气象灾害历史资料缺乏,难以找到产生公路气象灾害原因的临界气象条件。

就查询资料的结果来看,有关汛期的预警信息并不是很多,与公路水毁情况有关的实况信息更为有限。而且在发布的公路水毁信息中,其统计的结果单位都不统一,如路面冲毁以“km”记还是以“处”记并未统一,为统计过程带来了很大的困难。就发布的对象而言,各省并没有明确的统计,汛期信息只停留在某省的某个非常小的地区层面,不能代表整体情况。

③缺乏必要的信息发布渠道、机制和方法,预报预警信息反馈不及时。

汛期信息的发布渠道非常有限,基本发布层次为国家、流域、省级以及地方级。而预报预警信息反馈不及时是造成灾情扩散的重要原因。

交通部门之前的准备工作做得不够,各省联系方式并不准确,这为信息的传播造成了极大的障碍。

除此之外,春节期间公路交通气象灾害发生后,各地方关于受灾情况的跟踪非常不及时,以致公路实况不能有效准确迅速地上报,妨碍了上级的预警应急决策,影响到人民的生命财产安全,这从一个方面反映了我国的信息机制非常不完善。

④国家级和省级有关防汛的应急预案实际操作性不强。

可能考虑到影响范围较大,关注人数较多,出于责任性的考虑,国家级和省级有关防汛的应急预案非常空泛,只是起到了指导性作用,强化了行政职能的确定。具体到各地方的细化的应急预案又不对外发布。在对两条示范路(京津塘和京沈高速)的调研中发现,各道路管理部门只是每月制定一定的计划,而根本没有可实施的应急预案文本文件,而我国各种设施都很完备的京津塘高速尚且如此,一旦发生公路交通气象灾害,影响可想而知。

我国是多山的国家,很多公路都是穿山越岭,沿河跨溪,而且低等级的公路比例较大,质量差,再加上公路部门的管理模式不健全,抗御灾害的能力较差。因此,对公路沿线交通的影响最为敏感,受灾、成灾概率大。但是国内对于雾对交通的影响相当重视,而对汛期或重大节日的预警应急方面却无人问津。我国应该从自己的实际出发,靠自身的研究成果开展具有本国特色的公路交通气象事业。

虽然有如上问题,但总的来说我国对于公路交通气象安全的研究虽然起步比较晚,但发展十分迅速,其研究的重点主要还是放在了雾的防控、公路水毁机理等方面,而在相对体系化的公路水毁预警、应急方面很少涉及。国外的相关研究已经有长达半个世纪的历史,但由于各国环境不同,研究重点也多涉及冬季的道路养护和防护。在我国公路信息化管理和科学决策要求日益提高的情况下，尤其建立符合我国国情的公路交通气象预警和应急系统仍然是当务之急。在借鉴国外先进经验的基础上发展并完善真正适合我国国情的公路气象安全方法是值得我们研究并关注的重要课题，在以后的工作中，除了要继续完善公路设施、气象观测站、相关数据库等硬件条件，还要着重于系统机制的深入研究，从而形成一套符合我国国情的，可行性较高，各部分组成科学，信息流动顺畅的完善的公路交通气象安全预报、预警应急管理系统。

参考文献

[1] 孙继松，梁丰，陈敏，廖晓农. 北京地区一次小雪天气过程造成路面交通严重受阻的成因分析. 大气科学，2003，27(6).

[2] 王郁彭，刘永新. 交通事故与天气条件的关系. 吉林气象. 2000(1).

[3] 李盾，万蓉. 武汉地区雾的特点及其对交通的影响. 湖北气象，2000(3).

[4] 白惠星，向鸣，陈勇航. 塔克拉玛干沙漠公路气象灾害及其防御对策. 新疆气象，2000，23(6).

[5] 杨亚新，范德新. 建立高速公路气象灾害实时监测与决策服务系统的设想. 公路，2003，7.

[6] 谢静芳，桑景舜，孟繁强. 气象条件对城市交通影响的分析. 吉林气象，2001，2.

[7] 张清，黄朝迎. 气候异常对交通影响的诊断分析. 灾害学，1998，13(1).

[8] 张清，黄朝迎. 我国交通运输气候灾害的初步研究. 灾害学，1998，13(3).

[9] 孙永泰. 恶劣天气与行车安全. 重型汽车，2004.

[10] 张后发，王峰，唐伯波，陈书丽. 浓雾中安全车速的计算. 陕西气象，2002(2).

[11] 谭华军. 复杂气象条件下高速公路的监控方案初探. 山东交通科技，1998(4).

[12] 贾志绚，李亚娟，卢兰萍. 高速公路安全行车间距的探讨. 原重型机械学院学报，2001，22(1).

[13] 刘文智. 高速公路可变信息标志控制方案的研究. 公路运输文摘，2002(11).

[14] 蒋燕. 高速公路气象灾害分析及对策研究. 上海市公路学会第六届年会学术论文集.

[15] 陈艳艳，刘小明，任福田. 交通路网灾害风险系统影响分析. 公路交通科技，2002，19(4).

[16] 方向池. 云南省公路水毁灾害经济损失评估. 中国地质灾害与防治学报，1998，11.

第二十章　智能交通与交通安全

第一节　智能交通系统概述

一、智能交通系统起源及国内外发展状况

智能交通形成一个系统概念，起始于20世纪80年代，其中最具代表性的是美国智能车辆道路系统（IVHS，1992年）、欧洲高效安全交通系统计划（PROMETHEUS，1986年）、欧洲车辆安全道路结构计划（DRIVE，1989年）、日本道路交通信息通信系统（VICS，1995年）。它们共同的特点是：将先进的信息技术、计算机技术、数据通信技术、传感器技术、电子控制技术、自动控制理论、运筹学、人工智能等有效地综合运用于整个道路交通控制、管理与服务，从而建立起的一种大范围、全方位发挥作用的实时、准确、高效的综合运输管理系统，以解决日趋恶化的道路交通拥挤、交通事故和环境污染等问题。

1995年3月美国交通部首次正式出版了《国家智能交通系统项目规划》，明确规定了智能交通系统（ITS）的7大领域和29个用户服务功能。7大领域包括：出行和交通管理系统、出行需求管理系统、公共交通运营系统、商用车辆运营系统、电子收费系统、应急管理系统、先进的车辆控制和安全系统。

美国、欧洲和日本等发达国家为了解决共同面临的交通问题，竞相投入大量资金和人力，开始大规模的道路交通运输智能化研究试验。美国联邦政府从1990～1997年用于ITS研究开发的年度预算总计为12.935亿美元；欧盟从1984～1998年仅用于ITS共同研究开发项目的预算就达280亿欧元；日本政府仅1996年和1997年用于ITS研究开发的预算为161亿日元，用于ITS实用化和基础设施建设的预算为1 285亿日元。但美国、欧洲、日本在ITS领域发展的重点则各具特色。

美国注重ITS安全和服务设施建设，根据本国交通基础设施特点和实际需要，已建立起相对完善的车队管理、公交出行信息、电子收费和交通需求管理4大系统及多个子系统及技术规范标准。“9·11”恐怖事件引发了美国政府和交通界人士反思，认为ITS应该而且能够有效预防恐怖袭击，加强基础设施和出行者安全并可用于评价灾难程度与加快交通恢复，实现快速疏散和隔离。因此，美国ITS今后建设趋势之一就是研究ITS在美国安全体系中维护地面交通安全作用，重点集中在安全防御、用户服务、系统性能和交通安全管理方面。美国ITS领域发展较快的几个方面依次是：车辆安全系统、电子收费、公路及车辆管理系统、实时自动定位系统、商业车辆管理系统。

日本注重ITS诱导设施建设，以疏导和出行服务为特色。建设省组织以丰田公司为首的25家公司联合研发自动公路系统(AHS)。近几年，日本还投入15亿日元开发全国公路电子地图系统，打开了车辆电子导航市场，已有近400万套车内导航系统在市场上应用。日本的ITS建设主要集中在交通信息提供、电子收费、公共交通、商业车辆管理及紧急车辆优先等方面。

欧洲注重构建ITS基础平台，ITS建设进展介于日本和美国之间。目前正在全面应用开发远程信息处理技术(Telematic)，计划在全欧洲建立专门交通(以道路交通为主)无线数据通信网，ITS的主要功能和交通管理、导航和电子收费等都围绕Telematic及全欧洲无线数据通信网来实现。目前，在开发先进的旅行信息系统(ATIS)、车辆控制系统(AVCS)、商业车辆运行系统(ACVO)、电子收费系统等。图20-1体现的是正在欧洲开展的DELTA计划，在汽车出厂之前，车载信标已经被集成在车载计算机中，成为车辆识别和同路边设备进行通信的车辆必选器件，信标的电源直接由汽车供应。

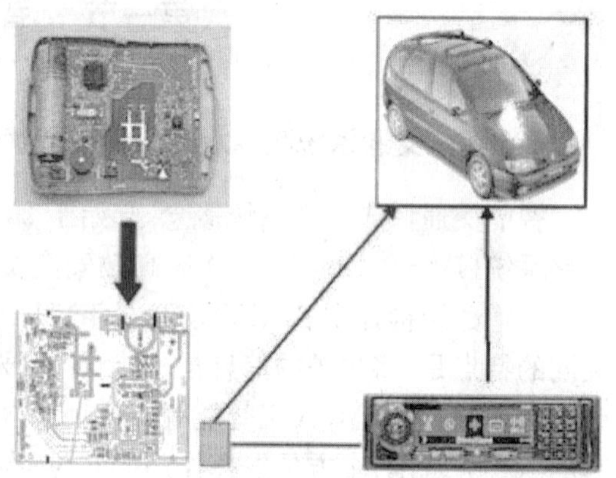
图20-1 欧洲DELTA计划

从以上情况我们可以看出，利用地理信息系统(GIS)、GPS、专用短程通信技术(DSRC)开发ATIS、ETC、CVO车辆安全系统，作为ITS的主要应用在全球范围内已呈一种趋势。

除了欧、美、日以外，新兴的工业国家和发展中国家也开始ITS的全面开发和研究，如韩国由建设交通部牵头制定了全面的ITS框架结构和发展计划，新加坡已经在全国开始推行不停车电子收费。

我国ITS的研究应用起步较晚，但发展处于蓬勃上升趋势，初步开展了ITS规划的研究并在部分城市试点建设。目前我国已经建立并且开始应用的智能运输系统包括10方面内容，如图20-2所示。

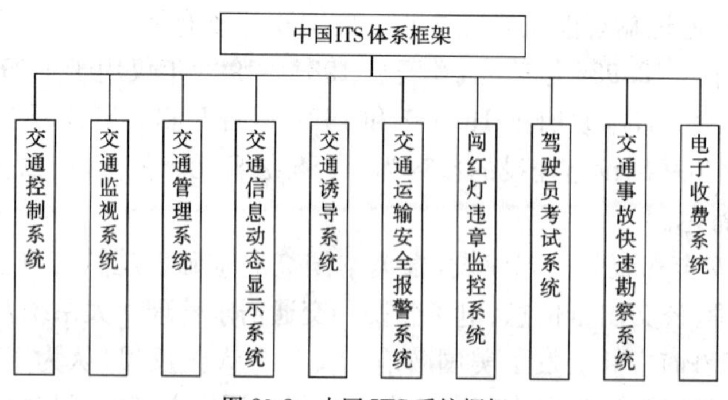

图20-2 中国ITS系统框架

(1)规划和政策层面。成立了国家层面协调机构并开展规划研究，在制定科技发展"九五"计划和2010年长期规划时，交通部就将发展ITS列入并开展了ITS发展战略研究。1998年，在国家质量技术监督局指导下，交通部正式批准成立了ISO/TC204中国委员会，该委员会把推进中国ITS标准化作为主要任务。国家有关部委已成立了全国ITS协调小组，并完成了

“中国ITS体系框架”、“中国ITS标准体系框架研究”、“智能运输系统发展战略研究”等一批关系中国ITS发展的重点项目，还完成了重大“ITS关键技术开发和示范工程”。

(2)技术层面。20世纪70年代中至80年代初，主要试验研究城市交通信号控制。80年代中至90年代初，一些大城市如北京、天津、上海引进消化了城市信号控制系统，北京引进了英国SCOOT系统，天津、上海引进了澳大利亚SCATS系统等。90年代，一些大城市逐渐建设交通监控系统，高速公路和一批高等级公路建设了监控及电子收费系统。GIS、GPS等技术也在管理、运营等领域应用。“十五”期间，科技部将“智能交通系统关键技术开发和示范”作为重大项目列入国家科技攻关计划。该项目包括共性关键技术、关键产品和技术开发、ITS工程示范和相关基础研究4大类16个课题。已验收课题，获国家发明专利23项，制定企业标准7项，建立跨省市国道主干线联网电子收费、高等级公路综合管理、城市交通信息采集与融合等示范点15个，车载安全装置等中试线3条，生产线4条，成果转让合同27项。应该说，“十五”期间，我国ITS发展取得明显成效。但各城市ITS建设各子系统尚无法有效协同整合，集成度较低，技术上处于分隔独立状态。

(3)投资层面。“十五”期间，ITS投入逐渐加大。据科技部统计，示范工程专项调动项目参与单位投入资金达15亿元以上，但投资主体主要是中央政府和地方政府。我国的一些企业积极性也较高，但因缺乏总体协调机构和投资机制，政府与企业间沟通不够，ITS尚未形成IT业中的重要产业。

二、智能交通与道路交通安全

1. 国际ITS与交通安全

智能交通系统在道路交通安全方面可以起到举足轻重的作用，从来自欧美等发达国家与智能交通系统有关的政策和措施，我们不难看出，智能交通系统正在为改善道路交通安全发挥着广泛的作用。例如：美国正在研究和部署车辆避碰、驾驶员与车辆监控、车辆与乘坐者安全性能改善等工作。欧洲正在支持开发聪明（Smart）的约束系统、制定采用信息与通信系统的道路安全长期计划、开展为优化人机界面和道路安全的远程信息处理“智能道路”的研究和示范、通过标准和使用者信息提高隧道运营安全、建立卫星定位事故警示系统等。澳大利亚也正在用智能交通系统新技术改善道路安全。

在第十届ITS世界大会上，交通安全和社会公共安全成为关注的焦点，第一次全体会议提出了eSafety的基本概念，该概念最先由欧洲ITS组织ERTCO提出，2003年9月得到欧盟委员会的认可并列入欧盟的计划。主要内容是：充分利用先进的信息与通信技术（Information and Communication Technology，ICT），加快安全系统的研发与集成应用，为道路交通提供全面的安全解决方案。除自主式的车载安全装置外，还须考虑车—路协调合作方式，即通过车—车以及车—路通信技术获取道路环境信息，从而更有效地评估潜在危险并优化车载安全系统的功能。

欧盟推荐了11项行动计划，可归纳为如下3类：加快智能化车辆安全系统的研发、应用；完善建立相关法规和标准；消除社会和商业上的障碍。欧盟在新的框架计划中，准备安排eSafety相关的研究开发项目70余项，共约1.6亿欧元。

除欧盟的eSafety计划外，美国和日本在ITS安全领域也进行了大量的工作，下面重点介绍一下美国的“智能车辆先导(IVI)”计划和车载系统与道路设施的协调工作。

(1)美国的IVI计划

1997年美国加州的自动公路AHS演示(DEMO'97)结束后,美国运输部认为日益严重的交通事故是最迫切需要解决的问题,于是调整研发重点,于1998年开始组织实施IVI(Intelligent Vehicle Initiative)计划。其基本宗旨和目标是:预防交通事故(特别是碰撞事故)及其引起的人员伤亡,提高安全性;以人为因素为基础,防止驾驶员分神;促进碰撞防止系统的研发应用。正在进行的研发项目有:

①轿车——追尾警告;偏离车道警告。

②重型载货汽车——驾驶员睡意提醒;电子控制制动系统;车辆侧翻警告及控制;追尾警告;偏离车道警告。

③特殊车辆——偏离车道预防系统(扫雪车或扬雪车)。

④交叉路口碰撞预防——信号(停车信号)警告;左转路线建议;侧向间距建议。

(2)车载系统与道路设施的协调

美国VII(Vehicle-Infrastructure Integration,汽车与道路设施的集成)由美国联邦公路局、AASHTO、各州运输部、汽车工业联盟、ITS America等组成的特殊联合机构,通过信息与通信技术实现汽车与道路设施的集成,并以道路设施为基础,于2005年起推出可以实施的产品。各州将采用统一的实施模式,采用Probe Vehicle(试验车)获取实时交通数据信息,支持动态的路径规划与诱导,提高安全和效率。

美国CVHAS(Cooperative Vehicle-Highway Automation System,汽车与道路自动化系统的合作)提供驾驶的辅助控制或全自动控制。信息获取方式为车载传感器与车—路或车—车间通信。近期的研究重点:快速公交(Bus Rapid Transit,BRT);交叉路口安全支持。

日本Smartway(智能道路)利用ITS相关技术,如先进的VICS、ETC、DSRC、AHS公路巡航/辅助系统(Advanced Cruise-Assist Highway System)等,以及信息与通信技术,进行道路基础设施的整合,即“Smartway”。

2. 我国ITS与交通安全

目前,我国的交通安全形势不容乐观,近几年我国每年因交通意外死亡的人数都在10万上下。交通系统是一个复杂的综合系统,依靠传统的交通管理方式,单从道路和车辆的角度考虑,很难解决交通拥堵、事故频发、环境污染等近年来不断恶化的交通问题。

通过智能交通技术,将道路、驾驶员和车辆有机地结合在一起,已经体现出了在交通安全方面的巨大潜力。采用智能化技术,驾驶员可以及时了解道路和车辆状况,以最安全和经济的方式到达目的地。管理人员能通过对车辆、驾驶员、道路信息的实时采集,来提高管理效率,比如:在发生交通事故后,先进的定位技术有利于相关部门尽快参与营救,提供快捷的医疗措施,减少人员伤害,同时也减少对其他道路使用者的干扰。先进的反应系统能够提高营救人员到达现场的速度,而现场管理水平的提高,也增加了营救人员的安全性,并有利于加强现场的控制能力,加快清场速度。

我国ITS发展道路不能照搬国外模式,应该从实际出发,走符合我国国情的发展之路,按技术研发和实施部署的难度,将ITS在交通安全的应用领域分为简单和复杂两类。简单技术的开发和应用主要包括:超速监测(电子警察);特殊路段监测系统(如不利气象条件影响路段);智能化公路路口示警系统(路口闯红灯摄像机);客车监控系统(行驶记录仪、GPS 监控);载重车监测系统(GPS 监控与调度);太阳能凸起路标、轮廓标、交通标志等(加强低等级公路的安全性)。与安全相关的复杂系统主要包括:道路交通事件管理系统;紧急事件管理技术开发;高速公路监控系统;提高车辆安全标准并加装安全装置(特别是大型营运客车);智能交通基础设施(ITI);智能车辆。如今,我国在上面提到的简单技术开发与应用方面已经取得了显著成效,应抓住时机加以推广应用;在与交通安全相关的复杂系统的研发和部署方面,也已经取得了明显的进展,个别的还处于世界先进水平,如道路磁性诱导技术。

鉴于 ITS 内容十分广泛,本章后续内容只对其中的道路系统的智能安全保障技术、车辆的智能安全保障技术和交通管理中的智能安全保障技术作简要的叙述。

第二节　智能道路基础设施与安全

智能道路系统的保障技术方面包括:道路气象监测设施、太阳能交通安全设施、智能速度反馈设施、车道使用控制装置以及车道门、智能公路磁性诱导技术、电子警察及智能信息发布设施。这些技术多数已在国内广泛应用,取得了很好的安全效果;有些设施目前应用的虽然不多,但符合国内实际情况,将会很快显现出良好的应用前景;有些设施技术属于国内具有完全自主知识产权的技术,在国际上已处于先进水平。

一、道路气象监测设施与 RWIS

雨、雪、雾、大风等不利气象条件对道路出行产生了严重的影响,尤其是在冬季,降雪造成的低能见度,以及路面积雪、结冰和结霜会导致打滑路面状况,对道路交通安全和出行延误带来巨大的负面影响。据统计,全球每年在冬季道路养护上的投入高达 100 亿欧元,由此获得的收益估计是投入成本的 8 倍。为应对这一挑战,欧美发达国家都在积极部署道路气象监测设施,推进和完善 RWIS 的建设。

道路气象监测设施主要包括 3 类:大气参数传感器、路面状况传感器(见图 20-3)、能见度仪。大气参数传感器可获取以下参数:气温、湿度、风速与风向、气压、降水(降水量、强度、类型);路面状况传感器主要获取以下参数:路面干燥、潮湿、湿润、霜、雪、冰状态,路面化学物质浓度,路面冰点温度,路面温度,土壤(地下)温度等;能见度仪用于观测道路沿线大气水平能见度。

图 20-3　路面状况传感器

公路气象站传感器的组合配置取决于不同的交通气象信息需求，一般来讲，公路气象站(图 20-4)与一般的气象站在系统构成上大体相同，区别主要在于公路气象站的建立主要为满足公路运输领域的若干需求，这些需求可能来自运营管理者、养护管理者、出行的大众等。

图 20-4 公路气象站

公路气象站监测数据通过特定的通信方式被传送至数据分析中心，管理者利用专门的软件工具对数据进行开发与分析，以辅助交通管理者进行交通控制决策。RWIS 是通过综合各种技术，在利用历史与当前天气、气候数据的基础上，对道路与天气信息进行处理、加工与发布，提供如沿线天气或路面状况预报等产品或其他有价值的信息，以辅助道路相关的决策制定。道路气象信息系统主要包含以下 3 部分：

(1)环境气象监测站——用于数据采集；

(2)模型以及其他的高级处理系统——用于实现预报或将信息转化为更易被理解的方式；

(3)信息发布平台——用于加工后信息的显示与发布。

如图 20-5 所示，道路气象信息系统应用涉及信息采集、传输、处理与发布。道路气象信息系统包括若干套布设在路边的天气和路面状况监测站，为管理者提供道路运营的辅助决策信息。

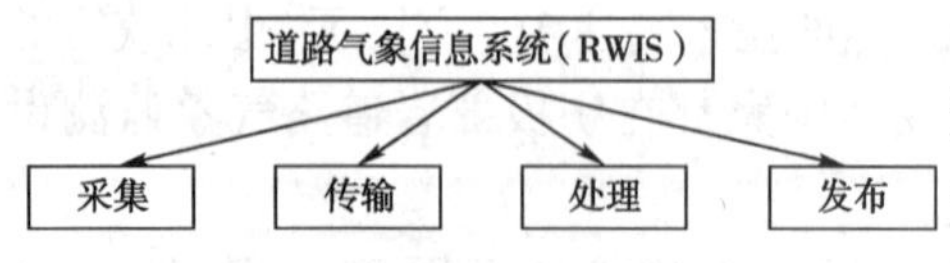

图 20-5 道路气象信息系统体系构成

交通管理者能够通过获取道路气象数据进行交通管理决策和对驾驶员发出安全警报。高级交通信号管理系统可被用于根据路面状况同步调整交通信号显示。系统中的可变限速标志(VSL)和可变情报板(DMS)可根据道路能见度、路面状况、交通状况以及/或车辆分类数据而变化。通过它们，管理者可以进行有效的交通流量控制。当出行条件因洪水、龙卷风、飓风或森林火灾变得危险时，交通管理者就能够严格限制通过受影响的桥梁和专用车道甚至是整个路段的车辆数量。匝道门、车道使用控制灯、闪光警示灯、公路交通电台(HAR)以及 DMS 都是用来向驾驶员发出气象危险警报和交通限制公告的典型手段。欧美发达国家经验表明，RWIS 在确保不利天气条件下(低能见度、湿滑路面状况、大风等)的运行安全、改善交通运行(通过速度控制)、提高大众出行服务质量和满意度(出行信息服务)、降低养护成本方面发挥着显著的作用(冬季冰雪路面的养护)。

二、太阳能智能交通设施

太阳能应用于交通安全设施上已多年，美国和日本使用最为普遍。美国是最早将太阳能技术应用于交通标志的国家，美国公路在夜间施工时，传统的道路预警设施不容易取得电源，线路连接复杂，而且机动性和安全性差，所以研究开发了太阳能警示标志来取代传统的预警设施。美国、欧洲将太阳能标志应用于“停”、“平交道口”、“学校”及施工区域、紧急电话等。日本和韩国则于山区弯道起点架设数面太阳能诱导标，再配合传统反光标志延续整个弯道，有效减少山区视线不清及恶劣环境、路段的肇事率。

太阳能智能交通安全设施近几年在我国发展很快，尤其是 2003 年全国公路安全保障工程实施以来，部分偏远、偏僻，安全状况差的路段采用了大量的安全设施。交通部公路科学研究院凭借自身优势，在太阳能安全设施方面进行了大量的研发工作，推出了多种太阳能设施实用产品与基于太阳能技术解决方案，如：太阳能交通标志、太阳能主动发光诱导设施（凸起路标、轮廓标、线形诱导标）、隧道微光照明技术、全程监控技术、无线视频传输技术等。

太阳能交通标志是利用太阳能电池的光电转换原理设计的主动发光式交通标志，在有阳光的白天光电转化系统将太阳能转换成电能储存起来，在光线昏暗或夜幕降临时能自动将电能释放，通过发光元件发出强烈、耀眼的闪烁光，可以使驾驶员在行车时能注意行车动向并随时注意路旁的交通标志，以提前发现前方路口、危险弯道等位置或应注意遵守的规定，其视认性效果大大优于现有反光膜式交通标志，实现了由被动发光到主动发光的转变，在一些高危路段可有效避免重大交通事故的发生，而且可以节约能源、减少养护费用。太阳能交通标志能有效地提供主动式道路引导和警示，克服一般传统反光标志碍于天气、路况、车头灯远近等因素，而无法发挥反光功能的缺点。图 20-6 为 109 国道北京门头沟段上设置的太阳能限速标志。

图 20-6　太阳能限速标志

主动发光诱导系统（图 20-7）包括太阳能凸起路标、太阳能组合式轮廓标、太阳能交通标志、太阳能黄闪灯、太阳能信号灯、太阳能紧急电话、太阳能可变信息标志等。

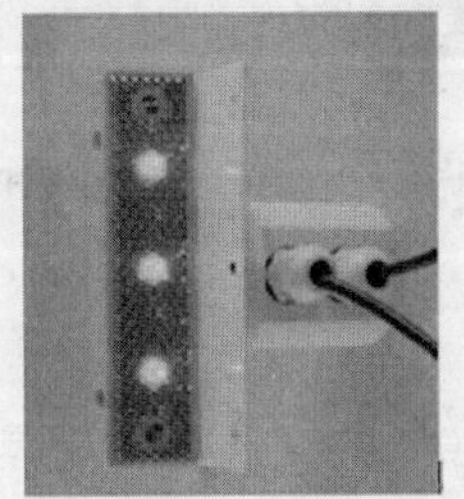

图 20-7　太阳能主动发光诱导系统

隧道微光照明技术主要针对两类问题：一是当前国内低等级公路的隧道普遍没有照明设施，隧道内经常漆黑一片，运行安全问题突出；二是高速公路长度大于 100m 的隧道多采用统一的照度，甚至小于 100m 的隧道也设置了照明，用电成本高昂。图 20-8 为国道 109 东方红隧道照明改造前后的效果对比图，以此为例，太阳能凸起路标系统的造价约为 10 万元，相比于常规电网供电，单供电线路的铺设费用就节省了 50 万元以上。

a)

b)

图 20-8　隧道照明改造前后对比
a)改造前;b)改造后

太阳能全程监控和交通事件自动识别系统(见图 20-9),该系统具有以下技术特色:一是摆脱了常规供电方式对外场摄像机布设位置的束缚,实现了监控系统应用和功能的拓展。二是明显降低了建设、运营和养护成本,取得了可观的经济效益。三是改善了道路交通安全水平,提高了道路养护部门工作效率,具有重大社会效益。本系统已在河南郑洛路、云南思小路等国内多条公路得到实际应用。以河南郑洛路为例,该路的全程监控系统节省投资 230 万元,使用周期内,可节省电费 150 多万元。

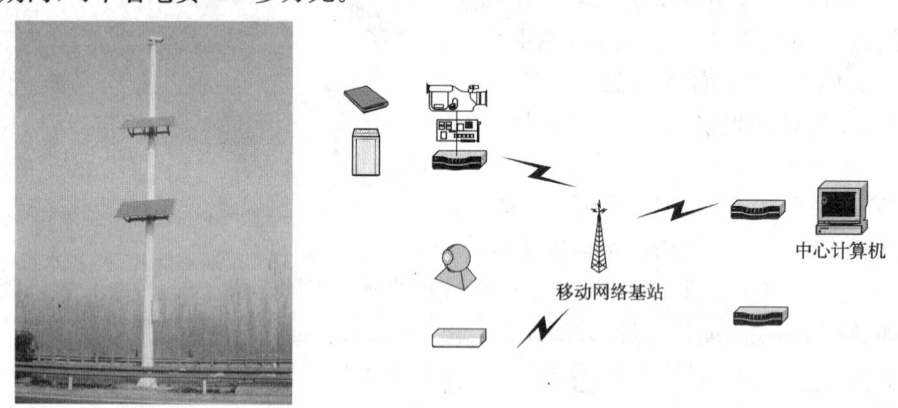

图 20-9　太阳能全程监控和交通事件自动识别系统

三、速度反馈设施

有一项调查表明,超过 80%的交通事故都是由于驾驶员超速驾驶导致的。这表明,即使在危险路段设置了限速标志,驾驶员由于各种原因,还是很容易将限速忽视。即使在装配了电子监控设备的今天,也仅仅是在车辆超速之后被监控设备记录下来,然后进行处罚,而不能在超速行为发生之时就对驾驶员进行提示,令驾驶员减速以确保安全。为此,交通设计人员研究发明了一种车速反馈标志,该标志不仅仅能够将道路限速值显示给驾驶员,还能通过检测手段,实时监测临近车辆的运行速度,并且通过显示屏显示出来,如果路过车辆中有车超速,则可以以闪光、色彩变化等方式向驾驶员进行警告,提示驾驶员进行减速。

车速反馈标志一般由 3 部分组成,第一部分是传统的限速标志,用以将道路的限制速度显示给驾驶员,这部分通常和一般的限速标志没有什么区别;第二部分是检测部分,这部分用于检测某一范围内的车速，例如，距标志 300m 范围内的车辆速度，一般可以采用雷达测速，也可以采用其他方式进行速度检测；第三部分是实际车速显示，这部分通常采用 LED 进行显示，并且当车辆速度超过预先设定的速度值时可以采用变化颜色、闪烁等方式对驾驶员进行警告。如果测速范围内有多辆车，则显示这些车辆中运行速度最高的。车速反馈标志工作原理如图 20-10 所示。

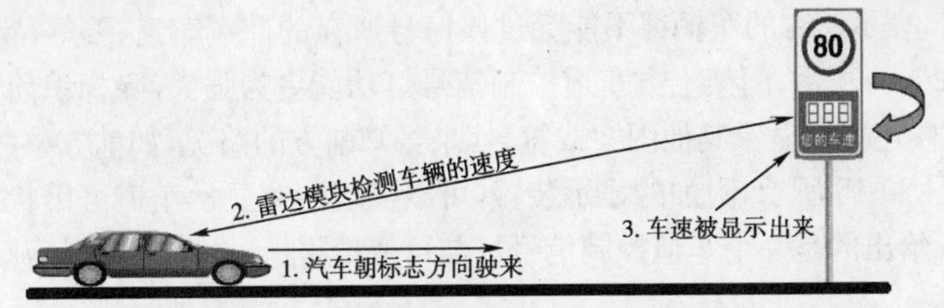

图 20-10　速度反馈标志工作原理示意图

速度反馈标志一般用于村镇、学校、公园等人流密集的道路，也适合于公路上的危险路段，尤其是因车速过快而频发事故的路段，如冲出路外事故较多的弯道处。相关研究显示设置速度反馈标志可使车速降低 8%～25%，同时遵守限速的驾驶员比率也上升 50%。目前，国内有些城市已经开始使用这种标志，例如在南宁市的吴圩机场的入口附近，在北京的八达岭高速公路著名的“死亡谷”路段都已经开始使用这种车速反馈标志。图 20-11 为国外某公路弯道前方设置的速度反馈标志实例。图 20-12 所示速度反馈标志上方配有两个黄闪灯，更好地提示驾驶员注意控制车速和前方存在危险路况。

图 20-11　速度反馈标志

图 20-12　速度反馈标志

四、车道使用控制装置

车道使用控制器（简称车道灯）的作用是限制、警告、诱导出行者，控制道路中的某一条车道，在国外使用的非常普及，近些年，在国内的城市道路上，交通管理部门也在一些城市主干道或快速路上安装了越来越多的车道灯。车道灯主要有以下控制目标：

（1）当道路交通需求接近通行能力时，通过上游区段的车道使用限制，保持稳定的车流运行，以便改善道路的服务功能，避免产生拥堵。

（2）在道路比较拥挤时，减少追尾事故发生的概率。

（3）均衡道路延误的空间分布，为下游道路保存部分的通行能力。

（4）当发生严重事件，或因车道施工而导致通行能力下降时，提高道路整体的运行效率。

(5)将部分车辆分流到其他道路,或限定其出发时间,以保证主干道的通畅。

图 20-13 是一个典型的车道控制信号灯。包括 3 种状态:稳定(不闪烁)的向下绿色箭头,表示允许车辆按箭头所指方向行驶;稳定的黄色“X”信号,指示驾驶员要以安全的方式准备好撤离该车道,因为信号很快就会变成红色的“X”,这时所有的车辆都要离开这个信号灯前方的车道;稳定的红色“X”信号,表示所有的车辆都不能穿过该信号所在的前端车道,要等待信号改变后方可继续通行。如图 20-14 所示,门架上方车道控制信号灯功能更为强大,除标识前方该车道是否可正常通行外,有时候还可以显示其他图案或符号,来告知前方的路况,如前方事故、施工、路滑、有车辆抛锚等。如图 20-15 所示,附加的显示装置,可以实现同时显示车道可用状态以及辅助的路况信息。图 20-16 给出的是一个车道控制信号灯与可变情报板一体应用的实例。

图 20-13　典型的车道控制信号灯

图 20-14　功能更为强大的车道控制信号灯

图 20-15　附加显示装置

图 20-16　车道控制信号灯与可变情报板

五、自动车道门控制装置

自动车道门控制装置简称车道门,在北美的城市主干道、快速路上有一定的应用,如图 20-17 所示,其控制功能类似于车道灯,但它属于物理性的强制设施,这是不同于车道灯的一点。当车道门开启时,车辆便无法驶入被车道门遮挡的车道。另外,车道门更多的情况下是控制内侧车道的通行,这是不如车道灯控制灵活的地方,车道灯可对每个车道单独控制。车道门在以下几个方面具有良好的实施效果:

(1)调节交通需求,使快速路或高速公路的运行处于较高服务水平,减少拥堵交通条件下或出现交通事件时的交通事故。

a)

b)

图 20-17　车道门

(2)清空内侧车道,为实施道路养护作业、紧急救援或其他特殊勤务开辟快速通道,提高养护、事故救援效率,以及确保满足特殊的交通需求。

六、智能公路磁性诱导技术

智能公路的前景是美好的,但它也是 ITS 领域中技术难度最高的系统,其中,基于磁性标记诱导的车辆车道自动保持技术(即自动驾驶技术)是当今世界车辆工程及自动控制领域的研究前沿。在智能交通方面,微磁具有不可破坏性和唯一性,具有无源、无辐射、全天时、全天候、全地域、低能耗等特点,这些优点可以弥补 GPS 系统的不足,尤其是当汽车行驶到地下隧道、高层楼群等地方而捕捉不到 GPS 卫星信号时,微磁可连续完成定位信息,完成导航、跟踪等功能。图 20-18 为智能公路磁性诱导技术概念图。

图 20-18　智能公路磁性诱导技术概念图

近些年我国的科研工作者在这一领域进行大胆尝试与开拓,例如,交通部公路科学研究院国家智能交通系统工程技术研究中心开发的拥有完全自主知识产权的智能公路磁性诱导技术;另外,以该项技术为支持,研发的新疆扫雪车辅助驾驶系统进入试运行阶段(见图 20-19～图 20-21)。扫雪车辅助驾驶系统是根据新疆多雪地区冬季道路除雪养护作业的需求和恶劣的使用环境,在风雪天气特别是能见度低等条件下为驾驶员提供视线引导功能,具备基于磁诱导技术的视线引导、偏离报警以及基于 GPS 定位的危险路段预警等功能,显著提高了除雪作业的安全性和效率。扫雪车辅助驾驶系统的开发成功是智能交通运输高新技术与交通运输工程相结合的典型应用。

图 20-19 道路中心线处安装的磁块

图 20-20 智能公路磁诱导技术

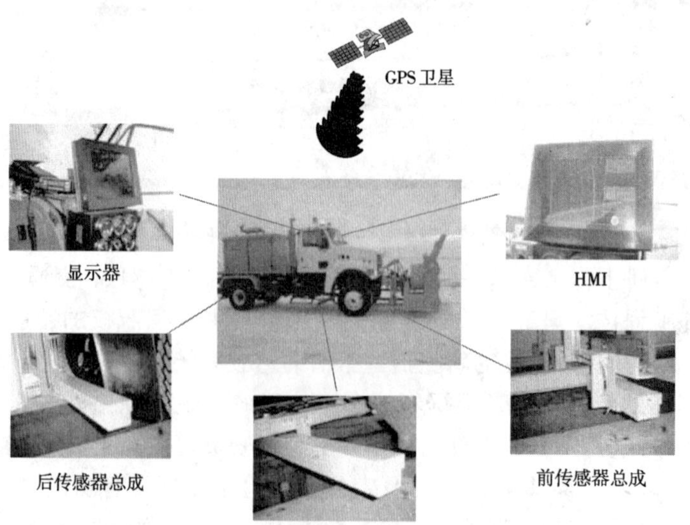

图 20-21 磁诱导扫雪车辅助驾驶

七、电子警察

智能交通电子警察是集交通管理、指挥调度、信息采集、数据共享、平台交换于一体的系统化工程，包括综合指挥系统、网络通信系统、地理信息系统、交通信号控制系统、视频监控系统、警车定位系统、电子警察自动拍摄系统等多种功能。它是利用先进的图像处理技术、新一代信息传输技术、集成控制技术和智能管理技术等现代高科技手段开发的电子仪器系统，安装于城市交通路口或移动警车上，24h 全天候对违章超速、交叉口闯红灯、逆行、违章变更车道、压双黄线的机动车辆进行拍照，在减少交通违章导致的交通事故方面发挥着重要作用。图 20-22 为电子警察系统结构。

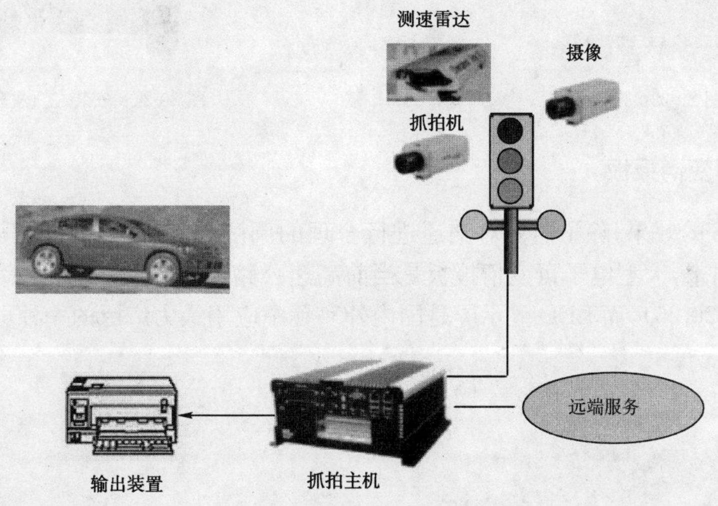

图 20-22　电子警察系统结构

通常整个系统由 5 个单元组成，即检测单元、图像捕捉单元、摄像单元、车牌自动识别单元及网络管理单元。

检测单元：主要采用测速雷达检测方式。

摄像单元：每一个车道采用 2 台摄像机进行监控，1 台用于全景拍摄，另外 1 台用于近景拍摄，将车牌号码记录下来。夜间照明采用 CAD 常亮光源。

图像捕捉单元：该单元由 1 台工控计算机和专用软件组成，主要完成图像捕捉、车流量计算及车速计算等任务。系统捕捉到的图像以 BMP 的文件格式存储于现场的工控计算机内。专用软件可对图片进行放大处理，完成查询、统计、打印等功能。

车牌识别单元：配合使用自动识别软件，可对车辆进行稽查，当“黑名单”车辆出现时，系统会立即发出报警信号。

网络管理单元：通过专用软件并利用远程通信网络对前端设备进行操控、记录查询、数据交换及“黑名单”数据刷新等。在具备光纤等宽带通信线路的情况下，图像捕捉单元可以移植在远端的监控中心。

电子警察系统可以采取定点安装的方式，如图 20-23 所示，也可以安装在执法车辆上，实现移动交通违章管理，如图 20-24 所示。

图 20-23 定点安装

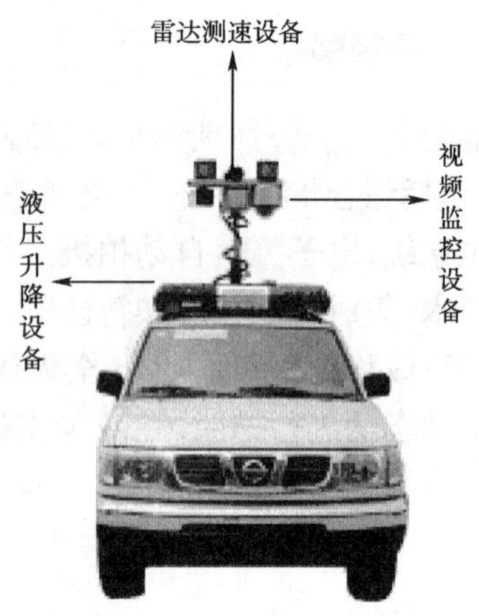

图 20-24 安装在执法车辆上

八、大型可变情报板

要发挥 ITS 的效果，除了需要对交通进行合理的调度外，最后还要能把调度管理信息及时准确地发布出来，大型电子可变情报板是当前高速公路与城市交通管理最为主要的信息发布介质之一(图 20-25)，而 LED 显示屏是国内外实际中应用最为广泛的一种可变情报板形式。

图 20-25 在途电子可变情报板系统发布的信息

LED 显示屏是通过一定的控制方式，用于显示文字、文本、图形、图像、动画、行情等各种信息以及电视、录像信号并由 LED 器件阵列组成的显示屏幕。与其他类型显示屏相比，具有色彩鲜艳、视角广阔、高亮度、低能耗、性能稳定可靠、使用寿命长等不能替代的技术优势，特别适用于交通诱导，电子站牌等产外显示。可变情报板常用于以下内容的发布：

(1)交通拥堵信息——把前方道路的交通状况及时地通知驾驶员，在拥堵的情况下便于驾驶员选择其他可用道路以避免拥堵的进一步加剧，后来的车可以避免由于不知情而陷入堵车的境地。

(2)交通管制信息——当拥堵正在形成的时候，发布交通管制信息，实现超前调度，在道面尚未陷入堵车的境地时，及时把车流分散，避免拥堵的形成，保证道路畅通。其次，针对特殊情况，如大型集会、游行时等，发布指挥与管制信息。

(3)交通事故——发布交通肇事信息，提醒驾驶员注意前方路况，并选择正确的行车路线。

(4)道路施工信息——在道路需要进行施工维护,安装交通设备,或者新修道路的时候,发布相关的指示信息,确保施工养护安全与过往车辆的通行安全。

(5)突发性事件信息——临时紧急的事件,如外交车队经过,道路紧急关闭,或自然灾难等。

(6)天气与环境状况——LED 屏通过自身的传感器或控制系统的信息,发布实时温度、湿度、噪声指数、空气指数和道路能见度等信息,为道路人员提供实时的参考。

(7)交通安全宣传教育——根据交通管理部门的需要,发布宣传教育内容,对驾驶员以及道路附近的居民进行交通安全和法律法规教育。

虽然可变情报板能够发布的信息种类繁多,在智能交通系统信息发布中处于不可替代的地位,但需要指出的是,可变情报板的服务对象是在途驾驶员,且大型可变情报板投资较大,这就客观决定了其布设的数量和密度不可能太大,在途驾驶员也就无法实时得到其所关注的路况信息,因此,仍然需要其他信息发布方式的补充,图 20-26 给出了智能交通系统中较为完善的信息发布体系,除面向在途驾驶员的可变情报板外,还有路侧广播、网络信息发布、服务区信息发布、车载主动信息接收装置等。

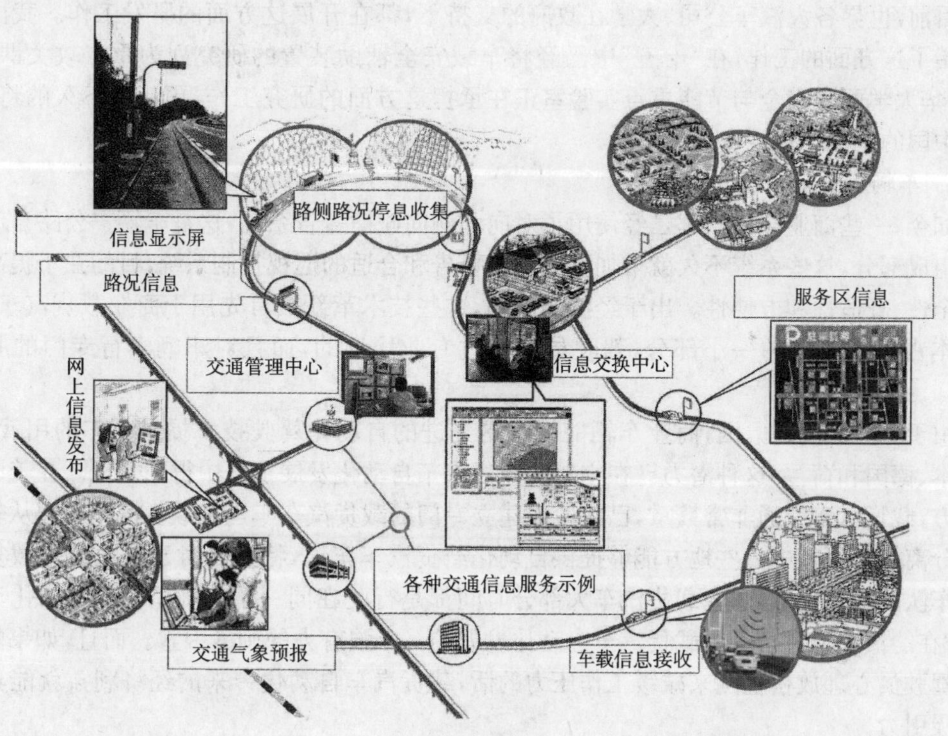

图 20-26　智能交通系统信息发布体系

第三节　智能车辆与安全

车载的智能设施种类繁多,其中有些还同时具有辅助驾驶以及安全保障的功能,典型的安全保障设施与技术主要有:车辆主动安全技术(防撞系统、智能速度调节系统)、车辆被动安全技术(气囊)、车辆行驶记录仪、车辆导航与管理监控等。

一、车辆自动避撞及自动驾驶技术

车辆自动避撞及自动驾驶技术的主要任务是提高汽车行驶安全性。为将事故防患于未然，通过车辆及道路的各种传感器掌握道路、周围车辆的状况等驾驶环境信息，通过车载机、道路信息提供装置等实时地提供给驾驶员，并进行危险警告，最终实现自动驾驶。

系统通常有以下几个部分：车载传感器(微波雷达、激光雷达、摄像机、其他形式的传感器等)、车载计算机和控制执行机构等，行使中的车辆通过车载的传感器测定出与前车、周围车辆以及与道路设施的距离和其他情况，车载计算机进行处理，对驾驶员提出警告，在紧急情况下，强制车辆制动，这是车辆主动安全技术所追求的第一层次目标，即车辆自动避撞系统。第二层次是车辆自动驾驶系统，装备了这种系统的汽车也称为智能汽车，它在行驶中可以做到自动导向、自动检测和回避障碍物，在智能公路上，能够在较高的速度下自动保持与前车的距离。智能汽车只有在智能公路上使用才能发挥出全部功能，如果在普通公路上使用，它仅仅是一辆装备了辅助安全驾驶系统的汽车。

目前，世界各大汽车公司、大学在政府的支持下，都在开展这方面的研发工作。我国目前也开始了这方面的工作，在“十五”中已经将车载安全辅助装置的研究列为重点攻关课题，目前，清华大学国家安全与节能重点实验室正在承担这方面的研究工作，预计在不久的将来，将会在中国的车辆上得到应用。

1. 车辆—公路自动化系统

如今，一些商业载货汽车已经使用了对向和侧向碰撞警告系统，这是车辆—公路自动化最早的组成部分，这些系统不久就增加驶离车道警告和合适的巡视控制系统，目的在于提高驾驶的安全性、舒适性和方便性。出于经济的原因，这些技术革新被首先用于商业载货汽车，系统的成本占车辆成本的一小部分，驾驶员是经过专业培训的，而且对车辆实行专门的服务和维护。

由于一些相同的原因，商业车辆能够为更先进的自动化驾驶技术提供更广的用武之地。在日本、德国和荷兰，这种潜力已在主要的载货汽车自动化发展项目中得到共识。在美国的一些地方，载货汽车交通非常繁重，已在考虑建立专门的载货汽车车道把载货汽车交通从轻型交通中分离出来。其中一些地方能够提供自动化载货汽车车道，特别是对于在大部分载货汽车组成车队的交通走廊，这些载货汽车大部分时间都是行驶在同一条走廊里。从自动化车队来看，潜在的汽油节省已经是载货汽车自动化发展的一个强有力的刺激因素。而且，如果能通过调节驾驶员心理放松程度来减缓工作压力的话，载货汽车自动化带来的经济利益就能具有特别的吸引力。

2. 汽车追尾预警系统

高速公路上发生的追尾事故和连环追尾事故给生命和财产造成了极大的损失，因此，世界各国都把避免和减少交通事故，尤其是连续性、规模性追尾事故作为共同关注的热门课题。

汽车追尾预警系统是一种动态的汽车安全驾驶辅助装置，在不改动原车电路、油路和制动系统的情况下，安装系统后可通过前置自动测距系统自动检测前方车辆或障碍物的距离。通过16位单片机对本车速度进行数字处理，以判别本车是否与前车保持在安全距离之内行驶，如果车距和车速的比值不在安全范围之内，计算机就会自动向驾驶员和后方车辆发出预警声光信号，自动适时提醒驾驶员与前方目标保持安全距离或控制本车速度，避免了本车对前方车辆的追尾，又避免了后方车辆对本车的追尾，特别是驾驶员长途行驶和疲劳驾驶时，对其进行适时的提醒显得尤其重要。系统的组件及功能如下。

(1)自动测距系统

它是一个独立的测距系统，要求有效地测定200m范围内的目标，全天候使用，并能保证很强的透雾能力，要求在200m处的扩散面直径不超过2m，并且以数字式信息传输给主控计算机系统。

(2)车速传感器

主要功能是测定自身车辆的行驶速度，把车辆机械转动的信息通过光电感应信号转换成数字信息传输给主控计算机系统。

(3)警示系统

它的重要功能是将主控计算机系统判别出的信息，包括危险、紧急、注意等不同深度的预警信号通过显示器或声、光器及时向驾驶员和后方车辆报警。建议灯光颜色为黄色信号，频闪速率为3Hz(180次/min)为宜，可使用本车的双闪灯或特制LED预警灯。

(4)加速度传感器

它主要用于当行驶中的车辆突发事件造成的急减速预警，如爆胎、翻沟、断轴等。车辆在行驶过程中，在1s内时速骤减20km时，应能报警，事故解除后车辆重新起动，报警信号应能自动解除。

(5)手动开启自动解除功能

当行驶中的车辆需要临时停车时，如检修、加水、休息等，应能手动开启预警灯，车辆起动恢复正常行驶应自动解除警示。

3. 自动驾驶技术

对于驾驶员来说，自动驾驶是一件何等向往的幸事。如今，依靠先进的科学技术，终于使人们的这一想像变为现实。日本已率先成功开创自动驾驶系统，汽车装上这一新颖装置后，可让驾驶员坐在后面，自动驾驶汽车沿着道路及高速公路安全行驶，并能与其他车辆保持一定距离。自驾系统是为减少因长途旅行致使驾驶员过分劳累及紧张因素而研制的，这是汽车安全技术继为防止发生交通事故、轿车碰撞而研发制成的安全气囊之后又一重大创举。

自驾系统主要部件之一是一架微小的摄像头，它被安装在后视镜背后，时刻察视前方道路的状况，并将交通信号标志传输至装在仪表板上的车载电脑，使轿车准确无误地在两条白线中行驶，如果车辆偏离车道，车上的电动机械系统会主动开启转向助力装置。轿车上还设有一个经济巡航速度的控制系统，使车速保持在稳定状态。系统另一主要部件是被安装在车前护栅上的雷达传感器，遇到异常情况时，它会告知车辆自行减速。

行驶途中，当车需拐弯时，转向盘会自动从顺时针方向或逆时针方向缓慢轻转，使车准确无误地顺利转向；即使始终以80mile/h拐弯行驶，转向盘也始终平缓地和不为人注目地使车辆行驶在道路正确的位置上，由此可减轻驾驶员的劳动强度和思想负担，防止因劳累而导致的交通事故。

HONDA 自驾系统工作范围限于 45～112mile/h 之间。当车拐弯时，如果道路狭小，前方车辆密集，交通标志突然变异，自驾系统会自动关闭，并提醒驾驶员重新控制车辆。

4. 基于主动安全系统的概念车

主动安全系统方面是指通过事先防范，避免事故发生的安全系统。它有望以最彻底的方式减少交通事故中的人员伤亡，也是新世纪汽车安全性的重点研究区域。

(1)VOLVO 公司的 EyeCar

可使每位驾驶员的眼睛处于同样的相对高度上，保证提供一个对路面及周围环境的无障碍视野和最好的视见度，提供一个特定的驾驶环境。眼位传感器，它可以测定驾驶员眼睛的位置，然后电脑据此确定和调节座椅的位置。在电脑的指令下，电机将座椅自动升降到最佳高度上，为驾驶员提供掌握路面情况的最佳视线。同时电机会自动调整转向盘、踏板、中央控制台甚至地板高度，提供尽可能舒适的驾驶位置。重新布置的 B 立柱(中立柱)，减少驾驶员视野中的“盲区”；同时 B 立柱结构的改进有助于将碰撞力从乘员处引开，从而提高碰撞安全性的水平。

(2)Ford 公司的 CamCar

旨在帮助提高驾驶员的感知能力。它由多个铅笔大小的摄像机和 3 个可切换的视频显示屏为驾驶员提供前所未有的前后视的视线，既可方便泊车时的操作，又可在拥挤的交通中提高行驶的安全性。安装在汽车两侧的前向摄影系统，使驾驶员能够绕过大型车辆提前看到隐蔽处的汽车或行人，在拥挤路面左转弯时可以更方便知道对面的车辆。安装后视摄影机提供增强的侧面视野。摄像机的覆盖面比传统的后视镜要广，特别是对相邻的车道。安装在车后扇面形布置的 4 个微型摄像机可以获得车后的全景视野，图像经电子合成，具有变焦和 180°广角能力。“夜眼”摄像机可在低照度条件下，在汽车处于倒挡时工作，既使在近乎黑暗的情况下也能提供车后近距离内的细部影像。

(3)马自达公司的 SensorCar

采用的碰撞预警系统技术主要是为了减少追撞和伤害行人的事故，对于今后在事故防范方面取得进展具有重要的意义。装在前脸格栅上的激光雷达装置监测车前行人的行动，如测到有人走入汽车的行驶路线便点亮仪表板上的警示灯，使前扬声器发出声讯，甚至鸣响喇叭。后保险杠中的传感器监测后面的车流情况，由计算机程序确定有无撞车的可能。在马上要发生后端碰撞时，后端警示系统启动安全带电动预紧器，自动拉紧安全带，最大限度减少系安全带乘员受伤害的危险。

二、智能速度调节系统

车流速度和道路安全性有非常密切的关系，通过信息和先进的车辆设备对道路上的车速管理是一种灵活的方式，智能速度调节系统(Intelligent Speed Adaptation，简称 ISA)就是其中之一，欧洲的一些国家正试验将 ISA 作为提高车辆安全性的手段，其构想是通过路边标志信息或卫星定位信息以及车载数字地图进行车辆导航，并自动控制车辆的速度。试验结果表明，采用该系统，能够使交通事故减少 20%。

事实上，ISA 是一种车载速度限制系统，为使该系统发挥作用，要求车辆能够准确地定位，并且提供车辆所行驶道路上的限速信息，这通过 GPS 和数字化道路地图技术实现。ISA 也需要与车辆动力性能特征方面的因素相关联：转矩、点火、燃油系统、排挡、制动，这有点类似于日本一些车辆上采用的顺应巡航控制（Adaptive Cruise Control），欧洲的一些汽车制造商着手这方面的工作。ISA 的工作原理见图 20-27。

图 20-27　ISA 的工作原理

在英国，ISA 的研究得到了环境、运输和地方政府的资助，研究工作是由英国利兹大学运输研究所和汽车工业研究学会承担的，他们识别了 ISA 的各种使用情景。然而，首先需要考虑的是：在何种情况下，ISA 会干预驾驶员的速度选择行为，考虑以下 3 种方式。

（1）建议：显示限制速度，让驾驶员去遵守；

（2）驾驶员选择：驾驶员可以控制 ISA 的开启与关闭，遵守属于自愿性的；

（3）强制：使车辆始终处于被限制的状态。

接下来，要考虑的是限制速度的种类，在 ISA 开发的过程中，考虑以下 3 种限制速度。

（1）固定：限速标志上显示的固定限速值；

（2）可变：告知驾驶员在通过特殊地点时，如：行人过街处、住宅区等，需要采取更低的限速；

（3）动态：由于天气或路网交通状况原因，允许采用的临时速度限制。

根据上面给出的 ISA 的 3 种干预方式，以及 3 种速度控制方式，将会产生 9 种执行情景。从交通事故伤亡人数降低的角度分析，最为有效的方式当属“强制动态”形式的 ISA，将使受伤事故降低 36%，使死亡事故降低 59%。由于 ISA 保证了限速的遵守，因此，死亡事故下降的幅度是相当大的，研究人员同时也发现，锁定超速最严重的那部分驾驶员，将会导致很好的安全效果。事故潜在的降低水平也与前排乘员必须使用安全带有关，安全带的强制使用使死亡事故总体水平下降 7%。

尽管使用 ISA 的潜在好处非常巨大，模拟研究在对安装 ISA 的驾驶员的行为进行分析时发现，有两个方面的问题值得关注：一是驾驶员有紧跟前车的倾向，尤其是在城区；二是在有雾的条件下驾驶员行驶的速度偏快。

英国对 ISA 的研究经历了两个阶段。第一阶段于 2000 年结束，研究的重点是确保该项技术能够在现实条件下可靠地工作，以及当车辆安装 ISA 后驾驶员行为的变化程度。第二阶段于 2005 年结束，该阶段进行更为广泛的地点测试。有 20 辆车安装了 ISA 系统，在 4 个试验地点进行了长达 6 个月的测试，测试的环境包括城市和乡村，车辆既有私家车，也有营运车辆。

车内安装的 ISA 系统属于自愿性的：虽然在缺省状况下，ISA 处于开启状态，但驾驶员仍可选择关闭它。ISA 具有换低挡触发的特点，这使得当车辆加速度较大时会使 ISA 处于备用状态。限速值和 ISA 的工作状态都将显示在车辆的仪表盘上。如图 20-28 所示，转向盘左侧的绿色按钮为回复 ISA 控制按钮，右侧的红色按钮为驾驶员选择关闭 ISA。如图 20-29 所示，仪表盘中央的红色按钮为紧急情况下使用的 ISA 重载操作按钮。

图 20-28 ISA 车辆系统仪表盘

图 20-29 ISA 车辆系统操作面板

三、车辆被动安全系统

车辆被动安全系统是指在交通事故发生后尽量减小损伤的安全系统，包括对乘客和行人的保护。

福特公司通过不断创新，推出先进的乘客约束系统和安全气囊技术，在乘员保护方面始终居于领先地位。新的制造和装配技术正在使轻质材料的大批量生产越来越可行，减重不仅具有潜在的环保效益，对于提高安全性也很有意义。

在安全气囊方面，传统上只能对车内乘员起保护作用。新世纪的汽车将更加注重人、车与环境的融合，因此对行人的安全保护也将成为汽车设计者考虑的因素之一。福特汽车公司的研究人员，正在对外部安全气囊的几种方案进行探讨。

(1)发动机罩宽幅气囊由碰撞传感器激发后，会在保险杠上方沿着发动机罩的外形展开。主要在碰撞中为中、高身材的成年行人提供腹部和臀部保护，以及为儿童和矮小身材的成年人提供头部和胸部保护。

(2)在有些形式的碰撞中，比如汽车侧面碰撞，发动机罩侧气囊也能为其他汽车中的乘员提供保护。

(3)单独的前围气囊系统受到碰撞传感器的激发后，会在左右 A 立柱之间的风窗底部前方区域展开，覆盖汽车在这一部位的“坚硬点”，包括刮水器和 A 立柱下部，提高头部的防护。

(4)使用铝材，用更轻的材料提供同样的结构强度，通过降低车重而可能在改进燃油经济性方面和安全保护方面收到很好的效果。

在人身安全防护方面，福特汽车公司也具有自己的特点，这就是福特的 RescueCar 技术。RescueCar 技术可在汽车严重碰撞事故发生后立即自动向救援中心呼叫，报告汽车基于全球卫星定位数据的准确位置，汽车碰撞后的姿态(是底朝天还是侧翻)，并在救援人员赶赴现场的途中转发伤员身体方面的重要信息。而沃尔沃 S80 的 SecureCar 技术，则可以测出车内极微的振动和微弱的二氧化碳，可以测出车厢或者行李厢内是否有人，防止儿童被困在里面。

四、汽车行驶记录仪——疲劳驾驶的克星

疲劳驾驶是造成道路交通死亡事故的主要原因之一。据相关统计，因疲劳驾驶引发的交通事故约占事故总数的 6%～8%。但是，疲劳驾驶在死亡交通事故的原因中却占 22%～24%，在死亡交通事故的原因中居首位，由此可见疲劳驾驶对道路交通安全的危害性。近年

来，由于驾驶员连续驾车、疲劳驾驶导致的道路交通事故屡见不鲜。

为遏制交通事故频发，公安部、交通部和国家安全生产监督管理局于 2001 年 10 月发布《关于印发预防群死群伤特大道路交通事故工作意见的通知》，要求长途客运车辆应逐步安装符合国家有关标准的汽车行驶记录仪。汽车行驶记录仪，又称汽车“黑匣子”，是对车辆行驶速度、时间、里程以及有关车辆行驶的其他信息记录储存，并通过接口实现数据输出的数字式电子记录装置。汽车行驶记录仪的使用，对遏止疲劳驾驶、车辆超速等违章，保障车辆行驶安全具有重要的作用。

现在，世界以欧盟、日本、美国外，包括韩国、马来西亚、巴西、澳大利亚等为代表绝大多数发达国家都在或已出台相关的法规，要求推广和使用汽车行驶记录仪。美国国家运输安全委员会(NTSB)一直在致力于推广汽车行驶记录仪的工作。3 年前，NTSB 正式要求各汽车生产厂安装汽车行驶记录仪，GM、Ford 等汽车公司纷纷行动。仅 GM 一家已为 600 万辆出厂车安装了汽车行驶记录仪，可见美国使用汽车行驶记录仪规模之大。欧盟早在 20 世纪 90 年代就在法规中规定，载客 8 人以上、载货 3.5t 以上必须装汽车记录仪。据有关方面报道，欧盟已立法规定其 15 个成员国内必须为 900 万辆商用车在限期内装上汽车行驶记录仪。日本通过立法规定，运营里程在 100km 以上的客运车辆、出租车，自重在 8t 以上、最大载质量在 5t 以上的货车均要安装汽车行驶记录仪。

随着国家标准《汽车行驶记录仪》(GB/T 19056—2003)的颁布与实施，汽车行驶记录仪产品迅速在交通行业广泛应用。据不完全统计，2005 年 4 月份前全国已安装的行驶记录仪已达到 10 万辆左右。安装汽车行驶记录仪将在事故分析、超速提醒、心理暗示、现场执法、车辆管理等方面有着重要意义，具体如下。

(1)汽车行驶记录仪可以忠实的记录 360h(15d)的所有行车数据。如果发生交通事故，可以通过汽车行驶记录仪读取行车数据，精确分析事故原因，不仅方便了交警的事故处理，而且成为当事各方在数据方向的有利依据。

(2)汽车行驶记录仪可以设置超速提醒。当车辆行驶速度超出约定速度后，自动发出提示音，提醒驾驶员减缓速度。

(3)由于行驶记录仪具有行车数据的记录功能，对驾驶员能够起到威慑作用，不会任意违规操作车辆。

(4)交通警察可以通过 U 盘、232 串口、打印机、无线局域网等现场读取行驶记录仪的数据，确认车辆是否违规操作。

(5)车辆回到车队后，车队可采集车辆的行驶数据，在系统软件上进行数据分析，对超速、车辆使用时间、驾驶员等内容统计分析，进行有效管理。

五、GPS 技术在 ITS 中的应用

GPS 系统具有全球性、全能性、全天候的优势，安装了 GPS 系统装置的车辆无论处于何时何地，都始终在系统的监控之中。当 GPS 系统与无线电通信网络、计算机、电子地图和车辆管理信息系统相结合后，能较强地把 GPS 系统与人、车对应的全过程进行有效的监控，一方面能清楚地了解到入网车辆的随机所处位置、车速等许多相关的信息记录：另一方面监控人员如发现驾驶员有不安全行为等情况时，还可以通过监控平台与车载信息系统互相发送信息，及时了

解或纠正不安全行为。在真正意义上发挥对动态车辆进行有效的行车安全的全过程跟踪管理,使我们在行车安全管理中"千里眼、顺风耳"的理想变为现实。

监控平台设定对车辆动态全过程跟踪监视的时频次数和监控的工作时间,对所有本单位的入网车辆进行全过程跟踪监视与管理。监控人员一旦发现入网车辆有超速等违章行为产生时,就立即向其发出警告指令纠正行为人的违章行为直至违章现象消失。监控人员对每次监控过程都及时进行记录备案,以作为日后查考的凭据;同时,作为对违章驾驶员进行处理的依据。GPS的信息互通功能更有价值,如果车辆在途中遇到车匪路霸或其他紧急情况时,驾驶员就可以将事先已设定的信息通过GPS系统悄无声息地传输给监控平台,信息平台接收到信息后可立即根据车辆当前所处位置向附近的公安机关报警,这样既不易被歹徒察觉又能迅速及时地得到报警,以确保车内乘客的生命财产安全,有效维护社会治安秩序;同时,还可根据不同的路况对驾驶员发出不同的信息,提醒其注意安全,如遇风霜雨雪等特殊天气,系统可发出"下雨路滑,请注意行车安全"等信息,提醒驾驶员注意天气变化,采取适当的安全行车手段以保证行车安全。

目前,基于GPS技术的车辆应用系统主要有3种类型:一是美国的汽车急救系统;二是日本的车辆导航仪;三是中国的车辆调度系统。从目前的情况来看,日本的车辆导航仪应用最具规模,而且已有全国性的与之匹配的道路交通信息系统及其中心。美国的急救系统也在不断扩大应用之中。我国的GPS车辆调度指挥系统正处于蓬勃发展时期,尤其在公安、金融部门中应用最为广泛。据欧美国家的ITS应用统计,以GPS为基础的道路导引、车辆导航系统已成为当前最大的ITS用户市场,并占据了全部ITS用户支出的29%。现将车辆导航仪与车辆监控系统介绍如下。

(1)车辆导航仪。ITS系统中很重要的一大功能是集成信息服务功能,它所涉及的领域有信息处理及数据库技术,包括路线引导服务、旅行者信息服务、出行信息服务、驾驶员信息服务等主要功能,车辆导航仪则可以完全地提供这些服务。从层次化的观点出发,车辆导航仪可认为由3个层次组成:物理层、处理层和智能层。物理层提供当前车辆的相关信息,包括定位、定向、定时信息,以及与当前位置相关的地理信息数据;处理层则在提取信息的基础之上,进行一系列的数据处理,实现地图匹配;智能层则集中体现车辆自主导航的功能,它包括专家系统,辅助决策系统,用以实现不同条件下的路径搜索,还能够将每一次经过的路径记录下来,供将来或他人参考。

(2)车辆监控系统。该系统是集GPS、GIS和现代通信技术于一体的高科技系统,其主要功能是对移动车辆进行实时动态地跟踪,利用无线通信设备将目标的位置和其他信息传送至主控中心,在主控中心进行地图匹配后显示在监视器上。主控中心还能够对移动车辆的准确位置、速度和状态等必要的参数进行监控和查询,从而科学地进行调度和管理,提高运营效率。如果移动车辆遇到麻烦或其安全受到危害,可以向主控中心发送报警信息,及时得到附近救助部门的支援。车辆导航定位与监测系统应用模式见图20-30。

车辆监控系统分为主控中心和移动车辆设备,两部分都包含移动通信装置和GPS定位装置。移动通信装置可以是大区制的集群系统设备,小区制的蜂窝设备,如GSM手机,利用无线和有线通信网和现有的通信系统联系起来,从而能实现各种各样的功能。定位装置采用GPS作为其核心手段,惯导辅助使定位的可靠性和连续性大大地提高。信息的提取和变换是使用高速的调制解调器来扩大系统的容量，从而可以节约系统的建设成本。

GIS 信息数据库存有主控中心和移动车辆所属范围的电子地图及当地的路况信息，还包括特定的路径搜索和优化算法，微机和工作站则实现整个系统的协调、显示及强大的查询功能。

总的来说，车辆导航仪和车辆监控系统都是 ITS 中非常关键的部分，利用它们可以很好地实现交通运输的控制、旅行信息服务、道路应急及多种信息服务。而 GPS 接收机在这两个系统中都是核心的定位部件，起着重要的作用。

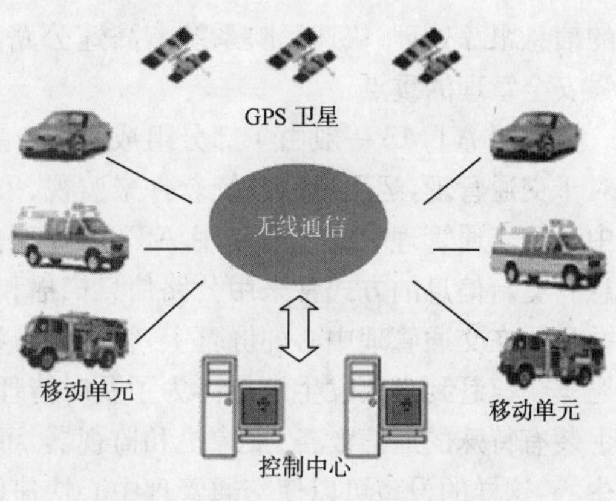

图 20-30　车辆导航定位与监测系统应用模式

第四节　智能管理系统与安全

智能交通管理系统在提高道路通行能力、改善交通服务水平、提高道路运行安全性、降低人身财产损失方面，通常体现出综合的效果，本节仅对常见的、在国内有较多应用的先进交通管理系统、紧急事件救援系统以及潮汐交通管理系统进行介绍。

一、先进的交通管理系统

先进的交通信息系统（ATIS）和先进的交通管理系统（ATMS）是 ITS 的核心组成部分，也是交通安全管理现代化的基础。ATIS 将监测装置的原始数据收集起来，进行综合分析和处理，向道路使用者提供广泛的、便于使用的公共信息数据库，使信息提供者和使用者适时联系，为车辆安全到达目的地提供可靠的信息，该信息系统也是先进交通管理系统的核心。

先进的交通管理系统的主要任务是提高道路的有效利用率和交通流量，降低交通拥挤程度和交通事故发生率，减少因交通拥挤和事故等造成的时间延误，并减少车辆的排放污染。ATIS 主要是为出行者的安全、便利提供可靠信息，而先进的交通管理系统主要是为了提高交通管理部门的管理效率，保证道路交通的安全运行。

通过 ITS 技术提高交通警察、消防人员、救护车对突发事故的反应速度，将事故的人员伤亡和经济损失降低到最低程度，驾驶员通过这项服务向管理控制中心系统的求救信息系统请求帮助，以排除险情。当交通事故发生时可立即向交通警察或者别的部门报告事故的发生地点和危险状态。例如：ITS 存储着城市电子地图，其中包括每一个路面状况的详细信息、消防栓的位置以及建筑物的占地面积等信息，并在救援助车队上配备有自动定位系统（GPS），由中央计算机指定距离发生事故地点最近的救援车赶到事故现场，并提供给救援车到达事故发生地最佳的路线。系统同时可连接到一个数据库上，该数据库能显示求助人的身体状况信息，以便于与有关的救援人员取得联系。另外，如事故车辆出现重大伤亡情况而无法与外界联系时，自动监控装置也能及时向交通控制中心发送图像数字信息，以便采取相应的救援对策。

ITS 的交通管理系统能实时疏导交通，有效地预防或减少了交通事故的发生；商用车辆运行优化系统能帮助商业车队在提高运输效率的同时，强化安全检查，并建立危险物资安全运输的信息跟踪处理、快速反映系统。高速公路是最繁忙的公路主干线，也是实施 ITS 项目和加强安全管理的重点。

应用 ATMS 一般由 4 部分组成，即交通管理、驾驶员信息、事故处理、先进的通信装置。对于交通管理，运用专家系统软件来监视、采集各种渠道的交通流信息，及时发送给交通管理中心。交通管理中心充分利用 ATMS 中采集的信息，及时通知驾驶员关于道路交通状况信息。更新信息的方式常采用公路信息广播和电子信息招牌。任何意外的事件都会触动警报，并显示在交通管理中心的屏幕上，管理人员将会采取适当的交通管理策略，如通知高速公路巡逻车快速赶到事故发生地点。为了及时清理交通事故现场，巡逻车要不停地在公路上巡逻，车上装有特殊的通信设备、摄像机和监视器，可以实时地将事故现场的图像信息传输给交通管理中心，这样的设备可以使交通管理中心快速作出应对决策。同时，交通管理系统应用一种特殊的无线网络传播，可以保证交通管理中心和高速公路上各种电子设备及巡逻车之间的信息交流。

二、事件管理与紧急救援

如果交通事故发生后，伤者能够得到合理的现场救护并迅速送至医院，那么受伤者的死亡率就会减小，康复的机会就会增大。世界医院统计表明，重伤者有 2/3 的人会在 25min 内死亡，如果受伤者在 30min 以上才能得到治疗，死亡的危险要大 3 倍。为此，交通发达国家都在积极研究、开发和实施紧急事件管理系统（EMS）。EMS 的核心目的是：及时识别和处理交通事故和其他交通事件，减少因其产生的交通延误，保证人员和其他交通运行要素的安全。

在美国，早在 20 世纪 60 年代就在芝加哥建成了 EMS 示范系统，在过去的时间里 EMS 技术不断完善发展。美国许多城际间高速公路和城市内高速公路，在应用紧急事件救援系统后都取得了相当可观的效益，例如：伊利诺斯州芝加哥市的车辆巡逻队计算得出的投入产出比是 1∶17。此外，系统还可以减少由于交通事件可能产生的 18%的二次事故和 60%的交通阻塞。

在我国，随着高速公路的迅速发展，许多交通管理部门和研究单位开始重视高速公路事件救援系统，部分高速公路管理部门也在不同程度上实施了 EMS。我国典型的 EMS 系统主要包括以下几个组成部分。

1. 健全的高速公路交通事故紧急救援组织

高速公路交通事故紧急救援管理作业涉及到高速公路交通管理中心、交通警察部门、医务部门、事故排除部门、消防部门、特种物品（化学物品等）处置部门、巡逻管理部门等诸多业务部门。交通控制中心在获取事故信息后，迅速将信息传达给各救援部门，紧急救援队伍快速抵达现场展开救援，对现场实行必要的交通管制，并将有关信息反馈给控制中心。控制中心根据反馈信息立即改变管理方案并向附近的驾驶员提供有关交通事故的情报。医疗、消防、保险等部门应做好救援准备和善后工作。

2. 现代化的异常交通信息采集系统

(1)基于检测器的交通事故信息采集。由于异常交通造成的交通阻塞消散时间与紧急救援的响应时间成指数关系，所以及时地发现异常交通现象具有重要的意义，为采集异常交通信息，有必要加大沿线检测器的密度。

(2)基于紧急电话和巡逻手段的异常交通信息采集。这是常规的异常交通信息采集手段，突发事故发生后至被发现的时间，取决于紧急电话的设置密度和巡逻频率，一般情况下缺乏及时性。

(3)基于 AIDS 的异常交通信息采集。交通状态自动识别系统(AIDS：Automatic Incident Detection System)是运用图像处理技术，自动地检测行驶中的车辆为避开道路上异常情况的行驶轨迹，并将此信息传送给交通控制中心和路上的后续车辆。AIDS 几乎可以在突发事故发生的同时获取异常交通信息，但由于该系统的成本较高，所以尚难在高速公路上大范围地使用。

(4)基于路车间信息系统的异常交通信息采集。路车间信息系统(RACS：Road/Automobile Communication System)是通过车辆上的装置和设于路上的通信接收与发射装置，实现行驶中的车辆与管理中心的通信。当车辆遇有险情时，可以通知管理中心，并通过该中心将此信息提供给周边的车辆。

3. 技术全面、装备精良的高速公路交通事故紧急救援队伍

各高速公路应尽快建立专门的交通事故救援队，确定高速公路紧急救援巡逻体系，明确每个巡逻队的巡逻范围，并定期或不定期对救援队进行培训和演练。在装备上配备专用的破拆救援工具。开展对交通巡警和救援人员的事故现场救护培训，使他们了解和掌握现场救护知识，及时抢救和运送伤员，避免加重伤情。

4. 高速公路交通事故紧急救援方案决策系统

在获悉异常交通现象发生后，应视其异常交通的类型和程度，迅速地就以下救援方案作出决策，即：

(1)突发事件现场的调查与管理方案；

(2)紧急救援技术方案与装备；

(3)救援线路；

(4)上游流入交通的迂回诱导与控制管理方案；

(5)关联平面道路的紧急管理方案。

紧急救援方案决策是依据实际情况，选取事先已研究提出的各种可能方案的过程。

5. 高速公路交通事故伤后处理系统

许多情况下，路边的早期救护对受伤人员的生存和恢复程度，要比稍晚送到医院抢救效果要好。正确、快速和有效的处理，对在关键时刻的受伤病人得以生存和防止已经发生的病情恶化是重要的。建立紧急医疗服务队伍是非常必要的，它们应当包括救护车随从人员、医疗辅助人员、急救室护士和合格的医疗专业人员。

三、潮汐式交通管理

目前大中城市道路中，有多达 20%～40%的道路及路口车流是呈“潮汐式”分布的，这就造成了同样的道路和路口，有时存在道路资源浪费的现象，而另外车道则因车辆过多道路资源严重不足，但在多数情况下这种变化无法实行单向交通。

根据交通系统分布的变化特征，将固定不变的车道及交叉口渠化段导向车道流向，设置成可随流量变化而改变的车道及可变导向车道。从而实现在道路供给条件不变的情况下，使车

道及渠化段导向车道流向划分与实际交通流量更为合理匹配，合理均衡了道路及路口车流，极大地提高了城市道路的利用率，提高了交通高峰时段在某个方向的车流速度和车流量，合理地减少了由于交通流量在时间上分布不均所带来的城市交通高峰拥堵等交通压力，也在一定程度上减少了拥堵时的追尾、刮蹭等轻微事故。

可变车道是可变交通技术的一种实际应用，可变车道系统是因“潮汐式”车流而产生的，主要有：车道行驶方向可变；交叉口导向车道可变；机动车、非机动车道可变；人行道、非机动车道可变等几种方式，其中又以车道行驶方向可变最为常见。可变车道在国外已被列为车道管理的一种常用手段。较著名的是旧金山金门大桥，桥上双向 6 车道，上午中间隔离护栏向左移 1 车道，形成 4 进 2 出模式；下午反之。另外，在华盛顿等地也有应用可变车道的实例。图 20-31 显示的是加拿大温哥华地区某 3 车道公路实施的可变车道系统。该系统主要由车道灯、地面标线以及中心控制系统组成，车道灯为双面显示，当一面显示绿色箭头时，另一面则显示红色的“X”，车道灯安装在门架上，其设置间隔大约 100m，车道分界线全部采用醒目的双黄虚线，且在黄色标线中间又安装了反光凸起路标，这些措施都有效地保证了通行的安全性。

在我国，许多城市已开始使用可变车道，效果较好的是上海。上海最先在外环隧道设置可变车道，通过自主设计的可变隔离护栏改变车道布置。另外，可变车道在大连、沈阳、杭州、广州、青岛等城市也有应用，实践证明颇为成功，可变车道的使用，在一定程度上缓解了特定情况下“潮汐”交通带来的交通拥挤状况。

图 20-31 加拿大温哥华地区的可变车道系统

参考文献

[1] 崔妍，刘东，北京市朝阳路可变车道交通组织研究，道路交通与安全，V6，No9，2006.

[2] 杨晓光，基于 ITS 的高速公路紧急救援管理系统研究，上海公路，No1，2002.

[3] 姜华平，唐勇，李磊，基于智能交通运输系统(ITS)的交通安全控制体系研究，中国安全科学学报，V13，No7，2003.

[4] 张好智，高自友，可变车道的道路交通网络设计优化方法，中国管理科学，V15，No2，2007. 4.

[5] 孙刚，王丰元，可变车道技术对提高交通高峰时段交通流量的研究，科技咨询，No25，2006.

[6] 王荣本,李斌,储江伟,郭克友,世界智能车辆行驶安全保障技术的研究进展,公路交通科技,V19,No2,2004.

[7] 杜连柱,王斌,瑞典开展智能速度适应性试验一向交通事故无死亡目标迈进,国外技术动态,P45.

[8] 邹文端,伍衡山,智能交通安全设施的规划设计,华南大学学报(自然科学版),V20,No1,2006.3.

[9] 赵亚男,达庆东,杨群,刘焱宇,张国伍,智能交通安全系统的研究,中国安全科学学报,V11,No3,2001.6.

[10] 刘蓉晖,智能速度顺应系统:一种先进的车速管理方法,交通运输系统工程与信息,V5,No4,2005.8.

[11] 廖红卫,中国智能交通发展的思考,西南交通大学硕士学位论方,2004.1.

[12] 王笑京,智能交通与道路交通安全,交通世界,2004.10.

[13] 王笑京,中国智能交通系统发展战略,北京:人民交通出版社,2006.

[14] 王笑京等,智能交通系统体系框架原理与应用,北京:中国铁道出版社,2004.

[15] 朱茵,王军利,周彤梅,智能交通系统导论,北京:中国人民公安大学出版社,2007.

[16] 杨荫凯,智能交通系统(ITS)概述及我国的发展对策选择,地理科学进展,Vol.18,No.3,1999.

[17] Li Changcheng, Bao Zuo-jun, Discussion on environmental sensors station sitting for expressway, ICTCT(International Co-operation on Theories and Concepts in Traffic Safety)Extra-Workshop in Beijing, China, April 2-3 2007, pp. 332-338.

[18] Intelligent Transportation System——Benefits, Costs and Lessons Learned, US department of transportation, FHWA, 2005.

[19] Isa-UK, intelligent speed adaptation, Project Summary, University of Leeds & MIRA, 2006.

[20] EIP 技术在电子警察中应用,http://www.21its.com/Common/DocumentDetail.aspx?ID=2007060410351505234

[21] ITS 传感器概述及视频检测技术的研究,http://www.21its.com/Common/DocumentDetail.aspx? ID=2006080510022702653

[22] 车辆导航系统的发展,http://www.21its.com/Common/DocumentDetail.aspx?ID=2006100414441714688

[23] 车载记录仪,http://www.21its.com/Common/SpecialDetail.aspx?ID=2006070616561100326

[24] 第三代车载 GPS 联网导航系统,http://www.21its.com/Common/DocumentDetail.aspx? ID=2006071011410000048

[25] 杭州锦恒车速反馈标志亮相,http://www21.its.com/Common/NewsDetail.aspx?ID=2007032200461605205

[26] 驾驶辅助系统需求般切适应性定速系统更智能,http:www.21its.com/Common/DocumentDetail.aspx? ID=2006070713561000670

[27] 南宁安装广西首套“车速反馈标志”提醒车辆勿超速，http://www.21its.com/Common/NewsDetail.aspx?ID=20060525154213001OO

[28] 福特汽车安全新技术介绍，http://data.7835.com/free/zdxl/xjs/xjs00043.htm

[29] 汽车防撞全自动驾驶仪项目，http://www.21its.com/Common/DocumentDetail.aspx?ID=20061025234151OO824

[30] 我国的智能交通，http://news.enorth.com.cn/system/2006/10/16/001435013.shtml

[31] 智能交通系统中的信息发布终端——LED显示屏，http://www.21its.com/Common/DocumentDetail.aspx?ID=20060708124321OO121

[32] 自动车辆定位技术概述，http://www.21its.com/Common/DocumentDetail.aspx?ID=20060707135137OO658

第二十一章　地理信息系统(GIS)在公路交通安全中的应用

第一节　GIS在公路交通安全领域的适用性

一、GIS基本原理及特征简述

1. GIS基本原理

(1)定义及分类

地理信息系统是集计算机科学、地理科学、测绘学、遥感学、环境科学、空间科学、信息科学、管理科学等学科为一体的新兴边缘学科。对于不同的部门和不同的应用目的,GIS的定义也不尽相同,如美国学者Parker认为"GIS是一种存储、分析和显示空间和非空间数据的信息技术";加拿大的Roger Tomlinson认为"GIS是全方位分析和操作地理数据的数字系统";俄罗斯学者也把GIS定义为"一种解决各种复杂的地理相关问题,以及具有内部联系的工具集合"。这些定义,有的侧重于GIS的技术内涵,有的则是强调GIS的应用功能[1]。虽然这些定义不同,但均是从GIS的使用工具、研究对象、数据建立过程来考虑的。目前,常用的GIS定义是:GIS是在计算机软、硬件支持下,采集、存储、管理、处理、检索、分析和显示空间物体的地理分布数据及与之相关的属性,并以回答用户问题等为主要任务的技术系统。地理信息系统按其内容可以分为3大类:

①专题地理信息系统(Thematic GIS),是具有有限目标和专业特点的地理信息系统,为特定的专门目的服务。

②区域信息系统(Regional GIS),主要以区域综合研究和全面的信息服务为目标,可以有不同的规模,如为国家级的、地区或省级的、市级和县级等不同级别行政区服务的区域信息系统,也可以是按自然分区或流域为单位的区域信息系统。

③地理信息系统工具或地理信息系统外壳(GIS Tools),是一组具有图形图像数字化、存储管理、查询检索、分析运算和多种输出等地理信息系统基本功能的软件包。

(2)组成

与普通信息系统类似,一个完整的GIS系统需要支持对空间数据的采集、管理、处理、分析、建模和显示等功能,其基本构成一般包括以下5个主要部分[1]:系统硬件、系统软件、空间数据、应用人员和应用模型,各部分之间的关系如图21-1所示。

GIS的硬件平台是计算机中的实际物理装置的总称,用以存储、处理、传输和显示地理信息或空间数据。计算机与一些外部设备及网络设备的连接构成 GIS 的硬件环境。硬件系统的核心是 GIS 主机，外部设备主要包括输入设备的数字化仪、扫描仪和全站型测量仪器等，网络设备主要包括布线系统、网桥、路由器和交换机等，具体的网络设备根据网络计算的体系结构来确定。

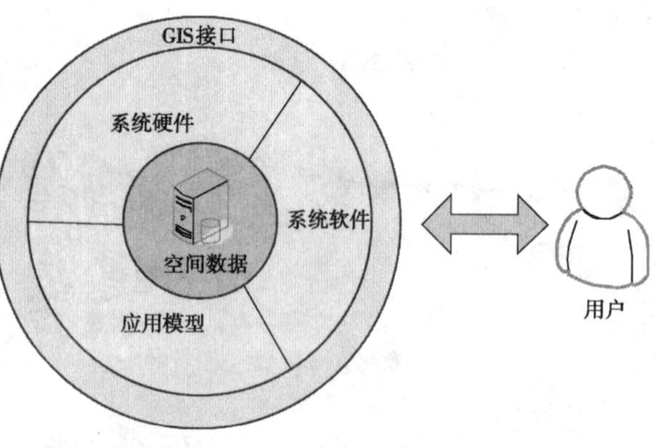

图 21-1　地理信息系统的构成

GIS 软件是系统的核心，是指用于执行 GIS 功能的各种操作，如数据输入、处理、数据库管理、空间分析和图形用户界面等所必需的各种程序。根据其功能，可分为：GIS 专业软件、数据库软件和系统管理软件等。

空间数据是 GIS 的重要组成和应用资源，所有的应用必须有相应的空间数据作为支撑，空间数据描述了地理实体间的空间特征、属性特征和时间特征。空间特征是指地理实体的空间位置及其相互关系；属性特征表示地理实体的属性，如名称、类型和数量等；时间特征指实体的地理特性及物理属性随时间而发生的相关变化。在地理信息系统中，空间数据以数据库的形式存储。

GIS 应用人员主要包括系统开发人员和最终用户，在使用 GIS 时，应用人员不仅需要对 GIS 技术和功能有足够的了解，而且需要具备有效、全面和可行的组织管理能力以便维持 GIS 应用系统的正常运行。为了使 GIS 系统能够有针对性地满足某一特定应用的要求，需要利用 GIS 提供的基本工具构建专门的应用模型，如交通发生量预测模型、出行分布模型、交通量最优分配规划等。

(3)研究内容

地理信息系统是在地理学研究和生产实践需求中产生，地理信息系统的应用使技术系统不断完善，并逐渐发展了地理信息系统的理论；理论研究又指导开发新一代高效地理信息系统，并不断拓宽其应用领域，加深应用深度；地理信息系统的应用，又对理论研究和技术方法提出了更高的要求。这 3 个方面的研究内容是相互联系、相互促进的。地理信息系统研究的内容主要有以下 3 个方面，如图 21-2 所示。

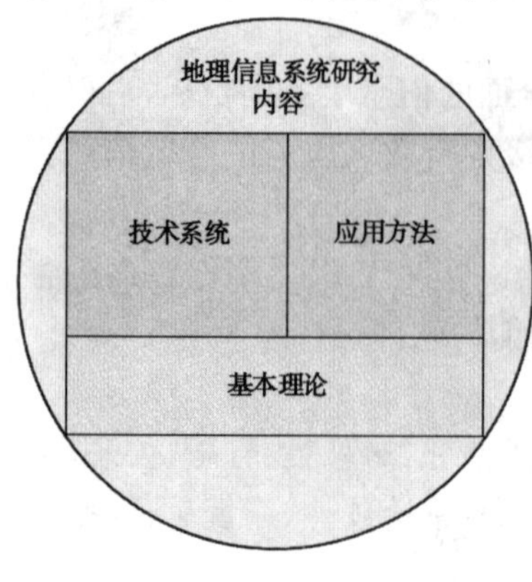

图 21-2　地理信息系统内容体系

①地理信息系统的基本理论。地理信息系统的基本理论研究主要包括关于 GIS 概念、定义及内涵、基础理念体系等方面，重点总结 GIS 的发展历史，探讨其发展方向等理论问题。

②地理信息系统的技术系统。地理信息系统的技术系统设计主要包括 GIS 系统硬件设计与配置，地理空间数据结构及表示，输入与输出系统，空间数据库管理系统，用户界面与用户工具设计等。

③地理信息系统的应用方法。地理信息系统的应用方法研究主要包括应用系统设计和实现方法，数据采集与校验，空间分析函数与专题分析模型，GIS 与遥感(RS)结合方法，地学专家系统研究等。

总之，地理信息系统的内容主要包括：有关的计算机软、硬件；空间数据的获取及计算机输入；空间数据模型及数字表达；数据的存储及处理；数据的共享、分析与应用等。

2. 功能及特征

(1)GIS基本功能简介

GIS是计算机技术与空间数据相结合的一种高新技术，它包含了处理地理信息的各种高级功能，它的基本功能是数据的采集、管理、处理、分析和输出。GIS依托这些基本功能，利用空间分析技术、模型分析技术、网络技术、数据库和数据集成技术等演绎出更多的系统应用功能，以满足用户需求。地理信息系统基本功能的总体描述如图21-3所示。

从图21-3可知，GIS的基本功能主要包括数据采集与编辑、数据存储与管理、数据处理与变换、空间查询分析和统计、图形交互显示。数据是GIS应用的基础，在构建GIS系统之前，用户必须根据功能需求采集足够类别的数据，并对这些数据进行格式化、规范化，将各种业务数据抽象为不同的专题或层，以便各类数据之间的整合。常用的输入方法有5种：键盘、图形数字化仪、扫描仪、坐标几何、现有数据转换。

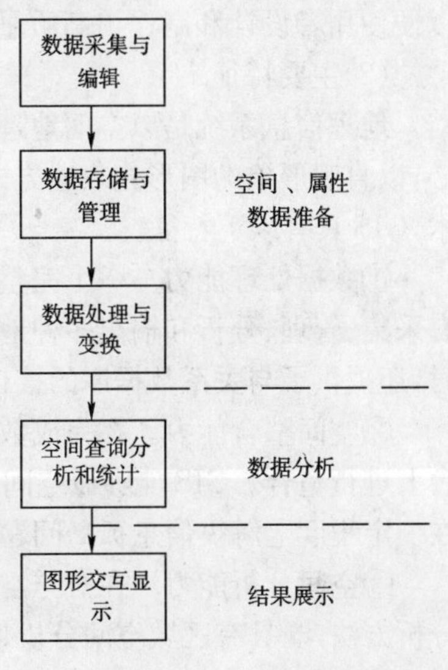

图21-3　地理信息系统基本功能

对GIS数据的存储与管理采用数据库形式，由于GIS数据库具有数据量大、空间数据与属性数据具有不可分割的联系，以及空间数据之间具有显著的拓扑结构等特点，因此GIS数据库的管理功能，除了与属性数据库有关的DBMS功能之外，对空间数据的管理技术主要包括：空间数据库的定义、数据访问和提取、从空间位置检索空间物体及其属性、从属性条件检索空间物体及其位置等。

为了提高数据质量，保证系统数据的规范和统一，建立满足用户需求的数据文件，数据处理是GIS的基础功能之一。GIS数据处理的任务和操作内容有：

①数据变换，即将数据从一种数据状态转换为另一种数据状态，包括投影变换、辐射纠正、比例尺缩放、误差改正和处理等。

②数据重构，即将数据从一种几何形态转换为另一种几何形态，包括数据拼接、数据截取、数据压缩、结构转换等。

③数据抽取，即将数据从全集到子集的条件提取，包括类型选择、窗口提取、布尔提取和空间内插等。

空间查询是GIS以及许多其他自动化地理数据处理系统应具备的最基本的分析功能；而空间分析是地理信息系统的核心功能，也是地理信息系统与其他计算机系统的根本区别。GIS的主要空间查询分析功能如下：

①查询与量算，即对系统中管理的数据进行空间数据、属性数据的相互查询，空间物体点、线、面相互关系的查询，地址匹配查询，量算等功能。

②叠合分析，即把分散在不同层上的空间、属性信息按相同的空间位置叠加到一起，合为新的一层，如点与点的叠合，面与面的叠合，线与面的叠合，点与面的叠合等。

③分类，即把复杂的事物进行简化，主要包括单因素分类和多因素分类。

④网络分析，即对由一组线状要素相互连接而成的网络系统，如对公路系统、铁路系统等进行的分析，其目的主要有路径选择、负荷估计、资源分配、时间和距离估算等。

⑤邻近分析，即把研究的问题抽象成主体、邻近对象、条件和作用进行分析，常用的方法有邻近区、等值线、推移、延续等。

在对空间、属性数据进行分析的基础上，GIS 提供了许多用于地理数据表现的工具，其形式既可以是计算机屏幕显示，也可以是诸如报告、表格、地图等硬拷贝图例，尤其要强调的是地理信息系统的地图输出功能。一个好的地理信息系统应能提供一种友善、交互式的制图环境，以便使用者设计和制作出高质量的地图[3]。

(2)主要特征

地理信息系统是以空间地理位置为纽带，以空间数据为基础，以空间分析、决策能力为核心，以直观形象的图形化表达方式为手段的边缘学科。统观其定义、功能、研究内容及关键技术，GIS 具有以下特征。

①数据处理能力。一个完整的 GIS 系统，必须既包括空间数据，又包括属性数据。GIS 具有采集、管理、分析和输出多种地理空间信息的能力，提供了强大的空间数据编辑工具，与此同时，还提供了与关系数据库的接口，能够批量处理空间目标的属性数据。

②空间整合能力。在完成数据的采集、编辑、规范化处理之后，将各种数据在地理信息平台上进行整合。GIS 能够以空间位置为纽带，将原本孤立的各业务部门的属性数据进行整合，在一定程度上解决信息孤岛问题。

③空间分析能力。在对与空间地理位置相关的数据进行整合的基础上，提供强大的空间分析方法，既具有区域空间分析、点线面多要素综合分析等空间位置分析能力，又具有按时间、属性等宏观分析能力，将“数据”转化为“信息”。

④友好的人机交互界面。GIS 的数据编辑、查询等多数功能均在图形化的电子地图上进行，同时对于业务分析结果能够直观地在电子地图上展示，既便于用户查看结果，又便于寻找相互间的关系。

二、公路交通安全与 GIS

1. 公路交通安全特性

交通安全是国民经济发展和社会安定的重要方面，也是公路交通管理的两项基本任务(安全和畅通)之一，通常用交通事故起数、受伤人数、死亡人数、财产损失等来描述。近年来，我国基础设施建设取得重大进展，公路总量持续增长，截至 2006 年底，全国公路总里程达 345.70 万 km(2006 年起，将村道纳入公路统计里程)，比上年末增加(同口径比，下同)11.18 万 km，路网结构进一步改善。全国公路总里程中，国道 13.34 万 km，省道 23.96 万 km，县道 50.65 万 km，乡道 98.76 万 km，专用公路 5.80 万 km，村道 153.20 万 km，分别占公路总里程的 3.9%、6.9%、14.7%、28.6%、1.7%和 44.3%，比上年末分别下降 0.1%、0.1%、0.5%、1.0%、0.2%和提高 1.9%。

随着公路建设的发展，机动车保有量持续增加，公路交通安全管理的重要性日益突出。据国家安全生产监督管理局统计，我国已经连续 3 年交通事故死亡人数超过 10 万人(2004 年低于此数,为 9.92 万人),占全世界交通事故死亡人数的 10%以上,而我国同期的汽车保有量只占世界的 2%。我国道路交通事故死亡的人数几年来已高居世界第一位,并以较高的比例增长。2006 年 1～11 月份,全国共发生交通事故 34.9 万起,造成 8.2 万人死亡、40 万人受伤,直接财产损失 13.6 亿元。尽管相对 2005 年道路交通安全形势有所好转,但也说明了,道路交通安全不再是一个简单的技术层面的问题,而是已经成为一个不容忽视、不可回避,关系到国计民生的大问题,直接影响到国家经济建设和人民财产安全。减少交通事故伤亡人数、降低交通事故率已迫在眉睫。

公路交通安全受“人、车、路、环境”4 个系统因素影响,交通事故是由于四者不协调产生的结果。国内外研究表明,“人”是导致交通事故发生的最主要原因。尽管“路”不是影响公路交通安全的最重要因素,但公路基础设施是保证公路交通安全的基础,加强基础设施的建设、管理、养护,将有利于提高交通安全水平。从信息化的角度来说,公路交通安全具有以下特性。

(1)系统性。公路交通安全是公路系统内部微观元素之间以及与周边环境作用的宏观描述。要提高公路交通安全水平,必须从系统的角度出发,采用系统分析和系统工程手法,既要实现公路系统内部的和谐统一,又要考虑公路系统与周边环境系统的协调一致。

(2)复杂性。公路系统中影响交通安全的元素多且复杂,每一元素均为一子系统,要把握交通安全特征、提高安全水平,必须深入分析各元素对交通安全的影响,采用宏观手段对其进行控制,同时依靠不依赖于“人”的信息化手段,充分利用现有的图形化、计算机网络、数据库等计算机技术,辅助公路交通安全管理。

(3)多样性。影响公路交通安全的因素众多,为了全面、客观地评价公路的安全水平,需要综合考虑各种因素,必须建立各种影响因素间的关联,找出相互间的关系,从多个角度为交通安全管理提供信息支撑。

(4)空间性。公路基础设施是影响交通安全水平的重要因素之一,具有非常显著的空间特性。在基础设施台账中,几乎每一个设施都有诸如“桩号”的空间位置属性信息。同时,设施管理、养护部门办公业务、流程也具有鲜明的空间特色,贯穿这些业务之中的办公需求有图文互访、量算、叠合等方式。

2. 公路交通安全领域采用 GIS 技术的必然性

交通管理部门考虑与研究的对象主要有 3 类:一是线路,包括公路、航道、航线及在线路上的各类设施,如站点、码头、机场及其监管设施等;二是交通工具,如汽车、轮船、飞机等;三是交通工具在线路上的运行状况,如流量、密度、速度、堵塞、事故等。这 3 方面涉及的信息量较大,具有复杂、面广、线长、动态等特点,特别是第一与第三方面的信息具有鲜明的地理特征,人们对这些信息的描述或分析总离不开它在地球上的位置,这是交通信息区别于其他领域信息一个最为突出的特征。这种特征就决定了人们在研讨交通信息、利用交通信息时,不仅需要文字与数字描述的信息及对信息的文字与数字分析,而且需要图形描述的信息及对信息的图形化处理,人们的这种需求不仅仅在于交通信息的地理特征,而且在于人们观察事物、认识事物对“形”的需要。在现代计算机技术中,GIS 理论和技术为处理具有地理特征的交通信息提供了新的手段。因此在交通领域采用 GIS 技术和方法用于研究交通规划、综合运输等相关问题,与其他传统的方法相比具有无可比拟的优点。

随着“以人为本”理念的提出,交通安全问题越来越受到关注,如何有效消除交通安全隐患已是亟待解决的问题。交通安全是一个系统而复杂的问题，它涉及到道路条件、设施状态、交通状况、交通管理水平、驾驶员身体和心理状况、地理环境、人的行为等因素。交通安全因素反映出来的是海量的空间信息和属性信息，传统的交通安全分析工具已不能满足需要，必须将GIS技术引入交通安全领域的研究和日常管理[6]。

根据地理信息系统的原理及特征介绍可知，GIS并不仅仅是普通的管理信息系统，强大的空间分析能力是其最显著的特点，因此地理信息系统又称为空间信息系统[2]，与空间位置有关的领域都是地理信息系统的重要应用领域。GIS技术不仅能为公路各级管理部门和事故处理部门提供宏观管理、微观分析及决策服务，而且还能为工程技术人员提供宏观事故分析的工具。随着计算机技术和GIS技术的普及与应用，利用它们对交通安全进行定量分析及制定决策已成为现实。公路交通安全管理中广泛应用GIS技术必然会带来交通安全管理水平的提高。总而言之，在公路交通领域中采用GIS技术是由GIS技术本身的功能特性以及公路交通领域的数据特点、业务特点和公路行业信息化发展所处的阶段决定的。

(1)公路交通安全数据具有很强的空间属性。当前使用的全国公路数据库详细记录了公路的技术属性、管理属性和空间构造数据等，几乎每一条记录都包括起点桩号、终点桩号等空间属性信息。并且，在现行的管理中，大量的公路设计图纸均以纸面形式保存，不便于资料的积累、查阅和整合。因此，有必要采用GIS技术解决基础设施空间数据、属性数据和图形数据等的整合问题。同时，作为公路交通安全水平的表现形式之一的“交通事故”数据，亦具有非常强的时间、空间特性，因此有必要充分利用GIS技术的确定性空间分析能力、探索性空间分析能力、空间数据与属性数据的整合能力等，分析事故数据，为寻找交通事故分布、变化规律提供技术支持。

(2)现有的普通MIS(管理信息系统)系统缺乏可视性与亲临感。与公路相关的数据类型较多、数据量非常大，如路基、路面、结构物、交通安全设施、机电设施、监控设施数据等，各类信息间共享不够，因此有必要采用GIS技术，特别是WEB-GIS技术对各类数据进行统一存储管理，并在GIS平台上进行整合，利用GIS的空间分析能力和空间直观展现形式根据管理人员业务需求重新组织数据。

(3)GIS技术在交通安全领域更广泛、深入的应用是“数字公路”建设与发展的基础。数字公路的核心思想是用数字化的手段来处理整个公路诸方面的问题，最大限度地利用资源，并使大家能够通过一定方式方便地获得他们所想了解的有关公路的信息，其特点是嵌入海量地理数据，实现多分辨率、三维等对公路的描述，即“虚拟公路”。空间数据共享机制是使数字公路能够运转的关键之一，大容量数据存储及元数据管理是数字公路的技术基础之一[5]。因此，有必要将“3S”技术之一——GIS技术广泛应用于公路交通领域中，以解决空间数据的共享问题，促进“数字公路”发展。

第二节　GIS在公路交通安全领域的应用

一、公路交通安全领域采用的GIS关键技术

地理信息系统是计算机技术与空间数据相结合的一种高新技术，包含了处理地理信息的

各种高级功能。它不仅是一种技术,而且是一门学科,其关键技术较多,下面根据 GIS 在交通安全领域的应用情况,介绍与其密切相关的几项关键技术。

1. 空间分析技术

GIS 的奠基人之一 Goodchild M F 曾指出"地理信息系统真正的功能在于其利用空间分析技术对空间数据的分析"。空间分析(Spatial Analysis,SA)是地理学的精髓,是为解答地理空间问题而进行的数据分析与挖掘。空间分析是集空间数据分析和空间模拟于一体的技术,通过地理计算和空间表达挖掘潜在空间信息,以解决实际问题。

空间分析涉及地理空间数据的分析、计算、表达等内容,与一般的数据分析方法不同,它强调事件或参数的时空变化,用户利用空间分析技术,通过对原始数据模型的观察与实验,可以获得新的信息和知识,并以此作为空间行为的决策依据,空间分析技术分为验证性和探索性两类。空间分析方法从简单到复杂,简单的方法如两个地物之间的空间距离测量,复杂的方法如对全球气候变化过程的数值模拟。空间分析的本质特征包括:

(1)探测空间数据中的模式;

(2)研究空间数据间的关系并建立相应的空间数据模型;

(3)提高适合于所有观察模式处理过程的理解;

(4)改进发生地理空间事件的预测能力和控制能力。

考虑到 GIS 环境下的空间分析的易理解性和可操作性,将 GIS 环境下的空间分析技术分为如下 6 个方面。

(1)确定性空间分析。即分析处理确定性空间数据或解决确定性空间问题的方法,它是高级空间分析的基础。无论是空间查询、空间统计分析,还是基于地图代数的叠加分析等基本分析方法都是基于确定性的算法或技术,包括坐标、长度、面积、体积、方位、形状、空间分布等指标的量测、空间拓扑查询等。从算法来看,确定性空间分析的算法基本上是基于经典数学方法建模的,其在 GIS 空间分析技术中已经相当成熟。

(2)探索性空间数据分析。探索性空间数据分析是利用统计学原理和图形图表相结合对空间数据的性质进行分析、鉴别,用以引导确定性模型的结构和解法的一种技术,本质上是一种"数据驱动"的分析方法。该技术注重研究数据的空间相关性与空间异质性,在知识发现中用于选取感兴趣的数据子集,以发现隐含在数据中的某些特征和规律。相对于传统的统计分析而言,它不是预设数据具有某种分布或某种规律,而是一步步地、试探性地分析数据,逐步地认识和理解数据。

(3)时空数据分析。Goodchild 曾指出,GIS 分析模拟环境问题的主要能力是能够处理海量的、异质的、空间导向的数据,对地理问题的处理伴随着时空过程。在现实世界中,时间、属性、空间是空间目标的 3 个不可分割的特性。空间目标的特征随时间变化而变化,其几何位置、形态、空间关系等信息都是在特定时刻或时段通过直接或间接观测得到的。与其他类型的信息相比,空间信息具有明显的时序特征。传统空间分析只涉及地理信息的两个方面:空间维和属性维。GIS 能同时处理时间维,模拟和分析空间数据随时间变化,即 GIS 具有时空数据分析的能力。时空数据分析是当前及今后 GIS 界的热点研究问题之一,它不仅描述系统在某一时刻、时段的状态,而且描述系统沿时间维变化的过程,预测未来时刻、时段系统将呈现的状态,以此获得系统变化的趋势,或对过去不同时刻、时段的系统状态回放重现,挖掘系统沿时间变化的规律。

(4)专业模型集成分析。专业模型是在对系统所描述的具体对象或过程进行大量专业研究的基础上,模拟或抽象客观规律,将系统数据重新组织,并总结出与研究目标有关的、有序的数据集合的有关规则和公式。专业模型中既有定量模型、又有定性模型,既有结构化模型;又有非结构化模型,运用专业模型集成分析可以将地理实体和空间关系通过专业模型进行简化和抽象,系统则通过模型进行深入分析。目前,通用的 GIS 空间分析功能与各种领域专业模型集成主要有以下两种途径:一是基于组件的嵌入式耦合,即利用组件开发技术,将专业应用模型封装成一个组件,作为 GIS 系统的一部分;二是基于数据交换的松耦合方式,即 GIS 与专业模型相对独立,专业模型由其他外部软件实现,二者之间在一定的规范和协议支持下,采用数据通信的方式进行联系。

(5)智能化空间分析。由于地理对象具有动态性、多重性、复杂性等特点,地理对象的数据表达普遍存在模糊性与不确定性,对于这些具有模糊性、不确定性的地理空间数据,传统的空间分析方法显得无能为力,GIS 向智能化方向发展给空间分析带来了强大的生命力。计算机智能可以兼容大规模现实世界问题中的不精确性和不确定性,能够达到易加工、鲁棒性、可编程、成本低、快速和精确处理空间数据的目的。智能生命、进化计算和神经网络是计算机智能领域的主要代表,计算机智能是最适合 GIS 空间分析的技术,它不仅能完成大规模并行计算和有效处理信息等任务,还可以通过调整某些参数进行自我学习。

(6)可视化空间分析。空间数据的可视化以及基于可视化技术的空间分析已发展成为空间数据处理的重要手段和关键技术。GIS 可以将空间数据转化为"地图",使这些数据所表达的空间关系可视化。可视化空间分析主要用于分析空间对象的空间分布规律,进行空间对象的空间属性计算,表现空间数据的内在复杂结构、关系和规律。目前,可视化空间分析已由静态空间关系的可视化发展到动态表示系统演变过程的可视化。

2. 动态分段技术

交通地理信息系统(GIS-T,Geographical Information Systems for Transportation)是地理信息系统中的一个重要分支,是公路、铁路、水路、航空、管网和通信线路等线性空间要素分析和建模的工具。由于交通数据和交通模型具有与一般线性要素不同的特性,动态分段技术应用较多,已成为 GIS-T 的关键技术之一。

动态分段技术是 GIS 网络分析中的一种重要的技术手段,1987 年由美国威斯康星交通厅的戴维弗莱特首先提出。动态分段技术是用于实现将地理线性要素与现实交通网络中的道路状况、事故等链接起来的动态分析、显示和绘图技术。传统的"弧段—节点"数据模型,存在静态性、属性唯一性、信息分散性和冗余性等不足,无法完好地表达现实世界中线性要素属性中的多重"事件"。动态分段可以有效地解决多重属性线性要素的表达问题,将属性从点—线的拓扑结构中分离出来,通过线性要素的量度(如里程标志)来利用现实世界的坐标,把线性参考数据(如道路质量、事故等)链接到一个有地理坐标参考的网络中,也可称为一种建立在线性特征基础上的数据模型。

(1)动态分段方法及特点

现有的地理信息系统中,线状特征多数是用"弧段—节点"模型来模拟。该模型主要由弧段组成。弧段有两个节点、一组坐标串和与之相应的属性信息,但该模型局限于模拟描述线性系统的静态特征,而对于诸如弧段所对应的属性是一对多的关系、弧段的属性需要分段处理等情况则略显不足。

"要素—属性"的一对多关系是指某一线状实体在同一位置所对应的属性信息是多个的情况,在"弧段—节点"模型中,一条弧段只与属性表中的一条记录对应,为了表达这种一对多的关系,会产生严重的冗余,并且管理、更新整个线性系统很困难,在属性段有重叠的情况下,将会更加复杂。"弧段—节点"数据模型的客观事物通常是采用线性系统的相对定位方法,即采用与某个参考点的相对距离来定位。例如,交通部门一般用线性定位参照系统来确定沿道路和运输路径的事件(如事故和道路质量),即从已知点(如路径的起点、里程标志或道路交叉口)用距离量测来确定事件的位置。

动态分段模型用路径、量度和事件把平面坐标系统与线性参照系统有机地组合在一起,既保留网络图层的原始几何特征,同时利用相对位置的信息将地理网络与现实世界连接起来,能够有效地解决线性要素多重属性的表达问题,尽可能地减少数据冗余。动态分段是对现实世界中的线性要素及其相关属性进行抽象描述的数据模型和技术手段,可以根据不同的属性按照某种度量标准(如距离、时间等)对线性要素进行相对位置的划分。动态分段是可以用相互关联的量测尺度来表示线性要素的多种属性集的技术,主要特点为:

①无需重复数字化就可以进行多个属性集的动态显示和分析,减少了数据冗余;

②不需要按属性集对线性要素进行真正的分段,仅在需要分析、查询时,动态地完成各种属性数据集的分段显示;

③所有属性数据集都建立在同一线性要素位置描述的基础上,即属性数据组织独立于线性要素位置描述,易于数据更新和维护;

④可进行多个属性数据集的综合查询与分析。

(2)动态分段模型

动态分段模型在"弧段—节点"模型基础上进行扩展,引入段、路径、事件、路径系统等分别用来模拟线性系统中的不同特征。

弧段、段和路径都可以用来表示线性特征。弧段是线状目标数据采集、存储的基本单元,矢量GIS中的弧段一般通过数字化获得,弧段的一部分作为边参与网络的生成,或者多条弧段合并成一条边参与网络的生成。段是一条弧段或者其中某一部分,段与段之间反映了沿路径方向线性特征属性的变化,段的属性记录在段属性表中。段没有被单独作为弧段数字化,因而不是传统意义上的弧段,称为动态段。与之相应的是动态节点,是基于某种度量标准记录的弧段上的相对位置,通常是采用沿弧段长度比率,如果动态节点恰好位于弧段的首点或尾点,那么就与节点一致。

路径是一个定义了属性的有序弧段的集合,可以代表线性特征如高速公路、城市街道、河流等。一条路径至少应包括一条弧段的一部分,它可以表示具有环、分叉和间断点的复杂线状特征。一条路径通常由一些段组成,每个段用一个起始和终止位置定义其在弧上的位置,根据段在路径中的位置,采用相对定位的方法,给定路径起始位置一个度量值(通常为0),路径上其余位置则相对于该起始位置来度量,单位可以是距离、时间等。路径系统是具有共同量度体系的路径和段的集合,是动态分段的基础,只有在建立路径系统的基础上,才能够将外部属性数据库以事件的形式生成事件主题,从而进行动态的查询、管理与分析。

事件是路径的一个部分或某个点上的属性，如道路质量、河流水质、交通事故等。事件包括点事件（描述路径系统中具体点的属性）、线事件（描述路径系统中不连续部分的属性）和连续事件（描述覆盖整个路径不同部分的属性）。

动态分段实质是通过在线性空间数据上建立段属性表，再在段属性表上建立路径属性表，并基于路径属性表建立关联来完成段、路径、事件的联系，如图 21-4 所示。

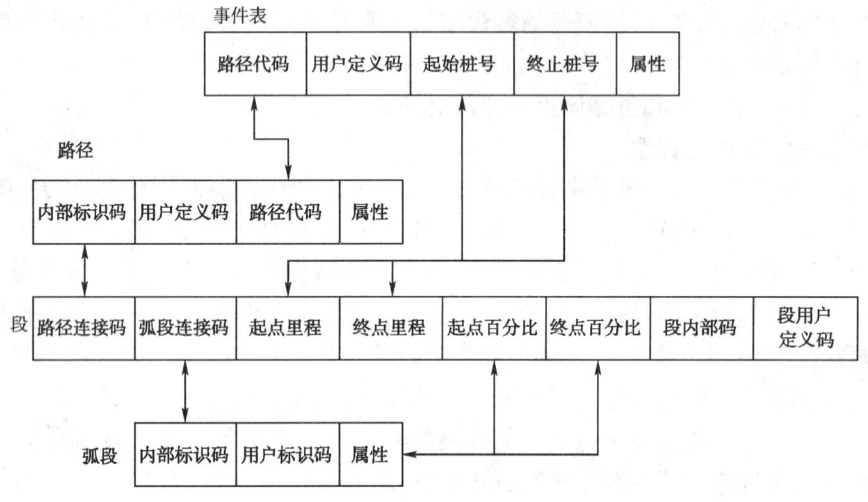

图 21-4　事件、路径、段与弧段的关系

动态分段的核心是如何生成动态段，动态分段模型的基础仍然是“弧段—节点”模型，动态段在此基础上生成，主要有 3 个步骤：首先确定动态节点的插入位置；其次更新弧段表和节点表，生成动态段表和动态节点表；最后更新动态段的属性数据。

二、GIS 在公路交通安全领域应用简述

交通行业的发展和人们对地理信息认识的不断深入，加大了各领域对 GIS 术发展的需求。GIS 不仅用于社会经济、国防建设等方面，还被应用于公共应急事件的响应、城市建设与环境保护的协调发展以及工业、农业、商业、教育管理等各方面的社会服务，日益普及的车载导航设备的应用表明，GIS 不仅是一种科研技术，而且已经成为一种生活工具，走进了百姓的日常生活。目前，GIS 技术已经广泛应用于航空、水运、铁路、公路等领域。由于铁路领域的各项业务与空间位置、地理环境密切相关，因此，GIS 在铁路车、机、工、电、辆的管理和业务分析中都得到了广泛应用，具有代表性的是与铁路运营安全密切相关的工务地理信息系统、工务生产管理系统等。近年来，公路交通行业发展较快，GIS 在公路交通领域应用非常广泛，如中国国家地理信息系统、路面管理系统、交通安全设施管理系统等。中国国家地理信息系统实现了地图显示、路线和全国公路数据库等信息的查询、统计、网络分析、路网监控、地图编辑、地图输出等功能，为公路建设管理起了重要的辅助作用。下面将简要阐述 GIS 在国内外公路交通安全中的应用情况。

1. GIS 在国内交通安全领域中的应用

随着公路信息化的快速发展，GIS 技术在公路交通领域得到了广泛应用，GIS-T 由此应运而生。GIS-T 作为地理信息系统的一个重要发展方向，与其他类型的地理信息系统比较，具有

地域范围分散，数据量庞大，空间数据在几何特征上主要是点状和线状、数据更新周期短、数据分布存储与 MIS(管理信息系统)及 OA(办公自动化系统)结合紧密等[7]。

GIS 已经广泛应用于国内公路网规划与公路设计、交通设施管理、交通安全，并结合遥感技术评价公路地质、公路环境管理以及道路养护、公路施工管理等领域，同时，多数应用都建立了各自的地理信息数据库。在交通安全管理方面，主要侧重于公路路面桥梁养护、基础设施管理等，各地公路管理部门和科研院所已经建立了大量基于 GIS 的信息管理系统，并且部分系统已经得到了广泛应用。总体来说，多数交通设施养护、管理信息系统引入了 GIS 技术，实现了空间数据的地图化展示，并逐步将设施数据与空间地理数据、多媒体数据(视频、图片等)进行关联。

(1)GIS 在养护管理中的应用

在公路养护管理方面，具有代表性的是路面管理系统(CPMS)和桥梁管理系统(CBMS)。CPMS 由交通部公路科学研究院公路养护管理研究中心研发，是一个复杂的路面决策支持系统，包含道路数据信息管理、路网评价、路况性能分析、养护资金需求分析及资金优化分配等功能，其各种模型多数是基于回归技术建立的，通过这些系统的应用，改善了公路养护管理工作的方式，提高了工作效率以及数据分析处理能力，创造了客观的经济和社会效益[8]。

CBMS 是为干线公路桥梁管理而设计的一套综合管理系统，系统依据现有桥梁的实际信息、桥梁病害的发展趋势、桥梁维修优先排序和维修费用的关系，以及考虑社会需求条件下，对路线适应率进行评价和对桥梁养护进行决策的一种逻辑程序。该系统由 9 个子系统组成，分别是数据管理子系统、基本应用子系统、统计处理子系统、多媒体管理子系统、费用分析子系统、桥梁预决策子系统等。系统通过在数据库管理子系统中录入桥梁基本数据，根据桥梁外业采集的一些桥梁病害数据，以及材料价格数据，经过该系统的分析运算，作出桥梁评价结果、加固方案和维修计划[17]。并在此基础上开发了高速公路桥梁管理系统(CEBMS)，该系统是适应高速公路桥梁管理特点而设计的一套综合管理系统，适用于对现有高速公路、环城高速、城市道路桥梁及特大桥引桥的定期检查、详细检查和经常性养护检查。该系统可评价管理高速公路的主线桥、跨线桥和匝道桥。根据高速公路桥梁的管理特征，提供沿线桥梁的结构诊断、状况登记、评价决策、GIS 查询、资金分配、养护检查计划等综合管理功能。

除了在路面和桥梁两大主体基础设施的养护管理信息化中的应用外，交通部公路交通安全工程研究中心从公路养护的“可持续发展”考虑，着手研究公路交通工程及沿线设施的养护管理信息化问题，研究人员从“资源节约、环境友好”理念出发，提出交通工程及沿线设施的“预养护”理念，以全国公路数据库、路面管理系统以及桥梁管理系统为基础，研究各种附属设施检测数据采集方法以及各检测项目的数据量化标准，建立公路交通工程及沿线设施综合数据库，实现设施的“精细化”管理，并且将设施静态台账数据与检查测试、保养维修和更新改造等动态业务数据、多媒体数据(如视频、照片等)进行整合。在借鉴国内外先进经验和研究成果的基础上，建立各类设施的质量评定指数，深入挖掘交通安全设施历史台账数据、养护数据以及交通量、路网特性等环境数据，寻找设施质量状态的变化规律。在 GIS 平台上建立公路交通工程及沿线设施养护管理系统，充分发挥 GIS 的空间分析能力，利用 GIS 的时空数据分析、大型数据库的 DM(数据挖掘)、OLAP(联机分析处理)等技术手段，结合养护管理人员工作经验，实现设施质量状态的预测，辅助制定养护维修计划。图 21-5 为在 GIS 平台上搭建的交通工程及沿线设施管理系统。

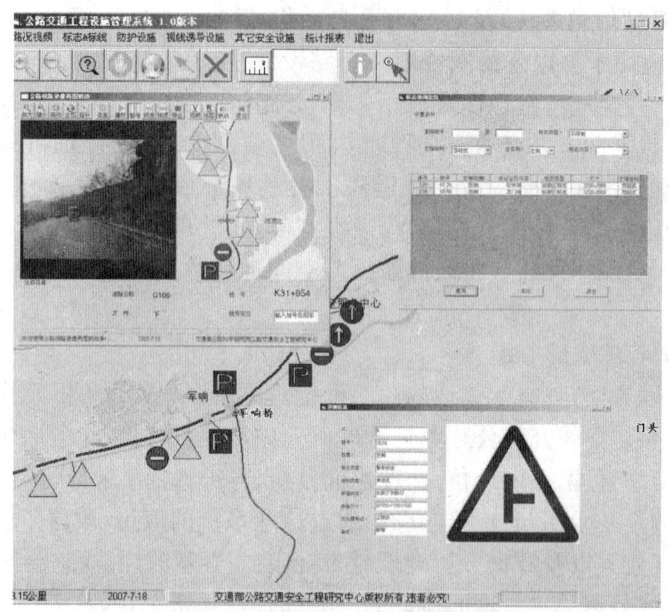

图 21-5　基于 GIS 的公路交通工程及沿线设施管理系统

(2)GIS 在基础设施管理中的应用

在公路基础设施管理方面 GIS 技术应用较多,较多公路管理部门都采用 GIS 技术建立了各自的设施管理信息系统,如上海市公路设施管理地理信息系统、重庆市基于 GIS 的公路设施管理系统等。

上海市公路设施管理地理信息系统在上海市公路设施管理系统的基础上,采用 GIS-T 技术对其功能进行了拓展,既保持了系统原有的各功能,又融合了 GIS-T 的优势和特点。实现了对公路设施线性参照和动态分段的支持,对公路设施的空间数据、属性数据和影像数据进行集成管理,并为辅助决策提供了更加直观、形象、有效、科学的依据。并在系统的开发过程中探讨了 GIS-T 的各种关键技术,提供了在公路设施管理中应用 GIS 建立设施管理地理信息系统的基本方法和建立过程。该系统的建立为 GIS 在公路设施管理和其他运输业务中的应用提供了很好的开发思路和参考实例[11]。

另外,为了帮助管理人员更加高效地管理公路交通网络,合理利用资源,重庆市公路管理部门建立了基础空间数据库,利用组件式技术开发了基于 GIS 的公路设施管理系统,实现了公路交通网络资源信息的共享,可以方便地提取、显示各类路线、路况信息,为公路管理决策提供客观依据,同时采用了 C/S(Client/Server)模式和动态分段技术,降低了系统维护成本,使得空间数据与业务数据的关联更加方便。

(3)GIS 在交通安全管理中的应用

在公路交通安全方面,GIS 技术的应用侧重于交通事故的管理和分析[20]。基于 GIS 技术的道路交通事故信息计算机管理系统的推广使用,有力促进了交通安全管理工作,由于事故数据具有鲜明的地理特性,对其描述、分析离不开桩号位置,交通事故的这种空间属性加上人们观察事物、认识事物时对“形”的需求,使得 GIS 平台成为交通安全分析的最佳选择。现行的事故管理分析方面的系统有:道路交通事故管理系统、基于GIS的公路交通事故救援系统、基于GIS的公路交通事故信息分析系统等。

基于GIS的公路交通事故救援系统构建目标是达到各部门快速反应、联动、信息实时共享的要求,能够通畅信息渠道,尽可能提高救援行动速度,缩短救援作业时间。该系统采用C/S模式,采用Internet/Intranet和WWW网络技术,组成开放式的计算机网络,充分发挥了GIS和GPS优势[13]。同济大学构建了基于GIS的公路交通事故信息分析系统,该系统采用了C/S结构,在GIS平台上满足用户的各种操作要求,为提高系统的可维护性,该系统建立了属性数据库,以建立图形数据和属性数据之间的关联关系,而大量详细的属性数据则保存在系统外部。系统中采用了线形参照系、动态分段技术和OLAP技术,重点实现了事故数据的空间查询和统计分析功能。

交通安全是一个系统问题,它涉及到道路、设施配置、交通流状况、车辆性能和驾驶员身体、心理状态等因素。交通安全因素反映出来的是海量的信息,如何将这些信息与交通安全状况建立有机联系,为分析、预测和决策提供有效、及时的参考是一项非常具有挑战性的研究。传统意义上的交通安全分析主要有如下缺点:

①不能实时更新,每次更新需要更换新的地图,浪费大量人力物力。

②无论标注还是更新,都会造成很大的误差,只能提供交通事故发生地点的大致地理位置。

③不能将大量相关信息在一张地图上充分地展示和直观地反映出来。

为了进行有目的的交通安全分析,应全面了解交通事故的空间和时间特性。随着GIS技术应用的深入,通过对交通安全问题的定量、定性分析以及预测分析,便可以很方便地对未来有可能发生的事故作出估计,分析未来事故的危险程度和发展趋势,以便能及早采取措施进行防治。此外利用GIS的可二次开发性,建立预测模型(预测数学模型可选择传统的回归预测法或非线性的神经网络预测技术等),直接调用交通事故空间数据,根据不同的需要对其进行预测。

总体来说,随着信息技术的发展和社会公众对安全需求的日益增大,GIS在国内交通安全领域应用越来越多,较多的公路管理部门都已经建立了各自的GIS系统,同时,根据系统构建需要,建立了各自的地理空间数据库,采用的模式多为单机或C/S模式,实现了空间数据与事故数据、主要台账数据的初步整合。

2. GIS在国外交通安全领域中的应用

国外公路信息化发展较快,信息化水平相对较高,“3S”技术(GIS、GPS、RS)已经广泛应用于公路行业,GPS已经成为采集公路空间数据的重要工具之一。GIS作为空间和属性数据分析和展现的平台,已经广泛应用于公路交通领域,如公路网规划、施工管理、设施管理、养护管理等,并且已经建立了较为成熟的基于GIS的信息系统,GIS的空间分析特性在这些系统中得到了较好的应用。

国外GIS在公路交通安全领域应用的例子很多,如夏威夷檀香山于1992年就开始研究“撞车事故结果数据评价系统(Crash Outcome Data Evaluation System-CODES)”。夏威夷的CODES计划利用美国交通部门关于交通事故的空间和行为分析资料,通过建立各种空间分析模型来解释撞车事故的发生及其结果,而GIS则是贯穿于整个CODES计划的必要研究工具。空间交通撞车事故的空间分析是系统的重要功能特征,分析功能主要包括点、地段、区域的机动车辆撞车事故调查和分析等[9]。

(1)GIS在公路养护管理中的应用

在路面和桥梁养护方面,自20世纪80年代起,美国就开始研究和开发路面和桥梁管理系统。由于路面和桥梁是道路最为重要的基础设施,也是养护成本最高的项目,因此,路面和桥梁管理系统得到了足够的重视和资金上的支持,这使得在过去的10～15年里,这两个系统在美国全国范围内得到了推广应用,基本上遍及了全美。不可否认的是,路面与桥梁系统在养护决策制定、养护计划制定、资金安排等方面发挥了重要作用。由于其强大的空间数据分析能力、空间数据与属性数据的整合能力和直观的展现形式,GIS被引入路面、桥梁管理系统中,用于管理、分析空间数据。并将其与自动绘图系统结合,为决策者直观展现路面管理系统数据和分析结果。

(2)GIS在公路基础设施管理方面的应用

在公路基础设施管理方面,据AASHTO(美国各州公路工作者协会)开展的调查,美国大约有一半的州建立了独立或整合的资产管理系统,该系统有利于延长设备使用寿命、提高路侧资产(设施)养护和修理的资金利用,这种预防性的养护不仅降低了养护成本,也改善了交通状况、设备的可靠性和公众安全。在宏观层面,AASHTO曾发起联合应用开发计划,建立了运输安全信息管理系统(Transportation Safety Information Management System,简称TSIMS),开发该系统旨在满足综合性、国家层面的数据共享需求,各州可以更加有效地管理和利用全面的交通安全信息。TSIMS是建立在企业安全数据仓库的基础上,通过整合事故数据以及其他与安全有关的信息来扩展和提高各州事故记录信息系统的安全分析能力。TSIMS能够整合各州的事故数据、驾驶员、车辆、运输和道路特性数据等,支持全方位的多学科安全分析。美国许多州也建立了基于GIS的资产管理系统,如华盛顿州开展了路侧设施台账项目(RFIP),该项目收集、存储了交通标志、涵洞、护栏等位于路侧净区或净区附近区域内的公路设施,能够满足安全分析、冲出路外事故的规律分析、未来安全投资决策、资产管理等功能需求。该项目采用GPS技术采集各类数据,数据类型包括消防设施、横向排水管端头、杆柱、边坡、挡墙、边沟、护栏、防眩板、缓冲消能设施、隔离栅等,系统开发采用了GIS技术,图21-6为该系统的一个运行界面。

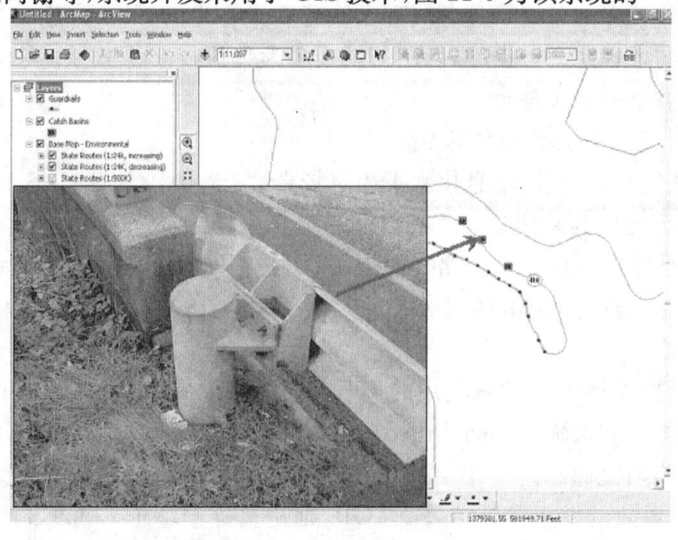

图21-6 基于GIS的RFIP系统界面

(3)GIS在公路交通安全管理中的应用

GIS在公路交通安全领域的另一典型应用是美国DOT(Department of Transportation)FHWA(Federal Highway Administration)建立的HSIS(Highway Safety Information System)系统。该系统由美国北卡罗来纳州的公路交通研究中心(Highway Safety Research Center-HSRC)和LENDIS公司共同维护运营[15]。在日常工作中,公路安全对使用者的潜在影响是公路工程师和管理人员在公路系统设计和运营方面决策时考虑的一个重要方面,这就要求设计、管理人员理解道路几何设计、路侧设施、交通控制措施等对交通安全的影响。为了满足这一需求,辅助公路管理、设计人员,FHWA开发了公路安全数据库,并利用该数据库开发了HSIS。该系统数据库积累了美国多个州的事故、台账和交通量数据。1987年,建立了各州的数据有效性、数据质量等指标,系统数据库存储了伊利诺伊等5个州的数据,截至2002年共有9个州的数据整合到HSIS系统中。HSIS是一个基于道路的系统,它提供了大量高质量的事故、道路等数据。每年参与该系统的各个州都会按规定的格式将数据导入系统中,以备分析之用。该系统可以用来分析非常多的安全问题,如安全问题辨认、影响范围的确定等,甚至利用道路特征及其他交通因素预测未来的交通事故情况。作为FHWA安全研究项目的支撑,HSIS多用来辅助公路管理人员制定决定、政策,同时也能够指导国家合作公路安全研究项目,为大学、研究机构研究公路交通安全提供资源。HSIS实验室位于Turner-Fairbank公路研究中心,主要由两个全职的分析师和几个研究生助理组成。该实验室为FHWA工作人员和访问学者提供较好的工作环境的同时,也为公路安全方面的研究提供了如下分析工具[15]:

(1)计算机和工作站。用于存储、维护和分析HSIS数据,现场工作人员和访问学者能够访问其中的文件,提取相应的数据,利用最新的计算机硬件和统计分析软件分析数据。

(2)多媒体照片光盘。用于查询各州的道路影响数据,以便检查现有数据的完整性并采集补充数据。

(3)地理信息系统。用于分析、处理和显示HSIS数据,HSIS实验室为开发和测试基于GIS的安全应用提供了支持。

总体来说,国外GIS技术的应用起步比国内早,应用多,发展快,特别是美国运输部建立的HSIS数据库和信息系统,积累了大量的事故、台账和交通量数据,为开展交通安全方面的研究奠定了数据基础。

第三节　GIS在公路交通安全领域应用的发展趋势

一、GIS技术发展趋势

GIS技术的发展始终与计算机信息技术息息相关。近年来,日益广泛的应用需求对地理信息系统的要求越来越高,许多计算机领域的新技术,如Internet技术、面向对象的数据库技术、三维技术、图像处理技术和人工智能技术都直接应用到GIS中,使得GIS技术迅速发展。从宏观层面看,随着计算机领域中面向对象技术、软件集成技术和网络技术的发展,GIS将向数据标准化、系统集成化、平台网络化和应用社会化等方向发展[19]。

(1)数据标准化。即支持GIS工作的数据结构及数据交换格式的统一、标准化,提供GIS

工作基础数据接口的标准化。包括建立 Open GIS(开放地理信息系统)的互操作标准,寻求网络地理信息系统数据和空间数据处理服务的标准方法等。

(2)系统集成化。GIS 软件部件的面向对象化,使 GIS 软件具有不同功能,可实现互操作和自我管理的软件组件,使数据不仅能在应用系统内传输,还能在系统间交流。通过面向对象技术和集成技术,利用对象链接和嵌入技术 OLE(Object Linking and Embedding)、开放式数据库互连技术 ODBC(Open Data Base Connectivity)等为用户提供简单、标准、透明的公共编程接口。

(3)平台网络化。GIS 的工作平台逐步从单机转入网络工作环境,GIS 引入互联网使 GIS 可实现网上发布、浏览、下载,实现基于 WEB 的 GIS 查询和分析。随着 Internet 技术的不断发展和公众对 GIS 系统需求的提高,把 GIS 系统与网络技术相融合,利用 Internet 在 Web 上发布空间数据,为用户提供空间数据浏览、查询和分析功能,形成一个网络化的地理空间集成平台,已经成为 GIS 系统发展的必然趋势。

(4)应用社会化。随着计算机、网络技术等的不断深入,WEB-GIS 是 Internet 技术应用于 GIS 开发的产物。GIS 通过 WWW 功能得以扩展,真正成为一种大众使用的工具。从 WWW 的任意一个节点,Internet 用户可以浏览 WEB-GIS 站点中的空间数据、制作专题图,以及进行各种空间检索和空间分析,从而使 GIS 进入千家万户。

同时,GIS 系统是一门综合性的技术,也是一种对空间数据进行采集、存储、更新、分析、输出等处理的工具,而软件是 GIS 系统的核心,从软件系统发展层面看,目前以 GIS 软件发展为特征的系统主要呈现以下几种趋势[20]、[21]。

(1)GIS 系统、多媒体数据与 GPS 和 RS 的集成。通过 GIS 系统与多媒体数据、GPS 系统、RS 系统的集成,将使基于空间数据的信息管理系统变得更加灵活多样,并极大地拓宽信息来源渠道,方便用户对各种信息的存储与管理,同时也能够建立起更加科学的决策系统。

(2)3D 和 4DGIS 系统。由于地球以及各种物体都是以三维空间的形式存在,因此需要用三维空间来描述物体,一个三维 GIS 空间信息系统应该能够模拟、表示、管理、分析与三维实体相关的信息,并提供决策支持。因此,如何设计并运用 4DGIS 来描述、处理地理对象的时态特征也是一个重要研究领域。

(3)新型的 GIS 空间数据库管理系统。目前大多数 GIS 系统在处理空间数据和属性数据时都是将两者分开存放和管理,这种管理和存放方式对于小型 GIS 系统有一定的优越性,但对建立以面向对象为基础的大型 GIS 系统来说存在很多缺陷。因此,现在已出现一些新型的 GIS 空间数据库管理系统,如 Oracle Spatial 等,这些新的系统将空间数据与属性数据存放在同一个数据库管理系统中。

(4)空间数据仓库。空间数据量非常大且分布分散,数据的管理与使用变得非常复杂,因此世界上大多数发达国家都比较重视空间数据仓库的建立工作。目前,在北美、欧洲、澳大利亚等国提出了(国家)空间数据基础设施(SDI)或 NSDI 的概念。

(5)虚拟现实。虚拟现实是目前 GIS 系统研究领域的另一重要方向。虚拟现实是对人类真实世界某一部分或某一过程的逼真模拟,给人提供视觉、听觉、触觉、力觉、嗅觉等信息,令人完全置身于虚拟世界中,感受与现实系统一致或接近,从而让人产生一种虽幻犹真的渲染感。

二、GIS 在交通安全领域应用的发展趋势

安全是公路交通行业发展永恒的主题，也是公路交通“以人为本、可持续发展”理念的体现。随着公路交通行业的发展和我国国民经济水平的不断提高，公路交通出行量不断增加，对出行的服务水平和安全需求也日益提高。对于现有的庞大公路网和日益增加的安全需求，仅仅依靠传统的全手工管理模式已经远不能满足。近年来，信息化技术、网络技术以及大型数据库等技术的快速发展，为公路交通行业的规划、建设、养护、管理等工作提供了辅助手段。为提高公路交通安全水平、保证公众出行的服务质量，必须将规划、建设、养护等管理人员的经验与信息化技术进行有机结合，形成一套以信息化手段为基础、不依赖于人主观感性的科学管理模式，只有这样才能从本质上提高管理水平、管理效率和公路交通安全水平、公众出行质量，解决交通安全中存在的诸多复杂问题。

信息化技术已经广泛应用于公路交通行业各领域中，GIS 技术强大的时空分析能力、直观的展现形式和公路交通业务数据本身的空间特性决定了 GIS 技术必定是公路交通行业重要的业务管理和分析的技术手段，在实践中已经得到了广泛应用。作为公路基础设施建设、管理、养护水平以及人、车、路、环境系统内部和系统之间相互作用的宏观体现，交通安全必须依靠 GIS 等信息化技术，才能真正达到安全管理和安全需求目标。同时，GIS 技术逐步向标准化、网络化、集成化、形象化、社会化等方向发展，不仅在公路交通安全管理、技术研究领域会得到更广泛、深入的应用，而且还会逐步延伸到出行者日常生活中，不仅是研究人员的研究工具，而且会成为管理人员的管理工具和社会公众的生活工具。因此，从公路交通安全发展趋势和安全需求以及“数字公路”建设的战略方针来看，GIS 技术在公路交通安全中的应用会越来越深入、越来越广泛。总体来说，GIS 在交通安全中的应用主要有如下发展方向。

1. GIS 在未来公路养护中的应用

公路基础设施是人—车—路—环境系统的重要组成部分，也是公路交通安全的基础，只有保障基础设施长期具有设计时的功能才有交通安全之谈。基础设施的建设与养护密切相关，公路基础设施的建设是基础，养护是建设的延续，良好的养护可以有效延长公路使用寿命，提高公路交通安全水平，降低路桥等设施的全寿命周期成本。为更科学地开展养护工作，公路养护管理必须依靠科技进步实现公路养护现代化，走可持续发展之路。

随着我国公路行业的快速发展，公路建设已接近顶峰时期，大规模建设之后必然是繁重的养护任务，在路网规模不断扩大、养护任务日趋繁重、管理面临诸多难题的新形势下，如何做好已建成公路的养护管理工作、如何降低养护维修成本已成为公路管理部门非常关注的问题。2006 年 5 月，李盛霖部长在全国公路养护管理工作会议上提出了“建设是发展，养护管理也是发展”的新发展观和“以人为本，以车为本”的新服务观，新发展观既关注了建设，又强调了养护管理，较好地把握了建、管、养三者的关系；新服务观摆正了人、车、路三者的关系，体现了对交通发展规律的把握和服务社会公众的理念。加强公路养护管理工作既是保持路网技术状况，发挥公路服务功能的重要保证，又是改善和提高现有公路网技术状况，实现交通运输长远发展战略目标和公路可持续发展的需要。

随着国内外公路建设、养护的发展，预防性养护已经成为公路养护工作的发展目标。预防性养护投资少、效益好，国外经验表明，定期进行预防性养护，可以延长使用寿命，大大降低建

设和养护成本。预养护是数据挖掘等信息技术与养护业务经验有机结合的升华，欲实现预防性养护，必须加强动态管理和病害监测，建立完善的基础设施评价机制和预警机制，研究设施状态的变化规律，合理确定最佳养护时机和周期，及时安排养护工程。预养护的实现，要求公路管理部门必须建立信息系统，借助 GIS 技术、数据挖掘等信息化手段，科学制订养护、维修计划，落实养护资金。

近年来，公路养护管理工作逐渐受到重视，各地方公路管理部门和科研院所都着手研究如何利用信息化手段辅助公路基础设施的管理、养护等。总的来说，公路养护主要包括路面、桥梁养护和交通工程及沿线设施养护两方面。

(1)GIS 在未来公路路面、桥梁养护中的应用

公路路面、桥梁养护信息化得到了较大的发展，并且已经引入了“预养护”理念，建立了较为完善的管理信息系统，通过建立评价指标体系，利用检测数据分析路面、桥梁状态。在现有系统中，已经利用 GIS 技术对部分空间数据、设施的状态数据、多媒体数据进行了整合，并提供了空间分析、查询和直观的数据展现功能，并且部分系统已经采用了 WEB-GIS 技术。

路面、桥梁是公路基础设施的重要组成部分，其投资占了公路建设总投资的大部分。因此，如何准确把握路面和桥梁的状态，分析其变化规律、科学制定养护维修计划、延长设施使用寿命、降低成本是亟待解决的问题。只有实现真正的“预养护”，才能从根本上消除由设施引起的安全隐患，提高公路交通安全水平，节省投资。同时，实现“预养护”也将会使公路交通行业发生质的飞跃。然而，“预养护”的实现必须依靠养护维修计划的科学制定，必须依托于 GIS 等信息化手段。因此，GIS 技术必将随着路面、桥梁养护系统的进一步发展而得到更深入的应用。并且，随着 3DGIS、4DGIS 和虚拟现实等技术的广泛使用，将进一步推动养护管理信息化的发展。

(2)GIS 在未来公路交通工程及沿线设施养护中的应用

①加强交通工程及沿线设施养护信息化发展的必要性

目前，路面、桥梁的养护管理公路部门已经有了较为完善的养护管理系统，而对于与公路交通安全密切相关的交通工程及沿线设施的养护管理系统却尚未成形。近年来，随着“公路安全保障工程(简称安保工程)”的深入开展，高等级公路上的安全设施种类和数量越来越多，硬件设施在整个安全改善项目中的投资比重也相对较高，这给养护管理工作带来了新的挑战，以往“事后修”和“周期修”的被动养护策略将越来越不能满足交通工程及沿线设施养护“可持续发展”的要求。虽然在公路建设中用于交通工程及沿线设施的投资相对路面、桥梁来说比例较小，但与交通安全密切相关。路面、桥梁是公路交通的基础，重点解决能否“走”的问题，而交通工程及沿线设施则是公路交通的安全支撑，重点解决怎样“走”得安全、顺畅和舒适的问题。有了这些附属设施的主动诱导、被动防护和提供的车辆、行驶服务，公路使用者才会“走”得放心。

一直以来，由于投资关系，公路科研和管理部门都将重点放在路面和桥梁的养护上，而对交通工程及沿线设施的养护问题重视不够，甚至有人认为附属设施不需要养护，护栏撞坏了再换上就行，标志牌掉了再挂上就行，标线脱落了再重新施画就行，至于其他的不需要再做什么。然而，从设备可靠性变化规律来看，即便没有车辆撞击，受环境影响护栏的质量也是逐渐变化的，随着时间的消逝，看似完好的护栏，其强度、防护能力已经衰减，从而无法按设计时的强度防护车辆，等于变相地增加了事故发生率及严重程度。同样，路面上的标线经常会受到汽车的

碾压,在施画初期,标线的质量下降幅度较缓慢,而当车辆荷载作用到一定程度时,标线的质量会急剧下降,若在此时进行相应的养护,则能节省养护成本,延长使用寿命。

国外在交通工程及沿线设施养护方面的研究起步较早。美国自20世纪80年代起就认识到,道路运输系统安全和效率的保障在很大程度上取决于安全设施的性能保持。因此,非常重视标志、照明、护栏、路面标线、检测器等安全设施的保养、修护和更新。自20世纪90年代起,资产管理(Asset Management)在美国得到了较快发展,涉及的范围也越来越广。2000年,密苏里州就建立了路面标线管理系统,通过监控、跟踪路面标线的质量和生命周期,降低日常管理成本。该系统积累了标线的安装日期、更换日期、标线反光系数、交通量、标线材料、施工情况等历史数据,通过挖掘历史数据,科学制定日常养护计划,仅对必要的标线进行重新施画,并且在需要时能在最短的时间内施画标线。提高了车辆的安全性,延长了标线使用寿命,更好地控制了路面标线的成本,加强了过程管理。

随着公路交通行业的发展,我国公路总里程急剧上升,公众对公路的安全、服务需求不断上升,养护的重要性和紧迫性也日益增加。同时,交通安全和公路养护的可持续发展需求以及国外养护发展经验更进一步说明了,交通工程及沿线设施养护必然是未来公路养护发展的重点之一。因此,在大力发展路面、桥梁养护的基础上,必须尽早着手研究交通工程及沿线设施的预养护问题,建立养护管理信息系统,实现设施空间地理数据和质量状态数据的整合,利用检测、养护等数据分析设施质量状态变化规律,科学制定养护维修计划,降低养护成本,延长设施使用寿命,保障设施防护能力,实现交通工程及沿线设施的"预养护"。

②GIS在交通工程及沿线设施养护中的作用

根据公路路面、桥梁养护发展历程和国外公路养护方面的经验,欲更科学、合理地制定交通工程及沿线设施的养护维修计划,实现"预养护",必须采用信息化手段,搭建养护管理信息平台,存储、积累、挖掘历史检测数据,建立评价指标体系,把握设施质量状态的变化规律。根据交通工程及沿线设施养护管理信息平台搭建需求和日常养护业务数据特性,采用GIS技术作为数据分析和挖掘的基础是信息平台建设的必然趋势。GIS在交通工程及沿线设施养护中将发挥以下作用。

a. 为管理人员提供宏观管理平台。利用GIS技术,可以将各种设施及相关的业务数据、多媒体数据以及空间分析、用户专题图分析结果等直观地展现在电子地图上,有利于管理人员把握路网设施宏观状况,提供了友好的人机交互界面。

b. 便于管理人员数据统计、查询及网络拓扑分析。利用GIS技术的确定性空间分析、可视化空间分析等功能,管理人员可以直接在电子地图上完成各类设施的空间、属性等数据的统计、查询,将日常数据报表操作转换为地图上的对象操作。

c. 及时反映各种设施的最新状态。通过GIS与GPS等技术的综合应用,可以将各种公路设施"搬回家",在电子地图上及时反映设施的最新状态,使管理人员能够了解设施的变化情况,运筹帷幄之中。

d. 在GIS平台上,能够以里程为纽带,便捷地实现设施空间地理数据、属性数据和多媒体数据等的整合。管理人员能够便捷地查询与设施相关的各空间、属性数据,为快速、科学决策提供数据支持。

e. 有利于公路管理部门内部的数据共享。GIS平台是按空间地理位置组织数据,因此,能够将路面、桥梁、交通工程及沿线设施等数据进行统一管理，便于数据共享，解决了公路管理部门的“信息孤岛”问题，辅助管理人员决策。

2. GIS在公路项目安全性评价中的应用

安全评价是运用安全系统工程的原理和方法，对拟建或已有工程、系统可能存在的危险性及可能产生的后果进行综合评价和预测，并根据可能导致的事故风险的大小，提出相应的安全对策措施，以达到系统安全的目的。20世纪80年代末英国就率先开展了道路安全评价工作。2004年我国交通部颁布了《公路项目安全性评价指南》(JTG/T B 05—2004)推荐性行业性标准，在公路设计、运营阶段逐步开展了安全性评价工作。随着公路行业的发展和社会公众对安全需求的日益提高，有必要在公路工程可行性研究、设计、施工和运营阶段开展安全性评价，以便确定项目潜在的安全隐患，确保考虑了合适的安全对策，使安全隐患得以消除或以较低的代价降低其负面影响，避免公路成为事故多发路段，保障公路项目在规划、设计、施工和运营各阶段都考虑了使用者的安全需求，从而保证现已运营或将建设的道路项目能为使用者提供最高实用标准的交通安全服务。

在公路安全性评价中，几何线形的评价是重要内容之一，由于实际的公路线形存在于三维空间中，是一空间几何要素(而常用的设计图是公路中心线在水平面和竖直面的投影)，为了更客观地评价几何线形的安全性，可以采用3DGIS、4DGIS、虚拟现实等技术，利用空间坐标在三维空间中还原公路实际线形，或利用航空摄影等方式获取实际公路线形，然后在GIS平台上，利用GIS强大的空间分析能力，利用空间点、线、面的关系评价几何线形的平纵组合设计等是否满足安全需求，并可以利用三维线形更科学地计算驾驶员的动态有效视距，进而评价驾驶员视距是否满足安全需求。同时，为了进一步提高公路安全水平，心理学也逐渐引入到公路安全性评价中，当从驾驶员心理、生理评价公路设计时，其数据的采集、管理、分析同样可以在GIS平台上进行。在评价公路运营阶段的安全性时，事故是评价安全性的重要指标之一，由于事故数据具有极强的空间特性，因此，可以在GIS平台进行事故分析，既能提高工作效率，又能直观展现分析结果，同时，还能够利用GIS的探索性空间数据分析、智能化空间分析等功能，发现隐含在事故数据中的某些特征和规律，以便开展更深入的研究。

随着公路项目安全性评价应用的推广和相关研究的深入，仅仅依靠评价人员的经验开展安全评价工作将不能满足评价要求，因此需要在考虑评价人员经验的基础上，借助GIS技术等信息化手段，研究更科学、合理的评价方法，尽可能在设计阶段消除所有不利安全因素。

3. GIS在智能交通系统发展中的应用

智能交通系统(ITS)是将先进的信息技术、数据通信传输技术、电子传感技术、电子控制技术及计算机处理技术等有效地集成并应用于整个地面的交通管理系统，是一种大范围、全方位发挥作用的实时、准确、高效的综合交通运输管理系统。我国的ITS起步于20世纪80年代，开始从治理城市交通管理入手，就目前的状况看，已经初步具有了ITS的一些子系统，如高速公路监控系统、高速公路自动收费系统、汽车工业部门正在进行的自动驾驶系统、多功能显示系统、诱导系统、防撞系统等[24]。

GIS是采集、处理、分析、表现、存储和管理与空间地理信息有关的空间信息系统，它与其他信息系统的主要区别是其空间特性。在ITS发展过程中，GIS发挥了重要作用。GIS所特有的空间数据描述与组织的数据模型、空间数据分析算法、多尺度多时态多种信息源的集成显示与存储管理,以及支持网络信息发布功能,为智能交通技术的发展提供了技术支持。利用GIS技术构建ITS的共享信息平台,不但能使交通信息在空间上直观地显示出来,并能为这些信息的深层次挖掘和后续信息服务及辅助决策提供支持[25]、[26]。在ITS中,GIS与信号控制系统、警车定位系统、视频监控系统、信息综合系统等有密切联系,这些系统发挥作用的大小与GIS有直接关系。同时GIS本身也完成自己相应的功能,因此,GIS在ITS中是基础子系统和功能子系统的集成。ITS由以下6个子系统构成。

(1)交通管理子系统。交通管理主要完成与交通控制有关的任务,GIS在其中作为整个交通控制系统的枢纽,担负着信息汇总、整合和中转的职责。

(2)公共交通管理子系统。该子系统建构在基于GIS的ITS数据库之上,通过GIS应用系统,结合公交车辆的运行,在电子地图上进行实时监控和调度。

(3)出行信息服务子系统。GIS为该子系统主要提供网络分析功能,并借助电子地图,为用户提供诸如最优路径选择等出行服务。

(4)应急特勤处理子系统。GIS为该子系统主要提供空间数据分析功能,并借助交通管理子系统实时采集数据,为应急车辆的运行路线等进行优化设计。

(5)商业车辆运营子系统。GIS为该子系统主要提供应用服务,以便提高商业车辆的运营效率和安全性。

(6)车辆控制和安全子系统。GIS为该子系统主要提供空间数据,为系统智能分析奠定基础。

随着国民经济的快速增长,人们对交通出行的需求越来越大,我国ITS也得到了较快发展。从技术角度来看,在完成从利用情报技术来缓解交通拥挤,到开发以安全为目的的车辆控制系统后,ITS有朝着自动驾驶系统的开发和应用方向发展的趋势。随着GIS技术的不断进步和应用的社会化,其网络拓扑分析、空间数据分析等功能将会得到更广泛、深入的应用,GIS将会为ITS提供更优的技术解决方案,促进ITS的飞速发展。

第四节 小 结

安全是公路交通行业发展永恒的主题,是“以人为本、以车为本”理念的实践,也是实现公路交通可持续发展、构建和谐社会的基础。随着社会经济的发展,我国公路总里程和汽车数量大幅度增加,交通安全问题也逐渐突显,公路交通管理部门的主要任务已经不是“路能不能通”的问题,而是全面解决“路”的安全、舒适、环保、服务能力等问题。大量国内外研究人员已经致力于公路交通安全方面的研究,力争从工程、管理、教育等方面采取措施,提高公路交通安全水平、降低事故率、消除交通安全隐患。2004年,交通部组织开展了以“消除隐患,珍视生命”为主题的“安保工程”,对既有等级公路进行了安全改善,实践证明公路安全保障工程是一项有着良好社会效益和经济效益的“民心工程”、“社会工程”,达到了预防和减少交通事故的目的。在采取工程措施的同时,各地公路管理部门和科研院所逐步采用信息技术手段,引入GIS技术,建立了大量基于GIS的信息系统,辅助交通安全管理。

GIS技术具有强大的数据处理能力、空间整合能力、空间分析能力,能够提供友好的人机交互界面,多数分析功能和分析结果均能在电子地图上完成。GIS技术已经广泛应用于铁路、公路、水运、航空、电子政务等领域，并且逐步向数据标准化、系统集成化、平台网络化和应用社会化等方向发展。随着信息化水平的不断提高，GIS技术将会越来越广泛应用于各个领域，它已经不单纯是一种技术手段，而将逐渐成为一种生活工具。在公路系统，GIS已经广泛应用于公路规划、设计、交通设施管理、交通安全、公路环境管理、公路养护、公路施工等领域，并在此基础上衍生出了GIS-T，用以满足公路交通行业更深层次的需求。由于公路交通安全具有系统性、复杂性、多样性、空间性等特征，同时与交通安全有关的数据均具有很强的空间分布特性，并且与交通安全相关的分析多为空间分析，而空间分析功能正好是GIS技术的核心功能，因此，GIS技术是交通安全管理和研究的最优技术解决方案。

国内外公路交通安全信息化发展现状表明，GIS技术已经在公路交通安全领域得到了广泛应用，如在路面养护管理、桥梁养护管理、交通工程及沿线设施养护管理、交通事故管理和分析、事故救援等，较多的公路管理部门都已经建立了各自的GIS系统，并根据系统构建需要，建立了各自的地理空间数据库，实现了空间数据与事故数据、主要台账数据的初步整合。实践证明，基于GIS的信息系统已经为公路管理人员带来了巨大的工作便利。然而，现有的信息系统多采用单机或C/S模式。然而，由于管理理念和对GIS的认识不到位，空间、属性数据整合不够，没有充分发挥GIS强大的空间数据分析功能。

随着公路行业的发展和社会公众安全意识的提高，交通安全备受社会关注。为满足日益提高的交通安全需求，必须进一步加大信息化研究力度，为管理人员提供更多的辅助决策手段。从公路交通安全信息化发展现状及趋势来看，GIS技术必将得到越来越多、越来越深入的应用。随着新型空间数据库管理系统、空间数据仓库、虚拟现实、3DGIS和4DGIS的研究和应用，GIS系统的功能将得到进一步丰富，GIS-T也会得到巨大的发展，在未来交通安全领域将发挥更重要的作用，使公路交通安全水平和管理技术发生质的飞跃。

然而，需要强调的是，GIS虽有强大的空间分析、网络分析等功能，但其应用前提和基础是“数据”（设施台账数据、养护数据、多媒体数据、空间地理数据等），系统功能仅仅是一种分析手段，而数据才是核心。“数据”的形式、准确度会严重影响GIS系统功能的应用。根据应用经验，搭建GIS信息系统时，大量时间会花在数据采集、格式化、规范化等准备工作上。因此，在应用GIS技术时，要求管理人员、设计人员必须建立以“数据”为中心的管理、设计理念，充分重视数据的作用，在系统规划的同时对数据进行统筹规划，重视基础数据、原始数据的采集、存储和历史积累，有了“数据”才能发挥GIS的作用。同时，只有积累数据、深入挖掘历史数据，才能把握交通安全的本质和内在变化规律，才能真正利用信息化手段提高公路交通安全水平。因此，无论哪个领域、哪种应用、哪项研究，“数据”都是最宝贵的财富，“数据”都是重中之重。

参考文献

[1] 黄杏元，马劲松，汤勤. 地理信息系统概论（修订版）[M]. 北京：高等教育出版社，2001.

[2] 吴信才，等. 地理信息系统设计与实现[M]. 北京：电子工业出版社，2002.

[3] 邬伦，刘瑜，张晶，马修军，等. 地理信息系统——原理、方法和应用[M]. 北京：科学出版社，2000.

[4] 宋小冬，叶嘉安. 地理信息系统及其在城市规划与管理中的应用[M]. 北京：科学出版社，1995.

[5] 常晋伟,郑亚丽. 谈如何实现"数字公路"[J]. 山西建筑,2003,29(1):174-175.
[6] 郭云开,蒋东波. GIS在交通领域的应用及其发展趋势[J]. 公路与汽运,2004,(6):65-66.
[7] 肖建军. 交通地理信息系统的研究与应用[D]. 中南大学,2005.
[8] 潘玉利. 路面管理系统原理[M]. 北京:人民交通出版社,1997.
[9] Karl Kim,南颖. 交通安全地理信息系统的开发[J]. 延边大学学报(自然科学版),1997,23(2):39-44.
[10] 柴旭东,王兵. 交通安全地理信息系统的设计要点[J]. 公路交通科技,2000,17(3):52-54.
[11] 赵鸿铎,申红平,等. 上海市公路设施管理地理信息系统[J]. 华东公路,2000,(6):63-67.
[12] 郑磊,孙志刚,罗灵军. 基于GIS的公路设施管理系统[J]. 地理信息世界,2004,2(1):45-47.
[13] 张学尽,余建华. 基于GIS的公路交通事故救援体系研究[J]. 四川工业学院学报,2002,(4):21-24.
[14] 裘炜毅,杨东援. 基于GIS的公路交通事故信息分析系统的开发研究[J]. 上海公路,2000,(2):28-31.
[15] http://www.hsisinfo.org/.
[16] 刘湖南,黄方,王平,等. GIS空间分析原理与方法[M]. 北京:科学出版社,2005.
[17] 胡亚萍. 公路养护管理信息化浅议[J]. 甘肃科技,2004,20(12):22-24.
[18] 方红根,陆怀民,李牧,郭秀荣. GIS在交通领域的应用和发展趋势[J]. 黑龙江交通科技,2004,(6):65-66.
[19] 李占荣. GIS的发展趋势[J]. 测绘与空间地理信息,2007,30(1):27-28.
[20] 王庆华,郝伟. 地理信息系统的发展趋势[J]. 资源开发与市场,2005,21(1):28-30.
[21] 袁春红. 地理信息系统(GIS)发展趋势及特征分析[J]. 内江科技,2006,(06):95-97.
[22] 李盛霖部长在全国公路养护管理工作会议上的讲话. 2006年5月.
[23] B. C. Traffic engineering, inc.. Pavement Marking Management System(Phase 1),2000,8.
[24] 王佐成,孽丽霞. 基于GIS的ITS系统构成[J]. 重庆邮电学院学报(自然科学版),2005,17(6):772-775.
[25] 周珺,李荣. GPS/GIS在智能交通系统中的应用[J]. 警察技术,2004,(1):37-38.
[26] 张和生,张毅,张大力,等. GIS在ITS中的应用分析[J]. 交通运输系统工程与信息,2003,3(3):33-37.
[27] 张伟,徐爱功. 智能交通系统及发展趋势[J]. 辽宁工程技术大学学报,2005,24(增刊):77-79.

第二十二章 公路交通安全立法体系

第一节 概 述

一、道路交通安全立法的历史沿革

道路交通安全立法的发展是随着道路交通条件的改善而不断发展的。道路交通的发展过程大体分为步行、马车和汽车3个交通时代。在步行时代，走路方面的规则只是一些长期自然形成的习惯规范，称不上什么道路交通法规。到了马车时代，步行时代的习惯规范已经不适应马车和其他畜力车的发展，需要用新的道路交通法规来调整在道路运行过程中所产生的新的社会关系。于是便产生了马车时代的交通法规。公元前221年，秦始皇统一中国后，就有交通律令方面的记载。当时对以咸阳为中心通往各地的道路作了明确规定："路阔十步，三丈而树"。在通行上也规定了车行道和人行道，据《礼·王制》记载："道路男子由左，夫人由右，车从中央。"中国由官方颁布执行的交通法规，始于北宋。《杨文公谈苑》记载：太平兴国年间，大理士正孔承恭上书言事，建议在西京诸州要道处刻榜公布"贱避贵，少避长，轻避重，去避来"作为交通法规，皇帝批准了承恭所奏，并加以公布❶。

汽车的诞生和发展，使道路交通发生了质的飞跃。但是随着汽车的增多，道路交通事故日益增多，交通堵塞时有发生，这就迫使人们研究制定出新的更多更复杂的交通法规来对汽车交通实行管制和约束，于是就产生了汽车时代的交通法规，即现代的道路交通安全法规。

二、我国公路交通安全立法体系概述

道路交通安全法规体系，从规范的直接主体和目的上讲，是指规范人、车的交通安全行为，维护道路交通秩序的法律规范的总称；从其调整对象上讲，是指规定和调整人、车、路、环境等参与交通的各要素之间交通安全关系的法律规范的总称。

有学者认为，从道路交通安全管理的性质看，道路交通安全法规既有行政管理的内容，又有技术管理的内容，这种性质决定了道路交通安全管理法规既有一般伦理性法律规范，又有技术性法律规范❷。

---

❶ 王尚义：《漫话交通法规》，载《汽车运用》·月刊总第118期，2002年第8期。

❷ 申少君、陈永胜、刘小明：《中外道路交通安全法规体系对比研究》，载《武汉交通管理干部学院学报》第5卷第2期，2003年6月。

目前,我国公路交通安全涉及公安、交通等多个行政管理部门的管理活动,关系到公路规划者、设计者、建设者、使用者,以及道路和道路交通安全的管理者等多类主体的法定权利和义务。因此,广义上的公路交通安全立法是一个庞大的立法体系:从部门法的角度讲,它跨越了行政法、民法、刑法等几大部门法;从法的位阶的角度讲,它包含了法律、行政法规、部门规章、地方性法规及规章等;从立法涵盖的领域讲,按照公路建设使用的周期及所涉主体不同,我们暂将公路交通安全立法领域分为公路交通基本建设立法、公路交通安全立法、公路运输管理立法和公路养护管理立法4大部分。以下将主要以这4大领域为主线进行论述。

三、我国道路交通安全立法原则

鉴于我国政体和目前道路交通安全管理体系的现状,及相关部门的职责等因素,我国道路交通安全的立法原则主要如下。

1. 以维护交通安全为核心

无论是公路建设、管理及养护立法,还是道路交通安全(狭义)立法,其核心都是为创造安全的交通环境,保护人民群众的人身和财产安全。

2. 多部门共同参与管理

1984年以前,我国的道路交通基本由交通部门一家管理,1984～1986年,因农村经济的发展,农机部门参与了农用运输车辆的管理。1986年以后,我国道路交通的管理逐渐演变成了交通和公安两家共管的局面:交通部门负责道路规划、建设、路政和运营管理、稽征管理等,公安部门负责交通安全管理。但事实上,我国政府体系中还有十几个部门的职责都与道路交通安全有关。

国务院办公厅于1992年印发的《关于交通部门和公安部门在道路上设置检查站及高速公路管理问题的通知》中明确:"在高速公路管理中,公路及公路的修建、养护和路政、运政管理及稽征等,由交通部门负责;维护交通秩序、保障交通安全畅通等交通管理由公安部门负责。"又规定:"各地对高速公路管理的组织机构形式,由省、自治区、直辖市人民政府根据当地实际情况确定,暂不作全国统一规定",并要求公安、交通两部门要相互支持,大力协作,把高速公路管好。

四、国外道路交通安全法律体系

1. 发展概况

一般认为,世界上第一部道路交通安全管理法规产生于古罗马恺撒时代,是由古罗马皇帝恺撒颁布的。它规定:为了避免街道交通阻塞,车辆必须单向行驶,白天从日出到日落前两个小时,不准私人马车在城内行驶,其他城市来的车辆必须停在城外,改步行或租乘本市马车进入城市[1]。虽然法令内容十分简单,但它对于保障城市道路交通秩序和安全发挥了重要作用,开创了道路交通安全法制化的先河。

世界各国道路交通安全法规体系包含的内容不尽相同,但其法规体系基本上都是主要由宪法、行业基本法、各种单行法规和具有法律效力的国际公约4个方面构成。由于法律的强制

---

[1] 郭爱武:《西方发达国家道路交通安全法的民展及其对我国的启示》,载《交通世界》2004年第1期。

性和相对稳定性，各国道路交通安全法规体系的建设都经历了一个漫长的过程，少则几十年，多则上百年，这是法规体系随着形势的发展不断充实、完善和更新的过程。

国外道路交通安全法规建设的成功经验主要体现在：

(1)道路交通安全法规体系比较完善。无论从体系上还是从内容上都比较完善，基本上都有《道路交通安全法》龙头法典，对于人、车、路、环境等相关因素的法学规范的界定比较健全，特别是针对特殊群体，例如弱势人群的交通安全需求，交通安全法中都有专项的内容，使得道路交通安全法中的因素比较齐备，法律体系比较完善。同时，针对道路交通安全中出现的新问题，例如环境协调，动物保护等，法规中都能及时地体现出来，并能够修正过时的内容，使其与道路交通安全现状相符合。

(2)道路交通安全法中的权限(路权)界定分明。对用路者的路权和事故中责任的界定等都具有相当清晰而固定的界限，触犯权限则违法，不触犯则没有责任，这一点对于保障道路交通安全法规的尊严起到了关键作用。发达国家道路交通秩序的有序性，很大程度上是由于交通安全法规的分明所致。

(3)道路交通安全法体现了“以人为本”的理念。当用路者在道路上通行时，法律视其为消费方，出现安全问题后，法律以保护消费方权益为根本。这一理念在法律中的体现与运作，极大地促进了道路建设和管理方的交通安全意识，促进了道路交通安全法自身的不断发展。

(4)道路交通安全法的立法体系和执法体系分离。发达国家的道路交通安全法规由道路交通安全主管部门(同时也是道路建设主管部门，二者实为一体)统一负责起草。其科学性在于，法规的制定者不仅考虑道路的通行能力、服务水平，还要综合考虑车辆的安全性能，以及人、车、路、交通流、环境的交通特性，极大地保证了法规的完整性和科学性。交通警察部门只负责执行交通安全法规，维持交通秩序和交通事故的现场勘察及实录。交通事故的责任认定和追究由司法部门负责，从体制上保证了立法的科学性和执法的公正性。

2. 主要国家交通安全立法介绍

(1)美国

美国拥有世界上最发达和完善的道路网络，高速公路的总里程居世界第一。这个“车轮上的国家”离不开高效、有序和快捷的道路交通网络。美国负责道路交通安全的机构是联邦运输部下设的联邦公路管理局和国家公路交通安全管理局。这些机构分别按照美国《公路安全法》和《国家交通和汽车安全法》规定的责任分工实施交通管理。联邦公路局主要从事与公路设施有关的安全管理，国家公路交通安全管理局则主要负责车辆和驾驶员的安全管理。高速公路的交通安全设施由公安部门设置和管理，交通警察按照交通法规执行现场管理。

道路交通安全专家认为，交通法规是交通安全的核心，对交通安全起法律保障作用；交通工程是交通安全的基础科学，一切交通法规必须以交通工程为科学依据，一切交通安全对策与设施建设必须以交通工程为理论指导；交通安全教育则是使人们知法、懂法、守法，并理解交通工程作用，实现交通安全的必要手段[1]。

美国第一部道路交通安全管理法规制订于1787年，其内容非常简单，规定了马车、雪橇等行

---

[1] 连跃化：《美国交通安全的三“E”科学》，载《汽车运用》，1999年第3期。

驶中的先行与让行规则。1899年威廉姆·菲利浦艾诺编制了纽约市交通法典，到1903年被政府采纳，1930年美国颁布了《驾车规则》，其后又制定了内容丰富的《统一机动车辆法》，并且各州也相应立法与之呼应，建立了完善的道路交通安全管理法规体系。1966年颁布的《公路交通安全法》对汽车设定了联邦安全标准，并确定了政府要依法对其严加监督和强制推行的方向。

现今美国主要的道路交通安全法规有：《道路交通法》、《交通法庭组织法》、《交通警察服务守则》、《驾驶员教育规定》、《行人安全交通规定》、《汽车驾驶执照规定》、《学生安全驾驶规章》、《紧急医疗服务制度》、《机动车辆注册法》、《机动车辆定期检验法》、《摩托车安全行驶规定》、《公路设计、修建与维修制度》、《交通工程服务规定》、《交通资料记录法》、《交通事故调查与报告规定》、《交通事故地点的鉴别与监护》、《饮酒与交通安全关系法》、《汽车废气与废渣的控制与清除规定》等。

(2)英国

英国道路交通及道路交通安全管理法规制定较早，1555年英国颁布了第一部内容比较简单的道路交通安全管理法规，规定沿街的商店和住户自费保养各自建筑前的路段。1756年制定的《伦敦桥通行法》规定，车辆过桥必须靠左边行驶，到了1853年，左侧通行在全英国实行。到20世纪30年代，英国议会制定了道路交通法令，奠定了道路交通安全管理法规的基础。

英国道路交通安全法规体系的主要构成是：《道路法》、《道路交通规则》、《道路客、货运输法》、《道路交通安全法》、《高速公路交通规则》、《汽车法规》、《机动车辆行驶细则》、《汽车驾驶执照法》、《重型货车驾驶执照法》、《车辆使用灯光规则》等。《1988年道路交通法》获得通过，1989年5月起生效，该部法律对于"危险驾驶"、"危险驾驶导致死亡的罪行"、交通事故中驾车人及车主的责任认定等牵涉到道路交通安全的行为进行了法学界定。

(3)日本

日本早在1956年就由内阁出面主持治理交通事务，在总理府设置"交通事故对策本部"。1961年为对付越来越恶化的道路交通安全问题，改称"交通对策本部"，由内阁长官出任主席，各市、镇、村设立相应的组织。1966年颁布了交通安全建设的"紧急措施"，1970年制定颁布了《交通安全对策基本法》等交通法规，全面推行各种交通安全对策及实行法制，取得了明显效果。

日本的道路交通安全相关法规主要有：《道路法》、《高速汽车国道法》、《修建道路紧急措施法》、《修建自行车专用道法》、《日本道路公团法》、《交通安全对策基本法规》、《保证汽车停车场所法》、《汽油税法》、《道路运输法》、《灾害对策基本法》、《国土利用计划法》、《公害对策基本法》、《自然环境保护法》等。

近几年，日本根据道路安全的特性以及其背景和要因，考虑到社会发展的动向，提出以下对策以推进交通安全：道路交通安全课题；交通安全思想的普及；彻底的安全教育；确保车辆的安全性；救助、救急体制的装备等。

第二节　公路交通建设立法

一、立法背景

道路交通安全是人、车、路及交通环境相互作用的结果。公路质量的好坏对于交通安全有着重要的影响,高质量的公路及路面设施能有效地减少交通事故的发生。

但是,随着我国各种等级公路的迅猛发展,许多问题日益暴露出来,如:低等级公路比例大;许多项目规划设计不充分,建设标准与规模控制不够合理;工程局部质量不稳定,部分项目存在质量隐患等。加强公路建设立法,以推动建设更加安全的公路,已经得到政府立法部门的重视。

二、立法体系

公路建设交通安全立法,简言之,就是为提高道路交通安全水平,规范在公路建设过程中建设单位(业主、招标方)、施工单位(承包商、投标人)、招投标代理单位、招投标主管及监管单位等发生的各种关系的法律规范的总称。截至目前,我国关于公路建设的立法主要有如下几个方面。

(1)具有指导性的法律、行政法规:2004 年 8 月 28 日第十届全国人大常委会第二次修正的《中华人民共和国公路法》(以下简称《公路法》)、2006 年 6 月 29 日由九届全国人大常委会通过的《中华人民共和国安全生产法》、1987 年 10 月 13 日国务院公布的《中华人民共和国公路管理条例》和 2004 年 9 月 13 日国务院令第 417 号公布的《收费公路管理条例》。

(2)规范公路设计、施工及验收等建设过程的部门规章,主要有:交通部颁布的《公路工程施工监理办法》(1992 年 5 月 16 日)、《公路工程基本建设项目设计文件编制办法》(2007 年 7 月 24 日)、《公路建设项目后评价报告编制办法》(1996 年 12 月 31)、《公路建设项目后评价工作管理办法》(1996 年 12 月 31 日)、《公路工程质量管理办法》(1999 年 2 月 24 日)、《公路工程竣(交)工验收办法》(2004 年 3 月 31 日)、《公路工程质量监督规定》(2005 年 5 月 8 日)、《公路建设监理管理办法》(2006 年 5 月 8 日)。

(3)规范公路工程建设市场和招投标行为的部门规章,主要有:交通部颁布的《公路建设市场管理办法》(2004 年 12 月 21 日)、《公路工程施工招标资格预审办法》(1997 年 8 月 1 日)、《公路工程勘察设计招标投标管理办法》(2001 年 8 月 21 日)、《公路工程施工招标投标管理办法》(2006 年 6 月 7 日)、《公路工程施工监理招标投标管理办法》(2006 年 5 月 25 日)。

(4)规范建设人员和企业资质的部门规章,主要有:交通部颁布的《公路工程造价人员资格认证管理办法》(1995 年 12 月 20 日)、《公路、水运工程监理工程师资质管理办法》(1996 年 1 月 4 日)、《公路水运工程监理企业资质管理规定》(2004 年 6 月 30 日)。

(5)其他部门规章,如交通部颁布的《县乡公路建设和养护管理办法》(1987 年 5 月 11 日)、《公路、水运基本建设利用国外贷款项目管理暂行办法》(1991 年 6 月 13 日)、《公路建设项目环境保护管理办法》(2003 年 5 月 13 日)、《农村公路建设管理办法》(2006 年 1 月 26 日)。

三、立法原则

《公路法》第 3 条,即“公路的发展应当遵循全面规划、合理布局、确保质量、保障畅通、保护环境、建设改造与养护并重的原则”,明确了公路建设相关立法的总体原则,具体叙述如下。

1. 公路建设注重事前规划和布局

规划全面、布局合理是建设高质量公路的前提条件,也是节约人力、物力、财力的关键。公路建设主管部门制定了一系列规范与设计、规划相关的立法，如《公路工程基本建设项目设计文件编制办法》。公路的发展规划既包括中央政府制订的国道、省道、县道、乡道的发展规划，也包括各省、自治区、直辖市各级人民政府制订的本地区的公路发展规划。

公路发展布局不仅包括国道、省道、县道、乡道的合理布局，还包括东部、中部、西部公路以及高速公路、等级路、等外路的合理布局，即路网的合理性。

2. 注重过程监督，确保质量

高质量的公路是公路交通安全的有力保障，加强对公路建设过程的管理和质量监督尤为重要，《公路工程质量管理办法》、《公路工程质量监督规定》等部门规章对此作了比较明确的规定。

四、主要制度

为实现建设安全公路的目的，公路建设交通安全立法中主要规定了以下几个制度。

1. 公路建设招投标制度

公路建设招投标过程中经常存在的问题有：

(1)在某些地方，地方保护主义严重，公开、公正、公平竞争的招投标市场环境未完全建立，在招标的过程中存在着明显的倾向性，致使一些有实力的企业望而却步，被拒在竞争的行列之外。

(2)主要参与者存在的问题，包括建设单位(业主、招标方)、施工单位(承包商、投标人)、招投标代理单位和招投标主管、监管单位。如一些业主为规避招标、量身招标、虚假招标，以获取不正当利益；投标人运用弄虚作假、收买贿赂、围标、陪标、串标等手段排挤对手，搞不正当竞争；一些招标代理机构违法违规经营，与投标单位串通一气，以不正当手段为特定投标人谋取中标，或听从建设单位领导意见内定中标人，相互之间恶性竞争。另外一些地方的招投标主管、监管单位，经常会出现管理疏松、监督不力的问题。

针对以上问题，立法中采取了一些有针对性的措施，如《公路工程施工招标投标管理办法》中对招投标的条件和内容，开标、评标和中标的程序、组成人员及内容要求作了明确具体的规定。

2. 公路建设责任制度

为保证公路建设质量，《公路法》、《公路工程施工监理招标投标管理办法》等立法规定了项目法人负责制、工程监理制、竣工验收制等。如《公路法》第 23 条规定，“公路建设项目应当按照国家有关规定实行法人负责制度、招标投标制度和工程监理制度”；第 33 条规定，“公路建设项目和公路修复项目竣工后，应当按照国家有关规定进行验收；未经验收或者验收不合格的，不得交付使用。”

3. 建设单位和人员资质制度

具有一定的资质，是建设单位和人员进入公路建设市场的重要条件，也是提高公路建设质量的必要手段。《公路法》第 24 条规定，“公路建设单位应当根据公路建设工程的特点和技术要点，选择具有相应资格的勘察设计单位、施工单位和工程监理单位……，承担公路建设项目的可行性研究单位、勘察设计单位、施工单位和工程监理单位，必须持有国家规定的资质证书”。

五、主要内容

以《公路法》为核心，公路建设相关立法的立法内容主要有：

(1)关于公路规划的规定。主要包括规划的编制权、批准权及其法律效力；公路的命名和编号；公路规划控制区等。

(2)关于公路建设过程的规定。主要包括公路建设的行业管理体制；公路建设的资金筹集，包括财政拨款、专项税收、国内外金融机构贷款、外国政府贷款、国内外经济组织投资等；公路建设各个阶段包括工程可行性研究、初步设计、施工图设计、项目招投标、施工、竣工验收等阶段的管理规定；工程合同管理规定；工程监理的规定等。

六、立法完善展望

经过近些年的立法建设，公路建设相关的立法体系已经初步形成，今后在立法中可在以下几个方面进行改进。

(1)进一步规范公路建设招投标行为。强化制裁违法招标，完善和细化招投标的法律责任条款，增强可操作性和约束力。

(2)强化监督执法。严格依照法定权限和程序对公路建设过程实施监管，加强对公路建设工程质量的监督。改进招投标监督手段，建立和完善招投标监督网络信息系统，提高行政监督、行业监督和社会监督效能。

(3)提高从业人员素质。进一步制定明确的从业资质制度，细化资质取得条件，使高水平的人员能参与到工程建设的各个阶段，从而提高公路建设质量。

第三节　道路交通安全管理立法

一、立法简介

交通事故成因包括主观和客观两个方面。主观原因是人的因素，其中主要包括驾驶员等交通参与者的行为因素，客观原因是车辆技术状况、道路状况及环境因素影响等。据一项分析报告统计显示，人的因素是造成交通事故的主要原因，由此造成的交通事故约占总事故的95.3%，其中因机动车驾驶员的过失造成的交通事故占87.5%，非机动车驾驶员占4.7%，行人、乘客占5.19%，其他人员占2.63%[1]。

道路交通安全管理的目的主要是为规范道路交通参与者的行为，以维护道路交通安全秩序，保障道路交通安全、畅通，预防和减少道路交通事故，并规范公安交通管理部门及其交通警察的执法行为。可见道路交通安全管理在保障交通安全过程中具有举足轻重的地位。

本书中所述的道路交通安全管理立法主要指《中华人民共和国道路交通安全法》及其实施条例。另外，我国还制定了与道路交通管理相关的涉外法规，如《中华人民共和国公安部关于

[1] 许洪国、周立、鲁光泉《中国道路交通安全现状、成因及其对策》，载《中国安全科学学报》第14卷第8期，2004年8月。

对所有在华外国人的机动车辆实行第三者责任强制保险的公告》、《中华人民共和国临时入境机动车辆与驾驶员管理办法》等。一些国际性交通法规,对加强我国处理涉外交通事件和促进国内道路交通法制建设,都有一定的参考价值,例如:《国际道路交通条约》、《海牙公路交通事故法律使用公约》等。

二、发展历程

新中国成立后的第一部交通法规是1950年3月20日经中央人民政府批准、由交通部颁布的《汽车管理暂行办法》,同年7月15日发布了《汽车管理暂行办法实施细则》。其主要内容包括行车管理、车辆检验、技术监督以及驾驶员考核管理等。

1951年5月5日,中央人民政府以公安部令的形式颁布了《城市路上交通管理暂行规则》,以统一全国城市陆上交通管理,维护交通秩序,保障人民生命财产的安全。该规则于1955年8月19日经国务院批准修改为《城市交通规则》,这是我国第一个关于道路通行的交通文件。1960年,交通部将《汽车管理暂行办法》分别修订为《公路交通规则》和《机动车管理办法》。至此,道路交通法规更趋于完善。

为克服多头管理的弊端和法制不统一等问题,1972年3月25日公安部、交通部联合发布了《城市和公路交通管理规则(试行)》,该规则将《城市道路规则》和《公路交通规则》以及《机动车管理办法》合并为一个法规,首先在立法上开始了统一管理的尝试,为制定统一的道路交通管理法规奠定了基础。1988年3月9日,国务院发布了《中华人民共和国道路交通管理条例》(简称《条例》),同时废止《城市交通规则》。《条例》共分十章九十三条,具体条款包括:交通信号、交通标志和交通标线的规定;车辆及其装载、行驶的管理规定;车辆驾驶员的管理规定;行人和乘车人管理规定等。1991年国务院又发布89号令,宣布从1992年1月1日起正式实施《道路交通事故处理办法》(简称《办法》)。《办法》共八章五十条,它规定了道路交通事故的定义、等级以及公安机关处理道路交通事故中涉及的权利与义务等。1996年6月4日,国务院发布了《城市道路管理条例》,从1996年10月1日起正式实施。2003年10月28日,十届全国人大常委会第五次会议通过了《中华人民共和国道路交通安全法》,并于2004年5月1日开始实施。它总结了新中国成立以来道路交通管理立法的工作经验,并结合我国改革开放的新形势,并使各项规定更具体、明确。该法从起草到颁布历时10年,草案经充分酝酿、反复修改,历经四次全国人大常委会审议。这是我国第一部关于道路交通安全管理方面的基本法律,是我国道路交通法制建设历程中的一座里程碑,是进一步完善道路交通安全管理,推进道路交通安全管理工作法治化的重要举措。

2004年4月28日,国务院通过并公布了《中华人民共和国道路交通安全法实施条例》,并于当年5月1日起实施。

三、立法原则和主要制度

《中华人民共和国道路交通安全法》的颁布,确立了我国未来交通安全管理的价值理念、主要制度和基本原则。它以保障道路交通"有序、安全、畅通"为指导思想,以依法管理、方便群众为基本原则,既结合了现阶段我国道路交通的实际,又结合了历史经验,借鉴了国外一些发达国家的成功做法,具有很强的针对性和鲜明的时代特点。立法原则和制度主要体现在如下几点。

1. 保障道路交通安全

保障交通安全，是《道路交通安全法》及实施细则的核心目的和根本原则。立法从车辆和驾驶人准入规定到规范道路通行的规定，均以保障交通安全为核心，交通安全的理念贯穿立法始终。

2. 提高通行效率

提高通行效率与保障交通安全是相互联系的。在道路交通过程中，要求人、车、路三者之间相互协调，在保障交通安全的前提下提高道路通行效率，体现了高科技手段在社会各个领域中的广泛应用。运行科学技术，不断提高交通管理工作的科学化、现代化水平，已经成为未来道路交通发展的方向。

3. 坚持以人为本

坚持以人为本不仅体现在交通事故处理中，更体现在日常对机动车和驾驶人的管理上，具体体现在以下几个方面。

首先，发生交通事故先救人，抢救费用多项保障。并规定了机动车第三者强制保险制度和社会救助基金制度。《道路交通安全法》第 17 条规定，"国家实行机动车第三者责任强制保险制度，设立道路交通事故社会救助基金……"；第 70 条规定，"在道路上发生交通事故，车辆驾驶人应当立即停车，保护现场；造成人身伤亡的，车辆驾驶人应当立即抢救受伤人员……"；第 72 条规定，"公安机关交通管理部门接到交通事故报警后，应当立即派交通警察赶赴现场，先组织抢救受伤人员，并采取措施，尽快恢复交通……"。

其次，规定了新的道路交通事故损害赔偿归责原则。在交通法规中注重对行人的保护，也是一种国际惯例。如《道路交通安全法》第 76 条规定，"机动车发生交通事故造成人身伤亡、财产损失的，由保险公司在机动车第三者责任强制保险责任限额范围内予以赔偿。超过责任限额的部分，按照下列方式承担赔偿责任：……机动车与非机动车驾驶人、行人之间发生交通事故的，由机动车一方承担责任；但是，有证据证明非机动车驾驶人、行人违反道路交通安全法律、法规，机动车驾驶人已经采取必要处置措施的，减轻机动车一方的责任。

再次，规定了交通事故快速处理机制。《道路交通安全法》中关于"交通事故处理"一章的规定体现了公安交通管理部门快速、高效地处理交通事故的原则。

最后，对机动车登记和机动车产品的管理，体现了方便群众、人性化管理的特点。

4. 坚持依法管理

首先，理顺道路交通管理体制。《道路交通安全法》及实施条例以法律的形式赋予公安机关在道路交通安全方面的管理权威，做到了道路交通安全路面执法主体的统一，并扩大了公安交通管理部门的管理范围：全国城乡道路交通由公安交通管理部门负责统一管理，公安交通部门承担道路交通安全管理的主要责任，公安部门是道路交通安全路面执法的主体。该法明确了政府行政部门在道路交通管理中的职责分工，为公安交通管理部门进一步深化自身管理体制改革、提高道路交通管理水平铺平了道路，有利于公安交通管理部门按照政府机构改革的有关精神，加大职能改变和权力下放的力度，统一设置、归并和精简相关职能机构。

其次，严格规范道路交通管理机关及其工作人员的行为，道路交通管理部门与机动车驾驶人之间不再是管理与被管理的关系，而变为服务与被服务的关系。《道路交通安全法》从 15 个方面严格限制了道路交通管理人员的职务违法行为，对公安机关交通管理部门及其交通警察的行为作了具体规定，提出了严格要求。如规定了严格按照法律规定的范围、幅度、方式执法，防止执法的随意性和滥用自由裁量权；实施罚款决定与罚款收缴分离；交通警察必须接受行政监察、公安机关内部督察和上级对下级的层级监督，以及社会公众的监督；对违法执法行为承担法律责任。

再次，健全车辆管理制度。机动车和驾驶员的管理，是社会管理的一部分，一方面与维护交通秩序和交通安全、处理交通事故等执法工作密不可分，是道路交通管理的源头。通过机动车辆注册和安全检验、检测，可以确定车辆的所有人及其合法性，防止不符合运行安全要求的车辆在道路上行驶；通过对驾驶员考试、发证，有利于保证合格的驾驶员上路行驶，减少事故隐患。另一方面，对于公安机关防范、打击盗窃机动车、走私汽车和交通肇事逃逸犯罪以及利用车辆进行的其他犯罪，具有非常重要的作用，是维护社会治安的一项基础性工作。

立法中主要体现在如下几个方面：

(1)打破行业界限，规范部门协作，加强源头管理，限制针对车辆的多头行政执法行为。

(2)取消多头发证，减少行车证件，方便车主。

(3)严格控制执法部门的审验工作，防止扰民。

(4)从源头上加强交通税费征缴工作，保证国家道路建设养护资金的正常筹集。

(5)车辆的检测工作必须尊重科学，实事求是，国家正规生产厂家出产的合格产品落户时应予免检。

(6)由车辆检测权威部门对投入使用中超载问题突出的车种、车型的行车执照重新测定实载吨位，减少漏洞，保证车辆通行费的正常收取。

另外，理顺了路面管理关系。对路面人流、车流实施有效引导和控制。

四、主要内容

《道路交通安全法》及实施条例从立法指导思想、严格机动车行驶准入、防止超载运输、强化对驾驶人的安全管理等方面突出保障了道路交通安全，这与当前道路安全形势严峻，国家重视安全生产密切相关；同时明确了道路交通管理权限，规定国务院公安部门主管全国道路交通管理工作，县级以上地方各级人民政府公安管理部门负责本行政区域内的道路交通管理工作，基本解决了多年来公安、交通、农业(农机)在涉及道路交通管理职责的分工之争；建立了较为科学的车辆管理制度和驾驶员考试、审验制度；加大了对道路交通违法行为的处罚力度，对现行交通事故处理办法作了较大的改革。立法内容主要包括以下方面。

1. 规范车辆、驾驶人、道路通行的基本条件，保障道路交通安全

(1)防止带“病”车辆上路行驶。如《道路交通安全法》第10条规定，“准予等级的机动车应当符合机动车国家安全技术标准。申请机动车登记时，应当接受对机动车的安全技术检验……”；14条规定，“国家实行机动车强制报废制度……，达到报废标准的机动车不得上路行驶”；第100条规定，“驾驶拼装的机动车或者已达到报废标准的机动车上道路行驶的，公安机关交通管理部门应当予以收缴，强制报废”。

(2)防止超载运输。如《道路交通安全法》第48条规定，“机动车载物应当符合核定的载重量，严禁超载；载物的长、宽、高不得违反装载要求，不得遗洒、飘散载运物”；第49条规定，“机

动车载人不得超过核定的人数，客运机动车不得违反规定载货”。

(3)强化对驾驶人的安全管理。如《道路交通安全法》第19条规定，“驾驶机动车，应当依法取得机动车驾驶证……”；第22条规定，“机动车驾驶人应当遵守道路交通安全法律、法规的规定，按照操作规范安全驾驶、文明驾驶”。

(4)规范了道路通行条件。《道路交通安全法》第三章对道路通行条件作了详细规定，如第28条规定，“任何单位和个人不得擅自设置、移动、占用、毁损交通信号灯、交通标志、交通标线……”；第29条规定，“道路、停车场和道路配套设施的规划、设计、建设，应当符合道路交通安全、畅通的要求，并根据交通需求及时调整……”。

2. 改革道路交通事故处理办法，缓解道路交通拥堵

以往造成道路交通拥堵的重要原因，一是大量轻微交通事故得不到快速处理。据统计，70%以上的交通事故是仅仅造成车辆及少量物品损失的轻微交通事故[❶]，这些事故发生后，以往当事人都是等交通警察到现场进行处理。二是将公安交通管理部门对交通事故损害赔偿纠纷的调解作为当事人提起民事诉讼的前置程序，既限制了当事人的诉讼权利，又影响了纠纷的处理效率。三是缺少国际上通行的机动车第三者责任强制保险的机制，致使交通事故的人身伤亡难以得到及时补偿。

为此，《道路交通安全法》及其实施条例新规定了如下措施：

(1)道路交通事故实行快速处理机制。如《道路交通安全法》第70条2款的规定。

(2)不再把对交通事故损害赔偿的调解作为民事诉讼的前置程序。如《道路交通安全法》第74条规定，“对交通事故损害赔偿的争议，当事人可以请求公安机关交通管理部门调解，也可以直接向人民法院提起民事诉讼”。这种允许当事人自行解决争议的机制，具有两方面的积极作用，第一，可以大大降低事故对交通通行能力的影响；第二，否定了以往道路交通事故当事人一概不能自行解决、只能听候公安机关交通管理部门处理的做法。

(3)实行机动车第三者责任强制保险制度。

(4)建立了道路交通事故社会救助基金。该基金是由办理机动车第三者责任强制保险的保险公司在收取的保费中按国家规定的比例(通常1%)抽取的。对于基金的使用，《道路交通安全法》第75条作了比较明确的规定。

(5)基本上解决了非道路交通事故的管辖争议。如《道路交通安全法》第77条规定，公安交警部门可以处理在道路外发生的事故，这解决了交通事故处理方面的法律盲区。

3. 严管重罚

加大了对易发道路交通事故的违法行为的处罚力度。

4. 以人为本，方便群众，突出了管理的人性化

《道路交通安全法》区别不同情况，分别规定了不同的管理措施，特别是在办理机动车登记、安全技术检验、驾驶证申领和审验、交通事故证据的提供、交通管理设施的设置、交通安全管理信息等服务性的交通管理和执法环节上，尽可能为交通参与人提供便利。机动车的安全技术检验应当根据机动车的用途、载客载重数量、使用年限，区别不同情况进行，简化了机动车

---

❶ 管满泉：《道路交通安全法》主要内容解读及相关问题思考，载《河北公安警察职业学院学报》第4卷第1期，2004年3月。

登记、停驶、复驶和补领、换领牌证等手续，方便了人民群众。立法中具体作了如下规定：

(1)设置了机动车产品免于安全技术检验的条件，如《道路交通安全法》第 10 条规定，“……经国家机动车产品主管部门依据机动车国家安全技术标准认定的企业生产的机动车型，该车型的新车在出厂时经检验符合机动车国家安全技术标准，获得检验合格证的，免于安全技术检验”。

(2)公开了办理机动车登记的条件、程序和期限。

(3)新增了许多保护交通弱者的规定，如《道路交通安全法》第 34 条规定，“学校、幼儿园、医院、养老院门前的道路没有行人过街设施的，应当施画人行横道线，设置提示标志。城市主要道路的人行道，应当按照规划设置盲道。盲道的设置应当符合国家标准”；第 47 条规定，“……机动车行经人行横道时，应当减速行驶；遇行人正在通过人行横道，应当停车让行”。

5. 规定了严格执法的内容

《道路交通安全法》第六章专门对公安交通主管部门的执法要求进行了规定。第七章对执法人员的违法行为规定了严厉的处罚措施，以树立执法形象，提高执法效率。

6. 立法明确规定了政府部门在加强交通安全宣传教育方面的职责

如《道路交通安全法》第 6 条第一次以法律的形式明确规定了政府、机关、部队、企事业单位、社会团体、教育行政部门、学校、新闻、出版、广播、电视等部门有进行道路交通安全宣传的义务和职责。

五、立法完善建议

1. 进一步规范交通安全宣传教育工作

我国的交通安全宣传教育工作水平比较落后，基本上处于“起步阶段”，没有形成一个长期稳定有效的社会化道路交通安全教育体系，目前几乎是公安交通管理部门一家独立支撑，未充分发动全社会力量积极参与。由于普及力度不足，教育对象十分狭窄，基本上局限于驾驶员和部分行人。安全教育缺乏系统性，宣传教育形式单一，教育方法公式化。虽然我国已有《道路交通安全宣传教育三年纲要》和中央综合治理委员会等《关于加强道路交通管理法制宣传教育工作的通知》的总体部署，一些城市也把交通安全教育纳入幼儿园、中小学校的教学内容，但普及不够，只有部分大中城市开展得较为深入，其他地方大多仅限于交通事故图片展览和简单的宣传，而且次数很少，效果也差，与真正的安全教育尚有差距，特别是对儿童和青少年的安全教育更为薄弱。

今后可考虑制定一部类似于《交通安全宣传教育条例》的法规，对交通安全宣传教育进行全面规定。一是依靠宣传部门和新闻单位，发挥广播、电视、报刊等媒体覆盖广、易于接受等优势，开办专栏，使交通安全宣传教育知识化、经常化、制度化；二是利用各级保险公司和汽车制造公司(可一定的强制性)，开展防灾、避免车祸以及安全驾驶等方面的宣传活动，发放学习资料，普及交通安全知识，这样就把公司效益与社会安全较为密切地结合起来了。三是依靠街道办事处，把交通安全纳入社区居民安全文明宣传内容，增强安全管理的群众基础。四是在中小学安全教育课程中，增加交通安全内容。五是把交通法规纳入全国“普法”内容，重点对农民和流动人员进行法制教育。六是针对驾驶员开展一些交通安全宣传教育活动：如支持成立与交通有关的各类社会团体，把安全宣传教育纳入活动内容，逐步形成市场经济条件下驾驶员自我管理、自我教育的新机制;建立驾驶员再教育学校,主要对违章、肇事驾驶员进行交通法规、职业道德的再教育,同时也能促使驾驶员交流驾驶经验,提高驾驶技术,增强预防事故能力。

2. 建立道路交通事故紧急救援体系

据我国卫生部的资料表明,在1 000例交通事故伤者中,只有14.3%乘救护车到达医院。道路交通事故实验表明,如果在事故发生后5min内采用紧急救援措施,30min内采用急诊,至少可以有18%~25%的重伤者免于死亡。❶ 2002年1月10日,公安部、卫生部联合下发了《关于建立交通事故快速抢救机制的通知》,明确要求试行110报警服务台、122交通事故报警服务台与120急救电话3者之间交通事故信息传递、现场急救和急救转运等方面的综合反映能力。在未设立120急救中心的公路周边地区,公安机关要与县医院、乡卫生院设立昼夜值班联系电话,保障信息联络畅通,确保交通事故伤员及时、就近救治,但受到财力等的限制,执行不是很好。

日本在1991年制定了《急救人员法》,同时建立救护服务开发基金会,还建立了中央紧急救生培训学校,专门培训全国紧急医疗队员,经培训后方为合格的紧急救生人员。在紧急救援的作用下,日本道路交通事故的致死率由1950年的14.2%,下降到1995年的1.1%。欧美、日本等发达国家交通事故紧急救援体系由下列子系统构成:路边电话系统、信息接报中心、紧急医疗系统、紧急出警系统、路面清障系统、消防系统等。德国的紧急救援系统主要是被德国人尊称为“黄色飞鹰”的全德汽车俱乐部(ADAC),因紧急救援系统体系完备,致使其交通事故致死率也由1970年的3.61%,下降到1997年的1.696%,成为当今世界紧急救援体系最好的佐证。

欧美、日本等发达国家的成功经验告诉我们,拥有完善的道路交通事故的紧急救援系统,是减少道路交通事故死亡人数和其他后延损失的重要手段。在立法中可以从完善交通事故紧急呼叫系统开始,逐步建立和完善“医救联动”、“医警联动”机制,最终建立起真正的道路交通事故紧急处置系统。

3. 加强对交通违章行为人的处罚

由于执法手段日益先进,机动车驾驶人的违章行为一般都能得到应有的惩罚。而行人虽然在交通活动中处于弱势一方,但不遵守交通法规的情况却日益增多,如闯红灯、不走人行横道等。这已经在一定程度上影响了交通秩序和行车安全,但是立法中却没有明确规定。现实中只要不发生交通事故,行人的违章行为一般不会得到法律的惩罚,这对其他交通参与者来说是不公平的。

第四节　道路运输管理立法

一、立法背景

20世纪80年代,交通部出台了一项政策——“有路大家行车,有水大家行船”,对客运市

❶ 刘金华、本琳:《国内外交通安全管理之比较》,载《山西科技》2005年第6期,11月5日出版。

场管理推行“只批不控”的政策，承包、挂靠经营者就如同雨后春笋般出现。随后，客运市场出现了“三私行为”——私自揽客、私自停车、私自售票。1995 年以前，行政审批线路经营时，基本上没有相关的资质参考，也没有线路运力投放的标准以作借鉴，只要经营者提出相关线路运营申请，就可以获得线路经营权。这一时期，客运市场呈现了一片繁荣的景象。

随着道路运输事故的频繁发生，宽松的审批政策带来的弊端也日益明显。这引起了交通主管部门的重视，开始调整政策，并制定了大量的部门规章对此予以规范。

二、立法简介

1. 指导性法规

2004 年 4 月 14 日国务院颁布了《中华人民共和国道路运输条例》，另外交通部颁布了一些部门规章，如《外商投资道路运输业管理规定》(2001 年 11 月 20 日)、《国际道路运输管理规定》(2005 年 4 月 13 日)。

2. 关于道路客运管理的规定

交通部主要颁布了《汽车旅客运输规则》(1988 年 1 月 26 日)、《出租汽车旅游汽车客运管理办法》(1989 年 12 月 18 日)、《道路旅客运输及客运站管理规定》(2005 年 7 月 12 日)、《汽车客运站收费规则》(1996 年 3 月 18 日)、《汽车运价规则》(1998 年 8 月 17 日)。

3. 关于道路货运管理的规定

交通部主要颁布了《水路、公路运输货物包装基本要求》(1980 年 10 月 22 日)、《汽车货物运输质量管理办法(试行)》(1983 年 2 月 25 日)、《联运工作条例》(1984 年 10 月 1 日)、《道路大型物件运输管理办法》(1995 年 12 月 4 日)、《集装箱汽车运输规则》(1995 年 12 月 29 日)、《汽车货物运输规则》(1999 年 11 月 15 日)、《道路货物运输及站场管理规定》(2005 年 6 月 16 日)、《道路危险货物运输管理规定》(2005 年 7 月 12 日)、《公路运价管理暂行规定》(1987 年 9 月 21 日)、《公路汽车货运站费收规则》(1987 年 10 月 23 日)。

4. 关于驾驶员及运输企业资质管理的规定

交通部颁布了《道路运输服务质量投诉管理规定》(1999 年 10 月 21 日)、《道路货物运输服务业管理办法》(1996 年 1 月 26 日)、《道路运输从业人员管理规定》(2006 年 9 月 5 日)、《机动车驾驶员培训管理规定》(2006 年 1 月 12 日)。

5. 其他规定

如交通部颁布的《交通运输公共场所卫生管理办法》(1989 年 8 月 26 日)、《道路运输车辆维护管理规定(修正)》(1998 年 3 月 4 日)、《汽车运输业车辆技术管理规定》(1990 年 3 月 7 日)、《超限运输车辆行驶公路管理规定》(2000 年 2 月 13 日)、《机动车维修管理规定》(2005 年 6 月 24 日)。

三、主要制度和内容

1. 道路运输许可制度

(1)道路运输经营许可的范围规定

首先，规定对经营主体的许可，包括道路运输客运、道路运输货运、机动车维修、搬运装卸、运输服务的经营主体必须经道路运输管理机关许可，取得《道路运输经营许可证》才具备主体资格。对经营主体的许可又分为对外商投资经营道路运输的许可和国内投资经营道路运输的许可。

其次，规定对运输车辆的许可。包括道路运输客、货运经营主体的经营运输车辆必须经道路运输管理机关许可，取得《中华人民共和国道路运输经营证》才具备运输车辆资格。《中华人民共和国道路运输经营证》是道路运输经营者的《道路运输经营许可证》的副本表现。规定加强道路运输车辆的维护。

再次，规定对运输从业人员的许可。驾驶机动车从事营业性道路运输活动的驾驶员，应当按照规定参加职业培训，取得营运驾驶员从业资格，持有从业资格证书方可进入道路运输市场从业。

(2)道路运输经营许可的条件

包括技术条件、企业资质、道路运输发展规划及运输需求状况3大方面。不同的道路运输经营项目，有不同的要求。

(3)道路运输经营许可的程序

包括道路运输经营许可的权限、道路运输经营许可的程序、道路运输经营许可的法律救济、道路运输经营变更、撤销的许可、道路运输经营变更的许可、道路运输经营撤销的许可及年度审验等。

2. 道路旅客运输经营的许可管理制度

道路旅客运输分为班车客运、定线客运、旅游客运、出租汽车客运和包车客运。其中班车客运、旅游客运、包车客运的线路又分为跨省、跨地区、跨县、县境内4种。

(1)道路旅客运输经营开业技术经济条件中的3种条件规定

道路旅客运输经营开业技术经济条件中的一般条件是指不同的道路旅客运输组织方式均应具备的条件；补充条件是指不同的道路旅客运输组织方式应具备的专项条件；特殊条件是指交通部、公安部和国家安全生产监督管理局规定的特别要求。一般条件包括车辆条件、设施条件、资金条件和人员条件；补充条件包括资质条件、定线客运、出租汽车客运、包车客运；特殊条件包括公路通行条件，非法改装的客运车辆不予审批营运，单程在400km以上的客运汽车，必须配备2名以上驾驶员。

(2)道路旅客运输经营高速公路客运的许可制度

包括许可条件、许可程序、省际道路旅客运输的许可及相关管理制度。

(3)道路货物运输经营高速公路客运的许可制度

道路货物运输经营的许可，根据道路货物运输的组织方式分为普通货物运输和特殊货物运输许可制度，其中特殊货物运输许可又分为零担货物、危险货物、化学品货物、大件货物运输许可。特殊货物运输除遵守普通货物运输的技术经济条件外，还应遵守一些特殊条件。

3. 汽车维修业的经营许可与主要管理制度

(1)概况

汽车维修业包括汽车维修业和综合性能检测站的管理，汽车维修业是与汽车制造业相伴相生的产业，由于修理涉及到交通安全，因此对其进行行业管理是十分必要的。

汽车维修企业分为一、二、三类，不同类型的汽车维修企业可从事不同的维修项目。车辆修理按作业范围可分为：大修、总成大修、小修和零件修理。

(2)汽车维修业经营的审批

一类维修企业由省级道路运输管理机构审批;二类维修企业由地级道路运输管理机构审批;三类维修企业由县级道路运输管理机构审批;综合性能检测站由省级交通厅根据规划进行审查认定。

(3)汽车维修业的管理制度

汽车维修业的管理制度主要有:健全车辆技术档案;《出厂合格证》;挂牌维修;必须设立维修质量检验员及持证上岗等规定。

综合性能检测站的管理制度主要有:确保检测质量并对结果承担责任;出具检测结果证明;建立检测档案等。

第五节　公路养护及路政管理立法

一、立法背景

公路的建、管、养是公路管理工作的有机组成部分,三者互相联系,互相促进。公路路政管理是指,交通主管部门或其委托的公路管理机构,根据法律、法规和规章的规定,为维护公路路产路权、保障公路完好畅通所实施的行政管理行为。[1] 公路路政管理只能由国家行使。交通工程学、交通安全技术中对道路的研究和应用是公路路政管理工作的前提,而公路路政管理又是维护道路合法权益不受侵害的有利保障。

据 2005 年《道路交通事故统计年报》统计数据,因道路损坏、缺陷等原因造成的交通事故占总事故数的 0.17%。因此,预防道路交通事故,不可忽视公路的养护管理。

公路养护是对正在使用期间的公路构造物和附属设施进行保养、维修和改善,以期达到在使用年限内提供足够的行车安全性、乘车舒适性和环境美观性。公路养护部门涉及的内容很多,包括路基、路面、桥涵和公路沿线附属设施的养护,以及水毁防治、绿化等。

公路养护管理是一门综合性学科,它既不同于公路专业学科,也与管理科学有别,应该说它是两者的有机结合。在公路养护管理系统中不但涉及到公路专业知识,而且还需要有科学管理中的基本知识。

二、立法简介

公路养护及路政管理政策性较强,调整的法律规范不仅有《公路法》,还有《土地管理法》、《城市规划法》、《道路交通管理条例》等,约束的对象十分广泛。立法体系简要列举如下。

1. 具有指导性的法律和法规

2004 年 8 月 28 日第十届全国人大常委会第二次修正的《中华人民共和国公路法》、1987 年 10 月 13 日国务院公布的《中华人民共和国公路管理条例》和 2004 年 9 月 13 日国务院令第 417 号公布的《收费公路管理条例》。

---

[1] 宿万兵:《浅谈公路路政管理与交通工程学的关系》,载《管理科学》2004 年(第 33 卷)第 5 期。

2. 关于道路路政管理的规定

国务院颁布的《农村公路管理养护体制改革方案》(2005 年 9 月 29 日)、交通部颁布的《路政管理规定》(2003 年 1 月 27 日)、交通部与石油部共同颁布的《关于处理石油管道和天然气管道与公路相互关系的若干规定(试行)》(1978 年 5 月 23 日)、交通部颁布的《公路渡口管理规定》(1990 年 3 月 7 日)。

3. 公路规费征收规定

交通部颁布的部门规章主要有:《公路运输管理费征收和使用规定》(1986 年 9 月 10 日)、《公路养护费使用管理规定》(1987 年 2 月 3 日)、《国际集装箱汽车运输费收规则》(1987 年 9 月 9 日)、《公路养路费征收管理规定》(1991 年 10 月 15 日)。

三、立法目的和原则

《公路法》第 3 条规定,公路的发展应当遵循全面规划、合理布局、确保质量、保障畅通、保护环境、建设改造与养护并重的原则。

《路政管理规定》第 3 条规定,路政管理工作应当遵循“统一管理、分级负责、依法行政”的原则。

《公路养路费使用管理规定》第 1 条规定,养路费的使用,必须贯彻“全面规划、加强养护、积极改善、重点发展、科学管理、保障畅通”的方针;本着“干支公路兼顾,以干线公路为主,养护与改建兼顾,以养护为主”的原则,由省级公路管理部门统一管理,统筹安排。

四、主要制度

1. 公路产权制度

公路资产所有权、管理权与养护权的关系界定不明确,是制约以往公路管理的一个重要因素。现行的公路产权管理相对明确了公路所有权、管理权(经营权)、养护权。国家拥有全国公路的终极所有权,交通主管部门是国家权属的代表,其职责是根据国家法律、法规保护国家所有权不受侵犯,制定行业规章制度和发展战略规划,领导和监督公路管理机构,维护市场秩序和有效竞争。公路管理机构是公路管理权代表,其职责是具体实施对公路的管理,如组织公路养护生产业务招投标,对养护生产进行检查、评价,对养护生产企业实行监督,保护公路路产、路权。公路养护企业通过市场竞争而获取养护权,取得养护生产业务,其职责是按照技术标准和操作规程,搞好养护生产,保持良好路况,维护公路有形资产。

2. 公路分类管理制度

《公路法》第 58 条规定,“国家允许依法设立收费公路,同时对收费公路的数量进行控制”。按《收费公路管理条例》(见第 10 条),收费道路分为“事业性”和“经营性”两种。前者是完全按国家“贷款修路,收费还贷”的政策所设立的项目,其通行费收入用于偿还道路建设过程中发生的各种借贷债务,清偿债务后的公路应自由通行;后者则主要是指按照《公路法》的规定,由国内外、境内外企事业单位、非政府的经济组织投资的收费道路,其目的是为了取得回报。

经营性收费公路的做法实际上是贷款修路政策的进一步发展,即国家允许(境内外)社会组织直接参与公路项目的投资建设和经营管理。同时,政府为了提高基础设施的使用效率,设立了一些专营公司，代理政府管理、运营高速公路等设施，其所管理的收费道路也具有经营性。此外，还出现了很多派生性的政策措施。例如从 1986 年起，利用外资开始成为我国公路建设的一项基本政策。

经营性收费公路的路政管理比起一般公路来说，更为复杂，更具有特殊性。经营性收费公路的业主单位（即公路经营公司）的性质为企业，其既非行政机关，又无法律、法规授权，更非受行政机关委托执法的事业组织，因此它不具有行政执法职能。交通主管部门或公路管理机构不仅要维护国家的利益和履行好政府的职能，维护广大公路使用者的利益，而且还要维护公路投资经营者即业主的利益，注重服务，体现政府的服务功能。而作为收费公路业主，也要服从政府的行业管理，依法经营。

对于经营性收费公路的路政管理，目前采用的一般是派驻式管理模式，即交通主管部门或公路管理机构依法向收费公路派出国家行政执法队伍或人员，实施路政行政执法。业主在公路两侧建筑控制区范围内进行开发等有关事项，必须符合《公路法》等法律、法规、规章的规定，由县级以上公路管理机构按有关规定审批后实施。挖掘、占用、利用收费公路路产的，因涉及业主的利益，公路管理机构在依法审批前，应当征求业主的意见。公路及其附属设施的赔（补）偿费，系国家对损坏以及挖掘、占用、利用公路及其附属设施者收取的赔（补）偿费，应由交通主管部门或公路管理机构代表国家收取，并统一使用财政部门监制的专用票据。

五、主要内容

1. 公路路政管理

（1）路政管理主体

第一，交通主管部门：根据《公路法》第 57 条规定，交通主管部门除第 47 条第 2 款规定外，可以决定《公路法》第五章的行政管理职责由公路管理机构行使。

第二，公路管理机构：根据《公路法》第 57 条规定，公路管理机构可以行使除第 47 条第 2 款规定外的交通主管部门的《公路法》第五章的行政管理职责。

（2）路政管理的性质

路政管理泛指政府、交通主管部门、公路管理机构对公路进行的行政管理，包括对公路规划、建设、养护、路政、收费、监督检查进行的行政管理，因此路政管理的性质应为行政行为。

（3）路政管理行为分类

包括路政处罚（罚款和责令限期拆除）、路政强制措施（责令停止违法行为、责令限期拆除、责令恢复原状）、路政强制执行措施（申请法院强制执行、强制拆除）、路政许可、路政补偿、路政合同管理等。

（4）路政管理的内容

包括占用、挖掘公路的管理；跨越、穿越公路建设的管理；损坏、污染公路和影响公路畅通的查处；公路安全的管理；损害公路路面的机具行驶公路的管理；车辆轴载质量的管理；超限运输的管理；公路试车的查处；公路附属设施的保护；损坏公路的报告；非公路标志的管理；公路平面交叉道口的管理；建筑控制区的管理。

2. 公路养护管理

（1）主体

非经营性公路由公路管理机构进行；经营性公路的养护主体为经营性收费公路的公路开发、经营公司。

(2)经费来源

目前仍是公路养路费和民工建勤相结合。根据国务院农村"费改税"的规定，将从 2001 年开始用 3 年过渡期逐步取消"两工"，即农民积累工和义务工，乡道的养护经费从乡、镇财政支出，如果需要动用农民劳动力的，应采用"一事一议"的方法。

(3)公路养护权利与义务

公路养护过程中，养护主体的权力(利)有：公路养护技术规范和操作规程的制订权；公路养护资金的专项使用权；民工建勤的受益权；全民抢修的请求权；公路用地上树木砍伐许可权。

公路养护主体应承担的义务有：按照国务院交通主管部门规定的技术规范和操作规程对公路进行养护的义务；公路养护资金的专项使用义务；县、乡级人民政府对公路养护需要的挖砂、采石、取土以及取水，应当给予支持和协助的义务；农村居民民工建勤的义务；公路养护车辆进行作业时设置明显的作业标志的义务和不影响过往车辆通行的义务；水土保持义务；公路绿化义务。

六、国外规定

英国是一个非常重视交通安全的国家，公路部门及其相关产业不遗余力地采用新技术、新工艺、新产品及新的运营管理养护模式，不仅是为了提高公路的质量和使用寿命，也为了改善道路的安全性能。

在德国，负责公路保养的机构分为公路养路段和高速公路养路段两种，它们分别负责联邦公路、州级公路、县市级公路和高速公路的保养。德国在公路养护方面投入的资金也是相当大的，每年每公路费用平均为 2.03 德国马克。德国公路的保养期几乎是全天候的，冬季保养是 24h，夏季保养从 6:00～22:00 结束。通过有效的保养，延长了公路的使用寿命，提高了德国公路的整体服务水平。

七、立法完善建议

1. 加强对农村公路的养护管理

首先，将农村公路纳入国省干线公路养护管理体制之内，明确各级政府在农村公路养护和管理中的职责。其次，加大财政投入力度，拓宽资金渠道，建立健全农村公路养护投资体制。一直以来，我国公路建设养护资金主要来源于各种交通规费如汽车养路费、小机养路费、车辆通行费、运输管理费以及车辆购置税等，政府财政预算内资金投入在公路建设养护资金来源中所占比重很低。农村公路养护具有很强的公益性和外部性，应该作为城市反哺农村、工业反哺农业的重要领域，得到更多的重视和财政支持。应改变以往汽车养路费仅仅或绝大部分用于国省干线公路养护的做法，将农村公路养护纳入省养路费年度预算，由省级交通部门根据上报的养路计划统一审核、下拨，确保汽车养路费中安排一定的比例用于农村公路养护。再次，加强对拖拉机、摩托车等小型机动车养路费的征收和使用监管，提高资金使用效率，确保足额用于农村公路建设养护。最后，因地制宜，灵活采取多种养护模式。目前，许多地方已经探索出多种养护方式，如农户分段承包方式、公路养护与路边林木经营权捆绑拍卖方式、竞标承包养护等，这些养护模式既可以调动沿线群众的积极性，提高农村公路养护率，也可以为农民提供灵活的就业机会。

2. 补充完善《公路法》中关于路政管理的规定

首先，进一步明确委托执法双方的权利义务关系。一方面可以通过地方立法授权公路管理机构实施路政管理，可从根本上解决困扰路政执法的各种主体问题。另一方面，可以由交通主管部门根据法律的有关规定细化委托的内容，明确管理与处罚主体，使路政人员明确了何种情况下可以使用被委托单位名义，何种情况下使用委托机关名义，或者制定具体的操作管理办法，保证在管理与处罚等工作中能够使用同一名义。

其次，赋予路政执法部门更多的强制执行权。

3. 大力推行高速公路综合执法模式，并理顺交通综合执法体制

精简机构、统一执法，是实行交通综合执法的前提。交通综合行政执法集公安、交通、林业、农业、环保等多个部门的相关法定职责于一身，统一履行执法责任。国家要根据不同的执法情况明确交通综合执法的法律地位和职责权限。

参考文献

[1] 张柱庭. 交通法律法规概论. 北京：人民交通出版社，2006.

[2] 刘运通. 道路交通安全指南. 北京：人民交通出版社，2004.

[3] 刘建军. 中华人民共和国道路交通安全法解说与运用. 北京：人民交通出版社，2004.

[4] 周旺生. 立法学. 北京：法律出版社，2001.

[5] 郭爱武. 西方发达国家道路交通安全法的发展及其对我国的启示. 交通世界，2004，1.

[6] 申少君，陈永胜，刘小明. 中外道路交通安全法规体系对比研究. 武汉交通管理干部学院学报，第 5 卷第 2 期，2003.

[7] 张曙曦. 交通法规走过 145 年. 安全与健康，2004，1.

[8] 刘金华，李琳. 国内外交通安全管理之比较. 山西科技，2005，6.

[9] 龚文. 公安交通管理改革与发展的思路. 运输管理与改革，1999，8.

[10] 邢蓉. 试论收费公路的路政管理. 上海公路，2002，3.

第二十三章　交通安全经济分析

道路交通对社会发展和经济繁荣起到巨大的推动作用，但道路交通事故的大量发生也带来了负面影响，不但严重影响道路交通系统的正常运作，而且威胁道路交通参与者的人身安全，并造成巨大的社会经济损失。在许多国家，因交通事故导致的人员伤亡数量比水灾、火灾等意外事故造成的伤亡人数总和还要多。国外有关估算交通事故所造成社会经济损失的结果显示：在机动化程度非常高的国家，每年交通事故造成的损失平均占国民生产总值的2%；在大多数发展中国家，事故损失占国民生产总值的1%左右。以1%的比例计算，我国近年来每年道路交通事故造成的社会经济损失高达千亿元。

鉴于交通事故后果的严重性，各国政府投入大量的人力、财力和物力从工程技术、制度安排和经济管理等方面开展交通事故的发生和防治规律的研究。交通安全经济分析是其中的一项主要内容，可为合理配置资源、道路交通伤害赔偿和道路安全改进的经济评估提供科学、合理的基础数据，具有较强的现实意义。

第一节　概　　述

1. *道路交通事故的社会经济影响*

交通事故不仅造成车辆和道路交通设施等物质财产损毁，还导致不同程度的人身伤亡、交通延误和环境污染，给个人、家庭带来巨大精神损失和生活质量损失，造成社会劳动力资源减少和社会机构服务消耗的增加。从个人受害者角度看，受害者不仅遭受身体伤害或丧失生命，承担经济损失和疼痛等精神损失，还因肢体损失造成生活质量下降；从受害家庭角度看，家庭成员不仅因失去亲人而陷入悲伤，还可能因失去家庭主要劳力和经济支柱而导致生活质量急剧下降；从社会角度看，交通事故不仅造成劳动力、车辆等实际生产资源的损失，还增加警察、消防、法院等社会机构的服务消耗，延误交通运输和增加环境治理损失费用。

道路交通事故造成了巨大的经济损失。根据《中国道路交通事故统计年报》，我国2004年、2005年和2006年的道路交通事故直接经济损失分别为19亿元、15亿元和12亿元，而交通事故所造成的间接经济损失往往是直接经济损失的10～15倍，按最保守的方法计算，每年的交通事故损失要达到数百亿元。

2. *交通安全经济分析的研究目的和意义*

深入开展交通安全经济分析的主要作用有：第一，为科学估计国家每年交通事故的损失提供基础数据，促进国家资源合理再分配，使交通安全投入比例更加合适，以改进道路安全现有状况；第二，为道路安全投资项目的经济评价提供基础参数，使道路安全资金得到有效配置；第三，为道路交通伤害赔偿和合理评估道路交通安全改进项目提供基础数据。

发达国家对交通安全经济分析进行了长期的理论研究，研究成果已广泛应用于实践，并在实践中不断完善。我国交通安全经济分析起步较晚，事故损失评价体系与计量研究尚处于初始阶段。国内对交通事故损失的基础理论研究主要集中在：(1)从宏观角度测算事故死亡人员社会经济损失的方法；(2)测算事故受害者生活质量损失的综合指标法；(3)测算事故受害者收入损失的总产出法；(4)测算事故死亡者亲属精神损失的灰色决策方法。

这些研究创造了我国交通安全经济分析的良好开端，为后续研究奠定了坚实的基础，但在以下几方面也略显不足：(1)集中关注于评价模型和方法的理论研究，但却缺乏用于经济评价的具体数据；(2)测算损失费用的方法值得商榷；(3)对事故损失费用的地域和时间属性问题研究不够。

交通部公路科学研究院在充分提炼、吸收国内外相关研究成果的基础上，从整个社会角度出发构建我国交通事故经济损失核算体系，提出测算各项损失费用的估算方法，并在实际调研和统计分析的基础上得到交通事故伤亡的平均损失费用和事故平均损失费用，提出测算各地区年度交通事故损失费用测算方法，在从宏观和微观经济角度研究道路交通安全问题方面进行了有益的探索。

第二节　交通事故及其损害赔偿

对交通事故进行科学的分类是研究事故损失费用的基础，本节根据研究目的和研究角度，对交通事故进行分类。交通事故处理事务中，赔偿是交通事故责任人对事故损害后果承担赔偿损失和负担医疗费用的义务。尽管赔偿额不等于事故损失费用，但一些损失项目的赔偿计算方法可为确定交通事故损失费用提供参考依据，赔偿数据也为计算事故损失提供了样本。

一、交通事故分类

1. 国外交通事故的分类

由于研究目的和交通实际情况不同，各个国家对于道路交通事故的分类也有所差异，因而形成了多种多样的分类情况，到目前为止，国际上形成以下几种分类方式：(1)A-B-C分类法；(2)AIS分类法；(3)MAIS分类法；(4)按事故费用构成的分类法。

(1)A-B-C分类

美国公路委员会将交通事故传统地分为：F、A、B或C级伤害，或仅有物损的事故(见表23-1)。

A-B-C受伤分类法　　表23-1

代　码	受伤严重程度	所表示的受伤	示　例
F	死亡	死亡	(事故发生100天内)死亡
A	致残性伤害	经治疗后不能行走、驾驶或持续正常活动的伤害	严重撕裂，肢体折断歪曲，在事故现场或运出事故现场时昏迷，没有帮助不能离开现场等
B	非伤残性伤害	经治疗后能持续正常活动的伤害	头部隆肿、擦伤、青肿、轻微撕裂等

续上表

代　码	受伤严重程度	所表示的受伤	示　例
C	潜在性伤害	除 A 和 B 外的伤害	暂时性昏迷，或自称不明显的伤害，表现出痛苦、恶心等
PDO	物损类伤害	仅导致财产的价值降低	对具有货币价值的财产的伤害，包括车辆、货物和道路设施

(2)AIS 分类法

AIS 是 20 世纪 70 年代早期美国发展起来的对受伤程度分类的方法，经由汽车安全医疗委员会和受伤程度联合委员会多次修正而成。它是国际公认的划分标准并被广泛采用，它将受伤划分为 6 种状况(见表 23-2)。

AIS 受伤分类法　　表 23-2

分　类	受 伤 情 况
0	没有伤害
1	轻伤(不需要专业治疗)
2	中等伤(几乎都需要专业治疗，但长期残疾的可能性比较小)
3	较重(长期残废的可能性比较大，但无生命危险)
4	严重(有生命危险，会永久残废，但可能幸免于死)
5	危险(通常需要严密医疗看护，生死未料)
6	最严重(无法治疗，多数不能幸免于死)

该分类方法的优点是对受伤情况做了细致的划分，缺点是对人员伤亡损失数据的要求比较高，难以在发展中国家推行。

(3)MAIS 分类法

MAIS 即为最大程度的简略受伤分类(见表 23-3)，是美国汽车安全医疗委员会 AAAM 对事故分类更为详细的定义，这种方法为美国交通部(它同时也使用 A-B-C 划分法)和一些州所接受。

MAIS 受伤分类法　　表 23-3

伤 害 等 级	伤 害 程 度	伤 害 内 涵
1	轻度伤害	皮肤轻微擦伤或撕裂，手指或足趾扭伤，低度灼伤，头痛或头晕眼花
2	中度伤害	皮肤较重擦伤或撕裂，轻度脑震荡(失去知觉 15min 以下)，手指或足趾压碎(或截断)，非脱臼性骨盆断裂
3	严重伤害	神经严重撕裂，多肋骨断裂(但胸部撞过除外)；腹部器官撞伤，手足或肩压碎(或截断)
4	剧烈伤害	脾裂，腿碎，胸壁穿孔，神经症状的脑震荡(24h 内的昏迷)
5	严重伤害(危及生命)	脊髓伤害(含脊髓切断)，二、三级多处烧伤，神经症状的脑震荡(昏迷超过 24h)
6	最重伤害 (包括含当时死亡)	头断，体截，胸腔大规模压碎

MAIS 分类方法对受伤情况做了最细致的划分，但对人员伤亡损失数据的要求非常高，适用于在有完善数据储备的国家推行。

(4)按事故费用构成的分类法

美国许多学者认为事故费用含直接费用和间接费用，并据此对事故进行分类。

①直接事故费用

直接事故费用是指事故的财物损失产生和服务消耗。如车辆、路产等财产损失，医疗和交通紧急服务费用，住院、护理费用，法律、法庭费用等。

②间接事故费用

间接事故费用包含一切不利变化以及事故所涉及到由个人或社会承担的不可弥补的损失。这些损失包括受害者亲身体验到的痛苦悲伤等精神损失、受害者及其亲属生活质量的下降、个人不再能从事生产或提供服务的损失，和社会机构的服务消耗等。

FHWA(美国联邦公路局)提出间接费用的包括四部分：社会公共机构费用；人力资本费用；社会精神损失费用；生活质量和安全的价值费用。

该方法与前述三种事故分类方法的最大区别在于：A-B-C、AIS、MAIS 方法是按照伤害程度进行划分，而事故费用构成的分类方法是从整个社会角度出发将事故的间接损失纳入交通事故社会经济损失的核算范围，这种方法更适用于交通事故经济损失费用分析研究。

2. 我国交通事故的分类

(1)法规上的事故分类

公安部《关于修订交通事故等级划分标准》根据交通事故后果的严重程度，将交通事故一般分为死亡、重伤、轻伤及财物损失；又按伤亡、经济损失等造成的事故后果不同，将事故分为以下四类，即：

轻微事故。是指一次造成轻伤 1 至 2 人，或者财产损失机动车事故不足 1000 元，非机动车事故不足 200 元者。

一般事故。是指一次造成重伤 1 至 2 人，或者轻伤 3 人以上，或者财产损失不足 3 万元的事故。

重大事故。是指一次造成死亡 3 人以上，或者重伤 3 人以上 10 人以下，或者财产损失 3 万元以上不足 6 万元的事故。

特大事故。是指一次造成死亡 3 人以上，或者重伤 11 人以上，或者死亡 1 人、同时重伤 8 人以上，或者死亡 2 人、同时重伤 5 人以上，或者财产损失 6 万元以上的事故。

我国交通事故记录一直沿用这种分类方法对事故进行等级划分。尽管该分类方法略显粗糙，但道路交通安全经济分析的目的之一是测算事故平均损失费用，不可避免地要使用我国交通事故记录中的一些数据，包括各种等级事故的记录。

(2)国内研究者采用的事故分类

国内研究将受伤的严重程度按下列情况进行划分(见图 23-1)，每类事故伤亡种类的定义见表 23-4。

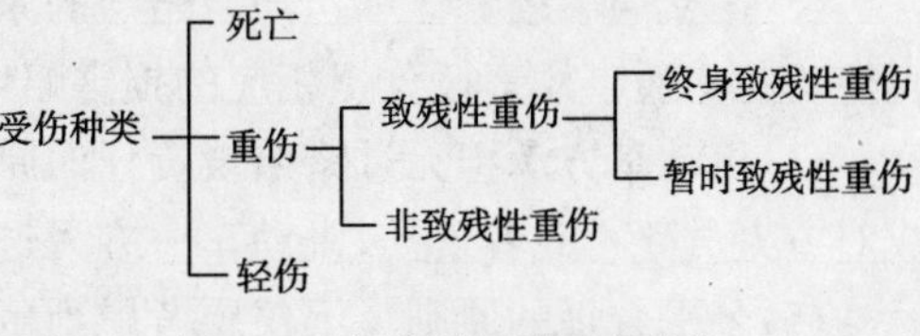

图 23-1　交通事故受伤种类分类

事故伤亡种类分类定义　　表 23-4

伤亡种类	定　义
死亡	指因交通事故而当场死亡或伤后 7d 内抢救无效死亡的情况
重伤	指使人体肢体残废、毁人容貌、丧失听觉、丧失其他器官功能或者其他对人身健康有重大伤害的损伤
致残性重伤	指使人体在一个月以上时间里不能恢复其工作能力的重伤
非致残性重伤	指使人体在一个月以内不能恢复工作、生活能力的重伤但不会导致终身残废的重伤
终身致残性重伤	指使人体至少一年时间不能恢复工作，且工作能力终生不能恢复到受伤前的状态的重伤
暂时致残性重伤	指使人体有一月以上的时间不能恢复工作，但工作能力在年内能够恢复的重伤
轻伤	指物理、化学及生物等各种外界因素作用于人体，造成组织、器官结构一定程度上的损害或部分功能障碍，尚未构成重伤又不属于轻微伤害的损失

注：死亡是按《中华人民共和国道路交通安全法》及相关条例中的规定；重伤是按照《人体重伤鉴定标准》(2001)的规定；轻伤是按照《人体轻伤鉴定标准(试行)》(2001)的规定。

(3)本章的事故分类

交通部公路科学研究院进行交通安全经济分析研究的目的是从整个社会角度考察交通事故的损失费用，不仅要求给出测算平均伤亡损失费用和事故平均损失费用的方法，还要求得到事故损失费用的具体数值。因此，事故分类不仅要满足研究要求，还必须考虑事故数据的可获得性。

从事故损失数据的可获得性角度考虑，我国关于交通事故人员伤亡医疗费用和损失时间方面的统计数据的积累比较薄弱，事故分类不适宜采用 AIS、MAIS 等方法。结合我国交通事故记录，按照事故造成伤亡的严重程度，将交通事故划分为财产损失交通事故、轻伤交通事故、重伤交通事故和死亡交通事故四类。其中，财产损失事故按表 23-1 的定义、死亡、重伤、轻伤按表 23-4 的定义。

二、我国交通事故损害赔偿

1. 交通事故赔偿损害原则

交通事故赔偿是义务人根据交通事故处理办法的有关规定，在公安机关调解结案后向权利人支付损害赔偿费用的行为。交通事故损害赔偿必须遵循以下原则：

(1)财产损失全部赔偿的原则。就车、物损失而言，这是指事故直接损失的全部内容，而不包括事故的间接损失。

(2)对人身损害，赔偿由此引起的经济损失的原则。对于精神上的损害，视具体情况也应赔偿一定的抚恤金。

(3)按交通事故责任承担损害赔偿的原则。几方当事人均负有交通事故责任时，要按照各自应负的交通事故责任分担相应的损害赔偿。

(4)机动车方承担无过错赔偿责任的原则。即机动车与非机动车、行人发生交通事故，造成对方人员死亡或者重伤，机动车一方无过错的，应当分担对方部分经济损失。

(5)公平合理的原则。不仅要考虑当事人的交通事故责任，还要考虑当事人的经济状况。

由上述赔偿原则可知：(1)我国道路交通事故的赔偿主要考虑财产损失和人身伤害损失，

没有从全社会角度考虑事故损失的赔偿，如没有考虑交通事故造成的延误损失等；(2)由于按交通事故责任承担损害赔偿，赔偿义务人所支付的赔偿额也没有完全包含财产损失和人身伤害损失。所以，我国交通事故赔偿数据没有包含事故造成的全部损失，不能直接用于估算事故损失费用。

2. 交通事故损害赔偿范围及标准

根据《道路交通事故处理办法》的规定，交通事故责任者应当按照所负交通事故责任承担相应的损害赔偿责任。损害赔偿的范围包括：医疗费、误工费、住院伙食补助费、护理费、交通费、住宿费和财产直接损失。造成残疾的，还有残疾赔偿金、残疾用具费及精神抚慰金等；造成死亡的，还有死亡补偿费、被抚养人生活费等。

我国各项赔偿费用的标准是：

(1)医疗费。按照医院对当事人的交通事故创伤治疗所必需的费用计算凭据支付，结案后确需继续治疗的，按治疗必需的费用给付。

(2)误工费。当事人有固定收入的，按照本人因误工减少的固定收入计算，没有固定收入按最近三年平均收入或同行业人均收入来计算。

(3)住院伙食补助费。按交通事故发生地国家机关工作人员的出差伙食补助标准计算。

(4)护理费。伤者住院期间护理人员有收入的按照误工费的规定计算；无收入的，按照交通事故发生地平均生活费计算。

(5)残疾赔偿金。根据伤残等级，按照交通事故发生地人均可支配性收入计算，自定残之日起赔偿二十年，但六十周岁以上的，年龄每增加一岁减少一年。七十五周岁以上的按照五年计算。

(6)残疾用具费。因残疾需要配制补偿功能的器具的，凭医院证明按照普及型器具的费用计算。

(7)丧葬费。事故发生地区上年度六个月人均工资标准来计算。

(8)死亡补偿费。按照交通事故发生地区人均可支配性收入计算，补偿 20 年，六十以上每增加一岁减少一年，对七十五周岁以上按五年计算。

(9)被扶养人生活费。以死者生前或残疾者丧失劳动能力之前实际抚养的没有其他生活来源的人为限，按照交通事故发生地居民生活困难补助标准计算，对不满十八周岁的抚养到十八周岁，对无劳动能力的人，抚养二十年，但六十周岁以上的每增一岁减少一年，七十五周岁以上的，按五年计算。

(10)交通费。按照当事人实际必需的费用计算凭据支付。

(11)住宿费。按照交通事故发生地国家机关一般工作人员出差住宿费标准计算凭据支付。参加处理交通事故的当事人亲属所需交通费、误工费、住宿费比照上述规定计算，但不得超过三人。

3. 道路交通事故损害赔偿的地区差异性

根据交通事故赔偿标准的规定，“城镇居民人均可支配收入”、“农村居民人均纯收入”、“城镇居民人均消费性支出”、“农村居民人均年生活消费支出”、“职工平均工资”等计算参数均按照政府统计部门公布的各省、自治区、直辖市以及经济特区和计划单列市上一年度相关统计数据确定。因此，尽管法律规定了事故赔偿范围和标准，但各地区在计算各赔偿项目时采用的参数不同,造成我国交通事故赔偿呈现较大的地区差异。

4. 通事故损害赔偿与事故损失费用

交通事故赔偿是从事故责任人的角度出发,按责任比例承担的事故损害赔偿的义务,其承担者是事故责任人,交通事故造成延误交通的损失不纳入事故赔偿范围。本章中,事故损失费用是对事故给全社会造成各种损失的货币衡量,不以事故责任划分。如交通延误的损失是由广大交通参与者承担,事故责任人不会对此进行赔偿。

因此,事故损失费用不等于交通事故赔偿额,赔偿额可能只是事故损失费用的一部分。事故赔偿不是本章叙述研究的主要内容,但一些损失项目的赔偿计算方法可为确定交通事故损失费用提供参考依据,赔偿数据也为计算事故损失提供样本。

第三节 交通事故损失费用构成和测算方法

确定事故损失费用构成和测算方法是评价道路交通事故损失费用的基础。本节在深入分析国内外研究成果的基础上,介绍了适合我国国情的交通事故损失费用构成和测算方法。

一、国外研究综述

国外在研究交通事故损失费用时,通常是从事故损失角度进行考察。

1. 事故损失构成

国内外有关文献资料表明,发达国家在交通事故社会经济损失领域进行了长期而深入的研究,已经形成了比较成熟的评价方法,评价结果已在实践中得到广泛应用。他们对交通事故损失构成的认识基本相同,但各自采用不同归类方法,使各自的损失费用组成更加适合自己的国情。

多数国家在构建交通事故损失分析体系时,主要是从社会损失费用角度出发,考虑交通事故对人、车、路、交通、环境和社会机构等造成的各种损失。但由于交通事故对交通延误和环境损害的损失费用难以估算,在实际经济分析中,通常只计算事故对人、车、路和社会机构造成的损失费用。交通事故损失组成的划分方式主要有以下几种。

(1)按直接损失和间接损失划分

如前所述,以美国为代表的一些发达国家采用按直接与间接损失对事故经济损失进行归类。

(2)依据事故损失的来源进行划分

日本在研究交通事故造成的经济损失时,将损失分为:当事人的直接损失、警察、法院等社会机构支出的费用、因交通事故阻塞等造成第三者的损失等。当事人的直接损失包括:产出损失、医疗费用、财物损失和律师辩护费用;社会机构支出的费用包括:警察及道路管理者处理事故的费用、道路设施的修缮费用等、消防及急救服务费用等、法庭裁决费用、保险业务费用。第三者的损失包括:因交通事故阻塞使第三者造成的时间和燃料的损失、第三者看望病人花费的时间和交通费用。

(3)依据资源的损失费用和恢复费用来划分

这种划分的方法是由德国的一项研究提出的。研究认为:一方面,由于交通事故的结果,致使人力或物力的资源遭到破坏或损伤(资源损失);另一方面,为了使遭到破坏的资源尽可能地恢复原状以及消除事故的后果,必须使用的人力和物力资源,即生产恢复性费用。这两种费用共同组成事故的经济损失。资源损失费用包括人力资源的损失、物力资源的损失。恢复性费用包括直接恢复性费用和间接恢复性费用。

2. 测算事故损失的基础理论

道路交通事故不仅带来了巨大的人员伤亡和人类身心的创伤,给社会也带来了巨大的经济损失。国外对事故经济损失测算问题进行了长期的研究,并将问题集中于人员伤亡损失的研究,形成了以下几种测算事故损失的基础理论。

(1)利益丧失理论

道路交通事故的受害者一旦死亡,其对社会的消耗和贡献均告终结,但这属于非正常死亡。与死者活着比较,非正常死亡者的余生应创造的价值因死亡而遭受损失。这种利益是并未实现只是预计在今后通过价格体现的价值。而且,这些价值不仅包括对社会生产的贡献,还包括死者活着时应该给别人带来欢乐愉悦等精神享受。

(2)投入产出理论

投入产出理论是研究国民经济中各种经济活动相互之间的投入与产出的关系。这里的"投入"是指任何经济系统从事某种经济活动都必须有所消耗,如人、财、物力。这里的"产出"是指各个系统内部诸要素间对人、财、物的分配使用去向以及其结果。国民经济中每种经济活动都既有投入又有产出。

(3)人力资本投资理论

通过投入产出分析,把人作为一种资本,它是国民财富的重要组成部分,人类后天获得的有用能力,全都可以算作资本的一部分。资本大,对社会贡献大,即产出大,一旦交通事故死亡,则损失大。

利益丧失原则侧重于考虑伤亡人员在未来对个人、家庭和社会贡献的损失,这些贡献包括社会产出、愉悦、生活质量等。投入产出理论和人力资本投资理论认为对人的投入是为了获得一定的知识,以提高智力和技术水平,获得更高的产出,人员伤亡的损失是人力资本投入的损失。利益丧失原则是从未来的角度看待伤亡的损失,人力资本投资理论是从过去的角度看待伤亡的损失。

3. 事故损失测算方法

欧美发达国家从20世纪30年代就开始研究交通事故损失,对交通事故的人员与物质损失进行量化计算。20世纪50、60年代,研究者们在对以往理论和方法修改的基础上,提出一些较有影响的事故损失评价方法,主要有如下七种:

(1)净产出法(Net Output Method)

交通事故损失是实际资源损失加上伤亡人员在期望寿命年限内的净产出。死亡人员的净产出可表示为:

$$\mathrm{NO} = \mathrm{PVGO} - C \times \frac{1}{q-f} \times \left(1 - \frac{f^{m}}{q^{m}}\right) \tag{23-1}$$

式中:NO——净产出;

PVGO——死亡人员的产出损失现值;

C——当年的年消费额，通常用人均消费额代替；

f——消费增长速度；

m——预期剩余寿命年数。

类似地，可以计算重伤和轻伤人员在歇工期间的净产出损失。

该方法有两方面的缺点：第一，没有从全社会角度考虑事故造成的所有损害，不满足全面性原则；第二，对于生产能力小的受害者，用净产出法测算的伤亡损失可能为负数。实际上，根据凯恩斯的经济理论，消费属于最终需求，是带动经济增长的重要力量。如果消费减少了，提供消费品的其他行业将承担一定损失，社会总产出会降低。因此用净产出法测算伤亡人员的产出损失是不正确的。

(2)保险赔偿法(Life Insurance Method)

交通事故的损失费用为实际的资源损失加上个人对生命(或肢体健康等)的投保额之和。

该方法没有从全社会角度出发构建事故损失费用，不满足全面性原则。而且，采用投保额表示伤亡者对生命或肢体健康损失的方法可能会扩大真实的损失损失费用。

(3)法院裁决法(Court Award Method)

伤亡的损失费用定义为法院裁决给伤亡人员或其赡养者的数额。此法计算的损失额等于实际资源损失加上法院裁决额。

该方法的事故损失费用构成同样存在缺陷，而且法院判决给伤亡人员的数额不一定真实反映伤亡人员及其家属遭受的各种损失。

(4)公共部门的不明确估算法

此法试图确定用于公共部门事故预防方面的不明确的交通事故费用和价值，决定、支持或反对影响安全的投资计划。例如，如果政府否决了一项耗用 100 万元预防 5 万人死亡的安全方案，则不明确的交通事故预防费用肯定小于 20 万元。

(5)总产出法(Gross Output Method)

交通事故损失是实际资源损失(如财物损失、医疗费用、事故处理费用、环境污染、交通延误等)，加上伤亡人员的产出损失现值。以死亡一人的交通事故为例，死亡者产出损失的现值为：

$$\mathrm{PVGO} = \mathrm{GDP} \times \frac{1+g}{q-g} \times \left[\frac{1+(1+g)^n}{1+(1+q)^n}\right] \tag{23-2}$$

式中：PVGO——交通事故死亡者的产出损失现值；

GDP——受害人当年的产出值，通常用人均国民生产总值代替；

n——损失的工作年数；

q——社会贴现系数；

g——经济增长速度。

类似地，可根据损失的工作时间计算重伤和轻伤人员的产出损失现值。

该方法对伤亡人员产出损失的测算方法比净产出方法更加合理，但没有考虑疼痛悲伤等精神损失和生活质量下降的损失。

(6)人力资本法(Human Capital Method)

交通事故损失包括受害者及其亲友承受的痛苦和悲伤，以及遭遇的生活质量下降。在数量上表现为总产出法所估算的损失额加上一部分反映痛苦和悲伤以及生活质量下降的损失额。

人力资本减去消费的方法在20世纪60年代初被广泛认可，到20世纪60年代中期以后，经济学家们对该方法提出批评，认为此法的计量方式不合理，从而提出人力资本法（即不需要从总的人力资本中减去将来的消费额），但前一种方法一直被美国国家安全委员会（NSC）采用（所以也称NSC法），且每年发表的数据仍被国家交通机构的分析专家们所使用。美国公路交通安全管理局（NHTSA）使用不减去消费的人力资本法（也称NHTSA法）计算的事故损失费用比减去消费的NSC法高约为2.5倍。

但是，人力资本法也存在着不足，它只考虑了劳动力创造价值的损失而没考虑劳动力向社会提供的支援、帮助、鼓励、幸福等无形价值，使用人力资本法就暗示着生产能力低的人对社会的价值小的问题，并且人力资本法没有考虑任何生活质量的问题，也没有考虑事故以后的恢复和后半生所经历痛苦和遭遇问题等，由于上述原因，一些发达国家逐渐采纳了支付意愿费用评价法。

(7)支付意愿法（Willingness To Pay Method，WTP）

支付意愿法确定的事故损失除包括车辆、路产、物损、医疗费用及社会机构支出的费用等实际损失，还包括健康和生活质量的价值，这种价值反映了人们为降低事故的数量或严重性，确保健康和安全而愿意支付时间及金钱等的意愿。这种方法优于总产量法的地方是考虑了社会心理精神的损失和生命安全的价值。减少死亡危险后的个人价值就是他为这种危险的转变而乐意付出的费用。由这种边际价值可能推算出生命的价值，或更严格意义上的拯救生命的价值，这是防止死亡而增益社会的合理计量方法。

实际资源损失可以用市场定价法进行评估，但人员伤亡损失如生命、肢体、悲痛和生活质量下降等，只能用非市场定价的方法进行评估，即人们为了避免伤亡损失而愿意支付的费用。该方法通过定义统计生命价值（Value of Statistical Life，VOSL）和统计伤害价值（Value of Statistical Injury，VOSI）来度量人员伤亡造成的疼痛、悲伤和生活质量下降的损失。WTP法计算的交通事故损失费用包括实际资源损失、伤亡人员的净产出损失和VOSL，其中：

$$\text{VOSL} = \frac{\text{平均 VTP}}{\text{死亡概率变化量}} \tag{23-3}$$

$$\text{VOSI} = \frac{\text{平均 VTP}}{\text{伤害概率变化量}} \tag{23-4}$$

例如，假设人们在某路段的死亡概率为3/100 000，如果将死亡概率降低为2/100 000，人们愿意为此支付的平均额为20元，则VOSL为200万元。类似地，可以得到VOSI。

美国的交通事故损失研究者们使用上述方法最终得出的平均生命价值在100～200万美元之间。美国职业安全和健康局（OSHA）认为人均生命的价值为350万美元，管理预算室（OMB）认为人均生命价值为100万美元。这两个值的折中值约为200万美元，与交通事故损失研究者们提供的数值相近。

WTP法反映了人们为降低受伤严重程度、避免遭受精神和生活质量下降的损失而愿意支付金钱的意愿，在数量上表现为净产出法计算的损失值加上人们愿意支付的数额。与总产出法相比，WTP法考虑了精神损失以及生活质量下降的损失；与人力资本法相比，WTP法根据意愿支付额来为精神损失和生活质量下降的损失定价，而不是主观地在总产出的基础上增加一定比例；因此，WTP法是评价伤亡损失较为正确的计量方法。

上述七种评估方法的差别主要在于人员伤亡损失的估计。净产出法认为政府的宏观目标是最大化社会财富，而且个人对社会财富的贡献等于其产出减去消费。对于生产能力小的受害者，用净产出法测算的伤亡损失可能为负数。实际上，根据凯恩斯的经济理论，消费属于最终需求，是带动经济的增长的重要力量。如果消费减少了，提供消费品的其他行业将承担一定损失，社会总产出会降低。由此引出总产出法。但是总产出也有缺陷，它仅仅考虑伤亡者对社会物质财富的贡献，没有考虑交通事故给伤亡者及其亲友造成的精神伤害和生活质量下降等损失，表现为总产出法估计的损失不仅没有反映人们遭受的"疼痛、悲伤和痛苦"等精神损失，而且没有考虑生活质量下降的问题。因此，在20世纪70年代至20世纪80年代末，部分学者认为应考虑精神损失，提出了人力资本法，即将一部分反映"疼痛、悲伤、痛苦"等损失的价值加上总产出法计算的损失值。但是人力资本法没有考虑受害人的生活质量问题，也没有考虑受害人康复后所承受的痛苦和生活不便等等。而且人力资本法没有提出较好的方法来估计反映"疼痛、悲伤、痛苦"等精神损失的价值，而是主观地在总产出法的基础上增加一个比例来反映交通事故损失。

二、国内研究综述

1. 事故损失的组成与分类

中国交通事故的总体统计数据，目前采用，即交通事故总次数、死亡人数、受伤人数、直接经济损失四项统计指标；而对间接经济损失和对社会经济发展的影响没有计量，这不符合社会经济发展的要求，也不利于对交通事故损失的深入研究和对预防交通事故的科学决策。

在研究交通事故对整个社会经济的损失和影响时，可以不考虑各部分损失到底归属于哪一类或哪方负担，而是从整个社会的角度确定事故损失费用的组成，可对事故损失费用分类如下：

(1)人员伤亡的损失。这部分损失是由于交通事故导致人员伤亡而对社会或国民经济造成的损失。主要包括以下几个部分：死亡者创造价值的损失、医疗、丧葬等费用；受伤者劳动能力下降而使社会劳动价值减少，受伤者及其家庭、亲友的生活质量及精神损失等费用。

(2)物质财物的损失。这里的物质财物损失仅指直接损失，即财物、车辆、道路交通设施的折款额。

(3)社会机构的服务消耗。这部分损失包括所有处理交通事故的社会机构所耗费的工作量及事故处理费用、紧急设施的消耗费用等，这些机构包括警察、消防、保险、福利机构、法务机构等。涉及有关机构的行政费用、相应紧急设施的消耗费用。

(4)交通延误等造成的社会经济损失。交通事故社会延误损失是指交通事故所造成的相应的车辆拥堵、使人的社会活动和生产活动受到影响等方面的损失。

(5)交通事故污染损失。交通事故污染损失是指交通事故导致的环境污染等方面的损失。

2. 事故损失计量方法

建国以来，我国对交通事故损失及其形成原因只是停留在统计的层面上，而且统计数据不够细化，对交通事故造成的各种损失也仅是肤浅的认识，没有把评价、决策、投资等方面有机地结合起来。直到20世纪80年代，我国一些学者才开始对交通事故经济损失的评价方法进行了一些初步研究。

(1)死亡损失的培养损失费用折算法

基本思路如下：在某一类人员中因交通事故死亡1人，可以认为到他退休之前给国家造成的经济损失与他遭遇不幸时的培养损失费用成正比，他在退休后的余热贡献也与培养损失费用成正比，其总损失为：

$$C_i = \alpha_i \times P_i \times A \times \beta_i \times P_i \quad (i = 1, \cdots, 7) \tag{23-5}$$

式中：C_i——第 i 类人员交通事故死亡给国家造成的经济损失；

P_i——第 i 类人员交通事故死亡时的培养损失费用；

α_i——第 i 类人员每年贡献与培养损失费用之比；

β_i——第 i 类人员退休后的余热总贡献与培养损失费用之比；

A——退休年龄与死者年龄之差。

对于上述公式，当参数 α_i 和 β_i 确定后，只要知道各年交通事故死者的年龄分布和职业分布，就能算出各年交通事故给国家造成的经济损失和变化趋势。式(23-5)中参数 α_i 和 β_i，尚需大量研究才能确定。

(2)产出损失产出法

某些专家学者认为交通事故造成的产出损失包括伤亡者不能完成的工作所造成的产出损失和工作能力降低造成的产出损失，并采用产出法测量交通事故造成的产出损失。所计量的产出损失是未来期望的产量或收入的现值之和。通过建立估算死亡、重伤(终身致残、暂时性致残和非致残)和轻伤人员的产出损失模型，得到各种类型受害者的工作时间损失和产出损失等参数，使研究成果具有实用性。

(3)生活质量损失的综合指标法

某些专家学者认为交通事故造成人体某些部位器官、系统的损失，而产生某些功能的损失，这会使事故幸存者的生活质量在某种程度上发生质的下降。生活质量下降包括：受害者遭受的疼痛和痛苦；受害者工作能力下降引起的生活水平下降以及生活能力的下降；受害者家人和朋友的生活质量的下降。

选取衡量生活质量的灵活性、认识能力、自理能力、感觉能力、容貌、疼痛等六项计量指标，并对计量指标的严重程度进行分类，在此基础上建立测算生活质量损失比例和生活质量损失年数的计量模型。在对交通事故造成生活质量损失的计量时，采用年平均国民收入来计量生活质量的经济损失。

(4)亲属精神损失的灰色决策法

某些专家采用悲伤指数表示死亡者家庭及其亲属的悲伤和痛苦程度，亲属的悲伤指数由死亡者生前的健康程度、年龄、受教育程度和职业培训等因素决定。运用投入产出理论和灰色决策方法建立了交通事故死亡者亲属精神损失的计量模型，确定了该计量模型中的投入指标，并对交通事故死亡者亲属的精神损失状况进行了具体的测算。

三、中国交通事故损失费用构成

《道路交通事故统计年报》显示的交通事故直接经济损失是指事故现场造成的车辆、物质损失的折款，不包括人员伤亡造成的损害赔偿经济损失、因交通事故导致交通阻塞而带来的时间及燃料的浪费以及对社会生产、环境的影响等间接损失。本书构建的交通事故损失费用构成，不仅包括直接损失与间接损失的所有组成部分，还通过相应的理论方法对其量化。

1. 事故损失费用计量指标选取原则

交通事故损失费用是对交通事故损失的货币量化，交通事故损失费用指标应当与事故损失具有一一对应的关系，确保事故损失得到充分反映，而且事故的每项损失费用是可估算的。因此，事故损失费用计量指标应当具有准确性和可操作性的特点，选取计量指标时应考虑以下几方面。

(1)全面性原则

所谓"全面性"是指事故损失费用计量指标体系能够真实、全面地反映事故损失的构成。从整个社会角度出发，探讨对交通事故给社会所造成总损失的货币量化问题，在确定损失费用计量指标时，要考虑计量指标的"全面性"问题，既不能缺漏损失费用项目，也不能重复计量损失费用项目。

(2)可操作性原则

要获得比较准确的损失费用数值结果，就要求在选取计量指标时必须考虑可操作性原则，才能达到用货币量化事故损失的目的。所以说指标的可操作性是计量损失费用的重要条件。

(3)可比性原则

同时，对交通事故损失的评价结果能够与其他国家或地区相互比较，通过对比分析获得有关经验和教训，使我国交通事故社会经济损失评估工作更趋于科学化、程序化，为在交通安全方面的决策提供可靠依据。

2. 事故损失费用构成与划分

如前所述，各国对事故损失组成内容的认识大体相同，但根据各自的情况采取了不同的归类方式和定价方法，使得事故损失费用具有很大的差异性。本书在分析国内外对交通事故经济损失费用组成研究成果的基础上，结合中国交通事故损失信息记录的特点，构建了我国交通事故损失费用体系。本书不考虑事故损失费用的具体归属问题，而是从整个社会角度确定交通事故损失费用组成，对交通事故损失费用进行如下分类：

(1)医疗费用

指所有与伤亡人员的治疗和康复直接相关的费用，包括住院费、治疗费、护理费、药费、看护人员误工费、设备费用和康复费用等。

(2)产出损失

交通事故造成的人员死亡，引起社会劳动力资源的损失，在其有劳动力和社会经济创造能力的时间内，不能再为社会创造价值。因此，产出损失指伤亡人员在其期望寿命年限内，由于工作时间损失所造成的对国民经济产出贡献的减少值。

(3)疼痛、悲伤等精神损失

伤亡交通事故不仅使事故受害者遭受疼痛折磨，还会引起受害者家属的悲伤情绪。

(4)生活质量下降的损失

生活质量指人们生活水平和生活状况的总体描述。从客观方面讲，生活质量是指人们生活条件的充分程度；从主观方面讲，生活质量是人们对自身和自身所处生活条件与环境的各种评价和满意程度。交通事故使交通事故受害者在康复后继续遭受疼苦和生活不便，使受害者本人及其家庭生活质量下降。

(5)财物损失

财物损失是指事故现场造成的车辆、货物、道路交通设施等财物损毁的实际价值,包括货物、车辆和交通设施损失的折款额。社会按照物质资源的使用可能性对其社会价值进行估算。当财产因交通事故遭到破坏或被毁时,其使用的可能性就会减少或消失。因此社会就会蒙受这部分价值损失。交通事故中被损坏的实物资产如车辆、道路设施、货物其他财物,需要用社会物资对其进行维修或更换以恢复至受损前的状态。用于维修的物资消耗意味着这些物资小可能再用于其已消费或生产的需求,该维修费用也是由社会承担的损失费用,可用作替代交通事故造成的价值损失。

(6)社会机构服务消耗损失

交通事故致使社会劳动力资源遭到损失和车辆、货物等物质遭到破坏。为了使遭到损失或破坏的资源尽可能地恢复原状以及消除事故的后果和影响,一些社会机构必须消耗时间、投入人力和物力资源为交通事故的处理提供必要的服务,从而减少了这些机构和资源用于其已活动的可能性,由此造成的损失称为社会机构服务损失。这部分服务损失包括所有处理交通事故的社会服务机构所耗费的人力、物力和财力。这些机构包括:急救中心、警务机构、律师事务所、消防机构、保险公司、公检法机关等。

(7)交通延误损失

交通事故发生后,因道路发生不同程度的堵塞所导致驾乘者和货物在途时间增长而额外增加的运输费用,包括驾乘者时间损失。驾乘者时间损失交通事故引起道路车辆延误,致使驾乘者在途时间增加,使能创造的国民收入相应减少,这部分因时间延误使国民收入减少的份额就是驾乘者时间损失。

(8)环境污染损失

交通事故发生后,承载货物泄露会对水体、大气、森林、土壤等环境资源造成损害。这部分事故损失费用在数量上等于将受损环境恢复为正常状况所需的费用。

(9)丧葬费用

上述损失费用项目中,医疗费用、产出损失、疼痛悲伤等精神损失、生活质量下降的损失和丧葬费用是与人员伤亡有关的损失损失费用,其余损失费用项目与物质财产损失和社会生产资源(劳动时间)损失和环境损失有关。其中的实际资源损失,如医疗费用、丧葬费用、车辆路产损失和劳动时间损失的损失费用等可以通过观察市场定价行为得到。但是,与伤亡有关的疼痛、悲伤和生活质量下降等损失项目却难以确定。

四、中国交通事故损失费用测算方法

前述七种损失费用测算方法的区别主要在于人员伤亡损失的组成和估计,其中总产出法、人力资本法和支付意愿法的应用较为广泛。这三种方法所计算的事故损失费用有共同部分,如车辆损失,社会机构的服务消耗损失、医疗费用、丧葬费用以及人员伤亡的医疗费用、丧葬费用和产出损失等。总产出法是基于历史数据估计交通事故的损失,人员伤亡损失包括医疗费用、丧葬费用和产出损失。支付意愿法的人员伤亡损失不仅包括医疗费用、丧葬费用和产出损失,还包括生活质量下降和受害者遭受的痛苦、悲伤等,并通过考虑人们愿意为了避免遭受交通事故风险而愿意支付的货币来估计该部分损失的损失费用。人力资本法的人员伤亡损失包括医疗费用、丧葬费用、产出损失和受害者遭受的疼痛、悲伤损失，并取总产出法所计算损失费用的一定比例作为受害者疼痛、悲伤的损失费用。

国外应用支付意愿法评估死亡人员和伤害人员生活质量下降和遭受的痛苦、悲伤等损失损失费用时，称之为统计生命价值（Value of Statistical Life，VOSL）和统计健康价值（Value of Statistical Health，VOSH），其中统计健康价值按受伤严重程度分为统计重伤价值（Value of Statistical Serious Injury，VOSSI）和统计轻伤价值（Value of Statistical Light Injury，VOSLI），本书采用该表示方法。

交通事故损失费用测算方法取决于政府目标和数据的可获得性。一般地，如果政府目标追求经济增长和最大化国民生产总值，可以采用总产出法；如果政府目标是最大化社会福利，支付意愿法的评估结果更能反映交通事故的社会损失费用，更适用于道路交通安全工程的损失费用效益分析。国外研究认为，发达国家居民对风险的认识能力高于发展中国家的居民，更容易准确回答调查问卷中关于风险和支付意愿的问题，因此多数发达国家采用支付意愿法，而绝大多数发展中国家采用总产出法和人力资本法。

第四节　交通事故损失费用说明

一、死亡人员的产出损失(LO)

从整个社会角度看，交通事故造成人员伤亡不仅受害者支出的医疗费用等直接损失费用，还引起社会劳动力资源损失等间接损失费用。本书参照国内外研究的方法，以伤亡者在有劳动力的时间内，由于不能再为社会创造经济价值，以对社会创造收入的减少来衡量伤亡人员的产出损失。

1. 参数标定

在评价受害者的产出损失时，会涉及到一些社会经济参数的取值问题，因此先明确有关参数的定义和取值。

(1)人均国民收入

国民收入是指物质生产部门劳动者在一定时期所创造的价值，从社会总产值中扣除物质消耗后的剩余部分就是国民收入，国民收入（价值形态）＝社会总产值－已消耗生产资料价值或国民收入（实物形态）＝社会总产品－已消耗生产资料。国民收入除以劳动人口总数就是人均国民收入。应用时，采用《中国统计年鉴》公布的人均国民收入数据。

(2)国民收入增长率

近二十年来，我国经济处于一个快速发展期，国民经济保持高速增长。有关统计资料显示，发达国家的经济增长率一般不超过4%，中等发达国家的平均增长速度为7%～8%，世界经济的平均增长速度约为3%。我国宏观经济的长期目标是到本世纪中叶达到中等发达国家水平。根据世界银行等权威经济部门的估计，我国在随后的几十年将进入比较稳定的发展阶段。基于上述原因，假定未来几十年的我国国民收入增长率为8%，此速度符合我国宏观经济现状和中等发达国家的历史经济增长速度。

(3)社会贴现率

经济金融学的基本原理表明资金具有时间价值，即不同时间点上的相同数额的现金流的现值不相同。要对不同时间点上的资金相加，必须用特定的利率将不同时间点上的资金换算成相同时间点上的资金才能进行相加，该利率就称为经济贴现率，又称社会贴现率，它代表了资本的机会损失费用。

社会贴现率的确定应体现国家的经济发展目标和宏观调控意图。美国作为发达国家其国民经济增长率不超过4%，有关公路安全的经济研究建议采用6%的贴现率，这也是美国国家安全委员会、消费产品安全委员会和国家健康统计中心计算死亡损失时所采用社会贴现率。根据我国经济发展水平和发展形势的分析，我国随后几十年的经济增长率取为8%，资金的机会损失费用相应较高，因此取社会贴现率取为6%。

(4)期望寿命

根据《中国统计年鉴(2006)》，我国2000年的居民期望寿命为71.4岁。卫生部2008年1月公布了2003～2007年我国卫生发展情况简报，指出2003年以来，居民期望寿命由2000年71.4岁提高到2006年73岁。

2. 事故死亡者的产出损失(LOF)

对某一年度(基准年份)的交通事故造成人员伤亡的经济损失，以该年度有工作能力的人员的人均国内生产总值为基数，考虑国内生产总值的经济增长率进行影响年份(可以给社会创造价值的可利用时间)的经济损失计算，同时将影响年份的经济损失进行折现计算。

死亡人员年龄小于18岁时，在未满18岁的时间段内不计算其产出损失，在满18岁以后按照全生产能力进行计算；死亡人员满18岁以后按全生产能力的损失时间开始计算其产出损失；满60岁至期望寿命时间段按照具有25%的部分劳动力能力计算。依据交通事故统计资料的年龄分段，分别计算出各个年龄段的平均计算年龄，计算出损失全劳动力工作时间和部分劳动力工作时间(见表23-5)。对各个年龄段的全劳动力工作时间和部分劳动力工作时间分别进行计算。

各年龄段工作时间计算表　　表23-5

序　号	年 龄 段	计 算 年 龄	全劳动力工作时间(年)	部分劳动力工作时间(年)
1	0～6岁	3	42	13
2	7～9岁	8	42	13
3	10～12岁	11	42	13
4	13～15岁	14	42	13
5	16～20岁	18	42	13
6	21～25岁	23	37	13
7	26～30岁	28	32	13
8	31～35岁	33	27	13
9	36～40岁	38	22	13
10	41～45岁	43	17	13
11	46～50岁	48	12	13
12	51～55岁	53	7	13
13	56～60岁	58	2	13
14	61～65岁	63	0	10
15	65岁以上	70	0	3

(1)全劳动力工作时间内的产出损失(LO_{1j})

各个年龄段死亡人员的全劳动力工作时间内的产出损失现值为:

$$LO_{1j}=\sum_{i=1}^{n_j}Y\times\frac{(1+g)^i}{(1+q)^i}=Y\times\frac{(1+g)}{(q-g)}\times\left(\frac{(1+g)^{n_j}}{(1+q)^{n_j}}\right)\quad(j=1,\cdots,15)\tag{23-6}$$

式中:LO_{1j}——第 j 年龄段死亡者全劳动时间内的产出损失现值;

n_j——第 j 年龄段死亡者的全劳动时间;

Y——死亡当年的人均国民收入,2006 年我国人均国民收入为 14 107 元;

g——人均国民收入增长率,取为 8%;

q——社会贴现率,取为 6%。

各年龄段死亡者全劳动力时间产出损失见表 23-6。

(2)部分劳动力工作时间内的产出损失(LO_{2j})

部分劳动力工作时间内的产出损失现值的计算方法为:

$$LO_{2j}=\sum_{i=n_j+1}^{n_j+m_j}K\times Y\times\frac{(1+g)^i}{(1+q)^i}\quad(j=1,\cdots,15)\tag{23-7}$$

式中:LO_{2j}——第 j 年龄段死亡者部分劳动时间内的产出损失现值;

m_j——第 j 年龄段死亡者的部分全劳动时间;

K——国民收入折减系数,取 0.25。

n_j、Y、g、q 的含义与上式相同。

各年龄段死亡者部分劳动力时间产出损失见表 23-6。

事故死亡者的产出损失 表 23-6

年龄分组	死亡人数	占总数(LO_{1j})	LO_{1j}	LO_{2j}	$LO_{1j}+LO_{1j}$	$p_j\times(LO_{1j}+LO_{2j})$
0~6 岁	2 415	2.70%	908 466	114 857	1 023 322	27 630
7~9 岁	1 029	1.15%	908 466	114 857	1 023 322	11 768
10~12 岁	734	0.82%	908 466	114 857	1 023 322	8 391
13~15 岁	1 091	1.22%	908 466	114 857	1 023 322	12 485
16~20 岁	6 029	6.74%	908 466	114 857	1 023 322	68 972
21~25 岁	7 514	8.40%	759 436	104 608	864 045	72 580
26~30 岁	8 167	9.13%	623 704	95 275	718 979	65 643
31~35 岁	10 396	11.62%	500 083	86 774	586 857	68 193
36~40 岁	11 263	12.59%	387 492	79 031	466 523	58 735
41~45 岁	9 625	10.76%	284 947	71 980	356 926	38 405
46~50 岁	7 192	8.04%	191 552	65 557	257 109	20 672
51~55 岁	6 861	7.67%	106 490	59 708	166 197	12 747
56~60 岁	5 036	5.63%	29 018	54 380	83 398	4 695
61~65 岁	3 560	3.98%	0	39 143	39 143	1 558
65 岁以上	8 543	9.55%	0	10 985	10 985	1 049
合计	89 455	100%				473 523

(3)平均死亡一人的产出损失(ALOF)

死亡人员年龄未知时,平均死亡一人的产出损失为:

$$ALOF=\sum_{j=1}^{15}p_j\times(LO_{1j}+LO_{2j})\quad(j=1,\cdots,15)\tag{23-8}$$

式中:ALOF——平均死亡一人的产出损失现值;

p_j——第 j 年龄段死亡人数占死亡总数的比例;

LO_{1j}、LO_{2j}——分别表示第 j 年龄段的死亡者在全部劳动时间和部分劳动时间内的产出损失现值。

由表 23-6 可知,平均每死亡一人的产出损失为 473 523 元。

3. 事故重伤者的产出损失(LOSI)

(1)事故重伤者的产出损失计算方法

交通事故重伤可分为终生致残性重伤、暂时性致残重伤、非致残性重伤。终生致残是指使人体至少一年时间不能恢复工作,且工作能力终生不能恢复到受伤前的状态的重伤。暂时性致残重伤是指使人体有一月以上的时间不能恢复工作,但劳动能力在年内能够恢复的重伤。非致残性重伤是指人体在一个月以内不能恢复工作、生活能力的重伤,但不会导致终生残废和暂时致残的重伤。事故重伤者劳动时间损失见表 23-7。

交通事故重伤劳动时间损失情况表 表 23-7

重伤类型	占重伤比例(%)	平均不能工作天数(d)	工作能力降低年数(年)	工作能力降低程度(%)
终身致残性重伤	4.7	333	终身	43
暂时性致残性重伤	8.7	144	5	25
非致残性重伤	86.6	73	0	0

重伤情况下,其产出损失包括两部分:第一部分是完全不能工作时造成的产出损失(I)(表 23-8);第二部分是受害者工作能力下降而造成的损失(II)(表 23-9 和表 23-10)。第一部分损失为:

$$LOSI_{I,k}=Y\times\frac{n}{250}\quad(k=1,2,3)\tag{23-9}$$

式中:$LOSI_{I,k}$——第 k 类重伤者工作能力完全丧失期间的产出损失;

Y——死亡当年的人均国民收入,2006 年我国人均国民收入为 14 107 元;

n——平均不能工作的时间;

250——1 年的工作日。

重伤人员产出损失 I 表 23-8

重伤类型	平均不能工作天数(d)	平均产出损失(元)
终身致残性重伤	333	18 791
暂时性致残性重伤	144	8 126
非致残性重伤	73	4 119

终身致残性重伤人员产出损失 II

表 23-9

分　组	占总数($p_{1,j}$)(%)	损失年数(年)	$LOSI_{I,1}$	$LOSI_{II,1}$	$p_{1,j}\times(LOSI_{I,1}+LOSI_{II,1})$
1～9 岁	3.11	68	0	840 087	26 127
10～15 岁	2.55	60	0	677 908	17 287
16～20 岁	8.57	55	18 791	588 194	69 199
21～25 岁	11.21	50	18 791	506 484	75 568
26～30 岁	11.84	45	18 791	432 065	69 948
31～35 岁	13.82	40	18 791	364 286	69 135
36～40 岁	13.61	35	18 791	302 555	59 969
41～45 岁	10.79	30	18 791	246 332	45 370
46～50 岁	7.15	25	18 791	195 125	32 742
51～55 岁	6.12	20	18 791	148 488	27 878
56～60 岁	3.99	15	18 791	106 011	23 021
61～65 岁	2.43	10	0	67 325	1 636
65 岁以上	4.81	4	0	25 430	1 223
合计	100				519 103

暂时致残性重伤人员产出损失 II

表 23-10

分　组	占总数($p_{2,j}$)(%)	损失年数(年)	$LOSI_{I,2}$	$LOSI_{II,2}$	$p_{1,j}\times(LOSI_{I,2}+LOSI_{II,2})$
1～9 岁	3.11	68	0	488 423	15 190
10～15 岁	2.55	60	0	394 133	10 050
16～20 岁	8.57	55	8 126	341 973	37 433
21～25 岁	11.21	50	8 126	294 466	41 136
26～30 岁	11.84	45	8 126	251 208	37 868
31～35 岁	13.82	40	8 126	211 794	37 396
36～40 岁	13.61	35	8 126	175 904	32 067
41～45 岁	10.79	30	8 126	143 216	23 579
46～50 岁	7.15	25	8 126	113 445	16 237
51～55 岁	6.12	20	8 126	86 330	13 409
56～60 岁	3.99	15	8 126	61 636	10 585
61～65 岁	2.43	10	0	39 143	951
65 岁以上	4.81	4	0	14 785	711
合计	100				276 613

第二部分损失为：

$$LOSI_{II,k,j}=\sum_{i=1}^{n_{k,j}}\times Y\times\frac{(1+g)^{i}}{(1+q)^{i}}\times a_{k}=a_{k}\times Y\times\frac{(1+g)}{(q-g)}\times\left(1-\frac{(1+g)^{n_{k,j}}}{(1+q)^{n_{k,j}}}\right)$$

$$(k=1,2,3;j=1,\cdots,13) \tag{23-10}$$

式中：$k=1,2,3$——分别表示终身致残性重伤、暂时致残性重伤和非致残性重伤；

$LOSI_{II,k,j}$——第 k 类重伤者中第 j 年龄段重伤人员因事故使工作能力降低而损失的收入的现值和；

a_k——平均的工作能力降低系数。终身致残性重伤情况下，$a_1=0.43$；暂时性致残性重伤情况下，$a_2=0.25$；非致残性重伤情况下，$a_3=0$；

$n_{k,j}$——第 k 类重伤者中第 j 年龄段重伤人员工作能力降低的年数，终身致残性重伤情况下，$n_{k,j}$为受伤时间到期望寿命之间的年数；暂时性致残性重伤情况下，$n_{k,j}$为 5 年；

Y、g、q 的含义与上式相同。

(2)平均重伤一人的产出损失(ALOSI)

死亡人员年龄未知时，平均重伤一人的产出损失为：

$$ALOSI=\sum_{k=1}^{3}ps_{k}\times(LOSI_{I,k}+\sum_{j=1}^{15}LOSI_{II,k,j}) \tag{23-11}$$

式中：ALOSI——平均重伤一人的产出损失现值；

ps_k——第 k 类重伤者占重伤人数的比例；

$LOSI_{I,k}$——第 k 类重伤者工作能力完全丧失期间的产出损失；

$LOSI_{II,k,j}$——第 k 类重伤者中第 j 年龄段重伤人员因事故使工作能力降低而损失的收入的现值和，特别地非致残性重伤的第二部分产出损失 $LOSI_{II,3,j}=0$；

$p_{k,j}$——第 k 类重伤者中第 j 年龄段重伤人员占第 k 类重伤者的比例。

由表 23-7～表 23-10 可知平均重伤一人的产出损失为：

ALOSI＝4.7%×519 103＋8.7%×2 776 613＋86.6%×4 119＝52 030(元)

4. 事故轻伤者的产出损失(ALOLI)

轻伤人员不能工作的时间为 20d，因此得：

$$ALOLI=Y\times\frac{n}{250} \tag{23-12}$$

其中：n 表示轻伤人员不能工作的平均时间，取为 20 天，Y 为人均国民收入；因此轻伤一人的产出损失平均为：ALOLI＝14 107×20/250＝1 129(元)。

5. 推广应用

由前述研究可知，伤亡人员的产出损失与计算年度的人均收入水平呈正比关系，而人均收入水平与计算地区和计算年度有关。前述采用了 2006 年度的人均国民收入数据，利用前述研究成果和计算地区的人均国民收入，可采用下述方法计算地区在计算年度内交通事故伤亡人员的人均产出损失：

$$\left.\begin{aligned}ALOF&=ALOF_{2006}\times Y/Y_{2006}\\ALOSI&=ALOSI_{2006}\times Y/Y_{2006}\\ALOLI&=ALOLI_{2006}\times Y/Y_{2006}\end{aligned}\right\} \tag{23-13}$$

式中：$ALOF_{2006}$、$ALOSI_{2006}$、$ALOLI_{2006}$——分别表示为2006年度全国范围内的死亡、重伤、轻伤一人的平局产出损失；

Y——该地区在计算年度的人均收入；

Y_{2006}——2006年全国的人均国民收入。

【例】根据《中国统计年鉴(2007)》，北京地区2006年的人均国民收入为45 444元。所以，该地区2006年交通事故死亡、重伤和轻伤的平均产出损失分别为：

$$
\begin{aligned}
ALOF_{BJ2006} &= 473\,523 \times 45\,444/14\,107 = 1\,525\,397(\text{元}) \\
ALOSI_{BJ2006} &= 52\,030 \times 45\,444/14\,107 = 167\,608(\text{元}) \\
ALOLI_{BJ2006} &= 1\,129 \times 54\,444/14\,107 = 3\,637(\text{元})
\end{aligned}
\tag{23-14}
$$

二、伤亡人员医疗费用

伤亡人员的医疗费用是基于实际伤亡人员医疗费用数据计算得到。

1. 事故死亡者的平均医疗费用(AMEF)

据研究资料表明：交通事故死亡的人员中，约有1/4的人在入院治疗后的当日内死亡；约有1/4的人在入院治疗后当日存活，但在随后的6日内死亡；其余1/2的人是当场死亡或在入院过程中死亡。事故死亡者的平均医疗费用为：

$$AMEF = \text{当日死亡者人均医疗费用}/4 + \text{当日存活死亡者的人均医疗费用}/4 \tag{23-15}$$

据从上海某创伤医院获得关于上海市2006年交通事故死亡者医疗费用数据，经计算得到如表23-11所示的结果。因此，代表上海市2006年度交通事故中死亡一人的平均医疗费用是：

$$AMEF_{SH2006} = 7\,512.7 \times 1/4 + 14\,656.3 \times 4.03/4 = 16\,644\text{元} \tag{23-16}$$

交通死亡者的医疗费用　　表23-11

类　型	日均医疗费用(元/人·天)	平均住院时间(d)	人均医疗费用(元/人)	备　注
当日死亡	7 512.7	1	7 512.7	
当日存活	3 633.4	4.03	14 656.3	
7日内死亡	3 971.5	3.19	12 670.2	

2. 事故重伤者的平均医疗费用(AMESI)

据从上海某创伤医院获得2006年交通事故重伤者医疗费用数据，经计算得到如表23-12所示的结果。因此，代表请上海市2006年度交通事故中重伤一人的平均医疗费用是$AMESI_{SH2006}=27\,458$(元)。

交通受伤者的医疗费用　　表23-12

类　型	日均医疗费用(元/人·天)	平均住院时间(d)	人均医疗费用(元/人)	备　注
重伤	1 422.7	19.3	27 458	
轻伤	1 122.3	11.3	12 682	

3. 故轻伤者的医疗费用(AMELI)

据从上海某创伤医院获得 2006 年交通事故轻伤者医疗费用数据,经计算得到如表 23-12 所示的结果。因此,代表上海市 2006 年度交通事故中轻伤一人的平均医疗费用是 $AMELI_{SH2006}=$ 12 682(元)。

4. 推广应用

笔者依据从上海某医院调研所得数据,计算了上海市 2006 年度交通事故伤亡的平均医疗费用。很明显,平均医疗费用与该地区的医疗服务价格水平直接相关。但现有统计资料中,没有地区间医疗服务价格水平的对比数据,不能直接得到其他地区的平均医疗费用。

医疗服务价格水平与地区的经济发展水平、医疗服务水平和居民的支付能力等存在明显的正相关关系,并集中表现为医疗服务价格水平与居民平均工资收入的正相关关系。本书提出粗略估计全国及其他地区计算年度交通事故伤亡平均医疗费用的方法:

$$
\begin{aligned}
AMEF &= AMEF_{SH2006} \times AI/AI_{SH2006} \\
AMESI &= AMESI_{SH2006} \times AI/AI_{SH2006} \\
AMELI &= AMELI_{SH2006} \times AI/AI_{SH2006}
\end{aligned}
\tag{23-17}
$$

式中: AI_{SH2006}——上海地区 2006 年的平均工资,AI 表示地区在计算年度内的平均工资;

$AMEF_{SH2006}$、$AMESI_{SH2006}$、$AMELI_{SH2006}$——分别表示上海市 2006 年度交通事故伤亡平均医疗费用。

【例】 2006 年度全国和上海市的年平均工资为 18 364 和 34 345 元。因此 2006 年度全国范围交通事故伤亡的人均医疗费用为:

$$
\begin{aligned}
AMEF &= 16\,646 \times 18\,364/34\,345 = 8\,900(\text{元}) \\
AMESI &= 27\,458 \times 18\,364/34\,345 = 14\,682(\text{元}) \\
AMELI &= 12\,686 \times 18\,364/34\,345 = 6\,781(\text{元})
\end{aligned}
\tag{23-18}
$$

三、事故平均路产损失费用(ALR)

依事故类型,将路产损失费用划分为如表 23-13 所示的四类,其中 ALRP 表示 PDO 事故的平均路产损失费用,其余路产损失费用代码的含义以此类推。各种类型事故的平均路产损失费用是对从北京市路政局获得的数据采用算术平均法得到(见表 23-13)。因此,一起交通事故的平均路产损失为:ALR=2 928。

事故平均路产损失 表 23-13

事故类型	路产损失费用代码	平均路产损失(元)	备注
PDO 事故	ALRP	1 946	
死亡事故	ALRF	9 418	
重伤事故	ALRS	2 725	
轻伤事故	ALRL	890	
平均	ALR	29 28	

绝大部分路产是政府在全国范围内以招标方式购入的，因此各地区路产的投入损失费用大体相当，各地区每起交通事故的平均路产都取为2 928元。

四、事故平均车辆损失费用(ALV)

依事故类型，将车辆损失费用划分为如表23-14所示的四类，其中ALVP表示PDO事故的平均车辆损失费用，其余车辆损失费用代码的含义以此类推。各种类型事故的平均车辆损失费用是对从太××保险公司和华××保险公司获得的数据采用算术平均法得到(见表23-14)，该两公司的数据是2006年度全国范围内数据。因此，全国范围内2006年度一起交通事故的平均车辆损失为：ALV=2 928元。

平均车辆损失数据 表23-14

事故类型	车辆损失费用代码	平均车辆损失(元)	备注
PDO事故	ALVP	1 340	
死亡事故	ALVF	8 580	
重伤事故	ALVS	4 643	
轻伤事故	ALVL	2 861	
平均	ALV	2 784	

车辆维修服务价格水平与居民收入水平的数量关系类似医疗服务价格水平与居民收入水平的关系。本书提出粗略估计其他地区计算年度事故平均车辆损失的方法：

$$ALV_D = ALV \times AI_D / AI_{2006} \tag{23-19}$$

式中：AI_{2006}——全国2006年的人均工资；

AI_D——该地区在计算年度内的人均工资；

ALV——全国范围内2006年度的交通事故平均车辆损失费用，取2 784元；

ALV_D——该地区计算年度内交通事故造成的平均车辆损失。

【例】2006年度全国和山东省的年平均工资为18 364和16 614元。因此2006年度山东地区交通事故的平均车辆损失为：

$$ALV_{SD} = 2\,784 \times 16\,614 / 18\,364 = 2\,519\text{元} \tag{23-20}$$

五、事故平均社会机构损失费用(ALS)

社会机构的损失是指交通事故发生后，急救、交通、消防、公检法、保险等五个部门为解决其引起的一系列的后果而引起的物质损耗和劳动服务的增加。社会机构损失费用是指对社会机构损失的货币量化。

急救部门的损失包括急救人员的服务、急救车辆的损耗和油耗、其他急救器材的损耗等。交通部门的损失包括交通事故处理、管理人员的服务、交通事故管理部门运输的车辆损耗和油耗。消防部门的损失包括消防人员的服务、消防材料的消耗、消防车辆的损耗和油耗。公检法部门的损失包括人员的服务、办公器材的损耗等。根据各部门处理交通事故的工作比例，确定这些行政部门处理交通事故的损失费用占行政费用的比重。

保险部门的损失费用包括保险公司在理赔过程中发生的理赔费用和赔偿费用。其中,有关车辆和人员医疗费用的赔偿已分别列入车辆损失费用和人员伤亡医疗费用,不再列入社会机构的损失费用。根据华××保险公司的2006年的数据,平均每起事故的理赔费用为200元。

由于难以确定社会机构的行政费用和处理各种类型交通事故的工作比例,不能直接计算这些部门的损失费用。参照保险部门处理事故所产生的理赔费用,取各社会机构处理每起事故的损失费用为200元,且处理各种类型事故的损失费用相同。因此,平均每起交通事故的社会机构损失费用为ALS=1 000元。基于与路产损失相同的理由,其他地区每起交通事故的社会机构损失费用均取为1 000元。

六、事故平均交通延误损失费用(ATD)

交通延误的损失是事故引起的交通阻塞,妨碍了其他车辆的顺利通行,造成运输时间减少的损失,该损失可用车辆小时数表示。国外事故的统计结果表明,特大事故占整个事故的5%,重大事故占事故总数的25%,一般事故占事故的70%。据研究资料表明,特大事故延误约为11h,平均每起事故导致3 000辆小时的延误;重大事故延误约1h,每起事故导致1 200辆小时的延误;一般事故延误30min,每起事故导致延迟车辆约600辆小时。类似伤亡人员产出损失的计算,用延误时间内减少的国内生产总值表示延误损失费用:

$$\mathrm{ATD}=\sum_{i=1}^{3}\mathrm{ATD_i}=\frac{Y}{250\times 8}\times\sum_{i=1}^{3}\mathrm{DT_i}\times P_{\mathrm{i}} \quad (i=1,2,3) \tag{23-21}$$

式中:ATD——平均每发生一起交通事故的延误损失费用;

$\mathrm{ATD_i}$——各种类型事故的交通延误损失;

Y——人均年国内生产总值,依据《中国统计年鉴(2007)》取为14 040元;

$\mathrm{DT_i}$——各种类型事故的延误时间;

P_{i}——各种类型事故的比例;

250——全年的工作日;

8——每日工作的小时数。

由表23-15可知,平均每起交通事故造成的延误时间为900车辆小时,延误损失费用为:ATD=6 107。

交通延误损失 表23-15

事故类型	所占事故比例(P_{i})(%)	延误时间($\mathrm{DT_i}$)(车辆小时)	$\mathrm{ATD_i}$(元)	$P_{\mathrm{i}}\times\mathrm{ATD_i}$(元)
一般事故	70	600	4 212	2 948
重大事故	25	1 200	8 424	2 106
特大事故	5	3 000	21 060	1 053
合计	100			6 107

交通事故的延误损失费用的与平均延误时间和人均国内生产总值相关。本书在测算其他地区的延误损失费用时,平均每起事故的延误时间也取为900h,但单位时间内的生产总值取地区人均生产总值。

七、平均丧葬费用(AFu)

本书我国交通事故处理法规定义的丧葬费用为：丧葬费是指料理交通死亡者丧葬事宜所需的费用。一般包括整容、存尸、运尸、火化、骨灰盒、死者服装，死者亲友前来吊唁的交通、食宿费用等必需的费用。根据有关法律的规定来测算交通事故死亡者的丧葬费用。

《中华人民共和国道路交通安全法》实施后，对于损害赔偿的范围及计算作了原则性的规定，《中华人民共和国道路交通安全法实施条例》第九十五条第二款规定，交通事故损害赔偿项目和标准依照有关法律的规定执行。依据这一原则，交通事故造成的财产损失，应当使用民法通则的规定确定赔偿得范围及数额。而对于人身损害赔偿，则要适用《最高人民法院关于确定民事侵权精神损害赔偿责任若干问题的解释》(以下简称《解释》)的有关规定。《解释》规定丧葬费按照受诉法院所在地上一年度职工月平均工资标准，以六个月总额计算。参考《解释》规定的计算方法：

$$AFu = 6 \times \text{年度职工月平均工资} \tag{23-22}$$

如2006年度全国职工平均工资为18 364元，所以AFu=6×18 364/12=9 182元。

八、环境污染损失费用

环境污染损失是指交通事故的发生导致对生态系统有害的物质进入环境后对生态系统造成的破坏和损害。

道路交通环境污染的类型和危害程度主要由运载物品的属性决定。有关统计资料表明，重大交通环境污染事故多数都是在运输危化品时发生，并呈现如下几个特点：第一，环境受损对象具有广泛性。环境污染的直接受损对象主要包括大气、水体、土壤、森林等，间接后果是影响人类的生活质量、身体健康和生产活动。第二，环境污染具有滞后性。往往在污染发生的当时不易被察觉或预料到，然而一旦发生就表示环境污染已经发展到相当严重的地步。第三，对环境的破坏和损害具有严重性。环境污染除了给生态系统造成直接的破坏和影响外，环境污染物的积累和迁移转化还会引起多种衍生的环境效应，给生态系统和人类社会造成间接的危害，有时这种间接的环境效应的危害比当时造成的直接危害更大。例如空气污染造成空气污浊，人们的发病率上升等等；水污染使水环境质量恶化，饮用水源的质量普遍下降，威胁人的身体健康，引起胎儿早产或畸形等等。

平均每起交通事故的环境污染损失费用=环境污染事故发生率×平均每起环境污染事故的环境污染损失费用。

由于道路交通环境污染受损对象的广泛性和危害的滞后性，难以采用比较科学的方法确定平均每起环境污染事故的环境污染损失费用。我国目前关于环境损害赔偿方面也没有单独的立法，对环境损害赔偿只有一些零散的规定，本书也不能通过参照法律规定的赔偿计算方法进行估算。现有关于交通事故的统计资料没有关于污染事故的记录，无法估计这类事故的发生率。因此，在本书中，平均每起交通事故的环境污染损失费用暂不纳入事故平均损失费用。

九、伤亡平均损失费用(ACF&ACI)

1. 中国2006年度伤亡平均损失费用

伤亡平均损失费用(ACF&ACI)是指在计算年度内,区域内的交通事故中每伤亡一人的平均损失费用,包括医疗费用、产出损失、疼痛悲伤损失、生活质量下降损失和丧葬费用等。本书依据上述方法,以2006年度为例计算全国范围内的伤亡平均损失费用的计算公式和结果如下:

$$\text{死亡一人的平均成本}(ACF_{2006}) = VOSL_{2006} + AMEF_{2006} + ALOF_{2006} + AFu_{2006} = 457\,272 + 8\,900 + 473\,523 + 9\,182 = 948\,877(\text{元})$$

$$\text{重伤一人的平均成本}(ACSI_{2006}) = VOSSI_{2006} + AMESI_{2006} + ALOSI_{2006} = 167\,672 + 14\,682 + 52\,030 = 234\,384(\text{元})$$

$$\text{轻伤一人的平均成本}(ACLI_{2006}) = VOSLI_{2006} + AMELI_{2006} + ALOLI_{2006} = 21\,277 + 6\,781 + 1\,129 = 29\,187(\text{元})$$

2. 地区年度伤亡平均损失费用测算方法

地区年度伤亡平均损失费用也是由医疗费用、产出损失、疼痛悲伤损失、生活质量下降损失和丧葬费用等构成,仍以2006年度为例计算。

以下用下标A_r,Year表示地区年度数据,用下标2006表示中国2006年度数据,计算方法中就不再另作说明。地区年度伤亡平均损失费用的测算方法如下:

(1)$VOSL_{Ar,Year}$、$VOSSI_{Ar,Year}$、$VOSLI_{Ar,Year}$:

$$\left.\begin{aligned} VOSL_{ar,Year} &= VOSL_{2006} + \kappa_1 \times (AI_{ar,Year} - AI_{2006}) \\ VOSSI_{ar,Year} &= VOSL_{2006} + \kappa_2 \times (AI_{ar,Year} - AI_{2006}) \\ VOSLI_{ar,Year} &= VOSL_{2006} + \kappa_3 \times (AI_{ar,Year} - AI_{2006}) \end{aligned}\right\} \tag{23-23}$$

式中:κ_1、κ_2、κ_3——分别表示死亡、重伤和轻伤情形的收入效应系数;

AI——月平均工资;

VOSL——统计生命价值;

VOSSI——统计重伤价值;

VOSLI——统计轻伤价值。

(2)$AMEF_{ar,Year}$、$AMEF_{ar,Year}$、$AMEF_{ar,Year}$:

$$\left.\begin{aligned} AMEF_{ar,Year} &= AMEF_{2006} \times \frac{AI_{ar,Year}}{AI_{2006}} \\ AMSI_{ar,Year} &= AMEF_{2006} \times \frac{AI_{ar,Year}}{AI_{2006}} \\ AMLI_{ar,Year} &= AMEF_{2006} \times \frac{AI_{ar,Year}}{AI_{2006}} \end{aligned}\right\} \tag{23-24}$$

式中:AMEF、AMESI、AMELI——分别表示死亡、重伤、轻伤一人的平均医疗费用,其余参数同上。

(3)$ALOF_{ar,Year}$、$ALOSI_{ar,Year}$、$ALOLI_{ar,Year}$:

$$\left.\begin{aligned} ALOF_{ar,Year} &= ALOF_{2006} \times \frac{Y_{ar,Year}}{Y_{2006}} \\ ALOSI_{ar,Year} &= ALOSI_{2006} \times \frac{Y_{ar,Year}}{Y_{2006}} \\ AMLOI_{ar,Year} &= ALOLI_{2006} \times \frac{Y_{Ar,Year}}{Y_{2006}} \end{aligned}\right\} \tag{23-25}$$

式中：ALOF、ALOSI、ALOLI——分别表示死亡、重伤、轻伤一人的平均产出损失，Y 表示人均国民收入。

(4)$AFu_{Ar,Year}$：

$$AFu_{Ar,Year} = AFu_{2006} \times \frac{AI_{ar,Year}}{AI_{2006}} \tag{23-26}$$

式中：AFu——人均丧葬费用。

(5)地区年度死亡一人的平均损失费用

$$死亡一人的平均成本(ACF_{ar,Year}) = VOSL_{ar,Year} + AMEF_{ar,Year} + ALOF_{ar,Year} + AFu_{ar,Year} \tag{23-27}$$

(6)地区年度重伤一人的平均损失费用

$$重伤一人的平均成本(ACSI_{Ar,Year}) = VOSSI_{Ar,Year} + AMESI_{Ar,Year} + ALOSI_{Ar,Year} \tag{23-28}$$

(7)地区年度轻伤一人的平均损失费用

$$轻伤一人的平均成本(ACLI_{Ar,Year}) = VOSLI_{Ar,Year} + AMELI_{Ar,Year} + ALOLI_{Ar,Year} \tag{23-29}$$

十、事故平均损失费用(ACRTA)

本节中，"事故"是概率意义上的平均事故，没有特指是死亡、重伤、轻伤还是 PDO 事故。这种事故造成的平均人员伤亡数可依据《道路交通事故统计年报》的数据计算得到。

事故死亡率(AFPC)是指平均每起事故的死亡人数，事故受伤率(AFPC)是指平均每起事故的受伤人数。本书分别用 1980 年以来的事故死亡率平均值(AFPC)和事故受伤率平均值估计(AIPC)。根据《道路交通事故统计年报(2006 年)》的数据，AFPC 和 AIPC 的估计值分别为 0.207、0.695。根据经验统计，因交通事故受伤的人员中约有 30%的为重伤，70%的为轻伤，所以事故重伤率(ASIPC)和事故轻伤率(ALIPC)的估计值分别为 0.208 5 和 0.486 5。据此，本节定义的事故在平均意义上会造成死亡、重伤和轻伤的人数分别为 0.207 人、0.208 5 人和 0.486 5 人，造成的延误时间损失为 900 车辆小时。

以下为 2006 年度中国的事故平均损失费用和其他地区的事故平均损失费用的计算方法。

1. 中国 2006 年度事故平均损失费用

事故平均损失费用(ACRTA)是指计算年度内，区域内每发生一起交通事故的平均损失费用，包括人员伤亡、车辆、路产、社会机构、交通延误损失等 5 部分。由交通事故损失费用核算体系可知，事故平均损失费用由人员伤亡损失费用(AC^1)、车辆损失(AC^2)、路产损失(AC^3)、社会机构损失(AC^4)、交通延误损失(AC^5)等 5 部分构成。2006 年度，全国范围内的各部分损失损失费用及事故平均损失费用的计算公式为：

$$AC^1_{2006} = AFPC \times ACF_{2006} + ASIPC \times ACSI_{2006} + ALIPC \times ACLI_{2006} \tag{23-30}$$

$$AC^2_{2006} = ALV_{2006} \tag{23-31}$$

$$AC^3_{2006} = ALR_{2006} \tag{23-32}$$

$$AC^4_{2006} = 1\,000\text{ 元} \tag{23-33}$$

$$AC^5_{2006} = ADT_{2006} \times \frac{Y_{Ar,Year}}{Y_{2006}} \tag{23-34}$$

$$ACRTA_{2006} = \sum_{i=1}^{5} AC^i_{2006} \tag{23-35}$$

因此,中国2006年度平均每起交通事故的损失费用为$ACRTA_{2006}$(表23-16)。

中国2006年度事故平均损失费用($ACRA_{2006}$)(元) 表23-16

伤亡损失费用(AC^1_{2006})	车辆损失(AC^2_{2006})	路产损失(AC^3_{2006})	社会机构损失(AC^4_{2006})	交通延误损失(AC^5_{2006})	$ACRTA_{2006}$
259 486	2 784	2 928	1 000	6 107	272 305

2. 地区年度事故平均损失费用测算方法

地区年度事故平均损失费用也是事故平均损失费用由人员伤亡损失费用(AC^1)、车辆损失(AC^2)、路产损失(AC^3)、社会机构损失(AC^5)、交通延误损失(AC^6)等5部分构成,但各部分损失费用是在中国2006年度事故平均损失费用的基础上计算得到。

以下用下标$_{Ar,Year}$表示地区年度数据,用下标$_{2006}$表示中国2006年度数据,计算方法中就不再另作说明。地区年度事故平均损失费用的测算方法如下:

$$AC^1_{Ar,Year} = AFPC \times ACF_{Ar,Year} + ASIPC \times ACSI_{Ar,Year} + ALIPC \times ACLI_{Ar,Year} \tag{23-36}$$

$$AC^1_{Ar,Year} = ALV_{Ar,Year} = AC^1_{2006} \times \frac{AI_{Ar,Year}}{AI_{2006}} \tag{23-37}$$

$$AC^3_{Ar,Year} = ALR_{Ar,Year} = ALR^1_{2006} \tag{23-38}$$

$$AC^4 = 1\ 000 \tag{23-39}$$

$$AC^5_{Ar,Year} = ADT_{Ar,Year} = ADT^1_{2006} \tag{23-40}$$

$$ACRTA_{Ar,Year} = \sum_{i=1}^{5} AC^i_{Ar,Year} \tag{23-41}$$

第五节 探讨的问题

交通安全经济分析是交通安全管理和交通事故预防决策的重要依据。目前,国内对交通事故社会经济损失的研究仍然处于起步阶段,有许多问题和内容需要研究和探讨。

道路交通事故损失费用评价涉及众多因素,要做好这项研究并使研究成果在交通安全经济评价中得到应用,仍有许多理论和实践问题有待进一步研究,从社会角度来看,下一阶段仍需在以下几个方面进行探索:

(1)建立交通事故损失费用构成和评价方法的标准,并统一关键参数。

从宏观角度看,政府部门在配置道路交通安全资金时需要充分了解全社会承担的交通事故的损失费用;从微观角度看,道路交通安全改造项目需要从经济角度进行深入评价。从国外经验看,这要求对交通事故损失费用构成进行统一定义,并制订各部分损失费用的科学评价方法。因此制订有关交通事故损失费用构成和评价方法的统一标准是关键,并给出测算损失费用的关键参数,如平均伤亡损失费用等。

(2)建立道路交通污染事故损失的数据库,研究污染事故的社会经济损失费用

如何治理环境污染是我国可持续发展战略研究与实施的重要内容。有关道路交通环境污染事故表明,尽管交通污染事故发生率很小,但一旦发生将造成大气、水体、土壤等环境污染,并使全社会遭受巨额的经济损失。但是我国没有关于交通环境污染事故损失的系统记录,也没有对其损失进行深入研究。有必要通过污染事故的社会经济损失费用进行深入研究,并建立环境污染的赔偿定价机制,促使利益相关人采取措施防止污染事故的发生。

参考文献

［1］ Jacobs. G, Aeron, Thomas. A , Astrop. A1Estimating Global Road Fatalities［R］. Crowthorne ,Transport Research Laboratory ,2000.

［2］ L. Blincoe, A. Seay ,E. Zaloshnja, T. Miller, E. Romano, S. Luchter, R. Spicer. The Economic Impact of Motor Vehicle Crashes 2000［R］. U. S.：National Highway Traffic Safety Administration ,2002.

［3］ Rune Elvik1How Much Do Road Accidents Cost the National Economy ［J］. Accident Analysis and Prevention ,2000 ,32 ：849-851.

［4］ 李杰.公路交通事故的间接经济损失与计算方法［J］.武汉城市建设学院学报,1996,13 (3) ：79-83.

［5］ Transport Research Laboratory/Babtie Ross Silcock ,Guidelines for Estimating the Cost of Road Crashes in Developing Countries ［R］.

［6］ 刘声远,陈心广.生活质量问题研究进展［J］.国外医学社会医学分册,1996 ,13 (2) ：49-52.

［7］ Miller T R1Costs and Functional Consequences of US Roadway Crashes［J］. Accident Analysis and Prevention ,1993 ,25 ：593-607.

［8］ 任福田,刘小明.论道路交通安全［M］.北京：人民交通出版社,2001.

［9］ 罗云.安全经济导论［M］.北京：经济科学出版社,1993.

［10］ Trawen. A. Maraste. P ,Persson U1International Comparison of Costs of a Fatal Casualty of Road Accidents in 1990 and 1999 ［J］. Accident Analysis and Prevention ,2002 , 34:323-332.

［11］ Rune Elvik1An Analysis of Official Economic Valuations of Traffic Accident Fatalities in 20 Motorized Countries ［R］. Norway ：Institute of Transport Economic ,1994.

［12］ 彭希哲,田文华.上海市空气污染疾病经济损失的意愿支付研究［J］.世界经济文汇,2003 (2) ：32-43.

［13］ 刘小明,贺玉龙,任福田.道路交通事故受害者设生活质量的损失计量方法［J］.人类工效学,1996 ,2 (3) ：15-19.

［14］ Beattie. J, Covey. J, Dolan. P, Hopkins. L, Jones-Lee. M, Loomes. G, Pidgeon. N, Robinson. A, Spencer. A, 1998. On the contingent valuation of safety and the safety of contingent valuation：part 1caveat investigator. Journal of Risk and Uncertainty 17, 5 - 25.

［15］ Carthy. T, Chilton. S, Covey. J, Hopkins. L, Jones-Lee. M, Loomes. G, Pidgeon. N, Spencer. A, 1999. On the contingent valuation of safety and the safety of contingent valuation：part 2the CV/SG chained′ approach. Journal of Risk and Uncertainty 17 (3), 187-213.

［16］ Elvik. R, 1995. An analysis of official economic valuations of traffic accident fatalities in 20 motorized countries. Accident Analysis and Prevention 27 (2), 237-247.

［17］ Guria. J, Jones-Lee. M, Leung. J, Loomes. G, 1999. The willingness to accept value of statistical life relative to the willingness to pay value: evidence and policy implications. Papers of the Australian Transport Research Forum 23 (Part 1),1-16.

[18] Miller. T,1993. Costs and functional consequences of US roadway crashes. Accident Analysis and Prevention 25 (5),593-607.

[19] Miller. T, 2000. Variations between countries in values of statistical life. Journal of Transport Economics and Policy 34 (Part 2),169-188.

[20] Persson. U,Cedervall. M,1991. The value of risk reduction: results of a Swedish sample survey. The Swedish Institute for Health Economics, Lund, IHE Working Paper 1991:6,Lund,Sweden.

[21] Persson. U, O-degaard. K, 1995. External cost estimates of road traffic accidentsan international comparison. Journal of Transport Economics and Policy. September, 291-304.

[22] Robertson. L. S,1977. The effect of automobile safety regulation: rejoinder. Journal of Economic Issues 11,679-683.

[23] Schwab Christe. N. G,1995. The valuation of human costs by the contingent valuation method: the Swiss experience. In: Schwab Christe. N. G,Soguel,N. C. (Eds.),Contingent Aluation,Transport Safety and the Value of Life. Kluwer Academic Publishers, Boston,pp. 19-44.

[24] Schwab Christe. N. G,Soguel. N. C,1995. Le pris de la souffrance et duchagrin,IRER, EDES,Neufch tel.

[25] Smith. V. K,Huang. J. C,1995. Can hedonic models value air-quality? Ameta-analysis of hedonic property values models. Journal of Political Economy 103,209-227.

[26] Stanley. T. D, Jarrell. S. B, 1989. Meta-regression analysis: a quantitative method of literature surveys. Journal of Economic Surveys 3,161-170.

[27] Viscusi. W. K, Magat. W. A, Huber. J, 1990. Pricing environmental risks: survey assessment of risk-risk and risk-dollar trade-offs for chronic bronchitis. Journal of Environmental Economics and Management 21,32-51.

[28] Wadhwa. L. C,1998. Highway safety issues in rural and urban environments-verification of community perception. Journal of International Association of Traffic and Safety Sciences 22,79-85.

[29] Weinstein. M. C, Shephard. D. S, Pliskin. J. S, 1980. The economic value of changing mortality probabilities: a decision-theoretic approach. Quarterly Journal of Economics 94,373-396.

[30] Winston. C,Mannering. F,1984. Consumer demand for automobile safety: new evidence on the demand for safety and the ehavioral response to safety regulation. American Economic Review 72,316-319.